Springer-Lehrbuch

Dennis Bock

Strafrecht Besonderer Teil 2

Vermögensdelikte

2. Auflage

Dennis Bock
Institut für Kriminalwissenschaften
Christian-Albrechts-Universität zu Kiel
Kiel, Deutschland

ISSN 0937-7433　　　　　　ISSN 2512-5214 (electronic)
Springer-Lehrbuch
ISBN 978-3-662-70558-2　　　ISBN 978-3-662-70559-9 (eBook)
https://doi.org/10.1007/978-3-662-70559-9

Die Deutsche Nationalbibliothek verzeichnet diese Publikation in der Deutschen Nationalbibliografie; detaillierte bibliografische Daten sind im Internet über https://portal.dnb.de abrufbar.

© Der/die Herausgeber bzw. der/die Autor(en), exklusiv lizenziert an Springer-Verlag GmbH, DE, ein Teil von Springer Nature 2018, 2025

Das Werk einschließlich aller seiner Teile ist urheberrechtlich geschützt. Jede Verwertung, die nicht ausdrücklich vom Urheberrechtsgesetz zugelassen ist, bedarf der vorherigen Zustimmung des Verlags. Das gilt insbesondere für Vervielfältigungen, Bearbeitungen, Übersetzungen, Mikroverfilmungen und die Einspeicherung und Verarbeitung in elektronischen Systemen.
Die Wiedergabe von allgemein beschreibenden Bezeichnungen, Marken, Unternehmensnamen etc. in diesem Werk bedeutet nicht, dass diese frei durch jede Person benutzt werden dürfen. Die Berechtigung zur Benutzung unterliegt, auch ohne gesonderten Hinweis hierzu, den Regeln des Markenrechts. Die Rechte des/der jeweiligen Zeicheninhaber*in sind zu beachten.
Der Verlag, die Autor*innen und die Herausgeber*innen gehen davon aus, dass die Angaben und Informationen in diesem Werk zum Zeitpunkt der Veröffentlichung vollständig und korrekt sind. Weder der Verlag noch die Autor*innen oder die Herausgeber*innen übernehmen, ausdrücklich oder implizit, Gewähr für den Inhalt des Werkes, etwaige Fehler oder Äußerungen. Der Verlag bleibt im Hinblick auf geografische Zuordnungen und Gebietsbezeichnungen in veröffentlichten Karten und Institutionsadressen neutral.

Springer ist ein Imprint der eingetragenen Gesellschaft Springer-Verlag GmbH, DE und ist ein Teil von Springer Nature.
Die Anschrift der Gesellschaft ist: Heidelberger Platz 3, 14197 Berlin, Germany

Wenn Sie dieses Produkt entsorgen, geben Sie das Papier bitte zum Recycling.

Vorwort

Der vorliegende Band ist der letzte eines dreiteiligen Gesamtwerks zur Darstellung des materiellrechtlichen Pflichtfachwissens im Grundstudium (Allgemeiner Teil; Besonderer Teil – Nichtvermögensdelikte; Besonderer Teil – Vermögensdelikte), aber auch zur prägnanten Wiederholung und Vertiefung in der Phase der „Übungen" und der Examensvorbereitung. Die Darstellung ist aus den grundständigen Vorlesungen zum materiellen Strafrecht an der Christian-Albrechts-Universität zu Kiel hervorgegangen und daher basisdidaktisch orientiert. Die Publikation soll eine Nutzung außerhalb des Teilnehmerkreises der Vorlesungen ermöglichen; ein Wunsch, der verschiedentlich an mich herangetragen wurde.

Die nun vorliegende Neuauflage der Darstellung zum „Strafrecht Besonderer Teil" dient der Aktualisierung in Haupttext und wissenschaftlichem Apparat inkl. neuester Rspr. sowie verschiedentlichen Korrekturen von Errata aller Art (mein Dank gilt allen, die mit ihrem Feedback dazu beigetragen haben).

Ich habe mich zur Anfertigung einer eigenen Reihe entschieden, obwohl an Lehrwerken kein Mangel besteht, da ich ein eigenes Konzept verfolgen wollte. Die Texte sind nach folgenden Überlegungen entstanden:

1. Die Darstellung soll in systematisch geordneter Form das grundlegende Rüstzeug für die Bearbeitung der strafrechtlichen Klausuren von der Zwischenprüfungs- bis zur Examensklausur enthalten. Das schließt insbesondere Aufbauschemata sowie Definitionen der examensrelevanten Gesetzesmerkmale ein.
2. Wo erforderlich, sind die zu besprechenden Gesetzestexte mit abgedruckt. Dieses Vorgehen wird im Kollegenkreise unterschiedlich beurteilt; zuzugeben ist, dass Studierende sich früh an eine gleichzeitige Handhabung von Lehrbuch und Gesetzessammlung gewöhnen sollten. Die „Serviceleistung" des Normabdrucks zielt aber erstens darauf, den Leser zu noch häufigerer und intensiverer Beschäftigung mit dem Gesetzestext anzuhalten, zweitens, ein normorientiertes Lernen auch dort zu ermöglichen, wo es die äußeren Umstände nicht erlauben, ein Gesetzeswerk zusätzlich aufzuschlagen (z. B. in der Bahn oder im Freien).
3. In den drei Bänden finden sich zahlreiche Beispielsfälle, von denen die große Mehrheit aus weitgehend wortgetreuen Originalentscheidungen besteht. Auf diesem Wege sollen dem Leser nicht nur prüfungstypische Fallkonstellationen erläutert und Auslegungsfragen veranschaulicht werden; im Sinne eines „Casebooks" soll das Werk möglichst viele neuere und klassische Entscheidungen der

höchstrichterlichen Rechtsprechung (d. h. zunächst einmal die Sachverhalte) nahebringen. Gerade skurrilere Geschehnisse – vom „Sirius-" über den „Katzenkönig-" bis zum „Taschenbuch"-Fall – verankern Wissen im Gedächtnis. Die Verwendung echter Sachverhalte soll auch das Bewusstsein der Studierenden dafür offenhalten, dass die Strafrechtspflege ernste soziale Konflikte mit schwersten Folgen für Beschuldigte und Geschädigte in verantwortungsvoller Weise zu bewältigen hat. Die Konzentration auf die Rechtsprechung soll nicht dazu anregen, Fälle auswendig zu lernen, sondern ist neben der Praxisrelevanz der Rechtsprechung auch der Tatsache geschuldet, dass „echte" Fälle erfahrungsgemäß häufig schriftlich und mündlich abgeprüft werden. Zwar konnten die Beispielsfälle im zur Verfügung stehenden Rahmen nicht komplett gelöst werden, geschweige denn im Gutachtenstil; stets finden sich aber Hinweise auf die Kernproblematik sowie auf zur Entscheidung ergangene didaktische und wissenschaftliche Anmerkungen zur eigenständigen Vertiefung. Zur inhaltlichen und stilistisch-methodischen Anwendung und Erweiterung des grundständig Erlernten dienen meine ebenfalls im Springer-Verlag erschienenen Fallsammlungen „Wiederholungs- und Vertiefungskurs Strafrecht" (drei Bände). Die Beispielsfälle eignen sich auch für eine Behandlung im Rahmen privater Arbeitsgemeinschaften.

4. Da „Streitstände" das strafrechtliche Ausbildungsgeschehen prägen, nehmen diese auch in der vorliegenden Darstellung großen Raum ein. Ziel war es, ein für Klausuren erlernbares – in der Komplexität also des Öfteren reduziertes, im Stil schlicht gehaltenes – Meinungs- und Argumentationsspektrum abzubilden, weitgehend unter Konzentration auf die h. M. und Hintanstellung der Entwicklung eigener Positionen. Vollständigkeit strafrechtlichen Wissens kann es kaum geben, auch nicht eine lückenlose Darstellung des im Examen abprüfbaren Stoffes. Es ist aber sehr wohl Ziel dieser Reihe, dass, wer die Bände durchgearbeitet hat (inkl. des z. T. erforderlichen Auswendiglernens von Definitionen oder Auslegungskontroversen), sich ruhigen Gewissens strafrechtlichen Prüfungen stellen kann, gerade auch deshalb, weil die Summe der aufgezeigten Streitigkeiten und Argumentationsmuster Problembewusstsein ausbildet und vielfältige Anregungen zur Bewältigung neuer oder unbekannter Zweifelsfragen gibt.

5. Bei der Gestaltung des wissenschaftlichen Apparats habe ich die Literaturnachweise im Hinblick auf Lehrbücher und Kommentare auf das Nötigste beschränkt. Umfangreicher fallen die Hinweise auf weiterführende Aufsätze aus. Die Rechtsprechungsnachweise mussten aus Platzgründen ganz exemplarisch bleiben, sodass entweder ältere, aber bekannte Entscheidungen angeführt werden oder die aktuellsten. Für weitere Fundstellen muss auf die Großkommentare zum StGB verwiesen werden. Dies täuscht die Studierenden hoffentlich nicht über die enorme praktische, aber auch wissenschaftliche Bedeutung der Rechtsprechung hinweg.

Ich danke meinem aktuellen Lehrstuhlteam (Magnus Wittern, Moritz Karlisch, Sina Ruge, Antonia Krüger, Bennett Wickert, Tobias Wiehoff) sowie ehemaligen

Mitarbeiterinnen und Mitarbeitern für wertvolle Unterstützung bei der Erstellung und Überarbeitung dieses Lehrbuchs.

Für Verbesserungsvorschläge und Feedback aller Art bin ich dankbar, bitte per E-Mail an: dbock@law.uni-kiel.de.

Kiel, Deutschland
im Januar 2025

Dennis Bock

Inhaltsverzeichnis

1. Kapitel: Allgemeines 1
2. Kapitel: Vermögensdelikte ohne Nötigungskomponente 3
A. Diebstahl, §§ 242–244a StGB 3
   I. (Sog. einfacher) Diebstahl, § 242 StGB 3
      1. Aufbau 3
      2. Allgemeines 4
      3. Tatbestand 5
         a) Objektiver Tatbestand 5
         b) Subjektiver Tatbestand 59
      4. Rechtswidrigkeit 81
      5. Schuld 81
      6. Rechtsfolgen 82
         a) Allgemeines 82
         b) Besonders schwerer Fall des Diebstahls, § 243 StGB 82
      7. Strafantragserfordernisse 111
         a) Haus- und Familiendiebstahl, § 247 StGB 111
         b) Diebstahl geringwertiger Sachen, § 248a StGB 112
      8. Sonstiges 112
   II. Diebstahl mit Waffen; Bandendiebstahl; (schwerer) Wohnungseinbruchdiebstahl, § 244 StGB 113
      1. Allgemeines 113
      2. § 244 I StGB 114
         a) § 244 I Nr. 1 lit. a StGB 114
         b) § 244 I Nr. 1 lit. b StGB 132
         c) § 244 I Nr. 2 StGB 138
         d) § 244 I Nr. 3 StGB 148
      3. Wohnungseinbruchdiebstahl nach Absatz 1 Nummer 3 betrifft eine dauerhaft genutzte Privatwohnung (schwerer Wohnungseinbruchdiebstahl), § 244 IV StGB 153
         a) Aufbau 153
         b) Erläuterungen 153

    III. Schwerer Bandendiebstahl, § 244a StGB 154
        1. Aufbau 154
        2. Erläuterungen 154
B. Unterschlagung, § 246 StGB 155
    I. Allgemeines 156
    II. Grunddelikt, § 246 I StGB 157
        1. Aufbau 157
        2. Tatbestand 157
            a) Objektiver Tatbestand 157
            b) Subjektiver Tatbestand 168
        3. Rechtswidrigkeit 168
        4. Schuld 168
        5. Rechtsfolgen 168
        6. Formelle Subsidiarität 168
        7. Sonstiges 170
    III. Qualifikation: Sog. Veruntreuung (veruntreuende Unterschlagung),
       § 246 II StGB 170
        1. Aufbau 170
        2. Allgemeines 170
        3. Tatbestand 170
            a) Objektiver Tatbestand 170
            b) Subjektiver Tatbestand 173
        4. Rechtswidrigkeit 173
        5. Schuld 173
        6. Rechtsfolgen 173
        7. Sonstiges 173
C. Sachbeschädigungsstraftaten i. w. S., §§ 303–305a StGB 173
    I. Allgemeines 173
    II. Sachbeschädigungsstraftaten i. e. S., §§ 303, 304–305a StGB 174
        1. Allgemeines 174
        2. (Sog. einfache) Sachbeschädigung, § 303 StGB 174
            a) Allgemeines 174
            b) § 303 I StGB 174
            c) § 303 II StGB 182
        3. Gemeinschädliche Sachbeschädigung, § 304 StGB 184
            a) Allgemeines 184
            b) § 304 I StGB 185
            c) § 304 II StGB 186
        4. Zerstörung von Bauwerken, § 305 StGB 188
            a) Aufbau 188
            b) Erläuterungen 188
        5. Zerstörung wichtiger Arbeitsmittel, § 305a StGB 190
            a) Aufbau 190
            b) Erläuterungen 190

III. Sog. Datenbeschädigungsstraftaten i. e. S., §§ 303a-b StGB 191
   1. Allgemeines 191
   2. Datenveränderung, § 303a StGB 192
      a) § 303a I StGB 192
      b) §§ 303a III i. V. m. 202c StGB 197
   3. Computersabotage, § 303b StGB 197
      a) Allgemeines 197
      b) § 303b I, II StGB 198
D. Betrug, § 263 StGB 201
  I. Allgemeines 202
  II. Grunddelikt, § 263 I StGB 203
   1. Aufbau 203
   2. Tatbestand 204
      a) Objektiver Tatbestand 204
      b) Subjektiver Tatbestand 306
   3. Rechtswidrigkeit 315
   4. Schuld 315
   5. Rechtsfolgen 315
      a) Allgemeines 315
      b) Besonders schwerer Fall, § 263 III StGB 315
   6. Sonstiges 319
  III. Qualifikation, § 263 V StGB 319
   1. Aufbau 319
   2. Erläuterungen 320
E. Computerbetrug, § 263a StGB 320
  I. Allgemeines 320
  II. § 263a I, II StGB 321
   1. Grunddelikt, § 263a I StGB 321
      a) Aufbau 321
      b) Tatbestand 322
      c) Rechtswidrigkeit 340
      d) Schuld 340
      e) Rechtsfolgen 340
      f) Sonstiges 340
   2. Qualifikation, §§ 263a II i. V. m. 263 V StGB 340
      a) Aufbau 340
      b) Erläuterungen 341
  III. § 263a III, IV StGB 341
F. Diebstahls- und betrugsähnliche Delikte 341
  I. Unbefugter Gebrauch eines Fahrzeugs, § 248b StGB 341
   1. Aufbau 341
   2. Allgemeines 342

3. Tatbestand ... 342
   a) Objektiver Tatbestand ... 342
   b) Subjektiver Tatbestand ... 346
4. Rechtswidrigkeit ... 346
5. Schuld ... 346
6. Rechtsfolgen ... 346
7. Sonstiges ... 346
II. Entziehung elektrischer Energie, § 248c StGB ... 347
   1. Allgemeines ... 347
   2. Grunddelikt, § 248c I StGB ... 348
      a) Aufbau ... 348
      b) Tatbestand ... 348
      c) Rechtswidrigkeit ... 353
      d) Schuld ... 353
      e) Rechtsfolgen ... 353
      f) Sonstiges ... 353
   3. Privilegierung, § 248c IV StGB ... 353
      a) Aufbau ... 353
      b) Erläuterungen ... 353
III. Jagdwilderei (§ 292 StGB) und Fischwilderei (§ 293 StGB) ... 354
IV. Pfandkehr, § 289 StGB ... 355
   1. Aufbau ... 355
   2. Allgemeines ... 356
   3. Tatbestand ... 356
      a) Objektiver Tatbestand ... 356
      b) Subjektiver Tatbestand ... 363
   4. Rechtswidrigkeit ... 364
   5. Schuld ... 364
   6. Rechtsfolgen ... 365
   7. Sonstiges ... 365
V. Versicherungsmißbrauch, § 265 StGB ... 365
   1. Aufbau ... 365
   2. Allgemeines ... 365
   3. Tatbestand ... 366
      a) Objektiver Tatbestand ... 366
      b) Subjektiver Tatbestand ... 367
   4. Rechtswidrigkeit ... 368
   5. Schuld ... 368
   6. Rechtsfolgen ... 368
   7. Sonstiges ... 368
VI. Erschleichen von Leistungen, § 265a StGB ... 369
   1. Aufbau ... 369
   2. Allgemeines ... 369

3. Tatbestand	371
a) Objektiver Tatbestand	371
b) Subjektiver Tatbestand	379
4. Rechtswidrigkeit	379
5. Schuld	379
6. Rechtsfolgen	379
7. Sonstiges	379
G. Untreue, § 266 StGB	380
I. Aufbau	380
II. Allgemeines	381
III. Tatbestand	382
1. Objektiver Tatbestand	382
a) § 266 I 1. oder 2. Var StGB	382
b) Dem, dessen Vermögensinteressen er zu betreuen hat, dadurch Nachteil zufügt	409
2. Subjektiver Tatbestand	419
IV. Rechtswidrigkeit	420
V. Schuld	420
VI. Rechtsfolgen	420
1. Allgemeines	420
2. Besonders schwerer Fall, §§ 266 II i. V. m. 263 III StGB	420
VII. Sonstiges	420
H. Mißbrauch von Scheck- und Kreditkarten, § 266b StGB	421
I. Aufbau	421
II. Allgemeines	421
III. Tatbestand	422
1. Objektiver Tatbestand	422
a) Die ihm durch die Überlassung einer Scheckkarte oder einer Kreditkarte eingeräumte Möglichkeit, den Aussteller zu einer Zahlung zu veranlassen	422
b) Mißbraucht	424
c) Diesen dadurch Schädigt	425
2. Subjektiver Tatbestand	425
IV. Rechtswidrigkeit	425
V. Schuld	425
VI. Rechtsfolgen	425
VII. Sonstiges	425
3. Kapitel: Vermögensdelikte mit Nötigungskomponente	**427**
A. Raub, §§ 249–251 StGB	427
I. (Sog. einfacher) Raub, § 249 StGB	427
1. Aufbau	427
2. Allgemeines	428

    3. Tatbestand 428
        a) Objektiver Tatbestand 428
        b) Subjektiver Tatbestand 448
    4. Rechtswidrigkeit 448
    5. Schuld 449
    6. Rechtsfolgen 449
    7. Sonstiges 449
  II. Schwerer Raub (und sog. besonders schwerer Raub), § 250 StGB ... 449
    1. Allgemeines; Verhältnis von § 250 I zu II StGB 449
    2. § 250 I StGB 451
        a) § 250 I Nr. 1 lit. a StGB 451
        b) § 250 I Nr. 1 lit. b StGB 452
        c) § 250 I Nr. 1 lit. c StGB 452
        d) § 250 I Nr. 2 StGB 453
    3. § 250 II StGB 454
        a) § 250 II Nr. 1 StGB 454
        b) § 250 II Nr. 2 StGB 462
        c) § 250 II Nr. 3 lit. a StGB 462
        d) § 250 II Nr. 3 lit. b StGB 464
  III. Raub mit Todesfolge, § 251 StGB 465
    1. Aufbau 465
    2. Erläuterungen 465
B. Räuberischer Diebstahl, § 252 StGB 469
  I. Allgemeines 470
  II. Grunddelikt, § 252 StGB 471
    1. Aufbau 471
    2. Tatbestand 471
        a) Objektiver Tatbestand 471
        b) Subjektiver Tatbestand 477
    3. Rechtswidrigkeit 481
    4. Schuld 481
    5. Rechtsfolgen 481
    6. Sonstiges 481
  III. Qualifikationen und Erfolgsqualifikation, §§ 252 i. V. m. 250,
       251 StGB 482
C. Erpressung, § 253 StGB; räuberische Erpressung, § 255 StGB 482
  I. (Sog. einfache) Erpressung, § 253 StGB 482
    1. Aufbau 482
    2. Allgemeines 483
    3. Tatbestand 483
        a) Objektiver Tatbestand 483
        b) Subjektiver Tatbestand 488
    4. Rechtswidrigkeit 488
    5. Schuld 488

6. Rechtsfolgen 488
   a) Allgemeines 488
   b) Besonders schwerer Fall, § 253 IV StGB 489
7. Sonstiges 489
II. Räuberische Erpressung, § 255 StGB 489
  1. (Sog. einfache) räuberische Erpressung 489
   a) Aufbau 489
   b) Erläuterungen 489
  2. Qualifikationen und Erfolgsqualifikation, §§ 255 i. V. m. 250, 251 StGB 490
D. Räuberischer Angriff auf Kraftfahrer, § 316a StGB 490
I. Allgemeines 490
II. Grunddelikt, § 316a I StGB 492
  1. Aufbau 492
  2. Tatbestand 492
   a) Objektiver Tatbestand 492
   b) Subjektiver Tatbestand 500
  3. Rechtswidrigkeit 502
  4. Schuld 502
  5. Rechtsfolgen 502
  6. Sonstiges 502
III. Erfolgsqualifikation, § 316a III StGB 503
  1. Aufbau 503
  2. Erläuterungen 503
E. Erpresserischer Menschenraub, § 239a StGB 503
I. Allgemeines 503
II. Grunddelikte, § 239a I StGB 504
  1. Sog. Entführungstatbestand, § 239a I 1. Var. StGB 504
   a) Aufbau 504
   b) Tatbestand 505
   c) Rechtswidrigkeit 511
   d) Schuld 511
   e) Rechtsfolgen 511
   f) Sonstiges 512
  2. Sog. Ausnutzungstatbestand, § 239a I 2. Var. StGB 512
   a) Aufbau 512
   b) Tatbestand 513
   c) Rechtswidrigkeit 515
   d) Schuld 515
   e) Rechtsfolgen 515
III. Erfolgsqualifikation, § 239a III StGB 515
  1. Aufbau 515
  2. Erläuterungen 515

F. Geiselnahme, § 239b StGB 516
  I. Allgemeines 516
  II. Grunddelikte, § 239b I StGB 517
    1. Sog. Entführungstatbestand, § 239b I 1. Var. StGB 517
      a) Aufbau 517
      b) Tatbestand 518
      c) Rechtswidrigkeit 518
      d) Schuld 518
      e) Rechtsfolgen 518
      f) Sonstiges 519
    2. Sog. Ausnutzungstatbestand, § 239b I 2. Var. StGB 519
      a) Aufbau 519
      b) Tatbestand 519
      c) Schuld 522
      d) Rechtsfolgen 522
  III. Erfolgsqualifikation, §§ 239b II i. V. m. 239a III StGB 522

4. Kapitel: Sog. Anschlussdelikte 523
A. Allgemeines 523
B. Begünstigung, § 257 StGB 524
  I. Aufbau 524
  II. Allgemeines 524
  III. Tatbestand 525
    1. Objektiver Tatbestand 525
      a) Einem anderen, der eine rechtswidrige Tat begangen hat 525
      b) Vorteile der Tat 527
      c) Hilfe leistet 528
    2. Subjektiver Tatbestand 533
      a) Vorsatz 533
      b) Absicht, ihm die Vorteile der Tat zu sichern 534
  IV. Rechtswidrigkeit 535
  V. Schuld 535
  VI. Strafausschließungsgrund, § 257 III 1 StGB 536
  VII. Rechtsfolgen 536
  VIII. Sonstiges 536
C. Hehlerei, § 259 StGB 537
  I. Allgemeines 537
  II. Sog. einfache Hehlerei, § 259 StGB 538
    1. Aufbau 538
    2. Tatbestand 539
      a) Objektiver Tatbestand 539
      b) Subjektiver Tatbestand 560
    3. Rechtswidrigkeit 562
    4. Schuld 562
    5. Rechtsfolgen 562
    6. Sonstiges 562

III. Gewerbsmäßige Hehlerei, Bandenhehlerei, § 260 StGB	562
1. Allgemeines	562
2. § 260 I Nr. 1 StGB	563
a) Aufbau	563
b) Erläuterungen	563
3. § 260 I Nr. 2 StGB	563
a) Aufbau	563
b) Erläuterungen	563
IV. Gewerbsmäßige Bandenhehlerei, § 260a StGB	564
1. Aufbau	564
2. Erläuterungen	564
D. Geldwäsche; Verschleierung unrechtmäßig erlangter Vermögenswerte, § 261 StGB	564
I. Allgemeines	565
II. Vorsätzliche Geldwäsche	568
1. Grunddelikt	568
a) § 261 I 1 Nr. 1 StGB	568
b) § 261 I 1 Nr. 2 StGB	575
c) § 261 I 1 Nr. 3 StGB	576
d) § 261 I 1 Nr. 4 StGB	580
e) § 261 II StGB	582
2. Qualifikation, § 261 IV StGB	583
a) Aufbau	583
b) Erläuterungen	584
III. Leichtfertige Geldwäsche, § 261 VI StGB	584
1. Aufbau	584
2. Erläuterungen	584

1. Kapitel: Allgemeines

Im Besonderen Teil des StGB umschreibt der Gesetzgeber in den einzelnen Straftatbeständen das strafbare Verhalten und legt die Strafrahmen fest. Die folgende Darstellung orientiert sich an den Bedürfnissen des Ersten Staatsexamens.

Gem. den Ausbildungsverordnungen der Länder (z. B. § 3 IV lit. c JAVO SH) sind hier nur Delikte des StGB relevant (sodass das Nebenstrafrecht trotz z. T. enormer Praxisrelevanz hier nicht erläutert wird), freilich nicht einmal der gesamte Besondere Teil des StGB, sondern (nur) länderspezifisch in Randbereichen unterschiedlich ausgewählte Abschnitte (in Schleswig-Holstein z. B. der Sechste, Siebente, Neunte, Zehnte, Dreizehnte bis Dreiundzwanzigste, Fünfundzwanzigste, Siebenundzwanzigste und Achtundzwanzigste Abschnitt sowie aus dem Dreißigsten Abschnitt die §§ 331 bis 336, ferner im Überblick der Elfte und Neunundzwanzigste Abschnitt sowie die übrigen Vorschriften des Dreißigsten Abschnittes).

Auswahl und Umfang der Ausführungen werden ferner geprägt von den Usancen in Aufsichtsarbeiten und mündlichen Prüfungen, weshalb besonders häufig abgeprüften Delikten deutlich breiterer Raum gewidmet wird als eher selten abgeprüften.

Dieser Teil hat die Vermögensdelikte (i. w. S.) zum Gegenstand.

In den meisten Lehrbüchern[1] werden diese eingeteilt in

- Delikte gegen einzelne Vermögenswerte, insbesondere gegen das Eigentum (v. a. §§ 242 ff., 246, 249 ff., 303 StGB) und
- Delikte gegen das Vermögen als Ganzes (Vermögensdelikte i. e. S., v. a. §§ 253, 255, 263, 263a, 266 StGB)

---

[1] Z. B. Eisele, BT II, 6. Aufl. 2021, Rn. 8 ff. und 517 ff.; s. auch die Unterteilung bei Seelmann JuS 1982, 268, 509, 748 und 914, JuS 1983, 32, JuS 1985, 199, 288, 454 und 699, JuS 1986, 201; Rönnau JuS 2016, 114.

Die sog. Anschlussdelikte (§§ 257 ff. StGB) erhalten meist[2] einen eigenen Abschnitt.

Im Folgenden wird demgegenüber ein Aufbau gewählt, der weniger am genauen Rechtsgut, sondern eher an der Art der Tathandlung und somit den typisierbaren Klausursituationen orientiert ist:

Erörtert werden zunächst die Kap. „Vermögensdelikte ohne Nötigungskomponente", dann die Kap. „Vermögensdelikte mit Nötigungskomponente" (hier erlangt der Täter eine Sache oder eine Vermögensposition durch Gewalt oder Drohung), schließlich die Kap. „sog. Anschlussdelikte" (allerdings ohne § 258 StGB[3]).

Aus Gründen des Sachzusammenhangs ist die strenge Unterteilung von Nichtvermögens- und Vermögensdelikten durchbrochen, s. z. B. die Darstellung des § 142 StGB bei den Nichtvermögensdelikten, namentlich Straßenverkehrsdelikten, umgekehrt s. z. B. die Abhandlung der §§ 239b, 303a StGB bei den Vermögensdelikten. Z. T. ist die Frage des Rechtsguts ohnehin umstritten oder es kumulieren Vermögens- und Nichtvermögensrechtsgüter, s. z. B. bei den §§ 239a, 257, 261, 316a StGB.

In Prüfungsarbeiten spielen derartige Unterteilungen des Stoffs keine Rolle, da ohnehin alle in Betracht kommenden Delikte anzusprechen sind.

Zu beachten ist, dass es in einer Fallbearbeitung geboten sein kann, nach **verschiedenen Vermögensgegenständen** (auch bei demselben Geschädigten) zu trennen – so wie man bei den Nichtvermögensdelikten ggf. auch nach verschiedenen Erfolgseintritten (z. B. mehrere Körperverletzungen bei demselben Geschädigten) zu differenzieren hat.

In Teilbereichen gibt es Schwierigkeiten, das für Pflichtfacharbeiten zu beherrschende Wissen von den Gegenständen des Schwerpunktstudiums, namentlich des Wirtschaftsstrafrechts, abzugrenzen (v. a. bei den §§ 261, 263, 266 StGB), zumal über den Begriff des Wirtschaftsstrafrechts keine Einigkeit besteht.[4] Das hier dargestellte Grundwissen ist aber pflichtfachrelevant.

---

[2] Z. B. Eisele, BT II, 6. Aufl. 2021, Rn. 1075 ff.
[3] Die Strafvereitelung wird, da reines Rechtspflegedelikt ohne Vermögensbezug, im Besonderen Teil – Nichtvermögensdelikte – behandelt.
[4] S. nur Kudlich/Oğlakcıoğlu, Wirtschaftsstrafrecht, 3. Aufl. 2020, Rn. 1ff.

2. Kapitel: Vermögensdelikte ohne Nötigungskomponente

Vermögensdelikte ohne Nötigungskomponente zeichnen sich dadurch aus, dass der Täter weder Gewalt noch eine Drohung gegen sein Opfer einsetzt, um sein Ziel zu erreichen.

Die – ebenfalls keine Nötigung voraussetzenden – sog. Anschlussdelikte werden in einem eigenen Abschnitt erörtert.[1]

A. Diebstahl, §§ 242–244a StGB

▶ Didaktische Aufsätze
- Samson, Grundprobleme des Diebstahls (§ 242 StGB), JA 1980, 285
- Sonnen, Der Diebstahl nach § 242 StGB, JA 1984, 569
- Heubel, Grundprobleme des Diebstahlstatbestandes, JuS 1984, 445
- Gropp, Der Diebstahlstatbestand unter besonderer Berücksichtigung der Regelbeispiele, JuS 1999, 1041
- Jäger, Diebstahl nach dem 6. Strafrechtsänderungsgesetz – Ein Leitfaden für Studium und Praxis JuS 2000, 651
- Schramm, Grundfälle zum Diebstahl, JuS 2008, 678 und 773
- Zopfs, Der Tatbestand des Diebstahls, ZJS 2009, 506 und 649

I. (Sog. einfacher) Diebstahl, § 242 StGB

1. Aufbau
I. Tatbestand
  1. Objektiver Tatbestand
    a) Eine Sache
    b) Bewegliche

---

[1] S. u. 4. Abschnitt.

c) Fremde
d) Einem anderen wegnimmt
2. Subjektiver Tatbestand
a) Vorsatz
b) Absicht, die Sache sich oder einem Dritten rechtswidrig zuzueignen
II. Rechtswidrigkeit
III. Schuld
IV. Rechtsfolgen: Besonders schwerer Fall, § 243 StGB
V. Strafantrag, §§ 247, 248a StGB

2. Allgemeines
§ 242 StGB stellt den (sog. einfachen[2]) Diebstahl unter Strafe.[3]

> **§ 242 StGB (Diebstahl)**
> (1) Wer eine fremde bewegliche Sache einem anderen in der Absicht wegnimmt, die Sache sich oder einem Dritten rechtswidrig zuzueignen, wird mit Freiheitsstrafe bis zu fünf Jahren oder mit Geldstrafe bestraft.
> (2) Der Versuch ist strafbar.

Die Norm schützt jedenfalls die Möglichkeit des Eigentümers, sein **Eigentum** zu nutzen.[4]

Umstritten ist, ob auch der **Gewahrsam** des Opfers an der Sache ein geschütztes Rechtsgut ist – so die h. M.[5] –, oder ob die Wegnahmehandlung zu Lasten des Gewahrsamsinhabers nur die besondere Art des Eigentumsangriffs darstellt.[6] Angesichts dessen, dass Gewahrsamsinhaber auch jemand sein kann, der nicht Eigentümer ist, sollte man die Gewahrsamsinhaberschaft als eigenständiges Rechtsgut

---

[2] Zum qualifizierten Diebstahl gem. §§ 244, 244a StGB s. u. II und III.
[3] Hierzu Lampe GA 1966, 225; Samson JA 1980, 285; Sonnen JA 1984, 569; Heubel JuS 1984, 445; Gropp JuS 1999, 1041; Jäger JuS 2000, 651; Schramm JuS 2008, 678 und 773; Zopfs ZJS 2009, 506 und 649.
[4] Näher zum „Eigentum" als Rechtsgut Sax FS Laufke 1971, 321; zu Diebstahlsdelikten in der Informationsgesellschaft Knauer ZStW 2024, 271.
[5] Hierzu Hoyer, in: SK-StGB, 9. Aufl. 2019, vor § 242 Rn. 11, § 242 Rn. 1; Heger, in: Lackner/Kühl/Heger, StGB, 30. Aufl. 2023, § 242 Rn. 1; aus der Rspr. vgl. zuletzt BGH B. v. 27.11.2018 – 2 StR 481/17 – BGHSt 63, 253 = = NJW 2019, 1086 = = NStZ 2019, 202 = StV 2020, 234 (Anm. Jäger JA 2019, 386; LL 2019, 391; RÜ 2019, 174; famos 3/2019; Mitsch NJW 2019, 1091; Grosse-Wilde HRRS 2019, 160; Pschorr jurisPR-StrafR 9/2019 Anm. 3); BVerfG B. v. 05.08.2020 – 2 BvR 1985/19, 2 BvR 1986/19 – NJW 2020, 2953 = NStZ 2021, 483 (Anm. Muckel JA 2020, 956; Hoven NJW 2020, 2955; Ogorek JZ 2020, 909; Schmitt-Leonardy jurisPR-StrafR 20/2020 Anm. 1; Kingreen Jura 2021, 108; Sachs JuS 2021, 280; Böse ZJS 2021, 224; Rennicke NStZ 2021, 485; Lenk JR 2021, 180; Schnetter KJ 2021, 73); OLG Zweibrücken U. v. 11.07.2022 – 1 OLG 2 Ss 7/22 – NStZ 2023, 293 (Anm. Lorenz/Lindbach jurisPR-StrafR 11/2024 Anm. 4).
[6] Dafür, dass allein das Eigentum geschützt wird, z. B. Kindhäuser/Hilgendorf, LPK, 9. Aufl. 2022, § 242 Rn. 1.

ansehen, was v. a. strafprozessuale Konsequenzen hat, z. B. für die Berechtigung zur Stellung eines Strafantrags nach Maßgabe der §§ 247, 248a i. V. m. 77 StGB.

3. Tatbestand

a) Objektiver Tatbestand

▶ **Didaktischer Aufsatz**
- Zieschang, Klausurrelevante Probleme des objektiven Tatbestands der Diebstahlsvorschrift JA 2024, 265

aa) Eine Sache

▶ **Didaktische Aufsätze**
- Graul, Zum Tier als Sache iS des StGB, JuS 2000, 215
- Kretschmer, Das Tatbestandsmerkmal „Sache" im Strafrecht, JA 2015, 105
- Mitsch, Tiere und Strafrecht, Jura 2017, 1388

Tatobjekt des Diebstahls ist die fremde bewegliche Sache.
Sache ist jeder körperliche Gegenstand, vgl. § 90 BGB.[7]

> **§ 90 BGB (Begriff der Sache)**
> Sachen im Sinne des Gesetzes sind nur körperliche Gegenstände.

Der **Wert** ist nur für die Strafzumessung und die Antragsbedürftigkeit (§ 248a StGB), nicht aber für die Frage der Tatbestandsmäßigkeit bedeutsam,[8] sodass z. B. das Pflücken fremden Obstes ganz geringen Werts und selbst die Wegnahme ganz

---

[7] Zum Sachbegriff Fischer, StGB, 71. Aufl. 2024, § 242 Rn. 3; aus der Rspr. vgl. BayObLG U. v. 16.08.1979 – RReg. 5 St 241/79 a, b – NJW 1980, 132 (Anm. Schmid JR 1980, 430).

[8] Fischer, StGB, 71. Aufl. 2024, § 242 Rn. 3a; aus der Rspr. vgl. zuletzt BGH B. v. 24.04.2018 – 5 StR 606/17 (Anm. RÜ 2018, 510; LL 2019, 33); BayObLG B. v. 02.10.2019 – 206 StRR 1013/19, 206 StRR 1015/19 – NStZ-RR 2020, 104 = StV 2020, 249 (Anm. Nestler Jura 2020, 298; Jäger JA 2020, 393; Jahn JuS 2020, 85; LL 2020, 309; RÜ 2020, 173; famos 3/2020; Bode NStZ-RR 2020, 105; Dießner StV 2020, 256; Pschorr jurisPR-StrafR 13/2020 Anm. 3); BVerfG B. v. 05.08.2020 – 2 BvR 1985/19, 2 BvR 1986/19 – NJW 2020, 2953 = NStZ 2021, 483 (Anm. Muckel JA 2020, 956; Hoven NJW 2020, 2955; Ogorek JZ 2020, 909; Schmitt-Leonardy jurisPR-StrafR 20/2020 Anm. 1; Kingreen Jura 2021, 108; Sachs JuS 2021, 280; Böse ZJS 2021, 224; Rennicke NStZ 2021, 485; Lenk JR 2021, 180; Schnetter KJ 2021, 73); OLG Zweibrücken U. v. 11.07.2022 – 1 OLG 2 Ss 7/22 – NStZ 2023, 293 (Anm. Lorenz/Lindbach jurisPR-StrafR 11/2024 Anm. 4); zur Verfassungsmäßigkeit BVerfG B. v. 05.08.2020 – 2 BvR 1985/19, 2 BvR 1986/19 – NJW 2020, 2953 = NStZ 2021, 483 (Anm. Muckel JA 2020, 956; Hoven NJW 2020, 2955; Ogorek JZ 2020, 909; Schmitt-Leonardy jurisPR-StrafR 20/2020 Anm. 1; Kingreen Jura 2021, 108; Sachs JuS 2021, 280; Böse ZJS 2021, 224; Rennicke NStZ 2021, 485; Lenk JR 2021, 180; Schnetter KJ 2021, 73).

wertloser Sachen (z. B. alter Fotos) erfasst wird,[9] ebenso sog. „Containern" (der Entwendung weggeworfener Lebensmittel aus Abfallbehältnissen).[10]

Auch auf den **Aggregatzustand** kommt es nicht an,[11] sofern eine räumliche Abgrenzung vorhanden ist.

Auch **Tiere** sind Sachen i. S. d. StGB.[12] Ob dies aus § 90a BGB zu begründen ist oder strafrechtsautonom, mag dahinstehen.

§ 90a BGB (Tiere)
Tiere sind keine Sachen. Sie werden durch besondere Gesetze geschützt. Auf sie sind die für Sachen geltenden Vorschriften entsprechend anzuwenden, soweit nicht etwas anderes bestimmt ist.

Zusätzlich greift insbesondere das TierSchG.

§ 17 TierSchG
Mit Freiheitsstrafe bis zu drei Jahren oder mit Geldstrafe wird bestraft, wer
1. ein Wirbeltier ohne vernünftigen Grund tötet oder
2. einem Wirbeltier
a) aus Rohheit erhebliche Schmerzen oder Leiden oder
b) länger anhaltende oder sich wiederholende erhebliche Schmerzen oder Leiden
zufügt.

Elektrische Energie ist keine Sache.[13] Die Entziehung elektrischer Energie ist unter bestimmten Voraussetzungen von § 248c StGB erfasst.

---

[9] Kritik aufgrund Divergenz zu Vermögensdelikten i. e. S. bei Lichtenthäler ZIS 2022, 77.

[10] Hierzu Vergho StraFo 2013, 15; Lorenz jurisPR-StrafR 10/2019 Anm. 1; Schiemann KriPoZ 2019, 231; Rennicke ZIS 2020, 343; Zimmermann JZ 2021, 186; Bui ZJS 2023, 205; Bohn HRRS 2023, 225; Kubiciel jurisPR-StrafR 8/2023 Anm. 1; Hohmann ZRP 2023, 63; Lorenz/Baldauf NK 2024, 227; aus der Rspr. vgl. BayObLG B. v. 02.10.2019 – 206 StRR 1013/19, 206 StRR 1015/19 – NStZ-RR 2020, 104 = StV 2020, 249 (Anm. Nestler Jura 2020, 298; Jäger JA 2020, 393; Jahn JuS 2020, 85; LL 2020, 309; RÜ 2020, 173; famos 3/2020; Bode NStZ-RR 2020, 105; Dießner StV 2020, 256; Pschorr jurisPR-StrafR 13/2020 Anm. 3); OLG Zweibrücken U. v. 11.07.2022 – 1 OLG 2 Ss 7/22 – NStZ 2023, 293 (Anm. Lorenz/Lindbach jurisPR-StrafR 11/2024 Anm. 4).

[11] Kindhäuser/Hilgendorf, LPK, 9. Aufl. 2022, § 242 Rn. 5; Fischer, StGB, 71. Aufl. 2024, § 242 Rn. 3; aus der Rspr. vgl. RG U. v. 21.03.1911 – II 134/11 (Heizdampf) – RGSt 44, 335.

[12] Hierzu Fischer, StGB, 71. Aufl. 2024, § 242 Rn. 3; näher Küper JZ 1993, 435; Graul JuS 2000, 215; aus der Rspr. vgl. RG U. v. 09.05.1899 – 1028/99 – RGSt 32, 165; BayObLG B. v. 05.05.1993 – 4 St RR 29/93 – NJW 1993, 2760; OLG Karlsruhe B. v. 02.05.2001 – 3 Ss 35/01 – NJW 2001, 2488 (Anm. Fahl JA-R 2001, 186).

[13] RG U. v. 20.10.1896 – 2609/96 – RGSt 29, 111; RG U. v. 09.05.1899 – 1028/99 – RGSt 32, 165.

> **§ 248c I StGB (Entziehung elektrischer Energie)**
> Wer einer elektrischen Anlage oder Einrichtung fremde elektrische Energie mittels eines Leiters entzieht, der zur ordnungsmäßigen Entnahme von Energie aus der Anlage oder Einrichtung nicht bestimmt ist, wird, wenn er die Handlung in der Absicht begeht, die elektrische Energie sich oder einem Dritten rechtswidrig zuzueignen, mit Freiheitsstrafe bis zu fünf Jahren oder mit Geldstrafe bestraft.

Daten unterfallen dem Sachbegriff ebenfalls nicht, Datenträger natürlich sehr wohl.[14]

Lebende **Menschen**, das werdende Leben innerhalb des Mutterleibs und mit dem Gesamtorganismus verbundene Körperteile sind keine Sachen i. S. d. § 242 I StGB.[15]

Umstritten ist, inwiefern menschlichen **Leichen** bzw. „Überbleibseln" eines menschlichen Körpers Sachqualität zukommt.[16]

Beispiel 1

OLG Hamburg B. v. 19.12.2011 – 2 Ws 123/11 (Zahngold) – NJW 2012, 1601 (Anm. RA 2012, 361; Stoffers NJW 2012, 1607; Satzger JK 2013 StGB § 242/26):
B arbeitete als Angestellter der Hamburger Friedhöfe – Anstalt öffentlichen Rechts – in den Einäscherungsanlagen des Krematoriums. Laut Verfügung der Geschäftsführung wird „die Wegnahme von Leichen oder Leichenteilen aus dem Eigentum der Hamburger Friedhöfe AöR als Diebstahl angezeigt". Dennoch entleerte B einen Restauffangbehälter im Krematorium auf einem Tisch, suchte Zahngold aus der Asche des Verstorbenen heraus und steckte dies ein, um es später zu verkaufen. ◄

Das Zahngold zählt zu den Überresten des Verstorbenen. Die Geschäftsführung der Hamburger Friedhöfe geht von der Eigentumsfähigkeit und damit der Sachqualität von Leichen und Leichenteilen aus. Handelt es sich bei dem Zahngold wirklich (wieder) um eine Sache i. S. d. § 242 StGB?

---

[14] Fischer, StGB, 71. Aufl. 2024, § 242 Rn. 3.
[15] Fischer, StGB, 71. Aufl. 2024, § 242 Rn. 8; zu Implantaten Gropp JR 1985, 181.
[16] Hierzu Krey/Hellmann/Heinrich, BT 2, 18. Aufl. 2021, Rn. 7, 10; Fischer, StGB, 71. Aufl. 2024, § 242 Rn. 8; näher Kopp MedR 1997, 544; aus der Rspr. vgl. zuletzt BGH B. v. 30.06.2015 – 5 StR 71/15 (Zahngold) – BGHSt 60, 302 = NJW 2015, 2901 = NStZ 2016, 92 (Anm. Bosch Jura 2015, 1393; Kudlich JA 2015, 872; LL 2015, 909; RÜ 2015, 581; Groß jurisPR-StrafR 17/2015 Anm. 4; Becker/Martenson JZ 2016, 779; Stübinger ZIS 2016, 373; Kotsoglou ZIS 2017, 257).

Während eine Minderheitsauffassung in früherer Rspr.[17] und Lit.[18] die Sacheigenschaft von Leichen und ihren Bestandteilen verneint, gehen die heutige Rspr.[19] und die h. L.[20] von einer Sacheigenschaft aus.

Gegen die h. M. könnte sprechen, dass man Leichen inkl. aller – auch künstlicher – Bestandteile eher als Rückstand der Persönlichkeitsrechte des Verstorbenen ansehen könnte, sodass nicht das Rechtsgut des § 242 StGB tangiert wäre, sondern allein die Störung der Totenruhe gem. § 168 StGB griffe. Allerdings ist der Wortlaut „Sache" denkbar weit und es ist kein Grund ersichtlich, den strafrechtlichen Schutz aus eher ideellen Gründen einzuschränken. Dies muss jedenfalls dann gelten, wenn der Leichnam als solcher bereits eingeäschert ist, sodass die Verbindung zwischen ihm und dem Zahnimplantat wieder gelöst ist. Zumindest in diesem Fall gewinnt das so verbleibende Implantat seine Sacheigenschaft zurück.[21] Es sprechen aber auch keine durchgreifenden Gründe dagegen, Leichenbestandteile stets als Sachen i. S. d. § 242 I StGB anzusehen. Eine andere Frage ist die der Fremdheit, s. sogleich.

Sofern Leichen nicht einmal mehr einer individualisierten Person zuzuordnen sind, z. B. bei Mumien, Moorleichen, Plastinationen etc., ist die Sacheigenschaft unstrittig gegeben.[22]

bb) Bewegliche
Beweglich sind alle Sachen, die von ihrem bisherigen Standort entfernt werden können.[23]

Beispiel 2

LG Karlsruhe U. v. 21.06.1993 – 8 AK 25/93 – NStZ 1993, 543 = StV 1993, 529:

Schäfer B zog mit seiner Herde, die durchschnittlich 600 bis 800 Schafe umfasste, durch Nordbaden und Nordwürttemberg, wobei er Wiesengrundstücke ohne Erlaubnis durch seine Tiere abweiden ließ. ◀

---

[17] OLG München B. v. 31.05.1976 – 1 Ws 1540/75 – NJW 1976, 1805 (Anm. Linck NJW 1976, 2310).
[18] Z. B. Sonnen, BT, 2005, S. 100.
[19] OLG Bamberg U. v. 29.01.2008 – 2 Ss 125/07 (Zahngold) – NJW 2008, 1543 (Anm. Kudlich JA 2008, 391; Jahn JuS 2008, 457; LL 2008, 675; RÜ 2008, 308; RA 2008, 331; famos 7/2008); OLG Nürnberg B. v. 20.11.2009 – 1 St OLG Ss 163/09 (Zahngold) – NJW 2010, 2071 (Anm. Kudlich JA 2010, 226; Kudlich/Christensen JR 2011, 146).
[20] S. nur Eisele, BT II, 6. Aufl. 2021, Rn. 19.
[21] S. nur OLG Nürnberg B. v. 20.11.2009 – 1 St OLG Ss 163/09 – NJW 2010, 2071.
[22] S. Eisele, BT II, 6. Aufl. 2021, Rn. 20.
[23] Kindhäuser/Hoven, in: NK-StGB, 6. Aufl. 2023, § 242 Rn. 14; aus der Rspr. vgl. RG U. v. 01.10.1881 – 2243/81 – RGSt 5, 42; RG U. v. 27.06.1890 – 1574/90 – RGSt 21, 27; RG U. v. 13.04.1892 – 282/92 – RGSt 23, 74; RG U. v. 16.01.1902 – 4392/01 – RGSt 35, 67; LG Karlsruhe U. v. 21.06.1993 – 8 AK 25/93 – NStZ 1993, 543 = StV 1993, 529.

A. Diebstahl, §§ 242–244a StGB

Der mit dem Boden fest verbundene Pflanzenbewuchs ist wesentlicher Bestandteil des Grundstücks (§ 94 I BGB) und als solcher rechtlich unselbstständig. Die abgefressenen Feldfrüchte sind aber, da nunmehr vom Grundstück entfernt, taugliche Diebstahlsobjekte.

cc) Fremde

▶ **Didaktischer Aufsatz**
- Kudlich/Noltensmeier, Die Fremdheit der Sache, JA 2007, 863

(1) Allgemeines
Die ganz h. M.[24] bestimmt den Begriff der Fremdheit in § 242 I StGB rein zivilrechtsakzessorisch.

Dies kann dazu führen, dass im Rahmen einer strafrechtlichen Prüfungsarbeit Fragen des zivilrechtlichen Eigentumserwerbs oder -verlusts inzident zu behandeln sind, wobei die Anforderungen freilich nicht so hoch wie in einer Zivilrechtsklausur sein werden.

Fremd ist hiernach jede eigentumsfähige Sache, an der ein anderer im Zeitpunkt des Beginns der Wegnahme Eigentum hat.[25]

(2) Eigentumsunfähige (verkehrsunfähige) Sachen (res extra commercium)
Nur eigentumsfähige (verkehrsfähige) Sachen können fremd sein.[26]

Problematisch sind wiederum menschliche **Leichen** und Rückstände, abgesehen von Mumien, Moor- und Anatomieleichen, die unstrittig erfasst werden.[27]

Beispiel 3

OLG Hamburg B. v. 19.12.2011 – 2 Ws 123/11 (Zahngold) – NJW 2012, 1601 (Anm. RA 2012, 361; Stoffers NJW 2012, 1607; Satzger JK 2013 StGB § 242/26):

---

[24] S. nur Fischer, StGB, 71. Aufl. 2024, § 242 Rn. 5; näher Kudlich/Noltensmeier JA 2007, 863; anders aber Otto Jura 2004, 389; Otto FS Beulke 2015, 507; aus der Rspr. vgl. zuletzt BGH B. v. 10.10.2018 – 4 StR 591/17 – BGHSt 63, 215 = NJW 2018, 3598 = NStZ-RR 2019, 45 = StV 2020, 234 (Anm. RÜ 2018, 786; Hoven NJW 2018, 3599; Bosch Jura 2019, 435; Eisele JuS 2019, 178; Disselkamp ZJS 2019, 156; LL 2019, 99; famos 2/2019; Wachter JZ 2019, 315; Wigger jurisPR-StrafR 1/2019 Anm. 3); BVerfG B. v. 05.08.2020 – 2 BvR 1985/19, 2 BvR 1986/19 – NJW 2020, 2953 = NStZ 2021, 483 (Anm. Muckel JA 2020, 956; Hoven NJW 2020, 2955; Ogorek JZ 2020, 909; Schmitt-Leonardy jurisPR-StrafR 20/2020 Anm. 1; Kingreen Jura 2021, 108; Sachs JuS 2021, 280; Böse ZJS 2021, 224; Rennicke NStZ 2021, 485; Lenk JR 2021, 180; Schnetter KJ 2021, 73); LG Nürnberg-Fürth B. v. 24.01.2022 – 18 Qs 24/21, 18 Qs 25/21 (Anm. Gierok/Dittrich MedR 2022, 692).

[25] Kindhäuser/Hilgendorf, LPK, 9. Aufl. 2022, § 242 Rn. 8; aus der Rspr. vgl. zuletzt BayObLG B. v. 02.10.2019 – 206 StRR 1013/19, 206 StRR 1015/19 – NStZ-RR 2020, 104 = StV 2020, 249 (Anm. Nestler Jura 2020, 298; Jäger JA 2020, 393; Jahn JuS 2020, 85; LL 2020, 309; RÜ 2020, 173; famos 3/2020; Bode NStZ-RR 2020, 105; Dießner StV 2020, 256; Pschorr jurisPR-StrafR 13/2020 Anm. 3); LG Nürnberg-Fürth B. v. 24.01.2022 – 18 Qs 24/21, 18 Qs 25/21 (Anm. Gierok/Dittrich MedR 2022, 692).

[26] Kindhäuser/Hilgendorf, LPK, 9. Aufl. 2022, § 242 Rn. 11.

[27] S. obige Nachweise.

B arbeitete als Angestellter der Hamburger Friedhöfe – Anstalt öffentlichen Rechts – in den Einäscherungsanlagen des Krematoriums. Laut Verfügung der Geschäftsführung wird „die Wegnahme von Leichen oder Leichenteilen aus dem Eigentum der Hamburger Friedhöfe AöR als Diebstahl angezeigt". Dennoch entleerte B einen Restauffangbehälter im Krematorium auf einem Tisch, suchte Zahngold aus der Asche des Verstorbenen heraus und steckte dies ein, um es später zu verkaufen. ◄

Es ist fraglich, ob es sich bei den Zahngoldstücken um eigentumsfähige Sachen oder sog. *res extra commercium*[28] handelte.[29]

Leichen sind in der Tat entweder schon nicht eigentumsfähig[30] oder stehen jedenfalls in niemandes Eigentum und sind damit herrenlos, solange sie zur Bestattung vorgesehen sind.[31] Es widerspricht dem Herkommen und den Gepflogenheiten, den Leichnam eines Menschen als eigentumsfähige Sache zu behandeln. Auch Substitutiv-Implantate sind herrenlos.

Künstliche Körperteile eines Verstorbenen werden jedoch eigentumsfähig, wenn ihre feste Verbindung mit dem Leichnam gelöst wird.[32]

Als Folge der Einäscherung steht das Zahngold nicht mehr in fester Verbindung zu den menschlichen Rückständen und ist folglich ab diesem Zeitpunkt eine bewegliche, eigentumsfähige Sache.

Ähnlich problematisch sind abgetrennte Körperteile, Implantate,[33] entnommene Organe[34] oder eingelagertes Blut oder Sperma.[35] Angesichts der Trennung vom menschlichen Körper spricht nichts dagegen, diesen Sachen den Schutz des Diebstahlstatbestands zukommen zu lassen.

Umstritten ist, ob auch Sachen, die in **strafbarer Weise erworben** worden sind (z. B. durch Diebstahl), und Sachen, deren **Besitz oder Nutzung strafbar** ist (z. B. Betäubungsmittel nach dem BtMG, vgl. §§ 29ff. BtMG; Falschgeld, vgl. §§ 145ff. StGB), von § 242 I StGB erfasst werden.[36]

---

[28] Zu diesem Begriff Kindhäuser/Hoven, in: NK-StGB, 6. Aufl. 2023, § 242 Rn. 24.
[29] Zsf. Fischer, StGB, 71. Aufl. 2024, § 242 Rn. 8; zur Rspr. s. o.
[30] So Krey/Hellmann/Heinrich, BT 2, 18. Aufl. 2021, Rn. 8.
[31] So OLG Hamburg B. v. 19.12.2011 – 2 Ws 123/11 – NJW 2012, 1601 (1603); Fischer, StGB, 71. Aufl. 2024, § 242 Rn. 8.
[32] Vogel/Brodowski, in: LK-StGB, 13. Aufl. 2022, § 242 Rn. 34.
[33] Hierzu Gropp JR 1985, 181.
[34] S. Fischer, StGB, 71. Aufl. 2024, § 242 Rn. 8; näher Kopp MedR 1997, 544; aus der Rspr. vgl. AG Berlin-Tiergarten B. v. 27.03.1996 – 248 Ds 400/95 – NJW 1996, 3092 = NStZ 1996, 544 (Anm. Schmeissner/Wolfslast NStZ 1997, 548).
[35] Fischer, StGB, 71. Aufl. 2024, § 242 Rn. 8; aus der Rspr. vgl. BGH U. v. 09.11.1993 – VI ZR 62/93 – BGHZ 124, 52 = NJW 1994, 127 (Anm. Rohe JZ 1994, 465; Taupitz JR 1995, 21).
[36] Hierzu Fischer, StGB, 71. Aufl. 2024, § 242 Rn. 5a; näher Engel NStZ 1991, 520; Marcelli NStZ 1992, 220; Vitt NStZ 1992, 221; Wolters FS Samson 2010, 495; Bechtel JR 2017, 197; Hoyer FS Fischer 2018, 36; Bechtel wistra 2024, 403; aus der Rspr. vgl. zuletzt LG Nürnberg-Fürth B. v. 24.01.2022 – 18 Qs 24/21, 18 Qs 25/21 (Anm. Gierok/Dittrich MedR 2022, 692).

> **Beispiel 4**
>
> BGH B. v. 20.09.2005 – 3 StR 295/05 – NJW 2006, 72 = NStZ 2006, 170 = StV 2006, 18 (Anm. Satzger JK 2006 StGB § 249/10; Kudlich JA 2006, 335; LL 2006, 333; RA 2006, 36; famos 1/2006; Hauck ZIS 2006, 36):
> Der drogenabhängige B nahm der Z, die ebenfalls Heroinkonsumentin war, unter Einsatz eines Messers circa 4 bis 6 g Heroin weg. ◀

> **§ 29 I Nr. 1–3 BtMG (Straftaten)**
> Mit Freiheitsstrafe bis zu fünf Jahren oder mit Geldstrafe wird bestraft, wer
>   1. Betäubungsmittel unerlaubt anbaut, herstellt, mit ihnen Handel treibt, sie, ohne Handel zu treiben, einführt, ausführt, veräußert, abgibt, sonst in den Verkehr bringt, erwirbt oder sich in sonstiger Weise verschafft,
>   2. eine ausgenommene Zubereitung (§ 2 Abs. 1 Nr. 3) ohne Erlaubnis nach § 3 Abs. 1 Nr. 2 herstellt,
>   3. Betäubungsmittel besitzt, ohne zugleich im Besitz einer schriftlichen Erlaubnis für den Erwerb zu sein […]

Eine Minderheitsmeinung[37] vertritt die Auffassung, **Betäubungsmittel** seien nicht verkehrsfähig.

Dem folgen die ganz herrschende Rspr.[38] und die h. L.[39] zu Recht nicht.

Zwar ist richtig, dass das Eigentum an Betäubungsmitteln nach den Verbotsvorschriften des Betäubungsmittelgesetzes i. V. m. § 134 BGB nicht rechtsgeschäftlich übertragen werden kann. Allerdings ändert dies nichts daran, dass ein ursprüngliches – etwa durch Produktion – erlangtes Eigentum fortbesteht. So verliert der Produzent von Marihuana das Eigentum nicht allein dadurch, dass der Anbau und der Besitz von Betäubungsmitteln ohne Erlaubnis verboten sind. Von einer „leeren Begriffshülse" zu sprechen, bzgl. derer kein Grund für einen strafrechtlichen Schutz bestehe, mag zwar zur Förderung einer Einheit der Rechtsordnung gedacht sein, allerdings sind Konstellationen möglich, in denen Eigentum an illegalen Drogen auch auf nicht rechtsgeschäftliche Weise erlangt werden kann, die nicht von § 134 BGB erfasst ist, was insbesondere für die Produktion und Verarbeitung gilt. Zudem ist darauf hinzuweisen, dass illegale Drogen ganz überwiegend aus dem Ausland kommen und somit ein etwaiger Eigentumserwerb nach den möglicherweise nach Land und Drogenart unterschiedlichen ausländischen Rechtsordnungen beurteilt werden müsste.

---

[37] Engel NStZ 1991, 520 (521); Schmitz, in: MK-StGB, 4. Aufl. 2021, § 242 Rn. 17; s. auch BGH Anfrageb. v. 01.06.2016 – 2 StR 335/15 – NStZ 2016, 596.
[38] S. (auch zum Folgenden) BGH B. v. 20.09.2005 – 3 StR 295/05 – NJW 2006, 72; bestätigt z. B. in BGH B. v. 07.02.2017 – 5 ARs 47/16 – NStZ-RR 2017, 110 (Anm. RÜ 2017, 373).
[39] Etwa Eisele, BT II, 6. Aufl. 2021, Rn. 24.

Demgegenüber räumt ein anderer Vertreter dieser Auffassung[40] zwar ein, dass auch an illegalen Drogen Eigentum bestehen könne. Er stellt jedoch darauf ab, dass der Eigentümer – etwa nach einem Verkauf – nicht mehr betroffen ist. Selbst wenn die Sache bei ihm gestohlen würde, wäre er in seinen Rechten aus § 903 BGB nicht beeinträchtigt, da ihm diese im Hinblick auf die Verbotsvorschriften des Betäubungsmittelgesetzes nicht zustehen.

Dabei bleibt unberücksichtigt, dass die Strafvorschriften zum Schutz des Eigentums nach §§ 242, 259 StGB für den Begriff der fremden Sache allein auf die formale Eigentumsposition, nicht aber auf die tatsächliche oder rechtliche Verfügbarkeit abstellen. Auch ein Eigentümer, der infolge Beschlagnahme, Insolvenz, Verpfändung o. Ä. über sein Eigentum nicht mehr verfügen kann, wird durch diese Bestimmungen uneingeschränkt geschützt. I.Ü. trifft es nicht zu, dass die Rechte eines Eigentümers aus § 903 BGB durch die Vorschriften des Betäubungsmittelgesetzes völlig beseitigt werden. Zu diesen zählt das – durch diese Vorschriften unberührte – Recht auf Eigentumsaufgabe und Vernichtung. Auch der Verbrauch selbst wird durch das Betäubungsmittelgesetz nicht verboten, strafbar wäre insoweit nur der diesem vorausgehende Besitz.

Diese Auffassung steht in Übereinstimmung mit der Rechtslage bei einer Entziehung illegaler Drogen durch eine räuberische Erpressung, da insofern ein Vermögensschaden angenommen wird. Soweit die Minderheitsauffassung darauf abstellt, ein Strafbedürfnis wegen der Verletzung fremden Eigentums entfalle schon deswegen, weil die Strafvorschriften des Betäubungsmittelgesetzes eine ausreichende Ahndung ermöglichten, ist diese Argumentation bereits für sich dogmatisch fragwürdig. Zudem wird übersehen, dass damit der Täter eines Drogendiebstahls oder gar eines Drogenraubs mit einem Käufer, der sich seinen Bedarf aus eigenen Geldmitteln kauft, auf eine Stufe gestellt wird, obgleich der Schuldgehalt nicht vergleichbar ist. Der Strafrahmen des § 29 I BtMG reicht zumindest für den Raub von Betäubungsmitteln auch keineswegs aus.

Bei **gestohlenen Sachen**, die dem (Erst-)Dieb von einem Dritten gestohlen werden, ändert die Tatsache, dass der Dieb nicht Eigentümer war, nichts daran, dass der (Zweit-)Dieb eine fremde Sache wegnahm. Ein Diebstahl sorgt nicht für einen Eigentumsverlust. Es gibt also keinen (straf-)rechtsfreien Raum zwischen „Ganoven".

(3) Herrenlose Sachen, §§ 959, 960 BGB

▶ **Didaktischer Aufsatz**
  • Bode, Zur Strafbarkeit privater Schrottsammler, JA 2016, 589

---

[40] Schmitz, in: MK-StGB, 4. Aufl. 2021, § 242 Rn. 17.

Nicht i. S. d. § 242 I StGB fremd sind i. S. d. §§ 959, 960 BGB herrenlose Sachen,[41] an denen mithin niemand Eigentum hat.

> **§ 959 BGB (Aufgabe des Eigentums)**
> Eine bewegliche Sache wird herrenlos, wenn der Eigentümer in der Absicht, auf das Eigentum zu verzichten, den Besitz der Sache aufgibt.

> **§ 960 I BGB (Wilde Tiere)**
> Wilde Tiere sind herrenlos, solange sie sich in der Freiheit befinden. Wilde Tiere in Tiergärten und Fische in Teichen oder anderen geschlossenen Privatgewässern sind nicht herrenlos.

I.R.e. sog. **Dereliktion** nach § 959 BGB kann problematisch sein, ob der Eigentümer wirklich sein Eigentum aufgeben wollte.

Beispiel 5

AG Köln U. v. 10.08.2012 – 526 Ds 395/12 (Anm. Jahn JuS 2013, 271):
B begab sich am 23.02.2012 gegen 04:15 Uhr auf den Fußgängerweg auf der Südseite der Hohenzollernbrücke in Köln. Etwa auf Höhe der Brückenmitte durchschnitt er mit einem mitgeführten Bolzenschneider mehrere Streben des Gitterzauns. Dieser Zaun trennt den Fußweg zu den mittig auf der Brücke verlaufenden Bahngleisen. An dem Gitterzaun sind mehrere tausend, größtenteils individuell gravierte Vorhängeschlösser (sog. „Liebesschlösser") angeschlossen. Von den aufgetrennten Streben des Gitterzauns nahm er dann 53 „Liebesschlösser" an sich. Er beabsichtigte, diese „Liebesschlösser", die ein Gewicht von etwa 15 kg hatten, zum Preis von 3,20 € pro Kilogramm an einen Schrotthändler zu verkaufen und den Erlös zu teilen. ◄

Bei den „Liebesschlössern" handelte es sich nicht mehr um fremde Sachen, wenn die früheren Eigentümer ihr Eigentum mit der Anbringung nach § 959 BGB aufgegeben haben. Dabei ist zum einen fraglich, ob überhaupt Besitz aufgegeben wurde, wenn der Ort des Schlosses feststeht und es hinreichend fest angebracht ist, oder ob nicht die Verkehrsanschauung weiterhin eine Sachherrschaft der Eigentümer anerkennen würde. Zum anderen muss der Wille zur Eigentumsaufgabe kritisch untersucht werden.

---

[41] Fischer, StGB, 71. Aufl. 2024, § 242 Rn. 6; aus der Rspr. vgl. BayObLG B. v. 02.10.2019 – 206 StRR 1013/19, 206 StRR 1015/19 – NStZ-RR 2020, 104 = StV 2020, 249 (Anm. Nestler Jura 2020, 298; Jäger JA 2020, 393; Jahn JuS 2020, 85; LL 2020, 309; RÜ 2020, 173; famos 3/2020; Bode NStZ-RR 2020, 105; Dießner StV 2020, 256; Pschorr jurisPR-StrafR 13/2020 Anm. 3).

Erforderlich für eine Dereliktion ist neben der tatsächlichen Besitzaufgabe der rechtsgeschäftliche Wille, auch das Eigentum aufzugeben.[42] Dieser Wille muss zwar nicht ausdrücklich geäußert werden, erforderlich ist aber, dass dem Eigentümer das rechtliche Schicksal der Sache völlig gleichgültig ist. Er müsste daher zu diesem Zeitpunkt nichts dagegen haben, dass sich ein anderer die Sache zueignen könnte.

Das ist bei den Liebesschlössern nicht der Fall. Diese werden dem Brauch nach am Brückengeländer angebracht, um als Symbol für ewige Liebe für immer dort hängen zu bleiben. Diejenigen, die Liebesschlösser an das Brückengeländer anbringen, wollen diese gerade nicht dauerhaft loswerden. Sie wollen sie nur an diesem speziellen Ort deponieren. Das weitere rechtliche Schicksal der Schlösser war denjenigen, die die „Liebesschlösser" am Brückengeländer anbrachten, mithin nicht völlig gleichgültig. Die Schlösser sind daher im Eigentum derjenigen verblieben, die sie an der Brücke anbrachten.

Beispiel 6

OLG Hamm B. v. 10.02.2011 – III 3 RVs 103/10 (Anm. Jahn JuS 2011, 755):
Z reinigte nach Geschäftsschluss die Geschäfts- und Büroräume der Filiale der Easy-Bank in Castrop-Rauxel. Ihr arbeitsloser Sohn B begleitete sie und half bei der Erledigung von Reinigungsarbeiten. Z bat B, den Inhalt eines Papierkorbes in einen Müllsack zu entleeren und den Sack nach draußen zu bringen, wo er von einem Entsorgungsunternehmen abgeholt werden sollte. In diesem Papierkorb entdeckte B ein schwarzes Kästchen, das seine Aufmerksamkeit erregte. Er entleerte zunächst den Inhalt des Papierkorbes in den Müllsack, brachte diesen nach draußen, nahm anschließend außerhalb der Sichtweite seiner Mutter das Kästchen an sich und öffnete es. Darin entdeckte er eine EC-Karte und einen Briefumschlag, in dem sich der dazugehörige PIN befand. Das Kästchen samt Inhalt war – wohl versehentlich und in Unkenntnis der darin befindlichen EC-Karte nebst PIN – in den Papierkorb in den Geschäftsräumen der Bank gelangt, wobei nicht aufgeklärt werden konnte, wer das Kästchen darin entsorgt hatte. Üblicherweise sind EC-Karten von einem Bankmitarbeiter im Beisein des Kunden zu zerschneiden und anschließend als Sondermüll von Spezialfirmen zu entsorgen. B nahm die EC-Karte samt PIN an sich und hob sodann an einem Geldautomaten 500 € ab. Danach warf er die EC-Karte weg. Das Geld gab er für eigene Zwecke aus. ◄

In dem Ablegen in den Papierkorb müsste erstens eine Besitzaufgabe zu sehen sein, welche zweitens mit der Absicht, auf das Eigentum zu verzichten, geschah. Hierfür spricht im Ausgangspunkt, dass weder Bank noch Kunde die Karte mehr benutzen wollten, wenn man nicht ohnehin von einer gänzlich versehentlichen Entsorgung ausgehen möchte. Überzeugender dürfte es aber sein, die Voraussetzungen der Dereliktion zu verneinen: Das Ablegen der EC-Karte nebst PIN in den Abfallbehälter erfolgte zum Zwecke der späteren Leerung und Müllentsorgung.[43] Die Dereliktion ist eine einseitige nicht empfangsbedürftige Willenserklärung, weshalb es für die Auslegung auf

---

[42] So (auch zum Folgenden) AG Köln U. v. 10.08.2012 – 526 Ds 395/12.
[43] So (auch zum Folgenden) OLG Hamm B. v. 10.02.2011 – III 3 RVs 103/10 (Anm. Jahn JuS 2011, 755).

den tatsächlichen Willen des Eigentümers ankommt. Verfolgt der Eigentümer etwa bestimmte Verwendungszwecke mit einer Sache, liegt keine Dereliktion vor. So ist in der Rspr. für an der Straße abgestelltes Sammelgut, das für eine Sammelorganisation bestimmt war, die Dereliktionsabsicht verneint worden. Ebenso schließt Vernichtungsabsicht bei der Hingabe in den Müll die Dereliktionsabsicht aus. Der Wille des Eigentümers (also der Bank) kann lebensnah nur so ausgelegt werden, dass vor dem Hintergrund der Tatsache, dass persönliche Daten auf EC-Karten gespeichert sind, durch die der Zugang zu Konten eröffnet wird, die Eigentumsaufgabe nur mit der Annahme durch den zuständigen Abfallentsorger zur Vernichtung erfolgen sollte.

Auch in den obigen „**Zahngold**"-Fällen kann u. U. eine Herrenlosigkeit angenommen werden; es kommt aber auch ein Eigentumserwerb der Erben oder des Friedhofs in Betracht.[44]

Eine weitere aktuelle Fallgestaltung betrifft das sog. „**Containern**" bzgl. weggeworfener Lebensmittel.[45]

Zu beachten ist, dass die Herrenlosigkeit einer Sache mit der **Aneignung** durch eine Person endet, § 958 BGB.

> **§ 958 BGB (Eigentumserwerb an beweglichen herrenlosen Sachen)**
> (1) Wer eine herrenlose bewegliche Sache in Eigenbesitz nimmt, erwirbt das Eigentum an der Sache.
> (2) Das Eigentum wird nicht erworben, wenn die Aneignung gesetzlich verboten ist oder wenn durch die Besitzergreifung das Aneignungsrecht eines anderen verletzt wird.

(4) Alleineigentum des Täters

(a) Allgemeines
Für den Täter ist eine Sache nicht fremd, an der er Alleineigentum hat.[46]

Fremdheit ist aber anzunehmen bei **Miteigentum** des Täters und eines anderen[47] sowie **Gesamthandseigentum**.[48]

Insbesondere bei Arbeitnehmerverhältnissen ist nicht immer eindeutig, wer Eigentum (z. B. an kassiertem Geld) erlangt; i. d. R. wird aber der Arbeitnehmer jedenfalls nicht Alleineigentümer.

---

[44] S. o.; ggf. ist dann ein Versuch zu prüfen.
[45] S. obige Nachweise.
[46] S. nur Fischer, StGB, 71. Aufl. 2024, § 242 Rn. 5b.
[47] Fischer, StGB, 71. Aufl. 2024, § 242 Rn. 5b; aus der Rspr. vgl. RG U. v. 25.09.1885 – 1813/85 – RGSt 12, 376; RG U. v. 12.01.1891 – RGSt 21, 270; RG U. v. 15.11.1898 – 3465/98 – RGSt 31, 317; BGH U. v. 04.12.1953 – 2 StR 220/53 – NJW 1954, 889; OLG Düsseldorf B. v. 15.04.1991 – 5 Ss 491/89 – 5/90 I – NJW 1992, 60; OLG Koblenz U. v. 10.08.1998 – 2 Ss 206/98 – NStZ 1999, 139 = NStZ-RR 1998, 364 (Anm. Otto JK 1999 StGB § 246/11; Baier JA 1999, 364; Wrage DAR 2000, 232).
[48] Fischer, StGB, 71. Aufl. 2024, § 242 Rn. 5b; aus der Rspr. vgl. OLG Düsseldorf B. v. 15.04.1991 – 5 Ss 491/89 – 5/90 I – NJW 1992, 60; BGH U. v. 03.05.1991 – 2 StR 613/90 – NJW 1992, 250 = NStZ 1991, 432.

> **Beispiel 7**
>
> **OLG Düsseldorf B. v. 15.04.1991 – 5 Ss 491/89 – 5/90 I – NJW 1992, 60:**
> B war am Abend des 22.05.1987 als Aushilfskellner im H-Hotel in D. tätig, in dem an diesem Abend eine Vereinsveranstaltung stattfand. Bei Dienstantritt erhielt B den der ihm zugeteilten Personalnummer zugehörigen Schlüssel für die Bonierkasse. Als Arbeitsbereich wurden ihm zur Bedienung drei Tische mit je zehn Sitzplätzen zugeteilt. Um die von den Gästen seines Arbeitsbereichs aufgegebenen Bestellungen ausführen zu können, hatte B für jede Speise bzw. jedes Getränk zunächst an der Bonierkasse unter Eingabe des jeweiligen Einzelpreises mit Hilfe des ihm zugeteilten Schlüssels einen Bon zu lösen, darauf handschriftlich die Speise bzw. das Getränk zu notieren und unter Vorlage des Bons in der Küche bzw. am Buffet die Speise bzw. das Getränk entgegenzunehmen. Es war auch Aufgabe des B, mit den Gästen seines Arbeitsbereichs unter Verwendung der ihm überlassenen Rechnungsformulare abzurechnen, deren Zahlungen entgegenzunehmen und seinerseits schließlich mit dem H-Hotel abzurechnen. Bei Abschluss der Veranstaltung wies der Gesamtabschlag der Bonierkasse einen Gesamtumsatz des B von 2824 DM aus. Zum Ausgleich der Forderung des H-Hotels legte der B nach Korrektur verschiedener Positionen zwei die Gäste des Veranstalters betreffende Rechnungen über 1477,50 DM und über 1570,50 DM vor, d. h. über einen Gesamtbetrag von 3048 DM, der von dem Veranstalter beglichen werden sollte. Soweit die Rechnungsforderungen seinen Gesamtumsatz von 2824 DM überstiegen, verlangte er Geld heraus. Das von zwei Gästen kassierte Bargeld behielt er für sich. Zur Verschleierung des Einbehalts der bar kassierten Beträge hatte B auf den die Gäste des Veranstalters betreffenden Rechnungen diese Gäste nicht betreffende Bestellungen aufgeführt. ◄

Durch die Bestellungen der Gäste werden grundsätzlich nur Rechte und Verbindlichkeiten zwischen dem Wirt und dem Gast, nicht aber dem Kellner und dem Gast begründet. Mit der Entgegennahme des Geldes durch B ist es Eigentum des H-Hotels geworden.

In einer Prüfungsarbeit ist u. U. ein **gesetzlicher** (§§ 947 ff. BGB) oder **rechtsgeschäftlicher Eigentumserwerb** (§§ 929 ff. BGB) des Täters zu prüfen, und zwar in ordnungsgemäßer zivilrechtlicher Methodik.

Zu beachten ist, dass es ausreicht, wenn die **Sache im Zeitpunkt des Beginns des Tatvorgangs fremd** war.[49] Insofern ist es irrelevant, falls der Täter durch die Tat rechtsgeschäftlich oder gesetzlich Eigentum erwirbt.[50] Ebenso wie ein Totschlag natürlich nicht daran scheitert, dass das Opfer am Ende des Tatvorgangs tot ist, scheitert ein Diebstahl nicht daran, dass die Wegnahme zum Eigentumsübergang führt; Einzelheiten sind problematisch, s. sogleich.

---

[49] Hierzu Hoyer, in. SK-StGB, 9. Aufl. 2019, § 242 Rn. 17ff.
[50] Aus der Rspr. vgl. zuletzt LG Nürnberg-Fürth B. v. 24.01.2022 – 18 Qs 24/21, 18 Qs 25/21 (Anm. Gierok/Dittrich MedR 2022, 692).

Als Konsequenz der streng sachenrechtlichen Zivilrechtsakzessorietät ist irrelevant, ob der Täter einen **Eigentumsverschaffungsanspruch** oder ein **Anwartschaftsrecht** innehatte,[51] vgl. auch das zivilrechtliche Trennungs- und Abstraktionsprinzip. Auch Eigentum, welches im Wege einer Sicherungsübereignung erlangt wurde (**Sicherungseigentum**) unterliegt daher vollständig dem strafrechtlichen Schutz.

Beispiel 8

B übereignete dem Gläubiger Z eine Maschine zur Sicherung eines Darlehens. ◄

Durch den Eigentumserwerb des Z wurde die Maschine für B eine fremde Sache. I.F.d. Wegnahme greift § 242 StGB, i.Ü. (z. B. bei Veräußerung der in eigenem Gewahrsam befindlichen Sache des Z an einen Dritten) ist an eine Unterschlagung gem. § 246 I StGB zu denken.

Bedeutsam sind Konstellationen des mit einem Anwartschaftsrecht verbundenen **Eigentumsvorbehalts (-kaufs)**, vgl. § 449 BGB.

Beispiel 9

B erwarb von Z einen Rasenmäher, den B in Raten abzahlen sollte. Z behielt sich das Eigentum bis zur vollständigen Kaufpreiszahlung vor. ◄

Der Eigentumserwerb des B ist aufschiebend bedingt durch die Kaufpreiszahlung (§§ 929 S. 1, 158 I BGB). Bevor diese erfolgt ist, bleibt der Rasenmäher für B eine fremde Sache.

Einerlei ist auch die wirtschaftliche Verflechtung von Täter und Eigentümer.[52] So ist dann z. B. für einen **GmbH-Alleingesellschafter** das Eigentum „seiner" GmbH fremd, da diese eine eigene – juristische – Person ist.[53]

(b) Automaten; Selbstbedienungskasse

▶ **Didaktische Aufsätze**
- Steinhilper, Die mißbräuchliche Verwendung von Euroscheckkarten in strafrechtlicher Sicht, Jura 1983, 401
- Kleb-Braun, Codekartenmißbrauch und Sparbuchfälle aus „volljuristischer" Sicht, JA 1986, 249 und 310

---

[51] Fischer, StGB, 71. Aufl. 2024, § 242 Rn. 9; aus der Rspr. vgl. BGH U. v. 19.06.1951 – 1 StR 42/51 (mehrfache Sicherungsübereignung) – BGHSt 1, 262; OLG Düsseldorf B. v. 23.11.1983 – 5 Ss 437/83 – 360/83 I – NJW 1984, 810 = StV 1984, 288 (Anm. Sonnen JA 1984, 379); BGH U. v. 17.03.1987 – 1 StR 693/86 – BGHSt 34, 309 = NJW 1987, 2242 = StV 1988, 14 (Anm. Geppert JK 1987 StGB § 246/5; Müller JA 1988, 56); BGH B. v. 28.06.2005 – 4 StR 376/04 – NStZ 2005, 566 und 631 = NStZ-RR 2005, 311 = StV 2005, 553 (Anm. LL 2006, 400).
[52] Ganz h. M., s. nur Kindhäuser/Hilgendorf, LPK, 9. Aufl. 2022, § 242 Rn. 10.
[53] Kindhäuser/Hilgendorf, LPK, 9. Aufl. 2022, § 242 Rn. 10; näher Piel NStZ 2006, 550; aus der Rspr. vgl. BGH U. v. 20.07.1999 – 1 StR 668/98 – NJW 2000, 154 = NStZ 2000, 37 = StV 2000, 487 (Anm. Gehrlein NJW 2000, 1089); krit. aber etwa Fischer, StGB, 71. Aufl. 2024, § 242 Rn. 5b.

- Thaeter, Die unendliche Geschichte „Codekarte", JA 1988, 547
- Spahn, Wegnahme und Mißbrauch codierter Scheckkarten nach altem und neuem Recht, Jura 1989, 513
- Achenbach, Die „kleine Münze" des sog. Computer-Strafrechts, Jura 1991, 225
- Schulz/Tscherwinka, Probleme des Codekartenmißbrauchs, JA 1991, 119

Problematisch ist die Frage, ob ein taugliches Tatobjekt des Diebstahls vorliegt (und auch die Frage der Wegnahme), wenn der Täter einen **Geld- oder Warenautomaten** missbräuchlich benutzt.[54]

Die wichtigste Fallkonstellation betrifft das Abheben von Geld an einem Geldautomaten mit einer fremden EC-Karte inkl. passender PIN, wobei die Erlangung der Karte auf Wegnahme oder Abnötigung, aber auch auf freiwillige Übergabe zurückgehen kann.

Beispiel 10

BGH B. v. 16.12.1987 – 3 StR 209/87 – BGHSt 35, 152 = NJW 1988, 979 = StV 1988, 149 (Anm. Otto JK 1988 StGB § 246/6; Sonnen JA 1988, 461; Hassemer JuS 1988, 744; Huff NJW 1988, 981; Schmitt/Ehrlicher JZ 1988, 364; Thaeter wistra 1988, 339; Ranft JR 1989, 165):

Die B entwendete Ende November/Anfang Dezember 1985 ihrem Bruder Z die durch einen Magnetstreifen codierte EC-Karte. Diese ermöglicht dem Benutzer, von einem Geldautomaten bei Eingabe der dem Kontoinhaber persönlich zugeteilten Geheimnummer Beträge bis zu 500 DM abzuheben. B hob vom 02. bis 21.12.1985 unter Verwendung von EC-Karte und Geheimnummer Geldbeträge von jeweils nicht mehr als 500 DM, insgesamt in Höhe von 5100 DM ab. Die Sparkasse belastete das Konto des Z mit den abgehobenen Beträgen. ◄

Fraglich ist, ob das jeweils dem Automaten entnommene Geld eine für den abhebenden Täter fremde Sache war. Denkbar ist, dass das Eigentum an dem Geld

---

[54] Zur missbräuchlichen Benutzung eines Automaten (bzgl. derer außer § 242 StGB auch die §§ 246, 263a, 265a StGB zu prüfen sind) zsf. Wessels/Hillenkamp/Schuhr, BT 2, 46. Aufl. 2023, Rn. 182 ff. (zur Fremdheit Rn. 183); Joecks/Jäger, StGB, 13. Aufl. 2021, § 242 Rn. 42 ff.; näher Schroth NJW 1981, 729; Steinhilper Jura 1983, 401; Lenckner/Winkelbauer wistra 1984, 83; Huff NStZ 1985, 438; Steinhilper GA 1985, 114; Kleb-Braun JA 1986, 249 und 310; Huff NJW 1987, 815; Jungwirth MDR 1987, 537; Ranft wistra 1987, 79; Thaeter JA 1988, 547; Spahn Jura 1989, 513; Schulz/Tscherwinka JA 1991, 119; aus der Rspr. vgl. zuletzt BGH B. v. 16.11.2017 – 2 StR 154/17 – NJW 2018, 245 = NStZ 2018, 604 = StV 2019, 390 (Anm. Jäger JA 2018, 309; Eisele JuS 2018, 300; LL 2018, 468; RÜ 2018, 102; famos 2/2018; Brand NJW 2018, 246; El-Ghazi jurisPR-StrafR 6/2018 Anm. 1); BGH B. v. 21.03.2019 – 3 StR 333/18 – NStZ 2019, 726 = StV 2020, 664 (Anm. RÜ 2019, 719; Krell NStZ 2019, 728; Jäger JA 2020, 66; Piazena ZJS 2020, 279; Ruppert StV 2020, 666; Waßmer HRRS 2020, 25); BGH B. v. 11.08.2021 – 3 StR 63/21 – NStZ-RR 2022, 14 (Anm. Mitsch JuS 2022, 609).

nach § 929 S. 1 BGB übertragen wurde. Ob dies in den Konstellationen des „Automatenmissbrauchs" der Fall ist, ist umstritten.

Nach einer Auffassung erfolgt ein Eigentumsübergang, daher sei die Sache nicht fremd.[55] Hierfür könnte sprechen, dass der Automatenaufsteller sich nicht auf seinen entgegenstehenden Willen berufen können soll, wenn der Automat äußerlich ordnungsgemäß benutzt wird. Als Vergleich wird auch die Situation einem Menschen gegenüber herangezogen: dieser Mensch hätte – gleichermaßen überlistet – das Geld herausgegeben.

Die heute ganz herrschende Gegenauffassung[56] bejaht aber zu Recht die Fremdheit der Sache. Gestützt werden kann dies zum einen darauf, dass der Automatenaufsteller kein Übereignungsangebot zu Gunsten eines Unbefugten abgeben wollte und insofern eine Bedingtheit anzunehmen ist. Zum gleichen Ergebnis gelangt man, wenn man für das Vorliegen der Fremdheit ohnehin auf den Zeitpunkt des Beginns des (fraglichen) Eigentumserwerbs abstellt (Fremdheit bis zum Beginn der Einleitung des Gewahrsamswechsels).[57]

Aus vergleichbaren Gründen ist auch das von einem überlisteten **Geldspielautomaten**[58] ausgegebene Bargeld für den Täter fremd.

Problematisch ist die Einordnung der Geldausgabe bei einem **Geldwechselautomaten**.[59]

Beispiel 11

OLG Düsseldorf B. v. 29.07.1999 – 5 Ss 291/98 – 71/98 I – NJW 2000, 158 (Anm. Geppert JK 2000 StGB § 242/20; Biletzki JA-R 2000, 79; Martin JuS 2000, 406; LL 2000, 260; RÜ 2000, 67; RA 2000, 55; Biletzki NStZ 2000, 424; Otto JR 2000, 214; Kudlich JuS 2001, 20):

B war im Besitz eines für die unberechtigte Entnahme von Münzen aus Wechselgeldautomaten präparierten 100 DM-Scheins. An der kürzeren Seite dieses echten Geldscheins waren drei parallel verlaufende Tesafilmstreifen mit einer Länge von je 15 cm beidseitig angebracht, die am Ende miteinander verbunden waren. Der so präparierte Schein wurde in den Wechselautomaten eingeführt und an den Tesafilmstreifen wieder herausgezogen, nachdem er die Lichtschranke überschritten und dadurch das Umwechseln in Münzen und ihren Auswurf ausgelöst hatte. B machte von dem präparierten 100 DM-Schein in der

---

[55] Z. B. Huff NJW 1988, 981; Otto JR 1987, 221.
[56] Wessels/Hillenkamp/Schuhr, BT 2, 46. Aufl. 2023, Rn. 188ff.; Hoyer, in: SK-StGB, 9. Aufl. 2019, § 242 Rn. 19.
[57] S. Schmitz, in: MK-StGB, 4. Aufl. 2021, § 242 Rn. 43.
[58] Zum Überlisten von Spielautomaten (bzgl. dessen neben § 242 StGB v. a. auch die §§ 246, 263a, 265a StGB zu prüfen sind) etwa Schmitz, in: MK-StGB, 4. Aufl. 2021, § 242 Rn. 109; Schlüchter NStZ 1988, 53; Füllkrug/Schnell wistra 1988, 177; Achenbach Jura 1991, 225; aus der Rspr. vgl. zuletzt OLG Düsseldorf B. v. 29.10.1998 – 5 Ss 369/98 – 90/98 I – NJW 1999, 3208 = NStZ 1999, 248 = StV 1999, 154 (Anm. LL 1999, 297).
[59] Hierzu Heger, in: Lackner/Kühl/Heger, StGB, 30. Aufl. 2023, § 242 Rn. 5.

Spielhalle S in K. Gebrauch, indem er am 30.07.1997 einem dort aufgestellten Geldwechselautomaten durch den beschriebenen Einsatz des „Tatwerkzeugs" einen Münzgeldbetrag von 6000 DM entnahm. ◄

B könnte gem. § 929 S. 1 BGB vom Automatenaufsteller das Eigentum an den Münzen erworben haben. Dies wäre dann der Fall, wenn in dem Auswerfen der Münzen eine wirksame, auf Übereignung der Münzen gerichtete Willenserklärung zu sehen wäre.

Allerdings könnte diese Übereignungserklärung unter der aufschiebenden Bedingung (§ 158 I BGB) einer ordnungsgemäßen Bedienung gestanden haben. Da diese bei dem Benutzen des Geldscheins mit den Tesafilmstreifen nicht vorlag, wären die Münzen im Eigentum des Automatenbetreibers geblieben.[60]

Fraglich ist aber, ob die Bedingung wirklich in der „vollständig ordnungsgemäßen" Bedienung des Automaten liegen muss oder ob nicht auch genügt, dass der Geldschein die Lichtschranke passiert und damit die Auszahlung ausgelöst hat. Für Letzteres spricht zum einen, dass nach der technischen Konstruktion des Automaten die erfolgreiche Prüfung und Annahme des Geldscheines eben die „Bedingung" ist, die (nach außen ersichtlich) programmintern für die Auszahlung der Münzen gesetzt ist. Der durch die Tesafilmstreifen manifestierte „innere Vorbehalt", den Geldschein gar nicht übereignen zu wollen, ist – wie B wusste – nach dem „Empfängerhorizont des Automaten" für diesen nicht erkennbar, also sozusagen „geheim" und daher nach § 116 BGB unbeachtlich.[61] Jedoch kommt es im Ergebnis nicht darauf an, dass der Automatenaufsteller kein Übereignungsangebot zu Gunsten eines Unbefugten abgeben wollte und insofern eventuell eine Bedingtheit anzunehmen ist. Die Fremdheit der Sache muss zum Zeitpunkt der Tathandlung gegeben sein, jedoch nicht notwendigerweise während der gesamten Tatausführung, s. o.

Zu beachten ist, dass ein Diebstahl auch an dem von B präparierten Schein in Betracht kommt: Der Schein als bewegliche Sache müsste für den B, der vorher Eigentümer war, fremd geworden sein. Hierfür kommt eine Übereignung nach § 929 S. 1 BGB in Betracht, die aber wiederum von der Erfüllung der gesetzten Bedingungen abhängig ist, vgl. o. Konsequenterweise folgt aus der oben bejahten Erfüllung der Bedingungen hier die Übereignung und damit die Fremdheit des Geldscheins nach Überschreiten der Lichtschranke.

An einem Eigentumsübergang mangelt es beim Einsatz von **Selbstbedienungskassen**.[62]

Beispiel 12

OLG Hamm B. v. 08.08.2013 – III-5 RVs 56/13 – NStZ 2014, 275 (Anm. RÜ 2013, 714; famos 11/2013; Jäger JA 2014, 155; Jahn JuS 2014, 179; LL 2014, 29):
Am frühen Nachmittag des 17.02.2011 begab sich B in einen Supermarkt. Er ging zu dem dortigen Zeitschriftenregal und entnahm einen „Playboy" für 5 €. Mit diesem lief er zur Selbstbedienungskasse. Dort scannte er nicht den auf dem

---

[60] So OLG Düsseldorf B. v. 29.07.1999 – 5 Ss 291/98 – 71/98 I – NJW 2000, 158 (159).
[61] So Kudlich JuS 2001, 20 (23).
[62] Hierzu Heger, in: Lackner/Kühl/Heger, StGB, 30. Aufl. 2023, § 242 Rn. 5; näher Fahl NStZ 2014, 244; Heinrich FS Beulke 2015, 393; aus der Rspr. vgl. zuletzt LG Kaiserslautern B. v. 26.08.2021 – 5 Qs 68/21 (Anm. Jahn JuS 2021, 1197; Stark jurisPR-StrafR 20/2021 Anm. 4).

„Playboy" befindlichen Strichcode ein, sondern hielt den zuvor von der Tageszeitung „WAZ" ausgerissenen Strichcode, den er in seinem Portemonnaie mit sich geführt hatte, unter das Lesegerät. Die Kasse warf daraufhin den Preis für eine „WAZ" von 1,20 € aus, welchen B bezahlte. Sodann wurde er von Z, welcher als Detektiv in dem Supermarkt beschäftigt ist, angesprochen. ◄

B könnte durch das Einscannen und Bezahlen an der Kasse Alleineigentümer geworden sein. Legt man aber die Willenserklärung des Supermarktbetreibers gem. §§ 133, 157 BGB aus, ist davon auszugehen, dass dieser eine Übereignung nach § 929 S. 1 BGB an die Bedingung (§ 158 BGB) eines ordnungsgemäßen Einscannens des richtigen Codes geknüpft hatte. Dies war nicht gegeben. Die Sache war mithin fremd. Zum gleichen Ergebnis gelangt man, wenn man für das Vorliegen der Fremdheit ohnehin auf den Zeitpunkt des Beginns des (fraglichen) Eigentumserwerbs abstellt (Fremdheit bis zum Beginn der Einleitung des Gewahrsamswechsels).

(c) Tanken ohne Bezahlung

▶ **Didaktische Aufsätze**
- Herzberg, Tanken ohne zu zahlen, JA 1980, 385
- Deutscher, Kein Eigentumsdelikt beim Selbstbedienungstanken ohne zu zahlen?, JA 1983, 125
- Lange/Trost, Strafbarkeit des „Schwarztankens" an der SB-Tankstelle, JuS 2003, 961
- Ernst, „Schwarztanken" an Selbstbedienungstankstellen – Plädoyer für eine Strafbarkeit
  wegen Unterschlagung, Jura 2013, 454
- Rebler, „Selbstbedienen" beim Tanken und das Strafrecht, JA 2013, 179

Umstritten ist, ob das Tanken ohne Bezahlung als Diebstahl[63] einzuordnen ist.[64]

Beispiel 13

OLG Köln B. v. 22.01.2002 – Ss 551/01 – NJW 2002, 1059 (Anm. Martin JuS 2002, 618; LL 2002, 474; RÜ 2002, 269; RA 2002, 228):
B war im Dezember 1999 Halter eines Lieferwagens und eines Pkw. Am 14.12.1999 suchte er mit dem Lieferwagen eine Selbstbedienungstankstelle in L. auf, betankte das Fahrzeug ohne Zahlungsbereitschaft an einer Selbstbedienungszapfsäule mit Dieselkraftstoff im Wert von 46,03 DM und verließ sodann entsprechend seinem zuvor gefassten Entschluss mit dem Wagen das Tankstellengelände, ohne zu bezahlen. Der Kassierer der Tankstelle wurde auf die Tat erst

---

[63] In Betracht kommen ferner v. a. die §§ 246, 263 StGB (ggf. als Versuch).
[64] Hierzu Joecks/Jäger, StGB, 13. Aufl. 2021, § 242 Rn. 60ff.; näher Herzberg JA 1980, 385; Deutscher JA 1983, 125; Herzberg NJW 1984, 896; Charalambakis MDR 1985, 975; Lange/Trost JuS 2003, 961; Ernst Jura 2013, 454; Rebler JA 2013, 179; Ast NStZ 2013, 305; aus der Rspr. vgl. zuletzt OLG Naumburg B. v. 02.12.2016 – 2 Rv 105/16 – StV 2020, 30; BGH B. v. 09.03.2021 – 6 StR 74/21 – NStZ-RR 2021, 213; BGH B. v. 08.11.2022 – 5 StR 318/22 – NStZ-RR 2023, 277 (Anm. Eisele JuS 2023, 979; RÜ 2023, 720).

nachträglich dadurch aufmerksam, dass das – mit dem Einhängen der „Zapfpistole" ausgelöste – Rotlichtzeichen auf dem Display der Kasse, mit dem die Sperrung der betreffenden Zapfsäule bis zur Bezahlung angezeigt wird, längere Zeit aufleuchtete. Er stellte erst daraufhin fest, dass ohne Bezahlung getankt worden war, und nahm die Sicherung der Videoaufnahmen aus der Überwachungsanlage vor. ◄

B könnte beim Einfüllen des Diesels Alleineigentümer geworden sein.

Es kommt zunächst ein gesetzlicher Eigentumserwerb durch B in Betracht: Die Vermischung mit dem noch im Tank befindlichen Kraftstoff gem. §§ 948 I i. V. m. 947 I BGB hat allerdings lediglich Miteigentum von B und dem Tankstellenbetreiber zur Folge (ein Fall des § 947 II BGB liegt in aller Regel nicht vor), sodass B nicht aufgrund gesetzlichen Eigentumserwerbs Eigentümer am Kraftstoff wurde.[65]

B könnte aber gem. § 929 S. 1 BGB das Eigentum erworben haben.

Dies wäre dann der Fall, wenn in dem Gestatten des Selbstbedienungstankens ein Antrag auf Übereignung des Kraftstoffs zu sehen wäre, den B durch sein Tanken angenommen hätte.[66] Aber angesichts des berechtigten Interesses des Betreibers, nur nach Erhalt des Kaufpreises wirksam zu übereignen, ist dies zu verneinen, zumal eine Schutzbedürftigkeit des Kunden kaum ersichtlich ist. Hierbei kann es dahinstehen, ob (wie nicht selten) ein ausdrücklicher oder stillschweigender Eigentumsvorbehalt (§§ 433, 449, 929, 158 I BGB) vereinbart wurde,[67] oder die Bereitstellung der Säule lediglich eine *invitatio ad offerendum* darstellte, sodass die Einigung nach § 929 S. 1 BGB (wie auch der Kaufvertrag) erst an der Kasse zustande gekommen wäre, da erst nach dem Tanken Art und Menge des Kraftstoffs feststünde.[68]

Der missbräuchlichen Bedienung eines Automaten ähnlich ist das Ausnutzen eines Defekts einer vollautomatischen **Selbstbedienungstankstelle**.[69]

Klarzustellen ist, dass dann, wenn für den vorherigen Eigentümer die Bezahlung der Ware insofern sichergestellt ist, als ein Dritter für den Schaden aufkommt, meist kein Verstoß gegen eine übereignungsrelevante Bedingung vorliegen wird. Dies betrifft insbesondere Fälle, in denen Arbeitnehmer eine ihnen von ihrem Arbeitgeber eingeräumte Zahlungsmöglichkeit (z. B. eine Tankkarte[70]) im Innenverhältnis missbrauchen, was aber dem Eigentümer der Ware einerlei sein kann und wird, da der Arbeitgeber im Außenverhältnis wirksam verpflichtet wird.

---

[65] OLG Koblenz U. v. 10.08.1998 – 2 Ss 206/98 – NStZ 1999, 139 = NStZ-RR 1998, 364 (Anm. Otto JK 1999 StGB § 246/11; Baier JA 1999, 364; Wrage DAR 2000, 232); Wessels/Hillenkamp/Schuhr, BT 2, 46. Aufl. 2023, Rn. 80.

[66] S. OLG Düsseldorf U. v. 15.07.1981 – 2 Ss 277/81 – 181/81 III – NJW 1982, 2267 = NStZ 1982, 249 (Anm. Geilen JK 1982 StGB § 263/11; Seier JA 1982, 518; Herzberg JR 1982, 344); Herzberg NStZ 1983, 251 (252).

[67] OLG Hamm B. v. 29.11.1982 – 1 Ss 905/82 – NJW 1983, 583 = NStZ 1983, 266 = StV 1983, 96 (Anm. Herzberg NStZ 1983, 251; Müller-Luckmann NStZ 1983, 267).

[68] OLG Koblenz U. v. 10.08.1998 – 2 Ss 206/98 – NStZ 1999, 139.

[69] Aus der Rspr. vgl. OLG Braunschweig U. v. 12.10.2007 – Ss 64/07 – NJW 2008, 1464 = NStZ 2008, 402 (Anm. Geppert JK 2008 StGB § 263a/16; LL 2008, 467; RA 2008, 401; Niehaus/Augustin JR 2008, 436).

[70] Zu Tankkarten Radtke, in: MK-StGB, 4. Aufl. 2022, § 266b Rn. 29.

> **Beispiel 14**
>
> OLG Koblenz U. v. 02.02.2015 – 2 OLG 3 Ss 170/14 – StV 2016, 371 (Anm. Bosch Jura 2015, 1010; LL 2015, 584; RÜ 2015, 311; famos 8/2015; Ambrosy jurisPR-StrafR 15/2015 Anm. 3):
> B, der bis Oktober 2012 als Auslieferungsfahrer bei der Firma Sp. Handels GmbH in R. beschäftigt war, entwendete aus dem Lagerbüro seines Arbeitgebers eine auf die Firma ausgestellte Tankkarte (S./Esso Card), verschaffte sich die dazugehörige persönliche Identifikationsnummer (PIN) und tankte nach seinem Ausscheiden aus der Firma in 46 Fällen bei verschiedenen S.-Tankstellen auf Kosten der Firma Kraftstoff. ◄

Hier liegen mangels Fremdheit der Sache weder Diebstahl noch Unterschlagung vor (Übereignung nicht an den Berechtigten, sondern an den Tankenden), ggf. greifen die §§ 263, 263a, 266 StGB.

(d) Inkriminierte Geschäfte
Eine Übereignung nach § 929 S. 1 BGB kann gem. § 134 BGB nichtig sein, sodass der Täter nicht sein Eigentum verliert; holt er sich seine Sache zurück, ist dies mangels Fremdheit kein Diebstahl oder Raub (§ 249 StGB).[71] Der wichtigste Fall sind **Betäubungsmittelgeschäfte** (§ 134 BGB i. V. m. §§ 29ff. BtMG).

> **Beispiel 15**
>
> BGH B. v. 29.02.2000 – 1 StR 46/00 – NStZ-RR 2000, 234 = StV 2000, 619:
> Z übergab B eine Heroinzubereitung, für die B 500 € bezahlte. Kurze Zeit später nahm B dem Z das Kaufgeld gewaltsam wieder ab. ◄

> **§ 134 BGB (Gesetzliches Verbot)**
> Ein Rechtsgeschäft, das gegen ein gesetzliches Verbot verstößt, ist nichtig, wenn sich nicht aus dem Gesetz ein anderes ergibt.

> **§ 29 I Nr. 1–3 BtMG (Straftaten)**
> (1) Mit Freiheitsstrafe bis zu fünf Jahren oder mit Geldstrafe wird bestraft, wer
> 1. Betäubungsmittel unerlaubt anbaut, herstellt, mit ihnen Handel treibt, sie, ohne Handel zu treiben, einführt, ausführt, veräußert, abgibt, sonst in den Verkehr bringt, erwirbt oder sich in sonstiger Weise verschafft,
>
> (Fortsetzung)

---

[71] Fischer, StGB, 71. Aufl. 2024, § 242 Rn. 5a; aus der Rspr. vgl. BGH U. v. 04.11.1982 – 4 StR 451/82 – BGHSt 31, 145 = NJW 1983, 636 = NStZ 1983, 124 = StV 1983, 108 (Anm. Schmid JR 1983, 432); BGH B. v. 20.09.2005 – 3 StR 295/05 – NJW 2006, 72 = NStZ 2006, 170 = StV 2006, 18 (Anm. Satzger JK 2006 StGB § 249/10; Kudlich JA 2006, 335; LL 2006, 333; RA 2006, 36; famos 1/2006; Hauck ZIS 2006, 36).

> 2. eine ausgenommene Zubereitung (§ 2 Abs. 1 Nr. 3) ohne Erlaubnis nach § 3 Abs. 1 Nr. 2 herstellt,
> 3. Betäubungsmittel besitzt, ohne zugleich im Besitz einer schriftlichen Erlaubnis für den Erwerb zu sein [...]

Bei dem Kaufgeld handelte es sich nicht um eine fremde Sache: Aus dem Verbot des unerlaubten Handeltreibens mit Betäubungsmitteln folgt hier (auch: Fehleridentität) die Nichtigkeit der Übereignung des als Kaufpreis bezahlten Geldes.

Bei nicht strafrechtlich, sondern lediglich sittlich-moralisch verwerflichen Übereignungen kommt eine Nichtigkeit aufgrund **Sittenwidrigkeit** nach § 138 I BGB in Betracht.

> **§ 138 I BGB (Sittenwidriges Rechtsgeschäft; [...])**
> Ein Rechtsgeschäft, das gegen die guten Sitten verstößt, ist nichtig.

Diskutiert wurde dies im Hinblick auf das einer **Prostituierten** gezahlte Entgelt.[72] Nach heutiger Rechtslage ist seit 2001 aber das ProstG zu beachten, aus dem ganz überwiegend gefolgert wird, dass Prostitution nicht mehr i. S. d. § 138 I BGB sittenwidrig ist.[73]

> **§ 1 ProstG**
> Sind sexuelle Handlungen gegen ein vorher vereinbartes Entgelt vorgenommen worden, so begründet diese Vereinbarung eine rechtswirksame Forderung. Das Gleiche gilt, wenn sich eine Person, insbesondere im Rahmen eines Beschäftigungsverhältnisses, für die Erbringung derartiger Handlungen gegen ein vorher vereinbartes Entgelt für eine bestimmte Zeitdauer bereithält.

(e) Wechselgeldfalle

Ein lehrreicher Grenzfall bei der Bewertung einer Übereignung ist die sog. Wechselgeldfalle.[74]

---

[72] Hierzu Bosch, in: Schönke/Schröder, StGB, 30. Aufl. 2019, § 242 Rn. 12; Hefendehl, in: MK-StGB, 4. Aufl. 2022, § 263 Rn. 645; aus der Rspr. vgl. BGH U. v. 07.05.1953 – 3 StR 485/52 – BGHSt 6, 377 = NJW 1954, 1292; OLG Saarbrücken U. v. 16.10.1975 – Ss 55/75 – NJW 1976, 65 (Anm. Günther JZ 1976, 665).

[73] Zu den strafrechtlichen Folgen des ProstG Eisele, in: Schönke/Schröder, StGB, 30. Aufl. 2019, vor § 174 Rn. 8; Heger StV 2003, 350; Kretschmer StraFo 2003, 191.

[74] Hierzu Joecks/Jäger, StGB, 13. Aufl. 2021, § 242 Rn. 64.

> **Beispiel 16**
>
> **OLG Celle U. v. 26.06.1959 – 2 Ss 179/59 – NJW 1959, 1981:**
> B legte am 22.02.1954 der Z in deren Bäckerladen beim Einkauf einen 50-DM-Schein zum Wechseln auf den Ladentisch und entfernte sich unter Einstecken des Wechselgeldes – abzüglich des Kaufpreises für das gekaufte Gebäck – und des Kleingebäcks sowie unter unbemerkter Mitnahme des 50-DM-Scheines. Er hatte von vornherein den Willen, der Z diesen Geldschein nicht zukommen zu lassen. ◀

> **Beispiel 17**
>
> **BayObLG B. v. 11.02.1992 – RReg. 2 St 245/91 – NJW 1992, 2041 = NStZ 1992, 387 (Anm. Jung JuS 1992, 970; Graul JR 1992, 520; Otto JK 1993 StGB § 242/16; Pasker JA 1993, 30):**
> B suchte am 25.04.1990 das Postamt 2 in W. auf. Sie begab sich zum Schalter 3, verlangte drei Briefmarken zu je 1 DM und legte einen zerknitterten, mehrfach gefalteten 500 DM-Schein in die Schaltermulde. Die Postangestellte Z, die den Schalter 3 bediente, entfaltete den von B vorgelegten Geldschein, strich ihn mit der Hand glatt und legte die 3 Briefmarken sowie das Wechselgeld, bestehend aus vier 100 DM-, einem 50 DM- und zwei 20 DM-Scheinen sowie 7 DM Münzgeld in die Schaltermulde. B machte daraufhin eine für Z unverständliche Äußerung und ließ das Wechselgeld liegen. In der Erwartung, dass B die drei Briefmarken möglicherweise mit Kleingeld bezahlen wolle, nahm Z das Wechselgeld wieder an sich und schob den 500 DM-Schein in die Schaltermulde zurück. B ließ den 500 DM-Schein ebenfalls liegen und redete weiterhin auf Z ein, die jedoch lediglich das Wort „rot" verstehen konnte und aufgrund dessen zur Annahme kam, dass die B anstatt von 100 DM-Scheinen, deren Grundfarbe blau ist, 50 DM-Scheine, deren Grundfarbe rotbraun ist, als Wechselgeld zu erhalten wünschte. Z wechselte daraufhin die zurückgenommenen 100 DM-Scheine in 50 DM-Scheine um und schob der B das Wechselgeld in der Schaltermulde zu. B nahm das Wechselgeld an sich und verließ alsbald das Postamt. Den 500 DM-Schein hatte sie zwischenzeitlich, ihrer vorgefassten Absicht entsprechend, von Z unbemerkt wieder an sich genommen. Sie hatte von Anfang an die Absicht verfolgt, der Schalterangestellten den zunächst vorgelegten 500 DM-Schein nach Möglichkeit nicht endgültig zu überlassen, sondern ihr lediglich vorzuspiegeln, dass sie diesen Geldschein erhalten und behalten werde. Der B kam es darauf an, die Aufmerksamkeit von Z abzulenken und sie nach Möglichkeit so zu verwirren, dass sie aufgrund des dadurch verursachten Irrtums nicht nur den 500 DM-Schein in den Zugriffsbereich der B zurückgab, sondern außerdem, ohne noch an diesen Geldschein zu denken, auch noch Wechselgeld auf 500 DM herausgab. ◀

Das Wechselgeld wurde übereignet.

Der vom Täter mitgebrachte Geldschein kann nur dann fremd geworden sein, wenn es zu einer Übereignung nach § 929 S. 1 BGB gekommen war. Indem B aber den Schein auf den Tisch bzw.

die Schaltermulde legte, könnte er der Z den Geldschein gem. § 929 S. 1 BGB übereignet haben. Der Vorbehalt des B ändert an der Einigungserklärung nichts, vgl. § 116 S. 1 BGB. Zweifelhaft ist aber, ob bereits eine Übergabe anzunehmen ist. Dies würde eine Besitzaufgabe[75] des B erfordern. Zwar konnte B auf den auf dem Tisch liegenden Schein faktisch zugreifen, die Verkehrsanschauung ordnete den Geldschein, der als Kaufpreis eingesetzt wurde, allerdings bereits der Z zu, sodass nicht mehr von einem Besitz des B auszugehen ist.[76] Der Geldschein war damit übereignet.

dd) Einem anderen wegnimmt

▶ **Didaktische Aufsätze**
- Laubenthal, Einheitlicher Wegnahmebegriff im Strafrecht?, JA 1990, 38
- Otto, Der Wegnahmebegriff in §§ 242, 289, 168, 274 Abs. 1 Nr. 3 StGB, Jura 1992, 666
- Kudlich, Die Wegnahme in der Fallbearbeitung, JA 2017, 428

(1) Allgemeines
Tathandlung und Taterfolg des Diebstahls ist die Wegnahme.[77] Dem Merkmal „einem anderen" kommt demgegenüber keine eigenständige Bedeutung zu (kann man sich selbst eine Sache wegnehmen?).

Wegnahme ist – so die übliche Definition – der Bruch fremden und die Begründung neuen Gewahrsams.[78]

Es ist aber nötig, in der Fallbearbeitung in anderer Reihenfolge vorzugehen:

- Erstens ist herauszuarbeiten, dass vor der Handlung des Täters ein anderer **ursprünglicher Gewahrsamsinhaber** war;
- zweitens ist zu prüfen, ob – und bei Relevanz: wann – ein anderer aufgrund der Handlung des Täters (meist der Täter selbst) **neuen Gewahrsam** begründet hat;
- drittens ist zu fragen, ob die Gewahrsamsverschiebung durch **Bruch** (also ohne Einverständnis) erfolgte.

Insofern lässt sich die Wegnahme etwas dichter am zweckmäßigen Prüfungsaufbau als Gewahrsamsverschiebung ohne Einverständnis des bisherigen Gewahrsamsinhabers bezeichnen.

---

[75] S. nur Kindl, in: BeckOK-BGB, Stand 01.08.2024, § 929 Rn. 24.
[76] S. auch BayObLG B. v. 11.02.1992 – RReg. 2 St 245/91 – NJW 1992, 2041; anders OLG Celle U. v. 26.06.1959 – 2 Ss 179/59 – NJW 1959, 1981.
[77] Näher zur Wegnahme Gössel ZStW 1973, 591; Laubenthal JA 1990, 38; Otto Jura 1992, 666; Ling ZStW 1998, 919; Kudlich JA 2017, 428.
[78] Fischer, StGB, 71. Aufl. 2024, § 242 Rn. 10; Hoyer, in: SK-StGB, 9. Aufl. 2019, § 242 Rn. 20; aus der Rspr. vgl. zuletzt BGH B. v. 03.03.2021 – 4 StR 338/20 – BGHSt 66, 55 = NJW 2021, 1545 = NStZ 2021, 425 = StV 2022, 15 (Anm. Kudlich JA 2021, 519; LL 2021, 682; RÜ 2021, 378; Lenk NJW 2021, 1547; El-Ghazi NStZ 2021, 427; Pschorr jurisPR-StrafR 10/2021 Anm. 5; Ruppert StV 2022, 17; Bechtel JR 2022, 39); BGH U. v. 04.05.2022 – 6 StR 628/21 – NStZ 2023, 237 (Anm. RÜ 2023, 100).

(2) Fremder Gewahrsam

▶ **Didaktische Aufsätze**
- Rönnau, Gewahrsam, JuS 2009, 1088
- Jüchser, Gewahrsam – ein Begriff, der es nicht leicht macht, ZJS 2012, 195
- Bosch, Gewahrsamsbestimmung nach „natürlicher Auffassung des täglichen Lebens", Jura 2014, 1237

(a) Allgemeines
Eine fremde Sache kann nur weggenommen werden, wenn sie in Gewahrsam eines vom Täter verschiedenen Menschen stand. Fremde Sachen, die sich in niemandes Gewahrsam befinden, können ggf. Tatobjekt einer Unterschlagung gem. § 246 I StGB sein.

Gewahrsam ist die tatsächliche Herrschaft über eine Sache, die von einem natürlichen Herrschaftswillen getragen und deren Reichweite von der Verkehrsauffassung bestimmt wird.[79]

Dies lässt sich in die objektive Komponente (tatsächliche Sachherrschaft unter Berücksichtigung der Verkehrsauffassung) und die subjektive Komponente (Sachherrschaftswillen) zerlegen.

Zu beachten ist von vornherein, dass zwar der Grundansatz faktischer Natur ist, stets aber die Bewertung im Lichte der Verkehrsauffassung stattfindet, also der Frage, wem ein äußerer Betrachter die Sache herrschaftsbezogen zuordnen würde.[80]

(b) Objektive Komponente: Faktisches Herrschaftsverhältnis (unter Berücksichtigung der Verkehrsauffassung: Normativierung)
Eine objektive Gewahrsamsbeziehung zu einer Sache besteht dann, wenn der Verwirklichung des Willens zur physischen Einwirkung auf die Sache unter normalen Umständen keine wesentlichen Hindernisse entgegenstehen.[81]

Diese Einflusssphäre kann sich durchaus auf beträchtliche Räumlichkeiten und eine große Zahl von Sachen beziehen (**genereller Gewahrsam**).

I. d. R. fällt der strafrechtlich relevante Gewahrsam mit dem zivilrechtlichen **unmittelbaren Besitz** (§ 854 BGB) zusammen.[82]

---

[79] S. nur Fischer, StGB, 71. Aufl. 2024, § 242 Rn. 11; aus der Rspr. vgl. zuletzt BGH B. v. 14.04.2020 – 5 StR 10/20 – NStZ 2020, 483 (Anm. Kudlich JA 2020, 865; Hecker JuS 2020, 1083; Rennicke ZJS 2020, 499); BGH B. v. 28.07.2020 – 2 StR 229/20 – NStZ 2021, 42 (Anm. RÜ 2021, 240; Hoven NStZ 2021, 228; Kaspar JR 2022, 34); BGH B. v. 03.03.2021 – 4 StR 338/20 – BGHSt 66, 55 = NJW 2021, 1545 = NStZ 2021, 425 = StV 2022, 15 (Anm. Kudlich JA 2021, 519; LL 2021, 682; RÜ 2021, 378; Lenk NJW 2021, 1547; El-Ghazi NStZ 2021, 427; Pschorr jurisPR-StrafR 10/2021 Anm. 5; Ruppert StV 2022, 17; Bechtel JR 2022, 39).

[80] Zu verschiedenen Gewahrsams-Lehren oder -Definitionen (inkl. beachtlicher Kritik an der h. M.) Schmitz, in: MK-StGB, 4. Aufl. 2021, § 242 Rn. 50ff.

[81] Eisele, BT II, 6. Aufl. 2021, Rn. 27; aus der Rspr. vgl. zuletzt BGH B. v. 28.07.2020 – 2 StR 229/20 – NStZ 2021, 42 (Anm. RÜ 2021, 240; Hoven NStZ 2021, 228; Kaspar JR 2022, 34); BGH B. v. 03.03.2021 – 4 StR 338/20 – BGHSt 66, 55 = NJW 2021, 1545 = NStZ 2021, 425 = StV 2022, 15 (Anm. Kudlich JA 2021, 519; LL 2021, 682; RÜ 2021, 378; Lenk NJW 2021, 1547; El-Ghazi NStZ 2021, 427; Pschorr jurisPR-StrafR 10/2021 Anm. 5; Ruppert StV 2022, 17; Bechtel JR 2022, 39).

[82] Zum Verhältnis von Besitz und Gewahrsam Eisele, BT II, 6. Aufl. 2021, Rn. 28; Kudlich JA 2010, 777.

> **§ 854 I BGB (Erwerb des Besitzes)**
> Der Besitz einer Sache wird durch die Erlangung der tatsächlichen Gewalt über die Sache erworben.

Bei **mittelbarem Besitz** (§ 868 BGB, z. B. aufgrund Miete oder Leihe) wird hingegen i. d. R. der Gewahrsam allein beim unmittelbaren Besitzer liegen, denkbar ist aber auch (Mit-)Gewahrsam des mittelbaren Besitzers.[83]

> **§ 868 BGB (Mittelbarer Besitz)**
> Besitzt jemand eine Sache als Nießbraucher, Pfandgläubiger, Pächter, Mieter, Verwahrer oder in einem ähnlichen Verhältnis, vermöge dessen er einem anderen gegenüber auf Zeit zum Besitz berechtigt oder verpflichtet ist, so ist auch der andere Besitzer (mittelbarer Besitz).

Tote haben keinen Gewahrsam mehr, ggf. geht aber der Gewahrsam durch den Tod sofort auf eine andere Person über, z. B. auf einen Begleiter oder Mitbewohner.[84]

Aus zivilrechtlichem **Erbenbesitz** (§ 857 BGB) folgt aber nicht der Gewahrsamsübergang auf den Erben.[85]

Tötet erst der Täter in Zueignungsabsicht sein Opfer, so ändert der Tod zum Zeitpunkt der Wegnahme allerdings nichts daran, dass eine Wegnahme vorliegt; es wird hier auf den Zeitpunkt der Gewalthandlung abgestellt, welche somit als Teil der Wegnahme angesehen wird.

Fehlende körperliche Nähe kann als bloße **Gewahrsamslockerung** unschädlich sein, sofern die Möglichkeit des jederzeitigen ungehinderten Zugriffs besteht.[86]

---

[83] S. Eisele, BT II, 6. Aufl. 2021, Rn. 28; aus der Rspr. vgl. RG U. v. 18.02.1881 – 189/81 – RGSt 3, 358; RG U. v. 01.10.1881 – 2243/81 – RGSt 5, 42; RG U. v. 06.06.1904 – 5805/03 – RGSt 37, 198; RG U. v. 02.06.1921 – 675/21 – RGSt 56, 115; OLG Celle U. v. 25.01.1968 – 1 Ss 479/67 (Anm. Schröder JR 1968, 432).

[84] Wittig, in: BeckOK-StGB, Stand 01.08.2024, § 242 Rn. 18; aus der Rspr. vgl. BGH U. v. 06.02.2002 – 1 StR 513/01 – BGHSt 47, 243 = NJW 2002, 2188 = NStZ 2002, 480 = StV 2002, 485 (Anm. Geppert JK 2002 StGB § 246/13; LL 2002, 686; RÜ 2002, 318; RA 2002, 353; Duttge/Sotelsek NJW 2002, 3756; Hoyer JR 2002, 517; Küpper JZ 2002, 1114; Cantzler/Zauner Jura 2003, 483; Heghmanns JuS 2003, 954; Otto NStZ 2003, 87; Freund/Putz NStZ 2003, 242; Ernst/Charchulla DRiZ 2003, 238); BGH B. v. 13.08.2004 – 2 StR 234/04; BGH U. v. 09.12.2009 – 5 StR 403/09; BGH B. v. 16.09.2009 – 2 StR 259/09 – NStZ 2010, 33 und 81 = StV 2010, 307 (Anm. RÜ 2009, 779; RA 2009, 809; Satzger JK 2010 StGB § 251/9; Bosch JA 2010, 229); BGH U. v. 25.07.2012 – 2 StR 111/12.

[85] S. nur Eisele, BT II, 6. Aufl. 2021, Rn. 28.

[86] Zur Gewahrsamslockerung Eisele, BT II, 6. Aufl. 2021, Rn. 41; zur Unterscheidung von Gewahrsamslockerung und Bruch s. u. (4) (b); zur „Abgrenzung" von Betrug (Vermögensverfügung) und Diebstahl (Wegnahme nach Gewahrsamslockerung) s. u. (4) und D; aus der Rspr. vgl. zuletzt BGH B. v. 21.03.2019 – 3 StR 333/18 – NStZ 2019, 726 = StV 2020, 664 (Anm. RÜ 2019, 719; Krell NStZ 2019, 728; Jäger JA 2020, 66; Piazena ZJS 2020, 279; Ruppert StV 2020, 666; Waßmer HRRS 2020, 25).

Beispiel 18[87]

Bauer Z lagerte seinen Pflug auf einem Feld, welches ca. einen Kilometer von seinem Wohnhaus entfernt lag. Eines Nachts entwendete B den Pflug von dort. ◄

Beispiel 19

BGH U. v. 13.05.1982 – 3 StR 51/82 – NStZ 1982, 420 (Anm. Geilen JK 1983 StGB § 242/3):

B1 und B2 brachen den auf dem Gehöft des Z abgestellten Pkw auf, schoben ihn auf dem angrenzenden Wirtschaftsweg etwa 100 m weit zu seinem beschädigten Wagen und schlossen ihn dort mit Hilfe einer Batterie kurz. Anschließend wendeten sie ihn, banden ihr Unfallfahrzeug mit dem Abschleppseil daran fest und entkamen. ◄

Beispiel 20[88]

Als Z sich im Urlaub auf Mallorca befand, drangen Einbrecher in seine Wohnung ein und entwendeten alles Wertvolle. ◄

Eine faktische Herrschaftsbeziehung liegt vor, wenn der Verwirklichung des Willens zur physischen Einwirkung auf die Sache keine wesentlichen Hindernisse entgegenstehen. Im Hinblick auf die wesentlichen Hindernisse kommen Zweifel, wenn der Pflug einen Kilometer entfernt vom Wohnhaus des Bauern auf dem Feld liegt oder der Besitzer einer Wohnung nach Mallorca geflogen ist. Trotzdem liegt in diesen Fällen (gelockerter) Gewahrsam vor, weil die Verkehrsanschauung trotz der räumlichen Distanz noch eine Einwirkungsmöglichkeit anerkennt.

Im Grunde liegt in der großzügigen Handhabung der faktischen Herrschaft bereits eine starke Normativierung, deren Zweck darin besteht, einen weiten Anwendungsbereich des Diebstahls zu gewährleisten.

Kein Gewahrsamsinhaber ist der bloße **Gewahrsamsdiener** (Gewahrsamsgehilfe, Gewahrsamshüter). Hierunter versteht man weisungsabhängige Hilfskräfte (z. B. Angestellte) des Gewahrsamsinhabers, denen man nach der Verkehrsauffassung keinen eigenen Gewahrsam zubilligt.[89] Die Grenzziehung zu (Mit-)Gewahrsamsinhabern ist naturgemäß vage. Parallelen bestehen zum zivilrechtlichen bloßen Be-

---

[87] Das Zurücklassen landwirtschaftlicher Geräte auf dem Feld wird angeführt von BGH B. v. 06.10.1961 – 2 StR 289/61 – BGHSt 16, 271 = NJW 1961, 2266 (Anm. Kühl, Höchstrichterliche Rspr. BT, 2002, Nr. 43; Bähr JuS 1962, 79; Mayer JZ 1962, 617); BGH U. v. 01.12.1967 – 4 StR 516/67 – NJW 1968, 662 (Anm. Schmitt JZ 1968, 307); Wittig, in: BeckOK-StGB, Stand 01.08.2024, § 242 Rn. 15.1.

[88] Zur (längeren) Ortsabwesenheit Fischer, StGB, 71. Aufl. 2024, § 242 Rn. 12; aus der Rspr. vgl. BGH U. v. 26.07.1957 – 4 StR 257/57 – BGHSt 10, 400 = NJW 1957, 1933 (Anm. Mayer JZ 1958, 283); BGH B. v. 06.10.1961 – 2 StR 289/61 – BGHSt 16, 271.

[89] S. Hoyer, in: SK-StGB, 9. Aufl. 2019, § 242 Rn. 45; Haffke GA 1972, 225; aus der Rspr. vgl. RG U. v. 15.02.1918 – V 867/17 – RGSt 52, 143.

sitzdiener nach § 855 BGB; die Rechtsfiguren sind aber nicht zwingend deckungsgleich.[90]

Der Gewahrsam endet, wenn der Gewahrsamsinhaber die Sache **verliert**, ohne den Aufenthaltsort zu kennen; zu unterscheiden ist dies von einer an einem bestimmten Ort **vergessenen** Sache, bzgl. derer der Gewahrsam fortbesteht.[91]

Beispiel 21

OLG Hamm U. v. 13.12.1968 – 3 Ss 1398/68 – – NJW 1969, 620 (Anm. Wedekind NJW 1969, 1128; Bittner MDR 1970, 291):
Z1 hatte in einem Selbstbedienungsgeschäft ihre Geldbörse mit etwa 95 DM auf einer Ablage am Kassentisch liegen gelassen und war aus dem Geschäft gegangen. Kurz darauf bezahlte B ihren Einkauf und packte die eingekauften Waren in ihre Tasche. Währenddessen bemerkte die neben der B stehende Z2 die Geldbörse auf der Ablage. Sie nahm diese in die Hand und fragte die B, ob dies ihre – der B – Geldbörse sei. B bejahte die Frage, und Z2 legte daraufhin die Geldbörse wieder auf den alten Platz. B nahm die Geldbörse an sich und verließ das Geschäft. Die Kassiererin hatte den Vorgang aus unmittelbarer Nähe miterlebt. Sie war berechtigt, die im Geschäft zurückgebliebenen „Fundsachen" an sich zu nehmen und den Berechtigten wieder auszuhändigen. ◄

Es ist nicht davon auszugehen, dass Z1 wusste, wo sie ihre Geldbörse liegengelassen hatte. Insofern hatte sie keinen Gewahrsam mehr. Ob an ihrer Stelle die zur Ansichnahme zurückgebliebener Fundsachen berechtigte Kassiererin – sofort mit dem Verlust oder erst mit Kenntnisnahme – Gewahrsam erlangte, ist eine andere Frage.

Bei verlorenen Sachen ist zu beachten, dass diese nicht automatisch gewahrsamslos werden, nur weil der vorherige Gewahrsamsinhaber seine Stellung verliert. In Betracht kommt nämlich die die **Erlangung von Gewahrsam** durch denjenigen, der **generellen Gewahrsam** bzgl. der Sphäre hat, in der die Sache verloren wurde.

Dies gilt auch für **bewusst aufgegebene Sachen** (vgl. o. Derelektion), insofern laufen Eigentumserwerb und Gewahrsamserwerb ggf. parallel.

Beispiel 22

AG Köln 10.08.2012 – 526 Ds 395/12 (Anm. Jahn JuS 2013, 271):
B begab sich am 23.02.2012 gegen 04:15 Uhr auf den Fußgängerweg auf der Südseite der Hohenzollernbrücke in Köln. Etwa auf Höhe der Brückenmitte durchschnitt er mit einem mitgeführten Bolzenschneider mehrere Streben des Gitterzauns. Dieser Zaun trennt den Fußweg zu den mittig auf der Brücke verlaufenden Bahngleisen. An dem Gitterzaun sind mehrere tausend, größtenteils

---

[90] Eisele, BT II, 6. Aufl. 2021, Rn. 28; aus der Rspr. vgl. RG U. v. 17.04.1916 – I 66/16 – RGSt 50, 46; RG U. v. 02.06.1921 – 675/21 – RGSt 56, 115.
[91] Eisele, BT II, 6. Aufl. 2021, Rn. 37; aus der Rspr. vgl. zuletzt BGH B. v. 28.07.2020 – 2 StR 229/20 – NStZ 2021, 42 (Anm. RÜ 2021, 240; Hoven NStZ 2021, 228; Kaspar JR 2022, 34).

individuell gravierte Vorhängeschlösser (sog. „Liebesschlösser") angeschlossen. Von den aufgetrennten Streben des Gitterzauns nahm er dann 53 „Liebesschlösser" an sich. Er beabsichtigte, diese „Liebesschlösser", die ein Gewicht von etwa 15 kg hatten, zum Preis von 3,20 € pro Kilogramm an einen Schrotthändler zu verkaufen und den Erlös zu teilen. ◄

Die „Liebesschlösser" sind fest am Gitterzaun der Brücke angebracht und ihre Eigentümer wissen um den genauen Ort, an dem sie sich befinden. Nach der Verkehrsanschauung haben diese weiterhin Gewahrsam an den Schlössern.

Das zeigt auch die Wechselgeldfalle: Die Besitzerlangung durch den Erwerber i.R.d. Übereignung nach § 929 S. 1 BGB ist zugleich die Gewahrsamserlangung.

Beispiel 23

OLG Celle U. v. 26.06.1959 – 2 Ss 179/59 – NJW 1959, 1981:
B legte am 22.02.1954 der Z in deren Bäckerladen beim Einkauf einen 50-DM-Schein zum Wechseln auf den Ladentisch und entfernte sich unter Einstecken des Wechselgeldes – abzüglich des Kaufpreises für das gekaufte Gebäck – und des Kleingebäcks sowie unter unbemerkter Mitnahme des 50-DM-Scheines. Er hatte von vornherein den Willen, der Z diesen Geldschein nicht zukommen zu lassen. ◄

Die Z hatte mit der Übergabe des Geldscheines Gewahrsam erlangt, welchen B dann brach.

Die **Berechtigung** zur Sachherrschaft ist für die Frage des Gewahrsams irrelevant.[92]

Daher kann z. B. auch ein Dieb oder ein Besitzer von durch das BtMG erfassten Betäubungsmitteln Opfer eines Diebstahls sein.

Wegen der faktischen Natur des Gewahrsams können nur **natürliche Personen** (Menschen) Gewahrsam innehaben, nicht aber juristische Personen.[93] Wird Eigentum einer juristischen Person entwendet, ist zu prüfen, ob ein bei der juristischen Person tätiger Mensch Gewahrsam an der Sache hatte.

An einer Sache können mehrere Personen gleichzeitig Gewahrsam haben, sog. **Mitgewahrsam**.[94]

Üblicherweise wird zwischen **gleichrangigem** und **mehrstufigem** Mitgewahrsam unterschieden. Ersteres kann z. B. bei Familienangehörigen oder Vereinskolle-

---

[92] Kindhäuser/Hilgendorf, LPK, 9. Aufl. 2022, § 242 Rn. 25; näher Bruns FS Mezger 1954, 335; aus der Rspr. vgl. zuletzt BGH B. v. 03.03.2021 – 4 StR 338/20 – BGHSt 66, 55 = NJW 2021, 1545 = NStZ 2021, 425 = StV 2022, 15 (Anm. Kudlich JA 2021, 519; LL 2021, 682; RÜ 2021, 378; Lenk NJW 2021, 1547; El-Ghazi NStZ 2021, 427; Pschorr jurisPR-StrafR 10/2021 Anm. 5; Ruppert StV 2022, 17; Bechtel JR 2022, 39).

[93] Fischer, StGB, 71. Aufl. 2024, § 242 Rn. 13; aus der Rspr. vgl. RG U. v. 15.02.1918 – V 867/17 – RGSt 52, 143; U. v. 03.02.1920 – V 804/19 – RGSt 54, 231; RG U. v. 07.06.1926 – II 342/26 – RGSt 60, 271; OLG Stuttgart U. v. 04.04.1973 – 1 Ss 724/72 – NJW 1973, 1385 (Anm. Kraemer/Ringwald NJW 1973, 1387; Lenckner JZ 1973, 741 und 794).

[94] Hierzu Fischer, StGB, 71. Aufl. 2024, § 242 Rn. 14f.; aus der Rspr. vgl. zuletzt BGH U. v. 26.05.2021 – 2 StR 439/20 – StV 2022, 291.

gen der Fall sein, letzteres v. a. bei Arbeitnehmerverhältnissen (z. B. auch Kassierer, Transporteure).

Untergeordneter Mitgewahrsam ist zu unterscheiden von bloßer Gewahrsamsdienerschaft (s. o.). Ob die Rechtsfigur des mehrstufigen Mitgewahrsams benötigt wird, ist fraglich,[95] erreicht doch die Einordnung des Untergeordneten als Nichtgewahrsamsinhaber dieselben Ergebnisse.

Bei gleichstufigem Mitgewahrsam ist das „Aufschwingen" zum Alleingewahrsamsinhaber, d. h. der Bruch des Mitgewahrsams, als Wegnahme einzuordnen; bei mehrstufigem Mitgewahrsam aber kann nur der Untergeordnete die Wegnahme verwirklichen, nicht der Übergeordnete.[96]

Besonderer Beachtung bedarf die Gewahrsamssituation bei **angestelltem Personal**[97]: Je nach Stellung kommt Nichtgewahrsam – und sei es als Gewahrsamsdiener – oder untergeordneter Mitgewahrsam in Betracht. Bei verantwortlicher Position, die eine gewisse Selbstständigkeit aufweist, kann aber auch Alleingewahrsam des Angestellten vorliegen. Letzterenfalls greift § 242 StGB nicht; es ist an die §§ 246, 266 StGB zu denken.

Hiernach ist auch der „Griff in die Kasse" durch **Kassierer** zu beurteilen.[98]

Grundsätzlich wird man einem Kassierer allenfalls untergeordneten Mitgewahrsam zuschreiben können; nur wenn der Kassierer die alleinige Verantwortung für den Kassenbestand hat, den einzigen Schlüssel besitzt und insbesondere für Fehlbeträge haftet, kann Alleingewahrsam angenommen werden.[99]

Ist der Angestellte zum **Transport** von Sachen eingesetzt, so ist er dann Alleingewahrsamsinhaber, wenn der Geschäftsherr keine Einwirkungsmöglichkeit und entsprechend keinen Beherrschungswillen während der Fahrt aufweist; Indizien hierfür sind die Länge der Strecke und die Frage, ob der Angestellte einem vorgeschriebenen Weg folgen muss.[100] Mithin wird wohl nur ausnahmsweise übergeordneter Mitgewahrsam des Geschäftsherrn vorliegen.

Bei **Verwahrung** wird man gleicherweise darauf abstellen müssen, welches Maß an Eigenverantwortlichkeit der Verwahrer ausübt.[101]

---

[95] S. Hoyer, in: SK-StGB, 9. Aufl. 2019, § 242 Rn. 40ff., insbesondere Rn. 45.

[96] S. nur Eisele, BT II, 6. Aufl. 2021, Rn. 33.

[97] S. Kindhäuser/Hilgendorf, LPK, 9. Aufl. 2022, § 242 Rn. 51; aus der Rspr. vgl. zuletzt OLG Zweibrücken B. v. 02.05.2018 – 1 OLG 2 Ss 1/18 – NStZ-RR 2018, 249 (Anm. Jansen jurisPR-StrafR 15/2018 Anm. 3); BGH B. v. 09.01.2019 – 2 StR 288/18 (Anm. RÜ 2019, 305).

[98] Hierzu Eisele, BT II, 6. Aufl. 2021, Rn. 39; aus der Rspr. vgl. zuletzt BGH B. v. 09.01.2019 – 2 StR 288/18 (Anm. RÜ 2019, 305).

[99] Eisele, BT II, 6. Aufl. 2021, Rn. 39.

[100] Fischer, StGB, 71. Aufl. 2024, § 242 Rn. 12; aus der Rspr. vgl. BGH U. v. 23.01.1979 – 5 StR 804/78 (Fernfahrer) (Anm. Kühl, Höchstrichterliche Rspr. BT, 2002, Nr. 44; Geilen JK 1980 StGB § 246/2); BGH B. v. 02.08.2000 – 3 StR 218/00 – StV 2001, 13; OLG Köln U. v. 29.07.2004 – Ss 196/03 (Anm. Otto JK 2005 StGB § 242/22); BGH U. v. 04.09.2008 – 1 StR 383/08 – NStZ-RR 2009, 22.

[101] Hierzu Joecks/Jäger, StGB, 13. Aufl. 2021, § 242 Rn. 33ff., 40; aus der Rspr. vgl. BGH U. v. 09.04.1968 – 1 StR 650/67 (Anm. Kühl, Höchstrichterliche Rspr. BT, 2002, Nr. 45); LG Aachen B. v. 11.10.1984 – 86 Qs 74/84 – NJW 1985, 338.

Im Hinblick auf **Behältnisse**[102] richtet sich die faktische Herrschaft danach, wer auf das Behältnis zugreifen kann (Sachherrschaft am Behältnis selbst); die bloße Inhaberschaft am Schlüssel, Code etc. genügt nur dann, wenn der Inhaber weiß, wo sich das Behältnis befindet und wie er auf dieses zugreifen kann.

> **Beispiel 24**
>
> **BGH U. v. 12.06.1968 – 2 StR 106/68 – BGHSt 22, 180 = NJW 1968, 2069:**
> B hatte ein Fernsehstandgerät mit Münzeinwurf unter Eigentumsvorbehalt auf Abzahlung gekauft. Um das in seiner Wohnung aufgestellte Gerät für eine Stunde in Betrieb setzen zu können, musste er jeweils ein Mark-Stück in eine an der Rückseite fest angebrachte verschlossene Bakelitkassette einwerfen. Der Verkäufer, der allein den Schlüssel besaß, kam regelmäßig zum Monatsbeginn, um die angesammelten Geldstücke abzuholen, fand aber häufig keinen Einlass. Nach den Feststellungen zertrümmerte B die Kassette in der Absicht, das darin befindliche Geld an sich zu nehmen und für eigene Zwecke zu verwenden. Der Behälter war jedoch leer. ◄

Angesichts der Beweglichkeit des Geräts und dessen, dass der Verkäufer nicht ohne Weiteres Zugang zur Wohnung des B hatte, spricht mehr dafür, von Alleingewahrsam des B auszugehen.

(c) Subjektive Komponente: Sachherrschaftswille

(aa) Allgemeines
Das Ausüben von Gewahrsam setzt voraus, dass der Betreffende den Willen hat, die tatsächliche Sachherrschaft auszuüben.[103]

Bei juristischen Personen ist auf die jeweils zuständige Person abzustellen, vgl. o. Die Anforderungen an den Sachherrschaftswillen sind aber nicht sehr hoch:

(bb) Natürlicher Sachherrschaftswille
Zunächst genügt ein sog. natürlicher Wille, den z. B. auch Kinder, Geisteskranke oder Betrunkene aufweisen können – unabhängig von einer zivilrechtlichen Geschäftsfähigkeit.[104]

---

[102] Hierzu Kindhäuser/Hilgendorf, LPK, 9. Aufl. 2022, § 242 Rn. 32; aus der Rspr. vgl. RG. U. v. 24.05.1880 – 1289/80 – RGSt 2, 64; RG U. v. 13.12.1881 – 2873/81 – RGSt 5, 222; RG U. v. 10.02.1902 – 4712/01 – RGSt 35, 115; RG U. v. 09.11.1911 – III 518/11 – RGSt 45, 249; RG U. v. 10.06.1913 – V 93/13 – RGSt 47, 210.
[103] Fischer, StGB, 71. Aufl. 2024, § 242 Rn. 13; Kindhäuser/Hilgendorf, LPK, 9. Aufl. 2022, § 242 Rn. 27ff.; aus der Rspr. vgl. BGH B. v. 03.03.2021 – 4 StR 338/20 – BGHSt 66, 55 = NJW 2021, 1545 = NStZ 2021, 425 = StV 2022, 15 (Anm. Kudlich JA 2021, 519; LL 2021, 682; RÜ 2021, 378; Lenk NJW 2021, 1547; El-Ghazi NStZ 2021, 427; Pschorr jurisPR-StrafR 10/2021 Anm. 5; Ruppert StV 2022, 17; Bechtel JR 2022, 39).
[104] Kindhäuser/Hilgendorf, LPK, 9. Aufl. 2022, § 242 Rn. 27; aus der Rspr. vgl. zuletzt OLG Braunschweig U. v. 04.03.2016 – 1 Ss 65/15 (Spardose) – StV 2016, 656 (Anm. Groß jurisPR-StrafR 12/2016 Anm. 5).

> **Beispiel 25**
>
> **BayObLG U. v. 22.12.1960 – RReg. 4 St 230 a, b/60 – NJW 1961, 978 (Anm. Schröder JR 1961, 189):**
> G hatte, knapp 80 Jahre alt, einen Schlaganfall erlitten, der zu Lähmungen und zunehmender Behinderung im Sprechen führte. Seit dem 20.05.1957 war es ihr infolge einer fortschreitenden Verschlechterung ihres Befindens in vollem Umfang unmöglich, Gedanken zu fassen und diese dann zu äußern. Sie war zeitlich und örtlich nicht mehr orientiert. Am 24.05.1957 wurde sie in ein Krankenhaus eingeliefert. In diesem Zeitpunkt war sie überhaupt nicht mehr ansprechbar. Bis zu ihrem Tod am 06.06.1957 war ihr weder eine Verständigung durch Laute oder Gesten, noch auf irgendeine andere Art möglich. B eignete sich am 24. und 25.05.1957 aus der Wohnung der Kranken mehrere ihr gehörige Sachen an. ◄

Auch wenn die G in ein Krankenhaus eingeliefert worden war, hatte sie objektiv (gelockerten) Gewahrsam an den Sachen in ihrer Wohnung. Subjektiv müsste sie Sachherrschaftswillen gehabt haben. Der Geschäftsunfähigkeit begründende Zustand ändert nichts an ihrem natürlichen Herrschaftswillen. Dass sie im Zeitpunkt der Wegnahme schon nicht mehr ansprechbar war, ist darüber hinaus unschädlich, weil ein latenter Herrschaftswillen nach h. M. ausreicht (s. sogleich).

(cc) Latenter (potenzieller) Sachherrschaftswille
Der Begriff des Sachherrschaftswillen darf ferner nicht dahingehend missverstanden werden, dass der Betreffende im Zeitpunkt der Tat an die Sache gedacht haben muss; ein permanent aktualisierter Sachherrschaftswille ist nicht erforderlich, es genügt ein latenter Sachherrschaftswille.[105]

Auch **Schlafende** weisen einen solchen latenten Sachherrschaftswillen auf.[106]

Nach h. M. soll dies sogar für (v. a. krankheits-, aber auch täterbedingt) Bewusstlose gelten,[107] was freilich eher als eine Fiktion zur Erweiterung des Anwendungsbereichs des § 242 StGB anzusehen ist.[108] Selbst dann, wenn ein im Zeitpunkt der Wegnahme Bewusstloser stirbt, ohne das Bewusstsein später je wiedererlangt zu

---

[105] Eisele, BT II, 6. Aufl. 2021, Rn. 30; aus der Rspr. vgl. zuletzt BGH B. v. 03.03.2021 – 4 StR 338/20 – BGHSt 66, 55 = NJW 2021, 1545 = NStZ 2021, 425 = StV 2022, 15 (Anm. Kudlich JA 2021, 519; LL 2021, 682; RÜ 2021, 378; Lenk NJW 2021, 1547; El-Ghazi NStZ 2021, 427; Pschorr jurisPR-StrafR 10/2021 Anm. 5; Ruppert StV 2022, 17; Bechtel JR 2022, 39).

[106] Ganz h. M., Fischer, StGB, 71. Aufl. 2024, § 242 Rn. 13; Kindhäuser/Hilgendorf, LPK, 9. Aufl. 2022, § 242 Rn. 29; aus der Rspr. vgl. zuletzt BGH B. v. 03.03.2021 – 4 StR 338/20 – BGHSt 66, 55 = NJW 2021, 1545 = NStZ 2021, 425 = StV 2022, 15 (Anm. Kudlich JA 2021, 519; LL 2021, 682; RÜ 2021, 378; Lenk NJW 2021, 1547; El-Ghazi NStZ 2021, 427; Pschorr jurisPR-StrafR 10/2021 Anm. 5; Ruppert StV 2022, 17; Bechtel JR 2022, 39).

[107] Eisele, BT II, 6. Aufl. 2021, Rn. 30; aus der Rspr. vgl. RG U. v. 31.03.1933 – I 254/33 – RGSt 67, 183; BGH U. v. 21.05.1953 – 4 StR 787/52 – BGHSt 4, 210 = NJW 1953, 1400; BayObLG U. v. 22.12.1960 – RReg. 4 St 230 a, b/60 – NJW 1961, 978 (Anm. Schröder JR 1961, 189); BGH U. v. 15.09.1964 – 1 StR 267/64 – BGHSt 20, 32 = NJW 1965, 115 (Anm. Eser NJW 1965, 377); BGH U. v. 11.03.2003 – 1 StR 507/02 – NStZ-RR 2003, 186 = StV 2003, 460 (Anm. RA 2003, 382).

[108] S. die Kritik bei Hoyer, in: SK-StGB, 9. Aufl. 2019, § 242 Rn. 26.

haben, nimmt die h. M. Sachherrschaftswillen an und lässt diesen auch nicht rückwirkend mit Todeseintritt entfallen.[109]

Tote haben keinen Gewahrsam mehr, ggf. geht aber der Gewahrsam durch den Tod sofort auf eine andere Person über. Wenn der Täter freilich bei der Tötung bereits Zueignungsabsicht hatte, gilt für die Frage des Gewahrsams – dann i.R.d. Raubs gem. § 249 StGB – der Zeitpunkt der Gewalthandlung. Anders liegt es aber, wenn der Täter den Entschluss zur Wegnahme erst nach der Gewaltausübung fasst: Dann scheidet ein Raub aus.

(dd) Genereller Sachherrschaftswille
Der Gewahrsamswille kann dergestalt generell sein, dass der Betreffende bzgl. aller Gegenstände in einem generell beherrschten Raum die Sachherrschaft ausüben möchte.[110]

Erfasst sind zum einen private Sphären, v. a. also die eigene Wohnung; zum anderen haben Betreiber öffentlich zugänglicher Stätten (z. B. Verkehrsmittel, Geschäfte, Theater, Kinos, Flughäfen) oder Einrichtungen (z. B. Automaten, Briefkästen) einen generellen Gewahrsamswillen bzgl. aller sich dort befindender Sachen, sofern sie nicht nach der Verkehrsauffassung einem Besucher, Benutzer o. Ä. zugewiesen werden. Innerhalb einer solchen Sphäre werden auch verlorene Sachen mithin nicht gewahrsamslos.[111]

Zum (Laden-)Diebstahl durch Schaffen einer Gewahrsamsenklave innerhalb eines generell beherrschten Raums, s. u. (b).

(ee) Antizipierter Sachherrschaftswille
Der Sachherrschaftswille kann sich – antizipiert – auch auf Gegenstände erstrecken, die sich bei Fassung des Willens noch nicht in der Sachherrschaft des Betreffenden befinden, mit deren Eintreten in die Sphäre aber gerechnet wird,[112] z. B. Post, bestellte Waren, Entgelte (etwa in Automaten) oder in genereller Gewahrsamssphäre vergessene Sachen (vgl. o.).

---

[109] Eisele, BT II, 6. Aufl. 2021, Rn. 30; näher Glandien JR 2019, 60; aus der Rspr. vgl. BayObLG U. v. 22.12.1960 – RReg. 4 St 230 a, b/60 – NJW 1961, 978 (Anm. Schröder JR 1961, 189).

[110] Kindhäuser/Hilgendorf, LPK, 9. Aufl. 2022, § 242 Rn. 28; aus der Rspr. vgl. BGH B. v. 06.10.1961 – 2 StR 289/61 – BGHSt 16, 271 = NJW 1961, 2266 (Anm. Kühl, Höchstrichterliche Rspr. BT, 2002, Nr. 43; Bähr JuS 1962, 79; Mayer JZ 1962, 617); OLG Hamm U. v. 13.12.1968 – 3 Ss 1398/68 – NJW 1969, 620 (Anm. Wedekind NJW 1969, 1128; Bittner MDR 1970, 291); LG Karlsruhe U. v. 11.10.1976 – V KLs 23/75b – NJW 1977, 1301 und 2376; OLG Köln U. v. 21.05.1985 – Ss 103/85 – NJW 1986, 392; BGH U. v. 24.06.1987 – VIII ZR 379/86 – BGHZ 101, 186 = NJW 1987, 2812; OLG Düsseldorf B. v. 14.01.1988 – 5 Ss 446/87 – 1/88 I – NJW 1988, 1335.

[111] Joecks/Jäger, StGB, 13. Aufl. 2021, § 242 Rn. 29f.

[112] Kindhäuser/Hilgendorf, LPK, 9. Aufl. 2022, § 242 Rn. 28; aus der Rspr. vgl. zuletzt BGH B. v. 03.03.2021 – 4 StR 338/20 – BGHSt 66, 55 = NJW 2021, 1545 = NStZ 2021, 425 = StV 2022, 15 (Anm. Kudlich JA 2021, 519; LL 2021, 682; RÜ 2021, 378; Lenk NJW 2021, 1547; El-Ghazi NStZ 2021, 427; Pschorr jurisPR-StrafR 10/2021 Anm. 5; Ruppert StV 2022, 17; Bechtel JR 2022, 39).

Beispiel 26

BGH U. v. 01.12.1967 – 4 StR 516/67 – NJW 1968, 662 (Anm. Schmitt JZ 1968, 307):
Z betrieb ein Geschäft, in dem er u. a. Butter verkaufte, welche der Großhändler morgens vor Ladenöffnung anlieferte und vor der noch verschlossenen Ladentür abstellte. B entwendete eines Morgens die angelieferte Butter. ◄

Den Raum unmittelbar vor der Ladentür kann man nach der Verkehrsanschauung noch zur Gewahrsamssphäre des Ladeninhabers Z zählen. In Bezug auf die jeden Morgen erneut zu liefernde Butter hatte Z antizipierten Sachherrschaftswillen.

(3) Begründung neuen Gewahrsams

(a) Allgemeines

Für die Vollendung der Wegnahme muss der Täter unter Aufhebung des alten Gewahrsams neuen Gewahrsam für sich oder einen Dritten begründen (sog. Gewahrsamsverschiebung).

Frühere Grundlagenstreitigkeiten die Neubegründung von Gewahrsam betreffend[113] – Kontrektation (Berühren ausreichend), Ablation (Fortschaffen), Illation (Bergen der Beute) – haben sich weitgehend erledigt und sind in einer Fallbearbeitung nicht auszubreiten; auszugehen ist heute von einer sog. **Apprehensionstheorie** (Ergreifen und Möglichkeit des Fortschaffens).[114]

Der Täter hat dann neuen Gewahrsam begründet, wenn die **objektiven und subjektiven Voraussetzungen des Gewahrsams** (s. o.) nicht mehr beim Opfer vorliegen, sondern bei einer **anderen Person**. Das ist dann der Fall, wenn diese Person die Sachherrschaft über die Sache mit Sachherrschaftswillen derart erlangt hat, dass sie ohne Behinderung durch den alten Gewahrsamsinhaber ausgeübt werden kann.[115]

Auch hinsichtlich der Neubegründung von Gewahrsam kommt der Verkehrsanschauung Bedeutung zu, sodass ein beträchtlicher normativer Bewertungsspielraum besteht.

Bei wem der neue Gewahrsam begründet wird, ist unerheblich; der neue Gewahrsam muss **nicht tätereigen** sein,[116] auch wenn dies der Regelfall sein wird.

---

[113] Hierzu zsf. Bosch, in: Schönke/Schröder, StGB, 30. Aufl. 2019, § 242 Rn. 37; Schmitz, in: MK-StGB, 4. Aufl. 2021, § 242 Rn. 83ff.

[114] S. Heger, in: Lackner/Kühl/Heger, StGB, 30. Aufl. 2023, § 242 Rn. 8; aus der Rspr. vgl. BGH U. v. 21.04.1970 – 1 StR 45/70 – BGHSt 23, 254 = NJW 1970, 1196 (Anm. Hassemer JuS 1970, 536).

[115] Fischer, StGB, 71. Aufl. 2024, § 242 Rn. 17; aus der Rspr. vgl. zuletzt BGH B. v. 14.04.2020 – 5 StR 10/20 – NStZ 2020, 483 (Anm. Kudlich JA 2020, 865; Hecker JuS 2020, 1083; Rennicke ZJS 2020, 499); BGH U. v. 04.05.2022 – 6 StR 628/21 – NStZ 2023, 237 (Anm. RÜ 2023, 100); BGH U. v. 09.03.2023 -3 StR 392/22 – NStZ 2023, 489 (Anm. Kudlich/Schütz NStZ 2023, 490); OLG Köln B. v. 16.04.2024 – 1 ORs 62/24 – NStZ 2024, 638 (Anm. Sandherr NStZ 2024, 639).

[116] S. nur Fischer, StGB, 71. Aufl. 2024, § 242 Rn. 17; aus der Rspr. vgl. zuletzt OLG Hamm B. v. 29.04.2014 – 1 RVs 25/14 – NStZ-RR 2014, 209 (Anm. Hecker JuS 2015 276; Jäger JA 2015, 390; Brüning ZJS 2015, 310).

A. Diebstahl, §§ 242–244a StGB

Kommt es nicht zu einer Neubegründung von Gewahrsam, ist an einen Versuch zu denken. Eine vorübergehende Phase der Gewahrsamslosigkeit ist aber unschädlich.[117]

Die **Dauer** des neuen Gewahrsams ist unerheblich,[118] sodass ein späterer Gewahrsamsverlust und sogar eine spätere Rückgabe an einer Wegnahme und damit der Vollendung des objektiven Tatbestands nichts ändert.

Es ist nicht erforderlich, dass der neue Gewahrsam **endgültig gesichert** ist.[119] Zum beobachteten (Laden-)Diebstahl s. sogleich.

Nach Vollendung der Wegnahme beginnt die **Beendigungsphase** bis zur Beendigung des Diebstahls, welche eintritt, wenn die Sache sich in sicherem Gewahrsam befindet.[120]

Dieses Stadium ist – abgesehen von der kaum examensrelevanten Frage der Verjährung, § 78a StGB – bedeutsam für die im Allgemeinen Teil erörterten Fragen sukzessiver Mittäterschaft und sukzessiver Beihilfe, ferner für sukzessive Qualifikationen.

Ggf. muss in Fallbearbeitungen der **Zeitpunkt der Vollendung**, d. h. der Wegnahme, genau geklärt werden, nämlich v. a. dann, wenn der Täter im Verlauf des Geschehens Nötigungsmittel einsetzt, um seine Beute zu erlangen bzw. zu behalten. Relevant ist der Vollendungszeitraum insofern für die Unterscheidung von Raub gem. § 249 StGB – anwendbar nur vor Vollendung des Diebstahls – und räuberischem Diebstahl gem. § 252 StGB (anwendbar erst nach Vollendung, aber auch nur bis zur Beendigung des Diebstahls).

Beispiel 27

BGH U. v. 06.04.1965 – 1 StR 73/65 – BGHSt 20, 194 = NJW 1965, 1235 (Anm. Kühl, Höchstrichterliche Rspr. BT, 2002, Nr. 54; Willms JuS 1965, 368; Isenbeck NJW 1965, 2326; Weber JZ 1965, 418):

B schloss ein älteres Bauernehepaar, von dem er angeblich eine Maschine und Kartoffeln kaufen wollte und das ihm seine Vorräte zeigte, plötzlich im Keller

---

[117] Schmitz, in: MK-StGB, 4. Aufl. 2021, § 242 Rn. 78; aus der Rspr. vgl. LG Zwickau U. v. 27.10.2005 – 3 Ns 540 Js 7779/05 – NJW 2006, 166.

[118] Fischer, StGB, 71. Aufl. 2024, § 242 Rn. 17; aus der Rspr. vgl. zuletzt BGH U. v. 06.03.2019 – 5 StR 593/18 – NStZ 2019, 613 = StV 2020, 233 (Anm. Kudlich JA 2019, 470; Hecker JuS 2019, 723; LL 2019, 615; RÜ 2019, 303; famos 1/2020; Buchholz StV 2020, 669).

[119] Eisele, BT II, 6. Aufl. 2021, Rn. 50; aus der Rspr. vgl. zuletzt BGH B. v. 18.09.2019 – 2 StR 187/19 – NStZ-RR 2020, 174 = StV 2020, 653 (Anm. RÜ2 2020, 136); OLG Köln B. v. 16.04.2024 – 1 ORs 62/24 – NStZ 2024, 638 (Anm. Sandherr NStZ 2024, 639).

[120] Hierzu Kindhäuser/Hilgendorf, LPK, 9. Aufl. 2022, § 242 Rn. 54; aus der Rspr. vgl. zuletzt BGH B. v. 07.10.2020 – 4 StR 602/19 – NStZ-RR 2020, 372 = StV 2021, 122 (Anm. Jäger JA 2021, 258; RÜ 2021, 28; Kudlich JR 2021, 268); BGH U. v. 27.01.2022 – 3 StR 245/21 – NJW 2022, 953 = NStZ 2022, 743 = StV 2024, 511 (Anm. Bosch Jura 2022, 780; LL 2022, 605; Eisenberg NStZ 2022, 746; Kudlich NStZ 2022, 748; Pschorr jurisPR-StrafR 7/2022 Anm. 3); BGH B. v. 13.02.2024 – 5 StR 580/23 – NStZ 2024, 359 (Anm. Nestler Jura 2024, 668; Hecker JuS 2024, 795); BGH B. v. 16.07.2024 – 5 StR 247/24 – StV 2024, 651.

ein; danach durchsuchte er das Schlafzimmer und steckte eine dort gefundene größere Menge Bargeld in seine Rocktasche. Auf dem Flur begegnete er dann den alten Leuten, die sich inzwischen befreit hatten und ihn arglos fragten, weshalb er sie eingesperrt habe. Zum Hausausgang zurückweichend, zog B nun plötzlich einen Spielzeugrevolver, mit dem er ursprünglich seine Opfer nur hatte einschüchtern wollen, und schlug damit so auf den Bauern ein, dass dieser vorübergehend bewusstlos wurde. Der Bäuerin, die ihrem Mann helfen wollte, drückte er Mund und Kehle zu und schlug sie mit der bloßen Hand ins Gesicht. Dann floh B. ◀

Da B zunächst das Ehepaar eingeschlossen hat, liegt jedenfalls eine Gewaltanwendung vor der Wegnahme vor, was einen Raub (§ 249 I StGB) begründet. Fraglich ist allerdings, ob die Wegnahme bereits mit dem Einstecken des Bargeldes oder erst mit dem Verlassen des Hauses vollendet war (s. u. Gewahrsamsenklaven). Danach richtet sich, ob die zweite Gewalteinwirkung gegen das Ehepaar noch i.R.d. Raubes verübt wurde oder eine Strafbarkeit wegen räuberischen Diebstahls (§ 252 StGB) im Raum steht, für den auch ein Raub als Vortat genügt. Darüber hinaus hängt davon insb. ab, ob der Einsatz des Spielzeugrevolvers den Raub direkt qualifiziert (§ 250 II Nr. 1 StGB) oder auf die Figur der sukzessiven Qualifikation zurückgegriffen werden muss.

Über die Wegnahme hinaus wird keine weitere Handlung des Täters vorausgesetzt. Zu beachten ist insbesondere, dass die **Zueignung** in § 242 I StGB **kein objektives Tatbestandsmerkmal** ist, sondern nur beabsichtigt sein muss (subjektives Tatbestandsmerkmal: überschießende Innentendenz).

(b) Gewahrsamsenklaven, insbesondere: beobachteter Ladendiebstahl

▶ **Didaktischer Aufsatz**
- Ceffinato, Vollendung des Diebstahls in fremden Gewahrsamssphären, Jura 2019, 1234

Heutzutage ist im Grundsatz weitgehend anerkannt, dass der Täter auch dann bereits eigenen Gewahrsam begründen kann, wenn er sich noch **innerhalb einer fremden generellen Gewahrsamssphäre** befindet, indem er nämlich die Sache in eine sog. **Gewahrsamsenklave** verbringt.[121]
Dies betrifft insbesondere den (wenn auch beobachteten) Ladendiebstahl.[122]

---

[121] S. Eisele, BT II, 6. Aufl. 2021, Rn. 42; Hoyer, in: SK-StGB, 9. Aufl. 2019, § 242 Rn. 33.
[122] Zum (auch beobachteten) Ladendiebstahl Joecks/Jäger, StGB, 13. Aufl. 2021, § 242 Rn. 22ff.; Kindhäuser/Hilgendorf, LPK, 9. Aufl. 2022, § 242 Rn. 36, 55f.; Hillenkamp/Cornelius, 40 Probleme aus dem Strafrecht BT, 13. Aufl. 2020, 20. Problem; Welzel GA 1960, 257; Wimmer NJW 1962, 609; Ling ZStW 1998, 919; Ceffinato Jura 2019, 1234; aus der Rspr. vgl. zuletzt BGH U. v. 06.03.2019 – 5 StR 593/18 – NStZ 2019, 613 = StV 2020, 233 (Anm. Kudlich JA 2019, 470; Hecker JuS 2019, 723; LL 2019, 615; RÜ 2019, 303; famos 1/2020; Buchholz StV 2020, 669); KG B. v. 23.10.2019 – 3 Ss 89/19 – StV 2020, 851; BGH U. v. 04.05.2022 – 6 StR 628/21 – NStZ 2023, 237 (Anm. RÜ 2023, 100); OLG Köln B. v. 16.04.2024 – 1 ORs 62/24 – NStZ 2024, 638 (Anm. Sandherr NStZ 2024, 639).

Beispiel 28

BGH B. v. 06.10.1961 – 2 StR 289/61 – BGHSt 16, 271 = NJW 1961, 2266 (Anm. Kühl, Höchstrichterliche Rspr. BT, 2002, Nr. 43; Bähr JuS 1962, 79; Mayer JZ 1962, 617):

B entnahm in einem Selbstbedienungsladen aus einem Regal ein Päckchen Zigaretten im Werte von 1,75 DM, legte es jedoch nicht in den Einkaufskorb, sondern steckte es in Zueignungsabsicht in seine Hosentasche. Dabei wurde er von einer Verkäuferin beobachtet und an der Kasse vom Filialleiter gestellt, der ihm die Zigaretten abnahm. ◄

Der Selbstbedienungsladen ist eine generelle Gewahrsamssphäre; die Hosentasche eine Gewahrsamsenklave.

Beispiel 29

OLG Stuttgart B. v. 29.10.1984 – 1 Ss 672/84 – NJW 1985, 503 = NStZ 1985, 76 (Anm. Seier JA 1985, 387; Hassemer JuS 1985, 560; Kadel JR 1985, 386; Dölling JuS 1986, 688):

B begab sich am 17.12.1983 in ein Kaufhaus, um einen Herrenanzug zu stehlen. Da ihm die gegen Diebstahl getroffenen Sicherungsvorkehrungen bekannt waren, entfernte er aus dem Jackett des von ihm ausgesuchten Anzugs, der 495 DM kostete, zunächst mit Gewalt das Sicherungsetikett und zerbrach es. Dieses Sicherungsetikett, das aus zwei verschweißten kreisrunden Plastikscheiben bestand, in die eine von außen nicht sichtbare Induktionsspule eingelegt war, war durch eine ca. 1 mm starke Metallnadel mit dem Jackett fest verbunden. Hätte B mit dem unbeschädigten Sicherungsetikett das Kaufhaus verlassen, so hätte die am Ausgang angebrachte elektromagnetische Alarmanlage durch akustische und optische Zeichen Alarm ausgelöst. Nachdem er das Sicherungsetikett entfernt und zerstört hatte, zog B zunächst das Anzugjackett und dann darüber seinen Parka an, verstaute die zu dem Anzug gehörige Hose in einer hierfür mitgeführten Plastiktasche und ging in Richtung Treppe. Noch bevor er die Herrenabteilung verlassen hatte, wurde er von dem Verkäufer, der ihn bei der Tat beobachtet hatte, gestellt. ◄

Hier werden durch den Parka über dem Jackett und die Plastiktüte zwei Gewahrsamsenklaven geschaffen.

Das Verbringen von Beute in z. B. Körperöffnungen, Kleidungstaschen, mitgeführten Hand- und Einkaufstaschen und vergleichbare Sphären, die die Verkehrsauffassung nicht dem generellen Gewahrsamsinhaber (z. B. einem Supermarktbetreiber) zuordnet, sondern dem Kunden etc., bewirkt auch vor Verlassen der Gewahrsamssphäre die Begründung neuen Gewahrsams. Das führt zu einer frühen Vollendung des Diebstahls, was die Rücktrittsmöglichkeiten deutlich beschränkt und mit dem Rechtsbewusstsein der Bevölkerung nicht durchweg konform geht. In Fallbearbeitungen ist diese Handhabung aber zugrunde zu legen.

Zu unterscheiden sind derartige Verbringungen von Konstellationen, in denen der Täter die Sache innerhalb der generellen Gewahrsamssphäre bloß versteckt oder umverpackt, um sie später aus der Gewahrsamssphäre zu schaffen.

Beispiel 30

LG Potsdam U. v. 06.10.2005 – 26 (10) Ns 142/05 – NStZ 2007, 336 (Anm. RA 2007, 404; famos 11/2007; Walter NStZ 2008, 156):
Am Abend des 02.07.2004 begab sich B gegen 19 Uhr in die Geschäftsräume eines Baumarkts in Berlin. Seinem vorgefassten Entschluss entsprechend entnahm er den dortigen Auslagen hochwertiges Werkzeug, Kleidung und Elektroartikel im Gesamtwert von 1613,80 €. Das Diebesgut verpackte er in drei Kisten, die er sodann aus den hochgesicherten Geschäftsräumen des Baumarkts auf dessen nur gering gesichertes Außengelände schaffte. Dort versteckte er die Kisten in drei Regentonnen in der Absicht, das Diebesgut unmittelbar nach Geschäftsschluss in der kommenden Nacht ohne Bezahlung vom Außengelände des Baumarkts abzutransportieren. Nachdem er die Waren in einer für die Mitarbeiter des Baumarkts nicht wahrnehmbaren Weise in die drei Kisten und nachgelagert in die drei Regentonnen des Außengeländes verborgen hatte, begab er sich aus den Geschäftsräumen und verließ die Kassenzonen. Kurz darauf wurde er durch den Kaufhausdetektiv festgehalten. ◄

Weder die Kisten noch die Regentonnen werden nach der Verkehrsanschauung dem B als Gewahrsamsenklave zugerechnet. Insofern verbleibt allenfalls ein versuchter Diebstahl (§§ 242, 22, 23 StGB), bei dem allerdings das unmittelbare Ansetzen problematisch ist.

Beispiel 31

OLG Düsseldorf B. v. 19.06.1987 – 5 Ss 166/87 – 131/87 I (Winkelschleifer) – NJW 1988, 922 (Anm. Geppert JK 1988 StGB § 263/28; Hassemer JuS 1988, 574):
B hielt sich am 08.04.1986 gegen 18:20 Uhr in der Werkzeugabteilung des Verkaufsmarktes der Firma M auf, um einen Winkelschleifer zu kaufen. Nachdem er ein Gerät im Werte von unter 100 DM ausgewählt hatte, stellte er nach Öffnen der Verpackung fest, dass die von ihm benötigten Trennscheiben nicht als Zubehör enthalten waren. Der für die Werkzeugabteilung zuständige Verkäufer Z bestätigte ihm auf Nachfrage, dass Trennscheiben von dem Preis des Winkelschleifers nicht umfasst seien. B wollte auf die Trennscheiben nicht verzichten; andererseits wollte er sie nicht zusätzlich kaufen und bezahlen. Er nahm deshalb vier Trennscheiben im Werte von jeweils 3 DM, legte sie in den Karton, in dem der Winkelschleifer verpackt war, und verschloss ihn. Nicht wissend, dass Z dies beobachtet und den Hausdetektiv informiert hatte, ging B zu der Kasse und legte den verschlossenen Karton auf das Kassenband. Die Kassiererin berechnete nur den Kaufpreis für den Winkelschleifer. Nachdem B ihn bezahlt und den Kassenbereich mit dem Karton passiert hatte, ging er zu dem Informationsstand der Firma M, um sich den Kauf des Winkelschleifers quittieren zu lassen. Nachdem ihm die gewünschte Quittung erteilt worden war, wurde er von dem Hausdetektiv gestellt. ◄

Auch der Karton des Winkelschleifers ist keine Gewahrsamsenklave des B. Gewahrsam an den Kartons in der generell beherrschten Sphäre des Ladens sowie ihrem Inhalt hat die Geschäftsführung. Mit dem Verstecken der Trennscheiben wurde kein Diebstahl vollendet. Eine andere Frage ist hingegen die strafrechtliche Würdigung des Verhaltens an der Kasse.

Beispiel 32

> **BGH B. v. 26.07.1995 – 4 StR 234/95 (abgedeckte CDs) – BGHSt 41, 198 = NJW 1995, 3129 = NStZ 1995, 593 = StV 1995, 638 (Anm. Kühl, Höchstrichterliche Rspr. BT, 2002, Nr. 46; Otto JK 1996 StGB § 242/17; von Heintschel-Heinegg JA 1996, 97; Martin JuS 1996, 177; Zopfs NStZ 1996, 190; Scheffler JR 1996, 342; Hillenkamp JuS 1997, 217):**
>
> B ging am Tattag im R-Markt in P. mit einem Einkaufswagen in die CD-Abteilung, wo er vier CDs sowie eine Videokassette im Gesamtwert von 105,81 DM aus den Auslagen nahm und flach auf den Boden des Einkaufswagens legte. Das gleiche tat er sodann in der Textilabteilung mit zwei Paar Socken im Gesamtwert von 17,58 DM. Danach deckte B diese Gegenstände mit einem Werbeprospekt ab, wobei er sich sichernd umschaute. Anschließend legte er weitere Sachen im Gesamtwert von 132,85 DM auf die durch den Werbeprospekt abgedeckten Waren. Sodann begab er sich an die Kasse. Entsprechend seiner vorgefassten Absicht legte er dort nur die „oben" liegenden Gegenstände auf das Band, nicht jedoch die unter dem Werbeprospekt befindlichen Waren. Nach Bezahlung der vorgelegten Waren räumte B diese wieder in den Einkaufswagen. Hinter der Kassenzone wurde er von zwei in dem Markt tätigen Detektiven, die das gesamte Tatgeschehen beobachtet hatten, gestellt. ◀

Ein Einkaufswagen wird vom Geschäft als Mittel zur Aufbewahrung und zum Transport von Waren zur Verfügung gestellt. Gewahrsam an den darin befindlichen Waren hat unabhängig von deren Sichtbarkeit nach der Verkehrsanschauung nicht der Kunde. Insofern ist das Abdecken der CDs und Socken keine Wegnahme.

In diesen Fällen ist das Verhalten im Geschäft selbst – noch keine Wegnahme durch Verbringen von Gegenständen in andere Verpackungen – getrennt zu prüfen von dem Verhalten an der Kasse.

Eine Vollendung der Wegnahme in generell beherrschten Räumen ist nach Rspr.[123] und h. L.[124] auch dann möglich, wenn der Täter dabei beobachtet wurde, also obwohl von vornherein keine große Chance für den Täter bestand, mit der Sache zu entkommen.

Nach der (auch als faktische Theorie bezeichneten) Gegenauffassung[125] ist für die Gewahrsamsbegründung demgegenüber erforderlich, dass der Täter den Gegenstand ergreift (Apprehension) und zudem die Möglichkeit des Heraustragens aus der fremden Gewahrsamssphäre besteht (Ablation). Besteht dagegen eine Möglichkeit,

---

[123] S. o.
[124] S. nur Fischer, StGB, 71. Aufl. 2024, § 242 Rn. 21; Kindhäuser/Hilgendorf, LPK, 9. Aufl. 2022, § 242 Rn. 36, 55f.
[125] Dazu Bosch, in: Schönke/Schröder, StGB, 30. Aufl. 2019, § 242 Rn. 37ff.

dass jemand zugunsten des Geschädigten einschreitet, wie im Fall der Beobachtung durch einen Ladendetektiv, so liegt nach dieser Auffassung nur eine versuchte Wegnahme vor.

Für die sog. faktische Theorie spricht, dass man nicht ohne Weiteres von der Herstellung eines tatsächlichen Herrschaftsverhältnisses ausgehen kann, wenn der Einwirkung auf die Sache durch den Täter noch Hindernisse entgegenstehen, weil der Berechtigte die Sache sofort zurückverlangen kann.

Zu folgen ist dennoch der h. M., die darauf verweist, dass ein Beobachten nicht den entgegenstehenden Willen des Gewahrsamsinhabers beseitigt und Diebstahl insofern kein heimliches Delikt ist. Das bloße Beobachten einer Tatsituation ändert nichts daran, dass der Täter bereits durch das Ergreifen der Sache entgegen dem Willen des Berechtigten eine Gewahrsamsenklave begründet. Schließlich bedarf es trotz der Beobachtung dennoch eines sozial auffälligen Verhaltens, um die Sache vom Täter zurückzuerlangen, sodass es für die Vollendung der Wegnahme nicht erforderlich sein kann, dass der Täter die Sache aus der fremden Herrschaftssphäre herausträgt. Ebenso wenig wie eine Alarmvorrichtung ändert auch das bloße Beobachten nichts am Vorliegen des tatsächlich erfolgten Gewahrsamswechsels, da in beiden Fällen der Gewahrsamswechsel selbst nicht verhindert, sondern nur ein bereits erfolgter Gewahrsamswechsel ent- bzw. aufgedeckt wird.

(c) Handliche/sperrige Gegenstände

Je nach Art des Tatobjekts ist nach alledem Folgendes festzuhalten: Bei **handlichen** und leicht zu bewegenden Gegenständen genügt für die Begründung eigener Sachherrschaft des Täters ein bloßes Ergreifen und Festhalten jedenfalls dann, wenn der Berechtigte seine ungehinderte Verfügungsgewalt nur noch gegen den Willen des Täters und unter Anwendung von körperlicher Gewalt wiederherstellen könnte.[126]

Bei **sperrigen** Gegenständen hingegen erfolgt der Gewahrsamswechsel erst bei Verlassen der Gewahrsamssphäre nach Maßgabe der konkreten räumlichen Verhältnisse, u. U. auch erst bei Abtransport.[127]

| Beispiel 33 |

BGH U. v. 24.06.1981 – 3 StR 182/81 – NStZ 1981, 435 (Anm. Geilen JK 1982 StGB § 22/6):

B1, B2, B3 und B4 brachten einen 300 kg schweren großen Tresor unter großen Schwierigkeiten von seinem Standort in einem Lebensmittelgeschäft bis

---

[126] Fischer, StGB, 71. Aufl. 2024, § 242 Rn. 20; näher Wimmer NJW 1962, 609; aus der Rspr. vgl. zuletzt BGH U. v. 06.03.2019 – 5 StR 593/18 – NStZ 2019, 613 = StV 2020, 233 (Anm. Kudlich JA 2019, 470; Hecker JuS 2019, 723; LL 2019, 615; RÜ 2019, 303; famos 1/2020; Buchholz StV 2020, 669); BGH B. v. 18.09.2019 – 2 StR 187/19 – NStZ-RR 2020, 174 = StV 2020, 653 (Anm. RÜ2 2020, 136); BGH B. v. 13.11.2019 – 3 StR 342/19 – NStZ 2020, 417; BGH U. v. 04.05.2022 – 6 StR 628/21 – NStZ 2023, 237 (Anm. RÜ 2023, 100).

[127] Joecks/Jäger, StGB, 13. Aufl. 2021, § 242 Rn. 25ff.; aus der Rspr. vgl. zuletzt BGH U. v. 06.03.2019 – 5 StR 593/18 – NStZ 2019, 613 = StV 2020, 233 (Anm. Kudlich JA 2019, 470; Hecker JuS 2019, 723; LL 2019, 615; RÜ 2019, 303; famos 1/2020; Buchholz StV 2020, 669).

vor das Gebäude. Sie hatten den Tresor bis fünf Meter vor die Tür geschafft und waren nun damit befasst waren, ihn auf einen sog. Palettenwagen zu laden, d. h. auf ein fahrbares Gerät, das zum Transport von Lebensmitteln innerhalb des Ladengeschäfts dient. ◄

Obwohl die Täter den Tresor aus der generellen Gewahrsamssphäre des Ladeninhabers herausgeschafft haben, ist angesichts der erst begonnenen Verladung auf ein Transportgerät zweifelhaft, ob die Täter bereits neuen Gewahrsam begründet hatten.

Bei etwas weniger schweren Gegenständen wird die Beurteilung wieder anders ausfallen:

Beispiel 34

OLG Karlsruhe U. v. 26.02.2004 – 1 Ss 105/03 – NStZ-RR 2005, 140 (Anm. Otto JK 2005 StGB § 242/23):
Am 27.08.2002 begab sich B gegen 6 Uhr morgens mit seinem Mofa mit Anhänger zum Gelände der Fa. Garten-M. Diese Gärtnerei besteht aus verschiedenen Gebäuden und einem Freigelände, das von einem hohen Zaun umschlossen ist. Als Zugang zu dem Freigelände dient ein einflügeliges Tor im Zaun. Dieses lässt sich mittels einer am Tor befestigten – in vertikaler Richtung beweglichen – Eisenstange in einer am Boden eingelassenen Bodenhülse arretieren. Verschlossen wird das Tor dadurch, dass die Eisenstange durch ein Vorhängeschloss am Tor fixiert wird. Die Aufhängung des Tors ist allerdings nicht völlig starr. Deshalb ist es möglich, das Tor auch bei fixierter Eisenstange dadurch zu öffnen, dass es mitsamt der Stange aus der Bodenhülse gehoben wird. Auf die so beschriebene Weise drang B am Tattag in das Gelände ein, nachdem er zuvor ein Mofa mit Anhänger vor der Außenseite des Verkaufsgebäudes neben dem daran angrenzenden Tor auf einem Vorplatz abgestellt hatte. Der Gärtnereibetrieb war zu dieser Tageszeit noch geschlossen, die Gärtnereibetreiberin war mit einem Betreten des Geländes zu diesem Zeitpunkt deshalb nicht einverstanden, was dem B auch bewusst war. Auf dem Gelände der Gärtnerei fand er einen Steingut-Topf (Verkaufspreis 66 €), den er an sich nahm und auf den Anhänger seines Mofas lud. Dann ging er zurück in die Gärtnerei. In diesem Moment kam Z vorbei, sah das geöffnete Tor und den Topf auf dem Mofa-Anhänger und vermutete einen Diebstahl. Um den Abtransport der von ihm als solche vermuteten Diebesbeute zu verhindern, zog er den Zündkerzenstecker des Mofas ab und steckte ihn ein. Dann ging er nach Hause und informierte die Polizei. Als diese 5 min später am Tatort erschien, war von dem B und seinem Mofa nichts mehr zu sehen. Nur wenige Minuten später wurde er in der Innenstadt – sein Mofa (ohne Zündkerzenstecker) samt Anhänger schiebend – angehalten und kontrolliert. Den fraglichen Steingut-Topf hatte er nicht dabei; dessen Verbleib blieb ungeklärt. Es lässt sich nicht sicher ausschließen, dass B den Topf vor seinem Verschwinden wieder auf das Gelände der Gärtnerei zurückgetragen hat. ◄

In dubio pro reo muss davon ausgegangen werden, dass der B mit dem Topf das Gelände der Gärtnerei nicht verlassen hatte. Unter diesen Umständen ist fraglich, ob allein mit dem Verladen auf den Anhänger des Mofas schon neuer Gewahrsam begründet wurde. Das wird sich im Wesentlichen nach Größe und Gewicht des Topfes richten.

Beispiel 35

BGH U. v. 26.06.2008 – 3 StR 182/08 – NStZ 2008, 624 (Anm. Jahn JuS 2008, 1119; RÜ 2008, 713; RA 2008, 712; Bachmann NStZ 2009, 267):
B hatte vor geraumer Zeit seinen Laptop zur Reparatur in das Computerfachgeschäft des Z gebracht. Am Tattag erschien er erneut in dem Ladenlokal. Zwischen B und Z kam es alsbald zu einem Wortgefecht und der Aufforderung des sehr impulsiven B, ihm einen neuen Laptop zu geben, da – was nicht zutraf – Z das Gerät des B beschädigt habe. Daraufhin legte Z den Laptop des B auf den Verkaufstresen und forderte ihn auf, das Geschäft zu verlassen. B nahm ein auf dem Tresen liegendes kleines Messer an sich und hielt es dem Geschädigten kurz an den Bauch. Nachdem B wieder von Z abgelassen hatte, nahm er einen IBM-Laptop zum Verkaufspreis von 899 € aus einem Regal und verließ damit das Ladenlokal. Z folgte ihm sogleich nach und ergriff, als er den B auf dem Gehweg erreicht hatte, das Notebook, um es dem B wieder zu entwinden. Dieser versetzte Z nunmehr einen Stoß mit dem Kopf, wodurch dieser eine blutende Platzwunde an der Oberlippe erlitt. Das Gezerre um das Notebook setzte sich fort, bis B davon abließ, weil er sein Interesse daran verloren hatte und sich entfernte. ◄

Nach der sog. Apprehensionstheorie (Ergreifen und Möglichkeit des Fortschaffens) ist bei handlicheren Sachen schon das offene Wegtragen für eine Gewahrsamsneubegründung ausreichend. Die Beobachtung durch den Z ist dabei unschädlich (s. o.). Jedenfalls mit Verlassen des Ladens hat B somit die Wegnahme vollendet.

Ein **Verstecken** der Sache bzw. das **Bereitstellen zum Transport** kann für die Vollendung der Wegnahme nicht ausreichen (anders, wenn die Beute bereits verladen wurde).[128]

Bei Kraftfahrzeugen wird man mit Wegfahren von neubegründetem Gewahrsam sprechen können.[129]

(4) Bruch (mangelndes Einverständnis)

▶ **Didaktische Aufsätze**
  • Geppert, Zur Abgrenzung von Betrug und Diebstahl, insbesondere in den Fällen des sog. „Dreiecks-Betruges" JuS 1977, 69

---

[128] Hierzu Fischer, StGB, 71. Aufl. 2024, § 242 Rn. 19; aus der Rspr. vgl. zuletzt LG Potsdam U. v. 06.10.2005 – 26 (10) Ns 142/05 – NStZ 2007, 336 (Anm. RA 2007, 404; famos 11/2007; Walter NStZ 2008, 156); LG Zwickau U. v. 27.10.2005 – 3 Ns 540 Js 7779/05 – NJW 2006, 166; OLG Hamm B. v. 05.01.2009 – 2 Ss 499/08.
[129] Kindhäuser/Hoven, in: NK-StGB, 6. Aufl. 2023, § 242 Rn. 37; aus der Rspr. vgl. BGH U. v. 07.09.1962 – 4 StR 266/62 – BGHSt 18, 66 = NJW 1963, 212; BGH U. v. 13.05.1982 – 3 StR 51/82 – NStZ 1982, 420 (Anm. Geilen JK 1983 StGB § 242/3).

- Geiger, Zur Abgrenzung von Diebstahl und Betrug, JuS 1992, 834
- Biletzki, Die Abgrenzung von Diebstahl und Betrug, JA 1995, 857
- Poisel/Ruppert, Über Trick- und Täuschungsreichtum. Die Abgrenzung von Diebstahl und Betrug JA 2019, 353 und 421

(a) Allgemeines

Die Wegnahme setzt voraus, dass die Gewahrsamsverschiebung durch Bruch erfolgte, d. h. ohne Einverständnis des Gewahrsamsinhabers.[130]

Durch das Erfordernis des Bruchs wird der Diebstahl zu denjenigen Delikten „abgegrenzt",[131] bei denen der Vermögensübergang auf einem – wenn auch durch Täuschung, Drohung oder Gewalt bewirkten – **Einverständnis** beruht (sog. Vermögensverfügung), v. a. **Betrug** gem. § 263 StGB und **Erpressung** gem. § 253 StGB (ggf. qualifiziert nach § 255 StGB). Probleme bereitet dies insbesondere bei der Auslegung bzw. Unterscheidung von Raub gem. § 249 StGB und räuberischer Erpressung gem. §§ 253, 255 StGB.

Dass dabei die Unterscheidung von **Diebstahl und Betrug** (inkl. der Auseinandersetzung bei einer Vielzahl von Einzelfragen) kein akademisches Glasperlenspiel ist, sondern z. T. schwerwiegende Konsequenzen zeitigt – in der Praxis und in Fallbearbeitungen –, zeigt sich v. a. an der unterschiedlichen Ausgestaltung der Regelbeispiele und Qualifikationen (§§ 243 I 2, 244, 244a StGB bzw. § 263 III, V StGB) sowie der Tatsache, dass der räuberische Diebstahl gem. § 252 StGB nicht auf einen Betrug als Vortat anzuwenden ist.

Für das Einverständnis gelten die Regelungen des **Allgemeinen Teils**.

Insbesondere reicht ein natürlicher Wille aus, u. a. ist irrelevant, ob ein Einverständnis durch **Täuschung** zustande kam.[132]

(b) Einverständnis in eine bloße Gewahrsamslockerung

Das Einverständnis in den Gewahrsamsübergang muss unterschieden werden von Handlungen, mit denen das Opfer dem Täter nur insofern faktisch und unbewusst entgegenkommt, als es diesem die Wegnahme ermöglicht oder erleichtert, indem es seinen Gewahrsam lockert.[133] Entscheidend ist, ob sich das Opfer im Zeitpunkt des

---

[130] Hierzu Eisele, BT II, 6. Aufl. 2021, Rn. 51 ff.; näher Toepel FS Rudolphi 2004, 581; aus der Rspr. vgl. zuletzt BGH B. v. 21.03.2019 – 3 StR 333/18 – NStZ 2019, 726 = StV 2020, 664 (Anm. RÜ 2019, 719; Krell NStZ 2019, 728; Jäger JA 2020, 66; Piazena ZJS 2020, 279; Ruppert StV 2020, 666; Waßmer HRRS 2020, 25); BGH B. v. 03.03.2021 – 4 StR 338/20 – BGHSt 66, 55 = NJW 2021, 1545 = NStZ 2021, 425 = StV 2022, 15 (Anm. Kudlich JA 2021, 519; LL 2021, 682; RÜ 2021, 378; Lenk NJW 2021, 1547; El-Ghazi NStZ 2021, 427; Pschorr jurisPR-StrafR 10/2021 Anm. 5; Ruppert StV 2022, 17; Bechtel JR 2022, 39); OLG Zweibrücken U. v. 11.07.2022 – 1 OLG 2 Ss 7/22 – NStZ 2023, 293 (Anm. Lorenz/Lindbach jurisPR-StrafR 11/2024 Anm. 4).

[131] Zur sog. Abgrenzungsfunktion der Wegnahme vgl. Eisele, BT II, 6. Aufl. 2021, Rn. 52; näher Meister MDR 1947, 251; Otto ZStW 1967, 59; Geppert JuS 1977, 69; Geiger JuS 1992, 834; Schmitt FS Spendel 1992, 575; Biletzki JA 1995, 857; Toepel FS Rudolphi 2004, 581; Poisel/Ruppert JA 2019, 353 und 421.

[132] Eisele, BT II, 6. Aufl. 2021, Rn. 51.

[133] Zur Unterscheidung von Einverständnis in die Gewahrsamsübertragung und bloßem Einverständnis in eine Gewahrsamslockerung Hoyer, in: SK-StGB, 9. Aufl. 2019, § 242 Rn. 48.

völligen Gewahrsamsverlustes dessen bewusst ist und dem Gewahrsamsverlust zustimmt.[134]

Beispiel 36

OLG Hamm U. v. 05.03.1974 – 5 Ss 4/74 – NJW 1974, 1957 (Anm. Hassemer JuS 1975, 57):
   B war zur Tatzeit als Verkäuferin in einem Kaufhaus tätig. Für den Fall, dass ein Kunde Waren zur Auswahl mit nach Hause nehmen wollte, wurde seine Anschrift sowie der betreffende Artikel in ein „Kundenauswahlbuch" eingetragen. Am Mittag des 07.03.1973 ließ sich B von dem kaufmännischen Angestellten Z1 drei Kittel zur Auswahl aushändigen und auf den Namen ihrer Mutter in das Kundenauswahlbuch eintragen. Die Kittel nahm sie mit nach Hause. Als sie in das Kaufhaus zurückkam, sah sie in der Nähe der Kasse zwei Kittel liegen, hob sie hoch und zeigte sie aus einiger Entfernung der Verkäuferin Z2 mit der Aufforderung, die beiden Kittel aus dem Kundenauswahlbuch zu streichen. Die Verkäuferin kam diesem Wunsche nach, da sie annahm, dass B diese beiden Kittel wieder zurückgebracht habe. In Wirklichkeit jedoch hatte B die von ihr zur Auswahl mitgenommenen Kittel noch zu Hause. Erst nach weiteren Verschleierungsversuchen räumte B schließlich ein, dass sie die beiden Kittel im Wert von rd. 50 DM ohne Bezahlung hatte behalten wollen. ◄

Hier soll unterstellt werden, dass die B von Anfang an Zueignungsabsicht hatte. Sie hat nach der Verkehrsanschauung Alleingewahrsam an den mit nach Hause genommenen Kitteln. Dessen war sich der Z1 in laienhafter Wertung auch bewusst. Insofern stimmte er einem Gewahrsamsübergang zu, als er B die Kittel aushändigte. Ein Bruch liegt mithin nicht vor. Anstelle des Diebstahls kommt ein Betrug nach § 263 StGB in Betracht.

Beispiel 37

KG B. v. 03.09.2012 – (2) 121 Ss 157/12 (33/12) – NStZ-RR 2013, 138 (Anm. Bosch JK 2013 StGB § 22/25; Kudlich JA 2013, 552):
   B1 und B2 planten, sich Bargeld des Z in einer Spielart des „Wash-Wash-Verfahrens" zu verschaffen. Dazu sollte B1 den Kontakt mit Z herstellen und B2 bei einem weiteren Treffen hinzukommen und dort seine angebliche Fähigkeit demonstrieren, mittels verschiedener chemischer Hilfsmittel Geldscheine zu vervielfältigen. Auf diese Weise sollte Z dazu veranlasst werden, zu einem weiteren Treffen solche echten Geldscheine „zur Vervielfältigung" mitzubringen, wobei dann B1 und B2 diese heimlich gegen präpariertes wertloses Papier austauschen und das Geld des Z für sich behalten wollten. Als es tatsächlich zu dem Treffen

---

[134] Aus der Rspr. vgl. zuletzt BGH U. v. 17.05.2017 – 2 StR 342/16 – NStZ-RR 2018, 248 = StV 2018, 495 (Anm. RÜ 2017, 578); zur aktuellen Konstellation des „Wah-Wash" (Übergabe von Geldscheinen zur angeblichen Vervielfältigung) KG B. v. 03.09.2012 – (2) 121 Ss 157/12 (33/12) – NStZ-RR 2013, 138 (Anm. Bosch JK 2013 StGB § 22/25; Kudlich JA 2013, 552); OLG Hamm U. v. 07.12.2023 – 4 ORs 111/23 – NStZ 2024, 364 (Anm. Brüning ZJS 2024, 835).

zwischen B1, B2 und Z kam, bei welchem das Geld vervielfältigt werden sollte, brachte Z einen angeblichen Freund mit, der in Wahrheit ein von ihm informierter Polizeibeamter war. Noch bevor es zu irgendwelchen Aktivitäten kam, verließ B2 das Geschäft, da ihm die Benutzung der Toilette (auf der sich zwei weitere Polizeibeamte verborgen hatten) mit einer Ausrede verwehrt worden war und kam auch nicht mehr zurück. Stattdessen rief er kurze Zeit später an, um einen neuen Ort für die Durchführung der Prozedur zu verabreden. Da dies alles zu lange dauerte, brachen die Polizeibeamten das Vorgehen ab und nahmen B1 noch in den Geschäftsräumen des Z fest. ◄

Für einen versuchten Diebstahl (§§ 242, 22, 23, 25 II StGB) müsste die Vorstellung der B1 und B2 auch die Wegnahme umfasst haben. Z hätte zuerst Gewahrsam an den Geldscheinen gehabt, nach dem Austausch dann B1 und B2. Fraglich ist aber, ob dies durch Bruch geschehen wäre. Z hätte nur einer kurzen Übergabe der Geldscheine zugestimmt und nach dem „Vervielfältigungsprozess" die Scheine wieder herausverlangt, jedenfalls aber keinen Austausch gebilligt. Insofern hätte es sich um eine reine Gewahrsamslockerung gehandelt. Der Austausch wäre ein Gewahrsamsbruch gewesen.

Beispiel 38

BGH B. v. 06.07.2010 – 3 StR 180/10 – NStZ 2011, 36 = StV 2010, 634 (Anm. RA 2010, 698; Satzger JK 2011 StGB § 242/25; Hecker JuS 2011, 374; LL 2011, 246):

B veranlasste Z, ihm sein Mobiltelefon zu zeigen. Er nahm ihm dieses sodann aus der Hand und verlangte für die Rückgabe 20 €. Dabei kam es ihm „nicht auf das Handy, sondern auf das Geld" an. Z lehnte jedoch eine Zahlung ab. Hierauf fasste der B den Entschluss, das Mobiltelefon zu behalten und für eigene Zwecke zu verwenden. Nach Entnahme der SIM-Karte, die er dem Z aushändigte, steckte er es in seine Tasche und entfernte sich. Z folgte ihm und forderte sein Eigentum zurück. Um sich im Besitz des gestohlenen Handys zu halten, schlug B dem Z daraufhin mit der flachen Hand ins Gesicht und drohte ihm mit Schlägen für den Fall, dass er ihm weiter hinterher ginge. Dem fügte sich Z. ◄

Beispiel 39

BGH B. v. 02.08.2016 – 2 StR 154/16 – NJW 2017, 682 = NStZ 2016, 727 (Anm. Satzger Jura 2017, 871; Kudlich JA 2016, 953; RÜ 2016, 711; Kulhanek NStZ 2016, 727):

B1 veranlasste entsprechend einem zuvor mit B2 gefassten Entschluss – den Z dazu, ihr sein Mobiltelefon für ein Telefonat zu überlassen. Er gab es ihr in der Annahme, das Mobiltelefon nach dem Telefonat zurückzuerhalten. Tatsächlich beabsichtigten B1 und B2 das Mobiltelefon zu behalten, um es später zu verkaufen. Nach dem Telefonat steckte B1 das Mobiltelefon in ihre Tasche und entfernte sich mit B2. Auf die mehrfachen Bitten des Z, ihm das Mobiltelefon zurückzugeben, reagierten sie nicht; vielmehr gab der körperlich überlegene B2 dem Z zu verstehen, dass er „jetzt besser" gehen solle. Z gab sodann sein Herausgabeverlangen auf. ◄

Weder das Zeigen des Mobiltelefons noch das vermeintlich nur vorübergehende Überlassen des Mobiltelefons[135] enthalten ein Einverständnis in den Gewahrsamsübergang.

(c) Diebesfalle

Als Diebesfalle bezeichnet man Konstellationen, in denen lohnende Tatobjekte ausgelegt sind, um Diebe zu überführen, indem man z. B. das Diebesgut später beim Täter findet, bei diesem Farbmarkierungen feststellt o. Ä.[136]

Bei einer sog. Diebesfalle ist der Berechtigte im Regelfall mit der Aufhebung seines Gewahrsams einverstanden, denn solche Diebesfallen werden regelmäßig so angelegt, dass der Täter die Sache in seinen Gewahrsam bringen soll, damit sie später bei ihm gefunden wird und er überführt werden kann. Die Sachherrschaft wird dann aber mit Wissen und Wollen des Berechtigten erlangt mit der Folge, dass ein Bruch des Gewahrsams entfällt.

Im Gegensatz zur **bloßen Beobachtung** (s. o.; der Beobachter ist i. d. R. als bloßer Angestellter auch zur Einverständniserklärung nicht befugt) kommt es bei der Diebesfalle dem Fallensteller gerade darauf an, dass der Täter die Sache an sich nimmt, sodass von einem Einverständnis in den Gewahrsamswechsel auszugehen ist.[137] Beide Rechtsfiguren sind aber nicht derart trennscharf zu trennen, wie dies die h. M. behauptet.

Es bleibt ggf. bei einer Strafbarkeit wegen **versuchten** Diebstahls.

(d) Bedingtes Einverständnis; insbesondere: Automaten, Selbstbedienungskasse

▶ **Didaktische Aufsätze**
- Steinhilper, Die mißbräuchliche Verwendung von Euroscheckkarten in strafrechtlicher Sicht, Jura 1983, 401
- Kleb-Braun, Codekartenmißbrauch und Sparbuchfälle aus „volljuristischer" Sicht, JA 1986, 249 und 310
- Thaeter, Die unendliche Geschichte „Codekarte", JA 1988, 547
- Spahn, Wegnahme und Mißbrauch codierter Scheckkarten nach altem und neuem Recht, Jura 1989, 513
- Achenbach, Die „kleine Münze" des sog. Computer-Strafrechts, Jura 1991, 225
- Schulz/Tscherwinka, Probleme des Codekartenmißbrauchs, JA 1991, 119

---

[135] S. auch BGH B. v. 13.11.2019 – 3 StR 342/19 – NStZ 2020, 417.

[136] Zur Diebesfalle Joecks/Jäger, StGB, 13. Aufl. 2021, § 242 Rn. 63; Fischer, StGB, 71. Aufl. 2024, § 242 Rn. 23; aus der Rspr. vgl. BGH U. v. 30.04.1953 – 5 StR 941/52 – BGHSt 4, 199 = NJW 1953, 1271; OLG Köln U. v. 01.09.1961 – Ss 279/61 – NJW 1961, 2360; BGH B. v. 06.10.1961 – 2 StR 289/61 – BGHSt 16, 271 = NJW 1961, 2266 (Anm. Kühl, Höchstrichterliche Rspr. BT, 2002, Nr. 43; Bähr JuS 1962, 79; Mayer JZ 1962, 617); BGH B. v. 16.04.1985 – 1 StR 144/85 – StV 1985, 323 (Anm. Sonnen JA 1985, 547); OLG Celle U. v. 13.01.1987 – 1 Ss 475/86 (Anm. Geppert JK 1987 StGB § 242/11; Hillenkamp JR 1987, 254); OLG Düsseldorf B. v. 07.09.1987 – 5 Ss 276/87 – 221/87 I – NJW 1988, 83 = StV 1988, 109; LG Gera U. v. 20.07.2000 – 152 Js 7746/99 – StraFo 2000, 358 (Anm. RA 2000, 655).

[137] Zur Unterscheidung von Diebesfalle und bloßer Beobachtung Eisele, BT II, 6. Aufl. 2021, Rn. 53.

Der Gewahrsamsinhaber kann sein Einverständnis nach ganz h. M. von **Bedingungen** abhängig machen, wobei weitgehend Einigkeit darüber besteht, dass rein innerliche Vorbehalte nicht genügen, sondern die Bedingung **äußerlich** manifestiert sein muss.[138]

Der wichtigste Fall sind **Waren- und Geldautomaten**. Einigkeit besteht darüber, dass das antizipierte und generelle Einverständnis des Automateninhabers dahingehend bedingt ist, dass der Automat äußerlich ordnungsgemäß bedient wird, also nicht etwa aufgebrochen wird.

Problematisch wird es aber bereits dann, wenn der Täter den Bedienungsablauf zwar einhält, in den Automaten aber falsches, präpariertes oder ausländisches Geld eingibt.

Die ganz h. M.[139] nimmt an, dass das Einverständnis im Hinblick auf die Verwendung echten Geldes bedingt ist. Hiernach läge ein Bruch mangels Bedingungsverwirklichung vor. Zugunsten dieser Auffassung wird insbesondere angeführt, dass dies dem Willen des Automatenbetreibers am besten gerecht werde, dem es ja wesentlich auf eine ordnungsgemäße Bezahlung ankommt. Immerhin ist am Automaten oft auch ein schriftlicher oder bildlicher Hinweis auf die ordnungsgemäße Bezahlung angebracht.

Richtig ist es demgegenüber, mit einer Minderheitsmeinung[140] von einem wirksamen Einverständnis auszugehen. Ausschlaggebend ist Folgendes: das Einverständnis ist zwar bedingt, aber die Bedingung des Einverständnisses ist technisch insofern manifestiert (objektiviert), als es lediglich auf den Freigabemechanismus und somit die Freigabebedingungen ankommt. Zu vergleichen ist dies mit der Warenausgabe durch einen Menschen, der die Echtheit des Geldes mit falschem positivem Ergebnis überprüft hat. Der Automat fungiert ja gewissermaßen nur als verlängerter Arm des Menschen. Ggf. greifen die §§ 263a, 265a StGB.

Vieldiskutiert war – v. a. vor Schaffung des § 263a StGB im Jahre 1986 – die unbefugte Bargeldabhebung an **Geldautomaten** (Bankautomaten).[141]

---

[138] Hierzu Eisele, BT II, 6. Aufl. 2021, Rn. 57f.; näher Rönnau FS Roxin 2011, 487.
[139] S. nur Eisele, BT II, 6. Aufl. 2021, Rn. 57.
[140] Hoyer in: SK-StGB, 9. Aufl. 2019, § 242 Rn. 55; vgl. schon Dreher, MDR 1952, 563.
[141] Hierzu Eisele, BT II, 6. Aufl. 2021, Rn. 58; Schroth NJW 1981, 729; Steinhilper Jura 1983, 401; Gropp JZ 1983, 487; Lenckner/Winkelbauer wistra 1984, 83; Huff NStZ 1985, 438; Steinhilper GA 1985, 114; Kleb-Braun JA 1986, 249 und 310; Huff NJW 1987, 815; Jungwirth MDR 1987, 537; Ranft wistra 1987, 79; Thaeter JA 1988, 547; Spahn Jura 1989, 513; Schulz/Tscherwinka JA 1991, 119; aus der Rspr. vgl. zuletzt OLG Dresden B. v. 13.04.2005 – 2 Ss 654/04 – StV 2005, 443 (Anm. RÜ 2005, 425; RA 2005, 537); OLG Jena B. v. 20.09.2006 – 1 Ss 226/06 – wistra 2007, 236; BGH U. v. 18.07.2007 – 2 StR 69/07 – NStZ 2008, 396 (Anm. RÜ 2007, 585; RA 2007, 559); BGH B. v. 16.11.2017 – 2 StR 154/17 – NJW 2018, 245 = NStZ 2018, 604 (Anm. Jäger JA 2018, 309; Eisele JuS 2018, 300; famos 2/2018; RÜ 2018, 102; Brand NJW 2018, 246; El-Ghazi jurisPR-StrafR 6/2018 Anm. 1).

> **Beispiel 40**
>
> BGH U. v. 17.08.2004 – 5 StR 197/04 – NStZ-RR 2004, 333 (Anm. RÜ 2004, 584; RA 2004, 735; Valerius JA 2005, 330; LL 2005, 107):
> Am 04.02.2003 lernten B1 und B2 in einer Gaststätte den Witwer Z kennen. Z nahm eine Einladung des B1 an, in dessen Wohnung noch ein Bier zu trinken. B1 und B2 hatten in Wahrheit vor, ihrem Gast das von diesem mitgeführte Geld notfalls auch mit Gewalt abzunehmen. Auf Anordnung des B1 setzte sich Z in die Mitte der Wohnzimmercouch. B1 drehte das Radio laut und rammte ein spitzes Küchenmesser mit einer Klingenlänge von 25 cm vor Z in die Tischplatte, um diesen einzuschüchtern. B1 und B2 setzten sich jeweils neben ihr Opfer. B2 forderte Z vergeblich auf, ihm seine Geldbörse zu reichen. Er schlug mit der Faust zwei- bis dreimal gegen den Unterkiefer des Z, nahm das im Couchtisch steckende Küchenmesser zur Hand, ritzte dem Z über dessen Ohr die Kopfhaut an und setzte Z die Spitze des Messers an den Hals. Der um sein Leben fürchtende Z verharrte bewegungslos. B1 griff in die Innentasche der Jacke des Z und nahm dessen Brieftasche an sich. Er entnahm das gesamte Bargeld in Höhe von 25 € und die EC-Karte. Unter weiterer Bedrohung mit dem an den Hals gehaltenen Messer verlangte B1 die Bekanntgabe der Geheimzahl. Z nannte die zutreffende Nummer. B1 schickte B2 mit der EC-Karte und der Geheimzahl zum nächstgelegenen Geldautomaten, wo dieser den gesamten verfügbaren Bargeldbetrag von 150 € abhob. ◄

In diesen Fällen gehen auch die h. L.[142] und die heutige Rspr.[143] von einem wirksamen Einverständnis aus, da der Automat nicht die Berechtigung zur Nutzung von EC-Karte und PIN prüft, sondern nur das Übereinstimmen von Karte und PIN.
Eine Gegenauffassung in der älteren Rspr.[144] und Lehre[145] sah bzw. sieht dies anders. Ihr ist mit den o. a. Erwägungen zu widersprechen. Bedenkliche Strafbarkeitslücken entstehen angesichts der §§ 263a, 265a StGB sowie den Delikten bei der Erlangung von Karte und PIN nicht.

---

[142] S. nur Eisele, BT II, 6. Aufl. 2021, Rn. 58; Fischer, StGB, 71. Aufl. 2024, § 242 Rn. 26.
[143] Z. B. BGH B. v. 16.12.1987 – 3 StR 209/87 – BGHSt 35, 152 = NJW 1988, 979 = StV 1988, 149 (Anm. Otto JK 1988 StGB § 246/6; Sonnen JA 1988, 461; Hassemer JuS 1988, 744; Huff NJW 1988, 981; Schmitt/Ehrlicher JZ 1988, 364; Thaeter wistra 1988, 339; Ranft JR 1989, 165); zuletzt BGH B. v. 21.03.2019 – 3 StR 333/18 – NStZ 2019, 726 = StV 2020, 664 (Anm. RÜ 2019, 719; Krell NStZ 2019, 728; Jäger JA 2020, 66; Piazena ZJS 2020, 279; Ruppert StV 2020, 666; Waßmer HRRS 2020, 25); BGH B. v. 11.08.2021 – 3 StR 63/21 – NStZ-RR 2022, 14 (Anm. Mitsch JuS 2022, 609).
[144] Z. B. BayObLG U. v. 20.11.1986 – RReg. 3 St 146/86 – NJW 1987, 663 (665).
[145] Mitsch JuS 1986, 767 (769ff.); s. auch Bosch, in: Schönke/Schröder, StGB, 30. Aufl. 2019, § 242 Rn. 36a.

Entsprechend ist zu entscheiden beim Überlisten eines **Geldspielautomaten**.[146] Desgleichen beim Überlisten eines **Geldwechselautomaten**.[147] Problematisch ist das Bedienen einer **Selbstbedienungskasse**.[148]

Beispiel 41

OLG Hamm B. v. 08.08.2013 – III-5 RVs 56/13 – NStZ 2014, 275 (Anm. RÜ 2013, 714; famos 11/2013; Jäger JA 2014, 155; Jahn JuS 2014, 179; LL 2014, 29):
Am frühen Nachmittag des 17.02.2011 begab sich B in einen Supermarkt. Er ging zu dem dortigen Zeitschriftenregal und entnahm einen „Playboy" für 5 €. Mit diesem lief er zur Selbstbedienungskasse. Dort scannte er nicht den auf dem „Playboy" befindlichen Strichcode ein, sondern hielt den zuvor von der Tageszeitung „WAZ" ausgerissenen Strichcode, den er in seinem Portemonnaie mit sich geführt hatte, unter das Lesegerät. Die Kasse warf daraufhin den Preis für eine „WAZ" von 1,20 € aus, welchen B bezahlte. Sodann wurde er von Z, welcher als Detektiv in dem Supermarkt beschäftigt ist, angesprochen. ◄

Ist dem antizipierten Einverständnis in den Gewahrsamsübergang von Waren dadurch Genüge getan, dass B einen Strichcode einscannte und bezahlte?

Abgesehen von etwaigem menschlichen Kontrollpersonal, welches einverstanden sein könnte, könnte ein Einverständnis aufgrund der Einrichtung des Selbstbedienungskassensystems vorliegen. Tatsächlich sollen die Kunden ja die Waren an sich nehmen, wenn sie den Vorgang absolviert haben. Nach dem Willen des Betreibers ist dies allerdings dadurch bedingt, dass Code und Ware zusammengehören.[149] B erfüllte die Bedingung nicht. Anders als in Fällen unbefugten Abhebens von Geld am Bankautomaten bezieht sich die Erfüllung der technischen Bedingung auch nicht auf das von Anfang an vorgesehene Objekt, sondern ein ganz anderes, sodass keine Bedingungserfüllung anzunehmen ist. Bei der Bedingung handelte es sich auch nicht lediglich um einen unbeachtlichen inneren Vorbehalt des Berechtigten: Zwar bedient auch derjenige, der einen falschen Code auf der Ware einscannt die Kasse äußerlich ordnungsgemäß, jedenfalls in Fällen der festen Verbindung zwischen Strichcode und Ware liegt eine hinreichende Manifestation des Vorgangs vor, den sich der Berechtigte vorstellt.

---

[146] Hierzu Fischer, StGB, 71. Aufl. 2024, § 242 Rn. 25; Schlüchter NStZ 1988, 53; Füllkrug/Schnell wistra 1988, 177; Achenbach Jura 1991, 225; aus der Rspr. vgl. BayObLG U. v. 28.08.1990 – RReg. 4 St 250/89 – NJW 1991, 438 = NStZ 1990, 595 und 1991, 343 = StV 1991, 210 (Anm. Herzog StV 1991, 215; Neumann JR 1991, 302); OLG Düsseldorf B. v. 29.10.1998 – 5 Ss 369/98 – 90/98 I – NJW 1999, 3208 = NStZ 1999, 248 = StV 1999, 154 (Anm. LL 1999, 297).

[147] S. Heger, in: Lackner/Kühl/Heger, StGB, 30. Aufl. 2023, § 242 Rn. 5.

[148] S. Heger, in: Lackner/Kühl/Heger, StGB, 30. Aufl. 2023, § 242 Rn. 5; Fahl NStZ 2014, 244; Heinrich FS Beulke 2015, 393; aus der Rspr. vgl. zuletzt LG Kaiserslautern B. v. 26.08.2021 – 5 Qs 68/21 (Anm. Jahn JuS 2021, 1197; Stark jurisPR-StrafR 20/2021 Anm. 4).

[149] OLG Hamm B. v. 08.08.2013 – III-5 RVs 56/13 – NStZ 2014, 275 (276); s. auch Jahn JuS 2014, 179 (180).; anders aber Fischer, StGB, 71. Aufl. 2024, § 242 Rn. 18a.

(e) Tanken ohne Bezahlung

Auch beim Tanken ohne Bezahlung[150] stellt sich die Frage wirksamer Einverständnisbedingungen.

Zwar möchte der Tankstellenbetreiber im Grunde nur an zahlungsfähige und -willige Kunden übereignen und den Gewahrsam am Kraftstoff übertragen. Allerdings ist dies nur eine rein innerliche Bedingung, da weder Zahlungswilligkeit noch Zahlungsfähigkeit vor dem Zurverfügungstellen des Kraftstoffs an der Zapfsäule erfragt werden.[151] Es liegt daher ein generalisiertes Einverständnis gegenüber allen Kunden, die den Mechanismus ordnungsgemäß bedienen, vor.

Auch beim Ausnutzen eines Defekts einer vollautomatischen **Selbstbedienungstankstelle** fehlt es an einer Wegnahme.[152]

Beispiel 42

OLG Braunschweig U. v. 12.10.2007 – Ss 64/07 – NJW 2008, 1464 = NStZ 2008, 402 (Anm. Geppert JK 2008 StGB § 263a/16; LL 2008, 467; RA 2008, 401; Niehaus/Augustin JR 2008, 436):

B betankte zwischen dem 26.06. und dem 08.10.2006 in 33 Fällen verschiedene Fahrzeuge an einer vollautomatischen Selbstbedienungstankstelle für Beträge zwischen 71 und 80 €, wobei ihr bewusst war, dass Betankungen für mehr als 70 € wegen eines Defekts der Anlage vom System nicht als Treibstoffentnahme erfasst und dementsprechend auch nicht dem Konto belastet wurden, für das die vor Beginn des Tankvorgangs in den Automaten einzuführende Bankkarte ausgegeben war. ◄

B hat die Zapfsäule ordnungsgemäß bedient. Dass die Anlage hinsichtlich der Erfassung defekt war ändert nichts daran, dass der Gewahrsamswechsel am Kraftstoff vom generalisierten Einverständnis des Tankstellenbetreibers erfasst war.

(f) Passieren der Kasse mit versteckter Ware

Wenn ein Täter innerhalb der fremden generellen Gewahrsamssphäre die Sache nicht in eine eigene Gewahrsamssphäre verbringt und also keine Vollendung z. B. bereits im Inneren eines Geschäftsraums eingetreten ist, findet der Gewahrsams-

---

[150] Hierzu Joecks/Jäger, StGB, 13. Aufl. 2021, § 242 Rn. 60ff.; Herzberg JA 1980, 385; Deutscher JA 1983, 125; Herzberg NJW 1984, 896; Charalambakis MDR 1985, 975; Lange/Trost JuS 2003, 961; Ernst Jura 2013, 454; Rebler JA 2013, 179; Ast NStZ 2013, 305; aus der Rspr. vgl. zuletzt BGH B. v. 28.07.2009 – 4 StR 254/09 – NJW 2010, 99 = NStZ 2009, 694 = NStZ-RR 2010, 74 = StV 2010, 22 (Anm. von Heintschel-Heinegg JA 2009, 903; RÜ 2009, 713; RA 2009, 753; Satzger JK 2010 StGB § 263/88; LL 2010, 38); BGH B. v. 03.12.2009 – 4 StR 477/09; BGH B. v. 10.01.2012 – 4 StR 632/11 – NJW 2012, 1092 = NStZ 2012, 324 = StV 2012, 465 (Anm. von Heintschel-Heinegg JA 2012, 305; Hecker JuS 2012, 1138; Satzger JK 2013 StGB § 263 I/101; Sinn ZJS 2012, 831; RA 2012, 228; Ernst JR 2012, 473); BGH B. v. 19.12.2012 – 4 StR 497/12 – NStZ 2013, 336 = StV 2013, 511; BGH B. v. 13.01.2016 – 4 StR 532/15 – NJW 2016, 1109 = NStZ 2016, 216 (Anm. Hecker JuS 2016, 566; RÜ 2016, 507).

[151] S. Fischer, StGB, 71. Aufl. 2024, § 242 Rn. 24; Hoyer, in: SK-StGB, 9. Aufl. 2019, § 242 Rn. 57.

[152] Hierzu Schmitz, in: MK-StGB, 4. Aufl. 2021, § 242 Rn. 111.

wechsel erst nach Verlassen der generellen Gewahrsamssphäre statt, insbesondere mit Passieren des Kassenbereichs in Supermärkten etc.

Fraglich ist, ob der Abrechnungsvorgang durch den Kassierer, der aber versteckte Sachen nicht miterfasst, ein Einverständnis nur bzgl. der bezahlten Sachen darstellt (dann greift i.Ü. § 242 I StGB) oder auch bzgl. versteckter Sachen (dann greift u. U. der Betrug § 263 I StGB).[153]

Beispiel 43

BGH B. v. 26.07.1995 – 4 StR 234/95 (abgedeckte CDs) – BGHSt 41, 198 = NJW 1995, 3129 = NStZ 1995, 593 = StV 1995, 638 (Anm. Kühl, Höchstrichterliche Rspr. BT, 2002, Nr. 46; Otto JK 1996 StGB § 242/17; von Heintschel-Heinegg JA 1996, 97; Martin JuS 1996, 177; Zopfs NStZ 1996, 190; Scheffler JR 1996, 342; Hillenkamp JuS 1997, 217):

B ging am Tattag im R-Markt in P. mit einem Einkaufswagen in die CD-Abteilung, wo er vier CDs sowie eine Videokassette im Gesamtwert von 105,81 DM aus den Auslagen nahm und flach auf den Boden des Einkaufswagens legte. Das gleiche tat er sodann in der Textilabteilung mit zwei Paar Socken im Gesamtwert von 17,58 DM. Danach deckte B diese Gegenstände mit einem Werbeprospekt ab, wobei er sich sichernd umschaute. Anschließend legte er weitere Sachen im Gesamtwert von 132,85 DM auf die durch den Werbeprospekt abgedeckten Waren. Sodann begab er sich an die Kasse. Entsprechend seiner vorgefassten Absicht legte er dort nur die „oben" liegenden Gegenstände auf das Band, nicht jedoch die unter dem Werbeprospekt befindlichen Waren. Nach Bezahlung der vorgelegten Waren räumte B diese wieder in den Einkaufswagen. Hinter der Kassenzone wurde er von zwei in dem Markt tätigen Detektiven, die das gesamte Tatgeschehen beobachtet hatten, gestellt. ◄

Beispiel 44

OLG Düsseldorf B. v. 19.06.1987 – 5 Ss 166/87 – 131/87 I (Winkelschleifer) – NJW 1988, 922 (Anm. Geppert JK 1988 StGB § 263/28; Hassemer JuS 1988, 574):

B hielt sich am 08.04.1986 gegen 18:20 Uhr in der Werkzeugabteilung des Verkaufsmarktes der Firma M auf, um einen Winkelschleifer zu kaufen. Nachdem er ein Gerät im Werte von unter 100 DM ausgewählt hatte, stellte er nach Öffnen der Verpackung fest, dass die von ihm benötigten Trennscheiben nicht als Zubehör enthalten waren. Der für die Werkzeugabteilung zuständige Verkäufer Z bestätigte ihm auf Nachfrage, dass Trennscheiben von dem Preis des Winkelschleifers nicht umfasst seien. B wollte auf die Trennscheiben nicht verzichten; andererseits wollte er sie nicht zusätzlich kaufen und bezahlen. Er nahm deshalb vier Trennscheiben im Werte von jeweils 3 DM, legte sie in den Karton, in dem

---

[153] Hierzu Eisele, BT II, 6. Aufl. 2021 Rn. 54; Cordier NJW 1961, 1340.

der Winkelschleifer verpackt war, und verschloss ihn. Nicht wissend, dass Z dies beobachtet und den Hausdetektiv informiert hatte, ging B zu der Kasse und legte den verschlossenen Karton auf das Kassenband. Die Kassiererin berechnete nur den Kaufpreis für den Winkelschleifer. Nachdem B ihn bezahlt und den Kassenbereich mit dem Karton passiert hatte, ging er zu dem Informationsstand der Firma M, um sich den Kauf des Winkelschleifers quittieren zu lassen. Nachdem ihm die gewünschte Quittung erteilt worden war, wurde er von dem Hausdetektiv gestellt. ◄

Beispiel 45

OLG Hamm U. v. 29.06.1978 – 2 Ss 1315/78 – NJW 1978, 2209 (Anm. Geilen JK 1979 StGB § 263/2):
B kaufte in einem Selbstbedienungslager ein, wobei er in die von ihm sodann wieder verschlossene Umhüllung eines Kartons mit Windeln Zigarettenpackungen einlegte und das Paket zum Preise für den ursprünglichen Verpackungsinhalt durch die Kasse zu bringen versuchte. ◄

Es ist umstritten, ob sich ein Einverständnis generell auf alle Waren im Einkaufswagen bezieht[154] oder ein Wille zur Gewahrsamsübertragung am konkreten Gegenstand erforderlich ist, sodass beim Vorbeischmuggeln im Wagen kein Einverständnis vorliegt.[155]

Dafür, auf das konkrete Tatobjekt abzustellen, spricht die zivilrechtliche Lage. Ein pauschales Einverständnis wäre eine bloße Fiktion, welche im Widerspruch zu den Anforderungen an § 929 S. 1 BGB stünde (auch der zivilrechtliche Wille zur Übereignung ist stets nur auf berechnete Sachen gerichtet). Für diese Auffassung spricht ferner, dass die Annahme einer Wegnahme den Anwendungsbereich des § 252 StGB eröffnet und damit eine Ungleichbehandlung von Fällen, in denen der Täter Ware vor der Kasse einsteckt, und solchen des Vorbeischmuggelns an der Kasse vermieden wird.[156]

Fraglich ist, ob dann anders zu entscheiden ist, wenn der Kassierer die Gesamtverpackung wahrnahm und abrechnete und sich „nur" über den Inhalt irrte – wie im „Winkelschleifer-Fall".

Die wohl h. M.[157] nimmt auch in diesen Fällen eine Wegnahme an, während die Gegenauffassung[158] von einem Einverständnis ausgeht.

---

[154] So z. B. OLG Düsseldorf B. v. 17.11.1992 – 2 Ss 337/92 – 67/92 III (verdeckte CD) – NJW 1993, 1407 = NStZ 1993, 286 (Anm. Schmitz JA 1993, 350; Jung JuS 1993, 779; Roßmüller/Rohrer Jura 1994, 469; Brocker JuS 1994, 919; Vitt NStZ 1994, 133; Stoffers JR 1994, 205).

[155] So die ganz h. M., vgl. nur BGH B. v. 26.07.1995 – 4 StR 234/95 – BGHSt 41, 198 (202f.); Eisele, BT II, 6. Aufl. 2021, Rn. 54.

[156] So BGH B. v. 26.07.1995 – 4 StR 234/95 – BGHSt 41, 198 (203).

[157] Z. B. Wessels/Hillenkamp/Schuhr, BT 2, 46. Aufl. 2023, Rn. 577.

[158] OLG Düsseldorf B. v. 13.11.1987 – 2 Ss 413/87 – 260/87 II – NJW 1988, 922 (923f.); Fahl JuS 2004, 885 (889).

Für die h. M. spricht wiederum, dass der Kassierer seinen Verfügungswillen grundsätzlich dadurch konkretisiert, dass er die Preise der vorgelegten Waren in die Kasse eintippt und sie dem Kunden berechnet. Nur auf diese Waren bezieht sich sein Einverständnis. Der Verfügungswille des Kassierers erschöpft sich mit dessen Abbuchung des wirklichen Inhalts. Eine Aufspaltung des Verfügungsbewusstseins in Karton und Inhalt ist auch ohne Weiteres möglich.[159]

Fraglich ist, ob sich am obigen Ergebnis dann etwas ändert, wenn der Täter die Ware komplett austauscht. In diesen Konstellationen sprechen sich – anders als die auch hier wohl h. M.[160] – weitere Vertreter gegen eine Wegnahme aus, die in den anderen Konstellationen eine solche bejahen.[161]

Hierfür wird angeführt, dass hier die Ware, über die verfügt worden sein könnte, nicht vorhanden war, sodass es sich gewissermaßen um eine „Luftbuchung" handelte.[162] Es ist aber zweifelhaft, ob daraus folgt, dass sich das Einverständnis so verstehen lässt, dass es sich auf den Karton samt (beliebigem) Inhalt bezieht.

Abgesehen von den drohenden Wertungswidersprüchen zu den anderen Konstellationen, entspricht es nicht der (auch zivil- und arbeitsrechtlichen) Interessenlage des Kassierers, Besitz und Eigentum an einem beliebigen Inhalt des Kartons zu übertragen, selbst wenn das zivilrechtlich trotz drohender Unbestimmtheit möglich sein sollte.

(g) Freiwilligkeit

Das Einverständnis muss freiwillig erteilt werden,[163] d. h. ein wirksames Einverständnis setzt voraus, dass der Gewahrsamsinhaber sich vorstellt, Einfluss darauf zu haben, dass der Gewahrsam auf den Anderen übergeht.

Schwierigkeiten weist v. a. die „Abgrenzung" von Raub und räuberischer Erpressung auf, da bei Anwendung von Gewalt oder Drohungen allenfalls von einem Rest Freiwilligkeit gesprochen werden kann.

Im hier interessierenden Bereich des § 242 I StGB mangelt es v. a. bei **vorgetäuschten** staatlichen – insbesondere polizeilichen – Zwangsmaßnahmen (**Beschlagnahme**) an der Freiwilligkeit.[164] Das Opfer beugt sich dem vermeintlichen Zwang, dass bei mangelnder Duldung sein Widerstand ohnehin mit staatlichen

---

[159] Anders Fahl JuS 2004, 885 (889).
[160] Z. B. Eisele, BT II, 6. Aufl. 2021, Rn. 55.
[161] Etwa Wessels/Hillenkamp/Schuhr, BT 2, 46. Aufl. 2023, Rn. 577; OLG Hamm U. v. 29.06.1978 – 2 Ss 1315/78 – NJW 1978, 2209 (Anm. Geilen JK 1979 StGB § 263/2).
[162] Fahl JuS 2004, 885 (888).
[163] Eisele, BT II, 6. Aufl. 2021, Rn. 56.
[164] Ganz h. M.; Fischer, StGB, 71. Aufl. 2024, § 242 Rn. 27; näher Zeyher/Zivanic ZJS 2022, 198; aus der Rspr. vgl. OLG Nürnberg B. v. 08.07.1948 – Ss 117/48 – NJW 1949, 877 (Anm. Schröder SJZ 1950, 94); OLG Hamm U. v. 14.12.1950 – 2 Ss 400/50 – NJW 1951, 245; BGH U. v. 16.04.1952 – II ZR 49/51 – BGHZ 5, 365 = NJW 1952, 782; BGH U. v. 02.05.1952 – 4 StR 867/51 – NJW 1952, 796; BGH U. v. 16.10.1952 – 5 StR 330/52 – BGHSt 3, 241 = NJW 1953, 73; BGH U. v. 27.01.1953 – 2 StR 558/52 – BGHSt 4, 36 = NJW 1953, 752; BGH U. v. 30.10.1953 – 3 StR 776/52 – BGHSt 5, 155 = NJW 1954, 239; BGH U. v. 17.03.1955 – 4 StR 8/55 – BGHSt 7, 252 = NJW 1955, 877.

Zwangsmitteln gebrochen würde. Anders dürfte es in Konstellationen liegen, in denen die Beamten über eine Freiwilligkeit der Mitwirkung (etwa angesichts eines nicht existierenden richterlichen Beschlusses) belehren und dann ein Einverständnis bekommen. Bei Täuschung ist an einen Betrug nach § 263 StGB zu denken.

> **Beispiel 46**
>
> **BGH B. v. 15.03.2011 – 4 StR 40/11 – BGHSt 56, 196 = NJW 2011, 1979 = NStZ-RR 2011, 335 (Anm. Jäger JA 2011, 632; Hecker JuS 2011, 849; LL 2011, 892; RA 2011, 476; Satzger JK 2012 StGB § 250 II Nr. 1/11; Theile ZJS 2012, 138):**
>
> Nachdem Z1 in Gegenwart des B Ende Mai/Anfang Juni 2009 davon berichtet hatte, Z2 habe sie während einer mit ihr geführten kurzen Beziehung sexuell missbraucht, fasste der B, der ebenso wie seine anwesenden Freunde dieser Schilderung Glauben schenkte, den Plan, den Z2 gemeinsam mit einer zweiten Person zum Zwecke der Bestrafung aufzusuchen und ihn zu verprügeln. Zur Vorbereitung der Tat entwarf B am Computer einen „Durchsuchungsbeschluss", in dem – sinngemäß und in quasiamtlicher Diktion – die Durchsuchung der Wohnung des Z2 wegen des Verdachts verschiedener Straftaten, unter anderem wegen „sexueller Belästigung", „angeordnet" wird. Das Schriftstück war mit einem aus dem Internet heruntergeladenen Bundeswehrkreuz versehen und mit dem vom B herrührenden handschriftlichen Namenszug „Hauptmann M" versehen. Es enthielt am Ende ein wiederum aus dem Internet heruntergeladenes Bundeswehr-Kreuz, den Schriftzug „Bundeswehr", einen Bundesadler sowie einen schwarz-rot-goldenen Farbstreifen mit den Worten „Bundesministerium der Verteidigung". B fertigte zusätzlich ein weiteres Schriftstück, in dem die „Vollstreckung des Vollzugsbefehls" erteilt und gegebenenfalls die „sofortige Festnahme" des Z2 „gestattet" wird. Dieses Schreiben endet mit dem handschriftlichen Namenszug „Oberst Sch" und enthält ähnliche militärische und nationale Hoheitszeichen wie der „Durchsuchungsbeschluss". Am Abend des 13. 6.2009 begaben sich B und sein Mittäter in Begleitung mehrerer Freunde in die Nähe der Wohnung des Z2. Entsprechend dem im Wesentlichen vom B ausgearbeiteten Plan legte er, obwohl er der Bundeswehr nicht angehörte, eine „Feldjägeruniform" aus seinem Besitz an. B streifte zusätzlich eine Armbinde mit den Buchstaben „MP" (Militärpolizei) über einen Oberarm. Nachdem sich B Zutritt zur Wohnung verschafft und festgestellt hatte, dass sich entgegen seiner Erwartung nicht nur Z2, sondern drei weitere Personen in der Wohnung aufhielten, gab er seinen Plan auf, den Z2 zu verprügeln. B überreichte dem Z2 die beiden von ihm angefertigten Schriftstücke. Der inzwischen verängstigte Z2 las die ihm überreichten Schreiben. Er hielt B tatsächlich für einen Feldjäger der Bundeswehr und vermutete einen Zusammenhang zwischen deren Erscheinen und den auch ihm bekannten Vorwürfen der Z1. B ließ Z2 das zweite Schreiben unterzeichnen, notierte die Personalien der weiteren Anwesenden und fragte den Z2, ob dieser Waffen oder Betäubungsmittel in Besitz habe. Daraufhin nahm er aus einer von Z2 geöffneten Schublade ein Messer im Wert von etwa 10 € mit

dem Bemerken an sich, er müsse dieses „konfiszieren". Außerdem steckte er eine Tüte mit Marihuana ein, die einem der Wohnungsinsassen gehörte. Nach etwa 30 min verließ er die Wohnung. ◄

Sollte Z2 durch seine Untätigkeit sein Einverständnis in die Wegnahme des Messers und des Marihuanas bekundet haben, so war es wegen der vorgetäuschten Durchsuchung jedenfalls nicht freiwillig.

(h) Einverständnis bei Mitgewahrsam; Einverständnis durch Dritte: Unterscheidung von Trickdiebstahl und Dreiecksbetrug

▶ **Didaktische Aufsätze**
- Geppert, Zur Abgrenzung von Betrug und Diebstahl, insbesondere in den Fällen des sog. „Dreiecks-Betruges" JuS 1977, 69
- Ebel, Das Näheverhältnis beim Dreiecksbetrug und bei der Dreieckserpressung, Jura 2008, 256

Zum Einverständnis berechtigt ist grundsätzlich nur der **Gewahrsamsinhaber selbst**.

Problematisch ist, unter welchen Umständen ein Einverständnis wirksam ist, welches eine andere Person erklärt, nämlich entweder ein **Mitgewahrsamsinhaber** oder ein **Nicht-Gewahrsamsinhaber** (z. B. ein Gewahrsamsdiener, aber auch schlicht eine Person mit faktischer Zugriffsmöglichkeit wie z. B. ein WG-Mitbewohner), insbesondere täuschungsbedingt. Umstritten ist, welcher Art das Verhältnis zwischen Herausgebendem und Geschädigtem sein muss, damit dem Geschädigten das Einverständnis als wirksam zuzurechnen ist.[165] Insofern ist der sog. Trickdiebstahl in mittelbarer Täterschaft gem. § 25 I 2. Var. StGB bei nicht wirksamem Einverständnis vom sog. **Dreiecksbetrug** i.R.d. § 263 I StGB bei wirksamem Einverständnis (d. h. Vermögensverfügung) zu unterscheiden.

---

[165] Hierzu aus der Warte des Diebstahls Hoyer, in: SK-StGB, 9. Aufl. 2019, § 242 Rn. 60ff.; aus der Warte des Betrugs etwa Eisele, BT II, 6. Aufl. 2021, Rn. 567ff.; Hillenkamp/Cornelius, 40 Probleme aus dem Strafrecht BT, 13. Aufl. 2020, 30. Problem; Otto ZStW 1967, 59; Schünemann GA 1969, 46; Dreher GA 1969, 56; Geppert JuS 1977, 69; Herzberg ZStW 1977, 367; Haas GA 1990, 201; Ebel Jura 2008, 256; Ordner NZWiSt 2016, 228; aus der Rspr. vgl. BayObLG U. v. 18.12.1997 – 5 St RR 67/97 (Anm. Satzger JA 1998, 926; Otto JK 1999 StGB § 263/51); BGH U. v. 18.02.1998 – 5 StR 682/96 – NStZ-RR 1998, 268; BGH B. v. 05.04.2011 – 3 StR 66/11 – NJW 2012, 1093 = NStZ 2012, 144 = StV 2011, 617 (Anm. Bosch JK 2011 BGB § 229/1; Hecker JuS 2011, 940; LL 2011, 647; RA 2011, 291; Grabow NStZ 2012, 145); OLG Celle B. v. 13.09.2011 – 1 Ws 355/11 – NStZ 2012, 447 (Anm. Jahn JuS 2011, 1131; Krell ZJS 2011, 572; Bosch JK 2012 StGB § 255/11; RÜ 2012, 713; LL 2013, 189); BGH B. v. 07.03.2017 – 1 StR 41/17 (Anm. Jäger JA 2017, 950; RÜ 2017, 638; famos 1/2018; LL 2018, 250); OLG Karlsruhe B. v. 09.08.2023 – 1 ORs 35 Ss 322/23 – NJW 2023, 2894 (Anm. Hecker JuS 2023, 1166; Mitsch NJW 2023, 2896).

> **Beispiel 47**
>
> B klingelte an der Wohnung, die Z1 und Z2 in Wohngemeinschaft bewohnten. Z1 öffnete die Tür. B behauptete wahrheitswidrig, er solle für Z2 ein bestimmtes Buch abholen. Z1 glaubte dem B und händigte ihm das Buch aus. ◄

B könnte einen Diebstahl in mittelbarer Täterschaft verübt haben (§§ 242 I, 25 I 2. Var. StGB). Das Buch war für ihn eine fremde bewegliche Sache. Der Gewahrsamswechsel durch Z1 ist dem B auch als Tathandlung im Wege der mittelbaren Täterschaft zuzurechnen: Z1 hatte keinen Vorsatz, das Buch wegzunehmen, sondern unterlag der Irrtumsherrschaft des B. Es ist allerdings zu untersuchen, ob der Gewahrsam des Z2 auch gebrochen wurde. Dies scheidet aus, wenn das täuschungsbedingte Einverständnis des Z1 dem Z2 zuzurechnen ist. Dann kommt ein Betrug in Betracht.

> **Beispiel 48**
>
> **BGH U. v. 16.01.1963 – 2 StR 591/62 (Sammelgarage) – BGHSt 18, 221 = NJW 1963, 1068 (Anm. Kühl, Höchstrichterliche Rspr. BT, 2002, Nr. 64; Gribbohm JuS 1964, 233; Gribbohm NJW 1967, 1897; Hauf JA 1995, 458):**
>
> B unterhielt während seines Aufenthalts in M. Beziehungen zu Frau Z. Diese besaß einen Pkw, den sie in einer parkhochhausähnlichen Sammelgarage untergestellt hatte. In der Garage wurde für jeden untergestellten Wagen ein Zündschlüssel beim Pförtner hinterlegt und dort an einem Schlüsselbrett aufbewahrt. Den zweiten Schlüssel behielten die Fahrzeughalter. Die Verfügungsberechtigten bekamen von der Garagenverwaltung auf Verlangen die dortigen Schlüssel aber auch ausgehändigt. B holte einmal den Wagen mit dem Sohne der Frau Z nach deren vorangegangener telefonischer Genehmigung aus der Garage zu einer Fahrt ab. Dies wiederholte er in etwa sechs bis acht Fällen allein; er nahm dabei an, Frau Z sei wegen der bestehenden Beziehungen damit einverstanden. Es handelte sich jeweils um kleinere Fahrten in der Stadt und deren Umgebung. Am Morgen des 20.05.1961 während der Nachtschicht des Pförtnerdienstes sprach B wieder in der Sammelgarage vor und holte in der Absicht, nicht zurückzukehren, ohne Wissen und Genehmigung von Frau Z deren Wagen ab, der ihm auch ausgehändigt wurde. Er fuhr mit diesem nach F. und an andere Orte. Der Wagen wurde erst Ende Juni 1961 sichergestellt und an Frau Z zurückgegeben. Während der Zeit vom 20.05. bis Ende Juni 1961 hatte B ihn ständig für sich benutzt. Er wusste, dass Frau Z damit nicht einverstanden war. ◄

Auch hier hängt die „Abgrenzung" von Trickdiebstahl und Dreiecksbetrug davon ab, ob die Z sich das Einverständnis des Pförtners in den Gewahrsamswechsel zurechnen lassen muss, sodass kein Gewahrsamsbruch (§§ 242 I, 25 I 2. Var. StGB), sondern eine Vermögensverfügung (§ 263 I StGB) vorliegt.

Insbesondere stehen sich die sog. Lagertheorie als wohl h. M. (inkl. Rspr.)[166] und die sog. Theorie von der rechtlichen Befugnis[167] gegenüber.

---

[166] S. Nachweise in der vorletzten Fn.
[167] Z. B. Hefendehl, in: MK-StGB, 4. Aufl. 2022, § 263 Rn. 465ff.

Nach ersterer reicht für eine Zurechnung des Einverständnisses aus, dass der Einverstandene in einem besonderen Näheverhältnis zur Sache stand, sodass er einen privilegierten Zugang zu ihr genoss (Obhutsbeziehung, Hüterstellung zum Gegenstand).

Die Auffassungen, die auf eine rechtliche Befugnis abstellen, unterteilen sich wiederum: Nach einer Ansicht ist ein objektives Vorliegen einer solchen Befugnis erforderlich[168]; nach anderer Ansicht reicht eine bloße irrige Annahme seitens des Gewahrsamshüters aus.[169]

Festzuhalten ist zunächst, dass eine bloß tatsächliche Herausgabemöglichkeit des Dritten nicht dafür genügen kann, dass dem Geschädigten das Einverständnis zuzurechnen wäre; dann wäre ein täuschungsbedingter Diebstahl in mittelbarer Täterschaft unmöglich, zudem passt die Annahme eines Betrugs kaum zu dessen Charakterisierung als Selbstschädigungsdelikt, wenn kein materieller Grund dafür ersichtlich ist, das Handeln des Dritten dem Geschädigten zuzurechnen.

Die h. M. in Gestalt der sog. Lagertheorie versucht, mit dem Begriff des Lagers den materiellen Zurechnungsgrund zu benennen: Der Getäuschte muss im Machtkreis des Geschädigten stehen, damit die Schädigung durch ihn einer Selbstschädigung gleichkommt, sodass eine Situation oder ein Tatbild des Betruges, nicht des Diebstahls vorliegt. Die h. M. ist aber dem Einwand der Vagheit ausgesetzt, muss die Grenzziehung bei der Lagerbestimmung doch im Einzelfall schwerfallen, etwa bei verschiedenen Formen gemeinsamen Wohnens.

Überzeugender ist es, einen Rechtsgrund für die Wirksamkeit des Einverständnisses zu verlangen.[170]

Nun wird es an einer Befugnis zur Herausgabe an den Täter jedenfalls im privatrechtlichen Bereich durchweg mangeln, sodass es richtigerweise darauf ankommen muss, ob der Herausgebende bei pflichtgemäßer Überprüfung davon überzeugt sein durfte, zur Herausgabe berechtigt zu sein – dann ändert sein Irrtum nichts daran, dass sich der Geschädigte das Einverständnis zurechnen lassen muss und ein Diebstahl ausscheidet.[171]

b) Subjektiver Tatbestand

aa) Vorsatz
Gem. § 15 StGB ist Vorsatz erforderlich.

Zu beachten ist, dass ein Dieb nicht selten einen eher generellen Vorsatz hat, stehlenswerte Gegenstände zu entwenden; hier nimmt man einen einheitlichen Diebstahlsvorsatz an, der durch Verengung, Erweiterung oder Modifikation nicht entfällt.[172]

---

[168] Vgl. etwa Samson JA 1980, 285 (289).
[169] Z. B. Küper/Zopfs, BT, 11, Aufl. 2022, Rn. 682.
[170] S. z. B. Hoyer, in: SK-StGB, 9. Aufl. 2019, § 242 Rn. 63, 64.
[171] S. Hoyer, in: SK-StGB, 9. Aufl. 2019, § 242 Rn. 63, 64.
[172] Wittig, in: BeckOK-StGB, Stand 01.08.2024, § 242 Rn. 29; aus der Rspr. vgl. zuletzt BGH U. v. 23.06.2021 – 2 StR 306/20 – StV 2022, 8.

bb) Absicht, die Sache sich oder einem Dritten rechtswidrig zuzueignen

▶ **Didaktische Aufsätze**
- Maiwald, Der Begriff der Zueignung im Diebstahls- und Unterschlagungstatbestand, JA 1971, 579 und 643
- Ulsenheimer, Der Zueignungsbegriff im Strafrecht, Jura 1979, 169
- Tenckhoff, Der Zueignungsbegriff bei Diebstahl und Unterschlagung, JuS 1980, 723
- Börner, Zum Stand der Zueignungsdogmatik in den §§ 242, 246 StGB, Jura 2005, 389
- Rönnau, Die Zueignungsabsicht, JuS 2007, 806
- Kudlich/Oğlakcıoğlu, Die Zueignungsabsicht in der Fallbearbeitung, JA 2012, 321

(1) Allgemeines; Ausgangsdefinition/Grundstruktur

Ein Diebstahl setzt das zusätzliche subjektive Tatbestandsmerkmal – eine überschießende Innentendenz – der Absicht rechtswidriger Zueignung im Hinblick auf die weggenommene Sache voraus.[173] Zur Absicht als qualifizierte Form des Vorsatzes s. grundsätzlich im Allgemeinen Teil.

Der Täter muss diese im **Zeitpunkt der Wegnahme** aufweisen.[174]

Bei später gefasster Zueignungsabsicht kommt § 246 StGB in Betracht.

Die Absicht rechtswidriger Zueignung ist bei der Prüfung in **drei Teile** zu zerlegen[175]:

Erstens muss der Täter mindestens **Eventualvorsatz bzgl. einer Enteignung** des Geschädigten aufweisen.

Zweitens muss der Täter die **Absicht der Aneignung** der Sache haben.

Drittens muss diese beabsichtigte Zueignung als **rechtswidrig** vom Vorsatz erfasst sein.

Klargestellt sei noch einmal, dass ein objektiver Zueignungserfolg nicht erforderlich ist, es genügt die entsprechende Absicht (als sog. überschießende Innentendenz, sodass der Diebstahl ein sog. kupiertes Erfolgsdelikt ist).[176]

---

[173] Hierzu Fischer, StGB, 71. Aufl. 2024, § 242 Rn. 32ff.; Rudolphi GA 1965, 33; Maiwald JA 1971, 579 und 643; Schmidhäuser FS Bruns 1978, 345; Ulsenheimer Jura 1979, 169; Tenckhoff JuS 1980, 723; Dencker FS Rudolphi 2004, 425; Börner Jura 2005, 389; Rönnau JuS 2007, 806; Schmitz FS Otto 2007, 759; Kudlich/Oğlakcıoğlu JA 2012, 321.

[174] Fischer, StGB, 71. Aufl. 2024, § 242 Rn. 43; aus der Rspr. vgl. zuletzt BGH B. v. 03.04.2019 – 2 StR 323/18 – NStZ-RR 2019, 249; BGH B. v. 03.04.2024 – 1 StR 75/24 – NStZ 2024, 543 (Anm. Bosch Jura 2024, 899; Hahn NStZ 2024, 544).

[175] S. auch Eisele, BT II, 6. Aufl. 2021, Rn. 64, 88ff.; aus der Rspr. vgl. zuletzt BGH U. v. 17.10.2019 – 3 StR 536/18 – NStZ-RR 2020, 102 und 141 = StV 2020, 667 (Anm. Jahn JuS 2020, 467; RÜ 2020, 308); BGH B. v. 12.01.2021 – 4 StR 501/20 – NStZ-RR 2021, 77 (Anm. LL 2021, 462); BGH B. v. 03.04.2024 – 1 StR 75/24 – NStZ 2024, 543 (Anm. Bosch Jura 2024, 899; Hahn NStZ 2024, 544).

[176] S. nur Fischer, StGB, 71. Aufl. 2024, § 242 Rn. 32; aus der Rspr. vgl. BGH B. v. 10.10.2018 – 4 StR 591/17 – BGHSt 63, 215 = NJW 2018, 3598 = NStZ-RR 2019, 45 = StV 2020, 234 (Anm. RÜ 2018, 786; Hoven NJW 2018, 3599; Bosch Jura 2019, 435; Eisele JuS 2019, 178; Disselkamp ZJS 2019, 156; LL 2019, 99; famos 2/2019; Wachter JZ 2019, 315; Wigger jurisPR-StrafR 1/2019 Anm. 3).

Darauf, ob der Täter den Wert seines Vermögens erhöht und ob er sich bereichern will, kommt es nicht an.[177] Auch insofern sind wertlose Sachen taugliche Tatobjekte des Diebstahls. Ferner ändert es auch an der Zueignungsabsicht nichts, wenn der Täter eine wertkompensierende Gegenleistung am Tatort zurücklässt.[178] Es ist freilich an ein mutmaßliches Einverständnis mit dem Gewahrsamsübergang zu denken, z. B. beim Geldwechseln.

(2) Mindestens Eventualvorsatz bzgl. Enteignung
Der Täter muss den Vorsatz aufweisen, dem Eigentümer die Sache dauerhaft und endgültig zu entziehen, ihn also aus seiner bisherigen Herrschaftsposition zu verdrängen.[179]

Obwohl es sich eigentlich um einen Teil der Zueignungs*absicht* handelt, genügt nach ganz h. M. **Eventualvorsatz**, was damit begründet wird, dass es dem Täter in aller Regel nur auf die Aneignung ankommen wird, während ihm die dauernde Enteignung des Eigentümers eher gleichgültig sein wird – eine eher kriminalpolitische als methodisch überzeugende Erwägung; angesichts möglicher Zwischen- und Begleitziele würde eine restriktivere Auslegung den Anwendungsbereich wohl auch nicht unangemessen verengen.[180]

Der Entzug muss auf **Dauerhaftigkeit** angelegt sein.[181] Hieran fehlt es, wenn der Täter den Willen hat, die Sache zum Eigentümer zurückzuführen (**Rückgabewille**) und der Täter sich also nur vorübergehenden Gebrauch der Sache anmaßt (*furtum usus*).[182] Die bloße Gebrauchsanmaßung ist abgesehen von Spezialtatbeständen (v. a. §§ 248b, 290 StGB) straflos.

---

[177] Fischer, StGB, 71. Aufl. 2024, § 242 Rn. 44; aus der Rspr. vgl. BGH U. v. 25.10.1968 – 4 StR 398/68; BGH U. v. 15.01.1970 – 4 StR 527/69 – NJW 1970, 1753 (Anm. Schröder NJW 1970, 1754); BGH U. v. 10.05.1977 – 1 StR 167/77 – NJW 1977, 1460 (Anm. Hassemer JuS 1977, 769; Lieder NJW 1977, 2272; Joecks JA 1978, 524; Geerds JR 1978, 172); BGH U. v. 02.07.1980 – 2 StR 224/80 – NStZ 1981, 63 (Anm. Geilen JK 1981 StGB § 249/1); BGH U. v. 26.09.1984 – 3 StR 367/84 – NJW 1985, 812 (Anm. Otto JK 1985 StGB § 242/4; Gropp JR 1985, 518); OLG Düsseldorf B. v. 09.01.1987 – 5 Ss 414/86 – 310/86 I – NJW 1987, 2526 (Anm. Keller JR 1987, 521); OLG Düsseldorf U. v. 22.08.1988 – 5 Ss 231/88 – 195/88 I – NJW 1989, 115; OLG Stuttgart B. v. 21.01.2010 – 6 Ss 1458/09 – NStZ 2011, 44.
[178] Fischer, StGB, 71. Aufl. 2024, § 242 Rn. 44.
[179] Kindhäuser/Hilgendorf, LPK, 9. Aufl. 2022, § 242 Rn. 65, 73; aus der Rspr. vgl. zuletzt BGH U. v. 17.10.2019 – 3 StR 536/18 – NStZ-RR 2020, 102 und 141 = StV 2020, 667 (Anm. Jahn JuS 2020, 467; RÜ 2020, 308); LG Nürnberg-Fürth B. v. 24.01.2022 – 18 Qs 24/21, 18 Qs 25/21 (Anm. Gierok/Dittrich MedR 2022, 692); BGH B. v. 03.04.2024 – 1 StR 75/24 – NStZ 2024, 543 (Anm. Bosch Jura 2024, 899; Hahn NStZ 2024, 544).
[180] Zum Ganzen (kritisch bzgl. der h. M.) Schmitz, in: MK-StGB, 4. Aufl. 2021, § 242 Rn. 129ff.
[181] Hierzu s. nur Fischer, StGB, 71. Aufl. 2024, § 242 Rn. 35a.
[182] Heger, in: Lackner/Kühl/Heger, StGB, 30. Aufl. 2023, § 242 Rn. 24; aus der Rspr. vgl. zuletzt BGH U. v. 17.10.2019 – 3 StR 536/18 – NStZ-RR 2020, 102 und 141 = StV 2020, 667 (Anm. Jahn JuS 2020, 467; RÜ 2020, 308); LG Nürnberg-Fürth B. v. 24.01.2022 – 18 Qs 24/21, 18 Qs 25/21 (Anm. Gierok/Dittrich MedR 2022, 692); BGH U. v. 22.06.2023 – 4 StR 481/22 (Anm. Bosch Jura 2023, 1227; RÜ 2024, 83; Birner HRRS 2024, 134); BGH B. v. 03.04.2024 – 1 StR 75/24 – NStZ 2024, 543 (Anm. Bosch Jura 2024, 899; Hahn NStZ 2024, 544).

Beispiel 49

BGH U. v. 26.09.1984 – 3 StR 367/84 – NJW 1985, 812 (Anm. Otto JK 1985 StGB § 242/4; Gropp JR 1985, 518):

Es erbitterte B, dass Z1, seine frühere Geliebte, Anfang Juli 1981 plötzlich verschwunden war und nunmehr mit Z2 auf Ibiza zusammenlebte. Er war tief gekränkt und beschloss, beide dafür zu bestrafen und sie voneinander zu trennen. Hierzu wollte er sich in den Besitz ihrer Habe setzen, insbesondere ihrer Kleidung, ihrer Personalpapiere und ihrer finanziellen Mittel. Er rechnete sich aus und sah voraus, dass Z1 durch die Entwendung ihrer Sachen zur Rückkehr nach G. und damit „in seinen Machtbereich" gezwungen würde, während Z2 als flüchtiger Straftäter ohne Geld und Papiere in erhebliche Schwierigkeiten geraten sollte, ohne nach Hause zurückkehren zu können. B hatte vor, der Z1 die ihr gehörenden Gegenstände möglicherweise später zurückzugeben, nämlich dann, wenn sie, was nach seiner Vorstellung ungewiss war, zu ihm „zurückfinden" sollte. Zunächst aber wollte er mit den Gegenständen „nach Belieben" verfahren. In Ausführung dieses Planes räumte er bei dem Einbruch vom 25.07.1981 das Appartement von Z1 und Z2 auf Ibiza aus. B transportierte die Beute in vorgefundenen Koffern ab, flog damit am nächsten Tag von Ibiza nach Barcelona und brachten sie anschließend im Pkw nach G. Seitdem ist die Habe des Z2 verschwunden. Z1, die sich alsbald mit B aussöhnte, hat einen Teil ihrer Sachen ab August 1981 zurückerhalten; wo der Rest geblieben ist, hat sich nicht aufklären lassen. ◄

Hier ist die Absicht rechtswidriger Zueignung bzgl. der Sachen der Z1 zu untersuchen. Zueignungsabsicht setzt voraus, dass B zumindest billigend in Kauf nahm, der Z1 die Sachherrschaft dauerhaft und endgültig zu entziehen. Abzustellen ist auf den Zeitpunkt der Wegnahme. Zu diesem hatte B vor, der Z1 die ihr gehörenden Gegenstände dann später zurückzugeben, wenn sie – was nach seiner Vorstellung ungewiss war – zu ihm zurückfinden sollte. Weil B nicht fest auf diesen Umstand vertraute, sondern die dauerhafte Enteignung bewusst von einer äußeren Bedingung abhängig machte, die außerhalb seines Einflussbereiches lag, handelte er mit Eventualvorsatz.

Die Anforderungen an einen Rückgabewillen sind dahingehend nicht sehr hoch, dass es bereits genügt, wenn der Täter davon ausgeht, dass der Eigentümer die Verfügungsgewalt über die Sache ohne besondere Mühe wiedererlangt.[183]

Deutlich wird das beim Stehenlassen eines Fahrzeugs nach einer abgeschlossenen Gebrauchsanmaßung.[184]

Beispiel 50

BGH U. v. 05.07.1960 – 5 StR 80/60 – BGHSt 14, 386 = NJW 1960, 1729 (Anm. Kühl, Höchstrichterliche Rspr. BT, 2002, Nr. 58; Schnellenbach NJW 1960, 2154):

---

[183] Wittig, in: BeckOK-StGB, Stand 01.08.2024, § 242 Rn. 33.
[184] Hierzu Fischer, StGB, 71. Aufl. 2024, § 242 Rn. 39; Schaffstein GA 1964, 97; Kudlich JA 2015, 32.

B fuhr gegen 06:00 Uhr morgens mit einer Taxe von W. nach B. Unterwegs bat er den Fahrer anzuhalten, da er austreten müsse. Als er zum Pkw zurückkam, zog er plötzlich eine Gaspistole aus der Tasche und gab zwei Schüsse auf den im Wagen sitzenden Taxifahrer ab. Mindestens ein Schuss traf diesen ins Gesicht und zwang ihn zum Verlassen des Fahrzeugs. Jetzt setzte sich B selbst ans Steuer und fuhr mit der Taxe weg. Hierbei bedrohte er den Fahrer, der ihn daran hindern wollte, erneut mit der Gaspistole. Er fuhr einige Zeit in der Gegend umher, wobei er einen nicht näher aufgeklärten Verkehrsunfall verursachte, bei dem die Taxe beschädigt wurde. In C. brach er die Fahrt ab und stellte sich der Polizei, Dabei erklärte er, er habe sich in seinem „übermäßig alkoholisierten Zustand" gewaltsam in den Besitz der Taxe gesetzt, da er so gerne einmal habe Auto fahren wollen. ◄

Für die Frage, ob der Täter Enteignungsvorsatz oder Rückgabewillen hatte, werden in diesen Fällen als Indizien herangezogen insbesondere

- der Ort des Abstellens (entlegen oder frequentiert? Entfernung zum Entwendungsort und zum Wohnsitz des Eigentümers),
- die Auffälligkeit des Fahrzeugs (ein länger an einem Ort stehendes gewerbliches oder amtlich genutztes Fahrzeug fällt eher auf als ein Privatfahrzeug und wird daher von Passanten eher gemeldet) und
- die Möglichkeit einer Entwendung durch Dritte, welche insbesondere bei unverschlossenem Fahrzeug und bei im Schloss steckenden Zündschlüssel gegeben ist.

Von einem Rückgabewillen lässt sich nur sprechen, wenn der Täter **dieselbe Sache** zurückgeben möchte, die er weggenommen hat. Nicht nur ist ein Wertersatz irrelevant, vor allem ist die Anmaßung eines Gebrauchs zu unterscheiden von einem **Verbrauch** der Sache.[185]

Wird die Sache **gravierend verändert**, vgl. z. B. entladene Batterien, abgefahrene Reifen oder verdorbene Lebensmittel, so schließt eine Rückführungsbereitschaft den Enteignungsvorsatz nicht aus.

Die Grenzziehung zwischen zu vernachlässigender Abnutzung, die notwendige Folge eines *furtum usus* ist, und einem (partiellen) Verbrauch der Sache wirft Schwierigkeiten auf,[186] jedenfalls muss eine gewisse Bagatellschwelle überschritten werden. Zu berücksichtigen ist, dass für sehr viele Wirtschaftsgüter ein Vermietungsmarkt vorhanden ist; vor diesem Hintergrund sollte die Schwelle von der abnutzenden Gebrauchsanmaßung zum Diebstahl nicht allzu hoch angesetzt werden.

---

[185] Hierzu Kindhäuser/Hilgendorf, LPK, 9. Aufl. 2022, § 242 Rn. 106, 108; aus der Rspr. vgl. RG U. v. 21.03.1911 – II 134/11 – RGSt 44, 335; BGH U. v. 17.03.1987 – 1 StR 693/86 – BGHSt 34, 309 = NJW 1987, 2242 = StV 1988, 14 (Anm. Geppert JK 1987 StGB § 246/5; Müller JA 1988, 56).

[186] S. Fischer, StGB, 71. Aufl. 2024, § 242 Rn. 38.

Bei neuwertigen, zum Verkauf stehenden Waren, können bereits kleinere Gebrauchsspuren den **Verkaufswert** so mindern, dass von einem Verbrauch auszugehen ist.[187]

Beispiel 51

OLG Celle U. v. 16.03.1967 – 1 Ss 10/67 (Taschenbuch) – NJW 1967, 1921 (Anm. Willms JuS 1967, 575; Deubner NJW 1967, 1923; Schröder JR 1967, 390; Androulakis JuS 1968, 409; Gribbohm NJW 1968, 1270; Fahl JA 2002, 649):

Philosophiestudent B entnahm aus einem Verkaufsstand eines Warenhauses einen neuen Rowohlt-Kriminalroman, den er in die Rocktasche steckte. Er wurde beobachtet und beim Verlassen des Warenhauses gestellt. B hat sich unwiderlegt dahin eingelassen, er habe das Buch nur durchlesen und es dann zurückbringen wollen. Von einem Studenten der Rechte habe er erfahren, dass ein Gebrauchsdiebstahl nicht strafbar sei. Diese den meisten Menschen unbekannte Tatsache habe er ausnützen wollen. Man könne ihm wohl einen Vorwurf moralischer Art machen, ein Dieb sei er jedoch nicht, denn er habe nicht mit Zueignungsabsicht gehandelt. ◄

Während das OLG eine Zueignungsabsicht als gegeben ansah, da das Buch aufgrund Abnutzung nicht mehr als neu verkauft werden könne, betonen Kritiker,[188] dass Bücher auch in Buchhandlungen und Warenhäusern vom Publikum in die Hand genommen, durchgeblättert und abschnittsweise gelesen werden. Jedenfalls bei pfleglichem Gebrauch ist ein Verkauf als Neuware auch nicht ausgeschlossen.

Das Umschlagen der Gebrauchsentziehung in eine Enteignung kann auch auf der bloßen **Dauer** der Besitzanmaßung beruhen.[189] Dies betrifft zunächst Konstellationen, in denen eine sinnvolle Benutzung nur innerhalb eines bestimmten Zeitraums möglich ist (z. B. Zeitungen oder Konzertkarten). Darüber hinaus wird man ferner von Enteignungsvorsatz sprechen können, wenn die erstrebte Dauer der Benutzung so bemessen ist, dass sich der Geschädigte vernünftigerweise Ersatz beschaffen wird.[190]

Umstritten ist, ob ein Enteignungsvorsatz dann vorliegt, wenn der Täter die Sache dem Eigentümer nach Wegnahme **„zurückverkauft"**.[191]

---

[187] Problematisch, s. Kindhäuser/Hilgendorf, LPK, 9. Aufl. 2022, § 242 Rn. 106, 108.
[188] Kindhäuser/Hilgendorf, LPK, 9. Aufl. 2022, § 242 Rn. 108.
[189] Hierzu Bosch, in: Schönke/Schröder, StGB, 30. Aufl. 2019, § 242 Rn. 53.
[190] S. Eisele, BT II, 6. Aufl. 2021, Rn. 72.
[191] Hierzu Eisele, BT II, 6. Aufl. 2021, Rn. 73f.; näher Stoffers Jura 1995, 113; Grunewald GA 2005, 520; aus der Rspr. vgl. RG U. v. 19.01.1923 – IV 380/22 – RGSt 57, 199; BGH B. v. 05.03.1971 – 3 StR 231/69 – BGHSt 24, 115 = NJW 1971, 900 (Anm. Deubner NJW 1971, 1469; Schöneborn MDR 1971, 811).

Beispiel 52

B entwendete das Mobiltelefon der Z, um es ihr, wie von Anfang an geplant, ein paar Tage später gegen Zahlung von 100 € anzubieten. ◄

B hat eigentlich die Absicht, der Z das Mobiltelephon zurückzugeben, dies aber nur unter der Bedingung, dass sie es ihm abkaufe. Vertraute B darauf, dass Z auf das Angebot eingehen würde, oder nahm er billigend in Kauf, sie dauerhaft zu enteignen?

Z. T.[192] wird ein Enteignungsvorsatz abgelehnt. Die heutige Rspr.[193] und die h. L.[194] allerdings nehmen einen Enteignungsvorsatz an.

Zwar ist richtig, dass der Eigentümer seine Sache zurückerhalten soll und daher die Möglichkeit der Eigentumsnutzung (§ 903 BGB) wiederhergestellt wird. Allerdings will der Täter die Sache eben nicht unter Anerkennung dieser Eigentümerposition zurückgeben, dann müsste er dies nämlich gem. u. a. § 985 BGB unentgeltlich tun. Die Position der h. M. ist kriminalpolitisch sinnvoll, sie verwandelt den Diebstahl hier aber von einem Eigentums- in ein reines Vermögensdelikt, da der Kaufpreis gerade nichts daran ändert, dass die Sache zurückgelangt. Soweit der Täter Enteignungsvorsatz bzgl. des Kaufpreises hat, so ist dieser doch nicht hinreichend eng mit der tatsächlich weggenommenen Sache verknüpft. Die Bemühung einer Anerkennung der Eigentümerposition führt schon deshalb nicht weiter, weil das Eigentum auch bei *furtum usus* vom Täter nicht anerkannt wird. Ggf. kommt eine Strafbarkeit wegen Erpressung gem. § 253 StGB oder wegen Betrugs gem. § 263 StGB in Betracht.

Eine ähnliche Problematik betrifft die **Abmusterungsfälle**.[195]

Beispiel 53

OLG Frankfurt U. v. 13.06.1962 – 2 Ss 258/62 – NJW 1962, 1879 (Anm. Kohlhaas NJW 1962, 1881; Westermann NJW 1962, 2216; Preuße JuS 1963, 81):

Anlässlich der Abmusterung von der Bundeswehr am 31.07.1961 stellte B bei der Vorbereitung zur Ablieferung seiner Dienstbekleidungsstücke fest, dass ihm eine Schirmmütze abhanden gekommen war, die er hätte ersetzen müssen. Um dies zu vermeiden, hat er den verschlossenen Spind seines im Urlaub abwesenden Stubengenossen in der Truppenunterkunft aufgebrochen, dessen Mütze entnommen und auf der Bekleidungskammer als seine eigene abgegeben. ◄

Hier wird fremdes Eigentum nicht einmal in Abrede gestellt.

---

[192] Mitsch, BT 2, 3. Aufl. 2015, S. 52; RGSt 57, 199.
[193] BGH B. v. 05.03.1971 – 3 StR 231/69 – BGHSt 24, 115 (119).
[194] Eisele, BT II, 6. Aufl. 2021, Rn. 74.
[195] Hierzu Kindhäuser/Hoven, in: NK-StGB, 6. Aufl. 2023, § 242 Rn. 101; näher Wessels JZ 1965, 631; aus der Rspr. vgl. zuletzt BayObLG U. v. 23.07.2020 – 207 StRR 230/20 (Anm. Hecker JuS 2021, 561; RÜ 2021, 101).

Auch bei Wunsch nach Entdeckung fehlt Enteignungsvorsatz.[196]

(3) Absicht bzgl. Aneignung

▶ **Didaktische Aufsätze**
  - Wallau, Sachbeschädigung als Zueignung, JA 2000, 248
  - Mikolajczyk, Das Aneignungselement der Zueignung, ZJS 2008, 18

(a) Allgemeines
Der Täter muss die Absicht – Eventualvorsatz genügt nicht[197] – aufweisen, die Sache mindestens vorübergehend in den eigenen Güterbestand oder in den Güterbestand eines Dritten einzuverleiben.[198]

Dass man bisweilen von der Anmaßung einer eigentumsähnlichen Herrschaft (*se ut dominum gerere*), auch unter Hinweis auf § 903 BGB, spricht,[199] kann demgegenüber in die Irre führen,[200] da die Eigentümerbefugnisse z. B. auch die Zerstörung der Sache umfasst, die aber nicht unter § 242 StGB fällt, sondern unter die **Sachbeschädigung** gem. § 303 StGB. Der Diebstahl erfasst die funktionsgerechte, wirtschaftlich sinnvolle Nutzung.

Die vom Täter gefasste Aneignungsabsicht kann – was häufig der Fall sein wird – auch **genereller** Natur sein und sich etwa auf alle wertvollen und somit stehlenswerten Gegenstände in einem bestimmten Behältnis (z. B. Handtasche, Tresor) beziehen, obwohl der Täter im Zeitpunkt der Wegnahme nicht genau weiß, was er an einzelnen Dingen weggenommen hat.[201]

Auch ist ein Irrtum des Täters über die Eignung des weggenommenen Gegenstandes zu dem angestrebten Zweck irrelevant (Motivirrtum).[202]

Die Aneignung der Sache muss **nicht Endzweck** sein.[203] Außertatbestandliche Beweggründe sind irrelevant.[204]

---

[196] Aus der Rspr. vgl. zuletzt BGH B. v. 26.04.2019 – 1 StR 37/19 – NStZ-RR 2019, 248 = StV 2020, 503 (Anm. RÜ 2019, 512; Bode StV 2020, 504).

[197] Aus der Rspr. vgl. BGH B. v. 14.02.2024 – 4 StR 487/22 – NStZ-RR 2024, 146 = StV 2024, 440.

[198] Heger, in: Lackner/Kühl/Heger, StGB, 30. Aufl. 2023, § 242 Rn. 21; aus der Rspr. vgl. zuletzt BGH U. v. 17.10.2019 – 3 StR 536/18 – NStZ-RR 2020, 102 und 141 = StV 2020, 667 (Anm. Jahn JuS 2020, 467; RÜ 2020, 308); BGH B. v. 03.04.2024 – 1 StR 75/24 – NStZ 2024, 543 (Anm. Bosch Jura 2024, 899; Hahn NStZ 2024, 544).

[199] Z. B. Wittig, in: BeckOK-StGB, Stand 01.08.2024, § 242 Rn. 37.

[200] S. auch Joecks/Jäger, StGB, 13. Aufl. 2021, § 242 Rn. 30; Bosch, in: Schönke/Schröder, StGB, 30. Aufl. 2019, § 242 Rn. 47.

[201] S. Bosch, in: Schönke/Schröder, StGB, 30. Aufl. 2019, § 242 Rn. 62.

[202] Aus der Rspr. vgl. BGH U. v. 13.11.2003 – 3 StR 282/03 – NStZ 2004, 386 (Anm. RA 2004, 278).

[203] Bosch, in: Schönke/Schröder, StGB, 30. Aufl. 2019, § 242 Rn. 61; aus der Rspr. vgl. zuletzt BGH B. v. 03.04.2024 – 1 StR 75/24 – NStZ 2024, 543 (Anm. Bosch Jura 2024, 899; Hahn NStZ 2024, 544).

[204] Heger, in: Lackner/Kühl/Heger, StGB, 30. Aufl. 2023, § 242 Rn. 25; aus der Rspr. vgl. OLG Hamm U. v. 26.03.1964 – 2 Ss 10/64 – NJW 1964, 1427 (Anm. Eser JuS 1964, 477); BGH U. v. 26.09.1984 – 3 StR 367/84 – NJW 1985, 812 (Anm. Otto JK 1985 StGB § 242/4; Gropp JR 1985, 518).

Nicht erfasst sind allerdings **unerwünschte Begleitumstände**, die der Täter nur hinnimmt, weil sie notwendige oder mögliche Folge eines auf einen anderen Zweck ausgerichteten Verhaltens sind.[205]

Beispiel 54

BGH B. v. 14.02.2012 – 3 StR 392/11 – NStZ 2012, 627 = StV 2012, 465 (Anm. Jäger JA 2012, 709; LL 2012, 723; RÜ 2012, 373; RA 2012, 472; famos 11/2012; Hecker JuS 2013, 468; Putzke ZJS 2013, 311):
B entwand dem Z gegen dessen Widerstand ein Mobiltelefon, um im Speicher des Geräts nach Beweisen für die Art der Beziehung zwischen dem Z und der Schwester des B zu suchen. Ob Z das Gerät zurückerlangen würde, war ihm dabei gleichgültig. Später übertrug er darin gespeicherte Bilddateien auf sein eigenes Handy, um sie an Dritte zu verschicken. ◄

(b) Dauer; Funktionalität
Da die Absicht bzgl. **vorübergehender** Einverleibung ausreicht,[206] ist es unerheblich wie lange der Täter die Sache gebrauchen möchte, um sich ihrer danach (ohne Rückgabe an den Eigentümer, dann fehlt schon der Enteignungsvorsatz) zu entledigen oder sie zu vernichten.

Beispiel 55

BGH B. v. 06.07.1995 – 4 StR 321/95 – NStZ 1996, 38 = StV 1995, 640 (Anm. Otto JK 1996 StGB § 248b/3; von Heintschel-Heinegg JA 1996, 271):
Zwischen B und einem Taxifahrer kam es während einer nächtlichen Taxifahrt zu einer körperlichen Auseinandersetzung, in deren Verlauf der Taxifahrer aus dem stehenden Fahrzeug auf die Fahrbahn gefallen war. Sodann fasste B den Entschluss, mit dem Pkw wegzufahren. Er fuhr nur wenige Straßen weiter. Dann ließ er den Wagen unverschlossen und mit noch im Zündschloss steckendem Schlüssel stehen und entfernte sich zu Fuß, ohne jemanden über den Verbleib des Fahrzeugs zu informieren. Dieses wurde am Morgen desselben Tages aufgefunden. ◄

B hatte die Absicht, sich das Taxi für die Dauer der Wegfahrt anzueignen.

Beispiel 56

LG Zweibrücken B. v. 22.12.1998 – 412 Js 8773/97 – NStZ-RR 1999, 327:
Nach einem Betäubungsmittelgeschäft am 22.08.1997 wurde B von einem Polizeibeamten verfolgt und in einem Waldweg gestellt. Dort gelang es dem B

---

[205] Wittig, in: BeckOK-StGB, Stand 01.08.2024, § 242 Rn. 39; aus der Rspr. vgl. zuletzt BGH B. v. 26.04.2019 – 1 StR 37/19 – NStZ-RR 2019, 248 = StV 2020, 503 (Anm. RÜ 2019, 512; Bode StV 2020, 504).
[206] S. nur Wittig, in: BeckOK-StGB, Stand 01.08.2024, § 242 Rn. 37.

sich nach Schlägen von dem Polizeibeamten loszureißen und dessen geladene Dienstwaffe mitzunehmen. Damit bedrohte er auf der Flucht den Polizisten. Zwei Tage nach dem Vorfall gab er die Waffe zurück. ◄

B hatte die Absicht, sich die Dienstwaffe jedenfalls für die Flucht anzueignen.

Zueignungsabsicht kann auch bei einer Wegnahme mit dem Willen vorhanden sein, die Sache zunächst zu behalten und sich erst später darüber schlüssig zu werden, wie über sie zu verfügen sei; ebenso ist es, wenn der Täter bei der Wegnahme nur vermutet oder erwartet, er werde die Sache für sich verwenden können, ohne sich dessen sicher zu sein.[207]

Beispiel 57

BGH U. v. 02.07.1980 – 2 StR 224/80 – NStZ 1981, 63 (Anm. Geilen JK 1981 StGB § 249/1):

Während ihrer Haft in der JVA A. entschloss sich B, dem aufsichtsführenden Beamten unter Bedrohung mit einer Waffe gewaltsam die Anstaltsschlüssel abzunehmen und mit deren Hilfe zu entfliehen. Was nach geglückter Flucht mit den Schlüsseln geschehen sollte, blieb bei seinem Plan offen. Nachdem er den Vollzugsbediensteten unter einem Vorwand in ihren Haftraum gelockt hatte, schlug er mit einem selbst gefertigten Schlagstock auf ihn ein, um ihm die Schlüssel abzunehmen. Als ihm dies wegen der Gegenwehr seines Opfers nicht gelang, versuchte B, den Beamten durch Vorhalt einer echt aussehenden Scheinpistole zur Herausgabe der Schlüssel zu zwingen. Auch dieser Versuch misslang. ◄

B hat unmittelbar angesetzt, die Schlüssel wegzunehmen und hatte auch Vorsatz diesbezüglich. Er müsste nun in der Absicht rechtswidriger Zueignung gehandelt haben. Für die notwendige Absicht hinsichtlich der vorübergehenden Aneignung der Schlüssel genügt die Aneignung im Rahmen der Flucht, auch wenn in der Vorstellung des B offen blieb, was mit den Schlüssel geschehen sollte, d. h. ob er sie zurückgegeben würde.

An einer Aneignungsabsicht fehlt es hingegen, wenn die Wegnahme von vornherein zu dem Zweck erfolgte, die Sache zu **beschädigen** oder zu **zerstören**, **wegzuwerfen** oder sie schlicht dem Eigentümer **vorzuenthalten**, etwa um diesen zu ärgern, sich an ihm zu rächen, Missachtung auszudrücken oder einen Streich zu spielen.[208] Der Diebstahl unterscheidet sich so von der Sachbeschädigung gem.

---

[207] S. Bosch, in: Schönke/Schröder, StGB, 30. Aufl. 2019, § 242 Rn. 62; aus der Rspr. vgl. zuletzt BGH U. v. 17.10.2019 – 3 StR 536/18 – NStZ-RR 2020, 102 und 141 = StV 2020, 667 (Anm. Jahn JuS 2020, 467; RÜ 2020, 308).

[208] Eisele, BT II, 6. Aufl. 2021, Rn. 83; aus der Rspr. vgl. zuletzt BGH U. v. 17.10.2019 – 3 StR 536/18 – NStZ-RR 2020, 102 und 141 = StV 2020, 667 (Anm. Jahn JuS 2020, 467; RÜ 2020, 308); BGH B. v. 12.01.2021 – 4 StR 501/20 – NStZ-RR 2021, 77 (Anm. LL 2021, 462); BGH B. v. 21.11.2023 – 2 StR 447/23 – StV 2024, 567; BGH B. v. 03.04.2024 – 1 StR 75/24 – NStZ 2024, 543 (Anm. Bosch Jura 2024, 899; Hahn NStZ 2024, 544).

§ 303 I StGB und der straflosen Sachentziehung. Nur bei einem auf Ausnutzung des wirtschaftlichen Werts gerichteten Willen liegt Zueignungsabsicht vor. Hierfür reicht der zur Zerstörung oder Vorenthaltung notwendigerweise ausgeübte **kurzfristige Besitz** an der Sache nicht aus.[209]

Wenn gerade der **Verbrauch als bestimmungsgemäße Nutzung** anzusehen ist (z. B. bei Holz, Lebensmitteln, Betäubungsmitteln) liegt die Aneignungsabsicht natürlich gerade in dem Erstreben des Konsums.[210]

An einer Aneignungsabsicht mangelt es, wenn der Täter die Sache für **Zwecke des Opfers** verwenden will.[211]

Gleiches gilt bei Wegnahme von Diebes- und Hehlgut, um es dem **Eigentümer als diesem gehörend zurückzugeben**.[212]

Beispiel 58

BGH B. v. 28.11.1984 – 2 StR 696/84 – NJW 1985, 1564 (Anm. Seier JA 1985, 600; Hassemer JuS 1985, 818; Rudolphi JR 1985, 252; Joerden Jura 1986, 80):

Der Rentner B1 fragte B2, ob er ihm gegen Zahlung von 100 DM ein Weidezaungerät „klauen" könne. B2 erklärte sich hierzu bereit. Er entwendete aus der Scheune des Z ein solches Gerät und übergab es B1. Von diesem erhielt er den versprochenen Betrag. Z war sich sicher, dass nur B2 als Täter in Betracht kam. Er bedeutete ihm, wenn er das Gerät nicht zurückschaffe, müsse er mit einer Anzeige sowie der Geltendmachung einer Schadensersatzforderung rechnen. Einige Tage später bat B2 den B1 in dessen Wohnung um Rückgabe des Geräts. Dieser sagte ihm, dass er es haben könne, wenn er die 100 DM zurückzahle. Da B2 hierzu nicht in der Lage war, entschloss er sich, ihm das Gerät gewaltsam wegzunehmen. Er schlug in der Küche mit der stumpfen Seite eines Beils auf den Nacken des B1, worauf dieser zu Boden stürzte und sich nicht mehr regte. Trotzdem versetzte B2 ihm zwei weitere Schläge. Dann nahm er das im Nebenzimmer befindliche Weidezaungerät an sich. Er betrat nochmals die Küche und steckte die Geldbörse und das Feuerzeug ein, die beim Sturz des B1 aus dessen Hosentasche gefallen waren. Das Gerät gab er dem Z zurück. Die anderen Sachen warf er später fort, nachdem er festgestellt hatte, dass sich in dem Portemonnaie kein Geld befand. ◄

---

[209] Eisele, BT II, 6. Aufl. 2021, Rn. 83; aus der Rspr. vgl. zuletzt BGH B. v. 11.12.2018 – 5 StR 577/18 – NStZ 2019, 344 = StV 2019, 388 (Anm. Nestler Jura 2019, 682; Eisele JuS 2019, 402; LL 2019, 399; Kudlich NStZ 2019, 345); BGH U. v. 17.10.2019 – 3 StR 536/18 – NStZ-RR 2020, 102 und 141 = StV 2020, 667 (Anm. Jahn JuS 2020, 467; RÜ 2020, 308); BGH B. v. 12.01.2021 – 4 StR 501/20 – NStZ-RR 2021, 77 (Anm. LL 2021, 462).

[210] Fischer, StGB, 71. Aufl. 2024, § 242 Rn. 37; aus der Rspr. vgl. zuletzt BGH U. v. 12.03.2015 – 4 StR 538/14 (Anm. Bosch Jura 2015, 881; Kudlich JA 2015, 471; RÜ 2015, 439); BGH U. v. 14.10.2015 – 2 StR 236/15 – NStZ-RR 2016, 148.

[211] Eisele, BT II, 6. Aufl. 2021, Rn. 84; aus der Rspr. vgl. RG U. v. 02.08.1918 – IV 432/18 – RGSt 52, 320; RG U. v. 07.03.1927 – III 976/26 – RGSt 61, 228.

[212] Bosch, in: Schönke/Schröder, StGB, 30. Aufl. 2019, § 242 Rn. 50; aus der Rspr. vgl. OLG Stuttgart U. v. 14.07.1969 – 2 Ss 105/69 – NJW 1970, 66 (Anm. Hassemer JuS 1970, 142).

Was das Portemonnaie betrifft, handelt es sich um einen Fall der enttäuschten Beuteerwartung (s. u.). Bzgl. des Weidezaungerätes hatte B keine Aneignungsabsicht, weil er es einzig in Gewahrsam nahm, um es dem Eigentümer Z zurückzugeben.

Umstritten ist, ob die **Enteignung durch die Aneignung** erfolgen muss,[213] woran es dann mangelt, wenn der Täter nach einem vorübergehenden Gebrauch die Sache dem beliebigen Einfluss Dritter überlässt, z. B. beim Stehenlassen von Fahrzeugen.

Z. T.[214] wird eine Enteignung durch Aneignung verlangt, sodass in diesen Fällen ein Diebstahl ausscheidet.

Die h. M.[215] setzt dies nicht voraus.

Tatsächlich bringt die Minderheitsauffassung gewichtige Bedenken vor, gilt es doch, den Diebstahl auch hier von der Sachbeschädigung und der Gebrauchsanmaßung zu unterscheiden. Hat der Täter aber bereits im Zeitpunkt der Wegnahme geplant, die Sache zu gebrauchen und sie dann nicht zurück-, sondern preiszugeben, spricht nichts dagegen, die so geartete Verknüpfung von Gebrauchsanmaßung und Sachentziehung genügen zu lassen.

(c) Drittzueignungsabsicht

Seit 1998 ist neben der Selbstzueignungsabsicht („sich") auch die **Drittzueignungsabsicht** („einem Dritten") von § 242 I StGB – entsprechend in anderen Delikten – erfasst.[216]

In einer Fallbearbeitung kann daher u. U. offengelassen werden, welche Art Zueignungsabsicht vorliegt.[217]

Vor Normierung der Drittzueignungsabsicht waren insbesondere Fallkonstellationen problematisch, in denen der Täter die weggenommene Sache **verschenken**, weiterleiten oder gegen eine **Belohnung** abgeben wollte oder er einfach nur aus **Gefälligkeit** handelte.[218]

---

[213] Hierzu Joecks/Jäger, StGB, 13. Aufl. 2021, § 242 Rn. 54f.; Wallau JA 2000, 248.

[214] Joecks/Jäger, StGB, 13. Aufl. 2021, § 242 Rn. 55.

[215] S. Bosch, in: Schönke/Schröder, StGB, 30. Aufl. 2019, § 242 Rn. 47.

[216] Zur Drittzueignungsabsicht Fischer, StGB, 71. Aufl. 2024, § 242 Rn. 45ff.; näher Hauf DRiZ 1995, 144; Rengier FS Lenckner 1998, 801; Rönnau GA 2000, 410; Kudlich FS Schroeder 2006, 271.

[217] Anders aber Kindhäuser/Hilgendorf, LPK, 9. Aufl. 2022, § 242 Rn. 112.

[218] S. Eisele, BT II, 6. Aufl. 2021, Rn. 79ff.; aus der Rspr. vgl. BGH U. v. 26.09.1984 – 3 StR 367/84 – NJW 1985, 812 (Anm. Otto JK 1985 StGB § 242/4; Gropp JR 1985, 518); OLG Düsseldorf B. v. 22.10.1985 – 5 Ss 294/85 (Anm. Bloy JA 1987, 187); BGH B. v. 12.05.1987 – 1 StR 206/87 (Anm. Otto JK 1988 StGB § 242/12); BGH U. v. 09.12.1993 – 4 StR 416/93 – BGHSt 40, 8 = NJW 1994, 1228 = NStZ 1994, 179 = StV 1994, 243 (Anm. Geppert JK 1994 StGB § 132/2; Geppert JK 1994 StGB § 246/8; Weiß JR 1995, 29; Brocker wistra 1995, 292); BGH B. v. 13.10.1994 – 5 StR 386/94 – NJW 1995, 152 = NStZ 1995, 131 (Anm. Schroeder JR 1995, 95; Brocker wistra 1995, 292); BGH B. v. 25.02.1997 – 1 StR 804/96 – NStZ-RR 1997, 297; BGH B. v. 22.04.1997 – 4 StR 105/97 – NStZ-RR 1997, 298.

Beispiel 59

RG U. v. 15.12.1913 – II 684/13 (Gänsebucht) – RGSt 48, 58 (Anm. Fahl JA 1995, 845; Fahl JA 2004, 287):
Bauer B1 beauftragte seinen Knecht B2, die Gänse seines Nachbarn Z aus dessen Stall (sog. Gänsebucht) zu holen und sie auf den Hof des B1 zu treiben. Obwohl B2 sehr wohl wusste, dass die Gänse dem Z gehörten, folgte er dem Auftrag des B1, weil es ihm gleichgültig war, wie er seine Arbeitszeit verbringt. ◄

B2 handelte in seiner Stellung als Knecht ohne eigenes Interesse an den Gänsen.

Auch nach Schaffung der Drittzueignungsabsicht überzeugt es durchaus, einen Schenker, der sich die Aufwendungen für die Beschaffung eines Geschenks ersparen will, als sich selbst Zueignenden anzusehen. Wer eine Sache verschenken will, schwingt sich zum Herrn auf, geriert sich als Eigentümer. In Fällen bloßer Weiterleitung, reiner Gefälligkeit etc. ist das Bedürfnis für eine fragwürdig extensive Auslegung der Selbstzueignungsabsicht entfallen, sodass nunmehr Drittzueignungsabsicht angenommen werden sollte.[219]

(d) Wegnahme von Sachen in Behältnissen; enttäuschte Beuteerwartung
Problematisch ist die **Wegnahme von Sachen in Behältnissen**, insbesondere bei **enttäuschter Beuteerwartung**.[220]

Beispiel 60

BGH B. v. 08.09.2009 – 4 StR 354/09 – NStZ-RR 2010, 48 = StV 2010, 22 (Anm. Jahn JuS 2010, 362):
B begab sich am Vormittag des 20. Oktober 2008 in F. in einen Kindergarten und entwendete aus einer Handtasche, die mitsamt einem Kinderwagen vor einem Gruppenraum abgestellt war, eine Geldbörse. Entgegen seiner Erwartung auf einen möglichst hohen Geldbetrag befand sich in der Börse kein Geld, woraufhin sich B der Geldbörse entledigte. ◄

In diesen Fällen ist zunächst zwischen Behältnis und Inhalt als Bezugspunkte der Aneignungsabsicht zu differenzieren. Beim Inhalt stellt dann sich die Frage, ob es an einer Aneignungsabsicht am tatsächlichen Inhalt fehlt oder ob die enttäuschte Beuteerwartung nicht lediglich ein unbeachtlicher *error in obiecto* ist: Der Täter wollte sich einen konkretisierten Inhalt aneignen, war aber darüber im Irrtum, dass das Behältnis diesen Inhalt wirklich enthielt.

---

[219] Eisele, BT II, 6. Aufl. 2021, Rn. 81.
[220] Hierzu Fischer, StGB, 71. Aufl. 2024, § 242 Rn. 36a; näher Russ FS Pfeiffer 1988, 61; Böse GA 2010, 249; aus der Rspr. vgl. zuletzt BGH B. v. 13.10.2016 – 3 StR 173/16; BGH B. v. 27.04.2017 – 4 StR 609/16 – StV 2019, 103; BGH B. v. 26.07.2017 – 3 StR 182/17 – NStZ 2018, 334; BGH B. v. 03.04.2019 – 3 StR 530/18 – NJW 2019, 2868; BGH B. v. 03.02.2021 – 2 StR 417/20 – NStZ-RR 2021, 212; BGH B. v. 21.11.2023 – 2 StR 447/23 – StV 2024, 567.

Im Hinblick auf das **Behältnis**, welches nach der Erwartung des Täters stehlenswerte Gegenstände birgt, **mangelt** es in aller Regel an der Aneignungsabsicht, da der Täter allein den Inhalt oder bestimmte Teile davon behalten möchte.[221]

Anders ist dies zum einen natürlich, wenn der Täter gerade am Behältnis interessiert ist (z. B. an einer wertvollen Handtasche), zum anderen aber auch dann, wenn der Täter die vorübergehende Nutzung als **Transportmittel**[222] einplant.

Bzgl. des **Inhalts** ist zunächst festzuhalten, dass ein *error in obiecto* den Vorsatz unberührt lässt.

Will der Täter im Zeitpunkt der Wegnahme das gesamte Behältnis samt Inhalt mitnehmen und für sich verwenden, hatte er aber andererseits eine auf bestimmte Objektseigenschaften konkretisierte Vorstellung von dem, was er als angemaßter Eigentümer nutzen wollte, ist umstritten, welcher Aspekt bei der Beurteilung der Zueignungsabsicht maßgeblich ist.[223]

Nach h. M. ist auf die konkretisierte Tätermotivation abzustellen, sodass es bei bestimmter (später enttäuschter) Beuteerwartung an einer Zueignungsabsicht – im Tatzeitpunkt, vgl. § 8 StGB – fehlt.[224]

Zwar ist der Gegenauffassung[225] darin zuzustimmen, dass eine auf die gesamte Sache erstreckte Zueignungsabsicht durchaus vom Wortlaut des § 242 I StGB gedeckt ist und auch konsequent die Frage des *error in obiecto* auf die Zueignungsabsicht überträgt. Jedoch widerspricht dies einer sachgerechten Grenzziehung zwischen Zueignung und bloßer Sachentziehung, d. h. der Unterscheidung von Diebstahl und (allenfalls) Sachbeschädigung. Hat der Täter im Zeitpunkt der Wegnahme ganz bestimmte Nutzungsvorstellungen, so muss er sich an diesen festhalten lassen, darf aber nicht über diese hinausgehend zur Verantwortung gezogen werden; es ist gerade Aufgabe der überschießenden Innentendenz, das Diebstahlsunrecht subjektiv zu konturieren. Strafbarkeitslücken entstehen aufgrund der Versuchsstrafbarkeit sowie anderer Tatbestände nicht.

Befinden sich in dem Behältnis anstatt des erwarteten Bargeldes andere Gegenstände, die der Täter aufgrund eines neuen Entschlusses für sich behält, liegt darin lediglich eine Unterschlagung gem. § 246 I StGB, die neben versuchten Diebstahl oder Raub tritt.[226]

(4) Die Sache

▶ **Didaktischer Aufsatz**
- Mikolajczyk, Das Aneignungselement der Zueignung, ZJS 2008, 18

---

[221] Wittig, in: BeckOK-StGB, Stand 01.08.2024, § 242 Rn. 37.1.
[222] Wittig, in: BeckOK-StGB, Stand 01.08.2024, § 242 Rn. 37.1.
[223] Zsf. Eisele, BT II, 6. Aufl. 2021, Rn. 85ff.
[224] S. z. B. Fischer, StGB, 71. Aufl. 2024, § 242 Rn. 30.
[225] Graul JR 1999, 338 (341).
[226] Wittig, in: BeckOK-StGB, Stand 01.08.2024, § 242 Rn. 39.1; aus der Rspr. vgl. BGH B. v. 19.12.2012 – 4 StR 494/12 – NStZ-RR 2013, 309 = StV 2013, 440 (Anm. Eisenberg StraFo 2013, 167).

Eine Vielzahl von Problemen wirft die Frage auf, welche erstrebten Nutzungen einer Sache, deren Substanz zum Eigentümer zurückgelangen soll, taugliche Gegenstände einer Enteignung und Aneignung sein können.[227] Bei gravierender, für den Eigentümer nachteiliger Sachveränderung schlägt eine straflose Gebrauchsanmaßung in einen dem Diebstahl unterfallenden Verbrauch um, etwa bei der Rückgabe entladener Batterien. Es existiert eine kontroverse Kasuistik.

Den Klassiker bilden **Sparbuch**-Fälle.[228]

Beispiel 61

B entwendete das Sparbuch seines Bekannten Z aus dessen Schreibtisch, hob das gesamte Guthaben bei der Bank ab und legte das Sparbuch zurück in den Schreibtisch. ◄

Die Substanz der Sache – das Sparbuch selbst – ist wie beabsichtigt an den Z zurückgelangt. Möglicherweise ist aber der Umstand zu berücksichtigen, dass die bisherige Funktion des Sparbuchs, die Auszahlung des Guthabens zu ermöglichen, mit der Abhebung entfallen ist.

Von einem auf die **Sachsubstanz** beschränkten Standpunkt aus (sog. strenge Substanztheorie),[229] wie ihn das RG anfänglich vertrat,[230] mangelte es an Enteignungsvorsatz, da Z das Sparbuch als solches zurückerhielt – ein sinnwidriges Ergebnis, wie heute anerkannt ist.

Daher herrscht Einigkeit, dass zwar der Ausgangspunkt unstrittig die Sachsubstanz ist, sodass grundsätzlich (Teil-)Identität von weggenommener Sache und Zueignungsobjekt bestehen muss, dass aber die sog. Substanztheorie **erweitert** werden muss um Gesichtspunkte des **Sachwerts**, sodass die ganz h. M. eine sog. **Vereinigungstheorie** vertritt.[231]

---

[227] Hierzu Kindhäuser/Hilgendorf, LPK, 9. Aufl. 2022, § 242 Rn. 63ff.; Hoyer, in: SK-StGB, 9. Aufl. 2019, § 242 Rn. 72ff.; Hillenkamp/Cornelius, 40 Probleme aus dem Strafrecht BT, 13. Aufl. 2020, 21. Problem; näher Rudolphi GA 1965, 33; Widmann MDR 1969, 529; Miehe FS JurFak Heidelberg 1986, 481; Mikolajczyk ZJS 2008, 18; Ensenbach ZStW 2012, 343.

[228] Hierzu Kleb-Braun JA 1986, 249 und 310; aus der Rspr. vgl. RG U. v. 01.05.1884 – 890/84 – RGSt 10, 369; RG U. v. 07.03.1891 – 234/91 – RGSt 22, 2; RG U. v. 29.10.1894 – 3858/94 – RGSt 26, 151; RG U. v. 02.10.1906 – V 349/06 – RGSt 39, 239; RG U. v. 06.01.1927 – III 917/26 – RGSt 61, 126; BGH U. v. 28.10.1955 – 2 StR 171/55 – BGHSt 8, 273 = NJW 1956, 232; BGH. B. v. 16.12.1987 – 3 StR 209/87 – BGHSt 35, 152 = NJW 1988, 979 = StV 1988, 149 (Anm. Otto JK 1988 StGB § 246/6; Sonnen JA 1988, 461; Hassemer JuS 1988, 744; Huff NJW 1988, 981; Schmitt/Ehrlicher JZ 1988, 364; Thaeter wistra 1988, 339; Ranft JR 1989, 165).

[229] S. die Darstellung dieser früher vertretenen Auffassung bei Hoyer, in: SK-StGB, 9. Aufl. 2019, § 242 Rn. 75.

[230] RG U. v. 07.12.1881 – 2039/81 – RGSt 5, 218; RG U. v. 01.05.1884 – 890/84 – RGSt 10, 369; RG U. v. 23.02.1893 – 138/93 (Biermarke) – RGSt 24, 22; RG U. v. 29.10.1894 – 3858/94 – RGSt 26, 151; RG U. v. 30.10.1906 – IV 514/06 – RGSt 39, 239; RG U. v. 19.02.1907 – V 859/06 (Biermarke) – RGSt 40, 10.

[231] S. nur Eisele, BT II, 6. Aufl. 2021, Rn. 65; aus der Rspr. vgl. BGH B. v. 10.10.2018 – 4 StR 591/17 – BGHSt 63, 215 = NJW 2018, 3598 = NStZ-RR 2019, 45 = StV 2020, 234 (Anm. RÜ 2018, 786; Hoven NJW 2018, 3599; Bosch Jura 2019, 435; Eisele JuS 2019, 178; Disselkamp ZJS 2019, 156; LL 2019, 99; famos 2/2019; Wachter JZ 2019, 315; Wigger jurisPR-StrafR 1/2019 Anm. 3).

Auf diesem Wege kann man in den Sparbuch-Fällen darauf abstellen, dass der Sachwert des Sparbuchs, welcher darin begründet liegt, dass es den Anspruch auf Auszahlung von Bankguthaben nachweist, das Entscheidende ist, sodass die von vornherein beabsichtigte Rückgabe des Sparbuchs nichts am Diebstahl ändert.
Umstritten ist, **welche Sachwerte** erfasst sind.

Beispiel 62

B entwendete bei einem gemeinsamen Diskobesuch den Wohnungsschlüssel seines Bekannten Z, suchte sodann dessen Wohnung auf, entwendete ca. 100 € Bargeld, kehrte zur Disko zurück und bugsierte den Wohnungsschlüssel wieder in die Jacke des Z (Abwandlung: warf ihn weg). ◄

Liegt ein Diebstahl am Schlüssel vor?

Beispiel 63

BayObLG U. v. 20.11.1986 – RReg. 3 St 146/86 – NJW 1987, 663 = StV 1987, 204 (Anm. Geppert JK 1987 StGB § 263a/1; Otto JR 1987, 221):
Z, mit der B zusammenlebte, war Inhaberin eines bei einer Sparkasse geführten Girokontos, für das ihr eine kombinierte Euroscheck- und Geldautomatenkarte ausgehändigt worden war. Z bat im November 1985 einmal den B, unter Inanspruchnahme eines Bankomaten 300 DM von ihrem Konto abzuheben. Zu diesem Zwecke händigte sie ihm ihre Codekarte aus und nannte ihm auch die Geheimzahl. Er erledigte den Auftrag weisungsgemäß, überbrachte der Z den abgehobenen Geldbetrag und gab ihr die Codekarte wieder zurück, die sie, wie üblich, in die Geldbörse ihrer Handtasche legte. Im Dezember 1985 nahm der B wiederholt ohne Wissen der Z die Codekarte an sich und hob mit ihrer Hilfe an Bankomaten anderer Bankinstitute als der kontoführenden Sparkasse Geldbeträge in Höhe von insgesamt 1400 DM ab. Das Geld behielt er für sich; die Codekarte legte er jeweils unbemerkt in die Geldbörse der Z zurück. ◄

Liegt ein Diebstahl an der Codekarte vor?

Beispiel 64

BGH B. v. 30.01.2001 – 1 StR 512/99 – NJW 2001, 1508 = NStZ 2001, 316 = StV 2001, 403 (Anm. Otto JK 2001 StGB § 263a/12; Fad JA-R 2001, 110; Martin JuS 2001, 718; LL 2001, 485; RÜ 2001, 173; RA 2001, 304; famos 5/2001; Wohlers NStZ 2001, 539):
B entwendete vier Spindschlüssel des Thermariums in Bad S. Er bearbeitete diese, sodass sie zu einer Vielzahl von Spindschlössern passten. Mit den Schlüsseln öffnete er sodann im Thermarium einen Spind und entnahm die Scheckkarte des Badegasts; zugleich verschaffte er sich Kenntnis von der zugehörigen persönlichen Geheimzahl (PIN), die der Karteninhaber auf einem Zettel vermerkt

hatte. Mit dieser Scheckkarte tätigte er in der Folge an einem Geldautomaten eine Abhebung. ◄

Liegt ein Diebstahl am Spindschlüssel und an der EC-Karte vor?

Die Rspr.[232] und die h. L.[233] vertreten eine sog. enge Sachwerttheorie und halten für erforderlich, dass sich der Täter ein sog. *lucrum ex re* (Gewinn/Vorteil aus der Sache) zueignen will, das bedeutet, dass der Sachwert bestimmungsgemäß so eng mit der Sachsubstanz verknüpft sein muss, dass diese ohne ihn andere Qualität hat. Es muss sich hiernach um den unmittelbar realisierungsfähigen Sachwert handeln. Wann das der Fall ist, ist in einer Reihe von Fallgruppen wiederum umstritten. Bloße Schlüssel, wozu auch EC-Karten gerechnet werden,[234] werden von der h. M. aus dem Anwendungsbereich ausgeschlossen. Bei Sparbüchern hingegen wird angesichts der Legitimationswirkung des § 808 BGB eine hinreichend enge Verknüpfung von Sachwert und Substanz angenommen.[235]

Die Gegenauffassung[236] sieht darüber hinaus auch das *lucrum ex negotio cum re* (Gewinn/Vorteil aus einem Rechtsgeschäft mit der Sache), d. h. jeden wirtschaftlichen Vorteil, als erfasst an.

Für die h. M. streitet neben dem Wortlaut („Sache") gewiss, dass der Diebstahl kein allgemeines Bereicherungs- oder Vermögensdelikt sein soll, sondern – enger – ein Eigentumsdelikt. Angesichts dessen, dass in fast jeder Nutzung auch ein gewisser Wert liegt, würde die Gebrauchsanmaßung durch die Hintertür doch generell strafbar, was zu einem konturenlosen Tatbestand führen würde. Zwischen Zueignungsabsicht und einer bloßen Bereicherungsabsicht muss differenziert werden.

Innerhalb der sog. engen Sachwerttheorie stellt sich aber die Frage, *wann* ein Sachwert mit der Sachsubstanz bestimmungsgemäß eng verknüpft ist. Gewisses Verständnis verdienen auch extensive Ansätze, insbesondere dann, wenn es um die vorübergehende Nutzung eines Werkzeugs geht,[237] etwa bei EC-Karten: Nach z. T. vertretener Auffassung liegt in der beabsichtigten Nutzung der Abhebungsfunktion der EC-Karte eine hinreichend mit der Kartensubstanz verbundene Aneignung(sabsicht).[238]

---

[232] Vgl. zuletzt BGH B. v. 10.10.2018 – 4 StR 591/17 – BGHSt 63, 215 = NJW 2018, 3598 = NStZ-RR 2019, 45 = StV 2020, 234 (Anm. RÜ 2018, 786; Hoven NJW 2018, 3599; Bosch Jura 2019, 435; Eisele JuS 2019, 178; Disselkamp ZJS 2019, 156; LL 2019, 99; famos 2/2019; Wachter JZ 2019, 315; Wigger jurisPR-StrafR 1/2019 Anm. 3).
[233] Z. B. Eisele, BT II, 6. Aufl. 2021, Rn. 66.
[234] Schmitz, in: MK-StGB, 4. Aufl. 2021, § 242 Rn. 146.
[235] S. nur Bosch, in: Schönke/Schröder, StGB, 30. Aufl. 2019, § 242 Rn. 53.
[236] Darstellung dieser bisweilen in der Rspr. vertretenen Auffassung bei Hoyer, in: SK-StGB, 9. Aufl. 2019, § 242 Rn. 73; Krey/Hellmann/Heinrich, BT 2, 18. Aufl. 2021, Rn. 67.
[237] Vgl. auch Hoyer, in: SK-StGB, 9. Aufl. 2019, § 242 Rn. 81ff., der Zueignung als Verschiebung des subjektiven Sachnutzens auffasst.
[238] S. Hoyer, in: SK-StGB, 9. Aufl. 2019, § 242 Rn. 73; Schnabel NStZ 2005, 18 (18f.).

Die Gegenauffassung (Teile der Rspr.[239] und die h. L.[240]) verneint dies allerdings. Hierbei kann es i.Ü. für die Aneignung nicht darauf ankommen, ob der Täter die Karte nach missbräuchlicher Nutzung zurückgelangen lassen oder sie wegwerfen möchte; dies wäre eine Frage der Enteignung.

Für die h. M. spricht zwar, dass es sich bei der EC-Karte, anders als bei Sparbüchern, lediglich um eine Schlüsselfunktion handelt: Die Karte könnte daher keinen Sachwert verkörpern, sondern nur ein Zugangsinstrument zum Geldautomaten sein. Die Aneignungsabsicht wäre dann zu verneinen. Wenn aber eine EC-Karte ein Zugangswerkzeug ist, dann eignet man es sich durch den Willen, es vorübergehend einzusetzen, ebenso an, wie es im Falle anderer Werkzeuge (z. B. Hammer) wäre. Jedenfalls wenn dem Täter mit der Karte, wie er weiß, zugleich die PIN in die Hände fällt, liegt auch eine hinreichende Verknüpfung dieses Nutzwerts mit der Sachsubstanz vor. Eine übermäßige Pönalisierung kann i.Ü. durch die Annahme von Gesetzeskonkurrenz verhindert werden.

Auch die vorübergehende Entwendung von **Ausweisen**[241] lässt sich daher als Diebstahl erfassen.

Auf keinen Fall genügen kann hingegen das Motiv, den Eigentümer durch den Entzug der Sache zu ärgern o. Ä.[242]

Ebenso wenig eignet sich der Täter eine Sache zu, wenn er sie dem Eigentümer nur wegnimmt, um ihn zu einer bestimmten Handlung, z. B. zur Begleichung von Schulden oder zur Herausgabe von Gegenständen, zu bringen (**Druckmittel**, „Inpfandnahme").[243] Hier kann man von Aneignung allenfalls bzgl. des wirtschaftlichen Werts sprechen.

Beispiel 65

BGH B. v. 14.06.1982 – 4 StR 255/82 – NJW 1982, 2265 = StV 1982, 469 (Anm. Sonnen JA 1983, 44):

B hatte gegen seinen Arbeitgeber Z eine unbestrittene und fällige Forderung in Höhe von 900 DM. Weil B1 „wegen seiner Forderung gesichert sein und einen Schuldschein haben" wollte, nötigte er den Z dazu, einen Schuldschein auszustellen und ihm „als Sicherheit für die 900 DM Schulden seinen Farbfernseher als

---

[239] BGH B. v. 16.12.1987 – 3 StR 209/87 – BGHSt 35, 152 = NJW 1988, 979 = StV 1988, 149 (Anm. Otto JK 1988 StGB § 246/6; Sonnen JA 1988, 461; Hassemer JuS 1988, 744; Huff NJW 1988, 981; Schmitt/Ehrlicher JZ 1988, 364; Thaeter wistra 1988, 339; Ranft JR 1989, 165); vgl. allerdings auch BGH B. v. 30.01.2001 – 1 StR 512/99 – NJW 2001, 1508 = NStZ 2001, 316 = StV 2001, 403 (Anm. Otto JK 2001 StGB § 263a/12; Fad JA-R 2001, 110; Martin JuS 2001, 718; LL 2001, 485; RÜ 2001, 173; RA 2001, 304; famos 5/2001; Wohlers NStZ 2001, 539).

[240] S. nur Eisele, BT II, 6. Aufl. 2021, Rn. 66.

[241] Hierzu (abl.) Kindhäuser/Hoven, in: NK-StGB, 6. Aufl. 2023, § 242 Rn. 103; aus der Rspr. vgl. OLG Stuttgart B. v. 21.01.2010 – 6 Ss 1458/09 – NStZ 2011, 44.

[242] S. o. (3) (b).

[243] Fischer, StGB, 71. Aufl. 2024, § 242 Rn. 36; näher Bernsmann NJW 1982, 2214; aus der Rspr. vgl. zuletzt BGH B. v. 26.03.2019 – 2 StR 511/18; BGH B. v. 10.03.2022 – 1 StR 497/21 (Anm. RÜ 2022, 581).

A. Diebstahl, §§ 242–244a StGB

Pfand" zu geben. Unter dem Eindruck der Gewaltanwendung bot Z dem B „als weiteres Pfand" seine goldene Armbanduhr an, duldete deren Wegnahme und sagte zu, seine Schulden bei B bis Montag zu bezahlen. B wollte Z mit dieser Pfandnahme zur Zahlung seiner Schulden veranlassen. Er hatte vor, die Pfandstücke notfalls auf eigene Rechnung zu veräußern, wenn Z bis Montag nicht zahlen würde. Zu einer Veräußerung kam es nicht, da B noch am Tattag festgenommen wurde. ◄

B müsste in der Absicht rechtswidriger Zueignung gehandelt haben. Indem er die Pfandstücke auf eigene Rechnung veräußern wollte, wenn Z nicht zahlen würde, hatte er zumindest Eventualvorsatz bzgl. einer dauerhaften Enteignung des Z. Darüber hinaus müsste er die Absicht gehabt haben, die Pfandstücke mindestens vorübergehend dem eigenen Güterbestand zuzuführen. Nach der Vorstellung des B sollten sie allerdings nach Zahlung an Z zurückgelangen, weswegen eine Aneignung der Sachsubstanz nicht beabsichtigt war. Allein sollten die Pfandstücke als Druckmittel verwendet werden. Dieses *lucrum ex negotio cum re* reicht nach der sog. engen Sachwerttheorie nicht als Gegenstand der Aneignung aus. B hatte keine Zueignungsabsicht.

Umstritten ist die Behandlung der Entwendung von **Pfandflaschen**, wenn diese ausschließlich deshalb geschieht, weil der Täter das Pfandgeld bei Rückgabe der Flaschen einnehmen möchte.[244]

Beispiel 66

AG Flensburg U. v. 01.07.2005 – 47 Ds 107 Js 26871/04 (41/05) – NStZ 2006, 101 (Anm. Geppert JK 2006 StGB § 242/24; Kudlich JA 2006, 571):
B verschaffte sich am 23.10.2004 gegen 08:30 Uhr Zugang zu dem umzäunten Außenlager der Getränkefirma Z in Flensburg und nahm dort vier Getränkekisten mit Leergut der Firma Coca-Cola an sich. Der Pfandwert der Plastikflaschen und Kisten betrug insgesamt 13,90 €. Die entwendeten Leergutkisten nahm B an sich, um diese bei einem in der Nähe liegenden Supermarkt gegen Zahlung des Pfandgeldes einzutauschen. Die Leergutkisten und Flaschen werden den Händlern unter Vorbehalt des Eigentums von Seiten der Zwischenhändler zur Verfügung gestellt. ◄

Es wird zunächst darauf abgestellt, wer der Eigentümer der Pfandflaschen ist: Erwirbt ein Käufer der Getränke auch das Eigentum an den Pfandflaschen, so lässt sich durchaus sagen, dass jemand, der entwendete Pfandflaschen zurückgibt, sich wie ein Eigentümer geriert und sich einen eng mit der Sachsubstanz verknüpften Sachwert aneignen will. Behält aber der Hersteller der Flaschen gegenüber Händlern und Kunden das Eigentum an diesen Flaschen, so bringt der Täter nicht unter

---

[244] Hierzu Eisele, BT II, 6. Aufl. 2021, Rn. 75; näher Hellmann JuS 2001, 353; Schmitz/Goeckenjan/Ischebeck Jura 2006, 821; aus der Rspr. vgl. zuletzt LG Saarbrücken B. v. 9.4.2018 – 4 Qs 26/18 – NStZ-RR 2019, 45; BGH B. v. 10.10.2018 – 4 StR 591/17 – BGHSt 63, 215 = NJW 2018, 3598 = NStZ-RR 2019, 45 = StV 2020, 234 (Anm. RÜ 2018, 786; Hoven NJW 2018, 3599; Bosch Jura 2019, 435; Eisele JuS 2019, 178; Disselkamp ZJS 2019, 156; LL 2019, 99; famos 2/2019; Wachter JZ 2019, 315; Wigger jurisPR-StrafR 1/2019 Anm. 3).

Leugnung fremden Eigentums zum Ausdruck, selbst Eigentümer zu sein, und der Pfandwert ist dann lediglich schuldrechtlich – zivilrechtlich problematisch[245] – mit dem Leergut verknüpft und kein ausreichender Zueignungsgegenstand.[246]

Bei Coca-Cola-Flaschen wird Letzteres angenommen, da es sich um spezielles, nur von einem Unternehmen verwendetes Leergut handelt.[247] Die erstrebte Abgabe der Pfandflaschen realisierte mithin nur einen Täuschungswert – das Pfand stellt nur den Anreiz für Verbraucher zur Rückgabe des Leergutes dar, sodass den Pfandflaschen und Pfandkisten kein Funktionswert entzogen werden sollte. Der Täter will durch Vorspiegelung eines rechtmäßigen Gebrauchsrechts an den Sachen den Anspruch auf Zahlung des Pfandgeldes geltend machen. Sein Vorsatz ist nur auf Erlangung des Pfandgeldes gerichtet, das keinen Sachwert des entwendeten Gutes verkörpert. Dies wird auch dadurch deutlich, dass das Pfandgeld hinter dem Materialwert der Pfandflaschen und Pfandkisten zurückbleibt. Der Täter gibt die Flaschen unter Anerkennung des Eigentums des Berechtigten (Coca-Cola; daher kommt es nicht darauf an, dass die Rückgabe bei einem Supermarkt erfolgt und nicht beim Getränkemarkt) zurück. U. U. liegt eine Strafbarkeit wegen Betrugs gem. § 263 I StGB, Computerbetrugs gem. § 263a I StGB oder wegen Pfandkehr gem. § 289 StGB vor.

Einigkeit besteht darüber, dass man eine Wegnahme, die zur **Erlangung eines Finderlohns** dient, nicht als von Zueignungsabsicht getragen ansehen kann.[248] Ihrem eher restriktiven Verständnis von der Zueignungsabsicht entsprechend lehnen Rspr.[249] und Lehre[250] es ab, den Finderlohn als mit der Sache hinreichend verbundenen Sachwert anzusehen.

> **Beispiel 67**
>
> B entwendete die Katze des Z. Per Zeitungsannonce suchte Z nach seiner Katze. Wie von Anfang an geplant meldete sich B auf die Annonce und erhielt einen Finderlohn i.H.v. 100 €. ◄

B hatte von Anfang an vor, die Katze selbst zurückzugeben, aber den Finderlohn einzustreichen. Nur ist der Finderlohn nach der sog. engen Sachwerttheorie kein tauglicher Gegenstand der Aneignung, sodass B ohne Zueignungsabsicht handelte.

---

[245] Hierzu Hellmann JuS 2001, 353 (353f.).
[246] Kudlich JA 2006, 571 (572); Hellmann JuS 2001, 353 (355); Eisele, BT II, 6. Aufl. 2021, Rn. 75.
[247] AG Flensburg U. v. 01.07.2005 – 47 Ds 107 Js 26871/04 (41/05) – NStZ 2006, 101; OLG Hamm B. v. 31.07.2007 – 4 Ss 208/07 – NStZ 2008, 154; a. A. Schmitz/Goeckenjan/Ischebeck Jura 2006, 821.
[248] Hierzu Kindhäuser/Hilgendorf, LPK, 9. Aufl. 2022, § 242 Rn. 94; aus der Rspr. vgl. RG U. v. 29.06.1920 – V 399/20 – RGSt 55, 59; OLG Stuttgart U. v. 14.01.1970 – 1 Ss 699/69 – NJW 1970, 672 (Anm. Hassemer JuS 1970, 360; Widmaier NJW 1970, 673).
[249] S. o.
[250] Wittig, in: BeckOK-StGB, Stand 01.08.2024, § 242 Rn. 36.2.

A. Diebstahl, §§ 242–244a StGB

Auch bei einem sonstigen **Rückverkauf** an den Eigentümer[251] ist richtigerweise die Zueignungsabsicht zu verneinen, da der Kaufpreis ein bloß mittelbarer Vorteil ist, der nicht spezifisch in der Sache verkörpert wird.

Ferner ist der Rückgabewert in **Abmusterungsfällen** ebenfalls kein ausreichendes *lucrum ex re*, der **unbenutzte Zustand** einer Sache (Neuwert) hingegen sehr wohl.[252]

Kaum mit dem Wortlaut vereinbar wäre es auch, die Erlangung kopierter **Daten** als Zueignungsabsicht bzgl. des **Datenträgers** aufzufassen.[253] Dies gilt auch bzgl. einer Wegnahme eines Handys, um Fotos zu löschen.[254]

(5) Rechtswidrig

▶ **Didaktischer Aufsatz**
  • Hoven/Obert/Hyseni, Die Rechtswidrigkeit der beabsichtigten Zueignung bzw. Bereicherung in der Fallbearbeitung, JA 2023, 1005

Die Rechtswidrigkeit der Zueignung[255] ist nach h. M. ein objektives normatives **Tatbestandsmerkmal** und kein Hinweis auf das allgemeine Deliktsmerkmal der Rechtswidrigkeit.[256]

Die vom Täter erstrebte Zueignung muss dergestalt sein, dass der Täter Vorsatz bzgl. einer Rechtswidrigkeit dieser Zueignung aufweist. *Dolus eventualis* soll nach ganz h. M. genügen,[257] da es kaum einem Täter auf die Rechtswidrigkeit ankomme. Wortlautgemäß ist entgegen der wohl herrschenden Auffassung nicht zuerst eine objektive Rechtswidrigkeit zu prüfen, auf die sich dann der Vorsatz erstrecken muss, sondern es handelt sich um ein **rein subjektives** Tatbestandsmerkmal.[258]

---

[251] Hierzu Stoffers Jura 1995, 113; Grunewald GA 2005, 520; aus der Rspr. vgl. RG U. v. 23.02.1893 – 138/93 (Biermarke) – RGSt 24, 22; RG U. v. 19.02.1907 – V 859/06 (Biermarke) – RGSt 40, 10; RG U. v. 19.01.1923 – IV 380/22 – RGSt 57, 199; BGH B. v. 05.03.1971 – 3 StR 231/69 – BGHSt 24, 115 = NJW 1971, 900 (Anm. Deubner NJW 1971, 1469; Schöneborn MDR 1971, 811).

[252] S. jeweils o. (2).

[253] S. Wittig, in: BeckOK-StGB, Stand 01.08.2024, § 242 Rn. 31.1; Reinbacher ZStW 2014, 642; aus der Rspr. vgl. BayObLG B. v. 12.12.1991 – RReg. 4 St 158/91 – NJW 1992, 1777 = NStZ 1992, 284 = StV 1992, 120 (Anm. Otto JK 1992 StGB § 246/7; Julius JR 1993, 255).

[254] Vgl. aus der Rspr. zuletzt BGH B. v. 11.12.2018 – 5 StR 577/18 – NStZ 2019, 344 = StV 2019, 388 (Anm. Nestler Jura 2019, 682; Eisele JuS 2019, 402; LL 2019, 399; Kudlich NStZ 2019, 345).

[255] Hierzu Mohrbotter GA 1967, 199; Küper FS Gössel 2002, 429; Berster ZStW 2016, 785.

[256] Hierzu Wittig, in: BeckOK-StGB, Stand 01.08.2024, § 242 Rn. 40; Hillenkamp/Cornelius, 40 Probleme aus dem Strafrecht BT, 13. Aufl. 2020, 23. Problem; Schröder DRiZ 1956, 69; aus der Rspr. vgl. zuletzt BGH U. v. 15.12.2021 – 6 StR 312/21 – NStZ-RR 2022, 47 = StV 2023, 327 (Anm. Eisele JuS 2022, 686; RÜ 2022, 573).

[257] Wittig, in: BeckOK-StGB, Stand 01.08.2024, § 242 Rn. 42; aus der Rspr. vgl. zuletzt BGH U. v. 15.12.2021 – 6 StR 312/21 – NStZ-RR 2022, 47 = StV 2023, 327 (Anm. Eisele JuS 2022, 686; RÜ 2022, 573).

[258] S. nur Schmitz, in: MK-StGB, 4. Aufl. 2021, § 242 Rn. 169.

Konsequenterweise lässt der irrige Glaube an die Rechtmäßigkeit der Zueignung den subjektiven Tatbestand entfallen, vgl. **§ 16 I 1 StGB**.[259]

In der umgekehrten Konstellation des irrigen Glaubens an die Rechtswidrigkeit der Zueignung allerdings kommt richtigerweise nicht nur ein **Versuch**[260] in Betracht, sondern es liegt **Vollendung** vor, da der Tatbestand für den vollendeten Diebstahl nur eine beabsichtigte („versuchte") rechtswidrige Zueignung voraussetzt.[261]

Rechtswidrig ist die erstrebte Zueignung, wenn sie im **Widerspruch zur rechtlichen Eigentumsordnung** steht.[262] Andere Fragen der Rechtswidrigkeit bleiben der allgemeinen Straftatebene überantwortet.[263]

Die Rechtswidrigkeit darf nicht bereits aus dem Einsatz des unerlaubten Mittels der Wegnahme geschlossen werden.[264]

Jedenfalls mangelt es an der Rechtswidrigkeit der Zueignung, wenn der Täter einen fälligen, einredefreien **Anspruch** auf Übereignung der Sache hat.[265]

Dies betrifft zunächst einmal aber nur den **Speziesanspruch** (bei **Stückschuld**).[266]

Beispiel 68

Z verkaufte dem B sein Fahrrad, weigerte sich dann aber, es zu übergeben. Einige Tage später entwendete B heimlich das Fahrrad des Z. ◄

Bei **Gattungsschulden** ist wegen § 243 BGB (Auswahl- und Konkretisierungsrecht des Schuldners) die Zueignung einer spezifischen Sache objektiv rechtswidrig,[267] freilich kann ein Irrtum des Täters nach § 16 I 1 StGB vorliegen.

Beispiel 69

Fahrradhändler Z verkaufte dem B ein Fahrrad der Marke „Bocas Calais", weigerte sich dann aber, dem B eines der zahlreichen im Lager befindlichen Exemplare zu übergeben. Einige Tage später entwendete B heimlich eines der Fahrräder der Marke „Bocas Calais" aus dem Lager des Z. ◄

---

[259] Hierzu Schmitz, in: MK-StGB, 4. Aufl. 2021, § 242 Rn. 184.
[260] So aber z. B. Heger, in: Lackner/Kühl/Heger, StGB, 30. Aufl. 2023, § 242 Rn. 28.
[261] Hoyer, in: SK-StGB, 9. Aufl. 2019, § 242 Rn. 111.
[262] Joecks/Jäger, StGB, 13. Aufl. 2021, vor § 242 Rn. 57.
[263] Aus der Rspr. vgl. LG Nürnberg-Fürth B. v. 24.01.2022 – 18 Qs 24/21, 18 Qs 25/21 (Anm. Gierok/Dittrich MedR 2022, 692).
[264] Bosch, in: Schönke/Schröder, StGB, 30. Aufl. 2019, § 242 Rn. 59.
[265] Eisele, BT II, 6. Aufl. 2021, Rn. 89; aus der Rspr. vgl. zuletzt LG Nürnberg-Fürth B. v. 24.01.2022 – 18 Qs 24/21, 18 Qs 25/21 (Anm. Gierok/Dittrich MedR 2022, 692).
[266] Eisele, BT II, 6. Aufl. 2021, Rn. 90.
[267] H. M., s. nur Eisele, BT II, 6. Aufl. 2021, Rn. 90; krit. Kindhäuser/Hilgendorf, LPK, 9. Aufl. 2022, § 242 Rn. 126.

Umstritten ist die Behandlung von **Geldschulden**.[268]

> **Beispiel 70**
>
> BGH U. v. 12.01.1962 – 4 StR 346/61 (Moos raus) – BGHSt 17, 87 = NJW 1962, 971 (Anm. Preuße JuS 1962, 325; Schröder JR 1962, 347; Hirsch JZ 1963, 149; Gropp FS Weber 2004, 127):
> Z schuldete dem B1 noch mindestens 20 DM für Zechen in den B.-Stuben. Am 21.06.1960 traf ihn B1 auf der Straße. B1, der von dem ihm befreundeten B2 begleitet war, vermutete mit Recht, dass Z Geld bei sich habe. Er forderte ihn mit den Worten „Moos raus" zur Bezahlung seiner Zechschuld auf. Z wandte sich jedoch zum Weitergehen. Da hielten B1 und B2 den Z an den Armen fest, während dieser eine Hand zur Abwehr erhob. Wie B1 es wollte, durchsuchte B2 die Taschen des Z und fand darin einen 10-DM- und einen 5-DM-Schein. Beide nahm B2 an sich und händigte sie B1 aus. ◄

Steht dem Zahlungsschuldner ein Auswahl- und Konkretisierungsrecht im Hinblick auf einzelne Geldzeichen zu, welches durch die Wegnahme verletzt wird, oder kommt es bei Geld rechtlich nur auf den Wert an?

Die Rspr.[269] und Teile der Lehre[270] ordnen die Geldschuld als Gattungsschuld ein, sodass sie in Fällen eigenmächtiger Verschaffung von Bargeld zur Schuldentilgung zu einer Rechtswidrigkeit der Zueignung gelangen.

Andere Teile der Lehre (sog. Wertsummentheorie)[271] verneinen eine Rechtswidrigkeit der Zueignung (ggf. auch schon Enteignungsvorsatz).

Für letztere Auffassung spricht, dass das Konkretisierungsrecht des Schuldners angesichts der kompletten wertmäßigen Identität von Geldscheinen und -münzen in aller Regel deswegen sinnlos ist, weil kein schutzwürdiges Interesse des Schuldners bzgl. des konkreten Bargeldes besteht.

Jedenfalls aber – diesen Weg geht auch die Rspr.[272] – liegt ein Irrtum des Täters gem. § 16 I 1 StGB nahe, dürfte dieser doch meist davon ausgehen, dass allein der Wert des Bargeldes zählt.

4. Rechtswidrigkeit
Es gelten die allgemeinen Grundsätze.

5. Schuld
Es gelten die allgemeinen Grundsätze.

---

[268] Hierzu Eisele, BT II, 6. Aufl. 2021, Rn. 90; aus der Rspr. vgl. zuletzt BGH B. v. 21.07.2015 – 3 StR 104/15 – NStZ 2015, 699 = StV 2016, 643 (Anm. RÜ 2015, 786); BGH B. v. 23.02.2016 – 3 StR 5/16 (Anm. Bosch Jura 2016, 955; Eisele JuS 2016, 656; RÜ 2016, 371).
[269] S. o.
[270] Joecks/Jäger, StGB, 13. Aufl. 2021, vor § 242 Rn. 61f.
[271] S. Eisele, BT II, 6. Aufl. 2021, Rn. 90.
[272] Z. B. BGH U. v. 12.01.1962 – 4 StR 346/61 (Moos raus) – BGHSt 17, 87 (90f.).

6. Rechtsfolgen

a) Allgemeines
Der Strafrahmen des § 242 I StGB sieht Freiheitsstrafe bis zu fünf Jahren (im Minimum also ein Monat, § 38 II StGB) oder Geldstrafe (zu den Grenzen s. § 40 StGB) vor.

b) Besonders schwerer Fall des Diebstahls, § 243 StGB

▶ **Didaktische Aufsätze**
- Arzt, Die Neufassung der Diebstahlsbestimmungen. Gleichzeitig ein Beitrag zur Technik der Regelbeispiele, JuS 1972, 385, 515 und 576
- Kudlich, § 243 StGB – ein besonders schwerer Fall für die Klausur?, JuS 1999, L89
- Zopfs, Der besonders schwere Fall des Diebstahls (§ 243 StGB), Jura 2007, 421

aa) Allgemeines
§ 243 StGB normiert den besonders schweren Fall des Diebstahls.[273]

> **§ 243 StGB (Besonders schwerer Fall des Diebstahls)**
> (1) In besonders schweren Fällen wird der Diebstahl mit Freiheitsstrafe von drei Monaten bis zu zehn Jahren bestraft. Ein besonders schwerer Fall liegt in der Regel vor, wenn der Täter
> 1. zur Ausführung der Tat in ein Gebäude, einen Dienst- oder Geschäftsraum oder in einen anderen umschlossenen Raum einbricht, einsteigt, mit einem falschen Schlüssel oder einem anderen nicht zur ordnungsmäßigen Öffnung bestimmten Werkzeug eindringt oder sich in dem Raum verborgen hält,
> 2. eine Sache stiehlt, die durch ein verschlossenes Behältnis oder eine andere Schutzvorrichtung gegen Wegnahme besonders gesichert ist,
> 3. gewerbsmäßig stiehlt,
> 4. aus einer Kirche oder einem anderen der Religionsausübung dienenden Gebäude oder Raum eine Sache stiehlt, die dem Gottesdienst gewidmet ist oder der religiösen Verehrung dient,
> 5. eine Sache von Bedeutung für Wissenschaft, Kunst oder Geschichte oder für die technische Entwicklung stiehlt, die sich in einer allgemein zugänglichen Sammlung befindet oder öffentlich ausgestellt ist,
> 6. stiehlt, indem er die Hilflosigkeit einer anderen Person, einen Unglücksfall oder eine gemeine Gefahr ausnutzt oder

(Fortsetzung)

---
[273] Hierzu Arzt JuS 1972, 385, 515 und 576; Calliess JZ 1975, 112; Kudlich JuS 1999, L89; Zopfs Jura 2007, 421.

> 7. eine Handfeuerwaffe, zu deren Erwerb es nach dem Waffengesetz der Erlaubnis bedarf, ein Maschinengewehr, eine Maschinenpistole, ein voll- oder halbautomatisches Gewehr oder eine Sprengstoff enthaltende Kriegswaffe im Sinne des Kriegswaffenkontrollgesetzes oder Sprengstoff stiehlt.
>
> (2) In den Fällen des Absatzes 1 Satz 2 Nr. 1 bis 6 ist ein besonders schwerer Fall ausgeschlossen, wenn sich die Tat auf eine geringwertige Sache bezieht.

Es handelt sich um eine **Strafzumessungsvorschrift**,[274] die nicht mit der Qualifikation in § 244 StGB verwechselt werden darf.

§ 243 I 2 StGB enthält sog. **Regelbeispiele** für besonders schwere Fälle, die

- weder abschließend (es gibt auch den sog. unbenannten besonders schweren Fall)
- noch zwingend (auf die Strafschärfung kann u. U. auch bei Vorliegen eines Regelbeispiels verzichtet werden) sind, wie sich aus dem Wortlaut „in der Regel" ergibt.

Die aus der bloßen Indizwirkung der Regelbeispiele folgende Vagheit der Anwendung des erhöhten Strafrahmens wirft verfassungsrechtliche Bedenken im Hinblick auf Art. 103 II GG auf,[275] allerdings hält das BVerfG[276] die Regelbeispielstechnik für verfassungsgemäß.

In der **Fallbearbeitung** erfolgt die Prüfung nicht im Tatbestand, sondern unter der Überschrift „Strafzumessung" in einer eigenen Ebene nach der Schuld. Ungeachtet des besonderen Charakters der Regelbeispiele werden diese **tatbestandsähnlich** geprüft, sodass man zunächst die **objektiven** Merkmale prüft und im Anschluss die **subjektiven** Merkmale (inkl. Quasi-Vorsatz).[277] Der Ausschluss nach § 243 II StGB ist sodann zu beachten.

Die inhaltlichen Unterschiede zur Prüfung einer Qualifikation sind gering, was auch dadurch bestätigt wird, dass einige Merkmale, die in § 243 I 2 StGB verwendet werden, an anderer Stelle als Qualifikation zu finden sind (z. B. die Gewerbsmäßigkeit in § 243 I 2 Nr. 3 StGB einerseits und in § 263 V StGB andererseits).

Zu etwaigen **Gegenindizien**, die trotz Vorliegen eines Regelbeispiels die Anwendung des erhöhten Strafrahmens ausschließen, ist in einer Fallbearbeitung **nicht** Stellung zu nehmen.

---

[274] Ganz h. M., s. nur Fischer, StGB, 71. Aufl. 2024, § 243 Rn. 2; krit. Eisele, BT II, 6. Aufl. 2021, Rn. 96ff.; näher Schmitt FS Tröndle 1989, 313; aus der Rspr. vgl. zuletzt BGH U. v. 27.10.2015 – 1 StR 373/15 – StV 2016, 565; OLG Hamburg B. v. 26.02.2018 – 1 Rev 62/17 – NStZ-RR 2018, 284; BGH B. v. 20.02.2024 – 2 StR 409/23 – NStZ-RR 2024, 175.
[275] Wessels/Hillenkamp/Schuhr, BT 2, 46. Aufl. 2023, Rn. 213.
[276] BVerfG B. v. 21.06.1977 – 2 BvR 308/77 – BVerfGE 45, 363 = NJW 1977, 1815 (Anm. Schmidt-Leichner NJW 1977, 1804; Hassemer JuS 1978, 204).
[277] Kindhäuser/Hilgendorf, LPK, 9. Aufl. 2022, § 243 Rn. 6.

Gleiches gilt für die Frage eines **unbenannten** besonders schweren Falls des § 243 I 1 StGB, da die erforderliche Gesamtwürdigung von Tat und Täter[278] nicht geleistet werden kann.

bb) Sog. Regelbeispiele, § 243 I 2 Nr. 1–7 StGB

(1) § 243 I 2 Nr. 1 StGB

(a) Allgemeines
Verschärfungsgrund des § 243 I 2 Nr. 1 StGB ist die erhöhte kriminelle Energie des Täters, die sich im Tatausführungsmodus, nämlich in der Überwindung zusätzlicher Sicherungen zum Schutze bestimmter Örtlichkeiten und physischer Barrieren, zeigt.[279]
„**Zur Ausführung der Tat**" handelt der Täter, wenn er bereits bei Vornahme der das Regelbeispiel erfüllenden Tätigkeit Diebstahlsvorsatz hatte[280]; er muss als Mittel zur Vollendung einbrechen etc. und das Regelbeispiel zwischen Versuch und Vollendung verwirklicht.

Ein Eindringen zur Beutesicherung reicht nicht aus.[281] Der Diebstahl muss aber nicht aus dem Raum erfolgen, in den der Täter durch Einbrechen etc. gelangt ist.[282]

(b) Gebäude, Dienst- oder Geschäftsraum oder anderer umschlossener Raum
Oberbegriff der in § 243 I 2 StGB geschützten Örtlichkeiten ist der des **umschlossenen Raums**.

Umschlossener Raum ist jedes Raumgebilde, das zumindest auch zum Betreten durch Menschen bestimmt und mit Vorrichtungen versehen ist, die das Eindringen Unbefugter abwehren sollen.[283]

---

[278] Wittig, in: BeckOK-StGB, Stand 01.08.2024, § 243 Rn. 3; aus der Rspr. vgl. zuletzt OLG Dresden U. v. 25.04.2014 – 2 OLG 24 Ss 778/13 – StV 2014, 691; OLG Dresden B. v. 12.03.2015 – 2 OLG 22 Ss 14/15 – NStZ-RR 2015, 211 = StV 2016, 649 (Anm. Hecker JuS 2015, 847).

[279] Eisele, BT II, 6. Aufl. 2021, Rn. 110; aus der Rspr. vgl. zuletzt OLG Oldenburg B. v. 14.09.2015 – 1 Ss 81/15 – NStZ 2016, 98 (Anm. RÜ 2016, 171); BGH B. v. 10.03.2016 – 3 StR 404/15 – BGHSt 61, 166 = NJW 2016, 1897 = StV 2016, 637 (Anm. Theile ZJS 2016, 667; RÜ 2016, 434; Schulz-Merkel jurisPR-StrafR 15/2016 Anm. 4; Heinrich JR 2017, 170).

[280] S. Joecks/Jäger, StGB, 13. Aufl. 2021, § 243 Rn. 20; aus der Rspr. vgl. BGH U. v. 30.06.1982 – 2 StR 56/82 – StV 1982, 468.

[281] Kindhäuser/Hilgendorf, LPK, 9. Aufl. 2022, § 243 Rn. 19.

[282] Kindhäuser/Hilgendorf, LPK, 9. Aufl. 2022, § 243 Rn. 19; aus der Rspr. vgl. RG U. v. 21.02.1907 – I 1436/06 – RGSt 40, 94; BGH U. v. 03.03.1959 – 5 StR 660/58 – NJW 1959, 948 (Anm. Schröder JR 1959, 306); BGH U. v. 07.07.1964 – 5 StR 228/64 – BGHSt 19, 360 = NJW 1964, 1812 (Anm. Schröder JR 1964, 426).

[283] Joecks/Jäger, StGB, 13. Aufl. 2021, § 243 Rn. 12; aus der Rspr. vgl. BGH B. v. 11.05.1951 – GSSt 1/51 – BGHSt 1, 158 = NJW 1951, 669; BayObLG U. v. 31.10.1951 – RevReg. Nr. III 844/51 – NJW 1952, 313 (Anm. Lichti NJW 1952, 314); BGH U. v. 21.03.1952 – 1 StR 737/51 – BGHSt 2, 214 = NJW 1952, 597; BGH U. v. 28.09.1954 – 1 StR 244/54 – NJW 1954, 1897; OLG Hamburg U. v. 13.02.1962 – Ss 303/61 (2) – NJW 1962, 1453; BGH B. v. 07.12.1982 – 1 StR 725/82 – NStZ 1983, 168 = StV 1983, 149.

Nicht erforderlich ist, dass der Raum **überdacht** oder **verschlossen** ist, sodass auch Höfe, Lagerplätze, umzäunte oder umfriedete Freigelände sowie Friedhöfe erfasst werden.[284]

Beispiel 71

BGH U. v. 16.11.1999 – 1 StR 506/99 – NStZ 2000, 143 = StV 2000, 310 (Anm. Kühl, Höchstrichterliche Rspr. BT, 2002, Nr. 49; Otto JK 2000 StGB 243/4; Fahl JA-R 2000, 145):
B entwendete Gartenmöbel, die im Außenverkaufsbereich eines Baumarktes gelagert waren. Der Baumarkt war in keiner Weise versperrt. B hatte ohne Weiteres einen den Lagerplatz abgrenzenden beweglichen Zaun hochgehoben und zur Seite gedrückt, um in das Gelände hineinzugelangen. ◄

B hat rechtswidrig und schuldhaft einen Diebstahl begangen. Darüber hinaus könnte ein besonders schwerer Fall nach § 243 I 2 Nr. 1 StGB vorliegen. Dass der Außenverkaufsbereich weder überdacht noch versperrt war, schließt die Eigenschaft des umschlossenen Raumes nicht aus.

Allerdings ist eine gewisse **Erheblichkeitsschwelle** zu beachten. Erforderlich ist, dass die Umfriedung o. Ä. tatsächlich ein **Hindernis** bildet, das es Unbefugten nicht unerheblich erschwert, auf das von der Umfriedung umgebene Grundstück zu gelangen.[285]

Im obigen Beispiel ist folglich zu beachten, dass der zur Abwehr Unbefugter vorgesehene bewegliche Zaun zu dieser Funktion ungeeignet und kein echtes Hindernis war. Er hatte eher die Funktion einer Abgrenzung oder Markierung. Insofern liegt mangels Erheblichkeit der Abwehrvorrichtungen doch kein umschlossener Raum vor.

Ist die Örtlichkeit generell öffentlich zugänglich, mangelt es an einem umschlossenen Raum, da die Umschließung dann keinen Schutz gegenüber unbefugt Eintretenden bietet.[286]

Auch **bewegliche Räume** können unter § 243 I 2 Nr. 1 StGB fallen, solange sie nur zum **Betreten** durch Menschen bestimmt sind,[287] also insbesondere die Fahr-

---

[284] H. M., s. Fischer, StGB, 71. Aufl. 2024, § 243 Rn. 4; aus der Rspr. vgl. BGH B. v. 07.12.1982 – 1 StR 725/82 – NStZ 1983, 168 = StV 1983, 149; BGH B. v. 01.02.1984 – 3 StR 423/83 – StV 1984, 204; BGH U. v. 11.05.1993 – 1 StR 896/92 – BGHSt 39, 212 = NJW 1993, 2252 = NStZ 1993, 490 = StV 1993, 522; BGH U. v. 16.11.1999 – 1 StR 506/99 – NStZ 2000, 143 = StV 2000, 310 (Anm. Kühl, Höchstrichterliche Rspr. BT, 2002, Nr. 49; Otto JK 2000 StGB 243/4; Fahl JA-R 2000, 145); BGH B. v. 27.07.2010 – 1 StR 319/10 – NStZ-RR 2010, 374 = StV 2011, 17.
[285] Eisele, BT II, 6. Aufl. 2021, Rn. 111.
[286] Kindhäuser/Hilgendorf, LPK, 9. Aufl. 2022, § 243 Rn. 9.
[287] Fischer, StGB, 71. Aufl. 2024, § 243 Rn. 4; aus der Rspr. vgl. BGH B. v. 11.05.1951 – GSSt 1/51 – BGHSt 1, 158 = NJW 1951, 669; BGH U. v. 21.03.1952 – 1 StR 737/51 – BGHSt 2, 214 = NJW 1952, 597. BayObLG U. v. 31.10.1951 – RevReg. Nr. III 844/51 – NJW 1952, 313 (Anm. Lichti NJW 1952, 314); BGH U. v. 15.04.1959 – 2 StR 96/59 – BGHSt 13, 81 = NJW 1959, 1546 (Anm. Hartung NJW 1959, 1547; Bockelmann JZ 1959, 653; Mittelbach MDR 1959, 676).

gasteinrichtungen von Eisenbahnwagen, Schiffen, Wohnwagen und **Pkw**, nicht aber dem Betreten unzugängliche Gepäckabteile (z. B. der Kofferraum eines Pkw).

Der **Diebstahl des umschlossenen Raums**, z. B. eines kompletten Pkw, wird ebenfalls unter die Norm subsumiert, wenn zu diesem Zweck in ihn eingebrochen wird etc.[288]

Gebäude ist ein durch Wände und Dach begrenztes, mit dem Grund und Boden fest verbundenes Bauwerk, das den Eintritt von Menschen ermöglicht und geeignet und bestimmt ist, dem Schutze von Menschen oder Sachen zu dienen.[289]

Ausreichend ist, wenn die eigene Masse für eine Verbindung mit dem Boden sorgt, z. B. bei einem großen Zelt.[290]

Dienst- und Geschäftsräume sind Räumlichkeiten, die mindestens für eine gewisse Zeit hauptsächlich zum Betrieb von Geschäften irgendwelcher Art bestimmt sind.[291]

Zu beachten ist, dass bei **Wohnungen § 244 I Nr. 3 oder IV StGB** greift, welche den §§ 242, 243 StGB vorgehen.

(c) Einbricht, einsteigt, mit einem falschen Schlüssel oder einem anderen nicht zur ordnungsmäßigen Öffnung bestimmten Werkzeug eindringt oder sich in dem Raum verborgen hält

(aa) Einbricht
Einbrechen ist die Aufhebung der Umschließung durch nicht unerhebliche Gewaltanwendung, die dem Eindringen in den Raum dient.[292]

Es genügt die **Erweiterung** einer vorhandenen Öffnung.[293]

---

[288] H. M., Eisele, BT II, 6. Aufl. 2021, Rn. 111; aus der Rspr. vgl. BGH U. v. 29.09.1953 – 2 StR 261/53 – BGHSt 5, 205 = NJW 1953, 1880; BGH U. v. 09.12.1955 – 2 StR 354/55 – NJW 1956, 271.
[289] Fischer, StGB, 71. Aufl. 2024, § 243 Rn. 4; aus der Rspr. vgl. RG U. v. 19.02.1884 – 268/84 – RGSt 10, 103; RG U. v. 15.12.1914 – IV 1156/14 – RGSt 49, 51; RG U. v. 23.11.1936 – 2 D 647/36 – RGSt 70, 360; OLG Koblenz U. v. 05.10.1950 – Ss 124/50 – NJW 1950, 880; BGH B. v. 11.05.1951 – GSSt 1/51 – BGHSt 1, 158 = NJW 1951, 669; OLG Hamm U. v. 27.11.1952 – (2) 2 Ss 347/52 – NJW 1953, 78.
[290] Fischer, StGB, 71. Aufl. 2024, § 243 Rn. 4; aus der Rspr. vgl. RG U. v. 19.02.1884 – 268/84 – RGSt 10, 103.
[291] Kindhäuser/Hilgendorf, LPK, 9. Aufl. 2022, § 243 Rn. 11.
[292] Joecks/Jäger, StGB, 13. Aufl. 2021, § 243 Rn. 15; aus der Rspr. vgl. zuletzt BGH B. v. 27.11.2018 – 2 StR 481/17 – BGHSt 63, 253 = NJW 2019, 1086 = NStZ 2019, 202 = StV 2020, 234 (Anm. Jäger JA 2019, 386; LL 2019, 391; RÜ 2019, 174; famos 3/2019; Mitsch NJW 2019, 1091; Grosse-Wilde HRRS 2019, 160; Pschorr jurisPR-StrafR 9/2019 Anm. 3); BGH B. v. 01.03.2023 – 2 StR 56/22 – NStZ-RR 2023, 324 = StV 2023, 830.
[293] Fischer, StGB, 71. Aufl. 2024, § 243 Rn. 5; aus der Rspr. vgl. zuletzt BGH B. v. 27.11.2018 – 2 StR 481/17 – BGHSt 63, 253 = NJW 2019, 1086 = NStZ 2019, 202 = StV 2020, 234 (Anm. Jäger JA 2019, 386; LL 2019, 391; RÜ 2019, 174; famos 3/2019; Mitsch NJW 2019, 1091; Grosse-Wilde HRRS 2019, 160; Pschorr jurisPR-StrafR 9/2019 Anm. 3).

Das **Hineingreifen** in eine so erweiterte Öffnung genügt. Der Täter muss den Raum **nicht betreten**.[294] Ein Hineingreifen in eine bereits bestehende Öffnung genügt aber nicht.[295]

Zwar sind besondere Kraftanstrengungen oder Substanzverletzungen für ein Einbrechen nicht konstituierend, jedoch genügen **ganz unerhebliche Kraftanstrengungen** nicht.[296] Hoch sind die Anforderungen freilich nicht.

Beispiel 72

OLG Hamm B. v. 27.01.2008 – 3 Ss 567/08 – NStZ-RR 2009, 204 (Anm. LL 2009, 539):

Z wohnte in dem Mehrfamilienhaus C-Straße in E. Zu seiner Wohnung gehört ein Kellerraum, der mit einer abschließbaren, begehbaren Gitterbox versehen ist. Das Schloss an der Tür zu dieser Gitterbox ist nicht voll funktionsfähig. Die Tür schließt nicht bündig an der Zarge ab. Das hat zur Folge, dass zweimal umschlossen werden muss, damit der Bolzen des Schlosses überhaupt in die Türzarge ragt. Aber auch beim zweimaligen Abschließen ragt er nur wenig in die Zarge, sodass die Tür auch im verschlossenen Zustand durch Anheben geöffnet werden kann. Z lagerte in dem Keller unter anderem neun Sportbögen mit Pfeilen und anderem Zubehör, Angelruten, Fahrzeugmodelle und diverses Werkzeug. Am Samstag, dem 28.07.2007 hielt er sich zuletzt im Keller auf und fand noch alle Gegenstände an ihrem Platz. Die Tür der Gitterbox war zweimal umgeschlossen. Als er am Nachmittag des folgenden Tages nach Hause zurückkehrte und erneut seinen Keller aufsuchte, musste er den Verlust sämtlicher Gegenstände im Wert von 6700 € feststellen. Diese hatte B in der Zwischenzeit entweder allein oder mit einem oder mehreren Mittätern entwendet. ◄

Wenn die Tür durch leichtes Anheben geöffnet werden kann, handelt es sich nicht um ein Einbrechen.

---

[294] H. M. Eisele, BT II, 6. Aufl. 2021, Rn. 114; aus der Rspr. vgl. RG U. v. 05.07.1881 – 1550/81 – RGSt 4, 353; RG U. v. 10.12.1885 – 3027/85 – RGSt 13, 200; RG U. v. 08.01.1920 – III 1168/19 – RGSt 54, 211; RG U. v. 28.04.1921 – 64/21 – RGSt 56, 48; RG U. v. 19.10.1926 – I 592/26 – RGSt 60, 378; BGH U. v. 15.01.1954 – 2 StR 620/53; BGH U. v. 08.02.1984 – 3 StR 414/83 – NStZ 1984, 262 = StV 1984, 376; BGH B. v. 22.08.1984 – 3 StR 209/84 – NStZ 1985, 217 = StV 1985, 103 (Anm. Arzt StV 1985, 104).

[295] Fischer, StGB, 71. Aufl. 2024, § 243 Rn. 5; aus der Rspr. vgl. BGH U. v. 16.05.1961 – 5 StR 52/61.

[296] Eisele, BT II, 6. Aufl. 2021, Rn. 113; aus der Rspr. vgl. RG U. v. 28.11.1882 – 2638/82 – RGSt 7, 262; RG U. v. 10.12.1885 – 3027/85 – RGSt 13, 200; RG U. v. 19.10.1926 – I 592/26 – RGSt 60, 378; BGH U. v. 15.12.1955 – 1 StR 494/55 – NJW 1956, 389; BGH B. v. 07.12.1982 – 1 StR 725/82 – NStZ 1983, 168 = StV 1983, 149.

Umstritten ist – dies betrifft alle Tathandlungsvarianten des § 243 I 2 Nr. 1 StGB –, ob es von Bedeutung ist, wenn der Täter im Allgemeinen **berechtigt** ist, sich in dem Gebäude (z. B. als Mitbewohner oder Angestellter) aufzuhalten bzw. es zu betreten.[297]

Während die Rspr.[298] und die h. L.[299] dies für irrelevant halten, setzt ein Teil der Lehre[300] eine allgemeine Nichtberechtigung voraus.

Zwar wird die kriminelle Energie eines gänzlich unberechtigten Täters noch größer sein als die eines Täters, der grundsätzlich Zugang zur Örtlichkeit hat. In der besonderen Tathandlung liegt aber ein hinreichend eigenständiger Unwert, dass die Anwendung des § 243 I 2 StGB auch dann geboten ist. Eine Aufenthaltsberechtigung ist eben keine Einbruchsberechtigung.

Kein Einbrechen liegt vor, wenn der Täter die Gewaltanwendung erst anwenden muss, um aus dem Raum herauszugelangen.[301]

(bb) Einsteigt
Der Täter steigt in den umschlossenen Raum ein, wenn er auf nicht ordnungsgemäße Weise in diesen hineingelangt,[302] z. B. durch ein Fenster oder eine Kelleröffnung. Eine Steigbewegung ist nicht erforderlich, sodass z. B. Kriechen erfasst wird.[303]

Der Täter muss den umschlossenen Raum **nicht betreten**, er muss sich aber wenigstens einen **Stützpunkt** in diesem verschaffen, sodass ein **Hineingreifen nicht** als Einsteigen anzusehen ist.[304]

Beispiel 73

BGH U. v. 05.02.1957 – 5 StR 526/56 – BGHSt 10, 132 = NJW 1957, 638:

---

[297] S. Schmitz, in: MK-StGB, 4. Aufl. 2021, § 243 Rn. 31; Wittkämper NJW 1960, 2036; aus der Rspr. vgl. RG U. v. 11.01.1883 – 3279/82 – RGSt 7, 419; RG U. v. 29.11.1897 – 3209/97 – RGSt 30, 388; RGSt 39, 104; RG U. v 19.05.1919 – III 92/19 – RGSt 53, 262; BGH U. v. 28.09.1960 – 2 StR 416/60 – BGHSt 15, 146 = NJW 1960, 2301; OLG Frankfurt U. v. 13.06.1962 – 2 Ss 258/62 – NJW 1962, 1879 (Anm. Kohlhaas NJW 1962, 1881; Westermann NJW 1962, 2216; Preuße JuS 1963, 81); OLG Hamm U. v. 26.03.1964 – 2 Ss 10/64 – NJW 1964, 1427 (Anm. Eser JuS 1964, 477); BGH U. v. 15.05.1968 – 2 StR 5/68 – BGHSt 22, 127 = NJW 1968, 1886 (Anm. Säcker NJW 1968, 2116).
[298] S. o.
[299] Eisele, BT II, 6. Aufl. 2021, Rn. 118.
[300] Säcker NJW 1968, 2116.
[301] Bosch, in: Schönke/Schröder, StGB, 30. Aufl. 2019, § 243 Rn. 11; aus der Rspr. vgl. RG U. v. 03.01.1921 – III 1123/20 – RGSt 55, 210; BGH B. v. 11.05.1951 – GSSt 1/51 – BGHSt 1, 158 = NJW 1951, 669.
[302] Fischer, StGB, 71. Aufl. 2024, § 243 Rn. 6; aus der Rspr. vgl. zuletzt BGH B. v. 26.07.2022 – 3 StR 141/22 (Anm. RÜ 2023, 518); BGH B. v. 01.03.2023 – 2 StR 56/22 – NStZ-RR 2023, 324 = StV 2023, 830.
[303] Eisele, BT II, 6. Aufl. 2021, Rn. 115.
[304] H. M., Joecks/Jäger, StGB, 13. Aufl. 2021, § 243 Rn. 16; aus der Rspr. vgl. zuletzt BGH B. v. 26.02.2014 – 4 StR 584/13 – StV 2014, 481 (Anm. Bosch JK 2014 StGB § 243/7; RÜ 2014, 374).

> B entwendete aus einem Schuppen, dessen Lüftungsklappen zugenagelt waren, fünf bis sechs Bohlen, indem er durch ein größeres Loch, das sich etwa in Brusthöhe in einer Wand des Schuppens befand, seinen Oberkörper in den Schuppen hineinbog und mit beiden Armen die Bohlen an das Loch heran- und schräg durch dieses herauszog. ◄

B bog nur seinen Oberkörper durch das Loch. Mangels Stützpunkts liegt ein Einsteigen nicht vor.

Auch ein bloß verbotenes Betreten durch einen ordnungsgemäßen Eingang ist nicht erfasst.[305]

Daher genügt es nicht, wenn der Täter durch die Terrassentür in die Wohnung gelangt, selbst dann nicht, wenn der Täter zum Öffnen der Tür zunächst durch einen gekippten Türflügel in die Wohnung hineingreifen muss.[306]

(cc) Mit einem falschen Schlüssel oder einem anderen nicht zur ordnungsmäßigen Öffnung bestimmten Werkzeug eindringt

Schlüssel ist jedes Instrument, das dem vom Berechtigten zum Öffnen des Schlosses benutzten gleicht.[307]

Hierzu zählen außer den üblichen mechanischen Instrumenten auch elektronische und computergesteuerte Zugangseinrichtungen erfasst, z. B. Chipkarten.[308] Auch Keyless-Go-Systeme sind erfasst.[309]

Ein Schlüssel ist dann **falsch**, wenn er zur Tatzeit nach dem Willen des Berechtigten nicht oder nicht mehr zur Öffnung des Verschlusses bestimmt ist.[310]

Zu denken ist insbesondere an **nachgemachte** Schlüssel, unbefugt einbehaltene Zweitschlüssel, aber auch **Originalschlüssel**, die der Berechtigte als verloren oder gestohlen erkannt und daher entwidmet hat.[311] Bei mangelnder Kenntnis vom Verlust ist der Schlüssel hingegen noch zur Öffnung des Verschlusses bestimmt und daher nicht falsch.

---

[305] Fischer, StGB, 71. Aufl. 2024, § 243 Rn. 6; aus der Rspr. vgl. BGH U. v. 12.03.1969 – 4 StR 46/69; OLG Köln B. v. 23.05.2002 – Ss 171/02 – NStZ-RR 2002, 247 = StV 2003, 662.

[306] Fischer, StGB, 71. Aufl. 2024, § 243 Rn. 6; aus der Rspr. vgl. zuletzt OLG Oldenburg B. v. 14.09.2015 – 1 Ss 81/15 – NStZ 2016, 98 (Anm. RÜ 2016, 171); BGH B. v. 10.03.2016 – 3 StR 404/15 – BGHSt 61, 166 = NJW 2016, 1897 = StV 2016, 637 (Anm. Theile ZJS 2016, 667; RÜ 2016, 434; Schulz-Merkel jurisPR-StrafR 15/2016 Anm. 4; Heinrich JR 2017, 170).

[307] Schmitz, in: MK-StGB, 4. Aufl. 2021, § 243 Rn. 27.

[308] Kindhäuser/Hilgendorf, LPK, 9. Aufl. 2022, § 243 Rn. 16; aus der Rspr. vgl. BayObLG U. v. 14.11.1986 – RReg. 2 St 91/86 – NJW 1987, 665 (Anm. Otto JR 1987, 221).

[309] Vgl. aus der Rspr. BGH B. v. 15.03.2022 – 4 StR 52/22 – StV 2022, 441.

[310] Joecks/Jäger, StGB, 13. Aufl. 2021, § 243 Rn. 18; aus der Rspr. vgl. zuletzt BGH B. v. 18.11.2020 – 4 StR 35/20 – BGHSt 65, 194 = NJW 2021, 1107 = NStZ 2021, 167 = StV 2021, 491 (Anm. Kudlich JA 2021, 255; Hecker JuS 2021, 370; LL 2021, 377; RÜ 2021, 106; famos 7/2021; Kulhanek NStZ 2021, 169; Schneider jurisPR-StrafR 5/2021 Anm. 5); BGH B. v. 12.10.2021 – 5 StR 219/21 – NStZ 2022, 408 (Anm. Hecker JuS 2022, 275); BGH B. v. 01.03.2023 – 2 StR 56/22 – NStZ-RR 2023, 324 = StV 2023, 830.

[311] S. nur Fischer, StGB, 71. Aufl. 2024, § 243 Rn. 8f.

> **Beispiel 74**
>
> **AG Saalfeld U. v. 12.04.2005 – 635 Js 30684/04 2 Ds jug. – StV 2005, 613:**
> Die Familie des B hatte bis Oktober 2000 in einer von der Z aus Speyer vermieteten Wohnung in dem Mehrfamilienwohnhaus in Gräfenthal gewohnt. Nach dem Auszug der Familie B stand die Wohnung seit November 2000 leer. Am Abend des 31.12.2003 gegen 22:30 Uhr drang der B in diese Wohnung ein. Dabei öffnete er die verschlossene Wohnung mit einem Schlüssel, den die Familie des B bei ihrem Auszug nicht zurückgegeben hatte und von dessen Existenz die Vermieterin nichts wusste. Dort entwendete B Steckdosen, Lichtschalter, Sicherungen sowie die Türklingel im Gesamtwert von rund 300 €, die er zum Teil verkaufte und zum Teil für eigene Zwecke verwendete. ◄

Der beim Auszug der Familie des B nicht zurückgegebene Schlüssel war im Tatzeitpunkt nach dem Willen der Z, die vom Einbehalt keine Kenntnis hatte, nicht mehr zur Öffnung der Wohnung bestimmt.

Der bloß missbräuchliche Einsatz eines im Einverständnis erlangten Schlüssels ist nicht erfasst.[312]

> **Beispiel 75**
>
> **OLG Hamm U. v. 23.09.1981 – 7 Ss 1030/81 – NJW 1982, 777 (Anm. Schmid JR 1982, 119):**
> B1 war seit August 1979 in einer Filiale einer Buchhandlung als zweite Verkäuferin beschäftigt. Am 05.12.1979 verließ die Z, die bereits seit Jahren in dem Geschäft als erste Verkäuferin angestellt war, in der Mittagspause das in dieser Zeit geschlossene Ladenlokal. Sie überließ der B1, die während der Mittagszeit durcharbeiten wollte, den Laden- und Tresorschlüssel. Im Ladenlokal befand sich auch B2, der der B1 bei ihrer Arbeit aus Gefälligkeit half. Bevor Z gegen 15:00 Uhr zurückkam, öffneten die B1 und B2 aufgrund mit Hilfe des der B1 überlassenen Schlüssels den Tresor und entwendeten daraus 2580 DM. B2 verließ anschließend mit dem Geld das Geschäft. ◄

Der Schlüssel war immer noch dazu bestimmt, den Tresor zu öffnen. Dass dies nicht zum Diebstahl von Bargeld geschehen sollte, ändert nichts daran, dass es sich um keinen falschen Schlüssel handelte.

---

[312] Joecks/Jäger, StGB, 13. Aufl. 2021, § 243 Rn. 18; aus der Rspr. vgl. zuletzt BGH B. v. 18.11.2020 – 4 StR 35/20 – BGHSt 65, 194 = NJW 2021, 1107 = NStZ 2021, 167 = StV 2021, 491 (Anm. Kudlich JA 2021, 255; Hecker JuS 2021, 370; LL 2021, 377; RÜ 2021, 106; famos 7/2021; Kulhanek NStZ 2021, 169; Schneider jurisPR-StrafR 5/2021 Anm. 5).

Auch der Wille des Berechtigten, dass Unbefugte den Schlüssel nicht gebrauchen sollen, macht diesen nicht zum falschen.[313]

Andere nicht zur ordnungsmäßigen Öffnung bestimmte Werkzeuge sind nur solche, die unmittelbar auf den Schließmechanismus einwirken (**Schlüsselersatzfunktion**), z. B. ein „Dietrich", nicht aber ein Brecheisen.[314]

Beispiel 76

BGH U. v. 29.09.1953 – 2 StR 261/53 – BGHSt 5, 205 = NJW 1953, 1880:
B1 und B2 entwendeten nach einem vorgefassten Plane in 28 Fällen auf der Straße stehende Kraftwagen. In einem Falle behielt B1 den Wagen für eigene Zwecke; in den anderen Fällen wollten B1 und B2 nur Bestandteile und Zubehör behalten. Einige Wagen waren offen, in 23 Fällen öffneten sie die verschlossenen Wagentüren mit einem Schraubenzieher oder einer Nagelschere. Sie fuhren dann die Wagen in eine unbeobachtete Gegend, schlachteten sie aus und ließen sie stehen. ◄

Schraubenzieher und Nagelschere werden anstelle eines Schlüssels in das Wagenschloss eingeführt, um von Innen das Schloss ohne größere Gewalteinwirkung zu öffnen. Sie unterfallen § 243 I 2 Nr. 1 StGB.

Wird der Verschluss aufgebrochen, liegt ein Einbrechen vor.[315]

Eindringen ist das Verbringen eines Körperteiles in den Raum ohne Einverständnis des Berechtigten.[316]

(dd) Sich in dem Raum verborgen hält
Ein Täter hält sich in einem umschlossenen Raum verborgen, wenn er sich im Raum in einer Weise versteckt, die ihn den Blicken arglos Eintretender entzieht.[317]

Voraussetzung ist, dass der Täter sich dort unberechtigt aufhält. Unerheblich ist, wie der Täter in den Raum gelangt ist und ob er ihn zunächst berechtigt oder unberechtigt betreten hat.[318]

---

[313] Fischer, StGB, 71. Aufl. 2024, § 243 Rn. 8; aus der Rspr. vgl. zuletzt BGH B. v. 18.11.2020 – 4 StR 35/20 – BGHSt 65, 194 = NJW 2021, 1107 = NStZ 2021, 167 = StV 2021, 491 (Anm. Kudlich JA 2021, 255; Hecker JuS 2021, 370; LL 2021, 377; RÜ 2021, 106; famos 7/2021; Kulhanek NStZ 2021, 169; Schneider jurisPR-StrafR 5/2021 Anm. 5).
[314] Joecks/Jäger, StGB, 13. Aufl. 2021, § 243 Rn. 19; aus der Rspr. vgl. zuletzt BGH B. v. 17.10.2017 – 3 StR 349/17 – NStZ 2018, 212 = StV 2018, 428 (Anm. Kudlich JA 2018, 229; RÜ 2018, 99; Hoven NStZ 2018, 212); BGH B. v. 01.03.2023 – 2 StR 56/22 – NStZ-RR 2023, 324 = StV 2023, 830.
[315] Fischer, StGB, 71. Aufl. 2024, § 243 Rn. 9; aus der Rspr. vgl. BGH U. v. 09.12.1955 – 2 StR 354/55 – NJW 1956, 271.
[316] Kindhäuser/Hilgendorf, LPK, 9. Aufl. 2022, § 243 Rn. 15; Schmitz, in: MK-StGB, 4. Aufl. 2021, § 243 Rn. 25.
[317] Eisele, BT II, 6. Aufl. 2021, Rn. 118; aus der Rspr. vgl. RG U. v. 23.10.1899 – 4129/99 – RGSt 32, 310.
[318] Schmitz, in: MK-StGB, 4. Aufl. 2021, § 243 Rn. 31.

(ee) Exkurs: Konkurrenzen

Umstritten ist, ob der Hausfriedensbruch nach § 123 StGB und die Sachbeschädigung nach § 303 StGB als typische Begleittaten von §§ 242, 243 I 2 Nr. 1 StGB konsumiert werden, also in Gesetzeskonkurrenz zurücktreten.[319]

Beispiel 77

BGH B. v. 21.08.2013 – 1 StR 332/13 – NStZ 2014, 40 (Anm. RÜ 2013, 782; Satzger JK 2014 StGB § 52/16; Hecker JuS 2014, 181; Zöller ZJS 2014, 214):
B war jeweils mittäterschaftlich an bandenmäßig begangenen Diebstählen aus Kraftfahrzeugen beteiligt. Zur Ausführung der Taten schlugen die Bandenmitglieder u. a. Scheiben der betreffenden Fahrzeuge ein oder hebelten deren Türen auf. Dabei erlangte die Bande Beute, überwiegend Autoradios und Navigationsgeräte, in einem Gesamtwert von rund 6270 €. Die angerichteten Sachschäden beliefen sich dagegen auf etwas mehr als 21.000 €. ◄

§ 303 I StGB (Sachbeschädigung)
Wer rechtswidrig eine fremde Sache beschädigt oder zerstört, wird mit Freiheitsstrafe bis zu zwei Jahren oder mit Geldstrafe bestraft.

Eine Auffassung nimmt eine Gesetzeskonkurrenz an und geht von Konsumtion aus, es sei denn der Unrechtsgehalt der Sachbeschädigung gehe über das typische Diebstahlsunrecht hinaus.[320]

Die wohl mittlerweile herrschende (die Rspr.[321] und die h. L.[322]) Gegenauffassung verneint eine Gesetzeskonkurrenz und gelangt zur Tateinheit i. S. d. § 52 StGB.

Eine Erörterung der Frage, wann das Verhältnis von Sachschaden und Diebstahlsunrecht die Gesetzeskonkurrenz ausschließt, ist folglich nur dann geboten, wenn eine Konsumtion nicht ohnehin generell abzulehnen ist.

Ein Fall der Konsumtion kommt prinzipiell immer dann in Betracht, wenn anlässlich der Erfüllung eines Straftatbestands ein anderes Strafgesetz üblicherweise mitverwirklicht wird (als mitbestrafte Vor-, Nach- oder Begleittat).[323] Ob dies bzgl.

---

[319] Hierzu Eisele, BT II, 6. Aufl. 2021, Rn. 166f.; aus der Rspr. vgl. zuletzt BGH B. v. 06.03.2018 – 2 StR 481/17 – NStZ 2018, 708 (Anm. RÜ 2018, 716; Fahl JR 2019, 114); BGH B. v. 18.09.2018 – 1 ARs 9/18 – StV 2019, 449; BGH B. v. 31.10.2018 – 3 ARs 9/18; BGH B. v. 09.10.2018 – 4 ARs 9/18; BGH B. v. 09.10.2018 – 5 ARs 12/18; BGH B. v. 27.11.2018 – 2 StR 481/17 – BGHSt 63, 253 = NJW 2019, 1086 = NStZ 2019, 202 = StV 2020, 234 (Anm. Jäger JA 2019, 386; LL 2019, 391; RÜ 2019, 174; famos 3/2019; Mitsch NJW 2019, 1091; Grosse-Wilde HRRS 2019, 160; Pschorr jurisPR-StrafR 9/2019 Anm. 3); BGH B. v. 11.12.2018 – 2 StR 48/17 – StV 2020, 228 (Anm. RÜ 2019, 301); BGH B. v. 26.07.2022 – 3 StR 141/22 (Anm. RÜ 2023, 518).
[320] Z. B. Bosch, in: Schönke/Schröder, StGB, 30. Aufl. 2019, § 243 Rn. 59.
[321] BGH U. v. 07.08.2001 – 1 StR 470/00 – NJW 2002, 150.
[322] S. nur Eisele, BT II, 6. Aufl. 2021, Rn. 167.
[323] S. nur Kindhäuser/Hilgendorf, LPK, 9. Aufl. 2022, vor § 52 Rn. 26ff.

§ 243 I 2 Nr. 1 StGB und dem § 303 I StGB der Fall ist, ist zu bezweifeln: Bereits *prima facie* sind viele Fallgestaltungen denkbar, in denen die Wegnahme auch bei einer Tathandlung nach § 243 I 2 Nr. 1 StGB ohne Sachbeschädigung erfolgen kann. Ferner handelt es sich bei den Merkmalen des § 243 I 2 StGB nur um Regelbeispiele, also Strafzumessungsmerkmale, und gerade nicht um Tatbestandsmerkmale. Eine Gesetzeskonkurrenz von Tatbestand und Regelbeispiel ist mithin nicht möglich. Ohnehin ist der Gewahrsamsinhaber nicht immer identisch mit dem Eigentümer des beschädigten Schutzbehältnisses, daher ist eine Klarstellung im Urteilstenor geboten.

Eine Gesetzeskonkurrenz ist abzulehnen. Es handelt sich um Tateinheit, § 52 StGB.

Im Hinblick auf § 123 StGB gilt Entsprechendes.

(2) § 243 I 2 Nr. 2 StGB

(a) Allgemeines

Der **Grund** für die Normierung der Verschärfung ist bei § 243 I 2 Nr. 2 StGB wie bei § 243 I 2 Nr. 1 StGB die erhöhte kriminelle Energie des Täters, die sich in der Überwindung besonderer Hindernisse zeigt.[324] Zudem stiehlt der Täter Gegenstände, denen der Eigentümer wohl eine besondere Wertschätzung entgegenbringt, die in der Sicherung zum Ausdruck kommt.[325]

Das verschlossene Behältnis ist nur ein Beispiel einer Schutzvorrichtung, welche den **Oberbegriff** bildet („andere"). **Schutzvorrichtung** ist eine künstliche Einrichtung, die geeignet und bestimmt ist, die Wegnahme einer Sache erheblich zu erschweren.[326] Gemeint sind z. B. Schlösser, Ketten oder Alarmanlagen. Eine Wirksamkeit erst nach Gewahrsamsbruch genügt nicht.[327]

Die bloße Befestigung einer Sache genügt nicht.[328]

Beispiel 78

OLG Schleswig B. v. 13.07.1983 – 1 Ss 323/83 (Autoradio) – NJW 1984, 67:
B entwendete Musikkassetten und einen Kraftfahrzeugschein aus zwei verschiedenen, unverschlossenen Kraftfahrzeugen und versuchte, aus einem dieser Fahrzeuge das festeingebaute Autoradio auszubauen. ◀

---

[324] Eisele, BT II, 6. Aufl. 2021, Rn. 121; aus der Rspr. vgl. RG U. v. 29.11.1897 – 3209/97 – RGSt 30, 388; OLG München U. v. 24.03.1948 – 1 Ss 3/48 – SJZ 1949, 201 (Anm. Schoetensack SJZ 1949, 202); BGH U. v. 15.12.1955 – 1 StR 494/55 – NJW 1956, 389; OLG Karlsruhe B. v. 22.07.2009 – 1 Ss 177/08 – NStZ-RR 2010, 48 (Anm. Bosch JA 2009, 905).
[325] Schmitz, in: MK-StGB, 4. Aufl. 2021, § 243 Rn. 32.
[326] Kindhäuser/Hilgendorf, LPK, 9. Aufl. 2022, § 243 Rn. 21; aus der Rspr. vgl. zuletzt BGH U. v. 26.06.2018 – 1 StR 79/18 – NStZ 2019, 212 (Anm. Nestler Jura 2018, 1185; Jahn JuS 2018, 1013; RÜ 2018, 715; Jäger JA 2019, 228; Heghmanns ZJS 2019, 68).
[327] Vgl. aus der Rspr. BGH U. v. 26.06.2018 – 1 StR 79/18 – NStZ 2019, 212 (Anm. Nestler Jura 2018, 1185; Jahn JuS 2018, 1013; RÜ 2018, 715; Jäger JA 2019, 228; Heghmanns ZJS 2019, 68).
[328] Eisele, BT II, 6. Aufl. 2021, Rn. 124.

Auch die bloße unhandliche Beschaffenheit einer Sache (Gewicht, Größe) fällt nicht unter § 243 I 2 Nr. 2 StGB.[329]

Grundsätzlich gleichgültig ist, auf welche **Weise** die Sicherung **überwunden** wird.[330]

Einer besonderen Kraftentfaltung zur Beseitigung der Schutzvorrichtung bedarf es nicht.[331]

Beispiel 79

OLG Hamm U. v. 14.10.1977 – 3 Ss 588/77 – NJW 1978, 769:
B öffnete auf einem Bahnsteig des Hauptbahnhofs einen Postsack, der auf einem Karren der Deutschen Bundespost lag. Er riss einen Karton des Postgutes auf und entnahm einen neuen Bademantel im Werte von etwa 40 bis 50 DM, den er entwenden wollte. Der Karton war mit Klebestreifen und der Postsack mit einer Schnur verschlossen. Als zwei Bahnpolizeibeamte dem B folgten, versteckte er den Bademantel auf der Herrentoilette des Bahnhofs. ◀

Der Karton war mit Klebestreifen und der Postsack mit einer Schnur verschlossen. Es ergeben sich Zweifel, ob diese Vorrichtungen nicht nur bestimmt, sondern auch geeignet sind, die Wegnahme des Inhaltes erheblich zu erschweren. Das OLG führt dazu aus: „Andererseits ist eine besondere Kraftanstrengung des Täters sicher nicht erforderlich. Eine mechanische Sperre kann gleichzeitig als psychische Sperre wirken, die den Täter hindern soll, die Sicherung zu durchbrechen oder das verschlossene Behältnis mitzunehmen, obwohl ihm das leicht möglich wäre." Insofern liegt eine Schutzvorrichtung vor.

Besonders deutlich wird dies dann, wenn der Täter die Schutzvorrichtung mit einem zuvor **entwendeten** oder **nach einiger Suche aufgefundenen Schlüssel** überwindet; auch dies verwirklicht § 243 I 2 Nr. 2 StGB.[332] Auch im Anmaßen eines Schlüsseleinsatzes zeigt sich eine erhöhte kriminelle Energie des Täters.

---

[329] Fischer, StGB, 71. Aufl. 2024, § 243 Rn. 15; aus der Rspr. vgl. OLG Stuttgart B. v. 29.10.1984 – 1 Ss 672/84 – NJW 1985, 503 = NStZ 1985, 76 (Anm. Seier JA 1985, 387; Hassemer JuS 1985, 560; Kadel JR 1985, 386; Dölling JuS 1986, 688).

[330] Kindhäuser/Hilgendorf, LPK, 9. Aufl. 2022, § 243 Rn. 20; aus der Rspr. vgl. KG U. v. 06.07.1978 – (3) Ss 93/78 (40/78) (Anm. Geerds JR 1979, 250); OLG Frankfurt U. v. 22.01.1988 – 1 Ss 391/87 – NJW 1988, 3028.

[331] Wittig, in: BeckOK-StGB, Stand 01.08.2024, § 243 Rn. 18.1; aus der Rspr. vgl. RG U. v. 09.04.1920 – IV 1111/19 – RGSt 54, 295; OLG Stuttgart U. v. 20.12.1963 – 2 Ss 869/63 – NJW 1964, 738; OLG Hamm U. v. 14.10.1977 – 3 Ss 588/77 – NJW 1978, 769; OLG Frankfurt U. v. 22.01.1988 – 1 Ss 391/87 – NJW 1988, 3028.

[332] Ganz h. M., Fischer, StGB, 71. Aufl. 2024, § 243 Rn. 16a; aus der Rspr. vgl. OLG Hamm U. v. 23.09.1981 – 7 Ss 1030/81 – NJW 1982, 777 (Anm. Schmid JR 1982, 119); LG Köln U. v. 22.08.1986 – 107 – 98/86 – NJW 1987, 667; KG U. v. 28.11.2011 – 1 Ss 465/11 – NJW 2012, 1093 (Anm. Jahn JuS 2012, 468; Bachmann/Goeck ZJS 2012, 279; RA 2012, 293). OLG Frankfurt U. v. 22.01.1988 – 1 Ss 391/87 – NJW 1988, 3028; BGH B. v. 20.04.2005 – 1 StR 123/05 (Anm. RA 2005, 414); KG U. v. 28.11.2011 – 1 Ss 465/11 – NJW 2012, 1093 (Anm. Jahn JuS 2012, 468; Bachmann/Goeck ZJS 2012, 279; RA 2012, 293).

Etwas Anderes gilt aber, wenn der Schlüssel im Schloss steckt, daneben liegt oder sonst ganz **leicht erreichbar** ist.[333] In einem solchen Fall mangelt es jedenfalls am Merkmal „**gegen Wegnahme besonders gesichert**". Die abstrakte Eignung zur Sicherung ist in diesen Fällen durch konkrete Umstände aufgehoben.[334]

Dies birgt natürlich Grenzziehungsschwierigkeiten zum Auffinden nach längerer Suche.

Beispiel 80

KG U. v. 28.11.2011 – 1 Ss 465/11 – NJW 2012, 1093 (Anm. Jahn JuS 2012, 468; Bachmann/Goeck ZJS 2012, 279; RA 2012, 293):

B entwendete am 02.09.2009 in der Wohnung des Z1, in welcher er für einige Tage zur Untermiete gewohnt hatte, aus einem Tresor mindestens 4200 € Bargeld, um es für sich zu verwenden. Den von B benutzten Tresorschlüssel entdeckte B im Tatortzimmer, er war nicht besonders versteckt. ◄

Der Schlüssel befand sich nicht in unmittelbarer Nähe um Tresor, aber noch in demselben Zimmer. Er war nicht besonders exponiert, aber auch nicht besonders versteckt. Das KG hat § 243 I 2 Nr. 2 StGB bejaht.

Ebenfalls nicht anwendbar ist § 243 I 2 Nr. 2 StGB, wenn der Täter **befugtermaßen im Besitz des richtigen Schlüssels** ist.[335] Freilich mag man den Vertrauensbruch als hinreichend für einen unbenannten besonders schweren Fall ansehen.

Auch bei sonstigen Schließmechanismen mangelt es an einer Anwendbarkeit des § 243 I 2 Nr. 2 StGB dann, wenn dem Täter der Mechanismus dergestalt bekannt war, dass er ihn mühelos bedienen konnte.[336]

Die Sicherung gegen Wegnahme braucht **nicht alleiniger Zweck** der Schutzvorrichtung zu sein; die Vorrichtung darf allerdings nicht nur anderen Zwecken – z. B. dem Schutz vor Auseinanderfallen, dem Verbergen des Inhalts vor fremden Augen, der Aufbewahrung, der Transportsicherung usw. – dienen.[337]

---

[333] Joecks/Jäger, StGB, 13. Aufl. 2021, § 243 Rn. 27; aus der Rspr. vgl. OLG Frankfurt U. v. 22.01.1988 – 1 Ss 391/87 – NJW 1988, 3028; BGH B. v. 20.04.2005 – 1 StR 123/05 (Anm. RA 2005, 414); KG U. v. 28.11.2011 – 1 Ss 465/11 – NJW 2012, 1093 (Anm. Jahn JuS 2012, 468; Bachmann/Goeck ZJS 2012, 279; RA 2012, 293).

[334] S. Schmitz, in: MK-StGB, 4. Aufl. 2021, § 243 Rn. 36.

[335] Eisele, BT II, 6. Aufl. 2021, Rn. 122; aus der Rspr. vgl. zuletzt OLG Zweibrücken B. v. 02.05.2018 – 1 OLG 2 Ss 1/18 – NStZ-RR 2018, 249 (Anm. Jansen jurisPR-StrafR 15/2018 Anm. 3).

[336] Bosch, in: Schönke/Schröder, StGB, 30. Aufl. 2019, § 243 Rn. 22; aus der Rspr. vgl. AG Freiburg U. v. 27.01.1993 – 26 Ds 172/92 – NJW 1994, 400 (Anm. Murmann NJW 1995, 935).

[337] Eisele, BT II, 6. Aufl. 2021, Rn. 124; aus der Rspr. vgl. OLG Hamm U. v. 14.10.1977 – 3 Ss 588/77 – NJW 1978, 769; OLG Zweibrücken U. v. 04.02.1986 – 2 Ss 309/85 – NStZ 1986, 411.

Behältnis ist ein zur Aufnahme von Sachen dienendes und sie umschließendes Raumgebilde, das nicht zum Betreten durch Menschen bestimmt ist (im Unterschied zum umschlossenen Raum i. S. d. Nr. 1).[338]

Zu nennen sind beispielsweise Kisten oder Tresore, ferner der Kofferraum eines Kfz.[339]

Nicht ausreichend sind **unerheblichen Erschwernisse** wie Umhüllungen, Verpackungen, Aufbewahrungen und Transportbehältnissen; hier mangelt es einer besonderen Wegnahmesicherung[340]

Beispiel 81

OLG Stuttgart U. v. 20.12.1963 – 2 Ss 869/63 – NJW 1964, 738:
B, als Postoberschaffner im Schalterdienst eingesetzt, nahm einen in der Werteingangsstelle lagernden Einschreibebrief an sich, brach ihn nach Dienstschluss im Abort des Postgebäudes auf und behielt die im Brief vorgefundenen vier Hundertmarkscheine für sich. Ferner löste er an einem kurz zuvor bei ihm am Schalter aufgegebenen Brief die Zunge des Umschlags und nahm den eingelegten Zwanzigmarkschein heraus; er legte ihn in die Schalterkasse, um ein Kassendefizit von 10 DM auszugleichen, und nahm 10 DM heraus, die er für sich behielt. ◄

Der Brief ist zum einen Transportbehältnis und dient zum anderen dem Verbergen des Inhalts vor fremden Augen.

Die Umzäunung eines Grundstücks o. Ä. kann nicht als Behältnis fungieren; hier greift § 243 I 2 Nr. 1 StGB.[341]

Verschlossen ist ein Behältnis dann, wenn der Inhalt gegen einen unbefugten Zugriff von außen gesichert ist.[342]

---

[338] Joecks/Jäger, StGB, 13. Aufl. 2021, § 243 Rn. 22; aus der Rspr. vgl. BGH B. v. 11.05.1951 – GSSt 1/51 – BGHSt 1, 158 = NJW 1951, 669; OLG Köln U. v. 14.09.1956 – Ss 185/56 – NJW 1956, 1932; OLG Stuttgart U. v. 20.12.1963 – 2 Ss 869/63 – NJW 1964, 738.

[339] Hoyer, in: SK-StGB, 9. Aufl. 2019, § 243 Rn. 28; aus der Rspr. vgl. BGH U. v. 20.02.1953 – 2 StR 624/52 – BGHSt 4, 16 = NJW 1953, 592; BGH U. v. 15.04.1959 – 2 StR 96/59 – BGHSt 13, 81 = NJW 1959, 1546 (Anm. Hartung NJW 1959, 1547; Bockelmann JZ 1959, 653; Mittelbach MDR 1959, 676).

[340] S. nur Joecks/Jäger, StGB, 13. Aufl. 2021, § 243 Rn. 26; aus der Rspr. vgl. RG U. v. 09.04.1920 – IV 1111/19 – RGSt 54, 295; OLG Köln U. v. 14.09.1956 – Ss 185/56 – NJW 1956, 1932; OLG Köln U. v. 01.09.1961 – Ss 279/61 – NJW 1961, 2360; OLG Hamm U. v. 14.10.1977 – 3 Ss 588/77 – NJW 1978, 769; OLG Frankfurt U. v. 22.01.1988 – 1 Ss 391/87 – NJW 1988, 3028; AG Freiburg U. v. 27.01.1993 – 26 Ds 172/92 – NJW 1994, 400 (Anm. Murmann NJW 1995, 935).

[341] Kindhäuser/Hoven, in: NK-StGB, 6. Aufl. 2023, § 243 Rn. 24; aus der Rspr. vgl. BayObLG B. v. 23.03.1973 – RReg. 7 St 33/73 – NJW 1973, 1205 (Anm. Schröder JR 1973, 507).

[342] Joecks/Jäger, StGB, 13. Aufl. 2021, § 243 Rn. 23; aus der Rspr. vgl. OLG Hamm U. v. 14.10.1977 – 3 Ss 588/77 – NJW 1978, 769.

Hieran mangelt es, wenn das Behältnis mühelos zu öffnen ist, s. o. Es kommt daher z. B. bei Registrierkassen auf die technischen Zugangsmöglichkeiten an.[343]

Das **Überlisten eines anderen Menschen**, der dann den Zugang zur Sache ermöglicht, lässt sich unter § 243 I 2 Nr. 2 StGB subsumieren.[344]

Beispiel 82

BGH B. v. 05.04.2011 – 3 StR 66/11 – NJW 2012, 1093 = NStZ 2012, 144 = StV 2011, 617 (Anm. Bosch JK 2011 BGB § 229/1; Hecker JuS 2011, 940; LL 2011, 647; RA 2011, 291; Grabow NStZ 2012, 145):

Am 28.05.2010 befand sich B in einem Hotelzimmer des Hotels A. Um aus dem im Zimmer befindlichen Tresor dort verwahrte Gegenstände entwenden zu können, rief B per Telefon an der Rezeption an, gab sich als Bewohner des Zimmers aus und erklärte, sein Zimmersafe lasse sich nicht öffnen, worauf der Hoteltechniker Z erschien und dem B, der vorgab, den Code vergessen zu haben, den Tresor öffnete. Aus dem Tresor entwendete B mit Diebstahlsabsicht für seine Zwecke 350 US-Dollar Bargeld und einen IPod. ◀

Der Zimmertresor ist ein verschlossenes Behältnis, welches den Inhalt gegen Wegnahme besonders sichert. Die Sicherung wurde dadurch überwunden, dass B den Z täuschte und den Tresor öffnen ließ.

(b) Automaten

Die Umschließung, mit der in einem **Automaten** (z. B. einem Geld- oder Spielautomaten) das Geld im Inneren aufbewahrt und abgeschirmt wird, dürfte i. d. R. hinreichende Schutzwirkung entfalten.[345]

Fraglich ist, welche **Überlistungen** eines **Automaten** (z. B. Bank-, Geldwechsel- oder Geldspielautomaten) von § 243 I 2 Nr. 2 StGB erfasst sind,[346] sofern man überhaupt einen Diebstahl annehmen kann.[347]

Beispiel 83

BayObLG U. v. 30.07.1981 – RReg. 5 St 128/81 – NJW 1981, 2826 (Anm. Hassemer JuS 1982, 306; Meurer JR 1982, 292):

---

[343] S. Bosch, in: Schönke/Schröder, StGB, 30. Aufl. 2019, § 243 Rn. 22, 24; aus der Rspr. vgl. BGH U. v. 13.12.1973 – 4 StR 561/73 – NJW 1974, 567; OLG Frankfurt U. v. 22.01.1988 – 1 Ss 391/87 – NJW 1988, 3028; AG Freiburg U. v. 27.01.1993 – 26 Ds 172/92 – NJW 1994, 400 (Anm. Murmann NJW 1995, 935).
[344] S. Schmitz, in: MK-StGB, 4. Aufl. 2021, § 243 Rn. 36.
[345] Eisele, BT II, 6. Aufl. 2021, Rn. 126.
[346] S. Fischer, StGB, 71. Aufl. 2024, § 243 Rn. 16; Kindhäuser/Hilgendorf, LPK, 9. Aufl. 2022, § 243 Rn. 20; aus der Rspr. vgl. OLG Stuttgart U. v. 08.02.1982 – 3 Ss (14) 928/81 – NJW 1982, 1659 (Anm. Geilen JK 1982 StGB § 242/2; Seier JR 1982, 509; Albrecht JuS 1983, 101); AG Kulmbach U. v. 27.03.1985 – 3 Ds 4 Js 9471/84 – NJW 1985, 2282 = NStZ 1985, 458 (Anm. Mitsch JuS 1986, 767); BGH B. v. 09.07.1985 – 4 StR 331/85; LG Köln U. v. 22.08.1986 – 107 – 98/86 – NJW 1987, 667; OLG Düsseldorf Vorlageb. v. 19.03.1987 – 5 Ss 402/86 – 16/86 – NStZ 1987, 330; LG Saarbrücken U. v. 16.03.1989 – 3 – II 19/88 – NJW 1989, 2272.
[347] S. o. 3 a) dd) (4) (d).

B entwendete aus vier in verschiedenen Lokalen aufgestellten Spielautomaten insgesamt etwa 240 DM. Er führte dabei jeweils einen Draht durch ein am Boden des Automaten befindliches Loch, das er gebohrt hatte, ein und beeinflusste damit die im Inneren des Spielautomaten befindlichen Walzen, sodass es zu Gewinnausschüttungen in der angegebenen Höhe kam. Der Spieleinsatz des B betrug insgesamt etwa 30 bis 35 DM. ◂

Teile der Lehre[348] und der Rspr.[349] wenden § 243 I 2 Nr. 2 StGB an und stellen auch bloße Überlistungen der Funktionsgrenzen des Automaten dem unstreitigen Fall[350] des Aufbrechens oder Sprengens des Automaten gleich.

Die wohl h. L.[351] und die überwiegende Rspr.[352] halten bei bloß ordnungswidriger Bedienung das Regelbeispiel nicht für erfüllt und weichen ggf. auf einen unbenannten besonders schweren Fall aus.

Angesichts dessen, dass der Wortlaut der Norm denkbar weit ist und auch i.Ü. keine hohen Anforderungen an die Überwindung der Zugangssicherung gestellt werden, vermag die Anwendung des § 243 I 2 Nr. 2 StGB zu überzeugen.

(c) Mitnahme des Behältnisses

Umstritten ist, ob eine **Mitnahme des Behältnisses** unter § 243 I 2 Nr. 2 StGB fällt.[353]

Beispiel 84

BGH U. v. 18.11.1971 – 4 StR 410/71 (Nussglocke) – BGHSt 24, 248 = NJW 1972, 167 (Anm. Hassemer JuS 1972, 287; Krüger NJW 1972, 648; Schröder NJW 1972, 778):

B entwendete aus einer Diskothek eine Nussglocke, aus der man nach Einwurf von Münzgeld Nüsse entnehmen konnte. ◂

B könnte mit der Nussglocke eine Sache gestohlen haben, die durch ein verschlossenes Behältnis oder eine andere Schutzvorrichtung gegen Wegnahme besonders gesichert ist.

---

[348] Diff. Wessels/Hillenkamp/Schuhr, BT 2, 46. Aufl. 2023, Rn. 247.
[349] Etwa BayObLG U. v. 14.11.1986 – RReg. 2 St 91/86 – NJW 1987, 665.
[350] Schmitz, in: MK-StGB, 4. Aufl. 2021, § 243 Rn. 38.
[351] S. nur Eisele, BT II, 6. Aufl. 2021, Rn. 126.
[352] Z. B. OLG Stuttgart U. v. 08.02.1982 – 3 Ss (14) 928/81 – NJW 1982, 1659.
[353] Hierzu Eisele, BT II, 6. Aufl. 2021, Rn. 128; aus der Rspr. vgl. RG U. v. 11.01.1883 – 3279/82 – RGSt 7, 419; RG U. v. 03.11.1884 – 2633/84 – RGSt 11, 208; RG U. v. 29.11.1897 – 3209/97 – RGSt 30, 388; RG U. v. 21.02.1907 – I 1436/06 – RGSt 40, 94; RG U. v. 09.12.1940 – 2 D 537/40 – RGSt 75, 43; OLG München U. v. 24.03.1948 – 1 Ss 3/48 – SJZ 1949, 201 (Anm. Schoetensack SJZ 1949, 202); BGH U. v. 06.03.1952 – 3 StR 1139/51 – BGHSt 2, 260 = NJW 1952, 597; BGH U. v. 29.09.1953 – 2 StR 261/53 – BGHSt 5, 205 = NJW 1953, 1880; OLG Düsseldorf U. v. 20.06.1955 – Ss 337/55 (2–319) – NJW 1955, 1528; BayObLG U. v. 05.02.1958 – RevReg 1 St 1018/56 – NJW 1958, 601; OLG Hamm U. v. 14.10.1977 – 3 Ss 588/77 – NJW 1978, 769; OLG Stuttgart U. v. 08.02.1982 – 3 Ss (14) 928/81 – NJW 1982, 1659 (Anm. Geilen JK 1982 StGB § 242/2; Seier JR 1982, 509; Albrecht JuS 1983, 101); BayObLG U. v. 20.11.1986 – RReg. 3 St 146/86 – NJW 1987, 663 = StV 1987, 204 (Anm. Geppert JK 1987 StGB § 263a/1; Otto JR 1987, 221).

Die Rspr.[354] und Teile der Lehre[355] wenden das Regelbeispiel an.
Eine Gegenauffassung[356] tut dies nicht.

Für letztere Ansicht spricht, dass man schwerlich davon sprechen kann, dass ein transportabler Behälter, sei er auch verschlossen, die Funktion habe, die Gesamtsache gegen Wegnahme zu sichern. Für die h. M. allerdings spricht ein Erst-recht-Schluss. Auch weist der Täter in diesen Fällen eine hinreichend gesteigerte kriminelle Energie auf, sodass gleichgültig sein sollte, wo und wann er die Gewahrsamssicherung überwindet. Anders ist dies allenfalls bei ganz leichten Geldkassetten, die überhaupt keinen nennenswerten Schutz vor Verlust bieten.

(d) Sicherungsetiketten

Umstritten ist, ob die Entfernung von **Sicherungsetiketten** vor Wegnahme einer Sache § 243 I 2 Nr. 2 StGB erfüllt.[357]

Beispiel 85

OLG Stuttgart B. v. 29.10.1984 – 1 Ss 672/84 – NJW 1985, 503 = NStZ 1985, 76 (Anm. Seier JA 1985, 387; Hassemer JuS 1985, 560; Kadel JR 1985, 386; Dölling JuS 1986, 688) und LG Stuttgart U. v. 31.01.1985 – 36 Ns 1895/84 – NJW 1985, 2489:

B begab sich am 17.12.1983 in ein Kaufhaus, um einen Herrenanzug zu stehlen. Da ihm die gegen Diebstahl getroffenen Sicherungsvorkehrungen bekannt waren, entfernte er aus dem Jackett des von ihm ausgesuchten Anzugs, der 495 DM kostete, zunächst mit Gewalt das Sicherungsetikett und zerbrach es. Dieses Sicherungsetikett, das aus zwei verschweißten kreisrunden Plastikscheiben bestand, in die eine von außen nicht sichtbare Induktionsspule eingelegt war, war durch eine ca. 1 mm starke Metallnadel mit dem Jackett fest verbunden. Hätte B mit dem unbeschädigten Sicherungsetikett das Kaufhaus verlassen, so hätte die am Ausgang angebrachte elektromagnetische Alarmanlage durch akustische und optische Zeichen Alarm ausgelöst. Nachdem er das Sicherungsetikett entfernt und zerstört hatte, zog B zunächst das Anzugsjackett und dann darüber seinen Parka an, verstaute die zu dem Anzug gehörige Hose in einer hierfür mitgeführten Plastiktasche und ging in Richtung Treppe. Noch bevor er die Herrenabteilung verlassen hatte, wurde er von dem Verkäufer, der ihn bei der Tat beobachtet hatte, gestellt. ◄

Handelt es sich bei Sicherungsetiketten um Schutzvorrichtungen, die die Waren gegen Wegnahme besonders sichern?

---

[354] S. o.
[355] S. nur Eisele, BT II, 6. Aufl. 2021, Rn. 128.
[356] Z. B. Hoyer, in: SK-StGB, 9. Aufl. 2019, § 243 Rn. 31.
[357] Hierzu Kindhäuser/Hilgendorf, LPK, 9. Aufl. 2022, § 243 Rn. 21; näher Borsdorff JR 1989, 4; aus der Rspr. vgl. zuletzt BGH U. v. 26.06.2018 – 1 StR 79/18 – NStZ 2019, 212 (Anm. Nestler Jura 2018, 1185; Jahn JuS 2018, 1013; RÜ 2018, 715; Jäger JA 2019, 228; Heghmanns ZJS 2019, 68).

Die Rspr.[358] und die h. L.[359] halten § 243 I 2 Nr. 2 StGB nicht für einschlägig. Eine Gegenauffassung[360] wendet die Norm an.

Letzterer Auffassung ist zuzugeben, dass sich in der Entfernung der Sicherung eine erhöhte kriminelle Energie zeigt. Dem kann allerdings ggf. durch Annahme eines unbenannten besonders schweren Falls Rechnung getragen werden; die übliche Auslegung der Merkmale des § 243 I 2 Nr. 2 StGB passt nämlich – mit der h. M. – nicht: Da erst beim Verlassen des Geschäfts o. Ä. ein Signal ertönt, der Gewahrsamswechsel in aller Regel aber bereits vorher durch Schaffung einer Gewahrsamsenklave vollzogen wird, dient ein Sicherungsetikett nicht der Verhinderung der Wegnahme, sondern lediglich der Wiederbeschaffung des bereits verlorenen Gewahrsams. Die bloß psychische Hemmschwelle kann die Wegnahmeschutzfunktion nicht begründen.

(3) § 243 I 2 Nr. 3 StGB

Gewerbsmäßiges Handeln[361] wird deshalb indiziell strenger bestraft, weil der Gesetzgeber ein Gegenmotiv zur Aussicht auf permanente Gewinnerzielung setzen wollte.[362]

Außer in § 243 I 2 Nr. 3 StGB wird das Merkmal u. a. bei der Urkundenfälschung (§ 267 III 2 Nr. 1 StGB), beim Betrug (§ 263 III 2 Nr. 1 StGB) und bei der Geldwäsche (§ 261 IV 2 StGB) als Regelbeispiel verwendet. Von Bedeutung ist es auch für Qualifikationen, z. B. gem. § 244a StGB.

Gewerbsmäßig handelt ein Täter, wenn er die Absicht aufweist, sich aus der wiederholten Tatbegehung eine fortlaufende Einnahmequelle von einigem Umfang und einer gewissen Dauer zu verschaffen.[363]

Ständige Einkünfte sind nicht erforderlich,[364] auch nicht ein Gewerbe i. S. d. Gewerberechts.[365] Um die Haupt- oder gar alleinige Einnahmequelle des Täters muss es sich nicht handeln.[366]

---

[358] S. o.

[359] S. Joecks/Jäger, StGB, 13. Aufl. 2021, § 243 Rn. 26.

[360] Bosch, in: Schönke/Schröder, StGB, 30. Aufl. 2019, § 243 Rn. 24.

[361] Hierzu näher Stratenwerth FS Schultz 1977, 88; Schulz FS Hassemer 2010, 899; Waschkewitz wistra 2015, 50; Brodowski wistra 2018, 97.

[362] Schmitz, in: MK-StGB, 4. Aufl. 2021, § 243 Rn. 39.

[363] Joecks/Jäger, StGB, 13. Aufl. 2021, § 243 Rn. 30; aus der Rspr. vgl. zuletzt BGH B. v. 05.09.2023 – 1 StR 109/23 – NStZ-RR 2023, 374; BGH B. v. 18.07.2023 – 2 StR 423/22 – NStZ-RR 2024, 9 = StV 2024, 308; BGH B. v. 16.08.2023 – 2 StR 308/22 – NStZ 2024, 184; OLG Hamburg B. v. 13.05.2024 – 1 Ws 32/24 – NStZ 2024, 549; BGH U. v. 23.05.2024 – 5 StR 554/23 – NStZ-RR 2024, 202.

[364] Aus der Rspr. vgl. RG U. v. 27.11.1923 – IV 398/23 – RGSt 58, 19.

[365] Kindhäuser/Hilgendorf, LPK, 9. Aufl. 2022, § 243 Rn. 24; aus der Rspr. vgl. zuletzt OLG Braunschweig B. v. 23.03.2017 – 1 Ss 74/16 – StV 2019, 108.

[366] Schmitz, in: MK-StGB, 4. Aufl. 2021, § 243 Rn. 40; aus der Rspr. vgl. zuletzt BGH U. v. 10.11.2021 – 2 StR 433/20 – NStZ-RR 2022, 140; BGH B. v. 28.06.2022 – 6 StR 511/21 – NStZ-RR 2022, 342 = StV 2022. 722.

A. Diebstahl, §§ 242–244a StGB

Der Annahme des Regelbeispiels steht nicht entgegen, dass es sich um den **ersten und bisher einzigen Diebstahl** des Täters handelt, solange er nur bereits die o. a. Absicht zur zukünftigen fortlaufenden Einkommensverschaffung hatte.[367]

Nicht ausreichend ist es hingegen, wenn der Täter lediglich eine **einzige** (wenn auch auskömmliche) **Tat vorsieht**.[368] Die konkurrenzrechtliche Einordnung der abgeurteilten Handlungen als eine Tat schließt ein gewerbsmäßiges Handeln freilich nicht aus, wenn sich die Absicht des Täters auf die fortgesetzte Begehung von entsprechenden Taten richtete.[369]

Bargeld muss nicht erstrebt werden, es genügen auch geldwerte Vermögensvorteile oder die Einsparung von Aufwendungen.[370] Irrelevant ist, ob der Täter die **Sache behalten** oder **veräußern** möchte.[371] Eine Einnahmequelle kann sich auch verschaffen, wer wiederholt in strafrechtlich relevanter Weise erlangte Güter für sich verwendet, um sich so die Kosten für deren Erwerb zu ersparen.[372]

Eine Veräußerungsabsicht – auch mit Gewinnerzielungsabsicht – genügt aber noch nicht, um eine Gewerbsmäßigkeit anzunehmen.[373]

Beispiel 86

OLG Köln B. v. 06.08.1991 – Ss 330/91 – NStZ 1991, 585:

---

[367] Ganz h. M., Eisele, BT II, 6. Aufl. 2021, Rn. 129; krit. aber Kindhäuser/Hoven, in: NK-StGB, 6. Aufl. 2023, § 243 Rn. 27; aus der Rspr. vgl. zuletzt BGH B. v. 05.03.2019 – 3 StR 413/18 – NStZ 2019, 726 (Anm. Kirch-Heim NStZ 2019, 738); BGH U. v. 10.11.2021 – 2 StR 433/20 – NStZ-RR 2022, 140; BGH U. v. 10.08.2022 – 6 StR 519/21 – NStZ-RR 2022, 388; BGH B. v. 14.09.2022 – 4 StR 55/22 – NStZ-RR 2022, 342 = StV 2023, 399.

[368] Fischer, StGB, 71. Aufl. 2024, § 243 Rn. 18; aus der Rspr. vgl. zuletzt BGH U. v. 08.12.2021 – 5 StR 236/21 – NStZ 2022, 409 (Anm. von Heintschel-Heinegg JA 2022, 432; RÜ 2022, 174; famos 12/2022; Hoven NStZ 2022, 412; Schladitz wistra 2022, 111); BGH B. v. 18.07.2023 – 2 StR 423/22 – NStZ-RR 2024, 9 = StV 2024, 308.

[369] Aus der Rspr. vgl. zuletzt BGH B. v. 08.10.2013 – 2 StR 342/13 – StV 2014, 543; BGH U. v. 05.03.2014 – 2 StR 616/12 – NJW 2014, 2595 = StV 2014, 665 (Anm. von Heintschel-Heinegg JA 2014, 790; Hecker JuS 2014, 1043; RÜ 2014, 642; Rönnau/Wegner JZ 2014, 1064; Cornelius StraFo 2014, 476; Krack ZIS 2014, 536; Heger HRRS 2014, 467; LL 2015, 265; Cornelius NStZ 2015, 310).

[370] Aus der Rspr. vgl. BGH B. v. 24.04.2013 – 5 StR 135/13 – NStZ 2013, 549; BGH U. v. 19.09.2017 – 1 StR 72/17 – NStZ-RR 2018, 50 = StV 2018, 300; BGH B. v. 08.07.2020 – 4 StR 72/20 – NStZ-RR 2020, 384; BGH B. v. 29.10.2020 – 1 StR 344/20 – NJW 2021, 2304 = NStZ 2021, 235 = StV 2021, 725; OLG Zweibrücken U. v. 11.09.2023 – 1 ORs 4 Ss 18/23 – NStZ 2024, 237.

[371] Eisele, BT II, 6. Aufl. 2021, Rn. 129; aus der Rspr. vgl. BGH U. v. 24.02.1983 – 4 StR 660/82 – NStZ 1983, 262 = StV 1983, 238; OLG Köln B. v. 06.08.1991 – Ss 330/91 – NStZ 1991, 585.

[372] Aus der Rspr. vgl. zuletzt KG U. v. 05.11.2018 – (2) 161 Ss 33/18 (5/18) (Anm. Peglau jurisPR-StrafR 5/2019 Anm. 2); zum Verschenken vgl. OLG Zweibrücken U. v. 11.09.2023 – 1 ORs 4 Ss 18/23 – NStZ 2024, 237.

[373] Fischer, StGB, 71. Aufl. 2024, § 243 Rn. 18; aus der Rspr. vgl. OLG Köln B. v. 06.08.1991 – Ss 330/91 – NStZ 1991, 585; OLG Hamm B. v. 06.09.2004 – 2 Ss 289/04 – NJW 2004, 3647 = NStZ-RR 2004, 335.

Am 22.06.1990 entwendete B aus einem Kaufhaus drei Paar Herrenschuhe zum Preis von insgesamt 419,70 DM. Er hatte vor, die Schuhe später zu verkaufen. ◄

B hatte keine Absicht der wiederholten Tatbegehung.

Zwar ist i.R.d. § 242 I StGB eine Drittzueignungsabsicht ebenso tatbestandsmäßig wie die Absicht, die Sache sich selbst zuzueignen; für die Annahme einer Gewerbsmäßigkeit allerdings muss der Täter **eigene Vorteile** erstreben (Eigennützigkeit).[374]

Es genügen allerdings **mittelbare Vorteile**, sofern der Täter ohne Weiteres auf sie zugreifen kann.[375]

Beispiel 87

BGH B. v. 07.09.2011 – 1 StR 343/11 – NStZ-RR 2011, 373 (Anm. Satzger JK 2012 StGB § 263/95; Steinberg/Kreuzner NZWiSt 2012, 69):
B war alleiniger Vorstand des Bundes für Kinderhilfe e.V. (BfK) mit Sitz in Augsburg, für den er zahlende Spender mit „nicht vollumfassend die Realität" widerspiegelnden Behauptungen werben ließ, die vor allem dahin gingen, der BfK vermittle Patenschaften für hilfsbedürftige Kinder in der Dritten Welt. Für einen monatlichen Beitrag von 30 € könne eine solche Patenschaft, für einen Betrag von 15 € monatlich eine Teilpatenschaft übernommen werden. Derart geworbene „Paten" zahlten im Vertrauen auf die Richtigkeit der Angaben entsprechende Beträge auf Konten des BfK. Tatsächlich war lediglich ein minimaler Geldfluss an soziale Projekte in Thailand feststellbar, überwiegend wurde das Geld – soweit nicht für Verwaltungsaufwendungen verbraucht – auf einem Konto des BfK belassen. B handelte, um dem BfK durch die Tatbegehung eine nicht nur vorübergehende Einnahmequelle zu verschaffen und sodann mit dem eingenommenen Geld nach eigenem Gutdünken zu verfahren. ◄

Hier geht es nicht um einen Diebstahl, sondern um einen Betrug (§ 263 StGB) des B, der in § 263 III 2 Nr. 1 StGB das Regelbeispiel der Gewerbsmäßigkeit aufweist. B handelte primär, um dem BfK eine nicht nur vorübergehende Einnahmequelle zu verschaffen. Der Verein wurde von B als alleinigem Vorstand aber beherrscht. B konnte ohne weiteres auf die Vorteile zugreifen und handelte auch sekundär, um mit dem eingenommenen Geld nach eigenem Gutdünken zu verfahren. Dieser mittelbare Vorteil reicht für gewerbsmäßiges Handeln aus.

Zu unterscheiden ist dies z. B. von einer bloßen Arbeitnehmerstellung in einem Unternehmen.

---

[374] Wessels/Hillenkamp/Schuhr, BT 2, 46. Aufl. 2023, Rn. 248; aus der Rspr. vgl. zuletzt BGH B. v. 22.10.2019 – 4 StR 37/19 – NJW 2020, 561 = NStZ 2020, 102 = StV 2020, 834; BGH B. v. 29.10.2020 – 1 StR 344/20 – NJW 2021, 2304 = NStZ 2021, 235 = StV 2021, 725.

[375] Wittig, in: BeckOK-StGB, Stand 01.08.2024, § 243 Rn. 20; näher Waschkewitz wistra 2015, 50; aus der Rspr. vgl. zuletzt BGH B. v. 22.10.2019 – 4 StR 37/19 – NJW 2020, 561 = NStZ 2020, 102 = StV 2020, 834; BGH B. v. 01.07.2020 – 4 StR 125/20 – NStZ 2021, 171; BGH B. v. 25.08.2020 – 2 StR 523/19; BGH B. v. 28.04.2022 – 2 StR 117/20 – StV 2022, 731.

Die Gewerbsmäßigkeit ist ein **besonderes persönliches Merkmal i. S. d. § 28 StGB**[376]; die Norm ist für Regelbeispiele analog anwendbar.

(4) § 243 I 2 Nr. 4 StGB

§ 243 I 2 Nr. 4 StGB normiert den Diebstahl einer Sache, die dem Gottesdienst gewidmet ist oder der religiösen Verehrung dient, aus einer Kirche oder einem anderen der Religionsausübung dienenden Gebäude oder Raum. Der Grund der Strafschärfung liegt zum einen in der Missachtung religiösen Glaubens, zum anderen soll ein Gegenmotiv insofern geschaffen werden, als derartige Tatobjekte nicht selten frei zugänglich sind.[377]

Auch der Diebstahl aus profanen Räumen innerhalb eines geschützten Gebäudes ist erfasst.[378]

Bloßes Kircheninventar fällt nicht unter die Norm. Erforderlich ist, dass die Sache unmittelbar dem Gottesdienst dient.[379]

Beispiel 88

BGH U. v. 22.04.1955 – 2 StR 8/55 – NJW 1955, 1119:
Im Juni 1953 begleitete B1 mit B2 den B3, der durch ein Oberlichtfenster in eine Kirche einstieg, um Opferstöcke zu aufzubrechen und Geld zu entwenden. B3 gab die Durchführung auf, als er an eine verschlossene Türe kam, die er ohne Werkzeug nicht öffnen konnte. ◄

Die Opferstöcke sind nicht dem Gottesdienst gewidmet und unterfallen § 243 I 2 Nr. 4 StGB nicht.

(5) § 243 I 2 Nr. 5 StGB

Der gemeinsame Nenner der in § 243 I 2 Nr. 5 StGB aufgeführten Tatobjekte besteht in der Gemeinschädlichkeit des Diebstahls, der darauf beruht, dass derartige Sachen zumindest einen hohen immateriellen Wert haben und zudem für öffentliche Zwecke besonders exponiert sind.[380] Ähnliche Merkmale und Motive liegen § 304 StGB zugrunde.

---

[376] Fischer, StGB, 71. Aufl. 2024, § 243 Rn. 18; aus der Rspr. vgl. zuletzt BGH U. v. 21.02.2017 – 1 StR 223/16 – NStZ 2017, 465 (Anm. Puppe, AT, 5. Aufl. 2023, § 8 Rn. 10ff.; Bock NStZ 2017, 468); BGH B. v. 05.02.2019 – 5 StR 413/18 – NStZ 2019, 277; BGH U. v. 17.10.2019 – 3 StR 521/18 – NJW 2020, 1080 = NStZ 2020, 273 = StV 2020, 660 (Anm. Bosch Jura 2020, 530; RÜ 2020, 236; Kudlich NJW 2020, 1083; Hinderer NStZ 2020, 276); BGH B. v. 20.04.2021 – 3 StR 343/20 – NStZ-RR 2021, 207.
[377] Fischer, StGB, 71. Aufl. 2024, § 243 Rn. 19; aus der Rspr. vgl. BGH U. v. 19.05.1998 – 1 StR 154/98 – NJW 1998, 2913 = NStZ 1999, 187 = StV 1998, 421 (Anm. LL 1998, 669; Baier JA 1999, 184; Erb NStZ 1999, 187).
[378] Hoyer, in: SK-StGB, 9. Aufl. 2019, § 243 Rn. 34; aus der Rspr. vgl. BGH U. v. 03.05.1966 – 1 StR 506/65 – BGHSt 21, 64 = NJW 1966, 1419; BGH U. v. 03.02.1983 – 1 StR 697/82; zur Sakristei s. RG U. v. 21.09.1911 – I 537/11 – RGSt 45, 243.
[379] Eisele, BT II, 6. Aufl. 2021, Rn. 131; zu Altarkerzen RG U. v. 13.11.1918 – V 813/18 – RGSt 53, 144; zu Votivtafeln BGH U. v. 03.05.1966 – 1 StR 506/65 – BGHSt 21, 64 = NJW 1966, 1419; zum Opferstock vgl. zuletzt BGH B. v. 10.04.2019 – 4 StR 86/19 – NStZ 2019, 677 = StV 2019, 684.
[380] Kindhäuser/Hilgendorf, LPK, 9. Aufl. 2022, § 243 Rn. 29.

(6) § 243 I 2 Nr. 6 StGB

Verschärfungsgrund des § 243 I 2 Nr. 6 StGB ist die besondere Schutzbedürftigkeit der hilflosen, verunglückten oder gefährdeten Person.[381]

Eine Person ist **hilflos**, wenn sie aus eigener Kraft nicht in der Lage ist, sich gegen die Wegnahme von in seinem Gewahrsam befindlichen Sachen zu schützen.[382]

Allerdings können gegenüber Eigentumsverletzungen auch Personen hilflos sein, die es im selben Zustand gegenüber einer Lebens- oder Leibesgefahr nicht wären.[383]

> **Beispiel 89**
>
> **BayObLG U. v. 23.03.1973 – RReg. 3 St 235/72 – NJW 1973, 1808 (Anm. Schröder JR 1973, 427):**
>
> B entwendete des blinden Arbeitskollegen Z, den er in seinem Zimmer besuchte, Geld, das Z vor dem Eintritt des B auf dem Nachtkästchen abgelegt hatte. ◄

B hat der Wegnahme, die er konstitutionsbedingt nicht bemerkt, nichts entgegenzusetzen.

Zu unterscheiden ist dies von bloß schlafenden oder alten Menschen,[384] denn Hilflosigkeit besteht nicht schon dann, wenn das Opfer sich in einer sozial üblichen Lage befindet die notwendigerweise mit einer verminderten Selbstschutzfähigkeit verbunden ist.[385]

Die Merkmale der „**gemeinen Gefahr**" und des „**Unglücksfall**" sind wie bei § 323c StGB zu verstehen. Allerdings muss im Hinblick auf das von §§ 242, 243 StGB geschützte Rechtsgut eine Situation entstehen, bei der gerade die Situation zu einer verminderten Selbstschutzmöglichkeit des Opfers hinsichtlich seines Eigentums führt.[386]

Die hilflose Person muss nach h. M. **nicht das Opfer der Wegnahme** sein, sodass z. B. das Bestehlen eines Helfers auch erfasst wird.[387]

> **Beispiel 90**
>
> **OLG Hamm B. v. 30.08.2007 – 3 Ss 339/07 – NStZ 2008, 218:**

---

[381] Hoyer, in: SK-StGB, 9. Aufl. 2019, § 243 Rn. 38; aus der Rspr. vgl. zuletzt BGH U. v. 02.08.2023 – 2 StR 122/23 – NStZ-RR 2023, 390 = StV 2024, 504.

[382] Schmitz, in: MK-StGB, 4. Aufl. 2021, § 243 Rn. 51; aus der Rspr. vgl. BGH U. v. 02.08.2023 – 2 StR 122/23 – NStZ-RR 2023, 390 = StV 2024, 504.

[383] Zum Rechtsgutsbezug der hilflosen Lage etwa Eisele, BT II, 6. Aufl. 2021, Rn. 133.

[384] Eisele, BT II, 6. Aufl. 2021, Rn. 133; aus der Rspr. vgl. zum Schlaf zuletzt BGH B. v. 06.07.2021 – 5 StR 177/21 – StV 2022, 441; zum Alter BGH U. v. 25.04.2001 – 3 StR 533/00 – NStZ 2001, 532.

[385] Schmitz, in: MK-StGB, 4. Aufl. 2021, § 243 Rn. 51.

[386] Schmitz, in: MK-StGB, 4. Aufl. 2021, § 243 Rn. 53.

[387] Joecks/Jäger, StGB, 13. Aufl. 2021, § 243 Rn. 40; aus der Rspr. vgl. BGH B. v. 26.10.1984 – 3 StR 427/84 – NStZ 1985, 215; a. A. Schmitz, in: MK-StGB, 4. Aufl. 2021, § 243 Rn. 53.

B griff in einer Gaststätte in M. in das hinter der Theke liegende Kellnerportemonnaie und entwendete daraus Geldscheine im Wert von 100 €, als der Wirt selbst und weitere in der Gaststätte befindliche Personen einem vor der Gaststätte gestürzten Fahrradfahrer, der sich nicht unerheblich verletzt hatte, zur Hilfe eilten. Zu diesem Zeitpunkt waren neben B nur noch zwei andere Personen in der Gaststätte, die aber den Thekenbereich von ihrem Sitzplatz aus nicht einsehen konnten. ◄

B nutzte den Sturz des Fahrradfahrers aus, um das Kellnerportemonnaie wegzunehmen. Unschädlich ist, dass die Sache nicht dem gefährdeten Fahrradfahrer gehörte.

Anwendbar ist § 243 I 2 Nr. 6 StGB auch dann, wenn der **Täter** die hilflose Lage selbst **herbeiführt**.[388] Geschah dies gerade zwecks Wegnahme, so greift freilich ggf. der Raub gem. § 249 StGB. § 243 I 2 Nr. 6 StGB hat insofern eine Auffangfunktion für nicht unter den Raub fallende Konstellationen, v. a. bei erst nach Gewaltverübung gefasstem Entschluss zur Wegnahme in Zueignungsabsicht (Motivwechsel).

Beispiel 91

BGH U. v. 11.03.2003 – 1 StR 507/02 – NStZ-RR 2003, 186 = StV 2003, 460 (Anm. RA 2003, 382):

In der Nacht vom 18. auf den 19.03.2001 hielten sich nur noch der 19-jährige B und der Kellner Z in einem Münchener Lokal auf und tranken Whisky. B glaubte, er sei eingeladen. Als er zahlen sollte, gab es Streit, Z drohte mit Anzeige wegen Zechprellerei. Dies erregte den B so, dass er aus seiner Jacke, die er abgelegte hatte, ein großes Küchenmesser – er ging „nachts nie unbewaffnet" aus – nahm und Z in Tötungsabsicht in den Rumpf stieß. Z flüchtete; B verfolgte ihn durch die Küche bis in den Innenhof einer Wohnanlage, wo er erneut so heftig auf ihn einstach, dass das Messer nicht unerheblich beschädigt wurde. B schrie so laut, dass Anwohner der Wohnanlage erwachten. Sie verstanden einzelne Worte, wie z. B. er lasse sich nicht „verarschen" und „Zechprellerei". B ließ schließlich von Z ab und ging in das Lokal zurück. Er wollte seine Jacke holen, entschloss sich dann aber, dort zu stehlen und nahm die gefüllte Bedienungsgeldtasche des Z an sich. ◄

B handelte aus Wut und in Tötungsabsicht, als er den Z durch die Stiche mit dem Messer in eine hilflose Lage versetzte. Wegnahmevorsatz fasste er erst, nachdem er bereits von Z abgelassen hatte. Am Finalzusammenhang von Gewalt und Wegnahme scheitert der Raub (§ 249 I StGB); B hat aber den besonders schweren Fall des Diebstahls nach § 243 I 2 Nr. 6 StGB verwirklicht, wenn er die hilflose Lage des Z ausnutzte.

Sogar wenn das Opfer die hilflose Lage selbst herbeiführt, ändert dies nichts an der Einschlägigkeit von § 243 I 2 Nr. 6 StGB.[389]

---

[388] Kindhäuser/Hilgendorf, LPK, 9. Aufl. 2022, § 243 Rn. 37; aus der Rspr. vgl. BGH B. v. 19.02.2002 – 1 StR 28/02.
[389] Hoyer, in: SK-StGB, 9. Aufl. 2019, § 243 Rn. 38; aus der Rspr. vgl. BGH B. v. 26.10.1984 – 3 StR 427/84 – NStZ 1985, 215.

Der Täter muss die hilflose Lage etc. **ausnutzen**, d. h. er muss in Kenntnis der Umstände seine Tat durch Inanspruchnahme der Situation erleichtern und dies auch wollen.[390]

Die bloße Ausnutzung einer Abwesenheit genügt nicht.[391]

(7) § 243 I 2 Nr. 7 StGB
Der Grund für die Strafschärfung in § 243 I 2 Nr. 7 StGB liegt in der besonderen Gefährlichkeit von Schusswaffen und Sprengstoff.[392]

Die Norm läuft aufgrund des weit ausgelegten § 244 I Nr. 1 lit. a StGB allerdings weitgehend leer und greift nur noch beim Diebstahl nicht einsatzfähiger Waffen.

cc) Ausschluss, § 243 II StGB

▶ **Didaktische Aufsätze**
- Kudlich/Noltensmeier/Schuhr, Die Behandlung geringwertiger Tatobjekte im Strafrecht, JA 2010, 342
- Satzger, Sach- und Vermögenswertgrenzen im StGB, Jura 2012, 786

(1) Allgemeines
Gem. § 243 II StGB[393] ist in den Fällen des § 243 I 2 Nr. 1 bis 6 StGB (§ 243 I 2 Nr. 7 StGB ist in § 243 II StGB nicht aufgenommen) ein besonders schwerer Fall ausgeschlossen, wenn sich die Tat auf eine geringwertige Sache bezieht. Es handelt sich um eine unwiderlegliche Gegenindikation[394] gegenüber dem an sich erfüllten Regelbeispiel.

Von Relevanz ist die Geringwertigkeit auch für das Strafantragserfordernis gem. § 248a StGB.

Fraglich ist, ob § 243 II StGB für **unbenannte Fälle** nach § 243 I 1 StGB ebenfalls gilt.[395]

Z. T.[396] wird das abgelehnt.

Die Rspr.[397] und die h. L.[398] wenden § 243 II StGB an.

Zwar ist das Ergebnis der h. M. sinnvoll, es lässt sich aber dem Wortlaut der Norm und der Gesetzeshistorie nicht entnehmen. Entschärft wird die Problematik

---

[390] S. subjektiv formulierend („erleichtern will") Joecks/Jäger, StGB, 13. Aufl. 2021, § 243 Rn. 40; objektivierend z. B. Hoyer, in: SK-StGB, 9. Aufl. 2019, § 243 Rn. 39.

[391] Kindhäuser/Hilgendorf, LPK, 9. Aufl. 2022, § 243 Rn. 37; aus der Rspr. vgl. BGH B. v. 26.10.1984 – 3 StR 427/84 – NStZ 1985, 215.

[392] Hoyer, in: SK-StGB, 9. Aufl. 2019, § 243 Rn. 40.

[393] Hierzu Zipf FS Dreher 1977, 389; Jungwirth NJW 1984, 954; Küper NJW 1994, 349; Kudlich/Noltensmeier/Schuhr JA 2010, 342.

[394] Zur problematischen Rechtsnatur Schmitz, in: MK-StGB, 4. Aufl. 2021, § 243 Rn. 63.

[395] S. Eisele, BT II, 6. Aufl. 2021, Rn. 156; aus der Rspr. vgl. BGH B. v. 26.02.2014 – 4 StR 577/13 – NStZ-RR 2014, 141.

[396] S. Fischer, StGB, 71. Aufl. 2024, § 243 Rn. 24.

[397] S. o.

[398] Eisele, BT II, 6. Aufl. 2021, Rn. 156.

dadurch, dass der Wert der Sache in die Gesamtwürdigung i.R.d. § 243 I 1 StGB einfließen kann.

Umstritten ist, bis zu welchem **Wert** von einer geringwertigen Sache auszugehen ist[399]: Diskutiert werden – als einheitliche Wertgrenze für alle Varianten – 25 bis 50 €, wobei im Hinblick darauf, dass die Annahme eines Regelbeispiels ohnehin nur Indizwirkung für eine Strafschärfung hat, Ersteres überzeugender sein dürfte.

Beispiel 92

BGH B. v. 09.07.2004 – 2 StR 176/04:
B brach in eine Gartenlaube ein, weil er hoffte, dort Alkohol zu finden. Er entwendete eine Flasche Jägermeister. ◄

Nach den tatrichterlichen Feststellungen hatte die Flasche Jägermeister einen Wert von weniger als 25 €.

Maßgeblich ist der objektive Verkehrswert der Beute im Tatzeitpunkt.[400]

Inwiefern auch individuelle persönliche und wirtschaftliche Verhältnisse zu berücksichtigen sind, ist problematisch.[401] Schon im Sinne der Rechtssicherheit wird die Wertgrenze unabhängig von den Verhältnissen des Opfers gelten müssen. Auch haben reine Affektionsinteressen außer Betracht zu bleiben.

Bei Sachen mit objektivierbar hohem **immateriellen Wert**, z. B. Erinnerungsstücken, handschriftlichen Dokumenten, ist aber eine Geringwertigkeit abzulehnen.[402]

Auch bei weiteren Sachen, bzgl. derer kein Markt vorhanden und daher ein **Verkehrswert nicht** zu ermitteln ist (z. B. bei Gerichtsakten, Bankkarten, Ausweisen), mangelt es an einer Geringwertigkeit.[403]

Wenn bestimmte Sachen **nicht legal** gehandelt werden dürfen (z. B. Betäubungsmittel, Falschgeld, Ausweise), ist nach z. T. vertretener Auffassung[404] auf einen hypothetischen (Schwarz-)Marktpreis abzustellen.

Die Gegenauffassung[405] verneint stets die Geringwertigkeit.

---

[399] Hierzu Henseler StV 2007, 323; Satzger Jura 2012, 786; aus der Rspr. vgl. zuletzt BGH B. v. 28.07.2015 – 4 StR 247/15 – NStZ-RR 2015, 389; OLG Hamm B. v. 23.02.2016 – 4 RVs 15/16 (Anm. Eisele JuS 2016, 564); OLG Frankfurt B. v. 28.10.2016 – 1 Ss 80/16 – NStZ-RR 2017, 12 (Anm. LL 2017, 516; Schulz-Merkel jurisPR-StrafR 2/2017 Anm. 5).

[400] Fischer, StGB, 71. Aufl. 2024, § 243 Rn. 25; aus der Rspr. vgl. zuletzt BGH B. v. 30.05.2017 – 3 StR 136/17 – StV 2019, 105.

[401] S. Hoyer, in: SK-StGB, 9. Aufl. 2019, § 243 Rn. 42ff.; aus der Rspr. vgl. OLG Hamburg U. v. 10.12.1952 – Ss 182/52 – NJW 1953, 396; BGH B. v. 26.03.1954 – 1 StR 161/53 – BGHSt 6, 41 = NJW 1954, 969; OLG Celle U. v. 07.03.1966 – 2 Ss 7/66 – NJW 1966, 1931; OLG Hamm U. v. 30.06.1971 – 4 Ss 513/71 – NJW 1971, 1954 (Anm. Schröder JR 1972, 253).

[402] H. M., Kindhäuser/Hilgendorf, LPK, 9. Aufl. 2022, § 243 Rn. 40.

[403] H. M., s. Eisele, BT II, 6. Aufl. 2021, Rn. 158; aus der Rspr. vgl. OLG Hamm B. v. 21.04.1998 – 2 Ss 412/98 – NStZ-RR 1998, 241 = StV 2000, 7; OLG Stuttgart B. v. 21.01.2010 – 6 Ss 1458/09 – NStZ 2011, 44; OLG Hamm B. v. 10.02.2011 – III 3 RVs 103/10 (Anm. Jahn JuS 2011, 755).

[404] So Schmitz, in: MK-StGB, 4. Aufl. 2021, § 243 Rn. 69.

[405] Z. B. Bosch, in: Schönke/Schröder, StGB, 30. Aufl. 2019, § 243 Rn. 51.

Letzterer Meinung ist aus praktischen Gründen zu folgen. Hinzu kommt die anzustrebende Gleichbehandlung aller Sachen, denen kein anerkannter Verkehrswert zugeschrieben wird.

Werden durch dieselbe Handlung **mehrere Sachen** weggenommen, so ist für die Frage der Geringwertigkeit nicht der Wert der einzelnen Sache, sondern der **Gesamtwert** aller Sachen maßgeblich, auch bei **Mittäterschaft**.[406]

(2) „Bezieht"; Irrtümer; Vorsatzwechsel
Umstritten ist, was in § 243 II StGB darunter zu verstehen ist, dass sich die Tat auf eine geringwertige Sache „**bezieht**".[407]

Beispiel 93

BGH U. v. 03.04.1975 – 4 StR 62/75 – BGHSt 26, 104 = NJW 1975, 1286 (Anm. Braunsteffer NJW 1975, 1570; Gribbohm NJW 1975, 2213):
  B brach in eine Baubude in Diebstahlsabsicht ein. Er entwendete, zwar nur Sachen, die als „geringwertig" anzugehen sind. Er zielte allerdings beim Einbruch nicht auf solche geringwertigen Sachen ab, sondern war im Gegenteil daran interessiert waren, möglichst viel Mitnehmenswertes an sich zu bringen. ◂

Beispiel 94

BGH U. v. 27.08.1986 – 3 StR 264/86 – NStZ 1987, 71 (Anm. Otto JK 1987 StGB § 242/10):
  B1 und B2 fuhren am 30.10.1983 gegen 14:50 Uhr auf einen Waldparkplatz, um abgestellte Fahrzeuge aufzubrechen und daraus mitnehmenswerte Gegenstände zu entwenden. Wegen der Häufung derartiger Diebstähle wurde der Parkplatz von zwei Polizeibeamten versteckt beobachtet. B1 und B2 öffneten mit einem Werkzeug die verschlossene Beifahrertür eines der geparkten Pkws und entnahmen daraus eine Damenhandtasche, die eine Geldbörse mit etwa 20 DM, einen Führerschein und einige Kleinigkeiten enthielt. Sie begaben sich danach in ihren eigenen Pkw, legten die Tasche in den Fußraum und wurden dann von den herbeigeeilten Polizeibeamten festgenommen. ◂

In diesen Fällen ist die weggenommene Sache objektiv geringwertig. Der Täter stellt sich aber subjektiv vor, dass dies nicht der Fall sei. Nach dem Wortlaut des § 243 II StGB ist ein benannter besonders schwerer Fall ausgeschlossen, wenn sich „die Tat auf eine geringwertige Sache bezieht".

---

[406] Kindhäuser/Hilgendorf, LPK, 9. Aufl. 2022, § 243 Rn. 40; näher Schroeder GA 1964, 225; aus der Rspr. vgl. BGH U. v. 06.08.1969 – 4 StR 233/69 – BGHSt 23, 98 = NJW 1969, 2210 (Anm. Küper MDR 1970, 885); OLG Hamm U. v. 30.06.1971 – 4 Ss 513/71 – NJW 1971, 1954 (Anm. Schröder JR 1972, 253); OLG Düsseldorf B. v. 16.03.1987 – 5 Ss 44/87 – 48/87 I – NJW 1987, 1958 = NStZ 1988, 220 (Anm. Naucke NStZ 1988, 220).
[407] Hierzu Gribbohm NJW 1975, 1153; aus der Rspr. vgl. zuletzt BGH B. v. 06.03.2012 – 1 StR 28/12 – NStZ 2012, 571; BGH B. v. 26.02.2014 – 4 StR 577/13 – NStZ-RR 2014, 141; OLG Hamm B. v. 23.02.2016 – 4 RVs 15/16 (Anm. Eisele JuS 2016, 564).

A. Diebstahl, §§ 242–244a StGB

Fraglich ist, ob dies die tatsächlichen Gegebenheiten meint oder die Tätervorstellung von der Geringwertigkeit ausreicht.

Nach teilweise vertretener Auffassung[408] sollen allein die objektiven Gegebenheiten im Hinblick auf das tatsächlich Entwendete zählen.

Die diametrale Gegenposition[409] stellt allein auf die Tätervorstellung ab.

Die Rspr.[410] und die h. L.[411] verlangen für eine Anwendung des § 243 II StGB, dass sowohl objektiv die Sache geringwertig ist als auch der Täter entsprechendes Wissen aufweist.

Eine vierte Auffassung[412] lässt eines von beidem genügen: Bei nur objektiver Hochwertigkeit mangele es am entsprechenden Quasi-Vorsatz; bei nur subjektiver Hochwertigkeit gälten die Grundsätze des versuchten Regelbeispiels (hierzu s. sogleich).

Wieder andere verstehen § 243 II StGB als negatives Regelbeispielsmerkmal

Zutreffend ist es, mit letzterer Auffassung §§ 15, 16 StGB sinngemäß auf mangelnde Geringwertigkeit anzuwenden. Dies entspricht der Tatbestandsähnlichkeit der Regelbeispiele und wird auch möglichst rechtssicher der partiell geminderten Tatschuld gerecht.

Problematisch sind insbesondere Konstellationen des **Vorsatzwechsels**.[413]

Zu erörtern ist erstens die gewiss häufige Variante, dass der Täter zwecks Wegnahme hochwertiger Sachen einbricht etc., jedoch dann – meist notgedrungen – nur eine geringwertige stiehlt.

Hier wenden die Rspr.[414] und Teile der Lehre[415] die §§ 242, 243 I StGB bzgl. der tatsächlich weggenommenen Sache an, erachten also den generellen Stehlwillen im Zeitpunkt des Einbruchs etc. für ausreichend.

Die Gegenauffassung[416] nimmt eine beachtliche Kausalverlaufsabweichung an, was dazu führt, dass der vollendete Diebstahl an der geringwertigen Sache allein nach § 242 StGB zu bestrafen ist. Hinzu kommt ein versuchter Diebstahl in einem

---

[408] Braunsteffer NJW 1975, 1570 (1571).
[409] Gribbohm NJW 1975, 1153.
[410] S. o.
[411] S. nur Eisele, BT II, 6. Aufl. 2021, Rn. 160.
[412] Hoyer, in: SK-StGB, 9. Aufl. 2019, § 243 Rn. 48f.; Kindhäuser/Hilgendorf, LPK, 9. Aufl. 2022, § 243 Rn. 43.
[413] Hierzu Kindhäuser/Hilgendorf, LPK, 9. Aufl. 2022, § 243 Rn. 45ff.; Hoyer, in: SK-StGB, 9. Aufl. 2019, § 243 Rn. 51ff.; aus der Rspr. vgl. RG U. v. 22.04.1897 – 1151/97 – RGSt 30, 67; RG U. v. 07.06.1934 – 3 D 572/34 – RGSt 68, 197; BGH U. v. 29.08.1952 – 3 StR 330/52 – NJW 1952, 1184; BGH U. v. 01.06.1956 – 2 StR 127/56 – BGHSt 9, 253 = NJW 1956, 1526 (Anm. Maurach JR 1957, 28); BGH U. v. 20.06.1958 – 5 StR 157/58 – NJW 1958, 1243 (Anm. Schröder JR 1958, 466); OLG Bremen U. v. 20.05.1959 – Ss 43/59 – NJW 1959, 1839 (Anm. Schmitt JZ 1960, 132); BGH U. v. 18.12.1959 – 4 StR 499/59 – NJW 1960, 542 (Anm. Schmitt JZ 1960, 447); BGH U. v. 09.06.1967 – 4 StR 187/67 – BGHSt 21, 244 = NJW 1967, 1668; BGH U. v. 03.04.1975 – 4 StR 62/75 – BGHSt 26, 104 = NJW 1975, 1286 (Anm. Braunsteffer NJW 1975, 1570; Gribbohm NJW 1975, 2213); BGH U. v. 27.08.1986 – 3 StR 264/86 – NStZ 1987, 71 (Anm. Otto JK 1987 StGB § 242/10).
[414] S. o.
[415] Bosch, in: Schönke/Schröder, StGB, 30. Aufl. 2019, § 243 Rn. 55.
[416] Hoyer, in: SK-StGB, 9. Aufl. 2019, § 243 Rn. 53.

besonders schweren Fall gem. §§ 242 I, II, 22, 23, 243 StGB bzgl. der nach Tätervorstellung zur Zeit des Einbruchs etc. wegzunehmenden nicht geringwertigen Sachen; bei freiwilliger Abstandnahme von der Wegnahme einer nicht geringwertigen Sache greift § 24 StGB.

Überzeugender ist die letztere Ansicht aus den oben zur Rechtsnatur des „Beziehens" angeführten Gründen.

Die zweite Konstellation – Einbruch zwecks geringwertiger Sache, jedoch Stehlen einer hochwertigen – ist aus entsprechend konsequent zu behandeln (§§ 242 I, II, 22, 23 StGB bzgl. der geringwertigen und § 242 I StGB bzgl. der hochwertigen).

dd) Versuch und Rücktritt (?)

Zur Frage, ob der Strafrahmen des § 243 I StGB auch dann anzuwenden ist, wenn das **Regelbeispiel nur versucht** ist, s. im Allgemeinen Teil.

Wenn man dies mit der h. M. bejaht, ist zu beachten, dass dem Rechtsgedanken des § 24 StGB folgend ein „Rücktritt" vom versuchten Regelbeispiel ein Indiz für die Ablehnung der Strafschärfung sein muss.[417]

Bei **Versuch des Grunddelikts und Vollendung des Regelbeispiels** ist hingegen die Anwendung der Strafschärfung auf das versuchte Delikt unstrittig.

ee) Täterschaft und Teilnahme (?)

(1) Täterschaft

Angesichts der Tatbestandsähnlichkeit der Regelbeispiele lässt sich § 25 I 2. Var., II StGB anwenden, wobei allerdings aufgrund bloßer Indizwirkung der Regelbeispiele ohnehin eine – in der Klausur freilich nicht zu leistende – Gesamtwürdigung vorzunehmen ist[418] und ohnehin auf die Annahme eines sonst besonders schweren Falls ausgewichen werden könnte.[419]

(2) Teilnahme

Auch i.R.d. Teilnahme ist eine Gesamtwürdigung der Teilnahmehandlung – aller tat- und beteiligtenbezogenen Gesichtspunkte – vorzunehmen, die sich insofern selbst als besonders schwerer Fall darstellen muss.[420] Den Rechtsgedanken der §§ 26, 27, 28 StGB (Quasiakzessorietät für den Bereich der Strafzumessung[421]) wird dabei ohnehin eine Indizwirkung zukommen.

---

[417] Eisele, BT II, 6. Aufl. 2021, Rn. 154; aus der Rspr. vgl. BGH B. v. 23.06.2000 – 2 StR 225/00 – NStZ-RR 2001, 199 = StV 2000, 554.

[418] Eisele, BT II, 6. Aufl. 2021, Rn. 142; aus der Rspr. vgl. BGH U. v. 12.01.1994 – 3 StR 630/93 – StV 1994, 240; BGH U. v. 27.01.2015 – 1 StR 142/14 – NStZ 2015, 466 = StV 2016, 16.

[419] Eisele, BT II, 6. Aufl. 2021, Rn. 142; aus der Rspr. vgl. BGH B. v. 09.09.1997 – 1 StR 730/96 – BGHSt 43, 237 = NJW 1998, 465 = StV 1998, 129 (Anm. Martin JuS 1998, 375; Rudolphi JZ 1998, 471); OLG Hamburg B. v. 21.07.2017 – 1 Ws 73/17 – NStZ 2017, 544.

[420] H. M., z. B. Kindhäuser/Hilgendorf, LPK, 9. Aufl. 2022, § 243 Rn. 56; aus der Rspr. vgl. zuletzt BGH U. v. 19.12.2017 – 1 StR 56/17 – NStZ 2018, 328 = StV 2019, 48 (Anm. Kudlich NStZ 2018, 329; Budde NZWiSt 2019, 27); LG Köln U. v. 11.06.2019 – 109 KLs 3/18 (Anm. Niemann wistra 2020, 38).

[421] Eisele, BT II, 6. Aufl. 2021, Rn. 141.

7. Strafantragserfordernisse

a) Haus- und Familiendiebstahl, § 247 StGB

§ 247 StGB[422] enthält ein absolutes Strafantragserfordernis, welches die Rücksicht des Staates auf persönliche Bindungen der Betroffenen[423] zum Ausdruck bringt.

> **§ 247 StGB (Haus- und Familiendiebstahl)**
> Ist durch einen Diebstahl oder eine Unterschlagung ein Angehöriger, der Vormund oder der Betreuer verletzt oder lebt der Verletzte mit dem Täter in häuslicher Gemeinschaft, so wird die Tat nur auf Antrag verfolgt.

Erfasst sind alle Arten des Diebstahls, auch § 244 StGB.[424]

Zum **Angehörigen** s. § 11 I Nr. 1 StGB, zum **Vormund** §§ 1773ff. BGB, zum **Betreuer** §§ 1896ff. BGB. Eine nichteheliche Lebensgemeinschaft genügt nicht.[425]

Leben in häuslicher Gemeinschaft meint ein freiwilliges Zusammenwohnen für eine gewisse Dauer,[426] z. B. in einer nichtehelichen Lebensgemeinschaft oder in einer Wohngemeinschaft (WG). Das Merkmal ist nicht erfüllt, wenn von vornherein das Zusammenleben für Straftaten ausgenutzt werden soll.[427]

Allein relevant ist die **objektive Sachlage** zur **Zeit der Tat**, Irrtümer sind irrelevant.[428]

---

[422] Hierzu Koch GA 1962, 304.

[423] Fischer, StGB, 71. Aufl. 2024, § 247 Rn. 1a; aus der Rspr. vgl. RG U. v. 25.02.1896 – 5178/95 – RGSt 28, 230; BGH U. v. 26.07.1957 – 4 StR 257/57 – BGHSt 10, 400 = NJW 1957, 1933 (Anm. Mayer JZ 1958, 283); OLG Hamm U. v. 27.10.1959 – 1 Ss 1008/59 – NJW 1960, 834; BayObLG U. v. 23.02.1961 – RReg. 4 St 327/60 – NJW 1961, 1222; BGH U. v. 26.09.1962 – 4 StR 196/62 – BGHSt 18, 123 = NJW 1963, 307 (Anm. Mittelbach JR 1963, 189); BGH U. v. 12.07.1979 – 4 StR 204/79 – BGHSt 29, 54 = NJW 1979, 2055 (Anm. Geilen JK 1980 StGB § 247/1; Giemulla JA 1980, 63; Hassemer JuS 1980, 70); OLG Celle U. v. 09.07.1985 – 1 Ss 178/85 – NJW 1986, 733 (Anm. Hassemer JuS 1986, 486; Stree JR 1986, 386).

[424] Fischer, StGB, 71. Aufl. 2024, § 247 Rn. 1a; aus der Rspr. vgl. BGH B. v. 21.12.2016 – 3 StR 453/16 – NStZ-RR 2017, 211 (Anm. Jahn JuS 2017, 472; LL 2017, 620; RÜ 2017, 307; Laustetter/El-Ghazi jurisPR-StrafR 11/2017 Anm. 2).

[425] Aus der Rspr. vgl. LG Karlsruhe B. v. 22.08.2022 – 16 Qs 53/22 (Anm. Albrecht jurisPR-StrafR 17/2023 Anm. 4).

[426] Eisele, BT II, 6. Aufl. 2021, Rn. 298; aus der Rspr. vgl. BGH U. v. 12.07.1979 – 4 StR 204/79 – BGHSt 29, 54 = NJW 1979, 2055 (Anm. Geilen JK 1980 StGB § 247/1; Giemulla JA 1980, 63; Hassemer JuS 1980, 70); OLG Hamm B. v. 06.06.2003 – 2 Ss 367/03 – NStZ-RR 2004, 111; BGH U. v. 29.11.2007 – 4 StR 386/07 – NStZ-RR 2008, 83.

[427] Joecks/Jäger, StGB, 13. Aufl. 2021, § 247 Rn. 7; aus der Rspr. vgl. BGH U. v. 12.07.1979 – 4 StR 204/79 – BGHSt 29, 54 = NJW 1979, 2055 (Anm. Geilen JK 1980 StGB § 247/1; Giemulla JA 1980, 63; Hassemer JuS 1980, 70); BGH B. v. 17.07.1987 – 1 StR 327/87 – StV 1988, 386.

[428] H. M., Fischer, StGB, 71. Aufl. 2024, § 247 Rn. 4; aus der Rspr. vgl. BGH B. v. 21.12.2016 – 3 StR 453/16 – NStZ-RR 2017, 211 (Anm. Jahn JuS 2017, 472; LL 2017, 620; RÜ 2017, 307; Laustetter/El-Ghazi jurisPR-StrafR 11/2017 Anm. 2).

Wird während des Bestehens einer häuslichen Gemeinschaft von einem Angehörigen dieser Gemeinschaft ein Diebstahl gegen ein anderes Mitglied der Gemeinschaft begangen und wird aus diesem Grunde die Gemeinschaft **beendet**, so bleibt das Erfordernis der Stellung eines Strafantrages bestehen.[429]

Bei **Teilnahme** ist allein auf den jeweiligen Teilnehmer abzustellen.[430]

b) Diebstahl geringwertiger Sachen, § 248a StGB

§ 248a StGB[431] enthält ein eingeschränktes Strafantragserfordernis für Bagatelltaten, kein selbstständiges Delikt i.F.e. Privilegierung.[432]

> **§ 248a StGB (Diebstahl und Unterschlagung geringwertiger Sachen)**
> Der Diebstahl und die Unterschlagung geringwertiger Sachen werden in den Fällen der §§ 242 und 246 nur auf Antrag verfolgt, es sei denn, daß die Strafverfolgungsbehörde wegen des besonderen öffentlichen Interesses an der Strafverfolgung ein Einschreiten von Amts wegen für geboten hält.

Zur Auslegung der Geringwertigkeit der Sache s. o. bei § 243 II StGB.[433]

Die Norm gilt nur für § 242 StGB und ist i.F.d. §§ 243, 244 StGB nicht anzuwenden.[434]

8. Sonstiges

Der Versuch des Diebstahls ist nach § 242 II StGB strafbar.

---

[429] Hoyer, in: SK-StGB, 9. Aufl. 2019, § 247 Rn. 8; aus der Rspr. vgl. OLG Celle U. v. 09.07.1985 – 1 Ss 178/85 – NJW 1986, 733 (Anm. Hassemer JuS 1986, 486; Stree JR 1986, 386); OLG Hamm B. v. 12.08.1985 – 2 Ws 118/85 – NJW 1986, 734 (Anm. Hassemer JuS 1986, 486).

[430] Joecks/Jäger, StGB, 13. Aufl. 2021, § 247 Rn. 10; aus der Rspr. vgl. BGH U. v. 07.08.2003 – 3 StR 137/03 – BGHSt 48, 322 = NJW 2003, 3283 = NStZ 2004, 37 = StV 2003, 612 (Anm. RÜ 2003, 500; RA 2003, 706; Otto JK 2004 StGB § 253/9 und 10; LL 2004, 37; Kühl NStZ 2004, 387; Swoboda NStZ 2005, 476).

[431] Hierzu Dencker JZ 1973, 144.

[432] Hoyer, in: SK-StGB, 9. Aufl. 2019, § 248a Rn. 1; aus der Rspr. vgl. BVerfG B. v. 17.01.1979 – 2 BvL 12/77 – BVerfGE 50, 205 = NJW 1979, 1039; OLG Hamm U. v. 23.05.1978 – 5 Ss 581/78 – NJW 1979, 117.

[433] S. o. 6 b) cc).

[434] H. M., Fischer, StGB, 71. Aufl. 2024, § 248a Rn. 2; aus der Rspr. vgl. BGH U. v. 03.04.1975 – 4 StR 62/75 – BGHSt 26, 104 = NJW 1975, 1286 (Anm. Braunsteffer NJW 1975, 1570; Gribbohm NJW 1975, 2213); OLG Köln U. v. 20.09.1977 – Ss 514/77 – NJW 1978, 652 (Anm. Sonnen JA 1978, 467; Hruschka NJW 1978, 1338; Geilen JK 1979 StGB § 244 I Nr. 1/1; Kotz JuS 1982, 97); BGH B. v. 19.08.1983 – 1 StR 521/83.

II. Diebstahl mit Waffen; Bandendiebstahl; (schwerer) Wohnungseinbruchdiebstahl, § 244 StGB

▶ Didaktischer Aufsatz
- Zopfs, Examinatorium zu den Qualifikationstatbeständen des Diebstahls (§§ 244, 244a StGB), Jura 2007, 510

1. Allgemeines
§ 244 StGB stellt den Diebstahl mit Waffen, den Bandendiebstahl und den Wohnungseinbruchdiebstahl unter Strafe.[435]

> **§ 244 StGB (Diebstahl mit Waffen; Bandendiebstahl; Wohnungseinbruchdiebstahl)**
> (1) Mit Freiheitsstrafe von sechs Monaten bis zu zehn Jahren wird bestraft, wer
> 1. einen Diebstahl begeht, bei dem er oder ein anderer Beteiligter
> a) eine Waffe oder ein anderes gefährliches Werkzeug bei sich führt,
> b) sonst ein Werkzeug oder Mittel bei sich führt, um den Widerstand einer anderen Person durch Gewalt oder Drohung mit Gewalt zu verhindern oder zu überwinden,
> 2. als Mitglied einer Bande, die sich zur fortgesetzten Begehung von Raub oder Diebstahl verbunden hat, unter Mitwirkung eines anderen Bandenmitglieds stiehlt oder
> 3. einen Diebstahl begeht, bei dem er zur Ausführung der Tat in eine Wohnung einbricht, einsteigt, mit einem falschen Schlüssel oder einem anderen nicht zur ordnungsmäßigen Öffnung bestimmten Werkzeug eindringt oder sich in der Wohnung verborgen hält.
> (2) Der Versuch ist strafbar.
> (3) In minder schweren Fällen des Absatzes 1 Nummer 1 bis 3 ist die Strafe Freiheitsstrafe von drei Monaten bis zu fünf Jahren.
> (4) Betrifft der Wohnungseinbruchdiebstahl nach Absatz 1 Nummer 3 eine dauerhaft genutzte Privatwohnung, so ist die Strafe Freiheitsstrafe von einem Jahr bis zu zehn Jahren.

Es handelt sich um eine **Qualifikation** des Diebstahls nach § 242 StGB.[436] Soweit die Voraussetzungen des § 244 StGB vorliegen, wird der (einfache) Diebstahl im Wege der Spezialität verdrängt, und zwar auch dann, wenn ein besonders schwerer Fall nach § 243 StGB vorliegt.[437] In einer Fallbearbeitung gilt es, durch

---
[435] Hierzu Lesch GA 1999, 365; Zopfs Jura 2007, 510.
[436] Statt aller Joecks/Jäger, StGB, 13. Aufl. 2021, § 244 Rn. 1.
[437] Fischer, StGB, 71. Aufl. 2024, § 244 Rn. 64; aus der Rspr. vgl. zuletzt BGH U. v. 14.06.2017 – 2 StR 14/17 – NStZ-RR 2017, 340.

einen geeigneten Aufbau dafür zu sorgen, dass aufgrund Gesetzeskonkurrenz überflüssige Ausführungen zu § 243 StGB unterbleiben.

Gemeinsamer Verschärfungsgrund der Varianten (Nummern) des § 244 I, IV StGB ist die besondere Gefährlichkeit der Tatausführung für das Opfer und die darin zum Ausdruck kommende besondere Rücksichts- und Hemmungslosigkeit des Täters.[438]

Ein geringer Wert der Diebesbeute ist irrelevant für die Anwendung der Qualifikation; § 243 II StGB ist auch nicht analog anzuwenden.[439]

2. § 244 I StGB

a) § 244 I Nr. 1 lit. a StGB

▶ **Didaktische Aufsätze**
- Haft, Grundfälle zu Diebstahl und Raub mit Waffen, JuS 1988, 364
- Geppert, Zur „Scheinwaffe" und anderen Streitfragen zum „Bei-Sich-Führen" einer Waffe im Rahmen der §§ 244 und 250 StGB, Jura 1992, 496
- Geppert, Zum „Waffen"-Begriff, zum Begriff des „gefährlichen Werkzeugs", zur „Scheinwaffe" und zu anderen Problemen im Rahmen der neuen §§ 250 und 244 StGB, Jura 1999, 599
- Lanzrath/Fieberg, Waffen und (gefährliche) Werkzeuge im Strafrecht, Jura 2009, 348
- Ransiek, Waffen und Werkzeuge bei Diebstahl und Raub, JA 2018, 666
- Nestler, „Werkzeuge" im StGB, Jura 2023, 1134

aa) Aufbau
I. Tatbestand
  1. Objektiver Tatbestand
    a) Einen Diebstahl begeht
    b) Bei dem er oder ein anderer Beteiligter eine Waffe oder ein anderes gefährliches Werkzeug bei sich führt, § 244 I Nr. 1 lit. a StGB
      aa) Eine Waffe oder ein anderes gefährliches Werkzeug
      bb) Er oder ein anderer Beteiligter bei sich führt
  2. Subjektiver Tatbestand
II. Rechtswidrigkeit
III. Schuld
IV. Strafantrag, § 247 StGB

---

[438] Eisele, BT II, 6. Aufl. 2021, Rn. 168.
[439] Bosch, in: Schönke/Schröder, StGB, 30. Aufl. 2019, § 244 Rn. 1; näher Burkhardt JZ 1973, 110; Burkhardt NJW 1975, 1687; aus der Rspr. vgl. OLG Köln U. v. 20.09.1977 – Ss 514/77 – NJW 1978, 652 (Anm. Sonnen JA 1978, 467; Hruschka NJW 1978, 1338; Geilen JK 1979 StGB § 244 I Nr. 1/1; Kotz JuS 1982, 97).

bb) Allgemeines

Grund der Qualifikation in § 244 I Nr. 1 lit. a StGB[440] – vgl. auch z. B. die §§ 113 II 2 Nr. 1, 177 VII Nr. 1, 250 I Nr. 1 lit. a, II Nr. 1 StGB – ist die abstrakte Gefahr für Leib und Leben, die mit bei sich geführten Waffen oder gefährlichen Werkzeugen verbunden ist.[441]

cc) Tatbestand

(1) Objektiver Tatbestand

(a) Einen Diebstahl begeht
Zu § 242 I StGB s. o.

(b) Bei dem er oder ein anderer Beteiligter eine Waffe oder ein anderes gefährliches Werkzeug bei sich führt, § 244 I Nr. 1 lit. a StGB

(aa) Eine Waffe oder ein anderes gefährliches Werkzeug

(aaa) Waffe
Zum Begriff der Waffe s. schon bei § 224 I Nr. 2 StGB (Besonderer Teil – Nichtvermögensdelikte), allerdings genügt i.R.d. § 244 I Nr. 1 lit. a StGB das Beisichführen, sodass ein Einsatz der Waffe nicht erforderlich ist.
 Waffen sind solche Werkzeuge, die ihrer Natur nach dazu bestimmt sind, auf mechanischem oder chemischem Wege Verletzungen beizubringen.[442]
 Insbesondere ist der Katalog in § 1 II WaffenG anzuführen, es handelt sich aber um keine Akzessorietät.[443]
 Zu Messern und Pfefferspray s. bei § 224 I Nr. 2 StGB (Besonderer Teil – Nichtvermögensdelikte)
 Zu nennen sind ferner z. B. Tränengassprühdosen.[444]
 Auch **Gaspistolen** und -revolver und (missverständlich sog.) **Schreckschusspistolen** und -revolver sind erfasst, wenn ein Explosionsdruck oder Gas nach vorn

---

[440] Hierzu Theis MDR 1950, 328; Haft JuS 1988, 364; Geppert Jura 1992, 496; Geppert Jura 1999, 599; Küper FS Hanack 1999, 569; Küper GS Schlüchter 2002, 331; Lanzrath/Fieberg Jura 2009, 348; Ransiek JA 2018, 666.
[441] Kindhäuser/Hoven, in: NK-StGB, 6. Aufl. 2023, § 244 Rn. 3; aus der Rspr. vgl. zuletzt KG B. v. 22.10.2018 – (2) 161 Ss 59/18 (12/18) (Anm. Pschorr jurisPR-StrafR 4/2019 Anm. 4).
[442] Joecks/Jäger, StGB, 13. Aufl. 2021, § 244 Rn. 6.
[443] Fischer, StGB, 71. Aufl. 2024, § 244 Rn. 3.
[444] Fischer, StGB, 71. Aufl. 2024, § 244 Rn. 4; aus der Rspr. vgl. BGH U. v. 30.08.1968 – 4 StR 319/68 – BGHSt 22, 230 = NJW 1968, 2344; BGH B. v. 15.03.1983 – 1 StR 47/83 – StV 1983, 413; BGH U. v. 12.10.1999 – 1 StR 417/99 – NStZ 2000, 87 (Anm. Otto JK 2000 StGB § 228/2); BGH U. v. 12.10.2005 – 2 StR 298/05 – NJW 2006, 73 = NStZ 2006, 176 = StV 2006, 23.

durch den Lauf austritt.[445] Nicht erfasst sind Spielzeuge und Replikate. Der Grund für die Gleichbehandlung derartiger Gas- und Schreckschusswaffen liegt in dem Gefährlichkeitspotenzial zumindest bei Einsatz aus dichter Nähe; bei aufgesetzten Schüssen ist sogar eine tödliche Wirkung möglich.

Nur bei **einsatzfähigen** – v. a. also scharf **geladenen** und nicht defekten[446] – Waffen ist § 244 I Nr. 1 lit. a StGB anwendbar,[447] da nur dann die gegenüber einem bloßen Metallgegenstand o. Ä. erhöhte Gefährlichkeit gegeben ist, deren Erforderlichkeit sich auch daran ablesen lässt, dass die Norm Waffen als Unterfall der gefährlichen Werkzeuge einordnet. Dass § 42a WaffG auch bloße Anscheinswaffen verbietet, ist ohne Belang.

Gleichgestellt mit einer geladenen Waffe wird eine solche, die ohne Weiteres mit bereitliegender Munition geladen werden kann, allerdings ist problematisch, welcher noch zu betreibende Aufwand (vgl. ein kurzer Handgriff) die Grenze bildet; durchgeladen muss die Waffe jedenfalls noch nicht sein.[448]

Beispiel 95

BGH U. v. 20.10.1999 – 1 StR 429/99 – BGHSt 45, 249 = NJW 2000, 1050 = StV 2000, 77 (Anm. Geppert JK 2000 StGB § 250 II Nr. 1/2; LL 2000, 328; RÜ 2000, 69; RA 2000, 155; Hannich/Kudlich NJW 2000, 3475):

B überfiel eine Agentur. Er richtete eine nicht geladene Gaspistole, Kaliber 9 mm, bei der das Gas nach vorne austritt, in Magenhöhe und in einem Abstand von etwa 60 cm auf die dort anwesende Ehefrau des Inhabers (Z) und verlangte Geld. Ein mit sieben CS-Gaspatronen geladenes Magazin trug er in seiner Jackentasche bei sich. Infolge der Gegenwehr der Z kam es zu einer körperlichen Auseinandersetzung, in deren Verlauf B dieser auch mit der „rechten Faust, in der er die Pistole hielt, derart gegen die Brust" stieß, dass diese hingeschleudert wurde. B ergriff eine geschlossene, aber nicht verschlossene Geldkassette, in der er Geld oder andere Wertgegenstände vermutete, und flüchtete. Die Geschädigte erlitt eine blutende Verletzung am Ohr sowie Prellungen. ◄

Wenn ein schneller Griff in die Jackentasche genügt, um die Gaspistole mit dem Magazin zu laden, liegt eine Waffe i. S. d. § 244 I Nr. 1 lit. a StGB vor, auch wenn sie während der Tatausführung ungeladen bleibt.

---

[445] Ganz h. M., hierzu Eisele, BT II, 6. Aufl. 2021, Rn. 179; näher Matzke NStZ 2001, 406; aus der Rspr. vgl. zuletzt BGH B. v. 28.08.2018 – 5 StR 50/17 – BGHSt 63, 187 = NJW 2018, 3192 = NStZ 2019, 169 = StV 2020, 451 (Anm. Müller/Eisenberg JR 2019, 46); BGH U. v. 23.10.2019 – 2 StR 294/19 – NStZ 2020, 233; BGH U. v. 09.12.2021 – 4 StR 366/21 (Anm. RÜ 2022, 241).

[446] Zu einem nicht funktionsfähigen Messer BGH U. v. 11.03.2003 – 1 StR 507/02 – NStZ-RR 2003, 186 = StV 2003, 460 (Anm. RA 2003, 382); zu einem nicht funktionsfähigen Elektroschocker BGH B. v. 18.06.2015 – 4 StR 122/15 – NStZ-RR 2015, 310 = StV 2016, 644.

[447] Joecks/Jäger, StGB, 13. Aufl. 2021, § 244 Rn. 7; aus der Rspr. vgl. zuletzt BGH U. v. 11.04.2018 – 2 StR 436/17 – NStZ 2019, 612; BGH B. v. 16.01.2024 – 5 StR 451/23 – NStZ-RR 2024, 111.

[448] Fischer, StGB, 71. Aufl. 2024, § 244 Rn. 5; aus der Rspr. vgl. zuletzt BGH U. v. 15.08.2007 – 5 StR 216/07 – NStZ-RR 2007, 375; BGH B. v. 08.07.2008 – 3 StR 229/08 – NStZ-RR 2008, 342; BGH B. v. 09.02.2010 – 3 StR 17/10 – NStZ 2010, 390.

Eine ungeladene oder defekte Waffe kann immerhin u. U. als gefährliches Werkzeug einzustufen sein.[449]

Scheinwaffen – insbesondere Spielzeuge und Replikate – sind keine Waffen i. S. d. § 244 I Nr. 1 lit. a StGB, weil mit ihnen zwar ggf. getäuscht werden soll, sie aber keine objektive Gefährlichkeit aufweisen.[450]

Beispiel 96

BGH B. v. 23.04.1998 – 1 StR 180/98 – NJW 1998, 2914 = NStZ 1998, 462 = StV 1998, 422 (Anm. Otto JK 1999 StGB § 250/9; Mitsch JuS 1999, 640; Lesch StV 1999, 93):

B bedrohte bei zwei Überfällen die Bankangestellten mit einer „Pistole", weswegen die Wegnahme des Geldes geduldet wurde. Die „Pistolen" waren in beiden Fällen nicht echt, was die Opfer aber nicht erkannten. ◄

Beispiel 97

BGH B. v. 11.05.2011 – 2 StR 618/10 (grellbunte Spielzeugpistole) – NStZ 2011, 703 = StV 2011, 676 (Anm. Bosch JK 2011 StGB § 250 I Nr. 1 b/14; RA 2011, 589; Jahn JuS 2012, 84; LL 2012, 275):

B überfiel am 12.04.2010 eine Sparkasse, nachdem er für die Tatausführung unmittelbar zuvor aus der Auslage eines Drogeriemarktes eine Wasserpistole entnommen hatte. Die grellbunte Spielzeugpistole, die auch in ihrer Form einer echten Waffe nicht ähnelte, verbarg er in seiner Jackentasche. Nach Betreten der Sparkasse begab sich B zu dem Filialleiter und erklärte ihm, dass es sich um einen Banküberfall handele und er so schnell wie möglich so viel Geld wie möglich haben wolle. Zugleich deutete er an, mit einer Schusswaffe bewaffnet zu sein, indem er seine Hand in die Jackentasche steckte und mit der darin befindlichen Wasserpistole eine zielende Bewegung machte. Der Filialleiter, der den in der Jackentasche verborgenen Gegenstand nicht sehen konnte, aber befürchtete, dass es sich um eine echte Waffe handelte, ging mit ihm zum Kassenraum. Dort befanden sich zwei weitere Bankangestellte, die in B den Täter wiedererkannten,

---

[449] Eisele, BT II, 6. Aufl. 2021, Rn. 176; aus der Rspr. vgl. BGH U. v. 16.04.1953 – 4 StR 771/52 – BGHSt 4, 125 = NJW 1953, 952; BGH U. v. 13.10.1959 – 5 StR 377/59 – BGHSt 13, 259 = NJW 1959, 2222; BGH U. v. 17.03.1967 – 4 StR 33/67 – NJW 1967, 1238; BGH B. v. 22.12.1971 – 2 StR 609/71 – BGHSt 24, 276 = NJW 1972, 547 (Anm. Hassemer JuS 1972, 476; Küper NJW 1972, 1059); BGH U. v. 23.09.1975 – 1 StR 436/75 – NJW 1975, 2303 und NJW 1976, 248 (Anm. Hassemer JuS 1976, 334; Küper JuS 1976, 645); BGH B. v. 17.06.1998 – 2 StR 167/98 – BGHSt 44, 103 = NJW 1998, 2915 = NStZ 1998, 462 = StV 1998, 485 (Anm. Martin JuS 1998, 1166; Mitsch JuS 1999, 640); BGH B. v. 28.07.1998 – 4 StR 240/98.

[450] Hierzu Wittig, in: BeckOK-StGB, Stand 01.08.2024, § 244 Rn. 2ff.; näher Meister JZ 1952, 676; Braunsteffer NJW 1975, 623; Eser JZ 1981, 761 und 821; Hauf GA 1994, 319; Kudlich JR 1998, 357; Godendorff NStZ 2018, 321; aus der Rspr. vgl. zuletzt BGH B. v. 28.08.2018 – 5 StR 50/17 – BGHSt 63, 187 = NJW 2018, 3192 = NStZ 2019, 169 = StV 2020, 451 (Anm. Müller/Eisenberg JR 2019, 46).

der sie bei einem früheren Überfall im Vorjahr bereits mit einer echt aussehenden Pistole bedroht hatte. Sie sahen, dass B mit einem in seiner Jackentasche verborgenen Gegenstand drohte, und gingen davon aus, dass er eine echte Schusswaffe mit sich führe. Daraufhin erhielt B Bargeld in Höhe von 2490 € ausgehändigt. ◄

Umstände, die zwar eine konkrete Gefährlichkeit ausschließen, aber nichts mit dem vom Täter bei sich geführten Gegenstand zu tun haben, bleiben außer Betracht[451]; unbeachtlich ist also z. B. ob das Tatopfer durch eine **Panzerglasscheibe** vor einem Einsatz einer Waffe geschützt wäre.

(bbb) Anderes gefährliches Werkzeug

▶ **Didaktische Aufsätze**
- Krüger, Neue Rechtsprechung zum „Beisichführen eines gefährlichen Werkzeugs" in §§ 244 I Nr. 1a, 250 I Nr. 1a StGB, Jura 2001, 766
- Krüger, Neues vom „gefährlichen Werkzeug" in § 244 StGB, JA 2009, 190
- Rönnau, Das „mitgeführte" gefährliche Werkzeug, JuS 2012, 117
- Nestler, „Werkzeuge" im StGB, Jura 2023, 1134

Was unter einem bei sich geführten anderen gefährlichen Werkzeug i. S. d. § 244 I Nr. 1 lit. a StGB zu verstehen ist, ist seit der Formulierung der jetzt geltenden Tatbestandsfassung im Jahr 1998 umstritten.[452]

Beispiel 98

BayObLG B. v. 12.04.2000 – 5 St RR 206/99 – NStZ-RR 2001, 202 = StV 2001, 17 (Anm. Kühl, Höchstrichterliche Rspr. BT, 2002, Nr. 50; Geppert JK

---

[451] Bosch, in: Schönke/Schröder, StGB, 30. Aufl. 2019, § 244 Rn. 3a; aus der Rspr. vgl. BGH B. v. 03.12.1998 – 4 StR 380/98 – StV 1999, 151; BGH B. v. 26.02.1999 – 3 ARs 1/99 – NStZ 1999, 301; BGH U. v. 18.02.2010 – 3 StR 556/09 – NStZ 2011, 158 = StV 2010, 628 (Anm. Bachmann/Goeck Jura 2010, 922; RÜ 2010, 373; RA 2010, 365; Satzger JK 2011 StGB § 250 II Nr. 1/11; Hecker JuS 2011, 565).

[452] Hierzu Hillenkamp/Cornelius, 40 Probleme aus dem Strafrecht BT, 13. Aufl. 2020, 26. Problem; Schlothauer StV 1998, 505; Küper JZ 1999, 187; Krüger Jura 2001, 766; Maatsch GA 2001, 75; Streng GA 2001, 359; Küper GS Schlüchter 2002, 331; Krüger JA 2009, 190; Jesse NStZ 2009, 364; Rengier FS Schöch 2010, 549; Rönnau JuS 2012, 117; Sickor ZStW 2013, 788; Erb FS Fischer 2018, 301; zur Entwicklungsgeschichte Zopfs GA 2018, 389; aus der Rspr. vgl. zuletzt OLG Nürnberg U. v. 15.10.2018 – 1 OLG 8 Ss 183/18 (Seitenschneider) – StV 2020, 250; BGH B. v. 12.01.2021 – 1 StR 347/20 (Zimmermannshammer) – NStZ-RR 2021, 107; BGH U. v. 20.06.2023 – 5 StR 67/23 (Schraubendreher) – NStZ 2023, 733 (Anm. Kudlich JA 2023, 781; RÜ 2023, 712; Seel NStZ 2023, 734); BGH U. v. 22.06.2023 – 4 StR 481/22 (Anm. Bosch Jura 2023, 1227; RÜ 2024, 83; Birner HRRS 2024, 134); BGH U. v. 14.03.2024 – 4 StR 354/23 (Brechstange) (Anm. Kudlich JA 2024, 961); BGH U. v. 03.07.2024 – 5 StR 535/23 (Einbruchswerkzeuge) (Anm. Pschorr jurisPR-StrafR 17/2024 Anm. 2).

2001 StGB § 244 I Nr. 1a/1; famos 6/2001; Kindhäuser/Wallau StV 2001, 18; Erb JR 2001, 206):

B hatte bei einem Diebstahl am 28.07.1998 „ein kleines zusammengeklapptes normales Taschenmesser in der Hosentasche". ◄

Beispiel 99

BGH B. v. 21.07.2012 – 5 StR 286/12 (Schraubendreher) – NStZ 2012, 571 (Anm. Kudlich JA 2012, 792):

B hebelte mit zwei mitgebrachten Schraubendrehern ein Fenster auf, um in die Geschäftsräume einer Firma zu gelangen, aus denen er eine LED-Lampe entwendete. Kurze Zeit später begab er sich zu den Geschäftsräumen einer weiteren Firma und schlug zwei Glasschiebetüren zum Lagerraum ein oder hebelte sie auf. Er trug anschließend einen Wandtresor mit über 7000 € hinaus, wobei er die verwendeten Schraubendreher gebrauchsbereit bei sich führte. ◄

Beispiel 100

OLG Schleswig U. v. 16.06.2003 – 1 Ss 41/03 (Teppichmesser) – NStZ 2004, 212 = StV 2004, 380 (Anm. Geppert JK 2004 StGB § 244 I Nr. 1a/3; RÜ 2004, 252; RA 2004, 356; Hardtung StV 2004, 399):

B begab sich auf der Suche nach stehlenswerten Sachen zu dem Ladengeschäft der Firma Q. Er wollte dort ein Gerät entwenden, das sich besonders gut zu Geld machen ließ. Er entschied sich für einen in der Auslage ausgestellten DVD-Player im Werte von ca. 306 €. Da dieses Gerät mit einem Kabel an das Stromnetz angeschlossen war, zog er das zuvor entwendete Teppichmesser aus seiner Kleidung und schnitt das Kabel durch, nahm den DVD-Player und verließ das Geschäft, ohne das mitgenommene Gerät zu bezahlen. Nach dem Verlassen des Geschäfts wurde B von einem Detektiv angesprochen, und nachdem er den DVD-Player zurückgegeben hatte bis zum Eintreffen der Polizei festgehalten. Bei dem von B mitgenommenen Teppichmesser handelte es sich um ein Gerät mit einer schwarzen Plastikummantelung. Mittels eines Schiebers kann die in einer Führung befindliche Klinge ausgefahren werden. Die Klinge hat eine Gesamtlänge von 8 cm und ist nur einseitig geschliffen. Die Klinge ist in 8 Segmente aufgeteilt, sodass die biegsame Klinge bei zu großem Druck oder Verkantung bricht. ◄

Beispiel 101

KG B. v. 02.12.2013 – (4) 161 Ss 208/13 (252/13) (Zange) – StV 2015, 122:

Die beiden eng befreundeten B1 und B2, die sich besuchsweise in Berlin aufhielten und am Abend gemeinsam eine Diskothek besuchen wollten, begaben sich am 05.01.2013 in die Geschäftsräume der Firma K. in Berlin, um Garderobe für sich zu kaufen. Sie wählten einige Kleidungsstücke aus den Auslagen und nahmen sie mit in eine Umkleidekabine, um sie anzuprobieren. Im Rahmen der Anprobe fanden beide Gefallen an mehreren der ausgewählten Kleidungsstücke, mussten jedoch feststellen, dass sie für deren Erwerb nicht genügend Geld hatten.

Sie fassten daher den gemeinsamen Entschluss, die Kleidungsstücke zu entwenden, an welchen sie Gefallen gefunden hatten. Ihnen war dabei klar, dass die Waren gesichert waren und sie die Sicherungs- und die Preisetiketten entfernen mussten. Gemeinschaftlich durchsuchten sie ihre mitgeführten Taschen nach Gegenständen, welche sie zum Zwecke der Entfernung der Sicherungs- und Preisetiketten benutzen könnten. In der Tasche der B1, die diese nur selten benutzt, wurden sie fündig. In der Innentasche, welche durch einen Reißverschluss gesondert verschlossen war, fanden sie zwei Zangen. Beide Zangen haben eine Mindestlänge von 15 cm bzw. 20 cm, wobei eine der beiden Zangen kleiner und kompakter, mithin deutlich schwerer als die andere ist, welche wiederum eine ca. 5 cm lange, spitz zulaufende Kneiffläche hat. Mit einer dieser beiden Zangen entfernten sie die Sicherungs- und die Preisetiketten und verstauten die jeweils für sich ausgewählten Kleidungsstücke in den mitgeführten Taschen, um diese für sich zu behalten, ohne sie zu bezahlen. B1 steckte anschließend die Zangen im Beisein der B2 wieder in ihre Tasche, wobei sie diese wissentlich nicht mehr in der verschließbaren Innentasche, wo sie diese zuvor aufgefunden hatte, verstaute, sondern lose und griffbereit in die Tasche steckte. B1 steckte zwei Kleider und eine Jacke zum Gesamtverkaufspreis von 319,85 € in ihre Tasche und B2 drei Kleider und eine Jacke zum Gesamtverkaufspreis von 469,80 €. Die abgetrennten Sicherungs- und Preisetiketten steckten B1 und B2 in ein Kleidungsstück, welches sie zurück auf den Kleiderständer taten. Dann begaben sie sich zum Ausgang der Filiale, wo sie von einem Ladendetektiv angesprochen wurden. ◄

Handelt es sich in den vorstehenden Fällen bei dem Messer, dem Schraubenzieher oder den Zangen jeweils um gefährliche Werkzeuge?

Wurzel der Problematik ist, dass nach **Vorstellung des Gesetzgebers** sich die Auslegung des § 244 I Nr. 1 lit. a 2. Var. StGB an § 224 I Nr. 2 StGB orientieren sollte,[453] wobei aber verkannt wurde, dass sich die Auslegung des Begriffs in § 224 I Nr. 2 StGB daran ausrichtet, dass das Werkzeug tatsächlich zu einer Körperverletzung eingesetzt wird. Dass dann im Ausgangspunkt jeder Gegenstand zu einem gefährlichen Werkzeug werden kann, ist im Hinblick auf die geschützte körperliche Unversehrtheit sachgerecht. Bei § 244 I Nr. 1 lit. a StGB hingegen muss es überhaupt nicht zu einem Gebrauch des Werkzeugs kommen – weder gegen Sachen noch gegen Menschen –, es genügt das Beisichführen. Das sich aber bei entsprechendem missbräuchlichen Einsatz fast jeder Gegenstand, den man – auch ganz sozialadäquat und ohne deliktischen Planungsbezug – bei sich führt, zu einer Verletzung einsetzen lässt (mit Schuhen kann man treten, mit Krawatten würgen, mit Kugelschreibern in ein Auge stechen usw., ganz zu schweigen von allerlei Utensilien in Werkzeuggürteln oder Handtaschen), würde uferlos fast jeder (auch bagatellhafte Laden-) Diebstahl qualifiziert – ein absurdes Ergebnis, zumal auch die Vereinbarkeit mit dem Wortlaut des gefährlichen Werkzeugs sehr zweifelhaft wäre. Zur Vermeidung

---

[453] BT-Drs. 13/09064, S. 18.

einer Ausuferung der Strafbarkeit haben sich in Rspr. und Literatur unterschiedliche Restriktionsansätze herausgebildet.

Eine subjektivierende Auffassung[454] fordert einen Verwendungswillen wie bei § 244 I Nr. 1 lit. b StGB oder zumindest einen Verwendungsvorbehalt des Täters, da eine objektive Bestimmung der Gefährlichkeit des Werkzeugs nicht möglich sei.

Die wohl herrschende Lehre zieht objektive Kriterien zur Unterscheidung des gefährlichen Werkzeugs i. S. d. § 244 I Nr. 1 lit. a 2. Var. StGB von der Waffe und dem sonstigen Werkzeug heran.[455] Danach muss das Werkzeug typischerweise und erfahrungsgemäß geeignet sein, erhebliche Verletzungen herbeizuführen.[456]

Dabei herrscht wiederum Uneinigkeit, wo die objektive Grenze zu ziehen ist.

Nach einer sehr restriktiven Ansicht ist eine Sache ein gefährliches Werkzeug, wenn sie nicht frei verfügbar ist, sie also einem gesetzlichen Verbot unterliegt.[457]

Von anderer Seite wird auf die Waffenersatzfunktion des Gegenstands abgestellt.[458] Dabei entfalle die waffenähnliche Gefährlichkeit bei neutraler Gebrauchsfunktion, also insbesondere bei Alltagsgegenständen, die sozialtypisch mitgeführt werden.[459]

Eine sehr weit verbreitete Auffassung verlangt eine waffenähnliche Beschaffenheit des Werkzeuges, es müsste ein objektiver Dritter in der konkreten Situation zu dem Schluss kommen, dass der Gegenstand nur als Angriffs- oder Verteidigungsmittel mitgeführt wird.[460]

In der Rspr. werden sowohl subjektive als auch objektive Ansätze vertreten.[461]

Der BGH hat sich zuletzt der objektiven Begriffsbestimmung zugewandt[462] und dabei anerkannt, dass aufgrund der missglückten Fassung des Tatbestands eine Restriktion stets nur durch Einzelfallentscheidungen möglich ist.

Jedenfalls abzulehnen ist eine subjektive Restriktion, da schon der Umkehrschluss zu § 244 I Nr. 1 lit. b StGB zeigt, dass die Gefährlichkeit allein objektiv zu bestimmen ist. Hinzu kommt der ersichtlich objektiv-einschränkend formulierte Wortlaut.

In einer Fallbearbeitung lassen sich insbesondere zwei objektive Restriktionen zielführend anwenden, nämlich erstens die **Waffenersatzfunktion** und zweitens die **Sozialadäquanz**.[463]

---

[454] Kasiske HRRS 2008, 378.
[455] Zsf. Fischer, StGB, 71. Aufl. 2024, § 244 Rn. 20.
[456] Schmitz, in: MK-StGB, 4. Aufl. 2021, § 244 Rn. 14.
[457] Lesch JA 1999, 365 (375).
[458] Wittig, in: BeckOK-StGB, Stand 01.08.2024, § 244 Rn. 8.
[459] Schmitz, in: MK-StGB, 4. Aufl. 2021, § 244 Rn. 17ff.; Fischer, StGB, 71. Aufl. 2024, § 244 Rn. 24; Wittig, in: BeckOK-StGB, Stand 01.08.2024, § 244 Rn. 8.2.
[460] Schmitz, in: MK-StGB, 4. Aufl. 2021, § 244 Rn. 17ff.; Bosch, in: Schönke/Schröder, StGB, 30. Aufl. 2019, § 244 Rn. 5a; Kindhäuser/Hoven, in: NK-StGB, 6. Aufl. 2023, § 244 Rn. 13ff.
[461] S. Nachweise bei Fischer, StGB, 71. Aufl. 2024, § 244 Rn. 19ff.; Kasiske HRRS 2008, 378 (378f.).
[462] BGH U. v. 03.06.2008 – 3 StR 246/07 – BGHSt 52, 257; vgl. auch die Darstellung zur Entwicklung der Ansichten zwischen den Senaten bei Kasiske HRRS 2008, 378 (379).
[463] Vgl. Eisele, BT II, 6. Aufl. 2021, Rn. 198f.

Zu Ersterem: Je stärker die Verletzungsgefahr im Falle eines Einsatzes ist, umso eher ist ein gefährliches Werkzeug anzunehmen. Bei nicht ganz unerheblich scharfen oder spitzen Gegenständen (z. B. Messern, Teppichmessern, Schraubenziehern) – auch bei moderater Klingenlänge o. Ä. – lässt sich insofern die Waffenersatzfunktion kaum leugnen, ebenso bei Gegenständen, die naheliegenderweise als Schlagwerkzeug einsetzbar sind (nicht nur z. B. Knüppel, sondern z. B. auch schwere Einbruchswerkzeuge wie Bolzenschneider). Jedenfalls angesichts nie ganz ausschließbarer Eskalation der Geschehnisse ist der Grund für die Schaffung dieser Qualifikation einschlägig. Anders liegt es zum einen bei Gegenständen, an deren Einsatz nur mit einiger Phantasie zu denken ist, zum anderen bei Gegenständen, deren Einsatzgefährlichkeit im Hinblick auf Lebens- und Leibesgefahren nicht wesentlich über dem Einsatz des bloßen Körpers durch den Täter liegt, wenn der Täter es gegen einen Menschen verwendet.

Zu Letzterem: Soweit das Beisichführen gewisser Gegenstände, die sehr wohl objektiv eine waffenähnliche Gefährlichkeit aufweisen, sozialadäquat ist, d. h. üblich und gesellschaftlich akzeptiert, sollte man § 244 I Nr. 1 lit. a StGB teleologisch reduzieren, zumindest soweit sich der Gegenstand in einer Hosentasche, in einem Rucksack o. Ä. befindet. Betroffen sind v. a. handelsübliche Taschenmesser in durchschnittlicher Größe. Bisweilen mag auch der Vorsatz des Täters bzgl. des Beisichführens des Werkzeugs fehlen, wenn er es gewohnheitsmäßig bei sich führt. Setzt der Täter das Messer zur Erleichterung des Diebstahls ein, um z. B. Sicherungsetiketten abzuschneiden oder Verpackungen zu lösen, so ist angesichts des abstrakten Risikos, dass der Täter das so ergriffene Messer dann auch gegen Menschen einsetzt, hingegen eine Anwendbarkeit der Qualifikation zu bejahen. Für die schuldangemessene Behandlung von Härtefällen sind die Möglichkeiten des Sanktionen- und des Strafprozessrechts auszuschöpfen, insbesondere § 244 III StGB. Letztlich ist der Gesetzgeber aufgerufen, Abhilfe zur schaffen.

Ein weiterer Grenzfall sind Gegenstände, die zur **Fesselung** oder **Knebelung** dienen (können).[464]

Beispiel 102

BGH B. v. 04.09.1998 – 2 StR 390/98 – NStZ-RR 1999, 15 = StV 1999, 91:

---

[464] Hierzu Bosch, in: Schönke/Schröder, StGB, 30. Aufl. 2019, § 244 Rn. 5; aus der Rspr. vgl. BGH U. v. 19.04.1989 – 2 StR 97/89 – NJW 1989, 2549 (Anm. Geppert JK 1989 StGB § 250/5; Hillenkamp JuS 1990, 454); BGH U. v. 06.10.1992 – 1 StR 554/92 – NJW 1993, 945 = NStZ 1993, 79; BGH U. v. 01.09.1994 – 4 StR 366/94; BGH B. v. 03.04.2002 – 1 ARs 5/02 – NStZ-RR 2002, 265; BGH B. v. 17.06.2003 – 3 StR 177/03 – NStZ-RR 2003, 328; BGH U. v. 15.10.2003 – 2 StR 283/03 – BGHSt 48, 365 = NJW 2004, 528 = NStZ 2004, 152 = StV 2004, 378 (Anm. Geppert JK 2004 StGB § 249/9; Baier JA 2004, 431; Martin JuS 2004, 447; LL 2004, 250; RÜ 2004, 81; RA 2004, 128; famos 3/2004; Walter NStZ 2004, 153; Walter NStZ 2004, 623; Gössel JR 2004, 254; Otto JZ 2004, 364); BGH U. v. 18.01.2007 – 4 StR 394/06 – NStZ 2007, 332 = StV 2007, 186 (Anm. Satzger JK 2007 StGB § 250 I Nr. 1b/11; Bosch JA 2007, 468; Jahn JuS 2007, 583; RÜ 2007, 198; RA 2007, 221; famos 4/2007; Kudlich JR 2007, 381).

A. Diebstahl, §§ 242–244a StGB

B1 und B2 überfielen am 11.11.1997 einen Lidl-Markt unter Mitnahme einer (nicht geladenen) Gas- bzw. Schreckschusspistole und einer Rolle Plastikklebeband. Sie bedrohten Z mit der Pistole, dirigierten sie zum Büroraum und erzwangen die Herausgabe der Tresorschlüssel. Anschließend fesselten sie Z mit dem Klebeband an einen Stuhl, öffneten den Tresor, entnahmen 26.910 DM, liefen weg und teilten die Beute. ◄

Ist das Plastikklebeband ein gefährliches Werkzeug?

Angesichts §§ 244 I Nr. 1 lit. b und 250 II Nr. 1, I Nr. 1 lit. b StGB besteht kein Bedürfnis dafür, dem Fesselungsgegenstand den Charakter abstrakter Gefährlichkeit zuzuschreiben, zumal die Einwirkung auf die körperliche Unversehrtheit bei einer Fesselung und Knebelung vergleichsweise wenig intensiv ist.

(c) Er oder ein anderer Beteiligter bei sich führt

(aa) Allgemeines
Der Täter führt die Waffe oder das andere gefährliche Werkzeug bei sich,[465] wenn er sie bzw. es bewusst zu irgendeinem Zeitpunkt während der Tat (zumindest vorübergehend) gebrauchsbereit bei sich hat.[466]

Es genügt, wenn die Waffe etc. so zur Verfügung steht, dass der Täter jederzeit auf sie zugreifen und sich ihrer bedienen kann; das ist dann der Fall, wenn die Waffe etc. sich in Griffweite befindet, d. h. ohne nennenswerten Zeitaufwand erreichbar ist. Der Täter muss die Waffe etc. weder in der Hand halten noch direkt am Körper tragen.

Beispiel 103

OLG Braunschweig B. v. 21.02.2002 – 1 Ss (S) 68/01 – NJW 2002, 1735 (Anm. Müller JA 2002, 928; Martin JuS 2002, 820; LL 2002, 609; RÜ 2002, 315; RA 2002, 349):
B entwendete am 24.04.2001 aus einem Kaufhaus in Braunschweig drei Herrenhosen im Gesamtwert von 469,85 DM in einer extra zu diesem Zweck so präparierten Plastiktasche, dass die Sicherungsetiketten beim Passieren der Sicherungsschranke keinen Alarm auslösten. Während dieser Tatausführung trug B in der linken Hosentasche seiner Bekleidung ein Taschenmesser mit einer Klingenlänge von ca. 8 cm bei sich. ◄

---

[465] S. auch das Mit-sich-Führen nach § 30a II Nr. 2 BtMG und die dazu ergangene Rspr.
[466] Fischer, StGB, 71. Aufl. 2024, § 244 Rn. 27, 31; aus der Rspr. vgl. zuletzt BGH B. v. 23.04.2020 – 1 StR 99/20 – StV 2021, 452; BGH B. v. 12.05.2020 – 5 StR 111/20 – NStZ 2020, 555; OLG Braunschweig B. v. 18.08.2021 – 1 Ss 41/21 – StV 2022, 29 und 455; BGH B. v. 03.02.2021 – 4 StR 263/20 – NStZ 2022, 100 = StV 2022, 233; BGH B. v. 29.07.2021 – 3 StR 445/20 – NStZ 2022, 303 = StV 2022, 563 (Anm. Patzak NStZ 2022, 306); BGH U. v. 17.08.2023 – 4 StR 29/23 – NStZ-RR 2023, 371; OLG Zweibrücken U. v. 11.09.2023 – 1 ORs 4 Ss 18/23 – NStZ 2024, 237.

Beispiel 104

OLG Naumburg U. v. 19.05.2011 – 1 Ss 10/11 (Anm. RÜ 2012, 668; Paster jurisPR-StrafR 3/2012 Anm. 2):

Am 30.06.2008 ereignete sich gegen 18:00 Uhr auf der Bundesautobahn in Fahrtrichtung M. ein Verkehrsunfall, an dem unter anderem ein mit Waschmitteln und Reinigungsprodukten beladener Lastkraftwagen beteiligt war. Die ab 22:00 Uhr als Polizeibeamte zur Sicherung der Unfallstelle eingesetzten B1 und B2 beluden anlässlich ihres Einsatzes, einvernehmlich handelnd und die Handlungen des jeweils anderen billigend, noch an der Unfallstelle, aber auch noch nach der Verbringung des Aufliegers auf den Hof des Bergeunternehmens, den Kofferraum ihres Dienstwagens mit aus dem Unfallereignis herrührenden, nicht freigegebenen Reinigungs- und Waschmittelprodukten im Warenwert von 677,00 €, um diese für sich bzw. ihre Kollegen zu verwenden. Während ihres routinemäßigen, ohne besondere Vorkommnisse verlaufenden Einsatzes trugen die nicht als besonders vergesslich geltenden und nicht durch besondere persönliche Umstände belasteten B1 und B2 gemäß der für sie geltenden Dienstanweisung ihre geladenen und schussbereiten Dienstwaffen – Sig Sauer P 225 – im Halfter bei sich. ◄

Bei einem Messer in der Hosentasche und einer Pistole im Halfter ist ein gebrauchsbereites Dabeihaben während der Tatausführung gegeben. Eine andere Frage ist das Bewusstsein dessen.

Allerdings dürfen einem etwaigen Einsatz auch nicht allzu viele Mühen entgegenstehen, zu überbrückende Entfernungen dürfen nicht zu groß sein.

Beispiel 105

BayObLG B. v. 25.02.1999 – 5 St RR 240/98 – NJW 1999, 2535 = NStZ 1999, 460 = StV 1999, 383 (Anm. LL 1999, 667):

B entwendete am 08.06.1998 im Ladengeschäft der Firma S in N. Waren im Werte von DM 36,06. Dabei trug B einen verschlossenen Rucksack, in dem sich ein Stiefelmesser mit einer Klingenlänge von ca. 8,5 cm befand, welches B immer mit sich führte, da er viel mit dem Fahrrad fuhr und das Messer zu eventuellen Reparaturen benötigte. ◄

B hätte den Rucksack erst abnehmen, öffnen und wahrscheinlich durchsuchen müssen, um an das Stiefelmesser zu gelangen. Das Beisichführen ist zu verneinen.

Beispiel 106

BGH U. v. 10.08.1982 – 1 StR 416/82 – BGHSt 31, 105 = NJW 1982, 2784 = NStZ 1982, 508 = StV 1982, 525 (Anm. Hassemer JuS 1983, 312; Kühl JR 1983, 425; Hruschka JZ 1983, 217):

B beging einen Raubüberfall. Dabei verblieb der geladene Gasrevolver in dem etwa 200 m vom späteren Tatort in einer Parallelstraße abgestellten Kraftwagen, weil B sich geweigert hatte, die Waffe bei dem Überfall auf den Kassenboten zu verwenden. B und seine beiden Tatgenossen begaben sich zum Tatort. Nach dem missglückten Überfall flohen sie mit dem Wagen, in dem sich die Waffe befand. ◄

Erst recht kann man nicht mehr von einem Beisichführen sprechen, wenn der Gasrevolver 200 m vom Tatort entfernt im abgestellten Wagen liegt. Da die Tat nicht zur Vollendung gelangt ist, stellt sich auch die Frage der sukzessiven Qualifikation im Beendigungsstadium nicht (s. weiter u.).

An einer eigenen Sachherrschaft oder doch am diesbzgl. Bewusstsein des Täters fehlt es insbesondere, wenn sich die Waffe etc. **bloß am Tatort befindet**.[467]

Nur bewegliche Sachen kann ein Täter bei sich führen.[468]

In Mehrpersonenkonstellationen ist zu beachten, dass es schon nach dem Wortlaut der Norm genügt, wenn ein **anderer Beteiligter** die Waffe etc. bei sich führt und der Täter dies weiß, sodass es auf eine Zurechnung nach § 25 II StGB nicht ankommt.[469]

Ob das **Opfer Kenntnis** davon hat, dass der Täter eine Waffe etc. bei sich führt, ist **irrelevant**.[470]

Wirft der Täter die Waffe etc. während der Tat weg, so ist zwar an sich an einen Teilrücktritt zu denken, allerdings ist das Qualifikationsmerkmal mit einer juristischen Sekunde des Beisichführens zwischen Versuch und Vollendung bereits vollendet, sodass sich durch ein Wegwerfen der Waffe etc. nichts an der einmal eingetretenen Strafbarkeit nach § 244 I Nr. 1 lit. a StGB ändert.[471]

Beispiel 107

BGH U. v. 23.08.1983 – 5 StR 408/83 – NStZ 1984, 216 = StV 1984, 73 (Anm. Geppert JK 1984 StGB § 250 I/3; Zaczyk NStZ 1984, 217; Streng JZ 1984, 652):

---

[467] Kindhäuser/Hilgendorf, LPK, 9. Aufl. 2022, § 244 Rn. 16; aus der Rspr. vgl. zuletzt BGH B. v. 26.11.2013 – 3 StR 261/13 – NStZ-RR 2014, 110.

[468] Fischer, StGB, 71. Aufl. 2024, § 244 Rn. 27; aus der Rspr. vgl. BGH U. v. 15.11.2007 – 4 StR 435/07 – BGHSt 52, 89 = NJW 2008, 386 = NStZ 2008, 286 (Anm. von Heintschel-Heinegg JA 2008, 308; Magnus JR 2008, 410).

[469] Schmitz, in: MK-StGB, 4. Aufl. 2021, § 244 Rn. 26; anders ist dies (strittig) z. B. bei § 30a II Nr. 2 BtMG, § 177 III StGB; aus der Rspr. vgl. BGH U. v. 02.10.1952 – 5 StR 623/52 – BGHSt 3, 229 = NJW 1953, 32; BGH B. v. 11.11.1976 – 3 StR 333/76 – BGHSt 27, 56 = NJW 1977, 304; BGH U. v. 14.01.1997 – 1 StR 580/96 – BGHSt 42, 368 = NJW 1997, 1083 = NStZ 1997, 244 = StV 1997, 189; BGH Vorlageb. v. 14.12.2001 – 3 StR 369/01 – NJW 2002, 1437 = NStZ 2002, 440 und 600 = StV 2002, 486; BGH B. v. 27.09.2002 – 5 StR 117/02 – NStZ-RR 2003, 12 = StV 2003, 26 (Anm. Geppert JK 2003 StGB § 244 I Nr. 1a/2).

[470] Heger, in: Lackner/Kühl/Heger, StGB, 30. Aufl. 2023, § 250 Rn. 2; aus der Rspr. vgl. BGH B. v. 08.11.2011 – 3 StR 316/11 – NStZ 2012, 389 = StV 2012, 153 (Anm. Jäger JA 2012, 307; Bohnhorst ZJS 2012, 835; LL 2012, 193; RÜ 2012, 22; RA 2012, 48); BGH B. v. 21.10.2014 – 4 StR 351/14 – NStZ-RR 2015, 13 = StV 2015, 679 (Anm. RÜ 2015, 105).

[471] H. M., s. Eisele, BT II, 6. Aufl. 2021, Rn. 185; aus der Rspr. vgl. BGH U. v. 13.02.1985 – 3 StR 481/84 – BGHSt 33, 142 = NJW 1985, 1788 = NStZ 1985, 358 (Anm. Streng NStZ 1985, 359); BGH U. v. 04.04.2007 – 2 StR 34/07 – BGHSt 51, 276 = NJW 2007, 1699 = NStZ 2007, 468 (Anm. von Heintschel-Heinegg JA 2007, 656; RA 2007, 607; Schroeder JR 2007, 481; Streng JZ 2007, 1089); BGH U. v. 27.04.2007 – 2 StR 523/06 – NStZ 2007, 655 = StV 2007, 453.

B führte bei mehreren Telefongesprächen mit der E.-Mineralölvertrieb GmbH, dem Telefongespräch mit dem Geldüberbringer, beim Befestigen des Zettels an dem Verkehrsschild und beim Warten in der Nähe des von ihm ausgewählten Übergabeortes einen Trommelrevolver Smith & Wesson und eine Parabellum-Pistole nebst Munition bei sich. Plötzlich durchfuhr ihn ein „ekliges Gefühl". Er warf die Waffen fort, um seinen Tatplan nicht mehr mit ihrer Hilfe zu verwirklichen. Im Übrigen wollte er aber nach wie vor in den Besitz des Geldes gelangen. Nur mit den Waffen wollte er nichts mehr zu tun haben. ◀

Insofern ist B durch das Fortwerfen der Waffen nicht zumindest von § 244 I Nr. 1 lit. a StGB zurückgetreten.

(bb) Beisichführen vor Versuchsbeginn (?)
Ein Beisichführen **vor Versuchsbeginn** (z. B. bei einer Fahrt zum Tatort) ist irrelevant, da dies noch nicht „bei" einem Diebstahl geschieht.[472]

(cc) Beisichführen aufgrund oder nach Vollendung (?)
§ 244 I Nr. 1 lit. a StGB greift auch dann ein, wenn ein vor Vollendung **vorgefundener Gegenstand ergriffen** wird.[473]

Beispiel 108

BGH U. v. 19.04.1989 – 2 StR 97/89 – NJW 1989, 2549 (Anm. Geppert JK 1989 StGB § 250/5; Hillenkamp JuS 1990, 454):
B suchte am 21.03.1988 die 77 Jahre alte Z auf. Im Laufe des Besuchs entschloss er sich, die Z gewaltsam zur Herausgabe von Geld zu zwingen. Er umfasste sie, drückte sie auf den Boden, kniete sich auf sie und schlug ihr mehrmals mit der Faust ins Gesicht. Von einem Handtuchhalter in der Küche nahm er ein Tuch, legte es ihr über den Mund und verknotete es hinter ihrem Kopf. Z gab zu verstehen, dass sie keine Luft mehr bekomme. Hierauf erklärte B, ihm sei es gleichgültig, wenn sie „kaputtgehe" – er habe schon jemanden auf dem Gewissen. Tatsächlich hatte Z das Gefühl, keine Luft mehr zu bekommen. Sie dachte, es gehe mit ihrem Leben zu Ende. Objektiv war dies nicht der Fall, da sie durch die Nase weiteratmen konnte. Sodann drehte B die Zeugin auf den Bauch und fesselte ihr die Hände auf dem Rücken. Hierzu benutzte er ein Kabelstück (zweiadrige Elektrolitze), das er nicht schon zu diesem Zweck mitgebracht hatte, sondern zufällig bei sich trug. Er griff sodann in die Einkaufstasche der Z, holte ein Portemonnaie heraus und entnahm ihm 140 DM. Als Z auf die Frage, wo sie noch weiteres Geld habe, mit einer Kopfbewegung auf ihr Schlafzimmer deutete,

---

[472] Fischer, StGB, 71. Aufl. 2024, § 244 Rn. 29; aus der Rspr. vgl. zuletzt BGH B. v. 11.10.2017 – 4 StR 322/17 – NStZ 2018, 148 (Anm. famos 8/2018; Kudlich NStZ 2018, 149).

[473] Hoyer, in: SK-StGB, 9. Aufl. 2019, § 244 Rn. 19; aus der Rspr. vgl. zuletzt BGH B. v. 12.03.2013 – 2 StR 583/12 – NStZ-RR 2013, 244; BGH U. v. 17.10.2013 – 3 StR 263/13 – NStZ 2015, 85 = NStZ-RR 2014, 277 (Anm. Satzger JK 2014 StGB § 250 I Nr. 1 lit. a/15; Kudlich JA 2014, 228; LL 2014, 418; RÜ 2014, 31; Floeth NStZ 2015, 86).

geleitete B sie dorthin und ließ sich von ihr in derselben Weise die Schranktür zeigen, hinter der unter der Wäsche ein Kuvert mit 2800 DM Bargeld lag. Auch dieses Geld fand er und nahm es an sich. Dann entfernte er sich; Z blieb gefesselt und geknebelt in der Wohnung zurück. ◄

Das Tuch ist ein gefährliches Werkzeug i. S. d. § 244 I Nr. 1 lit. a StGB. Dass B es am Tatort, auf einem Handtuchhalter in der Küche angefunden hatte, ist für das Beisichführen unschädlich: Für den Zeitraum vom Ergreifen bis zur Verwendung hatte er das Tuch zumindest vorübergehend während der Tat gebrauchsbereit bei sich.

Fraglich ist, ob das sogar dann gilt, wenn die Waffe etc. selbst das **Diebstahlsobjekt** ist oder zumindest einen Teil der Beute bildet.[474]

Beispiel 109

BGH B. v. 26.05.2000 – 4 StR 131/00 – NStZ 2001, 88 = StV 2001, 622 (Anm. Kühl JuS 2002, 729):

B1 und B2, die sich ein Fahrzeug für die Fahrt zu ihrem etwa 6 km entfernten Hotel verschaffen und es später „irgendwo" stehen lassen wollten, drangen durch die mit Fußtritten zerstörte Eingangstür in das Werkstattgebäude eines Autohauses ein. Dort fand B1 in einer Schreibtischschublade eine russische Kriegswaffe der Marke Tokarev, Modell 1930, Kaliber 7,62 mm nebst Magazin und Patronen sowie eine Luftpistole. Er nahm die Waffen an sich und übergab dem B2 die Luftpistole. B1 stieg dann in einen im Werkstattraum abgestellten Pkw Jaguar ein, in dem der Zündschlüssel steckte. B2 öffnete das Garagentor und stieg ebenfalls in den Pkw ein. B1 fuhr mit hoher Geschwindigkeit aus der Werkstatt heraus und auf der Bundesstraße 9 in Richtung Weeze. ◄

Beispiel 110

BGH U. v. 17.10.2013 – 3 StR 263/13 – NStZ 2015, 85 = NStZ-RR 2014, 277 (Anm. Satzger JK 2014 StGB § 250 I Nr. 1 lit. a/15; Kudlich JA 2014, 228; LL 2014, 418; RÜ 2014, 31; Floeth NStZ 2015, 86):

B1 und B2 begaben sich am Tattag gemeinsam zur Wohnung des Z, um diesem - über einen Geldbetrag hinaus, den er dem B schuldete - unter Anwendung von Gewalt weitere Wertgegenstände abzunehmen. Wie zuvor zwischen B1 und B2 ebenfalls verabredet, drängte B1 den Z in die Wohnung, schlug ihn mehrfach ins Gesicht und würgte ihn, sodass dessen Zungenbein brach. Entsprechend dem gemeinsamen Tatplan bewachte sodann B2 den Z, während B1 die Wohnung nach Wertgegenständen durchsuchte. Danach nahm der B1 Bargeld

---

[474] Hierzu Kindhäuser/Hilgendorf, LPK, 9. Aufl. 2022, § 244 Rn. 17; Fischer, StGB, 71. Aufl. 2024, § 244 Rn. 29; aus der Rspr. vgl. BGH U. v. 16.01.1980 – 2 StR 692/79 – BGHSt 29, 184 = NJW 1980, 1475 = NStZ 1985, 547; BGH B. v. 10.03.1988 – 4 StR 85/88 – StV 1988, 429 (Anm. Scholderer StV 1988, 429; Salger StV 1989, 66; Scholderer StV 1989, 153); BGH U. v. 11.08.1999 – 5 StR 207/99 – NStZ 1999, 618; BGH B. v. 12.03.2013 – 2 StR 583/12.

und Gegenstände des Z - unter anderem einen Messerblock mit fünf Messern - an sich, um diese zu behalten oder zu verwerten. Nachdem B1 und B2 die Wohnung mit der Beute verlassen hatten, rief der erheblich verletzte Z die Polizei. ◄

Die Rspr.[475] und die wohl h. L.[476] nehmen dies an.

Teile der Lehre[477] verneinen die Anwendbarkeit des § 244 I Nr. 1 lit. a StGB.

Letzterer Auffassung ist zuzugeben, dass der Anwendungsbereich des § 243 I 2 Nr. 7 StGB aufgrund der Handhabung der h. M. stark beschnitten wird, er läuft aber nicht ganz leer. Für die h. M. spricht, dass die Gefährlichkeit einer Waffe etc. natürlich auch dann gegeben ist, wenn der Täter diese dem Opfer entwendet, zumal dann ein Einsatz zur Verteidigung der soeben erlangten Beute naheliegt.

Umstritten ist, ob der Täter die Waffe etc. i. S. d. § 244 I Nr. 1 lit. a StGB auch dann bei sich führt, wenn dies erst im **Beendigungsstadium** geschieht[478] (sog. **sukzessive** Qualifikation), also nach Gewahrsamserlangung, aber vor Sicherung des Gewahrsams, insbesondere mithin im Stadium der Flucht. Dies betrifft insbesondere die Konstellation der Entwendung einer Waffe etc., kommt aber auch z. B. bei mitgebrachten, aber erst nachträglich geladenen Waffen in Betracht.

Beispiel 111

BGH B. v. 12.03.2013 – 2 StR 583/12 – NStZ-RR 2013, 244:

B1 und B2 überfielen in der Nacht zum 26.08.2011 das betagte Ehepaar Z in dessen Einfamilienhaus, um es zu berauben. Während der Ehemann im Obergeschoss schlief und den Überfall nicht bemerkte, brachte B1 die 78-jährige Ehefrau im Erdgeschoss zu Boden und hielt ihr fortlaufend Augen und Mund zu. In der Zwischenzeit durchsuchte B2 das Haus nach Geld- und Wertgegenständen, wobei er teilweise fündig wurde. Durch einen schmalen Sehschlitz konnte Z beobachten, wie B2 im Zusammenhang mit seiner Frage nach „Geld, Gold?" ein Brotmesser vom Tisch nahm, es aber auf eine abweisende Handbewegung des B1 wieder zurücklegte. Beide Täter gingen davon aus, Z habe das Ergreifen des Messers nicht wahrgenommen. In der Folge fand B2 weiteres Geld und Wertgegenstände, die er an sich nahm, bevor er als erster das Haus verließ. Kurze Zeit später verließ auch B1 das Haus und beide flüchteten mit dem Pkw der Eheleute. Zuvor war Z noch mit einem Schal und abgeschnittenen Trageriemen ihrer Handtasche an Händen und Füßen gefesselt worden. ◄

---

[475] S. o.
[476] S. Eisele, BT II, 6. Aufl. 2021, Rn. 182.
[477] Z. B. Kindhäuser/Hilgendorf, LPK, 9. Aufl. 2022, § 244 Rn. 17.
[478] Hierzu Eisele, BT II, 6. Aufl. 2021, Rn. 183f.; aus der Rspr. vgl. zuletzt BGH B. v. 26.11.2013 – 3 StR 261/13 – NStZ-RR 2014, 110; BGH B. v. 05.12.2013 – 2 StR 454/13 – NStZ-RR 2014, 82; BGH B. v. 10.11.2015 – 3 StR 357/15 – NStZ 2016, 421 = NStZ-RR 2016, 173; BGH U. v. 04.08.2016 – 4 StR 195/16 – NStZ-RR 2016, 339; OLG Hamburg, U. v. 28.12.2016 – 1 Rev 78/16 – NStZ 2017, 584 = NStZ-RR 2017, 72 (Anm. Peglau jurisPR-StrafR 4/2017 Anm. 4); BGH B. v. 11.10.2017 – 4 StR 322/17 – NStZ 2018, 148 (Anm. famos 8/2018; Kudlich NStZ 2018, 149); BGH B. v. 20.09.2022 – 3 StR 200/22 – NStZ 2023, 511 (Anm. RÜ2 2023, 63).

Möglicherweise war der Raub (§ 249 StGB) schon vollendet, als B2 hinsichtlich Geld- und Wertgegenständen fündig geworden war, d. h. diese weggenommen hatte. Fraglich ist, ob das nachfolgende Ergreifen des Brotmessers als Beisichführen eines gefährlichen Werkzeuges den Raub noch nach § 250 I Nr. 1 lit. a StGB qualifizieren konnte.

Beispiel 112

BGH U. v. 17.10.2013 – 3 StR 263/13 – NStZ 2015, 85 = NStZ-RR 2014, 277 (Anm. Satzger JK 2014 StGB § 250 I Nr. 1 lit. a/15; Kudlich JA 2014, 228; LL 2014, 418; RÜ 2014, 31; Floeth NStZ 2015, 86):

B1 und B2 begaben sich am Tattag gemeinsam zur Wohnung des Z, um diesem - über einen Geldbetrag hinaus, den er dem B schuldete - unter Anwendung von Gewalt weitere Wertgegenstände abzunehmen. Wie zuvor zwischen B1 und B2 ebenfalls verabredet, drängte B1 den Z in die Wohnung, schlug ihn mehrfach ins Gesicht und würgte ihn, sodass dessen Zungenbein brach. Entsprechend dem gemeinsamen Tatplan bewachte sodann B2 den Z, während B1 die Wohnung nach Wertgegenständen durchsuchte. Danach nahm der B1 Bargeld und Gegenstände des Z - unter anderem einen Messerblock mit fünf Messern - an sich, um diese zu behalten oder zu verwerten. Nachdem B1 und B2 die Wohnung mit der Beute verlassen hatten, rief der erheblich verletzte Z die Polizei. ◄

Ab dem Moment, in dem B1 den Messerblock weggenommen hatte, führte er gefährliche Werkzeuge bei sich. Bei der Wegnahme einer Waffe oder eines gefährlichen Gegenstandes wird aber in der juristischen Sekunde, in der das Beisichführen begründet wird gleichzeitig die Vollendung des Grunddeliktes (hier des Raubes, § 249 I StGB) herbeigeführt, sodass nicht mehr von einem Beisichführen im Ausführungsstadium gesprochen werden kann. Vermutlich war der Raub ohnehin bereits durch die Wegnahme von Bargeld und anderen Gegenständen vollendet. Fraglich ist nun, ob Beisichführen im Beendigungsstadium für die Qualifikation nach § 250 I Nr. 1 StGB ausreicht.

Die Rspr.[479] und Teile der Lehre[480] lassen die sukzessive Qualifikation zu.
Die h. L.[481] verlangt ein Beisichführen der Waffe etc. zwischen Versuchsbeginn und Vollendung.
Für erstere Auffassung spricht die Gefahr, dass ein Täter die Waffe etc. im Beendigungsstadium zur Sicherung der Tatbeute einsetzt, was sich aus der Sicht der Opferrechtsgüter nicht von einem Einsatz vor Vollendung der Wegnahme unterscheidet. Die Rspr. vermeidet auch Lücken in der Anwendbarkeit der wortgleichen Raubqualifikation gem. § 250 StGB, die dadurch entstehen, dass bei bloßer Fluchtsicherung der räuberische Diebstahl nach § 252 StGB nicht greift. Dennoch ist der ablehnenden Auffassung für die Fälle zu folgen, in denen nicht Vollendung der Tat und Beisichführen der Waffe zumindest zusammenfallen (wie beim Entwenden der Waffe etc., s. o.), sondern das Beisichführen erst nach Vollendung des Diebstahls beginnt. Die hierfür sprechenden Erwägungen ähneln denen bzgl. der gleichfalls abzulehnenden

---

[479] S. o.
[480] Bosch, in: Schönke/Schröder, StGB, 30. Aufl. 2019, § 244 Rn. 7.
[481] Z. B. Joecks/Jäger, StGB, 13. Aufl. 2021, § 244 Rn. 23.

sukzessiven Mittäterschaft und sukzessiven Beihilfe.[482] Die Erweiterung des Begriffs „bei" dem Diebstahl verstößt gegen Art. 103 II GG, da die Norm richtigerweise Bezug nimmt auf die Erfüllung der Tatbestandsmerkmale, nicht aber auf eine ohnehin vage Beendigungsphase. §§ 244 und 250 StGB dienen der Erfassung der besonderen Gefährlichkeit des bei Wegnahme gerüsteten Täters. Soweit Strafbarkeitslücken aufgrund der engen Fassung des § 252 StGB auftreten, ist der Gesetzgeber zur Normänderung aufgerufen, nicht aber dürfen dessen geltende Voraussetzungen durch eine extensive Handhabung der Wegnahmedelikte umgangen werden.

Ein Beisichführen **nach Beendigung** ist unstrittig irrelevant.[483] Dies gilt auch für eine Flucht nach missglücktem Tatversuch.[484]

Beispiel 113

BGH U. v. 10.08.1982 – 1 StR 416/82 – BGHSt 31, 105 = NJW 1982, 2784 = NStZ 1982, 508 = StV 1982, 525 (Anm. Hassemer JuS 1983, 312; Kühl JR 1983, 425; Hruschka JZ 1983, 217):

B beging einen Raubüberfall. Dabei verblieb der geladene Gasrevolver in dem etwa 200 m vom späteren Tatort in einer Parallelstraße abgestellten Kraftwagen, weil B sich geweigert hatte, die Waffe bei dem Überfall auf den Kassenboten zu verwenden. B und seine beiden Tatgenossen begaben sich zum Tatort. Nach dem missglückten Überfall flohen sie mit dem Wagen, in dem sich die Waffe befand. ◄

(dd) Berufswaffenträger

Umstritten ist, ob bei **Berufswaffenträgern** (v. a. Polizisten, Soldaten, privaten Wachleuten) § 244 I Nr. 1 lit. a StGB teleologisch zu reduzieren und also nicht anzuwenden ist, wenn ein solcher Täter lediglich die übliche Bewaffnung bei sich führt, ohne dass dies bei der Tat eine Rolle gespielt hätte.[485]

Beispiel 114

OLG Köln U. v. 20.09.1977 – Ss 514/77 – NJW 1978, 652 (Anm. Sonnen JA 1978, 467; Hruschka NJW 1978, 1338; Geilen JK 1979 StGB § 244 I Nr. 1/1; Kotz JuS 1982, 97):

B versah mit einem gesondert verfolgten Kameraden den nächtlichen Wachdienst auf einem Kasernengelände. Auf einem Kontrollgang bemerkte er, dass im

---

[482] S. jeweils im Allgemeinen Teil.
[483] Bosch, in: Schönke/Schröder, StGB, 30. Aufl. 2019, § 244 Rn. 7.
[484] Bosch, in: Schönke/Schröder, StGB, 30. Aufl. 2019, § 244 Rn. 12; aus der Rspr. vgl. BGH U. v. 10.08.1982 – 1 StR 416/82 – BGHSt 31, 105 = NJW 1982, 2784 = NStZ 1982, 508 = StV 1982, 525 (Anm. Hassemer JuS 1983, 312; Kühl JR 1983, 425; Hruschka JZ 1983, 217).
[485] Hierzu Eisele, BT II, 6. Aufl. 2021, Rn. 189f.; näher Hettinger GA 1982, 525; aus der Rspr. vgl. BVerfG B. v. 16.08.1994 – 2 BvR 647/93 – NStZ 1995, 76; BayObLG U. v. 25.02.1999 – 5 St RR 240/98 – NJW 1999, 2535 = NStZ 1999, 460 = StV 1999, 383 (Anm. LL 1999, 667); OLG Hamm B. v. 02.01.2007 – 2 Ss 459/06 – NStZ 2007, 473 (Anm. famos 9/2007).

Kantinengebäude Licht brannte und ein Kellerfenster der Kantine geöffnet war. B und sein Kamerad kamen überein, das Gebäude auf Anwesenheit unbefugter Personen zu durchsuchen. Sie kletterten durch das offene Kellerfenster. Dabei hängte sich B das hinderliche geladene und gesicherte Dienstgewehr, das er pflichtgemäß bei sich führte, quer vor die Brust. Bei Gelegenheit der Durchsuchung nahmen B und der andere Soldat, wissend, dass sie Schusswaffen bei sich hatten, aus einer offen stehenden Kühltruhe jeder ein Eis und vor Verlassen des Kantinenbaues aus dem Regal jeder eine Flasche Cognac an sich. ◀

Beispiel 115

BGH U. v. 18.02.1981 – 2 StR 720/80 – BGHSt 30, 44 = NJW 1981, 1107 = NStZ 1981, 220 (Anm. Geilen JK 1981 StGB § 244 I Nr. 1/2; Sonnen JA 1981, 579; Hassemer JuS 1981, 774; Kotz JuS 1982, 97; Katzer NStZ 1982, 236; Lenckner JR 1982, 424):

B, der als Polizeibeamter im Streifendienst eingesetzt war, hat in vier Fällen, in denen er als Angehöriger einer Streifenwagenbesatzung an die Tatorte von Einbruchsdiebstählen gerufen worden war, in den von ihm überprüften Verkaufsstätten selbst Waren von zum Teil bedeutendem Wert entwendet. In allen Fällen führte er dabei seine geladene und schussbereite Dienstpistole bei sich. ◀

Teile der Lehre[486] befürworten eine solche Einschränkung des Tatbestands und verlangen in Fällen an sich nicht rechtswidriger Bewaffnung einen sachlichen Zusammenhang zwischen Bewaffnung und Tat (funktionale Bedeutung).

Die Rspr.[487] und die h. L.[488] halten die Eigenschaft als Berufswaffenträger für irrelevant.

Der einschränkenden Auffassung mag zuzugeben sein, dass eine Waffe in der Hand eines für ihre Verwendung besonders Geschulten zumindest im Hinblick auf ungewollte Konsequenzen weniger gefährlich sein mag. Bereits wenn man aber an vorsätzliche Bemühungen des Täters denkt, etwa mit Hilfe der Waffe eine Flucht zu ermöglichen, relativiert sich diese Gefährlichkeitsminderung, ist doch der Geschulte gerade zu einem besonders effektiven Einsatz ausgebildet. Hinzu kommt, dass harte disziplinarrechtliche Folgen für den Täter evtl. die Bereitschaft zum Schusswaffengebrauch sogar erhöhen könnten.

(2) Subjektiver Tatbestand

Es gilt das Vorsatzerfordernis des § 15 StGB.

Auch bzgl. des Beisichführens genügt Vorsatz,[489] was die gängige Aufnahme des Bewusstseins in die Grunddefinition des Beisichführens zum Ausdruck bringt.

---

[486] Hruschka NJW 1978, 1338; Kotz JuS 1982, 97; Schünemann JA 1980, 349 (355).
[487] S. o.
[488] S. nur Eisele, BT II, 6. Aufl. 2021, Rn. 190.
[489] Kindhäuser/Hilgendorf, LPK, 9. Aufl. 2022, § 244 Rn. 22.

An dem Bewusstsein bzgl. eines Beisichführens kann es insbesondere fehlen, wenn der Täter eine Waffe oder ein gefährliches Werkzeug gewohnheitsmäßig bei sich führt, z. B. als Berufswaffenträger (s. o.), aber auch z. B. als Handwerker. Ferner ist an standardmäßig in der Hosentasche mitgeführte Taschenmesser zu denken.

Eine **Verwendungsabsicht** ist **nicht** erforderlich, auch nicht in Form eines Vorbehalts, im Bedarfsfall oder Notfall die Waffe bzw. das gefährliche Werkzeug zu verwenden.[490]

dd) Rechtswidrigkeit
Es gelten die allgemeinen Grundsätze.

ee) Schuld
Es gelten die allgemeinen Grundsätze.

ff) Rechtsfolgen
§ 244 I StGB sieht Freiheitsstrafe von sechs Monaten bis zu zehn Jahren.

In minder schweren Fällen (§ 244 III StGB)[491] ist ein Strafrahmen der Freiheitsstrafe von drei Monaten bis zu fünf Jahren normiert.

gg) Sonstiges
Zu § 247 StGB s. o.

§ 248a StGB gilt für § 244 StGB hingegen nicht.

b) § 244 I Nr. 1 lit. b StGB

▶ **Didaktische Aufsätze**
- Geppert, Zur „Scheinwaffe" und anderen Streitfragen zum „Bei-Sich-Führen" einer Waffe im Rahmen der §§ 244 und 250 StGB, Jura 1992, 496
- Saal, Raub und räuberische Erpressung mit einer Scheinwaffe, JA 1997, 859
- Geppert, Zum „Waffen"-Begriff, zum Begriff des „gefährlichen Werkzeugs", zur „Scheinwaffe" und zu anderen Problemen im Rahmen der neuen §§ 250 und 244 StGB, Jura 1999, 599
- Lesch, Waffen, (gefährliche) Werkzeuge und Mittel beim schweren Raub nach dem 6. StrRG, JA 1999, 30
- Nestler, „Werkzeuge" im StGB, Jura 2023, 1134

---

[490] Kindhäuser/Hilgendorf, LPK, 9. Aufl. 2022, § 244 Rn. 22; aus der Rspr. vgl. zuletzt BGH U. v. 25.11.2015 – 2 StR 165/15 – NStZ 2016, 614; KG B. v. 11.07.2018 – (5) 161 Ss 106/18 (46/18) – StV 2020, 251; BGH U. v. 03.07.2024 – 5 StR 535/23 (Einbruchswerkzeuge) (Anm. Pschorr jurisPR-StrafR 17/2024 Anm. 2).

[491] Hierzu vgl. aus der Rspr. BGH B. v. 12.01.2021 – 1 StR 347/20 (Zimmermannshammer) – NStZ-RR 2021, 107.

A. Diebstahl, §§ 242–244a StGB

aa) Aufbau
  I. Tatbestand
    1. Objektiver Tatbestand
      a) Einen Diebstahl begeht
      b) Bei dem er oder ein anderer Beteiligter sonst ein Werkzeug oder Mittel bei sich führt, § 244 I Nr. 1 lit. b StGB
        aa) Sonst ein Werkzeug oder Mittel
        bb) Er oder ein anderer Beteiligter bei sich führt
    2. Subjektiver Tatbestand
      a) Vorsatz
      b) Um den Widerstand einer anderen Person durch Gewalt oder Drohung mit Gewalt zu verhindern oder zu überwinden
  II. Rechtswidrigkeit
  III. Schuld

  IV. Strafantrag, § 247 StGB

bb) Allgemeines
Zum Verschärfungsgrund vgl. o. bei § 244 I Nr. 1 lit. a StGB. Zwar wird in § 244 I Nr. 1 lit. b StGB auf die objektive Gefährlichkeit des Werkzeugs verzichtet, dies wird aber durch eine Gebrauchsabsicht des Täters kompensiert.[492]

Eine tatsächliche Verwendung ist nicht erforderlich (hierfür s. z. B. § 250 II Nr. 1 StGB).

Der Norm kommt eine **Auffangfunktion** v. a. bzgl. Scheinwaffen zu, deren Wirkung nicht auf einer objektiven Gefährlichkeit beruht, sondern auf einem Täuschungseffekt.

cc) Tatbestand

(1) Objektiver Tatbestand

(a) Einen Diebstahl begeht
Zu § 242 I StGB s. o.

(b) Bei dem er oder ein anderer Beteiligter sonst ein Werkzeug oder Mittel bei sich führt, § 244 I Nr. 1 lit. b StGB
Werkzeug oder **Mittel** i. S. d. § 244 I Nr. 1 lit. b StGB sind alle Gegenstände, die als Mittel zur Überwindung des Widerstands des Tatopfers mittels Gewalt oder Drohung geeignet sind.[493]

---

[492] Kindhäuser/Hilgendorf, LPK, 9. Aufl. 2022, § 244 Rn. 23.
[493] Heger, in: Lackner/Kühl/Heger, StGB, 30. Aufl. 2023, § 244 Rn. 4.

> **Beispiel 116**
>
> **BGH U. v. 11.02.1982 – 4 StR 689/81 – BGHSt 30, 375 = NJW 1982, 1164 = NStZ 1982, 287 (Anm. Geilen JK 1982 StGB § 250/2; Hettinger JuS 1982, 895):**
> B schlug Z zu Boden, versetzte ihm mit ihren beschuhten Füßen mehrere Tritte gegen den Kopf und nahm ihm die Armbanduhr ab. ◄

Auch ein Schuh kann ein derartiger Gegenstand sein. Es ist allerdings die Absicht des Täters zu untersuchen.

Irrelevant ist, ob das Werkzeug oder Mittel erhebliche Verletzungen herbeiführen kann.[494]

> **Beispiel 117**
>
> **BGH U. v. 06.09.2005 – 5 StR 284/05 – NStZ-RR 2005, 373:**
> B1 und B2 lockten Z zu einer abgelegenen Stelle, um ihn auszurauben. B1 griff dort als erster an, indem er ein mitgeführtes Gas, möglicherweise CS-Gas, gegen Z einsetzte und Z schubste. Weil es dem Z nicht gelang, vor B1 und B2 davonzulaufen, leistete er Widerstand. ◄

> **Beispiel 118**
>
> **BGH B. v. 13.03.2002 – 1 StR 47/02 (Deo-Spray) – NStZ 2003, 89 (Anm. RÜ 2002, 358; LL 2003, 269):**
> Um Geld aus einer Ladenkasse zu entwenden, spritzte B der Kassiererin mit einem zu diesem Zweck mitgeführten Deo-Spray aus etwa 60 cm Entfernung gezielt in das Gesicht. Als diese, wie von ihm beabsichtigt, daraufhin in Folge des „Lidschlussreflexes" die Augen schloss, entnahm er Geldscheine aus der offenen Kasse. Die Kassiererin, die alsbald wieder die Augen öffnete, versuchte letztlich vergeblich, den B noch festzuhalten. Er riss sich los und entkam mit einer Beute von 1380 DM. Wie auch von erwartet, war das Deo nach der konkreten Art seiner Verwendung ungeeignet, körperliche Beeinträchtigungen herbeizuführen. ◄

So sind auch das Gas und das Deodorant – welche insofern dem Gegenstandsbegriff unterfallen, als sie einem Behältnis mit Ausstoßvorrichtung entspringen – als Mittel zur Überwindung des Widerstandes der Opfer (zumindest *ex ante*) geeignet, ohne erhebliche Verletzungen herbeizuführen.

---

[494] Fischer, StGB, 71. Aufl. 2024, § 244 Rn. 25; aus der Rspr. vgl. BGH U. v. 19.04.1989 – 2 StR 97/89 – NJW 1989, 2549 (Anm. Geppert JK 1989 StGB § 250/5; Hillenkamp JuS 1990, 454); BGH U. v. 15.10.2003 – 2 StR 283/03 – BGHSt 48, 365 = NJW 2004, 528 = NStZ 2004, 152 = StV 2004, 378 (Anm. Geppert JK 2004 StGB § 249/9; Baier JA 2004, 431; Martin JuS 2004, 447; LL 2004, 250; RÜ 2004, 81; RA 2004, 128; famos 3/2004; Walter NStZ 2004, 153; Walter NStZ 2004, 623; Gössel JR 2004, 254; Otto JZ 2004, 364).

Besonders relevant sind Gegenstände zur **Fesselung** oder **Knebelung**.[495] Problematisch ist, ob und ggf. welche sog. **Scheinwaffen** den § 244 I Nr. 1 lit. b StGB erfüllen,[496] wobei ein Teil der Problematik schon darin besteht, den Begriff der Scheinwaffe zu definieren.

Beispiel 119

BGH B. v. 08.08.1985 – 4 StR 435/85 – NStZ 1985, 547 = StV 1985, 456 (Anm. Otto JK 1986 StGB § 250 I 2/4; Seier JA 1986, 166):
B suchte am 08.08.1984 das Modegeschäft W auf. Der Tochter der Inhaberin, Z, hielt er eine schwere Dameneinkaufstasche vor, in die er seine rechte Hand gesteckt hatte. Er erklärte, er habe eine Pistole und wolle Geld aus der Kasse haben. Da Z nicht sofort reagierte, schlug er die Tasche gegen ihren Mund; sie erlitt davon eine Schwellung an der Oberlippe. Unter dem Eindruck dieser Tätlichkeit und aus Angst vor der vermeintlichen Waffe legte sie das in der Kasse befindliche Geld – insgesamt 85 DM – auf den Wechselteller. B steckte das Geld ein und verließ das Geschäft, nachdem er zuvor noch ein Entschuldigungsschreiben der Z übergeben hatte. ◄

Beispiel 120

BGH U. v. 29.03.1990 – 4 StR 67/90 – NJW 1990, 2570 = StV 1990, 546 (Anm. Schmitz JA 1990, 248; Geppert JK 1990 StGB § 250/6; Herzog StV 1990, 547):
B überfiel eine Imbissstube, um sich Geld für den Ankauf von Heroin zu verschaffen. Die Angegriffene erkannte möglicherweise die Waffe des B sofort als Spielzeugpistole. Diesem gelang der Raub durch den Einsatz seiner Körperkraft. Auch ein hinzugeeilter Dritter dachte sich, dass es sich bei der Waffe wohl um keine echte Schusswaffe handeln würde, und ging auf den B los, der darauf flüchtete. ◄

Beispiel 121

BGH U. v. 13.11.1991 – 5 StR 477/91 (Plastikrohr) – BGHSt 38, 116 = NJW 1992, 920 = NStZ 1992, 129 = StV 1992, 64 (Anm. Pasker JA 1992, 255; Hassemer JuS 1992, 438; Mitsch NStZ 1992, 434; Kelker NStZ 1992, 539; Graul JR 1992, 297; Grasnick JZ 1993, 268; Müther MDR 1993, 931):

---

[495] Hierzu Kindhäuser/Hilgendorf, LPK, 9. Aufl. 2022, § 244 Rn. 24; aus der Rspr. vgl. zuletzt BGH U. v. 13.03.2019 – 1 StR 424/18 – NStZ-RR 2019, 212.
[496] Hierzu Geppert Jura 1992, 496; Hauf GA 1994, 319; Saal JA 1997, 859; Kudlich JR 1998, 357; Geppert Jura 1999, 599; Lesch JA 1999, 30; Kleczewski GA 2000, 257; Godendorff NStZ 2018, 321; aus der Rspr. vgl. zuletzt BGH U. v. 12.07.2017 – 2 StR 160/16 (Schlüssel) – NJW 2018, 90 = NStZ 2017, 581 (Anm. famos 8/2017; Kudlich NStZ 2017, 582; Schulz-Merkel jurisPR-StrafR 21/2017 Anm. 4; Jahn JuS 2018, 85; LL 2018, 24; RÜ 2018, 32); BGH B. v. 28.03.2023 – 4 StR 61/23 (Luftpumpe) – NStZ-RR 2023, 204 (Anm. Nestler Jura 2023, 901; Jäger JA 2023, 606; Jahn JuS 2023, 694; LL 2023, 668; RÜ 2023, 512; Mitsch JR 2023, 634; Mansouri NSW 2024, 227).

Der drogenabhängige B hatte innerhalb von zwei Monaten vier Sparkassenfilialen überfallen, um sich Geld für den Drogenerwerb zu beschaffen. Er legte jeweils einen Zettel vor, auf dem stand: „Überfall, bin bewaffnet". Dabei hielt er ein kurzes, gebogenes Plastikrohr von ca. 3 cm Durchmesser so unter seiner Jacke, dass diese ausbeulte und so der von ihm gewollte Eindruck entstand, es handle sich um eine Schusswaffe. Die Kassiererinnen nahmen die Drohung ernst und händigten ihm jeweils ca. 5000 bis 7000 DM, insgesamt 25.570 DM, aus. ◄

Beispiel 122

BGH B. v. 20.06.1996 – 4 StR 147/96 (Labello) – NJW 1996, 2663 = NStZ 1997, 184 = StV 1996, 545 (Anm. Geppert JK 1997 StGB § 250 I/8; Hohmann NStZ 1997, 185):

B begab sich in der Absicht, einen Überfall zu verüben, in ein Geschäftslokal. Als ihr die dort tätige Verkäuferin den Rücken zuwandte, holte die B aus ihrer Handtasche einen Lippenpflegestift („Labello"), trat hinter die Verkäuferin und drückte ihr eine Ecke des Stiftes in den Rücken. Sie beabsichtigte, bei der Geschädigten die Vorstellung hervorzurufen, mit einer Waffe bedroht zu werden. Unter dem Eindruck des ihr von der B weiterhin in den Rücken gehaltenen Labellostifts, den die Geschädigte für die Spitze eines Messers, einer Schere oder eines ähnlich gefährlichen Gegenstandes hielt, händigte diese der B auf deren Forderung hin Bargeld in Höhe von zumindest 280 DM aus. ◄

Nur noch vereinzelt[497] wird die Auffassung vertreten, § 244 I Nr. 1 lit. b StGB sei einschränkend dahingehend zu verstehen, dass der Täter das Werkzeug in gefährlicher Weise einsetzen wollen muss.

Auf der anderen Seite wird vertreten,[498] dass alle sog. Scheinwaffen erfasst werden.

Eine weitere Auffassung[499] schließt § 244 I Nr. 1 lit. b StGB immerhin dann aus, wenn das Opfer die Scheinwaffe entlarvt.

Die Rspr.[500] und die wohl h. L.[501] wenden die Norm bei Scheinwaffen immer dann an, wenn aus Sicht eines neutralen Betrachters die Situation gefährlich erscheint, der Täter also nicht einen offensichtlich ungefährlichen Gegenstand (wie z. B. einen Labello-Stift, ein Plastikrohr oder eine Wasserpistole) einsetzt.

Zunächst einmal ist festzuhalten, dass der Wortlaut der Norm keinerlei objektive Gefährlichkeit voraussetzt, was ferner der Umkehrschluss aus § 244 I Nr. 1 lit. a StGB bestätigt. § 244 I Nr. 1 lit. b StGB hat nach dem Willen des Gesetzgebers und nach ihrer Stellung in § 244 I StGB Auffangcharakter. Die Verwendungsabsicht legitimiert die hohe Strafandrohung an sich auch hinreichend. Zwar mag man

---

[497] Kindhäuser/Hoven, in: NK-StGB, 6. Aufl. 2023, § 244 Rn. 28ff.
[498] Hoyer, in: SK-StGB, 9. Aufl. 2019, § 244 Rn. 17.
[499] Herzog StV 1990, 547.
[500] S. o.
[501] S. nur Eisele, BT II, 6. Aufl. 2021, Rn. 207f.

anführen, dass die Einschüchterung des Opfers jedenfalls i.R.d. Raubs gem. § 249 I StGB (für den § 250 I Nr. 1 lit. b StGB gilt), bereits zum Grundtatbestand gehört und eine erneute Heranziehung bei der Qualifikation eine unzulässige Doppelverwertung ist. Allerdings erwähnt die Norm ausdrücklich die Drohung, sodass man die – harte – gesetzgeberische Wertentscheidung respektieren muss. Die Linie der h. M., in den Fällen, in denen aufgrund für Dritte offensichtlicher Ungefährlichkeit das Täuschungselement gegenüber dem Opfer im Vordergrund steht, ist insofern kriminalpolitisch – angesichts des hohen Strafmaßes der §§ 244 I, 250 I StGB – verständlich. Zu beachten ist aber, dass die Annahme eines minder schweren Falls (§§ 244 III, 250 III StGB) überharte Strafen vermeidet. Problematisch an der h. M. ist die Grenzziehung zwischen hinreichend „überzeugendem" Scheinwaffeneinsatz(willen) und reiner Täuschung(sabsicht). Die Kriterien müssen notgedrungen vage bleiben, sodass z. B. bzgl. Metallstücken kaum ein Ergebnis vorhersehbar ist. Im Hinblick auf den Opferschutz könnte man ohnehin die Sicht des Opfers als maßgeblich ansehen, ist dieses doch in allen Fällen demselben psychischen Druck ausgesetzt und insofern schutzwürdig. Angesichts der subjektivierten Fassung der Norm kann es allerdings auch nicht darauf ankommen, ob das Opfer die Scheinwaffe durchschaut.

Nach alledem sprechen durchgreifende Erwägungen dafür, alle Scheinwaffen zu erfassen. Nicht ausreichend ist natürlich der bloße Körpereinsatz durch den Täter (auch z. B. in Gestalt einer Imitation einer Waffe durch einen Finger), dann liegt nämlich schon kein Werkzeug oder Mittel vor.

(2) Subjektiver Tatbestand

(a) Vorsatz
S. o.

(b) Um den Widerstand einer anderen Person durch Gewalt oder Drohung mit Gewalt zu verhindern oder zu überwinden
Bei § 244 I Nr. 1 lit. b StGB muss hinzukommen, dass der Täter Werkzeug etc. bei sich führt, um den Widerstand einer anderen Person durch Gewalt oder Drohung mit Gewalt (vgl. § 240 StGB) zu verhindern oder zu überwinden.

Für diese **Gebrauchsabsicht** reicht es aus, wenn der Täter das Werkzeug nur im **Bedarfsfall** oder Notfall zur Verhinderung oder Überwindung des Widerstands des Opfers einsetzen will.[502]

---

[502] Kindhäuser/Hilgendorf, LPK, 9. Aufl. 2022, § 244 Rn. 27; aus der Rspr. vgl. BGH U. v. 30.08.1968 – 4 StR 319/68 – BGHSt 22, 230 = NJW 1968, 2344; BGH U. v. 04.05.1972 – 4 StR 134/72 – BGHSt 24, 339 = NJW 1972, 1243 (Anm. Hassemer JuS 1972, 672; Schröder NJW 1972, 1833); BGH U. v. 11.02.1982 – 4 StR 689/81 – BGHSt 30, 375 = NJW 1982, 1164 = NStZ 1982, 287 (Anm. Geilen JK 1982 StGB § 250/2; Hettinger JuS 1982, 895); BGH U. v. 12.09.1995 – 1 StR 401/95 – NStZ-RR 1996, 3 = StV 1996, 315; BGH U. v. 24.09.1998 – 4 StR 272/98 – BGHSt 44, 196 = NJW 1999, 69 = NStZ 1999, 30 = StV 1999, 149 und 422 (Anm. Kühl, Höchstrichterliche Rspr. BT, 2002, Nr. 24; Geppert JK 1999 StGB § 212/4; Kudlich JA 1999, 452; Martin JuS 1999, 298; LL 1999, 175; Satzger JR 1999, 203).

Es genügt, wenn die Absicht erst während der Tatausführung gefasst wird.[503]

Natürlich ist die Norm erst recht erfüllt, wenn das Werkzeug oder Mittel tatsächlich in dieser Absicht eingesetzt wird.[504]

Eine Verwendungsabsicht zur Flucht- oder Abtransportsicherung nach vollzogener Wegnahme reicht nicht aus.[505]

dd) Rechtswidrigkeit
Es gelten die allgemeinen Grundsätze.

ee) Schuld
Es gelten die allgemeinen Grundsätze.

ff) Rechtsfolgen
S. o.

c) § 244 I Nr. 2 StGB

▶ **Didaktische Aufsätze**
- Oğlakcıoğlu, Die bandenmäßige Deliktsbegehung in der Klausurbearbeitung, Jura 2012, 770
- Rönnau, Bandendelikte, JuS 2013, 594
- Wengenroth, (Virtuelle) Bande, JA 2015, 185
- Bosch, Der Bandenbegriff, Jura 2021, 879

aa) Aufbau
  I. Tatbestand
    1. Objektiver Tatbestand
      a) Stiehlt
      b) Als Mitglied einer Bande, die sich zur fortgesetzten Begehung von Raub oder Diebstahl verbunden hat, unter Mitwirkung eines anderen Bandenmitglieds, § 244 I Nr. 2 StGB
        aa) Bande, die sich zur fortgesetzten Begehung von Raub oder Diebstahl verbunden hat
        bb) Als Mitglied
        cc) Unter Mitwirkung eines anderen Bandenmitglieds
    2. Subjektiver Tatbestand
  II. Rechtswidrigkeit

---

[503] Fischer, StGB, 71. Aufl. 2024, § 244 Rn. 32; aus der Rspr. vgl. zuletzt BGH U. v. 20.08.2015 – 3 StR 259/15 (Koffer) – NStZ 2016, 215 (Anm. Satzger Jura 2016, 573; Jäger JA 2016, 71; Schumann JR 2016, 337; Preuß HRRS 2016, 466).

[504] Kindhäuser/Hilgendorf, LPK, 9. Aufl. 2022, § 244 Rn. 27; aus der Rspr. vgl. BGH U. v. 06.09.2005 – 5 StR 284/05 – NStZ-RR 2005, 373; BGH U. v. 20.08.2015 – 3 StR 259/15 (Koffer) – NStZ 2016, 215 (Anm. Satzger Jura 2016, 573; Jäger JA 2016, 71; Schumann JR 2016, 337; Preuß HRRS 2016, 466).

[505] Eisele, BT II, 6. Aufl. 2021, Rn. 211.

III. Schuld
IV. Strafantrag, § 247 StGB

bb) Allgemeines

Verschärfungsgrund der in vielen Tatbeständen enthaltenen bandenmäßigen Begehung[506] ist die erhöhte Organisations- und Ausführungsgefahr, die durch Zusammenschluss mehrerer Personen begründet wird (vgl. auch Spezialisierung und Arbeitsteilung).[507]

Eine besondere Bestrafung von kriminellen Zusammenschlüssen enthalten die §§ 127, 129ff. StGB, welche aber nicht examensrelevant sind und sich in ihren Voraussetzungen von der Bande i. S. d. § 244 I Nr. 2 StGB stark unterscheiden.

cc) Tatbestand

(1) Objektiver Tatbestand

(a) Stiehlt
Zu § 242 I StGB s. o.
Eine Anwendung des § 244 I Nr. 2 StGB ist bereits bei dem ersten Diebstahl i.R. d. Bandenabrede möglich.[508]

(b) Als Mitglied einer Bande, die sich zur fortgesetzten Begehung von Raub oder Diebstahl verbunden hat, unter Mitwirkung eines anderen Bandenmitglieds, § 244 I Nr. 2 StGB

(aa) Bande, die sich zur fortgesetzten Begehung von Raub oder Diebstahl verbunden hat

(aaa) Allgemeines
Bande ist eine auf ausdrücklicher oder stillschweigender Vereinbarung beruhende und auf eine gewisse Dauer vorgesehene Verbindung von mindestens drei Personen zur fortgesetzten Begehung von Straftaten.[509]

---

[506] Hierzu Schild NStZ 1983, 69; Endriß StV 1999, 445; Sowada GS Schlüchter 2002, 383; Toepel ZStW 2003, 60; Dessecker NStZ 2009, 184; Oğlakcıoğlu Jura 2012, 770; Rönnau JuS 2013, 594; Wengenroth JA 2015, 185; Bosch Jura 2021, 879.

[507] Eisele, BT II, 6. Aufl. 2021, Rn. 212; aus der Rspr. vgl. zuletzt BGH U. v. 11.07.2019 – 1 StR 683/18 – NStZ-RR 2019, 310; BGH B. v. 14.11.2023 – 6 StR 449/23 – NJW 2024, 2050 = NStZ 2024, 671 (Anm. Bosch Jura 2024, 1026; Sobota NJW 2024, 2053).

[508] Ganz h. M., Eisele, BT II, 6. Aufl. 2021, Rn. 221; krit. Kindhäuser/Hoven, in: NK-StGB, 6. Aufl. 2023, § 244 Rn. 39; aus der Rspr. vgl. zuletzt BGH U. v. 03.07.2024 – 5 StR 535/23 (Anm. Pschorr jurisPR-StrafR 17/2024 Anm. 2).

[509] Zsf. Fischer, StGB, 71. Aufl. 2024, § 244 Rn. 34; näher Schild GA 1982, 55; Bosch Jura 2021, 879; aus der Rspr. vgl. zuletzt BGH B. v. 15.11.2022 – 6 StR 68/22 – NJW 2023, 307 = NStZ-RR 2023, 14 (Anm. Hecker JuS 2023, 371); BGH U. v. 14.06.2023 – 1 StR 304/22 – NStZ 2024, 366 = NStZ-RR 2023, 326 (Anm. Peters wistra 2023, 423); BGH B. v. 14.11.2023 – 6 StR 449/23 – NJW 2024, 2050 = NStZ 2024, 671 (Anm. Bosch Jura 2024, 1026; Sobota NJW 2024, 2053); BGH B. v. 21.11.2023 – 2 StR 447/23 – StV 2024, 567; BGH U. v. 03.07.2024 – 5 StR 535/23 (Anm. Pschorr jurisPR-StrafR 17/2024 Anm. 2).

Bezugspunkt der Vereinbarung ist gem. § 244 I Nr. 2 StGB die Begehung von **Raub oder Diebstahl**, §§ 249 bzw. 242 StGB.

Die erforderliche **Personenzahl** war früher umstritten, insbesondere die frühere Rspr.[510] ließ bereits eine Verabredung zweier Personen genügen, sofern diese ein übergeordnetes Bandeninteresse verfolgten, was die h. L. seit Langem kritisierte.

In der folgenden Entscheidung des Großen Senats für Strafsachen des BGH aus dem Jahr 2001 wurde die extensive Rspr. aufgegeben, sodass heute die Rspr. und die Lehre darin übereinstimmen, dass erst eine Mindestmitgliederzahl von drei Personen eine Bande konstituiert und es dann freilich auf ein übergeordnetes Bandeninteresse nicht mehr ankommt.

Beispiel 123

BGH B. v. 22.03.2001 – GSSt 1/00 – BGHSt 46, 321 = NJW 2001, 2266 = NStZ 2001, 421 = StV 2001, 274 und 399 (Anm. Kühl, Höchstrichterliche Rspr. BT, 2002, Nr. 51; Altenhain Jura 2001, 836; Martin JuS 2001, 925; LL 2001, 634; RÜ 2001, 412; Erb NStZ 2001, 561; Franke JA 2002, 106; Joerden JuS 2002, 329; Ellbogen wistra 2002, 8; Rissing-van Saan FS Geilen 2003, 131):

B1 und B2 kamen im Mai 1998 überein, gemeinsam gebrauchte Fahrzeuge zu entwenden. In Ausführung ihres Vorhabens suchten sie von Anfang Juni bis zu ihrer Festnahme Ende Juli 1998 mehrere Autohäuser auf. Sie nahmen im Freien abgestellte Fahrzeuge in Augenschein und täuschten Kaufinteresse vor. Entsprechend ihrem Tatplan lenkte einer der beiden die Aufmerksamkeit des Verkaufspersonals ab, während der andere die Situation nutzte, um unbemerkt einen der Originalschlüssel des besichtigten Fahrzeugs gegen einen mitgeführten, ähnlich aussehenden Schlüssel desselben Fahrzeugtyps auszutauschen. Am jeweils folgenden Wochenende wurden die teilweise mit einer elektronischen Wegfahrsperre ausgestatteten Fahrzeuge unter Verwendung der Originalschlüssel entwendet. Man konnte nicht feststellen, ob weitere Personen beteiligt waren. ◀

Für das Erfordernis mindestens dreier Personen sprechen bereits der Wortlaut und der allgemeine Sprachgebrauch. Ferner wird man erst ab drei Mitgliedern von Korpsgeist und Gruppendynamik sprechen können, auch davon, dass das Ausscheiden eines Einzelnen unbeachtlich für die Existenz der Gruppe ist. Erst bei drei Mitgliedern wendet sich ein Austrittswilliger gegen die Mehrheit und muss mit entsprechenden Schwierigkeiten rechnen. Des Weiteren darf nicht jede Mittäterschaft zweier Personen leichthin dazu führen, dass der Diebstahl qualifiziert wird. Schließlich wird durch die klare quantitative Festlegung der Rechtssicherheit gedient.

---

[510] Z. B. BGH U. v. 08.04.1986 – 1 StR 109/86 – NStZ 1986, 408 (Anm. Geppert JK 1987 StGB § 244/5); BGH U. v. 19.05.1998 – 1 StR 154/98 – NJW 1998, 2913 = NStZ 1999, 187 = StV 1998, 421 (Anm. LL 1998, 669; Baier JA 1999, 184; Erb NStZ 1999, 187).

(bbb) Bandenabrede
Die Bande wird gegründet durch eine **Bandenabrede**, die aber nicht ausdrücklich zu sein braucht, sondern auch **konkludent** erfolgen kann,[511] auch zeitversetzt.[512] Indiz für eine derartige konkludent vereinbarte Bande ist das wiederholte Zusammenwirken mehrerer Personen bei vergleichbaren Raubes- oder Diebestaten.

Inhalt der Bandenabrede muss die Übereinkunft sein, **mehrere selbstständige, im Einzelnen noch unbestimmte Taten** über eine **gewisse Dauer** hinweg zu begehen.[513] „Fortgesetzt" meint nicht den (früheren[514]) Fortsetzungszusammenhang.[515]

Es mangelt also an einer Bandenabrede, wenn die Anzahl der Taten bereits zum Zeitpunkt der Bandenabrede abschließend festgelegt wurde,[516] erst recht, wenn sich die Täter (zunächst) nur zu einer **einzigen** Tat verbunden[517] haben.

Der Bandenmäßigkeit steht aber nicht entgegen, wenn die Einzeldelikte in Tateinheit gem. § 52 StGB oder i.R.e. tatbestandlichen Bewertungseinheit begangen wurden oder werden sollten.[518]

Jedenfalls nach Erhöhung der Mindestpersonenzahl einer Bande im Wege der Rechtsprechungsänderung ist anerkannt, dass eine Bande **keine** kriminelle Vereinigung mit besonderer Organisation (mafiaähnlichen Organisationsstrukturen) und

---

[511] Fischer, StGB, 71. Aufl. 2024, § 244 Rn. 36; aus der Rspr. vgl. zuletzt BGH B. v. 02.06.2022 – 2 StR 12/22 – NStZ 2023, 503 = StV 2023, 471 (Anm. Rückert/Oğlakcıoğlu NStZ 2023, 506); BGH B. v. 08.11.2022 – 2 StR 102/22 – NStZ 2023, 683 = StV 2023, 474; BGH U. v. 14.06.2023 – 1 StR 304/22 – NStZ 2024, 366 = NStZ-RR 2023, 326 (Anm. Peters wistra 2023, 423); BGH B. v. 21.11.2023 – 2 StR 447/23 – StV 2024, 567.

[512] Vgl. aus der Rspr. zuletzt BGH U. v. 15.05.2018 – 1 StR 159/17 – NStZ-RR 2018, 368 = StV 2019, 49 (Anm. Grosse-Wilde wistra 2019, 72); BGH U. v. 14.06.2023 – 1 StR 304/22 – NStZ 2024, 366 = NStZ-RR 2023, 326 (Anm. Peters wistra 2023, 423); BGH B. v. 14.11.2023 – 6 StR 449/23 – NJW 2024, 2050 = NStZ 2024, 671 (Anm. Bosch Jura 2024, 1026; Sobota NJW 2024, 2053).

[513] Kindhäuser/Hilgendorf, LPK, 9. Aufl. 2022, § 244 Rn. 29, 33; aus der Rspr. vgl. zuletzt BGH U. v. 08.12.2021 – 5 StR 236/21 – NStZ 2022, 409 (Anm. von Heintschel-Heinegg JA 2022, 432; LL 2022, 481; RÜ 2022, 174; famos 12/2022; Hoven NStZ 2022, 412; Schladitz wistra 2022, 111); BGH B. v. 02.06.2022 – 2 StR 12/22 – NStZ 2023, 503 = StV 2023, 471 (Anm. Rückert/Oğlakcıoğlu NStZ 2023, 506); BGH B. v. 14.11.2023 – 6 StR 449/23 – NJW 2024, 2050 = NStZ 2024, 671 (Anm. Bosch Jura 2024, 1026; Sobota NJW 2024, 2053).

[514] S. im Allgemeinen Teil.

[515] Fischer, StGB, 71. Aufl. 2024, § 244 Rn. 40; aus der Rspr. vgl. OLG Hamm U. v. 29.04.1981 – 4 Ss 2939/80 – NJW 1981, 2207 = StV 1981, 551 (Anm. Geilen JK 1982 StGB § 244/3; Sonnen JA 1982, 102; Hassemer JuS 1982, 71; Tenckhoff JR 1982, 208); BGH U. v. 08.04.1986 – 1 StR 109/86 – NStZ 1986, 408 (Anm. Geppert JK 1987 StGB § 244/5).

[516] H. M., Eisele, BT II, 6. Aufl. 2021, Rn. 220; aus der Rspr. vgl. zuletzt BGH U. v. 11.07.2019 – 1 StR 683/18 – NStZ-RR 2019, 310.

[517] Fischer, StGB, 71. Aufl. 2024, § 244 Rn. 36a; aus der Rspr. vgl. zuletzt BGH B. v. 22.04.2020 – 1 StR 61/20 – NStZ 2021, 55 = StV 2021, 450; BGH B. v. 02.06.2022 – 2 StR 12/22 – NStZ 2023, 503 = StV 2023, 471 (Anm. Rückert/Oğlakcıoğlu NStZ 2023, 506).

[518] Aus der Rspr. vgl. zuletzt BGH U. v. 13.08.2020 – 1 StR 648/18 – NStZ-RR 2021, 28; BGH B. v. 02.06.2022 – 2 StR 12/22 – NStZ 2023, 503 = StV 2023, 471 (Anm. Rückert/Oğlakcıoğlu NStZ 2023, 506).

Unterwerfung unter einen gemeinsamen **Bandenwillen** (übergeordnetes **Bandeninteresse**) voraussetzt.[519]

Es ist **nicht** einmal erforderlich, dass sich alle Mitglieder **kennen**.[520]

(bb) Als Mitglied
Es ist umstritten, ob nur derjenige Bandenmitglied sein kann, der einen (mit-)täterschaftlichen Tatbeitrag, § 25 StGB, erbringen soll.[521]

> **Beispiel 124**
>
> **BGH B. v. 15.01.2002 – 4 StR 499/01 – BGHSt 47, 214 = NJW 2002, 1662 = NStZ 2002, 318 = StV 2002, 191 (Anm. Geppert JK 2002 StGB § 244 I Nr. 2/3; Martin JuS 2002, 717; LL 2002, 542; RÜ 2002, 211; RA 2002, 292; famos 11/2002; Toepel StV 2002, 540; Erb JR 2002, 338; Gaede StV 2003, 78; Rath GA 2003, 823):**
> B1 plante, nach Deutschland zu fahren, dort Fahrzeuge für den „Eigengebrauch" zu entwenden, in Wohnungen einzubrechen, die Beute im Wesentlichen nach Rumänien zu schicken und sie dort gewinnbringend zu verkaufen. Er wollte jedoch die geplanten Diebestouren nicht allein unternehmen. Er vereinbarte deshalb in Alba Iulia mit B2, dass dieser mit nach Deutschland fahren und mit ihm gemeinsam Einbrüche und Autodiebstähle begehen sollte, wobei B2, dem er ein festes Entgelt in Höhe von 1500 DM im Monat versprach, vor allem die Aufgabe zukommen sollte, „Schmiere" zu stehen. Mit B3 vereinbarte B1, dass diese mit Hilfe ihrer Deutschkenntnisse und ihres legalen Aufenthaltsstatus in Deutschland die Unterkunft für B1 und B2 besorgen, lohnende Einbruchsgegenden ausfindig machen und die beiden Männer erforderlichenfalls per Mobiltelefon zu den Tatobjekten und zurück leiten sollte. Außerdem sollte sie helfen, die jeweilige Tatbeute im Hotelzimmer zu sortieren, zu verpacken und – unter Angabe ihres Namens und ihrer Anschrift als Absender – nach Rumänien zu versenden. ◄

Das „Schmierestehen" ist als wesentlicher Tatbeitrag zu qualifizieren, weswegen B2 zum Mittäter des B1 nach § 25 II StGB bei den Wohnungseinbruchdiebstählen berufen war. Das Bereitstellen einer Unterkunft und das Ausfindigmachen von lohnenden Einbruchsgegenden, was für B3 vorgesehen war, stellt hingegen ein Hilfeleisten zur Tat und damit eine Beihilfe nach § 27 I StGB dar. Kann B3 deswegen kein Bandenmitglied sein, weswegen die erforderliche Mitgliederzahl nicht vorliegt?

---

[519] Eisele, BT II, 6. Aufl. 2021, Rn. 216; aus der Rspr. vgl. zuletzt BGH U. v. 22.05.2019 – 2 StR 353/18 – NStZ-RR 2019, 311; BGH U. v. 14.06.2023 – 1 StR 304/22 – NStZ 2024, 366 = NStZ-RR 2023, 326 (Anm. Peters wistra 2023, 423).

[520] Eisele, BT II, 6. Aufl. 2021, Rn. 216; aus der Rspr. vgl. zuletzt BGH U. v. 14.06.2023 – 1 StR 304/22 – NStZ 2024, 366 = NStZ-RR 2023, 326 (Anm. Peters wistra 2023, 423); BGH B. v. 14.11.2023 – 6 StR 449/23 – NJW 2024, 2050 = NStZ 2024, 671 (Anm. Bosch Jura 2024, 1026; Sobota NJW 2024, 2053).

[521] Hierzu Eisele, BT II, 6. Aufl. 2021, Rn. 223f.; aus der Rspr. vgl. zuletzt BGH U. v. 12.01.2022 – 6 StR 388/21 – NStZ-RR 2022, 114; BGH B. v. 18.05.2022 – 3 StR 181/21 – NStZ 2023, 168 = NStZ-RR 2022, 345 und 384 (Anm. RÜ2 2023, 37; Lantermann JR 2023, 91; Kudlich/Ohlig JR 2023, 163); BGH B. v. 12.10.2023 – 5 StR 269/23 – NStZ-RR 2024, 42 (Anm. Hecker JuS 2024, 565); BGH U. v. 03.07.2024 – 5 StR 535/23 (Anm. Pschorr jurisPR-StrafR 17/2024 Anm. 2).

Beispiel 125

BGH U. v. 05.07.2012 – 3 StR 119/12 (Anm. Puppe, AT, 5. Aufl. 2023, § 23 Rn. 5ff.; Bosch JK 2013 StGB § 244a/2; Hecker JuS 2013, 177; LL 2013, 349; RÜ 2013, 31):
Im Mai 2008 äußerte B1 im Beisein von B2 und B3, er „bräuchte günstig Radlader", „erstmal" jedoch nur einen. Zugleich benannte er ein landwirtschaftliches Anwesen, auf dem „so ein Ding" stehe, man sollte sich einmal ansehen, ob man „das so mitnehmen kann". Damit wollte B1 seinen Zuhörer auffordern, diese Maschine für ihn zu entwenden, was B2 auch so verstand. In der Nacht vom 22. auf den 23.05.2008 begab sich B2 zusammen mit B3 auf das von B1 bezeichnete Anwesen. Den dort vorgefundenen Hoflader verbrachten beide zum Hof des B1, der ihnen hierfür 1500 € bezahlte. ◄

B1 hat nur den Diebstahlsvorsatz der B2 und B3 erregt und ist damit Anstifter i. S. d. § 26 StGB. Scheitert eine bandenmäßige Begehung deswegen an der Mitgliederzahl?

Teile der Lehre setzen Täterschaft voraus.[522]
Die Rspr.[523] und die h. L.[524] lassen es ausreichen, wenn eine untergeordnete Hilfeleistung in Aussicht gestellt wird, also eine **Gehilfentätigkeit**, § 27 StGB, ggf. auch eine Anstiftung nach § 26 StGB.

Zwar spricht für erstere Auffassung, dass Gehilfen an sich eine Tat nicht begehen und eine untergeordnete Stellung eines oder mehrerer Bandenmitglieder nicht unbedingt mit der Teleologie der Bandenqualifikation (u. a. Korpsgeist) zu vereinbaren ist. Zu folgen ist aber der h. M., da der entscheidende Gesichtspunkt zur Legitimation der erhöhten Strafe in der gesteigerten Organisationsgefahr liegt, die gerade dann, wenn arbeitsteilig spezialisiert – also auch durchaus hierarchisch – vorgegangen wird, gegeben sein wird.

Entsprechend darf aus einer Bandenmitgliedschaft auch kein zwingender Rückschluss auf eine Mittäterschaft nach § 25 II StGB gezogen werden.

In einer Fallbearbeitung bietet es sich in zweifelhaften Fällen an, mit dem unproblematisch täterschaftlich handelnden Beteiligten zu beginnen, die o. a. Problematik bei der Qualifikation zu erörtern, wobei, wenn man der h. M. folgt, die täterschaftliche Qualität der Tatbeiträge der übrigen Bandenmitglieder an dieser Stelle noch dahinstehen kann.

Es verbietet sich freilich der Umkehrschluss: Nicht jeder Beteiligte an einer von einer Bande ausgeführten Tat wird hierdurch schon zum Bandenmitglied, nicht einmal bei Mittäterschaft.[525]

---

[522] Heger, in: Lackner/Kühl/Heger, StGB, 30. Aufl. 2023, § 244 Rn. 6.
[523] S. o.
[524] S. nur Eisele, BT II, 6. Aufl. 2021, Rn. 224.
[525] Fischer, StGB, 71. Aufl. 2024, § 244 Rn. 39; aus der Rspr. vgl. zuletzt BGH U. v. 26.04.2012 – 4 StR 665/11 – NStZ-RR 2013, 77 = StV 2012, 669; BGH B. v. 10.10.2012 – 2 StR 120/12 – StV 2013, 508; BGH B. v. 14.05.2014 – 2 StR 465/13 – NStZ-RR 2014, 284; BGH B. v. 05.11.2014 – 2 StR 186/14 – NStZ-RR 2015, 113 = StV 2015, 639; BGH B. v. 29.09.2015 – 3 StR 336/15 – NStZ-RR 2016, 6 = StV 2017, 444 (Anm. RÜ 2016, 29).

Kein Bandenmitglied ist, wer sich nur zum Schein anschließt (z. B. verdeckte Ermittler).

Persönliche (z. B. familiäre) Verbundenheit steht der Einordnung als Bande (nmitgliedschaft) nicht entgegen.[526]

Auch bei „Jugendbanden" findet § 244 I Nr. 2 StGB Anwendung.[527] Das Jugendstrafrecht bietet hinreichende Möglichkeiten, auf vergleichsweise bagatellhafte Jugenddelinquenz schuldangemessen (milde) zu reagieren.

Selbst Kinder können trotz § 19 StGB Bandenmitglieder sein,[528] da sie immerhin tatbestandlich und rechtswidrig handeln und sehr wohl deliktisch sinnvoll arbeitsteilig mitwirken können.

(cc) Unter Mitwirkung eines anderen Bandenmitglieds

Umstritten ist, wie die Wendung „unter Mitwirkung eines anderen Bandenmitglieds" auszulegen ist, insbesondere ob eine gleichzeitige Anwesenheit am Tatort erforderlich ist.[529]

Beispiel 126

BGH B. v. 10.10.1984 – 2 StR 470/84 – BGHSt 33, 50 = NJW 1985, 502 = NStZ 1985, 168 = StV 1985, 328 (Anm. Geppert JK 1985 StGB § 244/4; Brandts/Seier JA 1985, 367; Hassemer JuS 1985, 417; Joerden StV 1985, 329; Taschke StV 1985, 367; Jakobs JR 1985, 342; Meyer JuS 1986, 189):

B1 unterhielt seit 1971 einen Viehhandel mit angeschlossenem Schlachtbetrieb sowie eine Landwirtschaft. Als er 1977 in zunehmende wirtschaftliche Bedrängnis geriet, beschloss er, seine finanzielle Lage durch Viehweidediebstähle aufzubessern. Die Taten sollten nach seiner Vorstellung von Mitarbeitern ausgeführt werden. Er beabsichtigte, das gestohlene Vieh zu übernehmen. Im Frühjahr 1982 unterbreitete er dieses Ansinnen mit Erfolg den bei ihm beschäftigten B2 und B3. Die Beteiligten verabredeten, dass B1 den B2 und B3 seine Fahrzeuge zum Transport der gestohlenen Tiere zur Verfügung stellte. B2 und B3 sollten anlässlich der von ihnen aus betrieblichen Gründen durchgeführten Fernfahrten nach Nord- und Süddeutschland auf dem Rückweg Ausschau nach geeig-

---

[526] Fischer, StGB, 71. Aufl. 2024, § 244 Rn. 36; aus der Rspr. vgl. BGH U. v. 09.07.1991 – 1 StR 666/90 – BGHSt 38, 26 = NJW 1992, 58 = NStZ 1991, 535 = StV 1991, 517; BGH U. v. 25.07.1995 – 1 StR 238/95 – StV 1995, 642; BGH B. v. 05.12.1995 – 4 StR 698/95 – StV 1996, 214; BGH U. v. 12.07.2006 – 2 StR 180/06 – NStZ 2007, 339 (Anm. Satzger JK 2007 StGB § 224 I Nr. 5/2).

[527] H. M., Eisele, BT II, 6. Aufl. 2021, Rn. 216; aus der Rspr. vgl. LG Koblenz U. v. 18.12.1996 – 2101 Js 8390/96 jug.-2 KLs – NStZ 1998, 197 (Anm. Glandien NStZ 1998, 197); BGH U. v. 31.07.2008 – 4 StR 144/08 – NStZ 2008, 625 = StV 2009, 129 (Anm. Möller StraFo 2009, 92).

[528] Ganz h. M., Bosch, in: Schönke/Schröder, StGB, 30. Aufl. 2019, § 244 Rn. 24; näher Ellbogen/Wichmann JuS 2007, 114; Exner Jura 2013, 103.

[529] Hierzu Altenhain ZStW 2001, 112; Muller GA 2002, 318; aus der Rspr. vgl. zuletzt BGH B. v. 21.11.2023 – 2 StR 447/23 – StV 2024, 567.

neten Objekten halten. B1 erwartete, vor der Rückkehr fernmündlich unterrichtet zu werden, um die Ankunft der gestohlenen Tiere – die möglichst nachts angeliefert werden sollten – vor anderen Betriebsangehörigen verheimlichen zu können. Teilweise bestimmte B1 die B2 und B3 auch vor Fahrtantritt, Tiere zu stehlen. Dieser Abrede gemäß entwendeten B2 und B3 von Juli bis Oktober 1982 in der Bundesrepublik Deutschland in elf Fällen insgesamt 45 Rinder mit einem Wert von 90.000 bis 100.000 DM. Nach Ankunft im Betrieb des B1 wurden die Tiere entweder noch nachts von B2 geschlachtet oder von B1 später veräußert oder seinem Viehbestand einverleibt. Der Erlös der Beute wurde gleichmäßig verteilt. Die Auszahlung oblag dem B1. ◀

Haben B2 und B3 bei den Diebstählen der Tiere, bei denen sie jeweils die Wegnahme allein durchführten, auch unter Mitwirkung eines anderen Bandenmitgliedes, v. a. des B1 gehandelt?

Die frühere Rspr.[530] und Teile der Lehre[531] setzen voraus, dass mindestens zwei Bandenmitglieder örtlich und zeitlich zusammen am Tatort tätig werden (Anwesenheitserfordernis).

Vertreten wird auch,[532] dass jedenfalls eine kommunikative Verbindung (z. B. mittels Mobiltelefon) vorhanden sein muss, sodass ein Ortsabwesender auf diesem Weg Einfluss auf den Tatablauf nehmen kann.

Die heutige Rspr.[533] und die h. L.[534] nehmen eine Mitwirkung bereits dann an, wenn ein Bandenmitglied mit einem anderen irgendwie zusammenwirkt, d. h. unabhängig von Anwesenheit zur Tatzeit, sodass sowohl eine Tätigkeit im Vorfeld als auch im Stadium der Beendigung oder Beuteverwertung[535] genügen kann.

Richtig ist, dass eine gleichzeitige Anwesenheit zumindest eine gesteigerte Durchsetzungsmacht in der Täter-Opfer-Konfrontation schafft (Übermacht, Drohkulisse). Allerdings ist dies ggf. auch bei bloßer Mittäterschaft der Fall, ferner ist nicht nur eine etwaige besondere Aktionsgefahr Qualifikationsgrund des § 244 I Nr. 2 StGB, sondern auch die Organisationsgefahr, die sich in erhöhter Effizienz der Wegnahme niederschlägt. Auch Planung und Vorbereitung der Taten sollten daher als Mitwirkung anzusehen sein, wäre andernfalls doch ein Bandendiebstahl u. U. deswegen zu verneinen, weil dank sorgfältiger Planung nur ein Bandenmitglied an den Tatort geschickt zu werden braucht. Eine auch örtlich ausdifferenzierte Spezialisierung ist für Banden geradezu typisch, zumal bei mafiösen Strukturen (vgl. den im Hintergrund bleibenden planenden Bandenchef). Der Wortlaut der Norm ist weit

---

[530] S. noch BGH U. v. 21.05.1996 – 1 StR 125/96 – NStZ 1996, 495 = StV 1996, 547 (Anm. Miehe StV 1997, 247).
[531] Z. B. Schmitz, in: MK-StGB, 4. Aufl. 2021, § 244 Rn. 51ff.
[532] Mitsch, BT 2, 3. Aufl. 2015, S. 133.
[533] S. o.
[534] S. nur Eisele, BT II, 6. Aufl. 2021, Rn. 228.
[535] Aus der Rspr. vgl. zuletzt BGH B. v. 01.02.2011 – 3 StR 432/10 – NStZ 2011, 637 = StV 2011, 410 (Anm. LL 2011, 561); BGH U. v. 10.08.2016 – 2 StR 579/15 – NStZ 2017, 351 (Anm. LL 2017, 314; RÜ 2017, 29).

gefasst und steht einer solch extensiven Handhabung nicht entgegen. Zuzugeben ist freilich, dass bei Anstiftung und Beihilfe die Gefahr der Aushöhlung des Mitwirkungserfordernisses besteht, da deren Tatbeiträge nicht selten permanent fortwirken; bzgl. des Anstifters lässt sich i. d. R. auch keine erhöhte Organisationsgefahr begründen (Ausführungsgefahr ohnehin nicht).

Nicht erforderlich ist, dass ein **drittes** Bandenmitglied (oder gar noch weitere) eingebunden wird oder auch nur Kenntnis von der Tat hat.[536]

Ein Bandendiebstahl kann auch dann vorliegen, wenn die **Wegnahmehandlung** nicht von einem Bandenmitglied vorgenommen wird,[537] sofern aufgrund Mittäterschaft eine Zurechnung nach § 25 II StGB zu einem Bandenmitglied möglich ist und ein weiteres Bandenmitglied mitwirkt.

Die Einzeltat muss **Ausfluss der Bandenabrede** sein und darf nicht losgelöst davon ausschließlich im eigenen Interesse der jeweils unmittelbar Beteiligten ausgeführt werden.[538]

Beispiel 127

BGH B. v. 15.07.1999 – 4 StR 192/99 – NStZ 2000, 30:
B war Mitglied einer Bande, die darauf spezialisiert war, hochwertige Autos bestimmten Typs zu entwenden und an Abnehmer weiterzuverkaufen. B brach im Parkhaus 3 des Düsseldorfer Flughafens einen Daimler-Benz, Typ W 140 (S-Klasse), auf, um dieses Fahrzeug zu entwenden, ließ aber das Fahrzeug stehen, weil dessen Motorisierung nicht den Vorgaben seines Auftraggebers entsprach. B entwendete jedoch aus dem aufgebrochenen Daimler-Benz Sachen (u. a. ein Fernglas, eine Stoppuhr und ein Handy), um diese Gegenstände für sich zu behalten. Insofern verfolgte er mit der Entwendung der Sachen ausschließlich eigene Interessen. ◀

Die von B entwendeten Sachen waren nicht von der Bandenabrede gedeckt, die nur den Diebstahl hochwertiger Autos bestimmten Typs vorsah.

---

[536] Fischer, StGB, 71. Aufl. 2024, § 244 Rn. 43; aus der Rspr. vgl. zuletzt BGH B. v. 21.11.2023 – 2 StR 447/23 – StV 2024, 567.

[537] H. M., Eisele, BT II, 6. Aufl. 2021, Rn. 229; aus der Rspr. vgl. BGH U. v. 09.08.2000 – 3 StR 339/99 – BGHSt 46, 120 = NJW 2000, 3364 = NStZ 2000, 645 = StV 2000, 675 (Anm. famos 8/2000; Martin JuS 2001, 84); BGH B. v. 22.03.2001 – GSSt 1/00 – BGHSt 46, 321 = NJW 2001, 2266 = NStZ 2001, 421 = StV 2001, 274 und 399 (Anm. Kühl, Höchstrichterliche Rspr. BT, 2002, Nr. 51; Altenhain Jura 2001, 836; Martin JuS 2001, 925; LL 2001, 634; RÜ 2001, 412; Erb NStZ 2001, 561; Franke JA 2002, 106; Joerden JuS 2002, 329; Ellbogen wistra 2002, 8; Rissing-van Saan FS Geilen 2003, 131).

[538] Kindhäuser/Hilgendorf, LPK, 9. Aufl. 2022, § 244 Rn. 34; aus der Rspr. vgl. zuletzt BGH B. v. 15.11.2022 – 6 StR 68/22 – NJW 2023, 307 = NStZ-RR 2023, 14 (Anm. Hecker JuS 2023, 371); BGH B. v. 16.01.2024 – 2 StR 422/23 – NStZ-RR 2024, 152; BGH B. v. 14.11.2023 – 6 StR 449/23 – NJW 2024, 2050 = NStZ 2024, 671 (Anm. Bosch Jura 2024, 1026; Sobota NJW 2024, 2053); BGH B. v. 21.11.2023 – 2 StR 447/23 – StV 2024, 567; BGH U. v. 03.07.2024 – 5 StR 535/23 (Anm. Pschorr jurisPR-StrafR 17/2024 Anm. 2).

Eine Kenntnis des Bandenführers oder aller Mitglieder von der Tat ist aber nicht erforderlich.[539]

Ferner kann auch eine Spontantat im Rahmen der Bandenabrede liegen.[540]

(2) Subjektiver Tatbestand
Es gilt das Vorsatzerfordernis des § 15 StGB.

dd) Rechtswidrigkeit
Es gelten die allgemeinen Grundsätze.

ee) Schuld
Es gelten die allgemeinen Grundsätze.

ff) Rechtsfolgen
S. o.

gg) Sonstiges
Umstritten ist, ob ein Nichtbandenmitglied als Außenstehender (Extraneus) an § 244 I Nr. 2 StGB teilnehmen kann oder ob die Bandenmitgliedschaft ein **besonderes persönliches Merkmal** i. S. d. § 28 II StGB ist.[541]

Beispiel 128

BGH B. v. 06.08.2014 – 2 StR 60/14 – NStZ 2014, 635 = NStZ-RR 2014, 349 (Anm. famos 11/2014; Langenhahn NStZ 2014, 636; Satzger Jura 2015, 424; LL 2015, 341):

Der in Lettland lebende B arbeitete ab 2001 für eine lettische Spedition als Fahrdienstleiter. Vor dem 25.10.2003 schlossen sich der damalige Chef des B und drei weitere - konkret benannte - Personen zusammen, um in der Bundesrepublik Deutschland wiederholt hochwertige Kraftfahrzeuge zu entwenden. Die Fahrzeuge sollten nach Lettland verschoben, mit neuen Papieren versehen und sodann gewinnbringend verkauft werden. Zwischen dem 25.10.2003 und dem 05.11.2003 entwendeten zwei der Bandenmitglieder vor Ort mit weiteren unbekannt gebliebenen Personen entsprechend ihrer gemeinsamen Abrede in vier Fällen jeweils ein Fahrzeug des Typs X5 der Marke BMW im Wert zwischen 44.000 € und 61.000 €. Drei Fahrzeuge konnten noch vor der Verbringung ins Ausland sichergestellt werden. Im Zusammenhang mit diesen Taten hielt B den

---

[539] Kindhäuser/Hilgendorf, LPK, 9. Aufl. 2022, § 244 Rn. 34; aus der Rspr. vgl. zuletzt BGH B. v. 21.11.2023 – 2 StR 447/23 – StV 2024, 567.
[540] Wittig, in: BeckOK-StGB, Stand 01.08.2024, § 244 Rn. 17; aus der Rspr. vgl. zuletzt BGH B. v. 21.11.2023 – 2 StR 447/23 – StV 2024, 567.
[541] Hierzu Eisele, BT II, 6. Aufl. 2021, Rn. 232; aus der Rspr. vgl. zuletzt BGH U. v. 30.09.2020 – 3 StR 511/19 – NStZ-RR 2021, 7; BGH B. v. 08.11.2022 – 2 StR 102/22 – NStZ 2023, 683 = StV 2023, 474; BGH U. v. 23.11.2022 – 2 StR 175/22 – NStZ-RR 2023, 76 = StV 2023, 737; BGH B. v. 16.01.2024 – 2 StR 422/23 – NStZ-RR 2024, 152.

Kontakt zwischen seinem Chef und den Tätern der Gruppierung vor Ort in Deutschland. Aufgabe des B war es dabei insbesondere, telefonisch „Sprechzeiten" zwischen seinem Chef und dem Kontaktmann in Deutschland zu vermitteln, um ungefährdet - insbesondere ohne abgehört zu werden - telefonieren zu können. B half so, was ihm auch bewusst war, die Diebstähle zahlreicher Fahrzeuge zu koordinieren. Außerdem überwies er seinem Kontaktmann in Deutschland im Auftrag seines Chefs Geld. Dem B war es bewusst, dass er einer in Deutschland agierenden festen Tätergruppierung, die von seinem Chef geleitet wurde, bei der Entwendung hochwertiger Fahrzeuge behilflich war. ◄

B könnte sich wegen Beihilfe zum Bandendiebstahl in vier Fällen strafbar gemacht haben. Er hat durch die Vermittlung von Sprechzeiten zwischen seinem Chef und dem Kontaktmann in Deutschland geholfen, die Diebstähle zu koordinieren, und damit zu den (Haupt-)Taten vorsätzlich Hilfe geleistet. Er wusste auch, dass die anderen als Bande handelten. Fraglich ist aber, ob Vorsatz bzgl. der Bandenmitgliedschaft der (Haupt-)Täter genügt, oder es sich bei der Bandenmitgliedschaft um ein besonderes persönliches Merkmal handelt, das B nach § 28 II StGB selbst aufweisen müsste.

Entgegen einer Minderheitsauffassung[542] ordnen die Rspr.[543] und die h. L.[544] die Bandenmitgliedschaft als besonderes persönliches Merkmal i. S. d. § 28 II StGB ein, halten sie also für täterbezogen und nicht tatbezogen. Hierfür spricht die Persönlichkeit dieser Stellung, obwohl der Qualifikationsgrund an sich die erhöhte Gefährlichkeit der Tat ist.

d) § 244 I Nr. 3 StGB

▶ **Didaktische Aufsätze**
  - Koranyi, Der Schutz der Wohnung im Strafrecht, JuS 2014, 241
  - Bosch, Die Strafbarkeit des Wohnungseinbruchdiebstahls, Jura 2018, 50

aa) Aufbau
  I. Tatbestand
    1. Objektiver Tatbestand
      a) Einen Diebstahl begeht
      b) Zur Ausführung der Tat in eine Wohnung einbricht, einsteigt, mit einem falschen Schlüssel oder einem anderen nicht zur ordnungsmäßigen Öffnung bestimmten Werkzeug eindringt oder sich in der Wohnung verborgen hält.§ 244 I Nr. 3 StGB
        aa) In eine Wohnung/In der Wohnung
        bb) Einbricht, einsteigt, mit einem falschen Schlüssel oder einem anderen nicht zur ordnungsmäßigen Öffnung bestimmten Werkzeug eindringt oder sich verborgen hält
    2. Subjektiver Tatbestand

---

[542] Z. B. Bosch, in: Schönke/Schröder, StGB, 30. Aufl. 2019, § 244 Rn. 53.
[543] S. o.
[544] S. nur Joecks/Jäger, StGB, 13. Aufl. 2021, § 244 Rn. 47.

II. Rechtswidrigkeit
III. Schuld
IV. Strafantrag, § 247 StGB

bb) Allgemeines
Besonderer **Verschärfungsgrund** bzgl. § 244 I Nr. 3 StGB[545] ist das Eindringen des Täters in das Privat- und Intimleben des Geschädigten, welches sich für letzteren oft als psychisch stark belastend darstellt.[546] Zum Schutz des Hausrechts s. auch § 123 StGB.[547]

Für **dauerhaft genutzte Privatwohnungen** gilt die gesteigerte Qualifikation des 2017 neu geschaffenen **§ 244 IV StGB**.[548]

cc) Tatbestand

(1) Objektiver Tatbestand

(a) Einen Diebstahl begeht
Zu § 242 I StGB s. o.

(b) Bei dem er zur Ausführung der Tat in eine Wohnung einbricht, einsteigt, mit einem falschen Schlüssel oder einem anderen nicht zur ordnungsmäßigen Öffnung bestimmten Werkzeug eindringt oder sich in der Wohnung verborgen hält, § 244 I Nr. 3 StGB

(aa) In eine Wohnung/In der Wohnung
Wohnung ist eine zur – auch nur vorübergehenden – Unterkunft des Menschen dienende Räumlichkeit.[549]

Zu unterscheiden ist dies von bloßen Arbeits- oder Geschäftsräumen,[550] die lediglich von § 243 I 2 Nr. 1 StGB erfasst werden.

---

[545] Hierzu näher Seier FS Kohlmann 2003, 295.
[546] S. nur Eisele, BT II, 6. Aufl. 2021, Rn. 234; aus der Rspr. vgl. BGH U. v. 21.06.2001 – 4 StR 94/01 – StV 2001, 624; BGH B. v. 24.04.2008 – 4 StR 126/08 – NStZ 2008, 514 = StV 2008, 468 (Anm. von Heintschel-Heinegg JA 2008, 742; Jahn JuS 2008, 928; LL 2008, 746; RÜ 2008, 647; RA 2008, 515; Ladiges JR 2008, 493; Winkler jurisPR-StrafR 18/2008 Anm. 2; Geppert JK 2009 StGB § 244 I Nr. 3/2); OLG Köln B. v. 09.02.2016 – 1 RVs 246/15 – StV 2017, 665; BGH B. v. 05.09.2017 – 5 StR 361/17 – NStZ-RR 2018, 14.
[547] S. Besonderer Teil – Nichtvermögensdelikte.
[548] S. u.
[549] Fischer, StGB, 71. Aufl. 2024, § 244 Rn. 46a; näher Behm GA 2002, 153; Schall FS Schreiber 2003, 423; Koranyi JA 2014, 241; aus der Rspr. vgl. zuletzt BGH B. v. 22.01.2020 – 3 StR 526/19 – NJW 2020, 1750 = NStZ 2020, 484 = NStZ-RR 2020, 247 = StV 2021, 492 (Anm. Jäger JA 2020, 630; RÜ 2020, 438; Epik NStZ 2020, 485; Bock/Manheim HRRS 2020, 341; LL 2021, 29; famos 5/2021; Krack JR 2021, 38); BGH U. v. 24.06.2020 – 5 StR 671/19 – NJW 2020, 2816 = NStZ 2020, 679 = NStZ-RR 2021, 121 = StV 2021, 493 (Anm. Bosch Jura 2020, 1391; RÜ 2020, 719; Kretschmer NJW 2020, 2819; LL 2021, 29; Heinrich NStZ-RR 2021, 121); BGH B. v. 24.03.2021 – 6 StR 46/21 – StV 2021, 491 (Anm. Jäger JA 2021, 873; RÜ 2021, 647).
[550] Eisele, BT II, 6. Aufl. 2021, Rn. 235; aus der Rspr. vgl. BGH B. v. 03.05.2001 – 4 StR 59/01 – StV 2001, 624.

Nicht erforderlich soll sein, dass die Wohnung im Tatzeitraum als solche genutzt wird, solange nur keine Entwidmung vorliegt.[551]

Auch beim Tod des Bewohners soll der Wohnungscharakter bestehen bleiben.[552] Angesichts des Verschärfungsgrunds für § 244 I Nr. 3 StGB ist problematisch, inwieweit der Wohnungsbegriff restriktiver als bei § 123 StGB auszulegen ist. Die h. M.[553] wendet die Qualifikation bzgl. **Nebenräumen** und **Nebengebäuden** (z. B. Geräteschuppen, Gartenhäuschen, Terrasse, Garten, Keller, Dachboden) nicht an.

Zwar wird man nach Schaffung des § 244 III StGB nicht mehr sagen können, dass in diesen Fällen unangemessen hohe Strafen drohen, wenn man § 244 I Nr. 3 StGB anwendet, allerdings überzeugt die Unterscheidung von § 244 I Nr. 2 StGB und § 243 I 2 Nr. 1 StGB nach wie vor – auch nach Normierung des § 244 IV StGB – nur in Bezug auf den inneren Kern, der aus den Räumlichkeiten besteht, die als Mittelpunkt des privaten Lebens Selbstentfaltung, -entlastung und vertrauliche Kommunikation gewährleisten, wo also ein Einbruch tief in die Intimsphäre des Opfers eindringt.

Erfasst sind auch Wohnwagen[554] und Wochenendhäuser.[555]

Problematisch ist der **Einbruch in gemischt genutzte Gebäude**.[556]

Zu unterscheiden sind vier Konstellationen:

Erstens wird es unstrittig von § 244 I Nr. 3 StGB erfasst, wenn der Täter in einen als Wohnung genutzten Gebäudeteil einbricht und auch aus diesem Gebäudeteil etwas stiehlt.[557]

Zweitens greift die Norm jedenfalls nicht, wenn der Täter in einen nicht als Wohnung genutzten Gebäudeteil einbricht und auch aus diesem Gebäudeteil etwas stiehlt.[558]

---

[551] Vgl. aus der Rspr. BGH U. v. 24.06.2020 – 5 StR 671/19 – NJW 2020, 2816 = NStZ 2020, 679 = NStZ-RR 2021, 121 = StV 2021, 493 (Anm. Bosch Jura 2020, 1391; RÜ 2020, 719; Kretschmer NJW 2020, 2819; LL 2021, 29; Heinrich NStZ-RR 2021, 121); BGH B. v. 25.10.2022 – 4 StR 265/22 – NStZ 2023, 291 = StV 2023, 534 (Anm. Eisele JuS 2023, 604; LL 2023, 535; RÜ 2023, 308; Kudlich/Göken NStZ 2023, 292).

[552] Vgl. aus der Rspr. BGH B. v. 22.01.2020 – 3 StR 526/19 – NJW 2020, 1750 = NStZ 2020, 484 = NStZ-RR 2020, 247 = StV 2021, 492 (Anm. Jäger JA 2020, 630; RÜ 2020, 438; Epik NStZ 2020, 485; Bock/Manheim HRRS 2020, 341; LL 2021, 29; famos 5/2021; Krack JR 2021, 38); BGH B. v. 25.10.2022 – 4 StR 265/22 – NStZ 2023, 291 = StV 2023, 534 (Anm. Eisele JuS 2023, 604; LL 2023, 535; RÜ 2023, 308; Kudlich/Göken NStZ 2023, 292).

[553] S. nur Eisele, BT II, 6. Aufl. 2021, Rn. 235; aus der Rspr. vgl. zuletzt BGH B. v. 24.03.2021 – 6 StR 46/21 – StV 2021, 491 (Anm. Jäger JA 2021, 873; RÜ 2021, 647); BGH B. v. 24.08.2021 – 6 StR 344/21 – NStZ 2022, 42.

[554] Vgl. aus der Rspr. BGH B. v. 11.10.2016 – 1 StR 462/16 – BGHSt 61, 285 = NJW 2017, 1186 (Anm. Puppe, AT, 5. Aufl. 2023, § 13 Rn. 29; Bosch Jura 2017, 604; Hecker JuS 2017, 470; RÜ 2017, 236; Mitsch NJW 2017, 1188; Bachmann JR 2017, 445; Kratz jurisPR-StrafR 5/2017 Anm. 2).

[555] Vgl. aus der Rspr. BGH B. v. 05.09.2017 – 5 StR 361/17 – NStZ-RR 2018, 14.

[556] Hierzu Bachmann NStZ 2009, 667; aus der Rspr. vgl. zuletzt BGH B. v. 24.03.2021 – 6 StR 46/21 – StV 2021, 491 (Anm. Jäger JA 2021, 873; RÜ 2021, 647).

[557] Fischer, StGB, 71. Aufl. 2024, § 244 Rn. 48.

[558] Eisele, BT II, 6. Aufl. 2021, Rn. 236.

Beispiel 129

BGH B. v. 20.05.2005 – 2 StR 129/05 – NStZ 2005, 631 (Anm. LL 2006, 104):
B kletterte in den Innenhof des Senioren- und Pflegeheims und begab sich durch den Flur in den offenen Empfangsbereich des Foyers, wo er Gegenstände entwendete. ◄

Wenn der Täter drittens in einen als Wohnung genutzten Gebäudeteil einbricht, von diesem aus aber in einen nicht als Wohnung genutzten Gebäudeteil gelangt und erst dort etwas stiehlt, ist § 244 I Nr. 3 StGB erfüllt.[559]

Beispiel 130

BGH U. v. 21.06.2001 – 4 StR 94/01 – NJW 2001, 3203 = NStZ 2001, 533 = StV 2001, 624 (Anm. Kühl, Höchstrichterliche Rspr. BT, 2002, Nr. 52; Martin JuS 2001, 1231; LL 2001, 862; RA 2001, 610; Geppert JK 2002 StGB § 244 I Nr. 3/1; Trüg JA 2002, 191):
B, der sich durch Einbruchsdiebstähle Geld verschaffen wollte, drang dreimal in dasselbe Wohn- und Geschäftshaus ein. Es handelte sich um ein älteres Gebäude, in dessen Erdgeschoss sich neben dem Geschäft auch einige zur Wohnung gehörende private Räume, darunter das Badezimmer, befanden. Am 10.06.2000 verschaffte sich B Zugang zu dem Gebäude, indem er eine der sechs Scheiben des von der Straße nicht einsehbaren Badezimmerfensters herauslöste, das Fenster öffnete und in das Badezimmer einstieg. Von dort gelangte er über den Flur in den Geschäftsraum, wo er 120 DM aus einer Schreibtischschublade an sich nahm und sodann mit seiner Beute das Haus durch die Wohnungseingangstür verließ. Auf demselben Wege stieg B vier Tage später, noch bevor die Fensterscheibe wieder eingesetzt worden war, nach Entriegeln des Fensters erneut in das Badezimmer ein; diesmal entwendete er 90 DM aus dem Geschäftsraum. Am Abend des nächsten Tags drang er nochmals – wie beim ersten Mal nach Herauslösen einer Fensterscheibe – in das Badezimmer ein. Bei dem Versuch, die Badezimmertür in Richtung Flur zu öffnen, stieß er die vom Geschädigten als „Alarmanlage" vor der Tür aufgestellten Gegenstände um, was erheblichen Lärm verursachte. Aus Furcht vor Entdeckung floh B ohne die erwartete Beute durch das Badezimmerfenster. ◄

Mit dem Eindringen in das Badezimmer ist B in den Wohnteil des Gebäudes eingebrochen. Dass er aus einem Geschäftsraum gestohlen hat, ist mit Blick auf die Verletzung der räumlichen Intimsphäre irrelevant.

Wenn der Täter viertens in einen nicht als Wohnung genutzten Gebäudeteil einbricht, von diesem aus aber in einen als Wohnung genutzten Gebäudeteil gelangt und erst dort etwas stiehlt, ist § 244 I Nr. 3 StGB nicht erfüllt.[560] Dem steht nämlich

---

[559] Fischer, StGB, 71. Aufl. 2024, § 244 Rn. 48.
[560] Eisele, BT II, 6. Aufl. 2021, Rn. 237.

der Wortlaut der Norm entgegen, der gerade den Einbruch in eine Wohnung verlangt, sodass nicht jedes Hineingelangen in die Wohnung ausreicht. Hier bleibt es bei den §§ 242 I, 243 I 2 Nr. 1 StGB.

Beispiel 131

BGH B. v. 24.04.2008 – 4 StR 126/08 – NStZ 2008, 514 = StV 2008, 468 (Anm. von Heintschel-Heinegg JA 2008, 742; Jahn JuS 2008, 928; LL 2008, 746; RÜ 2008, 647; RA 2008, 515; Ladiges JR 2008, 493; Winkler jurisPR-StrafR 18/2008 Anm. 2; Geppert JK 2009 StGB § 244 I Nr. 3/2):
B1 gewann B2 sowie B3 für seinen Plan, nachts in das Wohn- und Betriebsanwesen der Eheleute Z einzudringen, um dort Geld aus einem Tresor zu entwenden. Das Anwesen bestand aus zwei miteinander verbundenen Gebäudekomplexen. In einem Gebäudeteil befand sich im Erdgeschoss ein Café nebst Bürobereich und im Obergeschoss der Wohnbereich des Ehepaars; im anderen Teil waren eine Gaststätte, eine Brauerei und weitere Büroräume untergebracht. Die Gebäudeaufteilung war den Tatbeteiligten nicht im Einzelnen bekannt. Sie wussten aber, dass das Betreiberehepaar in dem Anwesen auch wohnte. B1 fuhr die B2 und B3 in die Nähe des Tatortes fuhr und wartete dort im Fahrzeug. B3 schlug absprachegemäß im Erdgeschoss des Gebäudes ein Fenster ein und stieg durch dieses in die Damentoilette des Cafés ein. Nach Durchqueren des Cafés gelangte er über eine Treppe zum Wohnbereich der Tatopfer im ersten Obergeschoss. Dort traf er auf das Ehepaar Z und zwang dieses – insoweit vom Tatplan abweichend – mittels massiver Schläge mit einem Holzknüppel, ihn zum Tresor, der sich in dem anderen Gebäudeteil befand, zu führen und diesen zu öffnen. B3 nahm 10.000 € an sich, flüchtete und wurde abredegemäß von B1 und B2 wieder im Fahrzeug aufgenommen. Die Beute wurde geteilt. ◄

B ist also nicht in eine Wohnung, sondern in ein Café eingebrochen.

(bb) Einbricht, einsteigt, mit einem falschen Schlüssel oder einem anderen nicht zur ordnungsmäßigen Öffnung bestimmten Werkzeug eindringt oder sich in der Wohnung verborgen hält
Die **Tathandlungen** entsprechen denen des § 243 I 2 Nr. 1 StGB.[561]
Die Normüberschrift des § 244 StGB, die nur auf den Einbruch rekurriert, ist unvollständig.

(2) Subjektiver Tatbestand
Es gilt das Vorsatzerfordernis des § 15 StGB.
Zu beachten ist das Merkmal „zur Ausführung der Tat", welches klarstellt, dass bereits im Zeitpunkt der Tathandlung des § 244 I Nr. 3 StGB Diebstahlsvorsatz vorhanden gewesen sein muss.

---

[561] S. o. I 6 b) bb) (1).

dd) Rechtswidrigkeit
Es gelten die allgemeinen Grundsätze.

ee) Schuld
Es gelten die allgemeinen Grundsätze.

ff) Rechtsfolgen
S. o.

3. Wohnungseinbruchdiebstahl nach Absatz 1 Nummer 3 betrifft eine dauerhaft genutzte Privatwohnung (schwerer Wohnungseinbruchdiebstahl), § 244 IV StGB

▶ Didaktischer Aufsatz
- Bosch, Die Strafbarkeit des Wohnungseinbruchdiebstahls, Jura 2018, 50

a) Aufbau
I. Tatbestand
  1. Objektiver Tatbestand
     a) Der Wohnungseinbruchdiebstahl nach Absatz 1 Nummer 3
     b) Betrifft eine dauerhaft genutzte Privatwohnung
  2. Subjektiver Tatbestand
II. Rechtswidrigkeit
III. Schuld
IV. Strafantrag, § 247 StGB

b) Erläuterungen
Der 2017 neu geschaffene[562] § 244 IV StGB[563] – tenoriert als „schwerer Wohnungseinbruchdiebstahl"[564] – baut auf § 244 I Nr. 3 StGB auf, betrifft als Tatobjekt aber nur dauerhaft genutzte Privatwohnungen. Da insofern die Verletzung der Intimsphäre besonders bedeutsam ist,[565] ist die Mindeststrafe gegenüber § 244 I StGB angehoben.

Ausweislich der Gesetzesbegründung sind geschützte Tatobjekte des § 244 IV StGB private Wohnungen oder Einfamilienhäuser und die dazu gehörenden, von ihnen nicht getrennten weiteren Wohnbereiche wie Nebenräume, Keller, Treppe, Wasch- und Trockenräume sowie Zweitwohnungen von Berufspendlern.[566]

---

[562] Zum Reformprozess Claus jurisPR-StrafR 12/2017 Anm. 1; Mitsch KriPoZ 2017, 180.
[563] Hierzu Bosch Jura 2018, 50; Hoven/Obert ZStW 2022, 1016.
[564] Vgl. aus der Rspr. zuletzt BGH B. v.14.02.2024 – 2 StR 341/23 – NStZ-RR 2023, 239.
[565] Vgl. aus der Rspr. BGH B. v. 19.03.2019 – 3 StR 2/19 – NStZ 2019, 674; BGH U. v. 24.06.2020 – 5 StR 671/19 – NJW 2020, 2816 = NStZ 2020, 679 = NStZ-RR 2021, 121 = StV 2021, 493 (Anm. Bosch Jura 2020, 1391; RÜ 2020, 719; Kretschmer NJW 2020, 2819; LL 2021, 29; Heinrich NStZ-RR 2021, 121).
[566] BT-Drs. 18/12359, 7, 10; s. auch Wittig, in: BeckOK-StGB, Stand 01.08.2024, § 244 Rn. 26.

§ 244 IV StGB sieht Freiheitsstrafe von einem Jahr bis zu zehn Jahren vor.
§ 244 III StGB ist nicht anwendbar.[567]

III. Schwerer Bandendiebstahl, § 244a StGB

▶ **Didaktischer Aufsatz**
- Zopfs, Examinatorium zu den Qualifikationstatbeständen des Diebstahls (§§ 244, 244a StGB), Jura 2007, 510

1. Aufbau
I. Tatbestand
  1. Objektiver Tatbestand
    a) Den Diebstahl begeht
    b) § 244a I StGB
      aa) Unter den in § 243 Abs. 1 Satz 2 genannten Voraussetzungen (soweit objektiv) oder in den Fällen des § 244 Abs. 1 Nr. 1 oder 3 (soweit objektiv)
      bb) Als Mitglied einer Bande, die sich zur fortgesetzten Begehung von Raub oder Diebstahl verbunden hat, unter Mitwirkung eines anderen Bandenmitglieds
  2. Subjektiver Tatbestand
    a) Den Diebstahl begeht
    b) Unter den in § 243 Abs. 1 Satz 2 genannten Voraussetzungen (soweit subjektiv) oder in den Fällen des § 244 Abs. 1 Nr. 1 oder 3 (soweit subjektiv)
II. Rechtswidrigkeit
III. Schuld
IV. Strafantrag, § 247 StGB

2. Erläuterungen
§ 244a StGB stellt den schweren Bandendiebstahl unter Strafe.[568]

> **§ 244a StGB (Schwerer Bandendiebstahl)**
> (1) Mit Freiheitsstrafe von einem Jahr bis zu zehn Jahren wird bestraft, wer den Diebstahl unter den in § 243 Abs. 1 Satz 2 genannten Voraussetzungen oder in den Fällen des § 244 Abs. 1 Nr. 1 oder 3 als Mitglied einer Bande, die sich zur

(Fortsetzung)

---

[567] Aus der Rspr. vgl. BGH B. v. 19.03.2019 – 3 StR 2/19 – NStZ 2019, 674.
[568] Hierzu Zopfs GA 1995, 320; Zopfs Jura 2007, 510.

fortgesetzten Begehung von Raub oder Diebstahl verbunden hat, unter Mitwirkung eines anderen Bandenmitglieds begeht.
(2) In minder schweren Fällen ist die Strafe Freiheitsstrafe von sechs Monaten bis zu fünf Jahren.

Diese Qualifikation des § 242 StGB[569] kombiniert §§ 243 oder 244 I Nr. 1 und 3 StGB mit § 244 I Nr. 2 StGB.[570] Da die Merkmale des § 243 I 2 StGB in § 244a StGB zu Tatbestandsmerkmalen werden, ist eine Widerlegung der Indizwirkungen des § 243 StGB nicht möglich. Auch § 243 II StGB ist irrelevant.[571]

§ 244a StGB gilt für alle Banden i. S. d. § 244 I Nr. 2 StGB, insbesondere auch für Jugendbanden.[572]

Besonders relevant ist der gewerbsmäßige Bandendiebstahl, da Diebesbanden in aller Regel gewerbsmäßig handeln.[573]

§ 244a I StGB sieht Freiheitsstrafe von einem Jahr bis zu zehn Jahren vor, der minder schwere Fall in § 244a II StGB[574] Freiheitsstrafe von sechs Monaten bis zu fünf Jahren.

Zu § 247 StGB s. o.

§ 248a StGB greift nicht.

B. Unterschlagung, § 246 StGB

▶ **Didaktische Aufsätze**
- Tenckhoff, Die Unterschlagung (§ 246 StGB), JuS 1984, 775
- Samson, Grundprobleme des Unterschlagungstatbestands, JA 1990, 5
- Jäger, Unterschlagung nach dem 6. Strafrechtsreformgesetz, JuS 2000, 1167
- Cantzler, Gelöste, ungelöste und neugeschaffene Probleme bei der Unterschlagung nach dem 6. StrG, JA 2001, 567

---

[569] Eisele, BT II, 6. Aufl. 2021, Rn. 240.
[570] S. jeweils o. I 6 b) bb) und II 2.
[571] S. nur Eisele, BT II, 6. Aufl. 2021, Rn. 242.
[572] H. M., vgl. schon o. II 2 c); krit. aber Kindhäuser/Hoven, in: NK-StGB, 6. Aufl. 2023, § 244a Rn. 1; aus der Rspr. vgl. LG Koblenz U. v. 18.12.1996 – 2101 Js 8390/96 jug.-2 KLs – NStZ 1998, 197 (Anm. Glandien NStZ 1998, 197); BGH B. v. 20.08.1997 – 2 StR 306/97; BGH B. v. 06.06.2000 – 4 StR 91/00 – NStZ-RR 2000, 343 = StV 2000, 670 (Anm. RA 2000, 715); BGH U. v. 22.03.2006 – 5 StR 38/06 – NStZ 2006, 574; BGH U. v. 31.07.2008 – 4 StR 144/08 – NStZ 2008, 625 = StV 2009, 129 (Anm. Möller StraFo 2009, 92).
[573] Schmitz, in: MK-StGB, 4. Aufl. 2021, § 244a Rn. 2.
[574] Vgl. aus der Rspr. BGH B. v. 01.02.2023 – 4 StR 492/22 – NStZ-RR 2023, 276.

- Kudlich, Zueignungsbegriff und Restriktion des Unterschlagungstatbestands, JuS 2001, 767
- Kudlich/Koch, Die Unterschlagung (§ 246 StGB) in der Fallbearbeitung, JA 2017, 184

I. Allgemeines

§ 246 StGB stellt die Unterschlagung unter Strafe.[575]

> **§ 246 StGB (Unterschlagung)**
> (1) Wer eine fremde bewegliche Sache sich oder einem Dritten rechtswidrig zueignet, wird mit Freiheitsstrafe bis zu drei Jahren oder mit Geldstrafe bestraft, wenn die Tat nicht in anderen Vorschriften mit schwererer Strafe bedroht ist.
> (2) Ist in den Fällen des Absatzes 1 die Sache dem Täter anvertraut, so ist die Strafe Freiheitsstrafe bis zu fünf Jahren oder Geldstrafe.
> (3) Der Versuch ist strafbar.

Die Norm schützt die Möglichkeit des Eigentümers, sein **Eigentum** zu nutzen.[576]

In der jetzigen weiten Form existiert der Tatbestand erst seit 1998 (§ 246 a. F. StGB lautete: „Wer eine fremde bewegliche Sache, die er in Besitz oder Gewahrsam hat, sich rechtswidrig zueignet, wird […] bestraft."). Eine Reihe früherer Auslegungsschwierigkeiten (sog. berichtigende Auslegungen)[577] hat sich aufgrund der Neufassung erledigt. Gleiches gilt für den früher problematischen Umgang mit Drittzueignungen.

§ 246 StGB fungiert als Auffangtatbestand v. a. in Fällen, in denen der Täter eine Sache ohne Wegnahme an sich bringt (z. B. durch Fund, aber auch Leihe, Miete oder Eigentumsvorbehaltskauf).[578]

---

[575] Hierzu Tenckhoff JuS 1984, 775; Samson JA 1990, 5; Kargl ZStW 1991, 136; Duttge/Fahnenschmidt ZStW 1998, 884; Murmann NStZ 1999, 14; Jäger JuS 2000, 1167; Cantzler JA 2001, 567; Kudlich JuS 2001, 767; Kindhäuser FS Gössel 2002, 451; Schulz FS Lampe 2003, 653; Kudlich/Koch JA 2017, 184.

[576] Fischer, StGB, 71. Aufl. 2024, § 246 Rn. 2; aus der Rspr. vgl. RG U. v. 03.05.1915 – I 189/15 – RGSt 49, 194; OLG Saarbrücken U. v. 16.10.1975 – Ss 55/75 – NJW 1976, 65 (Anm. Günther JZ 1976, 665); OLG Karlsruhe U. v. 18.12.1975 – 1 Ss 343/75 – NJW 1976, 902.

[577] S. Hoyer, in: SK-StGB, 9. Aufl. 2019, § 246 Rn. 3f.; Feldhaus NJW 1953, 1738; Bockelmann MDR 1953, 3; Rutkowsky NJW 1954, 180; Schneider MDR 1956, 387; Louven MDR 1960, 268.

[578] Fischer, StGB, 71. Aufl. 2024, § 246 Rn. 2.

II. Grunddelikt, § 246 I StGB

1. Aufbau
I. Tatbestand
  1. Objektiver Tatbestand
    a) Eine Sache
    b) Bewegliche
    c) Fremde
    d) Sich oder einem Dritten zueignet
    e) Rechtswidrig
  2. Subjektiver Tatbestand
II. Rechtswidrigkeit
III. Schuld
IV. Strafantrag, §§ 247, 248a StGB

2. Tatbestand

a) Objektiver Tatbestand

aa) Eine Sache
S. o. bei § 242 StGB.

bb) Bewegliche
S. o. bei § 242 StGB.

cc) Fremde
S. o. bei § 242 StGB.

dd) Sich oder einem Dritten zueignet

▶ **Didaktische Aufsätze**
- Maiwald, Der Begriff der Zueignung im Diebstahls- und Unterschlagungstatbestand JA 1971, 579 und 643
- Ulsenheimer, Der Zueignungsbegriff im Strafrecht, Jura 1979, 169
- Tenckhoff, Der Zueignungsbegriff bei Diebstahl und Unterschlagung, JuS 1980, 723
- Otto, Unterschlagung – Manifestation des Zueignungswillens oder der Zueignung?, Jura 1996, 383
- Duttge/Sotelsek, Die vier Probleme bei der Auslegung des § 246 StGB, Jura 2002, 526
- Börner, Zum Stand der Zueignungsdogmatik in den §§ 242, 246 StGB, Jura 2005, 389

(1) Allgemeines
Tathandlung und Taterfolg des § 246 I StGB ist die Zueignung.

Diese ist anders als bei § 242 StGB, wo lediglich die *Absicht* rechtswidriger Zueignung verlangt wird, bei der Unterschlagung ein **objektives Tatbestandsmerkmal**.

Freilich hat der Zueignungsbegriff den gleichen Inhalt,[579] sodass bestimmte Probleme (z. B. die Anforderungen an den Gegenstand der Zueignung)[580] gleichermaßen zu lösen sind.

Beispiel 132

OLG Hamm B. v. 12.03.2015 – 1 RVs 15/15 – NStZ-RR 2015, 213 (Anm. Jäger JA 2015, 629; RÜ 2015, 374):

Der am 21.01.2013 verstorbene G, der vermögend war, „überließ"/„schenkte" wohl gegen Ende September 2012 der B, die für ihn als Haushaltshilfe tätig war, eine Kreditkarte (Visa-Karte) „zur freien Nutzung, also für eigene Zwecke". Das Verfügungslimit der Kreditkarte lag bei 5000 € monatlich. Die Karte hatte eine Gültigkeit bis Ende Januar 2013. Die Kreditkartenumsätze wurden letztlich von einem Kontokorrentkonto des G abgebucht. In der Folgezeit tätigte B zahlreiche Umsätze mit der Kreditkarte. Auch nach dem Tod des G tätigte B vom 25.01.2013 bis zum 01.02.2013 insgesamt 22 Umsätze im Umfang von insgesamt 4686,07 €. B tätigte die Umsätze in Kenntnis des Todes des G. Sie wusste, dass dessen Vermögen nach seinem Tod allein den Erben zustand, zu denen sie – wie sie wusste – nicht gehörte. ◄

Fraglich ist, ob B sich die Kreditkarte zugeeignet hat. Als Gegenstand der Zueignung kommen Sachsubstanz und Sachwert in Betracht. Nach der sog. engen Sachwerttheorie von Rspr. und h. L. muss ein zueignungsfähiger Sachwert aber bestimmungsgemäß so eng mit der Sachsubstanz verknüpft sein, dass diese ohne ihn andere Qualität hat. Dies wird für die Kreditkarte verneint. Insofern bleibt nur die Sachsubstanz übrig, die sich B allein durch die Benutzung der Karte noch nicht zugeeignet hat.

Das betrifft ferner z. B. auch die Unterscheidung von Zueignung und „Ärgern" und sonstigen bloßen **Sachentziehungen** und **Sachbeschädigungen**.[581]

Die Anforderungen an eine Zueignung und damit bereits deren Grunddefinition sind umstritten.[582]

---

[579] Eisele, BT II, 6. Aufl. 2021, Rn. 252; aus der Rspr. vgl. BGH B. v. 05.03.1971 – 3 StR 231/69 – BGHSt 24, 115 = NJW 1971, 900 (Anm. Deubner NJW 1971, 1469; Schöneborn MDR 1971, 811); OLG Celle U. v. 08.07.1974 – 2 Ss 141/74 – NJW 1974, 2326.

[580] S. o. bei § 242 StGB, A I 3 b) bb) (4).

[581] Hohmann, in: MK-StGB, 4. Aufl. 2021, § 246 Rn. 26.

[582] Hierzu Joecks/Jäger, StGB, 13. Aufl. 2021, § 246 Rn. 13ff.; Hillenkamp/Cornelius, 40 Probleme aus dem Strafrecht BT, 13. Aufl. 2020, 24. Problem; Haberkorn MDR 1962, 704; Rudolphi GA 1965, 33; Maiwald JA 1971, 579 und 643; Ulsenheimer Jura 1979, 169; Tenckhoff JuS 1980, 723; Otto Jura 1996, 383; Degener JZ 2001, 388; Mylonopoulos FS Roxin 2001, 917; Duttge/Sotelsek Jura 2002, 526; Sinn NStZ 2002, 64; Basak GA 2003, 109; Maiwald FS Schreiber 2003, 315; Börner Jura 2005, 389; Ambos GA 2007, 127; aus der Rspr. vgl. zuletzt BGH U. v. 16.12.2021 – 1 StR 187/21 (Anm. RÜ 2022, 516; Bode JR 2022, 603); BGH B. v. 16.03.2023 – 2 StR 381/22 – NStZ 2023, 612 (Anm. RÜ 2023, 716; famos 3/2024); BGH B. v. 29.11.2023 – 6 StR 191/23 – NJW 2024, 1050 = NStZ 2024, 287 (Anm. Bosch Jura 2024, 558; Jäger JA 2024, 515; Jahn JuS 2024, 568; Stephan ZJS 2024, 859; RÜ 2024, 269; Hoven NJW 2024, 1051; Hahn NStZ 2024, 289; Rhein NSW 2024, 327).

B. Unterschlagung, § 246 StGB

Beispiel 133

OLG Düsseldorf B. v. 12.03.1985 – 5 Ss 63/85 – 62/85 I – StV 1985, 330 (Anm. Otto JK 1985 StGB § 246/4):

B hatte einen Pkw der Firma F in Besitz. Ende Januar 1984 fasste B den Entschluss, den Pkw für sich zu behalten und ihn nicht mehr an die F zurückzugeben. Er verbrachte den Wagen an einen anderen Ort, sodass der F der Zugriff auf den Wagen unmöglich wurde. Wiederholtem Herausgabeverlangen der F kam er nicht nach, sondern verschwieg den Aufenthaltsort des Wagens und verhinderte durch Einflussnahme auf Dritte, dass die F den Wagen ausfindig machen konnte. ◄

Beispiel 134

BGH U. v. 17.03.1987 – 1 StR 693/86 – BGHSt 34, 309 = NJW 1987, 2242 = StV 1988, 14 (Anm. Geppert JK 1987 StGB § 246/5; Müller JA 1988, 56):

B geriet mit seinem Bauunternehmen in wirtschaftliche Schwierigkeiten und war ab 11.10.1982 zahlungsunfähig. Die Eröffnung eines Konkursverfahrens wurde am 11.10.1983 mangels Masse abgelehnt. Zur Sicherung von Krediten hatte B der Sparkasse K. unter anderem eine Rüttelplatte, einen Bagger und 400 qm Stahlrohrgerüst übereignet. Nach Kündigung der Kredite wollte die Sparkasse diese Geräte im April 1984 verwerten und forderte den B deshalb zur Rückgabe auf. Dieser teilte ihr jedoch mit, er sei mit dem Verkauf nicht einverstanden und habe die Geräte „sichergestellt". Trotz mehrmaliger Aufforderung zur Herausgabe behielt er die Geräte in der Folgezeit für sich und arbeitete damit noch im August 1986 auf Baustellen. ◄

Beispiel 135

OLG Brandenburg B. v. 06.07.2009 – 1 Ss 45/09 – NStZ 2010, 220 (Anm. Hecker JuS 2010, 740):

B nahm im April 2006 eine gebrauchte Jeans ihres Nachbarn zusammen mit einem neuen Reißverschluss entgegen zum Zwecke des Einnähens desselben. Den mehrfachen und auf verschiedene Weise angebrachten Aufforderungen zur Rückgabe der Hose kam B nicht nach – anfangs unter dem Hinweis, die Hose nicht zu finden, später ohne Angaben von Gründen. Schließlich gab B im ersten Termin zur Hauptverhandlung vor dem AG die unreparierte Hose zurück. ◄

Beispiel 136

OLG Hamm B. v. 01.12.1998 – 2 Ss 1356/98 (Anm. Fahl JA 1999, 539):

B war hochgradig verschuldet. Nachdem er bereits zuvor in der Zeit vom 25.08.1997 bis zum 24.09.1997 einen Pkw bei der Firma G gemietet und auch bar bezahlt hatte, mietete er sodann am 26.09.1997 einen anderen. an. Vereinbart war auch hier, dass der Pkw einen Monat später zurückgegeben werden sollte. B zahlte die erforderliche Mietgebühr in Höhe von 555 DM bar an. Am 25.10.1997 gab B jedoch den Pkw nicht zurück, sondern behielt ihn im Besitz und fuhr weiter damit. Er wollte ihn zunächst für sich behalten und es dem Zufall überlassen, wann das Fahrzeug wieder an den Eigentümer zurückgegeben würde. Er hatte einen neuen Lebenspartner kennengelernt und wollte vor diesem „den dicken Mann markieren". Nachdem die Firma G Anzeige erstattet hatte, konnte der Pkw am 27.11.1997 am Arbeitsplatz des B sichergestellt und dann dem Eigentümer zurückgegeben werden. Insgesamt fuhr B im Zeitraum bis zum Sicherstellungstag etwa 5.800 km." ◄

Beispiel 137

BGH B. v. 15.07.2010 – 4 StR 164/10 – NStZ-RR 2011, 276 (Anm. RA 2011, 123):
Die Rechtsanwältin B händigte ihrem Arbeitnehmer Z auch nach Beendigung des Beschäftigungsverhältnisses die Lohnsteuerkarten für die Jahre 2004 und 2005 nicht aus. Ferner gab B diverse Unterlagen, welche die Mandanten ihr zur Wahrnehmung von deren Interessen zur Verfügung gestellt hatten, diesen nicht wieder zurück. Anlass für das Zurückhalten der Lohnsteuerkarten bzw. der Unterlagen war jeweils eine Verärgerung über das Verhalten des Z bzw. der Mandanten. Des Weiteren sandte die B Ermittlungsakten der StA Bochum in einem gegen einen Mandanten geführten Verfahren, die der B als Verteidigerin zur Akteneinsicht übersandt wurden, nicht mehr an die Behörde zurück. Hierzu hatte sich B entschlossen, weil ihr die unbeabsichtigte Versäumung der Rückgabefrist unangenehm war. ◄

Liegt in den vorgenannten Fällen jeweils eine Zueignung vor?

Unterscheiden lassen sich die herrschenden sog. „**Manifestationstheorien**"[583] von **erfolgsbezogenen** Ansätzen (in mehreren Varianten hinsichtlich Aneignungs- und Enteignungskomponente[584]).

Die Rspr.[585] und die h. L.[586] verlangen eine äußerliche **Manifestation des Zueignungswillens**, wobei aber unterschiedliche Anforderungen an die Manifestation gestellt werden (ab wann ist ein hinreichend sicherer Schluss auf die Einverleibungsabsicht möglich?). Während die überwiegende Rspr. jede Art der Manifestation des Zueignungswillens als ausreichend ansieht (sog. **weite** Manifestationstheorie), bemühen sich Teile der Rspr. und die h. L. um eine eher restriktive Handhabung (sog. **enge** Manifestationstheorie), indem nämlich eine eindeutige

---

[583] S. Fischer, StGB, 71. Aufl. 2024, § 246 Rn. 6ff.
[584] Zsf. zu diesen Eisele, BT II, 6. Aufl. 2021, Rn. 253ff.
[585] S. o.
[586] S. nur Eisele, BT II, 6. Aufl. 2021, 256.

B. Unterschlagung, § 246 StGB

und zweifelsfreie Bekundung des Zueignungswillens verlangt wird.[587] In der Tat muss verhindert werden, dass das objektive Tatbestandsmerkmal der Zueignung versubjektiviert wird. Ohnehin ist es prima facie zirkelschlüssig, eine objektive Zueignung unter Hinweis auf einen Zueignungsvorsatz zu definieren, der sich ja wiederum auf eine als gedacht vorausgesetzte Zueignung beziehen muss. Die h. M. erstrebt hier eine Verknüpfung mit der Zueignungsabsicht i. S. d. § 242 I StGB, sodass es um die Manifestation eines Enteignungsvorsatzes und einer Aneignungsabsicht geht, bzgl. derer jeweils auf die Erläuterungen beim Diebstahl zu verweisen ist.

Insbesondere die **unterlassene Rückgabe** von Gegenständen, d. h. der **unbefugt** gewordene **Gebrauch**, ist ein Grenzfall[588]: Eine Zueignung der Sache kann nicht bereits darin gesehen werden, dass der Täter diese nicht herausgibt; das bloße Unterlassen der geschuldeten Rückgabe kann nicht als Manifestation des Zueignungswillens angesehen werden.[589] Erforderlich ist vielmehr, dass der Täter ein Verhalten an den Tag legt, das den sicheren Schluss darauf zulässt, dass er die Sache unter Ausschluss des Eigentümers seinem eigenen Vermögen einverleiben will. Zu der unterlassenen Herausgabe müssen folglich Umstände hinzutreten, die darauf schließen lassen, dass die Nichtherausgabe gerade Ausdruck der Zueignung ist. Derartige Umstände können z. B. darin gesehen werden, dass die Sache durch den Gebrauch erheblich an Wert verliert oder der Gewahrsamsinhaber den Standort der Sache gegenüber dem Eigentümer verheimlicht oder den Besitz ableugnet. Ein Nichterklären auf Rückgabeforderungen ist insofern nicht als Manifestation des Zueignungswillens in der Weise eines Verborgenhaltens vor dem Eigentümer anzusehen, denn ein solches Verhalten kann auch auf einer das fremde Eigentum nicht in Frage stellenden Nachlässigkeit oder Säumnis beruhen.

Um derartige Auslegungs- und Grenzziehungsschwierigkeiten zu vermeiden, verlangen beträchtliche Teile der Lehre[590] unter Ablehnung der als zu weit empfundenen h. M. einen **Zueignungserfolg**, welcher unterschiedlich benannt wird.

Z. T.[591] wird der Eintritt der Enteignung nebst mindestens vorübergehender Aneignung gefordert.

Andere[592] stellen allein auf den Vollzug oder doch Beginn der Aneignung ab, d. h. das Erlangen eines wirtschaftlichen Vorteils.

---

[587] Zsf. Wittig, in: BeckOK-StGB, Stand 01.08.2024, § 246 Rn. 4.
[588] Eisele, BT II, 6. Aufl. 2021, Rn. 255; aus der Rspr. vgl. zuletzt OLG Zweibrücken B. v. 02.05.2018 – 1 OLG 2 Ss 1/18 – NStZ-RR 2018, 249 (Anm. Jansen jurisPR-StrafR 15/2018 Anm. 3).
[589] So (auch zum Folgenden) OLG Brandenburg B. v. 06.07.2009 – 1 Ss 45/09 – NStZ 2010, 220 (221).
[590] S. nur die Darstellung bei Eisele, BT II, 6. Aufl. 2021, Rn. 257.
[591] Hoyer, in: SK-StGB, 9. Aufl. 2019, § 246 Rn. 20.
[592] Krey/Hellmann/Heinrich, BT 2, 18. Aufl. 2021, Rn. 226.

Manche[593] lassen die Verschlechterung der Wiedererlangungschance, d. h. die konkrete Gefahr einer dauernden Enteignung (insbesondere Verlust der Sachherrschaft beim bisherigen Gewahrsamsinhaber), genügen. Z. T.[594] wird sogar nur der Verbrauch, die Entwertung oder die Veräußerung der Sache unter die Zueignung subsumiert.

Zutreffend an den erfolgsbezogenen Ansätzen ist, dass der Wortlaut der Norm für einen tatsächlich eingetretenen Erfolg spricht. Angesichts der sonstigen Weite des § 246 I StGB besteht durchaus auch das Bedürfnis nach einer sinnvollen Restriktion des Tatbestands. Angesichts der Versuchsstrafbarkeit in § 246 III StGB drohen auch keine unsachgerechten Strafbarkeitslücken. Freilich muss man zum einen den Willen des Gesetzgebers berücksichtigen, einen Auffangtatbestand zu schaffen, sodass ein *numerus clausus* bestimmter Zueignungshandlungen nicht sinnvoll ist. Zum anderen darf der Eintritt der Zueignung nicht auf unbestimmte Zeit hinausgeschoben werden. Insofern überzeugt es, den Beginn der Aneignung genügen zu lassen; das gleiche Ergebnis wird sich erzielen lassen, wenn man den Eintritt der Enteignung nicht allzu zögerlich handhabt.

(2) Fallgruppen; Einzelfälle

Eine typische unproblematische Fallgestaltung ist der **Untergang** der Sache durch Verzehr, Verbrauch oder Verarbeitung[595] durch den Täter selbst oder einen Dritten, dem z. B. die Sache geschenkt wird. Gleiches gilt bei einem Gebrauch der Sache, der zu erheblichem **Wertverlust** führt.[596]

Schenkt der Täter die Sache einem Dritten, so wird dies bei **Übergabe** der Sache genügen.[597] **Rein verbale** Zueignungsakten zugunsten Dritter genügen nicht.

Problematisch ist ferner das Ableugnen von Besitz, Behaupten von Eigentum oder Verweigern der Herausgabe.[598]

Beispiel 138

OLG Brandenburg B. v. 06.07.2009 – 1 Ss 45/09 – NStZ 2010, 220 (Anm. Hecker JuS 2010, 740):

B nahm im April 2006 eine gebrauchte Jeans ihres Nachbarn zusammen mit einem neuen Reißverschluss entgegen zum Zwecke des Einnähens desselben. Den mehrfachen und auf verschiedene Weise angebrachten Aufforderungen zur Rückgabe der Hose kam B nicht nach – anfangs unter dem Hinweis, die Hose

---

[593] Ambos GA 2007, 127 (134ff.); Basak GA 2003, 109 (120f.).
[594] Kargl ZStW 1991, 136 (167, 181ff.).
[595] S. Heger, in: Lackner/Kühl/Heger, StGB, 30. Aufl. 2023, § 246 Rn. 5.
[596] Wittig, in: BeckOK-StGB, Stand 01.08.2024, § 246 Rn. 6.1.
[597] Joecks/Jäger, StGB, 13. Aufl. 2021, § 246 Rn. 23.
[598] Hierzu Joecks/Jäger, StGB, 13. Aufl. 2021, § 246 Rn. 20ff.; aus der Rspr. vgl. RG. U. v. 07.11.1938 – 3 D 769/38 – RGSt 72, 380; OLG Frankfurt U. v. 19.02.1947 – Ss 10/47 – SJZ 1947, 675 (Anm. Voigt SJZ 1947, 677); OLG Celle U. v. 08.07.1974 – 2 Ss 141/74 – NJW 1974, 2326; LG Potsdam B. v. 01.10.2007 – 24 Qs 28/07 – NJW 2008, 1607 = NStZ-RR 2008, 143.

B. Unterschlagung, § 246 StGB

nicht zu finden, später ohne Angaben von Gründen. Schließlich gab B im ersten Termin zur Hauptverhandlung vor dem AG die unreparierte Hose zurück. ◀

Indem B behauptete, die Hose nicht zu finden, hat sie weder den Standort der Hose in ihrer Wohnung verheimlicht noch Eigentum oder Besitz des Nachbarn bestritten. Eine Zueignung kommt dadurch nicht in Frage.

Bei **Rechtsgeschäften** ist problematisch, ob bereits der Antrag eine Zueignung ist (so die Rspr.^{599} und die wohl h. L.^{600}), eine solche jedenfalls bei Vertragsschluss anzunehmen ist oder erst die Erfüllung (v. a. also die Übergabe der Sache) die Vollendung bewirkt.^{601} Angesichts der Vorzugswürdigkeit einer erfolgsbezogenen Auslegung ist Letzteres zutreffend.

Zu nennen ist insbesondere die Veräußerung an einen gutgläubigen Erwerber.^{602} Bei einer Sicherungsübereignung^{603} einer fremden Sache mangelt es zwar meist an einer Übergabe, allerdings kann man den Verlust der Eigentümerstellung als tauglichen Zueignungserfolg werten; anders ist dies dann, wenn mit einer Auslösung zu rechnen ist, also bei zu erwartender tadelloser Erfüllung des gesicherten schuldrechtlichen Anspruchs. Vergleichbares gilt bei Verpfändung.^{604}

Auch eine **Wegnahme** i. S. d. § 242 I StGB genügt für eine Zueignung^{605}; relevant ist dies v. a. bei mangelnder Zueignungsabsicht im Zeitpunkt der Wegnahme.

Beispiel 139

BGH B. v. 06.07.2010 – 3 StR 180/10 – NStZ 2011, 36 = StV 2010, 634 (Anm. RA 2010, 698; Satzger JK 2011 StGB § 242/25; Hecker JuS 2011, 374; LL 2011, 246):

B veranlasste Z, ihm sein Mobiltelefon zu zeigen. Er nahm ihm dieses sodann aus der Hand und verlangte für die Rückgabe 20 €. Dabei kam es ihm „nicht auf das Handy, sondern auf das Geld" an. Z lehnte jedoch eine Zahlung ab. Hierauf

---

^{599}RG U. v. 23.06.1924 – III 453/24 – RGSt 58, 230; RG U. v. 10.01.1933 – RGSt 67, 73; RG U. v. 27.10.1939 – 6 D 654/39 – RGSt 73, 354; OLG Braunschweig U. v. 19.09.1947 – Ss 40/47 – NJW 1948, 109 (Anm. Wiegmann NJW 1948, 110); OLG Braunschweig U. v. 02.12.1948 – Ss 74/48 – NJW 1949, 477; BGH B. v. 07.12.1959 – GSSt 1/59 – BGHSt 14, 38 = NJW 1960, 684 (Anm. Kühl, Höchstrichterliche Rspr. BT, 2002, Nr. 53; Schröder JR 1960, 308; Bockelmann JZ 1960, 621; Schünemann JuS 1968, 114; Eckstein JA 2001, 25).
^{600}Fischer, StGB, 71. Aufl. 2024, § 246 Rn. 7.
^{601}Hoyer, in: SK-StGB, 9. Aufl. 2019, § 246 Rn. 25.
^{602}Bosch, in: Schönke/Schröder, 30. Aufl. 2019, Rn. 17; aus der Rspr. RG U. v. 12.11.1914 – I 795/14 – RGSt 49, 16; OLG Düsseldorf B. v. 23.11.1983 – 5 Ss 437/83 – 360/83 I – NJW 1984, 810 = StV 1984, 288 (Anm. Sonnen JA 1984, 379).
^{603}Hierzu Fischer, StGB, 71. Aufl. 2024, § 246 Rn. 7; aus der Rspr. vgl. RG U. v. 20.12.1926 – III 615/26 – RGSt 61, 65; BGH U. v. 19.06.1951 – 1 StR 42/51 – BGHSt 1, 262.
^{604}Fischer, StGB, 71. Aufl. 2024, § 246 Rn. 7; aus der Rspr. vgl. zuletzt BGH U. v. 16.12.2021 – 1 StR 187/21 (Anm. RÜ 2022, 516; Bode JR 2022, 603).
^{605}Kindhäuser/Hoven, in: NK-StGB, 6. Aufl. 2023, § 246 Rn. 17.

fasste der B den Entschluss, das Mobiltelefon zu behalten und für eigene Zwecke zu verwenden. Nach Entnahme der SIM-Karte, die er dem Z aushändigte, steckte er es in seine Tasche und entfernte sich. Z folgte ihm und forderte sein Eigentum zurück. Um sich im Besitz des gestohlenen Handys zu halten, schlug B dem Z daraufhin mit der flachen Hand ins Gesicht und drohte ihm mit Schlägen für den Fall, dass er ihm weiter hinterher ginge. Dem fügte sich Z. ◄

B hat das Mobiltelefon weggenommen, als er es dem Z aus der Hand nahm. Allerdings ist die Zueignungsabsicht i.R.d. § 242 I StGB nach richtiger Ansicht zu verneinen, wenn B das Mobiltelefon entgeltlich an Z zurückgelangen lassen wollte. Dann liegt in der Wegnahme aber zumindest eine für § 246 I StGB relevante Zueignung.

Eine Zueignung von **Sicherungseigentum** liegt dann vor, wenn der Täter die Gefahr herbeiführt, dass der Sicherungsnehmer die Verwertungsfunktion nicht ausüben kann, wenn also eine Neuzuordnung des Sicherungsguts in das Vermögen des Sicherungsgebers oder eines Dritten erfolgt.[606]

(3) Sich oder einem Dritten
§ 246 I StGB erfasst seit 1998 sowohl die **Selbst-** als auch die **Drittzueignung**.[607] Wie bei § 242 I StGB hat die früher virulente Unterscheidung ihre strafbegründende Bedeutung verloren. In Fällen z. B. des (geplanten) Verschenkens[608] besteht kein Bedürfnis mehr für eine extensive Handhabung der Selbstzueignung.

Die **Drittzueignung** muss unterschieden werden von einer **Beihilfe zur Selbstzueignung** eines anderen: Erstere liegt vor, wenn einem Dritten eine Stellung verschafft wird, die einer Selbstzueignung entspricht; letztere, wenn nur Gelegenheit für eine Selbstzueignung geschaffen wird[609] – dies entspricht dem allgemeinen (Täterschafts-)Kriterium der Tatherrschaft.

(4) Wiederholte Zueignung

▶ **Didaktischer Aufsatz**
- Kretschmer, Tatbestands- oder Konkurrenzlösung: eine typische Argumentation im Strafrecht, JuS 2013, 24
- Bosch, Subsidiarität der Unterschlagung und wiederholte Drittzueignung, Jura 2022, 921

---

[606] Kindhäuser/Hoven, in: NK-StGB, 6. Aufl. 2023, § 246 Rn. 20; aus der Rspr. vgl. OLG Celle U. v. 08.07.1974 – 2 Ss 141/74 – NJW 1974, 2326; BGH U. v. 17.03.1987 – 1 StR 693/86 – BGHSt 34, 309 = NJW 1987, 2242 = StV 1988, 14 (Anm. Geppert JK 1987 StGB § 246/5; Müller JA 1988, 56); BGH U. v. 06.09.2006 – 5 StR 156/06 – NStZ-RR 2006, 377 = StV 2007, 30 (Anm. Hauck wistra 2008, 241).
[607] Zur Drittzueignung Kindhäuser/Hilgendorf, LPK, 9. Aufl. 2022, § 246 Rn. 22ff.; näher Rengier FS Lenckner 1998, 801; Schenkewitz NStZ 2003, 17.
[608] S. o. A I 3 b) bb) (3) (c).
[609] Eisele, BT II, 6. Aufl. 2021, Rn. 261; aus der Rspr. vgl. BGH U. v. 06.09.2006 – 5 StR 156/06 – NStZ-RR 2006, 377 = StV 2007, 30 (Anm. Hauck wistra 2008, 241).

B. Unterschlagung, § 246 StGB

Umstritten ist, ob eine **wiederholte Zueignung** möglich ist,[610] d. h. ob eine Zueignung i. S. d. 246 I StGB auch bzgl. einer v. a. bereits gestohlenen (§ 242 I StGB) oder durch Betrug (§ 263 I StGB) oder Untreue (§ 266 I StGB) erlangten Sache vorliegen kann.

Beispiel 140

B entwendete aus einem Supermarkt eine Flasche Korn. Am nächsten Tag trank er sie. ◄

B hat die Flasche Korn bereits gestohlen (§ 242 I StGB). Kann er sie durch den Verzehr noch i. S. d. § 246 I StGB zueignen?

Beispiel 141

BGH U. v. 17.10.1961 – 1 StR 382/61 – BGHSt 16, 280 = NJW 1962, 116 (Anm. Bähr JuS 1962, 118):
B täuschte eine Möbelverkäuferin der Firma S. über seine Kreditwürdigkeit und bewog diese dadurch zum Verkauf der Möbel auf Ratenzahlungen unter Eigentumsvorbehalt. Er hatte die Absicht, die Möbel entsprechend den Bedingungen des Kaufvertrages zu benutzen und wollte sie nicht vertragswidrig verwenden. Dieses Vorhaben führte er auch eine Zeit lang aus. Erst später nach der Trennung von seiner Ehefrau fasste er infolge der Veränderung seiner persönlichen Verhältnisse den neuen Entschluss, die noch nicht voll bezahlten Möbel zu verkaufen, und setzte diesen Plan alsbald in die Tat um. ◄

B hat bzgl. der Möbel einen Betrug (§ 263 I StGB) zu Lasten der Firma S begangen. Kann der spätere Verkauf derselben Möbel noch eine Unterschlagung sein?

Beispiel 142

BGH B. v. 13.07.1995 – 1 StR 309/95 – NStZ-RR 1996, 131 (Anm. Otto JK 1996 StGB § 246/10):
B hatte als Sekretärin bei der Firma I eine Handkasse zu betreuen. Sobald sich in ihr nicht mehr ausreichend Bargeld befand, hatte B einen Barscheck auszufüllen, diesen einem zeichnungsberechtigten Geschäftsführer zur Unterschrift vorzulegen und mit dem Barscheck einen entsprechenden Bargeldbetrag bei der Bank abzuheben und diesen in die Handkasse einzulegen. Dieses Verfahren nutzte B aus, um Bargeld für eigene Zwecke zu beschaffen. Mit der wahrheitswidrigen Angabe, die zur Zeichnung vorgelegten Barschecks dienten der Auffüllung der Handkasse, bestimmte sie den jeweiligen Geschäftsführer zur Aus-

---

[610] Hierzu Eisele, BT II, 6. Aufl. 2021, Rn. 262ff.; Hillenkamp/Cornelius, 40 Probleme aus dem Strafrecht BT, 13. Aufl. 2020, 25. Problem; Kretschmer JuS 2013, 24; Bosch Jura 2022, 921; aus der Rspr. vgl. zuletzt BGH B. v. 13.01.2022 – 1 StR 292/21 – NStZ 2022, 611 = StV 2022, 442 (Anm. Bosch Jura 2022, 1004; Eisele JuS 2022, 551; LL 2022, 680; RÜ 2022, 430; Mitsch NStZ 2022, 612); BGH B. v. 16.03.2023 – 2 StR 381/22 – NStZ 2023, 612 (Anm. RÜ 2023, 716; famos 3/2024).

stellung von Schecks, die sie jedoch zur Gutschrift des Kontos ihres Sohnes bei einem Bankinstitut einreichte. ◄

Vorausgesetzt, die B hat einen Betrug (§ 263 I StGB) oder eine Untreue (§ 266 I StGB) zulasten der Firma I begangen – wird mit Einreichung der Schecks auch eine Unterschlagung vollendet?

Die Rspr.[611] und Teile der Lehre[612] vertreten eine sog. **Tatbestandslösung** und lehnen eine nochmalige Zueignung ab. Insbesondere ist dann die Verwertung einer gestohlenen Sache schon nicht tatbestandsmäßig.

Die wohl h. L.[613] hingegen vertritt eine sog. **Konkurrenzlösung**: Das spätere Verhalten des Täters ist hiernach sehr wohl tatbestandsmäßig; die Unterschlagung wird allerdings im Wege der Gesetzeskonkurrenz (mitbestrafte Nachtat) als verdrängt angesehen.

Klarzustellen ist zunächst, dass die Subsidiaritätsklausel in § 246 I StGB[614] zur Lösung der Frage nichts beiträgt, da nur die **gleichzeitige** Unterschlagung formell subsidiär ist.

In einer Fallbearbeitung kann ferner die Frage der Tatbestandsmäßigkeit häufig **offen bleiben**, nämlich v. a. dann, wenn sich die Frage einer Teilnahme weiterer Beteiligter an einer Unterschlagung nicht stellt (die Teilnahme setzt eine tatbestandsmäßige (Haupt-)Tat voraus, wird jedoch durch Gesetzeskonkurrenz nicht berührt), kein Rechtfertigungsgrund in Frage kommt (z. B. § 127 I StPO bzgl. eines bei der Unterschlagung Ertappten) und eine Verjährung nicht im Raume steht. Der Täter ist jedenfalls nicht wegen Unterschlagung zu bestrafen.

Nur selten bedarf es also einer Entscheidung zwischen der Tatbestands- und der Konkurrenzlösung.

Beispiel 143

B1 entwendete aus einem Supermarkt eine Flasche Korn. Am nächsten Tag trank er sie, nachdem B2 ihn dazu aufgefordert hatte. ◄

Nur nach der Konkurrenzlösung kommt eine Strafbarkeit des B2 wegen Anstiftung zur Unterschlagung des B1 gem. §§ 246 I, 26 StGB in Betracht.

Dies spricht auch für die h. L.: Strafbarkeitslücken bei Teilnahme an der Zweitzueignung, die auch durch die §§ 257ff. StGB nicht gänzlich geschlossen werden, werden vermieden. Natürlich mutet es merkwürdig an, dass nach einer Entziehung der Herrschaftsbefugnisse des Eigentümers z. B. durch einen Diebstahl der Eigentümer erneut bzgl. derselben Sache geschädigt werden soll. Aneignung und Enteignung sind insofern nicht wiederholbar. Zu widersprechen dürfte aber der Schlussfolgerung sein, dass die Nutzung der Sache kein eigenständiges Unrecht darstellt.

---

[611] S. o.
[612] Z. B. Heger, in: Lackner/Kühl/Heger, StGB, 30. Aufl. 2023, § 246 Rn. 7.
[613] S. nur Kindhäuser/Hilgendorf, LPK, 9. Aufl. 2022, § 246 Rn. 39.
[614] S. sogleich u. 6.

B. Unterschlagung, § 246 StGB

Zur Vermeidung von Doppelbestrafungen dient die Lehre von den Gesetzeskonkurrenzen, die hier ausreichende Lösungen liefert. Dass der Täter eines Diebstahls i. d. R. das Diebesgut nutzen oder verwerten wird, dies also eine natürliche Konsequenz der Vortat darstellt, ist gerade die Situation der mitbestraften Nachtat. Das noch bestehende Eigentum verdient auch durchaus noch Respekt und Schutz in Gestalt einer Tatbestandsmäßigkeit *sub specie* § 246 I StGB. In Fällen strafloser Zueignung (z. B. gutgläubig oder im Zustand des § 20 StGB) wäre die Ablehnung des § 246 I StGB ohnehin nicht sachgerecht. Dass bei langlebigen Konsumgütern in jeder Nutzung eine tatbestandsmäßige Unterschlagung liegt, was zu einer stark verzögerten Verjährung (§§ 67ff. StGB) führt, ist hinzunehmen. Bei großem Zeitablauf bieten Sanktionen- und Strafprozessrecht hinreichende Berücksichtigungsmöglichkeiten.

ee) Rechtswidrig
Die Rechtswidrigkeit der Zueignung in § 246 I StGB ist ein objektives Tatbestandsmerkmal.[615] Dies führt hier dazu, dass z. B. bei gesetzlicher Befugnis, fälligem und einredefreiem schuldrechtlichen Anspruch sowie bei Einwilligung bereits der objektive Tatbestand entfällt.[616]
Bei Irrtum bzw. mangelndem Vorsatz ist § 16 StGB anzuwenden.[617]
Die wichtigste Fallgestaltung betrifft zivilrechtliche Eigentumsverschaffungsansprüche.[618]
Ferner ist v. a. bei der Bedienung von Automaten an eine Einwilligung zu denken, sodass sich wie bei § 242 I StGB die Frage nach der Erfüllung diesbzgl. Bedingungen stellt. An eine Einwilligung in die Zueignung kann auch bei Eigentumsvorbehalt (v. a. unter Kaufleuten),[619] Sicherungseigentum[620] oder in gesellschaftsrechtlichem Kontext[621] zu denken sein.
Selbst ein rechtfertigender Notstand nach § 34 StGB kann in Betracht kommen.[622]

---

[615] S. nur Fischer, StGB, 71. Aufl. 2024, § 246 Rn. 13.
[616] Hoyer, in: SK-StGB, 9. Aufl. 2019, § 246 Rn. 31f.
[617] Fischer, StGB, 71. Aufl. 2024, § 246 Rn. 13.
[618] S. o. bei § 242 I StGB, A I 3 b) bb) (5).
[619] Heger, in: Lackner/Kühl/Heger, StGB, 30. Aufl. 2023, § 246 Rn. 10; aus der Rspr. vgl. BGH U. v. 17.10.1961 – 1 StR 382/61 – BGHSt 16, 280 = NJW 1962, 116 (Anm. Bähr JuS 1962, 118); OLG Düsseldorf B. v. 23.11.1983 – 5 Ss 437/83 – 360/83 I – NJW 1984, 810 = StV 1984, 288 (Anm. Sonnen JA 1984, 379).
[620] Eisele, BT II, 6. Aufl. 2021, Rn. 268; aus der Rspr. vgl. BGH B. v. 28.06.2005 – 4 StR 376/04 – NStZ 2005, 566 und 631 = NStZ-RR 2005, 311 = StV 2005, 553 (Anm. LL 2006, 400).
[621] Hierzu Hohmann, in: MK-StGB, 4. Aufl. 2021, § 246 Rn. 50; aus der Rspr. vgl. BGH U. v. 24.06.1952 – 1 StR 153/52 – BGHSt 3, 32.
[622] Neumann, in: NK-StGB, 6. Aufl. 2023, § 34 Rn. 61; aus der Rspr. vgl. BGH U. v. 13.11.1958 – 4 StR 199/58 – BGHSt 12, 299 = NJW 1959, 584 (Anm. Roxin, Höchstrichterliche Rspr. AT, 1998, Nr. 24; Bockelmann JZ 1959, 495); BGH U. v. 27.01.1976 – 1 StR 739/75 – NJW 1976, 680 (Anm. Hassemer JuS 1976, 470; Küper JZ 1976, 515; Kienapfel JR 1977, 27).

b) Subjektiver Tatbestand
Gem. § 15 StGB ist Vorsatz erforderlich. Zu beachten ist insbesondere, dass im Unterschied zu § 242 StGB Eventualvorsatz bzgl. der Zueignung genügt.[623]

3. Rechtswidrigkeit
Es gelten die allgemeinen Grundsätze.

4. Schuld
Es gelten die allgemeinen Grundsätze.

5. Rechtsfolgen
Der Strafrahmen des § 246 I StGB sieht Freiheitsstrafe bis zu drei Jahren (im Minimum also ein Monat, § 38 II StGB) oder Geldstrafe (zu den Grenzen s. § 40 StGB) vor.

6. Formelle Subsidiarität

▶ **Didaktischer Aufsatz**
- Bosch, Subsidiarität der Unterschlagung und wiederholte Drittzueignung, Jura 2022, 921

Gem. § 246 I StGB a. E. greift die Unterschlagung nur, „wenn die Tat nicht in anderen Vorschriften mit schwererer Strafe bedroht ist".[624]

Zu beachten ist, dass diese sog. formelle Subsidiarität nur **tateinheitlich** verwirklichte Tatbestände betrifft („die Tat"). Spätere Unterschlagungen sind ggf. mitbestrafte Nachtaten (als Verwertungstaten). Natürlich muss der Geschädigte beider Taten derselbe sein.

Die Subsidiaritätsklausel gilt auch für die Qualifikation in § 246 II StGB[625] und für den Versuch gem. §§ 246 III, 22, 23 StGB sowie bei Teilnahme.[626]

Umstritten ist, **welche Tatbestände** die Subsidiarität auslösen können.[627]

---

[623] Fischer, StGB, 71. Aufl. 2024, § 246 Rn. 20; näher Dencker FS Rudolphi 2004, 425.
[624] Hierzu näher Wagner FS Grünwald 1999, 797.
[625] H. M., Eisele, BT II, 6. Aufl. 2021, Rn. 277; aus der Rspr. vgl. BGH B. v. 26.06.2012 – 2 StR 137/12 – NJW 2012, 3046 = NStZ 2012, 628 = StV 2013, 85 (Anm. RÜ 2012, 711; Bosch JK 2013 StGB § 246/15; Heghmanns ZJS 2013, 124; Hohmann NStZ 2013, 161).
[626] Wittig, in: BeckOK-StGB, Stand 01.08.2024, § 246 Rn. 16.
[627] Hierzu Fischer, StGB, 71. Aufl. 2024, § 246 Rn. 23ff.; aus der Rspr. vgl. zuletzt BGH B. v. 16.01.2018 – 2 StR 527/17 – NStZ-RR 2018, 118 = StV 2019, 389; BGH B. v. 06.05.2020 – 2 StR 391/19 – NStZ-RR 2020, 252; BGH B. v. 03.02.2021 – 2 StR 417/20 – NStZ-RR 2021, 212.

B. Unterschlagung, § 246 StGB

Beispiel 144

BGH U. v. 06.02.2002 – 1 StR 513/01 – BGHSt 47, 243 = NJW 2002, 2188 = NStZ 2002, 480 = StV 2002, 485 (Anm. Puppe, AT, 5. Aufl. 2023, § 34 Rn. 21ff.; Geppert JK 2002 StGB § 246/13; LL 2002, 686; RÜ 2002, 318; RA 2002, 353; Duttge/Sotelsek NJW 2002, 3756; Hoyer JR 2002, 517; Küpper JZ 2002, 1114; Cantzler/Zauner Jura 2003, 483; Heghmanns JuS 2003, 954; Otto NStZ 2003, 87; Freund/Putz NStZ 2003, 242; Ernst/Charchulla DRiZ 2003, 238):

B erstach am 08.09.2000 den G und nahm anschließend dessen Mobiltelefon und dessen Geldbeutel an sich. Er entschloss sich erst zur Wegnahme, als er sein Opfer erstochen hatte. ◂

B hat einen Totschlag (§ 212 I StGB) begangen. Da er sich erst zur Wegnahme entschloss, als er sein Opfer erstochen hatte, liegt mangels Habgier kein Mord (§ 211 StGB) und mangels Nötigungszusammenhang der Wegnahme kein Raub (§ 249 I StGB) vor. Fraglich ist schon, ob überhaupt eine Wegnahme i. S. d. § 242 I StGB vorliegt und die Sachen nicht bereits durch den Totschlag gewahrsamslos geworden sind. Jedenfalls hat B eine Unterschlagung begangen. Nun stellt sich aber die Frage, ob diese formell subsidiär zu dem Totschlag ist.

Die h. L.[628] geht davon aus, dass nur Vermögensdelikte (v. a. die §§ 242, 249, 252, 253, 257, 259, 263, 266 StGB) die tateinheitliche Unterschlagung verdrängen, nicht aber z. B. ein Totschlag gem. § 212 I StGB.

Die Rspr.[629] hingegen wendet die Subsidiaritätsklausel gegenüber jedem schwereren Delikt an.

Der h. L. ist zuzugeben, dass eine Verurteilung wegen Totschlags nicht zum Ausdruck bringt, dass darüber hinaus das Eigentum des Getöteten verletzt wurde, sodass der Tenor das Unrecht der Tat nicht mehr voll abbildet. Gewiss entspräche es auch eher dem Willen des Gesetzgebers, eine Subsidiarität nur gegenüber anderen Vermögensdelikten anzunehmen, weil die Unterschlagung nur gegenüber solchen Tatbeständen als (bloßer) Auffangtatbestand fungieren soll.

Der Wortlaut der Subsidiaritätsklausel allerdings spricht von „Tat", was nicht i. S. d. materiellen Tatbestände verstanden werden kann – sonst wäre jede Erfüllung eines anderen Tatbestands eine andere Tat und § 246 I StGB a. E. liefe häufig leer. Ähnliches gilt auch für andere Subsidiaritätsklauseln, wie der Vergleich mit §§ 265, 145, 145d, 202, 218c, 316 StGB zeigt. Eine wegen der Rechtsfolgen der §§ 52ff. StGB täterbelastende Nichtanwendung des § 246 I StGB a. E. (und sei es im Wege teleologischer Reduktion) verstößt somit gegen Art. 103 II GG, § 1 StGB. Abhilfe kann nur der Gesetzgeber schaffen.

Problematisch ist, ob versuchte Delikte die Unterschlagung verdrängen können, insbesondere ein versuchter Diebstahl.[630]

---

[628] Kindhäuser/Hilgendorf, LPK, 9. Aufl. 2022, § 246 Rn. 42; Fischer, StGB, 71. Aufl. 2024, § 246 Rn. 23c.

[629] S. o.

[630] Hierzu Heger, in: Lackner/Kühl/Heger, StGB, 30. Aufl. 2023, § 246 Rn. 14; aus der Rspr. vgl. zuletzt BGH B. v. 03.02.2021 – 2 StR 417/20 – NStZ-RR 2021, 212.

Z. T. wird eine Gesetzeskonkurrenz abgelehnt und es wird von Tateinheit ausgegangen,[631] während andere[632] auch in diesen Fällen die Subsidiaritätsklausel anwenden.

Für die erstere Auffassung spricht, dass eine Verurteilung wegen versuchter Tat nicht zum Ausdruck bringt, dass sich der Täter die Sache tatsächlich zugeeignet hat bzw. es zu einer Gewahrsamsbegründung beim Täter gekommen ist. Allerdings sind die Anforderungen der h. M. an die Zueignung i. S. d. § 246 StGB derart niedrig (Manifestation des Zueignungswillens), dass der Unrechtsgehalt der vollendeten Unterschlagung nicht über den z. B. des versuchten Diebstahls hinausreicht, was sich auch in dem selbst beim Versuch schärferen Strafrahmen zeigt. Es gilt mithin auch hier die formelle Subsidiarität.

7. Sonstiges

Es gelten die Strafantragserfordernisse nach §§ 247, 248a StGB, hierzu s. o.
Der Versuch der Unterschlagung ist gem. § 246 III StGB strafbar.

III. Qualifikation: Sog. Veruntreuung (veruntreuende Unterschlagung), § 246 II StGB

1. Aufbau

  I. Tatbestand
    1. Objektiver Tatbestand
      a) In den Fällen des Absatzes 1
      b) Ist … die Sache dem Täter anvertraut
    2. Subjektiver Tatbestand
  II. Rechtswidrigkeit
  III. Schuld
  IV. Strafantrag, §§ 247, 248a StGB

2. Allgemeines

§ 246 II StGB qualifiziert das Grunddelikt des § 246 I StGB, weil der Täter schutzwürdiges Vertrauen des Geschädigten, welcher ihm eine Sache anvertraut hat, enttäuscht.

3. Tatbestand

a) Objektiver Tatbestand

aa) In den Fällen des Absatzes 1
S. o.

---

[631] Z. B. Hohmann, in: MK-StGB, 4. Aufl. 2021, § 246 Rn. 65.
[632] Jäger JuS 2000, 1167 (1171).

B. Unterschlagung, § 246 StGB

bb) Ist ... die Sache dem Täter anvertraut

Dem Täter **anvertraut** ist eine Sache dann, wenn er Gewahrsam vom Eigentümer oder einem Dritten mit der Verpflichtung erlangt, die Sache zu einem bestimmten Zweck des Eigentümers zu verwenden oder zurückzugeben.[633]

Ein besonderes Treueverhältnis, wie es z. B. die Untreue gem. § 266 I StGB kennzeichnet, ist nicht erforderlich.[634]

Ein Anvertrauen ist z. B. anzunehmen, wenn der Täter die Sache ausleiht, mietet[635] oder least,[636] sie verwahren oder reparieren soll. Ferner ist der Eigentumsvorbehalt zu erwähnen.[637]

Auch die nach einer Sicherungsübereignung beim Täter verbliebene Sache ist diesem i. S. d. § 246 II StGB anvertraut.[638]

In Frage kommen auch öffentlich-rechtliche Rechtsverhältnisse.

Beispiel 145

BGH U. v. 29.10.1992 – 4 StR 353/92 – BGHSt 38, 381 = NJW 1993, 605 = NStZ 1993, 540 (Anm. Kühl, Höchstrichterliche Rspr. BT, 2002, Nr. 90; Brammsen NStZ 1993, 542; Seebode JR 1994, 1):

In einem Ermittlungsverfahren gegen Z1 zog B als ermittelnder StA eine Verfahrenseinstellung gegen eine Geldauflage nach § 153a I StPO in Erwägung. Dies eröffnete er dem Beschuldigten in einer Unterredung. Z1 gelang es unter Darlegung seiner beschränkten finanziellen Möglichkeiten, die Geldauflage von ursprünglich 3500 DM auf 2000 DM zu senken. Zu dem Empfänger der Geldauflage teilte B lediglich mit, der Betrag werde an einen gemeinnützigen Verein gehen. Da Z1 daran gelegen war, seine vorläufig entzogene Fahrerlaubnis alsbald zurückzuerhalten, kam er mit B ferner überein, die Auflage mittels eines dem B auszuhändigenden Schecks zu erfüllen. Z1 ließ sich von seiner Tochter einen Scheck ausstellen, auf dem er neben dem Aktenzeichen des Ermittlungsverfahrens – ohne den Überbringerzusatz streichen zu lassen – das Sozialwerk des Landessportbundes als Berechtigten ein-

---

[633] H. M., Joecks/Jäger, StGB, 13. Aufl. 2021, § 246 Rn. 28; aus der Rspr. vgl. zuletzt LG Nürnberg-Fürth B. v. 24.01.2022 – 18 Qs 24/21, 18 Qs 25/21 (Anm. Gierok/Dittrich MedR 2022, 692).
[634] Kindhäuser/Hilgendorf, LPK, 9. Aufl. 2022, § 246 Rn. 44; aus der Rspr. vgl. BGH U. v. 13.03.1956 – 2 StR 70/56 – BGHSt 9, 90 = NJW 1956, 837; BGH U. v. 17.10.1961 – 1 StR 382/61 – BGHSt 16, 280 = NJW 1962, 116 (Anm. Bähr JuS 1962, 118).
[635] Kindhäuser/Hilgendorf, LPK, 9. Aufl. 2022, § 246 Rn. 45; aus der Rspr. vgl. BGH U. v. 13.03.1956 – 2 StR 70/56 – BGHSt 9, 90 = NJW 1956, 837.
[636] Hohmann, in: MK-StGB, 4. Aufl. 2021, § 246 Rn. 56; aus der Rspr. vgl. BGH B. v. 11.02.2009 – 5 StR 11/09 – NStZ-RR 2009, 177 (Anm. RA 2009, 252).
[637] Eisele, BT II, 6. Aufl. 2021, Rn. 272; näher Baumann ZStW 1956, 522; aus der Rspr. vgl. OLG Düsseldorf B. v. 23.11.1983 – 5 Ss 437/83 – 360/83 I – NJW 1984, 810 = StV 1984, 288 (Anm. Sonnen JA 1984, 379).
[638] Eisele, BT II, 6. Aufl. 2021, Rn. 272; aus der Rspr. vgl. zuletzt BGH B. v. 13.01.2022 – 1 StR 292/21 – NStZ 2022, 611 = StV 2022, 442 (Anm. Bosch Jura 2022, 1004; Eisele JuS 2022, 551; RÜ 2022, 430; Mitsch NStZ 2022, 612).

tragen ließ. Der Scheck wurde dem B Zug um Zug gegen Rückgabe des beschlagnahmten Führerscheins ausgehändigt. Im Anschluss an die Übergabe verfügte B die Einstellung des Verfahrens. Vier Tage später, am 23.03.1990, legte er den Scheck einer Bank vor und wies die Bankangestellte an, die Schecksumme dem Hauptkonto seines Tennisclubs gutzuschreiben. Den „Scheck-Einreicher" übergab B einer Vereinsangestellten. Seiner Bitte entsprechend verrechnete sie den Scheck mit seinen Beitrags- und Trainingsschulden in Höhe von 1280 DM und 310 DM und verwendete den Restbetrag für das Jugendfördertraining. Dem Jugendförderkonto, dem durch die Tätigkeit des B insgesamt bereits mindestens 25.950 DM aus Geldauflagen bei Verfahrenseinstellungen zugeflossen waren, wurden dadurch 410 DM gutgeschrieben. In einem weiteren Ermittlungsverfahren eröffnete B dem Beschuldigten Z2 die Möglichkeit einer Verfahrenseinstellung unter der Auflage, einen Geldbetrag in Höhe von 4000 DM zu Gunsten einer gemeinnützigen Einrichtung zu zahlen. Um den Abschluss des Verfahrens zu beschleunigen, übergab Z2 dem B sogleich einen Scheck, den dieser mit dem Datum vom 01.03.1990 versehen seinem eigenen Konto gutschreiben ließ. Ein Ermittlungsverfahren gegen Z3 war nach § 153a I StPO vorläufig unter der Auflage einer Zahlung von 1000 DM eingestellt worden. B mahnte den Z3 nach Ablauf der Frist und drohte mit der Fortsetzung des Verfahrens. Darauf überbrachte Z3 dem B Ende Februar/Anfang März 1990 zehn 100 DM-Scheine. Dieser befestigte die Scheine mit einem Heftgerät an einem Blatt, auf dem er zuvor Notizen gemacht hatte, und legte beides in die Akte. Z3 ging davon aus, das Geld werde einer gemeinnützigen Einrichtung zufließen. Einzelheiten wurden jedoch nicht besprochen. In der Folgezeit verfügte B die endgültige Einstellung nach Zahlung der Geldauflage „an eine gemeinnützige Einrichtung". Der Verbleib des Geldes konnte nicht geklärt werden. ◄

Umstritten ist, ob eine Sachübergabe zu **sitten- oder gesetzeswidrigen Zwecken** (etwa eine Aufbewahrung von Diebesgut, Betäubungsmitteln oder Falschgeld, aber auch Entgegennahme echten Geldes als Entgelt für Verbotenes) von § 246 II StGB erfasst wird.[639]

> **Beispiel 146**
>
> **BGH U. v. 27.03.1953 – 2 StR 146/52 – NJW 1954, 889:**
> B1 verwendete 2500 DM, die er von einem ihm bis dahin unbekannten Mann namens B2 erhalten hatte, damit er für diesen Falschgeld kaufe, abredewidrig für sich. ◄

Teilweise[640] wird dies gänzlich verneint.

---

[639] Hierzu Eisele, BT II, 6. Aufl. 2021, Rn. 273; aus der Rspr. vgl. RG U. v. 18.06.1907 – II 308/07 – RGSt 40, 222; RG U. v. 05.12.1935 – 3 D 859/35 – RGSt 70, 7; OLG Braunschweig U. v. 27.10.1949 – Ss 89/49 – NJW 1950, 656; BGH U. v. 03.07.1986 – 4 StR 182/86 – StV 1986, 515.
[640] Hoyer, in: SK-StGB, 9. Aufl. 2019, § 246 Rn. 45; OLG Braunschweig U. v. 27.10.1949 – Ss 89/49 – NJW 1950, 656.

Die Gegenauffassung der überwiegenden Rspr.[641] und der h. L.[642] hält die Qualifikation für anwendbar, sofern das Anvertrauen durch den Dritten nicht den Eigentümerinteressen zuwiderläuft (etwa wenn ein Dieb dem Hehler die gestohlene Sache übergibt).

Für die Ablehnung der Anwendbarkeit spricht, dass bei deliktischer Erlangung oder deliktischen Plänen der die Sache Übergebende in seinem Vertrauen nicht schutzwürdig ist.

b) Subjektiver Tatbestand
Gem. § 15 StGB ist Vorsatz erforderlich.

4. Rechtswidrigkeit
Es gelten die allgemeinen Grundsätze.

5. Schuld
Es gelten die allgemeinen Grundsätze.

6. Rechtsfolgen
Der Strafrahmen des § 246 I StGB sieht Freiheitsstrafe bis zu fünf Jahren (im Minimum also ein Monat, § 38 II StGB) oder Geldstrafe (zu den Grenzen s. § 40 StGB) vor.

7. Sonstiges
Das Anvertrauen begründet ein besonderes persönliches Merkmal i. S. d. **§ 28 II StGB**.[643]

C. Sachbeschädigungsstraftaten i. w. S., §§ 303–305a StGB

▶ Didaktischer Aufsatz
- Ladiges, Grundfälle zu den Sachbeschädigungsdelikten, §§ 303–305a StGB, JuS 2018, 657 und 754

I. Allgemeines

Die Überschrift des 27. Abschnitts des BT des StGB ist mit „Sachbeschädigung" unvollständig gefasst. Insbesondere befinden sich in diesem Abschnitt auch Delikte,

---

[641] RG U. v. 18.06.1907 – II 308/07 – RGSt 40, 222; BGH U. v. 27.03.1953 – 2 StR 146/52 – NJW 1954, 889.
[642] S. nur Wittig, in: BeckOK-StGB, Stand 01.08.2024, § 246 Rn. 12.1.
[643] Hoyer, in: SK-StGB, 9. Aufl. 2019, § 246 Rn. 40; aus der Rspr. vgl. zuletzt LG Nürnberg-Fürth B. v. 24.01.2022 – 18 Qs 24/21, 18 Qs 25/21 (Anm. Gierok/Dittrich MedR 2022, 692).

die nicht Sachen als Tatobjekt, sondern Daten betreffen (sodass sich diesbzgl. bestenfalls von Sachbeschädigung in ganz weitem Sinne sprechen ließe).

II. Sachbeschädigungsstraftaten i. e. S., §§ 303, 304–305a StGB

1. Allgemeines
Das Grunddelikt der Sachbeschädigung wird in § 303 StGB normiert. Die §§ 304, 305 und 305a StGB enthalten Qualifikationen.

2. (Sog. einfache) Sachbeschädigung, § 303 StGB

▶ Didaktische Aufsätze
- Satzger, Der Tatbestand der Sachbeschädigung (§ 303 StGB) nach der Reform durch das Graffiti-Bekämpfungsgesetz, Jura 2006, 428
- Waszczynski, Prüfungsrelevante Problemkreise der Sachbeschädigungsdogmatik, JA 2015, 259

a) Allgemeines
§ 303 StGB stellt die (einfache) Sachbeschädigung unter Strafe.[644]

> **§ 303 StGB (Sachbeschädigung)**
> (1) Wer rechtswidrig eine fremde Sache beschädigt oder zerstört, wird mit Freiheitsstrafe bis zu zwei Jahren oder mit Geldstrafe bestraft.
> (2) Ebenso wird bestraft, wer unbefugt das Erscheinungsbild einer fremden Sache nicht nur unerheblich und nicht nur vorübergehend verändert.
> (3) Der Versuch ist strafbar.

Die Norm schützt das Interesse des Eigentümers am Zustand seiner Sachen.[645]

b) § 303 I StGB

aa) Aufbau
 I. Tatbestand
  1. Objektiver Tatbestand
   a) Eine Sache
   b) Fremde
   c) Beschädigt oder zerstört

---

[644] Hierzu Kargl JZ 1997, 283; Satzger Jura 2006, 428; Waszczynski JA 2015, 259.
[645] Kindhäuser/Hilgendorf, LPK, 9. Aufl. 2022, § 303 Rn. 1; näher zur Sachbeschädigung als unmittelbare Nutzungsbeeinträchtigung Heinrich FS Otto 2007, 577; aus der Rspr. vgl. zuletzt BGH B. v. 22.05.2018 – 4 StR 598/17 (Anm. RÜ 2018, 578).

2. Subjektiver Tatbestand
II. Rechtswidrigkeit
III. Schuld
IV. Strafantrag, § 303c StGB

bb) Tatbestand

(1) Objektiver Tatbestand

(a) Eine Sache
S. o. bei § 242 I StGB.
Wert und Zustand der Sache sind irrelevant.[646] Problematisch ist, ob man den Tatbestand zumindest dann verneint, wenn keinerlei Schutzinteresse anzuerkennen ist.[647]

Beispiel 147

BayObLG B. v. 05.05.1993 – 4 St RR 29/93 – NJW 1993, 2760:
B war Jäger und Jagdausübungsberechtigter der Gemeinschaftsjagd W. Er besaß mit Eintrag in seiner Waffenbesitzkarte zehn Langlauf- und drei Kurzlaufwaffen, u. a. einen Revolver. Am 13.01.1992 rief die gleichfalls in W. wohnende Z1 den B an und teilte ihm mit, dass auf dem Misthaufen ihres Bauernhofs ein Hund schlafe, der vermutlich die Tollwut habe. B nahm eine Waffe an sich und fuhr mit seinem Pkw zum Anwesen der Eheleute Z1. Dort traf er einen verdreckten Hund, der verschleimte Augen und eine verbissene Schnauze hatte und den er auch als Jagdhund nicht erkannte, auf dem Misthaufen schlafend an. Auf einen Stoß des B mit dem Fuß hob der Hund lediglich den Kopf, rührte sich aber nicht von der Stelle. Bei dem Tier handelte es sich um die 10-jährige Foxterrierhündin „Emy von der Zirbelnuss" des Jägers Z2, der am 11.01.1992 im Forstrevier der Stadt A. bei W. eine Stöberjagd durchgeführt hatte, bei der Jagdhund verlustig ging. Aufgrund des sich ihm bietenden Zustands des Tieres nahm B an, dass der Jagdhund an Tollwut erkrankt war. Als Jagdausübungsberechtigter hielt er sich für befugt, die von dem Tier vermeintlich ausgehende Gefahr dadurch zu beseitigen, dass er es mit einem Schuss aus seinem Revolver tötete. ◄

---

[646] Eisele, BT II, 6. Aufl. 2021, Rn. 457.
[647] Fischer, StGB, 71. Aufl. 2024, § 303 Rn. 3; aus der Rspr. vgl. RG U. v. 14.02.1884 – 114/84 – RGSt 10, 120; LG Lübeck B. v. 25.05.1987 – 702 Js 13828/87-4 Qs 143/87 – StV 1987, 298 (Anm. Solbach JA 1987, 525); LG Bonn B. v. 26.06.1987 – 31 Qs 83/87 – NJW 1987, 2825 (Anm. Solbach JA 1987, 525); LG Osnabrück B. v. 03.07.1987 – 22 Qs 65/87 – StV 1987, 398; LG Göttingen B. v. 30.07.1987 – 11 QS 224/87 – NStZ 1987, 557; LG Bad Kreuznach B. v. 10.08.1987 – 4 Js 4175/87 – 2 Qs 135/87 – StV 1988, 156 (Anm. Zaczyk StV 1988, 157); AG Stadthagen B. v. 18.12.1987 – 5 Ds 4 Js 2660/87 – StV 1988, 159; OLG Celle U. v. 20.01.1988 – 3 Ss 214/87 – NJW 1988, 1101 = StV 1988, 154 (Anm. Geerds JR 1988, 435); OLG Köln U. v. 23.02.1988 – Ss 30/88 – 1 Ws 7/88 – NJW 1988, 1102 (Anm. Solbach JA 1988, 355).

Das BayObLG argumentiert, dass der strafrechtliche Schutz des Eigentums an „eine funktionelle und soziale Sinnbedeutung der Sache für den Berechtigten" anknüpfe, wofür dessen „irgendwie geartetes und zu respektierendes Gebrauchs- und Affektionsinteresse" genüge. Da ein solches bei einem tollwuterkrankten Hund nicht mehr bestehe, erfülle dessen Tötung den Tatbestand der Sachbeschädigung nicht.

Richtigerweise ist Derartiges aber bei der Tathandlung oder auf der Ebene der Rechtswidrigkeit zu berücksichtigen.

Die Sache muss **nicht beweglich** sein, sodass auch Grundstücke taugliche Tatobjekte sind.[648]

(b) Fremde
S. o. bei § 242 I StGB.

(c) Beschädigt oder zerstört

Zerstören ist die Vernichtung der Substanz der Sache oder eine so wesentliche Beschädigung der Sache, dass diese für ihren Zweck völlig unbrauchbar wird.[649]

Problematisch ist, was als **Beschädigen** zu erfassen ist.[650]

Als **Ausgangsdefinition** lässt sich die Beschädigung als unmittelbare Einwirkung auf die Sache verstehen, welche die körperliche Unversehrtheit (Substanz) nicht unerheblich verletzt oder die bestimmungsgemäße Brauchbarkeit nicht nur unwesentlich beeinträchtigt.[651]

Anerkanntermaßen[652] sind heute neben Substanzverletzungen auch Zustandsveränderungen und Funktionsbeeinträchtigungen erfasst.

Der „Paradefall" einer Beschädigung ist freilich die nicht unerhebliche **Substanzverletzung** (v. a. Verminderung oder Verschlechterung der Sachsubstanz). Diese kann auch durch **Substanzvermehrung** (z. B. Versalzen von Suppe, Sand im Getriebe) erfolgen.[653]

---

[648] Joecks/Jäger, StGB, 13. Aufl. 2021, § 303 Rn. 6; aus der Rspr. vgl. LG Karlsruhe U. v. 21.06.1993 – 8 AK 25/93 – NStZ 1993, 543 = StV 1993, 529; LG Neubrandenburg U. v. 03.12.2012 – 747 Js 9321/09 9 Ns 73/10 (Anm. Jahn JuS 2012, 1140); OLG Naumburg B. v. 24.04.2013 – 2 Ss 58/12 – NStZ 2013, 718 = StV 2014, 225 (Anm. Jahn JuS 2013, 1139); zur Loipe LG Kempten B. v. 20.11.1978 – 2 Qs 393/78 – NJW 1979, 558; BayObLG U. v. 16.08.1979 – RReg. 5 St 241/79 a, b – NJW 1980, 132 (Anm. Schmid JR 1980, 430).

[649] Joecks/Jäger, StGB, 13. Aufl. 2021, § 303 Rn. 7; aus der Rspr. vgl. zuletzt BGH U. v. 05.04.2018 – 3 StR 13/18 – NJW 2019, 90 = NStZ 2019, 27 = StV 2020, 601 (Anm. Kudlich JA 2018, 952; RÜ 2018, 783; Bosch Jura 2019, 225; Krüger NStZ 2019, 29).

[650] Hierzu Eisele, BT II, 6. Aufl. 2021, Rn. 459ff.; aus der Rspr. vgl. zuletzt BGH U. v. 05.04.2018 – 3 StR 13/18 – NJW 2019, 90 = NStZ 2019, 27 = StV 2020, 601 (Anm. Kudlich JA 2018, 952; RÜ 2018, 783; Bosch Jura 2019, 225; Krüger NStZ 2019, 29); KG B. v. 03.11.2023 – 3 ORs 72/23 – 161 Ss 167/23 – NJW 2024, 228 = StV 2024, 357.

[651] S. z. B. Wieck-Noodt, in: MK-StGB, 4. Aufl. 2022, § 303 Rn. 24.

[652] S. nur Kindhäuser/Hilgendorf, LPK, 9. Aufl. 2022, § 303 Rn. 8.

[653] Wieck-Noodt, in: MK-StGB, 4. Aufl. 2022, § 303 Rn. 19; aus der Rspr. BGH U. v. 12.02.1998 – 4 StR 428/97 (Castor-Transport) – BGHSt 44, 34 = NJW 1998, 2149 = NStZ 1998, 513 = StV 1997, 372 (Anm. Krüßmann JA 1998, 626; Martin JuS 1998, 957; LL 1998, 655; Otto NStZ 1998, 513; Dietmeier JR 1998, 470); zum Eingraben von Kartoffelpflanzen auf einem Forschungsfeld LG Neubrandenburg U. v. 03.02.2012 – 747 Js 9321/09 9 Ns 73/10 (Anm. Jahn JuS 2012, 1140).

Bei einer **zusammengesetzten Sache** ist die Entnahme oder Umsetzung eines Einzelteils eine Beschädigung der Gesamtsache.[654]

Eine **Reparaturfähigkeit** ändert an einer Beschädigung nichts,[655] ebenso wenig eine Wiederherstellungsabsicht.[656]

Auch bei Funktionsbeeinträchtigungen ist irrelevant, ob die Funktion wieder hergestellt werden kann (vgl. z. B. das Zerlegen einer Maschine), es sei denn, die Sache kann ohne großen **Aufwand** an Mühe, Zeit und Kosten wieder funktionstauglich gemacht werden,[657] was natürlich Grenzziehungsschwierigkeiten zwischen **bagatellhafter** Lästigkeit und tatbestandsmäßiger reversibler Beschädigung aufwirft.

Beispiel 148

B klappte bei einem am Straßenrand geparkten Pkw den Außenspiegel zur Seite. ◀

Da sich die Funktionsbeeinträchtigung durch einfaches Zurückklappen des Außenspiegels beheben lässt, liegt keine Sachbeschädigung vor.

Beispiel 149

BGH B. v. 14.07.1959 – 1 StR 296/59 – BGHSt 13, 207 = NJW 1959, 1547 (Anm. Klug JZ 1960, 226):

B öffnete des Nachts die Ventile aller vier Reifen eines parkenden Kfz und ließ die Luft entweichen. ◀

Der BGH hat die Tatbestandsmäßigkeit der Handlung als Tatfrage bezeichnet. Geschehe sie unmittelbar an einer Tankstelle, wo alle Reifen mühelos und kostenfrei wiederaufgepumpt werden können, sei eine Sachbeschädigung zu verneinen. Andererseits könne schon das Ablassen der Luft aus einem einzigen Reifen unter § 303 I StGB fallen, wenn dadurch Aufwand an Zeit und Mühe verursacht wird.

Beispiel 150

BayObLG U. v. 21.08.1987 – RReg. 1 St 98/87 – NJW 1987, 3271 = NStZ 1988, 275 (Anm. Behm NStZ 1988, 275; Geerds JR 1988, 218):

---

[654] Kindhäuser/Hilgendorf, LPK, 9. Aufl. 2022, § 303 Rn. 8; aus der Rspr. vgl. RG U. v. 19.10.1885 – 2214/85 – RGSt 13, 27; RG U. v. 17.01.1890 – 3271/89 – RGSt 20, 182; RG U. v. 31.03.1890 – 691/90 – RGSt 20, 353; RG U. v. 15.11.1898 – 3452/98 – RGSt 31, 329; RG U. v. 22.10.1906 – III 406/06 – RGSt 39, 223; RG U. v. 19.11.1920 – IV 949/20 – RGSt 55, 169; RG U. v. 27.06.1930 – I 435/30 – RGSt 64, 250; RG U. v. 22.09.1931 – I 431/31 – RGSt 65, 343; RG U. v. 18.12.1939 – 2 D 646/39 – RGSt 66, 203; LG Bremen U. v. 03.06.1982 – 18 Ns 52 Js 16/81 – NJW 1983, 56.
[655] Fischer, StGB, 71. Aufl. 2024, § 303 Rn. 5.
[656] Wieck-Noodt, in: MK-StGB, 4. Aufl. 2022, § 303 Rn. 32.
[657] H. M., s. Eisele, BT II, 6. Aufl. 2021, Rn. 462; aus der Rspr. vgl. zuletzt BGH U. v. 13.10.2016 – 4 StR 239/16 – NJW 2017, 743 = StV 2018, 102 (Anm. Bosch Jura 2017, 360; Fickenscher NJW 2017, 744).

B ließ seit Sommer 1985 zunächst in mehrmonatlichen Abständen, dann immer häufiger und in den letzten Wochen vor dem 13.10.1986 an jedem zweiten oder dritten Tag aus einem Reifen des Fahrrades einer Mitbewohnerin des Hauses, in dem auch B wohnte, die Luft ab. An dem Fahrrad, das von seiner Eigentümerin für tägliche Besorgungen, Arztbesuche und dergleichen dringend benötigt wurde, befand sich eine Luftpumpe. ◄

Das BayObLG sah eine Sachbeschädigung als gegeben an. Sei die Wiederherstellung der Gebrauchsfähigkeit auch bei vorhandener Luftpumpe ohne weiteres möglich, erfordere dies einen nicht ganz unerheblichen Zeitaufwand und darüber hinaus körperliche Kraft, die normalerweise als Anstrengung und Mühe empfunden werde.

Besonders problematisch ist die reversible Einwirkung auf eine Sache ohne Beeinträchtigung ihrer Funktion und Substanz, v. a. durch **Verschmutzung, Anbringung von Farbe, Plakaten, Aufklebern** oder **Graffiti**.[658]

Beispiel 151

BGH B. v. 13.11.1979 – 5 StR 166/79 (Verteilerkasten) – BGHSt 29, 129 = NJW 1980, 350 (Anm. Kühl, Höchstrichterliche Rspr. BT, 2002, Nr. 76; Geilen JK 1980 StGB § 303/2; Bottke JA 1980, 540; Hassemer JuS 1980, 534; Maiwald JZ 1980, 256; Katzer NJW 1981, 2036; Schroeder JR 1987, 359; Behm JR 1988, 360; Schroeder JR 1988, 363):

B klebte ein 40 × 60 cm großes, buntes Plakat an einen Verteilerkasten der Deutschen Bundespost; ein Polizeibeamter zog das Plakat wieder ab. ◄

Beispiel 152

OLG Frankfurt U. v. 11.03.1988 – 5 Ss 477/87 – NJW 1990, 2007 = NStZ 1988, 410 = StV 1988, 343:

B1 und B2 hielten sich am 20.05.1986 in A. auf. Sie hatten ca. 20 x 10 cm große Aufkleber dabei, deren Aufschrift aus einer politischen Parole bestand. B1 klebte je einen Aufkleber auf einen Kunststoffabfallbehälter und auf die Innenseite der mit Ölfarbe gestrichenen Metallwand einer Telefonzelle. B2 klebte einen Aufkleber auf einen Kunststoffstreugutkasten. Währenddessen wurden die beiden von zwei Polizeibeamten beobachtet und dann angehalten. Die Beamten versuchten vergeblich, einen der Aufkleber mit der Hand wieder abzulösen. Die Aufkleber lassen sich jedoch sowohl mit Benzin als auch mit einer Wasser-

---

[658] Hierzu Fischer, StGB, 71. Aufl. 2024, § 303 Rn. 17ff.; Hoyer, in: SK-StGB, 10. Aufl. 2023, § 303 Rn. 15f.; Thoss NJW 1978, 1612; Schmid NJW 1979, 1580; Gössel JR 1980, 184; Dölling NJW 1981, 207; Behm StV 1999, 567; Scheffler NStZ 2001, 290; aus der Rspr. vgl. zuletzt KG B. v. 01.03.2006 – (5) 1 Ss 479/05 (89/05) – NStZ 2007, 223; OLG Jena B. v. 27.04.2007 – 1 Ss 337/06 – NJW 2008, 776 (Anm. LL 2008, 389); AG Berlin-Tiergarten U. v. 27.04.2012 – (420 Ds) 286 Js 5172/11 (13/12) Jug – NJW 2013, 801 = NStZ 2013, 45 = StV 2013, 34; OLG Hamm B. v. 22.08.2013 – 1 RVs 65/13 – StV 2014, 693; KG B. v. 03.11.2023 – 3 ORs 72/23 – 161 Ss 167/23 – NJW 2024, 228 = StV 2024, 357.

Spülmittel-Lösung nach kurzer Einwirkungszeit rückstandsfrei von Metall- und Kunststoffoberflächen entfernen. ◄

Wird durch Plakate und Aufkleber der beklebte Gegenstand beschädigt?

Beispiel 153

OLG Düsseldorf U. v. 10.03.1998 – 2 Ss 364/97 – 61/97 III – NJW 1999, 1199 = NStZ 1999, 511 (Anm. Behm NStZ 2000, 511; Momsen JR 2000, 172):
In der Nacht zum 08.10.1996 sprühte B auf einen der Waggons das tag „ESA", während ihre Mittäter den Waggon mit den tags „SEAN" und „MOVIT" versahen. ◄

Beschädigen Graffiti die besprühte Sache?

Nach z. T. vertretener Auffassung[659] genügt für eine Beschädigung bereits jede Zustandsveränderung, die den Interessen des Eigentümers zuwiderläuft. Hiernach läge bei Graffiti etc. eine Beschädigung vor.

Nach – schon vor der Neufassung des § 303 StGB, erst recht danach – herrschender Rspr.[660] und Lehre[661] scheidet eine Sachbeschädigung in diesen Fällen aber aus, es sei denn der aufgebrachte Stoff geht mit dem Untergrund eine, dann substanzverändernde, Verbindung ein.

Zwar bedeuten derartige Einwirkungen für den Eigentümer durchaus zeitliche und finanzielle Mühen, die er zivilrechtlich geltend machen kann. Mit dem Wortlaut und der anerkannten Definition der Tathandlungen des § 303 I StGB lässt sich eine derart weite Auslegung aber kaum mehr vereinbaren, vgl. Art. 103 II GG, § 1 StGB. Hinzu kommt seit Schaffung des § 303 II StGB, dass das Bedürfnis einer extensiven Handhabung (v. a. in Graffiti-Fällen) entfallen ist. Denkbar ist es sogar, eine Sperrwirkung des § 303 II StGB als *lex specialis* anzunehmen.[662]

Anders mag dies bei Sachen sein, die von vornherein ästhetischen oder künstlerischen Zwecken dienen (z. B. Gemälde, Werbetafeln) oder deren Funktion gerade die optische Wahrnehmbarkeit voraussetzt (z. B. Verkehrsschilder), aber selbst hier wird man eine Bagatellgrenze verlangen müssen.

Unstreitig[663] ist die **bloße Besitzentziehung** (z. B. Freilassen eines Haustiers, Wegwerfen einer Sache, Wegnahme eines Autoschlüssels) keine Sachbeschädigung. Zwar ist jede Sachentziehung für den Eigentümer die wohl stärkste Beeinträchtigung

---

[659] Z. B. Momsen JR 2000, 172 (174f.).
[660] Etwa BGH B. v. 13.11.1979 – 5 StR 166/79 (Verteilerkasten) – BGHSt 29, 129 (133f.); vgl. schon RG U. v. 08.01.1910 – I 703/09 (Marmorbüste) – RGSt 43, 204.
[661] S. nur Eisele, BT II, 6. Aufl. 2021, Rn. 466.
[662] So Hoyer, in: SK-StGB, 10. Aufl. 2023, § 303 Rn. 16.
[663] S. nur Hoyer, in: SK-StGB, 10. Aufl. 2023, § 303 Rn. 8; näher Schmitt FS Stree/Wessels 1993, 505; aus der Rspr. vgl. RG U. v. 19.10.1885 – 2214/95 – RGSt 13, 27; RG U. v. 11.12.1906 – V 711/06 – RGSt 39, 328.

der Brauchbarkeit. Wenn aber die Sache selbst unverändert ist und lediglich der Zugang zu dieser vereitelt wird, so lässt sich dies nicht als Einwirkung auf die Sache begreifen (anders als beim Herauslassen von Luft aus einem Reifen), sondern nur auf das Herrschaftsverhältnis. Anders ist dies erst dann, wenn die Sache aufgrund der neuen Ortslage Schaden nimmt.[664]

Ebenfalls nicht als Beschädigung zu erfassen sind Wertminderungen und **Beeinträchtigungen der Verwendbarkeit ohne Einwirkung auf die körperliche Substanz** der Sache.[665]

Wer eine Sache **bestimmungsgemäß gebraucht oder verbraucht**, beschädigt diese nicht.[666] Ggf. greifen §§ 242 I oder 246 I StGB.

Beispiel 154

GenStA Frankfurt V. v. 07.12.2001 – Zs 31754/01 – NStZ 2002, 547; OLG Frankfurt U. v. 20.05.2003 – 2 Ss 39/03 – NStZ 2004, 687[667]:

B leitete dem Z über seinen Telefax-Anschluss Telefaxmitteilungen mit werbendem Inhalt zu, die von Z nicht erwünscht waren und deren Unterlassung er ausdrücklich verlangt hatte. ◄

Zwar könnte darauf abzustellen sein, dass vormals neues Papier nunmehr unerwünschtermaßen bedruckt und Toner unerwünscht verbraucht wurden. Jedoch ist das Bedrucken von Faxpapier mit Toner beim Eingang eines Faxes gerade der bestimmungsgemäße Verbrauch dieser Sachen.[668] Dass der konkrete Verbrauch nicht mit den Wünschen des Eigentümers übereinstimmt, macht aus einem abstrakt bestimmungsgemäßen Verbrauch noch keine Beschädigung.

Die Gegenauffassung[669] dürfte den Wortlaut und damit den Schutzbereich des § 303 I StGB überdehnen, insbesondere auch im Vergleich zur Sachentziehung (s. o.).

Tiere werden dann beschädigt, wenn der Täter in einer Weise auf sie einwirkt, die bei einem Menschen als § 223 StGB anzusehen wäre.[670]

(2) Subjektiver Tatbestand
Gem. § 15 StGB ist Vorsatz erforderlich.

---

[664] Fischer, StGB, 71. Aufl. 2024, § 303 Rn. 12; Hoyer, in: SK-StGB, 10. Aufl. 2023, § 303 Rn. 8; aus der Rspr. vgl. RG U. v. 27.06.1930 – I 435/30 – RGSt 64, 250.
[665] Wieck-Noodt, in: MK-StGB, 4. Aufl. 2022, § 303 Rn. 26; aus der Rspr. vgl. RG U. v. 19.10.1885 – 2214/95 – RGSt 13, 27.
[666] H. M., Fischer, StGB, 71. Aufl. 2024, § 303 Rn. 12a; aus der Rspr. vgl. BayObLG B. v. 27.02.1987 – RReg. 3 St 23/87 – NJW 1988, 837.
[667] Zu Werbefaxen Hoyer, in: SK-StGB, 10. Aufl. 2023, § 303 Rn. 14; Stöber NStZ 2003, 515.
[668] GenStA Frankfurt NStZ 2002, 547; OLG Frankfurt NStZ 2004, 687; Fischer, StGB, 71. Aufl. 2024, § 303 Rn. 12a; Hoyer, in: SK-StGB, 10. Aufl. 2023, § 303 Rn. 14.
[669] Stöber NStZ 2003, 515 (517); krit. auch Kindhäuser/Hilgendorf, LPK, 9. Aufl. 2022, § 303 Rn. 27.
[670] Eisele, BT II, 6. Aufl. 2021, Rn. 461; aus der Rspr. vgl. RG U. v. 28.02.1905 – 3734/04 – RGSt 37, 411.

cc) Rechtswidrigkeit

Die Erwähnung der Rechtswidrigkeit in § 303 I StGB ist lediglich ein deklaratorischer Hinweis auf mögliche Rechtfertigungsgründe und kein Tatbestandsmerkmal.[671]

Auf Ebene der Rechtswidrigkeit mag man im Ansatz an die Kunstfreiheit nach Art. 5 III 1 GG denken („Kunst und Wissenschaft, Forschung und Lehre sind frei.") Allerdings erstreckt sich diese nicht auf die eigenmächtige Inanspruchnahme oder Beeinträchtigung fremden Eigentums (Art. 14 GG) zum Zwecke der künstlerischen Entfaltung.[672]

Ferner ist an die rechtfertigenden Notstände gem. §§ 228, 904 BGB, 34 StGB zu erinnern.

dd) Schuld

Es gelten die allgemeinen Grundsätze.

ee) Rechtsfolgen

Der Strafrahmen des § 303 I StGB sieht Freiheitsstrafe bis zu zwei Jahren (im Minimum also ein Monat, § 38 II StGB) oder Geldstrafe (zu den Grenzen s. § 40 StGB) vor.

ff) Sonstiges

§ 303c StGB enthält ein eingeschränktes Strafantragserfordernis.

> **§ 303c StGB (Strafantrag)**
> In den Fällen der §§ 303, 303a Abs. 1 und 2 sowie § 303b Abs. 1 bis 3 wird die Tat nur auf Antrag verfolgt, es sei denn, daß die Strafverfolgungsbehörde wegen des besonderen öffentlichen Interesses an der Strafverfolgung ein Einschreiten von Amts wegen für geboten hält.

Gem. § 303 III StGB ist der Versuch strafbar.
Leges speciales der Sachbeschädigung finden sich u. a. in den §§ 273, 274 I Nr. 1, 306 StGB, vgl. ferner die §§ 104, 133, 136 I, 265 I, 306a ff. StGB. Bei öffentlichem Eigentum können die §§ 316b I Nr. 3, 145 II, 317 I StGB einschlägig sein.

---

[671] Eisele, BT II, 6. Aufl. 2021, Rn. 468; näher Gropengießer JR 1998, 89.
[672] Kindhäuser/Hilgendorf, LPK, 9. Aufl. 2022, § 303 Rn. 12, 20; aus der Rspr. vgl. OLG Hamburg U. v. 07.05.1975 – 1 Ss 53/75 – NJW 1975, 1981 (Anm. Hassemer JuS 1976, 125; Schroeder JR 1976, 338); OLG Hamm B. v. 29.07.1976 – 2 Ss OWi 1375/75 – NJW 1976, 2173; OLG Hamburg U. v. 07.02.1979 – 1 Ss 62/78 – NJW 1979, 1614; BVerfG B. v. 19.03.1984 – 2 BvR 1/84 (Naegeli, Sprayer von Zürich) – NJW 1984, 1293 (Anm. Hoffmann NJW 1985, 237); EKMR E. v. 13.10.1983 – 9870/82 (Naegeli, Sprayer von Zürich) – NJW 1984, 2753.

c) § 303 II StGB

▶ **Didaktischer Aufsatz** - Schuhr, Verändern des Erscheinungsbildes einer Sache als Straftat, JA 2009, 169

aa) Aufbau
I. Tatbestand
　1. Objektiver Tatbestand
　　a) Einer Sache
　　b) Fremden
　　c) Unbefugt das Erscheinungsbild nicht nur unerheblich und nicht nur vorübergehend verändert
　　　aa) Erscheinungsbild verändert
　　　bb) Nicht nur unerheblich
　　　cc) Nicht nur vorübergehend
　　　dd) Unbefugt
　2. Subjektiver Tatbestand
II. Rechtswidrigkeit
III. Schuld
IV. Strafantrag, § 303c StGB

bb) Allgemeines

§ 303 II StGB[673] erhielt seine heutige Form im Jahr 2005 aufgrund des Graffiti-Bekämpfungsgesetzes. Der Gesetzgeber wollte die streitige Frage, ob entfernbare Graffiti, Aufkleber, Plakate etc. als Sachbeschädigung zu bestrafen sind, jedenfalls für die Praxis einer raschen Lösung zuführen. Insofern ist § 303 II StGB subsidiär gegenüber § 303 I StGB.[674] Dies hat freilich den Nachteil, dass somit an sich die Problematik bzgl. § 303 I StGB nicht erledigt ist. Angesichts des identischen Strafrahmens wird immerhin die Praxis verfahrensökonomisch direkt § 303 II StGB anwenden.

cc) Tatbestand

(1) Objektiver Tatbestand

(a) Einer Sache
S. o.

(b) Fremden
S. o.

---

[673] Hierzu Hamm KritV-FG Hassemer 2000, 56; Weber GS Meurer 2002, 283; Kühl FS Weber 2004, 413; Eisenschmid NJW 2005, 3033; Thoss StV 2006, 160; Wüstenhagen/Pfab StraFo 2006, 190; Hillenkamp FS Schwind 2006, 927; Schnurr StraFo 2007, 318; Dölling FS Küper 2007, 21; Schuhr JA 2009, 169.

[674] Kindhäuser/Hilgendorf, LPK, 9. Aufl. 2022, § 303 Rn. 29; aus der Rspr. vgl. KG B. v. 01.03.2006 – (5) 1 Ss 479/05 (89/05) – NStZ 2007, 223.

C. Sachbeschädigungsstraftaten i. w. S., §§ 303–305a StGB

(c) Unbefugt das Erscheinungsbild nicht nur unerheblich und nicht nur vorübergehend verändert

Veränderung des Erscheinungsbilds ist jede mit den Augen wahrnehmbare Manipulation.[675]

„**Nicht nur vorübergehend**" bedeutet nicht innerhalb von kurzer Zeit von selbst vergehend; diese Schwelle dient nach dem Willen des Gesetzgebers lediglich dem Ausschluss loser Verbindungen.[676]

Die Veränderung darf ferner **nicht nur unerheblich** sein.

Zunächst bezieht sich dies auf die eigentliche Veränderung des Erscheinungsbilds. Hier wird man insbesondere die Größe des betroffenen Bereichs[677] und den vorherigen Zustand der Sache[678] (z. B. bereits vorhandene ältere Graffiti) berücksichtigen.

Hinzu kommt freilich eine weitere Einschränkung: Zustandsveränderungen, die sich ohne nennenswerten Zeit-, Arbeits- und Kostenaufwand beseitigen lassen, sollen als unerheblich einzustufen sein.[679] Allerdings konterkariert man damit ein Stück weit die kriminalpolitische Intention; ferner gebietet der Wortlaut diese Restriktion nicht zwingend.

Die Veränderung muss **unbefugt** erfolgen. Hierbei handelt es sich in § 303 II StGB um ein Tatbestandsmerkmal, sodass insbesondere ein Einverständnis des Eigentümers den Tatbestand ausschließen kann.[680]

(2) Subjektiver Tatbestand
Gem. § 15 StGB ist Vorsatz erforderlich.

dd) Rechtswidrigkeit
S. o.

ee) Schuld
Es gelten die allgemeinen Grundsätze.

ff) Rechtsfolgen
S. o. („Ebenso wird bestraft").

---

[675] Hoyer, in: SK-StGB, 10. Aufl. 2023, § 303 Rn. 20; aus der Rspr. vgl. OLG Hamm B. v. 21.04.2009 – 1 Ss 127/09; KG B. v. 23.11.2012 – (4) 161 Ss 249/12 (311/12).

[676] Fischer, StGB, 71. Aufl. 2024, § 303 Rn. 19; aus der Rspr. vgl. OLG Jena B. v. 27.04.2007 – 1 Ss 337/06 – NJW 2008, 776 (Anm. LL 2008, 389).

[677] Zu ganz unauffälligen Veränderungen Joecks/Jäger, StGB, 13. Aufl. 2021, § 303 Rn. 19; aus der Rspr. vgl. OLG Hamm B. v. 21.04.2009 – 1 Ss 127/09; KG B. v. 23.11.2012 – (4) 161 Ss 249/12 (311/12).

[678] Kindhäuser/Hilgendorf, LPK, 9. Aufl. 2022, § 303 Rn. 16; aus der Rspr. vgl. OLG Hamm B. v. 21.04.2009 – 1 Ss 127/09; KG B. v. 23.11.2012 – (4) 161 Ss 249/12 (311/12); AG Berlin-Tiergarten U. v. 27.04.2012 – (420 Ds) 286 Js 5172/11 (13/12) Jug – NJW 2013, 801 = NStZ 2013, 45 = StV 2013, 34; OLG Hamm B. v. 22.08.2013 – 1 RVs 65/13 – StV 2014, 693.

[679] Hecker, in: Schönke/Schröder, StGB, 30. Aufl. 2019, § 303 Rn. 18.

[680] Fischer, StGB, 71. Aufl. 2024, § 303 Rn. 20.

3. Gemeinschädliche Sachbeschädigung, § 304 StGB

a) Allgemeines
§ 304 StGB stellt die gemeinschädliche Sachbeschädigung unter Strafe.

> **§ 304 StGB (Gemeinschädliche Sachbeschädigung)**
> (1) Wer rechtswidrig Gegenstände der Verehrung einer im Staat bestehenden Religionsgesellschaft oder Sachen, die dem Gottesdienst gewidmet sind, oder Grabmäler, öffentliche Denkmäler, Naturdenkmäler, Gegenstände der Kunst, der Wissenschaft oder des Gewerbes, welche in öffentlichen Sammlungen aufbewahrt werden oder öffentlich aufgestellt sind, oder Gegenstände, welche zum öffentlichen Nutzen oder zur Verschönerung öffentlicher Wege, Plätze oder Anlagen dienen, beschädigt oder zerstört, wird mit Freiheitsstrafe bis zu drei Jahren oder mit Geldstrafe bestraft.
> (2) Ebenso wird bestraft, wer unbefugt das Erscheinungsbild einer in Absatz 1 bezeichneten Sache oder eines dort bezeichneten Gegenstandes nicht nur unerheblich und nicht nur vorübergehend verändert.
> (3) Der Versuch ist strafbar.

Die Norm ist keine Qualifikation des § 303 StGB, sondern ein **eigenständiger Tatbestand**.[681]

Rechtsgut ist das Interesse der Allgemeinheit an der Unversehrtheit bestimmter Güter.[682] Die Norm schützt nicht das Eigentum. Daher ist auch der Eigentümer tauglicher Täter dieses Delikts.[683]

Beispiel 155

OLG Celle U. v. 28.01.1974 – 2 Ss 301/73 – NJW 1974, 1291:
B ließ im Winter 1970/71 durch seine landwirtschaftlichen Arbeiter das zwischen 1900 und 1700 v. Chr. errichtete Megalith- oder Großsteingrab, im Volksmund auch Hünengrab genannt, das sich bis dahin auf dem Lande befand, welches räumlich zum Bereich seiner Hofstelle in L. gehörte, wegräumen. Die Arbeiter rissen die elf zu dem Megalithgrab gehörenden Steine mit Seilen und Ketten und mit Hilfe eines Treckers einzeln aus dem Boden und zogen sie etwa 100 m weiter an den Rand eines Weges. ◄

Auch herrenlose Sachen werden geschützt.[684]

---

[681] H. M., vgl. Kindhäuser/Hilgendorf, LPK, 9. Aufl. 2022, § 304 Rn. 1.
[682] Fischer, StGB, 71. Aufl. 2024, § 304 Rn. 2; aus der Rspr. vgl. zuletzt BGH U. v. 13.12.2021 – 5 StR 115/21 – NStZ 2022, 749 = StV 2022, 513 (Anm. Eisenberg StV 2022, 517).
[683] Kindhäuser/Hilgendorf, LPK, 9. Aufl. 2022, § 304 Rn. 1.
[684] Kindhäuser/Hilgendorf, LPK, 9. Aufl. 2022, § 304 Rn. 1; aus der Rspr. vgl. RG U. v. 11.02.1910 – V 1164/09 – RGSt 43, 240.

C. Sachbeschädigungsstraftaten i. w. S., §§ 303–305a StGB

Der erhöhte Strafschutz erfolgt nicht nur aus dem Grunde, weil die aufgeführten Sachen oft von hohem Wert und mitunter schwer oder überhaupt nicht zu ersetzen sind, sondern gerade auch deswegen, weil sie nach ihrer Zweckbestimmung allgemein **zugänglich** sein müssen und deshalb erhöhter Gefahr der Zerstörung oder Beschädigung ausgesetzt sind.[685]

b) § 304 I StGB

aa) Aufbau
  I. Tatbestand
   1. Objektiver Tatbestand
     a) Gegenstände der Verehrung einer im Staat bestehenden Religionsgesellschaft oder Sachen, die dem Gottesdienst gewidmet sind, oder Grabmäler, öffentliche Denkmäler, Naturdenkmäler, Gegenstände der Kunst, der Wissenschaft oder des Gewerbes, welche in öffentlichen Sammlungen aufbewahrt werden oder öffentlich aufgestellt sind, oder Gegenstände, welche zum öffentlichen Nutzen oder zur Verschönerung öffentlicher Wege, Plätze oder Anlagen dienen
     b) Beschädigt oder zerstört
     c) Beeinträchtigung der Zweckerfüllung (?)
   2. Subjektiver Tatbestand
  II. Rechtswidrigkeit
  III. Schuld

bb) Erläuterungen

Öffentlich ist eine Sammlung dann, wenn sie allgemein zugänglich ist, wenn also grundsätzlich jedermann zu ihr Zutritt hat.[686]

Zum **öffentlichen Nutzen** dienen Gegenstände, wenn sie durch ihren Gebrauch der Allgemeinheit **unmittelbar** nützen und dafür auch bestimmt sind, dazu ist notwendig, dass jedermann, gegebenenfalls nach Erfüllung bestimmter, allgemein gültiger Bedingungen aus dem Gegenstand den Nutzen ziehen kann, dem er seiner Bestimmung nach zu dienen hat.[687]

Nicht diesem Maßstab genügen z. B. Polizeifahrzeuge.[688]

---

[685] H. M., aus der Rspr. vgl. RG U. v. 17.10.1924 – I 627/24 – RGSt 58, 346; BGH U. v. 31.05.1957 – 1 StR 155/57 – BGHSt 10, 285 = NJW 1957, 1158; BVerfG B. v. 06.10.2009 – 2 BvL 5/09.
[686] Eisele, BT II, 6. Aufl. 2021, Rn. 484; aus der Rspr. vgl. BGH U. v. 31.05.1957 – 1 StR 155/57 – BGHSt 10, 285 = NJW 1957, 1158.
[687] Kindhäuser/Hilgendorf, LPK, 9. Aufl. 2022, § 304 Rn. 2; aus der Rspr. vgl. BayObLG B. v. 27.02.1987 – RReg. 3 St 23/87 – NJW 1988, 837; OLG Oldenburg U. v. 14.09.1987 – Ss 403/87 – NJW 1988, 924; BGH B. v. 07.08.1990 – 1 StR 380/90 – NJW 1990, 3029 = NStZ 1990, 540.
[688] H. M., Fischer, StGB, 71. Aufl. 2024, § 304 Rn. 11a; aus der Rspr. vgl. OLG Hamm U. v. 08.07.1981 – 4 Ss 945/81 – NStZ 1982, 31; AG Berlin-Tiergarten U. v. 03.07.1987 – (269) 2 P Js 243/87 Ls – NJW 1988, 3218 = StV 1988, 344.

Erfasst hingegen sind z. B.[689] Einrichtungen des ÖPNV[690] sowie Verkehrsschilder.[691]

Für eine Verwirklichung des § 304 StGB ist erforderlich, dass gerade die **besondere Zweckbestimmung** der Sache, um derentwillen sie geschützt ist, beeinträchtigt wird.[692] Dies gilt bei der Veränderung des Erscheinungsbildes gem. § 304 II StGB – ebenso wie bei dem Beschädigen nach § 304 I StGB.[693]

Der Strafrahmen des § 304 I StGB sieht Freiheitsstrafe bis zu drei Jahren (im Minimum also ein Monat, § 38 II StGB) oder Geldstrafe (zu den Grenzen s. § 40 StGB) vor.

Gem. § 304 III StGB ist der Versuch strafbar.

Angesichts der besonderen Schutzfunktion jenseits des Eigentumsschutzes verdrängt § 304 StGB den § 303 StGB nicht in Gesetzeskonkurrenz.[694]

c) § 304 II StGB

aa) Aufbau
  I. Tatbestand
    1. Objektiver Tatbestand
      a) Einer in Absatz 1 bezeichneten Sache oder eines dort bezeichneten Gegenstandes
      b) Das Erscheinungsbild nicht nur unerheblich und nicht nur vorübergehend verändert
        aa) Erscheinungsbild verändert
        bb) Nicht nur unerheblich
        cc) Nicht nur vorübergehend
        dd) Unbefugt
      c) Beeinträchtigung der Zweckerfüllung (?)
    2. Subjektiver Tatbestand
  II. Rechtswidrigkeit
  III. Schuld

---

[689] Kasuistik bei Fischer, StGB, 71. Aufl. 2024, § 304 Rn. 11f.
[690] Weidemann, in: BeckOK-StGB, Stand 01.08.2024, § 304 Rn. 8.1; aus der Rspr. vgl. RG U. v. 12.11.1900 – 3250/00 – RGSt 34, 1; KG B. v. 15.12.2008 – (4) 1 Ss 442/08 (243/08) – NStZ-RR 2009, 310 = StV 2009, 649 (Anm. Jahn JuS 2009, 958).
[691] Eisele, BT II, 6. Aufl. 2021, Rn. 484; aus der Rspr. vgl. OLG Köln B. v. 15.09.1998 – Ss 395/98 – NJW 1999, 1042 = NStZ 2000, 32 (Anm. Geppert JK 1999 StGB § 267/27; Jahn JA 1999, 98; Martin JuS 1999, 611; LL 1999, 369; Dedy NZV 1999, 136; Wrage NStZ 2000, 32).
[692] H. M., Fischer, StGB, 71. Aufl. 2024, § 304 Rn. 13; aus der Rspr. vgl. OLG Hamburg U. v. 07.05.1975 – 1 Ss 53/75 – NJW 1975, 1981 (Anm. Hassemer JuS 1976, 125; Schroeder JR 1976, 338); OLG Hamm U. v. 08.07.1981 – 4 Ss 945/81 – NStZ 1982, 31; OLG Düsseldorf B. v. 30.11.1995 – 2 Ss 252/95 – 73/95 III; BayObLG B. v. 17.05.1999 – 2 St RR 84/99 – StV 1999, 543 (Anm. LL 1999, 796); KG B. v. 01.03.2006 – (5) 1 Ss 479/05 (89/05) – NStZ 2007, 223.
[693] Eisele, BT II, 6. Aufl. 2021, Rn. 487.
[694] H. M., Kindhäuser/Hilgendorf, LPK, 9. Aufl. 2022, § 304 Rn. 6.

bb) Erläuterungen

Seit 2005 schützt **§ 304 II StGB** nach dem Vorbild des § 303 II StGB das Erscheinungsbild der Sache.[695]

Zur Beeinträchtigung der Zweckerfüllung vgl. o. Zweifelhaft ist i.R.d. § 304 II StGB das Vorliegen dieser Voraussetzung v. a. bei rein unästhetischen **Graffiti, Aufkleber, Plakaten o. ä.**[696]

Beispiel 156

KG B. v. 15.12.2008 – (4) 1 Ss 442/08 (243/08) – NStZ-RR 2009, 310 = StV 2009, 649 (Anm. Jahn JuS 2009, 958):

Am 25.12.2006 gegen 06:50 Uhr besprühten B1 und B2 ihrem gemeinsamen Tatplan entsprechend im arbeitsteiligen Zusammenwirken den im U-Bahn-Tunnel zwischen den Stationen R.-L.-Platz und S. Platz abgestellten U-Bahn-Waggon Nr. 680 auf einer Fläche von ca. 14 m2 mit nicht löslicher Farbe aus mitgeführten Spraydosen. ◄

Die überwiegende Rspr.[697] und die h. L.[698] verneinen § 304 II StGB.

Eine von § 304 I StGB abweichende Auslegung des Tatbestandsmerkmals der Veränderung des Erscheinungsbildes wäre in der Tat systemwidrig. Denn gerade die Beeinträchtigung des öffentlichen Nutzungsinteresses hat den in § 304 StGB über die einfache Sachbeschädigung des § 303 StGB hinausgehenden Unrechtsgehalt und damit auch den höheren Strafrahmen zur Folge. Eine allein am Wortlaut haftende weite Auslegung von § 304 II StGB würde zu dem widersprüchlichen Ergebnis führen, dass für die eingriffsintensivere Beschädigung nach § 304 I StGB das einschränkende Merkmal der Beeinträchtigung der öffentlichen Nutzungsfunktion verlangt würde, für die vergleichsweise geringfügigere Einwirkung auf das Tatobjekt durch die Veränderung des Erscheinungsbildes nach § 304 II StGB jedoch nicht. Bei Waggons kommt es also darauf an, ob diese infolge des Besprühens tatsächlich zumindest vorübergehend nicht weiterhin zur Personenbeförderung eingesetzt werden konnten (z. B., wenn neben den Wandflächen auch Fenster und Türen oder die Fahrerkabine derart übersprüht worden sind, dass der Wagen zum Publikumstransport nicht mehr geeignet ist).

Das OLG Hamburg[699] allerdings hält die öffentliche Funktion von Fahrzeugen bzw. Fahrzeugteilen des öffentlichen Personennahverkehrs bereits dann für beein-

---

[695] Zu § 304 II StGB näher Kudlich GA 2006, 38.

[696] Hierzu Schuhr JA 2009, 169; aus der Rspr. vgl. zuletzt OLG Hamburg B. v. 04.12.2013 – 2 REV 72/13 (2) – NStZ 2015, 37 = NStZ-RR 2014, 81 (Anm. Satzger JK 2014 StGB § 304/1; Jäger JA 2014, 549); OLG Köln B. v. 17.11.2017 – III-1 RVs 285/17 – StV 2018, 444 (Anm. Jahn JuS 2018, 395).

[697] Z. B. KG B. v. 15.12.2008 – (4) 1 Ss 442/08 (243/08) – NStZ-RR 2009, 310 (311), auch zum Folgenden.

[698] Joecks/Jäger, StGB, 13. Aufl. 2021, § 304 Rn. 5.

[699] OLG Hamburg B. v. 04.12.2013 – 2 REV 72/13 (2) – NStZ 2015, 37 = NStZ-RR 2014, 81 (Anm. Satzger JK 2014 StGB § 304/1; Jäger JA 2014, 549).

trächtigt, wenn das Erscheinungsbild der Fahrzeuge durch Beschmieren der Außenflächen so erheblich verändert wird, dass der öffentliche Zweck, mit komfortablen und sauberen Fahrzeugen neben dem Erhalt von Fahrgästen neue Fahrgäste zu gewinnen, um so durch Stärkung und Ausweitung des öffentlichen Personennahverkehrs ein weiteres Anwachsen des Individualverkehrs mit seinem Flächenverbrauch und seiner Umweltbelastung zu verhindern, unterlaufen wird.

Hiergegen allerdings[700] spricht, dass der Anwendungsbereich dann überdehnt wird: Das Sicherheitsgefühl und die Attraktivität bei einem öffentlichen Zwecken dienenden Gegenstand zur Gemeinfunktion selbst zu erheben, überschreitet auf diese Weise den Wortsinn des öffentlichen Nutzens; es handelt sich um rein optisch-ästhetische Beeinträchtigungen.

Zur Rechtsfolge s. o. („Ebenso wird bestraft").

4. Zerstörung von Bauwerken, § 305 StGB

a) Aufbau
  I. Tatbestand
    1. Objektiver Tatbestand
       a) Ein Gebäude, ein Schiff, eine Brücke, einen Damm, eine gebaute Straße, eine Eisenbahn oder ein anderes Bauwerk
       b) Welche fremdes Eigentum sind
       c) Ganz oder teilweise zerstört
    2. Subjektiver Tatbestand
  II. Rechtswidrigkeit
  III. Schuld

b) Erläuterungen
§ 305 StGB stellt die Zerstörung von Bauwerken unter Strafe.

> **§ 305 StGB (Zerstörung von Bauwerken)**
> (1) Wer rechtswidrig ein Gebäude, ein Schiff, eine Brücke, einen Damm, eine gebaute Straße, eine Eisenbahn oder ein anderes Bauwerk, welche fremdes Eigentum sind, ganz oder teilweise zerstört, wird mit Freiheitsstrafe bis zu fünf Jahren oder mit Geldstrafe bestraft.
> (2) Der Versuch ist strafbar.

Bei der Norm handelt es sich um eine Qualifikation des § 303 StGB.[701]
Zum Gebäude s. bei den §§ 306,[702] 243[703] StGB.

---

[700] S. Jäger JA 2014, 549.
[701] Joecks/Jäger, StGB, 13. Aufl. 2021, § 305 Rn. 1.
[702] S. bei den Nichtvermögensdelikten.
[703] S. o. A I 6 b) bb) (1) (b).

Bauwerk ist jede bauliche Anlage, die auf Grund und Boden ruht, auf gewisse Dauer errichtet wurde und von gewisser Größe und Bedeutung ist.[704]

Ein Bauwerk liegt auch vor, wenn es noch nicht fertiggestellt ist oder wenn es schon beschädigt ist,[705] nicht aber bei einer Ruine.[706]

Eisenbahn ist der Schienenstrang inkl. Unterbau und elektrischen Leitungsanlagen, nicht aber das einzelne Fahrzeug.[707]

Zur **Tathandlung** vgl. § 306 StGB.[708]

I.R.d. § 305 StGB kommt es für ein teilweises Zerstören darauf an, ob ein selbstständiger Teil des Bauwerks so unbrauchbar gemacht wird, dass er nicht mehr entsprechend seiner Funktion genutzt werden kann (einzelne Teile oder einzelne Aufgaben).[709] Es genügt nicht jedes Beschädigen.[710]

Der Strafrahmen des § 305 I StGB sieht Freiheitsstrafe bis zu fünf Jahren (im Minimum also ein Monat, § 38 II StGB) oder Geldstrafe (zu den Grenzen s. § 40 StGB) vor.

Gem. § 305 II StGB ist der Versuch strafbar.

Angesichts der vergleichbaren Deliktshandlungen gehen die Rspr.[711] und die h. L.[712] auch davon aus, dass die §§ 306, 306a StGB den § 305 StGB konsumieren. Im Hinblick auf die durchaus unterschiedlichen Schutzrichtungen überzeugt hingegen eher die Annahme von Tateinheit, § 52 StGB.[713]

---

[704] Kindhäuser/Hilgendorf, LPK, 9. Aufl. 2022, § 305 Rn. 2; aus der Rspr. vgl. RG U. v. 11.02.1887 – 3418/86 – RGSt 15, 263; RG U. v. 27.02.1893 – 222/93 – RGSt 24, 26; RG U. v. 28.05.1900 – 1480/00 – RGSt 33, 301; RG U. v. 25.03.1930 – IV 4/30 – RGSt 64, 77; BGH B. v. 10.08.1995 – 4 StR 432/95 – BGHSt 41, 219 = NJW 1996, 328 = NStZ 1996, 135 = StV 1996, 316 (Anm. Otto JK 1996 StGB § 1/15; Schmidt JuS 1996, 366).

[705] Eisele, BT II, 6. Aufl. 2021, Rn. 492; aus der Rspr. vgl. OGH U. v. 04.10.1949 – StS 56/49 – OGHSt 2, 209.

[706] Wieck-Noodt, in: MK-StGB, 4. Aufl. 2022, § 305 Rn. 7; aus der Rspr. vgl. RG U. v. 11.11.1895 – 3650/95 – RGSt 27, 420.

[707] Kindhäuser/Hilgendorf, LPK, 9. Aufl. 2022, § 305 Rn. 2; aus der Rspr. vgl. RG U. v. 19.11.1920 – IV 949/20 – RGSt 55, 169; LG Dortmund U. v. 14.10.1997 – Ns 70 Js 90/96 – NStZ-RR 1998, 139.

[708] S. bei den Nichtvermögensdelikten.

[709] Kindhäuser/Hilgendorf, LPK, 9. Aufl. 2022, § 305 Rn. 3; aus der Rspr. vgl. RG U. v. 30.12.1919 – II 795/19 – RGSt 54, 205; RG U. v. 19.11.1920 – IV 949/20 – RGSt 55, 169; OGH U. v. 10.08.1948 – StS 18/48 – OGHSt 1, 53; OGH U. v. 04.10.1949 – StS 56/49 – OGHSt 2, 209; BGH B. v. 10.08.1995 – 4 StR 432/95 – BGHSt 41, 219 = NJW 1996, 328 = NStZ 1996, 135 = StV 1996, 316 (Anm. Otto JK 1996 StGB § 1/15; Schmidt JuS 1996, 366).

[710] H. M., Joecks/Jäger, StGB, 13. Aufl. 2021, § 305 Rn. 3; aus der Rspr. vgl. OLG Oldenburg B. v. 27.04.2011 – 1 Ss 66/11 – NStZ-RR 2011, 338.

[711] RG U. v. 14.05.1923 – III 290/23 – RGSt 57, 294; BGH U. v. 30.03.1954 – 1 StR 494/53 – BGHSt 6, 107 = NJW 1954, 1335 (Anm. Lang-Hinrichsen JZ 1955, 288); BGH B. v. 01.07.1993 – 1 StR 329/93; BGH B. v. 15.12.1992 – 4 StR 583/92.

[712] S. nur Kindhäuser/Hilgendorf, LPK, 9. Aufl. 2022, § 305 Rn. 6.

[713] So auch Wieck-Noodt, in: MK-StGB, 4. Aufl. 2022, § 305 Rn. 21.

5. Zerstörung wichtiger Arbeitsmittel, § 305a StGB

a) Aufbau
I. Tatbestand
  1. Objektiver Tatbestand
     a) § 305a I Nr. 1–3 StGB
     b) Ganz oder teilweise zerstört
  2. Subjektiver Tatbestand
II. Rechtswidrigkeit
III. Schuld

b) Erläuterungen
§ 305a StGB stellt die Zerstörung wichtiger Arbeitsmittel unter Strafe.

> **§ 305a StGB (Zerstörung wichtiger Arbeitsmittel)**
> (1) Wer rechtswidrig
>   1. ein fremdes technisches Arbeitsmittel von bedeutendem Wert, das für die Errichtung einer Anlage oder eines Unternehmens im Sinne des § 316b Abs. 1 Nr. 1 oder 2 oder einer Anlage, die dem Betrieb oder der Entsorgung einer solchen Anlage oder eines solchen Unternehmens dient, von wesentlicher Bedeutung ist, oder
>   2. ein für den Einsatz wesentliches technisches Arbeitsmittel der Polizei, der Bundeswehr, der Feuerwehr, des Katastrophenschutzes oder eines Rettungsdienstes, das von bedeutendem Wert ist, oder
>   3. ein Kraftfahrzeug der Polizei, der Bundeswehr, der Feuerwehr, des Katastrophenschutzes oder eines Rettungsdienstes
>
> ganz oder teilweise zerstört, wird mit Freiheitsstrafe bis zu fünf Jahren oder mit Geldstrafe bestraft.
> (2) Der Versuch ist strafbar.

Die 2011 erweiterte[714] Norm ist eine Qualifikation des § 303 StGB,[715] deren Verschärfungsgrund[716] in der wichtigen Funktion der aufgeführten Tatobjekte liegt.
Technisches Arbeitsmittel i. S. d. § 305a I Nr. 1 StGB ist in Anlehnung an § 2 Abs. 1 Satz 1 GSG „jeder aufgrund technischer Erfahrungen hergestellte Gegenstand, der geeignet und dazu bestimmt ist, die Arbeitsvorgänge bei der Errichtung von Anlagen und Unternehmen zu ermöglichen oder zu erleichtern, vor allem

---
[714] Hierzu Heger/Jahn JR 2015, 508.
[715] Fischer, StGB, 71. Aufl. 2024, § 305a Rn. 1.
[716] Hierzu Kargl, in: NK-StGB, 6. Aufl. 2023, § 305a Rn. 1.

Werkzeuge, Arbeitsgeräte, Arbeits- und Kraftmaschinen, Hebe- und Fördereinrichtungen sowie Beförderungsmittel".[717]

Für die Grenze des **bedeutenden Werts** wird überwiegend[718] 1300 € genannt.

Wohl wichtigster Fall des § 305a I StGB ist die Nr. 3 im Hinblick auf **Polizeifahrzeuge**.[719]

Zu denken ist z. B. auch an Polizeifluchtfälle, bei denen eine entsprechende Zerstörung eintritt.

Zu den **Tathandlungen** s. o. bei § 305 StGB.

Der Strafrahmen des § 305a I StGB sieht Freiheitsstrafe bis zu fünf Jahren (im Minimum also ein Monat, § 38 II StGB) oder Geldstrafe (zu den Grenzen s. § 40 StGB) vor.

Gem. § 305a II StGB ist der Versuch strafbar.

III. Sog. Datenbeschädigungsstraftaten i. e. S., §§ 303a-b StGB

▶ Didaktische Aufsätze
- Hilgendorf, Grundfälle zum Computerstrafrecht, JuS 1996, 1082
- Popp, Informationstechnologie und Strafrecht, JuS 2011, 385
- Eisele, Der Kernbereich des Computerstrafrechts, Jura 2012, 922
- Wachter, Klausurrelevante Probleme aus dem Bereich der Cyberkriminalität, JA 2019, 827
- Ceffinato, Einführung in das Internetstrafrecht, JuS 2019, 337
- Ceffinato, Aktuelles Internetstrafrecht, JuS 2021, 311

1. Allgemeines

Die § 303a und 303b StGB enthalten i. V. m. den §§ 202a ff. StGB (zu diesem bei Nichtvermögensdelikten) einen Grundbestand an Datenstrafrecht oder auch „Computerstrafrecht",[720] insbesondere auch i.R.e. „Internetstrafrechts".[721]

---

[717] Wieck-Noodt, in: MK-StGB, 4. Aufl. 2022, § 305a Rn. 10.
[718] Fischer, StGB, 71. Aufl. 2024, § 305a Rn. 6.
[719] Hierzu Fischer, StGB, 71. Aufl. 2024, § 305a Rn. 9f.; aus der Rspr. vgl. OLG Oldenburg B. v. 27.04.2011 – 1 Ss 66/11 – NStZ-RR 2011, 338.
[720] Hier näher schon Steinke NJW 1975, 1867; Möhrenschlager wistra 1986, 128; Möhrenschlager wistra 1991, 321; Tiedemann FS Kaiser 1998, 1373; vgl. auch zu Cybercrime: Bär FS von Heintschel-Heinegg 2015, 1; Goger/Stock ZRP 2017, 10; Wachter JA 2019, 827; zu IT-Sicherheit und Strafrecht Golla JZ 2021, 985; zu Konkurrenzausspähung und Wirtschaftsspionage Wilke NZWiSt 2019, 168.
[721] Näher zum Internetstrafrecht Laue jurisPR-StrafR 13/2009 Anm. 2 und jurisPR-StrafR 15/2009 Anm. 2; Ceffinato JuS 2019, 337; Ceffinato JuS 2021, 311; Rechtsprechungsübersicht zum Internetstrafrecht: Krause NStZ 2021, 599.

2. Datenveränderung, § 303a StGB

a) § 303a I StGB

aa) Aufbau
I. Tatbestand
   1. Objektiver Tatbestand
      a) Daten (§ 202a Abs. 2)
      b) Löscht, unterdrückt, unbrauchbar macht oder verändert
      c) Rechtswidrig
   2. Subjektiver Tatbestand
II. Rechtswidrigkeit
III. Schuld
IV. Strafantrag, § 303c StGB

bb) Allgemeines
§ 303a StGB stellt die Datenveränderung unter Strafe.[722]

> **§ 303a StGB (Datenveränderung)**
> (1) Wer rechtswidrig Daten (§ 202a Abs. 2) löscht, unterdrückt, unbrauchbar macht oder verändert, wird mit Freiheitsstrafe bis zu zwei Jahren oder mit Geldstrafe bestraft.
> (2) Der Versuch ist strafbar.
> (3) Für die Vorbereitung einer Straftat nach Absatz 1 gilt § 202c entsprechend.

Die dem § 303 StGB – schon 1986 – nachgebildete Norm ist dahingehend ein notwendiger eigener Tatbestand, dass Daten keine Sachen i. S. d. Sachbeschädigung sind und nicht in jeder Datenveränderung eine Sachbeschädigung am Datenträger liegt. Dass die §§ 303a, b StGB im 27. Abschnitt des Besonderen Teils des StGB („Sachbeschädigung") geregelt sind, darf hierüber nicht hinwegtäuschen.

Angesichts der Bedeutung der EDV im modernen Privat-, Wirtschafts- und Staatsleben versteht sich die Berechtigung eines solchen Delikts von selbst.

Geschütztes **Rechtsgut** ist das Interesse des Verfügungsberechtigten an der ungestörten und jederzeit möglichen Verwendung der in gespeicherten oder übermittelten Daten enthaltenen Informationen.[723]

---

[722] Hierzu Möhrenschlager wistra 1986, 128; Hilgendorf JuS 1996, 1082; Ernst NJW 2003, 3233; Popp JuS 2011, 385; Eisele Jura 2012, 922; Schuhr ZIS 2012, 441.

[723] Joecks/Jäger, StGB, 13. Aufl. 2021, § 303a Rn. 1; aus der Rspr. vgl. BGH B. v. 27.07.2017 – 1 StR 412/16 (Bitcoinschürfen) – NStZ 2018, 401 = StV 2019, 385 (Anm. Safferling NStZ 2018, 405; Greier/Hartmann jurisPR-StrafR 21/2018 Anm. 1; Brodowski StV 2019, 385).

cc) Tatbestand

(1) Objektiver Tatbestand

(a) Daten (§ 202a Abs. 2)
Zum Begriff der Daten s. o. bei § 202a StGB,[724] auf dessen Absatz 2 auch § 303a I StGB verweist.
Die Daten müssen bereits vorhanden sein; die Verhinderung des Entstehens von Daten ist nicht erfasst.[725]

(b) Löscht, unterdrückt, unbrauchbar macht oder verändert

(aa) Löscht
Daten sind dann gelöscht, wenn die konkrete Speicherung der Daten endgültig unkenntlich gemacht wird,[726] vgl. auch § 3 IV 2 Nr. 5 BDSG („Unkenntlichmachen gespeicherter personenbezogener Daten").
Ob die Daten andernorts noch einmal gespeichert sind (z. B. als Sicherheitskopie), ist irrelevant.[727]

(bb) Unterdrückt
Unterdrückt werden Daten, wenn sie dem Zugriff des Berechtigten entzogen werden und dadurch ihre Verwendbarkeit ausgeschlossen wird.[728] Erfasst ist auch die Entziehung des gesamten Datenträgers.[729]
Umstritten ist, ob der Entzug **dauerhaft** sein muss.[730]

Beispiel 157

AG Frankfurt U. v. 01.07.2005 – 991 Ds 6100 Js 226314/01 – NStZ 2006, 399 (Anm. famos 9/2005; Jahn JuS 2006, 943; RÜ 2006, 424; RA 2006, 545; Geppert JK 2008 StGB § 240/23; Kelker GA 2009, 86; Hoffmanns ZIS 2012, 409), OLG Frankfurt B. v. 22.05.2006 – 1 Ss 319/05 – StV 2007, 244 (Anm. Jahn JuS 2006, 943; RÜ 2006, 424; RA 2006, 545; Geppert JK 2008 StGB § 240/23; Kelker GA 2009, 86; Hoffmanns ZIS 2012, 409):

Am 14.05.2001 stellte B unter der Überschrift „Deportation class: Internet-Demo gegen das Abschiebegeschäft" und „Lufthansa goes offline – Online-

---

[724] S. bei den Nichtvermögensdelikten.
[725] Zum Blenden einer Blitzanlage OLG München U. v. 15.05.2006 – 4St RR 53/06 – NJW 2006, 2132 = NStZ 2006, 576 (Anm. LL 2006, 689; RÜ 2006, 479; RA 2006, 490; Geppert JK 2007 StGB § 303/5; Kudlich JA 2007, 72; Mann NStZ 2007, 271; Gaede JR 2008, 97).
[726] Eisele, BT II, 6. Aufl. 2021, Rn. 506; aus der Rspr. vgl. OLG Dresden B. v. 05.09.2012 – 4 W 961/12.
[727] Wieck-Noodt, in: MK-StGB, 4. Aufl. 2022, § 303a Rn. 12.
[728] Hoyer, in: SK-StGB, 10. Aufl. 2023, § 303a Rn. 9.
[729] Wieck-Noodt, in: MK-StGB, 4. Aufl. 2022, § 303a Rn. 13.
[730] S. Fischer, StGB, 71. Aufl. 2024, § 303a Rn. 10; Kindhäuser/Hilgendorf, LPK, 9. Aufl. 2022, § 303a Rn. 6.

Demonstration gegen „Deportation Business" folgenden Aufruf ins Internet (libertad.de/projekte/depclass/demo): „Kein Mensch ist illegal und Libertad! rufen zur Blockade der Lufthansa-Homepage am 20.06.2001 auf ... Wenn Konzerne, die mit Abschiebungen Geld verdienen, ihre größten Filialen im Netz aufbauen, dann muss man auch genau dort demonstrieren. Ähnlich wie bei einer Sitzblockade soll der Zugang zur Homepage der Lufthansa AG durch tausende Internetnutzer zeitweise versperrt werden. Aber das geht nur, wenn viele mitmachen. Kein Mensch ist illegal und Libertad! rufen deshalb internationale und deutsche Gruppen auf, sich an den Vorbereitungen der Internet-Demo zu beteiligen. Ein genauer Termin steht noch nicht fest, aber für den Tag X erwarten wir mehrere tausend TeilnehmerInnen." Des Weiteren wurde eine spezielle Software entwickelt, um den massenhaften Zugriff in winzigen zeitlichen Abständen auf die Internet-Seite der Lufthansa zu ermöglichen. Diese wurde für alle gängigen Betriebssysteme am 18.06.2001 mit Installationsanweisung zum Herunterladen ins Netz gestellt; vom B wurde von seinen Seiten auf diese Software per Link hingewiesen. Obwohl die Lufthansa bereits weit im Vorfeld der Aktion Kenntnis erlangte und sich entsprechend darauf einstellte, insbesondere weitere Leitungskapazitäten zur Datenübertragung zukaufte, wurde die Aktion aus Sicht des B ein Erfolg. Auf die Homepage der Lufthansa wurde im Gültigkeitszeitraum der Software von 10 bis 12 Uhr erheblich verstärkt zugegriffen, sodass es zu erheblich verzögertem Aufbau der Seite (3 bis 10 min) oder sogar zum Totalausfall kam, je nachdem aus welchem Netz man selber zugreifen wollte. Neben der Negativpublicity entstand der Lufthansa ein materieller Schaden von 5496,39 € (Kosten für eigenes Personal) und 42.370,80 € Fremdkosten, die ihr von der damaligen Tochterfirma Lufthansa //eCommerce berechnet wurden. ◄

Für den Nutzer war entweder der Aufbau der Lufthansa-Homepage erheblich verzögert oder es kam zu einem Totalausfall. Allerdings handelte es sich nur um Verzögerungen von 3 bis 10 min, selbst im Falle des Totalausfalles von höchstens zwei Stunden. Genügt dies für ein Unterdrücken von Daten?

Die Lehre[731] lässt die vorübergehende Entziehung ausreichen, während die Rspr. z. T.[732] verlangt, dass die Daten auf Dauer entzogen werden.

Zwar ist der Rspr. zuzugeben, dass das Bestreben, Bagatellbeeinträchtigungen aus dem Tatbestand auszuscheiden, prinzipielle Zustimmung verdient. Zweifelhaft ist aber, ob wirklich eine Dauerhaftigkeit der Datenentziehung verlangt werden sollte; zum einen würde die Grenzziehung zu den Tathandlungen des Löschens und Unbrauchbarmachens erschwert,[733] zum anderen wird auch § 274 I Nr. 2 StGB extensiv ausgelegt.[734] Eine extensive Auslegung entspricht überdies dem Schutzzweck des § 303a StGB, da auch eine vorübergehende Zugriffsverhinderung für den Berechtigten nachteilige Konsequenzen, z. B. wirtschaftlicher Art, haben kann.

---

[731] Fischer, StGB, 71. Aufl. 2024, § 303a Rn. 10; Hoyer, in: SK-StGB, 10. Aufl. 2023, § 303a Rn. 9; Gercke MMR 2005, 868.
[732] OLG Frankfurt B. v. 22.05.2006 – 1 Ss 319/05 – StV 2007, 244.
[733] Weidemann, in: BeckOK-StGB, Stand 01.08.2024, § 303a Rn. 12.2.
[734] S. Puppe/Schumann, in: NK-StGB, 6. Aufl. 2023, § 274 Rn. 10.

Eine zeitweilige Entziehung reicht daher aus, sofern es sich nicht um eine absolute Bagatelle mehr handelt, wie dies bei wenigen Minuten noch der Fall sein mag.

Ferner ist auf den 2007 speziell für derartige Attacken geschaffenen § 303b I Nr. 2 StGB hinzuweisen.

(cc) Unbrauchbar macht
Ein Unbrauchbarmachen von Daten ist anzunehmen, wenn durch die Einwirkung auf die Daten ihre bestimmungsgemäße Brauchbarkeit aufgehoben wird.[735]

(dd) Verändert
Das Verändern von Daten umfasst sonstige Funktionsbeeinträchtigungen durch inhaltliche Umgestaltung,[736] vgl. auch § 3 IV 2 Nr. 2 BDSG („das inhaltliche Umgestalten gespeicherter personenbezogener Daten").

Beispiel 158

BayObLG U. v. 24.06.1993 – 5 St RR 5/93 (Anm. Otto JK 1994 StGB § 303a/1; Hilgendorf JR 1994, 478):

B war Kunde der Kreis- und Stadtsparkasse Sch. und unterhielt dort ein Girokonto mit der Nummer 488 106. Die Z, eine weitläufige Bekannte des B, war dort ebenfalls Kundin und hatte die Kontonummer 514 240. Am Freitag, dem 12.04.1991, um 11:13 Uhr führte B seine Eurocheque-Karte (= EC-Karte) 1992 in den EC-Geldautomaten der Kreis- und Stadtsparkasse Sch. ein, um Geld abzuheben. Da er jedoch dreimal die Geheimnummer falsch eingab, wies der EC-Geldautomat die EC-Karte ab und zahlte kein Geld aus. Anhand des Computerprotokolls des ec-Geldautomaten wurde später festgestellt, dass der Magnetstreifen dieser EC-Karte dabei ordnungsgemäß die Kontonummer 488 106 des B enthielt. Am selben Tag um 12:02 Uhr steckte der B seine EC-Karte 1992 erneut in den ec-Geldautomaten, um Geld abzuheben. Inzwischen hatte er jedoch den Magnetstreifen seiner EC-Karte dergestalt verändert, dass nicht mehr seine Kontonummer eingespeichert war, sondern die Kontonummer 514 240 der Z. Da aufgrund dieser Veränderungen die MM-Merkmale nicht mehr stimmten, brach der ec-Geldautomat den Vorgang ab und zog die EC-Karte ein. B begab sich sodann zum Bankschalter und meldete den Einzug seiner EC-Karte. Die EC-Karte wurde daraufhin aus dem ec-Geldautomaten entnommen und das Computerprotokoll des ec-Geldautomaten überprüft. Dabei ergab sich, dass die EC-Karte des B die Kontonummer der Z aufwies. ◄

---

[735] Eisele, BT II, 6. Aufl. 2021, Rn. 506; Fischer, StGB, 71. Aufl. 2024, § 303a Rn. 11; aus der Rspr. vgl. OLG Dresden B. v. 05.09.2012 – 4 W 961/12.

[736] Eisele, BT II, 6. Aufl. 2021, Rn. 506; aus der Rspr. vgl. zuletzt BGH B. v. 27.07.2017 – 1 StR 412/16 (Bitcoinschürfen) – NStZ 2018, 401 = StV 2019, 385 (Anm. Safferling NStZ 2018, 405; Greier/Hartmann jurisPR-StrafR 21/2018 Anm. 1; Brodowski StV 2019, 385); BGH B. v. 08.04.2021 – 1 StR 78/21 – NJW 2021, 2301 = NStZ 2022, 43 = StV-S 2021, 147 (Anm. Bosch Jura 2021, 1526; Heghmanns ZJS 2021, 824; RÜ 2021, 581; Safferling NJW 2021, 2304; Eisele JZ 2021, 1067; Neuhöfer/Schefer jurisPR-Compl 5/2021 Anm. 3; Nicolai NStZ 2022, 45).

B hat durch das Entfernen seiner Kontonummer von der EC-Karte und das Einsetzen der Kontonummer der Z rechtswidrig Daten verändert, die magnetisch gespeichert waren.

Diskutiert werden ferner (frühere) Dialer-Programme,[737] die Überwindung von Kopierschutzmaßnahmen auf CDs,[738] die Aufhebung eines SIM-Lock[739] oder Bitcoin-Mining durch Trojaner/Bot-Netze.[740]

(c) Rechtswidrig
Die Datenveränderung muss gem. § 303a I StGB rechtswidrig gewesen sein, wobei es sich hier um ein Tatbestandsmerkmal handelt.[741]
Erforderlich ist, dass die Tat sich gegen einen anderen richtet, der analog § 903 BGB Verfügungsberechtigter ist, welcher nicht einverstanden war.[742]

(2) Subjektiver Tatbestand
Gem. § 15 StGB ist Vorsatz erforderlich.

dd) Rechtswidrigkeit
Es gelten die allgemeinen Grundsätze.

ee) Schuld
Es gelten die allgemeinen Grundsätze.

ff) Rechtsfolgen
§ 303a I StGB sieht Freiheitsstrafe bis zu zwei Jahren (im Minimum also ein Monat, § 38 II StGB) oder Geldstrafe (zu den Grenzen s. § 40 StGB) vor.

gg) Sonstiges
Es gilt das Strafantragserfordernis gem. § 303c StGB.
Der Versuch ist gem. § 303a II StGB strafbar.
Häufig neben § 303a StGB anzusprechen sind die §§ 269, 270, 274 I Nr. 2 StGB.

---

[737] Weidemann, in: BeckOK-StGB, Stand 01.08.2024, § 303a Rn. 15; Buggisch NStZ 2002, 178; Fülling/Rath JuS 2005, 598.

[738] Hierzu Abdallah/Gercke/Reinert HRRS 2003, 134.

[739] Kindhäuser/Hilgendorf, LPK, 9. Aufl. 2022, § 303a Rn. 8; aus der Rspr. vgl. AG Göttingen U. v. 04.05.2011 – 62 Ds 51 Js 9946/10 – NStZ-RR 2012, 12; OLG Karlsruhe B. v. 16.06.2016 – 3 OLG 8 Ss 54/16 – NStZ-RR 2016, 264 = StV 2016, 374 (Anm. Ullrich WiJ 2016, 162).

[740] Hierzu Heine NStZ 2016, 441; Grzywotz/Köhler/Rückert StV 2016, 753; Baier CCZ 2019, 123; aus der Rspr. vgl. BGH B. v. 21.07.2015 -1 StR 16/15 – NJW 2015, 3463 = NStZ 2016, 339 = StV 2016, 356; BGH B. v. 27.07.2017 – 1 StR 412/16 (Bitcoinschürfen) – NStZ 2018, 401 = StV 2019, 385 (Anm. Safferling NStZ 2018, 405; Greier/Hartmann jurisPR-StrafR 21/2018 Anm. 1; Brodowski StV 2019, 385); allgemein zur Infiltration mit Botnetzen Mavany KriPoZ 2016, 106; Stam ZIS 2017, 547.

[741] H. M., Eisele, BT II, 6. Aufl. 2021, Rn. 504; Hoyer, in: SK-StGB, 10. Aufl. 2023, § 303a Rn. 12; a. A. (Hinweis auf das allgemeine Deliktsmerkmal der Rechtswidrigkeit) Fischer, StGB, 71. Aufl. 2024, § 303a Rn. 13.

[742] Hoyer, in: SK-StGB, 10. Aufl. 2023, § 303a Rn. 12; aus der Rspr. vgl. OLG Nürnberg B. v. 23.01.2013 – 1 Ws 445/12 – StV 2014, 296.

b) §§ 303a III i. V. m. 202c StGB
Vorbereitungshandlungen sind i.R.d. §§ 303a III i. V. m. 202c[743] StGB strafbar.

3. Computersabotage, § 303b StGB

a) Allgemeines
§ 303b StGB stellt die Computersabotage unter Strafe.[744]

> **§ 303b StGB (Computersabotage)**
> (1) Wer eine Datenverarbeitung, die für einen anderen von wesentlicher Bedeutung ist, dadurch erheblich stört, dass er
> 1. eine Tat nach § 303a Abs. 1 begeht,
> 2. Daten (§ 202a Abs. 2) in der Absicht, einem anderen Nachteil zuzufügen, eingibt oder übermittelt oder
> 3. eine Datenverarbeitungsanlage oder einen Datenträger zerstört, beschädigt, unbrauchbar macht, beseitigt oder verändert,
>
> wird mit Freiheitsstrafe bis zu drei Jahren oder mit Geldstrafe bestraft.
> (2) Handelt es sich um eine Datenverarbeitung, die für einen fremden Betrieb, ein fremdes Unternehmen oder eine Behörde von wesentlicher Bedeutung ist, ist die Strafe Freiheitsstrafe bis zu fünf Jahren oder Geldstrafe.
> (3) Der Versuch ist strafbar.
> (4) In besonders schweren Fällen des Absatzes 2 ist die Strafe Freiheitsstrafe von sechs Monaten bis zu zehn Jahren. Ein besonders schwerer Fall liegt in der Regel vor, wenn der Täter
> 1. einen Vermögensverlust großen Ausmaßes herbeiführt,
> 2. gewerbsmäßig oder als Mitglied einer Bande handelt, die sich zur fortgesetzten Begehung von Computersabotage verbunden hat,
> 3. durch die Tat die Versorgung der Bevölkerung mit lebenswichtigen Gütern oder Dienstleistungen oder die Sicherheit der Bundesrepublik Deutschland beeinträchtigt.
> (5) Für die Vorbereitung einer Straftat nach Absatz 1 gilt § 202c entsprechend.

Geschütztes **Rechtsgut** ist das Interesse der Betreiber und Nutzer von Datenverarbeitungen (insbesondere Wirtschaft und Verwaltung) an einer ordnungsgemäßen Funktionsweise.[745]

---

[743] S. bei den Nichtvermögensdelikten.
[744] Hierzu Möhrenschlager wistra 1986, 128; Hilgendorf JuS 1996, 1082; Popp JuS 2011, 385; Eisele Jura 2012, 922.
[745] Vgl. Joecks/Jäger, StGB, 13. Aufl. 2021, § 303b Rn. 1; aus der Rspr. vgl. BGH B. v. 08.04.2021 – 1 StR 78/21 – NJW 2021, 2301 = NStZ 2022, 43 = StV-S 2021, 147 (Anm. Bosch Jura 2021, 1526; Heghmanns ZJS 2021, 824; RÜ 2021, 581; Safferling NJW 2021, 2304; Eisele JZ 2021, 1067; Neuhöfer/Schefer jurisPR-Compl 5/2021 Anm. 3; Nicolai NStZ 2022, 45).

b) § 303b I, II StGB

aa) Grunddelikt, § 303b I StGB

(1) § 303b I Nr. 1 StGB

(a) Aufbau
  I. Tatbestand
    1. Objektiver Tatbestand
      a) Eine Tat nach § 303a Abs. 1 begeht
      b) Eine Datenverarbeitung, die für einen anderen von wesentlicher Bedeutung ist
      c) Erheblich stört
      d) Dadurch
    2. Subjektiver Tatbestand
  II. Rechtswidrigkeit
  III. Schuld
  IV. Strafantrag, § 303c StGB

(b) Tatbestand

(aa) Objektiver Tatbestand

(aaa) Eine Tat nach § 303a Abs. 1 begeht
S. o.

(bbb) Eine Datenverarbeitung, die für einen anderen von wesentlicher Bedeutung ist
Datenverarbeitung ist nach h. M. der gesamte Umgang mit Daten, von ihrer Erfassung über ihre Speicherung bis zu ihrer Verwendung, einschließlich ihrer technischen („Hardware") Voraussetzungen, sofern elektronische Rechenvorgänge betroffen sind.[746]

Die Datenverarbeitung muss für einen anderen von **wesentlicher Bedeutung** sein, sodass Bagatellfälle ausgeschieden werden. Die wesentliche Bedeutung liegt vor, wenn die Funktionsfähigkeit der jeweiligen Einrichtung im Ganzen von einem ungestörten Ablauf ganz oder überwiegend abhängig ist.[747]

Eine Datenverarbeitung im Rahmen einer beruflichen, schriftstellerischen, wissenschaftlichen oder künstlerischen Tätigkeit ist regelmäßig als wesentlich einzustufen, nicht aber jeglicher Kommunikationsvorgang im privaten Bereich oder etwa Computerspiele; bei Privatpersonen ist also besonderer Augenmerk darauf zu richten, welche Funktion die Datenverarbeitung für die Lebensgestaltung hat.[748]

---

[746] S. Kargl, in: NK-StGB, 6. Aufl. 2023, § 303b Rn. 4.
[747] Weidemann, in: BeckOK-StGB, Stand 01.08.2024, § 303b Rn. 6; aus der Rspr. vgl. BGH B. v. 08.04.2021 – 1 StR 78/21 – NJW 2021, 2301 = NStZ 2022, 43 = StV-S 2021, 147 (Anm. Bosch Jura 2021, 1526; Heghmanns ZJS 2021, 824; RÜ 2021, 581; Safferling NJW 2021, 2304; Eisele JZ 2021, 1067; Neuhöfer/Schefer jurisPR-Compl 5/2021 Anm. 3; Nicolai NStZ 2022, 45).
[748] S. Hecker, in: Schönke/Schröder, StGB, 30. Aufl. 2019, § 303b Rn. 4.

Unerheblich ist, ob der betroffene Datenverarbeitungsvorgang rechtmäßigen oder rechtswidrigen Zwecken dient.[749]

(ccc) Erheblich stört
Erfolg des § 303b I StGB ist die erhebliche Störung der Datenverarbeitung, worunter die nicht unerhebliche Beeinträchtigung des reibungslosen Ablaufs der Datenverarbeitung zu verstehen ist.[750]

(ddd) Dadurch
Die erhebliche Störung muss auf der Tathandlung des § 303b I Nr. 1 StGB beruhen.

(bb) Subjektiver Tatbestand
Gem. § 15 StGB ist Vorsatz erforderlich.

(c) Rechtswidrigkeit
Es gelten die allgemeinen Grundsätze.

(d) Schuld
Es gelten die allgemeinen Grundsätze.

(e) Rechtsfolgen
§ 303b I StGB sieht Freiheitsstrafe bis zu drei Jahren (im Minimum also ein Monat, § 38 II StGB) oder Geldstrafe (zu den Grenzen s. § 40 StGB) vor.

(f) Sonstiges
Gem. § 303b III StGB ist der Versuch strafbar.
    Ein Strafantrag ist nach Maßgabe des § 303c StGB erforderlich.

(2) § 303b I Nr. 2 StGB

(a) Aufbau
  I. Tatbestand
    1. Objektiver Tatbestand
      a) Daten (§ 202a Abs. 2) eingibt oder übermittelt
      b) Eine Datenverarbeitung, die für einen anderen von wesentlicher Bedeutung ist
      c) Erheblich stört
      d) Dadurch
    2. Subjektiver Tatbestand
      a) Vorsatz
      b) Absicht, einem anderen Nachteil zuzufügen
  II. Rechtswidrigkeit

---

[749] Weidemann, in: BeckOK-StGB, Stand 01.08.2024, § 303b Rn. 4.
[750] Fischer, StGB, 71. Aufl. 2024, § 303b Rn. 9.

III. Schuld
IV. Strafantrag, § 303c StGB

(b) Erläuterungen
§ 303b I Nr. 2 StGB verlangt objektiv eine Eingabe oder Übermittlung von Daten.
Eingeben ist die Umwandlung von Information in technische Impulse, die in das Computersystem eingespeist werden; **Übermittlung** ist die Weiterleitung derartiger Impulse auf unkörperlichem, z. B. elektronischem Weg zu anderen Computern oder Datenspeichern.[751]
Die Norm ist zugeschnitten auf Angriffe auf Rechner oder Systeme durch Überlastung (**Denial-of-Service-Attacken**).[752]
Subjektiv muss der Täter neben Vorsatz ferner die Absicht aufweisen, einem anderen Nachteil zuzufügen. Zu diesem Merkmal s. bei § 274 StGB (bei den Nichtvermögensdelikten).

(3) § 303b I Nr. 3 StGB

(a) Aufbau
  I. Tatbestand
    1. Objektiver Tatbestand
      a) Eine Datenverarbeitungsanlage oder einen Datenträger zerstört, beschädigt, unbrauchbar macht, beseitigt oder verändert
      b) Eine Datenverarbeitung, die für einen anderen von wesentlicher Bedeutung ist
      c) Erheblich stört
      d) Dadurch
    2. Subjektiver Tatbestand
  II. Rechtswidrigkeit
  III. Schuld
  IV. Strafantrag, § 303c StGB

(b) Erläuterungen
Eine **Datenverarbeitungsanlage** ist eine Funktionseinheit technischer Geräte, die die Verarbeitung elektronisch, magnetisch oder sonst nicht unmittelbar wahrnehmbar gespeicherter Daten ermöglicht.[753]
Datenträger sind Speichermedien für die dauerhafte Speicherung von Daten,[754] z. B. Festplatten oder USB-Sticks.
Zum **Beschädigen** und **Zerstören** s. o. bei § 303 StGB.
Zum **Unbrauchbarmachen** und **Verändern** s. o. bei § 303a StGB.

---

[751] Wieck-Noodt, in: MK-StGB, 4. Aufl. 2022, § 303b Rn. 12.
[752] Fischer, StGB, 71. Aufl. 2024, § 303b Rn. 12.
[753] Wieck-Noodt, in: MK-StGB, 4. Aufl. 2022, § 303b Rn. 13.
[754] Wieck-Noodt, in: MK-StGB, 4. Aufl. 2022, § 303b Rn. 13.

Beseitigt sind Gegenstände dann, wenn sie aus dem Verfügungs- oder Gebrauchsbereich des Berechtigten entfernt worden sind.[755]

bb) Qualifikation, § 303b II StGB

(1) Aufbau
  I. Tatbestand
    1. Objektiver Tatbestand
      a) § 303b I StGB
      b) Handelt es sich um eine Datenverarbeitung, die für einen fremden Betrieb, ein fremdes Unternehmen oder eine Behörde von wesentlicher Bedeutung ist
    2. Subjektiver Tatbestand
  II. Rechtswidrigkeit
  III. Schuld
  IV. Rechtsfolgen: Besonders schwerer Fall, § 303b IV StGB
  V. Strafantrag, § 303c StGB

(2) Erläuterungen
§ 303b II StGB enthält eine **Qualifikation** für den Fall, dass ein fremder Betrieb, ein fremdes Unternehmen oder eine Behörde betroffen sind.

§ 303b II StGB sieht Freiheitsstrafe bis zu fünf Jahren (im Minimum also ein Monat, § 38 II StGB) oder Geldstrafe (zu den Grenzen s. § 40 StGB) vor.

Besonders schwere Fälle des § 303b II StGB sind in § 303b IV StGB geregelt (Freiheitsstrafe von sechs Monaten bis zu zehn Jahren).
§ 303b IV 2 StGB enthält Regelbeispiele.
Nr. 1 wird bei § 263 StGB erläutert.
Zu Nr. 2 s. o. bei den §§ 243, 244 StGB.
Bzgl. Nr. 3 sei auf nähere Ausführungen verzichtet.

cc) §§ 303b V i. V. m. 202c StGB
Vorbereitungshandlungen sind i.R.d. §§ 303b V i. V. m. 202c[756] StGB strafbar.

D. Betrug, § 263 StGB

▶ Didaktische Aufsätze
- Samson, Grundprobleme des Betrugstatbestandes, JA 1978, 469, 564 und 625
- Hansen, Der objektive Tatbestand des Betruges (§ 263 StGB) – viergliedrig oder dreigliedrig?, Jura 1990, 510
- Ranft, Grundprobleme des Betrugstatbestandes, Jura 1992, 66
- Otto, Die neue Rechtsprechung zum Betrugstatbestand, Jura 2002, 606

---

[755] Wieck-Noodt, in: MK-StGB, 4. Aufl. 2022, § 303b Rn. 17.
[756] S. bei den Nichtvermögensdelikten.

- Kindhäuser/Nikolaus, Der Tatbestand des Betrugs (§ 263 StGB), JuS 2006, 193, 293 und 590
- Kulhanek, Kein Irrtum in der Examensklausur – aktuelle Probleme des § 263 StGB in der Fallbearbeitung, JA 2015, 828

I. Allgemeines

§ 263 StGB stellt den Betrug unter Strafe.[757]

> **§ 263 StGB (Betrug)**
> (1) Wer in der Absicht, sich oder einem Dritten einen rechtswidrigen Vermögensvorteil zu verschaffen, das Vermögen eines anderen dadurch beschädigt, daß er durch Vorspiegelung falscher oder durch Entstellung oder Unterdrückung wahrer Tatsachen einen Irrtum erregt oder unterhält, wird mit Freiheitsstrafe bis zu fünf Jahren oder mit Geldstrafe bestraft.
> (2) Der Versuch ist strafbar.
> (3) In besonders schweren Fällen ist die Strafe Freiheitsstrafe von sechs Monaten bis zu zehn Jahren. Ein besonders schwerer Fall liegt in der Regel vor, wenn der Täter
> 1. gewerbsmäßig oder als Mitglied einer Bande handelt, die sich zur fortgesetzten Begehung von Urkundenfälschung oder Betrug verbunden hat,
> 2. einen Vermögensverlust großen Ausmaßes herbeiführt oder in der Absicht handelt, durch die fortgesetzte Begehung von Betrug eine große Zahl von Menschen in die Gefahr des Verlustes von Vermögenswerten zu bringen,
> 3. eine andere Person in wirtschaftliche Not bringt,
> 4. seine Befugnisse oder seine Stellung als Amtsträger oder Europäischer Amtsträger mißbraucht oder
> 5. einen Versicherungsfall vortäuscht, nachdem er oder ein anderer zu diesem Zweck eine Sache von bedeutendem Wert in Brand gesetzt oder durch eine Brandlegung ganz oder teilweise zerstört oder ein Schiff zum Sinken oder Stranden gebracht hat.
> (4) § 243 Abs. 2 sowie die §§ 247 und 248a gelten entsprechend.
>
> (Fortsetzung)

---

[757] Hierzu Hardwig GA 1956, 6; Samson JA 1978, 469, 564 und 625; Hansen Jura 1990, 510; Ranft Jura 1992, 66; Tiedemann FG 50 Jahre BGH IV 2000, 551; Otto Jura 2002, 606; Kindhäuser/Nikolaus JuS 2006, 193, 293 und 590; Kulhanek JA 2015, 828; Kahlo FS Kindhäuser 2019, 687; zu Reformüberlegungen Franzheim GA 1972, 353; van Venrooy ZRP 2009, 74; rechtsvergleichend Hauck wistra 2017, 457.

> (5) Mit Freiheitsstrafe von einem Jahr bis zu zehn Jahren, in minder schweren Fällen mit Freiheitsstrafe von sechs Monaten bis zu fünf Jahren wird bestraft, wer den Betrug als Mitglied einer Bande, die sich zur fortgesetzten Begehung von Straftaten nach den §§ 263 bis 264 oder 267 bis 269 verbunden hat, gewerbsmäßig begeht.
>
> (6) [...]

Das von der Norm geschützte Rechtsgut ist das **Vermögen (als Ganzes), nicht** hingegen die bloße **Dispositionsfreiheit**, die Redlichkeit im Geschäftsverkehr oder ein Wahrheitsanspruch.[758]

Was allerdings die Unterscheidung von Vermögensschädigungen und bloßen Beeinträchtigungen der Dispositionsfreiheit anbelangt, so existieren zahlreiche kontrovers diskutierte Fallgestaltungen. Nicht selten lässt sich einer den Vermögensschaden bejahenden Auffassung (z. T. auch der h. M.) insofern vorwerfen, sie durchbreche den Grundsatz, dass nicht die bloße Dispositionsfreiheit geschützt wird.

Bei alledem beachtenswert ist, dass das Strafrecht keinen umfassenden Schutz gegenüber List und Täuschung vorsieht – anders als dies bzgl. Drohungen und Gewalt der Fall ist, s. § 240 StGB.

II. Grunddelikt, § 263 I StGB

1. Aufbau

I. Tatbestand
1. Objektiver Tatbestand
   a) Sog. Täuschung über Tatsachen (Vorspiegelung falscher oder Entstellung oder Unterdrückung wahrer Tatsachen)
   b) Einen Irrtum; durch, erregt, unterhält
   c) Sog. Vermögensverfügung; dadurch
   d) Vermögen eines anderen beschädigt; dadurch
2. Subjektiver Tatbestand
   a) Vorsatz
   b) Absicht, sich oder einem Dritten einen rechtswidrigen (und sog. stoffgleichen) Vermögensvorteil zu verschaffen

---

[758] Ganz h. M., Eisele, BT II, 6. Aufl. 2021, Rn. 517; näher Gallas FS Schmidt 1961, 401; Mohrbotter GA 1975, 41; Lampe FS Otto 2007, 623; Pastor Muñoz FS Kindhäuser 2019, 751; aus der Rspr. vgl. zuletzt OLG Karlsruhe B. v. 13.03.2019 – 1 Rv 3 Ss 691/18 (Anm. Hecker JuS 2019, 819; RÜ 2019, 785); BGH B. v. 21.08.2019 – 3 StR 221/18 – NStZ 2020, 291 = StV 2020, 752 (Anm. LL 2020, 177; RÜ 2020, 29; Oğlakcıoğlu JR 2020, 258).

II. Rechtswidrigkeit
III. Schuld
IV. Rechtsfolge: Besonders schwerer Fall, § 263 III StGB
- aber §§ 263 IV i. V. m. 243 II StGB
V. Ggf. Strafantrag: §§ 263 IV i. V. m. 247, 248a StGB

2. Tatbestand

a) Objektiver Tatbestand

aa) Sog. Täuschung über Tatsachen (Vorspiegelung falscher oder Entstellung oder Unterdrückung wahrer Tatsachen)
Gem. § 263 I StGB muss der Täter falsche Tatsachen vorspiegeln oder wahre Tatsachen entstellen oder unterdrücken.[759]

(1) Tatsache

(a) Allgemeines
Zum Tatsachenbegriff s. schon bei den §§ 185ff. StGB.[760]

Tatsachen sind Geschehnisse und Zustände der Vergangenheit oder Gegenwart, die dem Beweis zugänglich sind.[761]

Erfasst ist Gegenwärtiges und Vergangenes, nicht hingegen Zukünftiges.[762] Allerdings relativiert sich dies, da eine sich auf die Zukunft beziehende Aussage zugleich eine Aussage über Vergangenes oder Gegenwärtiges enthalten kann[763]: Eine auf die Zukunft bezogene Prognose enthält zumeist eine Grundlage von Tatsachen, auf der sie aufbaut.[764]

Neben **äußeren Tatsachen** fallen auch **innere** (psychische) **Tatsachen** (Vorhaben, Absichten, Motive, Vorstellungen und Überzeugungen, auch bzgl. zukünftiger Ereignisse) unter § 263 I StGB.[765] Von besonderer Relevanz ist der mangelnde Wille zur **Vertragstreue** (Erfüllungsbereitschaft, z. B. Zahlungsbereitschaft).

---

[759] Hierzu näher Kargl FS Lüderssen 2002, 613; Frisch FS Herzberg 2008, 729.

[760] S. bei den Nichtvermögensdelikten.

[761] Fischer, StGB, 71. Aufl. 2024, § 263 Rn. 6; näher Bitzilekis FS H. J. Hirsch 1999, 29; aus der Rspr. vgl. zuletzt BGH U. v. 17.12.2019 – 1 StR 171/19 – StV 2020, 751; BGH U. v. 02.06.2022 – 2 StR 353/21 – NStZ 2023, 491.

[762] Eisele, BT II, 6. Aufl. 2021, Rn. 522; aus der Rspr. vgl. RG U. v. 28.11.1889 – 2821/89 – RGSt 20, 142; RG U. v. 14.11.1921 – III 864/21 – RGSt 56, 227; LG Fulda B. v. 15.12.1983 – 27 Js 7608/81 a+b KLs – wistra 1984, 188 (Anm. Möhrenschlager wistra 1984, 191).

[763] Eisele, BT II, 6. Aufl. 2021, Rn. 522; aus der Rspr. vgl. zuletzt BGH U. v. 17.12.2019 – 1 StR 171/19 – StV 2020, 751.

[764] Hefendehl, in: MK-StGB, 4. Aufl. 2022, § 263 Rn. 113.

[765] Kindhäuser/Hilgendorf, LPK, 9. Aufl. 2022, § 263 Rn. 55; aus der Rspr. vgl. zuletzt BGH U. v. 08.10.2014 – 1 StR 359/13 – BGHSt 60, 1 = NStZ 2015, 89 = NStZ-RR 2015, 74 = StV 2016, 20 (Anm. LL 2015, 424; RÜ 2015, 28; Albrecht JZ 2015, 841; Schlösser StV 2016, 25).

Zum Tatsachenbegriff in § 263 I StGB zählen auch Bekundungen, ein bestimmter Umstand sei nicht gegeben (sog. **Negativtatsachen**).[766] Zu nennen ist z. B. die Abwesenheit von Manipulationen i.R.v. (angebahnten) Vertragsverhältnissen.[767]

(b) Werturteile
Tatsachen sind zu unterscheiden von **Werturteilen**, zu beachten ist aber, dass auch Werturteile einen **Tatsachenkern** oder einen Tatsachenanteil enthalten können, der dann für § 263 I StGB genügt.[768] Problematisch hieran ist, dass man einen solchen mit dem Werturteil verknüpften Tatsachengehalt fast immer wird feststellen können. Hinzu kommt, dass jede Aussage zugleich konkludent die innere Tatsache enthält, man sei von dem Gesagten überzeugt, was v. a. bei Aussagen von Fachleuten relevant wird. Insgesamt wird man hier darauf abstellen müssen, ob die Werturteile einen so deutlichen **Schwerpunkt** der gesamten Aussage bilden, dass die Tatsachengrundlage völlig in den Hintergrund tritt.

(c) Reklame
Ähnlich ist die Unterscheidung von betrugsunerheblichen übertreibenden **Anpreisungen** und marktschreierischer **Reklame** zu einem diesen Kundgebungen immanenten **Tatsachenkern** zu handhaben.[769] Abzustellen ist hier darauf, welches Risiko besteht, dass die Aussage von einem verständigen Empfänger im Wortsinn ernst genommen wird, d. h. auf die Frage der Schutzwürdigkeit des Adressaten nach Maßgabe der Verkehrsauffassung.

Beispiel 159

BGH U. v. 22.10.1986 – 3 StR 226/86 (Schlankpillen) – BGHSt 34, 199 = NJW 1987, 388 = StV 1987, 102 (Anm. Otto JK 1987 StGB § 263/22; Sonnen JA 1987, 212; Hassemer JuS 1987, 499; Bottke JR 1987, 428; Müller-Christmann JuS 1988, 108):
B, der vertraglich seinen Hinterleuten verpflichtet war und auf den Geldverkehr keinen Einfluss hatte, organisierte ab Januar 1984 die Werbung und ab Mitte Juni 1984 auch den Vertrieb für Verjüngungs- und Abmagerungsmittel sowie für

---

[766] Fischer, StGB, 71. Aufl. 2024, § 263 Rn. 22a; aus der Rspr. vgl. BGH U. v. 24.03.2016 – 2 StR 344/14 – NStZ-RR 2016, 341.
[767] Hierzu s. noch u. (2) (c) (cc).
[768] Hierzu Hoyer, in: SK-StGB, 9. Aufl. 2019, § 263 Rn. 14; aus der Rspr. vgl. zuletzt BGH B. v. 04.05.2022 – 1 StR 3/21 (AGG-Hopper) – BGHSt 67, 55 = NJW 2022, 3165 = StV 2023, 748 (Anm. Henckel jurisPR-StrafR 22/2022 Anm. 1; Rettenmaier/Lentz jurisPR-Compl 6/2022 Anm. 4; Bosch Jura 2023, 118; Jäger StV 2023, 753; Petzsche HRRS 2023, 74).
[769] Hierzu Arzt FS H. J. Hirsch 1999, 431; Kuhli ZIS 2014, 504; aus der Rspr. vgl. zuletzt BGH U. v. 14.03.2019 – 4 StR 426/18 – NJW 2019, 1759 = NStZ-RR 2019, 181 (Anm. Bosch Jura 2019, 897; Bülte NJW 2019, 1762); BGH U. v. 17.12.2019 – 1 StR 171/19 – StV 2020, 751; BGH B. v. 04.05.2022 – 1 StR 3/21 (AGG-Hopper) – BGHSt 67, 55 = NJW 2022, 3165 = StV 2023, 748 (Anm. Henckel jurisPR-StrafR 22/2022 Anm. 1; Rettenmaier/Lentz jurisPR-Compl 6/2022 Anm. 4; Bosch Jura 2023, 118; Jäger StV 2023, 753; Petzsche HRRS 2023, 74).

„Haarverdicker" und „Nichtraucherpillen". Wie er wusste, waren sämtliche Produkte ebenso wirkungslos wie harmlos. Er verkaufte sie zu Preisen zwischen 46,50 DM bis 76 DM „ohne jedes Risiko" per Nachnahme zuzüglich Versandspesen mit „Rückgaberecht innerhalb von 14 Tagen mit voller Geldzurückgarantie". Aufgrund der Erfahrungen seiner Hinterleute war er von einem Reklamationsanteil von höchstens 10 % aller Bestellungen ausgegangen. Tatsächlich wurde dieser Prozentsatz lediglich bei den „Schlank-Pillen" fast erreicht und lag im Übrigen niedriger. Zur Erledigung der Reklamationen sowie für die von Januar bis Oktober 1984 aufgegebenen Werbeanzeigen für etwa 600.000 DM wurde ihm von seinen Hinterleuten stets ausreichend Geld zur Verfügung gestellt. Die Besteller hatten auf Reklamationen den vollen Kaufpreis zurückerhalten. Mit der Werbung wurden durch die gezielte Auswahl der Werbeträger vor allem Hausfrauen und Arbeitnehmer mit einem Haushaltseinkommen um 2000 DM angesprochen. Den Produkten wurden, wie B wusste, Eigenschaften und Wirkungen zugeschrieben, die sie nicht hatten. Er glaubte zunächst selbst nicht daran, dass jemand darauf hereinfallen würde. So sollte das „Hollywood-Lifting-Bad", angeblich aus „taufrischem Frischzellenextrakt", im Blitztempo von nur zwölf Bädern wieder schlank, straff und jung formen, und zwar „mit 100%iger Figurgarantie". Verblüfft und zufrieden hätten Testpersonen festgestellt, „dass sie um herrliche zehn, fünfzehn oder mehr Jahre verjüngt" und zur Figur eines Filmstars geliftet worden seien. Mit dem angeblich von einem Schweizer Schönheitschirurgen erfundenen Mittel „Frischzellen-Formel Zellaplus 100" könne man schon nach der ersten Anwendung von nur zehn Minuten „mindestens fünf Jahre jünger" werden, nach vollständiger Behandlung „so jung wie vor 25 Jahren". Beim Einnehmen der „Schlank-Pille M-E-D 300" müsse man sogar reichlich essen, „damit die ungeheure Fettabschmelzkraft mit genügend Nahrung ausgeglichen" werde. Der „Haarverdicker-Doppelhaar" verdopple das Haar binnen zehn Minuten, auch Schuppen, Flechten, fettiges oder zu trockenes Haar würde mit 100%iger Garantie beseitigt. In dieser Art wurde für sämtliche Produkte geworben. Die Hersteller lieferten die Ware in neutraler Verpackung; in den Beipackzetteln wurden die Produkte wahrheitsgemäß als Badezusatz, Hautbadeöl, Haarwasser usw. beschrieben. Vor dem Versand ließ B die Produkte in Schächtelchen und Kartons umpacken, die entsprechend den Werbeanzeigen beschriftet waren, oder er ließ die vorhandenen Verpackungen mit entsprechenden Aufklebern versehen. Nach der Einlassung des B kann der – seinen Hinterleuten zugeflossene – Bruttogewinn durch den Verkauf der Produkte nach Abzug der Kosten 1,5 Mio. DM betragen haben. ◄

Die Wirkungen, mit denen das „Hollywood-Lifting-Bad", die „Schlank-Pille M-E-D 300" und der „Haarverdicker Doppelhaar" angepriesen wurden, sind derart unrealistisch und untypisch für Produkte dieser Art, dass dem verständigen Adressaten dies sofort hätte auffallen müssen. Freilich ist der Wunsch Vater des Gedankens: Stellt man sich auf den Standpunkt, dass das Strafrecht auch den „exquisit Dummen" schützen müsse, kann man auch in solchen Fällen noch eine Täuschung annehmen.

(d) Rechtsausführungen

Tatsachen sind ferner zu unterscheiden von **Rechtsausführungen**, z. B. im Rahmen eines Gerichtsprozesses (*iura novit curia; da mihi factum, dabo tibi ius*), sofern letztere nicht wiederum einen **Tatsachenkern** aufweisen,[770] der nicht die richterliche Rechtsfindung als solche betrifft, sondern den zu subsumierenden Sachverhalt. Problematisch ist z. B. die Geltendmachung nicht bestehender Forderungen.[771]

(e) Aberglauben

Dass eine Tatsache nach den Gesetzen der **Logik** oder der **Naturwissenschaft** nicht gegeben sein kann, ändert an der Anwendbarkeit des § 263 I StGB nichts.[772]

Je eher aber die Tatsache derart abwegig ist, dass lediglich ein eklatanter Bildungsmangel oder gar ein **Aberglaube** des Adressaten ausgenutzt werden soll, desto zweifelhafter ist die Schutzwürdigkeit derartiger Vorstellungen.[773] Freilich dient der Betrug auch dem Schutz naiver oder unaufgeklärter Bevölkerungsteile, zumal ein anerkennenswertes Täterinteresse nicht ersichtlich ist.

> **Beispiel 160**
>
> **BGH U. v. 05.07.1983 – 1 StR 168/83 (Sirius) – BGHSt 32, 38 = NJW 1983, 2579 = NStZ 1984, 70 (Anm. Roxin, Höchstrichterliche Rspr. AT, 1998, Nr. 80; Kaspar/Reinbacher, Casebook AT, 2. Aufl. 2023, Fall 23; Fahl, Strafrechts-Klassiker, 2020, § 25 Rn. 23ff.; Küpper JA 1983, 672; Geilen JK 1984 StGB § 25/1; Hassemer JuS 1984, 148; Roxin NStZ 1984, 71; Sippel NStZ 1984, 357; Neumann JuS 1985, 677; Spendel FS Lüderssen 2002, 605; Kubiciel JA 2007, 729; Griesbaum/Schmidt NJW 2023, 2833):**
>
> B gelang es im Laufe einer Vielzahl von Gesprächen der 23-jährigen unselbstständigen und komplexbeladenen Z einzureden, er sei ein Bewohner des Planeten Sirius. Auf der Erde wolle er einige wertvolle Menschen, darunter Z, nach dem

---

[770] Hierzu Kindhäuser/Hilgendorf, LPK, 9. Aufl. 2022, § 263 Rn. 61; näher Graul JZ 1995, 595; Krell JR 2012, 102; aus der Rspr. vgl. zuletzt OLG Stuttgart B. v. 06.08.2019 – 4 Ws 151/19 – StV 2020, 777 (Anm. Sinn NZWiSt 2020, 86); BGH U. v. 17.12.2019 – 1 StR 171/19 – StV 2020, 751; BGH B. v. 04.05.2022 – 1 StR 3/21 (AGG-Hopper) – BGHSt 67, 55 = NJW 2022, 3165 = StV 2023, 748 (Anm. Henckel jurisPR-StrafR 22/2022 Anm. 1; Rettenmaier/Lentz jurisPR-Compl 6/2022 Anm. 4; Bosch Jura 2023, 118; Jäger StV 2023, 753; Petzsche HRRS 2023, 74).

[771] Vgl. aus der Rspr. BGH B. v. 04.05.2022 – 1 StR 3/21 (AGG-Hopper) – BGHSt 67, 55 = NJW 2022, 3165 = StV 2023, 748 (Anm. Henckel jurisPR-StrafR 22/2022 Anm. 1; Rettenmaier/Lentz jurisPR-Compl 6/2022 Anm. 4; Bosch Jura 2023, 118; Jäger StV 2023, 753; Petzsche HRRS 2023, 74); LG Nürnberg-Fürth B. v. 14.02.2024 – 18 Qs 49/23, 18 Qs 50/23, 18 Qs 51/23 (Anm. Roeder/Schlutz CCZ 2024, 183; Rettenmaier/Schloussen jurisPR-Compl 3/2024 Anm. 1).

[772] Kindhäuser/Hilgendorf, LPK, 9. Aufl. 2022, § 263 Rn. 56.

[773] Hierzu Arzt FS H. J. Hirsch 1999, 431; Hillenkamp FS Schreiber 2003, 135; Kudlich JZ 2004, 72; Schünemann FS Beulke 2015, 543; aus der Rspr. vgl. BGH U. v. 04.11.1955 – 5 StR 421/55 – BGHSt 8, 237 = NJW 1956, 313 (Anm. Ramstetter NJW 1957, 110); LG Ingolstadt B. v. 23.05.2005 – 2 Qs 69/05 (Kartenlegen) – NStZ-RR 2005, 313 (Anm. Jahn JuS 2006, 945); AG Gießen U. v. 12.06.2014 – 507 Cs 402 Js 6823/11 – NStZ-RR 2014, 292 (Anm. Ambrosy jurisPR-StrafR 18/2014 Anm. 2).

Zerfall ihrer Körper auf den Sirius oder einen anderen Planeten bringen, wo ihre Seelen weiterleben sollten. Als B erkannte, dass ihm Z vollen Glauben schenkte, beschloss er, sich unter Ausnutzung dieses Vertrauens zu bereichern. Er legte ihr dar, sie könne die Fähigkeit, nach ihrem Tod auf einem anderen Himmelskörper weiterzuleben, dadurch erlangen, dass der Mönch Uliko sich für einige Zeit in totale Meditation versetze. Dafür seien freilich an das Kloster des Ulikos 30.000 DM zu zahlen. Das Geld verbrauchte der B für sich. Z sagte er, der Versuch sei wegen des von ihrem Körper ausgehenden Widerstandes gescheitert. Dieser Widerstand könne nur mit der Vernichtung des alten und der Beschaffung eines neuen Körpers gebrochen werden. Als er merkte, dass Z ihm weiterhin glaubte, fasste er den Plan, daraus finanziellen Nutzen zu schlagen: Er erläuterte ihr, in einem Raum am Genfer See stehe für sie ein neuer Körper bereit, in dem sie sich als Künstlerin wiederfinden werde, wenn sie sich von ihrem alten Körper trenne. Da sie auch in ihrem neuen Leben Geld brauche, solle sie eine Lebensversicherung abschließen und ihn, B, als Bezugsberechtigten einsetzen und sodann durch einen vorgetäuschten Unfall aus ihrem „jetzigen Leben" scheiden. Nach Auszahlung werde er ihr das Geld überbringen. Tatsächlich ließ Z wenig später nach den Anweisungen des B einen Föhn in ihre Badewanne fallen, um ihr „jetziges Leben" zu beenden. Der tödliche Stromstoß blieb jedoch aus. Nach eigenem Bekunden handelte Z in der Hoffnung, sofort „in einem neuen Körper" zu erwachen. Der Gedanke an einen „Selbstmord im eigentlichen Sinn", durch den ihr Leben für immer beendet würde, sei ihr nicht gekommen. ◄

Beispiel 161

LG Mannheim U. v. 30.04.1992 – (12) 4 Ns 80/91 (Teufelsaustreibung) – NJW 1993, 1488 (Anm. Loos/Krack JuS 1995, 204):
Am 2. Weihnachtsfeiertag 1990 hielt sich B in M auf. In der Nähe des Wasserturms sprach sie die dort ihr schwerbehindertes Kind ausführende Z an und erbot sich, ihr für 30 DM die Karten zu legen. Z, die regelmäßig zur Wahrsagerin geht, weil sie „in ihren Problemen klarer in die Zukunft sehen möchte", nahm das Angebot an. Da die Cafés überfüllt waren, begab man sich zur nahe gelegenen Wohnung der Z, um mehr Ruhe zu haben. Im Wohnzimmer legte B dann der Z in der üblichen Weise die Karten und las ihr auch aus der Hand, wofür sie 50 DM erhielt. B, die sehr intelligent ist und gewandt auftritt, gedachte nun, die von ihr sogleich erkannte Naivität und Leichtgläubigkeit der Kundin weiter finanziell auszubeuten, und machte dieser mit düsterer Miene vor, über ihr liege ein Fluch; um Genaueres feststellen zu können, benötige sie ein rohes Ei. Bestürzt holte Z ein frisches Ei aus der Küche. B wickelte nun das Ei in ein mitgeführtes Handtuch, murmelte einige Beschwörungsformeln darüber und drückte das Handtuch zusammen, sodass das Ei zerbrach, zeigte dann in dem wieder aufgewickelten Handtuch den entstandenen Brei vor und wies auf eine schwärzliche Stelle im Dotter: das sei der Teufel, der nachts kommen könne und deshalb unbedingt ausgetrieben werden müsse, verkündete sie der angstbebenden Frau. Auf deren beklommene Frage, wie denn dieser Teufel auszutreiben sei, erwiderte B, sie benötige dazu von ihr 5000 DM oder Geschirr, Bettwäsche oder Schmuck

in diesem Wert, um dies zusammen mit dem „Wesen im Ei" um Mitternacht zu begraben. Auf den Einwand der Z, so viel Geld habe sie nicht zu Hause, erklärte B, sie werde dann eben in einigen Tagen wieder kommen und das Geld, das Z zwischenzeitlich auf der Bank besorgen solle, abholen; als „Anzahlung" ließ sie sich 150 DM geben und lieh sich noch die Lederjacke der Z „als Pfand", bevor sie verschwand. Als B ihre Absicht, der Z die 5000 DM abzuluchsen, am 28.12.1990 verwirklichen wollte und dieser telefonisch ihren erneuten Besuch ankündigte, bekam Z es mit der Angst zu tun, nachdem ihr zwischenzeitlich Zweifel an den Behauptungen der B gekommen waren. Sie rief deshalb bei der Polizei an und bat um Rat und Hilfe. Daraufhin begaben sich zwei Polizeibeamten in die Wohnung der Z und instruierten sie, sie solle B hinhalten, während sie selbst im Raum nebenan das Gespräch mit anhören würden. Gegen 20:00 Uhr erschien B tatsächlich. In der Erwartung, nunmehr die 5000 DM kassieren zu können, gab sie der Z Anzahlung und Lederjacke zurück und verlangte „die 5000 DM für den Teufel", nachdem sie zuvor noch unter Kreuzschlagen angebliches Weihwasser aus einem Fläschchen versprizt hatte. Nachdem Z schließlich die verlangte Geldübergabe ablehnte, erklärte B in der Hoffnung, bei einem weiteren Treffen das Geld doch noch zu bekommen, Z solle sich „die Sache nochmal gut überlegen", und wollte die Wohnung verlassen, wurde jedoch noch an Ort und Stelle von den beiden Polizeibeamten, die im Zimmer nebenan durch einen Türspalt zugehört hatten, festgenommen. B wusste, dass ihr Gerede vom „Teufel" und ihr „Ei-Test" Hokuspokus ist und sie niemandem den „Teufel austreiben" kann. ◄

(2) Sog. Täuschung

(a) Allgemeines
Gem. § 263 I StGB muss der Täter **falsche Tatsachen vorspiegeln** oder **wahre Tatsachen entstellen oder unterdrücken**.[774]

Vorspiegeln ist die Darstellung einer nicht bestehenden Tatsache als existierend, das Entstellen wahrer Tatsachen ist das Verfälschen eines tatsächlichen Gesamtbildes durch Hinzufügen oder Weglassen wesentlicher Umstände, das Unterdrücken wahrer Tatsachen ist das Verhindern der Kenntnisnahme von einer Tatsache.[775]

Die ganz h. M. hält diesen gesetzlichen Wortlaut allerdings für missglückt und fasst die Tathandlungen unter dem im Gesetz selbst nicht verwendeten Begriff der **Täuschung** zusammen.[776] In der Tat überschneiden sich die Varianten, überdies gibt es keine falschen Tatsachen. Bei dem Vorgehen der h. M. muss man sich aber dahingehend vorsehen, nicht aus dem Begriff der Täuschung im Wege der Auslegung Ergebnisse gewinnen zu wollen, auszulegen ist nämlich nur der Normtext selbst.

Deutlich wird dies v. a. dann, wenn die ganz h. M. die Tathandlungen des Betrugs allein bei einem **kommunikativen Verhalten** des Täters in Betracht zieht (Betrug

---

[774] Näher Kindhäuser ZStW 1991, 398; Gaede FS Roxin 2011, 967; Wenig GA 2023, 692.
[775] Hefendehl, in: MK-StGB, 4. Aufl. 2022, § 263 Rn. 80.
[776] S. nur Eisele, BT II, 6. Aufl. 2021, Rn. 521.

als „Kommunikationsdelikt").[777] Eine bloße Tatsachenveränderung oder eine Manipulation von Objekten ist dann nicht ausreichend,[778] es sei denn die Objektveränderung wird in die Erklärung aufgenommen,[779] z. B. wenn der Täter an der Kasse eine Ware vorlegt, bei der er das Preisschild verändert hat.

Beispiel 162

OLG Köln U. v. 04.07.1978 – 1 Ss 231/78 – NJW 1979, 729 (Anm. Geilen JK 1979 StGB § 267/1; Solbach JA 1979, 53; Hassemer JuS 1979, 450; Kienapfel NJW 1979, 729; Lampe JR 1979, 214):
B vertauschte in einem Supermarkt die Klarsichtverpackungen zweier zum Verkauf ausgelegter Herrenoberhemden. Aus der mit einem aufgeklebten Preisetikett von „29,90 DM" ausgezeichneten Hülle entnahm er das darin befindliche schwarze Oberhemd und steckte es in eine mit „17,90 DM" ausgezeichnete Verpackung, aus der er zuvor das innenliegende Oberhemd entnommen hatte. An der Kasse bezahlte er für das teurere Oberhemd nur den dem Etikett entsprechenden Preis von 17,90 DM. ◄

Beispiel 163

OLG Düsseldorf B. v. 24.05.1982 – 5 Ss 174/82 I – NJW 1982, 2268 (Anm. Sonnen JA 1982, 618; Geilen JK 1983 StGB § 267/5):
B entfernte in einem Einkaufsmarkt von einer Flasche Sekt das aufgeklebte Preisetikett über 9,98 DM, dies klebte er sodann nahezu deckungsgleich auf ein über 33,98 DM lautendes Preisetikett einer Flasche Champagner auf, er legte diese Flasche später nebst anderen Waren an der Kasse vor und erreichte, dass die Kassiererin, die von der Manipulation keine Kenntnis hatte, ihm die Flasche Champagner gegen Zahlung von lediglich 9,98 DM aushändigte. Bei seiner Manipulation mit den Etiketten war indes B von einer Angestellten beobachtet worden mit der Folge, dass er nach Passieren der Kasse angehalten wurde. ◄

Eine Fehlvorstellung über Tatsachen kann strenggenommen sowohl durch Einwirkung auf die Vorstellung als auch durch Einwirkung auf die Tatsachen hervorgerufen werden. Weil der Betrug historisch als Kommunikationsdelikt zu verstehen ist, setzt eine Täuschung aber die Einwirkung auf das Vorstellungsbild voraus. Nur mit dem Austausch der Oberhemden bzw. der Preisetiketten ist

---

[777] S. nur Kindhäuser/Hilgendorf, LPK, 9. Aufl. 2022, § 263 Rn. 63; aus der Rspr. vgl. zuletzt BGH U. v. 14.07.2021 – 6 StR 282/20 – NStZ 2022, 109 = StV 2021, 716 (Anm. Bosch Jura 2021, 1527; RÜ 2021, 717; Schilling NStZ 2022, 113; Kraatz JR 2022, 288; Bittmann NZWiSt 2022, 30; Anders NZWiSt 2023, 361).

[778] Hoyer, in: SK-StGB, 9. Aufl. 2019, § 263 Rn. 24.

[779] Hierzu Kindhäuser/Hilgendorf, LPK, 9. Aufl. 2022, § 263 Rn. 63; aus der Rspr. vgl. RG U. v. 28.11.1889 – 2727/89 – RGSt 20, 144; BGH U. v. 12.12.1958 – 2 StR 221/58 – BGHSt 12, 347 = NJW 1959, 993; OLG Hamm U. v. 05.01.1968 – 3 Ss 1188/67 (Kilometerstand) – NJW 1968, 903; OLG Düsseldorf B. v. 01.08.1991 – 5 Ss 230/91-98/91 I – NJW 1992, 924; OLG Hamm B. v. 02.06.1992 – 3 Ss 203/92 – NStZ 1992, 593 = StV 1993, 76.

mangels kommunikativen Verhaltens keine Täuschung gegeben. Erst an der Kasse kann der B in beiden Beispielen konkludent darüber getäuscht haben, dass mit der Ware alles in Ordnung sei.

Für die Verengung des Betrugs auf kommunikatives Verhalten kann nicht der „Wortlaut" der Täuschung sprechen, im Gegenteil ist der eigentliche Wortlaut des § 263 I StGB ganz offen („Entstellung oder Unterdrückung wahrer Tatsachen"), sodass an sich auch Einwirkungen auf Sachen („Betrug durch Wegnahme")[780] oder nichtkommunikative Einwirkungen auf Menschen (z. B. die tatsachenunterdrückende Tötung eines Informanten) erfasst wären. Es handelt sich vielmehr um eine auch historisch tradierte teleologische Reduktion.

Bereits die **Grunddefinition der Täuschung** ist problematisch.[781]

Teile der Rspr.[782] und Teile der Lehre[783] verwenden eine subjektivierte Definition: Täuschung sei die Einwirkung des Täters auf die Vorstellung des Getäuschten, welche objektiv geeignet und subjektiv bestimmt ist, beim Adressaten eine Fehlvorstellung über tatsächliche Umstände hervorzurufen.

Andere Teile der Lehre[784] und der Rspr.[785] verfolgen einen rein objektiven Ansatz: Täuschung ist hiernach die Behauptung existierender Tatsachen als nichtexistierend und umgekehrt.

Für die zweite Auffassung spricht, dass sie dem Wortlaut (Vorspiegelung falscher Tatsachen) am nächsten kommt und zudem die Vermengung von Objektivem und Vorsatz vermeidet.

Tatbestandsmäßig ist nur die Kundgabe „**falscher**" Tatsachen.[786]

Problematisch sind Fallgestaltungen, in denen der Täter dem Empfänger eine Vielzahl von Aussagen zukommen lässt, unter denen sich auch die **wahrheitsgemäße** befindet (Täuschung durch bzw. neben Erklärung der Wahrheit; sich selbst dementierende Erklärung),[787] z. B. in Gestalt **rechnungsähnlicher Angebotsschreiben**.[788]

---

[780] Hierzu Rotsch ZJS 2008, 132.

[781] S. Fischer, StGB, 71. Aufl. 2024, § 263 Rn. 14.

[782] Vgl. zuletzt OLG Frankfurt B. v. 09.10.2018 – 2 Ws 51/17 (Anm. Nestler Jura 2019, 436; Jahn JuS 2019, 404; Krack wistra 2019, 162); LG Rostock B. v. 19.08.2020 – 18 Qs 115/20 (2) (Anm. Reuker jurisPR-StrafR 24/2020 Anm. 3); BGH U. v. 02.06.2022 – 2 StR 353/21 – NStZ 2023, 491.

[783] Z. B. Eisele, BT II, 6. Aufl. 2021, Rn. 521.

[784] Z. B. Fischer, StGB, 71. Aufl. 2024, § 263 Rn. 14.

[785] Vgl. zuletzt BGH B. v. 04.05.2022 – 1 StR 3/21 (AGG-Hopper) – BGHSt 67, 55 = NJW 2022, 3165 = StV 2023, 748 (Anm. Henckel jurisPR-StrafR 22/2022 Anm. 1; Rettenmaier/Lentz jurisPR-Compl 6/2022 Anm. 4; Bosch Jura 2023, 118; Jäger StV 2023, 753; Petzsche HRRS 2023, 74); BGH B. v. 04.05.2022 – 1 StR 138/21 (AGG-Hopper) – NStZ 2023, 37 = StV 2023, 173 (Anm. von Heintschel-Heinegg JA 2022, 1047; RÜ 2023, 105; Schulte-Rudzio/Brune NStZ 2023, 238; Oğlakcıoğlu/Kudlich JR 2023, 297; Stefanopoulou GA 2024, 319): Täuschung sei jedes Verhalten, das objektiv irreführt oder einen Irrtum unterhält und damit auf die Vorstellung eines anderen einwirkt.

[786] Eisele, BT II, 6. Aufl. 2021, Rn. 524.

[787] Näher Schröder FS Peters 1974, 153; Schumann JZ 1979, 588.

[788] Hierzu Joecks/Jäger, StGB, 13. Aufl. 2021, § 263 Rn. 39, 50ff.; Hoffmann GA 2003, 610; Erb ZIS 2011, 368; aus der Rspr. vgl. zuletzt BGH U. v. 28.05.2014 – 2 StR 437/13 – NStZ-RR 2014, 309 (Anm. Heger HRRS 2014, 467); BGH B. v. 24.07.2014 – 3 StR 176/14 – NStZ-RR 2014, 338.

Beispiel 164

BGH U. v. 26.04.2001 – 4 StR 439/00 – BGHSt 47, 1 = NJW 2001, 2187 = NStZ 2001, 430 = StV 2003, 297 und 680 (Anm. Martin JuS 2001, 1031; LL 2001, 709; RÜ 2001, 317; RA 2001, 435; famos 7/2001; Otto JK 2002 StGB § 263/62; Baier JA 2002, 364; Geisler NStZ 2002, 86; Loos JR 2002, 77; Krack JZ 2002, 613; Rose wistra 2002, 13; Pawlik StV 2003, 297):
B1 gründete 1999 mit Sitz in Palma de Mallorca die Firma Inter Media Verlag L (kurz: Inter Media), die sich mit der Veröffentlichung von Geschäfts-, Familien- und Todesanzeigen im Internet beschäftigen sollte. Ein Büro unterhielt die Firma Inter Media dort aber nicht, sondern lediglich in Bochum, ohne dass hierauf im Geschäftsverkehr oder in sonstiger Weise hingewiesen wurde. Zum Geschäftsführer bestimmte B1 als „Strohmann" den B2. Nach dem „Konzept" des B1 wurden auf seine Veranlassung aus insgesamt 240 abonnierten Tageszeitungen dort veröffentlichte Todesanzeigen, ausgewählt. Dem dort an erster Stelle genannten Angehörigen der verstorbenen Person sandte B1 nur zwei bis drei Tage nach dem Erscheinen der Anzeige ein (als „Insertionsofferte" bezeichnetes) Schreiben jeweils zusammen mit einem teilweise vorausgefüllten Überweisungsträger zu. Die Schreiben wiesen eine Vielzahl von Merkmalen auf, die bei Rechnungen für bereits erbrachte Leistungen typisch sind. Von Ende April 1999 bis zum 21.09.1999 wurden auf diese Weise mindestens 125.000 Todesanzeigen betreffende Schreiben verschickt. Wie von B1 gewollt, hielt der ganz überwiegende Teil der Empfänger die von der Inter Media übersandten Schreiben für eine Rechnung über die zuvor in der Tageszeitung erschienene Todesanzeige. Demgegenüber erschloss sich nur ganz wenigen Empfängern unmittelbar, dass die Schreiben ein Angebot für eine erneute Veröffentlichung der bereits erschienenen Todesanzeige im Internet enthielten. Ein Interesse an einer solchen Veröffentlichung bestand bei den Empfängern der Schreiben nicht. Soweit die Beträge der Inter Media zugingen, wurde der Inhalt der entsprechenden Todesanzeigen aus den Tageszeitungen, die dem jeweiligen Anschreiben zu Grunde lagen, im Internet unter der Adresse „www.online-familienanzeigen.de" eingestellt. ◄

Die Schreiben wiesen eine Vielzahl von Merkmalen auf, die bei Rechnungen für bereits erbrachte Leistungen typisch sind, sodass der ganz überwiegende Teil der Empfänger sie auch für eine Rechnung über die zuvor erschienenen Todesanzeigen hielt. Dabei ergab sich bei genauerem Hinsehen (schon aus der Bezeichnung „Insertionsofferte") aus dem Schreiben selbst, dass es sich nur um ein Angebot für eine erneute Veröffentlichung handelte. Liegt trotzdem eine Täuschung vor?

Beispiel 165

BGH U. v. 04.12.2003 – 5 StR 308/03 – NStZ-RR 2004, 110 = StV 2004, 535 (Anm. Baier JA 2004, 513; LL 2004, 400; Schneider StV 2005, 537):
B gründete m Januar 1999 die ZRD GmbH. Alleiniger Gesellschafter und Geschäftsführer war B. Offizieller Firmenzweck sollten unter anderem Einrichtung, Betrieb und Pflege von Datenbanken sowie Abruf- und Abfragesystemen sein.

Danach hatte B den Plan, ein Faxabrufsystem zu installieren, mit dem er bundesweit Unternehmen aller Art die Möglichkeit bieten wollte, unternehmenseigene Daten und Informationen zu speichern, die über eine von ihm zu benennende Servicenummer von den Kunden der Unternehmen jederzeit per Fax hätten abgerufen werden können. Um Kunden zu werben, entwickelte B nach bereits vorhandenen Mustern anderer Anbieter ein „Angebotsschreiben", das nach seiner Gestaltung auf den ersten Blick einer amtlichen Rechnung glich. So wies es typische Rechnungsmerkmale auf, wie das Fehlen von individueller Anrede und Grußformel, die Aufschlüsselung des zu zahlenden Betrages nach Netto- und Bruttosumme sowie die Beifügung eines ausgefüllten Überweisungsträgers. Überdies fehlte auf der Vorderseite des Schreibens eine nähere Darstellung der angebotenen Leistung; diese ergab sich erst aus den auf der Rückseite enthaltenen Eintragungsbedingungen, die in kleiner Schrift und mit hellgrauer Farbe gedruckt waren. Allerdings befand sich auf dem Schreiben mehrfach der Wortteil „Offerte". Auch wurde darauf hingewiesen, dass die Zahlung mittels des beigefügten Überweisungsträgers „bei Annahme" zu erfolgen habe und dass die auf der Rückseite befindlichen Rechtshinweise und Eintragungsbedingungen „vor Annahme" zu beachten seien. B veränderte das Schreiben mehrfach, unter anderem auf Verlangen des Handelsregisters, um dem Anschein entgegenzuwirken, das Schreiben sei die Rechnung einer öffentlichen Stelle. So wurde die Firma von „Z H -D" über „ZRD R" schließlich in „ZRD Z R -D" geändert. Auch wurde der für amtliche Rechnungen übliche Begriff „Kassenzeichen" durch „ZRD-Offertenummer" ersetzt und später auf die Festsetzung einer für Rechnungen typischen Zahlungsfrist von sieben Tagen verzichtet. Von Januar 1999 bis Januar 2000 versandte B seine Formulare an 12.290 neu gegründete oder umbenannte Unternehmen, deren Adressen er dem Bundesanzeiger oder sonstigen Veröffentlichungen über neue Registereintragungen entnommen hatte. Zur Einrichtung einer entsprechenden Datenbank kam es nicht, weil keines der angeschriebenen Unternehmen den Versuch unternahm, mit dem B Kontakt aufzunehmen. Allerdings zahlten insgesamt 351 Empfänger mittels des vorgefertigten Überweisungsträgers. Diese hielten aber das Schreiben für eine amtliche Rechnung und wollten mit der geleisteten Zahlung die noch ausstehende Rechnung für die kurz zuvor erfolgte Registereintragung begleichen. Insgesamt gingen 433.198,43 DM auf den Konten des B ein. Die technischen Voraussetzungen, um bei etwaigen Angebotsannahmen das Faxabrufsystem kurzfristig betreiben zu können, bestanden. ◄

Auch dieses Angebotsschreiben gleicht auf den ersten Blick einer amtlichen Rechnung. Erst bei zweiter Prüfung wird deutlich, dass es sich um ein Angebot handelt. Liegt eine Täuschung seitens des B vor?

Die Rspr.[789] und die h. L.[790] nehmen in solchen Fällen eine falsche Tatsachenbehauptung i. S. d. § 263 I StGB an. Hierbei greift die Rspr. zu einer subjektivierenden

---

[789] S. o., z. B. BGH U. v. 26.04.2001 – 4 StR 439/00 – BGHSt 47, 1 (5).
[790] S. nur Eisele, BT II, 6. Aufl. 2021, Rn. 525f.

Begründung: Zur tatbestandlichen Täuschung werde ein Verhalten dann, wenn der Täter die Eignung der – inhaltlich richtigen – Erklärung, einen Irrtum hervorzurufen, planmäßig einsetze und damit unter dem Anschein „äußerlich verkehrsgerechten Verhaltens" geziel die Schädigung des Adressaten verfolge, wenn also die Irrtumserregung nicht die bloße Folge, sondern der Zweck der Handlung sei. Insoweit genüge allerdings nicht bedingter Vorsatz; vielmehr ergebe sich schon aus dem Erfordernis planmäßigen Verhaltens, dass die Annahme der Täuschung in diesen Fällen auf Seiten des Täters ein Handeln mit direktem Vorsatz voraussetze. Dies sei in Fällen inhaltlich an sich richtiger, aber irreführender Erklärungen geboten, um einerseits strafloses – wenn auch möglicherweise rechtlich missbilligtes – Verhalten durch bloßes Ausnutzen einer irrtumsgeeigneten Situation und dem Verantwortungsbereich des Täters zuzuordnende und andererseits deshalb strafrechtlich relevante Täuschungshandlungen durch aktive Irreführung sachgerecht voneinander abzugrenzen.

Eine andere Auffassung stellt auf den objektiven Erklärungswert des Gesamtverhaltens des Täters ohne Heranziehung von subjektiven Elementen (Erklärungswillen) ab.[791] Allein maßgeblich sei die Auslegung der Erklärung des Täters danach, was der Geschäftsverkehr und damit im Einzelfall der Geschäftspartner über den konkreten Sinngehalt hinaus als mitgegebenen Inhalt unterstellen dürfe.[792]

In der Tat besteht kein Bedürfnis, die objektive Frage der Täuschung mit einer überschießenden Innentendenz bzgl. der Irrtumserregung aufzuladen. Ähnelt das Angebotsschreiben so sehr einer Rechnung, dass ein normativiert-vernünftiger Empfänger bei verständiger Betrachtung von einer Rechnung ausgehen durfte, liegt eine Täuschung vor, da dann die wahren Aussagen in den Hintergrund treten. Eine andere Begründung könnte auch dahingehend lauten, dass § 263 I StGB an sich nur eine einzige falsche Tatsache, die zu einem Irrtum führt, verlangt, sodass es auf die zusätzliche Bekundung wahrer Tatsachen nicht ankommt.

Dies gilt erst recht, wenn die wahre Tatsache an ganz **versteckter Stelle** mitgeteilt wird, etwa in AGB.[793] Relevant sind insbesondere sog. **Kostenfallen** (Abofallen, Vertragsfallen).[794]

Beispiel 166

OLG Frankfurt B. v. 17.12.2010 – 1 Ws 29/09 – NJW 2011, 398 (Anm. Bosch JK 2011 StGB § 263/90; Hecker JuS 2011, 470; RA 2011, 184; Hansen NJW 2011, 404); BGH U. v. 05.03.2014 – 2 StR 616/12 – NJW 2014, 2595 = StV

---

[791] Rose wistra 2002, 13 (16).
[792] Rose wistra 2002, 13 (16).
[793] Zum Beispiel der Zuneigungsgeschäfte (Telefonsex, Flirt-SMS) s. Jaguttis/Parameswaran NJW 2003, 2277.
[794] Hierzu Eisele NStZ 2010, 193; Bosch FS Samson 2010, 241; Hatz JA 2012, 186; Kliegel JR 2013, 389; Gaßner/Strömer HRRS 2017, 110; Krell ZIS 2019, 62.

2014, 665 (Anm. von Heintschel-Heinegg JA 2014, 790; Hecker JuS 2014, 1043; RÜ 2014, 642; Rönnau/Wegner JZ 2014, 1064; Cornelius StraFo 2014, 476; Krack ZIS 2014, 536; Heger HRRS 2014, 467; LL 2015, 265; Cornelius NStZ 2015, 310)_

B war Geschäftsführer der Firma N-Ltd. Das von dieser betriebene Unternehmen unterhielt von August 2006 bis zum 31.08.2007 verschiedene kostenpflichtige Internetseiten, unter anderem eine Seite, auf der ein Online-Routenplaner angeboten wurde. Diese Internetseite, für deren Gestaltung B verantwortlich war, war dergestalt aufgebaut, dass bei ihrem Aufruf zunächst eine Startseite erschien, auf der von dem Nutzer verschiedene Angaben zum Stand- und Zielort zu machen waren. Auf der Startseite befand sich in Fettdruck auch ein Hinweis auf ein Gewinnspiel. Eine Information darüber, dass für die Nutzung des Routenplaners ein Entgelt zu zahlen war, enthielt die Startseite nicht. Nach Betätigung der Schaltfläche „Route berechnen!" erschien eine neue Seite, über der sich eine Grafik befand, in der wiederum auf das Gewinnspiel hingewiesen wurde. Auf derselben Seite gab es auch eine so genannte Anmeldemaske, in welche der Nutzer seinen Vor- und Zunamen nebst Anschrift, E-Mail-Adresse und Geburtsdatum einzutragen hatte. Die Anmeldemaske war in kursiver Schrift mit den Worten überschrieben: „Bitte füllen Sie alle Felder vollständig aus!" Im unteren Bereich der Seite war von dem Nutzer die Schaltfläche „ROUTE PLANEN" anzuklicken. Unterhalb dieser Schaltfläche befand sich ein Fußnotentext, auf den mit einem Sternchenhinweis verwiesen wurde. Am Ende dieses mehrzeiligen Fußnotentextes war der Preis für einen dreimonatigen Zugang zu dem Routenplaner i.H.v 59,95 € in Fettdruck ausgewiesen. In Abhängigkeit von der Größe des Monitors und der verwendeten Bildschirmauflösung endete der sichtbare Teil der Internetseite unmittelbar nach der Schaltfläche „ROUTE PLANEN", sodass der Hinweis auf das zu zahlende Entgelt auf den ersten Blick nicht wahrzunehmen war. Das zu zahlende Entgelt i.H.v 59,95 € war auch in den Allgemeinen Geschäftsbedingungen aufgeführt, die über den Link „AGB und Verbraucherinformation" aufrufbar waren und von dem Nutzer akzeptiert werden mussten. Die Allgemeinen Geschäftsbedingungen enthielten darüber hinaus eine Bestimmung, wonach dem Nutzer über den Betrag i.H.v 59,95 € eine Rechnung zugesandt und der Rechnungsbetrag vorbehaltlich des Widerrufsrechts unmittelbar nach Vertragsschluss fällig werde. ◄

Liegt darin eine Täuschung, dass die Kosten von 59,95 € nur am Ende des Fußnotentextes und in den separat einsehbaren AGB ausgewiesen waren?

Hier wird es strafrechtlich – auf die zivilrechtliche Frage des wirksamen Vertragsschlusses sei hier nicht eingegangen, vgl. nun aber § 312 g II-IV BGB, sog. Buttonlösung – darauf ankommen, wie leicht der Nutzer die Kostenpflichtigkeit erkennen konnte (Gestaltung der Homepage, Größe und Farbe der Schrift etc.). Von Bedeutung ist auch, dass viele Dienstleistungen im Internet üblicherweise kostenlos sind, sodass auch ein verständiger Nutzer nicht mit einem kostenpflichtigen Vertragsschluss rechnet.

Angesichts des Irrtumserfordernisses in § 263 I StGB sind nur **Menschen** taugliche Adressaten einer Täuschung.[795]

Problematisch ist das Verhältnis von Täuschung und **Drohung** i. S. d. §§ 240, 253, 255 StGB sowie **Warnung** in Fällen, in denen die Täuschung lediglich dazu dient, die Ausführbarkeit der Drohung vorzuspiegeln, deren Wirkung zu verstärken oder das in Aussicht gestellte Übel in einem besonders grellen Licht erscheinen zu lassen.[796]

Wohl nicht mehr vertreten wird in diesen Fällen eine Anwendbarkeit des Betrugs, der dann zu dem Nötigungsdelikt in Tateinheit tritt.

Nach einer in der Lehre vertretenen Auffassung[797] tritt § 263 I StGB kraft Gesetzeskonkurrenz (Konsumtion, mitbestrafte Begleittat) zurück.

Die Rspr.[798] und die wohl h. L. (mit unterschiedlichen Begründungen) verneinen bereits das Vorliegen des objektiven Tatbestands. Die insofern wiederum h. M. vermisst eine vermögensbezogene Täuschung; andere einen vermögensbezogenen Irrtum oder eine freiwillige Vermögensverfügung.

Schon angesichts möglicher Teilnehmer, die nur von der Täuschung wissen, ist es keinesfalls sachgerecht, bereits einen Tatbestandsausschluss anzunehmen; auch lässt sich schwerlich bezweifeln, dass sich die Täuschung des Täters in vermögensrelevanter Weise auswirkt. Für Gesetzeskonkurrenz spricht, dass es durchaus einem häufigen Tatbild entspricht, dass der Täter mit etwas nicht Realisierbarem droht, wobei eine tateinheitliche Bestrafung nicht dem bloß unterstützenden Charakter der Drohung gerecht würde.

(b) Ausdrückliche (explizite) Täuschung

Man unterscheidet üblicherweise[799] **drei Formen** der Täuschung, nämlich die **ausdrückliche**, die **konkludente** und die Täuschung durch **Unterlassen**, wobei letztere angesichts § 13 StGB das auch ansonsten zu beachtende Gegenstück zur Täuschung durch Begehen ist.

Von einer **ausdrücklichen** Täuschung spricht man dann, wenn der Täter die falsche Tatsache *expressis verbis* behauptet, sei es mündlich, schriftlich oder gestisch.[800]

---

[795] Hoyer, in: SK-StGB, 9. Aufl. 2019, § 263 Rn. 24; aus der Rspr. vgl. OLG Rostock B. v. 06.02.2019 – 20 RR 90/18 – StV 2020, 250 (Anm. Wachter JR 2020, 443; Schmidt wistra 2020, 125).

[796] Hierzu Hoyer, in: SK-StGB, 9. Aufl. 2019, § 263 Rn. 298; näher Otto ZStW 1967, 59; Günther ZStW 1976, 960; aus der Rspr. vgl. RG U. v. 17.03.1890 – 403/90 – RGSt 20, 326; BGH U. v. 18.01.1955 – 2 StR 284/54 – BGHSt 7, 197 = NJW 1955, 719; BGH U. v. 15.05.1956 – 2 StR 35/56 – BGHSt 9, 245 = NJW 1956, 1526; BGH U. v. 12.11.1957 – 5 StR 505/57 – BGHSt 11, 66 = NJW 1958, 69; BGH U. v. 22.04.1964 – 2 StR 88/64; OLG Köln U. v. 24.02.1987 – Ss 33/87 – NJW 1987, 2095 (Anm. Geppert JK 1988 StGB § 263/26).

[797] Z. B. Bosch, in: Schönke/Schröder, StGB, 30. Aufl. 2019, § 253 Rn. 33.

[798] S. o.

[799] S. nur Eisele, BT II, 6. Aufl. 2021, Rn. 528.

[800] Kindhäuser/Hilgendorf, LPK, 9. Aufl. 2022, § 263 Rn. 67.

(c) Schlüssige (stillschweigende, konkludente) Täuschung

▶ **Didaktischer Aufsatz**
- Becker, Konkludente Täuschung beim Betrug, JuS 2014, 307
- Nestler, Aufklärungs- und Informationspflichten im Strafrecht, Jura 2018, 897.

(aa) Allgemeines
Bei einer konkludenten Täuschung bringt der Täter die Unwahrheit zwar nicht *expressis verbis* zum Ausdruck, teilt sie jedoch nach der Verkehrsanschauung durch sein Verhalten mit.[801]

Um dies zu ermitteln betrachtet man die Gesamtumstände der konkreten Situation. Soweit es um den Abschluss von Rechtsgeschäften geht, ist für die Konkretisierung des Erklärungsgehalts der Geschäftstyp mit der für diesen geltenden Risikoverteilung und einem von allen Vertragsparteien zu fordernden Minimum an Redlichkeit in den Blick zu nehmen. Zu unterscheiden ist dies von marktwirtschaftlich zulässiger Verfolgung eigener wirtschaftlicher Interessen im Wege privatautonomer Geschäfte.

Da bei einer konkludenten Täuschung der Erklärungsgehalt aus einem äußerlich neutralen Verhalten des Täters abgeleitet wird, besteht die Gefahr, dass man dem Täter im Grunde eine Nichtaufklärung des Vertragspartners vorwirft und damit ein Unterlassen. Die **Unterscheidung** zwischen **Tun und Unterlassen** darf aber durch normative Erwägungen nicht verwischt werden, verlangt eine Strafbarkeit wegen Unterlassens doch gem. § 13 I StGB eine sog. Garantenstellung; außerdem würde man dem Täter die fakultative Strafmilderung gem. § 13 II StGB versagen.

Konkludente Tatsachenbehauptungen sind also mit Sorgfalt und Problembewusstsein herauszuarbeiten; angesichts großer Bereiche nonverbaler menschlicher Kommunikation ist die Erfassung konkludenter Täuschungen bei Informationsvorsprung des Täters als aktive Verwirklichung des § 263 I StGB kaum verzichtbar und wird auch den verfassungsrechtlichen Anforderungen (Art. 103 II GG) gerecht.[802]

---

[801] Joecks/Jäger, StGB, 13. Aufl. 2021, § 263 Rn. 40; näher Bockelmann FS Schmidt 1961, 437; Riggert MDR 1990, 203; Frisch FS Jakobs 2007, 97; Kasiske GA 2009, 360; Bung GA 2012, 354; Becker JuS 2014, 307; aus der Rspr. vgl. zuletzt BGH U. v. 19.08.2020 – 5 StR 558/19 – BGHSt 65, 110 = NJW 2021, 90 = StV 2021, 725 (Anm. Gaede NJW 2021, 98; Leverenz HRRS 2021, 86; Hiéramente/Schwerdtfeger jurisPR-StrafR 1/2021 Anm. 2; Rettke wistra 2021, 113; Meyer NZWiSt 2021, 151); BGH B. v. 04.05.2022 – 1 StR 3/21 (AGG-Hopper) – BGHSt 67, 55 = NJW 2022, 3165 = StV 2023, 748 (Anm. Henckel jurisPR-StrafR 22/2022 Anm. 1; Rettenmaier/Lentz jurisPR-Compl 6/2022 Anm. 4; Bosch Jura 2023, 118; Jäger StV 2023, 753; Petzsche HRRS 2023, 74); BGH B. v. 04.05.2022 – 1 StR 138/21 (AGG-Hopper) – NStZ 2023, 37 = StV 2023, 173 (Anm. von Heintschel-Heinegg JA 2022, 1047; RÜ 2023, 105; Schulte-Rudzio/Brune NStZ 2023, 238; Oğlakcıoğlu/Kudlich JR 2023, 297; Stefanopoulou GA 2024, 319); BGH U. v. 02.06.2022 – 2 StR 353/21 – NStZ 2023, 491.

[802] S. BVerfG B. v. 07.12.2011 – 2 BvR 2500/09 u. a. – BVerfGE 130, 1 = NJW 2012, 907 = NStZ 2012, 496 = StV 2012, 641 (Anm. Bosch JK 2012 StGB § 263/97; Kudlich JA 2012, 230; Jahn JuS 2012, 266; RÜ 2012, 100; Schlösser NStZ 2012, 473; Löffelmann JR 2012, 217; Kraatz JR 2012, 329; Steinsiek/Vollmer ZIS 2012, 586; Waßmer HRRS 2012, 368; Bittmann wistra 2013, 1).

Auch das Zivilrecht ist vielfach darauf angewiesen, auf konkludente Erklärungsgehalte zurückzugreifen, v. a. bei Willenserklärungen. Die diesbzgl. Rechtsunsicherheiten ähneln in beiden Rechtsgebieten einander.
Unklar ist die Bedeutung europarechtlicher Einflüsse, z. B. aus dem Verbraucherschutzrecht.[803]
Wissenschaft und Praxis nähern sich dem Anwendungsbereich der konkludenten Täuschung durch die Bildung von Fallgruppen,[804] von denen einige im Folgenden dargestellt werden sollen.

(bb) Eingehen einer Vertragsverpflichtung: Konkludente Behauptung der Erfüllungswilligkeit und -fähigkeit
Bei Abschluss eines Vertrags erklärt jeder Vertragspartner konkludent mit, dass er willens und in der Lage ist, den Vertrag zu erfüllen.[805]

Zum **Tanken ohne Bezahlung** s. schon o. bei § 242 StGB.

Eine in Klausuren häufige Fallkonstellation betrifft die Fahrpreis-Prellerei bei Inanspruchnahme einer **Taxifahrt**.[806]

Auch die **Wirksamkeitsvoraussetzungen**, die von der eigenen Person abhängen (v. a. Geschäftsfähigkeit, Verfügungsbefugnis) werden konkludent als gegeben miterklärt.[807]

Zu beachten ist, dass die – vom Vorsatz erfasste – mangelnde Erfüllungswilligkeit oder -fähigkeit bereits im **Zeitpunkt** des Vertragsschlusses gegeben sein muss.

(cc) Manipulation der Geschäftsgrundlage
Bei Vertragsschluss wird ebenfalls konkludent erklärt, dass der Täter im Bereich der vertraglichen Geschäftsgrundlage keine Manipulation vorgenommen hat oder vornehmen wird.[808]

Beispiel 167

OLG München B. v. 28.01.2009 – 5 St RR 12/09 – NJW 2009, 1288 = NStZ 2009, 390 (Anm. Kudlich JA 2009, 467; LL 2009, 404):

---

[803] Hierzu Soyka wistra 2007, 127; Vergho wistra 2010, 86; aus der Rspr. vgl. BGH U. v. 05.03.2014 – 2 StR 616/12 – NJW 2014, 2595 = StV 2014, 665 (Anm. von Heintschel-Heinegg JA 2014, 790; Hecker JuS 2014, 1043; RÜ 2014, 642; Rönnau/Wegner JZ 2014, 1064; Cornelius StraFo 2014, 476; Krack ZIS 2014, 536; Heger HRRS 2014, 467; LL 2015, 265; Cornelius NStZ 2015, 310).
[804] S. nur Fischer, StGB, 71. Aufl. 2024, § 263 Rn. 24ff.
[805] Hierzu Kindhäuser/Hilgendorf, LPK, 9. Aufl. 2022, § 263 Rn. 73; aus der Rspr. vgl. zuletzt BGH U. v. 10.08.2016 – 2 StR 579/15 – NStZ 2017, 351 (Anm. LL 2017, 314; RÜ 2017, 29).
[806] Hierzu Kindhäuser/Hoven, in: NK-StGB, 6. Aufl. 2023, § 263 Rn. 76; näher Kudlich JA 2015, 32; aus der Rspr. vgl. BGH U. v. 17.08.1971 – 1 StR 304/71.
[807] Eisele, BT II, 6. Aufl. 2021, Rn. 531; aus der Rspr. vgl. RG U. v. 10.07.1906 – V 238/06 – RGSt 39, 80; BGH U. v. 16.01.1963 – 2 StR 591/62 (Sammelgarage) – BGHSt 18, 221 = NJW 1963, 1068 (Anm. Kühl, Höchstrichterliche Rspr. BT, 2002, Nr. 64; Gribbohm JuS 1964, 233; Gribbohm NJW 1967, 1897; Hauf JA 1995, 458).
[808] Kindhäuser/Hilgendorf, LPK, 9. Aufl. 2022, § 263 Rn. 83f.; aus der Rspr. vgl. zuletzt BGH U. v. 24.03.2016 – 2 StR 344/14 – NStZ-RR 2016, 341.

D. Betrug, § 263 StGB

B versteckte am 23.01.2008 in einem Geschäft einen Becher Buttermilch mit Ablaufdatum 23.01.2008 hinter anderen Waren, um am nächsten Tag unter Übergabe dieser Buttermilch an der Information die für das Auffinden und Abgeben abgelaufener Lebensmittel ausgelobte Prämie von 2,50 € zu verlangen. Zur Auszahlung der Prämie kam es jedoch nicht, da B bei seinem Tun an beiden Tagen vom Marktleiter beobachtet worden war. ◄

B hat konkludent miterklärt, den Becher Buttermilch im abgelaufenen Zustand aufgefunden zu haben, und damit getäuscht.

Beispiel 168

BGH U. v. 14.08.2009 – 3 StR 552/08 – BGHSt 54, 69 = NJW 2009, 3448 = StV 2009, 675 (Anm. Gusy HRRS 2009, 489; Geppert JK 2010 StPO § 100d/1; LL 2010, 173 und 530; RÜ 2010, 25; RA 2010, 52; Löffelmann JR 2010, 455; Thielmann StraFo 2010, 412; Thielmann/Groß-Bölting/Strauß HRRS 2010, 38; Winkler jurisPR-StrafR 3/2010 Anm. 2; Joecks wistra 2010, 179):

In den Jahren 1996/1997 entstand aus einem Bündnis zwischen Usama Bin Laden und Aiman Al Zawahiri die Organisation Al Qaida, die zum Kampf einer „Islamischen Weltfront für den Jihad gegen Juden und Kreuzzügler" aufrief und es mit dem Ziel, westliche, vor allem amerikanische Truppen aus der arabischen Halbinsel zu vertreiben, als individuelle Glaubenspflicht eines jeden Muslim bezeichnete, die Amerikaner und ihre Verbündeten an jedem möglichen Ort zu töten. Al Qaida war im Kern in Afghanistan angesiedelt. An der Spitze der hierarchisch aufgebauten Organisation standen Bin Laden, Al Zawahiri und Muhammed Atef sowie die Leiter der für Militär, Finanzen, religiöse Fragen und Medienarbeit zuständigen Abteilungen. „Jihadwillige" Islamisten, die mittels des von der Organisation verbreiteten Propagandamaterials angeworben worden waren, wurden in Ausbildungslagern in Afghanistan als Kämpfer geschult. Besonders geeignet erscheinenden Kandidaten wurde sodann in speziellen Vertiefungskursen Sonderwissen vermittelt. Wer an einer derartigen – privilegierten – Spezialausbildung in den Jahren vor 2001 teilgenommen hatte, war der Organisation Al Qaida in der Regel im Sinne einer „Mitgliedschaft" unmittelbar zuzuordnen. Nach Abschluss ihrer Ausbildung kehrten die Kämpfer in ihre Herkunftsländer zurück und bildeten dort operative Zellen. Von der Organisation, deren Zweck und Tätigkeit im Wesentlichen in der Tötung von „Feinden des Islams" bestand, wurden in der Folgezeit mehrere Anschläge ausgeführt, die eine erhebliche Zahl von Menschenleben forderten. Zu ihnen gehörten auch die Selbstmordattentate auf das World-Trade-Center und das Pentagon am 11.09.2001. Die dadurch ausgelösten militärischen Reaktionen beeinträchtigten in der Folgezeit die operative Handlungsfähigkeit der Organisation, führten aber nicht zu einer vollständigen Zerschlagung sämtlicher Strukturen von Al Qaida, sondern nur zu deren – dem Verfolgungsdruck vorübergehend angepassten – Modifizierung. Den in großer Zahl aus Afghanistan geflohenen Anhängern wurde durch Audio- und Videobotschaften verdeutlicht, dass die obersten Führungskräfte von Al

Qaida dort weiterhin unverändert aktiv waren. Es gelang der Aufbau von regional tätigen Teilstrukturen in Form der „Al Qaida auf der Arabischen Halbinsel" und einer Gruppe türkischer Islamisten. Außerdem konnte Al Qaida mehrere selbstständige islamistische Organisationen („Al Qaida im Zweistromland" sowie „Al Qaida im islamischen Maghreb") an sich binden. Durch den über Rundfunk und Fernsehen verbreiteten Führungsanspruch von Bin Laden und Al Zawahiri gelang es, auch ohne die Bildung eigenständiger Netzwerke neue Mitglieder der Organisation unter dem „Dach" der Al Qaida zu rekrutieren. An die Stelle des vor 2001 üblichen Gefolgschaftseids traten zur Begründung der Mitgliedschaft in der Organisation mehr und mehr einseitige Loyalitätserklärungen sowie an den Zielvorgaben von Al Qaida orientierte Handlungen.

B1 der schon 2000 und Anfang 2001 in Trainingslagern der Al Qaida eine terroristische Ausbildung erhalten und seither den gewaltsamen Jihad gegen die „Ungläubigen" als seine außer jeder Diskussion stehende Individualpflicht betrachtet hatte, reiste nach einem zwischenzeitlichen Aufenthalt in Deutschland im Oktober 2001 erneut nach Afghanistan und nahm dort Ende 2001/Anfang 2002 an Kampfhandlungen der Al Qaida-Verbände teil. Dabei hatte er Kontakt zu Bin Laden und gliederte sich in die Hierarchie der Organisation ein. Im Frühjahr 2002 floh er vor den Amerikanern und deren Verbündeten. Er folgte der von Bin Laden an die im Besitz europäischer Pässe befindlichen „Kämpfer" erteilten Order, sich nach Möglichkeit in ihre Herkunftsländer zu begeben und weiterhin für Al Qaida zu arbeiten. Mitte Juli 2002 kehrte er nach Deutschland zurück und zog nach M. In M. lernte B1 den B2 kennen. Dieser hatte sich schon seit Längerem für den gewaltsamen Kampf der Muslime begeistert sowie seine Sympathie zu Al Qaida zum Ausdruck gebracht und war in M. in Kontakt zu weiteren gleichgesinnten Personen gekommen. Die Wohnung des B1 in der P-Straße wurde zum Treffpunkt dieses Freundeskreises. B2 besuchte B1 auch in der JVA, nachdem dieser im Januar 2004 in einem Verfahren wegen Betrugs verhaftet und für vier Monate in Untersuchungshaft genommen worden war. B1, der sich nach wie vor der Al Qaida zugehörig und in der Rolle eines „Murabit" fühlte, der nur zeitweilig den Kampfschauplatz des Jihad hatte verlassen müssen, entfaltete in der Folgezeit umfangreiche Aktivitäten für die Organisation. Er befasste sich zu deren Gunsten in erster Linie mit Rekrutierungs- und Beschaffungsmaßnahmen und warb für die Unterstützung des gewaltsamen Jihad durch einen Märtyrereinsatz oder zumindest durch eine Spende an seine Organisation. Dabei gelang es ihm, den B2 zur Mitarbeit zu bewegen. Dieser entschloss sich vor dem Hintergrund seiner eigenen ideologischen Vorprägung, auf die Angebote des B1 einzugehen und seine Tätigkeit in Deutschland fortan in den Dienst von Al Qaida zu stellen. Dementsprechend machte er die Planung und Durchführung einer Betrugsserie zum Nachteil von Lebensversicherungsgesellschaften zum „Mittelpunkt seines Lebens", deren erhebliche Beute zum einen Teil Al Qaida und zum anderen seiner Familie zu Gute kommen und zuletzt ihm ermöglichen sollte, dem B1 zur Teilnahme am Jihad in den Irak zu folgen. Der Plan einer Betrugsserie sah vor, dass B2 innerhalb eines auf zwei bis drei Monate angelegten Tatzeitraums zahlreiche Lebensversicherungsverträge abschließen, sodann nach Ägypten verreisen und von dort aus mittels Bestechung von Amtspersonen inhaltlich falsche Urkunden übersenden sollte, um gegenüber den Versicherungsunternehmen einen tödlichen Verkehrsunfall in Ägypten vortäuschen zu können. B3 sollte sodann als Begünstigter mit Unterstützung des B1 die Versicherungssummen geltend machen. In Verfolgung dieses Plans holte B2 ab Mai 2004 bei Versicherungsunternehmen erste Erkundigungen über die möglichen Vertragsgestaltungen ein und begann am 10.08.2004 mit der Stellung von Versicherungsanträgen. B1 stellte sicher, dass die ersten Prämien bezahlt werden konnten. B3, der am 21.09.2004 umfassend in den Tatplan eingeweiht worden war, nahm an zahlreichen Besprechungen des Vorhabens teil, ließ hierbei keine Zweifel an seiner uneingeschränkten Bereitschaft zur Mitwirkung bei der späteren Geltendmachung der Versicherungssummen und deren Verwendung aufkommen und unterstützte ferner die gemeinsame Tatplanung durch die Einholung zusätzlicher Informationen zum Procedere der Leistungsprüfung bei Lebensversicherungen sowie durch Vorschläge und Anregungen allgemeiner Art. Er nahm dabei billigend in Kauf, dass zumindest ein Teil der Beute über den B1 der Al Qaida zufließen und auf diese Weise ihren organisatorischen Zusammenhang fördern sowie die Verfolgung ihrer terroristischen Aktivitäten erleichtern werde. Im Einzelnen stellte B2 zwischen dem 10.08.2004 und dem 15.01.2005 bei verschiedenen Versicherungsunternehmen insgesamt 28 Anträge auf Abschluss von Lebensversicherungsverträgen. Entsprechend der Tatplanung kam es in neun Fällen zum Abschluss eines Versicherungsvertrags mit einer garantierten Todesfallsumme von 1.264.092 €. In 19 Fällen wurden die Anträge – teilweise auf Grund der zwischenzeitlichen Warnhinweise der Polizei an die Versicherungsunternehmen, zuletzt auch wegen der Festnahme von B1 und B2 am 23.01.2005 – abgelehnt bzw. nicht mehr weiter bearbeitet. ◄

Bei Abschluss einer Lebensversicherung wird konkludent miterklärt, den eigenen Tod weder gezielt oder durch über das sozialübliche Maß hinausgehendes Risiko herbeizuführen noch lediglich vorzutäuschen. Insofern liegen Täuschungen vor.

Heftig diskutiert wird die konkludente Täuschung bei **Sportwetten**[809]:

---

[809] Hierzu Schlösser NStZ 2005, 423; Fasten/Oppermann JA 2006, 69; Hartmann/Niehaus JA 2006, 432; Kutzner JZ 2006, 712; Petropoulos/Morozinis wistra 2009, 254; Hutz/ Kaiser NZWiSt 2013, 379; aus der Rspr. vgl. zuletzt BGH B. v. 20.12.2012 – 4 StR 580/11 – NJW 2013, 1017 = NStZ 2013, 281 (Anm. Satzger JK 2013 StGB § 263a/17); BGH U. v. 20.12.2012 – 4 StR 55/12 – BGHSt 58, 102 = NJW 2013, 883 = NStZ 2013, 234 (Anm. Jäger JA 2013, 868; Hecker JuS 2013, 656; RÜ 2013, 233; famos 8/2013; Schiemann NJW 2013, 888; Schlösser NStZ 2013, 629; Eisenberg JR 2013, 232); BGH U. v. 20.12.2012 – 4 StR 125/12 – NStZ-RR 2013, 147 = StV 2014, 218 (Anm. Satzger JK 2013 StGB § 263 I/100); BGH B. v. 11.03.2014 – 4 StR 479/13 – NStZ 2014, 317 = StV 2014, 682 (Anm. Jahn JuS 2014, 658; LL 2014, 436 und 2015, 100; Kulhanek StV 2014, 682; Lienert JR 2014, 484); BGH U. v. 03.03.2016 – 4 StR 496/15 – NJW 2016, 1336 = StV 2017, 103 (Anm. Bosch Jura 2016, 954; LL 2017, 110).

> **Beispiel 169**

BGH U. v. 20.06.1961 – 5 StR 184/61 (Spätwette) – BGHSt 16, 120 = NJW 1961, 1934 (Anm. Bockelmann NJW 1961, 1936; Mittelbach JR 1961, 506; Wersdörfer JZ 1962, 451; Ordemann MDR 1962, 623):
B1 ließ sich von französischen Rennplätzen aus die Ergebnisse bestimmter einzelner Pferderennen sogleich nach deren Ende durch seinen Partner B2 fernmündlich mitteilen. Er setzte dann sofort in Berliner Wettbüros, denen zwar der Beginn dieses Rennens schon bekannt war, das amtliche Ergebnis aber erst wenige Minuten später zuging, auf die erfolgreichen Pferde und gewann dadurch Geld. ◄

Erklärte B1, als er auf die erfolgreichen Pferde setzte, konkludent mit, von deren Sieg noch nichts zu wissen?

> **Beispiel 170**

BGH U. v. 19.12.1979 – 3 StR 313/79 (Rennwette) – BGHSt 29, 165 = NJW 1980, 793 (Anm. Geilen JK 1980 StGB § 263/6; Hassemer JuS 1980, 684; Klimke JZ 1980, 581):
B tätigte für drei Pferderennen Wetteinsätze bei der Wettannahmestelle K. Die Wetten für die jeweils samstags stattfindenden Rennen wurden nach den Regeln des „Rennquintetts" getätigt. Die Wettscheine für diese nach Prinzipien des Pferdetotos und des Pferdelottos geregelten Wettart konnten spätestens am Vortag der Rennen an allen Toto- und Lottoannahmestellen abgegeben werden. Aus einem Feld von 16 Pferden konnten fünf Pferde gesetzt werden, und zwar unter ihren Programmnummern, die eine Woche vor dem jeweiligen Rennen bekannt waren. Gewinner des Pferdetotos waren die Wetter, die auf den Wettscheinen die auf den ersten fünf Plätzen einlaufenden Pferde angekreuzt hatten. Die den Pferden zugelosten Lottonummern, die eine Stunde vor dem Rennen bekanntgegeben wurden, waren maßgebend für die mit der Pferdetoto verbundenen Pferdelottowette. B ließ auf den von ihm abgegebenen Wettscheinen für die Totowette jeweils acht Pferde unberücksichtigt. Die Namen der anderen acht Pferde, denen er Sieg- oder Platzchancen einräumte, kombinierte er auf seinen Wettscheinen nach Anleitungen der Totogesellschaft. Unberücksichtigt ließ er die Pferde, deren Reiter sich ihm gegenüber gegen das Versprechen oder gegen Zahlung einer Bestechungssumme bereit erklärt hatten, ihre Pferde zurückzuhalten. Gemäß den Erwartungen des B wurden in den drei Rennen die ersten fünf Plätze jeweils von Pferden belegt, auf die er gesetzt hatte. Die Pferde, deren Reiter „aus dem Rennen gekauft" waren, blieben unberücksichtigt. B gewann 206.459,75 DM, 244.484,95 DM und 106.779,70 DM. Die Wetteinsätze betrugen 13.500 DM, circa 40.000 DM und 20.000 DM bis 30.000 DM. Jeweils wurden Bestechungsgelder von etwa 30.000 DM gezahlt. ◄

Beispiel 171

BGH U. v. 15.12.2006 – 5 StR 181/06 (Hoyzer) – BGHSt 51, 165 = NJW 2007, 782 = NStZ 2007, 151 (Anm. famos 10/2006; Radtke Jura 2007, 445; Satzger JK 2007 StGB § 263/80; Bosch JA 2007, 389; Jahn/Maier JuS 2007, 215; LL 2007, 183; RÜ 2007, 140; RA 2007, 87; Feinendegen NJW 2007, 787; Saliger/Rönnau/Kirch-Heim NStZ 2007, 361; Engländer JR 2007, 477; Trüg/Habetha JZ 2007, 878; Krack ZIS 2007, 103; Gaede HRRS 2007, 16; Kubiciel HRRS 2007, 68; Rönnau/Soyka NStZ 2009, 12):

B1 beschäftigte sich seit vielen Jahren intensiv mit Sportwetten. Seit 2000 riskierte und gewann er jährlich sechsstellige Beträge. Auf Grund seines großen Insiderwissens im Sportbereich verfügte er vielfach über einen Wissensvorsprung gegenüber den Buchmachern und konnte deshalb erhebliche Gewinne erzielen. Die hohen Wetterfolge führten dazu, dass die in Berlin ortsansässigen Buchmacher seine Wettmöglichkeiten erheblich beschränkten und seinen Einsatz limitierten. Im Jahr 2003 konnte B1 höhere Einsätze praktisch nur noch bei der von der Deutschen Klassenlotterie Berlin (DKLB) unter dem Namen „Oddset" betriebenen Sportwette platzieren; die dabei vorgegebenen festen Quoten empfand er als „die schlechtesten Wettquoten in ganz Europa". Sein Wettverhalten wurde zusätzlich dadurch reglementiert, dass er Kombinationswetten spielen musste. Dabei kann der Wettende nicht mehr auf ein Sportereignis allein wetten, sondern muss das Ergebnis verschiedener Sportereignisse, vornehmlich Fußballspiele, vorhersagen. Bis Frühjahr 2004 hatte B1 bei Oddset insgesamt Spielverluste in Höhe von 300.000 bis 500.000 € erlitten. Zu dieser Zeit entschloss er sich, seine Gewinnchancen durch Einflussnahme auf das Spielgeschehen mittels „Bestechung" von Spielern und Schiedsrichtern entscheidend zu erhöhen, um so den bei Oddset verlorenen Betrag zurückzugewinnen. Selbstverständlich hielt er diese Manipulationen vor dem jeweiligen Wettanbieter geheim, schon um von diesem nicht von der Spielteilnahme ausgeschlossen zu werden. In Ausführung seines Plans kam es zu zehn einzelnen Taten, wobei die Wetten jeweils zu festen Gewinnquoten abgeschlossen wurden. B1 gewann dabei verschiedene Schiedsrichter sowie Fußballspieler gegen Zahlung oder das Versprechen von erheblichen Geldbeträgen (zwischen 3000 und 50.000 €) dazu, dass diese den Ausgang von Fußballspielen durch falsche Schiedsrichterentscheidungen oder unsportliche Spielzurückhaltung manipulieren. Betroffen waren Fußballspiele in der Regionalliga, in der Zweiten Bundesliga und im DFB-Pokal. Teilweise gelangen die von B geplanten Manipulationen nicht, teilweise hatten die kombiniert gewetteten Spiele nicht den von ihm erhofften Ausgang. In vier Fällen gewann B ganz erhebliche Geldbeträge (zwischen 300.000 und 870.000 €), in den übrigen Fällen verlor er seine Einsätze. Der bei den Wettanbietern in allen zehn Fällen insgesamt verursachte Verlust lag bei knapp 2 Mio. € (Gewinn abzüglich der jeweiligen Einsätze). ◄

Wird bei Abschluss einer Sportwette konkludent miterklärt, das Sportereignis nicht manipuliert zu haben?

Die Rspr.[810] und die h. L.[811] entnehmen dem Vertragsangebot durch einen Wettteilnehmer die stillschweigende Erklärung, der Wetter selbst habe die Geschäftsgrundlage der Wette nicht durch eine rechtswidrige Manipulation (z. B. Bestechung) verändert. Eine Erklärung dahingehend, den Wettausgang nicht zu kennen, wird demgegenüber abgelehnt (Spätwette).[812]

Aber auch gegen die erste Annahme der h. M. richtet sich Kritik[813]: Beklagt wird eine zu starke Normativierung des Täuschungsbegriffs im Bereich der Alltags- und Massengeschäfte.

Berechtigt an derartigen Einwänden ist die Gefahr, die Grenze zu einem bloßen Unterlassen durch gekünstelte Konstruktionen und Unterstellungen zu verwischen (s. o.).

Allerdings wird man gerade bei Wettverträgen, deren Quotenfestlegungen von prognostizierten Ereignissen abhängen, aus dem Geschäftstyp bestimmte Erklärungen ableiten können. Beim Abschluss einer Sportwette erklärt demnach regelmäßig jeder der Beteiligten konkludent, dass das wettgegenständliche Risiko nicht durch eine von ihm veranlasste, dem Vertragspartner unbekannte Manipulation des Sportereignisses zu seinen Gunsten verändert wird.[814] Denn dies erwartet nicht nur der Wettanbieter vom Wettenden, sondern auch umgekehrt der Wettende vom Wettanbieter. Eine Täuschung ist jedenfalls dann anzunehmen, wenn zu dem konkreten Plan der Manipulation des zukünftigen Sportereignisses die konkrete Einflussnahme tritt, etwa durch die vorherigen Abreden mit Teilnehmern an dem Sportereignis, die ihre Manipulationsbereitschaft zugesagt haben.

Sondervorschriften im Bereich der Sportwettenmanipulation enthalten seit dem 19.04.2017 StGB die §§ 265c und 265d StGB.[815]

> **§ 265c StGB (Sportwettbetrug)**
> (1) Wer als Sportler oder Trainer einen Vorteil für sich oder einen Dritten als Gegenleistung dafür fordert, sich versprechen lässt oder annimmt, dass er den Verlauf oder das Ergebnis eines Wettbewerbs des organisierten Sports zugunsten des Wettbewerbsgegners beeinflusse und infolgedessen ein rechtswidriger Vermögensvorteil durch eine auf diesen Wettbewerb bezogene öf-

(Fortsetzung)

---

[810] S. o.
[811] S. Joecks/Jäger, StGB, 13. Aufl. 2021, § 263 Rn. 30.
[812] S. o., s. ferner Hoyer, in: SK-StGB, 9. Aufl. 2019, § 263 Rn. 39.
[813] Z. B. Jahn/Maier JuS 2007, 215 (216ff.).
[814] S. BGH U. v. 15.12.2006 – 5 StR 181/06 – BGHSt 51, 165 (169ff.).
[815] Hierzu Satzger Jura 2016, 1142; Swoboda/Bohn JuS 2016, 686; Pfister StraFo 2016, 441; Krack ZIS 2016, 540; Kubiciel jurisPR-StrafR 3/2016 Anm. 1; Nuzinger/Rübenstahl/Bittmann WiJ 2016, 34; Kubiciel WiJ 2016, 256; Rübenstahl JR 2017, 264; Jansen GA 2017, 600; Krack wistra 2017, 289; Bohn KriPoZ 2017, 88; Valerius Jura 2018, 777; Tsambikakis StV 2018, 319; Stam NZWiSt 2018, 41; Momsen KriPoZ 2018, 21; Kubiciel KriPoZ 2018, 29; Perron JuS 2020, 809.

fentliche Sportwette erlangt werde, wird mit Freiheitsstrafe bis zu drei Jahren oder mit Geldstrafe bestraft.

(2) Ebenso wird bestraft, wer einem Sportler oder Trainer einen Vorteil für diesen oder einen Dritten als Gegenleistung dafür anbietet, verspricht oder gewährt, dass er den Verlauf oder das Ergebnis eines Wettbewerbs des organisierten Sports zugunsten des Wettbewerbsgegners beeinflusse und infolgedessen ein rechtswidriger Vermögensvorteil durch eine auf diesen Wettbewerb bezogene öffentliche Sportwette erlangt werde.

(3) Wer als Schieds-, Wertungs- oder Kampfrichter einen Vorteil für sich oder einen Dritten als Gegenleistung dafür fordert, sich versprechen lässt oder annimmt, dass er den Verlauf oder das Ergebnis eines Wettbewerbs des organisierten Sports in regelwidriger Weise beeinflusse und infolgedessen ein rechtswidriger Vermögensvorteil durch eine auf diesen Wettbewerb bezogene öffentliche Sportwette erlangt werde, wird mit Freiheitsstrafe bis zu drei Jahren oder mit Geldstrafe bestraft.

(4) Ebenso wird bestraft, wer einem Schieds-, Wertungs- oder Kampfrichter einen Vorteil für diesen oder einen Dritten als Gegenleistung dafür anbietet, verspricht oder gewährt, dass er den Verlauf oder das Ergebnis eines Wettbewerbs des organisierten Sports in regelwidriger Weise beeinflusse und infolgedessen ein rechtswidriger Vermögensvorteil durch eine auf diesen Wettbewerb bezogene öffentliche Sportwette erlangt werde.

(5) Ein Wettbewerb des organisierten Sports im Sinne dieser Vorschrift ist jede Sportveranstaltung im Inland oder im Ausland,
1. die von einer nationalen oder internationalen Sportorganisation oder in deren Auftrag oder mit deren Anerkennung organisiert wird und
2. bei der Regeln einzuhalten sind, die von einer nationalen oder internationalen Sportorganisation mit verpflichtender Wirkung für ihre Mitgliedsorganisationen verabschiedet wurden.

(6) Trainer im Sinne dieser Vorschrift ist, wer bei dem sportlichen Wettbewerb über den Einsatz und die Anleitung von Sportlern entscheidet. Einem Trainer stehen Personen gleich, die aufgrund ihrer beruflichen oder wirtschaftlichen Stellung wesentlichen Einfluss auf den Einsatz oder die Anleitung von Sportlern nehmen können.

§ 265d StGB (Manipulation von berufssportlichen Wettbewerben)
(1) Wer als Sportler oder Trainer einen Vorteil für sich oder einen Dritten als Gegenleistung dafür fordert, sich versprechen lässt oder annimmt, dass er den Verlauf oder das Ergebnis eines berufssportlichen Wettbewerbs in wettbewerbswidriger Weise zugunsten des Wettbewerbsgegners beeinflusse, wird mit Freiheitsstrafe bis zu drei Jahren oder mit Geldstrafe bestraft.

(Fortsetzung)

(2) Ebenso wird bestraft, wer einem Sportler oder Trainer einen Vorteil für diesen oder einen Dritten als Gegenleistung dafür anbietet, verspricht oder gewährt, dass er den Verlauf oder das Ergebnis eines berufssportlichen Wettbewerbs in wettbewerbswidriger Weise zugunsten des Wettbewerbsgegners beeinflusse.

(3) Wer als Schieds-, Wertungs- oder Kampfrichter einen Vorteil für sich oder einen Dritten als Gegenleistung dafür fordert, sich versprechen lässt oder annimmt, dass er den Verlauf oder das Ergebnis eines berufssportlichen Wettbewerbs in regelwidriger Weise beeinflusse, wird mit Freiheitsstrafe bis zu drei Jahren oder mit Geldstrafe bestraft.

(4) Ebenso wird bestraft, wer einem Schieds-, Wertungs- oder Kampfrichter einen Vorteil für diesen oder einen Dritten als Gegenleistung dafür anbietet, verspricht oder gewährt, dass er den Verlauf oder das Ergebnis eines berufssportlichen Wettbewerbs in regelwidriger Weise beeinflusse.

(5) Ein berufssportlicher Wettbewerb im Sinne dieser Vorschrift ist jede Sportveranstaltung im Inland oder im Ausland,

1. die von einem Sportbundesverband oder einer internationalen Sportorganisation veranstaltet oder in deren Auftrag oder mit deren Anerkennung organisiert wird,

2. bei der Regeln einzuhalten sind, die von einer nationalen oder internationalen Sportorganisation mit verpflichtender Wirkung für ihre Mitgliedsorganisationen verabschiedet wurden, und

3. an der überwiegend Sportler teilnehmen, die durch ihre sportliche Betätigung unmittelbar oder mittelbar Einnahmen von erheblichem Umfang erzielen.

(6) § 265c Absatz 6 gilt entsprechend.

Von einer betrugsrelevanten Manipulation der Geschäftsgrundlage ist auch beim sog. **Submissionsbetrug** auszugehen.[816] Hier erfolgt eine konkludente Erklärung, dass ein Angebot ohne wettbewerbswidrige Preisabsprache zustande gekommen ist.

Sofern man das **Passieren einer Ladenkasse mit versteckter Ware** nicht als Diebstahl einordnet,[817] könnte eine konkludente Erklärung, keine Ware verborgen oder ausgetauscht zu haben, angenommen werden.

Beispiel 172

BGH B. v. 26.07.1995 – 4 StR 234/95 (abgedeckte CDs) – BGHSt 41, 198 = NJW 1995, 3129 = NStZ 1995, 593 = StV 1995, 638 (Anm. Kühl, Höchstrichterliche Rspr. BT, 2002, Nr. 46; Otto JK 1996 StGB § 242/17; von

---

[816] Hierzu s. u. dd) (8).
[817] S. o. A I 3 a) dd) (4) (f).

Heintschel-Heinegg JA 1996, 97; Martin JuS 1996, 177; Zopfs NStZ 1996, 190; Scheffler JR 1996, 342; Hillenkamp JuS 1997, 217):

B ging am Tattag im R-Markt in P. mit einem Einkaufswagen in die CD-Abteilung, wo er vier CDs sowie eine Videokassette im Gesamtwert von 105,81 DM aus den Auslagen nahm und flach auf den Boden des Einkaufswagens legte. Das gleiche tat er sodann in der Textilabteilung mit zwei Paar Socken im Gesamtwert von 17,58 DM. Danach deckte B diese Gegenstände mit einem Werbeprospekt ab, wobei er sich sichernd umschaute. Anschließend legte er weitere Sachen im Gesamtwert von 132,85 DM auf die durch den Werbeprospekt abgedeckten Waren. Sodann begab er sich an die Kasse. Entsprechend seiner vorgefassten Absicht legte er dort nur die „oben" liegenden Gegenstände auf das Band, nicht jedoch die unter dem Werbeprospekt befindlichen Waren. Nach Bezahlung der vorgelegten Waren räumte B diese wieder in den Einkaufswagen. Hinter der Kassenzone wurde er von zwei in dem Markt tätigen Detektiven, die das gesamte Tatgeschehen beobachtet hatten, gestellt. ◄

Beispiel 173

OLG Düsseldorf B. v. 19.06.1987 – 5 Ss 166/87 – 131/87 I (Winkelschleifer) – NJW 1988, 922 (Anm. Geppert JK 1988 StGB § 263/28; Hassemer JuS 1988, 574):

B hielt sich am 08.04.1986 gegen 18:20 Uhr in der Werkzeugabteilung des Verkaufsmarktes der Firma M auf, um einen Winkelschleifer zu kaufen. Nachdem er ein Gerät im Werte von unter 100 DM ausgewählt hatte, stellte er nach Öffnen der Verpackung fest, dass die von ihm benötigten Trennscheiben nicht als Zubehör enthalten waren. Der für die Werkzeugabteilung zuständige Verkäufer Z bestätigte ihm auf Nachfrage, dass Trennscheiben von dem Preis des Winkelschleifers nicht umfasst seien. B wollte auf die Trennscheiben nicht verzichten; andererseits wollte er sie nicht zusätzlich kaufen und bezahlen. Er nahm deshalb vier Trennscheiben im Werte von jeweils 3 DM, legte sie in den Karton, in dem der Winkelschleifer verpackt war, und verschloss ihn. Nicht wissend, dass Z dies beobachtet und den Hausdetektiv informiert hatte, ging B zu der Kasse und legte den verschlossenen Karton auf das Kassenband. Die Kassiererin berechnete nur den Kaufpreis für den Winkelschleifer. Nachdem B ihn bezahlt und den Kassenbereich mit dem Karton passiert hatte, ging er zu dem Informationsstand der Firma M, um sich den Kauf des Winkelschleifers quittieren zu lassen. Nachdem ihm die gewünschte Quittung erteilt worden war, wurde er von dem Hausdetektiv gestellt. ◄

Beispiel 174

OLG Hamm U. v. 29.06.1978 – 2 Ss 1315/78 – NJW 1978, 2209 (Anm. Geilen JK 1979 StGB § 263/2):

B kaufte in einem Selbstbedienungslager ein, wobei er in die von ihm sodann wieder verschlossene Umhüllung eines Kartons mit Windeln Zigarettenpackungen einlegte und das Paket zum Preise für den ursprünglichen Verpackungsinhalt durch die Kasse zu bringen versuchte. ◄

(dd) Angemessenheit des Preises
Wird für eine Ware oder Dienstleistung ein bestimmter Preis verlangt, so kann grundsätzlich **nicht** angenommen werden, dass Angemessenheit bzw. Marktüblichkeit des Preises konkludent behauptet wird, es sei denn, für die jeweilige Leistung bestehen feste Preise, Taxen oder Tarife, auf die der Erklärungsempfänger vertraut.[818] In einer Marktwirtschaft gibt es nämlich grundsätzlich keinen angemessenen Preis, sondern nur einen anhand Angebot und Nachfrage ausgehandelten.

(ee) Auftreten als Berechtigter, insbesondere Vorlage von Schecks, Wechseln und Bankkarten
Problematisch ist der Erklärungsgehalt bei **Vorlage eines Schecks**.[819] Die h. M. geht davon aus, dass konkludent behauptet wird, dass die wesentlichen Scheckvoraussetzungen erfüllt sind (z. B. Kontodeckung), nicht aber, dass die Forderung aus dem Rechtsverhältnis noch besteht, welches zur Ausstellung des Schecks geführt hat.

Auch bei Vorlage einer EC- oder **Kreditkarte**[820] wird man eine konkludente Täuschung bzgl. der für die Zahlung wesentlichen Umstände annehmen können. Eine andere Frage ist, ob sich der Vertragspartner irrt. Zu beachten ist ferner § 266b StGB.

Auch bei der Erwirkung nicht gedeckter **Auszahlungen vom Girokonto**[821] mag man eine entsprechende konkludente Täuschung annehmen, was die Problematik zur Ebene des Irrtums verlagert.

(ff) Geltendmachung einer Leistung
Wird eine Leistung aktiv eingefordert, kann hierin die konkludente Behauptung eines Anspruchs liegen, evtl. aber auch nur eine Kundgabe des Begehrens der Leistung oder einer Rechtsauffassung.[822]

---

[818] Eisele, BT II, 6. Aufl. 2021, Rn. 532; näher Jecht GA 1963, 41; aus der Rspr. vgl. zuletzt BGH U. v. 16.01.2020 – 1 StR 113/19 – NStZ-RR 2020, 213 = StV 2020, 746 (Anm. Hecker JuS 2020, 895; Klein ZJS 2021, 389; Bechtel JR 2020, 570; Hagedorn HRRS 2021, 121).

[819] Hierzu Kindhäuser/Hilgendorf, LPK, 9. Aufl. 2022, § 263 Rn. 78; Fischer, StGB, 71. Aufl. 2024, § 263 Rn. 25; Hübner JZ 1973, 407; Bringewat GA 1973, 353; Heimann-Trosien JZ 1976, 549; Dunkel GA 1977, 32; aus der Rspr. vgl. zuletzt BGH B. v. 13.02.2008 – 2 StR 406/07; BGH B. v. 11.12.2008 – 5 StR 536/08 – NStZ-RR 2009, 279 = StV 2009, 244 (Anm. RÜ 2009, 102; RA 2009, 136).

[820] Hierzu Fischer, StGB, 71. Aufl. 2024, § 263 Rn. 26; Hübner JZ 1973, 407; Bringewat GA 1973, 353; Heimann-Trosien JZ 1976, 549; Dunkel GA 1977, 329; Steinhilper Jura 1983, 401; Lenckner/Winkelbauer wistra 1984, 83; Bringewat JA 1984, 347; Steinhilper NJW 1985, 300.

[821] Hierzu Kindhäuser/Hilgendorf, LPK, 9. Aufl. 2022, § 263 Rn. 77; aus der Rspr. vgl. OLG Köln B. v. 19.10.1990 – Ss 476/90 – NJW 1991, 1122 = NStZ 1991, 85; OLG Frankfurt B. v. 08.04.1998 – 3 Ss 419/97 – NStZ-RR 1998, 333 (Anm. Otto JK 1999 StGB § 263/52).

[822] Eisele, BT II, 6. Aufl. 2021, Rn. 533; aus der Rspr. vgl. zuletzt BGH B. v. 04.05.2022 – 1 StR 138/21 (AGG-Hopper) – NStZ 2023, 37 = StV 2023, 173 (Anm. von Heintschel-Heinegg JA 2022, 1047; RÜ 2023, 105; Schulte-Rudzio/Brune NStZ 2023, 238; Oğlakcıoğlu/Kudlich JR 2023, 297; Stefanopoulou GA 2024, 319).

Abzustellen ist entscheidend auf die rechtsgeschäftliche Risikoverteilung sowie den Empfängerhorizont der Adressaten. Gerade bei gewerblichen Geschäftskontakten ist Zurückhaltung bei der Annahme einer Täuschung zu üben.

Was das Ausstellen **überhöhter Rechnungen**[823] anbelangt, so ist Gegenstand der Täuschung nicht eine Angemessenheit des Preises, sondern die Nichteinhaltung des Vereinbarten (wozu auch das Unterlassen der berechneten Leistung gehört) sowie der einschlägigen Rechtsvorschriften.

Bemerkenswert ist auch die rechtsmissbräuchliche Geltendmachung von Rechtsanwaltsgebühren (Abmahngebühren).[824]

Umstritten ist, welchen Aussagegehalt die Vorlage einer **Überweisung** und die **Abhebung** nach **versehentlicher Kontogutschrift** haben.[825]

Beispiel 175

OLG Stuttgart U. v. 19.01.1979 – 2 Ss 23/78 – NJW 1979, 2321 (Anm. Joecks JA 1979, 390; Müller JR 1979, 472; Geppert JK 1980 StGB § 263/4):

Am 15.07.1975 wurde vom Kassenboten einer Bank bei der Firma K ein Barbetrag von 62.000 DM und am 17.07.1975 bei einer Zweigniederlassung derselben Firma ein solcher von 67.500 DM abgeholt. Diesen Beträgen waren von Seiten der Firma K Bareinzahlungsbelege beigefügt, welche statt mit der richtigen Kontonummer der Firma K – 4733 – mit der falschen Kontonummer 4377 bezeichnet waren. Außer den Kontonummern und den Geldbeträgen enthielten die Einzahlungsbelege keine weiteren Vermerke, insb. fehlte die in den Bankformularen vorgesehene Angabe des Kontoinhabers, der Firma K. Dies hatte zur Folge, dass die insgesamt 129.500 DM der Kontonummer 4377; deren Inhaberin die damalige Ehefrau des B war, gutgeschrieben wurden. B, der Vollmacht zur Verfügung über dieses Konto hatte, wurde durch Bankauszüge über den Kontostand informiert. Obwohl er davon ausging, ein so hoher Betrag könne nur aufgrund eines Versehens der Bank auf das Konto seiner damaligen Ehefrau geraten sein, hob er in der Folgezeit bis Anfang September 1975, als das Versehen von der Firma K entdeckt wurde, die gesamte versehentlich überwiesene Summe bis auf einen unwesentlichen Geldbetrag ab und verwendete ihn überwiegend für sich und zum Teil auch für seine Ehefrau. ◄

Wird mit der Überweisung oder Abhebung eines versehentlich dem Konto gutgeschriebenen Betrages konkludent miterklärt, dass sich der Betrag dort zurecht befinde, d. h. ein materieller Anspruch auf Auszahlung bestehe?

---

[823] Hierzu Saliger, in: Matt/Renzikowski, StGB, 2. Aufl. 2020, § 263 Rn. 47ff.; näher Sieweke wistra 2009, 340; aus der Rspr. vgl. zuletzt BGH U. v. 16.01.2020 – 1 StR 113/19 – NStZ-RR 2020, 213 = StV 2020, 746 (Anm. Hecker JuS 2020, 895; Klein ZJS 2021, 389; Bechtel JR 2020, 570; Hagedorn HRRS 2021, 121).

[824] Vgl. aus der Rspr. BGH B. v. 08.02.2017 – 1 StR 483/16 – NJW 2017, 2425 = NStZ 2017, 536 = StV 2018, 32 (Anm. Krell NStZ 2017, 537; Becker HRRS 2017, 404).

[825] Hierzu Pawlik FS Lampe 2003, 689; Schmoller FS Weber 2004, 251.

Nach teilweise vertretener Auffassung[826] liegt in der (Weiter-)Überweisung bzw. Abhebung des Kontoinhabers die Erklärung, dass dem Kontoinhaber ein entsprechendes Guthaben auch materiell zustehe, sodass in der Abhebung oder Überweisung von fehlgebuchten Gutschriften eine Täuschung durch positives Tun läge. Dabei soll die maßgebliche Täuschungshandlung des Kontoinhabers darin bestehen, dass sein Überweisungswunsch die Erklärung einschließt, die Auszahlung aus dem ihm zustehenden Guthaben zu verlangen.

Die heute herrschende Rspr.[827] und die h. L.[828] nehmen eine konkludente Täuschung durch Abheben oder Überweisen weder nach Fehlüberweisungen (Gutschrift auf einem Konto einer anderen Bank) noch nach Fehlbuchungen (Gutschrift irrtümlich auf Konto derselben Bank vorgenommen) an.

Eine weitere Auffassung[829] differenziert zwischen Fehlüberweisung (keine Täuschung) und Fehlbuchung (Täuschung).

Für eine Bejahung der Täuschung spricht, dass man von einem redlichen Bankkunden an sich erwarten könnte, einen als solchen erkannten Irrtum seiner Bank zu melden. Dennoch ist der h. M. zu folgen, wofür im Wesentlichen die zivilrechtliche Rechtslage spricht: Zum einen zählt gem. § 676f BGB die Kontoführung – und damit auch die Überprüfung des Kontostandes – zum Pflichtenkreis der Bank. Zum anderen ist der Kontostand gem. § 780 BGB ein Schuldversprechen, sodass der Abhebende wirklich Auszahlung verlangen kann. Soweit der Täter zu dem materiell fehlerhaft zustandegekommenen Kontostand nichts beigetragen hat, bleibt es bei bloßer zivilrechtlicher Vertragswidrigkeit.

(gg) Entgegennahme einer Leistung
Anders als die aktive Einforderung einer Leistung ist die **bloße Entgegennahme** einer Leistung zu behandeln.[830] Dass das Erhaltene zu Recht in Empfang genommen wurde, wird nicht konkludent behauptet. Dies zählt zum Risikobereich des Übergebenden.

| Beispiel 176 |

B kaufte beim Bäcker einige Brötchen und erhielt zu viel Wechselgeld zurück. B erkannte dies sofort, verließ aber wortlos das Geschäft. ◄

Ein Grenzfall ist die missbräuchliche Verwendung einer fremden Rente nach dem Tod des Rentners.[831] In der Abhebung oder Überweisung des Geldes kann eine aktive Geltendmachung der Leistung gesehen werden.

---

[826] OLG Celle U. v. 21.07.1992 – 1 Ss 168/92 – StV 1994, 188 (Anm. Schmoller StV 1994, 190).
[827] BGH B. v. 08.11.2000 – 5 StR 433/00 – BGHSt 46, 196.
[828] S. nur Hoyer, in: SK-StGB, 9. Aufl. 2019, § 263 Rn. 35f.
[829] BGH U. v. 16.11.1993 – 4 StR 648/93 – BGHSt 39, 392.
[830] Hierzu Eisele, BT II, 6. Aufl. 2021, Rn. 534; aus der Rspr. vgl. zuletzt OLG Naumburg B. v. 13.05.2016 – 2 Rv 31/16 – NStZ 2017, 293 = StV 2017, 117.
[831] Hierzu Perron, in: Schönke/Schröder, StGB, 30. Aufl. 2019, § 263 Rn. 17a; aus der Rspr. vgl. OLG Köln U. v. 10.10.1978 – 1 Ss 542/78 – NJW 1979, 278 (Anm. Kühl JA 1979, 681; Hassemer JuS 1979, 374).

(hh) Weitere Inanspruchnahme einer Leistung unter Verschweigen neuer Umstände

Umstritten ist, ob fortdauernde Inanspruchnahme einer Leistung nach **Eintritt einer Leistungsunfähigkeit** als konkludente Täuschung anzusehen ist.[832]

Beispiel 177

OLG Hamburg U. v. 05.09.1968 – 2 Ss 87/68 – NJW 1969, 335 (Anm. Hassemer JuS 1969, 189; Hirsch NJW 1969, 853; Schröder JR 1969, 110; Triffterer JuS 1971, 181):

B1 war Provisionsvertreter. Im Jahre 1966 übernachtete er mit B2 zusammen größtenteils in Hotels; eine eigene Wohnung hatte er nicht. Am 28.05.1966 stiegen beide im „Hotel Stadt K." in E. ab, in dem B1 ein Doppelzimmer bis zum 31.05. bestellt hatte. Am folgenden Tage abends, als er bereits einige Ausgaben gemacht hatte, merkte B1, dass sein Geld nur noch für die bevorstehenden Mahlzeiten reichte. Trotzdem nahm er noch weitere Hotelleistungen (Zimmer mit Frühstück) im Werte von 49,50 DM bis zum 31.05.1966 in Anspruch. Die ihm dann präsentierte Rechnung von 83,25 DM konnte er nicht bezahlen. ◄

Am 29.05.1966 stellte B1 fest, dass sein Geld nicht mehr für alle Hotelleistungen reichen würde. Trotzdem nahm er sie in Anspruch. Liegt darin eine konkludente Täuschung über die Leistungsfähigkeit?

Die Rspr.[833] und die h. L.[834] lehnen eine konkludente Täuschung durch positives Tun über den Fortbestand der Leistungsfähigkeit ab.

Z. T.[835] wird demgegenüber eine solche konkludente Täuschung angenommen.

In den weitaus meisten Fällen dürfte es sehr wohl möglich sein, einem Einzelakt der Inanspruchnahme von Leistungen den Erklärungsgehalt noch aktuell vorliegender Erfüllungsfähigkeit beizumessen (z. B. Bestellung von Getränken oder Essen; Entgegennehmen eines Zimmerschlüssels; ganz allgemein: Abgabe von Willenserklärungen), sodass dann wie i.Ü. bei Eingehen von Vertragsverpflichtungen stets eine konkludente Täuschung anzunehmen ist. Auf die Frage einer Täuschung durch Unterlassen mit dem Erfordernis einer sog. Garantenstellung kommt es dann nicht mehr an.

---

[832] Hierzu Hillenkamp/Cornelius, 40 Probleme aus dem Strafrecht BT, 13. Aufl. 2020, 28. Problem; aus der Rspr. vgl. BGH U. v. 15.06.1954 – 1 StR 526/53 – BGHSt 6, 198 = NJW 1954, 1414; OLG Köln U. v. 07.11.1967 – Ss 470/67 (Anm. Schweichel JZ 1968, 340); OLG Stuttgart U. v. 21.11.1977 – 3 Ss 624/77 (Anm. Beulke JR 1978, 390); BGH B. v. 10.04.1984 – 4 StR 180/84 – StV 1984, 511 (Anm. Otto JK 1985 StGB § 263/17); BayObLG U. v. 30.07.1998 – 3 St RR 54/98 – NJW 1999, 663 = NStZ 1999, 136 = StV 1999, 30 (Anm. Martin JuS 1999, 507; Bosch wistra 1999, 410; Rengier JuS 2000, 644).
[833] S. o.
[834] S. nur Perron, in: Schönke/Schröder, StGB, 30. Aufl. 2019, § 263 Rn. 17a.
[835] Hirsch NJW 1969, 853.

Bei Fortführung von Betrieben wird freilich zu berücksichtigen sein, dass vorübergehende Liquiditätsengpässe nicht stets bekanntgegeben werden müssen, zählen diese doch zum allgemeinen Wirtschaftsrisiko aller Vertragspartner.

Eine konkludente Täuschung wird sich auch durch einen **Vermieter** annehmen lassen, der einem Mieter aufgrund **Eigenbedarfs** nach § 573 II Nr. 2 BGB kündigt, den Wegfall des Eigenbedarfs aber nicht zum Anlass nimmt, eine Räumungsklage zurückzunehmen etc., sondern sein Begehren weiter verfolgt.[836]

(d) Täuschung durch Unterlassen

▶ **Didaktischer Aufsatz**
- Runte, Straftatsystematische Probleme des Betruges durch Unterlassen (§§ 263, 13 StGB), Jura 1989, 128

Die Täuschung durch Unterlassen[837] ist nach ganz h. M. nach Maßgabe des § 13 StGB möglich.[838] Wie stets ist das Unterlassungsdelikt nur dann zu prüfen, wenn das Begehungsdelikt (hier in Gestalt der ausdrücklichen oder konkludenten Täuschung durch aktives Tun) nicht durchgreift.

Problematisch ist i.R.d. §§ 263 I, 13 StGB, wann eine sog. **Garantenstellung** i.F.d. Beschützergarantenstellung als **Aufklärungspflicht** des Täters gegenüber dem Geschädigten – insbesondere folgend aus **Vertrag** oder Treu und Glauben nach § 242 BGB – anzunehmen ist.[839]

Eine derartige Aufklärungspflicht speist sich aus dem Minimum an Redlichkeit, welches ein durchschnittlicher Vertragspartner von seinem – oft fachkundigeren – Gegenüber erwarten darf. Hierbei ist angesichts der zivilrechtlichen Privatautonomie restriktiv zu verfahren. In einer Marktwirtschaft ist jeder selbst dafür zuständig, sich die Informationen zu beschaffen, die der eigenen Interessenwahrnehmung dienen. Dem Vertragspartner ist eine Aufklärung nur in Ausnahmefällen zuzumuten (v. a. erhebliche Kompetenz- und Wissensdiskrepanz oder langjährige und laufende Geschäftsbeziehungen).

Beispiel 178

BGH B. v. 16.06.1989 – 2 StR 252/89 – NJW 1990, 2005 (Anm. Schmitz JA 1989, 503; Otto JK 1990 StGB § 263/30):

---

[836] Hierzu Perron, in: Schönke/Schröder, StGB, 30. Aufl. 2019, § 263 Rn. 31c; näher Hellmann JA 1988, 73; Gericke NJW 2013, 1633; Milton Peralta GA 2024, 33; aus der Rspr. vgl. AG Kaiserslautern U. v. 25.02.1982 – 6 Js 230/81 3 Ds; OLG Zweibrücken B. v. 15.07.1982 – 2 Ss 159/82 – NJW 1983, 694 (Anm. Geppert JK 1983 StGB § 263/13; Seier JA 1983, 337; Werle NJW 1985, 2913); AG Kenzingen U. v. 15.04.1992 – Ds 224/91 – NStZ 1992, 440.

[837] Hierzu Bockelmann FS Schmidt 1961, 437; Runte Jura 1989, 128; Riggert MDR 1990, 203.

[838] Fischer, StGB, 71. Aufl. 2024, § 263 Rn. 38; aus der Rspr. vgl. zuletzt BGH U. v. 17.12.2019 – 1 StR 171/19 – StV 2020, 751.

[839] Hierzu s. bereits im Allgemeinen Teil.

B, der einen Versandbuchhandel betrieb, suchte in der Zeit vom 06.05. bis 11.06.1985 67 Schulen auf, um dem Schulleiter oder einer sonst zuständigen Person die Bücher „Der große BLV Heilpflanzenatlas" und „Im Flug über Deutschland" zum Preis von jeweils 68 DM anzubieten. Zu der genannten Zeit waren die Originalausgaben, deren „vorgeschriebene" Preise für den Heilpflanzenatlas 68 DM und für das Deutschlandbuch 75 DM betragen hatten, bereits vergriffen. Bei seinen Vorsprachen in den Schulen legte B jeweils Sonderausgaben dieser beiden Werke vor, die zum damaligen Zeitpunkt für Endabnehmer üblicherweise zu dem empfohlenen Preis von 29,80 DM zu erwerben waren. Bei dem Deutschlandbuch bestand zwischen der Original- und der Sonderausgabe in Umfang und Ausstattung kein Unterschied; sie waren lediglich in verschiedenen Verlagen erschienen. Die Sonderausgabe des Heilpflanzenatlasses war im Gegensatz zu der leinengebundenen und mit Papierschutzumschlag versehenen Originalausgabe kartoniert; ihr Schutzumschlag war auf dem Karton aufgeklebt; das verwendete Papier war geringfügig dünner, sodass auch das Buch insgesamt etwas dünner und leichter war als die Originalausgabe. Den Kaufinteressenten war nicht bewusst, dass ihnen B jeweils Sonderausgaben anbot. Sie kannten nicht den empfohlenen Preis, sondern gingen entsprechend der Erwartung des B davon aus, dass es sich bei dem ihnen von B genannten Preis um einen gebundenen Preis handele, wie sie ihn auch bei einem Bezug durch eine Buchhandlung hätten zahlen müssen. B ging aufgrund einheitlichen von Anfang an gefassten Tatplans davon aus, bei den Kaufinteressenten diese Fehlvorstellung zu erwecken. ◄

Nach der Risikoverteilung beim Kaufvertrag (§§ 433ff. BGB) ist es grundsätzlich Risiko des Käufers, sich umfassend über den Vertragsgegenstand in Kenntnis zu setzen.

Insofern ist die Täuschung durch Unterlassen zu unterscheiden von einem **Informationsvorsprung** und einer bloßen **Irrtumsausnutzung**,[840] z. B. bei banklichen Fehlbuchungen.[841]

Auch im Privatleben mag es moralisch bedenklich sein, überzähliges **Wechselgeld** zu behalten, eine Aufklärungspflicht aus dem Kaufvertrag etc. abzuleiten, ginge aber zu weit.[842]

Von aktueller Relevanz ist die Frage, ob beim Verkauf von Diesel-PKW mit manipulierter Abgassoftware durch Unterlassen getäuscht wurde.[843]

---

[840] Eisele, BT II, 6. Aufl. 2021, Rn. 540; aus der Rspr. vgl. zuletzt OLG Celle B. v. 09.02.2010 – 32 Ss 205/09 – NStZ-RR 2010, 207.
[841] S. o. (ff); speziell zur Täuschung durch Unterlassen in diesen Fällen Fischer, StGB, 71. Aufl. 2024, § 263 Rn. 47.
[842] Perron, in: Schönke/Schröder, StGB, 30. Aufl. 2019, § 263 Rn. 17a; aus der Rspr. vgl. OLG Düsseldorf U. v. 23.08.1968 – (3) Ss 578/68 – NJW 1969, 623 (Anm. Hassemer JuS 1969, 189; Deubner NJW 1969, 624); OLG Köln U. v. 05.02.1980 – 1 Ss 1134/79 – NJW 1980, 2366 (Anm. Geilen JK 1981 StGB § 263/9; Hassemer JuS 1981, 230; Volk JuS 1981, 880).
[843] Hierzu Grützner/Boerger/Momsen CCZ 2018, 50; aus der Rspr. vgl. LG Bayreuth U. v. 23.10.2017 – 23 O 227/17 (Anm. Nestler Jura 2018, 313).

Eine Täuschung durch Unterlassen kommt auch bei sog. **Überwachergaranten** in Betracht. Zu denken ist insbesondere an die Geschäftsherrenhaftung und die daraus abzuleitende Überwachungspflicht von Compliance Officern.

bb) Einen Irrtum; durch, erregt, unterhält

▶ **Didaktischer Aufsatz**
  • Rönnau/Becker, Irrtum beim Betrug (§ 263 StGB), JuS 2014, 504

(1) Allgemeines
Irrtum i. S. d. § 263 I StGB[844] ist das Auseinanderfallen von Vorstellung und Wirklichkeit.[845] Es kommt also darauf an, ob der Empfänger der Täuschung an die bekundete Tatsache glaubt. Durchschaut er die Täuschung, mangelt es an einem Irrtum.
Hier zeigt sich die Ähnlichkeit des Betrugs mit der mittelbaren Täterschaft[846]: Der Täter instrumentalisiert das Opfer durch Täuschung und Irrtum – hier: zur Selbstschädigung hinsichtlich des Vermögens.
Irren kann sich nur ein **Mensch**.[847]
Ist Empfänger der Täuschung kein Mensch, so kommen die §§ 263a, 265a StGB in Betracht.
Wird eine Täuschung an eine **juristische Person** o. Ä. gerichtet, so ist auf den konkret getäuschten und daher irrenden sowie verfügenden Menschen abzustellen (z. B. den in einer Bank zuständigen Mitarbeiter).[848]

(2) Ignorantia facti, Gleichgültigkeit; sachgedankliches Mitbewusstsein
Kein Irrtum liegt vor, wenn sich der Empfänger der Tatsachenbehauptung keine Gedanken über deren Richtigkeit macht (*ignorantia facti*) oder ihm diese **gleichgültig** ist; erforderlich ist eine positive Vorstellung von der unwahren Tatsache.[849]
V. a. bei Verhalten im Wirtschaftsleben ist genau zu ermitteln, welche Prüfungen zu dem Aufgabengebiet eines Erklärungsempfängers gehören, v. a. bei gleichförmi-

---

[844] Hierzu Herzberg GA 1977, 289; Frisch FS Bockelmann 1979, 647; Frisch FS Herzberg 2008, 729; Rönnau/Becker JuS 2014, 504.
[845] Fischer, StGB, 71. Aufl. 2024, § 263 Rn. 54; aus der Rspr. vgl. zuletzt OLG Hamm B. v. 30.06.2016 – 4 RVs 58/16 (Anm. Schumacher NZWiSt 2016, 485); BGH B. v. 14.07.2016 – 4 StR 362/15 – NJW 2016, 3383 = NStZ 2017, 347 = StV 2017, 93 (Anm. Kudlich JA 2016, 869; RÜ 2016, 717; Brand NJW 2016, 3384; Reckmann jurisPR-StrafR 21/2016 Anm. 2).
[846] Kindhäuser/Hilgendorf, LPK, 9. Aufl. 2022, § 263 Rn. 33; näher Kindhäuser FS Bemmann 1997, 339.
[847] Fischer, StGB, 71. Aufl. 2024, § 263 Rn. 66; aus der Rspr. vgl. zuletzt BGH B. v. 06.03.2019 – 3 StR 286/18 – NStZ-RR 2019, 180 (Anm. Nestler Jura 2019, 1122).
[848] Fischer, StGB, 71. Aufl. 2024, § 263 Rn. 67.
[849] Fischer, StGB, 71. Aufl. 2024, § 263 Rn. 57; aus der Rspr. vgl. zuletzt BGH B. v. 04.12.2019 – 2 StR 422/18 – NStZ-RR 2020, 117; BGH B. v. 04.05.2022 – 1 StR 138/21 (AGG-Hopper) – NStZ 2023, 37 = StV 2023, 173 (Anm. von Heintschel-Heinegg JA 2022, 1047; RÜ 2023, 105; Schulte-Rudzio/Brune NStZ 2023, 238; Oğlakcıoğlu/Kudlich JR 2023, 297; Stefanopoulou GA 2024, 319).

D. Betrug, § 263 StGB

gen Alltags- und Massengeschäften. Bei reinen Büro- und Verwaltungskräften kann es an einer inhaltlichen Überprüfung fehlen.

Beispiel 179

BGH B. v. 06.09.2001 – 5 StR 318/01 – NStZ 2002, 144 = StV 2002, 82 (Anm. LL 2002, 320; RÜ 2002, 124; RA 2002, 171):
Der Lebensgefährtin des B stand aus einem Abfindungsvergleich nach einem Verkehrsunfall gegen die Versicherungsgesellschaft ein Zahlungsanspruch i.H.v. 65.000 DM zu. Nachdem es zunächst bei der Einlösung eines von der Versicherung übersandten Schecks Schwierigkeiten gegeben hatte, übermittelte die Versicherungsgesellschaft auf Drängen des B einen Verrechnungsscheck direkt an dessen Bank, die diesen Betrag dem Konto des B gutschrieb. Infolge eines Versehens sandte die Versicherungsgesellschaft dem B sechs Tage später einen weiteren Scheck über den Betrag von 65.000 DM zu. B reichte diesen Scheck bei der Bank ein, die kurze Zeit später den Betrag von 65.000 DM auch tatsächlich zur Einlösung brachte. ◄

Die Bankangestellten prüfen nur die Wirksamkeit des Schecks. Darüber, ob die aus dem Scheck hervorgehende Schuld tatsächlich besteht oder kondizierbar ist, machen sie sich keine Gedanken. Dementsprechend irren sie nicht, wenn ein nur versehentlich ausgestellter Scheck eingelöst wird.

Allerdings wird das Erfordernis einer positiven Fehlvorstellung dadurch erheblich relativiert, dass man ein sog. **sachgedankliches Mitbewusstsein** und ständiges Begleitwissen genügen lässt, sodass die schon allgemeine Vorstellung beim Empfänger, alles sei „in Ordnung", als Irrtum angesehen werden kann.[850] Wenn man eine inhaltliche Prüfpflicht oder -obliegenheit der Kontrollperson – normativ – annehmen kann (um Schaden von sich oder z. B. einem Arbeitgeber abzuwenden), ist im Grundsatz davon auszugehen, dass dieser die Tatsache nicht gleichgültig war, sondern sie sachgedankliches Mitbewusstsein aufwies.

Beispiel 180

BGH U. v. 26.07.1972 – 2 StR 62/72 – BGHSt 24, 386 = NJW 1972, 1904 (Anm. Kühl, Höchstrichterliche Rspr. BT, 2002, Nr. 69; Schröder JZ 1972, 707; Hassemer JuS 1973, 61; Meyer JuS 1973, 214; Zahrnt NJW 1973, 63; Groß NJW 1973, 600; Seebode JR 1973, 117; Gössel MDR 1973, 177):
B löste entsprechend einem zuvor gefassten Plan in der Zeit v. 30.07. bis 08.09.1971 bei Banken in der gesamten Bundesrepublik 236 auf eine Bremer

---
[850] Hierzu Eisele, BT II, 6. Aufl. 2021, Rn. 543; näher Trüg HRRS 2015, 106; aus der Rspr. vgl. zuletzt BGH U. v. 19.08.2020 – 5 StR 558/19 – BGHSt 65, 110 = NJW 2021, 90 = StV 2021, 725 (Anm. Gaede NJW 2021, 98; Leverenz HRRS 2021, 86; Hiéramente/Schwerdtfeger jurisPR-StrafR 1/2021 Anm. 2; Rettke wistra 2021, 113; Meyer NZWiSt 2021, 151); BGH B. v. 04.05.2022 – 1 StR 138/21 (AGG-Hopper) – NStZ 2023, 37 = StV 2023, 173 (Anm. von Heintschel-Heinegg JA 2022, 1047; RÜ 2023, 105; Schulte-Rudzio/Brune NStZ 2023, 238; Oğlakcıoğlu/Kudlich JR 2023, 297; Stefanopoulou GA 2024, 319); BGH B. v. 07.12.2022 – 2 StR 437/20 – StV 2023, 824.

Sparkasse gezogene Schecks über je 200 DM unter Vorlage einer Scheckkarte ein. Er wusste, dass die ihm von der Sparkasse gesetzte Grenze für eine Kontoüberziehung überschritten war. ◄

Die Kontodeckung kann den Bankangestellten nicht gleichgültig sein. Würde einer von ihnen von ihrem Fehlen Kenntnis erlangen, wäre die Berufung der Bank auf die Zahlungsgarantie seitens des Scheckkartenausstellers ausgeschlossen und die Einlösung des Schecks müsste verweigert werden. Insofern weisen die Bankangestellten sachgedankliches Mitbewusstsein auf, dass mit der Deckung alles in Ordnung sei.

Die großzügige Handhabung des sachgedanklichen Mitbewusstseins hat ihre Wurzel in den strafprozessualen Schwierigkeiten.[851] Erfahrungsgemäß können Zeugen in der Hauptverhandlung kaum Auskunft darüber geben, welche Vorstellungen sie sich vor einer beträchtlichen Zeit bei einem bestimmten Geschäftsvorgang gemacht haben, zumal bei immer wiederkommenden Vorgängen.

So mangelt es z. B. bei **Vorlage** von **Sparbüchern** (oder ähnlichen Legitimationspapieren, § 808 BGB) oder garantierten **Schecks**[852] ggf. an Vorstellungen zur materiellen Berechtigung, allerdings sprechen gewisse zivilrechtliche Haftungsrisiken für ein sachgedankliches Mitbewusstsein des Personals. An sich folgt aus einer Pflicht, sich Gedanken zu machen, nicht, dass dies auch tatsächlich der Fall war, insofern ist die Annahme eines Irrtums letztlich eine Normativierung.

Beim Missbrauch einer (früheren) **Scheckkarte** oder einer **Kreditkarte** spricht die **Garantiefunktion** der Ausstellerbank dafür, dass der Mitarbeiter in dem Geschäft oder der Bank, die die Karte als Zahlungsmittel akzeptiert, nicht getäuscht wird.[853] Ohnehin mangelt es auch ggf. an einem Schaden. Ferner greift § 266b StGB als *lex specialis*.

Bei Erwirkung nicht gedeckter **Auszahlungen vom Girokonto**[854] gilt Vergleichbares.

Kassenbeamte u. Ä., die lediglich den faktischen Vorgang der Auszahlung vollziehen, machen sich keinerlei Vorstellung und irren sich daher nicht.[855]

---

[851] Näher Trüg HRRS 2015, 106; Kuhli StV 2016, 40; Ceffinato ZStW 2016, 804; Ullenboom NZWiSt 2018, 317; aus der Rspr. vgl. zuletzt BGH B. v. 04.12.2019 – 2 StR 422/18 – NStZ-RR 2020, 117; BGH U. v. 19.08.2020 – 5 StR 558/19 – BGHSt 65, 110 = NJW 2021, 90 = StV 2021, 725 (Anm. Gaede NJW 2021, 98; Leverenz HRRS 2021, 86; Hiéramente/Schwerdtfeger jurisPR-StrafR 1/2021 Anm. 2; Rettke wistra 2021, 113; Meyer NZWiSt 2021, 151).

[852] Hierzu Eisele, BT II, 6. Aufl. 2021, Rn. 544; Steinhilper Jura 1983, 401; Bringewat JA 1984, 347; Steinhilper NJW 1985, 300; Kleb-Braun JA 1986, 249 und 310; Brand JR 2011, 96.

[853] Hierzu Fischer, StGB, 71. Aufl. 2024, § 263 Rn. 59; Sennekamp MDR 1971, 638; Meyer MDR 1971, 893; Zahrnt NJW 1972, 277; Meyer MDR 1972, 668; Hübner JZ 1973, 407; Bringewat GA 1973, 353; Heimann-Trosien JZ 1976, 549; Dunkel GA 1977, 329; Steinhilper Jura 1983, 401; Lenckner/Winkelbauer wistra 1984, 83; Bringewat JA 1984, 347; Steinhilper NJW 1985, 300.

[854] Hierzu Fischer, StGB, 71. Aufl. 2024, § 263 Rn. 58.

[855] Heger, in: Lackner/Kühl/Heger, StGB, 30. Aufl. 2023, § 263 Rn. 19; aus der Rspr. vgl. BGH U. v. 26.10.1993 – 4 StR 347/93 – NStZ 1994, 488 = StV 1994, 82 (Anm. Maiwald NStZ 1994, 489); BGH B. v. 11.10.2004 – 5 StR 389/04 – NStZ 2005, 157 = StV 2005, 23 (Anm. Geppert JK 2005 StGB § 263/76; LL 2006, 260); BGH B. v. 21.06.2006 – 2 StR 57/06 – NStZ 2006, 687 = StV 2006, 583 (Anm. Bosch JA 2007, 70).

Das gilt auch für Bearbeiter einer **Überweisung**.[856]

Ob beim **Tanken ohne Bezahlung** Kassenpersonal irrt, ist letztlich Tatfrage. Für die Annahme eines sachgedanklichen Mitbewusstseins muss man zumindest verlangen, dass das Personal gelegentlich das Geschehen an den Zapfsäulen – und sei es auf einem Monitor – beobachtet.

Einen strittigen Sonderfall problematischer Grenzziehung zwischen *ignorantia facti* und Irrtum bildet die Ausnutzung des **Mahnverfahrens** nach §§ 688ff. ZPO.[857]

Gegen die Annahme eines Irrtums[858] spricht, dass die behauptete Forderung nicht auf Schlüssigkeit geprüft wird.

Stellt man darauf ab,[859] der Rechtspfleger habe die Vorstellung, dass der Anspruch möglicherweise bestehe, so ist dies letztlich eine opferschützende Normativierung, die zu weit geht.

(3) Zweifel; Vermeidbarkeit des Irrtums

Problematisch ist, ob ein **Mitverschulden** des Opfers die Annahme eines Irrtums i. S. d. § 263 I StGB ausschließen kann.[860] Dies betrifft zum einen Fälle, in denen der Getäuschte **Zweifel** an der Wahrhaftigkeit der bekundeten Tatsache hegt (hier könnte er die Verfügung über sein Vermögen eben aufgrund der Zweifel unterlassen), zum anderen Fälle, in denen der Getäuschte Zweifel hätte haben müssen, weil die Täuschung derart unglaubhaft war, dass es nur aufgrund besonderer **Leichtgläubigkeit** (vgl. auch Aberglauben, Naivität, Geldgier) zu einem Irrtum kommen konnte.

> **Beispiel 181**
>
> **BGH U. v. 05.07.1983 – 1 StR 168/83 (Sirius) – BGHSt 32, 38 = NJW 1983, 2579 = NStZ 1984, 70 (Anm. Roxin, Höchstrichterliche Rspr. AT, 1998,**

---

[856] Hierzu Joecks/Jäger, StGB, 13. Aufl. 2021, § 263 Rn. 72f.; aus der Rspr. vgl. BGH U. v. 23.03.2000 – 4 StR 19/00 – NStZ 2000, 375 = StV 2000, 477 (Anm. RA 2000, 425; LL 2001, 103); AG Siegburg U. v. 03.05.2004 – 20 Ds 421/03 – NJW 2004, 3725 (Anm. Kudlich JuS 2005, 566; LL 2005, 179; RA 2005, 48); BGH B. v. 05.03.2008 – 5 StR 36/08 – NStZ 2008, 340 = StV 2008, 356.

[857] Hierzu Eisele, BT II, 6. Aufl. 2021, Rn. 545; Giehring GA 1973, 1; aus der Rspr. vgl. zuletzt BGH B. v. 20.12.2011 – 4 StR 491/11 – NStZ 2012, 322 = StV 2012, 406 (Anm. Bosch JK 2012 StGB § 263/96; LL 2012, 500; RÜ 2012, 234; RA 2012, 238); BGH B. v. 19.11.2013 – 4 StR 292/13 – BGHSt 59, 68 = NJW 2014, 711 = NStZ 2014, 155 = StV 2014, 685 (Anm. Bosch JK 2014 StGB § 263a/18; Heghmanns ZJS 2014, 323; LL 2014, 511; RÜ 2014, 305; Trüg NStZ 2014, 157).

[858] S. Kindhäuser/Hilgendorf, LPK, 9. Aufl. 2022, § 263 Rn. 109.

[859] Z. B. OLG Düsseldorf B. v. 30.08.1991 – 2 Ws 317/91 – NStZ 1991, 586 (Anm. Geppert JK 1992 StGB § 263/36; Pasker JA 1992, 191).

[860] Hierzu Eisele, BT II, 6. Aufl. 2021, Rn. 548f.; Hillenkamp/Cornelius, 40 Probleme aus dem Strafrecht BT, 13. Aufl. 2020, 29. Problem; Amelung GA 1977, 1; Amelung FS Krey 2010, 1; Esser FS Krey 2010, 81; Bosch FS Samson 2010, 241; Frank/Leu StraFo 2014, 198; aus der Rspr. vgl. zuletzt BGH B. v. 16.05.2017 – 1 StR 306/16 – NStZ 2018, 540 = StV 2018, 43 (Anm. Gehm NZWiSt 2018, 113); BGH B. v. 20.01.2021 – 2 StR 242/20 – NStZ-RR 2021, 220 = StV 2021, 797.

Nr. 80; Kaspar/Reinbacher, Casebook AT, 2. Aufl. 2023, Fall 23; Fahl, Strafrechts-Klassiker, 2020, § 25 Rn. 23ff.; Küpper JA 1983, 672; Geilen JK 1984 StGB § 25/1; Hassemer JuS 1984, 148; Roxin NStZ 1984, 71; Sippel NStZ 1984, 357; Neumann JuS 1985, 677; Spendel FS Lüderssen 2002, 605; Kubiciel JA 2007, 729; Griesbaum/Schmidt NJW 2023, 2833):

B gelang es im Laufe einer Vielzahl von Gesprächen der 23-jährigen unselbstständigen und komplexbeladenen Z einzureden, er sei ein Bewohner des Planeten Sirius. Auf der Erde wolle er einige wertvolle Menschen, darunter Z, nach dem Zerfall ihrer Körper auf den Sirius oder einen anderen Planeten bringen, wo ihre Seelen weiterleben sollten. Als B erkannte, dass ihm Z vollen Glauben schenkte, beschloss er, sich unter Ausnutzung dieses Vertrauens zu bereichern. Er legte ihr dar, sie könne die Fähigkeit, nach ihrem Tod auf einem anderen Himmelskörper weiterzuleben, dadurch erlangen, dass der Mönch Uliko sich für einige Zeit in totale Meditation versetze. Dafür seien freilich an das Kloster des Ulikos 30.000 DM zu zahlen. Das Geld verbrauchte der B für sich. Z sagte er, der Versuch sei wegen des von ihrem Körper ausgehenden Widerstandes gescheitert. Dieser Widerstand könne nur mit der Vernichtung des alten und der Beschaffung eines neuen Körpers gebrochen werden. Als er merkte, dass Z ihm weiterhin glaubte, fasste er den Plan, daraus finanziellen Nutzen zu schlagen: Er erläuterte ihr, in einem Raum am Genfer See stehe für sie ein neuer Körper bereit, in dem sie sich als Künstlerin wiederfinden werde, wenn sie sich von ihrem alten Körper trenne. Da sie auch in ihrem neuen Leben Geld brauche, solle sie eine Lebensversicherung abschließen und ihn, B, als Bezugsberechtigten einsetzen und sodann durch einen vorgetäuschten Unfall aus ihrem „jetzigen Leben" scheiden. Nach Auszahlung werde er ihr das Geld überbringen. Tatsächlich ließ Z wenig später nach den Anweisungen des B einen Föhn in ihre Badewanne fallen, um ihr „jetziges Leben" zu beenden. Der tödliche Stromstoß blieb jedoch aus. Nach eigenem Bekunden handelte Z in der Hoffnung, sofort „in einem neuen Körper" zu erwachen. Der Gedanke an einen „Selbstmord im eigentlichen Sinn", durch den ihr Leben für immer beendet würde, sei ihr nicht gekommen. ◄

Beispiel 182

BGH U. v. 22.10.1986 – 3 StR 226/86 (Schlankpillen) – BGHSt 34, 199 = NJW 1987, 388 = StV 1987, 102 (Anm. Otto JK 1987 StGB § 263/22; Sonnen JA 1987, 212; Hassemer JuS 1987, 499; Bottke JR 1987, 428; Müller-Christmann JuS 1988, 108):

B, der vertraglich seinen Hinterleuten verpflichtet war und auf den Geldverkehr keinen Einfluss hatte, organisierte ab Januar 1984 die Werbung und ab Mitte Juni 1984 auch den Vertrieb für Verjüngungs- und Abmagerungsmittel sowie für „Haarverdicker" und „Nichtraucherpillen". Wie er wusste, waren sämtliche Produkte ebenso wirkungslos wie harmlos. Er verkaufte sie zu Preisen zwischen 46,50 DM bis 76 DM „ohne jedes Risiko" per Nachnahme zuzüglich Versandspesen mit „Rückgaberecht innerhalb von 14 Tagen mit voller Geldzurückgarantie". Aufgrund der Erfahrungen seiner Hinterleute war er von einem Reklamationsanteil von höchstens 10 % aller Bestellungen ausgegangen. Tatsächlich wurde dieser Prozentsatz lediglich bei den „Schlank-Pillen" fast erreicht und lag im Übrigen niedriger. Zur Erledigung der Reklamationen sowie für die von Januar bis Oktober 1984 aufgegebenen Werbeanzeigen für etwa 600.000 DM wurde ihm von seinen Hinterleuten stets ausreichend Geld zur Verfügung gestellt. Die Besteller hatten auf Reklamationen den vollen Kaufpreis zurückerhalten. Mit der Werbung wurden durch die gezielte Auswahl der Werbeträger vor allem Hausfrauen und Arbeitnehmer mit einem Haushaltseinkommen um 2000 DM angesprochen. Den Produkten wurden, wie B wusste, Eigenschaften und Wirkungen zugeschrieben, die sie nicht hatten. Er glaubte zunächst selbst nicht daran, dass jemand darauf hereinfallen würde. So sollte das „Hollywood-Lifting-Bad", angeblich aus „taufrischem Frischzellenextrakt", im Blitztempo von nur zwölf Bädern wieder schlank, straff und jung formen, und zwar „mit 100%iger Figurgarantie". Verblüfft und zufrieden hätten Testpersonen festgestellt, „dass sie um herrliche zehn, fünfzehn oder mehr Jahre verjüngt" und zur Figur eines Filmstars geliftet worden seien. Mit dem angeblich von einem Schweizer Schönheitschirurgen erfundenen Mittel „Frischzellen-Formel Zellaplus 100" könne man schon nach der ersten Anwendung von nur zehn Minuten „mindestens fünf Jahre jünger" werden, nach vollständiger Behandlung „so jung wie vor 25 Jahren". Beim Einnehmen der „Schlank-Pille M-E-D 300" müsse man sogar reichlich essen, „damit die ungeheure Fettabschmelzkraft mit genügend Nahrung ausgeglichen" werde. Der „Haarverdicker-Doppelhaar" verdopple das Haar binnen zehn Minuten, auch Schuppen, Flechten, fettiges oder zu trockenes Haar würde mit 100%iger Garantie beseitigt. In dieser Art wurde für sämtliche Produkte geworben. Die Hersteller lieferten die Ware in neutraler Verpackung; in den Beipackzetteln wurden die Produkte wahrheitsgemäß als Badezusatz, Hautbadeöl, Haarwasser usw. beschrieben. Vor dem Versand ließ B die Produkte in Schächtelchen und Kartons umpacken, die entsprechend den Werbeanzeigen beschriftet waren, oder er ließ die vorhandenen Verpackungen mit entsprechenden Aufklebern versehen. Nach der Einlassung des B kann der – seinen Hinterleuten zugeflossene – Bruttogewinn durch den Verkauf der Produkte nach Abzug der Kosten 1,5 Mio. DM betragen haben. ◄

Eine gewisse Vermeidbarkeit des Irrtums lässt sich ferner dann konstatieren, wenn der Getäuschte bei einiger Aufmerksamkeit den wahren Charakter der Kundgabe hätte erkennen können, z. B. bei **rechnungsähnlichen Angebotsschreiben** oder **Kostenfallen.**

Beispiel 183

BGH U. v. 26.04.2001 – 4 StR 439/00 – BGHSt 47, 1 = NJW 2001, 2187 = NStZ 2001, 430 = StV 2003, 297 und 680 (Anm. Martin JuS 2001, 1031; LL 2001, 709; RÜ 2001, 317; RA 2001, 435; famos 7/2001; Otto JK 2002 StGB § 263/62; Baier JA 2002, 364; Geisler NStZ 2002, 86; Loos JR 2002, 77; Krack JZ 2002, 613; Rose wistra 2002, 13; Pawlik StV 2003, 297):

B1 gründete 1999 mit Sitz in Palma de Mallorca die Firma Inter Media Verlag L (kurz: Inter Media), die sich mit der Veröffentlichung von Geschäfts-, Familien- und Todesanzeigen im Internet beschäftigen sollte. Ein Büro unterhielt die Firma Inter Media dort aber nicht, sondern lediglich in Bochum, ohne dass hierauf im Geschäftsverkehr oder in sonstiger Weise hingewiesen wurde. Zum Geschäftsführer bestimmte B1 als „Strohmann" den B2. Nach dem „Konzept" des B1 wurden auf seine Veranlassung aus insgesamt 240 abonnierten Tageszeitungen dort veröffentlichte Todesanzeigen, ausgewählt. Dem dort an erster Stelle genannten Angehörigen der verstorbenen Person sandte B1 nur zwei bis drei Tage nach dem Erscheinen der Anzeige ein (als „Insertionsofferte" bezeichnetes) Schreiben jeweils zusammen mit einem teilweise vorausgefüllten Überweisungsträger zu. Die Schreiben wiesen eine Vielzahl von Merkmalen auf, die bei Rechnungen für bereits erbrachte Leistungen typisch sind. Von Ende April 1999 bis zum 21.09.1999 wurden auf diese Weise mindestens 125.000 Todesanzeigen betreffende Schreiben verschickt. Wie von B1 gewollt, hielt der ganz überwiegende Teil der Empfänger die von der Inter Media übersandten Schreiben für eine Rechnung über die zuvor in der Tageszeitung erschienene Todesanzeige. Demgegenüber erschloss sich nur ganz wenigen Empfängern unmittelbar, dass die Schreiben ein Angebot für eine erneute Veröffentlichung der bereits erschienenen Todesanzeige im Internet enthielten. Ein Interesse an einer solchen Veröffentlichung bestand bei den Empfängern der Schreiben nicht. Soweit die Beträge der Inter Media zugingen, wurde der Inhalt der entsprechenden Todesanzeigen aus den Tageszeitungen, die dem jeweiligen Anschreiben zu Grunde lagen, im Internet unter der Adresse „www.online-familienanzeigen. de" eingestellt. ◄

Beispiel 184

OLG Frankfurt B. v. 17.12.2010 – 1 Ws 29/09 – NJW 2011, 398 (Anm. Bosch JK 2011 StGB § 263/90; Hecker JuS 2011, 470; RA 2011, 184; Hansen NJW 2011, 404); BGH U. v. 05.03.2014 – 2 StR 616/12 – NJW 2014, 2595 = StV 2014, 665 (Anm. von Heintschel-Heinegg JA 2014, 790; Hecker JuS 2014, 1043; RÜ 2014, 642; Rönnau/Wegner JZ 2014, 1064; Cornelius StraFo 2014, 476; Krack ZIS 2014, 536; Heger HRRS 2014, 467; LL 2015, 265; Cornelius NStZ 2015, 310):

B war Geschäftsführer der Firma N-Ltd. Das von dieser betriebene Unternehmen unterhielt von August 2006 bis zum 31.08.2007 verschiedene kostenpflichtige Internetseiten, unter anderem eine Seite, auf der ein Online-Routenplaner angeboten wurde. Diese Internetseite, für deren Gestaltung B verantwortlich war, war dergestalt aufgebaut, dass bei ihrem Aufruf zunächst eine Startseite erschien, auf der von dem Nutzer verschiedene Angaben zum Stand- und Zielort zu machen waren. Auf der Startseite befand sich in Fettdruck auch ein Hinweis auf ein Gewinnspiel. Eine Information darüber, dass für die Nutzung des Routenplaners ein Entgelt zu zahlen war, enthielt die Startseite nicht. Nach Betätigung der Schaltfläche „Route berechnen!" erschien eine neue Seite, über der sich eine

Grafik befand, in der wiederum auf das Gewinnspiel hingewiesen wurde. Auf derselben Seite gab es auch eine so genannte Anmeldemaske, in welche der Nutzer seinen Vor- und Zunamen nebst Anschrift, E-Mail-Adresse und Geburtsdatum einzutragen hatte. Die Anmeldemaske war in kursiver Schrift mit den Worten überschrieben: „Bitte füllen Sie alle Felder vollständig aus!" Im unteren Bereich der Seite war von dem Nutzer die Schaltfläche „ROUTE PLANEN" anzuklicken. Unterhalb dieser Schaltfläche befand sich ein Fußnotentext, auf den mit einem Sternchenhinweis verwiesen wurde. Am Ende dieses mehrzeiligen Fußnotentextes war der Preis für einen dreimonatigen Zugang zu dem Routenplaner i.H.v 59,95 € in Fettdruck ausgewiesen. In Abhängigkeit von der Größe des Monitors und der verwendeten Bildschirmauflösung endete der sichtbare Teil der Internetseite unmittelbar nach der Schaltfläche „ROUTE PLANEN", sodass der Hinweis auf das zu zahlende Entgelt auf den ersten Blick nicht wahrzunehmen war. Das zu zahlende Entgelt i.H.v 59,95 € war auch in den Allgemeinen Geschäftsbedingungen aufgeführt, die über den Link „AGB und Verbraucherinformation" aufrufbar waren und von dem Nutzer akzeptiert werden mussten. Die Allgemeinen Geschäftsbedingungen enthielten darüber hinaus eine Bestimmung, wonach dem Nutzer über den Betrag i.H.v 59,95 € eine Rechnung zugesandt und der Rechnungsbetrag vorbehaltlich des Widerrufsrechts unmittelbar nach Vertragsschluss fällig werde. ◄

Bei alledem ist aber heute weitgehend anerkannt, dass auch leichtgläubige – um nicht bisweilen zu sagen: dumme – Opfer durch den Betrug geschützt werden[861]; Uneinigkeit herrscht allenfalls im Hinblick auf extrem plumpe Täuschungen, aber selbst dann lässt sich dem Gesetz keine Einschränkung entnehmen. Eine gewisse Berücksichtigung auf der Strafzumessungsebene[862] genügt.

Wenn der Getäuschte aufgrund gewisser Unregelmäßigkeiten im Umgang mit dem Täuschenden sich nicht sicher ist, ob er die Verfügung vornehmen sollte, er also **konkret zweifelt**, so ist umstritten, ob man dann noch von einem Irrtum sprechen kann, geht doch der Getäuschte ganz bewusst ein Risiko ein.

Beispiel 185

BGH U. v. 05.12.2002 – 3 StR 161/02 (Kassenarzt) – NJW 2003, 1198 = NStZ 2003, 313 = StV 2003, 276 (Anm. Geppert JK 2003 StGB § 263/69; LL 2003, 417; RÜ 2003, 124; RA 2003, 197; famos 4/2003; Beckemper/Wegner NStZ 2003, 315; Krack JR 2003, 384; Krüger wistra 2003, 297; Idler JuS 2004, 1037):

B1 eröffnete im Jahr 1997 eine Zahnarztpraxis als reine Privatpraxis, weil er einen Antrag auf Zulassung als Kassenarzt wegen seiner Vorstrafen nicht als

---

[861] Heger, in: Lackner/Kühl/Heger, StGB, 30. Aufl. 2023, § 263 Rn. 18a; Eisele, BT II, 6. Aufl. 2021, Rn. 549.
[862] S. Kindhäuser/Hoven, in: NK-StGB, 6. Aufl. 2023, § 263 Rn. 389.

erfolgversprechend ansah. Um auch Kassenpatienten behandeln und die für diese erbrachten Leistungen abrechnen zu können, setzte er ab Ende 1997 den als Kassenarzt zugelassenen B2, der seine eigene Zahnarztpraxis wegen hoher Schulden und fehlender Einnahmen hatte aufgeben müssen, in seiner Praxis gegen eine monatliche Zahlung von 6000 DM als „Strohmann" ein. B1 behandelte neben den Privatpatienten 90 % der Kassenpatienten, B2 nur die restlichen 10 %. Entsprechend der von beiden getroffenen Abrede rechnete B2 jedoch gegenüber der Kassenzahnärztlichen Vereinigung Z auch die von B1 durchgeführten Behandlungen als eigene ab. Auf diese Weise wurden der Z im Zeitraum vom 12.01.1998 bis 10.04.2000 in 37 Fällen von B2 unterzeichnete Leistungsanträge vorgelegt. Die Z zahlte nach Prüfung der Unterlagen Honorare in Höhe von insgesamt rund 1,26 Mio. DM an B2 aus. Das Geld vereinnahmte – abgesehen von der monatlichen Zahlung von 6000 DM an B2 – B1 für sich. Bereits in einer bei der Z im August 1998 eingegangenen und an die StA weitergeleiteten anonymen Anzeige wurde B1 bezichtigt, Behandlungen von Kassenpatienten über einen anderen Kassenarzt abzurechnen. Da der Name des Kassenarztes nicht mitgeteilt war, wurde das Ermittlungsverfahren eingestellt. Nachdem in einer weiteren, direkt an die StA gerichteten anonymen Anzeige der Name des abrechnenden Kassenzahnarztes mit „B2" genannt worden war, nahm sie die Ermittlungen wieder auf und unterrichtete die Z am 20.04.1999. Diese stellte daraufhin hausinterne Ermittlungen an. Auf Grund der durch sie gewonnenen Erkenntnisse fasste ihr Vorstand am 16.06.1999 den Beschluss, 50 % der beantragten Leistungen, jedoch entsprechend den maßgeblichen Satzungsregeln maximal 50.000 DM einzubehalten und nur die darüber hinaus gehenden Beträge auszubezahlen. Die Z hatte, nachdem sie in früheren Fällen bei einer restriktiveren Vorgehensweise in Gerichtsverfahren unterlegen war, in der Satzung festgelegt, dass eine Zurückbehaltung nur bei sehr dichtem Verdacht und nur auf Grund eines Vorstandsbeschlusses möglich sei. ◄

Ab dem 20.04.1999 wusste die Z von den Anschuldigungen gegenüber B2. Trotzdem wurden wegen früherer Erfahrungen nur höchstens 50 % der beantragten Leistungen einbehalten. Kann man hinsichtlich der gezahlten Leistungen noch von einem Irrtum sprechen?

Nach einer sog. **viktimodogmatischen** Auffassung[863] wird der Irrtum in einem solchen Fall verneint, da, wer zweifle, die Möglichkeit sehe, Schaden zu erleiden und sich selbst schützen könne.

Nach Rspr.[864] und ganz h. L.[865] schließen jedoch Zweifel die Möglichkeit eines Irrtums nicht aus, sofern der Getäuschte die Wahrheit der fraglichen Tatsache für

---

[863] Amelung, GA 1977, 1 (4f.); allgemein zur Viktimodogmatik Hassemer FS Klug 1983, 217; Schünemann FS Faller 1984, 357; Günther FS Lenckner 1998, 69; Amelung FS Eser 2005, 3; Anastasopoulou FS Roxin 2011, 1927; Hillenkamp ZStW 2017, 596.
[864] S. o.
[865] S. nur Eisele, BT II, 6. Aufl. 2021, Rn. 548f.

möglich hält und durch die Möglichkeitsvorstellung zur Vermögensverfügung motiviert wird.

Eine vermittelnde Auffassung stellt darauf ab, ob das Opfer die Richtigkeit der Tatsache für wahrscheinlicher hält als die Unrichtigkeit.[866]

Eine weitere vermittelnde Auffassung lässt den Irrtum nur bei grober Fahrlässigkeit entfallen, also dann, wenn das Opfer Gesichtspunkte nicht beachtet, die sich jedem hätten aufdrängen müssen.[867]

Zwar ist es im Sinne der Viktimodogmatik richtig, dass zweifelnde Opfer die Möglichkeit des Selbstschutzes haben. Auch soll das Strafrecht nur *ultima ratio* sein. Ein Irrtum darf nicht einfach fingiert und damit als Tatbestandsmerkmal eliminiert werden. Dennoch ist es zutreffend, der Rspr. und der h. L. zu folgen, die stets einen Irrtum trotz Zweifeln anerkennen. Auch der vorsichtige Geschädigte muss geschützt werden. Auch wenn er zweifelt, hält der Geschädigte Behauptetes für möglich, obwohl die Möglichkeit nicht besteht, und unterliegt daher insofern einem Irrtum. Die Bewertung von Mitverschulden ist, anders als dem Zivilrecht (v. a. § 254 BGB), dem Strafrecht fremd. Es ist auch nicht einzusehen, dass ein bloßes Mitverschulden des Opfers zum vollständigen Haftungsausschluss beim Täter führen soll. Die Schaffung von Freiheitsräumen zugunsten des Täters und zu Lasten des Getäuschten ist abzulehnen, da kein schützenswertes Interesse bzgl. der Kundgabe falscher Tatsachen erkennbar ist. Die Viktimodogmatik liefert geradezu einen Anreiz zum Missbrauch von Vertrauen, schafft ein Klima des Argwohns. Der Aspekt der Opfermitverantwortlichkeit kann auch hier auf der Ebene der Strafzumessung berücksichtigt werden. Gegen die vermittelnde wahrscheinlichkeitsorientierte Auffassung spricht schließlich, dass die Differenzierung nach Wahrscheinlichkeitsgraden begrifflich schwierig und in der Beweisaufnahme kaum nachzuvollziehen ist.

(4) Wissenszurechnung

Bei **arbeitsteiligem** Handeln mehrerer Menschen (z. B. in einem Unternehmen oder einer Behörde) ist problematisch, inwieweit eine Wissenszurechnung eines Eingeweihten an den über das Vermögen verfügenden Nichteingeweihten stattfindet.[868]

Jedenfalls bei Kollusion scheidet eine Wissenszurechnung aus.[869]

I.Ü. ist der Rechtsgedanke des § 166 I BGB („Soweit die rechtlichen Folgen einer Willenserklärung durch Willensmängel oder durch die Kenntnis oder das Kennenmüssen gewisser Umstände beeinflusst werden, kommt nicht die Person des Vertretenen, sondern die des Vertreters in Betracht.") zu beachten, wonach es auf den Vertreter (also etwa den einfachen Angestellten) ankommt und nicht auf den Ver-

---

[866] Giehring GA 1973, 1 (22).
[867] Mühlbauer NStZ 2003, 650 (651ff.).
[868] Hierzu Fischer, StGB, 71. Aufl. 2024, § 263 Rn. 68f.; näher Eisele ZStW 2004, 15; Schuhr ZStW 2011, 517; Weißer GA 2011, 333; aus der Rspr. vgl. zuletzt BGH B. v. 06.03.2019 – 3 StR 286/18 – NStZ-RR 2019, 180 (Anm. Nestler Jura 2019, 1122).
[869] Fischer, StGB, 71. Aufl. 2024, § 263 Rn. 68; aus der Rspr. vgl. BGH B. v. 13.03.2013 – 2 StR 474/12 – NStZ 2013, 472.

tretenen (z. B. den Organwalter).[870] Angesichts der Funktion des Einsatzes untergeordneter Mitarbeiter kann man auch nicht die Schutzwürdigkeit des Unternehmens etc. bezweifeln, müssen sich die höheren Ebenen doch wesentlich auf die Arbeitsleistung der nachgeordneten Stellen verlassen.

(5) Durch, erregt, unterhält: Verursachung des Irrtums durch die sog. Täuschung
Ursache des Irrtums muss die Täuschung sein[871]; § 263 I StGB spricht von Erregung und Unterhaltung des Irrtums durch die Vorspiegelung falscher Tatsachen etc. Mitverursachung genügt.[872]

Ein Irrtum wird **unterhalten**, wenn der Täter durch Behauptung falscher Tatsachen verhindert, dass eine bereits vorhandene Fehlvorstellung, die von ihm selbst nicht verursacht zu sein braucht, beseitigt wird.[873]

Zu unterscheiden ist die Erregung oder Unterhaltung eines Irrtums durch Täuschung von der **bloßen Ausnutzung** eines schon vorhandenen Irrtums,[874] z. B. bei Entgegennahme von Leistungen.

cc) Sog. Vermögensverfügung; dadurch

▶ **Didaktische Aufsätze**
- Geiger, Zur Abgrenzung von Diebstahl und Betrug, JuS 1992, 834
- Biletzki, Die Abgrenzung von Diebstahl und Betrug, JA 1995, 857
- Rönnau, Der Verfügungsbegriff beim Betrug, JuS 2011, 982.

(1) Allgemeines
Die sog. Vermögensverfügung[875] ist ein **ungeschriebenes objektives Tatbestandsmerkmal** des Betrugs[876] und stellt das notwendige Bindeglied zwischen Irrtum und Vermögensschaden dar.[877]

---

[870] H. M., Eisele, BT II, 6. Aufl. 2021, Rn. 551.
[871] Kindhäuser/Hilgendorf, LPK, 9. Aufl. 2022, § 263 Rn. 105; näher Naucke FS Peters 1974, 109; aus der Rspr. vgl. zuletzt BGH U. v. 15.03.2018 – 4 StR 425/17 – StV 2019, 26 (Anm. Nestler Jura 2018, 1063; RÜ 2018, 437); BGH B. v. 28.04.2022 – 2 StR 117/20 – StV 2022, 731.
[872] Fischer, StGB, 71. Aufl. 2024, § 263 Rn. 63; aus der Rspr. vgl. zuletzt BGH B. v. 13.10.2011 – 1 StR 407/11 – NStZ 2012, 147 = NStZ-RR 2012, 42 (Anm. RA 2012, 45).
[873] Kindhäuser/Hilgendorf, LPK, 9. Aufl. 2022, § 263 Rn. 107; aus der Rspr. vgl. RG U. v. 10.07.1906 – V 238/06 – RGSt 39, 80.
[874] H. M., Kindhäuser/Hilgendorf, LPK, 9. Aufl. 2022, § 263 Rn. 107; aus der Rspr. vgl. zuletzt BGH U. v. 26.04.2001 – 4 StR 439/00 – BGHSt 47, 1 = NJW 2001, 2187 = NStZ 2001, 430 = StV 2003, 297 und 680 (Anm. Martin JuS 2001, 1031; LL 2001, 709; RÜ 2001, 317; RA 2001, 435; famos 7/2001; Otto JK 2002 StGB § 263/62; Baier JA 2002, 364; Geisler NStZ 2002, 86; Loos JR 2002, 77; Krack JZ 2002, 613; Rose wistra 2002, 13; Pawlik StV 2003, 297).
[875] Hierzu Rönnau JuS 2011, 982.
[876] Fischer, StGB, 71. Aufl. 2024, § 263 Rn. 70.
[877] Näher Hefendehl, in: MK-StGB, 4. Aufl. 2022, § 263 Rn. 388; aus der Rspr. vgl. RG U. v. 27.05.1930 – I 462/30 – RGSt 64, 226; RG U. v. 10.03.1942 – 1 D 442/41 – RGSt 76, 82; OLG Celle U. v. 08.07.1974 – 2 Ss 141/74 – NJW 1974, 2326.

D. Betrug, § 263 StGB

Das Merkmal bringt zum Ausdruck, dass der Betrug ein **Selbstschädigungsdelikt** ist; es grenzt den Betrug somit zum Fremdschädigungsdelikt Diebstahl (§ 242 StGB) ab[878] – beide Delikte stehen mithin in einem Exklusivitätsverhältnis (Wegnahme vs. Vermögensverfügung), wobei in einer Fallbearbeitung der Diebstahl zuerst geprüft werden sollte.

Die Vermögensverfügung wird **definiert** als jedes Handeln, Dulden oder Unterlassen, das eine Vermögensminderung unmittelbar herbeiführt.[879]

Erforderlich ist ein wirtschaftlicher Nachteil, der jeder Art sein kann. Anders als beim Diebstahl sind **wertlose** Gegenstände bei § 263 I StGB nicht geschützt[880] (z. B. solche, an denen lediglich Affektionsinteresse besteht, aber auch etwa sicher uneinbringliche Forderungen).

Das Verhalten des Getäuschten kann rechtsgeschäftlicher oder tatsächlicher Natur sein.[881] Auch staatliche Hoheitsakte kommen als Vermögensverfügung in Betracht (z. B. behördliche oder gerichtliche Entscheidungen).[882]

Die Benennung des Merkmals als Vermögensverfügung ist mithin insgesamt missverständlich, da bei Weitem nicht nur zivilrechtliche Verfügungen erfasst werden.

Für eine Vermögensminderung i. S. d. Grunddefinition genügt bereits eine **konkrete Vermögensgefährdung**,[883] die dann anzunehmen ist, wenn bei wirtschaftlicher Betrachtung bereits eine Entwertung der gegenwärtigen Vermögenslage eingetreten ist, insbesondere in Gestalt einer Belastung mit einer Verbindlichkeit, aber auch bei rein faktischer Gefährdung.

---

[878] Hierzu Otto ZStW 1967, 59; Geppert JuS 1977, 69; Geiger JuS 1992, 834; Biletzki JA 1995, 857; Bosch Jura 2023, 1396; Strauß JuS 2024, 308; aus der Rspr. vgl. zuletzt OLG Karlsruhe B. v. 09.08.2023 – 1 ORs 35 Ss 322/23 – NJW 2023, 2894 (Anm. Hecker JuS 2023, 1166; Mitsch NJW 2023, 2896); freilich zutreffend kritisch zur „Abgrenzung" von Deliktstatbeständen als strafrechtswissenschaftliche „Methode" Wagner ZIS 2019, 12.

[879] Eisele, BT II, 6. Aufl. 2021, Rn. 554; aus der Rspr. vgl. zuletzt BGH U. v. 19.08.2020 – 5 StR 558/19 – BGHSt 65, 110 = NJW 2021, 90 = StV 2021, 725 (Anm. Gaede NJW 2021, 98; Leverenz HRRS 2021, 86; Hiéramente/Schwerdtfeger jurisPR-StrafR 1/2021 Anm. 2; Rettke wistra 2021, 113; Meyer NZWiSt 2021, 151); OLG Karlsruhe B. v. 09.08.2023 – 1 ORs 35 Ss 322/23 – NJW 2023, 2894 (Anm. Hecker JuS 2023, 1166; Mitsch NJW 2023, 2896)

[880] S. Hefendehl, in: MK-StGB, 4. Aufl. 2022, § 263 Rn. 619; aus der Rspr. vgl. BGH B. v. 08.11.2000 – 5 StR 433/00 (Anm. RÜ 2001, 28).

[881] Fischer, StGB, 71. Aufl. 2024, § 263 Rn. 71; Kindhäuser/Hilgendorf, LPK, 9. Aufl. 2022, § 263 Rn. 137; aus der Rspr. vgl. RG U. v. 27.05.1930 – I 462/30 – RGSt 64, 226; BGH U. v. 11.03.1960 – 4 StR 588/59 – BGHSt 14, 170 = NJW 1960, 1068 (Anm. Mittelbach JR 1960, 384); BGH U. v. 21.12.1982 – 1 StR 662/82 – BGHSt 31, 178 = NJW 1983, 1130 = NStZ 1983, 408 (Anm. Hassemer JuS 1983, 721; Lenckner NStZ 1983, 409; Bloy JR 1984, 123; Maaß JuS 1985, 25).

[882] Fischer, StGB, 71. Aufl. 2024, § 263 Rn. 71; aus der Rspr. vgl. BGH U. v. 11.03.1960 – 4 StR 588/59 – BGHSt 14, 170 = NJW 1960, 1068 (Anm. Mittelbach JR 1960, 384); BGH U. v. 25.10.1971 – 2 StR 238/71 – BGHSt 24, 257 = NJW 1972, 545; BGH U. v. 29.03.1990 – 4 StR 681/89 – NJW 1990, 2476 = NStZ 1990, 388 (Anm. Otto JK 1991 StGB § 1/10).

[883] Üblicherweise erst beim Schaden näher erläutert, s. nur Fischer, StGB, 71. Aufl. 2024, § 263 Rn. 156ff.

> **Beispiel 186**

> **BGH U. v. 20.02.1968 – 5 StR 694/67 – BGHSt 22, 88 = NJW 1968, 902 (Anm. Willms JuS 1968, 387; Heinitz JR 1968, 387):**
> B war als reisender Provisionsvertreter für die B.-GmbH in A. tätig. In vielen Fällen veranlasste er Leute, die einen Kauf abgelehnt hatten, einen Vordruck zu unterschreiben, in dem sie angeblich nur den Besuch der Vertreter bescheinigten, ihrer Eintragung in die Kundenliste der B.-GmbH oder der Probevorführung einer Waschmaschine zustimmten oder sonst irgendeine unverbindliche oder unwichtige formelle Erklärung abgaben, z. B. die angeblich erforderliche „Umschreibung" eines schon bestehenden Abzahlungskaufvertrages beantragten. In Wahrheit bestellten sie durch ihre Unterschrift eine Waschmaschine, Wäscheschleuder oder Waschkombination auf Abzahlung. B reichte diese Schriftstücke dem Leiter W. des Verkaufsbüros der B.-GmbH ein und erhielt darauf Provision. ◄

Die Betroffenen haben durch das Unterschreiben der Vordrucke Abzahlungskaufverträge geschlossen. In der Belastung des Vermögens mit einer Verbindlichkeit liegt eine Vermögensverfügung.

> **Beispiel 187**

> **BGH B. v. 17.12.2002 – 1 StR 412/02 (Anm. RA 2003, 267; Mühlbauer NStZ 2003, 650; Mühlbauer HRRS 2003, 161):**
> B gab wahrheitswidrig dem Z an, er wolle ihm eine Schuld zurückzahlen und benötige dazu die Geldautomatenkarte und die PIN des Z. Dieser glaubte ihm und überließ ihm beides. Vorgefasster Absicht entsprechend hob B mehrmals an verschiedenen Geldautomaten Geld ab, welches er für sich verbrauchte. ◄

Fraglich ist, ob die Überlassung von Geldautomatenkarte und PIN eine Vermögensverfügung darstellt. Die Karte hat für sich genommen keinen materiellen Wert, es könnte aber eine konkrete Vermögensgefährdung eingetreten sein. Zwar muss der B noch Karte und PIN einsetzen, um Geld des Z abzuheben. Da dies nun aber ohne weitere Hindernisse möglich ist, ist bereits gegenwärtig eine Entwertung der Vermögenslage eingetreten. Es handelt sich um eine Vermögensverfügung.

Eine Vermögensverfügung liegt insbesondere schon bei einem sog. **Eingehungsbetrug** vor[884]: Bereits aufgrund der rechtsgeschäftlichen Verpflichtung, des Vertragsschlusses (z. B. Kauf, Darlehen, Vermögensanlagen, Versicherungen, Arbeitsverhältnisse: sog. Anstellungsbetrug[885]), ist das Vermögen des Getäuschten durch den Anspruch des Vertragspartners (v. a. auf Geldzahlung) belastet, worin schon

---
[884] Üblicherweise erst beim Schaden näher erläutert, s. nur Perron, in: Schönke/Schröder, StGB, 30. Aufl. 2019, § 263 Rn. 128ff.; näher Tenckhoff FS Lackner 1987, 677; aus der Rspr. vgl. zuletzt BGH U. v. 07.05.2020 – 4 StR 586/19 (Anm. Jäger JA 2020, 787; RÜ 2020, 515; LL 2021, 22); BGH B. v. 16.02.2022 – 4 StR 396/21 – StV 2022, 731; BayObLG B. v. 26.09.2023 – 202 StRR 68/23 – NStZ-RR 2024, 17; BGH B. v. 04.10.2023 – 6 StR 258/23 – NJW 2023, 3803 (Anm. Kudlich JA 2024, 163; Heghmanns ZJS 2024, 431; RÜ 2024, 94; Bechtel JR 2024, 483; Funcke NZWiSt 2024, 186); OLG Celle U. v. 15.12.2023 – 1 ORs 2/23 – NStZ 2024, 415.
[885] Zu diesem s. u. dd) (7).

eine vollendete Vermögensverfügung zu sehen ist, selbst wenn es nie zur Erfüllung der Zahlungsverpflichtung kommt.

Beispiel 188

BGH B. v. 16.07.1970 – 4 StR 505/69 (Zeitschriftenwerber) – BGHSt 23, 300 = NJW 1970, 1932 (Anm. Kühl, Höchstrichterliche Rspr. BT, 2002, Nr. 66; Hassemer JuS 1970, 641; Graba NJW 1970, 2221; Schröder JR 1971, 74; Lenckner JZ 1971, 320; Meyer MDR 1971, 718):

B war als Zeitschriftenwerber für eine Verlagswerbefirma tätig. Er veranlasste durch unwahre Vorspiegelungen eine Hausfrau dazu, eine Zeitschrift zu abonnieren. Nach der Lieferung des ersten Heftes erkannten die Bestellerin und ihr Ehemann, ein städtischer Arbeiter, die bisher noch keine Zahlungen geleistet hatten, dass die bestellten Hefte entgegen den Zusicherungen des B für sie völlig ungeeignet und unbrauchbar waren. Sie sandten das Heft mit einem entsprechenden Schreiben an die Lieferfirma zurück. Hierauf wurde der Auftrag von der Firma ohne weiteres storniert. ◄

Das Abonnement der Zeitschrift als Dauerschuldverhältnis ist eine Vermögensverfügung.

Beispiel 189

BGH U. v. 14.08.2009 – 3 StR 552/08 – BGHSt 54, 69 = NJW 2009, 3448 = StV 2009, 675 (Anm. Gusy HRRS 2009, 489; Geppert JK 2010 StPO § 100d/1; LL 2010, 173 und 530; RÜ 2010, 25; RA 2010, 52; Löffelmann JR 2010, 455; Thielmann StraFo 2010, 412; Thielmann/Groß-Bölting/Strauß HRRS 2010, 38; Winkler jurisPR-StrafR 3/2010 Anm. 2; Joecks wistra 2010, 179):

In den Jahren 1996/1997 entstand aus einem Bündnis zwischen Usama Bin Laden und Aiman Al Zawahiri die Organisation Al Qaida, die zum Kampf einer „Islamischen Weltfront für den Jihad gegen Juden und Kreuzzügler" aufrief und es mit dem Ziel, westliche, vor allem amerikanische Truppen aus der arabischen Halbinsel zu vertreiben, als individuelle Glaubenspflicht eines jeden Muslim bezeichnete, die Amerikaner und ihre Verbündeten an jedem möglichen Ort zu töten. Al Qaida war im Kern in Afghanistan angesiedelt. An der Spitze der hierarchisch aufgebauten Organisation standen Bin Laden, Al Zawahiri und Muhammed Atef sowie die Leiter der für Militär, Finanzen, religiöse Fragen und Medienarbeit zuständigen Abteilungen. „Jihadwillige" Islamisten, die mittels des von der Organisation verbreiteten Propagandamaterials angeworben worden waren, wurden in Ausbildungslagern in Afghanistan als Kämpfer geschult. Besonders geeignet erscheinenden Kandidaten wurde sodann in speziellen Vertiefungskursen Sonderwissen vermittelt. Wer an einer derartigen – privilegierten – Spezialausbildung in den Jahren vor 2001 teilgenommen hatte, war der Organisation Al Qaida in der Regel im Sinne einer „Mitgliedschaft" unmittelbar zuzuordnen. Nach Abschluss ihrer Ausbildung kehrten die Kämpfer in ihre Herkunftsländer zurück und bildeten dort operative Zellen. Von der Organisation, deren

Zweck und Tätigkeit im Wesentlichen in der Tötung von „Feinden des Islams" bestand, wurden in der Folgezeit mehrere Anschläge ausgeführt, die eine erhebliche Zahl von Menschenleben forderten. Zu ihnen gehörten auch die Selbstmordattentate auf das World-Trade-Center und das Pentagon am 11.09.2001. Die dadurch ausgelösten militärischen Reaktionen beeinträchtigten in der Folgezeit die operative Handlungsfähigkeit der Organisation, führten aber nicht zu einer vollständigen Zerschlagung sämtlicher Strukturen von Al Qaida, sondern nur zu deren – dem Verfolgungsdruck vorübergehend angepassten – Modifizierung. Den in großer Zahl aus Afghanistan geflohenen Anhängern wurde durch Audio- und Videobotschaften verdeutlicht, dass die obersten Führungskräfte von Al Qaida dort weiterhin unverändert aktiv waren. Es gelang der Aufbau von regional tätigen Teilstrukturen in Form der „Al Qaida auf der Arabischen Halbinsel" und einer Gruppe türkischer Islamisten. Außerdem konnte Al Qaida mehrere selbstständige islamistische Organisationen („Al Qaida im Zweistromland" sowie „Al Qaida im islamischen Maghreb") an sich binden. Durch den über Rundfunk und Fernsehen verbreiteten Führungsanspruch von Bin Laden und Al Zawahiri gelang es, auch ohne die Bildung eigenständiger Netzwerke neue Mitglieder der Organisation unter dem „Dach" der Al Qaida zu rekrutieren. An die Stelle des vor 2001 üblichen Gefolgschaftseids traten zur Begründung der Mitgliedschaft in der Organisation mehr und mehr einseitige Loyalitätserklärungen sowie an den Zielvorgaben von Al Qaida orientierte Handlungen.

B1 der schon 2000 und Anfang 2001 in Trainingslagern der Al Qaida eine terroristische Ausbildung erhalten und seither den gewaltsamen Jihad gegen die „Ungläubigen" als seine außer jeder Diskussion stehende Individualpflicht betrachtet hatte, reiste nach einem zwischenzeitlichen Aufenthalt in Deutschland im Oktober 2001 erneut nach Afghanistan und nahm dort Ende 2001/Anfang 2002 an Kampfhandlungen der Al Qaida-Verbände teil. Dabei hatte er Kontakt zu Bin Laden und gliederte sich in die Hierarchie der Organisation ein. Im Frühjahr 2002 floh er vor den Amerikanern und deren Verbündeten. Er folgte der von Bin Laden an die im Besitz europäischer Pässe befindlichen „Kämpfer" erteilten Order, sich nach Möglichkeit in ihre Herkunftsländer zu begeben und weiterhin für Al Qaida zu arbeiten. Mitte Juli 2002 kehrte er nach Deutschland zurück und zog nach M. In M. lernte B1 den B2 kennen. Dieser hatte sich schon seit Längerem für den gewaltsamen Kampf der Muslime begeistert sowie seine Sympathie zu Al Qaida zum Ausdruck gebracht und war in M. in Kontakt zu weiteren gleichgesinnten Personen gekommen. Die Wohnung des B1 in der P-Straße wurde zum Treffpunkt dieses Freundeskreises. B2 besuchte B1 auch in der JVA, nachdem dieser im Januar 2004 in einem Verfahren wegen Betrugs verhaftet und für vier Monate in Untersuchungshaft genommen worden war. B1, der sich nach wie vor der Al Qaida zugehörig und in der Rolle eines „Murabit" fühlte, der nur zeitweilig den Kampfschauplatz des Jihad hatte verlassen müssen, entfaltete in der Folgezeit umfangreiche Aktivitäten für die Organisation. Er befasste sich zu deren Gunsten in erster Linie mit Rekrutierungs- und Beschaffungsmaßnahmen und warb für die Unterstützung des gewaltsamen Jihad durch einen Märtyrereinsatz oder zumindest durch eine Spende an seine Organisation. Dabei gelang es ihm, den B2 zur Mitarbeit zu bewegen. Dieser entschloss sich vor dem Hintergrund seiner eigenen ideologischen

Vorprägung, auf die Angebote des B1 einzugehen und seine Tätigkeit in Deutschland fortan in den Dienst von Al Qaida zu stellen. Dementsprechend machte er die Planung und Durchführung einer Betrugsserie zum Nachteil von Lebensversicherungsgesellschaften zum „Mittelpunkt seines Lebens", deren erhebliche Beute zum einen Teil Al Qaida und zum anderen seiner Familie zu Gute kommen und zuletzt ihm ermöglichen sollte, dem B1 zur Teilnahme am Jihad in den Irak zu folgen. Der Plan einer Betrugsserie sah vor, dass B2 innerhalb eines auf zwei bis drei Monate angelegten Tatzeitraums zahlreiche Lebensversicherungsverträge abschließen, sodann nach Ägypten verreisen und von dort aus mittels Bestechung von Amtspersonen inhaltlich falsche Urkunden übersenden sollte, um gegenüber den Versicherungsunternehmen einen tödlichen Verkehrsunfall in Ägypten vortäuschen zu können. B3 sollte sodann als Begünstigter mit Unterstützung des B1 die Versicherungssummen geltend machen. In Verfolgung dieses Plans holte B2 ab Mai 2004 bei Versicherungsunternehmen erste Erkundigungen über die möglichen Vertragsgestaltungen ein und begann am 10.08.2004 mit der Stellung von Versicherungsanträgen. B1 stellte sicher, dass die ersten Prämien bezahlt werden konnten. B3, der am 21.09.2004 umfassend in den Tatplan eingeweiht worden war, nahm an zahlreichen Besprechungen des Vorhabens teil, ließ hierbei keine Zweifel an seiner uneingeschränkten Bereitschaft zur Mitwirkung bei der späteren Geltendmachung der Versicherungssummen und deren Verwendung aufkommen und unterstützte ferner die gemeinsame Tatplanung durch die Einholung zusätzlicher Informationen zum Procedere der Leistungsprüfung bei Lebensversicherungen sowie durch Vorschläge und Anregungen allgemeiner Art. Er nahm dabei billigend in Kauf, dass zumindest ein Teil der Beute über den B1 der Al Qaida zufließen und auf diese Weise ihren organisatorischen Zusammenhang fördern sowie die Verfolgung ihrer terroristischen Aktivitäten erleichtern werde. Im Einzelnen stellte B2 zwischen dem 10.08.2004 und dem 15.01.2005 bei verschiedenen Versicherungsunternehmen insgesamt 28 Anträge auf Abschluss von Lebensversicherungsverträgen. Entsprechend der Tatplanung kam es in neun Fällen zum Abschluss eines Versicherungsvertrags mit einer garantierten Todesfallsumme von 1.264.092 €. In 19 Fällen wurden die Anträge – teilweise auf Grund der zwischenzeitlichen Warnhinweise der Polizei an die Versicherungsunternehmen, zuletzt auch wegen der Festnahme von B1 und B2 am 23.01.2005 – abgelehnt bzw. nicht mehr weiter bearbeitet. ◀

Der Abschluss eines Versicherungsvertrages, d. h. die Eingehung einer Verpflichtung zur Auszahlung einer Versicherungssumme unter bestimmten Umständen, ist eine Vermögensverfügung.

Das Rechtsgeschäft muss nicht rechtswirksam sein, es genügt eine **scheinbare Verpflichtung**, wenn die Gefahr besteht, dass das Opfer den Mangel nicht erkennt und daher leistet.[886]

---

[886] Fischer, StGB, 71. Aufl. 2024, § 263 Rn. 71; näher Schlüchter MDR 1974, 617; Franzheim/Krug GA 1975, 97; aus der Rspr. vgl. BGH U. v. 20.02.1968 – 5 StR 694/67 – BGHSt 22, 88 = NJW 1968, 902 (Anm. Willms JuS 1968, 387; Heinitz JR 1968, 387); BayObLG B. v. 23.11.1972 – RReg. 7 St 219/72 – NJW 1973, 633 (Anm. Hassemer JuS 1973, 578; Berz NJW 1973, 1337).

Eine Vermögensverfügung in Gestalt eines **Unterlassens** liegt v. a. bei täuschungsbedingter Nichtgeltendmachung von Forderungen vor.[887]

Beispiel 190

OLG Celle U. v. 05.11.2010 – 1 Ws 277/10 – NJW 2011, 2152 = NStZ 2011, 218 = StV 2011, 164 (Anm. Hecker JuS 2011, 657; LL 2011, 408; Küpper jurisPR-StrafR 6/2011 Anm. 3):
B nutzte mittels der ihm von der Firma G überlassenen Tankkarte abredewidrig die Möglichkeit aus, durch Tankvorgänge an Tankstellen der Firma S bzw. A für die G-GmbH Verbindlichkeiten einzugehen. Er verwendete den erhaltenen Kraftstoff nicht für die von ihm geführten Fahrzeuge der G-GmbH, sondern stellte ihn fremden Lkw-Fahrern gegen Zahlung von Beträgen, die er für sich behielt, zur Verfügung. Der der G-GmbH durch Begleichung der in regelmäßigen Abständen eingehenden Rechnungen der Firmen S und A entstandene Schaden betrug insgesamt 37.545,61 €. ◄

Unterlässt B es pflichtwidrig, die Firma G über die missbräuchliche Verwendung der Tankkarte aufzuklären, und unterlässt es die G deshalb, Forderungen gegen ihn geltend zu machen, liegt darin eine Vermögensverfügung.

Zum Tanken ohne Bezahlung s. o.
Zur Nichtgeltendmachung einer Geldstrafe oder Geldbuße s. sogleich.
Eine Stundung ist nur dann eine Vermögensverfügung, wenn die Chancen für die Erfüllung eines Anspruchs gerade durch den Zeitablauf verschlechtert werden und damit die Forderung an Wert verliert.[888]
Die Erwähnung der **Duldung** in der Grunddefinition ist im Grunde entbehrlich, da es sich um einen Unterfall des Unterlassens handelt, z. B. wenn der Getäuschte die Mitnahme einer Sache nicht unterbindet.[889]
Zu beachten ist freilich, dass dann, wenn sich der Duldende vorstellt, Betroffener einer staatlichen – insbesondere polizeilichen – Zwangsmaßnahme zu sein, mangels **Freiwilligkeit** eine Wegnahme nach § 242 I StGB anzunehmen ist, s. dort.
Der **Verzicht** auf eine **Forderung** ist bei alledem nur dann erfasst, falls die Forderung **werthaltig** ist, insbesondere also tatsächlich realisierbar,[890] was auch i.R.d. §§ 253, 255 StGB relevant werden kann.

---

[887] Hierzu Fischer, StGB, 71. Aufl. 2024, § 263 Rn. 73; näher Bublitz/Gehrmann wistra 2004, 126; aus der Rspr. vgl. zuletzt BGH B. v. 06.04.2018 – 1 StR 13/18 – StV 2019, 25 (Anm. RÜ 2018, 644).
[888] Fischer, StGB, 71. Aufl. 2024, § 263 Rn. 73; aus der Rspr. vgl. BGH U. v. 19.06.1951 – 1 StR 42/51 – BGHSt 1, 262; OLG Stuttgart U. v. 19.10.1962 – 1 Ss 561/62 – NJW 1963, 825; BGH B. v. 24.01.1986 – 2 StR 658/85 – StV 1986, 299; BGH B. v. 22.09.1993 – 5 StR 554/93 – StV 1994, 186; OLG Düsseldorf U. v. 01.02.1994 – 2 Ss 150/93 – 57/93 II – NJW 1994, 3366; BGH B. v. 30.01.2003 – 3 StR 437/02 – NStZ 2003, 546 = StV 2004, 317 (Anm. Beckemper JZ 2003, 804); BGH B. v. 07.07.2004 – 5 StR 412/03 (Krause) – NStZ 2005, 160.
[889] Perron, in: Schönke/Schröder, StGB, 30. Aufl. 2019, § 263 Rn. 60.
[890] Hefendehl, in: MK-StGB, 4. Aufl. 2022, § 263 Rn. 620; aus der Rspr. vgl. zuletzt BGH U. v. 09.06.2021 – 2 StR 13/20 – NStZ-RR 2021, 281 (Anm. RÜ 2021, 715; Bosch Jura 2022, 256; Eisele JuS 2022, 79); zu vermögenslosen Schwarzfahrern Mitsch NZV 2022, 54.

> **Beispiel 191**
>
> BGH B. v. 17.08.2006 – 3 StR 279/06 – NStZ 2007, 95 = StV 2006, 694 (Anm. RA 2006, 737; Satzger JK 2007 StGB § 253/12; LL 2007, 319; Grabow NStZ 2010, 371):
> Der heroinabhängige B, der seit etwa 10 Jahren arbeitslos war und von staatlicher Unterstützung lebte, bestellte ein Taxi, nachdem er auf der Rückfahrt von Holland den Zug verlassen musste, weil er keine Fahrkarte vorweisen konnte. Er ließ sich, obwohl er nicht zahlen konnte, zu dem von dem Taxifahrer angegebenen Preis (60 bis 65 € bei einem Rabatt von 10 %) von Viersen nach Duisburg fahren. Als der Fahrer am Ende der Fahrt den Fahrpreis kassieren wollte, sagte ihm B, dass er kein Geld habe. Auf die Ankündigung des Fahrers, er werde die Polizei rufen, holte B einen wie eine Pistole aussehenden Gegenstand hervor und richtete ihn auf den Taxifahrer, um diesen dazu zu bringen, dass er den Fahrpreis nicht weiter verlange. Auf Grund der Bedrohung mit der Scheinwaffe forderte der Taxifahrer, der die Drohung ernst nahm und nicht einschätzen konnte, ob es sich um eine scharfe Waffe handelte, den Fahrpreis nicht weiter ein und ließ den B das Taxi verlassen. ◄

B hat sich zunächst wegen Betruges strafbar gemacht, indem er über seine Zahlungsfähigkeit täuschte und dafür Beförderung erlangte. Problematisch ist der Fall erst im Hinblick auf eine nachfolgende räuberische Erpressung (§§ 253, 255 StGB). Während die h. L. auch dort eine Vermögensverfügung als Tatbestandsmerkmal fordert, muss sich die Rspr. beim Vermögensschaden mit dem Problem auseinandersetzen. Die Fahrpreisforderung gegen den heroinabhängigen B, der seit etwa zehn Jahren arbeitslos war und von staatlicher Unterstützung lebte, ist wertlos und gänzlich uneinbringlich. Der Verzicht auf eine wertlose Forderung ist weder eine Vermögensverfügung noch ein Vermögensschaden, sodass die räuberische Erpressung ausscheidet.

Jedenfalls ist in diesen Fällen der Vermögensschaden zweifelhaft. Für die Annahme eines Vermögenswertes ließe sich zwar vorbringen,[891] dass ein Gläubiger seine Forderung 30 Jahre lang – sofern rechtskräftig festgestellt – geltend machen kann (§ 197 I Nr. 3 BGB) und eine zuverlässige Prognose über diesen Zeitraum kaum möglich ist (zumal in einer Beweisaufnahme). Auch eine recht geringe Wahrscheinlichkeit würde zu einem Vermögenswert führen, der jedenfalls nicht Null ist. Allerdings ist jedenfalls bisweilen (*in dubio pro reo*) wirklich keinerlei Besserung der Vermögensverhältnisse in der Zukunft zu erwarten. Die wirtschaftliche Korrektur der juristischen Betrachtungsweise entspricht zudem dem Rechtsgut der Vermögensdelikte.

(2) Vermögensbegriff

(a) Juristischer vs. ökonomischer Vermögensbegriff

▶ **Didaktische Aufsätze**
- Samson, Grundprinzipien des strafrechtlichen Vermögensbegriffes, JA 1989, 510

---

[891] S. zum Folgenden krit. zu BGH B. v. 17.08.2006 – 3 StR 279/06 – NStZ 2007, 95 Grabow NStZ 2010, 371.

- Kühl, Umfang und Grenzen des strafrechtlichen Vermögensschutzes, JuS 1989, 505
- Otto, Betrug bei rechts- und sittenwidrigen Rechtsgeschäften, Jura 1993, 424
- Kargl, Der strafrechtliche Vermögensbegriff als Problem der Rechtseinheit, JA 2001, 714

Seit langem ganz grundsätzlich umstritten ist der dem § 263 I StGB (und damit auch den §§ 253, 255 StGB) zugrunde liegende Vermögensbegriff,[892] insbesondere im Hinblick auf rechtlich (v. a. strafrechtlich) **missbilligte Rechtspositionen.**

Da bereits die Vermögensverfügung voraussetzt, dass eine vom Vermögensbegriff erfasste Position betroffen ist, sollte bereits auf dieser Ebene angesetzt werden,[893] auch wenn in manchen Lehrbüchern[894] die Problematik erst beim Vermögensschaden besprochen wird.

Fallbearbeitungsrelevant sind v. a. folgende abgetäuschte (oder abgenötigte, §§ 253, 255 StGB) Vermögenspositionen:

Erstens Besitz und Eigentum an **verbotenen Sachen**, v. a. **Betäubungsmitteln** i. S. d. BtMG, Falschgeld oder Waffen.

Beispiel 192

B1 erwarb bei B2 mehrere Gramm Marihuana, welches er mit Falschgeld bezahlte, was B2 nicht erkannte. ◄

Zweitens Geld, welches zum **Erwerb von verbotenen Sachen** (insbesondere Betäubungsmitteln) eingesetzt wird.

---

[892] Hierzu Hillenkamp/Cornelius, 40 Probleme aus dem Strafrecht BT, 13. Aufl. 2020, 31. Problem; Bruns FS Mezger 1954, 335; Franzheim GA 1960, 269; Foth GA 1966, 33; Bergmann/Freund JR 1988, 189; Samson JA 1989, 510; Kühl JuS 1989, 505; Freund/Bergmann JR 1991, 357; Otto Jura 1993, 424; Zieschang FS H. J. Hirsch 1999, 831; Kargl JA 2001, 714; Spickhoff JZ 2002, 970; Ziethen NStZ 2003, 184; Kretschmer StraFo 2009, 189; Achenbach FS Roxin 2011, 1005; Zimmermann ZStW 2017, 544; Puppe FS Fischer 2018, 463; Windsberger ZStW 2021, 123; aus der Rspr. vgl. zuletzt BGH U. v. 15.04.2021 – 5 StR 371/20 – NJW 2021, 1966 = NStZ 2022, 106 = StV 2022, 20 (Anm. Bosch Jura 2021, 1130; Disselkamp ZJS 2021, 679; RÜ 2021, 434; Brand NJW 2021, 1968; Fahl NStZ 2022, 108); OLG Karlsruhe B. v. 09.08.2023 – 1 ORs 35 Ss 322/23 – NJW 2023, 2894 (Anm. Hecker JuS 2023, 1166; Mitsch NJW 2023, 2896).

[893] Vgl. die Erläuterung zu einem denkbaren Alternativstandort bei Eisele, BT II, 6. Aufl. 2021, Rn. 592.

[894] Z. B. Eisele, BT II, 6. Aufl. 2021, Rn. 592ff.

Beispiel 193

BGH U. v. 04.09.2001 – 1 StR 167/01 – NStZ 2002, 33 (Anm. Otto JK 2002 StGB § 263/67; Heger JA 2002, 454; RA 2002, 52):

Am 26.11.1999 hatten B und seine Mittäter beschlossen, sich als Betäubungsmittelhändler auszugeben und Kunden „abzuzocken", die Drogen erwerben wollten. Hierunter verstanden sie, dass sie sich von ihren Opfern das Kaufgeld ohne eine Gegenleistung geben lassen, entweder durch Täuschung oder zusätzlich mit Gewalt oder Drohungen. Demgemäß täuschten B und seine Mittäter dem Z – einem nicht offen ermittelnden Polizeibeamten, – vor, diesem Heroin verkaufen zu wollen. Nachdem Z dem B 100 DM übergeben hatte, liefen B und seine Mittäter mit dem Geld sofort davon. Als sie sich bereits 200 m entfernt hatten, holte Z sie ein und forderte sein Geld zurück. Nunmehr wurde Z von B und seinen Mittätern in gemeinschaftlichem Zusammenwirken geschubst und getreten, um ihm klarzumachen, dass er weitere Schläge zu befürchten habe, falls er nicht von seinem Rückforderungsverlangen absehe. Kurz darauf griffen Polizeibeamte ein und nahmen die Täter fest. B gab daraufhin Z das Geld zurück. ◄

Drittens Erbringung verbotener Dienstleistungen (vgl. z. B. „Auftragskiller"; Urkundenfälscher).

Beispiel 194

BGH B. v. 02.05.2001 – 2 StR 128/01 – NStZ 2001, 534 = StV 2002, 81 (Anm. Otto JK 2002 StGB § 263/64):

B1 zwang B2 zu einer unentgeltlichen Tätigkeit als Lagerverwalter unverzollter Zigaretten und zu Kurierfahrten mit entsprechender Ware. ◄

Einen Sonderfall bildet die v. a. früher umstrittene **Prostitution**.[895]

Beispiel 195

BGH B. v. 28.04.1987 – 5 StR 566/86 – NStZ 1987, 407 = StV 1987, 484 (Anm. Barton StV 1987, 485; Otto JK 1988 StGB § 263/23; Tenckhoff JR 1988, 126):

B veranlasste vier Prostituierte des Straßenstrichs mit dem Versprechen eines beachtlichen Entgelts, den Mundverkehr und auch den Geschlechtsverkehr mit ihm vorzunehmen, bezahlte aber, wie er von vornherein beabsichtigt hatte, den versprochenen Lohn nicht.
zurückzuzahlen. ◄

---

[895] Hierzu Joecks/Jäger, StGB, 13. Aufl. 2021, § 263 Rn. 110f.; näher Franzheim GA 1960, 269; Heger StV 2003, 350; Kretschmer StraFo 2003, 191; aus der Rspr. vgl. zuletzt BGH U. v. 07.05.2020 – 4 StR 586/19 (Anm. Jäger JA 2020, 787; RÜ 2020, 515; LL 2021, 22).

Hier ist bereits die rechtliche Missbilligung umstritten.

Seit Inkrafttreten des ProstG zum 01.01.2002 wird sich die frühere Annahme, Prostitutionsvereinbarungen seien gem. § 138 BGB sittenwidrig und daher nichtig (die Leistung habe also evtl. keinen von § 263 StGB geschützten Vermögenswert), nicht mehr halten lassen, sodass auch die vorherige Rspr. überholt ist.

> **§ 1 S. 1 ProstG**
> Sind sexuelle Handlungen gegen ein vorher vereinbartes Entgelt vorgenommen worden, so begründet diese Vereinbarung eine rechtswirksame Forderung.

Ähnliches gilt für „Telefonsex".[896]

Viertens Geld, welches zur **Inanspruchnahme der verbotenen Dienstleistung** eingesetzt wird.

Fünftens Sachen, die auf rechtswidrige Weise erlangt wurden (v. a. Diebesbeute).

Beispiel 196

BGH U. v. 15.11.1951 – 4 StR 574/51 (entwendete Drehbank) – BGHSt 2, 364 = NJW 1952, 833 (Anm. Kühl, Höchstrichterliche Rspr. BT, 2002, Nr. 65; Bockelmann JZ 1952, 485):

B1 der bei einem Hüttenverein beschäftigt war, schaffte 1945 eine Drehbank, die in der Schlosserei des Werkes stand, weg und verbrachte sie zu B2. Dieser verwahrte sie für ihn in einem Schuppen seines Grundstücks. Nach der Währungsreform erteilte B1 dem B2 den Auftrag, die Drehbank zu verkaufen. Beide einigten sich dahin, dass der Erlös zwischen ihnen je zur Hälfte geteilt werden sollte. B2, der den unredlichen Erwerb der Drehbank inzwischen durchschaut hatte, trat mit Z in Verhandlungen. Am 07.10.1949 kaufte Z die Drehbank zum Preise von 4200 DM und zahlte den Kaufpreis an den B2. Dieser gewährte vom Erlös einem Werkmeister für die Vermittlung des Geschäfts 400 DM, sodass ihm 3800 DM verblieben. Er gab jedoch sodann B1 als Verkaufserlös statt 3800 DM

---

[896] Hierzu Joecks/Jäger, StGB, 13. Aufl. 2021, § 263 Rn. 111; aus der Rspr. vgl. OLG Hamm B. v. 26.01.1989 – 1 Ws 354/88 – NJW 1989, 2551 = NStZ 1990, 342 (Anm. Wöhrmann NStZ 1990, 342); LG Mannheim U. v. 18.05.1995 – (12) 3 Ns 21/95 – NJW 1995, 3398 (Anm. Geppert JK 1996 StGB § 263/44; Scheffler JuS 1996, 1070; Krauss NJW 1996, 2850; Behm NStZ 1996, 317; Abrahams/Schwarz Jura 1997, 355); OLG Karlsruhe U. v. 18.04.1996 – 3 Ss 138/95 – NStZ-RR 1996, 296 (Anm. Otto JK 1997 StGB § 240 II/4).

nur 3000 DM bekannt und händigte ihm demgemäß nur 1500 DM aus, während er den Rest von insgesamt 2300 DM für sich behielt. ◄

Heute[897] stehen sich im Wesentlichen zwei Auffassungen gegenüber, nämlich ein sog. **wirtschaftlicher Vermögensbegriff**, der grundsätzlich (aber mit Ausnahmen[898]) vor allem von der Rspr.[899] vertreten wird, und ein **juristisch-ökonomischer Vermögensbegriff** der wohl h. L.[900] Ersterer umfasst die Gesamtheit der wirtschaftlichen Güter unabhängig davon, ob sie einem rechtlich zustehen, letzterer stellt auf die rechtliche Billigung der geldwerten Position ab.

Was also z. B. Betäubungsmittel angeht, so sind diese aufgrund der Strafandrohung des BtMG lediglich nach einem rein wirtschaftlichen Vermögensbegriff von § 263 I StGB erfasst.

Zwar spricht für die h. L. der Gedanke der Einheit und Widerspruchsfreiheit der Rechtsordnung: Die zivilrechtliche (v. a. gem. §§ 134, 138 I, 817 S. 2 BGB) Missbilligung lässt strafrechtlichen Schutz zweifelhaft erscheinen, gerade auch aufgrund der *ultima-ratio*-Funktion des Strafrechts.

Zu folgen ist dennoch der Rspr.: Unstrittiger materieller Kern des Rechtsguts „Vermögen" ist der wirtschaftliche Wert, welcher mit juristischer Bewertung nichts zu tun hat; auch der Wortlaut erfordert keine Restriktionen. Gerade wegen zivilrechtlicher Normen, die den Leistenden schutzlos stellen (s. o.), liegt ein Schaden vor. Die weite Konzeption der Rspr. verhindert, dass zwischen Straftätern ein rechtsfreier Raum entsteht. In der Tat ist wenig einsichtig, dass eine Kriminalisierung z. B. nach dem BtMG die Täuschung legitimiert. Die Strafrechtsordnung gilt auch hier im Bereich der Schattenwirtschaft, ohne Freibrief, Straftäter zu betrügen (oder zu erpressen). Hinzuweisen ist auch auf § 11 I Nr. 9 StGB („Vermögensvorteil"), dessen Begriff der Entgeltlichkeit und damit des Vermögens in den §§ 180 II, 182 II, 184 I Nr. 7, 201a III, 203 VI, 235 IV Nr. 2, 232a VI, 236 I, II, 271 III StGB verwendet wird, obwohl dort das Vermögen durch eine verbotene Tätigkeit erlangt wird.

Einen weiteren Aspekt gewinnt die Diskussion dann, wenn es nicht um die Verfügung über die inkriminierten Sachen oder Dienstleistungen geht, sondern um die meist in Geld bemessene **Gegenleistung**: Zwar werden hier mit der Zahlung

---

[897] Zu älteren und sonstigen Vermögenslehren Kindhäuser/Hilgendorf, LPK, 9. Aufl. 2022, § 263 Rn. 112ff.
[898] Fischer, StGB, 71. Aufl. 2024, § 263 Rn. 101: „Jedenfalls unzutr. ist die Aussage, der BGH vertrete einen „rein wirtschaftlichen" Vermögensbegriff.".
[899] S. schon BGH U. v. 15.11.1951 – 4 StR 574/51 (entwendete Drehbank) – BGHSt 2, 364 = NJW 1952, 833 (Anm. Kühl, Höchstrichterliche Rspr. BT, 2002, Nr. 65; Bockelmann JZ 1952, 485); zsf. Fischer, StGB, 71. Aufl. 2024, Rn. 102ff.
[900] S. nur Kindhäuser/Hilgendorf, LPK, 9. Aufl. 2022, § 263 Rn. 118.

verbotene Zwecke verfolgt, verfügt wird aber über „**gutes Geld**", welches selbst nicht aus einer illegalen Quelle stammt.[901]

Hier spricht sogar noch mehr für den rein wirtschaftlichen Vermögensbegriff, sind doch Besitz und Eigentum am Geld insofern nicht zu beanstanden, sodass auch Ansprüche auf Rückzahlung des Geldes nach §§ 985, 989, 990 BGB bestehen.

Zwar wird auch dies unter Hinweis auf § 134 BGB bestritten,[902] wiederum aber streitet die Erwägung, rechtsfreie Räume zu vermeiden, für eine Anwendung des § 263 StGB und der §§ 253, 255 StGB.

Im Hinblick auf **missbilligte Dienstleistungen**[903] freilich nimmt die **Rspr. inkonsequenterweise** Abstand vom wirtschaftlichen Vermögensbegriff und verweigert den Vermögensschutz trotz wirtschaftlichen Werts jedweder Arbeitsleistung (inkl. z. B. Auftragsmord[904]), letztlich aus normativen Gründen, die sich auch bei den Fallkonstellationen mit verbotenen Sachen anführen ließen.[905]

Heikel sind etwaige **Folgewirkungen** für Fälle, in denen illegale Geschäfte gewaltsam „rückabgewickelt" werden, schließlich könnte z. B. der Verlust des Besitzes an Betäubungsmitteln als Schaden i. S. d. §§ 823 II BGB i. V. m. 263 I StGB zu bewerten sein, sodass es an einer Absicht *rechtswidriger* Bereicherung i.R.d. Erpressung fehlen würde. Allerdings[906] ist in diesen Fällen die Durchsetzung

---

[901] Hierzu Eisele, BT II, 6. Aufl. 2021, Rn. 610f.; aus der Rspr. vgl. KG U. v. 28.09.2000 – (4) 1 Ss 44/00 (50/00) – NJW 2001, 86 (Anm. Otto JK 2001 StGB § 263/59; Baier JA 2001, 280; Hecker JuS 2001, 228; Martin JuS 2001, 301; LL 2001, 261; RA 2001, 32; Gröseling NStZ 2001, 515); BGH B. v. 12.05.2002 – 3 StR 4/02 – NJW 2002, 2117 = NStZ 2003, 151 = NStZ-RR 2002, 214 = StV 2002, 425 (Anm. LL 2002, 754; RÜ 2002, 414; RA 2002, 424; Geppert JK 2003 StGB § 253/8; Mitsch JuS 2003, 122; Kindhäuser/Wallau NStZ 2003, 152; Engländer JR 2003, 164; Swoboda NStZ 2005, 476); BGH U. v. 04.09.2001 – 1 StR 167/01 – NStZ 2002, 33 (Anm. Otto JK 2002 StGB § 263/67; Heger JA 2002, 454; RA 2002, 52); BGH U. v. 07.08.2003 – 3 StR 137/03 – BGHSt 48, 322 = NJW 2003, 3283 = NStZ 2004, 37 = StV 2003, 612 (Anm. RÜ 2003, 500; RA 2003, 706; Otto JK 2004 StGB § 253/9 und 10; LL 2004, 37; Kühl NStZ 2004, 387; Swoboda NStZ 2005, 476); LG Regensburg U. v. 26.04.2005 – 3 Ns 112 Js 14307/01 – NStZ-RR 2005, 312.

[902] S. Fischer, StGB, 71. Aufl. 2024, § 263 Rn. 108f.; ferner Hecker JuS 2001, 228: „Wer diese Fälle – vor allem auf der Basis einer rein wirtschaftlichen (faktischen) Betrachtungsweise – gegenteilig entscheidet, lässt dem Einsatz von Vermögenspositionen zu verbotenen Zwecken vermögensstrafrechtlichen Schutz angedeihen und erzeugt dadurch einen Widerspruch zu der vom bürgerlichen Recht getroffenen Wertung, nach der jede Vorleistung auf ein rechtlich missbilligtes und daher nichtiges Geschäft auf eigenes Risiko erfolgt. Die Anwendung des § 263 StGB auf Fälle der vorliegenden Art ist nicht nur im Hinblick auf das Postulat der Einheit der Rechtsordnung verfehlt. Sie erscheint auch kriminalpolitisch bedenklich, weil sie das Vertrauen von Rechtsbrechern in die korrekte Abwicklung einer Straftatverabredung stabilisiert. Die Absicherung einer etwa vorhandenen subkulturellen Verbrechermoral des Inhaltes: „Du darfst Deinen Geschäftspartner nicht über Deine Bereitschaft täuschen, den Auftragsmord zu begehen bzw. den Killerlohn zu zahlen" ist nun aber gewiss keine Aufgabe des Strafrechts.".

[903] Zsf. Wessels/Hillenkamp/Schuhr, BT 2, 46. Aufl. 2023, Rn. 571.

[904] Hierzu Freund/Bergmann JR 1991, 357.

[905] Hierzu zsf. Fischer, StGB, 71. Aufl. 2024, § 263 Rn. 106.

[906] S. BGH U. v. 07.08.2003 – 3 StR 137/03 – BGHSt 48, 322 = NJW 2003, 3283 = NStZ 2004, 37 = StV 2003, 612 (Anm. RÜ 2003, 500; RA 2003, 706; Otto JK 2004 StGB § 253/9 und 10; LL 2004, 37; Kühl NStZ 2004, 387; Swoboda NStZ 2005, 476).

eines derartigen Anspruchs wegen unzulässiger Rechtsausübung nach Treu und Glauben (§ 242 BGB) ausgeschlossen. Ein Verlangen, die Betäubungsmittel zurückzugeben (§ 249 I 1 BGB), wäre rechtsmissbräuchlich gewesen, da es auf die Herstellung eines strafrechtlich verbotenen Erfolgs zielte. Die Geltendmachung eines Schadensersatzanspruchs zur Herbeiführung eines derartigen rechtswidrigen Zustands ist mit Treu und Glauben unvereinbar; denn ebenso, wie es rechtsmissbräuchlich ist, ein Recht, das durch ein gesetz-, sitten- oder vertragswidriges Verhalten erworben wurde, auszuüben, ist es missbräuchlich, ein Recht geltend zu machen, um einen gesetzwidrigen, strafbaren Zustand herbeizuführen. Bestand danach kein Anspruch auf Rückgabe im Wege der Naturalrestitution, konnte aber auch ein Geldersatzanspruch nach § 251 I BGB nicht zur Entstehung gelangen. Dem steht i.Ü. auch entgegen, dass durch eine derartige Zahlung wirtschaftlich zumindest teilweise – nämlich in Höhe des negativen Interesses – die Rechtsfolge herbeigeführt würde, die der Gesetzgeber durch das Verbot des ungenehmigten Betäubungsmittelhandels unterbinden wollte.

Einen besonderen zivilrechtlichen Einschlag erhält auch die Diskussion in Fällen **unrechtmäßig erworbenen Besitzes** an Sachen (v. a. also **Diebesgut**).[907]

Abgesehen von der allgemeinen Vorzugswürdigkeit des rein wirtschaftlichen Ansatzes sprechen gerade in dieser Konstellation die §§ 858ff. BGB für die Annahme einer Vermögensposition, wird doch in diesen Normen ein Schutz auch des fehlerhaften Besitzes statuiert. Zwar wird eingewendet,[908] es handelte sich nur um possessorischen Rechtsschutz, welcher nur vorläufiger Natur sei. Dies ändert aber an einer gewissen primärrechtlichen Anerkennung nichts.

(b) Vermögensbestandteile

(aa) Sachen und die daran bestehenden Rechte
Das Vermögen umfasst zunächst alle sachenrechtlichen Rechtspositionen, insbesondere **Eigentum** und **Besitz** an einer Sache.

Im Hinblick auf einen nur **zeitweiligen Besitzverlust** muss eine gewisse **Bagatellgrenze** überschritten werden[909]; in diesen Fällen ist auch die Bereicherungsabsicht zweifelhaft.

---

[907] Hierzu Hoyer, in: SK-StGB, 9. Aufl. 2019, § 263 Rn. 125; aus der Rspr. vgl. zuletzt BGH B. v. 21.02.2017 – 1 ARs 16/16 – NStZ-RR 2017, 112 (Anm. RÜ 2017, 373; Lorenz JR 2018, 128; Schäfer JR 2018, 154); BGH U. v. 16.08.2017 – 2 StR 335/15 – NStZ-RR 2017, 341 = StV 2018, 27 (Anm. Müller-Metz NStZ-RR 2017, 341; famos 4/2018; LL 2018, 256; Lorenz JR 2018, 128; Schäfer JR 2018, 154; Schulz-Merkel jurisPR-StrafR 2/2018 Anm. 4; Bechtel wistra 2018, 154).
[908] S. Eisele, BT II, 6. Aufl. 2021, Rn. 608.
[909] Eisele, BT II, 6. Aufl. 2021, Rn. 593; aus der Rspr. vgl. zuletzt BGH B. v. 10.03.2020 – 2 StR 504/19 – NStZ 2020, 542 = StV 2020, 672 (Anm. Nestler Jura 2020, 996); BGH B. v. 03.04.2024 – 1 StR 75/24 – NStZ 2024, 543 (Anm. Bosch Jura 2024, 899; Hahn NStZ 2024, 544).

Beispiel 197

BGH B. v. 14.02.2012 – 3 StR 392/11 – NStZ 2012, 627 = StV 2012, 465 (Anm. Jäger JA 2012, 709; LL 2012, 723; RÜ 2012, 373; RA 2012, 472; famos 11/2012; Hecker JuS 2013, 468; Putzke ZJS 2013, 311):
B entwand dem Z gegen dessen Widerstand ein Mobiltelefon, um im Speicher des Geräts nach Beweisen für die Art der Beziehung zwischen dem Z und der Schwester des B zu suchen. Ob Z das Gerät zurückerlangen würde, war ihm dabei gleichgültig. Später übertrug er darin gespeicherte Bilddateien auf sein eigenes Handy, um sie an Dritte zu verschicken. ◄

Auch mittelbarer Besitz hat Vermögenswert.[910]
Zum unrechtmäßigen Besitz s. o.
Als weitere sachenrechtliche Rechtsposition sind **Pfandrechte** zu nennen, z. B. das Vermieterpfandrecht nach §§ 562ff. BGB oder das Gastwirtspfandrecht nach § 704 BGB.

(bb) Schuldrechtliche Ansprüche
Zum Vermögen zählen des Weiteren schuldrechtliche Ansprüche.[911]
Zu Ansprüchen aus gesetz- und sittenwidrigen Geschäften s. o.

(cc) Arbeitskraft, Erbringung von Dienstleistungen, soweit gegen Entgelt üblich
Die Arbeitskraft gehört zum Vermögen i. S. d. § 263 I StGB, soweit sie üblicherweise nur gegen Entgelt zur Verfügung gestellt wird.[912]
Zur Problematik der juristischen Korrektur s. o.
Da ein Ärmerwerden nicht vorausgesetzt wird, ist irrelevant, ob das Opfer die Möglichkeit gehabt hätte, seine Arbeitskraft anderweitig gewinnbringend zu verwerten.[913]

(dd) Aussichten, Chancen, Anwartschaften (Exspektanzen)
Aussichten, Chancen und Anwartschaften gehören als sog. Exspektanzen dann zum Vermögensbestand, wenn sie sich so verdichtet haben, dass sie wirtschaftlich zu Buche schlagen.[914] Hierbei ist darauf abzustellen, wie viele Schritte zum Enderwerb

---

[910] Hierzu Perron, in: Schönke/Schröder, StGB, 30. Aufl. 2019, § 263 Rn. 94; näher Martens JA 1996, 248.

[911] Fischer, StGB, 71. Aufl. 2024, § 263 Rn. 91.

[912] Kindhäuser/Hilgendorf, LPK, 9. Aufl. 2022, § 263 Rn. 135; näher Heinrich GA 1997, 24; aus der Rspr. vgl. zuletzt BGH B. v. 08.01.2020 – 4 StR 548/19 – NStZ 2020, 286 = StV 2020, 672 (Anm. Jäger JA 2020, 551; LL 2020, 471; RÜ 2020, 310; Habetha NStZ 2020, 286).

[913] Kindhäuser/Hilgendorf, LPK, 9. Aufl. 2022, § 263 Rn. 135; aus der Rspr. vgl. RG U. v. 29.10.1934 – 3 D 1082/34 – RGSt 68, 379.

[914] Hierzu Fischer, StGB, 71. Aufl. 2024, § 263 Rn. 92ff.; näher Mohrbotter GA 1971, 321; aus der Rspr. vgl. zuletzt BGH U. v. 04.10.2017 – 2 StR 260/17 – NJW 2018, 1334 = NStZ 2018, 213 (Anm. Schilling NStZ 2018, 214); BGH B. v. 24.07.2018 – 3 StR 132/18 – NStZ-RR 2018, 347 = StV 2019, 34 (Anm. RÜ 2018, 718); BGH B. v. 29.01.2020 – 1 StR 421/19 – StV 2020, 760 (Anm. Bosch Jura 2020, 874; Michaelis/Schulte-Rudzio NZWiSt 2020, 405).

erforderlich sind und in wessen Macht die Herbeiführung der Schritte liegt. Der Inhaber einer Exspektanz muss mit rechtlich anerkannten Möglichkeiten externe Störfaktoren bei der Entwicklung zum Vollwert unterbinden können; der das Exspektanzobjekt Vermittelnde darf sich nicht mehr sanktionslos von seiner Verpflichtung lösen können; der potenzielle Exspektanzinhaber muss sein Vorhaben in der Außenwelt zum Ausdruck gebracht haben.

Dies ist z. B. anzunehmen bzgl. der Erwartung, bei öffentlichen Ausschreibungen aufgrund eines günstigeren Angebots den Zuschlag zu erhalten, sog. **Submissionsbetrug**.

Beispiel 198

BGH U. v. 20.02.1962 – 1 StR 496/61 – BGHSt 17, 147 = NJW 1962, 973 (Anm. Preuße JuS 1962, 327):

B brachte durch unlautere Machenschaften Mitbewerber bei Bauausschreibungen um den Zuschlag; er wirkte dabei mit unredlichen Angestellten der Vergabestellen zusammen. ◄

Bei einem Submissionsbetrug wird derjenige geschädigt, der aufgrund des günstigsten Angebotes den Zuschlag erhalten hätte. Denn die hinreichend konkrete Erwartung eines Vertragsschlusses zählt als Exspektanz bereits zum Vermögen.

Ebenfalls erfasst ist eine hinreichend konkretisierte **Gewinnerwartung** aufgrund anderweitigen Verkaufs, der täuschungsbedingt unterlassen wird, weil man etwa an eine behauptete Rabattbedingung glaubt und eine Sache zu den rabattierten Konditionen an den Täuschenden veräußert (**Rabattbetrug**).[915] Eine derartige Gewinnaussicht muss aber nachgewiesen sein. Die Hoffnung auf eine Verkaufsmöglichkeit genügt nicht.[916]

Beispiel 199

OLG Stuttgart U. v. 25.10.2006 – 2 Ss 475/06 – NStZ-RR 2007, 347 = StV 2007, 132 (Anm. RA 2007, 113):

B kaufte Baumaterialien zur Renovierung ihrer Wohnung. Obwohl sie die Baumaterialien bei Baumärkten möglicherweise zu einem günstigeren Preis hätte erwerben können, wandte sie sich an die Fa. X, da dort Baufirmen, Handwerker und ähnliche Firmen einen Rabatt auf den Kaufpreis erhalten. Bei der Bestellung

---

[915] Fischer, StGB, 71. Aufl. 2024, § 263 Rn. 122; aus der Rspr. vgl. RG U. v. 19.05.1930 – III 1331/29 – RGSt 64, 181; BGH U. v. 24.04.1952 – 4 StR 854/51 – BGHSt 2, 325 = NJW 1952, 896 (Anm. Bockelmann NJW 1952, 897); LG Frankfurt U. v. 13.12.1995 – 5/1 KLs – 91 Js 34184.2/92 – NStZ-RR 1996, 297; LG Frankfurt U. v. 18.11.2002 – 5/12 KLs 7570 Js 202195/01 Wi – NStZ-RR 2003, 140; BGH B. v. 05.07.2012 – 5 StR 1/12 – NStZ 2012, 628; BGH B. v. 12.06.2013 – 5 StR 581/12 – NStZ-RR 2013, 313 = StV 2014, 78.

[916] Kindhäuser/Hilgendorf, LPK, 9. Aufl. 2022, § 263 Rn. 131; aus der Rspr. vgl. OLG Düsseldorf B. v. 17.03.1993 – 2 Ss 72/93 – 17/93 III – NJW 1993, 2694 (Anm. Ranft JR 1994, 523); OLG Celle B. v. 06.12.1995 – 2 Ss 419/95 – StV 1996, 154.

und dem Kauf der gewünschten Baumaterialien erweckte B bewusst wahrheitswidrig den Eindruck, dass sie die Waren namens und im Auftrag einer Firma erwerbe. Da es sich bei dieser Firma um eine Baufirma handelte, wurde ihr von der Firma X ein Rabatt beim Einkauf auf die regulären Verkaufspreise von 26 % gewährt. Die von B gekauften Baumaterialien hätten regulär 343 € gekostet, unter Abzug des gewährten Rabatts bezahlte B indes nur 253,82 € (Differenz 89,18 €). ◄

Nicht ausreichen dürfte die Hoffnung auf Kundenbindung bei Einräumung eines **Erstbestellergeschenks**.[917]

Beispiel 200

BayObLG B. v. 12.10.1993 – 3 St RR 108/93 – NJW 1994, 208 = NStZ 1994, 193 (Anm. Geppert JK 1994 StGB § 263/41; Hilgendorf JuS 1994, 466):
B bestellte mittels eines mit einem falschen Namen ausgefüllten und mit dem wahrheitswidrigen Vermerk „Erstbestellung" versehenen Bestellscheins bei einem Versandunternehmen verschiedene Briefmarken, um auf diese Weise die von der Versandfirma bei Erstbestellungen üblicherweise beigefügten Gratismarken zu erlangen, die dem B als Altkunden der Firma bei einer Bestellung unter seinem richtigen Namen nicht zugesandt worden wären. ◄

Ein Vermögensschaden allein durch den Verlust der Gratismarken kommt nicht in Betracht, weil es sich um eine sog. bewusste Selbstschädigung handelt und der Zweck, Neukunden zu gewinnen, für einen Vermögensschaden nicht ausreicht. Man könnte höchstens argumentieren, es habe die vermögenswerte Hoffnung auf Kundenbindung bestanden, die durch die Täuschung zerstört worden sei. Jene ist aber nicht hinreichend konkret.

I.F.d. sog. **Erbschleicherei** ist die Position des als Erbe Eingesetzten nicht hinreichend gesichert, da der Erblasser jederzeit testamentarisch verfügen kann und überdies unsicher ist, ob der potenzielle Erbe den Erblasser überlebt.[918]

Beispiel 201

B bewegte Z dazu, ihn als Erben einzusetzen, indem B dem Z versprach, dessen Grab zu pflegen und sich um dessen Katze zu kümmern, wobei B nicht vorhatte, seine Versprechen zu erfüllen. ◄

---

[917] Hierzu (abw.) Perron, in: Schönke/Schröder, 30. Aufl. 2019, § 263 Rn. 105a.
[918] Hierzu Hoyer, in: SK-StGB, 9. Aufl. 2019, § 263 Rn. 122; näher Schroeder NStZ 1997, 585; Jünemann NStZ 1998, 393; Fett JA 2000, 211; Eisele FS Weber 2004, 271; Hoyer FS Schroeder 2006, 497; aus der Rspr. vgl. zuletzt BGH B. v. 24.07.2018 – 3 StR 132/18 – NStZ-RR 2018, 347 = StV 2019, 34 (Anm. RÜ 2018, 718); BGH B. v. 19.12.2018 – 3 StR 263/18 – NStZ 2019, 525.

D. Betrug, § 263 StGB

(ee) Geldstrafe, Geldbuße, Verwarnungsgeld oder Geldauflage

Ob staatliche Sanktionen strafrechtlicher und ordnungswidrigkeitenrechtlicher Art (v. a. Geldstrafe und -buße) zum von § 263 StGB geschützten Vermögen gehören, ist umstritten.[919]

Beispiel 202

OLG Karlsruhe B. v. 17.01.1990 – 3 Ss 169/89 – NStZ 1990, 282:
B schuldete der Staatskasse aus einer Verurteilung eine Geldstrafe i.H.v. 2400 DM sowie 331,40 DM Verfahrenskosten mit der Maßgabe, Strafe und Kosten ab 10.08.1986 in monatlichen Raten von je 200 DM zu bezahlen. Nachdem B 2100 DM bezahlt hatte, gingen ab 03.09.1987 bei der StA keine Zahlungen mehr ein. Nach einer Aufforderung, den Restbetrag von 631,40 DM zu bezahlen, teilte B dem mit der Vollstreckung beauftragten Rechtspfleger mit, er habe bereits 2500 DM auf die Strafe bezahlt. Zum Beweis legte er in der Anlage des Schreibens drei DIN-A-4-Blätter vor, die in Fotokopie manipulierte Einzahlungsbelege über eine Geldsumme von 2500 DM auswiesen. ◄

Beispiel 203

BayObLG U. v. 27.03.1991 – RReg. 4 St 15/91 (Anm. Graul JR 1991, 435; Otto JK 1992 StGB § 265a/1):
B stellte ihren Pkw an einer Parkuhr ab, die sie mit einer Aluminium-Beilagscheibe, wie sie zum Festziehen von Muttern benötigt wird, in Gang setzte. Sie sollte gegenüber dem in der Nähe befindlichen Parküberwacher Z den Einwurf eines 50-Pfennig-Stückes vortäuschen und damit verhindern, dass Z ihr eine gebührenpflichtige Verwarnung erteilte. Z hatte jedoch Verdacht geschöpft, die Parkuhr sogleich kontrolliert und die unvorschriftsmäßige Betätigung der Parkuhr festgestellt; er erteilte nun der B eine Verwarnung über 5 DM wegen Parkens ohne laufende Uhr und schrieb gleichzeitig einen Hinweiszettel mit folgendem Text: „Da Sie die Parkuhr mit Beilagscheiben füttern, werden wir klären, ob es sich hierbei um Betrug handelt!" Diesen Zettel drückte er der B in die Hand. ◄

Dies wird z. T. bejaht[920]; immerhin handelt es sich bei wirtschaftlicher Betrachtung ebenso um Geldforderungen wie etwa zivilrechtliche Zahlungsansprüche.

---

[919] Hierzu Fahl NStZ 2017, 65; aus der Rspr. vgl. RG U. v. 01.05.1880 – 994/80 – RGSt 2, 33; RG U. v. 05.07.1900 – 1587/00 – RGSt 33, 333; RG U. v. 28.06.1937 – 5 D 910/36 – RGSt 71, 280; RG U. v. 13.11.1942 – 4 D 402/42 – RGSt 76, 276; BGH U. v. 01.09.1992 – 1 StR 281/92 – BGHSt 38, 345 = NJW 1993, 273 = NStZ 1993, 79 = StV 1992, 575 (Anm. Otto JK 1993 StGB § 267/17; Scheffler StV 1993, 470; Beulke JR 1994, 116; Fahl JA 2004, 796); BGH U. v. 19.12.1997 – 5 StR 569/96 (Zwick) – BGHSt 43, 381 = NJW 1998, 1568 = NStZ 1998, 572 = StV 1998, 186; BGH U. v. 17.08.2001 – 2 StR 159/01; BGH B. v. 18.04.2007 – 5 StR 85/07.
[920] Mitsch, BT 2, 3. Aufl. 2015, S. 309.

Nach Rspr.[921] und h. L.[922] allerdings führt das Unterlassen der Geltendmachung eines Buß- oder Verwarnungsgeldes nicht zu einer betrugsrelevanten Vermögensverfügung.

Hierfür spricht, dass derartige Strafgelder als vergeltende und präventiv wirkende Sanktion[923] für begangene Gesetzesverletzungen verhängt werden, also kriminalpolitisch motiviert und nicht vermögensrechtlicher Natur sind. Zudem scheidet die Einbeziehung in den Schutzbereich des § 263 StGB – im Hinblick auf die Straflosigkeit der persönlichen Selbstbegünstigung nach § 258 StGB (im Strafprozess kann nicht vermittels der Betrugsstrafbarkeit eine Wahrheitspflicht installiert werden) – aus gesetzessystematischen Gründen aus. Dies gilt nicht nur für Geldstrafen, sondern auch für eine Geldbuße nach dem Ordnungswidrigkeitengesetz, die ebenfalls eine Unrechtsfolge für eine tatbestandsmäßige, rechtswidrige und vorwerfbare Handlung ist und repressiven Charakter hat. Für die Verwarnung und die Erhebung eines Verwarnungsgeldes nach § 56 I OWiG kann schließlich nichts Anderes gelten, und zwar schon deshalb, weil sie als präventiv-polizeiliche Maßnahme zur Verkehrserziehung ebenfalls nicht dem Bereich des wirtschaftlichen Verkehrs zugerechnet werden kann.

Erfasst sind allerdings strafrechtliche Verfahrenskosten[924] sowie (sonstige) staatliche Gebühren.[925]

(3) Unmittelbarkeit

▶ **Didaktische Aufsätze**
- Hecker, Die Strafbarkeit des Ablistens oder Abnötigens der persönlichen Geheimnummer, JA 1998, 300
- Jäger, Die drei Unmittelbarkeitsprinzipien beim Betrug, JuS 2010, 761

Die Grunddefinition der Vermögensverfügung verweist darauf, dass die Vermögensminderung **unmittelbar** eintreten muss.[926]

---

[921] S. obige Nachweise.
[922] S. nur Eisele, BT II, 6. Aufl. 2021, Rn. 602.
[923] Zu den Strafzwecken s. im Allgemeinen Teil; zur problematischen Frage, ob sich Strafe und Bußgeld unterscheiden vgl. nur Rogall, in: KK-OWiG, 5. Aufl. 2018, § 1 Rn. 9f.
[924] Kindhäuser/Hilgendorf, LPK, 9. Aufl. 2022, § 263 Rn. 136; aus der Rspr. vgl. OLG Braunschweig U. v. 30.11.1956 – Ss 179/56 – NJW 1957, 600; OLG Karlsruhe B. v. 17.01.1990 – 3 Ss 169/89 – NStZ 1990, 282.
[925] Fischer, StGB, 71. Aufl. 2024, § 263 Rn. 99; aus der Rspr. vgl. BayObLG U. v. 09.08.1955 – RReg. 2 St. 5 a, b/55 – NJW 1955, 1567.
[926] Hierzu Eisele, BT II, 6. Aufl. 2021, Rn. 558ff.; Jäger JuS 2010, 761; krit. Hefendehl, in: MK-StGB, 4. Aufl. 2022, § 263 Rn. 438ff.; aus der Rspr. vgl. zuletzt OLG Frankfurt B. v. 17.12.2010 – 1 Ws 29/09 – NJW 2011, 398 (Anm. Bosch JK 2011 StGB § 263/90; Hecker JuS 2011, 470; RA 2011, 184; Hansen NJW 2011, 404); BGH B. v. 12.01.2011 – 1 StR 540/10 – NJW 2011, 3529 = NStZ 2011, 400 = StV 2011, 362 (Anm. Satzger JK 2011 StGB § 263/92; Jäger JA 2011, 390; RA 2011, 159); OLG Stuttgart U. v. 18.12.2012 – 1 Ss 559/12 – NStZ-RR 2013, 174 (Anm. Satzger JK 2013 StGB § 263/103; Hebben jurisPR-StrafR 8/2013 Anm. 1); BGH B. v. 17.06.2014 – 2 StR 658/13 – NStZ 2014, 644 = StV 2015, 422; BGH U. v. 17.05.2017 – 2 StR 342/16 – NStZ-RR 2018, 248 = StV 2018, 495 (Anm. RÜ 2017, 578).

Dies ist Ausdruck eines spezifischen Zurechnungszusammenhangs: Die Vermögensverschiebung muss vollständig dem Opfer zuzurechnen sein (Selbstschädigungsdelikt, Akt des Gebens), woran es mangelt, wenn weitere Zwischenschritte, insbesondere durch den Täter, erforderlich sind.[927]

Keine unmittelbare Vermögensminderung liegt vor, wenn das irrtumsbedingte Verhalten des Getäuschten ein weiteres Verhalten des Täters erst ermöglicht, welches dann vermögensmindernd wirkt (z. B. Hereinlassen ins Haus; Übergabe eines Schlüssels).[928]

Ein wichtiger Fall fehlender Unmittelbarkeit ist die Abtäuschung einer bloßen **Gewahrsamslockerung** (hierzu s. schon o. bei § 242 StGB), die – mangels Einverständnisses in den Gewahrsamswechsel – nichts an der Verwirklichung eines Diebstahls ändert, was im Umkehrschluss den Betrug ausschließt.[929]

> **Beispiel 204**
>
> **BGH U. v. 12.10.2016 – 1 StR 402/16 (Anm. Eisele JuS 2017, 698; RÜ 2017, 171):**
>
> Eines Nachts trafen sich B und Z an einem U-Bahnhof. Sie kamen miteinander ins Gespräch, in dessen Rahmen B den Z bat, ihm dessen Mobiltelefon für ein Gespräch zu überlassen. Tatsächlich wollte B aber gar kein Gespräch mit dem Telefon führen, ihm kam es nur darauf an, das Telefon ausgehändigt zu bekommen. Z glaubte dem Vorwand des B und reichte ihm sein Telefon, nachdem er seine eigene SIM-Karte herausgenommen und eine ihm von B übergebene SIM-Karte eingelegt hatte. Er ging irrtümlich davon aus, dass B ihm das Telefon nach dem Telefonat wieder zurückgeben wollte. B nahm das Mobiltelefon entgegen und hielt es – etwa ein bis zwei Armlängen von Z entfernt stehend – in seiner Hand fest. Nunmehr fiel ein von B mitgeführtes Mobiltelefon zu Boden. In dem Moment drehte sich B um und rannte mit dem Telefon des Z für diesen völlig überraschend davon. Z nahm die Verfolgung des B auf. Als dieser nach etwa 100 m zurück blickte und den hinter ihm her laufenden Z bemerkte, zog er ein in seiner Jackentasche mitgeführtes Messer mit einer feststehenden Klinge von 15 cm heraus und hielt dieses für den nunmehr nur noch 50 m entfernten Z sichtbar hoch, um ihn von der weiteren Verfolgung abzuhalten. Z ließ sich aber nicht von der Verfolgung des B abhalten; ihm gelang es schließlich, die Polizei auf den flüchtenden B aufmerksam zu machen. Diese konnte B festnehmen. ◄

---

[927] Fischer, StGB, 71. Aufl. 2024, § 263 Rn. 76.
[928] Eisele, BT II, 6. Aufl. 2021, Rn. 558.
[929] Zur „Abgrenzung" von (Sach-)Betrug und (Trick-)Diebstahl Eisele, BT II, 6. Aufl. 2021, Rn. 560; Fischer, StGB, 71. Aufl. 2024, § 263 Rn. 77.

Problematisch sind Fälle, in denen der Täter seinem Opfer eine **Bankkarte** und/oder die dazugehörige **PIN** abtäuscht.[930]

> **Beispiel 205**
>
> **OLG Jena B. v. 20.09.2006 – 1 Ss 226/06:**
> B lebte zeitweise mit Z in häuslicher Gemeinschaft zusammen. Da er in dieser Zeit kein eigenes Konto hatte, ließ er sich sein Arbeitslosengeld in Höhe von 650 € monatlich, das er seinerzeit bezog, auf deren Konto, welches bei der W.-Sparkasse geführt wurde, überweisen. Am 30.04.2005 ließ er sich von der Z die EC-Codekarte geben, wobei er ihr wahrheitswidrig angab, er wolle nur Kontoauszüge abholen, um nachzusehen, ob das Arbeitslosengeld schon auf dem Konto gutgeschrieben worden war. Tatsächlich wollte er jedoch, ohne dass er dies Z gesagt hatte und ohne dass diese hierzu ihr Einverständnis gegeben hätte, an einem Geldautomaten der Filiale der W.-Sparkasse am N.platz diesen Geldbetrag von ihrem Konto gleich abheben. Die für die Abhebung am Geldautomaten erforderliche persönliche Identifikationsnummer (PIN) hatte B zuvor bei gemeinsamen Einkäufen mit Z bei dieser abgeschaut; sie wusste auch, dass ihm diese PIN bekannt war. Im Vertrauen auf die Richtigkeit der Angaben des B, nur Kontoauszüge holen zu wollen, überließ Z dem B sodann ihre EC-Codekarte. Sodann begab sich B im Verlauf des Vormittags des 30.04.2005 zur Sparkassen-Filiale am N.platz in E. Absprachewidrig zog er sich dort nicht nur Kontoauszüge, sondern er hob unter der Verwendung der ihm bekannten PIN am dortigen Geldautomaten gegen den Willen der Z um 09:44 Uhr 650 € ab, wobei ihm bekannt war, dass er keine Berechtigung hatte, über das Konto der Z und insbesondere über das dort gebuchte Guthaben, das rechtlich nur der Z zustand, zu verfügen. Mit diesem Betrag wurde das Konto der Z sodann durch die Abhebung belastet. ◄

Führt die Übergabe der EC-Karte seitens der Z eine Vermögensminderung unmittelbar herbei?

Jedenfalls dann, wenn der Täter kumulativ im Besitz der Bankkarte ist und die passende PIN kennt, wird man in dem letzten Preisgabeakt des Getäuschten bereits eine Vermögensverfügung sehen können, sofern das Konto Guthaben aufweist.[931]

---

[930] Hierzu Fischer, StGB, 71. Aufl. 2024, § 263 Rn. 78; näher Hecker JA 1998, 300; aus der Rspr. vgl. zuletzt BGH B. v. 09.08.2016 – 3 StR 109/16 – NJW 2016, 3111 = NStZ 2016, 721 = StV 2018, 163 (Anm. RÜ 2017, 32); zur Preisgabe von Karte und PIN ggü. vermeintlichem Bankmitarbeiter (analoges Phishing) zuletzt BGH B. v. 11.08.2021 – 3 StR 63/21 – NStZ-RR 2022, 14 (Anm. Mitsch JuS 2022, 609); BGH B. v. 16.04.2024 – 3 StR 474/23 – NStZ-RR 2024, 279; zur Preisgabe von Karte und PIN an einen vermeintlichen Polizisten BGH B. v. 01.03.2022 – 4 StR 357/21 – NJW 2022, 1399; zur Preisgabe von Kreditkartendaten BGH B. v. 12.10.2022 – 4 StR 134/22 – NStZ-RR 2023, 14 = StV-S 2023, 23 (Anm. Nestler Jura 2023, 238).

[931] Krit. aber Eisele, BT II, 6. Aufl. 2021, Rn. 559, 780f.

Auch das Ablisten einer **Blankounterschrift** ist richtigerweise so einzuordnen.[932]

Problematisch ist das sog. **Phishing**.[933]

Beispiel 206

vgl. LG Darmstadt U. v. 13.06.2006 – 212 Ls 7 Ns (Anm. Kögel wistra 2007, 206):
B schickte dem Z eine selbst entworfene E-Mail. Diese schien nach ihrer Gestaltung und ihrem Inhalt von einer Bank zu stammen, die zufälligerweise die Hausbank des Z war. Die E-Mail enthielt den Hinweis, dass die Kontodaten überprüft werden müssten, wozu Z einem in der E-Mail enthaltenen Hyperlink zu folgen hätte. Dieser Link führte Z auf eine von B erstellte, der Homepage der Bank zum Verwechseln ähnlich sehende Homepage, auf der Z aufgefordert wurde, in einer scheinbar sicheren Umgebung seine Kontonummer, persönliche Identifikationsnummer (PIN) und Transaktionsnummern (TAN) für die Nutzung von Bankdiensten einzugeben. Mit der erlangten PIN konnte B pro erbeuteter TAN eine Überweisung vom Konto des Z vornehmen. ◄

Wird durch die Eingabe von KN, PIN und TAN eine Vermögensminderung unmittelbar herbeigeführt?

Z. T.[934] wird die Unmittelbarkeit abgelehnt, z. T.[935] bejaht.

Richtig ist zwar, dass der „Phisher" die Daten erst noch verwenden muss, durch die Preisgabe von Kontodaten und TAN entsteht aber bereits eine konkret vermögensgefährdende Lage, die unter wirtschaftlichen Gesichtspunkten bereits eigenständige Bedeutung hat.

(4) Verfügungsbewusstsein
Ein Verfügungsbewusstsein[936] ist beim sog. **Sachbetrug** erforderlich,[937] nicht hingegen bei sonstigen Vermögensverfügungen[938] (z. B. Nichtgeltendmachen von Ansprüchen).

---

[932] Strittig, s. Fischer, StGB, 71. Aufl. 2024, § 263 Rn. 77; Eisele, BT II, 6. Aufl. 2021, Rn. 559; aus der Rspr. vgl. OLG Düsseldorf U. v. 28.06.1974 – 3 Ss 312/74 – NJW 1974, 1833 (Anm. Oexmann NJW 1974, 2296; Hassemer JuS 1975, 125).

[933] Hierzu Popp NJW 2004, 3517; Weber HRRS 2004, 406; Stuckenberg ZStW 2006, 878; Graf NStZ 2007, 129; Heghmanns wistra 2007, 167; Goeckenjan wistra 2008, 128; Goeckenjan wistra 2009, 47; Seidl/Fuchs HRRS 2010, 85; Brand NStZ 2013, 7.

[934] Wohl h. L., z. B. Kindhäuser/Hilgendorf, LPK, 9. Aufl. 2022, § 263 Rn. 163.

[935] Z. B. Stuckenberg ZStW 2007, 878 (903f.).

[936] Hierzu Fischer, StGB, 71. Aufl. 2024, § 263 Rn. 74; näher Hansen MDR 1975, 533.

[937] H. M., Eisele, BT II, 6. Aufl. 2021, Rn. 563ff.

[938] H. M., Eisele, BT II, 6. Aufl. 2021, Rn. 565; aus der Rspr. vgl. zuletzt OLG Karlsruhe B. v. 09.08.2023 – 1 ORs 35 Ss 322/23 – NJW 2023, 2894 (Anm. Hecker JuS 2023, 1166; Mitsch NJW 2023, 2896).

Letzteres liegt daran, dass ein umfassender Schutz gegen unbewusste täuschungsbedingte Selbstschädigungen in Fällen gewährleistet werden soll, bei denen gerade der vermögensmindernde Charakter des Verhaltens verborgen bleibt, z. B. bei Kostenfallen oder bei sonstiger Verschleierung eines Vertragsschlusses.

Beispiel 207

BGH U. v. 20.02.1968 – 5 StR 694/67 – BGHSt 22, 88 = NJW 1968, 902 (Anm. Willms JuS 1968, 387; Heinitz JR 1968, 387):
B war als reisender Provisionsvertreter für die B.-GmbH in A. tätig. In vielen Fällen veranlasste er Leute, die einen Kauf abgelehnt hatten, einen Vordruck zu unterschreiben, in dem sie angeblich nur den Besuch der Vertreter bescheinigten, ihrer Eintragung in die Kundenliste der B.-GmbH oder der Probevorführung einer Waschmaschine zustimmten oder sonst irgendeine unverbindliche oder unwichtige formelle Erklärung abgaben, z. B. die angeblich erforderliche „Umschreibung" eines schon bestehenden Abzahlungskaufvertrages beantragten. In Wahrheit bestellten sie durch ihre Unterschrift eine Waschmaschine, Wäscheschleuder oder Waschkombination auf Abzahlung. B reichte diese Schriftstücke dem Leiter W. des Verkaufsbüros der B.-GmbH ein und erhielt darauf Provision. ◄

Das Geschäftsmodell des B basierte gerade darauf, dass die Nutzer bzw. Besuchten gar nicht zu Kenntnis nahmen, dass sie eine Verbindlichkeit eingingen.

Beim Betrug hingegen, der auf die **Übergabe einer Sache** gerichtet ist, ist eine **bewusste Gewahrsamsübertragung** zu verlangen, um eine sinnvolle Grenzziehung zum (Trick-)Diebstahl gem. § 242 I StGB zu gewährleisten. Hier gibt es ein Exklusivitätsverhältnis zwischen der Vermögensverfügung beim Betrug und bei der Wegnahme i.R.d. Diebstahls.[939]

Deutlich wird das z. B. beim **Passieren einer Kasse mit versteckter Ware**.[940]

Beispiel 208

BGH B. v. 26.07.1995 – 4 StR 234/95 (abgedeckte CDs) – BGHSt 41, 198 = NJW 1995, 3129 = NStZ 1995, 593 = StV 1995, 638 (Anm. Kühl, Höchstrichterliche Rspr. BT, 2002, Nr. 46; Otto JK 1996 StGB § 242/17; von Heintschel-Heinegg JA 1996, 97; Martin JuS 1996, 177; Zopfs NStZ 1996, 190; Scheffler JR 1996, 342; Hillenkamp JuS 1997, 217):
B ging am Tattag im R-Markt in P. mit einem Einkaufswagen in die CD-Abteilung, wo er vier CDs sowie eine Videokassette im Gesamtwert von 105,81 DM aus den Auslagen nahm und flach auf den Boden des Einkaufswagens legte. Das gleiche tat er sodann in der Textilabteilung mit zwei Paar Socken im

---

[939] Ganz h. M., s. nur Joecks/Jäger, StGB, 13. Aufl. 2021, § 263 Rn. 88.
[940] Hierzu s. schon o. A I 3 a) dd) (4) (f); ferner aus der Perspektive des Betrugs z. B. Hoyer, in: SK-StGB, 9. Aufl. 2019, § 263 Rn. 168f.

Gesamtwert von 17,58 DM. Danach deckte B diese Gegenstände mit einem Werbeprospekt ab, wobei er sich sichernd umschaute. Anschließend legte er weitere Sachen im Gesamtwert von 132,85 DM auf die durch den Werbeprospekt abgedeckten Waren. Sodann begab er sich an die Kasse. Entsprechend seiner vorgefassten Absicht legte er dort nur die „oben" liegenden Gegenstände auf das Band, nicht jedoch die unter dem Werbeprospekt befindlichen Waren. Nach Bezahlung der vorgelegten Waren räumte B diese wieder in den Einkaufswagen. Hinter der Kassenzone wurde er von zwei in dem Markt tätigen Detektiven, die das gesamte Tatgeschehen beobachtet hatten, gestellt. ◄

Die Kassiererin war sich der unter dem Werbeprospekt befindlichen Waren nicht bewusst. Insofern kann es sich nicht um eine Vermögensverfügung (§ 263 StGB), sondern nur um eine Wegnahme (§ 242 StGB) handeln.

Beispiel 209

OLG Düsseldorf B. v. 19.06.1987 – 5 Ss 166/87 – 131/87 I (Winkelschleifer) – NJW 1988, 922 (Anm. Geppert JK 1988 StGB § 263/28; Hassemer JuS 1988, 574):

B hielt sich am 08.04.1986 gegen 18:20 Uhr in der Werkzeugabteilung des Verkaufsmarktes der Firma M auf, um einen Winkelschleifer zu kaufen. Nachdem er ein Gerät im Werte von unter 100 DM ausgewählt hatte, stellte er nach Öffnen der Verpackung fest, dass die von ihm benötigten Trennscheiben nicht als Zubehör enthalten waren. Der für die Werkzeugabteilung zuständige Verkäufer Z bestätigte ihm auf Nachfrage, dass Trennscheiben von dem Preis des Winkelschleifers nicht umfasst seien. B wollte auf die Trennscheiben nicht verzichten; andererseits wollte er sie nicht zusätzlich kaufen und bezahlen. Er nahm deshalb vier Trennscheiben im Werte von jeweils 3 DM, legte sie in den Karton, in dem der Winkelschleifer verpackt war, und verschloss ihn. Nicht wissend, dass Z dies beobachtet und den Hausdetektiv informiert hatte, ging B zu der Kasse und legte den verschlossenen Karton auf das Kassenband. Die Kassiererin berechnete nur den Kaufpreis für den Winkelschleifer. Nachdem B ihn bezahlt und den Kassenbereich mit dem Karton passiert hatte, ging er zu dem Informationsstand der Firma M, um sich den Kauf des Winkelschleifers quittieren zu lassen. Nachdem ihm die gewünschte Quittung erteilt worden war, wurde er von dem Hausdetektiv gestellt. ◄

Auch hier hatte die Kassiererin keine Kenntnis von den im verschlossenen Karton befindlichen Trennscheiben, sodass es an dem für einen Betrug erforderlichen Verfügungsbewusstsein fehlt.

Beispiel 210

OLG Hamm U. v. 29.06.1978 – 2 Ss 1315/78 – NJW 1978, 2209 (Anm. Geilen JK 1979 StGB § 263/2):

B kaufte in einem Selbstbedienungslager ein, wobei er in die von ihm sodann wieder verschlossene Umhüllung eines Kartons mit Windeln Zigarettenpackungen einlegte und das Paket zum Preise für den ursprünglichen Verpackungsinhalt durch die Kasse zu bringen versuchte. ◄

Dasselbe gilt in diesem Fall.

Legt man eher strenge Anforderungen an das Einverständnis in die Gewahrsamsübertragung an, so sind diese Fallkonstellationen als Diebstahl zu erfassen. Erst wenn z. B. dem Kassierer bewusst ist, dass er eine Sache herausgibt, ist ein Einverständnis und mithin eine Vermögensverfügung anzunehmen, welche bei Täuschung (z. B. Zahlung mit Falschgeld) zu einer Betrugsstrafbarkeit führt.

(5) Dreiecksbetrug

▶ **Didaktischer Aufsatz**
  • Fock/Gerhold, Zum Dreiecksbetrug um Forderungen, JA 2010, 511

Der Getäuschte, der Irrende und der Verfügende müssen derselbe Mensch sein, hingegen müssen Verfügender und Geschädigter nicht identisch sein[941] – diese Verfügung über fremdes Vermögen kann dann zu einem sog. Dreiecksbetrug[942] führen.

Soweit die Herausgabe von **Sachen** betroffen ist, handelt es sich um die Kehrseite des Problems des drittwirkenden Einverständnisses i.R.d. Diebstahls (Unterscheidung von Diebstahl in mittelbarer Täterschaft und Dreiecksbetrug[943]), wobei die h. M. vage darauf abstellt, ob sich Verfügender und Geschädigter im selben **Lager** befinden.

Beim Dreiecksbetrug in Bezug auf **Forderungen** ist ebenfalls umstritten, welche Anforderungen an das zurechnungsbegründende **Näheverhältnis** zu stellen sind.[944]

Beispiel 211

AG Eggenfelden U. v. 23.04.2007 – 2 Ds 32 Js 36156/05 – NStZ-RR 2008, 242:
  B schloss im April 2005 mit seiner Zulieferfirma F auf Grund seines bei dieser Fa. vorhandenen Zahlungsrückstandes in Höhe von ca. 30.000 € die Vereinbarung, dass er sämtliche künftigen Forderungen gegenüber seinen in der Vereinbarung aufgeführten Kunden aus Material- und Gerätelieferungen an die Fa. F abtritt. Die Endkunden sollten dabei direkt an die Fa. F bezahlen. Hierfür sollte die Fa. F berechtigt sein, die Rechnungen jeweils auf die Endkunden, also die Bauherren der im Einzelnen bezeichneten Bauvorhaben auszustellen. Die Rech-

---

[941] Kindhäuser/Hoven, in: NK-StGB, 6. Aufl. 2023, § 263 Rn. 153; aus der Rspr. vgl. zuletzt BGH B. v. 12.10.2022 – 4 StR 134/22 – NStZ-RR 2023, 14 = StV-S 2023, 23 (Anm. Nestler Jura 2023, 238); OLG Karlsruhe B. v. 09.08.2023 – 1 ORs 35 Ss 322/23 – NJW 2023, 2894 (Anm. Hecker JuS 2023, 1166; Mitsch NJW 2023, 2896)
[942] Zu diesem etwa Eisele, BT II, 6. Aufl. 2021, Rn. 567ff.
[943] S. o. A I 3 a) dd) (4) (h).
[944] Hierzu Hoyer, in: SK-StGB, 9. Aufl. 2019, § 263 Rn. 170ff.; Fock/Gerhold JA 2010, 511; aus der Rspr. vgl. zuletzt BGH B. v. 12.10.2022 – 4 StR 134/22 – NStZ-RR 2023, 14 = StV-S 2023, 23 (Anm. Nestler Jura 2023, 238).

nungen sollten dabei zunächst an B versandt werden, damit dieser die Rechnung jeweils freigibt und an die Endkunden weiter zusendet. Auf ausdrücklichen Wunsch des B erfolgte eine allgemeine Offenlegung der Abtretungsvereinbarung gegenüber den nachbenannten Endkunden nicht. Es wäre daher für die Endkunden allein aus den einzelnen über den B zuzusendenden Rechnungen ersichtlich gewesen, dass die entsprechenden Forderungen bereits vorher an die Fa. F abgetreten waren. Nachdem die entsprechenden Material- und Gerätelieferungen seitens der Fa. F erbracht worden waren, indem die entsprechenden Lieferungen entweder in das Materiallager des B oder direkt auf die Baustelle an die Endkunden vorgenommen waren, wurden auch die entsprechenden Rechnungen an den B versandt. Dieser übersandte nun diese jeweiligen Rechnungen nicht an die Endkunden weiter, sondern setzte seinen eigenen Briefkopf in die Rechnungen ein und fügte den Rechnungsposten über Material und Gerätelieferungen seine eigenen Rechnungsposten über geleistete Arbeitszeiten hinzu. Diese modifizierten Rechnungen übersandte er dann in vier Fällen den jeweiligen Endkunden mit der Bitte um Bezahlung auf sein eigenes Konto. Ein Hinweis auf die vorher vereinbarte Vorausabtretung erfolgte zu keinem Zeitpunkt. Im Vertrauen auf das Vorliegen einer Einziehungsbefugnis des B wurden die Rechnungen seitens der Endkunden zu den nachbenannten Zeitpunkten bzw. kurz nach Rechnungsstellung beglichen. B erzielte dadurch in Höhe der jeweils eingezogenen Material- und Gerätelieferungskosten einen ungerechtfertigten Vermögensvorteil. ◄

Die Rechnungen wurden seitens der Endkunden gegenüber B beglichen. Welche Voraussetzungen müssen erfüllt sein, damit darin Vermögensverfügungen zu Lasten der F liegen?

Die Rspr. und die h. L. gehen in diesen Fällen von einem Dreiecksbetrug aus, wenn die rechtliche Möglichkeit des Schuldners besteht, mit befreiender Wirkung gegenüber dem Gläubiger zu leisten (v. a. §§ 407, 408 BGB, 56 HGB). Die Nähebeziehung wird mithin auf das schon bestehende Schuldverhältnis gestützt.

> **§ 407 I BGB (Rechtshandlungen gegenüber dem bisherigen Gläubiger)**
> Der neue Gläubiger muss eine Leistung, die der Schuldner nach der Abtretung an den bisherigen Gläubiger bewirkt, sowie jedes Rechtsgeschäft, das nach der Abtretung zwischen dem Schuldner und dem bisherigen Gläubiger in Ansehung der Forderung vorgenommen wird, gegen sich gelten lassen, es sei denn, dass der Schuldner die Abtretung bei der Leistung oder der Vornahme des Rechtsgeschäfts kennt.

Eine Gegenauffassung[945] verlangt eine rechtliche Verfügungsbefugnis des Schuldners.

---

[945] Z. B. Hoyer, in: SK-StGB, 9. Aufl. 2019, § 263 Rn. 177.

Ihr ist allerdings entgegenzuhalten, dass die schuldrechtliche Beziehung i. V. m. den drittwirkenden zivilrechtlichen Vorschriften einer solchen Befugnis gleichzustellen ist.

Ein besonderer Fall des Dreiecksbetrugs ist der **Prozessbetrug**.[946]

Hier täuscht der Täter das Gericht, um eine für ihn günstige Entscheidung zu erwirken, die z. B. einen zivilrechtlichen Beklagten zur Herausgabe einer Sache oder zur Zahlung eines Geldbetrags verpflichtet.

Beispiel 212

BGH B. v. 25.11.1997 – 5 StR 526/96 – BGHSt 43, 317 = NJW 1998, 1001 = NStZ 1998, 300 = NStZ 1999, 306 = StV 1999, 24 (Anm. Geppert JK 1998 StGB § 52/10; Martin JuS 1998, 761; LL 1998, 387; Momsen NStZ 1999, 306):

B1 machte gegen eine Versicherung einen Haftpflicht-Schadensersatzanspruch mit der wahrheitswidrigen Behauptung geltend, dass einer ihrer Versicherungsnehmer auf den Pkw des B aufgefahren sei, was B2 beobachtet habe. Die Versicherung lehnte einen Schadensausgleich ab. B1 erhob gegen die Versicherung Klage beim AG Hildesheim. Dort bestätigte B2 auf Veranlassung des B1 wahrheitswidrig als Zeuge uneidlich dessen Klagevortrag, sodass dem B1 durch Urteil ein Schadensersatzanspruch zugesprochen wurde. B1 und B2 hatten vor dem Gerichtstermin ihre falschen Angaben miteinander auswendig gelernt und abgestimmt. ◄

Der Richter ist aufgrund seiner v. a. in der ZPO und dem GVG normierten Stellung zum vollstreckbaren Urteil berechtigt, sodass sich der Beklagte diese Vermögensverfügung zurechnen lassen muss.

(6) Dadurch: Verursachung der sog. Vermögensverfügung durch den Irrtum

Die Vermögensverfügung muss i.S.e. – psychischen[947] – Kausalität auf dem Irrtum beruhen.[948] Der Irrtum muss bestimmend für den Verfügenden gewesen sein. Mitursächlichkeit genügt.[949]

---

[946] Hierzu Kindhäuser/Hilgendorf, LPK, 9. Aufl. 2022, § 263 Rn. 215; Giehring GA 1973, 1; Eisenberg FS Salger 1995, 15; Fahl Jura 1996, 74; Krell JR 2012, 102; aus der Rspr. vgl. zuletzt BGH U. v. 09.05.2017 – 1 StR 265/16 – NJW 2017, 3798 = StV 2018, 36 (Anm. Kubiciel/Mennemann jurisPR-StrafR 22/2017 Anm. 1; Webel wistra 2017, 399; Baur/Holle wistra 2017, 499; Jenne/Martens CCZ 2017, 285; Moritz jurisPR-Compl 5/2017 Anm. 1; Wehnert StV 2018, 38).

[947] Näher Engisch FS von Weber 1963, 247; Puppe JR 2017, 513.

[948] Fischer, StGB, 71. Aufl. 2024, § 263 Rn. 87; näher Busch NJW 1960, 950; aus der Rspr. vgl. zuletzt BGH U. v. 15.03.2018 – 4 StR 425/17 – StV 2019, 26 (Anm. Nestler Jura 2018, 1063; RÜ 2018, 437); OLG Rostock B. v. 06.02.2019 – 20 RR 90/18 – StV 2020, 250 (Anm. Wachter JR 2020, 443; Schmidt wistra 2020, 125); BGH B. v. 04.12.2019 – 2 StR 422/18 – NStZ-RR 2020, 117.

[949] Fischer, StGB, 71. Aufl. 2024, § 263 Rn. 87; aus der Rspr. vgl. zuletzt BGH B. v. 24.11.2016 – 4 StR 87/16 – NStZ 2017, 340 = StV 2018, 34.

Zu beachten ist das allgemeine Verbot, hypothetische Kausalverläufe heranzuziehen[950]; ein hypothetisch anderer Beweggrund für die Verfügung ist daher irrelevant.[951]

dd) Vermögen eines anderen beschädigt; dadurch

▶ **Didaktische Aufsätze**
- Otto, Vermögensgefährdung, Vermögensschaden und Vermögenswertminderung, Jura 1991, 494
- Geerds, Schadensprobleme beim Betrug, Jura 1994, 309
- Satzger, Probleme des Schadens beim Betrug, Jura 2009, 518
- Waszcynski, Klausurrelevante Problemfelder des Vermögensschadens bei § 263 StGB, JA 2010, 251
- Jäger, Die drei Unmittelbarkeitsprinzipien beim Betrug, JuS 2010, 761
- Becker/Rönnau, Der objektiv-individuelle Schadensbegriff beim Betrug (§ 263 StGB), JuS 2017, 975
- Eisele/Bechtel, Der Schadensbegriff bei den Vermögensdelikten, JuS 2018, 97

(1) Allgemeines

Ein Vermögensschaden[952] (§ 263 I StGB: „Vermögen eines anderen ... beschädigt") liegt dann vor, wenn die Minderung des wirtschaftlichen Gesamtwertes des Vermögens aufgrund der Vermögensverfügung nicht durch einen entsprechenden unmittelbaren Wertzuwachs voll ausgeglichen wird (Gesamtsaldierung; nachteilige Vermögensdifferenz).[953]

Hierbei ist allein der **Zeitpunkt** der Verfügung (beim Eingehungsbetrug also der Vertragsschluss) relevant; verglichen werden die Vermögenswerte (Vermögensver-

---

[950] S. im Allgemeinen Teil.
[951] Eisele, BT II, 6. Aufl. 2021, Rn. 557; näher Puppe JR 2017, 513; aus der Rspr. vgl. zuletzt BGH U. v. 20.12.2012 – 4 StR 125/12 – NStZ-RR 2013, 147 = StV 2014, 218 (Anm. Satzger JK 2013 StGB § 263 I/100); OLG Bamberg B. v. 01.10.2013 – 3 Ss 84/13 (Anm. Jahn JuS 2014, 275); LSG Berlin-Brandenburg U. v. 07.05.2014 – L 9 KR 384/12 (Anm. Kudlich JA 2015, 632).
[952] Hierzu Gutmann MDR 1963, 3 und 91; Otto Jura 1991, 494; Geerds Jura 1994, 309; Kindhäuser FS Lüderssen 2002, 635; Walter FS Herzberg 2008, 763; Satzger Jura 2009, 518; Waszcynski JA 2010, 251; Saliger FS Samson 2010, 455; Rönnau FS Rissing-van Saan 2011, 517; Saliger HRRS 2012, 363; Bittmann NStZ 2013, 72; Kulhanek NZWiSt 2013, 246; Blassl wistra 2016, 425; Becker/Rönnau JuS 2017, 975; Eisele/Bechtel JuS 2018, 97; Schilling NStZ 2018, 316; Becker NZWiSt 2022, 305.
[953] S. nur Fischer, StGB, 71. Aufl. 2024, § 263 Rn. 111; aus der Rspr. vgl. zuletzt BGH U. v. 01.06.2023 – 4 StR 225/22 – NStZ 2024, 291 (Anm. Jahn JuS 2023, 981; Erdogan NStZ 2024, 293); BGH B. v. 19.07.2023 – 2 StR 77/22 – NJW 2023, 3804 = NStZ 2023, 680 = StV 2023, 747 (Anm. Bosch Jura 2023, 1356; Schulte-Rudzio NStZ 2024, 40; Ferner jurisPR-StrafR 18/2024 Anm. 3); BGH B. v. 18.10.2023 – 1 StR 146/23 – BGHSt 68, 53 = NJW 2024, 455 (Anm. Wenglarczyk JR 2024, 501); BGH B. v. 30.01.2024 – 5 StR 228/23 – NJW 2024, 1827 = NStZ 2024, 488 (Anm. Trüg NJW 2024, 1830; Czimek/Schäfer NStZ 2024, 491; Schmitz NZWiSt 2024, 306).

fügung und mit ihr zusammenhängende Vermögensbewegungen) **unmittelbar vor und unmittelbar nach der Verfügung**.[954] Eine spätere Erfüllung oder nachträgliche **Wiedergutmachungen** sind lediglich bei der Strafzumessung zu berücksichtigen.

Zu berücksichtigen sind nur **unmittelbar** mit der Vermögensverfügung zusammenhängende Vermögenszuflüsse.[955] Mittelbare Vorteile (z. B. eine Sammlung im Freundeskreis des Opfers oder sonstige Fremdzahlungen) wirken nicht ausgleichend. Es handelt sich um eine normative Zurechnungsfrage.

Erst durch die Täuschung entstehende Rechte bleiben außer Betracht, sodass v. a. gesetzliche **Anfechtungs-, Widerrufs- und Rücktrittsrechte** sowie **Schadensersatz- und Bereicherungsansprüche** nichts am Vorliegen eines Vermögensschadens ändern.[956] Die Durchsetzung derartiger zivilrechtlicher Möglichkeiten ist nur eine nachträgliche Schadensbeseitigung, zudem ist eine erfolgreiche Durchsetzung vor Gericht stets mit Unsicherheiten behaftet.

Selbst ein **vertragliches Rücktrittsrecht** und eine **Stornierungsbereitschaft** stehen einem Vermögensschaden nicht entgegen.[957]

Für eine Unbeachtlichkeit spricht, dass das Opfer ggf. von seinen Rechten oder einer Stornierungsbereitschaft keine Kenntnis hat, außerdem scheut es evtl. die Konfrontation mit dem Täter oder verzichtet aus Bequemlichkeit auf eine Rechteverfolgung.

Bei der Ermittlung des Vermögenssaldos ist der **objektive Wert** der Vermögenspositionen maßgeblich (Marktwert).[958] Besondere Sympathien oder Aversionen sowie Affektionsinteressen sind unerheblich.

---

[954] Fischer, StGB, 71. Aufl. 2024, § 263 Rn. 111; aus der Rspr. vgl. zuletzt BGH U. v. 01.06.2023 – 4 StR 225/22 – NStZ 2024, 291 (Anm. Jahn JuS 2023, 981; Erdogan NStZ 2024, 293); BGH B. v. 19.07.2023 – 2 StR 77/22 – NJW 2023, 3804 = NStZ 2023, 680 = StV 2023, 747 (Anm. Bosch Jura 2023, 1356; Schulte-Rudzio NStZ 2024, 40; Ferner jurisPR-StrafR 18/2024 Anm. 3); BGH B. v. 30.01.2024 – 5 StR 228/23 – NJW 2024, 1827 = NStZ 2024, 488 (Anm. Trüg NJW 2024, 1830; Czimek/Schäfer NStZ 2024, 491; Schmitz NZWiSt 2024, 306).

[955] Fischer, StGB, 71. Aufl. 2024, § 263 Rn. 111; näher Jäger JuS 2010, 761; aus der Rspr. vgl. zuletzt BGH B. v. 04.07.2019 – 4 StR 36/19 – NStZ 2020, 157 = StV 2019, 744 (Anm. Bosch Jura 2019, 1308; Soyka NStZ 2020, 158); BGH U. v. 19.08.2020 – 5 StR 558/19 – BGHSt 65, 110 = NJW 2021, 90 = StV 2021, 725 (Anm. Gaede NJW 2021, 98; Leverenz HRRS 2021, 86; Hiéramente/Schwerdtfeger jurisPR-StrafR 1/2021 Anm. 2; Rettke wistra 2021, 113; Meyer NZWiSt 2021, 151); BGH B. v. 30.01.2024 – 5 StR 228/23 – NJW 2024, 1827 = NStZ 2024, 488 (Anm. Trüg NJW 2024, 1830; Czimek/Schäfer NStZ 2024, 491; Schmitz NZWiSt 2024, 306).

[956] Kindhäuser/Hilgendorf, LPK, 9. Aufl. 2022, § 263 Rn. 174; aus der Rspr. vgl. zuletzt OLG Frankfurt B. v. 17.12.2010 – 1 Ws 29/09 – NJW 2011, 398 (Anm. Bosch JK 2011 StGB § 263/90; Hecker JuS 2011, 470; RA 2011, 184; Hansen NJW 2011, 404).

[957] H. M., z. B. (aber diff. nach der Durchsetzbarkeit) Hefendehl, in: MK-StGB, 4. Aufl. 2022, § 263 Rn. 777f.; vgl. aber auch z. B. Kindhäuser/Hilgendorf, LPK, 9. Aufl. 2022, § 263 Rn. 175; aus der Rspr. vgl. zuletzt BGH U. v. 01.06.2023 – 4 StR 225/22 – NStZ 2024, 291 (Anm. Jahn JuS 2023, 981; Erdogan NStZ 2024, 293).

[958] Joecks/Jäger, StGB, 13. Aufl. 2021, § 263 Rn. 117f.; näher Dannecker NStZ 2016, 318; aus der Rspr. vgl. zuletzt BGH B. v. 15.04.2020 – 5 StR 513/19 – NStZ-RR 2020, 281 (Anm. RÜ 2020, 650; Veljovic/Thiele NZWiSt 2021, 73).

Ein Vermögensschaden folgt nicht allein daraus, dass der Getäuschte bei Kenntnis der Sachlage von der Verfügung **Abstand** genommen hätte,[959] da der Betrug nur das Vermögen, nicht aber die Dispositionsfreiheit schützt. Daher ist auch ein Gefühl beim Getäuschten, geschädigt zu sein, irrelevant.

Beispiel 213

BGH B. v. 16.08.1961 – 4 StR 166/61 (Melkmaschine) – BGHSt 16, 321 = NJW 1962, 309 (Anm. Kühl, Höchstrichterliche Rspr. BT, 2002, Nr. 68; Blechschmid JuS 1962, 157; Schröder NJW 1962, 721; Eser GA 1962, 289; Fahl JA 1995, 198):
B betätigte sich seit Jahren als Verkaufsvertreter für Melkmaschinen. Als Entgelt für die von ihm vermittelten Vertragsabschlüsse erhielt er von der Lieferfirma Provision. Den von ihm aufgesuchten Landwirten spiegelte er vor, er könne ihnen als „internationaler Propagandist" und im Rahmen einer Sonderaktion zu Werbezwecken die benötigte Anlage weit unter dem normalen Preis als Musteranlage verschaffen. Tatsächlich war der von ihm geforderte und vereinbarte Preis der gewöhnliche Listenpreis für die betr. Melkmaschine. In einigen Fällen setzte er die Kunden zeitlich unter Druck, indem er deren sofortige Entscheidung verlangte, andernfalls „in einer Stunde ein anderer Bauer den Vorteil hätte". Auf diese Weise gelang es ihm, eine Anzahl von Bauern über die vermeintlich besonders günstige Gelegenheit zum Erwerb einer Melkanlage zu täuschen und zur Bestellung einer solchen Maschine zu veranlassen, die sie bei Kenntnis des wirklichen Sachverhalts jedenfalls zu der fraglichen Zeit nicht gekauft hätten. In allen Fällen kam es dem B darauf an, sich die Provision zu verschaffen.
1. So ging B auch gegenüber dem Landwirt Z1 vor, dem er eine Melkanlage für 1885 DM verkaufte, obgleich er wusste, dass dieser Käufer dadurch in finanzielle Schwierigkeiten geraten könnte und sein Vermögen insoweit gefährdete, als er zu der damaligen Zeit noch andere Verpflichtungen hatte.
2. Ähnlich lag es im Falle Z2. Dieser Bauer hatte kurz zuvor seine Wirtschaftsgebäude neu errichtet, war dadurch finanziell stark geschwächt und wollte, als B ihn besuchte, nicht auch noch die Anschaffung einer Melkmaschine auf sich nehmen. Deshalb hatte er schon den Vertreter einer anderen Firma abgewiesen. B erkannte dies. Durch die Vorspiegelung, Z2 könne durch eine sofortige Bestellung rund 900 DM einsparen, gelang es ihm gleichwohl, diesen zur Bestellung einer Melkmaschine zum (Listen-)Preis von 1 130 DM zu veranlassen. Z2 musste, um die daraus entstandene Verpflichtung erfüllen zu können, einen verzinslichen Kredit aufnehmen.
3. Die Bäuerin Z3 hatte ebenfalls gebaut und dem B bei seinem Besuch sogleich erklärt, dass sie zur Zeit kein Geld für die Anschaffung einer Melkanlage

---
[959] Fischer, StGB, 71. Aufl. 2024, § 263 Rn. 119a; aus der Rspr. vgl. zuletzt BGH B. v. 23.10.2019 – 1 StR 444/19 – StV 2020, 754 (Anm. RÜ 2020, 440); BGH B. v. 15.04.2020 – 5 StR 513/19 – NStZ-RR 2020, 281 (Anm. RÜ 2020, 650; Veljovic/Thiele NZWiSt 2021, 73).

besitze; wenn sie später einmal dazu in der Lage sein werde, müsse es eine Anlage für 10 Kühe sein, die sie auch auf der Weide verwenden könne. Gleichwohl redete ihr B eine kleinere Melkmaschine mit Treckeranschluss zum Preise von zusammen 1047 DM auf, obwohl er wusste, dass eine Maschine dieses Typs wohl für zwei bis drei Kühe, nicht aber für 10 Kühe ausreichte. Der Kundin erklärte er irreführend, die von ihm im Rahmen der Werbeaktion angebotene Melkanlage reiche auch für einen Betrieb mit 10 Kühen aus. Sie musste sich später, als sie ein Vertreter der Lieferfirma aufsuchte, eines Besseren belehren lassen und bestellte bei diesem eine größere Anlage, die sie sonst angesichts ihrer bedrängten wirtschaftlichen Verhältnisse zu der fraglichen Zeit nicht gekauft hätte.

4. B veranlasste ferner auch den Landwirt Z4 durch die Vorspiegelung eines besonderen Preisnachlasses von rund 750 DM zur Bestellung einer Melkmaschine für 862 DM; der Preis sollte in drei halbjährlichen Raten gezahlt werden. Z4 hatte dem B zuvor erklärt, er könne zurzeit keine Maschine bezahlen, weil seine Schwester und sein Bruder gerade geheiratet hätten. Wegen der vorhandenen Geldschwierigkeiten hätte er die bestellte Anlage nicht gekauft, wenn B ihn nicht über die angeblich einmaligen Vorteile bei sofortigem Vertragsabschluss getäuscht hätte. Die Melkmaschine erwies sich übrigens für die Bedürfnisse des Getäuschten, der einen Betrieb mit fünf Kühen hatte, als zu klein, sodass er später bei einem Vertreter der Firma eine größere Anlage bestellte, um sich weiteren Ärger zu ersparen. ◄

Dass die Z1–Z4 bei zutreffenden Angaben seitens des B keine Melkmaschinen bestellt hätten, ist im Rahmen des Vermögensschadens unerheblich. Nicht jede Täuschung mit zivilrechtlichen Folgen ist zwingend strafbar, denn § 263 StGB schützt das Vermögen und nicht die Dispositionsfreiheit. Die den Z1–Z4 verkauften Melkmaschinen waren die vereinbarten Preise aber wert, sodass bei streng wirtschaftlicher Betrachtung kein Schaden vorläge. Zu einem anderen Ergebnis kann man nur nach den Maßstäben des sog. individuellen Schadenseinschlages gelangen.

Auch der Umstand, dass der Getäuschte den gleichen Leistungsgegenstand woanders zu besseren Konditionen erhalten hätte, begründet noch keinen Vermögensschaden.[960]

Wenn kein Marktpreis feststellbar ist, ist auf den **vertraglich vereinbarten Preis** abzustellen oder notfalls auf allgemein anerkannte betriebswirtschaftliche **Bewertungsmaßstäbe**,[961] vgl. auch das Bilanzrecht. Problematisch ist, dass dies nicht selten die Inanspruchnahme von Sachverständigen erfordert.[962]

---

[960] Eisele, BT II, 6. Aufl. 2021, Rn. 575; aus der Rspr. vgl. BGH U. v. 21.11.1961 – 1 StR 424/61 – BGHSt 16, 367 = NJW 1962, 312.

[961] Perron, in: Schönke/Schröder, StGB, 30. Aufl. 2019, § 263 Rn. 113; näher Dannecker NStZ 2016, 318; aus der Rspr. vgl. BGH U. v. 20.03.1980 – 2 StR 14/80 (Badesalz) – NJW 1980, 1760 (Anm. Hassemer JuS 1980, 916); BGH B. v. 11.09.2003 – 5 StR 524/02 – NStZ-RR 2004, 17; BGH B. v. 14.07.2010 – 1 StR 245/09 – NStZ 2010, 700.

[962] Heger, in: Lackner/Kühl/Heger, StGB, 30. Aufl. 2023, § 263 Rn. 38; Hefendehl wistra 2012, 325; Krause StV 2012, 331.

Wird die **Unterzeichnung** eines Bestellscheins durch unwahre Angaben über dessen Bedeutung **erschlichen**, so ist ein Vermögensschaden des Getäuschten nicht schon deshalb ohne Weiteres zu bejahen, weil er **in Wahrheit nichts bestellen wollte**.[963] Auch aus bloßer **Anfechtbarkeit** folgt noch kein Schaden.[964]

Beispiel 214

BGH U. v. 20.02.1968 – 5 StR 694/67 – BGHSt 22, 88 = NJW 1968, 902 (Anm. Willms JuS 1968, 387; Heinitz JR 1968, 387):
B war als reisender Provisionsvertreter für die B.-GmbH in A. tätig. In vielen Fällen veranlasste er Leute, die einen Kauf abgelehnt hatten, einen Vordruck zu unterschreiben, in dem sie angeblich nur den Besuch der Vertreter bescheinigten, ihrer Eintragung in die Kundenliste der B.-GmbH oder der Probevorführung einer Waschmaschine zustimmten oder sonst irgendeine unverbindliche oder unwichtige formelle Erklärung abgaben, z. B. die angeblich erforderliche „Umschreibung" eines schon bestehenden Abzahlungskaufvertrages beantragten. In Wahrheit bestellten sie durch ihre Unterschrift eine Waschmaschine, Wäscheschleuder oder Waschkombination auf Abzahlung. B reichte diese Schriftstücke dem Leiter W. des Verkaufsbüros der B.-GmbH ein und erhielt darauf Provision. ◄

Besteht die Vermögensverfügung im Abschluss eines Vertrages (Eingehungsbetrug), sind i.R.d. Gesamtsaldierung die vertraglich begründeten Forderungen zu vergleichen. Wenn der objektive Verkehrswert der Waschmaschinen, Wäscheschleudern, Waschkombinationen dem vereinbarten Kaufpreis entspricht, liegt kein Vermögensschaden vor. Dass die Betroffenen keine Verträge schließen wollten und diese deshalb gem. § 119 I BGB analog anfechtbar sind, ist unerheblich.

Vor diesem Hintergrund ist jedwede formale Betrachtungsweise problematisch, z. B. die **sozialrechtsakzessorische** Handhabung kassenärztlicher Leistungen[965] in Rspr. und wohl h. L.[966]

---

[963] H. M., Fischer, StGB, 71. Aufl. 2024, § 263 Rn. 119a; näher Schlüchter MDR 1974, 617; Franzheim/Krug GA 1975, 97; Lampe NJW 1978, 679; aus der Rspr. vgl. OLG Hamm Vorlegungsb. v. 23.07.1964 – 2 Ss 422/64 – NJW 1964, 2276 und 1965, 1152; OLG Hamm U. v. 18.12.1964 – 2 Ss 422/64 – NJW 1965, 702 (Anm. Willms JuS 1965, 245; Knappmann NJW 1965, 1931); BGH U. v. 28.11.1967 – 5 StR 556/67 – BGHSt 21, 384 = NJW 1968, 261; OLG Hamm U. v. 06.02.1969 – 2 Ss 1842/68 – NJW 1969, 624.
[964] Eisele, BT II, 6. Aufl. 2021, Rn. 584.
[965] Hierzu Hefendehl, in: MK-StGB, 4. Aufl. 2022, § 263 Rn. 844ff.; Volk NJW 2000, 3385; Herffs wistra 2004, 281; Grunst NStZ 2004, 533; Singelnstein wistra 2012, 417; Schneider/Ebermann HRRS 2015, 116; aus der Rspr. vgl. BGH U. v. 19.08.2020 – 5 StR 558/19 – BGHSt 65, 110 = NJW 2021, 90 = StV 2021, 725 (Anm. Gaede NJW 2021, 98; Leverenz HRRS 2021, 86; Hiéramente/Schwerdtfeger jurisPR-StrafR 1/2021 Anm. 2; Rettke wistra 2021, 113; Meyer NZWiSt 2021, 151); BVerfG B. v. 05.05.2021 – 2 BvR 2023/20, 2 BvR 2041/20 (Anm. Kessler/Gierok MedR 2022, 21); BGH U. v. 01.06.2023 – 4 StR 225/22 – NStZ 2024, 291 (Anm. Jahn JuS 2023, 981; Erdogan NStZ 2024, 293).
[966] Joecks/Jäger, StGB, 13. Aufl. 2021, § 263 Rn. 121; zsf. Kindhäuser/Hoven, in: NK-StGB, 6. Aufl. 2023, § 263 Rn. 315a.

Beispiel 215

BGH U. v. 05.12.2002 – 3 StR 161/02 (Kassenarzt) – NJW 2003, 1198 = NStZ 2003, 313 = StV 2003, 276 (Anm. Geppert JK 2003 StGB § 263/69; LL 2003, 417; RÜ 2003, 124; RA 2003, 197; famos 4/2003; Beckemper/Wegner NStZ 2003, 315; Krack JR 2003, 384; Krüger wistra 2003, 297; Idler JuS 2004, 1037):

B1 eröffnete im Jahr 1997 eine Zahnarztpraxis als reine Privatpraxis, weil er einen Antrag auf Zulassung als Kassenarzt wegen seiner Vorstrafen nicht als erfolgversprechend ansah. Um auch Kassenpatienten behandeln und die für diese erbrachten Leistungen abrechnen zu können, setzte er ab Ende 1997 den als Kassenarzt zugelassenen B2, der seine eigene Zahnarztpraxis wegen hoher Schulden und fehlender Einnahmen hatte aufgeben müssen, in seiner Praxis gegen eine monatliche Zahlung von 6000 DM als „Strohmann" ein. B1 behandelte neben den Privatpatienten 90 % der Kassenpatienten, B2 nur die restlichen 10 %. Entsprechend der von beiden getroffenen Abrede rechnete B2 jedoch gegenüber der Kassenzahnärztlichen Vereinigung Z auch die von B1 durchgeführten Behandlungen als eigene ab. Auf diese Weise wurden der Z im Zeitraum vom 12.01.1998 bis 10.04.2000 in 37 Fällen von B2 unterzeichnete Leistungsanträge vorgelegt. Die Z zahlte nach Prüfung der Unterlagen Honorare in Höhe von insgesamt rund 1,26 Mio. DM an B2 aus. Das Geld vereinnahmte – abgesehen von der monatlichen Zahlung von 6000 DM an B2 – B1 für sich. Bereits in einer bei der Z im August 1998 eingegangenen und an die StA weitergeleiteten anonymen Anzeige wurde B1 bezichtigt, Behandlungen von Kassenpatienten über einen anderen Kassenarzt abzurechnen. Da der Name des Kassenarztes nicht mitgeteilt war, wurde das Ermittlungsverfahren eingestellt. Nachdem in einer weiteren, direkt an die StA gerichteten anonymen Anzeige der Name des abrechnenden Kassenzahnarztes mit „B2" genannt worden war, nahm sie die Ermittlungen wieder auf und unterrichtete die Z am 20.04.1999. Diese stellte daraufhin hausinterne Ermittlungen an. Auf Grund der durch sie gewonnenen Erkenntnisse fasste ihr Vorstand am 16.06.1999 den Beschluss, 50 % der beantragten Leistungen, jedoch entsprechend den maßgeblichen Satzungsregeln maximal 50.000 DM einzubehalten und nur die darüber hinaus gehenden Beträge auszubezahlen. Die Z hatte, nachdem sie in früheren Fällen bei einer restriktiveren Vorgehensweise in Gerichtsverfahren unterlegen war, in der Satzung festgelegt, dass eine Zurückbehaltung nur bei sehr dichtem Verdacht und nur auf Grund eines Vorstandsbeschlusses möglich sei. ◄

Der BGH ist von einer „für den Bereich des Sozialversicherungsrechts geltenden streng formalen Betrachtungsweise" ausgegangen und hat einen Vermögensschaden schon deswegen angenommen, weil der B nicht berechtigt war, an der durch die Z erfolgten Verteilung der von den Kassen bezahlten Honorare teilzunehmen.

Die Gegenauffassung[967] weist insofern zu Recht darauf hin, dass auch bei mangelnder kassenärztlicher Zulassung der Zahlung der Krankenkasse ein kompensie-

---

[967] Volk NJW 2000, 3385 (3386); Grunst NStZ 2004, 533.

render Behandlungserfolg beim Patienten eingetreten ist. Nur wenn und soweit man den sozialrechtlichen Kontrollmechanismen die Funktion einer gewissen Zuverlässigkeitskontrolle zuspricht, welche auf die wirtschaftliche Bewertung ausstrahlt, lässt sich ein Vermögensschaden annehmen.

Schwierigkeiten bereitet die Begründung eines Schadens beim **Leistungs-/Arbeitsbetrug**, etwa durch Erschleichen entgeltlicher Leistungen wie Bus- oder Bahnfahrten ("**Schwarzfahren**") oder des Zutritts zu **Veranstaltungen**.[968]

> **Beispiel 216**
>
> **OLG Düsseldorf B. v. 01.08.1991 – 5 Ss 230/91-98/91 I – NJW 1992, 924:**
> B fuhr am 17. und 29.01.1990 als Fahrgast mit Straßenbahnzügen der R-Bahn in D. und Umgebung. Als Fahrausweis benutzte er in beiden Fällen zwei verschiedene Einzelfahrausweise, deren Entwerterfelder mit einer wachsähnlichen Schicht überzogen waren. B wusste von dieser Präparierung. Ihm war bekannt, dass das Aufbringen einer solchen Beschichtung nicht erlaubt ist. Er stempelte jeweils bei Fahrtantritt dieses Feld im Entwertergerät ab. Da die Stempelaufdrucke lediglich auf der genannten Beschichtung aufgetragen wurden, war es möglich, sie danach wieder zu entfernen. Bei Fahrausweiskontrollen während der beiden Fahrten zeigte B den Kontrollpersonen die jeweiligen Fahrkarten vor, um eine ordnungsgemäße Bezahlung des Fahrpreises vorzutäuschen. Sie erkannten die Beschichtung und zogen die Fahrkarten ein. ◄

B könnte sich wegen versuchten Betruges (§§ 263 I, II, 22, 23 StGB) strafbar gemacht haben. Er stellte sich vor, dass die Fahrausweiskontrolleure die Fahrkarten anerkennen und den B die Straßenbahn benutzen lassen würden. Fraglich ist, ob durch die Gewährung dieser Leistung ein Vermögensschaden eingetreten wäre.

Wenn kein zahlender Kunde abgewiesen werden muss, weil noch genügend Plätze vorhanden sind, wird der Verfügende nicht ärmer. Die Leistung (z. B. Straßenbahnfahrt, Veranstaltung) wird ohnehin erbracht. Dies spräche dafür, allein § 265a StGB anzuwenden.

Dass die ganz h. M.[969] dennoch einen Vermögensschaden annimmt, beruht letztlich auf einer normativen Betrachtungsweise: Der Täter nimmt eine Leistungserbringung in Anspruch, die normalerweise nur gegen Entgelt erbracht wird; zumindest die nicht entgoltene Arbeitskraft der Leistenden ist tauglicher Anknüpfungspunkt eines Schadens. Denkbar ist auch, heranzuziehen, dass der Verfügende den Bedarf des Täuschenden unentgeltlich gedeckt hat, sodass die Nachfrage nach einem entgeltlichen Geschäft entfallen ist – eine Chance, die dem Verfügenden entgangen ist.

---

[968] Hierzu Eisele, BT II, 6. Aufl. 2021, Rn. 576; Preuß ZJS 2013, 257 und 355; aus der Rspr. vgl. BGH B. v. 11.04.1985 – 4 StR 162/85 – NJW 1985, 2428; BGH U. v. 12.05.1992 – 1 StR 133/92 – BGHSt 38, 281 = NJW 1992, 2167 = NStZ 1992, 437 = StV 1992, 467 (Anm. Schmitz JA 1992, 319; Otto JZ 1992, 1139; Otto JK 1993 StGB § 266b/3; Jung JuS 1993, 80; Ranft NStZ 1993, 185).
[969] S. nur Eisele, BT II, 6. Aufl. 2021, Rn. 576.

Bei **manipulierten Sportwetten** ist die genaue Begründung des Schadens umstritten. Nicht unplausibel ist die Annahme eines sog. **Quotenschadens** durch die Rspr., welcher darauf beruht, dass die Wettanbieter zu hohe Gewinnquoten festsetzen, weil sie nicht um die Manipulation wissen.
Der Vermögensschaden kann bereits bei Vertragsschluss entstehen (sog. **Eingehungsbetrug**).[970]
Er kann aber auch in der Differenz von vereinbarter und erbrachter Leistung liegen, was dann als echter **Erfüllungsbetrug** bezeichnet wird[971] (im Unterschied zum **unechten**,[972] bei dem bereits bei Vertragsschluss getäuscht wurde und keine neue Täuschung hinzutritt).
Zu den verfassungsrechtlichen Anforderungen an die **Bezifferung** s. sogleich. Es ist unklar, inwieweit die tradierten Schadensgrundsätze Bestand haben können.[973]

(2) Gefährdungsschaden/schadensgleiche Vermögensgefährdung

▶ **Didaktische Aufsätze**
- Sickor, Die sog. schadensgleiche Vermögensgefährdung bei Betrug und Untreue, JA 2011, 109
- Becker/Rönnau, Der Gefährdungsschaden bei Betrug (§ 263 StGB) und Untreue (§ 266 StGB), JuS 2017, 499

Nach herkömmlicher Ansicht ist für einen Vermögensschaden i. S. d. § 263 I StGB auch eine sog. schadensgleiche konkrete Vermögensgefährdung (Gefährdungsschaden)[974] ausreichend, wenn sich die Gefahr so verdichtet hat, dass bei wirtschaftlicher Betrachtung eine Minderung des Vermögens eingetreten ist. Der Schaden liegt hier in der konkreten Gefahr, durch Erfüllung der eingegangenen Verpflichtung einen Vermögensverlust zu erleiden. Nicht ausreichend ist eine bloß abstrakte Gefahr. Die Anforderungen sind umstritten.
Der wichtigste Fall ist der von einer Täuschung begleitete Abschluss eines Vertrages – **Eingehungsbetrug**[975] –, z. B. bei konkludenter Vorspiegelung der

---

[970] S. schon o.; s. ferner sogleich.
[971] Kindhäuser/Hilgendorf, LPK, 9. Aufl. 2022, § 263 Rn. 212; näher Tenckhoff FS Lackner 1987, 677; aus der Rspr. vgl. zuletzt BGH B. v. 28.04.2016 – 4 StR 317/15 – NStZ 2016, 539 (Anm. RÜ 2016, 510; Becker NStZ 2016, 541).
[972] S. nur Kindhäuser/Hilgendorf, LPK, 9. Aufl. 2022, § 263 Rn. 213f.
[973] Joecks/Jäger, StGB, 13. Aufl. 2021, § 263 Rn. 137; Eisele, BT II, 6. Aufl. 2021, Rn. 578.
[974] Hierzu Fischer, StGB, 71. Aufl. 2024, § 263 Rn. 156ff.; näher Baumanns JR 2005, 227; Becker HRRS 2009, 334; Sickor JA 2011, 109; Schlösser HRRS 2011, 254; Hauck ZIS 2011, 919; Saliger JZ 2012, 723; Peglau wistra 2012, 368; Hinrichs wistra 2013, 161; Peglau wistra 2012, 368; aus der Rspr. vgl. zuletzt LG Saarbrücken B. v. 9.4.2018 – 4 Qs 26/18 – NStZ-RR 2019, 45; BGH B. v. 05.09.2018 – 2 StR 31/18 – NStZ-RR 2019, 6 = StV 2020, 847; BGH U. v. 17.12.2019 – 1 StR 171/19 – StV 2020, 751; BGH B. v. 23.02.2021 – 1 StR 6/21 – StV 2021, 723.
[975] S. o.

Erfüllungsfähigkeit oder -willigkeit oder der Manipulationsfreiheit oder Täuschungen über Eigenschaften des Vertragsgegenstandes.

Zu beachten ist, dass für die Annahme eines Schadens der Wert des Anspruchs objektiv hinter dem Wert der Verpflichtung zur Gegenleistung **zurückbleiben** bleiben muss,[976] sodass also – wie sonst auch – nicht daraus auf einen Schaden geschlossen werden darf, dass bei Kenntnis der wahren Sachlage der Vertragsschluss unterblieben wäre.

Beispiel 217

BGH B. v. 18.07.1961 – 1 StR 606/60 (Zellwollhose) – BGHSt 16, 220 = NJW 1961, 1876 (Anm. Lenckner NJW 1962, 59):

B, der einen Textilhandel betrieb, kündigte in der Zeitung den Verkauf von rein wollenen Garbardinehosen, das Paar zu 26 DM an und verkaufte zu diesem Preis eine solche Hose unter der mündlichen wiederholten Zusicherung, sie sei aus reiner Wolle gefertigt. Tatsächlich bestand die Hose, wie er wusste, aus Zellwolle. Z, selbst Textilfachmann, erkannte das. Gleichwohl erwarb er die Hose, weil es ihm darauf ankam, den B des unlauteren Wettbewerbs zu überführen. Die Hose war in ihrer tatsächlichen Beschaffenheit, ohne die zugesicherte Eigenschaft, den vereinbarten Preis wert, weil zellwollene Garbardinehosen damals allgemein so viel kosteten. ◄

Ein Vermögensschaden könnte mit Abschluss des Kaufvertrages entstanden sein. Z erhielt eine Verpflichtung zur Zahlung von 26 DM und dafür einen Anspruch auf eine rein wollene Garbardinehose mit einem höheren Wert. Ein Vermögensschaden liegt darin nicht. Umstritten ist, ob durch die spätere Erfüllung noch ein Vermögensschaden eintreten konnte.

Beispiel 218

BGH B. v. 16.07.1970 – 4 StR 505/69 (Zeitschriftenwerber) – BGHSt 23, 300 = NJW 1970, 1932 (Anm. Kühl, Höchstrichterliche Rspr. BT, 2002, Nr. 66; Hassemer JuS 1970, 641; Graba NJW 1970, 2221; Schröder JR 1971, 74; Lenckner JZ 1971, 320; Meyer MDR 1971, 718):

B war als Zeitschriftenwerber für eine Verlagswerbefirma tätig. Er veranlasste durch unwahre Vorspiegelungen eine Hausfrau dazu, eine Zeitschrift zu abonnieren. Nach der Lieferung des ersten Heftes erkannten die Bestellerin und ihr Ehemann, ein städtischer Arbeiter, die bisher noch keine Zahlungen geleistet hatten, dass die bestellten Hefte entgegen den Zusicherungen des B für sie völlig ungeeignet und unbrauchbar waren. Sie sandten das Heft mit einem entsprechen-

---

[976] Kindhäuser/Hilgendorf, LPK, 9. Aufl. 2022, § 263 Rn. 203; Fischer, StGB, 71. Aufl. 2024, § 263 Rn. 176, 176a; aus der Rspr. vgl. zuletzt BGH B. v. 30.06.2021 – 1 StR 177/21 – NJW 2022, 636 = NStZ-RR 2021, 343; BayObLG B. v. 26.09.2023 – 202 StRR 68/23 – NStZ-RR 2024, 17; BGH B. v. 18.10.2023 – 1 StR 146/23 – BGHSt 68, 53 = NJW 2024, 455 (Anm. Wenglarczyk JR 2024, 501); OLG Celle U. v. 15.12.2023 – 1 ORs 2/23 – NStZ 2024, 415.

den Schreiben an die Lieferfirma zurück. Hierauf wurde der Auftrag von der Firma ohne weiteres storniert. ◄

Der Anspruch auf die Zeitschriften und die Verpflichtung zur Zahlung i.R.d. Abonnements entsprechen sich, sodass bei wirtschaftlicher Betrachtung kein Vermögensschaden vorliegt.

Beispiel 219

BGH U. v. 15.12.2006 – 5 StR 181/06 (Hoyzer) – BGHSt 51, 165 = NJW 2007, 782 = NStZ 2007, 151 (Anm. famos 10/2006; Radtke Jura 2007, 445; Satzger JK 2007 StGB § 263/80; Bosch JA 2007, 389; Jahn/Maier JuS 2007, 215; LL 2007, 183; RÜ 2007, 140; RA 2007, 87; Feinendegen NJW 2007, 787; Saliger/Rönnau/Kirch-Heim NStZ 2007, 361; Engländer JR 2007, 477; Trüg/Habetha JZ 2007, 878; Krack ZIS 2007, 103; Gaede HRRS 2007, 16; Kubiciel HRRS 2007, 68; Rönnau/Soyka NStZ 2009, 12):

B1 beschäftigte sich seit vielen Jahren intensiv mit Sportwetten. Seit 2000 riskierte und gewann er jährlich sechsstellige Beträge. Auf Grund seines großen Insiderwissens im Sportbereich verfügte er vielfach über einen Wissensvorsprung gegenüber den Buchmachern und konnte deshalb erhebliche Gewinne erzielen. Die hohen Wetterfolge führten dazu, dass die in Berlin ortsansässigen Buchmacher seine Wettmöglichkeiten erheblich beschränkten und seinen Einsatz limitierten. Im Jahr 2003 konnte B1 höhere Einsätze praktisch nur noch bei der von der Deutschen Klassenlotterie Berlin (DKLB) unter dem Namen „Oddset" betriebenen Sportwette platzieren; die dabei vorgegebenen festen Quoten empfand er als „die schlechtesten Wettquoten in ganz Europa". Sein Wettverhalten wurde zusätzlich dadurch reglementiert, dass er Kombinationswetten spielen musste. Dabei kann der Wettende nicht mehr auf ein Sportereignis allein wetten, sondern muss das Ergebnis verschiedener Sportereignisse, vornehmlich Fußballspiele, vorhersagen. Bis Frühjahr 2004 hatte B1 bei Oddset insgesamt Spielverluste in Höhe von 300.000 bis 500.000 € erlitten. Zu dieser Zeit entschloss er sich, seine Gewinnchancen durch Einflussnahme auf das Spielgeschehen mittels „Bestechung" von Spielern und Schiedsrichtern entscheidend zu erhöhen, um so den bei Oddset verlorenen Betrag zurückzugewinnen. Selbstverständlich hielt er diese Manipulationen vor dem jeweiligen Wettanbieter geheim, schon um von diesem nicht von der Spielteilnahme ausgeschlossen zu werden. In Ausführung seines Plans kam es zu zehn einzelnen Taten, wobei die Wetten jeweils zu festen Gewinnquoten abgeschlossen wurden. B1 gewann dabei verschiedene Schiedsrichter sowie Fußballspieler gegen Zahlung oder das Versprechen von erheblichen Geldbeträgen (zwischen 3000 und 50.000 €) dazu, dass diese den Ausgang von Fußballspielen durch falsche Schiedsrichterentscheidungen oder unsportliche Spielzurückhaltung manipulieren. Betroffen waren Fußballspiele in der Regionalliga, in der Zweiten Bundesliga und im DFB-Pokal. Teilweise gelangen die von B geplanten Manipulationen nicht, teilweise hatten die kombiniert gewetteten Spiele nicht den von ihm erhofften Ausgang. In vier Fällen gewann B ganz erhebliche Geldbeträge (zwischen 300.000 und 870.000 €), in den übrigen Fällen verlor er seine Einsätze. Der bei den Wettanbietern in allen zehn Fällen insgesamt verursachte Verlust lag bei knapp 2 Mio. € (Gewinn abzüglich der jeweiligen Einsätze). ◄

Der Anbieter von Sportwetten erwirbt mit Vertragsschluss einen Anspruch auf den Wetteinsatz. Auf der anderen Seite steht die bedingte Verpflichtung, den Gewinn nach einer Quote auszuzahlen. Die frühere Rspr. hat den Vermögensschaden darin gesehen, dass der Wettanbieter bei Kenntnis von der Manipulation eine ganz andere Quote vereinbart hätte (sog. Quotenschaden). Mittlerweile tendiert sie dazu, wie stets beim Eingehungsbetrug die Forderungen zu saldieren. Danach bleibt bei einer Manipulation der Wert des Anspruches auf den Wetteinsatz hinter dem Wert der Verpflichtung zur Auszahlung des Gewinnes zurück.

Beispiel 220

BGH U. v. 14.08.2009 – 3 StR 552/08 – BGHSt 54, 69 = NJW 2009, 3448 = StV 2009, 675 (Anm. Gusy HRRS 2009, 489; Geppert JK 2010 StPO § 100d/1; LL 2010, 173 und 530; RÜ 2010, 25; RA 2010, 52; Löffelmann JR 2010, 455; Thielmann StraFo 2010, 412; Thielmann/Groß-Bölting/Strauß HRRS 2010, 38; Winkler jurisPR-StrafR 3/2010 Anm. 2; Joecks wistra 2010, 179):

In den Jahren 1996/1997 entstand aus einem Bündnis zwischen Usama Bin Laden und Aiman Al Zawahiri die Organisation Al Qaida, die zum Kampf einer „Islamischen Weltfront für den Jihad gegen Juden und Kreuzzügler" aufrief und es mit dem Ziel, westliche, vor allem amerikanische Truppen aus der arabischen Halbinsel zu vertreiben, als individuelle Glaubenspflicht eines jeden Muslim bezeichnete, die Amerikaner und ihre Verbündeten an jedem möglichen Ort zu töten. Al Qaida war im Kern in Afghanistan angesiedelt. An der Spitze der hierarchisch aufgebauten Organisation standen Bin Laden, Al Zawahiri und Muhammed Atef sowie die Leiter der für Militär, Finanzen, religiöse Fragen und Medienarbeit zuständigen Abteilungen. „Jihadwillige" Islamisten, die mittels des von der Organisation verbreiteten Propagandamaterials angeworben worden waren, wurden in Ausbildungslagern in Afghanistan als Kämpfer geschult. Besonders geeignet erscheinenden Kandidaten wurde sodann in speziellen Vertiefungskursen Sonderwissen vermittelt. Wer an einer derartigen – privilegierten – Spezialausbildung in den Jahren vor 2001 teilgenommen hatte, war der Organisation Al Qaida in der Regel im Sinne einer „Mitgliedschaft" unmittelbar zuzuordnen. Nach Abschluss ihrer Ausbildung kehrten die Kämpfer in ihre Herkunftsländer zurück und bildeten dort operative Zellen. Von der Organisation, deren Zweck und Tätigkeit im Wesentlichen in der Tötung von „Feinden des Islams" bestand, wurden in der Folgezeit mehrere Anschläge ausgeführt, die eine erhebliche Zahl von Menschenleben forderten. Zu ihnen gehörten auch die Selbstmordattentate auf das World-Trade-Center und das Pentagon am 11.09.2001. Die dadurch ausgelösten militärischen Reaktionen beeinträchtigten in der Folgezeit die operative Handlungsfähigkeit der Organisation, führten aber nicht zu einer vollständigen Zerschlagung sämtlicher Strukturen von Al Qaida, sondern nur zu deren – dem Verfolgungsdruck vorübergehend angepassten – Modifizierung. Den in großer Zahl aus Afghanistan geflohenen Anhängern wurde durch Audio-

und Videobotschaften verdeutlicht, dass die obersten Führungskräfte von Al Qaida dort weiterhin unverändert aktiv waren. Es gelang der Aufbau von regional tätigen Teilstrukturen in Form der „Al Qaida auf der Arabischen Halbinsel" und einer Gruppe türkischer Islamisten. Außerdem konnte Al Qaida mehrere selbstständige islamistische Organisationen („Al Qaida im Zweistromland" sowie „Al Qaida im islamischen Maghreb") an sich binden. Durch den über Rundfunk und Fernsehen verbreiteten Führungsanspruch von Bin Laden und Al Zawahiri gelang es, auch ohne die Bildung eigenständiger Netzwerke neue Mitglieder der Organisation unter dem „Dach" der Al Qaida zu rekrutieren. An die Stelle des vor 2001 üblichen Gefolgschaftseids traten zur Begründung der Mitgliedschaft in der Organisation mehr und mehr einseitige Loyalitätserklärungen sowie an den Zielvorgaben von Al Qaida orientierte Handlungen.

B1 der schon 2000 und Anfang 2001 in Trainingslagern der Al Qaida eine terroristische Ausbildung erhalten und seither den gewaltsamen Jihad gegen die „Ungläubigen" als seine außer jeder Diskussion stehende Individualpflicht betrachtet hatte, reiste nach einem zwischenzeitlichen Aufenthalt in Deutschland im Oktober 2001 erneut nach Afghanistan und nahm dort Ende 2001/Anfang 2002 an Kampfhandlungen der Al Qaida-Verbände teil. Dabei hatte er Kontakt zu Bin Laden und gliederte sich in die Hierarchie der Organisation ein. Im Frühjahr 2002 floh er vor den Amerikanern und deren Verbündeten. Er folgte der von Bin Laden an die im Besitz europäischer Pässe befindlichen „Kämpfer" erteilten Order, sich nach Möglichkeit in ihre Herkunftsländer zu begeben und weiterhin für Al Qaida zu arbeiten. Mitte Juli 2002 kehrte er nach Deutschland zurück und zog nach M. In M. lernte B1 den B2 kennen. Dieser hatte sich schon seit Längerem für den gewaltsamen Kampf der Muslime begeistert sowie seine Sympathie zu Al Qaida zum Ausdruck gebracht und war in M. in Kontakt zu weiteren gleichgesinnten Personen gekommen. Die Wohnung des B1 in der P-Straße wurde zum Treffpunkt dieses Freundeskreises. B2 besuchte B1 auch in der JVA, nachdem dieser im Januar 2004 in einem Verfahren wegen Betrugs verhaftet und für vier Monate in Untersuchungshaft genommen worden war. B1, der sich nach wie vor der Al Qaida zugehörig und in der Rolle eines „Murabit" fühlte, der nur zeitweilig den Kampfschauplatz des Jihad hatte verlassen müssen, entfaltete in der Folgezeit umfangreiche Aktivitäten für die Organisation. Er befasste sich zu deren Gunsten in erster Linie mit Rekrutierungs- und Beschaffungsmaßnahmen und warb für die Unterstützung des gewaltsamen Jihad durch einen Märtyrereinsatz oder zumindest durch eine Spende an seine Organisation. Dabei gelang es ihm, den B2 zur Mitarbeit zu bewegen. Dieser entschloss sich vor dem Hintergrund seiner eigenen ideologischen Vorprägung, auf die Angebote des B1 einzugehen und seine Tätigkeit in Deutschland fortan in den Dienst von Al Qaida zu stellen. Dementsprechend machte er die Planung und Durchführung einer Betrugsserie zum Nachteil von Lebensversicherungsgesellschaften zum „Mittelpunkt seines Lebens", deren erhebliche Beute zum einen Teil Al Qaida und zum anderen seiner Familie zu Gute kommen und zuletzt ihm ermöglichen sollte, dem B1 zur Teilnahme am Jihad in den Irak zu folgen. Der Plan einer Betrugsserie sah vor, dass B2 innerhalb eines auf zwei bis drei Monate angelegten Tatzeitraums zahlreiche Lebensversicherungsverträge abschließen, sodann nach Ägypten verreisen und von dort aus mittels Bestechung von Amtspersonen inhaltlich falsche Urkunden übersenden sollte, um gegenüber den Versicherungsunternehmen einen tödlichen Verkehrsunfall in Ägypten vortäuschen zu können. B3 sollte sodann als Begünstigter mit Unterstützung des B1 die Versicherungssummen geltend machen. In Verfolgung dieses Plans holte B2 ab Mai 2004 bei Versicherungsunternehmen erste Erkundigungen über die möglichen Vertragsgestaltungen ein und begann am 10.08.2004 mit der Stellung von Versicherungsanträgen. B1 stellte sicher, dass die ersten Prämien bezahlt werden konnten. B3, der am 21.09.2004 umfassend in den Tatplan eingeweiht worden war, nahm an zahlreichen Besprechungen des Vorhabens teil, ließ hierbei keine Zweifel an seiner uneingeschränkten Bereitschaft zur Mitwirkung bei der späteren Geltendmachung der Versicherungssummen und deren Verwendung aufkommen und unterstützte ferner die gemeinsame Tatplanung durch die Einholung zusätzlicher Informationen zum Procedere der Leistungsprüfung bei Lebensversicherungen sowie durch Vorschläge und Anregungen allgemeiner Art. Er nahm dabei billigend in Kauf, dass zumindest ein Teil der Beute über den B1 der Al Qaida zufließen und auf diese Weise ihren organisatorischen Zusammenhang fördern sowie die Verfolgung ihrer terroristischen Aktivitäten erleichtern werde. Im Einzelnen stellte B2 zwischen dem 10.08.2004 und dem 15.01.2005 bei verschiedenen Versicherungsunternehmen insgesamt 28 Anträge auf Abschluss von Lebensversicherungsverträgen. Entsprechend der Tatplanung kam es in neun Fällen zum Abschluss eines Versicherungsvertrags mit einer garantierten Todesfallsumme von 1.264.092 €. In 19 Fällen wurden die Anträge – teilweise auf Grund der zwischenzeitlichen Warnhinweise der Polizei an die Versicherungsunternehmen, zuletzt auch wegen der Festnahme von B1 und B2 am 23.01.2005 – abgelehnt bzw. nicht mehr weiter bearbeitet. ◄

Festzustellen ist, dass der Anspruch der Lebensversicherung auf die Versicherungsbeiträge wirtschaftlich hinter der Verpflichtung zur Auszahlung der Versicherungsprämie zurückbleibt, wenn letztere mit der festen Absicht belastet ist, den eigenen Todesfall vorzutäuschen.

In der Literatur[977] findet sich ganz **grundsätzliche Kritik an der Rechtsfigur** des Gefährdungsschadens. In der Tat wird hier eine Gefährdung bereits zum Erfolg erklärt, was eine Vorverlagerung des Erfolgs und damit eine Beschränkung des Versuchs (einschließlich Rücktrittsmöglichkeit) bedeutet. Ein Erfolgsdelikt wird so in ein Gefährdungsdelikt umgedeutet, was die Frage der Wortlautgrenze aufwirft, Art. 103 II GG. Auch sind die üblicherweise angeführten Begriffe zur Bestimmung des Gefährdungsschadens vage und kaum operationalisierbar. Die Schadenshöhe zu berechnen fällt angesichts erforderlicher Risikobewertungen schwer, zumal mit Blick auf prozessuale Anforderungen inkl. des *in-dubio-pro-reo*-Grundsatzes. Verschärft werden die Bedenken in Anbetracht dessen, dass i.R.d. § 266 StGB, auf den der Schadensbegriff des § 263 StGB übertragen wird, der Versuch nicht strafbewehrt

---

[977] S. z. B. die Kritik bei Hoyer, in: SK-StGB, 9. Aufl. 2019, § 263 Rn. 228ff.

ist und zudem restringierende Merkmale (namentlich die Bereicherungsabsicht) dort fehlen.

Was die besondere Terminologie angeht, so finden sich auch kritische Worte in der Rspr.[978] (1. Strafsenat des BGH), die zumindest klarstellen, dass ein echter, also auch quantifizierbarer, Schaden erforderlich ist.

Jedenfalls ist aber die neuere Rspr. des **BVerfG** zu beachten, welches in Entscheidungen zu §§ 263 und 266 StGB (letztere sind aber auf den Betrug übertragbar) Anforderungen *sub specie* Art. 103 II GG an die Auslegung des Vermögensschadens aufgestellt hat.[979] Zwar billigt das BVerfG grundsätzlich die Möglichkeit eines sog. Gefährdungsschadens, es verlangt von den Fachgerichten aber eine **Bezifferung** dieses Schadens.

In entsprechender Rezeption dieser BVerfG-Rspr. ringen die Fachgerichte nun um eine neuausgerichtete Handhabung des Vermögensschadens.[980] In der Tat ist bei

---

[978] BGH B. v. 20.03.2008 – 1 StR 488/07 – NJW 2008, 2451 = NStZ 2008, 457 = StV 2008, 414 (Anm. RA 2008, 662; Rübenstahl NJW 2008, 2454; Schäfer JR 2008, 302; Beulke/Witzigmann JR 2008, 430; Klötzer/Schilling StraFo 2008, 305; Selle/Wietz ZIS 2008, 471; Adick HRRS 2008, 460; Wegner wistra 2008, 347; Peglau wistra 2008, 430); BGH B. v. 18.02.2009 – 1 StR 731/08 – BGHSt 53, 199 = NJW 2009, 2390 = NStZ 2009, 330 = StV 2009, 242 (Anm. Satzger JK 2009 StGB § 263/85; Bosch JA 2009, 548; Jahn JuS 2009, 756; Brüning ZJS 2009, 300; LL 2009, 606; RÜ 2009, 374; RA 2009, 257; Rübenstahl NJW 2009, 2392; Schlösser NStZ 2009, 663; Küper JZ 2009, 800; Ransiek/Reichling ZIS 2009, 315; Schlösser StV 2010, 157); BGH U. v. 13.08.2009 – 3 StR 576/08 – StV 2010, 78 (Anm. RÜ 2009, 709; RA 2009, 730).

[979] BVerfG B. v. 10.03.2009 – 2 BvR 1980/07 – NJW 2009, 2370 = NStZ 2009, 560 = StV 2010, 70 (Anm. Jahn JuS 2009, 859; RA 2009, 521; Peglau jurisPR-StrafR 10/2009 Anm. 2; Fischer StV 2010, 95; Steinberg/Dinter JR 2011, 224); BVerfG B. v. 23.06.2010 – 2 BvR 2559/08 (Siemens) – BVerfGE 126, 170 = NJW 2010, 3209 = NStZ 2010, 626 = StV 2010, 564 (Anm. Saliger NJW 2010, 3195; Becker HRRS 2010, 383; Leplow wistra 2010, 475; Böse Jura 2011, 617; Satzger JK 2011 StGB § 266 I/36; Kudlich JA 2011, 66; Beckemper ZJS 2011, 88; LL 2011, 33; famos 1/2011; Krüger NStZ 2011, 369; Safferling NStZ 2011, 376; Kuhlen JR 2011, 246; Kraatz JR 2011, 434; Saliger ZIS 2011, 902; Schlösser HRRS 2011, 254; Boetticher jurisPR-StrafR 7/2011 Anm. 1; Schulz FS Roxin 2011, 305; Hüls NZWiSt 2012, 12; Neumann FS Beulke 2015, 197); BVerfG B. v. 07.12.2011 – 2 BvR 2500/09 – BVerfGE 130, 1 = NJW 2012, 907 = NStZ 2012, 496 = StV 2012, 641 (Anm. Bosch JK 2012 StGB § 263/97; Kudlich JA 2012, 230; Jahn JuS 2012, 266; RÜ 2012, 100; Schlösser NStZ 2012, 473; Löffelmann JR 2012, 217; Kraatz JR 2012, 329; Steinsiek/Vollmer ZIS 2012, 586; Waßmer HRRS 2012, 368; Bittmann wistra 2013, 1); BVerfG B. v. 01.11.2012 – 2 BvR 1235/11 (Schäch) – NJW 2013, 365 = StV 2013, 80 (Anm. Steinert HRRS 2014, 58); BVerfG B. v. 05.05.2021 – 2 BvR 2023/20, 2 BvR 2041/20 (Anm. Kessler/Gierok MedR 2022, 21).

[980] Hierzu zsf. Eisele, BT II, 6. Aufl. 2021, Rn. 578; näher Dannecker NStZ 2016, 318; Blassl wistra 2016, 425; zu Bezifferungsmethoden Zebisch/Kubik NStZ 2017, 322; Ginou NZWiSt 2017, 138; aus der Rspr. vgl. zuletzt BGH B. v. 21.08.2019 – 3 StR 221/18 – NStZ 2020, 291 = StV 2020, 752 (Anm. LL 2020, 177; RÜ 2020, 29; Oğlakcıoğlu JR 2020, 258); BGH B. v. 09.10.2019 – 1 StR 395/19 – NStZ-RR 2020, 109; BGH U. v. 17.12.2019 – 1 StR 171/19 – StV 2020, 751; BGH B. v. 23.02.2021 – 1 StR 6/21 – StV 2021, 723; BGH B. v. 19.07.2023 – 2 StR 77/22 – NJW 2023, 3804 = NStZ 2023, 680 = StV 2023, 747 (Anm. Bosch Jura 2023, 1356; Schulte-Rudzio NStZ 2024, 40; Ferner jurisPR-StrafR 18/2024 Anm. 3); BayObLG B. v. 26.09.2023 – 202 StRR 68/23 – NStZ-RR 2024, 17; BGH B. v. 18.10.2023 – 1 StR 146/23 – BGHSt 68, 53 = NJW 2024, 455 (Anm. Wenglarczyk JR 2024, 501).

einer Reihe klassischer Fallgruppen zweifelhaft, ob die Bejahung eines Vermögensschadens mit den neuen Anforderungen zu vereinbaren ist, z. B. beim Gutgläubenserwerb.[981]

An einem Gefährdungsschaden fehlt es dann, wenn der Getäuschte hinreichend gesichert ist, also nicht vorleistet,[982] sondern lediglich **Zug um Zug** zur Leistung verpflichtet ist, sodass er sich durch Zurückhaltung seiner Leistung vor dem Schaden bewahren kann.[983]

Ausfallsicherheiten (vgl. v. a. die zivilrechtlichen Instrumente des Kreditsicherungsrechts, z. B. Bürgschaft, Sicherungsgrundschuld) sind zu berücksichtigen, wenn und soweit diese das Ausfallrisiko abdecken und – ohne dass dies der Schuldner vereiteln kann – mit unerheblichem zeitlichem und finanziellem Aufwand realisierbar sind.[984]

Umgekehrt begründet das Fehlen oder die Wertlosigkeit einer vereinbarten Sicherheit einen Schaden,[985] was für jede Erhöhung des Risikos eines **Kreditausfalls** gilt.[986]

Ergänzend ist auf **§ 265b StGB** hinzuweisen, welcher allerdings nur ganz spezifische wirtschaftliche Konstellationen erfasst.

> **§ 265b StGB (Kreditbetrug)**
> (1) Wer einem Betrieb oder Unternehmen im Zusammenhang mit einem Antrag auf Gewährung, Belassung oder Veränderung der Bedingungen eines Kredits für einen Betrieb oder ein Unternehmen oder einen vorgetäuschten Betrieb oder ein vorgetäuschtes Unternehmen
> 1. über wirtschaftliche Verhältnisse
>
> (Fortsetzung)

---

[981] S. u.
[982] Hierzu Fischer, StGB, 71. Aufl. 2024, § 263 Rn. 164; aus der Rspr. vgl. BGH B. v. 09.08.2005 – 5 StR 67/05 – NJW 2005, 3650 = NStZ 2006, 223 = StV 2005, 666 (Anm. Sinn NStZ 2007, 155).
[983] Eisele, BT II, 6. Aufl. 2021, Rn. 584; aus der Rspr. vgl. zuletzt BGH B. v. 06.03.2018 – 3 StR 552/17 – NJW 2018, 3040 = NStZ 2018, 713 = StV 2019, 24 (Anm. Eisele JuS 2018, 917; RÜ 2018, 584; Becker NStZ 2018, 715; Bechtel Jura 2019, 63); BGH U. v. 04.07.2018 – 2 StR 340/17 – NStZ-RR 2019, 84; BGH B. v. 22.10.2019 – 4 StR 37/19 – NJW 2020, 561 = NStZ 2020, 102 = StV 2020, 834.
[984] S. Perron, in: Schönke/Schröder, StGB, 30. Aufl. 2019, § 263 Rn. 162f.; aus der Rspr. vgl. zuletzt BGH B. v. 15.08.2019 – 5 StR 205/19 – NJW 2019, 3799 = NStZ-RR 2019, 381; BGH U. v. 07.05.2020 – 4 StR 586/19 (Anm. Jäger JA 2020, 787; RÜ 2020, 515; LL 2021, 22).
[985] Fischer, StGB, 71. Aufl. 2024, § 263 Rn. 165.
[986] Eisele, BT II, 6. Aufl. 2021, Rn. 586; aus der Rspr. vgl. zuletzt BGH B. v. 13.04.2012 – 5 StR 442/11 – NJW 2012, 2370 = NStZ 2012, 698 = StV 2012, 725 (Anm. Rübenstahl HRRS 2012, 501; Tierel jurisPR-StrafR 11/2012 Anm. 2); BGH B. v. 13.03.2013 – 2 StR 474/12 – NStZ 2013, 472; BGH B. v. 04.02.2014 – 3 StR 347/13 – NStZ 2014, 457 (Anm. Becker NStZ 2014, 458); BGH U. v. 28.09.2016 – 2 StR 401/14 – NStZ 2017, 170 (Anm. LL 2017, 474; RÜ 2017, 173); BGH U. v. 06.09.2017 – 5 StR 268/17 – NStZ-RR 2017, 375.

> a) unrichtige oder unvollständige Unterlagen, namentlich Bilanzen, Gewinn- und Verlustrechnungen, Vermögensübersichten oder Gutachten vorlegt oder
> b schriftlich unrichtige oder unvollständige Angaben macht,
> die für den Kreditnehmer vorteilhaft und für die Entscheidung über einen solchen Antrag erheblich sind, oder
> 2. solche Verschlechterungen der in den Unterlagen oder Angaben dargestellten wirtschaftlichen Verhältnisse bei der Vorlage nicht mitteilt, die für die Entscheidung über einen solchen Antrag erheblich sind,
> wird mit Freiheitsstrafe bis zu drei Jahren oder mit Geldstrafe bestraft.
> (2) Nach Absatz 1 wird nicht bestraft, wer freiwillig verhindert, daß der Kreditgeber auf Grund der Tat die beantragte Leistung erbringt. Wird die Leistung ohne Zutun des Täters nicht erbracht, so wird er straflos, wenn er sich freiwillig und ernsthaft bemüht, das Erbringen der Leistung zu verhindern.
> (3) Im Sinne des Absatzes 1 sind
> 1. Betriebe und Unternehmen unabhängig von ihrem Gegenstand solche, die nach Art und Umfang einen in kaufmännischer Weise eingerichteten Geschäftsbetrieb erfordern;
> 2. Kredite Gelddarlehen aller Art, Akzeptkredite, der entgeltliche Erwerb und die Stundung von Geldforderungen, die Diskontierung von Wechseln und Schecks und die Übernahme von Bürgschaften, Garantien und sonstigen Gewährleistungen.

Die Lieferung unter Eigentumsvorbehalt stellt nach h. M. keine ausreichend kompensierende Sicherheit dar.[987]

Praxis- und fallbearbeitungsrelevant sind bankrechtliche Sachverhalte.

Eröffnet der Täter ein **Konto** unter Vorlage eines gefälschten Ausweises und Täuschung über seine Zahlungswilligkeit, liegt ein Vermögensschaden in Gestalt einer schadensgleichen Vermögensgefährdung vor, wenn die Bank einen **Überziehungskredit** (Dispositionskredit) einräumt oder **Kreditkarten** und **EC-Karten** aushändigt; anders liegt es, wenn die Bank das Konto auf Guthabenbasis führt.[988]

Nicht ausreichend ist die Erschleichung einer **Kundenkarte** im sogenannten „Zwei-Partner-System".[989]

---

[987] Hierzu näher Norouzi JuS 2005, 786.

[988] Beukelmann, in: BeckOK-StGB, Stand 01.08.2024, § 263 Rn. 66; aus der Rspr. vgl. zuletzt BGH B. v. 08.10.2019 – 2 StR 83/19 – NStZ-RR 2020, 44 (Anm. RÜ 2020, 175); BGH B. v. 04.10.2023 – 6 StR 258/23 – NJW 2023, 3803 (Anm. Kudlich JA 2024, 163; Heghmanns ZJS 2024, 431; RÜ 2024, 94; Bechtel JR 2024, 483; Funcke NZWiSt 2024, 186.

[989] Perron, in: Schönke/Schröder, StGB, 30. Aufl. 2019, § 263 Rn. 29a; aus der Rspr. vgl. BGH U. v. 11.10.1988 – 1 StR 486/88 – StV 1989, 199 (Anm. Otto JK 1989 StGB § 263/29).

Zur **Erlangung einer fremden Bankkarte** und dazugehöriger **PIN** bei gedecktem Konto s. o.

Anders zu handhaben ist hingegen die **Preisgabe eines Verstecks**.[990]

Das Ausstellen eines **Schuldscheins** ist nur ein Vermögensschaden, wenn konkret mit einer Inanspruchnahme zu rechnen ist.[991]

Auch in der Hingabe ungedeckter[992] oder gefälschter[993] Schecks oder Wechsel[994] kann eine Vermögensschädigung liegen.

Zu den Sonderkonstellationen des Anlagebetrugs und des gutgläubigen Erwerbs s. u.

(3) Befreiung von Verbindlichkeit

Umstritten ist, ob die **Befreiung von einer Verbindlichkeit** ein den Vermögensschaden ausschließender Kompensationsfaktor ist (sog. **Selbsthilfebetrug**).[995]

Beispiel 221

BGH U. v. 16.04.1953 – 3 StR 63/53 – NJW 1953, 1479:
B veranlasste Z zur Hergabe eines Darlehens unter der Verschweigung seiner Absicht, die Darlehensforderung alsbald durch Aufrechnung mit einer eigenen rechtlich begründeten Forderung zu tilgen. ◄

Die Vermögensverfügung ist hier der Abschluss des Darlehensvertrages. Ein Schaden kommt deswegen in Betracht, weil der Rückzahlungsanspruch mit dem Umstand belastet ist, dass B

---

[990] Kindhäuser/Hoven, in: NK-StGB, 6. Aufl. 2023, § 253 Rn. 30; aus der Rspr. vgl. zuletzt BGH U. v. 24.10.2018 – 5 StR 229/18; BGH B. v. 27.11.2018 – 2 StR 254/18 – NStZ 2019, 411 (Anm. Immel NStZ 2019, 412).

[991] Aus der Rspr. vgl. zuletzt BGH B. v. 20.02.2018 – 1 StR 467/17 – NStZ-RR 2018, 316; BGH B. v. 03.02.2021 – 2 StR 279/20 – NStZ 2022, 41 = StV 2022, 389.

[992] Hierzu Fischer, StGB, 71. Aufl. 2024, § 263 Rn. 166; Sennekamp MDR 1971, 638; Meyer MDR 1971, 893; Zahrnt NJW 1972, 277; Meyer MDR 1972, 668; Steinhilper Jura 1983, 401; aus der Rspr. vgl. zuletzt BGH B. v. 19.04.2016 – 3 StR 52/16 – NStZ-RR 2016, 244; BGH B. v. 20.02.2018 – 1 StR 467/17 – NStZ-RR 2018, 316.

[993] Hierzu Fischer, StGB, 71. Aufl. 2024, § 263 Rn. 166; aus der Rspr. vgl. BGH B. v. 06.03.2012 – 4 StR 669/11 – NStZ-RR 2013, 80 = StV 2012, 407 (Anm. Bosch JK 2012 StGB § 263/98; RÜ 2012, 377).

[994] Hierzu Fischer, StGB, 71. Aufl. 2024, § 263 Rn. 166; aus der Rspr. vgl. BGH U. v. 17.08.1976 – 1 StR 371/76 – NJW 1976, 2028; BGH B. v. 13.02.1992 – 4 StR 638/91 – NJW 1992, 1118 = NStZ 1992, 291 = StV 1992, 145 (Anm. Hassemer JuS 1992, 706; Fischer JZ 1992, 570); BGH U. v. 09.07.1996 – 1 StR 288/96 – NStZ 1997, 31.

[995] Hierzu Joecks/Jäger, StGB, 13. Aufl. 2021, § 263 Rn. 124ff.; Fischer, StGB, 71. Aufl. 2024, § 263 Rn. 135; Hoyer, in: SK-StGB, 9. Aufl. 2019, § 263 Rn. 208; Welzel NJW 1953, 652; aus der Rspr. vgl. zuletzt BGH U. v. 14.03.2019 – 4 StR 426/18 – NJW 2019, 1759 = NStZ-RR 2019, 181 (Anm. Bosch Jura 2019, 897; Bülte NJW 2019, 1762); BGH B. v. 09.10.2019 – 1 StR 395/19 – NStZ-RR 2020, 109; BGH B. v. 26.11.2019 – 2 StR 588/18 – NJW 2020, 1689 = NStZ 2020, 418 = NStZ-RR 2020, 213 = StV 2020, 764 (Anm. Cordes NJW 2020, 1691; Schmidt NStZ 2020, 420; Schneider NZWiSt 2020, 415); BGH U. v. 11.11.2020 – 1 StR 328/19 – StV 2021, 697; BGH B. v. 08.06.2021 – 5 StR 481/20 – NStZ-RR 2021, 246 = StV 2021, 726.

vorhatte, bald gegen die Darlehensforderung mit einer eigenen Forderung aufzurechnen. Dann ist aber auch zu berücksichtigen, dass der Z mit der Aufrechnung von seiner Verbindlichkeit frei wird.

In diesen Fällen verneint die ganz h. M.[996] entweder einen Vermögensschaden, weil die erloschene Forderung die Vermögensminderung ausgleicht, oder sie geht doch davon aus, dass der Täter nicht in der Absicht rechtswidriger Bereicherung handelte, was in einer Fallbearbeitung u. U. offengelassen werden kann.

Zwar ist es aus ökonomischer Sicht richtig, dass das Haben von Geld besser ist als das bloße Geld-fordern-Können. Allerdings tut zumindest bei unbestrittenen Forderungen der Getäuschte nur das, wozu er verpflichtet ist; aus dem Handlungsunrecht der Täuschung kann nicht das
Erfolgsunrecht einer Vermögensschädigung abgeleitet werden.

(4) Bewusste Selbstschädigung; Zweckverfehlung

▶ **Didaktische Aufsätze**
- Sonnen, Die soziale Zweckverfehlung als Vermögensschaden beim Betrug, JA 1982, 593
- Becker/Rönnau, Der objektiv-individuelle Schadensbegriff beim Betrug (§ 263 StGB), JuS 2017, 975

Umstritten ist, ob ein Vermögensschaden auch dann in Betracht kommt, wenn der Getäuschte **bewusst** Vermögenspositionen aufgibt, damit aber bestimmte Zwecke fördern möchte.[997] Fraglich ist also: Kommt ein Vermögensschaden auch bei bewusster Selbstschädigung in Betracht? Ist dies nicht der Fall, kann stattdessen in einer Zweckverfehlung der Vermögensschaden gesehen werden?

Dies betrifft zum einen Fälle, in denen die Vermögensverfügung von vornherein **ohne Gegenleistung** erfolgen soll (Schenkung, insbesondere als Spende oder als milde Gabe für einen Bettler).[998]

---

[996] S. z. B. Perron, in: Schönke/Schröder, StGB, 30. Aufl. 2019, § 263 Rn. 117; zur Rspr. s. o.
[997] Hierzu Gribbohm MDR 1962, 950; Weidemann GA 1967, 238; Mohrbotter GA 1969, 225; Ellscheid GA 1971, 161; Herzberg MDR 1972, 93; Sonnen JA 1982, 593; Rudolphi FS Klug 1983, 315; Schmoller JZ 1991, 117; Graul FS Brandner 1996, 801; Jordan JR 2000, 133; Schlösser HRRS 2011, 254; Heghmanns ZIS 2015, 102; aus der Rspr. vgl. zuletzt OLG Frankfurt B. v. 14.09.2010 – 3 Ws 830/10 – NStZ-RR 2011, 13 (Anm. Satzger JK 2011 StGB § 263/91; Bosch JA 2011, 69); OLG Celle B. v. 23.08.2012 – 1 Ws 248/12 – NStZ-RR 2013, 13 (Anm. Jahn JuS 2013, 179); OLG Bamberg B. v. 01.10.2013 – 3 Ss 84/13 (Anm. Jahn JuS 2014, 275); BGH B. v. 19.02.2014 – 5 StR 510/13 – NStZ 2014, 318 = StV 2014, 673 (Anm. Piel NStZ 2014, 399); LSG Berlin-Brandenburg U. v. 07.05.2014 – L 9 KR 384/12 (Anm. Kudlich JA 2015, 632); BGH U. v. 08.10.2014 – 1 StR 359/13 – BGHSt 60, 1 = NStZ 2015, 89 = NStZ-RR 2015, 74 = StV 2016, 20 (Anm. LL 2015, 424; RÜ 2015, 28; Albrecht JZ 2015, 841; Schlösser StV 2016, 25); OLG Hamburg B. v. 26.02.2018 – 1 Rev 62/17 (Studienkredit) – NStZ-RR 2018, 284.
[998] S. z. B. Kindhäuser/Hilgendorf, LPK, 9. Aufl. 2022, § 263 Rn. 197ff.

Beispiel 222

OLG München B. v. 11.11.2013 – 4 St RR 184/13 (Anm. Hecker JuS 2014, 561; Fröba/Straube StraFo 2014, 500):
B sammelte von Passanten Spenden ein, wobei sie vorgab, diese seien für die Bahnhofsmission bestimmt. Tatsächlich wollte sie die eingesammelten Spendenbeträge selbst einbehalten. ◄

Beispiel 223

BGH B. v. 07.09.2011 – 1 StR 343/11 – NStZ-RR 2011, 373 (Anm. Satzger JK 2012 StGB § 263/95; Steinberg/Kreuzner NZWiSt 2012, 69):
B war alleiniger Vorstand des Bundes für Kinderhilfe e.V. (BfK) mit Sitz in Augsburg, für den er zahlende Spender mit „nicht vollumfassend die Realität" widerspiegelnden Behauptungen werben ließ, die vor allem dahin gingen, der BfK vermittle Patenschaften für hilfsbedürftige Kinder in der Dritten Welt. Für einen monatlichen Beitrag von 30 € könne eine solche Patenschaft, für einen Betrag von 15 € monatlich eine Teilpatenschaft übernommen werden. Derart geworbene „Paten" zahlten im Vertrauen auf die Richtigkeit der Angaben entsprechende Beträge auf Konten des BfK. Tatsächlich war lediglich ein minimaler Geldfluss an soziale Projekte in Thailand feststellbar, überwiegend wurde das Geld – soweit nicht für Verwaltungsaufwendungen verbraucht – auf einem Konto des BfK belassen. B handelte, um dem BfK durch die Tatbegehung eine nicht nur vorübergehende Einnahmequelle zu verschaffen und sodann mit dem eingenommenen Geld nach eigenem Gutdünken zu verfahren. ◄

Einen Sonderfall bilden **Subventionen**.[999]

Beispiel 224

BGH B. v. 26.01.2006 – 5 StR 334/05 – NStZ 2006, 624 = StV 2006, 297 (Anm. Bosch JA 2006, 492; RA 2006, 244; Allgayer wistra 2006, 261; Idler JuS 2007, 904):
B1 erwarb in Berlin-Köpenick ein Grundstück. Das mit einem denkmalgeschützten Gebäude bebaute Anwesen wollte er ausbauen und modernisieren. Zum Zwecke des Ankaufs und des Umbaus des Gebäudegrundstücks nahm B1, der im Mai 2000 einen entsprechenden Fördervertrag unterzeichnet hatte, För-

---

[999] Hierzu Hoyer, in: SK-StGB, 9. Aufl. 2019, § 263 Rn. 209ff.; Mohrbotter GA 1969, 225; aus der Rspr. vgl. zuletzt BGH B. v. 25.04.2014 – 1 StR 13/13 (Schwielowsee) – BGHSt 59, 205 = NJW 2014, 2295 = StV 2015, 339 (Anm. Bosch JK 2014 StGB § 263/105; Gaede NJW 2014, 2298; Küpper jurisPR-StrafR 14/2014 Anm. 1; Börner StV 2015, 343); OLG Hamburg B. v. 26.02.2018 – 1 Rev 62/17 (Studienkredit) – NStZ-RR 2018, 284; BGH B. v. 30.01.2024 – 5 StR 228/23 – NJW 2024, 1827 = NStZ 2024, 488 (Anm. Trüg NJW 2024, 1830; Czimek/Schäfer NStZ 2024, 491; Schmitz NZWiSt 2024, 306).

dermittel des Landes Berlin in Anspruch, die über die IBB ausgereicht wurden. Danach verpflichtete sich das Land Berlin, das Vorhaben mit einem nicht rückzahlbaren Baukostenzuschuss sowie einem zinslosen Darlehen bis zu einer maximalen Höhe von jeweils 900.000 € zu fördern, wobei diese Beträge später durch zwei Änderungsverträge auf jeweils 840.000 € reduziert wurden. Die Auszahlung der Fördermittel sollte entsprechend dem Baufortschritt und den eingesetzten Eigenmitteln erfolgen. B1 legte, um Förderbeträge nach Baufortschritt abrufen zu können, Rechnungen der L-GmbH vor, denen keine Leistungen zu Grunde lagen. B2, der faktisch die L-GmbH leitete, erhielt für die Ausstellung der Scheinrechnungen eine Provision i.H.v. 10 % der Rechnungssumme. Die Arbeiten wurden tatsächlich von den Unternehmen des B1, der B-GmbH und der D-GmbH, unter der Bauleitung des B1 ausgeführt. Auf der Grundlage der Scheinrechnungen leistete die IBB, nachdem die dort beschäftigte Bauingenieurin Z den entsprechenden Bautenstand in quantitativer und qualitativer Hinsicht bestätigt hatte, zwischen April und Dezember 2001 in vier Raten Zahlungen i.H.v. ca. 400.000 DM, 720.000 DM, 430.000 DM und nochmals 430.000 DM an B1. ◄

Zu nennen sind auch **zinslose Darlehen**[1000]:

Beispiel 225

OLG Frankfurt B. v. 14.09.2010 – 3 Ws 830/10 – NStZ-RR 2011, 13 (Anm. Satzger JK 2011 StGB § 263/91; Bosch JA 2011, 69):
B ließ sich von Z Darlehensbeträge zahlen, wobei sie unrichtige Verwendungszwecke angab. Am 14.08. und 15.08.2007 beanspruchte sie insgesamt 750 € von ihm, wobei sie vorgab, sie müsse ihre Miete für August 2007 zahlen. In Wirklichkeit verwendete sie das Geld anderweitig. T zahlte die Beträge als Darlehen, was später auch schriftlich fixiert wurde. Wenn B den wahren Verwendungszweck gewusst hätte, hätte er die Zahlungen nicht erbracht. ◄

Zum anderen werden Fallkonstellationen kontrovers diskutiert, in denen der Getäuschte aus einem über einen **synallagmatischen** Leistungsaustausch hinausweisenden Grund handelt[1001] (v. a. Unterstützung gemeinnütziger Zwecke durch Abnahme von Produkten, insbesondere Zeitschriften[1002]).

[1000] Hierzu Perron, in: Schönke/Schröder, StGB, 30. Aufl. 2019, § 263 Rn. 31, 101; aus der Rspr. vgl. zuletzt OLG Bamberg B. v. 01.10.2013 – 3 Ss 84/13 (Anm. Jahn JuS 2014, 275); OLG Hamburg B. v. 26.02.2018 – 1 Rev 62/17 (Studienkredit) – NStZ-RR 2018, 284.
[1001] S. Eisele, BT II, 6. Aufl. 2021, Rn. 630f.
[1002] Spezifisch hierzu Endriß wistra 1989, 90.

D. Betrug, § 263 StGB   291

Beispiel 226

OLG Düsseldorf U. v. 06.03.1990 – 5 Ss 449/89 – 168/89 I (Zeitschriftenwerber) – NJW 1990, 2397 (Anm. Endriß wistra 1990, 335; Otto JK 1991 StGB § 263/31; Küpper/Bode JuS 1992, 642):

B war als Zeitschriftenwerber tätig und vertrieb u. a. für die Firma H OHG in B. Zeitschriften. Am 23.09.1987 veranlasste er Z, ein Abonnement der Zeitschriften zu bestellen. Um den Bezug der Zeitschriften „schmackhaft zu machen", erklärte B wahrheitswidrig, er habe eine karitative Organisation gegründet, die sich um die Betreuung älterer Menschen kümmere. Die durch das Abonnement der Zeitschriften fällig werdende Provision komme dieser Vereinigung zugute. Seine Organisation werde sich auch um die pflegebedürftige Mutter kümmern, die von Z zum damaligen Zeitpunkt betreut wurde. Z, die weniger an den Zeitschriften interessiert war, sondern in erster Linie ein soziales Werk tun wollte und sich auch für ihre Mutter Unterstützung erhoffte, verpflichtete sich daraufhin schriftlich zu einem Zweijahresbezug der Zeitschriften. Nachdem sie später erkannt hatte, dass B die Zeitschriften nicht aus sozialer Motivation vertrieb, sondern um selbst die Provision zu erhalten, kündigte Z den Vertrag gegenüber dem Verlag, der die Kündigung sofort akzeptierte. ◄

Teile der Lehre[1003] lehnen in Fällen bewusster Selbstschädigung stets – spätestens: z. T. wird die Problematik auch bei der Täuschung[1004] oder der Vermögensverfügung verortet – den Vermögensschaden ab.

Die Rspr.[1005] und die h. L. vertreten eine sog. **Zweckverfehlungslehre**, nach der zwar grundsätzlich eine unbewusste Selbstschädigung erforderlich sei, für diese aber darauf abgestellt werden könne, dass der Getäuschte den mit der Schenkung verfolgten Zweck nicht erreiche, freilich nur dann, wenn es sich um einen sittlich gebilligten sozialen oder wirtschaftlichen Zweck handelt. Letzteres schließt Zwecksetzungen wie das Prahlen mit der eigenen Großzügigkeit im Vergleich zu anderen Spendern aus, dann bleibt es bei einem unbeachtlichen Motivirrtum.

Gegen die Annahme eines Vermögensschadens spricht, dass die wirtschaftlich nachteiligen Folgen seines Handelns dem Verfügenden völlig klar sind, sodass man annehmen könnte, betroffen sei die bloße Dispositionsfreiheit. Sozialen und ähnlichen Zwecken kommt keinerlei wirtschaftlicher Wert zu. Schon im Lichte des Rechtsguts des § 263 I StGB müssen jedenfalls enge Maßstäbe an relevante Zwecksetzungen angelegt werden. Wenn nun die h. M. den Vermögensschaden bejaht, so liegt dem ein kriminalpolitisches Bedürfnis zugrunde und wohl auch ein Schutz der Spendenbereitschaft der Bevölkerung. In gewisser Weise ist eine Spende ja mit der Vorstellung einer Gegenleistung verbunden, nämlich den Einsatz des Geldes zu

---
[1003] Z. B. Mitsch, BT 2, 3. Aufl. 2015, S. 275f.; vgl. auch Hoyer, in: SK-StGB, 9. Aufl. 2019, § 263 Rn. 220.
[1004] S. Mitsch, BT 2, 3. Aufl. 2015, S. 270ff.
[1005] S. o.

gemeinnützigen Zwecken – oder bzgl. Bettlern zur Milderung einer Notlage. Daher ist der h. M. zu folgen, wobei freilich die neueren verfassungsrechtlichen Vorgaben inkl. Bezifferung zu beachten sind.

Bei **Subventionen** ist in den Blick zu nehmen, welchen Zwecken die konkrete Gewährung dient. Neben einem ideellen Primärzweck (z. B. Denkmalschutz) lässt sich auch in sekundären Zwecken (z. B. Förderung mittelständischer regionaler Wirtschaft) eine vermögensrelevante Position erblicken.

Ergänzend ist auf **§ 264 StGB** hinzuweisen.

> **§ 264 StGB (Subventionsbetrug)**
> (1) Mit Freiheitsstrafe bis zu fünf Jahren oder mit Geldstrafe wird bestraft, wer
> 1. einer für die Bewilligung einer Subvention zuständigen Behörde oder einer anderen in das Subventionsverfahren eingeschalteten Stelle oder Person (Subventionsgeber) über subventionserhebliche Tatsachen für sich oder einen anderen unrichtige oder unvollständige Angaben macht, die für ihn oder den anderen vorteilhaft sind,
> 2. einen Gegenstand oder eine Geldleistung, deren Verwendung durch Rechtsvorschriften oder durch den Subventionsgeber im Hinblick auf eine Subvention beschränkt ist, entgegen der Verwendungsbeschränkung verwendet,
> 3. den Subventionsgeber entgegen den Rechtsvorschriften über die Subventionsvergabe über subventionserhebliche Tatsachen in Unkenntnis läßt oder
> 4. in einem Subventionsverfahren eine durch unrichtige oder unvollständige Angaben erlangte Bescheinigung über eine Subventionsberechtigung oder über subventionserhebliche Tatsachen gebraucht.
> (2) In besonders schweren Fällen ist die Strafe Freiheitsstrafe von sechs Monaten bis zu zehn Jahren. Ein besonders schwerer Fall liegt in der Regel vor, wenn der Täter
> 1. aus grobem Eigennutz oder unter Verwendung nachgemachter oder verfälschter Belege für sich oder einen anderen eine nicht gerechtfertigte Subvention großen Ausmaßes erlangt,
> 2. seine Befugnisse oder seine Stellung als Amtsträger oder Europäischer Amtsträger mißbraucht oder
> 3. die Mithilfe eines Amtsträgers oder Europäischen Amtsträgers ausnutzt, der seine Befugnisse oder seine Stellung mißbraucht.
> (3) § 263 Abs. 5 gilt entsprechend.
> (4) Wer in den Fällen des Absatzes 1 Nr. 1 bis 3 leichtfertig handelt, wird mit Freiheitsstrafe bis zu drei Jahren oder mit Geldstrafe bestraft.
> (5) Nach den Absätzen 1 und 4 wird nicht bestraft, wer freiwillig verhindert, daß auf Grund der Tat die Subvention gewährt wird. Wird die Subvention
>
> (Fortsetzung)

> ohne Zutun des Täters nicht gewährt, so wird er straflos, wenn er sich freiwillig und ernsthaft bemüht, das Gewähren der Subvention zu verhindern.
> (6) [...]
> (7) Subvention im Sinne dieser Vorschrift ist
> 1. eine Leistung aus öffentlichen Mitteln nach Bundes- oder Landesrecht an Betriebe oder Unternehmen, die wenigstens zum Teil
> a) ohne marktmäßige Gegenleistung gewährt wird und
> b) der Förderung der Wirtschaft dienen soll;
> 2. eine Leistung aus öffentlichen Mitteln nach dem Recht der Europäischen Gemeinschaften, die wenigstens zum Teil ohne marktmäßige Gegenleistung gewährt wird.
> Betrieb oder Unternehmen im Sinne des Satzes 1 Nr. 1 ist auch das öffentliche Unternehmen.
> (8) Subventionserheblich im Sinne des Absatzes 1 sind Tatsachen,
> 1. die durch Gesetz oder auf Grund eines Gesetzes von dem Subventionsgeber als subventionserheblich bezeichnet sind oder
> 2. von denen die Bewilligung, Gewährung, Rückforderung, Weitergewährung oder das Belassen einer Subvention oder eines Subventionsvorteils gesetzlich abhängig ist.

Auch dann, wenn man bei unentgeltlichen Zuwendungen die Zweckverfehlung als Vermögensschaden anerkennt, ist problematisch, ob diese auf **wirtschaftlich ausgeglichene Verträge** übertragbar ist.

Z. T.[1006] wird ein solcher zusätzlicher sozialer Zweck auch bei entgeltlichen Verträgen für schadensrelevant gehalten.

Die h. M.[1007] hingegen weist zu Recht darauf hin, dass die zusätzliche Motivation eines Getäuschten nichts daran ändert, dass sich der Wert der Gegenleistung mit der der Leistung deckt.

Zwar empfindet man ein gewisses kriminalpolitisches Bedürfnis, Täuschungen, die zu einem Vertragsschluss geführt haben, nach § 263 I StGB zu bestrafen. Allerdings ist der Betrug kein Delikt gegen die Dispositionsfreiheit, sondern erfasst nur Vermögensschädigungen. Anders als beim Spendenbetrug etc. liegen hier nur zusätzliche (sog. angestaffelte) Zwecke vor, die gegenüber dem wirtschaftlichen Synallagma in den Hintergrund treten müssen: Das Tatbestandsmerkmal würde allzu sehr subjektiviert, wenn die Enttäuschung individueller Zwecksetzung einen Betrugsschaden auslösen könnte. Es muss verhindert werden, dass wirtschaftlich wertlose Affektionsinteressen in den Vermögensschutz einbezogen werden, andernfalls verliert § 263 StGB seinen Charakter als Vermögensdelikt.

[1006] OLG Düsseldorf U. v. 06.03.1990 – 5 Ss 449/89 – 168/89 I (Zeitschriftenwerber) – NJW 1990, 2397.
[1007] S. etwa die Diff. bei Wessels/Hillenkamp/Schuhr, BT 2, 46. Aufl. 2023, Rn. 636ff.; s. ferner Eisele, BT II, 6. Aufl. 2021, Rn. 631.

(5) Vereitelte Vermögensmehrung; Berücksichtigung des Kaufmangelrechts?; Rabattbetrug

▶ **Didaktischer Aufsatz**
• Seyfert, Vermögensschaden und Schadensrelation beim Betrug des Verkäufers, JuS 1997, 29

Kein Vermögensschaden ist die **Vereitelung einer erhofften Vermögensmehrung**[1008]; der Betrug schützt nur vor dem „Ärmerwerden" und sichert nicht ein versprochenes günstiges Geschäft für den z. B. Käufer („Schnäppchen") oder Verkäufer (Erzielung eines möglichst hohen Verkaufspreises) ab.

Entsprechend problematisch ist, ob sich ein Vermögensschaden aus einer Täuschung über eine wertrelevante Eigenschaft ableiten lässt, obwohl der **Preis dem Marktwert der Sache ohne die behauptete Eigenschaft entspricht.**[1009]

Beispiel 227

BGH B. v. 18.07.1961 – 1 StR 606/60 (Zellwollhose) – BGHSt 16, 220 = NJW 1961, 1876 (Anm. Lenckner NJW 1962, 59):

B, der einen Textilhandel betrieb, kündigte in der Zeitung den Verkauf von rein wollenen Garbardinehosen, das Paar zu 26 DM an und verkaufte zu diesem Preis eine solche Hose unter der mündlichen wiederholten Zusicherung, sie sei aus reiner Wolle gefertigt. Tatsächlich bestand die Hose, wie er wusste, aus Zellwolle. Z, selbst Textilfachmann, erkannte das. Gleichwohl erwarb er die Hose, weil es ihm darauf ankam, den B des unlauteren Wettbewerbs zu über-

---

[1008] Hierzu Eisele, BT II, 6. Aufl. 2021, Rn. 575; aus der Rspr. vgl. zuletzt BGH U. v. 27.06.2012 – 2 StR 79/12 (Felgen) – NStZ 2012, 629 = StV 2012, 726 (Anm. Jäger JA 2012, 952; RÜ 2012, 708; Bosch JK 2013 StGB § 263/100; Jahn JuS 2013, 81; LL 2013, 109).

[1009] Hierzu Joecks/Jäger, StGB, 13. Aufl. 2021, § 263 Rn. 590f.; Hoyer, in: SK-StGB, 9. Aufl. 2019, § 263 Rn. 243; Schönfeld JZ 1964, 206; Kreft DRiZ 1970, 58; Seyfert JuS 1997, 29; Puppe ZIS 2010, 216; aus der Rspr. vgl. BGH U. v. 08.07.1955 – 1 StR 245/55 (Hopfen) – BGHSt 8, 46 = NJW 1955, 1406; BGH U. v. 12.12.1958 – 2 StR 221/58 (Butter) – BGHSt 12, 347 = NJW 1959, 993; OLG Köln U. v. 07.07.1959 – Ss 170/59 – NJW 1959, 1980; OLG Hamm U. v. 15.01.1960 – 1 Ss 1248/59 (Kilometerstand) – NJW 1960, 642 (Anm. Parsch NJW 1960, 977); OLG Stuttgart Vorlegungsb. v. 14.10.1960 – 2 Ss 489/60 – NJW 1960, 2264 und 1961, 1888; OLG Hamm U. v. 05.01.1968 – 3 Ss 1188/67 (Kilometerstand) – NJW 1968, 903; OLG Düsseldorf U. v. 03.12.1969 – 2 Ss 529/69 (Kilometerstand) – NJW 1971, 158; OLG Koblenz U. v. 18.05.1972 – 1 Ss 63/72 – NJW 1972, 1907; BGH U. v. 06.12.1977 – 1 StR 495/77; BGH U. v. 20.03.1980 – 2 StR 14/80 (Badesalz) – NJW 1980, 1760 (Anm. Hassemer JuS 1980, 916); OLG Düsseldorf B. v. 01.02.1991 – 2 Ws 541/90 – NJW 1991, 1841; OLG Hamm B. v. 02.06.1992 – 3 Ss 203/92 – NStZ 1992, 593 = StV 1993, 76; OLG Düsseldorf B. v. 10.01.1995 – 5 Ss 443/94-145/94 I – StV 1995, 591 (Anm. Schneider JZ 1996, 914); BGH U. v. 19.07.1995 – 2 StR 758/94 (Glykol) – NJW 1995, 2933 = NStZ 1995, 605 = StV 1996, 73 (Anm. Geppert JK 1996 StPO § 136a/8; Fezer StV 1996, 77; Samson StV 1996, 93); OLG Köln B. v. 02.12.2008 – 83 Ss 90/08 (Gewährleistungsausschluss) – NStZ-RR 2009, 176.

führen. Die Hose war in ihrer tatsächlichen Beschaffenheit, ohne die zugesicherte Eigenschaft, den vereinbarten Preis wert, weil zellwollene Garbardinehosen damals allgemein so viel kosteten. ◄

Beispiel 228

BayObLG B. v. 26.03.1987 – RReg. 5 St 14/87 – NJW 1987, 2452 (Anm. Otto JK 1988 StGB § 263/27):
Mit Vertrag vom 11.11.1984 verkaufte B einen Pkw, Baujahr 1978, im Autokino M. an Z zum Preis von 6000 DM. Hierbei spiegelte B bewusst der Wahrheit zuwider vor, der Pkw habe eine Gesamtfahrleistung von 128.000 km. In Wahrheit hatte der Pkw bereits mehr als drei Monate zuvor ca. 269.000 km zurückgelegt. ◄

Während die Rspr.[1010] und Teile der Lehre[1011] konsequenterweise einen Schaden verneinen müssen, wenn die Sache ihr Geld auch ohne die versprochene Eigenschaft wert ist, versucht eine Gegenauffassung[1012] das kaufrechtliche Mängelgewährleistungsrecht (§§ 437ff. BGB) fruchtbar zu machen.

In der Tat hätte der Getäuschte die Gewährleistungsrechte, hier insbesondere die Minderung, geltend machen können. Der Täter verschleiert dem Getäuschten diese Gewährleistungsrechte. Auch Judiz und Strafwürdigkeitsüberlegungen legen eine Betrugsstrafbarkeit nahe. Für die h. M. allerdings spricht die restriktive Handhabung des Rechtsguts Vermögen in Abgrenzung zur bloßen Dispositionsfreiheit. Wenn der Käufer im Ergebnis den üblichen Marktpreis bezahlt, wird er nicht geschädigt.

Mit vergleichbaren Erwägungen wird der Schaden desjenigen verneint, der täuschungsbedingt einen an bestimmte Bedingungen geknüpften **Rabatt** gewährt.[1013]

Nur, wenn die Leistung anderweitig (ggf. zu einem höheren Preis und ohne höheren Kostenaufwand) hätte verkauft werden können, lässt sich ein Schaden annehmen.

(6) Persönlicher/individueller Schadenseinschlag

▶ **Didaktischer Aufsatz**
- Becker/Rönnau, Der objektiv-individuelle Schadensbegriff beim Betrug (§ 263 StGB), JuS 2017, 975

[1010] S. o.
[1011] Z. B. Rengier, BT I, 26. Aufl. 2024, § 13 Rn. 194.
[1012] Z. B. Eisele, BT II, 6. Aufl. 2021, Rn. 591.
[1013] Hierzu Fischer, StGB, 71. Aufl. 2024, § 263 Rn. 122; aus der Rspr. vgl. zuletzt BGH B. v. 05.07.2012 – 5 StR 1/12 – NStZ 2012, 628; BGH B. v. 12.06.2013 – 5 StR 581/12 – NStZ-RR 2013, 313 = StV 2014, 78.

Umstritten ist, ob ein Vermögensschaden selbst bei sich wirtschaftlich entsprechenden Gegenleistungen – entgegen den ausgeführten Grundsätzen – angenommen werden kann, wenn in der Person des Getäuschten besondere persönliche Gründe vorliegen (sog. persönlicher oder individueller Schadenseinschlag).[1014]

Beispiel 229

BGH B. v. 16.08.1961 – 4 StR 166/61 (Melkmaschine) – BGHSt 16, 321 = NJW 1962, 309 (Anm. Kühl, Höchstrichterliche Rspr. BT, 2002, Nr. 68; Blechschmid JuS 1962, 157; Schröder NJW 1962, 721; Eser GA 1962, 289; Fahl JA 1995, 198):

B betätigte sich seit Jahren als Verkaufsvertreter für Melkmaschinen. Als Entgelt für die von ihm vermittelten Vertragsabschlüsse erhielt er von der Lieferfirma Provision. Den von ihm aufgesuchten Landwirten spiegelte er vor, er könne ihnen als „internationaler Propagandist" und im Rahmen einer Sonderaktion zu Werbezwecken die benötigte Anlage weit unter dem normalen Preis als Musteranlage verschaffen. Tatsächlich war der von ihm geforderte und vereinbarte Preis der gewöhnliche Listenpreis für die betr. Melkmaschine. In einigen Fällen setzte er die Kunden zeitlich unter Druck, indem er deren sofortige Entscheidung verlangte, andernfalls „in einer Stunde ein anderer Bauer den Vorteil hätte". Auf diese Weise gelang es ihm, eine Anzahl von Bauern über die vermeintlich besonders günstige Gelegenheit zum Erwerb einer Melkanlage zu täuschen und zur Bestellung einer solchen Maschine zu veranlassen, die sie bei Kenntnis des wirklichen Sachverhalts jedenfalls zu der fraglichen Zeit nicht gekauft hätten. In allen Fällen kam es dem B darauf an, sich die Provision zu verschaffen.

1. So ging B auch gegenüber dem Landwirt Z1 vor, dem er eine Melkanlage für 1885 DM verkaufte, obgleich er wusste, dass dieser Käufer dadurch in finanzielle Schwierigkeiten geraten könnte und sein Vermögen insoweit gefährdete, als er zu der damaligen Zeit noch andere Verpflichtungen hatte.

2. Ähnlich lag es im Falle Z2. Dieser Bauer hatte kurz zuvor seine Wirtschaftsgebäude neu errichtet, war dadurch finanziell stark geschwächt und wollte, als B ihn besuchte, nicht auch noch die Anschaffung einer Melkmaschine auf sich nehmen. Deshalb hatte er schon den Vertreter einer anderen Firma abgewiesen. B erkannte dies. Durch die Vorspiegelung, Z2 könne durch eine sofortige Bestellung rund 900 DM einsparen, gelang es ihm gleichwohl, diesen zur Bestellung einer Melkmaschine zum (Listen-)Preis von 1130 DM zu veranlassen. Z2 musste, um die daraus entstandene Verpflichtung erfüllen zu können, einen verzinslichen Kredit aufnehmen.

[1014] Hierzu Kreft DRiZ 1970, 58; Schmoller ZStW 1991, 92; Heghmanns ZIS 2015, 102; Teixeira ZIS 2016, 307; aus der Rspr. vgl. zuletzt BGH B. v. 12.06.2018 – 3 StR 171/17 – NStZ-RR 2018, 283 = StV 2019, 26 (Anm. Jäger JA 2018, 949; Eisele JuS 2018, 1109; RÜ 2018, 646; ZJS 2019, 143); KG U. v. 05.11.2018 – (2) 161 Ss 33/18 (5/18) (Anm. Peglau jurisPR-StrafR 5/2019 Anm. 2).

3. Die Bäuerin Z3 hatte ebenfalls gebaut und dem B bei seinem Besuch sogleich erklärt, dass sie zurzeit kein Geld für die Anschaffung einer Melkanlage besitze; wenn sie später einmal dazu in der Lage sein werde, müsse es eine Anlage für 10 Kühe sein, die sie auch auf der Weide verwenden könne. Gleichwohl redete ihr B eine kleinere Melkmaschine mit Treckeranschluss zum Preise von zusammen 1047 DM auf, obwohl er wusste, dass eine Maschine dieses Typs wohl für zwei bis drei Kühe, nicht aber für 10 Kühe ausreichte. Der Kundin erklärte er irreführend, die von ihm im Rahmen der Werbeaktion angebotene Melkanlage reiche auch für einen Betrieb mit 10 Kühen aus. Sie musste sich später, als sie ein Vertreter der Lieferfirma aufsuchte, eines Besseren belehren lassen und bestellte bei diesem eine größere Anlage, die sie sonst angesichts ihrer bedrängten wirtschaftlichen Verhältnisse zu der fraglichen Zeit nicht gekauft hätte.

4. B veranlasste ferner auch den Landwirt Z4 durch die Vorspiegelung eines besonderen Preisnachlasses von rund 750 DM zur Bestellung einer Melkmaschine für 862 DM; der Preis sollte in drei halbjährlichen Raten gezahlt werden. Z4 hatte dem B zuvor erklärt, er könne zurzeit keine Maschine bezahlen, weil seine Schwester und sein Bruder gerade geheiratet hätten. Wegen der vorhandenen Geldschwierigkeiten hätte er die bestellte Anlage nicht gekauft, wenn B ihn nicht über die angeblich einmaligen Vorteile bei sofortigem Vertragsabschluss getäuscht hätte. Die Melkmaschine erwies sich übrigens für die Bedürfnisse des Getäuschten, der einen Betrieb mit fünf Kühen hatte, als zu klein, sodass er später bei einem Vertreter der Firma eine größere Anlage bestellte, um sich weiteren Ärger zu ersparen. ◄

Hinsichtlich Z1 bestand die Gefahr, dass er in finanzielle Schwierigkeiten geraten werde. Z2 musste einen verzinslichen Kredit aufnehmen. Z3 und Z4 konnten die ihnen verkauften Melkmaschinen nicht für ihre Betriebe nutzen.

Beispiel 230

OLG Köln U. v. 27.01.1976 – Ss 288/75 (Lexikon) – NJW 1976, 1222 (Anm. Hassemer JuS 1976, 605; Jakobs JuS 1977, 228):
B verkaufte Müttern von Kindern, welche die Sonderschule besuchten, eine „Lexikonbibliothek" und täuschte ihnen beim Verkaufsvorgang vor, sie seien von der Sonderschule geschickt worden, um Unterrichtsmaterial in Form von „Heftchen" anzubieten, die eine Rückkehr der Kinder von der Sonderschule zur Grundschule ermöglichten. ◄

Die Mütter konnten die Lexikonbibliothek nicht nutzen, um ihren Kindern den Inhalt zu vermitteln.

Nach der Lehre vom persönlichen Schadenseinschlag soll trotz wirtschaftlicher Kompensation ausnahmsweise ein Schaden vorliegen, wenn erstens die Gegenleistung nicht für den vertraglich vorausgesetzten Zweck **brauchbar** und nicht anders zumutbar verwendbar ist oder zweitens **vermögensschädigende Maßnahmen** notwendig werden oder drittens aufgrund fehlender Mittel **keine angemessene Erfüllung der Verbindlichkeiten oder Lebensführung** möglich ist.[1015]

Die wichtigste Fallgruppe ist die, dass der Getäuschte eine erworbene Ware nicht sinnvoll verwenden kann.

Gegen die Lehre vom persönlichen Schadenseinschlag wird vorgebracht, diese weiche den betrugsrechtlichen Vermögensschutz auf.[1016]

In der Tat wird das strenge, objektive Saldierungsprinzip verlassen und durch opferbezogene, individuelle Erwägungen ersetzt. Jedenfalls in Fällen evidenter subjektiver Unbrauchbarkeit – diese muss dem Täter bekannt sein, sonst mangelt es ihm ohnehin am Vorsatz – kann von einer Kompensation durch Erhalt der Lieferung keine Rede sein, zumal ein Weiterverkauf nur unter Verlust möglich ist. Es ist hier also nicht nur eine Frage des Zynismus, wenn man das Opfer auf den wirtschaftlichen Wert verwiese; es bände auch nicht nur Geldmittel und würde damit die Dispositionsfreiheit berühren; vielmehr liegt eine vom Täter beabsichtigte Marktverfehlung und damit eine ausgeschlossene Realisierung des objektiven Marktwerts vor.

Überhaupt nur bei hinreichend restriktiver Anwendung der Lehre vom persönlichen Schadenseinschlag lässt sich diese mit den neueren Anforderungen des BVerfG vereinbaren.[1017]

(7) Anstellungsbetrug

▶ **Didaktischer Aufsatz**
  • Krokotsch, Der Anstellungsbetrug, JuS 2023, 1103

(a) Allgemeines

Beim sog. Anstellungsbetrug geht der Dienstherr oder Arbeitgeber täuschungsbedingt ein öffentlich-rechtliches oder privates Dienstverhältnis mit dem Täter ein.[1018]

Im Grundsatz ist wie sonst auch zu ermitteln, ob die Qualität der (versprochenen) Arbeitsleistung dem Wert des Gehalts entspricht oder nicht.[1019] Dies wird allerdings aufgrund der Besonderheiten des Anstellungsverhältnisses modifiziert.

[1015] Zsf. Joecks/Jäger, StGB, 13. Aufl. 2021, § 263 Rn. 157; grundlegend BGH B. v. 16.08.1961 – 4 StR 166/61 (Melkmaschine) – BGHSt 16, 321.
[1016] Kindhäuser/Hilgendorf, LPK, 9. Aufl. 2022, § 263 Rn. 183.
[1017] Hierzu Schmidt NJW 2015, 284; Ceffinato NZWiSt 2015, 90; Rostalski HRRS 2016, 73; aus der Rspr. vgl. BGH B. v. 19.02.2014 – 5 StR 510/13 – NStZ 2014, 318 = StV 2014, 673 (Anm. Piel NStZ 2014, 399); BGH B. v. 02.07.2014 – 5 StR 182/14 – NStZ 2014, 517 = StV 2015, 439 (Anm. Jäger JA 2014, 875; RÜ 2014, 713; Trüg NStZ 2014, 520; Schlösser HRRS 2014, 395).
[1018] Hierzu Fischer, StGB, 71. Aufl. 2024, § 263 Rn. 152ff.; Haupt NJW 1958, 938; Geppert FS H. J. Hirsch 1999, 525; Duttge JR 2002, 271; Kargl wistra 2008, 121.
[1019] Kindhäuser/Hilgendorf, LPK, 9. Aufl. 2022, § 263 Rn. 207; aus der Rspr. vgl. zuletzt OLG Düsseldorf B. v. 07.11.2022 – III-1 RVs 71/21 (Anm. RÜ 2023, 436); OLG Celle U. v. 15.12.2023 – 1 ORs 2/23 – NStZ 2024, 415.

(b) Beamte (Amtserschleichung)

Bei Beamtenernennungen[1020] nehmen die Rspr.[1021] und die h. L.[1022] einen Vermögensschaden unabhängig von der Qualität der erbrachten Leistung an, wenn die Ernennungsvoraussetzungen fehlen. Kritisiert wird hieran[1023] die Durchbrechung des Rechtsgutsbezugs (Vermögensschutz).

Allerdings wird man anerkennen müssen, dass bei Beamten das Dienstrecht auch den wirtschaftlichen Wert prägt: Der Beamte muss dem Amt in körperlicher, psychischer und auch charakterlicher Hinsicht gewachsen sein. Auch bei nicht unmittelbar laufbahnrelevanten Tatsachen, die aber das Vertrauen in eine sachgerechte Amtsausführung erschüttern, lässt sich daher ein Schaden annehmen.

(c) Privatwirtschaft

Bei privatrechtlichen Arbeitsverträgen scheidet ein Rückgriff auf das Beamtenrecht aus, sodass ein Vermögensschaden nur dann zu bejahen ist, wenn der Täter der Arbeit nicht gewachsen ist (z. B. krankheitsbedingt), sich eine vorgetäuschte besondere Vorbildung oder Qualifikation im Gehalt niederschlägt oder die Tätigkeit besondere persönliche Eigenschaften erfordert (z. B. Vertrauensverhältnis aufgrund Umgangs mit beträchtlichen Geldbeträgen).[1024]

Bzgl. sehr vieler Tatsachen wird sich eine Manifestation in der Höhe des Entgelts feststellen lassen (v. a. besondere Ausbildungen, aber auch Arbeitserfahrung).

Problematischer sind Tatsachen, die lediglich allgemeine Rückschlüsse auf Charaktereigenschaften schließen lassen, insbesondere Vorstrafen.[1025]

Beispiel 231

BGH U. v. 09.05.1978 – StR 104/78 (Vorstrafe) – NJW 1978, 2042 (Anm. Geilen JK 1979 StGB § 263/1 und § 267/2; Sonnen JA 1979, 166; Miehe JuS 1980, 261):

B, der seine bisherige Arbeitsstelle bei der Firma Z1 auf Grund strafbarer Handlungen verloren hatte, bewarb sich bei der Firma Z2 um eine Vertrauensstellung als selbstständiger Einkäufer. Dabei legte er dem Bewerbungsschreiben u. a. die Fotokopien eines im Datum verfälschten, nunmehr auf 19.02.1973 lautenden polizeilichen Führungszeugnisses und eines insgesamt gefälschten

---

[1020] Hierzu Sarstedt JR 1952, 308; Protzen NStZ 1997, 525; Geppert FS H. J. Hirsch 1999, 525; aus der Rspr. vgl. zuletzt BGH B. v. 21.08.2019 – 3 StR 221/18 – NStZ 2020, 291 = StV 2020, 752 (Anm. LL 2020, 177; RÜ 2020, 29; Oğlakcıoğlu JR 2020, 258).
[1021] S. o.
[1022] Z. B. Eisele, BT II, 6. Aufl. 2021, Rn. 617.
[1023] Hefendehl, in: MK-StGB, 4. Aufl. 2022, § 263 Rn. 841.
[1024] S. Eisele, BT II, 6. Aufl. 2021, Rn. 615; aus der Rspr. vgl. zuletzt BGH B. v. 21.08.2019 – 3 StR 221/18 – NStZ 2020, 291 = StV 2020, 752 (Anm. LL 2020, 177; RÜ 2020, 29; Oğlakcıoğlu JR 2020, 258); BGH B. v. 20.10.2021 – 1 StR 375/21 – NStZ-RR 2022, 115; OLG Düsseldorf B. v. 07.11.2022 – III-1 RVs 71/21 (Anm. RÜ 2023, 436); OLG Celle U. v. 15.12.2023 – 1 ORs 2/23 – NStZ 2024, 415.
[1025] S. Kindhäuser/Hilgendorf, LPK, 9. Aufl. 2022, § 263 Rn. 208f.

Führungszeugnisses der Firma Z1 vom 31.12.1963 bei. Er machte ferner bei dem mit dem Prokuristen der Firma I geführten Einstellungsgespräch falsche Angaben über den Grund seiner Bewerbung und verschwieg die Vorfälle bei der Firma Z1 sowie das hierwegen eingeleitete strafrechtliche Ermittlungsverfahren. Der Prokurist vertraute den vorgelegten Zeugnissen und den Angaben des B, ließ sich dadurch über dessen Eignung für die zu besetzende Vertrauensstellung täuschen und stellte B zum 01.05.1973 als selbstständiger Einkäufer für die mit Z2 verbundene Firma Z3 ein. Er hätte das, wie dem B bewusst war, nicht getan, wenn er die Vorfälle bei der Firma Z1 und die Anfälligkeit des B für Vermögensstraftaten gekannt hätte. ◄

Führt die durch Täuschung erlangte Anstellung des B als selbstständigen Einkäufers zu einem Vermögensschaden, weil B vorbestraft war?

Aber auch insofern ist der Anspruch auf Erfüllung der Pflicht durch einen – hier charakterlich – Qualifizierten mehr wert als durch einen Unqualifizierten. Nur wenn die Vorstrafe keinerlei Bezugspunkt zur auszuübenden Tätigkeit hat, fehlt es an einem Vermögensschaden. Zwar wird die Unmittelbarkeit bezweifelt, da die Möglichkeit erneuter Straftatbegehung aufgrund der Anstellung erst noch der neuen deliktischen Handlung bedürfe.[1026] Allerdings kann man dem grundsätzlichen Vertrauensverlust zumindest bei nicht ganz bagatellhaften betriebsbezogenen Straftaten bereits Vermögenscharakter beimessen.

(8) Submissionsbetrug (Ausschreibungsbetrug)
Unter dem sog. Submissionsbetrug[1027] versteht man Manipulationen bei Ausschreibungen bzgl. Auftragsvergaben dahingehend, dass der Auftragszuschlag erschlichen wird.
Dies kann zu Lasten von Mitbewerbern gehen, v. a. durch Kollusion mit der Seite des Ausschreibenden.

Beispiel 232

BGH U. v. 20.02.1962 – 1 StR 496/61 – BGHSt 17, 147 = NJW 1962, 973 (Anm. Preuße JuS 1962, 327):
B brachte durch unlautere Machenschaften Mitbewerber bei Bauausschreibungen um den Zuschlag; er wirkte dabei mit unredlichen Angestellten der Vergabestellen zusammen. ◄

[1026] S. Eisele, BT II, 6. Aufl. 2021, Rn. 616.
[1027] Hierzu Fischer, StGB, 71. Aufl. 2024, § 263 Rn. 169ff.; Jaath FS Schäfer 1979, 89; Bruns NStZ 1983, 384; Schmid wistra 1984, 1; Baumann FS Oehler 1985, 291; Schaupensteiner ZRP 1993, 250; Lüderssen wistra 1995, 243; Otto ZRP 1996, 300; Satzger ZStW 1997, 357; aus der Rspr. vgl. zuletzt BGH B. v. 04.11.2003 – KRB 20/03 – NJW 2004, 1539 = NStZ 2004, 567; BGH B. v. 11.10.2004 – 5 StR 389/04 – NStZ 2005, 157 = StV 2005, 23 (Anm. Geppert JK 2005 StGB § 263/76; LL 2006, 260); BGH U. v. 09.07.2009 – 5 StR 263/08 – BGHSt 54, 39 = NJW 2009, 3248 = StV 2009, 581 (Anm. Mehle NJW 2009, 3253; Satzger JK 2010 StPO § 246 I/1; Radtke JR 2011, 128).

Der Betrug kann des Weiteren zu Lasten des Ausschreibenden erfolgen, v. a. durch Preisabsprachen mehrerer Bewerber.

In letzteren Fällen ist die Bestimmung des Vermögensschadens problematisch. Die Rspr.[1028] und die h. L.[1029] sehen den Schaden in der Differenz von bezahltem Entgelt und dem hypothetischen, nämlich ohne Absprache gebildeten, Marktpreis.

Teile der Lehre[1030] kritisieren daran, dass bei erstmaligen und unwiederholbaren Werken überhaupt kein Vergleichspreis existiert. Auch besagt eine Absprache zunächst nichts darüber, dass der Preis überhöht ist. „Angemessene Preise" existieren in einer Marktwirtschaft nicht. Angesichts dessen, dass **§ 298 StGB** Strafbarkeitslücken schließt, besteht auch nicht zwingend das Bedürfnis zu extensiver Interpretation.

> **§ 298 StGB (Wettbewerbsbeschränkende Absprachen bei Ausschreibungen)**
>
> (1) Wer bei einer Ausschreibung über Waren oder Dienstleistungen ein Angebot abgibt, das auf einer rechtswidrigen Absprache beruht, die darauf abzielt, den Veranstalter zur Annahme eines bestimmten Angebots zu veranlassen, wird mit Freiheitsstrafe bis zu fünf Jahren oder mit Geldstrafe bestraft.
>
> (2) Der Ausschreibung im Sinne des Absatzes 1 steht die freihändige Vergabe eines Auftrages nach vorausgegangenem Teilnahmewettbewerb gleich.
>
> (3) Nach Absatz 1, auch in Verbindung mit Absatz 2, wird nicht bestraft, wer freiwillig verhindert, daß der Veranstalter das Angebot annimmt oder dieser seine Leistung erbringt. Wird ohne Zutun des Täters das Angebot nicht angenommen oder die Leistung des Veranstalters nicht erbracht, so wird er straflos, wenn er sich freiwillig und ernsthaft bemüht, die Annahme des Angebots oder das Erbringen der Leistung zu verhindern.

Der h. M. ist aber dennoch zuzustimmen, da Submissionskartelle jedenfalls i. d. R. gerade deshalb gebildet und am Leben gehalten werden, damit sie ihren Mitgliedern höhere als die sonst erzielbaren Marktpreise liefern. Unternehmen kalkulieren nicht so scharf, wenn sie keine Konkurrenz fürchten müssen. Jedenfalls sind Ausgleichszahlungen bzw. absprachebedingte Preisaufschläge als Mindestschaden feststellbar.

(9) Anlagebetrug
Ein wichtiger Unterfall des Betrugs ist der sog. Anlagebetrug.[1031] I.R.d. Grundstudiums genügen aber allgemeine Grundkenntnisse des § 263 StGB, um derartige

---

[1028] S. o.
[1029] S. nur Eisele, BT II, 6. Aufl. 2021, Rn. 600.
[1030] Perron, in: Schönke/Schröder, StGB, 30. Aufl. 2019, § 263 Rn. 137a.
[1031] Hierzu Fischer, StGB, 71. Aufl. 2024, § 263 Rn. 124ff.; Otto FS Pfeiffer 1988, 69; Gerst/Meinicke StraFo 2011, 29.

Konstellationen zu bearbeiten, zumal wirtschaftliche Fachkenntnisse jedenfalls in der Pflichtfachprüfung nicht erwartet werden können. Praxisrelevant und problematisch sind insbesondere Warentermingeschäfte,[1032] Optionsgeschäfte[1033] und Ponzi-Schemes (Schneeballsysteme).[1034]

Ergänzend ist auf **§ 264a StGB** hinzuweisen.

> **§ 264a StGB (Kapitalanlagebetrug)**
> (1) Wer im Zusammenhang mit
> 1. dem Vertrieb von Wertpapieren, Bezugsrechten oder von Anteilen, die eine Beteiligung an dem Ergebnis eines Unternehmens gewähren sollen, oder
> 2. dem Angebot, die Einlage auf solche Anteile zu erhöhen,
>
> in Prospekten oder in Darstellungen oder Übersichten über den Vermögensstand hinsichtlich der für die Entscheidung über den Erwerb oder die Erhöhung erheblichen Umstände gegenüber einem größeren Kreis von Personen unrichtige vorteilhafte Angaben macht oder nachteilige Tatsachen verschweigt, wird mit Freiheitsstrafe bis zu drei Jahren oder mit Geldstrafe bestraft.
> (2) Absatz 1 gilt entsprechend, wenn sich die Tat auf Anteile an einem Vermögen bezieht, das ein Unternehmen im eigenen Namen, jedoch für fremde Rechnung verwaltet.
> (3) Nach den Absätzen 1 und 2 wird nicht bestraft, wer freiwillig verhindert, daß auf Grund der Tat die durch den Erwerb oder die Erhöhung bedingte Leistung erbracht wird. Wird die Leistung ohne Zutun des Täters nicht erbracht, so wird er straflos, wenn er sich freiwillig und ernsthaft bemüht, das Erbringen der Leistung zu verhindern.

(10) Gutglaubenserwerb

▶   **Didaktischer Aufsatz**
   • Begemeier/Wölfel, Betrugsschaden trotz gutgläubigen Erwerbs?, JuS 2015, 307

[1032] S. Fischer, StGB, 71. Aufl. 2024, § 263 Rn. 127; Seelmann NJW 1980, 2545; Koch JZ 1980, 704; Rochus NJW 1981, 736; Sonnen wistra 1982, 123; Lackner/Imo MDR 1983, 969; Sonnen StV 1984, 175; Worms wistra 1984, 123; Franke/Ristau wistra 1990, 252; aus der Rspr. vgl. zuletzt BGH U. v. 13.11.2007 – 3 StR 462/06 (Anm. Rose wistra 2009, 289).

[1033] Aus der Rspr. vgl. BGH B. v. 19.07.2023 – 2 StR 77/22 – NJW 2023, 3804 = NStZ 2023, 680 = StV 2023, 747 (Anm. Bosch Jura 2023, 1356; Schulte-Rudzio NStZ 2024, 40; Ferner jurisPR-StrafR 18/2024 Anm. 3).

[1034] Hierzu Fischer, StGB, 71. Aufl. 2024, § 263 Rn. 130; Arzt FS Miyazawa 1995, 519; Finger ZRP 2006, 159; Kilian HRRS 2009, 285; Schmidt StV 2018, 57; aus der Rspr. vgl. zuletzt BGH U. v. 19.11.2015 – 4 StR 115/15 – NStZ 2016, 280 (Anm. Satzger Jura 2016, 1084); BGH B. v. 02.03.2016 – 1 StR 433/15 – NJW 2016, 2438 = NStZ 2016, 409 (Anm. Becker NStZ 2016, 410; Leppich wistra 2016, 275).

D. Betrug, § 263 StGB 303

„Veräußert" ein Nichtberechtigter eine abhandengekommene Sache, sodass ein Eigentumserwerb des gutgläubigen Erwerbers (§§ 932ff. BGB) an **§ 935 I BGB** scheitert („Der Erwerb des Eigentums auf Grund der §§ 932 bis 934 tritt nicht ein, wenn die Sache dem Eigentümer gestohlen worden, verloren gegangen oder sonst abhanden gekommen war. Das Gleiche gilt, falls der Eigentümer nur mittelbarer Besitzer war, dann, wenn die Sache dem Besitzer abhanden gekommen war.") so liegt ohne Weiteres ein Betrug zulasten des insofern getäuschten und irrenden Erwerbers vor.[1035] Hinzu kommt eine Hehlerei gem. § 259 StGB.

Problematisch ist der Vermögensschaden bei **gutgläubigem Eigentumserwerb**.[1036]

Beispiel 233

BGH B. v. 29.07.1960 – 1 StR 213/60 – BGHSt 15, 83 = NJW 1960, 1916 (Anm. Kühl, Höchstrichterliche Rspr. BT, 2002, Nr. 67; Mittelbach JR 1961, 69):

Im Februar 1958 bat der wegen Vermögensdelikten vorbestrafte B den Arbeiter Z, ihm dessen Moped für eine Fahrt nach auswärts vorübergehend zu überlassen. Darauf übergab ihm Z das Fahrzeug gegen ein Entgelt von 10 DM, Unterwegs versagte das Moped. B schob es bis zur Reparaturwerkstatt des Kfz.-Meisters Z2. Dieser erklärte ihm, es sei eine umfangreiche Reparatur notwendig. Daraufhin bot ihm B das Moped für 130 DM an. Er fügte hinzu, es sei ihm von seinem Onkel geschenkt worden. Z2, der dies glaubte, ging auf das Angebot ein und erhielt das Fahrzeug gegen Zahlung von 130 DM, wobei sich B verpflichtete, dem Z2 die zugehörigen Papiere zuzusenden. Da B sie jedoch nicht schickte, schöpfte Z2 Verdacht und verkaufte das Moped nicht weiter. Im März 1958 gab Z2, der inzwischen den wahren Sachverhalt erfahren hatte, das Fahrzeug an Z1 auf dessen Verlangen zurück, nachdem dieser ihm die entstandenen Reparaturkosten in Höhe von 30,15 DM bezahlt hatte. ◄

[1035] Eisele, BT II, 6. Aufl. 2021, Rn. 613; aus der Rspr. vgl. BGH U. v. 19.06.1951 – 1 StR 42/51 (mehrfache Sicherungsübereignung) – BGHSt 1, 262; BGH U. v. 04.11.1959 – 2 StR 421/59 – BGHSt 14, 219 = NJW 1960, 301; LG Karlsruhe U. v. 11.10.1976 – V KLs 23/75 – NJW 1977, 1301 und 2376; BGH B. v. 14.07.2016 – 3 StR 105/16 – NStZ-RR 2016, 340.

[1036] Hierzu Eisele, BT II, 6. Aufl. 2021, Rn. 612; Hillenkamp/Cornelius, 40 Probleme aus dem Strafrecht BT, 13. Aufl. 2020, 32. Problem; Traub NJW 1956, 450; Begemeier/Wölfel JuS 2015, 307; aus der Rspr. vgl. RG U. v. 12.11.1914 – I 795/14 – RGSt 49, 16; RG U. v. 22.12.1938 – 3 D 904/38 (Makel) – RGSt 73, 61; BGH U. v. 04.04.1951 – 1 StR 92/51 – BGHSt 1, 92; OLG Hamburg U. v. 03.10.1951 – Ss 124/11 – NJW 1952, 439 (Anm. Bockelmann JZ 1952, 461); BGH U. v. 29.01.1953 – 5 StR 408/52 – BGHSt 3, 370 = NJW 1953, 474 (Anm. Maurer NJW 1953, 1480; Müller-Webers NJW 1954, 220); BGH U. v. 24.06.1955 – 2 StR 154/55 (Anm. Oehler GA 1956, 161); BGH U. v. 05.07.1955 – 5 StR 252/55 (Anm. Oehler GA 1956, 161); OLG Hamburg U. v. 05.10.1955 – Ss 113/55 – NJW 1956, 392; BGH U. v. 08.05.1990 – 1 StR 52/90 (Anm. Keller JR 1990, 519; Otto JK 1991 StGB § 263/33); BGH B. v. 25.07.2002 – 1 StR 192/02 – StV 2003, 447 (Anm. LL 2003, 702); BGH B. v. 08.06.2011 – 3 StR 115/11 – NStZ 2013, 37 (Anm. Kudlich JA 2011, 790; RA 2011, 645; Schlösser NStZ 2013, 162).

B hat den Besitz am Moped von Z im Rahmen eines Mietvertrages (§§ 535ff. BGB) erlangt. Deswegen scheitert ein gutgläubiger Erwerb nicht an § 935 I BGB. Z2 hat nach §§ 929 S. 1, 932 I BGB Eigentum erworben.

Zu denken ist zunächst an einen (Dreiecks-)Betrug **zu Lasten des wahren Eigentümers**.

Allerdings genügt nach ganz h. M. die gesetzliche Regelung der §§ 932ff. BGB nicht für das erforderliche zurechnungsbegründende Näheverhältnis.[1037]

Freilich wäre eine Gleichbehandlung aller gesetzlichen Rechtsscheinsvorschriften (zu §§ 407, 408 BGB s. o.[1038]) dahingehend denkbar, dass die primärrechtliche Regelung die sonst zu verlangende vermeintliche Befugnis oder die Zugehörigkeit zum selben „Lager" ersetzt. Allerdings liegt der Unterschied darin, dass es i.R.d. § 932 BGB an einem schuldrechtlichen Verhältnis fehlt.

Umstritten ist, ob der **Erwerber** einen Vermögensschaden erleidet.

Nach einer nationalsozialistisch geprägten und schon deshalb überholten Auffassung des RG[1039] sollte hier der Vermögensschaden in dem sittlichen Makel liegen, dass das gutgläubige Eigentum an der Sache nach gesundem Volksempfinden minderwertig sei. Der BGH[1040] hält in diesen Fällen immerhin eine schadensgleiche Vermögensgefährdung aufgrund eines konkreten Prozessrisikos für möglich.

Die h. L.[1041] geht allenfalls dann von einem Vermögensschaden aus, wenn eine Auseinandersetzung mit dem früheren Eigentümer oder eine Herausgabe aufgrund wirtschaftlicher Rücksichtnahme o. Ä. wahrscheinlich ist.

In der Tat ist das nach § 932 BGB erworbene Eigentum vollwertig. Prozessrisiken bestehen auch beim Erwerb vom Berechtigten. Hinzu kommt, dass nur bei ganz konkreter Gefahr die neueren verfassungsrechtlichen Vorgaben (v. a. Bezifferung) eingehalten werden können, sodass auch die Rspr.[1042] nunmehr zurückhaltend agiert.

(11) Sicherungsbetrug

▶ **Didaktischer Aufsatz**
- Kretschmer, Tatbestands- oder Konkurrenzlösung: eine typische Argumentation im Strafrecht, JuS 2013, 24

[1037] S. nur Eisele, BT II, 6. Aufl. 2021, Rn. 570.
[1038] S. o. cc) (5).
[1039] RG U. v. 22.12.1938 – 3 D 904/38 (Makel) – RGSt 73, 61.
[1040] S. o.
[1041] Hoyer, in: SK-StGB, 9. Aufl. 2019, § 263 Rn. 261; Eisele, BT II, 6. Aufl. 2021, Rn. 612.
[1042] S. BGH B. v. 08.06.2011 – 3 StR 115/11 – NStZ 2013, 37.

Problematisch ist der Eintritt eines Vermögensschadens beim sog. **Sicherungsbetrug**,[1043] d. h. Fällen, in denen schon durch einen vorherigen Vorgang eine Beeinträchtigung der Vermögensposition eingetreten ist.

Beispiel 234

B steckte in einem Kaufhaus eine DVD in seine Jackentasche. Am Ausgang von Ladendetektiv Z, der einen vagen Verdacht hatte, befragt, verneinte B, etwas eingesteckt zu haben. Z glaubte dem B und ließ ihn gehen. ◄

Beispiel 235

BGH B. v. 12.08.1993 – 1 StR 459/93 – NStZ 1993, 591 (Anm. Otto JK 1994 StGB § 263/39):
B hob von einem zuvor entwendeten Sparbuch Geld ab. ◄

In beiden Fällen ist bereits ein Diebstahl (§ 242 StGB) vollendet. Wenn dabei durch die Wegnahme bereits ein Gewahrsamsübergang an der Sache stattgefunden hat, ist fraglich, was für ein Vermögensschaden noch durch einen nachfolgenden Betrug hinsichtlich der Sache eintreten kann.

Nach einer Ansicht[1044] fehlt es an einem Vermögensschaden oder sogar bereits an einer Vermögensverfügung, da der vollständige Schaden bereits mit der Vortat eingetreten ist.

Nach anderer Ansicht[1045] liegt in solchen Fällen durchaus eine über den vorherigen Schaden hinausgehende Schadensvertiefung vor, soweit die Forderung werthaltig ist. Innerhalb dieser Auffassung wird teilweise[1046] vertreten, dass der Sicherungsbetrug als mitbestrafte Nachtat im Wege der Gesetzeskonkurrenz zurücktritt.

Der ersten Auffassung ist zuzugeben, dass durch das vorausgegangene Verhalten tatsächlich bereits ein Schaden eingetreten ist. Stellte jedes weitere den Anspruch vereitelnde Verhalten insoweit eine Schadensvertiefung dar, wären beliebig viele Straftaten hinsichtlich derselben Vermögensposition denkbar. Dies ist jedoch sowohl von der Konzeption des Strafgesetzbuchs (vgl. nur die Anschlussdelikte, die dieselbe Beute betreffen wie die Vortat) als auch aus kriminalpolitischen Gesichtspunkten nicht zu beanstanden: Bei jeder neuen, die Durchsetzung der Forderung des

---

[1043] Hierzu Eisele, BT II, 6. Aufl. 2021, Rn. 603f.; näher Sickor GA 2007, 590; Bittmann NStZ 2012, 289; Kretschmer JuS 2013, 24; aus der Rspr. vgl. zuletzt BGH B. v. 25.07.2017 – 5 StR 46/17 – NStZ-RR 2017, 313 = StV 2018, 291 (Anm. Schumann HRRS 2017, 511; Lorenz jurisPR-StrafR 6/2018 Anm. 2; Meyer NZWiSt 2018, 79; Schneider wistra 2019, 454); BGH B. v. 16.12.2020 – 6 StR 251/20 – NStZ 2022, 166; BGH U. v. 01.06.2023 – 4 StR 225/22 – NStZ 2024, 291 (Anm. Jahn JuS 2023, 981; Erdogan NStZ 2024, 293).
[1044] Heger, in: Lackner/Kühl/Heger, StGB, 30. Aufl. 2023, § 253 Rn. 13.
[1045] Krey/Hellmann/Heinrich, BT 2, 18. Aufl. 2021, Rn. 678; Bittmann NStZ 2012, 289 (290ff.).
[1046] Eisele, BT II, 6. Aufl. 2021, Rn. 604, 664f.; Fischer, StGB, 71. Aufl. 2024, § 263 Rn. 233.

Geschädigten beeinträchtigenden Handlung bringt der Täter weitere kriminelle Energie auf und verwirklicht neues Unrecht, zumal auch der wirtschaftliche Wert des Ersatzanspruchs vom Schutzbereich des Art. 14 GG umfasst ist. Auch eine Strafbarkeit der an dem Sicherungsbetrug Beteiligten kann nur auf diese Weise sichergestellt werden. Zudem könnte sich der Täter ohne Anerkennung einer Schadensvertiefung in dem gegen ihn angestrengten Prozess risikolos über seine Wahrheitspflicht (§ 138 I ZPO) hinwegsetzen.

b) Subjektiver Tatbestand

aa) Vorsatz
Gem. § 15 StGB ist Vorsatz erforderlich.

Problematisch kann die Ermittlung eines solchen Vorsatzes insbesondere im Hinblick auf einen **Gefährdungsschaden** sein.[1047] Zu beachten ist, dass eine Billigung eines vertiefenden Endschadens nicht erforderlich ist, die Kenntnis der die Gefährdung begründenden Umstände genügt, mag auch der Täter darauf vertrauen und hoffen, dass aus der Gefährdung letztlich kein Schaden erwachse. Konsequenterweise ist ein Vorsatz bzgl. einer Wiedergutmachung irrelevant.[1048]

bb) Absicht, sich oder einem Dritten einen rechtswidrigen (und sog. stoffgleichen) Vermögensvorteil zu verschaffen

▶ **Didaktischer Aufsatz**
• Wittig, Die Absicht der rechtswidrigen Bereicherung, JA 2013, 401

(1) Allgemeines
Weiteres subjektives Tatbestandsmerkmal des § 263 I StGB ist die „Absicht, sich oder einem Dritten einen rechtswidrigen Vermögensvorteil zu verschaffen" (sog. **Bereicherungsabsicht**).[1049]

Der Betrug ist insofern ein kupiertes Erfolgsdelikt, da die Bereicherung nicht eingetreten sein muss, sondern nur beabsichtigt.[1050]

[1047] S. Fischer, StGB, 71. Aufl. 2024, § 263 Rn. 182ff.; aus der Rspr. vgl. zuletzt OLG Hamburg B. v. 10.06.2009 – 3 Ss 29/09 – NStZ 2010, 335 = StV 2010, 79 (Anm. Jahn JuS 2009, 1144; Satzger JK 2010 StGB § 266/35); BGH U. v. 24.03.2016 – 2 StR 36/15 – NStZ-RR 2016, 205.

[1048] Beukelmann, in: BeckOK-StGB, Stand 01.08.2024, § 263 Rn. 75; aus der Rspr. vgl. BGH B. v. 12.06.2001 – 4 StR 402/00 – NStZ-RR 2001, 328 = StV 2002, 133 (Anm. RA 2001, 717; Otto JK 2002 StGB § 263/66); BGH B. v. 04.12.2002 – 2 StR 332/02 – NStZ 2003, 264 (Anm. Otto JK 2003 StGB § 263/70); BGH B. v. 15.06.2005 – 2 StR 30/05 – BGHSt 50, 147 = NJW 2005, 3008 = NStZ 2005, 634 = StV 2005, 607 (Anm. RA 2005, 484; Hadamitzky/Richter NStZ 2005, 636; Soyka NStZ 2005, 637; Heinze HRRS 2005, 349; Satzger JK 2006 StGB § 263/78; Petersohn JA 2006, 12; LL 2006, 39).

[1049] Hierzu Lindner MDR 1949, 203; Gundlach MDR 1981, 194; Wittig JA 2013, 401.

[1050] Kindhäuser/Hilgendorf, LPK, 9. Aufl. 2022, § 263 Rn. 35, 224; aus der Rspr. vgl. zuletzt OLG Karlsruhe B. v. 13.03.2019 – 1 Rv 3 Ss 691/18 (Anm. Hecker JuS 2019, 819; RÜ 2019, 785); KG U. v. 30.11.2023 – 2 ORs 31/23 – 121 Ss 130/23 – NStZ-RR 2024, 124 = StV 2024, 360.

Zur Absicht als qualifizierte Form des Vorsatzes s. bereits im Allgemeinen Teil. Eventualvorsatz genügt nicht.[1051] I.R.d. § 263 I StGB erforderlich ist ein zielgerichtetes Wollen der Mehrung des Vermögensgesamtwertes,[1052] d. h. eine günstigere Gestaltung der Vermögenslage. Alle Folgerungen für den Vermögensschaden gelten für den Vermögensvorteil in gleicher Weise.[1053]

Zu beachten ist, dass in § 263 I StGB sowohl **Selbst-** als auch **Drittbereicherungsabsicht** normiert sind.

Erstrebt sein kann sowohl Mehrung der **Aktiva** als auch Verminderung der **Passiva** (z. B. Abwendung von Schadensersatzansprüchen).[1054] Nicht erfasst sind beabsichtigte immaterielle Vorteile.

Soweit der **Besitz** einer Sache betroffen ist, ist die Bagatellschwelle zu beachten: Ebenso wenig wie jeder kurzfristige Besitzverlust bereits eine tatbestandsmäßige Vermögensverfügung ist, ist jede erstrebte kurzfristige Besitzerlangung von der Bereicherungsabsicht gedeckt.[1055]

Ausreichend ist es, wenn die Bereicherung **mitbestimmend** für das Handeln des Täters war (**Motivbündel**).[1056]

Es genügt daher auch, wenn der Täter den Vermögensvorteil als Mittel zu einem **anderen Zweck** erstrebt (Bereicherung als **Zwischenziel** oder **Begleitziel**).[1057] Nicht erforderlich ist also, dass der Vermögensvorteil die eigentliche Triebfeder oder das in erster Linie erstrebte Ziel (Endziel) seines Handelns ist. Auszuscheiden sind aber unerwünschte Nebenfolgen.

Beispiel 236

BayObLG U. v. 17.09.1971 – RReg. 7 St 143/71 (Anm. Herzberg JuS 1972, 185; Hassemer JuS 1972, 218; Maurach JR 1972, 345; Schröder JZ 1972, 26; Puppe MDR 1973, 12):

[1051] Vgl. aus der Rspr. BGH B. v. 29.07.2021 – 4 StR 156/20 – NStZ 2022, 46 (Anm. RÜ 2021, 713).

[1052] Joecks/Jäger, StGB, 13. Aufl. 2021, § 263 Rn. 168f.; aus der Rspr. vgl. zuletzt BayObLG U. v. 23.07.2020 – 207 StRR 230/20 (Anm. Hecker JuS 2021, 561; RÜ 2021, 101); BGH B. v. 29.07.2021 – 4 StR 156/20 – NStZ 2022, 46 (Anm. RÜ 2021, 713); KG U. v. 30.11.2023 – 2 ORs 31/23 – 121 Ss 130/23 – NStZ-RR 2024, 124 = StV 2024, 360.

[1053] Hefendehl, in: MK-StGB, 4. Aufl. 2022, § 263 Rn. 1107.

[1054] Kindhäuser/Hilgendorf, LPK, 9. Aufl. 2022, § 263 Rn. 226; aus der Rspr. vgl. OLG Stuttgart U. v. 10.11.1961 – 1 Ss 767/61 – NJW 1962, 502 (Anm. Merkert NJW 1962, 1023); BGH U. v. 17.10.1996 – 4 StR 389/96 – BGHSt 42, 268 = NJW 1997, 750 = NStZ 1997, 431 = StV 1997, 417 (Anm. Roxin, Höchstrichterliche Rspr. AT, 1998, Nr. 56; Puppe, AT, 5. Aufl. 2023, § 20 Rn. 1ff.; Geppert JK 1997 StGB § 263/48; Martin JuS 1997, 567; Kudlich NStZ 1997, 432; Arzt JR 1997, 469).

[1055] Heger, in: Lackner/Kühl/Heger, StGB, 30. Aufl. 2023, § 263 Rn. 59.

[1056] Fischer, StGB, 71. Aufl. 2024, § 263 Rn. 190; aus der Rspr. vgl. zuletzt BGH B. v. 03.04.2024 – 1 StR 75/24 – NStZ 2024, 543 (Anm. Bosch Jura 2024, 899; Hahn NStZ 2024, 544).

[1057] Eisele, BT II, 6. Aufl. 2021, Rn. 636a; näher Rengier JZ 1990, 321; aus der Rspr. vgl. zuletzt BGH B. v. 10.03.2020 – 2 StR 504/19 – NStZ 2020, 542 = StV 2020, 672 (Anm. Nestler Jura 2020, 996); BGH B. v. 03.04.2024 – 1 StR 75/24 – NStZ 2024, 543 (Anm. Bosch Jura 2024, 899; Hahn NStZ 2024, 544).

B bestellte jeweils unter falschen Namen bei verschiedenen Geschäftsleuten Waren und ließ sie teils an dritte Personen, teils an die Adresse der angeblichen telefonischen Auftraggeberin liefern, um dieser Unannehmlichkeiten zu bereiten. Die Lieferungen wurden weder von B noch von dritter Seite bezahlt. ◄

Zu konstatieren ist, dass die Waren nicht an B geliefert werden sollten und nur deshalb an Dritte geliefert wurden, um diesen Unannehmlichkeiten zu bereiten. Eine wirtschaftliche Nutzung sollte nicht stattfinden. Trotzdem hat das BayObLG eine Bereicherungsabsicht bejaht. Ein hinreichender Vermögensvorteil liege in den Ansprüchen begründet, die der B aus der Bestellung der Waren erwuchsen und die sie in die Lage versetzten, über die Waren zu verfügen.

Beispiel 237

LG Kiel U. v. 03.03.2006 – V Ns 18/06 – NStZ 2008, 219 (Anm. famos 8/2008):

B und der 76 Jahre alte Z waren seit etwa Sommer 2002 Hausnachbarn. Z ist verheiratet, seine Ehefrau lebte aber bereits seit Mai 2002 in einem Pflegeheim. Aufgrund seiner nervlichen Belastungen, die der B u. a. auf Examensstress zurückführte, und gewissen Spannungen zwischen ihm und Z, welcher ihm bisweilen Vorhaltungen über sein Verhalten machte, kam B Anfang Februar 2005 auf den Gedanken, dem Z zu zeigen, wie es ist, wenn man ständig belästigt wird. Dementsprechend rief er zwischen dem 04.02. und 16.02.2005 unter dem Namen des Z 35 Unternehmen an und beauftragte diese jeweils mit der Lieferung von Waren bzw. der Erbringung von Dienstleistungen, wobei B die Absicht hatte, den Z dadurch in dauerhafte Aufregung und Unruhe zu versetzen. Um dies zu erreichen, kam es dem B darauf an, dass die beauftragten Unternehmen die Wohnanschrift des Z auch aufsuchten, um ihre vertraglichen Leistungen zu erbringen bzw. anzubieten. Wie für den B vorhersehbar, wurde Z durch die nachstehend aufgeführten Tätigkeiten der Unternehmen tatsächlich massiv in Angst und Schrecken versetzt, sodass sich bei ihm Unruhezustände, Nervosität und Schlafstörungen einstellten; letztere äußerten sich insbesondere durch massive Einschlafstörungen des Z. Insgesamt verschlechterte sich der Gesundheitszustand des Z so, dass dieser sich ab 17.02.2005 in ärztliche Behandlung bei seinem Hausarzt begab und mit einem Psychopharmakon behandelt wurde. Bei seinen Bestellungen machte sich B keine Gedanken darüber, wer die anfallenden Kosten bzw. vertraglichen Gegenleistungen (Kaufpreis oder Wert) tragen würde. Er selbst war weder zahlungswillig noch zahlungsfähig. Bei seinen Bestellungen erweckte er jeweils den Anschein, dass er der als Auftraggeber bezeichnete Z sei. Die Unternehmen erbrachten in der Folgezeit auftragsgemäß ihre vertraglichen Leistungen aus Kauf-, Werk- bzw. Dienstvertrag oder nahmen zu dem nichts ahnenden Z Verbindung auf, um ihre vertraglichen Leistungen zu erbringen. Dem Z. gelang es nur mit Mühe und zu Lasten seiner Gesundheit, die Lieferanten davon zu überzeugen, dass er nichts bestellt habe, und die Waren zurückzuweisen. ◄

Das LG Kiel sah zum einen unter ausdrücklicher Berufung auf das BayObLG (s. o.) die Dispositionsfreiheit über die Waren als erstrebten Vermögensvorteil an. Zum anderen sei auf die Arbeitsleistung der Unternehmen, für die üblicherweise oder vertraglich ein Entgelt geschuldet wird, abzustellen. Diese habe sich der B i.S.e. notwendigen Zwischenzieles zunutze machen wollen, um den Z zu ärgern.

Von besonderer Bedeutung sind **Provisionsvertreterfälle**.[1058] Zur dann ebenfalls problematischen sog. Stoffgleichheit s. sogleich.

An einer erstrebten Bereicherung fehlt es – insofern parallel zur Zueignungsabsicht i.R.d. § 242 I StGB –, wenn der Täter lediglich eine **Vernichtung** oder **Vorenthaltung** der Sache bezweckt.[1059]

Auch in einer „**Inpfandnahme**" liegt keine Bereicherung, sofern eine als bestehend angenommene Forderung „gesichert" werden soll.[1060]

Die Bereicherungsabsicht wird von der h. M. tatbezogen verstanden, sodass **§ 28 I StGB** nicht angewendet wird.[1061]

(2) Rechtswidrigen

▶ **Didaktischer Aufsatz**
- Hoven/Obert/Hyseni, Die Rechtswidrigkeit der beabsichtigten Zueignung bzw. Bereicherung in der Fallbearbeitung, JA 2023, 1005

Die Rechtswidrigkeit der erstrebten Bereicherung[1062] ist ein normatives **Tatbestandsmerkmal**[1063] und kein Hinweis auf das allgemeine Deliktsmerkmal der Rechtswidrigkeit. Die Struktur des Merkmals entspricht der Rechtswidrigkeit der beabsichtigten Zueignung i.R.d. § 242 I StGB.

Die vom Täter erstrebte Bereicherung muss dergestalt sein, dass der Täter Vorsatz bzgl. einer Rechtswidrigkeit aufweist. **Eventualvorsatz** soll nach ganz h. M. trotz des Wortlauts genügen.[1064]

[1058] Hierzu Rengier, BT I, 26. Aufl. 2024, § 13 Rn. 318; aus der Rspr. vgl. zuletzt BGH B. v. 04.12.2002 – 2 StR 332/02 – NStZ 2003, 264 (Anm. Otto JK 2003 StGB § 263/70); BGH B. v. 07.12.2010 – 3 StR 433/10 – StV 2011, 726 (Anm. Satzger JK 2011 StGB § 263/94).

[1059] Heger, in: Lackner/Kühl/Heger, StGB, 30. Aufl. 2023, § 263 Rn. 59; aus der Rspr. vgl. zuletzt BGH U. v. 17.10.2019 – 3 StR 536/18 – NStZ-RR 2020, 102 und 141 = StV 2020, 667 (Anm. Jahn JuS 2020, 467; RÜ 2020, 308); BGH B. v. 10.03.2020 – 2 StR 504/19 – NStZ 2020, 542 = StV 2020, 672 (Anm. Nestler Jura 2020, 996); BGH B. v. 03.04.2024 – 1 StR 75/24 – NStZ 2024, 543 (Anm. Bosch Jura 2024, 899; Hahn NStZ 2024, 544).

[1060] Hierzu Heger, in: Lackner/Kühl/Heger, StGB, 30. Aufl. 2023, § 253 Rn. 8; Bernsmann NJW 1982, 2214; aus der Rspr. vgl. zuletzt BGH B. v. 31.10.2023 – 3 StR 282/23 – NStZ 2024, 169 (Anm. Kudlich/Schütz NStZ 2024, 170).

[1061] Kindhäuser/Hilgendorf, LPK, 9. Aufl. 2022, § 263 Rn. 224; näher Umansky/Mathieu HRRS 2015, 36; aus der Rspr. vgl. BGH B. v. 14.07.2010 – 2 StR 104/10 – BGHSt 55, 229 = NJW 2010, 3669 = NStZ 2011, 457 = StV 2011, 161 (Anm. Satzger JK 2011 StGB § 28 II/2; Wieck-Noodt NStZ 2011, 458; Hoyer GA 2012, 123).

[1062] Näher Mohrbotter GA 1967, 199; Berster ZStW 2016, 785.

[1063] Eisele, BT II, 6. Aufl. 2021, Rn. 642; aus der Rspr. vgl. zuletzt BGH B. v. 27.05.2020 – 2 StR 552/19 – NStZ-RR 2020, 356.

[1064] Fischer, StGB, 71. Aufl. 2024, § 263 Rn. 195; aus der Rspr. vgl. zuletzt BGH B. v. 26.07.2023 – 6 StR 206/23 – NStZ-RR 2023, 343; BGH B. v. 31.10.2023 – 3 StR 282/23 – NStZ 2024, 169 (Anm. Kudlich/Schütz NStZ 2024, 170).

Die Frage der **Rechtswidrigkeit** richtet sich nach dem Primärrecht, insbesondere nach dem Zivilrecht[1065] (welches der Strafrichter aber inzident eigenständig prüft[1066]).

Rechtswidrig ist jeder Vermögensvorteil, auf den der Täter keinen Anspruch hat.[1067] Umgekehrt fehlt es dann an der Rechtswidrigkeit (sog. **Selbsthilfebetrug**[1068]), wenn der Täter einen wirksamen, fälligen und einredefreien Anspruch innehat und diesen durch Täuschung (oder bei § 253 StGB: durch Nötigung) durchsetzen möchte (etwa durch Fälschung von Beweismitteln), ferner wenn der Täter sich einem unbegründeten Anspruch ausgesetzt sieht und diesen durch Täuschung abwehren möchte, schließlich bei Herbeiführung einer Aufrechnungslage. Prozessuale Manipulationen führen daher für sich genommen nicht zum Betrug, ggf. greifen freilich z. B. die §§ 153ff., 164, 185ff., 267 StGB.

Bei einer Befreiung von einer Verbindlichkeit mangelt es bereits objektiv an einem **Vermögensschaden**.[1069] In einer Fallbearbeitung wird man ggf. dahinstehen lassen können, ob schon der objektive (Schaden) oder erst der subjektive Tatbestand (Absicht rechtswidriger Bereicherung) entfällt.

Ggf. ist zwischen **verschiedenen Tatobjekten** zu differenzieren.

> **Beispiel 238**
>
> **BGH U. v. 28.10.2010 – 4 StR 402/10 – NStZ 2011, 519 (Anm. RA 2011, 108):**
> Z hatte wegen eines längere Zeit zurückliegenden Besuchs in einer von B1 betriebenen Bar Zechschulden i.H.v. etwa 570 €. Nachdem er in den frühen Morgenstunden des 29.02.2008 erneut die Bar des B1 aufgesucht und im weiteren Verlauf erklärt hatte, die während dieses Besuchs aufgelaufene Getränkerechnung i.H.v. 100 € ebenfalls nicht bezahlen zu können, entschloss sich der in der Bar anwesende B1 ihn nicht gehen zu lassen, ohne ihm zuvor Geld und Wertsachen abgenommen zu haben. In Ausführung dieses Entschlusses bedrohte er ihn mit einer Pistole und schlug ihn sodann mit der Waffe mehrfach wuchtig auf den Kopf und ins Gesicht. Z erlitt dadurch u. a. Frakturen der linken Augen- und Kieferhöhle. Daraufhin befahl B1 dem Z in Anwesenheit des B2, ihm sein ganzes Geld sowie andere, möglicherweise vorhandene Wertgegenstände ohne Rücksicht darauf, wem sie gehörten, unverzüglich auszuhändigen. Wie von B1 vorausgesehen, kam Z diesem Verlangen unter dem Eindruck der zuvor erlittenen Misshandlungen ohne Zögern nach und legte u. a. 30 € Bargeld sowie die EC-

---

[1065] Hierzu Hoyer, in: SK-StGB, 9. Aufl. 2019, § 263 Rn. 275; Welzel NJW 1953, 652; aus der Rspr. vgl. zuletzt BGH B. v. 06.12.2022 – 2 StR 223/22 – NStZ-RR 2023, 206 (Anm. LL 2023, 467; RÜ 2023, 306); BGH B. v. 31.10.2023 – 3 StR 282/23 – NStZ 2024, 169 (Anm. Kudlich/Schütz NStZ 2024, 170).

[1066] Aus der Rspr. vgl. zuletzt OLG Stuttgart B. v. 06.08.2019 – 4 Ws 151/19 – StV 2020, 777 (Anm. Sinn NZWiSt 2020, 86).

[1067] Fischer, StGB, 71. Aufl. 2024, § 263 Rn. 191.

[1068] Heger, in: Lackner/Kühl/Heger, StGB, 30. Aufl. 2023, § 263 Rn. 61.

[1069] S. o. a) dd) (3), ferner z. B. Hoyer, in: SK-StGB, 9. Aufl. 2019, § 263 Rn. 276.

Karte seiner Freundin samt Zettel mit zugehöriger PIN auf den Tisch. Die EC-Karte mit dem Zettel hatte er vor Verlassen der Wohnung ohne Wissen und Erlaubnis seiner Freundin mitgenommen, um Geld von ihrem Girokonto abheben und damit die für den Abend geplanten Gaststätten- und Barbesuche finanzieren zu können. Mangels Kontodeckung war dieses Vorhaben jedoch fehlgeschlagen. Trotz Hinweises des Z darauf, dass die Berechtigte der EC-Karte seine Freundin sei, ging B1 davon aus, dass dieser die Karte samt Zettel mit PIN einem Dritten gestohlen hatte, was er auch äußerte. Er vermutete weitere versteckte Wertgegenstände oder gestohlene EC-Karten in der Kleidung des Z und durchsuchte diese mit B2, allerdings ohne Erfolg. Sodann beauftragte er B2, an einem Geldautomaten mit der EC-Karte eine Abhebung vorzunehmen, was jedoch wegen der fehlenden Kontodeckung nicht gelang. B1, dem bewusst war, dass er keine Berechtigung zur Geldabhebung von dem fremden Konto hatte, ließ Z nach Rückkehr des B2 gehen, behielt aber die EC-Karte mit der auf dem Zettel vermerkten PIN für sich, um später nochmals eine Geldabhebung zu versuchen. ◄

Hinsichtlich der 30 € besteht ein Anspruch des B1, nicht aber hinsichtlich der EC-Karte der Freundin des Z und etwaiger Geldbeträge auf deren Konto.

Die Rechtmäßigkeit oder Rechtswidrigkeit einer Forderung richtet sich nicht danach, ob sie unbestritten ist oder vor Gericht durchgesetzt werden muss, sondern allein nach der materiellen Rechtslage.[1070]

Der **irrige Glaube an die Rechtmäßigkeit** der Zueignung fällt unter § 16 StGB.[1071]

Beispiel 239

BGH B. v. 21.02.2002 – 4 StR 578/01 – NStZ 2002, 481 = StV 2002, 426 (Anm. RA 2002, 559; famos 7/2002; Geppert JK 2003 StGB § 253/7):

B1, die der Prostitution nachging, spiegelte dem B2 im Februar 2001 wahrheitswidrig vor, der Kaufmann Z schulde ihr insgesamt einen Betrag i.H.v. ca. 20.000 DM als Gegenleistung für erbrachte sexuelle Handlungen, den sich dieser zu zahlen weigere. Auf Vorschlag der B1 suchten beide den Z in dessen Lagerhalle auf, um die angeblichen Schulden gewaltsam einzutreiben. B1 und B2 versetzten ihm, u. a. mit einem Gummiknüppel, mehrere Schläge, woraufhin er

---

[1070] Fischer, StGB, 71. Aufl. 2024, § 263 Rn. 191, 192; aus der Rspr. vgl. BGH B. v. 09.10.2008 – 1 StR 359/08 – NStZ-RR 2009, 17 = StV 2009, 128 (Anm. Dehne-Niemann StraFo 2009, 34); BGH B. v. 17.12.2008 – StV 2009, 357 (Anm. RA 2009, 254).

[1071] Eisele, BT II, 6. Aufl. 2021, Rn. 646; näher Schröder DRiZ 1956, 69; aus der Rspr. vgl. zuletzt BGH U. v. 15.04.2021 – 5 StR 371/20 – NJW 2021, 1966 = NStZ 2022, 106 = StV 2022, 20 (Anm. Bosch Jura 2021, 1130; Disselkamp ZJS 2021, 679; RÜ 2021, 434; Brand NJW 2021, 1968; Fahl NStZ 2022, 108); BGH B. v. 31.10.2023 – 3 StR 282/23 – NStZ 2024, 169 (Anm. Kudlich/Schütz NStZ 2024, 170).

aus Angst vor weiteren Misshandlungen diverse Schmuckstücke sowie 1300 bis 1500 DM Bargeld an B1 und B2 übergab. ◄

Wenn B2 glaubte, die zu bereichernde B1 habe einen Anspruch auf rund 20.000 DM, fehlt ihm nach § 16 StGB der Vorsatz.

Freilich muss sich der Täter vorstellen, dass ein Anspruch auch von der Rechtsordnung anerkannt wird und er seine Forderung demgemäß mit **gerichtlicher** Hilfe in einem Zivilprozess durchsetzen könnte, woran es insbesondere bei strafbaren Rechtsgeschäften mangelt.

In der umgekehrten Konstellation des **irrigen Glaubens an die Rechtswidrigkeit** der Bereicherung – und sei es mit Eventualvorsatz – allerdings kommt richtigerweise nicht nur ein Versuch in Betracht[1072] und es handelt sich auch nicht um ein strafloses Wahndelikt,[1073] sondern es liegt (wie i.R.d. § 242 I StGB) Vollendung vor, da der Tatbestand für den vollendeten Betrug nur eine beabsichtigte („versuchte") rechtswidrige Bereicherung voraussetzt.

Sofern der Anspruch des Täters auf die Erlangung pönalisierter Sachen (v. a. Betäubungsmittel) oder diesbzgl. Entgelt (bzw. Schadensersatz) gerichtet ist, ist eine **Korrektur gem. § 242 BGB** zu beachten, sodass dann die beabsichtigte Bereicherung rechtswidrig ist.[1074] Ein Stück weit nimmt die Rspr. insofern ihren rein wirtschaftlichen Vermögensbegriff zurück, indem sie letztlich Wertungen des juristisch-ökonomischen Vermögensbegriffs über die Generalklauseln des Zivilrechts einfließen lässt. Ohnehin wird der Täter in diesen Fällen i. d. R. nicht daran glauben, seinen Anspruch ggf. mit gerichtlicher Hilfe durchsetzen zu können (s. o.).

(3) Sog. Stoffgleichheit (Unmittelbarkeitsbeziehung) zwischen Vermögensvorteil und Schaden des Opfers

▶ **Didaktische Aufsätze**
- Jäger, Die drei Unmittelbarkeitsprinzipien beim Betrug, JuS 2010, 761
- Rönnau/Saathoff, Stoffgleichheit, JuS 2024, 509

(a) Allgemeines
Die vom Täter beabsichtigte Bereicherung muss „stoffgleich" sein.[1075] Dieses ungeschriebene, aber anerkannte Merkmal ist Ausdruck eines spezifischen Zurechnungszusammenhangs. Der Verfügungsgegenstand muss nach dem Willen des

---

[1072] So aber die ganz h. M., s. nur Eisele, BT II, 6. Aufl. 2021, Rn. 647; zur Rspr, s. o., z. B. BGH U. v. 17.10.1996 – 4 StR 389/96 – BGHSt 42, 268.

[1073] So aber Hartung NJW 1953, 553.

[1074] S. Mitsch, BT 2, 3. Aufl. 2015, S. 344; aus der Rspr. vgl. zuletzt BGH U. v. 15.04.2021 – 5 StR 371/20 – NJW 2021, 1966 = NStZ 2022, 106 = StV 2022, 20 (Anm. Bosch Jura 2021, 1130; Disselkamp ZJS 2021, 679; RÜ 2021, 434; Brand NJW 2021, 1968; Fahl NStZ 2022, 108).

[1075] Hierzu Fischer, StGB, 71. Aufl. 2024, § 263 Rn. 187ff.; näher Hefendehl FS Philipps 2005, 385; Jäger JuS 2010, 761; aus der Rspr. vgl. zuletzt BGH U. v. 16.06.2016 – 1 StR 20/16 – NJW 2016, 3543 = StV 2018, 1; BGH B. v. 20.12.2022 – 2 StR 341/22 – NStZ 2024, 41.

D. Betrug, § 263 StGB 313

Täters unmittelbar vom Opfer auf den Täter oder einen Dritten übergehen, ohne Umweg über eine andere Vermögensmasse. Dies entspricht dem Charakter des Betrugs als Vermögensverschiebungsdelikt (und nicht als bloßes Vermögensschädigungsdelikt).

Stoffgleichheit liegt vor, wenn der vom Täter erstrebte Vermögensvorteil insofern die **Kehrseite des Schadens** ist, als er auf derselben Vermögensverfügung beruht.[1076] Externe Vorteile werden ausgeklammert.

(b) Fallgruppen
Wichtigster Problemfall ist der **Provisionsvertreterbetrug**.[1077]

Beispiel 240

OLG Düsseldorf U. v. 06.03.1990 – 5 Ss 449/89 – 168/89 I (Zeitschriftenwerber) – NJW 1990, 2397 (Anm. Endriß wistra 1990, 335; Otto JK 1991 StGB § 263/31; Küpper/Bode JuS 1992, 642):
B war als Zeitschriftenwerber tätig und vertrieb u. a. für die Firma H OHG in B. Zeitschriften. Am 23.09.1987 veranlasste er Z, ein Abonnement der Zeitschriften zu bestellen. Um den Bezug der Zeitschriften „schmackhaft zu machen", erklärte B wahrheitswidrig, er habe eine karitative Organisation gegründet, die sich um die Betreuung älterer Menschen kümmere. Die durch das Abonnement der Zeitschriften fällig werdende Provision komme dieser Vereinigung zugute. Seine Organisation werde sich auch um die pflegebedürftige Mutter kümmern, die von Z zum damaligen Zeitpunkt betreut wurde. Z, die weniger an den Zeitschriften interessiert war, sondern in erster Linie ein soziales Werk tun wollte und sich auch für ihre Mutter Unterstützung erhoffte, verpflichtete sich daraufhin schriftlich zu einem Zweijahresbezug der Zeitschriften. Nachdem sie später erkannt hatte, dass B die Zeitschriften nicht aus sozialer Motivation vertrieb, sondern um selbst die Provision zu erhalten, kündigte Z den Vertrag gegenüber dem Verlag, der die Kündigung sofort akzeptierte. ◄

Ein eigennütziger Betrug des Vertreters scheitert daran, dass er sich nur die Provision bei seinem Arbeitgeber – pflichtwidrig – verschaffen will, nicht aber direkt am Gewinn aus den Zeitschriften o. Ä. beteiligt ist, sodass es an der Stoffgleichheit fehlt.[1078] Es ist aber ein fremdnütziger Betrug zu Gunsten des Arbeitgebers anzunehmen. Die Bereicherung in Gestalt des Vertragsschlusses erstrebt der Provisionsvertreter hier als Zwischenziel für die Auszahlung der Provision. Hinzu kommt ggf. ein Betrug zu Lasten des Arbeitgebers durch Einfordern des Provisionsanspruchs.

[1076] Joecks/Jäger, StGB, 13. Aufl. 2021, § 263 Rn. 170; zur Rspr. s. o.
[1077] S. z. B. Kindhäuser/Hilgendorf, LPK, 9. Aufl. 2022, § 263 Rn. 232; aus der Rspr. vgl. zuletzt BGH B. v. 04.12.2002 – 2 StR 332/02 – NStZ 2003, 264 (Anm. Otto JK 2003 StGB § 263/70); BGH B. v. 07.12.2010 – 3 StR 433/10 – StV 2011, 726 (Anm. Satzger JK 2011 StGB § 263/94).
[1078] S. nur Eisele, BT II, 6. Aufl. 2021, Rn. 640.

Zweifelhaft ist die Stoffgleichheit ferner dann, wenn der Täter Waren und Dienstleistungen unter falschem Namen bestellt, um einen Dritten zu belästigen.[1079]

Für eine Bejahung der Stoffgleichheit in diesen Fällen spricht, dass der erstrebte Vermögensvorteil, die Erschleichung einer Arbeits- oder Dienstleistung der Unternehmen, auf Eingehung einer vermeintlichen Verbindlichkeit seitens der Unternehmen beruhte. Der Schaden der Unternehmen beruhte ebenfalls auf der Eingehung einer vermeintlichen Verbindlichkeit.[1080]

Weitere **strittige Fallgruppen** sind die erstrebte Belohnung durch Dritte,[1081] der Gewinn aus kostenpflichtigen Telefonnummern,[1082] Notarkosten beim Grundstückskaufvertrag,[1083] die Erhaltung des Schadensfreiheitsrabatts durch einen Unfallverursacher,[1084] die Anwerbung eines Finanzagenten beim Phishing,[1085] der Submissionsbetrug,[1086] die Kündigung durch einen Vermieter, der Eigenbedarf vortäuscht,[1087] Kosten und Schäden aufgrund Nichtdurchführung eines Ver-

---

[1079] Hierzu Joecks/Jäger, StGB, 13. Aufl. 2021, § 263 Rn. 171; näher Krack FS Puppe 2011, 120; aus der Rspr. vgl. BayObLG U. v. 17.09.1971 – RReg. 7 St 143/71 (Anm. Herzberg JuS 1972, 185; Hassemer JuS 1972, 218; Maurach JR 1972, 345; Schröder JZ 1972, 26; Puppe MDR 1973, 12); LG Kiel U. v. 03.03.2006 – V Ns 18/06 – NStZ 2008, 219 (Anm. famos 8/2008); OLG Schleswig B. v. 28.06.2006 – 2 Ss 70/06; BVerfG B. v. 27.09.2006 – 2 BvR 1603/06 (Anm. Jahn JuS 2007, 384).

[1080] So LG Kiel U. v. 03.03.2006 – V Ns 18/06 – NStZ 2008, 219; a. A. z. B. Joecks/Jäger, StGB, 13. Aufl. 2021, § 263 Rn. 171.

[1081] S. Fischer, StGB, 71. Aufl. 2024, § 263 Rn. 189; aus der Rspr. vgl. RG U. v. 04.07.1919 – II 162/19 – RGSt 53, 281.

[1082] Hierzu Perron, in: Schönke/Schröder, StGB, 30. Aufl. 2019, § 263 Rn. 169; näher Erb ZIS 2011, 368; Brand/Reschke NStZ 2011, 379; Kölbel JuS 2013, 193; aus der Rspr. vgl. zuletzt BGH U. v. 27.03.2014 – 3 StR 342/13 – BGHSt 59, 195 = NJW 2014, 2054 = NStZ 2015, 158 = StV 2014, 670 (Anm. Bosch JK 2014 StGB § 263/106; Jäger JA 2014, 630; Jahn JuS 2014, 848; Zöller ZJS 2014, 577; RÜ 2014, 512; famos 8/2014; Cornelius NJW 2014, 2056; Kunkel jurisPR-StrafR 16/2014 Anm. 2).

[1083] S. Kindhäuser/Hilgendorf, LPK, 9. Aufl. 2022, § 263 Rn. 231; aus der Rspr. zuletzt OLG Frankfurt B. v. 20.12.2007 – 2 Ss 409/07 – NStZ-RR 2008, 240 (Anm. LL 2008, 610).

[1084] Perron, in: Schönke/Schröder, StGB, 30. Aufl. 2019, § 263 Rn. 168; aus der Rspr. vgl. BayObLG B. v. 11.03.1994 – 1 St RR 16/94 – NStZ 1994, 491 = StV 1995, 304 (Anm. Otto JK 1994 StGB § 263/42; Seier NZV 1995, 34).

[1085] Zum Phishing Popp NJW 2004, 3517; Weber HRRS 2004, 406; Stuckenberg ZStW 2006, 878; Graf NStZ 2007, 129; Heghmanns wistra 2007, 167; Goeckenjan wistra 2008, 128; Goeckenjan wistra 2009, 47; Seidl/Fuchs HRRS 2010, 85.

[1086] Hierzu s. o. a) dd) (8).

[1087] S. Hellmann JA 1988, 73; Gericke NJW 2013, 1633; aus der Rspr. vgl. AG Kaiserslautern U. v. 25.02.1982 – 6 Js 230/81 3 Ds; OLG Zweibrücken B. v. 15.07.1982 – 2 Ss 159/82 – NJW 1983, 694 (Anm. Geppert JK 1983 StGB § 263/13; Seier JA 1983, 337; Werle NJW 1985, 2913); BayObLG U. v. 05.02.1987 – RReg. 3 St 174/86 – NJW 1987, 1654 = StV 1987, 397 (Anm. Hassemer JuS 1987, 830; Otto JZ 1987, 628; Hillenkamp JR 1988, 301; Rengier JuS 1989, 802); AG Kenzingen U. v. 15.04.1992 – Ds 224/91 – NStZ 1992, 440.

trags,[1088] kassenärztliche Rezeptverschreibung ohne medizinische Indikation,[1089] Parteizuwendungen,[1090] der Missbrauch einer Krankenversicherungskarte,[1091] eine Inpfandnahme von Sachen zur „Sicherung"[1092] einer Geldforderung oder Folgeschäden nach Besitzverlust.[1093] I.Ü. sei auf die Kasuistik in der Kommentarliteratur verwiesen.[1094]

3. Rechtswidrigkeit
Es gelten die allgemeinen Grundsätze.

4. Schuld
Es gelten die allgemeinen Grundsätze.

5. Rechtsfolgen

a) Allgemeines
§ 263 I StGB sieht Freiheitsstrafe bis zu fünf Jahren (im Minimum also ein Monat, § 38 II StGB) oder Geldstrafe (zu den Grenzen s. § 40 StGB) vor.

b) Besonders schwerer Fall, § 263 III StGB

aa) Allgemeines
§ 263 III StGB regelt den besonders schweren Fall des Betrugs, wobei S. 2 Regelbeispiele enthält. Zum Rechtscharakter der besonders schweren Fälle und insbesondere der Regelbeispiele vgl. o. bei § 243 StGB.

§ 263 III StGB sieht Freiheitsstrafe von sechs Monaten bis zu zehn Jahren vor.

[1088] Fischer, StGB, 71. Aufl. 2024, § 263 Rn. 189; aus der Rspr. vgl. zuletzt BGH B. v. 16.07.2014 – 5 StR 290/14 – StV 2015, 423.

[1089] Fischer, StGB, 71. Aufl. 2024, § 263 Rn. 189; aus der Rspr. vgl. BGH B. v. 25.11.2003 – 4 StR 239/03 – BGHSt 49, 17 = NJW 2004, 454 = NStZ 2004, 266 = StV 2004, 422 (Anm. Otto JK 2004 StGB § 263/74; LL 2004, 541; RÜ 2004, 145; RA 2004, 144; Taschke StV 2005, 406; Herffs wistra 2006, 63).

[1090] Fischer, StGB, 71. Aufl. 2024, § 263 Rn. 188; aus der Rspr. vgl. BGH U. v. 28.10.2004 – 3 StR 301/03 (Kremendahl I) – BGHSt 49, 275 = NJW 2004, 3569 = NStZ 2005, 509 (Anm. Otto JK 2005 StGB § 331/9; LL 2005, 171; RÜ 2005, 37; RA 2005, 33; famos 2/2005; Saliger/Sinner NJW 2005, 1073; Korte NStZ 2005, 512; Dölling JR 2005, 519; Kargl JZ 2005, 503).

[1091] S. Fischer, StGB, 71. Aufl. 2024, § 263 Rn. 189; aus der Rspr. vgl. OLG Hamm B. v. 09.03.2006 – 1 Ss 58/06 – NJW 2006, 2341 = NStZ 2006, 574 (Anm. RÜ 2006, 530; LL 2007, 251).

[1092] S. o. (1).

[1093] Aus der Rspr. vgl. BGH B. v. 06.03.2018 – 3 StR 552/17 – NJW 2018, 3040 = NStZ 2018, 713 = StV 2019, 24 (Anm. Eisele JuS 2018, 917; RÜ 2018, 584; Becker NStZ 2018, 715; Bechtel Jura 2019, 63); BGH B. v. 20.12.2022 – 2 StR 341/22 – NStZ 2024, 41.

[1094] Z. B. bei Perron, in: Schönke/Schröder, StGB, 30. Aufl. 2019, § 263 Rn. 168f.

bb) Sog. Regelbeispiele

(1) § 263 III 2 Nr. 1 StGB

Zur gewerbsmäßigen Begehung s. o. bei § 243 I 2 Nr. 3 StGB.

Zur Begehung als Mitglied einer Bande vgl. o. bei § 244 I Nr. 2 StGB. Allerdings ist zu beachten, dass Bezugspunkt der Bandenabrede die fortgesetzte Begehung von Urkundenfälschung oder Betrug ist. Ferner ist keine Mitwirkung eines anderen Bandenmitglieds erforderlich.

(2) § 263 III 2 Nr. 2 StGB

▶ **Didaktischer Aufsatz**
- Satzger, Sach- und Vermögenswertgrenzen im StGB, Jura 2012, 786

Die 1. Var. des § 263 III 2 Nr. 2 StGB[1095] setzt voraus, dass der Täter einen **Vermögensverlust großen Ausmaßes** herbeiführt.

Umstritten ist, wo die Wertgrenze liegt.[1096] Die Rspr.[1097] und die h. L.[1098] ziehen diese bei 50.000 €, Teile der Lehre[1099] kritisieren dies als zu hoch angesetzt, wofür der Vergleich mit durchschnittlichen Einkommen und durchschnittlichen Betrugstaten spricht.

Eine **Addition** verschiedener Tatbestandserfüllungen findet nur bei Tateinheit und Opferidentität statt.[1100]

Der Wortlaut der Norm verlangt einen **Verlust** des Vermögens, sodass problematisch ist, ob ein endgültiger Vermögensschaden vorausgesetzt wird, d. h. keine Möglichkeiten, Regressansprüche zu realisieren – mit der Konsequenz, dass ein Gefährdungsschaden nicht ausreicht und bei einem Versuch das Regelbeispiel nicht verwirklicht werden kann.[1101]

[1095] Hierzu Hannich/Röhm NJW 2004, 2061; Lang/Eichhorn/Golombek/von Tippelskirch NStZ 2004, 528; Peglau wistra 2004, 7; Rotsch ZStW 2005, 577; Satzger Jura 2012, 786; Stam NStZ 2013, 144; zum vergleichbaren Merkmal im Steuerstrafrecht Wulf wistra 2018, 57.

[1096] S. Fischer, StGB, 71. Aufl. 2024, § 263 Rn. 215a; aus der Rspr. vgl. zuletzt LG Stuttgart U. v. 22.12.2020 – 5 KLs 120 Js 6253/15 (Anm. Albrecht jurisPR-StrafR 7/2021 Anm. 5); BGH B. v. 14.05.2020 – 1 StR 6/20 – NStZ 2021, 298 (Anm. Pflaum wistra 2021, 28).

[1097] S. o.

[1098] Eisele, BT II, 6. Aufl. 2021, Rn. 652.

[1099] Etwa Fischer, StGB, 71. Aufl. 2024, § 263 Rn. 215a.

[1100] Kindhäuser/Hilgendorf, LPK, 9. Aufl. 2022, § 263 Rn. 244; aus der Rspr. vgl. zuletzt BGH U. v. 20.12.2012 – 4 StR 55/12 – BGHSt 58, 102 = NJW 2013, 883 = NStZ 2013, 234 (Anm. Jäger JA 2013, 868; Hecker JuS 2013, 656; RÜ 2013, 233; famos 8/2013; Schiemann NJW 2013, 888; Schlösser NStZ 2013, 629; Eisenberg JR 2013, 232); BGH U. v. 05.03.2014 – 2 StR 616/12 – NJW 2014, 2595 = StV 2014, 665 (Anm. von Heintschel-Heinegg JA 2014, 790; Hecker JuS 2014, 1043; RÜ 2014, 642; Rönnau/Wegner JZ 2014, 1064; Cornelius StraFo 2014, 476; Krack ZIS 2014, 536; Heger HRRS 2014, 467; LL 2015, 265; Cornelius NStZ 2015, 310).

[1101] Eisele, BT II, 6. Aufl. 2021, Rn. 652; aus der Rspr. vgl. zuletzt LG Stuttgart U. v. 22.12.2020 – 5 KLs 120 Js 6253/15 (Anm. Albrecht jurisPR-StrafR 7/2021 Anm. 5).

D. Betrug, § 263 StGB

Die Rspr.[1102] und die h. L.[1103] sehen dies so.

Eine Gegenauffassung[1104] hält auch einen insofern vorübergehenden Schaden für einen Vermögensverlust.

Für eine enge Auslegung spricht der Wortlaut, gerade auch im Hinblick auf den Begriff des Verlusts in § 226 I StGB. Freilich zeigt § 45 I StGB, dass ein Verlust auch auf Zeit stattfinden kann.

Eine i. S. d. § 263 III 2 Nr. 1 2. Var. StGB **große Anzahl von Menschen** wird wohl überwiegend ab 10–15 Geschädigten angenommen.[1105]

Die Vorstellung des Täters muss sich auf die fortgesetzte Begehung hinreichend vieler rechtlich selbstständiger Betrugstaten richten.[1106]

Es genügt die Absicht, sodass das Merkmal bereits bei der ersten bzw. einmalig gebliebenen Tat vorliegen kann.[1107]

Nicht als „Menschen" erfasst sind juristische Personen, hier kann ggf. ein unbenannter besonders schwerer Fall angenommen werden.[1108]

(3) § 263 III 2 Nr. 3 StGB

I.S.d. § 263 III 2 Nr. 3 StGB in **wirtschaftliche Not** gebracht ist eine (natürliche oder juristische) Person dann, wenn sie einer solchen Mangellage ausgesetzt wird, dass ihr die Mittel für lebenswichtige Aufwendungen für sich oder unterhaltsberechtigte Personen fehlen.[1109]

Hierbei werden auch Schäden einbezogen, die nicht mit dem erstrebten Vorteil stoffgleich sind.[1110] Ausgleichende Leistungen des Sozialstaats bleiben unberücksichtigt. weil sie ihrerseits eine Notlage voraussetzen.[1111]

(4) § 263 III 2 Nr. 4 StGB

Zum **Amtsträger** s. bei § 331 StGB i. V. m. § 11 I Nr. 2 und 2a StGB.[1112]

Ein Missbrauch liegt vor, wenn der Amtsträger vorsätzlich rechtswidrig, insbesondere vorsätzlich ermessenswidrig handelt; „Befugnisse" werden missbraucht,

---

[1102] S. o.
[1103] S. nur Eisele, BT II, 6. Aufl. 2021, Rn. 652.
[1104] Gallandi NStZ 2004, 268.
[1105] Eisele, BT II, 6. Aufl. 2021, Rn. 653; aus der Rspr. vgl. OLG Jena U. v. 03.05.2002 – 1 Ss 80/02 – NJW 2002, 2404.
[1106] Fischer, StGB, 71. Aufl. 2024, § 263 Rn. 219; aus der Rspr. vgl. BGH B. v. 21.12.2011 – 4 StR 453/11 – NStZ-RR 2012, 114 = StV 2012, 729; BGH U. v. 24.03.2016 – 2 StR 36/15 – NStZ-RR 2016, 205.
[1107] Kindhäuser/Hilgendorf, LPK, 9. Aufl. 2022, § 263 Rn. 245; aus der Rspr. vgl. BGH B. v. 09.11.2000 – 3 StR 371/00 – NStZ 2001, 319 = StV 2001, 110; OLG Jena U. v. 03.05.2002 – 1 Ss 80/02 – NJW 2002, 2404.
[1108] Eisele, BT II, 6. Aufl. 2021, Rn. 653; aus der Rspr. vgl. BGH B. v. 09.11.2000 – 3 StR 371/00 – NStZ 2001, 319 = StV 2001, 110.
[1109] Joecks/Jäger, StGB, 13. Aufl. 2021, § 263a Rn. 189.
[1110] Fischer, StGB, 71. Aufl. 2024, § 263 Rn. 220.
[1111] Eisele, BT II, 6. Aufl. 2021, Rn. 654.
[1112] S. bei den Nichtvermögensdelikten.

wenn der Amtsträger innerhalb seiner an sich gegebenen Zuständigkeit handelt; Missbrauch der „Stellung" meint Handlungen außerhalb des Zuständigkeitsbereichs, aber unter Ausnutzung der durch das Amt gegebenen Handlungsmöglichkeiten. In allen Fällen knüpft der Straferschwerungsgrund somit an den Missbrauch des tatsächlich innegehabten Amtes an; die bloße Vorgabe einer Amtsträgereigenschaft genügt hingegen nicht.[1113]

(5) § 263 III 2 Nr. 5 StGB

Einen Versicherungsfall täuscht vor, wer einen in Wahrheit nicht bestehenden Anspruch auf Versicherungsleistungen gegenüber dem Versicherer durch bewusst wahrheitswidrige Darstellung der tatsächlichen Umstände geltend macht.[1114]

Relevant ist insbesondere die eigene Mitwirkung bei der Herbeiführung des Schadens, vgl. § 81 VVG.

> **§ 81 VVG (Herbeiführung des Versicherungsfalles)**
> (1) Der Versicherer ist nicht zur Leistung verpflichtet, wenn der Versicherungsnehmer vorsätzlich den Versicherungsfall herbeiführt.
> (2) Führt der Versicherungsnehmer den Versicherungsfall grob fahrlässig herbei, ist der Versicherer berechtigt, seine Leistung in einem der Schwere des Verschuldens des Versicherungsnehmers entsprechenden Verhältnis zu kürzen.

Kein Anspruch auf Leistung besteht ferner bei sog. **Repräsentantenhaftung**: Repräsentant ist, wer an Stelle des Versicherungsnehmers getreten und befugt ist, selbstständig zu handeln und Interessen des Versicherungsnehmers wahrzunehmen, z. B. Prokuristen, Verwalter, Vertreter bei juristischen Personen, faktische Geschäftsführer, nicht aber bloße familiäre Verbundenheit oder Überlassung der Obhut.[1115]

Zur **Sache von bedeutendem Wert** s. bei § 315c StGB.[1116]

Zum Inbrandsetzen und zur Zerstörung durch Brandlegung s. bei § 306 StGB.[1117]

[1113] Saliger, in: Matt/Renzikowski, StGB, 2. Aufl. 2020, § 263 Rn. 325; aus der Rspr. vgl. BGH B. v. 14.08.2013 – 4 StR 255/13 – NStZ-RR 2013, 344 (Anm. RÜ 2013, 786; Jäger JA 2014, 311; Kraatz JR 2014, 241); LG Stuttgart U. v. 22.12.2020 – 5 KLs 120 Js 6253/15 (Anm. Albrecht jurisPR-StrafR 7/2021 Anm. 5).

[1114] Perron, in: Schönke/Schröder, StGB, 30. Aufl. 2019, § 263 Rn. 188 g.

[1115] Hierzu Eisele, BT II, 6. Aufl. 2021, Rn. 660; aus der Rspr. vgl. zuletzt BGH B. v. 09.11.2020 – 4 StR 626/19 – NJW 2021, 2449 = NStZ 2021, 171 = StV 2021, 500 (Anm. Bock NStZ 2021, 172); BGH B. v. 13.02.2024 – 4 StR 293/23 – NStZ 2024, 360 (Anm. Kroner NStZ 2024, 362).

[1116] S. bei den Nichtvermögensdelikten.

[1117] S. bei den Nichtvermögensdelikten.

D. Betrug, § 263 StGB

Schiffe sind Wasserfahrzeuge jeder Art und Größe.[1118] Ein Schiff ist gesunken, wenn wesentliche Teile unter die Wasseroberfläche geraten sind.[1119] Ist es auf Grund geraten und dadurch bewegungsunfähig, so ist es gestrandet.[1120]

cc) §§ 263 IV i. V. m. 243 II StGB
Gem. § 263 IV StGB gilt § 243 II StGB entsprechend (s. o.).

6. Sonstiges

Mit Eintritt des Vermögensschadens ist der Betrug vollendet, woran sich ggf. wie beim Diebstahl eine **Beendigungsphase** bis zur Erlangung des Vermögensvorteils anschließt.[1121]

Strafantragserfordernisse ergeben sich aus §§ 263 IV i. V. m. 247, 248a StGB (s. o.).

Der Versuch des Betrugs ist gem. § 263 II StGB strafbar.

Spezialfälle des Betrugs finden sich v. a. in den §§ 264, 264a, 265b, c, d, 298 StGB sowie in § 370 AO. I.R.e. Fallbearbeitung im Pflichtfachbereich – anders im Schwerpunktfach Wirtschaftsstrafrecht – dürften hierzu keine besonderen Kenntnisse verlangt werden.

III. Qualifikation, § 263 V StGB

1. Aufbau

I. Tatbestand
  1. Objektiver Tatbestand
     a) Den Betrug begeht
     b) Als Mitglied einer Bande, die sich zur fortgesetzten Begehung von Straftaten nach den §§ 263 bis 264 oder 267 bis 269 verbunden hat
  2. Subjektiver Tatbestand
     a) Den Betrug begeht
     b) Gewerbsmäßig
II. Rechtswidrigkeit
III. Schuld

[1118] Kindhäuser/Hoven, in: NK-StGB, 6. Aufl. 2023, § 263 Rn. 400; aus der Rspr. vgl. OLG Koblenz U. v. 11.03.1965 – (1) Ss 71/65 – NJW 1966, 1669.
[1119] Kindhäuser/Hoven, in: NK-StGB, 6. Aufl. 2023, § 263 Rn. 400; aus der Rspr. vgl. RG U. v. 16.10.1902 – 4219/02 – RGSt 35, 399.
[1120] Kindhäuser/Hoven, in: NK-StGB, 6. Aufl. 2023, § 263 Rn. 400.
[1121] S. Kindhäuser/Hoven, in: NK-StGB, 6. Aufl. 2023, § 263 Rn. 380ff.; aus der Rspr. vgl. zuletzt BGH B. v. 01.03.2022 – 4 StR 357/21 – NJW 2022, 1399; BGH B. v. 30.03.2022 – 2 StR 151/21 – NStZ-RR 2022, 241 = StV 2023, 798; BGH B. v. 02.11.2022 – 3 StR 12/22 – NStZ-RR 2023, 49 = StV 2023, 748 (Anm. Dastis jurisPR-StrafR 2/2023 Anm. 2; Zeyher NZWiSt 2023, 104); BGH U. v. 08.03.2023 – 1 StR 281/22 – StV 2023, 748 (Anm. Bittmann NZWiSt 2023, 296; Schumann/Corsten wistra 2023, 338); BGH B. v. 26.04.2023 – 4 StR 96/23 – NStZ 2023, 681.

2. Erläuterungen

§ 263 V StGB enthält eine Qualifikation, die – wie § 244a StGB – aus einer Kumulation von gewerbsmäßiger Begehung und Bandenmitgliedschaft besteht.

E. Computerbetrug, § 263a StGB

▶ **Didaktische Aufsätze**
- Otto, Probleme des Computerbetrugs, Jura 1993, 612
- Hilgendorf, Grundfälle zum Computerstrafrecht, JuS 1997, 130
- Kraatz, Der Computerbetrug (§ 263a StGB), Jura 2010, 36
- Kraatz, Aktuelle examensrelevante Fälle des Computerbetrugs (§ 263 a StGB), Jura 2016, 875
- Wachter, Grundfälle zum Computerbetrug, JuS 2017, 723

I. Allgemeines

§ 263a StGB stellt den Computerbetrug unter Strafe.[1122]

> **§ 263a StGB (Computerbetrug)**
> (1) Wer in der Absicht, sich oder einem Dritten einen rechtswidrigen Vermögensvorteil zu verschaffen, das Vermögen eines anderen dadurch beschädigt, daß er das Ergebnis eines Datenverarbeitungsvorgangs durch unrichtige Gestaltung des Programms, durch Verwendung unrichtiger oder unvollständiger Daten, durch unbefugte Verwendung von Daten oder sonst durch unbefugte Einwirkung auf den Ablauf beeinflußt, wird mit Freiheitsstrafe bis zu fünf Jahren oder mit Geldstrafe bestraft.
> (2) § 263 Abs. 2 bis 6 gilt entsprechend.
> (3) Wer eine Straftat nach Absatz 1 vorbereitet, indem er Computerprogramme, deren Zweck die Begehung einer solchen Tat ist, herstellt, sich oder einem anderen verschafft, feilhält, verwahrt oder einem anderen überlässt, wird mit Freiheitsstrafe bis zu drei Jahren oder mit Geldstrafe bestraft.
> (4) In den Fällen des Absatzes 3 gilt § 149 Abs. 2 und 3 entsprechend.

Das Delikt wurde 1986 durch das 2. WiKG eingeführt, um Strafbarkeitslücken aufgrund des vermehrten Einsatzes von Computern zu schließen.[1123] Da nur Men-

---

[1122] Hierzu Otto Jura 1993, 612; Hilgendorf JuS 1997, 130; Achenbach FS Gössel 2002, 481; Kraatz Jura 2010, 36; Kraatz Jura 2016, 875; Wachter JuS 2017, 723.

[1123] Fischer, StGB, 71. Aufl. 2024, § 263a Rn. 1, 2; näher Möhrenschlager wistra 1982, 201; Achenbach NJW 1986, 1835; Weber NStZ 1986, 481; Möhrenschlager wistra 1986, 123; Möhrenschlager wistra 1986, 128; Haft NStZ 1987, 6; Bühler MDR 1987, 448.

E. Computerbetrug, § 263a StGB

schen i. S. d. § 263 StGB getäuscht werden und irren können, findet auf EDV-Vorgänge ohne menschliche Beteiligung der Betrug keine Anwendung. Kein Zweck des § 263a StGB ist es, Verhalten, das bereits nach §§ 242, 246, 263, 265a, 266 StGB strafbar war, nun (auch) unter § 263a StGB fallen zu lassen.[1124]

Geschütztes **Rechtsgut** ist ausschließlich das Vermögen.[1125]

Der Straftatbestand ist nach dem Willen des Gesetzgebers und schon ausweislich der Bezeichnung und der gesetzessystematischen Stellung neben § 263 StGB **betrugsnah** angelegt, sodass sich die Auslegung dieses Delikts an § 263 StGB orientiert.[1126] Dies relativiert auch Bedenken im Hinblick auf die Bestimmtheit, Art. 103 II GG, § 1 StGB.[1127]

II. § 263a I, II StGB

1. Grunddelikt, § 263a I StGB

a) Aufbau
  I. Tatbestand
    1. Objektiver Tatbestand
      a) Unrichtige Gestaltung des Programms, Verwendung unrichtiger oder unvollständiger Daten, unbefugte Verwendung von Daten oder sonst unbefugte Einwirkung auf den Ablauf
      b) Ergebnis eines Datenverarbeitungsvorgangs beeinflußt; durch
      c) Vermögen eines anderen beschädigt; dadurch
    2. Subjektiver Tatbestand
      a) Vorsatz
      b) Absicht, sich oder einem Dritten einen rechtswidrigen (und sog. stoffgleichen) Vermögensvorteil zu verschaffen
  II. Rechtswidrigkeit
  III. Schuld
  IV. Rechtsfolgen: Besonders schwerer Fall, §§ 263a II i. V. m. 263 III, IV StGB
  V. Ggf. Strafantrag, §§ 263a II i. V. m. 263 IV, 247, 248a StGB

[1124] S. Hoyer, in: SK-StGB, 9. Aufl. 2019, § 263a Rn. 6.
[1125] Joecks/Jäger, StGB, 13. Aufl. 2021, § 263a Rn. 1; aus der Rspr. vgl. BGH B. v. 10.11.1994 – 1 StR 157/94 – BGHSt 40, 331 = NJW 1995, 669 = NStZ 1995, 135 = StV 1995, 470 (Anm. Otto JK 1995 StGB § 263a/44; Schulz JA 1995, 538; Schmidt JuS 1995, 557; Zielinski NStZ 1995, 345; Mitsch JR 1995, 432; Arloth Jura 1996, 354; Neumann StV 1996, 375; Ranft JuS 1997, 19).
[1126] S. Hoyer, in: SK-StGB, 9. Aufl. 2019, § 263a Rn. 2, 5ff.; näher Ranft NJW 1994, 2574; Kindhäuser FS Grünwald 1999, 285; aus der Rspr. vgl. zuletzt BGH B. v. 12.10.2022 – 4 StR 134/22 – NStZ-RR 2023, 14 = StV-S 2023, 23 (Anm. Nestler Jura 2023, 238).
[1127] S. Kindhäuser/Hoven, in: NK-StGB, 6. Aufl. 2023, § 263a Rn. 3; aus der Rspr. vgl. LG Köln U. v. 22.08.1986 – 107 – 98/86 – NJW 1987, 667; OLG Köln U. v. 09.07.1991 – Ss 624/90 – NJW 1992, 125 = NStZ 1991, 586 = StV 1991, 468 (Anm. Otto JK 1992 StGB § 263a/5; Hassemer JuS 1992, 351; Otto JR 1992, 252).

b) Tatbestand

aa) Objektiver Tatbestand

(1) Unrichtige Gestaltung des Programms, Verwendung unrichtiger oder unvollständiger Daten, unbefugte Verwendung von Daten oder sonst unbefugte Einwirkung auf den Ablauf

(a) Allgemeines
Schon die Grundstruktur des Tatbestands (mit Konsequenzen auch für den Prüfungsaufbau) ist problematisch, da sich der Wortlaut des § 263a I StGB wegen der Wendung „sonst" so verstehen lässt, dass alle Tatvarianten eine **unbefugte Einwirkung** auf den Ablauf des Datenverarbeitungsvorgangs voraussetzen.[1128] Allerdings versteht die h. M.[1129] die Norm so, dass das Wort „sonst" nur den Auffangcharakter der 4. Var. zum Ausdruck bringen soll. Die Tatvarianten sind also eigenständig zu prüfen.

(b) Unrichtige Gestaltung des Programms, § 263a 1. Var. StGB

(aa) Allgemeines
Bei der 1. Var. des § 263a I StGB handelt es sich um einen Spezialfall der 2. Var. (auch Programme sind Daten).[1130]

(bb) Programm
„Programm" ist eine in Form von Daten fixierte Arbeitsanweisung an einen Computer, wie die einzelnen Schritte der Datenverarbeitung ablaufen sollen.[1131]

(cc) Gestaltung
Unter „Gestaltung" fällt die anfängliche Herstellung des Programms, aber auch jede nachträgliche Veränderung, d. h. sowohl das Neuschreiben ganzer Programme oder Programmteile als auch das Hinzufügen, das Verändern und das Löschen einzelner Programmablaufschritte, die Herstellung von Verzweigungen, welche Systemkontrollen umgehen, die Änderung von Bedingungen der Plausibilitätsprüfung und der Einbau sonstiger falscher Funktionen.[1132]

(dd) Unrichtige
Wann ein Programm unrichtig gestaltet ist, ist problematisch.[1133]

[1128] S. Hoyer, in: SK-StGB, 9. Aufl. 2019, § 263a Rn. 8; Kindhäuser/Hilgendorf, LPK, 9. Aufl. 2022, § 263a Rn. 37; aus der Rspr. vgl. BayObLG Vorlageb. v. 10.02.1994 – 4 St RR 145/93 – NJW 1994, 960 = NStZ 1994, 287 (Anm. Otto JK 1994 StGB § 263a/7; Achenbach JR 1994, 293; Bühler wistra 1994, 256).
[1129] Eisele, BT II, 6. Aufl. 2021, Rn. 688.
[1130] Fischer, StGB, 71. Aufl. 2024, § 263a Rn. 6.
[1131] Fischer, StGB, 71. Aufl. 2024, § 263a Rn. 6.
[1132] S. Joecks/Jäger, StGB, 13. Aufl. 2021, § 263a Rn. 10; aus der Rspr. vgl. zuletzt OLG Rostock B. v. 06.02.2019 – 20 RR 90/18 – StV 2020, 250 (Anm. Wachter JR 2020, 443; Schmidt wistra 2020, 125).
[1133] S. Schmidt, in: BeckOK-StGB, Stand 01.08.2024, § 263a Rn. 13.

Eine subjektivierende Auffassung[1134] stellt darauf ab, dass das Programm nicht dem Willen des Verfügungsberechtigten entspricht.

Die wohl h. M.[1135] legt das Merkmal objektivierend aus: Hiernach ist die Gestaltung dann unrichtig, wenn nicht ein dem Zweck der jeweiligen Datenverarbeitung entsprechendes, objektiv zutreffendes Ergebnis entsteht (zutreffende Bewältigung der Aufgabenstellung).

Für die h. M. spricht, dass nach ersterer Auffassung der Systembetreiber niemals Täter sein kann, obwohl es durchaus Fallkonstellationen gibt, in denen dieser Benutzer der Programme am Vermögen schädigt. Ohnehin wird der objektive Gehalt i. S. d. h. M. unter Berücksichtigung der Vorstellungen des Verfügungsberechtigten zu ermitteln sein.

Als früherer praxisrelevanter Fall diskutiert wurden sog. Dialer-Programme, die via Modem teure Internetverbindungen ohne Nutzen generierten.[1136] Dies hat sich durch die technische Weiterentwicklung (DSL-Flatrates) fast gänzlich erledigt.

(c) Verwendung unrichtiger oder unvollständiger Daten, § 263a 2. Var. StGB

(aa) Daten
Daten i. S. d. § 263a I StGB – vgl. auch schon §§ 202a,[1137] 269 und 303a StGB – sind Darstellungen von Informationen mit Hilfe von konventionell in ihrer Bedeutung festgelegten Zeichen.[1138]

Zu denken ist insbesondere an die auf Computerfestplatten, Mobiltelefonen oder Bankkarten gespeicherten Daten.

(bb) Unrichtiger
Daten sind unrichtig, wenn die kodierten Informationen nicht mit der Wirklichkeit übereinstimmen, also der Lebenssachverhalt unzutreffend wiedergegeben wird.[1139]

Zu unterscheiden ist die Unrichtigkeit von Daten von der **fehlenden Berechtigung** zur Verwendung, z. B. bei der Benutzung fremder Bankkarten am Geldautomaten oder der Kopie von Bankkarten: Die Daten bleiben **objektiv richtig**,[1140] ggf. greift § 263a I 3. Var StGB.

[1134] Z. B. Perron, in: Schönke/Schröder, StGB, 30. Aufl. 2019, § 263a Rn. 5.
[1135] Joecks/Jäger, StGB, 13. Aufl. 2021, § 263a Rn. 11f.
[1136] Hierzu Fischer, StGB, 71. Aufl. 2024, § 263a Rn. 6; Buggisch NStZ 2002, 178; Fülling/Rath JuS 2005, 598.
[1137] S. bei den Nichtvermögensdelikten.
[1138] Eisele, BT II, 6. Aufl. 2021, Rn. 670; aus der Rspr. vgl. OLG Celle B. v. 31.08.2016 – 2 Ss 93/16 – StV 2017, 120 (Anm. Esser/Rehaag wistra 2017, 81).
[1139] Kindhäuser/Hilgendorf, LPK, 9. Aufl. 2022, § 263a Rn. 17; aus der Rspr. vgl. zuletzt OLG Rostock B. v. 06.02.2019 – 20 RR 90/18 – StV 2020, 250 (Anm. Wachter JR 2020, 443; Schmidt wistra 2020, 125); BGH B. v. 03.05.2022 – 3 StR 93/22 – NStZ 2022, 681 = StV 2022, 733 (Anm. RÜ 2022, 786; Lang NStZ 2022, 682; LL 2023, 181).
[1140] Ganz h. M., s. Kindhäuser/Hilgendorf, LPK, 9. Aufl. 2022, § 263a Rn. 17; aus der Rspr. vgl. BGH B. v. 22.01.2013 – 1 StR 416/12 – BGHSt 58, 119 = NJW 2013, 2608 = NStZ 2013, 525 = StV 2013, 512 (Anm. Heghmanns ZJS 2013, 423; RÜ 2013, 305; Schuhr JR 2013, 572).

Fraglich ist, ob sich die Eingabe von **Falschgeld** in Automaten mit **elektronischem Münzprüfer** als Verwendung unrichtiger Daten erfassen lässt.[1141]
Z. T.[1142] wird dies angenommen.
Die Rspr.[1143] und die h. L.[1144] lehnen dies hingegen ab.

In der Tat durchlaufen in diesen Fällen die Münzen die Echtheitsprüfung der Automaten mit positivem Ergebnis, sodass mit der h. M. von richtigen Daten auszugehen ist. Die Münze absolviert die Echtheitsprüfung gemäß den kodierten Informationen. Das im Automaten enthaltene Prüfprogramm dürfte wohl auch keinen Zwischenschritt hinsichtlich der Echtheit der Münze enthalten, sondern die Freigabe lediglich vom Bestehen der Echtheitsprüfung abhängig machen; ein solcher Zwischenschritt wäre vom Standpunkt der Informatik her auch überflüssig.

Bei Beantragung eines Mahn- und eines Vollstreckungsbescheids im automatisierten **Mahnverfahren** (§ 689 I 2 ZPO) auf der Grundlage einer fingierten, tatsächlich nicht bestehenden Forderung hingegen nimmt die h. M. eine Verwendung unrichtiger Daten an.[1145] Gleiches gilt bei Einreichen fingierter Forderungen als **Lastschriften** im Wege des Abbuchungsauftragsverfahrens, obwohl keine Abbuchungsaufträge erteilt wurden.[1146]

In den Fällen unberechtigter Verwendung von **Bankkarten** wird keine Verwendung unrichtiger Daten gesehen.[1147]

[1141] Hoyer, in: SK-StGB, 9. Aufl. 2019, § 263a Rn. 28; aus der Rspr. vgl. OLG Stuttgart U. v. 08.02.1982 – 3 Ss (14) 928/81 – NJW 1982, 1659 (Anm. Geilen JK 1982 StGB § 242/2; Seier JR 1982, 509; Albrecht JuS 1983, 101); OLG Celle B. v. 06.05.1996 – 3 Ss 21/96 – NJW 1997, 1518 = StV 1997, 79 (Anm. Biletzki JA 1997, 749; Martin JuS 1997, 947; Hilgendorf JR 1997, 347; Mitsch JuS 1998, 307); OLG Düsseldorf B. v. 29.10.1998 – 5 Ss 369/98 – 90/98 I – NJW 1999, 3208 = NStZ 1999, 248 = StV 1999, 154 (Anm. LL 1999, 297).

[1142] Heger, in: Lackner/Kühl/Heger, StGB, 30. Aufl. 2023, § 263a Rn. 4.

[1143] S. o.

[1144] S. Hoyer, in: SK-StGB, 9. Aufl. 2019, § 263a Rn. 28.

[1145] S. Kindhäuser/Hilgendorf, LPK, 9. Aufl. 2022, § 263a Rn. 18ff.; näher Giehring GA 1973, 1; aus der Rspr. vgl. zuletzt OLG Celle B. v. 01.11.2011 – 31 Ss 29/11 – NStZ-RR 2012, 111 (Anm. Kudlich JA 2012, 152; RÜ 2012, 234; RA 2012, 233; Krell/David StraFo 2012, 77); BGH B. v. 20.12.2011 – 4 StR 491/11 – NStZ 2012, 322 = StV 2012, 406 (Anm. Bosch JK 2012 StGB § 263/96; LL 2012, 500; RÜ 2012, 234; RA 2012, 238); BGH B. v. 19.11.2013 – 4 StR 292/13 – BGHSt 59, 68 = NJW 2014, 711 = NStZ 2014, 155 = StV 2014, 685 (Anm. Bosch JK 2014 StGB § 263a/18; Heghmanns ZJS 2014, 323; LL 2014, 511; RÜ 2014, 305; Trüg NStZ 2014, 157).

[1146] Fischer, StGB, 71. Aufl. 2024, § 263a Rn. 7; aus der Rspr. vgl. zuletzt BGH B. v. 03.05.2022 – 3 StR 93/22 – NStZ 2022, 681 = StV 2022, 733 (Anm. RÜ 2022, 786; Lang NStZ 2022, 682; LL 2023, 181).

[1147] Schmidt, in: BeckOK-StGB, Stand 01.08.2024, § 263a Rn. 18; aus der Rspr. vgl. BGH B. v. 22.01.2013 – 1 StR 416/12 – BGHSt 58, 119 = NJW 2013, 2608 = NStZ 2013, 525 = StV 2013, 512 (Anm. Heghmanns ZJS 2013, 423; RÜ 2013, 305; Schuhr JR 2013, 572).

(cc) Unvollständiger
Unvollständig sind Daten, wenn Informationen über Tatsachen pflichtwidrig vorenthalten werden, d. h. wenn Daten den zu Grunde liegenden Lebenssachverhalt nicht ausreichend erkennen lassen.[1148]

(dd) Verwendung
Was als Verwendung der Daten anzusehen ist, ist i. E. problematisch.[1149] Man versteht das Merkmal weit und lässt jede Einführung von Daten in den Verarbeitungsvorgang genügen.[1150] Problematisiert wird ggf. die Unbefugtheit oder der Eintritt des Zwischenerfolgs der Beeinflussung des Ergebnisses eines Datenverarbeitungsvorgangs, z. B. beim Überlisten von Automaten.

(d) Unbefugte Verwendung von Daten, § 263a I 3. Var. StGB

(aa) Daten; Verwendung
Zu Daten und deren Verwendung s. o.

(bb) Unbefugte

(aaa) Allgemeines
Es ist umstritten, wann eine Verwendung von Daten „unbefugt" geschieht.[1151]
Praxis- und klausurrelevanteste (Problem-)Fälle sind der Bankautomatenmissbrauch und die Überlistung von Spiel- und Warenautomaten.

Beispiel 241

BGH B. v. 21.11.2001 – 2 StR 260/01 – BGHSt 47, 160 = NJW 2002, 905 = NStZ 2002, 545 = StV 2002, 135 (Anm. Otto JK 2002 StGB § 263a/13 und § 266b/5; Beckemper JA 2002, 545; Martin JuS 2002, 506; LL 2002, 386; RÜ 2002, 214; RA 2002, 246; famos 5/2002; Zielinski JR 2002, 342; Kudlich JuS 2003, 537; Mühlbauer wistra 2003, 244):
B verschaffte sich Ende 1999 einen gefälschten Personalausweis und eröffnete unter Täuschung über ihre Identität bei vier Kreditinstituten jeweils ein Konto, wobei

---

[1148] Kindhäuser/Hilgendorf, LPK, 9. Aufl. 2022, § 263a Rn. 17; aus der Rspr. vgl. zuletzt OLG Rostock B. v. 06.02.2019 – 20 RR 90/18 – StV 2020, 250 (Anm. Wachter JR 2020, 443; Schmidt wistra 2020, 125); BGH B. v. 03.05.2022 – 3 StR 93/22 – NStZ 2022, 681 = StV 2022, 733 (Anm. RÜ 2022, 786; Lang NStZ 2022, 682; LL 2023, 181).
[1149] Hierzu Kindhäuser/Hilgendorf, LPK, 9. Aufl. 2022, § 263a Rn. 16; aus der Rspr. vgl. zuletzt BGH B. v. 22.01.2013 – 1 StR 416/12 – BGHSt 58, 119 = NJW 2013, 2608 = NStZ 2013, 525 = StV 2013, 512 (Anm. Heghmanns ZJS 2013, 423; RÜ 2013, 305; Schuhr JR 2013, 572).
[1150] S. Hoyer, in: SK-StGB, 9. Aufl. 2019, § 263a Rn. 27; zur Rspr. s. o.
[1151] Hierzu Hoyer, in: SK-StGB, 9. Aufl. 2019, § 263a Rn. 14ff.; näher Ranft NJW 1994, 2574; Kindhäuser FS Grünwald 1999, 285; Wachter NStZ 2018, 241; aus der Rspr. vgl. zuletzt BGH B. v. 12.10.2022 – 4 StR 134/22 – NStZ-RR 2023, 14 = StV-S 2023, 23 (Anm. Nestler Jura 2023, 238); BGH B. v. 14.03.2024 – 5 StR 80/24 – NStZ 2024, 679 (Anm. Ebner NStZ 2024, 679; Schladitz wistra 2024, 421); OLG Hamm B. v. 03.09.2024 – 4 ORs 98/24 – NJW 2024, 3307.

sie beabsichtigte, die Konten insbesondere unter Verwendung der erlangten Kreditkarten, ec-cards und Schecks zu überziehen, ohne die Salden auszugleichen, um sich oder ihrem Freund einen Vermögensvorteil zu verschaffen. In der Folgezeit hob sie zumeist unter Einsatz der Karten in mehreren Fällen, unter anderem auch an Geldautomaten, Geld ab, löste Euroschecks über die Garantiesumme ein und verwendete eine der ec-cards in Geschäften zur Bezahlung im Lastschriftverfahren, wodurch ein Schaden von insgesamt ca. 23.000 DM entstand. ◄

Durch die Benutzung von Kredit- und EC-Karten werden die darauf gespeicherten Daten verwendet. War die Verwendung durch B deshalb unbefugt, weil sie beabsichtigte, die Konten zu überziehen, ohne die Salden jemals auszugleichen?

Beispiel 242

OLG Köln U. v. 09.07.1991 – Ss 624/90 – NJW 1992, 125 = NStZ 1991, 586 = StV 1991, 468 (Anm. Otto JK 1992 StGB § 263a/5; Hassemer JuS 1992, 351; Otto JR 1992, 252):
B lernte 1986 die Z kennen. Es entwickelte sich eine Liebesbeziehung; 1987 lebten beide einige Monate in eheähnlicher Gemeinschaft. Der Kontakt blieb bestehen, als B im November 1987 eine eigene Wohnung bezog. Im Februar 1988 musste sich Z in stationäre Behandlung begeben. Bevor sie ins Krankenhaus ging, übergab sie dem B ihre EC-Karte zu ihrem Konto mit der Bitte, von dem Konto einen Betrag in Höhe von 150 DM abzuheben und mit diesem Betrag die erste Rate auf eine fällige Geldstrafe bei der StA Aachen einzuzahlen. Damit B das Geld über einen Geldautomaten abheben konnte, teilte Z dem B auch ihre sogenannte PIN (Codenummer) mit. Während Z noch im Krankenhaus lag, hob B unter Verwendung der ihm übergebenen EC-Karte und der ihm mitgeteilten PIN bei insgesamt sechs Gelegenheiten jeweils 400 DM von dem Konto der Z ab. Von den insgesamt abgehobenen 2400 DM verwendete B 150 DM zur Zahlung der Rate auf die Geldstrafe der Z. Den restlichen Geldbetrag in Höhe von 2250 DM verwendete B für sich, ohne dass dies von der Z gebilligt oder diese überhaupt davon unterrichtet worden wäre. ◄

War die Verwendung von EC-Karte und PIN hinsichtlich der 2250 DM unbefugt, weil sich der von Z erteilte Auftrag zur Abhebung nicht auf diesen Betrag erstreckte?

Beispiel 243

OLG Celle U. v. 11.04.1989 – 1 Ss 287/88368 – NStZ 1989, 367 (Anm. Otto JK 1990 StGB § 263a/3; Neumann JuS 1990, 535; Lampe JR 1990, 347):
In einer Spielothek „überlistete" B einige dort aufgestellte Geldspielautomaten dadurch, dass er ein auf Diskette gespeichertes Programm dieser Spielautomaten benutzte. Er notierte zunächst an den Automaten die ihn interessierenden Zahlenkombinationen, stimmte diese mit Hilfe eines in seinem Pkw befindlichen Computers mit dem Programm der Diskette ab und war dann in der Lage, mit der sog. Risikotaste des Geldautomaten einen sicheren Gewinn zu erzielen, da auf diese Weise ermittelt war, an welcher Stelle des Programms sich der Geldautomat jeweils befand. Als gegen 17:10 Uhr die vom Inhaber der Spielothek herbeigerufene Polizei eintraf, zeigte der von B benutzte Automat ca. 80 bis 90 DM Gewinn und etwa 80 Freispiele an. ◄

E. Computerbetrug, § 263a StGB

Ist die Verwendung eines Computerprogrammes, das einen Spielautomaten berechenbar macht, unbefugt, weil der Automatenaufsteller dieses Hilfsmittel nicht billigt?

Insbesondere stehen sich drei Auffassungen gegenüber.

Nach einer subjektivierenden Auslegung genügt jedes Handeln, welches dem wirklichen oder mutmaßlichen Willen des Berechtigten zuwiderläuft.[1152] Hiernach ist jedes missbräuchliche Verhalten erfasst.

Nach einer computerspezifischen Auslegung[1153] muss sich der entgegenstehende Wille im Programm niedergeschlagen haben, also muss eine Überprüfung durch Missbrauchserkennungsmodule bzw. eine computerimmanente Prüfinstanz erfolgen. Dies bereitet in der Subsumtion i. d. R. Probleme: Zwar schützt z. B. eine PIN vor unberechtigter Abhebung von Bargeld an Automaten. Allerdings versagt der Schutz, wenn der Täter die PIN kennt. Unbefugt ist dann das Handeln, das diese Module bzw. Prüfinstanz überwindet.

Heute h. M.[1154] ist ein betrugsspezifisches Verständnis: Ein unbefugtes Handeln liegt hiernach dann vor, wenn gegenüber einer Person eine Täuschung gegeben wäre (Täuschungsäquivalenz), also eine mindestens konkludente Behauptung der Befugnis anzunehmen ist.[1155]

Die verschiedenen Bankautomaten-Fallkonstellationen[1156] löst die h. M. unterschiedlich; die wichtigsten Fälle einer unberechtigten Abhebung durch einen Dritten, der eine gefälschte, manipulierte, gestohlene, abgetäuschte oder abgenötigte Karte verwendet, wird von der ganz h. M. als täuschungsähnlich angesehen[1157]: Der Täter täusche nämlich einem (gedachten) Bankangestellten seine in Wahrheit fehlende Berechtigung konkludent vor.[1158] Anders wird eine vertragswidrige Benutzung durch den Kontoinhaber selbst eingeordnet.

[1152] S. BGH B. v. 10.11.1994 – 1 StR 157/94 – BGHSt 40, 331 = NJW 1995, 669 = NStZ 1995, 135 = StV 1995, 470 (Anm. Otto JK 1995 StGB § 263a/44; Schulz JA 1995, 538; Schmidt JuS 1995, 557; Zielinski NStZ 1995, 345; Mitsch JR 1995, 432; Arloth Jura 1996, 354; Neumann StV 1996, 375; Ranft JuS 1997, 19).

[1153] S. OLG Celle U. v. 11.04.1989 – 1 Ss 287/88368 – NStZ 1989, 367 (Anm. Otto JK 1990 StGB § 263a/3; Neumann JuS 1990, 535; Lampe JR 1990, 347).

[1154] Wessels/Hillenkamp/Schuhr, BT 2, 46. Aufl. 2023, Rn. 700; zur Rspr. vgl. o., z. B. BGH B. v. 21.11.2001 – 2 StR 260/01 – BGHSt 47, 160 (162f).

[1155] Eisele, BT II, 6. Aufl. 2021, Rn. 677b.

[1156] S. sogleich.

[1157] Wessels/Hillenkamp/Schuhr, BT 2, 46. Aufl. 2023, Rn. 701; aus der Rspr. vgl. BGH U. v. 22.11.1991 – 2 StR 376/91 – BGHSt 38, 120 = NJW 1992, 445 = NStZ 1992, 180 = StV 1992, 115 (Anm. Otto JK 1992 StGB § 263a/6; Cramer JZ 1992, 1032; Schlüchter JR 1993, 493); BayObLG U. v. 24.06.1993 – 5 St RR 5/93 (Anm. Otto JK 1994 StGB § 303a/1; Hilgendorf JR 1994, 478); OLG Koblenz U. v. 02.02.2015 – 2 OLG 3 Ss 170/14 – StV 2016, 371 (Anm. Bosch Jura 2015, 1010; LL 2015, 584; RÜ 2015, 311; famos 8/2015; Ambrosy jurisPR-StrafR 15/2015 Anm. 3).

[1158] Ebenso in Fällen, in denen die Originalkarte gegen oder ohne Willen des Berechtigten erlangt wird, vgl. aus der Rspr. zuletzt BGH U. v. 17.08.2004 – 5 StR 197/04 – NStZ-RR 2004, 333 (Anm. RÜ 2004, 584; RA 2004, 735; Valerius JA 2005, 330; LL 2005, 107); BGH U. v. 18.07.2007 – 2 StR 69/07 – NStZ 2008, 396 (Anm. RÜ 2007, 585; RA 2007, 559); BGH B. v. 28.09.2011 – 4 StR 403/11 – StV 2012, 153; BGH B. v. 13.11.2012 – 3 StR 422/12 – NStZ-RR 2013, 210; OLG Koblenz U. v. 02.02.2015 – 2 OLG 3 Ss 170/14 – StV 2016, 371 (Anm. Bosch Jura 2015, 1010; LL 2015, 584; RÜ 2015, 311; famos 8/2015; Ambrosy jurisPR-StrafR 15/2015 Anm. 3).

Problematisch am Ansatz der h. M. ist, dass, um von wirklicher Täuschungsäquivalenz der Datenverwendung gegenüber dem Computer sprechen zu können, auf einen Schalterangestellten o. Ä. abzustellen ist, der sich mit den Fragen befasst, die auch der Computer prüft.[1159] Der Bankautomat prüft aber nicht, ob die Magnetstreifeninformationen mit dazugehöriger PIN auf einer Originalkarte gespeichert sind oder auf einer nachgemachten. Die h. M. ist mithin insofern inkonsequent, als sie entweder unter der fehlerhaften Bezeichnung der Täuschungsäquivalenz eine wenig überzeugende Prämisse aufstellt (indem sie – veranlasst durch ein durchaus gegebenes Geschädigteninteresse – leichthin konkludente Täuschungen annimmt, obwohl diese mit dem Umfang der Datenverarbeitung nichts mehr zu tun haben) oder ihr Ergebnis (Erfassen dieser Konstellation) fehlerhaft subsumiert.

Die Inkonsequenzen zeigen sich auch beim Vergleich der Konstellationen: Wieso täuscht ein Nicht-Kontoinhaber konkludent über seine Berechtigung, ein Kontoinhaber, der seine vertraglichen Rechte überschreitet, aber nicht darüber, die weitergehenden Rechte zu besitzen? Ganz allgemein sind Rechtsunsicherheiten zu befürchten. Beschränkt man sich aber bei der Täuschungsäquivalenz auf den automatisierten Maßstab, ist kaum einmal eine Vollendung denkbar, da in den weitaus meisten Fällen die Erfolgsverwirklichung darauf beruht, dass der Bankautomat nur PIN und Magnetstreifeninformationen abfragt.

Daher erscheint das weite, subjektivierende Verständnis zutreffend, welches auf die Interessen der Betroffenen abstellt und die vagen und inkonsequenten Kriterien (computerspezifisch, täuschungsäquivalent) entbehrlich werden lässt. Zwar werden dadurch auch bloße Vertragswidrigkeiten pönalisiert; auch bleiben die Voraussetzungen erheblich hinter den Anforderungen des § 266b StGB zurück. Der Wortlaut legt eine solche Auslegung aber nahe, der Opferschutz ohnehin. Dass Vertragsverletzungen pönalisiert werden, ist auch nichts Besonderes (vgl. §§ 246 II, 266 I StGB), Friktionen mit § 266b StGB können auf Strafzumessungsebene geklärt werden.

(bbb) Insbesondere: Bankautomatenmissbrauch

▶ **Didaktische Aufsätze**
- Steinhilper, Die mißbräuchliche Verwendung von Euroscheckkarten in strafrechtlicher Sicht, Jura 1983, 401
- Kleb-Braun, Codekartenmißbrauch und Sparbuchfälle aus „volljuristischer" Sicht, JA 1986, 249 und 310
- Thaeter, Die unendliche Geschichte „Codekarte", JA 1988, 547
- Spahn, Wegnahme und Mißbrauch codierter Scheckkarten nach altem und neuem Recht, Jura 1989, 513
- Schulz/Tscherwinka, Probleme des Codekartenmißbrauchs, JA 1991, 119
- Meier, Strafbarkeit des Bankautomatenmißbrauchs, JuS 1992, 1017

[1159] S. BGH B. v. 21.11.2001 – 2 StR 260/01 – BGHSt 47, 160 (163); Altenhain JZ 1997, 752 (758); Kindhäuser/Hilgendorf, LPK, 9. Aufl. 2022, § 263a Rn. 31; Kindhäuser/Hoven, in: NK-StGB, 6. Aufl. 2023, § 263a Rn. 25f.

E. Computerbetrug, § 263a StGB

- Kempny, Überblick zu den Geldkartendelikten, JuS 2007, 1084
- Oğlakcıoğlu, Die Karten in meiner Brieftasche, JA 2018, 279, 338 und 428
- Ruppert, EC-Karten, Kassensysteme und Geldautomaten im Lichte der unbefugten Verwendung von Daten des § 263 a StGB, Jura 2022, 1409

(aaaa) Allgemeines
Besonders hervorzuheben sind Fallgestaltungen, in denen an einem Bankautomaten Geld abgehoben wird.[1160] Insbesondere die Schwierigkeiten bei der Anwendung des § 242 I StGB (Fremdheit des Geldes, automatisiertes Einverständnis in den Gewahrsamswechsel und daher kein Bruch) waren ein entscheidender Grund dafür, warum der Tatbestand des § 263a I StGB geschaffen wurde.

Zunächst ist zu unterscheiden zwischen Abhebungen durch einen anderen als den Kontoinhaber und denen des Kontoinhabers selbst.

(bbbb) Abhebungen durch einen anderen als den Kontoinhaber
Bei den Abhebungen durch einen anderen als den Kontoinhaber lässt sich nach der Art und Weise **unterscheiden**, durch die der Abhebende an Karte und PIN **gelangt** ist.

Nach der subjektivierenden Auslegung nivellieren sich freilich diese Differenzierungen.

Erstens kann der Täter die EC-Karte **gefälscht** oder manipuliert haben,[1161] insbesondere nach Erlangung der Daten durch sog. **Skimming**.[1162]

In diesen Fällen wird wohl unstrittig eine unbefugte Datenverwendung angenommen.[1163] Die Täuschungsäquivalenz wird hier offenbar darauf gestützt, dass ein Bankmitarbeiter die Karte als Fälschung identifiziert und zurückgewiesen hätte, was angesichts des sich hierauf nicht erstreckenden Prüfungsvorgangs des Automaten letztlich inkonsequent ist und sich der subjektivierenden Betrachtung annähert.

Umstritten sind Fälle, in denen der Täter sich ohne das Einverständnis des Berechtigten die Bankkarte verschafft (v. a. durch **Wegnahme** oder **Abnötigung**).[1164]

[1160] Hierzu Steinhilper Jura 1983, 401; Steinhilper GA 1985, 114; Kleb-Braun JA 1986, 249 und 310; Huff NJW 1987, 815; Ranft wistra 1987, 79; Thaeter JA 1988, 547; Spahn Jura 1989, 513; Schulz/Tscherwinka JA 1991, 119; Meier JuS 1992, 1017; Altenhain JZ 1997, 752; Heinz FS Maurer 2001, 1111; Kempny JuS 2007, 1084; Oğlakcıoğlu JA 2018, 279, 338 und 428; Ruppert Jura 2022, 1409.

[1161] Hierzu Hoyer, in: SK-StGB, 9. Aufl. 2019, § 263a Rn. 36; aus der Rspr. vgl. BayObLG U. v. 24.06.1993 – 5 St RR 5/93 (Anm. Otto JK 1994 StGB § 303a/1; Hilgendorf JR 1994, 478); OLG Koblenz U. v. 02.02.2015 – 2 OLG 3 Ss 170/14 – StV 2016, 371 (Anm. Bosch Jura 2015, 1010; LL 2015, 584; RÜ 2015, 311; famos 8/2015; Ambrosy jurisPR-StrafR 15/2015 Anm. 3).

[1162] Zum Skimming s. bei den Nichtvermögensdelikten.

[1163] S. nur Hoyer, in: SK-StGB, 9. Aufl. 2019, § 263a Rn. 36.

[1164] S. Kindhäuser/Hilgendorf, LPK, 9. Aufl. 2022, § 263a Rn. 50f.; aus der Rspr. vgl. zuletzt BGH U. v. 18.07.2007 – 2 StR 69/07 – NStZ 2008, 396 (Anm. RÜ 2007, 585; RA 2007, 559); BGH B. v. 28.09.2011 – 4 StR 403/11 – StV 2012, 153; BGH B. v. 13.11.2012 – 3 StR 422/12 – NStZ-RR 2013, 210; OLG Koblenz U. v. 02.02.2015 – 2 OLG 3 Ss 170/14 – StV 2016, 371 (Anm. Bosch Jura 2015, 1010; LL 2015, 584; RÜ 2015, 311; famos 8/2015; Ambrosy jurisPR-StrafR 15/2015 Anm. 3); OLG Hamm B. v. 19.01.2023 – 5 RVs 39/22 (Anm. Nestler Jura 2023, 648; Schmidt NZWiSt 2023, 269).

> **Beispiel 244**
>
> **BGH U. v. 17.08.2004 – 5 StR 197/04 – NStZ-RR 2004, 333 (Anm. RÜ 2004, 584; RA 2004, 735; Valerius JA 2005, 330; LL 2005, 107):**
> Am 04.02.2003 lernten B1 und B2 in einer Gaststätte den Witwer Z kennen. Z nahm eine Einladung des B1 an, in dessen Wohnung noch ein Bier zu trinken. B1 und B2 hatten in Wahrheit vor, ihrem Gast das von diesem mitgeführte Geld notfalls auch mit Gewalt abzunehmen. Auf Anordnung des B1 setzte sich Z in die Mitte der Wohnzimmercouch. B1 drehte das Radio laut und rammte ein spitzes Küchenmesser mit einer Klingenlänge von 25 cm vor Z in die Tischplatte, um diesen einzuschüchtern. B1 und B2 setzten sich jeweils neben ihr Opfer. B2 forderte Z vergeblich auf, ihm seine Geldbörse zu reichen. Er schlug mit der Faust zwei- bis dreimal gegen den Unterkiefer des Z, nahm das im Couchtisch steckende Küchenmesser zur Hand, ritzte dem Z über dessen Ohr die Kopfhaut an und setzte Z die Spitze des Messers an den Hals. Der um sein Leben fürchtende Z verharrte bewegungslos. B1 griff in die Innentasche der Jacke des Z und nahm dessen Brieftasche an sich. Er entnahm das gesamte Bargeld in Höhe von 25 € und die EC-Karte. Unter weiterer Bedrohung mit dem an den Hals gehaltenen Messer verlangte B1 die Bekanntgabe der Geheimzahl. Z nannte die zutreffende Nummer. B1 schickte B2 mit der EC-Karte und der Geheimzahl zum nächstgelegenen Geldautomaten, wo dieser den gesamten verfügbaren Bargeldbetrag von 150 € abhob. ◄

Die Rspr.[1165] und die h. L.[1166] bejahen die unbefugte Verwendung von Daten.

Zu einem anderen Ergebnis kann nur gelangen, wer einen restriktiven – technisch auf Echtheit der Karte und Korrespondenz mit der PIN reduzierten – Prüfungshorizont vertritt.[1167]

Umstritten ist ebenfalls, was gilt, wenn der Täter die Bankkarte mit dem **Einverständnis** des Kontoinhabers erlangt hatte und dies dann abredewidrig zu einer Abhebung ausnutzte.[1168]

> **Beispiel 245**
>
> **OLG Düsseldorf B. v. 05.01.1998 – 2 Ss 437/97 – 123/97 II – NStZ-RR 1998, 137 = StV 1998, 266 (Anm. Löhnig JA 1998, 836; Martin JuS 1998, 763; Otto JK 1999 StGB § 263a/9; Hilgendorf JuS 1999, 542):**

[1165] S. o.
[1166] S. nur Joecks/Jäger, StGB, 13. Aufl. 2021, § 263a Rn. 26f.
[1167] Berechtigte Kritik am Prüfungshorizont bei Mitsch, BT 2, 3. Aufl. 2015, S. 397f.
[1168] Hierzu Eisele, BT II, 6. Aufl. 2021, Rn. 679; Hefendehl/Noll wistra 2024, 265; aus der Rspr. vgl. zuletzt BGH B. v. 11.08.2021 – 3 StR 63/21 – NStZ-RR 2022, 14 (Anm. Mitsch JuS 2022, 609); OLG Hamm B. v. 19.01.2023 – 5 RVs 39/22 (Anm. Nestler Jura 2023, 648; Schmidt NZWiSt 2023, 269); BGH B. v. 14.03.2024 – 5 StR 80/24 – NStZ 2024, 679 (Anm. Ebner NStZ 2024, 679; Schladitz wistra 2024, 421).

Z hatte der B1 seine Scheckkarte überlassen, ihr seine zugehörige persönliche Geheimzahl mitgeteilt und ihr erlaubt, hiermit 1600 DM bis 2000 DM von seinem Bankkonto abzuheben. B1 hatte ihm erklärt, dringend Geld für eine Reise zu ihrer in A. lebenden Schwester zu benötigen. Tatsächlich hat diese Reise nie stattgefunden. B1 überschritt die ihr erteilte Erlaubnis. In der Zeit vom 30.11.1996 bis 04.12.1996 hob sie unter Einsatz der ihr überlassenen Scheckkarte gemeinsam mit B2 bei insgesamt acht Gegebenheiten Geldbeträge an Geldautomaten vom Konto des Z ab, ohne dass dieser hiermit einverstanden war. Die auf diese Weise erbeuteten 10.817 DM teilten B1 und B2 untereinander auf. ◄

Die Rspr.[1169] und die h. L.[1170] lehnen eine unbefugte Verwendung von Daten mangels Täuschungsäquivalenz ab, weil die Kartenverwendung hier auf dem vom Karteninhaber selbst veranlassten Rechtsschein der Verfügungsberechtigung im Außenverhältnis beruhe.

Die Gegenauffassung[1171] bejaht eine unbefugte Verwendung von Daten. Hierfür sprechen die Interessen von Kontoinhaber und Bank, zumal nach den Banken-AGB die Weitergabe der Karte untersagt ist. Sehr wohl ließe sich auch eine Betrugsähnlichkeit konstruieren, wenn man nämlich eine schlüssige Erklärung, zum Abheben des Betrages befugt zu sein, zugrunde legt.

In Fällen „analogen Phishings" (der Täter erlangt Karte und PIN, indem er sich als Bankmitarbeiter ausgibt), gilt Vergleichbares.[1172]

(cccc) Abhebungen durch den Kontoinhaber selbst

▶ **Didaktischer Aufsatz**
- Berghaus, § 263a StGB und der Codekartenmißbrauch durch den Kontoinhaber selbst, JuS 1990, 981

Hebt der Kontoinhaber selbst mit seiner eigenen Karte Geld an institutseigenen oder institutsfremden Automaten ab, obwohl dies dem Bankvertrag widerspricht (v. a. bei Überschreiten des Limits), so ist umstritten, wann eine unbefugte Verwendung von Daten bejaht werden kann.[1173]

[1169] S. o.
[1170] Joecks/Jäger, StGB, 13. Aufl. 2021, § 263a Rn. 30.
[1171] Heger, in: Lackner/Kühl/Heger, StGB, 30. Aufl. 2023, § 263a Rn. 14.
[1172] Problematisch; aus der Rspr. vgl. BGH B. v. 16.07.2015 – 2 StR 16/15 – NStZ 2016, 149 = NStZ-RR 2015, 337 = StV 2016, 358 (Anm. RÜ 2015, 788; Bosch Jura 2016, 451; Jäger JA 2016, 151; Böse ZJS 2016, 663; LL 2016, 106; Piel NStZ 2016, 151, Brand StV 2016, 360 Kraatz JR 2016, 312; Berster wistra 2016, 73; Ladiges wistra 2016, 180).
[1173] Hierzu Kindhäuser/Hilgendorf, LPK, 9. Aufl. 2022, § 263a Rn. 53ff.; Berghaus JuS 1990, 981; aus der Rspr. vgl. zuletzt OLG Rostock B. v. 06.02.2019 – 20 RR 90/18 – StV 2020, 250 (Anm. Wachter JR 2020, 443; Schmidt wistra 2020, 125).

> **Beispiel 246**
>
> BGH B. v. 21.11.2001 – 2 StR 260/01 – BGHSt 47, 160 = NJW 2002, 905 = NStZ 2002, 545 = StV 2002, 135 (Anm. Otto JK 2002 StGB § 263a/13 und § 266b/5; Beckemper JA 2002, 545; Martin JuS 2002, 506; LL 2002, 386; RÜ 2002, 214; RA 2002, 246; famos 5/2002; Zielinski JR 2002, 342; Kudlich JuS 2003, 537; Mühlbauer wistra 2003, 244):
> B verschaffte sich Ende 1999 einen gefälschten Personalausweis und eröffnete unter Täuschung über ihre Identität bei vier Kreditinstituten jeweils ein Konto, wobei sie beabsichtigte, die Konten insbesondere unter Verwendung der erlangten Kreditkarten, ec-cards und Schecks zu überziehen, ohne die Salden auszugleichen, um sich oder ihrem Freund einen Vermögensvorteil zu verschaffen. In der Folgezeit hob sie zumeist unter Einsatz der Karten in mehreren Fällen, unter anderem auch an Geldautomaten, Geld ab, löste Euroschecks über die Garantiesumme ein und verwendete eine der ec-cards in Geschäften zur Bezahlung im Lastschriftverfahren, wodurch ein Schaden von insgesamt ca. 23.000 DM entstand. ◄

Die Rspr.[1174] und die h. L.[1175] lehnen eine unbefugte Verwendung von Daten hier ab und vertreten mithin eine enge Täuschungsäquivalenz.

Eine Gegenauffassung[1176] bejaht die Täuschungsäquivalenz mit der Begründung, dass in beiden Fällen von einer schlüssigen Miterklärung auszugehen sei, dass das Konto gedeckt oder ein gewährter Kredit zurückgezahlt werde. Dabei wird aber zur Begründung der Täuschungsqualität der Abhebung am Geldautomaten auf einen fiktiven Bankangestellten abgestellt, der die Interessen der Bank umfassend wahrzunehmen hat. Jedoch kann eine Vergleichbarkeit nur mit einem Schalterangestellten angenommen werden, der sich mit den Fragen befasst, die auch der Computer prüft. Der Computer prüft aber nicht die Bonität des berechtigten Karteninhabers, sondern lediglich, ob sich dieser im Rahmen des Verfügungsrahmens bewegt.

Hierauf kommt es freilich nicht mehr an, wenn man der zutreffenden subjektivierenden Auslegung folgt, s. o. Dann entfällt auch eine denkbare Differenzierung zwischen institutseigenen und institutsfremden Geldautomaten.[1177]

(ccc) Insbesondere: Weitere bankbezogene Fallgruppen
Bezahlt der Täter mit einer Debit-Karte (**EC-Karte** im heutigen Sinne)[1178] so ist zwischen Zahlungen mittels **POS**-System (Point of Sales) und mittels **ELV**- (früher

---

[1174] S. o.
[1175] Joecks/Jäger, StGB, 13. Aufl. 2021, § 263a Rn. 33.
[1176] Z. B. Heger, in: Lackner/Kühl/Heger, StGB, 30. Aufl. 2023, § 263a Rn. 13.
[1177] S. Eisele, BT II, 6. Aufl. 2021, Rn. 685f.
[1178] Hierzu Schmidt, in: BeckOK-StGB, Stand 01.08.2024, § 263a Rn. 29f.; näher Altenhain JZ 1997, 752; Heinz FS Maurer 2001, 1111; Rengier FS Gössel 2002, 469; Christoph/Dorn-Haag NStZ 2020, 697; Göhler JR 2021, 6; aus der Rspr. vgl. zuletzt OLG Rostock B. v. 06.02.2019 – 20 RR 90/18 – StV 2020, 250 (Anm. Wachter JR 2020, 443; Schmidt wistra 2020, 125); OLG Hamm B. v. 07.04.2020 – 4 RVs 12/20 – NStZ 2020, 673 (Anm. Kudlich JA 2020, 710; Heghmanns ZJS 2020, 494; LL 2020, 617; RÜ 2020, 511; famos 6/2020; Christoph/Dorn-Haag NStZ 2020, 676; Böse/Tomiak ZfIStW 2023, 265).

POZ-)System (elektronisches Lastschriftverfahren bzw. Point of Sales ohne Zahlungsgarantie) zu unterscheiden. Bei ersterem erfolgt die Zahlung mit EC-Karte und PIN. Hier wird also die EC-Karte nicht als Codekarte, sondern in ihrer Funktion als Kreditkarte – im Drei-Partner-System – eingesetzt, Bei letzterem erfolgt sie mit Karte und Unterschrift ohne Online-Kontoüberprüfung.

Die Zahlung mittels POS-Systems wird wie eine Abhebung am Bankautomaten behandelt,[1179] weshalb auch die diesbzgl. Differenzierungen der h. M. gelten.

Bei Zahlung mittels ELV-Systems greift der Computerbetrug nicht[1180]: Spätestens mangelt es an einem Vermögensschaden, da der Händler und nicht die Bank das Einlösungsrisiko trägt.[1181] Der Täter verwirklicht aber einen Betrug gem. § 263 I StGB gegenüber dem Händler.[1182]

Homebanking (Online-Banking) ist wie Verhalten am Bankautomaten zu bewerten.[1183]

Zur **Einlösung einer Lastschrift** s. o. (Verwendung unrichtiger Daten).

Bei Fälschung von **Überweisungsträgern**, die elektronisch geprüft werden, liegt eine unbefugte Verwendung von Daten vor.[1184]

(ddd) Insbesondere: Überlisten von Geldspielautomaten (Glücksspielautomaten) und Geldwechselautomaten

▶ **Didaktischer Aufsatz**
- Achenbach, Die „kleine Münze" des sog. Computer-Strafrechts, Jura 1991, 225

Wird ein Geldspielautomat mit **präparierten Münzen** oder Falschgeld überlistet, so ist die Anwendung des § 263a I 3. Var StGB umstritten.[1185]

Die Rspr.[1186] und die h. L.[1187] wenden jedenfalls nicht die 3. Var. an (zur 4. Var. s. sogleich).

[1179] Fischer, StGB, 71. Aufl. 2024, § 263a Rn. 15; Kindhäuser/Hoven, in: NK-StGB, 6. Aufl. 2023, § 263a Rn. 52ff.

[1180] Hoyer, in: SK-StGB, 9. Aufl. 2019, § 263a Rn. 41.

[1181] Näher Kindhäuser/Hoven, in: NK-StGB, 6. Aufl. 2023, § 263a Rn. 54; vgl. auch Eisele, BT II, 6. Aufl. 2021, Rn. 681.

[1182] Eisele, BT II, 6. Aufl. 2021, Rn. 681.

[1183] Hierzu Perron, in: Schönke/Schröder, StGB, 30. Aufl. 2019, § 263a Rn. 14.

[1184] Hefendehl/Noll, in: MK-StGB, 4. Aufl. 2022, § 263a Rn. 138; aus der Rspr. vgl. BGH B. v. 12.02.2008 – 4 StR 623/07 – NJW 2008, 1394 = NStZ 2008, 281 = StV 2008, 250 (Anm. Geppert JK 2008 StGB § 263a/15; von Heintschel-Heinegg JA 2008, 660; RÜ 2008, 311; RA 2008, 312); BGH U. v. 18.06.2008 – 2 StR 115/08; BGH B. v. 11.11.2015 – 2 StR 299/15 – StV 2017, 92.

[1185] Hierzu Achenbach Jura 1991, 225; aus der Rspr. vgl. OLG Stuttgart U. v. 08.02.1982 – 3 Ss (14) 928/81 – NJW 1982, 1659 (Anm. Geilen JK 1982 StGB § 242/2; Seier JR 1982, 509; Albrecht JuS 1983, 101); OLG Celle B. v. 06.05.1996 – 3 Ss 21/96 – NJW 1997, 1518 = StV 1997, 79 (Anm. Biletzki JA 1997, 749; Martin JuS 1997, 947; Hilgendorf JR 1997, 347; Mitsch JuS 1998, 307); OLG Düsseldorf B. v. 29.10.1998 – 5 Ss 369/98 – 90/98 I – NJW 1999, 3208 = NStZ 1999, 248 = StV 1999, 154 (Anm. LL 1999, 297).

[1186] S. o.

[1187] S. nur Fischer, StGB, 71. Aufl. 2024, § 263a Rn. 19a.

Teile der Lehre hingegen sehen in dem Einwurf derartiger Münzen eine unbefugte Verwendung von Daten.

Letzterer Auffassung ist zumindest aus der Perspektive einer subjektivierenden Auslegung der Unbefugtheit zu folgen: Dem Willen des Berechtigten entspricht die Ingangsetzung des Automaten durch Verwendung von Falschgeld nicht. Konsequenterweise entfällt das Bedürfnis, die Auffangvariante des § 263a I 4. Var. StGB anzuwenden.

Umstritten ist ferner das Überlisten eines Geldspielautomaten durch den Einsatz spezieller **Computerprogramme** oder sonstiger **Sonderkenntnisse** zum Spielablauf.[1188]

Teile der Rspr.[1189] und der Lehre[1190] lehnen die Anwendung zumindest der 3. Var. in diesen Fällen ab (zur 4. Var. s. sogleich).

Z. T. wird in Rspr.[1191] und Lehre[1192] eine unbefugte Verwendung von Daten generell bejaht.

Die überwiegende Rspr.[1193] und die h. L.[1194] nehmen eine unbefugte Verwendung von Daten dann an, wenn der Täter sein Sonderwissen rechtswidrig erlangt hat.

Jedenfalls nach Maßgabe der subjektivierenden Auslegung ist eine unbefugte Verwendung von Daten richtigerweise zu bejahen, und zwar sogar bei bloßer Ausnutzung eines fehlerhaften Automaten. Bei betrugsspezifischer Auslegung ist die Parallele zur konkludenten Täuschung durch Inanspruchnahme einer Leistung konsequent.

Vergleichbar problematisch ist das Überlisten eines **Geldwechselautomaten**.[1195]

Beispiel 247

OLG Düsseldorf B. v. 29.07.1999 – 5 Ss 291/98 – 71/98 I – NJW 2000, 158 (Anm. Geppert JK 2000 StGB § 242/20; Biletzki JA-R 2000, 79; Martin JuS 2000, 406; LL 2000, 260; RÜ 2000, 67; RA 2000, 55; Biletzki NStZ 2000, 424; Otto JR 2000, 214; Kudlich JuS 2001, 20):

[1188] Hierzu Hoyer, in: SK-StGB, 9. Aufl. 2019, § 263a Rn. 45; näher Schlüchter NStZ 1988, 53; Füllkrug/Schnell wistra 1988, 177; Achenbach Jura 1991, 225; Obermann NStZ 2015, 197; aus der Rspr. vgl. zuletzt KG U. v. 08.12.2014 – (3) 161 Ss 216/13 (160/13) – NStZ-RR 2015, 111 = StV 2016, 373 (Anm. Hecker JuS 2015, 756); OLG Stuttgart U. v. 12.05.2016 – 4 Ss 73/16 (Anm. LL 2017, 187).

[1189] OLG Celle U. v. 11.04.1989 – 1 Ss 287/88368 – NStZ 1989, 367.

[1190] Z. B. Perron, in: Schönke/Schröder, StGB, 30. Aufl. 2019, § 263a Rn. 8.

[1191] BayObLG Vorlageb. v. 10.02.1994 – 4 St RR 145/93 – NJW 1994, 960.

[1192] Schmidt, in: BeckOK-StGB, Stand 01.08.2024, § 263a Rn. 35.

[1193] S. BGH B. v. 10.11.1994 – 1 StR 157/94 – BGHSt 40, 331; KG U. v. 08.12.2014 – (3) 161 Ss 216/13 (160/13) – NStZ-RR 2015, 111.

[1194] Z. B. Heger, in: Lackner/Kühl/Heger, StGB, 30. Aufl. 2023, § 263a Rn. 14a; Hoyer, in: SK-StGB, 9. Aufl. 2019, § 263a Rn. 45.

[1195] S. Heger, in: Lackner/Kühl/Heger, StGB, 30. Aufl. 2023, § 263a Rn. 14a.

E. Computerbetrug, § 263a StGB

B war im Besitz eines für die unberechtigte Entnahme von Münzen aus Wechselgeldautomaten präparierten 100 DM-Scheins. An der kürzeren Seite dieses echten Geldscheins waren drei parallel verlaufende Tesafilmstreifen mit einer Länge von je 15 cm beidseitig angebracht, die am Ende miteinander verbunden waren. Der so präparierte Schein wurde in den Wechselautomaten eingeführt und an den Tesafilmstreifen wieder herausgezogen, nachdem er die Lichtschranke überschritten und dadurch das Umwechseln in Münzen und ihren Auswurf ausgelöst hatte. B machte von dem präparierten 100 DM-Schein in der Spielhalle S in K. Gebrauch, indem er am 30.07.1997 einem dort aufgestellten Geldwechselautomaten durch den beschriebenen Einsatz des „Tatwerkzeugs" einen Münzgeldbetrag von 6000 DM entnahm. ◄

Ist die Benutzung des präparierten 100-DM-Scheines eine unbefugte Verwendung von Daten?

Die Rspr.[1196] und die h. L.[1197] wenden hier den Diebstahl und nicht den Computerbetrug an.

Bei subjektivierender Handhabung der Unbefugtheit lässt sich die Tathandlung des § 263a I 3. Var. StGB allerdings bejahen.[1198]

(eee) Sonstige Fallgruppen

Klausur- und praxisrelevant ist die unberechtigte private Verwendung einer **Tankkarte**.[1199]

Beispiel 248

OLG Koblenz U. v. 02.02.2015 – 2 OLG 3 Ss 170/14 – StV 2016, 371 (Anm. Bosch Jura 2015, 1010; LL 2015, 584; RÜ 2015, 311; famos 8/2015; Ambrosy jurisPR-StrafR 15/2015 Anm. 3):

B war seit April 2009 bei der Z als Auslieferungsfahrer beschäftigt und erhielt für diese Tätigkeit eine S.-Tankkarte seines Arbeitgebers. Nachdem diese (erste) Karte aufgrund Zeitablaufs ungültig geworden war und er sie zurückgegeben hatte, gelangte eine weitere S.-Tankkarte in seinen Besitz, die ihm ein verantwortlicher Mitarbeiter der Z ausgehändigt hatte. Diese Tankkarte, die zum Tanken an

---

[1196] S. o.
[1197] Heger, in: Lackner/Kühl/Heger, StGB, 30. Aufl. 2023, § 263a Rn. 14a.
[1198] S. auch Otto, BT, 2005 § 52 Rn. 45.
[1199] S. Schmidt, in: BeckOK-StGB, Stand 01.08.2024, § 263a Rn. 24; aus der Rspr. vgl. LG Dresden U. v. 21.06.2005 – 10 Ns 202 Js 45549/03 – NStZ 2006, 633 (Anm. RA 2006, 698; Geppert JK 2007 StGB § 266/30; RÜ 2007, 32); AG Eggenfelden B. v. 12.01.2009 – 2 Cs 54 Js 33229/06 – NStZ-RR 2009, 139 (Anm. Geppert JK 2010 StGB § 266/34); OLG Celle U. v. 05.11.2010 – 1 Ws 277/10 – NJW 2011, 2152 = NStZ 2011, 218 = StV 2011, 164 (Anm. Hecker JuS 2011, 657; LL 2011, 408; Küpper jurisPR-StrafR 6/2011 Anm. 3); OLG Koblenz U. v. 02.02.2015 – 2 OLG 3 Ss 170/14 – StV 2016, 371 (Anm. Bosch Jura 2015, 1010; LL 2015, 584; RÜ 2015, 311; famos 8/2015; Ambrosy jurisPR-StrafR 15/2015 Anm. 3). zu unterscheiden vom Einsatz einer fremden, eigenmächtig erlangten Tankkarte, vgl. aus der Rspr. OLG Celle B. v. 07.10.2016 – 2 Ss 113/16 – NStZ-RR 2017, 80 (Anm. Jansen jurisPR-StrafR 6/2017 Anm. 2).

Tankstellen des Anbieters S. auf Kosten der Z berechtigte, nutzte er für dienstlich veranlasste Tankvorgänge bis zu seinem Ausscheiden aus der Firma. Z kündigte das Arbeitsverhältnis Anfang Oktober 2012 und forderte B auf, sämtliche noch in seinem Besitz befindlichen Arbeitsmittel zurückzugeben. Dieser behielt die in seinem Besitz befindliche Tankkarte jedoch zurück, wobei er sie zunächst vergaß und erst später in seinem Portemonnaie wieder entdeckte. Ende des Jahres 2012 fasste er dann den Entschluss, die Tankkarte für sich zu verwenden, wobei ihm bewusst war, dass er hierzu gegenüber der Z nicht befugt war. Unter Einsatz der Tankkarte verschaffte sich B in der Zeit vom 07.01. bis zum 07.05.2013 bei verschiedenen Tankstellen in 43 Fällen insgesamt 3790 L Diesel im Wert von insgesamt 5334,92 €, den er für einen Preis von 0,80 bis 0,90 € pro Liter an Dritte weiterverkaufte. Der Z, die als Karteninhaberin für die von B veranlassten Tankvorgänge aufkommen musste, entstand hierdurch ein Schaden in Höhe von 5334,92 €. ◄

Hier ist zu beachten, dass der Täter zwar dem Willen des Arbeitgebers zuwiderhandelt, nur zu Dienstzwecken zu tanken. In Bezug auf die konkrete Tankkarte hingegen ist der Täter derjenige, der zu ihrer Nutzung (im Außenverhältnis) berechtigt ist. Dass im Innenverhältnis eine Beschränkung besteht, entzieht dem Karteninhaber nicht die Berechtigung im Außenverhältnis. Es ist auch nicht ersichtlich, dass es dem Willen des Tankstelleninhabers widerspricht, wenn die Karte arbeitsvertragswidrig zum Tanken genutzt wird; dies wird er (vertraglich) der Risikosphäre des Arbeitgebers zugeordnet haben.
Sogar das Ausnutzen eines Defekts einer vollautomatischen Selbstbedienungstankstelle lässt sich dem § 263a I 3. Var. StGB entgegen einer in der Lehre vertretenen Auffassung subsumieren,[1200] jedenfalls greift die 4. Var.[1201]

Beispiel 249

OLG Braunschweig U. v. 12.10.2007 – Ss 64/07 – NJW 2008, 1464 = NStZ 2008, 402 (Anm. Geppert JK 2008 StGB § 263a/16; LL 2008, 467; RA 2008, 401; Niehaus/Augustin JR 2008, 436):
B betankte zwischen dem 26.06. und dem 08.10.2006 in 33 Fällen verschiedene Fahrzeuge an einer vollautomatischen Selbstbedienungstankstelle für Beträge zwischen 71 und 80 €, wobei ihr bewusst war, dass Betankungen für mehr als 70 € wegen eines Defekts der Anlage vom System nicht als Treibstoffentnahme erfasst und dementsprechend auch nicht dem Konto belastet wurden, für das die vor Beginn des Tankvorgangs in den Automaten einzuführende Bankkarte ausgegeben war. ◄

Mit der Bedienung der Zapfsäule hat die B Daten verwendet. Weil die Ausnutzung des Defekts dem Willen des Tankstellenbetreibers widerspricht, war die Verwendung unbefugt.

[1200] Strittig, abl. z. B. Eisele, BT II, 6. Aufl. 2021, Rn. 690.
[1201] Fischer, StGB, 71. Aufl. 2024, § 263a Rn. 18.

E. Computerbetrug, § 263a StGB

I.Ü. sei bzgl. der Kasuistik auf die Literatur verwiesen.[1202]

(e) Sonst unbefugte Einwirkung auf den Ablauf, § 263a I 4. Var. StGB
Als Auffangtatbestand fungiert die sonst unbefugte Einwirkung auf den Ablauf des Datenverarbeitungsvorgangs.[1203]

Erfasst werden sollen strafwürdige Manipulationen, die nicht unter die ersten drei Varianten fallen,[1204] insbesondere noch nicht bekannte Formen der Manipulation. Das Ingangsetzen der Datenverarbeitung reicht für eine Einwirkung auf den Ablauf aus,[1205] sofern man hierin nicht ohnehin eine Datenverwendung erblickt.

Der Begriff der Unbefugtheit ist wie bei der Verwendung von Daten zu verstehen.[1206]

Bei subjektivierender Auslegung fallen zahlreiche diskutierte Fallkonstellationen bereits unter § 263a I 3. Var. StGB. Diejenigen, die das Merkmal restriktiver auslegen und dann eine unbefugte Verwendung von Daten mangels Verwendung oder Täuschungsäquivalenz ablehnen, müssen hingegen ggf. auf die 4. Var. zurückgreifen, z. B. beim Überlisten von Geldspielautomaten,[1207] geraten dabei freilich in dieselben Grenzziehungsschwierigkeiten bzgl. der Reichweite der Täuschungsähnlichkeit des Verhaltens.

I.Ü. sei bzgl. der Kasuistik auf die oben erläuterte 3. Var. sowie die Literatur verwiesen.[1208]

(2) Ergebnis eines Datenverarbeitungsvorgangs beeinflußt; durch
Als Zwischenerfolg des § 263a I StGB muss durch die Tathandlung das Ergebnis eines Datenverarbeitungsvorgangs beeinflusst worden sein.

(a) Datenverarbeitungsvorgang
Datenverarbeitungsvorgang ist jedes automatisierte technische Verfahren, innerhalb dessen Daten zunächst aufgenommen und dann nach Programmen miteinander verknüpft werden.[1209]

(b) Ergebnis beeinflußt; durch
Beeinflusst (in der Norm wird noch die alte Rechtschreibung verwendet) wird der Datenverarbeitungsvorgang, wenn die eingegebenen Daten in den Arbeitsvorgang

---

[1202] Z. B. Fischer, StGB, 71. Aufl. 2024, § 263a Rn. 12ff.

[1203] S. nur Kindhäuser/Hilgendorf, LPK, 9. Aufl. 2022, § 263a Rn. 36; aus der Rspr. vgl. BayObLG Vorlageb. v. 10.02.1994 – 4 St RR 145/93 – NJW 1994, 960 = NStZ 1994, 287 (Anm. Otto JK 1994 StGB § 263a/7; Achenbach JR 1994, 293; Bühler wistra 1994, 256); BGH B. v. 10.11.1994 – 1 StR 157/94 – BGHSt 40, 331 = NJW 1995, 669 = NStZ 1995, 135 = StV 1995, 470 (Anm. Otto JK 1995 StGB § 263a/44; Schulz JA 1995, 538; Schmidt JuS 1995, 557; Zielinski NStZ 1995, 345; Mitsch JR 1995, 432; Arloth Jura 1996, 354; Neumann StV 1996, 375; Ranft JuS 1997, 19).

[1204] Fischer, StGB, 71. Aufl. 2024, § 263a Rn. 18.

[1205] H. M., Kindhäuser/Hilgendorf, LPK, 9. Aufl. 2022, § 263a Rn. 35; s. aber auch z. B. Hoyer, in: SK-StGB, 9. Aufl. 2019, § 263a Rn. 46.

[1206] H. M. Hoyer, in: SK-StGB, 9. Aufl. 2019, § 263a Rn. 46.

[1207] S. o., s. ferner Eisele, BT II, 6. Aufl. 2021, Rn. 689.

[1208] Z. B. Fischer, StGB, 71. Aufl. 2024, § 263a Rn. 18ff.

[1209] Eisele, BT II, 6. Aufl. 2021, Rn. 670.

des Computers Eingang finden und für das spätere Ergebnis ursächlich werden (d. h. das Resultat verändern), das seinerseits eine unmittelbar vermögensmindernde Disposition auslöst.[1210]

Das Erfordernis entspricht den Merkmalen des Irrtums und der irrtumsbedingten Vermögensverfügung beim Betrug.[1211]

Insbesondere ist daran zu erinnern, dass nur **unmittelbare** Vermögensminderungen eine Vermögensverfügung i. S. d. § 263 I StGB sind. Entsprechend muss auch i.R.d. Computerbetrugs nach § 263a I StGB der Datenverarbeitungsvorgang unmittelbar vermögensmindernd wirken.[1212]

Dies grenzt den Computerbetrug insbesondere zum **Diebstahl** ab, wirft allerdings Subsumtionsschwierigkeiten auf, z. B. beim Missbrauch von Automaten aller Art.

Immerhin ließe sich z. B. die Entnahme von Geld oder Ware aus dem Ausgabefach des Automaten als erforderliche Täterhandlung annehmen, die der Unmittelbarkeitsbeziehung entgegensteht.[1213] Allerdings wird man in dem Ausgabevorgang bereits die Gewahrsamsübertragung sehen müssen und nicht eine bloße Gewahrsamslockerung, sodass konsequenterweise eine unmittelbare Vermögensminderung vorliegt. Dieses Konzept lag auch der gesetzgeberischen Vorstellung v. a. bzgl. Geldabhebungen an Bankautomaten zugrunde.

Insofern ist es in Rspr. und Lehre heute auch weitestgehend[1214] anerkannt, dass das **Ingangsetzen** des Vorgangs (insbesondere das Auslösen der **Geldauszahlung** beim Geldautomaten) als stärkste Form der Beeinflussung i. S. d. § 263a I StGB anzusehen ist, auch wenn der Verarbeitungsweg unangetastet bleibt.[1215]

In anderen Fällen dient der Datenverarbeitungsvorgang eher der **Verwaltung**,[1216] nicht aber wird eine Dienstleistung erbracht oder eine Sache übereignet.

[1210] Joecks/Jäger, StGB, 13. Aufl. 2021, § 263a Rn. 51ff.; aus der Rspr. vgl. zuletzt BGH B. v. 30.08.2016 – 4 StR 153/16 – NJW 2017, 840 – NStZ-RR 2016, 371 (Anm. Hecker JuS 2017, 274); BGH B. v. 30.08.2016 – 4 StR 194/16 (Anm. RÜ 2017, 33); BGH B. v. 17.01.2018 – 4 StR 305/17 – NStZ-RR 2018, 214 = StV 2019, 393.

[1211] Kindhäuser/Hilgendorf, LPK, 9. Aufl. 2022, § 263a Rn. 39; aus der Rspr. vgl. OLG Celle B. v. 06.05.1996 – 3 Ss 21/96 – NJW 1997, 1518 = StV 1997, 79 (Anm. Biletzki JA 1997, 749; Martin JuS 1997, 947; Hilgendorf JR 1997, 347; Mitsch JuS 1998, 307); BGH B. v. 28.05.2013 – 3 StR 80/13 – NStZ 2013, 586 = StV 2014, 85; OLG Hamm B. v. 08.08.2013 – III-5 RVs 56/13 – NStZ 2014, 275 (Anm. RÜ 2013, 714; famos 11/2013; Jäger JA 2014, 155; Jahn JuS 2014, 179; LL 2014, 29).

[1212] Fischer, StGB, 71. Aufl. 2024, § 263a Rn. 20; aus der Rspr. vgl. zuletzt BGH B. v. 17.01.2018 – 4 StR 305/17 – NStZ-RR 2018, 214 = StV 2019, 393; BGH B. v. 17.08.2023 – 2 StR 215/23 – NStZ 2024, 382.

[1213] S. Eisele, BT II, 6. Aufl. 2021, Rn. 692.

[1214] S. aber etwa noch LG Wiesbaden U. v. 30.03.1989 – 2 Js 145804/87 – NJW 1989, 2551 = StV 1990, 497 (Anm. Otto JK 1990 StGB § 263a/4; Ennuschat StV 1990, 498).

[1215] S. nur Kindhäuser/Hilgendorf, LPK, 9. Aufl. 2022, § 263a Rn. 41; aus der Rspr. vgl. zuletzt OLG Koblenz U. v. 02.02.2015 – 2 OLG 3 Ss 170/14 -StV 2016, 371 (Anm. Bosch Jura 2015, 1010; LL 2015, 584; RÜ 2015, 311; famos 8/2015; Ambrosy jurisPR-StrafR 15/2015 Anm. 3); BGH B. v. 12.11.2015 – 2 StR 197/15 – NStZ 2016, 338.

[1216] S. Fischer, StGB, 71. Aufl. 2024, § 263a Rn. 20.

Beispiel 250

OLG Hamm B. v. 09.03.2006 – 1 Ss 58/06 – NJW 2006, 2341 = NStZ 2006, 574 (Anm. RÜ 2006, 530; LL 2007, 251):
B war bei der AOK krankenversichert und im Besitz einer entsprechenden Krankenversicherungskarte. Nachdem B die Beiträge nicht gezahlt habe, kündigte die AOK nach entsprechender Ankündigung die Mitgliedschaft und forderte ihn auf, die Krankenversicherungskarte zurückzugeben. Dem kam B jedoch nicht nach, sondern nahm in vielen Fällen Versicherungsleistungen in Anspruch, obwohl er wusste, dass er dazu nicht berechtigt war. Er legte dabei jeweils die Krankenversicherungskarte der AOK vor. Diese veranlasste daraufhin Zahlungen von insgesamt 4336,95 €. ◄

Wenn nach Vorlage der Versicherungskarte Daten in den Computer des Arztes übernommen werden, führt dies nicht zu einer Vermögensdisposition des Computers. Vielmehr muss noch der Arzt seine Leistung erbringen und muss die Krankenversicherung die Zahlung veranlassen. Insofern fehlt es an der Unmittelbarkeit.

Beispiel 251

OLG Hamm B. v. 08.08.2013 – III-5 RVs 56/13 – NStZ 2014, 275 (Anm. RÜ 2013, 714; famos 11/2013; Jäger JA 2014, 155; Jahn JuS 2014, 179; LL 2014, 29):
Am frühen Nachmittag des 17.02.2011 begab sich B in einen Supermarkt. Er ging zu dem dortigen Zeitschriftenregal und entnahm einen „Playboy" für 5 €. Mit diesem lief er zur Selbstbedienungskasse. Dort scannte er nicht den auf dem „Playboy" befindlichen Strichcode ein, sondern hielt den zuvor von der Tageszeitung „WAZ" ausgerissenen Strichcode, den er in seinem Portemonnaie mit sich geführt hatte, unter das Lesegerät. Die Kasse warf daraufhin den Preis für eine „WAZ" von 1,20 € aus, welchen B bezahlte. Sodann wurde er von Z, welcher als Detektiv in dem Supermarkt beschäftigt ist, angesprochen. ◄

Das Einscannen des Strichcodes[1217] führt allein zur Anzeige eines Kaufpreises. Eine vermögensmindernde Disposition kann das Lesegerät nicht vornehmen. Diese wurde vielmehr bereits vom Inhaber des Supermarktes unter der Bedingung vollständiger Kaufpreiszahlung antizipiert. Insofern hat B die Vermögensminderung selbst bewirkt und es fehlt an der Unmittelbarkeit.

(3) Vermögen eines anderen beschädigt; dadurch
Als Folge von Tathandlung und Zwischenerfolg muss das Vermögen beschädigt werden. Der Vermögensschaden ist wie bei § 263 StGB zu handhaben.[1218]

[1217] Näher Fahl NStZ 2014, 244; Heinrich FS Beulke 2015, 393; aus der Rspr. vgl. zuletzt LG Kaiserslautern B. v. 26.08.2021 – 5 Qs 68/21 (Anm. Jahn JuS 2021, 1197; Stark jurisPR-StrafR 20/2021 Anm. 4).

[1218] Kindhäuser/Hilgendorf, LPK, 9. Aufl. 2022, § 263a Rn. 45; aus der Rspr. vgl. BGH B. v. 20.12.2012 – 4 StR 580/11 – NJW 2013, 1017 = NStZ 2013, 281 (Anm. Satzger JK 2013 StGB § 263a/17).

bb) Subjektiver Tatbestand

(1) Vorsatz
Gem. § 15 StGB ist Vorsatz erforderlich.

(2) Absicht, sich oder einem Dritten einen rechtswidrigen (und sog. stoffgleichen) Vermögensvorteil zu verschaffen
Die Absicht, sich oder einem Dritten einen rechtswidrigen (und stoffgleichen) Vermögensvorteil zu verschaffen, entspricht dem gleichlautenden Merkmal bei § 263 StGB.[1219]

c) Rechtswidrigkeit
Es gelten die allgemeinen Grundsätze.

d) Schuld
Es gelten die allgemeinen Grundsätze.

e) Rechtsfolgen

aa) Allgemeines
§ 263a I StGB sieht Freiheitsstrafe bis zu fünf Jahren (im Minimum also ein Monat, § 38 II StGB) oder Geldstrafe (zu den Grenzen s. § 40 StGB) vor.

bb) Besonders schwerer Fall, §§ 263a II i. V. m. 263 III, IV StGB
Gem. §§ 263a II i. V. m. 263 III StGB sind bei der Strafzumessung die für den Betrug normierten **Regelbeispiele** anzuwenden, s. o.

f) Sonstiges
Gem. §§ 263a II i. V. m. 263 II StGB ist der **versuchte** Computerbetrug strafbar.
 Es gelten die für den Betrug normierten **Strafantragserfordernisse**, §§ 263a II i. V. m. 263 IV StGB.

2. Qualifikation, §§ 263a II i. V. m. 263 V StGB

a) Aufbau
 I. Tatbestand
  1. Objektiver Tatbestand
   a) Den Computerbetrug begeht
   b) Als Mitglied einer Bande, die sich zur fortgesetzten Begehung von Straftaten nach den §§ 263 bis 264 oder 267 bis 269 verbunden hat

---

[1219] Joecks/Jäger, StGB, 13. Aufl. 2021, § 263a Rn. 59; aus der Rspr. vgl. BGH B. v. 20.12.2012 – 4 StR 580/11 – NJW 2013, 1017 = NStZ 2013, 281 (Anm. Satzger JK 2013 StGB § 263a/17).

2. Subjektiver Tatbestand
      a) Den Computerbetrug begeht
      b) Gewerbsmäßig
  II. Rechtswidrigkeit
 III. Schuld

b) Erläuterungen

Gem. §§ 263a II i. V. m. 263 V StGB ist die für den Betrug normierte Qualifikation anzuwenden, s. o.

III. § 263a III, IV StGB

§ 263a III StGB[1220] enthält ein **Vorbereitungsdelikt**.
   Diesbzgl. normiert § 263a IV StGB einen Strafaufhebungsgrund i. V. m. § 149 II, III StGB.

F. Diebstahls- und betrugsähnliche Delikte

I. Unbefugter Gebrauch eines Fahrzeugs, § 248b StGB

▶ **Didaktischer Aufsatz**
   • Bock, Unbefugter Gebrauch eines Fahrzeugs, § 248b StGB, JA 2016, 342

1. Aufbau
   I. Tatbestand
      1. Objektiver Tatbestand
         a) Ein Kraftfahrzeug (§ 248 IV StGB) oder ein Fahrrad
         b) In Gebrauch nimmt
         c) Gegen den Willen des Berechtigten
      2. Subjektiver Tatbestand
  II. Rechtswidrigkeit
 III. Schuld
 IV. Strafantrag, § 248 III StGB

[1220] Hierzu Joecks/Jäger, StGB, 13. Aufl. 2021, § 263a Rn. 60ff.; Duttge FS Weber 2004, 285; Heger ZIS 2008, 496; zu Hacker-Tools Nestler Jura 2021, 629; aus der Rspr. vgl. LG Karlsruhe B. v. 24.04.2006 – 6 Qs 11/06 – NStZ-RR 2007, 19.

2. Allgemeines
Der 1953 ins StGB eingefügte[1221] § 248b StGB[1222] stellt den unbefugten Gebrauch eines Fahrzeugs unter Strafe.

> **§ 248b StGB (Unbefugter Gebrauch eines Fahrzeugs)**
> (1) Wer ein Kraftfahrzeug oder ein Fahrrad gegen den Willen des Berechtigten in Gebrauch nimmt, wird mit Freiheitsstrafe bis zu drei Jahren oder mit Geldstrafe bestraft, wenn die Tat nicht in anderen Vorschriften mit schwererer Strafe bedroht ist.
> (2) Der Versuch ist strafbar.
> (3) Die Tat wird nur auf Antrag verfolgt.
> (4) Kraftfahrzeuge im Sinne dieser Vorschrift sind die Fahrzeuge, die durch Maschinenkraft bewegt werden, Landkraftfahrzeuge nur insoweit, als sie nicht an Bahngleise gebunden sind.

Geschütztes **Rechtsgut** ist das Gebrauchsrecht am Fahrzeug,[1223] welches nicht mit dem Eigentum zusammenfallen muss. Das Delikt erklärt das mangels Zueignungsabsicht – es fehlt am Vorsatz bzgl. einer dauerhaften Enteignung – nicht unter § 242 I StGB fallende *furtum usus* im Hinblick auf bestimmte Tatobjekte für strafbar.

3. Tatbestand

a) Objektiver Tatbestand

aa) Ein Kraftfahrzeug (§ 248 IV StGB) oder ein Fahrrad
Taugliche **Tatobjekte** sind zum einen **Kraftfahrzeuge** – legaldefiniert in § 248b IV StGB, die wichtigsten Anwendungsfälle sind natürlich Pkw, Lkw und Motorräder[1224] –, zum anderen **Fahrräder**. Fahrräder sind Landfahrzeuge, die dazu bestimmt sind, ausschließlich durch auf ihre Mechanik wirkende menschliche Körperkräfte fortbewegt zu werden.[1225]

[1221] Zur Normhistorie Hohmann, in: MK-StGB, 4. Aufl. 2021, § 248b Rn. 6.

[1222] Hierzu Seibert DAR 1955, 298; Lienen NJW 1960, 1438; Bock JA 2016, 342.

[1223] H. M., Wittig, in: BeckOK-StGB, Stand 01.08.2024, § 248b Rn. 1; Betonung des Eigentumsschutzes hingegen bei Bosch, in: Schönke/Schröder, StGB, 30. Aufl. 2019, § 248b Rn. 1; aus der Rspr. vgl. BGH U. v. 17.10.1957 – 4 StR 523/57 – BGHSt 11, 47 = NJW 1958, 151; BGH U. v. 27.11.1957 – 2 StR 426/57 – BGHSt 11, 44 = NJW 1958, 152; LG Mannheim U. v. 23.06.1965 – 4 Ns 71/65 – NJW 1965, 1929.

[1224] Beispiele und Gegenbeispiele bei Wittig, in: BeckOK-StGB, Stand 01.08.2024, § 248b Rn. 2; Bosch, in: Schönke/Schröder, StGB, 30. Aufl. 2019, § 248b Rn. 2.

[1225] Hohmann, in: MK-StGB, 4. Aufl. 2021, § 248b Rn. 11.

bb) In Gebrauch nimmt

Der Täter muss das Fahrzeug **in Gebrauch nehmen**.

Erforderlich ist eine bestimmungsgemäße Benutzung zum Zwecke der Fortbewegung.[1226] Das bloße Anlassen des Motors oder die Nutzung als Schlafstätte genügen nicht.[1227] Eine Nutzung der Motorkraft wird aber nicht vorausgesetzt, sodass ein Bergabrollen im Leerlauf tatbestandsmäßig ist.[1228] Auf eine ortsverändernde Beförderung kommt es nicht an, sodass z. B. auch das Üben des Einparkens erfasst wird.[1229]

Es handelt sich nicht um ein eigenhändiges Delikt.[1230] Täterschaftliches Handeln ist zu unterscheiden von bloßer Teilnahme, etwa bei reiner Veranlassung der Fahrt oder Mitfahren.[1231]

Umstritten ist, ob ein **unbefugtes Weitergebrauchen** (Ingebrauchhalten) als sog. **Nicht-mehr-Berechtigter** (vgl. z. B. Ablauf eines Mietverhältnisses, Nutzung zu privaten Zwecken nach Ende einer Dienst- oder Probefahrt, Erkennen der fehlenden Berechtigung nach Fahrtbeginn) als Ingebrauchnahme anzusehen ist.[1232]

Beispiel 252

AG München B. v. 31.10.1985 – 462 Cs 262 Js 53795/85 – NStZ 1986, 458 (Anm. Schmidhäuser NStZ 1986, 460):

Am 25.08.1981 stellte B bei der R-Leasing GmbH Köln einen Leasingantrag für einen Pkw. Dieser Leasingantrag wurde am 07.10.1981 bestätigt. Nach diesem Vertrag hatte B für die Gebrauchsüberlassung des Pkw eine monatliche Miete i.H.v. 270,15 DM inklusive Mehrwertsteuer für die Dauer von 42 Monaten zu entrichten. Nachdem er Ende 1984 mit der Zahlung der Leasingraten in Rückstand geriet, kündigte die R Credit Bank GmbH mit Schreiben vom

---

[1226] Wittig, in: BeckOK-StGB, Stand 01.08.2024, § 248b Rn. 3, 3.1; aus der Rspr. vgl. RG U. v. 07.06.1934 – 2 D 461/34 – RGSt 68, 216; BGH U. v. 17.10.1957 – 4 StR 523/57 – BGHSt 11, 47 = NJW 1958, 151; BGH U. v. 27.11.1957 – 2 StR 426/57 – BGHSt 11, 44 = NJW 1958, 152; BGH B. v. 24.06.2014 – 2 StR 73/14 – BGHSt 59, 260 = NJW 2014, 2887 = NStZ 2015, 156 = StV 2015, 114 (Anm. Kudlich JA 2014, 873; RÜ 2014, 786; Jahn JuS 2015, 82; Theile/Stürmer ZJS 2015, 123; famos 7/2015; Floeth NZV 2015, 95; Mitsch NZV 2015, 423).

[1227] Kindhäuser/Hilgendorf, LPK, 9. Aufl. 2022, § 248b Rn. 7.

[1228] Hoyer, in: SK-StGB, 9. Aufl. 2019, § 248b Rn. 8; aus der Rspr. vgl. BGH U. v. 27.11.1957 – 2 StR 426/57 – BGHSt 11, 44 = NJW 1958, 152.

[1229] Bosch, in: Schönke/Schröder, StGB, 30. Aufl. 2019, § 248b Rn. 4.

[1230] Fischer, StGB, 71. Aufl. 2024, § 248b Rn. 8; Wittig, in: BeckOK-StGB, Stand 01.08.2024, § 248b Rn. 9.

[1231] Wittig, in: BeckOK-StGB, Stand 01.08.2024, § 248b Rn. 9.

[1232] Hierzu Joecks/Jäger, StGB, 13. Aufl. 2021, § 248b Rn. 8ff.; Ebert DAR 1954, 291; Franke NJW 1974, 1803; aus der Rspr. vgl. RG U. v. 07.06.1934 – 2 D 461/34 – RGSt 68, 216; BayObLG U. v. 04.11.1952 – RevReg. 2 St 373/52 – NJW 1953, 193; BGH U. v. 17.10.1957 – 4 StR 523/57 – BGHSt 11, 47 = NJW 1958, 151; LG Mannheim U. v. 23.06.1965 – 4 Ns 71/65 – NJW 1965, 1929; OLG Hamm U. v. 28.01.1966 – 4 U 211/65 – NJW 1966, 2357; OLG Schleswig B. v. 20.01.1989 – 1 Ss 527/88 – NStZ 1990, 340 (Anm. Schmidhäuser NStZ 1990, 341); LAG Nürnberg U. v. 25.01.2011 – 7 Sa 521/10.

22.01.1985 den Leasingvertrag und forderte den B auf, das Fahrzeug unverzüglich zurückzugeben. Hierauf reagierte B nicht, sondern benutzte das Fahrzeug trotz weiterer Aufforderungen zur Rückgabe und zur Einstellung der Nutzung weiter. ◄

Nach der Kündigung des Leasingvertrages war B zur Nutzung des Pkw nicht mehr berechtigt. Er könnte den Pkw gegen den Willen der berechtigten R-Leasing GmbH in Gebrauch genommen haben. B hat den Pkw auch weiterhin bestimmungsgemäß zum Zwecke der Fortbewegung benutzt. Fraglich ist allerdings, ob eine Ingebrauchnahme ausgeschlossen ist, weil B den Pkw schon vorher in Gebrauch hatte.

Beispiel 253

BGH B. v. 24.06.2014 – 2 StR 73/14 – BGHSt 59, 260 = NJW 2014, 2887 = NStZ 2015, 156 = StV 2015, 114 (Anm. Kudlich JA 2014, 873; RÜ 2014, 786; Jahn JuS 2015, 82; Theile/Stürmer ZJS 2015, 123; famos 7/2015; Floeth NZV 2015, 95; Mitsch NZV 2015, 423):

B mietete zusammen mit seiner damaligen Freundin bei der Firma E in A. einen Pkw Volvo XC 60. Die Rückgabe des Fahrzeugs war für den 02.03.2013 vereinbart. Nachdem B sich am 27.02.2013 von seiner Freundin getrennt hatte und deshalb nicht mehr bei ihr übernachten konnte, behielt er den Pkw fortan, um darin zu schlafen. Am 09.04.2013 wurde er wieder von seiner Ehefrau aufgenommen, weshalb er das Fahrzeug am Morgen des 10.04.2013 zur Autovermietung zurückbrachte. ◄

Das Schlafen ist keine Ingebrauchnahme des Pkw. B könnte diesen aber in Gebrauch genommen haben, als er ihn am 10.04.2013 zur Autovermietung zurückbrachte. Wiederum stellt sich die Frage, ob eine Ingebrauchnahme vorliegt, wenn B zuvor durch Mietvertrag zum Gebrauch berechtigt gewesen war. (Dann kommt allerdings immer noch ein mutmaßliches Einverständnis in Betracht.)

Eine Auffassung in Teilen der Rspr.[1233] und der Lehre[1234] verneint die Anwendbarkeit des § 248b StGB in diesen Fällen.

Die wohl herrschende Gegenauffassung[1235] nimmt ein Ingebrauchnehmen an.

Der Wortlaut der Norm verlangt ein „in Gebrauch *Nehmen*", was dafür spricht, nur auf den Zeitpunkt des Beginns abzustellen, sodass der Gebrauch schon in diesem Zeitpunkt gegen den Willen und vorsätzlich erfolgen muss. Vertreten wird auch, aufgrund des gleichen Strafrahmens wie bei der Unterschlagung gem. § 246 StGB sei das fehlende Enteignungselement auszugleichen, indem man eine Wegnahme als unrechtssteigerndes Kriterium verlangen müsse.[1236]

[1233] BayObLG U. v. 04.11.1952 – RevReg. 2 St 373/52 – NJW 1953, 193; AG München B. v. 31.10.1985 – 462 Cs 262 Js 53795/85 – NStZ 1986, 458.

[1234] Krey/Hellmann/Heinrich, BT II, 18. Aufl. 2021, Rn. 221f.

[1235] Kindhäuser/Hoven, in: NK-StGB, 6. Aufl. 2023, § 248b Rn. 6; diff. Hohmann, in: MK-StGB, 4. Aufl. 2021, § 248b Rn. 19ff.; BGH U. v. 17.10.1957 – 4 StR 523/57 – BGHSt 11, 47; BGH B. v. 24.06.2014 – 2 StR 73/14 – BGHSt 59, 260.

[1236] Hoyer, in: SK-StGB, 9. Aufl. 2019, § 248b Rn. 13; als zwingendes Merkmal: Schmidhäuser NStZ 1986, 461.

Allerdings lässt sich eine Fahrt nach Ablauf der Mietzeit sehr wohl nicht nur als Ingebrauchhalten, sondern als erneute Ingebrauchnahme werten. Ohnehin ergibt sich aus der systematischen Stellung der Norm, dass ihr eine Auffangfunktion zukommen soll. Des Weiteren anzuführen ist die Überschrift des § 248b StGB („unbefugter Gebrauch"), sodass auch eine norminterne systematische Auslegung für ein weites Verständnis streitet. Der Regelungszweck der Norm ist es gerade, das ansonsten straflose *furtum usus* bei der Benutzung fremder Sachen für den Bereich der Fahrzeuge zu sanktionieren. Erst recht kann es auf einen Gewahrsamsbruch nicht ankommen, sodass auch der Fall erfasst wird, dass der Täter das Fahrzeug von einem anderen nicht Nutzungsberechtigten zur Verfügung gestellt bekommt.[1237]

cc) Gegen den Willen des Berechtigten

Die Ingebrauchnahme muss **gegen den Willen des Berechtigten** erfolgen; sein **Einverständnis** wirkt tatbestandsausschließend.[1238] Der entgegenstehende Wille muss nicht ausdrücklich geäußert werden, er kann sich auch aus den Umständen ergeben.[1239]

Berechtigter ist jeder, der aus einem rechtlichen Grund befugt ist, das Fahrzeug als Fortbewegungsmittel zu benutzen.[1240] Dies ist nicht nur der Eigentümer, sondern auch z. B. ein Mieter, Vorbehaltskäufer oder Arbeitnehmer, der einen Dienstwagen nutzt.

Umstritten ist, ob der entgegenstehende Wille des nur Nutzungsberechtigten auch gegenüber dem Eigentümer Geltung hat.[1241] Dies lehnen diejenigen ab, die § 248b StGB als Eigentumsdelikt ansehen, während diejenigen, die das Gebrauchsrecht als eigenständiges Rechtsgut einordnen,[1242] zu einer Strafbarkeit des Eigentümers gelangen. Letzteres vermag angesichts der Schutzwürdigkeit der verselbstständigten rechtlich fundierten Nutzungsbefugnis z. B. eines Mieters eher zu überzeugen.

Dient die Fahrt der **Rückführung an den Berechtigten**, so ist ein mutmaßliches Einverständnis anzunehmen, welchem z. T. tatbestandsausschließende, z. T. erst rechtfertigende Wirkung beigemessen wird.[1243]

[1237] S. Hohmann, in: MK-StGB, 4. Aufl. 2021, § 248b Rn. 17.
[1238] Kindhäuser/Hilgendorf, LPK, 9. Aufl. 2022, § 248b Rn. 9.
[1239] Bosch, in: Schönke/Schröder, StGB, 30. Aufl. 2019, § 248b Rn. 7.
[1240] Eisele, BT II, 6. Aufl. 2021, Rn. 284.
[1241] S. Hohmann, in: MK-StGB, 4. Aufl. 2021, § 248b Rn. 1f.
[1242] S. jeweils obige Nachweise.
[1243] Hierzu Wittig, in: BeckOK-StGB, Stand 01.08.2024, § 248b Rn. 5; für Entfallen des Tatbestands Bosch, in: Schönke/Schröder, StGB, 30. Aufl. 2019, § 248b Rn. 7; aus der Rspr. vgl. OLG Düsseldorf B. v. 01.04.1985 – 5 Ss 10/85 – 19/85 I – NStZ 1985, 413 (Anm. Otto JK 1986 StGB § 248b/1); BGH B. v. 24.06.2014 – 2 StR 73/14 – BGHSt 59, 260 = NJW 2014, 2887 = NStZ 2015, 156 = StV 2015, 114 (Anm. Kudlich JA 2014, 873; RÜ 2014, 786; Jahn JuS 2015, 82; Theile/Stürmer ZJS 2015, 123; famos 7/2015; Floeth NZV 2015, 95; Mitsch NZV 2015, 423).

Umstritten ist, ob ein Einverständnis auch nur **teilweise** oder bzgl. bestimmter **Art und Weise** des Gebrauchs möglich ist, sodass ein Handeln über dieses Einverständnis hinaus gegen den Willen des Berechtigten erfolgt (sog. **Nicht-so-Berechtigter**).[1244]

Z. T.[1245] werden derartige Abredeverstöße für tatbestandslos erachtet.

Die Gegenauffassung[1246] geht von einem unbefugten Gebrauch aus.

Zwar ist der restriktiven Ansicht zuzugeben, dass bloße Vertragsverletzungen pönalisiert werden; für eine Erfassung des Nicht-so-Berechtigten sprechen aber dieselben Erwägungen wie beim Nicht-mehr-Berechtigten (s. o.). Deutlich wird dies z. B., wenn der Fahrzeugeigentümer einer Autowerkstatt zum Zwecke der Inspektion Testfahrten gestattet, aber natürlich keine darüber hinausgehenden Privatfahrten der Beschäftigten. Auch an durchaus nachvollziehbare risikovermeidende Restriktionen (z. B. Alkoholverbot, Einhaltung bestimmter Geschwindigkeiten) ist zu denken. Überkriminalisierungen werden aufgrund des Strafantragserfordernisses sowie sanktionen- und strafprozessrechtlicher Instrumentarien verhindert.

b) Subjektiver Tatbestand
Gem. § 15 StGB ist Vorsatz erforderlich.

4. Rechtswidrigkeit
Es gelten die allgemeinen Grundsätze.

5. Schuld
Es gelten die allgemeinen Grundsätze.

6. Rechtsfolgen
§ 248b I StGB sieht Freiheitsstrafe bis zu drei Jahren (im Minimum also ein Monat, § 38 II StGB) oder Geldstrafe (zu den Grenzen s. § 40 StGB) vor.

7. Sonstiges
Der Versuch des unbefugten Gebrauchs eines Fahrzeugs ist nach § 248b II StGB strafbar.

Gem. § 248b III StGB handelt es sich um ein sog. absolutes Antragsdelikt.

Nach § 248b I StGB ist die Norm **ausdrücklich subsidiär** gegenüber anderen Vorschriften mit schwererer Strafe. Dies betrifft v. a. §§ 242 und 246 II StGB.

Allerdings ist zu beachten, dass bei vorübergehendem Gebrauch eines Fahrzeugs kein schwereres Vermögensdelikt im Hinblick auf das verbrauchte Benzin und

---

[1244] Hierzu Hoyer, in: SK-StGB, 9. Aufl. 2019, § 248b Rn. 14; aus der Rspr. vgl. BAG U. v. 09.03.1961 – 2 AZR 129/60 – NJW 1961, 1422; AG München B. v. 31.10.1985 – 462 Cs 262 Js 53795/85 – NStZ 1986, 458 (Anm. Schmidhäuser NStZ 1986, 460); OLG Schleswig B. v. 20.01.1989 – 1 Ss 527/88 – NStZ 1990, 340 (Anm. Schmidhäuser NStZ 1990, 341).

[1245] Hohmann, in: MK-StGB, 4. Aufl. 2021, § 248b Rn. 18.

[1246] Kindhäuser/Hoven, in: NK-StGB, 6. Aufl. 2023, § 248b Rn. 6.

andere normale Abnutzungen und Verbräuche anzunehmen ist.[1247] Aus teleologischen Gründe gilt insofern ein umgekehrtes Subsidiaritätsverhältnis bzw. Konsumtion (notwendige Begleittat) oder eine Sperrwirkung des ansonsten sinnentleerten § 248b StGB.[1248]

Problematisch ist, ob auch solche Delikte die Subsidiarität auslösen können, die ganz **andere Rechtsgüter** schützen (z. B. Tötungs- und Straßenverkehrsdelikte).[1249] Dies entspricht der gleichgelagerten Kontroverse bei § 246 StGB. Der Wortlaut gebietet angesichts Art. 103 II GG entgegen der h. L. ein umfassendes Verständnis der Subsidiaritätsklausel unabhängig davon, ob dies sachgerecht ist.[1250] Hier muss der Gesetzgeber korrigierend eingreifen.

II. Entziehung elektrischer Energie, § 248c StGB

▶ Didaktischer Aufsatz
- Bock, Entziehung elektrischer Energie, § 248c StGB, JA 2016, 502

1. Allgemeines
§ 248c StGB[1251] stellt die Entziehung elektrischer Energie unter Strafe.

> **§ 248c StGB (Entziehung elektrischer Energie)**
> (1) Wer einer elektrischen Anlage oder Einrichtung fremde elektrische Energie mittels eines Leiters entzieht, der zur ordnungsmäßigen Entnahme von Energie aus der Anlage oder Einrichtung nicht bestimmt ist, wird, wenn er die Handlung in der Absicht begeht, die elektrische Energie sich oder einem Dritten rechtswidrig zuzueignen, mit Freiheitsstrafe bis zu fünf Jahren oder mit Geldstrafe bestraft.
> (2) Der Versuch ist strafbar.
> (3) Die §§ 247 und 248a gelten entsprechend.
> (4) Wird die in Absatz 1 bezeichnete Handlung in der Absicht begangen, einem anderen rechtswidrig Schaden zuzufügen, so ist die Strafe Freiheitsstrafe bis zu zwei Jahren oder Geldstrafe. Die Tat wird nur auf Antrag verfolgt.

[1247] Bosch, in: Schönke/Schröder, StGB, 30. Aufl. 2019, § 248b Rn. 15; aus der Rspr. vgl. RG U. v. 30.06.1930 – III 367/30 – RGSt 64, 259; OLG Celle U. v. 15.10.1952 – Ss 241/52 – NJW 1953, 37; BGH U. v. 05.07.1960 – 5 StR 80/60 – BGHSt 14, 386 = NJW 1960, 1729 (Anm. Kühl, Höchstrichterliche Rspr. BT, 2002, Nr. 58; Schnellenbach NJW 1960, 2154); BayObLG U. v. 18.08.1960 – RReg. 4 St 188/60 – NJW 1961, 280; BAG U. v. 09.03.1961 – 2 AZR 129/60 – NJW 1961, 1422.

[1248] Begründung strittig, s. nur Wittig, in: BeckOK-StGB, Stand 01.08.2024, § 248b Rn. 11.

[1249] Hierzu Wittig, in: BeckOK-StGB, Stand 01.08.2024, § 248b Rn. 10.

[1250] So auch Hohmann, in: MK-StGB, 4. Aufl. 2021, § 248b Rn. 26.

[1251] Hierzu Bock JA 2016, 502.

Das Delikt wurde im Jahr 1900 geschaffen, nachdem das RG[1252] entschieden hatte, dass die elektrische Energie nicht unter den Sachbegriff des § 242 I StGB fällt – eine Strafbarkeitslücke, die also nunmehr § 248c StGB schließt. Selbst wenn man die Auffassung des RG – aus heutiger naturwissenschaftlicher Sicht – für falsch bzw. veraltet hält, wird man der Existenz des § 248c StGB zu entnehmen haben, dass die sachgebundenen Delikte keine Anwendung finden sollen.[1253] Wird ein verkörperter Energieträger entwendet (z. B. eine Batterie), so bleibt es freilich bei der Anwendung des § 242 StGB.

Geschütztes Rechtsgut ist die Verfügungsbefugnis über die elektrische Energie.[1254]

2. Grunddelikt, § 248c I StGB

a) Aufbau
  I. Tatbestand
   1. Objektiver Tatbestand
      a) Einer elektrischen Anlage oder Einrichtung
      b) Elektrische Energie
      c) Fremde
      d) Entzieht
      e) Mittels eines Leiters, der zur ordnungsmäßigen Entnahme von Energie aus der Anlage oder Einrichtung nicht bestimmt ist
   2. Subjektiver Tatbestand
      a) Vorsatz
      b) Absicht, die elektrische Energie sich oder einem Dritten rechtswidrig zuzueignen
  II. Rechtswidrigkeit
  III. Schuld
  IV. Strafantrag, § 248c III i. V. m. §§ 247, 248a StGB

b) Tatbestand

aa) Objektiver Tatbestand
Tatobjekt ist die **elektrische Energie**.

Die **Fremdheit** richtet sich nach der Verfügungsbefugnis; erforderlich ist also, dass der Täter nicht zur Entnahme befugt war.[1255] Die Bestimmung der Fremdheit i. S. d. § 248c StGB muss sich von der in den §§ 242, 246 StGB unterscheiden, da

---

[1252] RG U. v. 20.10.1896 – 2609/96 – RGSt 29, 111; RG U. v. 01.05.1899 – 739/99 – RGSt 32, 165; hierzu Kindhäuser/Hoven, in: NK-StGB, 6. Aufl. 2023, § 248c Rn. 1.
[1253] S. Hoyer, in: SK-StGB, 9. Aufl. 2019, § 248c Rn. 1.
[1254] Kudlich, in: SSW, 6. Aufl. 2024, § 248c Rn. 1.
[1255] Joecks/Jäger, StGB, 13. Aufl. 2021, § 248c Rn. 2; aus der Rspr. vgl. RG U. v. 23.10.1911 – I 523/11 – RGSt 45, 230; OLG Celle U. v. 13.02.1969 – 1 Ss 488/68.

ein Eigentum im zivilrechtlichen Sinne an elektrischer Energie nicht bestehen kann.[1256] Geschädigte können u. a. die Stromerzeuger, Stromnetzbetreiber, Versorgungsunternehmen oder die berechtigten Bezieher der elektrischen Energie sein.[1257]

Fraglich ist, ob die Befugnis zur Stromentnahme dergestalt bedingt sein kann, dass der Strom nur für einen vertraglich vereinbarten Verwendungszweck verbraucht werden darf.[1258]

Beispiel 254

B war Kunde eines Strom-Sondertarifs zum Betrieb einer elektrischen Nachtspeicherheizung. Entgegen den Vertragsbedingungen nutzte er den vergünstigten Strom auch beim Betrieb seiner Waschmaschine ◀

Reicht es aus, dass B vertraglich nur zum Betrieb einer elektrischen Nachtspeicherheizung befugt war oder schlägt die Beschränkung nicht auf das Strafrecht durch?

Tatsächlich spricht wenig dagegen, derart manifestierte Bedingungen der Befugnis zu akzeptieren. Vielfach wird es allerdings an weiteren Tatbestandsvoraussetzungen fehlen.

Die elektrische Energie muss sich in einer **„Anlage oder Einrichtung"** befinden. Dies ist jedes technische Gerät zur Erzeugung, Speicherung oder Verbreitung von elektrischer Energie,[1259] beispielsweise Stromleitungen, Transformatoren, Batterien oder Akkumulatoren („Akkus"). Anlagen sind hierbei auf Dauer angelegt, während eine Einrichtung nur vorübergehender Natur sein kann.[1260]

Wer Eigentümer oder Gewahrsamsinhaber ist, ist irrelevant.[1261] Gleiches gilt für die Frage, ob die elektrische Energie dem Eigenbetrieb der Anlage bzw. Einrichtung dient oder an einen Abnehmer weitergeleitet werden soll.[1262]

Tathandlung ist das **Entziehen**, d. h. die einseitig bewirkte Minderung des Energievorrates des Verfügungsbefugten.[1263]

Zweifelhaft ist, ob dieser Definition hinzuzufügen ist, dass es zu einem (Nutzbarkeits-)**Zufluss beim Empfänger** gekommen sein muss.[1264] Der Wortlaut freilich impliziert allein den Verlust beim Geschädigten,[1265] zumal, wenn man zusätzlich § 248c IV StGB in den Blick nimmt. I.R.d. § 248c I StGB erzielt das subjektive

---

[1256] Hoyer, in: SK-StGB, 9. Aufl. 2019, § 248c Rn. 3; anders Stimpfig MDR 1991, 709 (710).
[1257] Kudlich, in: SSW, 6. Aufl. 2024, § 248c Rn. 3.
[1258] Hierzu (verneinend) Hohmann, in: MK-StGB, 4. Aufl. 2021, § 248c Rn. 9; bejahend Kudlich, in: SSW, 6. Aufl. 2024, § 248c Rn. 3.
[1259] Fischer, StGB, 71. Aufl. 2024, § 248c Rn. 2; aus der Rspr. zum Einrichtungsbegriff vgl. BGH U. v. 03.03.1982 – 2 StR 649/81 – BGHSt 31, 1 = NJW 1982, 1655 = NStZ 1982, 465.
[1260] Hoyer, in: SK-StGB, 9. Aufl. 2019, § 248c Rn. 4.
[1261] H. M., Hohmann, in: MK-StGB, 4. Aufl. 2021, § 248c Rn. 10.
[1262] Bosch, in: Schönke/Schröder, StGB, 30. Aufl. 2019, § 248c Rn. 6–8.
[1263] Hoyer, in: SK-StGB, 9. Aufl. 2019, § 248c Rn. 3; Wittig, in: BeckOK-StGB, Stand 01.08.2024, § 248c Rn. 2; aus der Rspr. vgl. RG U. v. 01.05.1899 – 739/99 – RGSt 32, 165.
[1264] So Wittig, in: BeckOK-StGB, Stand 01.08.2024, § 248c Rn. 2.
[1265] So auch Kudlich, in: SSW, 6. Aufl. 2024, § 248c Rn. 6.

Erfordernis der Zueignungsabsicht eine hinreichende Eingrenzung. Einerlei ist objektiv jedenfalls, wofür der Täter den Strom nutzt.[1266]

Keinesfalls genügen kann eine Sachbeschädigung an der Anlage oder Einrichtung.[1267] Ebenso wenig ist das Auffangen von Rundfunk- und Fernmeldewellen („Schwarzhören bzw. -sehen") ein Entziehen elektrischer Energie.[1268]

Die elektrische Energie muss entzogen werden „mittels eines Leiters, der zur ordnungsmäßigen Entnahme von Energie aus der Anlage oder Einrichtung nicht bestimmt ist". **Leiter** ist jeder für die Aufnahme und Übertragung von Strom physikalisch geeigneter körperlicher Gegenstand,[1269] insbesondere Kabel und andere Metallteile. Wer den Leiter installiert hat, ist irrelevant.[1270] Der Begriff des Leiters impliziert richtigerweise[1271] eine körperliche Berührung des Gegenstands mit der Anlage bzw. Einrichtung, wobei aber keine feste Verbindung bestehen muss.[1272]

Ebenfalls nicht tatbestandsmäßig ist die bloße Nutzung fremder elektrischer Energie ohne Einsatz eines Leiters (z. B. auch in Gestalt der unbefugten Verwendung akkubetriebener Geräte).[1273]

Beispiel 255

B entwendete den MP3-Player seiner Schwester und hörte einige Stunden lang Musik, sodass der Akku zu 80 % entleert wurde. ◄

Das Entleeren einer nicht wiederverwendbaren Batterie kann allerdings ein Diebstahl nach § 242 StGB sein.

Die **Bestimmung zur Energieentnahme** richtet sich nach dem Willen desjenigen, der das Verfügungsrecht über die elektrische Energie hat.[1274]

Problematisch sind nicht vom Einverständnis des Berechtigten gedeckte Nutzungen von ordnungsgemäßen Entnahmestellen,[1275] z. B. die vertragswidrige Nutzung einer Steckdose zum Betrieb oder auch Aufladen elektrischer Geräte.[1276]

[1266] Hohmann, in: MK-StGB, 4. Aufl. 2021, § 248c Rn. 13.
[1267] Mitsch, BT, 3. Aufl. 2015, S. 249.
[1268] S. Wittig, in: BeckOK-StGB, Stand 01.08.2024, § 248c Rn. 2.1; näher Stimpfig MDR 1991, 709; Beesner MDR 1991, 939.
[1269] Wittig, in: BeckOK-StGB, Stand 01.08.2024, § 248c Rn. 2; aus der Rspr. vgl. BGH U. v. 02.07.1958 – 2 StR 258/58.
[1270] Hohmann, in: MK-StGB, 4. Aufl. 2021, § 248c Rn. 14; aus der Rspr. vgl. OLG Hamburg U. v. 13.12.1967 – 1 Ss 141/67.
[1271] Anders aber Bosch, in: Schönke/Schröder, StGB, 30. Aufl. 2019, § 248c Rn. 9.
[1272] Hoyer, in: SK-StGB, 9. Aufl. 2019, § 248c Rn. 5.
[1273] Kudlich, in: SSW, 6. Aufl. 2024, § 248c Rn. 7; aus der Rspr. vgl. RG U. v. 18.12.1933 – 2 D 462/33 – RGSt 68, 65; BayObLG U. v. 28.02.1961 – RReg. 3 St 117/60.
[1274] Bosch, in: Schönke/Schröder, StGB, 30. Aufl. 2019, § 248c Rn. 10/11; aus der Rspr. vgl. RG U. v. 14.02.1907 – I 682/06 – RGSt 39, 436; RG U. v. 29.04.1940 – 2 D 153/40 – RGSt 74, 243.
[1275] S. Wittig, in: BeckOK-StGB, Stand 01.08.2024, § 248c Rn. 2.1.
[1276] S. Kindhäuser/Hilgendorf, LPK, 9. Aufl. 2022, § 248c Rn. 7; näher Brodowski ZJS 2010, 144.

Beispiel 256

Entgegen einem ausdrücklichen Verbot ihres Arbeitgebers lud B ihr Mobiltelefon im Büro auf. ◄

Beispiel 257

Entgegen einem ausdrücklichen Verbot seines Vermieters schloss Untermieter B in der Wohnung einen Heizlüfter an und betrieb ihn. ◄

Dem lässt sich die Fallkonstellation gegenüberstellen, in der der Täter ein bereits angeschlossenes Gerät unbefugt benutzt, also gerade keinen eigenen bzw. neuen Leiter anschließt.

Beispiel 258

Entgegen einem ausdrücklichen Verbot seines Vermieters betrieb B in der Wohnung dessen angeschlossenen Heizlüfter. ◄

Sind in den drei vorstehenden Beispielen die Stromkabel der Geräte nicht zur ordnungsmäßigen Entnahme der elektrischen Energie bestimmt?

Erstere Fälle werden nach ganz h. M. von § 248b StGB erfasst.[1277] Zu einem anderen Ergebnis kann man nur gelangen, wenn man aus der grundsätzlichen Freigabe einer Steckdose darauf schließt, dass es auf das angeschlossene Stromkabel nicht ankommt[1278] – jedenfalls bei einem klaren Verbot des Verfügungsberechtigten und nicht unbeträchtlichen Stromentnahmen verliert dies an Überzeugungskraft, auch lässt sich diese Auffassung nicht mit dem Begriff des Leiters – jedes Stromkabel ist nun einmal ein eigener Leiter – und damit dem Wortlaut der Norm vereinbaren.

Letztere Fälle sind ebenfalls umstritten. Die ganz h. M. lehnt eine Anwendung mangels Bestimmungswidrigkeit des Leiters ab.[1279] Eine Gegenauffassung[1280] wendet die Norm an. Zwar ist sehr wohl denkbar, die Bestimmung zur Entnahme ganz konkret vom Vorliegen eines Einverständnisses in die Nutzung abhängig zu machen; allerdings spricht die enge Fassung des Normwortlauts (und somit Art. 103 II GG) deutlich mit der h. M. für eine generalisierte Betrachtungsweise, wäre doch die Einschränkung anderenfalls zumindest aufgrund des Erfordernisses einer rechtswidrigen Zueignung der elektrischen Energie in § 248b I StGB überflüssig. Eine andere Frage ist, ob die Einschränkung kriminalpolitisch sinnvoll ist, zumal eben nicht jeder unbefugte Energieverbrauch bagatellhaft ist. *De lege lata* freilich ist die unterschied-

---

[1277] Fischer, StGB, 71. Aufl. 2024, § 248c Rn. 3.
[1278] So Brodowski ZJS 2010, 144 (146).
[1279] S. Bosch, in: Schönke/Schröder, StGB, 30. Aufl. 2019, § 248c Rn. 10/11.
[1280] Hoyer, in: SK-StGB, 9. Aufl. 2019, § 248c Rn. 7.

liche Behandlung zu akzeptieren, mag man sie auch im Hinblick auf eine vergleichbare Strafwürdigkeit für verfehlt halten,[1281] da man kaum den entscheidenden Unrechtsgehalt daraus schöpfen kann, dass das Anschließen eines normalen Stromkabels eine erhöhte kriminelle Energie manifestiert.

Diskutabel ist gewiss auch eine gänzliche und damit konsequente Entkriminalisierung beider Fallgruppen, zumal meist zivil-, arbeits- und dienstrechtliche Sanktionen ausreichen dürften.[1282]

Zu unterscheiden ist die Entziehung elektrischer Energie ferner von **Manipulationen am Stromzähler** (z. B. mit einem Magneten), die zur Folge haben, dass ein niedrigerer als der tatsächliche Stromverbrauch angezeigt wird.[1283] Ggf. greifen die §§ 263, 265a, 268, 303 StGB.[1284] Der Einbau einer Anlage, die den Zähler mittels eines Leiters umgehen soll, ist aber tatbestandsmäßig i. S. d. § 248c StGB.[1285] Auch diese Differenzierung ist wenig sinnvoll, aber dem (zu) engen Wortlaut der Norm geschuldet.

bb) Subjektiver Tatbestand
Gem. § 15 StGB ist Vorsatz erforderlich.

Ferner muss der Täter nach § 248c I StGB die Tat in der **Absicht** begehen, die elektrische Energie sich oder einem Dritten **rechtswidrig zuzueignen**. Das Merkmal bestimmt sich in sinngemäßer[1286] Anlehnung an die Handhabung des Merkmals bei § 242 StGB.

I.S.d. § 248c I StGB liegt Zueignungsabsicht dann vor, wenn der Täter den Strom für sich verbrauchen oder einem Dritten den Verbrauch durch die Zuleitung von Strom ermöglichen will.[1287] Die Rechtswidrigkeit der beabsichtigten Zueignung ist wie bei § 242 I StGB zu verstehen und ein Tatbestandsmerkmal.[1288]

[1281] S. Hoyer, in: SK-StGB, 9. Aufl. 2019, § 248c Rn. 7 („unplausibel").
[1282] Brodowski ZJS 2010, 144 (147).
[1283] Wittig, in: BeckOK-StGB, Stand 01.08.2024, § 248c Rn. 2.1; näher (mit instruktivem Beispielssachverhalt, Subsumtion weiterer Tatbestände sowie Erörterung von Teilnahmeproblemen) Kudlich/Oğlakcıoğlu FS I. Roxin, 2012, 265; i.R. seiner Auffassung konsequenterweise für Erfassung durch § 248c StGB Hoyer, in: SK-StGB, 9. Aufl. 2019, § 248c Rn. 7; aus der Rspr. vgl. RG U. v. 29.04.1940 – 2 D 153/40 – RGSt 74, 243.
[1284] Prüfung der außer § 248c StGB in Betracht kommenden Delikte bei Kudlich/Oğlakcıoğlu FS I. Roxin, 2012, 265 (267ff.).
[1285] Heger, in: Lackner/Kühl/Heger, StGB, 30. Aufl. 2023, § 248c Rn. 2; aus der Rspr. vgl. RG U. v. 20.10.1908 – II 614/08 – RGSt 42, 19; RG U. v. 29.04.1940 – 2 D 153/40 – RGSt 74, 243; OLG Hamburg U. v. 13.12.1967 – 1 Ss 141/67; OLG Celle U. v. 13.02.1969 – 1 Ss 488/68; AG Berlin-Tiergarten U. v. 16.12.1982 – 269–109/82 – StV 1983, 335.
[1286] Die Verwendung des Begriffs ist an sich sachwidrig, s. Hoyer, in: SK-StGB, 9. Aufl. 2019, § 248c Rn. 9.
[1287] Wittig, in: BeckOK-StGB, Stand 01.08.2024, § 248c Rn. 3.
[1288] Wittig, in: BeckOK-StGB, Stand 01.08.2024, § 248c Rn. 3.

c) Rechtswidrigkeit
Es gelten die allgemeinen Grundsätze.

d) Schuld
Es gelten die allgemeinen Grundsätze.

e) Rechtsfolgen
§ 248c I StGB sieht Freiheitsstrafe bis zu fünf Jahren (im Minimum also ein Monat, § 38 II StGB) oder Geldstrafe (zu den Grenzen s. § 40 StGB) vor.

f) Sonstiges
Der Versuch der Entziehung elektrischer Energie gem. § 248c I StGB ist nach § 248c II StGB strafbar. Der Versuch des § 248c IV StGB ist anders als der des § 248c I StGB straflos, was sich aus der systematischen Stellung des § 248c II StGB ergibt.

Ggf. ist ein Strafantrag erforderlich, §§ 248c III i. V. m. 247, 248a StGB (s. o.).

3. Privilegierung, § 248c IV StGB

a) Aufbau
I. Tatbestand
  1. Objektiver Tatbestand
  2. die in Absatz 1 bezeichnete Handlung
  3. Subjektiver Tatbestand
    a) Vorsatz
    b) Absicht, einem anderen rechtswidrig Schaden zuzufügen
II. Rechtswidrigkeit
III. Schuld
IV. Strafantrag, § 248c IV 2 StGB

b) Erläuterungen
§ 248c IV StGB normiert eine – praktisch unbedeutende[1289] – Privilegierung für den Fall bloßer **Schadenszufügungsabsicht**, die mit der Sachbeschädigung gem. § 303 I StGB vergleichbar ist. Gegenstand der Absicht ist mithin die Enteignung ohne Aneignung.[1290]

Hierbei handelt es sich um ein sog. absolutes Antragsdelikt (S. 2).

Aufgrund der Inbezugnahme des § 248c I StGB, welcher nur subjektiv modifiziert wird, muss der Täter freilich auch i.R.d. § 248c IV StGB elektrische Energie entziehen, sodass Schädigungen ohne Energieverlust nicht hierunter fallen (z. B. Herbeiführung eines Kurzschlusses).[1291] Nicht verwechselt werden darf der Tat-

---
[1289] Kindhäuser/Hoven, in: NK-StGB, 6. Aufl. 2023, § 248c Rn. 11.
[1290] Hohmann, in: MK-StGB, 4. Aufl. 2021, § 248c Rn. 21.
[1291] Bosch, in: Schönke/Schröder, StGB, 30. Aufl. 2019, § 248c Rn. 17.

bestand ferner mit Schädigungen, die durch Einsatz eigener elektrischer Energie herbeigeführt werden.[1292]

III. Jagdwilderei (§ 292 StGB) und Fischwilderei (§ 293 StGB)

▶ **Didaktische Aufsätze**
- Wessels, Probleme der Jagdwilderei und ihrer Abgrenzung zu den Eigentumsdelikten, JA 1984, 221
- Geppert, Straf- und zivilrechtliche Fragen zur Jagdwilderei (§ 292 StGB), Jura 2008, 599

§ 292 StGB stellt die Jagdwilderei, § 293 StGB die Fischwilderei unter Strafe.

> **§ 292 StGB (Jagdwilderei)**
> (1) Wer unter Verletzung fremden Jagdrechts oder Jagdausübungsrechts
> 1. dem Wild nachstellt, es fängt, erlegt oder sich oder einem Dritten zueignet oder
> 2. eine Sache, die dem Jagdrecht unterliegt, sich oder einem Dritten zueignet, beschädigt oder zerstört,
> wird mit Freiheitsstrafe bis zu drei Jahren oder mit Geldstrafe bestraft.
> (2) In besonders schweren Fällen ist die Strafe Freiheitsstrafe von drei Monaten bis zu fünf Jahren. Ein besonders schwerer Fall liegt in der Regel vor, wenn die Tat
> 1. gewerbs- oder gewohnheitsmäßig,
> 2. zur Nachtzeit, in der Schonzeit, unter Anwendung von Schlingen oder in anderer nicht weidmännischer Weise oder
> 3. von mehreren mit Schußwaffen ausgerüsteten Beteiligten gemeinschaftlich
> begangen wird.
> (3) Die Absätze 1 und 2 gelten nicht für die in einem Jagdbezirk zur Ausübung der Jagd befugten Personen hinsichtlich des Jagdrechts auf den zu diesem Jagdbezirk gehörenden nach § 6a des Bundesjagdgesetzes für befriedet erklärten Grundflächen.

[1292] S. Kindhäuser/Hoven, in: NK-StGB, 6. Aufl. 2023, § 248c Rn. 11.

§ 293 StGB (Fischwilderei)
Wer unter Verletzung fremden Fischereirechts oder Fischereiausübungsrechts
1. fischt oder
2. eine Sache, die dem Fischereirecht unterliegt, sich oder einem Dritten zueignet, beschädigt oder zerstört,
   wird mit Freiheitsstrafe bis zu zwei Jahren oder mit Geldstrafe bestraft.

Gem. § 294 StGB ist ein Strafantrag erforderlich.

§ 294 StGB (Strafantrag)
In den Fällen des § 292 Abs. 1 und des § 293 wird die Tat nur auf Antrag des Verletzten verfolgt, wenn sie von einem Angehörigen oder an einem Ort begangen worden ist, wo der Täter die Jagd oder die Fischerei in beschränktem Umfang ausüben durfte.

Zwar werden diese das Aneignungsrecht des Berechtigten schützenden[1293] Normen in manchen Lehrbüchern kurz dargestellt, es mag hier aber genügen, den Wortlaut zur Kenntnis zu nehmen.

IV. Pfandkehr, § 289 StGB

▶ Didaktischer Aufsatz
- Geppert, Vollstreckungsvereitelung (§ 288 StGB) und Pfandkehr (§ 289 StGB), Jura 1987, 427

1. Aufbau
I. Tatbestand
  1. Objektiver Tatbestand
     a) Seine eigene bewegliche Sache oder eine fremde bewegliche Sache zugunsten des Eigentümers
     b) Dem Nutznießer, Pfandgläubiger oder demjenigen, welchem an der Sache ein Gebrauchs- oder Zurückbehaltungsrecht zusteht
     c) Wegnimmt
  2. Subjektiver Tatbestand
     a) Vorsatz
     b) In rechtswidriger Absicht
II. Rechtswidrigkeit

[1293] Fischer, StGB, 71. Aufl. 2024, § 292 Rn. 2; § 293 Rn. 1.

III. Schuld
IV. Strafantrag, § 289 III StGB

2. Allgemeines
§ 289 StGB stellt die Pfandkehr unter Strafe.

> **§ 289 StGB (Pfandkehr)**
> (1) Wer seine eigene bewegliche Sache oder eine fremde bewegliche Sache zugunsten des Eigentümers derselben dem Nutznießer, Pfandgläubiger oder demjenigen, welchem an der Sache ein Gebrauchs- oder Zurückbehaltungsrecht zusteht, in rechtswidriger Absicht wegnimmt, wird mit Freiheitsstrafe bis zu drei Jahren oder mit Geldstrafe bestraft.
> (2) Der Versuch ist strafbar.
> (3) Die Tat wird nur auf Antrag verfolgt.

Die Vorschrift bezweckt den Schutz der in der Norm angegebenen Zivilrechte vor einer Vereitelung ihrer Ausübung im Interesse des Eigentümers.[1294] Da diese sachbezogenen Rechte einen wirtschaftlichen Wert aufweisen, handelt es sich bei der Pfandkehr um ein Vermögensdelikt.[1295] Ob auch der Gewahrsam Teil der zu schützenden Rechtsgüter ist, ist umstritten, was sich in der Auslegung des Begriffs der Wegnahme manifestiert.

3. Tatbestand

a) Objektiver Tatbestand

aa) Seine eigene bewegliche Sache oder eine fremde bewegliche Sache zugunsten des Eigentümers
Tatobjekt ist eine bewegliche Sache, sei es eine eigene[1296] oder eine fremde. Die Merkmale „Sache" und „beweglich" werden wie beim Diebstahl, § 242 StGB, ausgelegt.

bb) Dem Nutznießer, Pfandgläubiger oder demjenigen, welchem an der Sache ein Gebrauchs- oder Zurückbehaltungsrecht zusteht
An der eigenen oder fremden beweglichen Sache muss ein wirksames Nutznießungs-, Pfand-, Gebrauchs- oder Zurückbehaltungsrecht bestehen. Die Deliktsbezeichnung Pfandkehr ist insofern zu eng bzw. *pars pro toto*.[1297] Die geschützten Rechte werden akzessorisch nach dem jeweiligen Rechtsinstitut und -gebiet bestimmt.[1298]

[1294] Kindhäuser/Hilgendorf, LPK, 9. Aufl. 2022, § 289 Rn. 1.
[1295] Eisele, BT II, 6. Aufl. 2021, Rn. 1009.
[1296] Zur sog. fremdnützigen Pfandkehr Bock ZStW 2009, 548.
[1297] Maier, in: MK-StGB, 4. Aufl. 2022, § 289 Rn. 1.
[1298] Gaede, in: NK-StGB, 6. Aufl. 2023, § 289 Rn. 4.

F. Diebstahls- und betrugsähnliche Delikte

(1) Nutznießungsrecht
Nutznießungsrechte berechtigen zur Ziehung von Nutzungen im Sinne des § 100 BGB.

Hierzu zählen[1299] der Nießbrauch, § 1030 BGB, das Recht der Eltern am Kindesvermögen, § 1649 II BGB und das Recht der in Gütergemeinschaft lebenden Ehegatten, Sondergut für Rechnung des Gesamtguts zu verwalten, § 1417 II BGB.

(2) Pfandrecht
Das Pfandrecht dient der Sicherung schuldrechtlicher Forderungen. Es ist ein zu einer Forderung akzessorisches dingliches Recht an einer Sache in Gestalt eines Zugriffsrechts auf die Sache zur Befriedigung der Forderung. Es ermächtigt bei Pfandreife, d. h. Nichtzahlung auf die Forderung, zur Verwertung des Pfandgegenstandes durch privaten Pfandverkauf (§§ 1228, 1234ff. BGB), durch offene Versteigerung (§§ 1235 Abs. 1; 383 Abs. 3 BGB) oder freihändigen Verkauf (§§ 1235 II, 1221 BGB). Die Durchsetzung in der Zwangsvollstreckung richtet sich nach den §§ 809, 814ff. ZPO. Im Rahmen der Verwertung erlangt der Ersteher das Eigentum an der Sache (§ 1242 I BGB), der Pfandgläubiger erlangt Eigentum am gebührenden Erlös nach §§ 1247 S. 1, 929ff. BGB.

Zu unterscheiden sind rechtsgeschäftliche und gesetzliche Pfandrechte sowie das Pfändungspfandrecht.

(a) Rechtsgeschäftliches Pfandrecht an beweglichen Sachen, § 1204ff. BGB
Das rechtsgeschäftliche Pfandrecht an beweglichen Sachen richtet sich nach § 1204ff. BGB. Erforderlich ist eine Einigung gem. § 1205 I 1 BGB über seine Bestellung mit dem Inhalt des § 1204 BGB (bestimmte Sache belastet, Bestimmbarkeit der zu sichernden Forderung, Bestehen der Forderung, sog. Akzessorietät). Gem. §§ 1205, 1206 BGB ist eine Übergabe bzw. ein -surrogat erforderlich. Da es sich mithin um ein Besitzpfandrecht handelt, wird es in der Praxis weitgehend durch Sicherungsübereignung und Eigentumsvorbehalt verdrängt. Ein gutgläubiger Erwerb ist gem. § 1207 BGB nach §§ 932, 934, 935 BGB möglich. Auch an eigentlich unpfändbaren Gegenständen (vgl. § 811 ZPO) kann ein vertragliches Pfandrecht wirksam und daher von § 289 StGB umfasst vereinbart werden.[1300]

(b) Gesetzliche Pfandrechte, § 1257 BGB
Die gesetzlichen Pfandrechte lassen sich einteilen in Besitzpfandrechte (bei denen das Pfandrecht nur bei Besitz des Gläubigers entsteht) und besitzlose Pfandrechte (bei denen Besitz nicht erforderlich ist). An unpfändbaren Gegenständen im Sinne des § 811 ZPO entstehen gesetzliche Pfandrechte nicht.[1301]

[1299] Gaede, in: NK-StGB, 6. Aufl. 2023, § 289 Rn. 5.
[1300] Heine/Hecker, in: Schönke/Schröder, StGB, 30. Aufl. 2019, § 289 Rn. 6.
[1301] Hierzu Gaede, in: NK-StGB, 6. Aufl. 2023, § 289 Rn. 6.

(aa) Besitzpfandrechte
Zu den Besitzpfandrechten zählen die Pfandrechte des Unternehmers, § 647 BGB, Kommissionärs, § 397 HGB, Frachtführers, § 441 HGB, Spediteurs, § 464 HGB oder Lagerhalters, § 475b HGB.
Von besonderer Bedeutung ist das Unternehmerpfandrecht.

Beispiel 259

B ließ sein Auto bei Z reparieren. Ohne die Rechnung zu bezahlen holte er den Wagen mit einem Zweitschlüssel vom Betriebsgelände des Z. ◄

Bzgl. der Reparatur des Autos wurde zwischen B und Z ein Werkvertrag (§§ 633ff. BGB) geschlossen. Z erlangte dadurch als Werkunternehmer das Pfandrecht nach § 647 BGB.

Beispiel 260

OLG Düsseldorf U. v. 22.08.1988 – 5 Ss 231/88 – 195/88 I – NJW 1989, 115:
B nahm am 04.06.1987 gegen 17:10 Uhr in der Fotoabteilung der K-Filiale in N. eine von den dort eingefächerten Tüten mit Fotoarbeiten an sich, steckte diese nebst Inhalt in seine Jacke und entfernte sich ohne Bezahlung. In der Tüte befand sich ein Film, den B durch die Firma K hatte entwickeln lassen. ◄

Durch die Herstellung des Films hat das Unternehmen K ein Unternehmerpfandrecht nach § 647 BGB erlangt.

(bb) Besitzlose Pfandrechte
Zu den besitzlosen Pfandrechten gehören das Pfandrecht bei Sicherheitsleistung, § 233 BGB, das des Vermieters, § 562 I BGB, des (Land-)Verpächters, §§ 581 II (, 592), 583, 585 BGB, und das des Gastwirts, § 704 BGB.

Beispiel 261

BGH U. v. 22.09.1983 – 4 StR 376/83 – BGHSt 32, 88 = NJW 1984, 500 = NStZ 1984, 73 (Anm. Geilen JK 1984 StGB § 255/3; Sonnen JA 1984, 319; Hassemer JuS 1984, 397; Jakobs JR 1984, 385; Joerden JuS 1985, 20; Otto JZ 1985, 143):
B mietete sich am 10.06.1982 im Hotel C in Münster ein, wobei er seine Personalien richtig und vollständig angab. Da er am 15.07.1982 nicht mehr genug Geld besaß, um die Hotelkosten zu bezahlen, wollte er das Hotel ohne Bezahlung der Rechnung unter Mitnahme seines Gepäcks heimlich verlassen. Weil der Hotelportier Z jedoch ständig in der Rezeption anwesend war, entschloss er sich, ihn gewaltsam in das von ihm gemietete Zimmer zu bringen, ihn dort zu fesseln und einzuschließen, um sich anschließend aus dem Hotel zu entfernen. In Ausführung dieses Planes richtete er am nächsten Morgen gegen 05:00 Uhr eine ungeladene Gaspistole auf Z und verbrachte ihn auf das Zimmer 812, wo Z gefesselt und geknebelt und sodann eingeschlossen wurde. Als er mit seinem Gepäck an der – nunmehr unbesetzten – Rezeption vorbeikam, fasste er den

F. Diebstahls- und betrugsähnliche Delikte

Entschluss, die Situation auszunutzen und das in der Hotelkasse befindliche Geld mitzunehmen. Er entwendete 500 DM und verließ danach das Hotel. ◀

Hier bestand ein Gastwirtpfandrecht nach § 704 BGB an den Gepäckstücken.

Die Einbeziehung der besitzlosen Pfandrechte in den Schutzbereich der Pfandkehr ist anerkannt.[1302] Der Wortlaut legt eine Ausgrenzung einzelner Pfandrechte auch nicht nahe. Selbst wenn man den Schutzzweck der Pfandkehr in einer Besitzentziehung erblickt, ist der Anwendungsbereich richtigerweise beim Merkmal der Wegnahme einzuschränken.

Von besonderer Bedeutung ist das Vermieterpfandrecht.

Beispiel 262

BayObLG U. v. 09.04.1981 – RReg 5 St 53/81 – NJW 1981, 1745 (Anm. Geppert JK 1981 StGB § 289/1; Bohnert JuS 1982, 256; Otto JR 1982, 32):
B hatte bis zum 15.10.1979 eine Wohnung angemietet. Nachdem es zu erheblichen Mietrückständen gekommen war, hatte die Vermieterin mit einem am 09.10.1979 zugestellten Schreiben dem B mitgeteilt, dass sie von ihrem Vermieterpfandrecht Gebrauch mache, und dem B untersagt, die in der Wohnung befindlichen Gegenstände von dort wegzuschaffen. B räumte dennoch am 12.10.1979 die Wohnung vollständig aus. ◀

Beispiel 263[1303]

B fuhr mit seinem Wagen in ein Parkhaus ein, zog dabei ein Parkticket, sodass sich die Schranken zur Einfahrt öffneten. Später bei der Ausfahrt wartete er solange, bis ein Autofahrer vor ihm bezahlte, und folgte diesem so dicht, dass er das Parkhaus, ohne Entgelt entrichtet zu haben, wieder verlassen konnte. ◀

Gem. § 562 I 1 BGB hat der Vermieter für seine Forderungen aus dem Mietverhältnis ein Pfandrecht an den eingebrachten Sachen des Mieters.

(c) Pfändungspfandrecht, § 804 ZPO

Ein Pfändungspfandrecht nach § 804 ZPO entsteht nach der heute ganz herrschenden gemischt privatrechtlich-öffentlich-rechtlichen Lehre, die zwischen Verstrickung und Pfändungspfandrecht differenziert, dann, wenn eine Pfändung im Rahmen der Zwangsvollstreckung wegen Geldforderungen in bewegliche Sachen nach §§ 808ff. ZPO insgesamt ordnungsgemäß stattgefunden hat, insbesondere muss Eigentum des Schuldners am Pfändungsobjekt bestanden haben.[1304]

[1302] Gaede, in: NK-StGB, 6. Aufl. 2023, § 289 Rn. 6; aus der Rspr. vgl. RG U. v. 10.10.1905 – 154/05 – RGSt 38, 174; BayObLG U. v. 09.04.1981 – RReg 5 St 53/81 – NJW 1981, 1745 (Anm. Geppert JK 1981 StGB § 289/1; Bohnert JuS 1982, 256; Otto JR 1982, 32).
[1303] S. Rinio DAR 1998, 297 (298).
[1304] Eisele, BT II, 6. Aufl. 2021, Rn. 1016f.

Beispiel 264

Gerichtsvollzieher Z pfändete bei B rechtmäßig eine Sache und nahm diese mit. In einem unbeobachteten Moment gelang es B, sich seine Sache aus dem Koffer des Z zurückzuholen. ◄

Beispiel 265

Gerichtsvollzieher Z pfändete bei B rechtmäßig eine Sache und beließ diese bei ihm. In B brachte sie zu einem Bekannten. ◄

Das Pfändungspfandrecht nach § 804 ZPO entsteht, wenn die Pfändung nach §§ 808ff. ZPO ordnungsgemäß stattgefunden hat. Gem. § 808 I ZPO wird die Pfändung der im Gewahrsam des Schuldners befindlichen körperlichen Sachen dadurch bewirkt, dass der Gerichtsvollzieher sie in Besitz nimmt. Nach § 808 II ZPO können Sachen aber auch im Gewahrsam des Schuldners belassen werden, sofern hierdurch nicht die Befriedigung des Gläubigers gefährdet wird. Deswegen ist die Pfändung in beiden Beispielen rechtmäßig. Ein Pfändungspfandrecht ist entstanden.

Ob dieses Pfändungspfandrecht von der Pfandkehr nach § 289 StGB geschützt wird, ist umstritten.[1305]

Zum Teil wird dies verneint.[1306] Beim Pfändungspfandrecht gehe es um den öffentlich-rechtlichen Zustand der Beschlagnahme, für dessen Schutz allein der Verstrickungs- und Siegelbruch nach § 136 I StGB anzuwenden sei.

Es überwiegt jedoch die gegenteilige Auffassung.[1307]

Ihr ist zu folgen. § 136 I StGB trifft keine abschließende Regelung des Schutzes in der Zwangsvollstreckung gepfändeter Sachen, da dieser dem Schutze öffentlich-rechtlicher Verstrickung und der Sicherung der staatlichen Verfügungsgewalt dient, während § 289 StGB die Ausübung privater Rechte sichert. Das Wegnehmen der gepfändeten Sache beeinträchtigt aber gerade auch die privatrechtliche Befriedigung des Gläubigers. Die unterschiedlichen Schutzrichtungen schlagen sich auch im jeweiligen Strafmaß und der Behandlung des Versuchs nieder. Zwischen beiden Delikten besteht daher Tateinheit. Die Gleichstellung des Pfändungs- mit dem Faustpfandrecht ergibt sich ferner aus § 804 II ZPO.

(3) Gebrauchsrechte

Das Recht zum Gebrauch einer Sache wird umfassend geschützt. Hierbei spielt es keine Rolle, ob das Gebrauchsrecht dinglich oder obligatorisch, rechtsgeschäftlich oder gesetzlich, privat oder öffentlich-rechtlich begründet ist.[1308] Zu nennen sind z. B. Miete (§§ 535ff. BGB), Pacht (§§ 581ff. BGB), Leasing, Leihe (§§ 598ff.

[1305] Hierzu Kindhäuser/Hilgendorf, LPK, 9. Aufl. 2022, § 289 Rn. 5; aus der Rspr. vgl. RG U. v. 25.03.1930 – IV 4/30 – RGSt 64, 77.
[1306] Heger, in: Lackner/Kühl/Heger, StGB, 30. Aufl. 2023, § 289 Rn. 1 („auf Grund teleologischer Erwägungen").
[1307] Z. B. Kindhäuser/Hilgendorf, LPK, 9. Aufl. 2022, § 289 Rn. 5.
[1308] Fischer, StGB, 71. Aufl. 2024, § 289 Rn. 2; aus der Rspr. vgl. RG U. v. 08.05.1888 – 1013/88 – RGSt 17, 358.

F. Diebstahls- und betrugsähnliche Delikte

BGB), Gemeinschaft (§ 743 II BGB), Miterbschaft (§ 2038 BGB) und das Anwartschaftsrecht des Vorbehaltskäufers (vgl. § 449 BGB) sowie das Gebrauchsrecht des Sicherungsgebers bei der Sicherungsübereignung.[1309]

(4) Zurückbehaltungsrechte
Zurückbehaltungsrechte sind dilatorische, d. h. vorübergehende Einreden, die die Durchsetzbarkeit eines Anspruchs solange ausschließen, bis der Gläubiger gewisse Forderungen befriedigt hat. Es kommen sowohl dingliche als auch obligatorische, sowohl gesetzliche als auch vertragliche Zurückbehaltungsrechte in Betracht.

Zu nennen sind §§ 255, 273, 274, 359, 972, 1000 BGB (ggf. i. V. m. §§ 1007 III 2, 1065 oder 1227 BGB), 369ff. HGB und vertraglich von einem Berechtigten eingeräumte Zurückbehaltungsrechte.[1310]

cc) Wegnimmt

▶ **Didaktische Aufsätze**
- Laubenthal, Einheitlicher Wegnahmebegriff im Strafrecht?, JA 1990, 38
- Otto, Der Wegnahmebegriff in §§ 242, 289, 168, 274 Abs. 1 Nr. 3 StGB, Jura 1992, 666

Die Tathandlung der Pfandkehr ist die Wegnahme. Deren Definition ist umstritten.[1311]

Probleme bereiten insbesondere Vereitelungen des Gastwirtspfandrechts, des Vermieterpfandrechts sowie der Pfändung nach § 808 II ZPO.

Vertreten wird zum einen die Auffassung, der Begriff der Wegnahme sei wie bei § 242 StGB zu verstehen.[1312] Dies setzt einen Bruch fremden und eine Begründung neuen Gewahrsams voraus.

Nach anderer Auffassung[1313] soll nur ein Gewahrsamsbruch, nicht aber eine Gewahrsamsneubegründung erforderlich sein, Vollendung liege bereits mit Gewahrsamsaufhebung vor.

Unklarheit besteht auch hinsichtlich des Erfordernisses einer Ortsveränderung.

Z. T. wird – missverständlich – von einer räumlichen Verbringung gesprochen.[1314] Eine solche ist aber richtigerweise weder für die Wegnahme nach § 242 StGB noch für die nach § 289 StGB[1315] erforderlich. Auch ohne Ortsveränderung

---

[1309] Eisele, BT II, 6. Aufl. 2021, Rn. 1019.
[1310] Eisele, BT II, 6. Aufl. 2021, Rn. 1020; aus der Rspr. vgl. OLG Braunschweig U. v. 06.01.1961 – Ss 233/60 – NJW 1961, 1274.
[1311] Hierzu Joecks/Jäger, StGB, 13. Aufl. 2021, § 289 Rn. 3f.; Laubenthal JA 1990, 38; Otto Jura 1992, 666; aus der Rspr. vgl. RG U. v. 13.02.1894 – 4648/93 – RGSt 25, 115; RG U. v. 14.04.1904 – 5794/03 – RGSt 37, 118; RG U. v. 10.10.1905 – 154/05 – RGSt 38, 174; RG U. v. 25.03.1930 – IV 4/30 – RGSt 64, 77.
[1312] Z. B. Joecks/Jäger, StGB, 13. Aufl. 2021, § 289 Rn. 4.
[1313] Laubenthal JA 1990, 38 (42).
[1314] Hoyer, in: SK-StGB, 9. Aufl. 2019, § 289 Rn. 9.
[1315] Rotsch, Die Klausur im Ersten Staatsexamen, 2003, S. 389.

kann es einen Gewahrsamswechsel geben. Dies gilt unabhängig davon, ob man auf dem Boden eines faktischen Gewahrsamsbegriffs die Ausübung der tatsächlichen Sachherrschaft für entscheidend erachtet oder die Gewahrsamssphären sozial-normativ festlegt[1316]: Nur derjenige, der weiß, wo die Sache ist und wie sie zugänglich ist, kann diese benutzen.

Die herrschende Auffassung in Rspr.[1317] und Lehre[1318] versteht unter Wegnahme – anders als in § 242 StGB – die Fortschaffung der Sache aus dem besitzähnlichen, rechtlich fundierten Machtbereich des Rechtsinhabers, der diesem die faktische Zugriffsmöglichkeit auf die Sache gewährt. Zu diesem räumlichen Zugriffsbereich des Berechtigten sollen alle Örtlichkeiten gehören, auf die sich die Ausübung des jeweiligen Rechts erstreckt. Diese Ausdehnung des Wegnahmebegriffs wird teleologisch dahin gehend begründet, dass alle besitzlosen gesetzlichen Pfandrechte – insbesondere das Vermieterpfandrecht – ungeschützt blieben, übertrüge man die Anforderungen an eine Wegnahme aus § 242 StGB. Alle Pfandrechte seien jedoch gleichwertig. § 288 StGB biete keinen ausreichenden Strafschutz, da er erst dann einschlägig ist, wenn die Zwangsvollstreckung droht.

Eine darüber sogar noch hinaus gehende Auffassung[1319] lässt jede untersagte räumliche Veränderung der Sache durch den Schuldner genügen.

Zutreffend ist es, die Wegnahme wie bei § 242 StGB als Bruch fremden und Begründung neuen Gewahrsams auszulegen.

Der Wortlaut mag dies nicht erzwingen, so wird immer wieder geltend gemacht, die Bedeutung eines Wortlauts könne in verschiedenen Tatbeständen nach dem Zweck (unterschiedliche Schutzgüter) variieren (normspezifische Auslegung); auch wird angeführt, § 168 StGB (Störung der Totenruhe) normiere ausdrücklich eine Wegnahme aus dem Gewahrsam. Der identische Wortlaut indiziert aber eine identische Auslegung im Interesse der Einheit der definierenden Rechtsanwendung, und des Bestimmtheitsgrundsatzes. Ganz allgemein würde sich auch die Frage stellen, warum die Wegnahme beim Diebstahl nicht auch teleologisch im Sinne jedweder Vereitelung des Eigentums angesehen werden sollte. Endgültig vom Wortlaut gelöst, Art. 103 II GG, hat sich die weite Auffassung, die noch nicht einmal einen Eingriff in einen gewahrsamsähnlichen Machtbereich verlangt.

Unterstützt wird die restriktive Auslegung der Wegnahme ferner durch die in § 289 StGB gegenüber §§ 136 I und 288 StGB erhöhten Strafobergrenze. Diese lässt sich nur im Lichte einer Verletzung des Gläubigergewahrsams überhaupt sachlich rechtfertigen. Die höhere Strafandrohung in § 242 StGB ist i.Ü. kein gegenteiliges Argument, da es bei der Pfandkehr nicht um Eigentum, sondern um bestimmte beschränktere Rechte geht. § 288 StGB bietet bei den Fällen des Mieterrückens durchaus hinreichenden Schutz.

[1316] Hierzu Rotsch, Die Klausur im Ersten Staatsexamen, 2003, S. 389f.

[1317] S. o.

[1318] Kindhäuser/Hilgendorf, LPK, 9. Aufl. 2022, § 289 Rn. 9; Fischer, StGB, 71. Aufl. 2024, § 289 Rn. 3.

[1319] Schünemann, in: LK-StGB, 13. Aufl. 2023, § 289 Rn. 14.

F. Diebstahls- und betrugsähnliche Delikte

Die von Anfang an allein ergebnisorientiert auf derartige Fälle zugeschnittene h. M. berücksichtigt nicht hinreichend, dass schon zivilrechtlich ein schwächerer Schutz der Besitzrechte angelegt ist. Ohnehin ist der Begriff des Machtbereichs, den die h. M. verwendet ungenau. Nur die Prüfung eines Gewahrsamswechsels führt zur rechtssicheren, vorhersagbaren Grenzziehung.

b) Subjektiver Tatbestand

aa) Vorsatz
Gem. § 15 StGB ist Vorsatz erforderlich.

bb) In rechtswidriger Absicht
Die Wegnahme muss „in rechtswidriger Absicht" erfolgen.

Die Terminologie des Gesetzes ist unglücklich, da Absichten als solche niemals rechtswidrig sind, sondern dies ggf. auf den in Bezug genommenen Vorgang zutrifft. Gegenstand der Absicht ist also die Vereitelung des geschützten Rechts durch Wegnahme der Sache.[1320] Im Lichte der zutreffenden Wegnahmeauslegung als Gewahrsamsbruch und -neubegründung verlangt dies zugleich als Zwischenziel die beabsichtigte Erlangung eines Vorteils, d. h. die Absicht, unter Vereitelung des fremden Rechts die eigene uneingeschränkte Verfügungsmöglichkeit endgültig wiederherzustellen.[1321] In der beabsichtigten Vereitelung enthalten ist das inzidente objektive Merkmal der Rechtswidrigkeit, das vom Vorsatz umfasst sein muss.[1322]

Es handelt sich um ein subjektives Tatbestandsmerkmal, sodass die Pfandkehr ein Delikt mit überschießender Innentendenz, ein kupiertes Erfolgsdelikt, ist.[1323]

An einer solchen Vereitelung(sabsicht) fehlt es, wenn der Täter zum Besten der Sache für den Rechtsinhaber handeln will (z. B. Ausbesserung der Sache).[1324]

Umstritten ist, welche **Vorsatzart** erforderlich ist.[1325]

Die wohl h. M.[1326] lässt Wissentlichkeit ausreichen.

Zutreffend ist es, dem Wortlaut entsprechend, Absicht im Sinne des so genannten *dolus directus* ersten Grades zu verlangen.[1327] Hieran vermag der Hinweis, der Wortlaut der insofern seit dem Reichsstrafgesetzbuch (RStGB) unverändert gebliebenen Vorschrift sei untechnisch zu verstehen, nichts zu ändern. Der Gesetzgeber

---

[1320] Joecks/Jäger, StGB, 13. Aufl. 2021, § 289 Rn. 5; aus der Rspr. vgl. OLG Düsseldorf U. v. 22.08.1988 – 5 Ss 231/88 – 195/88 I – NJW 1989, 115.
[1321] Anders aber die ganz h. M., s. nur Hoyer, in: SK-StGB, 9. Aufl. 2019, § 289 Rn. 14.
[1322] S. nur Maier, in: MK-StGB, 4. Aufl. 2022, § 289 Rn. 22.
[1323] Maier, in: MK-StGB, 4. Aufl. 2022, § 289 Rn. 2.
[1324] Gaede, in: NK-StGB, 6. Aufl. 2023, § 289 Rn. 15.
[1325] S. Kindhäuser/Hilgendorf, LPK, 9. Aufl. 2022, § 289 Rn. 12; aus der Rspr. vgl. OLG Braunschweig U. v. 06.01.1961 – Ss 233/60 – NJW 1961, 1274; OLG Düsseldorf U. v. 22.08.1988 – 5 Ss 231/88 – 195/88 I – NJW 1989, 115.
[1326] Kindhäuser/Hilgendorf, LPK, 9. Aufl. 2022, § 289 Rn. 12.
[1327] S. z. B. Hoyer, in: SK-StGB, 9. Aufl. 2019, § 289 Rn. 13; Gaede, in: NK-StGB, 6. Aufl. 2023, § 289 Rn. 15.

hatte hinreichend Gelegenheit, die Wissentlichkeit in den Tatbestand aufzunehmen[1328] (vgl. auch §§ 145 II, 258 I StGB). Durch eine lebensnahe Auslegung des Tätervorsatzes – ggf. erstrebt der Täter wenigstens ein notwendiges Zwischenziel, was für Absichtlichkeit ausreicht – lassen sich auch Strafbarkeitslücken vermeiden.

Fraglich ist, ob eine Absicht der **dauernden** Vereitelung erforderlich ist.

Teilweise[1329] wird eine dauerhafte Vereitelung vorausgesetzt.

Überwiegend[1330] lässt man jedoch zu Recht eine zeitweilige Vereitelung ausreichen.

Dass dies richtig ist, zeigt zum einen ein Vergleich mit der Strafvereitelung nach § 258 StGB, bei der nach zutreffender herrschender Ansicht eine Verzögerung auf geraume Zeit für die Verwirklichung des objektiven Tatbestandsmerkmals „Vereiteln" ausreicht. Zum anderen wird gerade bei der Pfandkehr der Gläubiger bisweilen ein besonderes Interesse daran haben, sein Pfandrecht zu einem von ihm bestimmten Zeitraum auszuüben.

Hinsichtlich des **Bestehens des geschützten Rechts** ist umstritten, ob Eventualvorsatz ausreicht.[1331]

Dies wird z. T. verneint.

Zutreffend ist aber die Gegenauffassung.[1332]

Das Ziel einer Rechtsvereitelung ist auch dann möglich, wenn der Rechtsbestand nur für möglich gehalten wird. Der Wortlaut steht einer solchen Verengung der Absicht nicht entgegen. Die Absicht nimmt lediglich die Vereitelung, sozusagen als erstrebte Schädigung des Rechtsinhabers, in Bezug. Das in § 289 I StGB erwähnte Recht ist gewöhnliches Tatbestandsmerkmal und allein vom allgemeinen Vorsatz zu erfassen. Allein dies ist auch im Lichte der Versuchsstrafbarkeit richtig.

Das Merkmal der rechtswidrigen Absicht unterscheidet ferner die §§ 242, 249 StGB (Zueignungsabsicht) von der Pfandkehr, sodass stets die Zielrichtung des Handelns zu klären ist.

4. Rechtswidrigkeit
Es gelten die allgemeinen Grundsätze.

5. Schuld
Es gelten die allgemeinen Grundsätze.

[1328] So ist vor allem der Entwurf des § 283a EGStGB 1974 nicht Gesetz geworden, hierzu Hoyer, in: SK-StGB, 9. Aufl. 2019, § 289 Rn. 13.

[1329] So Schünemann, in: LK-StGB, 13. Aufl. 2023, § 289 Rn. 24.

[1330] Maier, in: MK-StGB, 4. Aufl. 2022, § 289 Rn. 20.

[1331] Eisele, BT II, 6. Aufl. 2021, Rn. 1027; zur Rspr. s. o.

[1332] OLG Braunschweig U. v. 06.01.1961 – Ss 233/60 – NJW 1961, 1274, dessen Leitsatz („Entgegen der herrschenden Meinung genügt hinsichtlich der Rechtswidrigkeit der Wegnahme der Kaufsache bedingter Vorsatz des Wegnehmenden.") allerdings missverständlich weit geraten ist; Eisele, BT II, 6. Aufl. 2021, Rn. 1027.

F. Diebstahls- und betrugsähnliche Delikte   365

6. Rechtsfolgen
§ 289 I StGB sieht Freiheitsstrafe bis zu drei Jahren (im Minimum also ein Monat, § 38 II StGB) oder Geldstrafe (zu den Grenzen s. § 40 StGB) vor.

7. Sonstiges
Versuchte Pfandkehr ist nach § 289 II StGB strafbar.
  Gem. § 289 III StGB ist ein Strafantrag erforderlich.

V. Versicherungsmißbrauch, § 265 StGB

▶ Didaktischer Aufsatz
  • Geppert, Versicherungsmißbrauch (§ 265 StGB neue Fassung), Jura 1998, 382

1. Aufbau
I. Tatbestand
  1. Objektiver Tatbestand
     a) Sache
     b) Gegen Untergang, Beschädigung, Beeinträchtigung der Brauchbarkeit, Verlust oder Diebstahl versicherte
     c) Beschädigt, zerstört, in ihrer Brauchbarkeit beeinträchtigt, beiseite schafft oder einem anderen überläßt
  2. Subjektiver Tatbestand
     a) Vorsatz
     b) Um sich oder einem Dritten Leistungen aus der Versicherung zu verschaffen
II. Rechtswidrigkeit
III. Schuld

2. Allgemeines
§ 265 StGB[1333] stellt den Versicherungsmissbrauch (in der Normüberschrift noch in alter Rechtschreibung) unter Strafe.

> **§ 265 StGB (Versicherungsmißbrauch)**
> (1) Wer eine gegen Untergang, Beschädigung, Beeinträchtigung der Brauchbarkeit, Verlust oder Diebstahl versicherte Sache beschädigt, zerstört, in ihrer Brauchbarkeit beeinträchtigt, beiseite schafft oder einem anderen überläßt, um sich oder einem Dritten Leistungen aus der Versicherung zu verschaffen, wird mit Freiheitsstrafe bis zu drei Jahren oder mit Geldstrafe bestraft, wenn die Tat nicht in § 263 mit Strafe bedroht ist.
>   (2) Der Versuch ist strafbar.

[1333] Hierzu Geerds FS Welzel 1974, 841; Ranft Jura 1985, 393; Seier ZStW 1993, 321; Geppert Jura 1998, 382; Rönnau JR 1998, 441.

Bis 1998 hieß die Norm „Versicherungsbetrug" und hatte einen engeren Anwendungsbereich („Wer in betrügerischer Absicht eine gegen Feuersgefahr versicherte Sache in Brand setzt oder ein Schiff, welches als solches oder in seiner Ladung oder in seinem Frachtlohn versichert ist, sinken oder stranden macht, wird mit Freiheitsstrafe von einem Jahr bis zu zehn Jahren bestraft."). Dies findet sich heute in ähnlicher Form in § 263 III 2 Nr. 5 StGB.

Die Norm soll der ungerechtfertigten Inanspruchnahme von Versicherungsleistungen entgegenwirken. Das durch den Tatbestand geschützte **Rechtsgut** ist umstritten.[1334]

Die h. M.[1335] sieht kumulativ das Vermögen der Versicherer und die Leistungsfähigkeit der Versicherer als Kollektivrechtsgut als geschützt an, andere betonen allein den Individualvermögensschutz.[1336]

Es handelt sich nicht um ein Sonderdelikt. **Täter** kann neben dem Versicherungsnehmer **jeder** außenstehende Dritte sein.[1337]

3. Tatbestand

a) Objektiver Tatbestand

aa) Sache; gegen Untergang, Beschädigung, Beeinträchtigung der Brauchbarkeit, Verlust oder Diebstahl versicherte

Erforderlich ist eine **Sache**, die in einer in § 265 I StGB aufgeführten Weise **versichert** ist. Hierfür muss ein entsprechender Versicherungsvertrag formell rechtsgültig zustande gekommen sein.[1338] Die materielle Gültigkeit, d. h. Anfechtbarkeit, Nichtigkeit und Freiheit von der Leistungspflicht (z. B. wegen Verzugs nach § 38 II VVG) ist irrelevant.[1339]

Erfasst sind nur Sachversicherungen, nicht Versicherungen gegen Folgerisiken (z. B. Betriebsunterbrechung) sowie Haftpflichtversicherungen.[1340]

[1334] S. Eisele, BT II, 6. Aufl. 2021, Rn. 695; aus der Rspr. vgl. RG U. v. 06.02.1933 – II 1427/32 – RGSt 67, 108; BGH U. v. 19.12.150 – 4 StR 14/50 – NJW 1951, 204; BGH U. v. 29.04.1958 – 1 StR 135/58 – BGHSt 11, 398 = NJW 1958, 1149; OLG Koblenz U. v. 11.03.1965 – (1) Ss 71/65 – NJW 1966, 1669, BGH U. v. 15.01.1974 – 5 StR 602/73 – BGHSt 25, 261 = NJW 1974, 568 (Anm. Schroeder JR 1975, 71); BGH U. v. 20.04.1988 – 2 StR 88/88 – BGHSt 35, 261 = NJW 1988, 3025 = NStZ 1988, 363 = StV 1989, 298 (Anm. Ranft StV 1989, 301).

[1335] Fischer, StGB, 71. Aufl. 2024, § 265 Rn. 2.

[1336] Hellmann, in: NK-StGB, 6. Aufl. 2023, § 265 Rn. 15.

[1337] Kasiske, in: MK-StGB, 4. Aufl. 2022, § 265 Rn. 25.

[1338] Kindhäuser/Hilgendorf, LPK, 9. Aufl. 2022, § 265 Rn. 3.

[1339] H. M., Kindhäuser/Hilgendorf, LPK, 9. Aufl. 2022, § 265 Rn. 3; aus der Rspr. vgl. RG U. v. 25.05.1925 – III 143/25 – RGSt 59, 247; RG U. v. 06.02.1933 – II 1427/32 – RGSt 67, 108; BGH U. v. 01.12.1955 – 3 StR 399/55 – BGHSt 8, 343 = NJW 1956, 430; BGH U. v. 20.04.1988 – 2 StR 88/88 – BGHSt 35, 261 = NJW 1988, 3025 = NStZ 1988, 363 = StV 1989, 298 (Anm. Ranft StV 1989, 301).

[1340] Fischer, StGB, 71. Aufl. 2024, § 265 Rn. 3; aus der Rspr. vgl. BGH U. v. 25.10.1983 – 1 StR 682/83 – BGHSt 32, 137 = NJW 1984, 443 = NStZ 1984, 118 = StV 1984, 204 (Anm. Keller JR 1984, 434; Meurer JuS 1985, 443).

F. Diebstahls- und betrugsähnliche Delikte

Besonders klausurrelevant sind neben Kfz-Versicherungen[1341] **feuerversicherte Sachen**, die der Täter in Brand setzt (s. schon bei § 306b II Nr. 2 StGB – Nichtvermögensdelikte).
Auf die Eigentumsverhältnisse an der Sache kommt es nicht an.[1342]

bb) Beschädigt, zerstört, in ihrer Brauchbarkeit beeinträchtigt, beiseite schafft oder einem anderen überläßt
Den Tathandlungen ist gemein, dass das Verhalten des Täters geeignet sein muss, den Versicherungsfall auszulösen, d. h. eine Situation geschaffen worden sein muss, die nach ihrem äußeren Eindruck unter das versicherte Risiko fällt.[1343]
Zum **Beschädigen** und **Zerstören** s. o. bei § 303 I StGB.
Der Erfolg muss vom versicherten Risiko umfasst werden.[1344]
Beeinträchtigung der Brauchbarkeit ist die Herabsetzung der durch die Versicherung geschützten Gebrauchsfähigkeit.[1345]
Beiseiteschaffen ist zunächst das räumliche Verschieben oder Verbringen der Sache aus dem Herrschaftsbereich des Versicherungsnehmers, sodass der Anschein eines Abhandenkommens erzeugt wird.[1346] Allerdings wird dies dahingehend erweitert, dass eine Ortsveränderung dabei nicht zwingend erforderlich sein soll, es genüge ein Verstecken, nicht aber das bloße Abstreiten des Besitzes oder die Behauptung, die Sache sei gestohlen worden.[1347]
Überlassen ist die einverständliche Verschaffung des Besitzes zu eigener Verfügung oder zu eigenem Gebrauch.[1348]
Derjenige, dem die Sache überlassen wird, kann ferner das Merkmal des Beiseiteschaffens verwirklichen.[1349]

b) Subjektiver Tatbestand

aa) Vorsatz
Gem. § 15 StGB ist Vorsatz erforderlich.

bb) Um sich oder einem Dritten Leistungen aus der Versicherung zu verschaffen
Der Täter muss handeln, „um sich oder einem Dritten Leistungen aus der Versicherung zu verschaffen".

[1341] Zu manipulierten Verkehrsunfällen Nestler Jura 2019, 590.
[1342] Fischer, StGB, 71. Aufl. 2024, § 265 Rn. 3.
[1343] Kasiske, in: MK-StGB, 4. Aufl. 2022, § 265 Rn. 15.
[1344] Kindhäuser/Hilgendorf, LPK, 9. Aufl. 2022, § 265 Rn. 4; aus der Rspr. vgl. BGH U. v. 09.07.1954 – 1 StR 677/53 – BGHSt 6, 251 = NJW 1954, 1576.
[1345] Eisele, BT II, 6. Aufl. 2021, Rn. 699.
[1346] Eisele, BT II, 6. Aufl. 2021, Rn. 699.
[1347] Kindhäuser/Hilgendorf, LPK, 9. Aufl. 2022, § 265 Rn. 5.
[1348] Joecks/Jäger, StGB, 13. Aufl. 2021, § 265 Rn. 13.
[1349] Fischer, StGB, 71. Aufl. 2024, § 265 Rn. 7.

Dies setzt nach h. M. die Vorsatzform der **Absicht** voraus, damit nicht jeder Diebstahl im Wissen um den Versicherungsschutz erfasst wird.[1350]

Eine betrügerische Absicht verlangt der Tatbestand seit 1998 nicht mehr.[1351] Daher kann § 265 StGB auch dann verwirklicht werden, wenn der Versicherungsnehmer seinen Anspruch behält (insbesondere § 81 VVG nicht greift).[1352]

4. Rechtswidrigkeit
Es gelten die allgemeinen Grundsätze.

5. Schuld
Es gelten die allgemeinen Grundsätze.

6. Rechtsfolgen
§ 265 I StGB sieht Freiheitsstrafe bis zu drei Jahren (im Minimum also ein Monat, § 38 II StGB) oder Geldstrafe (zu den Grenzen s. § 40 StGB) vor.

7. Sonstiges
Trotz früher Vollendung des Delikts sieht das Gesetz keine tätige Reue vor. Es ist auch keine Gesamtanalogie zu existierenden Vorschriften der tätigen Reue vorzunehmen, da keine planwidrige Regelungslücke vorliegt.[1353]

Im Verhältnis zu § 263 StGB ist in § 265 I StGB formelle **Subsidiarität** angeordnet. Dies betrifft die gesamte Tat im prozessualen Sinne,[1354] sodass ins-

---

[1350] S. Eisele, BT II, 6. Aufl. 2021, Rn. 701.

[1351] Zur früheren Rechtslage Wagner JuS 1978, 161; Meurer JuS 1985, 443; Küper NStZ 1993, 313; aus der Rspr. vgl. RG U. v. 19.10.1934 – 1 D 910/34 – RGSt 69, 1; RG U. v. 06.12.1934 – 3 D 1208/34 – RGSt 68, 430; OLG Celle U. v. 08.03.1950 – Ss 25/50 – SJZ 1950, 682 (Anm. Bockelmann SJZ 1950, 683); BGH U. v. 15.01.1974 – 5 StR 602/73 – BGHSt 25, 261 = NJW 1974, 568 (Anm. Schroeder JR 1975, 71); BGH U. v. 07.09.1976 – 1 StR 390/76 – NJW 1976, 2271 (Anm. Blei JA 1977, 45; Hassemer JuS 1977, 195; Gössel JR 1977, 391; Wagner JuS 1978, 161); BGH B. v. 25.08.1983 – 4 StR 483/83 – StV 1983, 504; BGH U. v. 29.01.1986 – 2 StR 700/85 – NJW 1986, 2265 = NStZ 1986, 314 (Anm. Otto JK 1986 StGB § 265/2); BGH B. v. 14.08.1987 – 1 StR 290/87 – NStZ 1987, 505 = StV 1988, 65 und 1989, 298 (Anm. Ranft StV 1989, 301); BGH U. v. 08.06.1988 – 3 StR 94/88 – StV 1989, 299 (Anm. Ranft StV 1989, 301); BGH B. v. 24.08.1988 – 2 StR 324/88 – BGHSt 35, 325 = NJW 1989, 595 = NStZ 1989, 23 = StV 1989, 301 (Anm. Geerds Jura 1989, 294; Ranft StV 1989, 301); BGH U. v. 13.11.1991 – 3 StR 117/91 – NJW 1992, 1635 = NStZ 1992, 181 = StV 1992, 146.

[1352] Eisele, BT II, 6. Aufl. 2021, Rn. 701; aus der Rspr. vgl. BGH B. v. 15.03.2007 – 3 StR 454/06 – BGHSt 51, 236 = NJW 2007, 2130 = NStZ 2007, 640 = StV 2007, 581 (Anm. Geppert JK 2007 StGB § 306b/3; Bosch JA 2007, 743; LL 2007, 605; RÜ 2007, 425; RA 2007, 387; famos 8/2007; Radtke NStZ 2007, 642; Dehne-Niemann Jura 2008, 530).

[1353] H. M., Wittig, in: BeckOK-StGB, Stand 01.08.2024, § 265 Rn. 14.1; a. A. Kasiske, in: MK-StGB, 4. Aufl. 2022, § 265 Rn. 32.

[1354] Eisele, BT II, 6. Aufl. 2021, Rn. 704; aus der Rspr. vgl. BGH U. v. 23.09.1999 – 4 StR 700/98 – BGHSt 45, 211 = NJW 2000, 226 = StV 2000, 133 (Anm. Kühl, Höchstrichterliche Rspr. BT, 2002, Nr. 78; Otto JK 2000 StGB § 306b/1; Kudlich JA 2000, 361; Martin JuS 2000, 503; LL 2000, 479; RÜ 2000, 71; RA 2000, 99; Radtke JR 2000, 428; Rönnau JuS 2001, 328); BGH U. v. 21.09.2011 – 1 StR 95/11 – NStZ 2012, 39 = NStZ-RR 2012, 46 (Anm. Satzger JK 2012 StGB § 306a I Nr. 1/8; LL 2012, 186; RÜ 2012, 27; RA 2012, 48).

F. Diebstahls- und betrugsähnliche Delikte 369

besondere der spätere Betrug ggü. der Versicherung den deutlich vorher vollendeten Versicherungsmissbrauch verdrängt.

Gem. § 265 II StGB ist der Versuch des Versicherungsmissbrauchs strafbar.

VI. Erschleichen von Leistungen, § 265a StGB

▶ Didaktischer Aufsatz
  • Bock, Erschleichen von Leistungen, § 265a StGB, JA 2017, 357

1. Aufbau
I. Tatbestand
  1. Objektiver Tatbestand
    a) Die Leistung eines Automaten oder eines öffentlichen Zwecken dienenden Telekommunikationsnetzes, die Beförderung durch ein Verkehrsmittel oder den Zutritt zu einer Veranstaltung oder einer Einrichtung
    b) Entgeltlichkeit
    c) Erschleicht
  2. Subjektiver Tatbestand
    a) Vorsatz
    b) Absicht, das Entgelt nicht zu entrichten
II. Rechtswidrigkeit
III. Schuld
IV. Ggf. Strafantrag, §§ 265a III i. V. m. 247, 248a StGB

2. Allgemeines
§ 265a StGB[1355] stellt das Erschleichen von Leistungen unter Strafe.

> **§ 265a StGB (Erschleichen von Leistungen)**
> (1) Wer die Leistung eines Automaten oder eines öffentlichen Zwecken dienenden Telekommunikationsnetzes, die Beförderung durch ein Verkehrsmittel oder den Zutritt zu einer Veranstaltung oder einer Einrichtung in der Absicht erschleicht, das Entgelt nicht zu entrichten, wird mit Freiheitsstrafe bis zu einem Jahr oder mit Geldstrafe bestraft, wenn die Tat nicht in anderen Vorschriften mit schwererer Strafe bedroht ist.
> (2) Der Versuch ist strafbar.
> (3) Die §§ 247 und 248a gelten entsprechend.

[1355] Hierzu Bock JA 2017, 357.

Geschütztes **Rechtsgut** ist allein das Vermögen.[1356] Die Funktionsfähigkeit der betroffenen Leistungssysteme (z. B. des öffentlichen Personennahverkehrs oder der Telekommunikationsunternehmen) wird nur mittelbar geschützt.[1357]

Das 1935 eingeführte Delikt dient v. a. als **Auffangtatbestand** zur **Lückenschließung**[1358] in Fällen, in denen § 263 StGB mangels menschlicher Kontrollen und somit Täuschung sowie Irrtum nicht greift.[1359] Dies zeigt auch die allerdings umfassende formelle Subsidiarität, § 265 I StGB a. E.

Zwar wird bisweilen die Notwendigkeit der Strafnorm bezweifelt, insbesondere hinsichtlich der Kriminalisierung des „Schwarzfahrens",[1360] angesichts der in der Summe keinesfalls stets bagatellhaften Vermögensrelevanz stieß dies freilich nicht auf Rückhalt beim Gesetzgeber. Umgekehrt ist vielmehr erwägenswert, das bisherige „Erschleichen" durch die unbefugte Inanspruchnahme zu ersetzen, um den Wortlaut der Norm an die methodisch bedenkliche, aber gefestigte und vom BVerfG gebilligte[1361] Rspr. anzupassen. Schwierig bleibt im Einzelfall die Verhängung einer schuldangemessenen Sanktion, v. a. bei Wiederholungstätern.[1362]

[1356] H. M., Kindhäuser/Hilgendorf, LPK, 9. Aufl. 2022, § 265a Rn. 1; Valerius, in: BeckOK-StGB, Stand 01.08.2024, § 265a Rn. 1; aus der Rspr. vgl. zuletzt BayObLG B. v. 27.05.2020 – 205 StRR 2332/19 – StV 2021, 513 (Anm. LL 2020, 833; RÜ 2020, 721; Krenberger NZV 2020, 652).

[1357] Valerius, in: BeckOK-StGB, Stand 01.08.2024, § 265a Rn. 1; Hefendehl, in: MK-StGB, 4. Aufl. 2022, § 265a Rn. 1.

[1358] Zu in der vorherigen Rspr. aufgetretenen Lücken s. RG U. v. 30.10.1908 – II 846/08 – RGSt 42, 40 (nicht kontrollierte unentgeltliche Fahrt mit der Eisenbahn); RG U. v. 18.12.1933 – 2 D 462/33 – RGSt 68, 65 (Missbrauch öffentlicher Münzfernsprecher durch die Verwendung breitgeklopfter Zweipfennigstücke anstatt der vorgesehenen Zehnpfennigstücke).

[1359] Kindhäuser/Hilgendorf, LPK, 9. Aufl. 2022, § 265a Rn. 1; Valerius, in: BeckOK-StGB, Stand 01.08.2024, § 265a Rn. 2 (zur Normhistorie Rn. 2.1); aus der Rspr. vgl. zuletzt OLG Düsseldorf B. v. 30.03.2000 – 2b Ss 54/00 – 31/00 I – NJW 2000, 2120 = StV 2001, 112 (Anm. Geppert JK 2000 StGB § 265a/2; Martin JuS 2000, 1126; RA 2000, 463); OLG Frankfurt U. v. 16.01.2001 – 2 Ss 365/00 – NStZ-RR 2001, 269 (Anm. RA 2001, 544; famos 10/2001); BGH B. v. 08.01.2009 – 4 StR 117/08 – BGHSt 53, 122 = NJW 2009, 1091 = NStZ 2009, 211 = StV 2009, 358 (Anm. Satzger JK 2009 StGB § 265a/4; Bosch JA 2009, 469; LL 2009, 472; RÜ 2009, 234; RA 2009, 214; Zschieschack/Rau JR 2009, 244; Alwart JZ 2009, 478; Gaede HRRS 2009, 69; Nitz jurisPR-StrafR 5/2009 Anm. 3; Roggan Jura 2012, 299); OLG Celle U. v. 27.01.2009 – 32 Ss 159/08.

[1360] S. etwa Hefendehl, in: MK-StGB, 4. Aufl. 2022, § 265a Rn. 7ff.; Harrendorf NK 2018, 250; Bui/Rössig ZJS 2023, 435; Kubiciel jurisPR-StrafR 12/2023 Anm. 1); Bögelein/Wilde KriPoZ 2023, 360; Lorenz/Porzelle ZRP 2024, 14.

[1361] BVerfG B. v. 09.02.1998 – 2 BvR 1907/97 – NJW 1998, 1135.

[1362] Hierzu Valerius, in: BeckOK-StGB, Stand 01.08.2024, § 265a Rn. 2.3; aus der Rspr. vgl. zuletzt OLG Hamm B. v. 24.07.2018 – 5 RVs 103/18 (Anm. Nestler Jura 2019, 1012).

3. Tatbestand

a) Objektiver Tatbestand

aa) Die Leistung eines Automaten oder eines öffentlichen Zwecken dienenden Telekommunikationsnetzes, die Beförderung durch ein Verkehrsmittel oder den Zutritt zu einer Veranstaltung oder einer Einrichtung

(1) Leistung eines Automaten, § 265a I 1. Var. StGB
Ein **Automat** ist ein technisches Gerät, bei dem durch die Entrichtung des vorgesehenen Entgelts ein mechanisches oder elektronisches Steuerungssystem in Gang gesetzt wird, das selbsttätig bestimmte Verrichtungen vornimmt.[1363]

Die Überlistung eines Automaten kann schon als Diebstahl, Unterschlagung oder Computerbetrug strafbar sein (s. o. bei den §§ 242, 246, 263a StGB, v. a. bzgl. Bankautomaten und Geldspielautomaten), sodass der Anwendungsbereich des § 265a StGB stark davon abhängt, wie man die Leistung des Automaten bei der Subsumtion der schwereren Straftaten wertet (einverständliche Gewahrsamsübertragung und daher keine Wegnahme i. S. d. Diebstahls und keine rechtswidrige Zueignung i. S. d. Unterschlagung?; unbefugte Datenverwendung i. S. d. Computerbetrugs?).

Welche **Arten** von Automaten von § 265a I 1. Var. StGB erfasst werden, ist umstritten.[1364]

Nach Rspr.[1365] und h. L.[1366] erfasst die Vorschrift nur **Leistungsautomaten** (alle technischen Geräte, durch die nach Entrichtung des vorgesehenen Entgelts eine unkörperliche Leistung erbracht wird,[1367] z. B.[1368] Musikboxen, Spielautomaten

---

[1363] Hellmann, in: NK-StGB, 6. Aufl. 2023, § 265a Rn. 18; aus der Rspr. vgl. LG Freiburg U. v. 19.11.2008 – 7 Ns 150 Js 4282/08.

[1364] Hierzu Eisele, BT II, 6. Aufl. 2021, Rn. 708f.; aus der Rspr. vgl. AG Lichtenfels U. v. 17.03.1980 – Ds 3 Js 7267/79 a, b jug. – NJW 1980, 2206 (Anm. Seier JA 1980, 680; Geppert JK 1981 StGB § 265a/1; Schulz NJW 1981, 1351); OLG Koblenz U. v. 24.06.1982 – 1 Ss 267/82 – NJW 1984, 2424; AG Gießen U. v. 24.05.1985 – 53 Ls 9 Js 17148/84 – NJW 1985, 2283 (Anm. Sonnen JA 1985, 605); BayObLG U. v. 20.11.1986 – RReg. 3 St 146/86 – NJW 1987, 663 = StV 1987, 204 (Anm. Geppert JK 1987 StGB § 263a/1; Otto JR 1987, 221); OLG Saarbrücken U. v. 30.06.1988 – 1 Ws 208/88 (Anm. Wenzel DAR 1989, 455); LG Freiburg B. v. 17.04.1990 – IV Qs 33/90 – NJW 1990, 2635 = NStZ 1990, 343 (Anm. Hildner NStZ 1990, 598; Bühler NStZ 1991, 343); LG Ravensburg U. v. 27.08.1990 – Qs 206/90 – StV 1991, 214 (Anm. Herzog StV 1991, 215); OLG Celle B. v. 06.05.1996 – 3 Ss 21/96 – NJW 1997, 1518 = StV 1997, 79 (Anm. Biletzki JA 1997, 749; Martin JuS 1997, 947; Hilgendorf JR 1997, 347; Mitsch JuS 1998, 307); OLG Düsseldorf B. v. 29.10.1998 – 5 Ss 369/98 – 90/98 I – NJW 1999, 3208 = NStZ 1999, 248 = StV 1999, 154 (Anm. LL 1999, 297); OLG Düsseldorf B. v. 29.07.1999 – 5 Ss 291/98 – 71/98 I – NJW 2000, 158 (Anm. Geppert JK 2000 StGB § 242/20; Biletzki JA-R 2000, 79; Martin JuS 2000, 406; LL 2000, 260; RÜ 2000, 67; RA 2000, 55; Biletzki NStZ 2000, 424; Otto JR 2000, 214; Kudlich JuS 2001, 20).

[1365] S. o.

[1366] Vgl. Joecks/Jäger, StGB, 13. Aufl. 2021, § 265a Rn. 6; Perron, in: Schönke/Schröder, StGB, 30. Aufl. 2019, § 265a Rn. 4.

[1367] Eisele, BT II, 6. Aufl. 2021, Rn. 708.

[1368] Kasuistik mit Beispielen und Gegenbeispielen bei Valerius, in: BeckOK-StGB, Stand 01.08.2024, § 265a Rn. 4.1, 4.2.

ohne Gewinnmöglichkeit, Schuhputzautomaten, stationäre Ferngläser), zumindest seien in Bezug auf **Warenautomaten** (solche Automaten, bei denen das Entgelt für die Abgabe von Sachen entrichtet wird,[1369] z. B. Bankautomaten, Getränke, Zigaretten, Fahrscheine, Wechselgeld, Eintrittskarten, Spielautomaten mit Gewinnmöglichkeit) die Eigentumsdelikte – hier § 246 StGB (s. o.) vorrangig.

Eine Gegenauffassung[1370] erfasst auch Warenautomaten.

Ihr ist zu folgen: Nach zutreffender Auffassung liegt ein Diebstahl häufig gerade nicht vor (technisch manifestiertes Einverständnis in den Gewahrsamsübergang), konsequenterweise ist der Anwendungsbereich der Leistungserschleichung entsprechend zu erweitern. Der Wortlaut der Vorschrift steht auch nicht entgegen, da der zivilrechtliche Leistungsbegriff auch die Herausgabe von Sachen umfasst. Konzeptionell soll es sich hierbei nach der Intention des Gesetzgebers überdies um einen Auffangtatbestand handeln. Unerwünschte Mehrfachverwirklichungen verhindern die übrigen Tatbestandsvoraussetzungen und die Subsidiaritätsklausel. Sofern der Automat eine Datenverarbeitung vornimmt, kann § 263a I StGB vorliegen (unbefugte Verwendung von Daten), der dann das Erschleichen von Leistungen verdrängt.[1371] Indem man Waren- und Leistungsautomaten gleich behandelt, vermeidet man auch die Schwierigkeiten bei der Unterscheidung beider Automatenarten (z. B. bei Geldwechselautomaten oder Waschanlagen).[1372]

Die Leistung muss unmittelbar durch Automaten erbracht werden, sodass z. B. ein **Parkscheinautomat** nicht erfasst wird, da dieser nicht die Parkmöglichkeit schafft oder einer Nutzung entgegensteht, sondern nur das Recht zur Nutzung einräumt.[1373]

(2) Leistung eines öffentlichen Zwecken dienenden Telekommunikationsnetzes, § 265a I 2. Var. StGB

Telekommunikationsnetz ist die Gesamtheit eines Systems zur Datenübertragung einschließlich Vermittlungs-, Leitweg- und anderer Einrichtungen, die der Datenübertragung dienen; vgl. § 3 Nr. 27 TKG; unerheblich ist sowohl die Art der Übertragung (z. B. Kabel, Funk, Satellit, optisch oder elektromagnetisch, Fest- oder Mobilnetztelefonie, Stromleitungen, Rundfunknetze, Kabelfernsehen) als auch die Art der übertragenen Information.[1374]

Zu **öffentlichen Zwecken dient** es, wenn die Benutzung des Netzes ausschließlich oder überwiegend im Interesse der Allgemeinheit liegt.[1375] Abzustellen ist auf das gesamte Netz, nicht den einzelnen Anschluss.

[1369] Fischer, StGB, 71. Aufl. 2024, § 265a Rn. 11.

[1370] Z. B. Hoyer, in: SK-StGB, 9. Aufl. 2019, § 265a Rn. 11; AG Lichtenfels U. v. 17.03.1980 – Ds 3 Js 7267/79 a, b jug. – NJW 1980, 2206 (Anm. Seier JA 1980, 680; Geppert JK 1981 StGB § 265a/1; Schulz NJW 1981, 1351).

[1371] S. Hefendehl, in: MK-StGB, 4. Aufl. 2022, § 265a Rn. 35.

[1372] S. Hefendehl, in: MK-StGB, 4. Aufl. 2022, § 265a Rn. 45ff.

[1373] Kindhäuser/Hilgendorf, LPK, 9. Aufl. 2022, § 265a Rn. 13; Valerius, in: BeckOK-StGB, Stand 01.08.2024, § 265a Rn. 4.2; aus der Rspr. vgl. OLG Saarbrücken U. v. 30.06.1988 – 1 Ws 208/88 (Anm. Wenzel DAR 1989, 455).

[1374] Valerius, in: BeckOK-StGB, Stand 01.08.2024, § 265a Rn. 5.

[1375] Kindhäuser/Hilgendorf, LPK, 9. Aufl. 2022, § 265a Rn. 18.

F. Diebstahls- und betrugsähnliche Delikte

Rein interne Telekommunikationsnetze, z. B. Intranet einer Behörde oder eines Unternehmens; Haustelefonanlage; Netze für geschlossene Benutzergruppen (etwa kabellose Netzwerke: WLAN[1376]) sind nicht erfasst.[1377]

(3) Beförderung durch ein Verkehrsmittel, § 265a I 3. Var. StGB[1378]
Beförderung ist jede öffentliche oder private Transportleistung.[1379]
Der Transport von Sachen wird ebenfalls erfasst.[1380] Ob der Transport individuell oder mittels Massenverkehrsmittels erfolgt, ist einerlei.[1381] Die Rechtsform des betreibenden Unternehmens ist irrelevant.[1382]

(4) Zutritt zu einer Veranstaltung oder Einrichtung, § 265a I 4. Var. StGB
Veranstaltungen sind von Menschen erbrachte oder organisierte einmalige oder zeitlich begrenzte Aufführungen,[1383] z. B. Theatervorführungen, Konzerte, Zirkusvorstellungen, Messen oder Sportveranstaltungen.

Einrichtungen sind auf Dauer angelegte Sach- und Personengesamtheiten, die einem bestimmten Zweck dienen und einem größeren Kreis von Personen zur Verfügung stehen,[1384] z. B. Badeanstalten, Museen, Parkhäuser, Bibliotheken oder Zoos.

Vorauszusetzen ist jeweils eine **Zutrittserschwerung** durch eine gewisse Abgegrenztheit[1385]; hieran mangelt es etwa beim „Schwarzsehen" oder -hören[1386] oder bei der Nutzung öffentlicher Parkflächen.[1387]

Der „**Zutritt**" erfordert körperliche Anwesenheit am Veranstaltungsort bzw. in der Einrichtung.[1388] Nicht strafbar sind ungebetene „Zaungäste".[1389]

[1376] Hierzu Kindhäuser/Hilgendorf, LPK, 9. Aufl. 2022, § 265a Rn. 18; näher Oğlakcıoğlu JA 2011, 588.
[1377] Kindhäuser/Hilgendorf, LPK, 9. Aufl. 2022, § 265a Rn. 18.
[1378] Zu dogmatischen Grundlagenfragen dieser Var. Mitsch NZV 2019, 70.
[1379] Eisele, BT II, 6. Aufl. 2021, Rn. 715.
[1380] Joecks/Jäger, StGB, 13. Aufl. 2021, § 265a Rn. 8.
[1381] H. M., Kindhäuser/Hilgendorf, LPK, 9. Aufl. 2022, § 265a Rn. 20.
[1382] H. M., Valerius, in: BeckOK-StGB, Stand 01.08.2024, § 265a Rn. 7.
[1383] Kindhäuser/Hilgendorf, LPK, 9. Aufl. 2022, § 265a Rn. 23; Hellmann, in: NK-StGB, 6. Aufl. 2023, § 265a Rn. 40; aus der Rspr. (aber zum WaffG) vgl. BGH B. v. 22.02.1991 – 1 StR 44/91 – BGHSt 37, 330 = NJW 1991, 2715 = NStZ 1991, 340 (Anm. Hinze NStZ 1992, 287).
[1384] Kindhäuser/Hilgendorf, LPK, 9. Aufl. 2022, § 265a Rn. 23; Hellmann, in: NK-StGB, 6. Aufl. 2023, § 265a Rn. 40; aus der Rspr. vgl. BGH U. v. 03.03.1982 – 2 StR 649/81 – BGHSt 31, 1 = NJW 1982, 1655 = NStZ 1982, 465.
[1385] Eisele, BT II, 6. Aufl. 2021, Rn. 719; aus der Rspr. vgl. OLG Saarbrücken U. v. 30.06.1988 – 1 Ws 208/88 (Anm. Wenzel DAR 1989, 455).
[1386] Valerius, in: BeckOK-StGB, Stand 01.08.2024, § 265a Rn. 9.
[1387] S. Gern/Schneider NZV 1988, 129; zum Parken auf einem Behindertenparkplatz Mitsch NZV 2012, 153.
[1388] Heger, in: Lackner/Kühl/Heger, StGB, 30. Aufl. 2023, § 265a Rn. 5.
[1389] Hellmann, in: NK-StGB, 6. Aufl. 2023, § 265a Rn. 41.

U. U. verwirklicht der Zutritt ferner einen Hausfriedensbruch nach § 123 StGB.[1390]

bb) Entgeltlichkeit der Leistung; Nichtentrichtung des Entgelts

Ungeschriebenes objektives Tatbestandsmerkmal des § 265a I StGB ist die Entgeltlichkeit der erschlichenen Leistung.[1391] Es lässt sich nicht nur aus der normierten Absicht schließen, sondern auch aus der systematischen Einordnung und der Vermögensschutzfunktion des Delikts.

Entgelt ist gem. § 11 I Nr. 9 StGB „jede in einem Vermögensvorteil bestehende Gegenleistung". Bei der entgeltlosen Nutzung handelt es sich um einen Spezialfall des Vermögensschadens.

cc) Erschleicht

(1) Allgemeines

Gemeinsame Tathandlung aller Tatbestandsvarianten ist das Erschleichen, allerdings wird dieses Merkmal je nach Leistungsvariante von der h. M. unterschiedlich ausgelegt.[1392] Stets ist aber zu beachten, dass ein „Erschleichen" aufgrund des darin zum Ausdruck kommenden **Täuschungselement** nicht bereits in jeder unbefugten Inanspruchnahme der Leistung liegt; vielmehr ist ein **manipulatives** Verhalten erforderlich.[1393]

(2) Bzgl. Leistung eines Automaten, § 265a I 1. Var. StGB

I.S.d. § 265a I 1. Var. StGB erschleicht der Täter dann die Leistung des Automaten, wenn er die technischen Vorrichtungen ordnungswidrig oder missbräuchlich benutzt und dabei den die Entgeltlichkeit sichernden **Mechanismus überlistet**.[1394]

Beispielsweise zu nennen ist der Einsatz von Falschgeld[1395] oder Draht.

Nicht erfasst wird nach h. M. das Ausnutzen von **Gerätedefekten**.[1396]

[1390] Zu § 123 StGB s. bei den Nichtvermögensdelikten; aus der Rspr. vgl. OLG Hamburg U. v. 04.12.1980 – 1 Ss 232/80 – NJW 1981, 1281 (Anm. Schmid JR 1981, 391).

[1391] Hierzu Valerius, in: BeckOK-StGB, Stand 01.08.2024, § 265a Rn. 10ff.; aus der Rspr. vgl. zuletzt BayObLG B. v. 27.05.2020 – 205 StRR 2332/19 – StV 2021, 513 (Anm. LL 2020, 833; RÜ 2020, 721; Krenberger NZV 2020, 652); zur Problematik vermögensloser Täter Mitsch NZV 2022, 54.

[1392] S. Eisele, BT II, 6. Aufl. 2021, Rn. 710f., 714, 715f., 720; Hellmann, in: NK-StGB, 6. Aufl. 2023, § 265a Rn. 14ff.

[1393] Ganz h. M.; s. Valerius, in: BeckOK-StGB, Stand 01.08.2024, § 265a Rn. 16; Hellmann, in: NK-StGB, 6. Aufl. 2023, § 265a Rn. 15, 17; Perron, in: Schönke/Schröder, StGB, 30. Aufl. 2019, § 265a Rn. 8; anders noch OLG Stuttgart U. v. 19.10.1962 – 1 Ss 722/62.

[1394] Eisele, BT II, 6. Aufl. 2021, Rn. 710; aus der Rspr. vgl. OLG Karlsruhe B. v. 21.01.2009 – 2 Ss 155/08 – NJW 2009, 1287 = NStZ 2009, 390 = StV 2009, 474 (Anm. LL 2009, 477).

[1395] Näher Hefendehl, in: MK-StGB, 4. Aufl. 2022, § 265a Rn. 142.

[1396] S. z. B. Valerius, in: BeckOK-StGB, Stand 01.08.2024, § 265a Rn. 17; Hellmann, in: NK-StGB, 6. Aufl. 2023, § 265a Rn. 24; aus der Rspr. vgl. AG Lichtenfels U. v. 17.03.1980 – Ds 3 Js 7267/79 a, b jug. – NJW 1980, 2206 (Anm. Seier JA 1980, 680; Geppert JK 1981 StGB § 265a/1; Schulz NJW 1981, 1351); OLG Stuttgart U. v. 10.03.1989 – 1 Ss 635/88 – NJW 1990, 924 = NStZ 1991, 41 (Anm. Fischer NStZ 1991, 41); BVerfG B. v. 09.02.1998 – 2 BvR 1907/97 – NJW 1998, 1135.

F. Diebstahls- und betrugsähnliche Delikte

Zum „Leerspielen" von **Geldspielautomaten** durch Sonderkenntnisse s. schon o. bei § 263a StGB.[1397]

Ebenso wenig wird das technisch ordnungsgemäße, wenn auch unberechtigte Abheben am **Geldautomaten** (hierzu s. schon o. bei den §§ 242, 263a StGB) erfasst.[1398] Hier mangelt es ferner an einer Entgeltlichkeit der Leistung. Bei subjektivierender Auslegung der unbefugten Verwendung von Daten i. S. d. § 263a StGB besteht ohnehin kein Bedürfnis mehr für eine Anwendung des § 265a StGB.

(3) Bzgl. Leistung eines öffentlichen Zwecken dienenden Telekommunikationsnetzes, § 265a I 2. Var. StGB

I.S.d. § 265a I 2. Var. StGB erschleicht der Täter dann die Leistung des Telekommunikationsnetzes, wenn er auf Vermittlungs-, Steuerungs- und Übertragungsvorgänge unter **Umgehung von Gebührenerfassungs- oder Sicherungseinrichtungen** missbräuchlich einwirkt,[1399] vgl. z. B. die Nutzung von Kabelfernsehen durch Ausschalten von Sicherungseinrichtungen an den Verteilerpunkten oder die Überlistung von Codierungen beim Pay-TV.[1400]

Eine unbefugte Inanspruchnahme des Netzes (z. B. „Schwarzsehen", unerlaubtes Telefonieren oder Nutzen eines Internetanschlusses) genügt nicht.[1401]

(4) Bzgl. Beförderung durch ein Verkehrsmittel, § 265a I 3. Var. StGB

▶ **Didaktische Aufsätze**
- Ellbogen, Zur Strafbarkeit des einfachen „Schwarzfahrens", JuS 2005, 20
- Exner, Strafbares „Schwarzfahren" als ein Lehrstück juristischer Methodik, JuS 2009, 990
- Oğlakcıoğlu, Eine schwarze Liste für den Juristen, JA 2011, 588
- Putzke/Putzke, Schwarzfahren als Beförderungserschleichung – Zur methodengerechten Auslegung des § 265a StGB, JuS 2012, 500
- Preuß, Praxis- und klausurrelevante Fragen des „Schwarzfahrens", ZJS 2013, 257 und 355

[1397] S. o. E II 1 b) aa) (1) (d) (bb) (ddd); s. auch Schlüchter NStZ 1988, 53; Füllkrug/Schnell wistra 1988, 177; Achenbach Jura 1991, 225.

[1398] Hefendehl, in: MK-StGB, 4. Aufl. 2022, § 265a Rn. 145; näher Schroth NJW 1981, 729; Huff NStZ 1985, 438; aus der Rspr. vgl. AG Hamburg U. v. 22.01.1986 – 149 Ds/73 Js 254/85 – NJW 1986, 945 und 1988, 3288 (Anm. Huff NJW 1986, 902); AG-Berlin-Tiergarten U. v. 18.04.1986 – 264 Ds 84/85 – NJW 1987, 854 = NStZ 1987, 122 (Anm. Schneider NStZ 1987, 123); OLG Hamburg U. v. 07.11.1986 – 1 Ss 168/86 – NJW 1987, 336.

[1399] Hellmann, in: NK-StGB, 6. Aufl. 2023, § 265a Rn. 31; aus der Rspr. vgl. BGH B. v. 31.03.2004 – 1 StR 482/03 – NStZ 2005, 213 = StV 2004, 488 (Anm. RA 2004, 517; LL 2005, 378).

[1400] S. Valerius, in: BeckOK-StGB, Stand 01.08.2024, § 265a Rn. 19.

[1401] Hellmann, in: NK-StGB, 6. Aufl. 2023, § 265a Rn. 30; aus der Rspr. vgl. OLG Karlsruhe B. v. 26.07.2003 – 3 Ws 134/02 – NStZ 2004, 333 = StV 2003, 168 (Anm. LL 2003, 422; RÜ 2003, 215; Otto JK 2005 StGB § 263a/14); BGH B. v. 31.03.2004 – 1 StR 482/03 – NStZ 2005, 213 = StV 2004, 488 (Anm. RA 2004, 517; LL 2005, 378).

Umstritten ist, wann die Beförderung durch ein Verkehrsmittel erschlichen wird, wobei die bei Weitem wichtigste problematische Konstellation das sog. **Schwarzfahren** in Bussen, S- und U-Bahnen ist.[1402]

Beispiel 266

OLG Frankfurt U. v. 16.01.2001 – 2 Ss 365/00 – NStZ-RR 2001, 269 (Anm. RA 2001, 544; famos 10/2001):
B benutzte am 07.12.1998 um 12:57 Uhr, am 09.12.1998 um 13:50 Uhr und am 09.12.1998 um 17:57 Uhr im Rhein-Main-Verkehrsbund S-Bahnen der Linie S 8. Er stieg jeweils am Bahnhof in M. ein, ohne zuvor einen Fahrschein zu erwerben. Dabei war ihm bewusst, dass er keinen Fahrschein hatte und er deshalb nicht berechtigt gewesen wäre, die Bahnen zu benutzen. Er hatte jedoch kein Geld, um sich einen Fahrschein zu kaufen. Im Bereich des Verkehrsverbundes können die S-Bahnen von jedermann betreten und benutzt werden, ohne dass irgendwelche Kontroll- oder Sicherungsvorkehrungen umgangen werden müssen. Eine wie auch immer geartete Zugangskontrolle findet nicht statt. ◄

Reicht es für ein Erschleichen aus, dass B die S-Bahnen schlicht nutzte, ohne dass irgendwelche Kontroll- oder Sicherungsvorkehrungen umgangen werden mussten?

Beispiel 267

BGH B. v. 08.01.2009 – 4 StR 117/08 – BGHSt 53, 122 = NJW 2009, 1091 = NStZ 2009, 211 = StV 2009, 358 (Anm. Satzger JK 2009 StGB § 265a/4; Bosch JA 2009, 469; LL 2009, 472; RÜ 2009, 234; RA 2009, 214; Zschieszack/Rau JR 2009, 244; Alwart JZ 2009, 478; Gaede HRRS 2009, 69; Nitz jurisPR-StrafR 5/2009 Anm. 3; Roggan Jura 2012, 299):
B benutzte in der Zeit vom 20.11.2006 bis zum 09.01.2007 in sechs Fällen und öffentliche Verkehrsmittel (Straßenbahnen) der HV-AG, ohne – wie bei Fahrausweiskontrollen festgestellt wurde – im Besitz eines gültigen Fahrscheins zu sein. B bemühte sich, durch sein Verhalten keine Aufmerksamkeit zu erregen, um den Eindruck zu erwecken, als nutze er die Straßenbahn mit einem gültigen Fahrausweis. ◄

Genügt die Benutzung der Straßenbahnen für ein Erschleichen, wird das Merkmal erst dadurch erfüllt, dass B sich bemühte, keine Aufmerksamkeit zu erregen, oder sind weitergehende Täuschungshandlungen zu fordern?

[1402] Hierzu Eisele, BT II, 6. Aufl. 2021, Rn. 715f.; näher Bilda MDR 1969, 434; Alwart JZ 1986, 563; Ranft Jura 1993, 84; Hauf DRiZ 1995, 15; Hinrichs NJW 2001, 932; Ellbogen JuS 2005, 20; Exner JuS 2009, 990; Oğlakcıoğlu JA 2011, 588; Putzke/Putzke JuS 2012, 500; Preuß ZJS 2013, 257 und 355; Alwart ZIS 2016, 534; Lorenz/Sebastian KriPoZ 2017, 352; Mosbacher NJW 2018, 1069; Lorenz jurisPR-StrafR 8/2018 Anm. 1; aus der Rspr. vgl. zuletzt OLG Köln B. v. 02.09.2015 – 1 RVs 118/15 – NStZ-RR 2016, 92 (Anm. LL 2016, 101; famos 10/2016; Satzger Jura 2017, 362); OLG Hamm B. v. 24.07.2018 – 5 RVs 103/18 (Anm. Nestler Jura 2019, 1012).

Die weit überwiegende Rspr.[1403] und Teile der Lehre[1404] lassen für eine Beförderungserschleichung jede unbefugte Inanspruchnahme mit dem „Umgeben mit dem **Anschein der Ordnungsmäßigkeit**" ausreichen.

Demgegenüber verlangt die h. L.[1405] die Anwendung täuschungsähnlicher Manipulation oder verbergendes Verhalten.

Die Rspr. handelt wohl im Einklang mit dem Willen des historischen Gesetzgebers.[1406] Auch lässt sich nicht leugnen, dass „Schwarzfahren" sozialschädlich ist, weil die Träger des (gesellschaftlich wichtigen) ÖPNV geschädigt werden. Jedoch legt der Wortlaut des Erschleichens nicht ohne Weiteres nahe, dass die bloße Inanspruchnahme der Leistung ausreicht. Ein „Schwarzfahrer" zeigt nach außen ein Verhalten wie jeder andere Fahrgast. Das Umgeben mit dem Anschein der Ordnungsmäßigkeit ist die bloße Umschreibung für ein *nullum*. Das Erfordernis einer darüber hinausgehenden Objektivierung des Täterverhaltens im Sinne eines betrugsähnlichen Verhaltens entspricht auch dem Strafgrund des § 265a I StGB, der v. a. Fälle erfassen soll, in denen mangels menschlicher Kontrolle kein Betrug vorliegt, mithin ist eine Restriktion auf Täuschungs- und Irrtumsähnlichkeit sinnvoll. Im Lichte der anderen Begehungsweisen des § 265a StGB, bei denen die restriktive Handhabung unstrittig ist[1407] (zum „Schwarzsehen" beispielsweise s. o.), ist die Einengung auch systematisch angezeigt. Teleologisch kommt eine eher geringe Schutzbedürftigkeit der Beförderer, die aus Spargründen den Abbau von Kontrollen forciert haben, hinzu, was spiegelbildlich eher zu relativ geringer krimineller Energie passt und zu der entsprechenden Behandlung der Fälle durch die Staatsanwaltschaft.

Das BVerfG[1408] hat die weite Auslegung allerdings verfassungsrechtlich gebilligt. Der Gesetzgeber sollte – bei aufrechterhaltener Annahme der Strafwürdigkeit des „Schwarzfahrens" – die Kontroverse zumindest zum Anlass nehmen, den Wortlaut der Norm so zu ändern, dass die Wortlautüberschreitung durch die gefestigte Rspr. auf diesem Wege korrigiert wird.

Jedenfalls mangelt es auch nach der herrschenden Rspr. an einem Erschleichen, wenn die Beförderung **offen** und deutlich sichtbar ohne Bezahlung (z. B. bei einer Protestaktion) oder durch Nötigung einer Kontrollperson in Anspruch genommen wird.[1409]

[1403] S. o.

[1404] (Krit.) Übersicht bei Fischer, StGB, 71. Aufl. 2024, § 265a Rn. 20f.; Kindhäuser/Hilgendorf, LPK, 9. Aufl. 2022, § 265a Rn. 7.

[1405] S. nur Kindhäuser/Hilgendorf, LPK, 9. Aufl. 2022, § 265a Rn. 9ff.

[1406] Ausführlich BGH B. v. 08.01.2009 – 4 StR 117/08 – BGHSt 53, 122 (126f.).

[1407] S. nur Eisele, BT II, 6. Aufl. 2021, Rn. 710, 714, 719f.

[1408] BVerfG B. v. 09.02.1998 – 2 BvR 1907/97 – NJW 1998, 1135.

[1409] S. Eisele, BT II, 6. Aufl. 2021, Rn. 716; aus der Rspr. vgl. zuletzt OLG Hamm B. v. 10.03.2011 – 5 RVs 1/11 – NStZ-RR 2011, 206; OLG Köln B. v. 02.09.2015 – 1 RVs 118/15 – NStZ-RR 2016, 92 (Anm. LL 2016, 101; famos 10/2016; Satzger Jura 2017, 362).

Kein Erschleichen einer Beförderung ist die **vertragsfremde** und **verbotene** Nutzung des Verkehrsmittels im Wege des S-Bahn-Surfens.[1410] Ggf. kann aber ein vertragswidriges Verhalten ein Erschleichen darstellen, wenn dies den Wert des Transports betrifft (z. B. Benutzung der ersten Klasse, obwohl nur Ticket für die zweite Klasse gelöst wurde; Verbleiben im Transportmittel nach Ablauf der Fahrkarte).[1411]

Der Fahrgast, der an sich eine Nutzungsberechtigung erworben hat, den Nachweis aber nicht bei sich führt (v. a. Tages-, Monatskarte) verwirklicht die Tathandlung nicht, da es an einer unentgeltlichen Inanspruchnahme mangelt.[1412] Jedenfalls mangelt es an der Absicht, das Entgelt nicht zu entrichten.

Problematisch ist bei übertragbaren Karten freilich, dass ggf. ein anderer mit dieser Karte fahren könnte.

Vollendet ist das Erschleichen bereits mit dem Beginn der Beförderungsleistung, sodass keine Mindestfahrtdauer erforderlich ist.[1413]

(5) Bzgl. Zutritt zu einer Veranstaltung oder Einrichtung, § 265a I 4. Var. StGB
Das Erschleichen i. S. d. § 265a I 4. Var. StGB setzt das **Umgehen von Kontrollmaßnahmen** voraus, z. B. Überklettern eines Zaunes, Benutzung eines Lieferanteneingangs, Weglocken einer Kontrollperson.[1414] Mangelt es an Kontrollmaßnahmen am Eingang, scheidet ein Erschleichen aus; dies gilt z. B. bei der Benutzung mancher Parkplätze und -häuser.[1415]

Es ist umstritten, ob sich als Erschleichen auch das **Bestechen** einer Kontrollperson erfassen lässt.[1416]

Die bejahende Ansicht[1417] verweist darauf, dass auch ein Bestechen ein Ausräumen einer Sicherung gegen unbefugten Zugang darstellt.

Zutreffend dürfte hingegen die ein Erschleichen verneinende Gegenauffassung sein.[1418] In der Tat fehlt nämlich ein täuschungsähnliches Verhalten in der Art und Weise, dass die Kontrollperson ohne ihr Wissen umgangen wird. Hierin liegt der Unterschied zum unstreitigen Fall des Ausnutzens einer kurzzeitigen Abwesenheit

---

[1410] Hefendehl, in: MK-StGB, 4. Aufl. 2022, § 265a Rn. 68.
[1411] Joecks/Jäger, StGB, 13. Aufl. 2021, § 265a Rn. 8.
[1412] Perron, in: Schönke/Schröder, StGB, 30. Aufl. 2019, § 265a Rn. 11; aus der Rspr. vgl. zuletzt BayObLG B. v. 27.05.2020 – 205 StRR 2332/19 – StV 2021, 513 (Anm. LL 2020, 833; RÜ 2020, 721; Krenberger NZV 2020, 652).
[1413] H. M., Joecks/Jäger, StGB, 13. Aufl. 2021, § 265a Rn. 15; aus der Rspr. vgl. OLG Frankfurt B. v. 20.07.2010 – 1 Ss 336/08 – NJW 2010, 3107 (Anm. RA 2010, 681; Krumm NJW 2010, 3109); OLG Hamm B. v. 10.03.2011 – 5 RVs 1/11 – NStZ-RR 2011, 206; OLG Koblenz B. v. 17.05.2011 – 2 Ss 12/11 – NStZ-RR 2011, 246.
[1414] Kindhäuser/Hilgendorf, LPK, 9. Aufl. 2022, § 265a Rn. 24.
[1415] S. Hellmann, in: NK-StGB, 6. Aufl. 2023, § 265a Rn. 42, 44; näher (a. A.) Rinio DAR 1998, 297; aus der Rspr. vgl. AG München U. v. 20.05.2011 – 163 C 5295/11.
[1416] Hierzu Hefendehl, in: MK-StGB, 4. Aufl. 2022, § 265a Rn. 195.
[1417] Z. B. Hellmann, in: NK-StGB, 6. Aufl. 2023, § 265a Rn. 42.
[1418] Perron, in: Schönke/Schröder, StGB, 30. Aufl. 2019, § 265a Rn. 11.

oder Abgelenktheit. Von einer Umgehung von Kontrollmaßnahmen lässt sich daher nicht sprechen.

b) Subjektiver Tatbestand

aa) Vorsatz
Gem. § 15 StGB ist Vorsatz erforderlich.

bb) Absicht, Entgelt nicht zu entrichten
Das Erschleichen der Leistung muss in der Absicht geschehen, das Entgelt nicht zu entrichten.
Dies ähnelt der Absicht nach § 263 StGB, sich einen rechtswidrigen Vermögensvorteil zu verschaffen.[1419]

4. Rechtswidrigkeit
Es gelten die allgemeinen Grundsätze.

5. Schuld
Es gelten die allgemeinen Grundsätze.

6. Rechtsfolgen
§ 265a I StGB sieht Freiheitsstrafe bis zu einem Jahr (im Minimum also ein Monat, § 38 II StGB) oder Geldstrafe (zu den Grenzen s. § 40 StGB) vor.

7. Sonstiges
Die Leistungserschleichung ist formell **subsidiär** gegenüber anderen Vorschriften mit schwererer Strafe.
Zu nennen ist v. a. § 263 StGB, sodass z. B. beim „Schwarzfahren" bei Täuschung gegenüber einer Kontrollperson § 263 StGB vorgeht.[1420]
Ähnlich wie bei § 246 StGB ist problematisch, ob nur Delikte mit gleicher **Schutzrichtung** verdrängend wirken oder auch z. B. § 267 StGB.[1421] Richtiger-

---

[1419] S. auch Wessels/Hillenkamp/Schuhr, BT 2, 46. Aufl. 2023, Rn. 721; aus der Rspr. vgl. BayObLG B. v. 21.02.1969 – RReg. 3 a St 16/69 – NJW 1969, 1042 (Anm. Hassemer JuS 1969, 392).

[1420] Perron, in: Schönke/Schröder, StGB, 30. Aufl. 2019, § 265a Rn. 14; aus der Rspr. vgl. BGH B. v. 23.02.1961 – 4 StR 7/61 – BGHSt 16, 1 = NJW 1961, 1172 (Anm. Bähr JuS 1961, 265; Welzel NJW 1962, 20; Fahl JA 1997, 110); OLG Düsseldorf U. v. 14.03.1983 – 5 Ss 543/82 – 8/83 I – NJW 1983, 2341 (Anm. Geilen JK 1983 StGB § 274/2; Puppe JR 1983, 429); OLG Düsseldorf B. v. 20.11.1989 – 2 Ss 377/89 – 77/89 III – NJW 1990, 924.

[1421] S. Kindhäuser/Hilgendorf, LPK, 9. Aufl. 2022, § 265a Rn. 26; Perron, in: Schönke/Schröder, StGB, 30. Aufl. 2019, § 265a Rn. 14.

weise sprechen auch hier Wortlauterwägungen, Art. 103 II GG, § 1 StGB, für eine – wenig sachgerechte – umfassende Subsidiarität.[1422]

Der **Versuch** des Erschleichens von Leistungen ist gem. § 265a II StGB strafbar. Ggf. ist ein **Strafantrag** erforderlich, §§ 265a III i. V. m. 247, 248a StGB.

G. Untreue, § 266 StGB

▶ **Didaktische Aufsätze**
- Kohlmann, Wider die Furcht vor § 266 StGB. Hinweise zur Bearbeitung des Untreuetatbestandes, JA 1980, 228
- Labsch, Grundprobleme des Mißbrauchstatbestands der Untreue, Jura 1987, 343 und 411
- Seier/Martin, Die Untreue (§ 266 StGB), JuS 2001, 874
- Saliger, Rechtsprobleme des Untreuetatbestandes, JA 2007, 326
- Murmann, Untreue (§ 266 StGB) und Risikogeschäfte, Jura 2010, 561
- Mitsch, Die Untreue – Keine Angst vor § 266 StGB!, JuS 2011, 97

I. Aufbau

I. Tatbestand
  1. Objektiver Tatbestand
    a) § 266 I 1. oder 2. Var StGB
      aa) Sog. Treubruchstatbestand, § 266 I 2. Var. StGB
        (1) Pflicht, fremde Vermögensinteressen wahrzunehmen/zu betreuen (Vermögensbetreuungspflicht)
        (2) Verletzt
      bb) Sog. Missbrauchstatbestand, § 266 I 1. Var. StGB
        (1) Befugnis, über fremdes Vermögen zu verfügen oder einen anderen zu verpflichten
        (2) Mißbraucht
        (3) h. M.: Pflicht, fremde Vermögensinteressen wahrzunehmen/zu betreuen (Vermögensbetreuungspflicht); verletzt
    b) Dem, dessen Vermögensinteressen er zu betreuen hat, Nachteil dadurch zufügt
  2. Subjektiver Tatbestand
II. Rechtswidrigkeit
III. Schuld
IV. Rechtsfolgen: Besonders schwerer Fall, §§ 266 II i. V. m. 263 III StGB
V. Ggf. Strafantrag, §§ 266 II i. V. m. 247, 248a StGB

[1422] So auch Heger, in: Lackner/Kühl/Heger, StGB, 30. Aufl. 2023, § 265a Rn. 8.

II. Allgemeines

§ 266 StGB[1423] stellt die Untreue unter Strafe.

> **§ 266 StGB (Untreue)**
> (1) Wer die ihm durch Gesetz, behördlichen Auftrag oder Rechtsgeschäft eingeräumte Befugnis, über fremdes Vermögen zu verfügen oder einen anderen zu verpflichten, mißbraucht oder die ihm kraft Gesetzes, behördlichen Auftrags, Rechtsgeschäfts oder eines Treueverhältnisses obliegende Pflicht, fremde Vermögensinteressen wahrzunehmen, verletzt und dadurch dem, dessen Vermögensinteressen er zu betreuen hat, Nachteil zufügt, wird mit Freiheitsstrafe bis zu fünf Jahren oder mit Geldstrafe bestraft.
> (2) § 243 Abs. 2 sowie die §§ 247, 248a und 263 Abs. 3 gelten entsprechend.

Die Untreue nach § 266 StGB darf nicht verwechselt werden mit der sog. veruntreuenden Unterschlagung nach § 246 II StGB und natürlich auch nicht mit der Untreue im umgangssprachlichen Sinne. Der heutige Wortlaut geht auf den nationalsozialistischen Gesetzgeber zurück, was die moralisierende Terminologie erklärt.

Geschütztes **Rechtsgut** ist ausschließlich das **Vermögen** (als Ganzes) des sog. Treugebers[1424]; Dispositionsfreiheit und Gläubiger werden nicht geschützt, gleiches gilt für eine irgendwie geartete Treue.

Der Treugeber wird gegen Fremdschädigungen von innen heraus in sog. Principal-Agent-Konstellationen geschützt (ein Vermögensinhaber überlässt die Verwaltung des Vermögens einem anderen). Aus der Übertragung einer Dispositionsmacht folgt die strafrechtliche Verantwortung für deren pflichtgemäße Ausübung. Hieraus resultiert in einer modernen Wirtschaft ein großer Anwendungsbereich, da hier sehr oft die Vermögensinhaberschaft und das Management auseinanderfallen (v. a. bei Aktiengesellschaften).

[1423] Hierzu StGB Heinitz FS Mayer 1966, 433; Sax JZ 1977, 663, 702 und 743; Kohlmann JA 1980, 228; Labsch Jura 1987, 343 und 411; Dierlamm NStZ 1997, 534; Seier/Martin JuS 2001, 874; Kargl ZStW 2001, 565; Seier FS Geilen 2003, 145; Schünemann NStZ 2006, 196; Saliger HRRS 2006, 10; Saliger JA 2007, 326; Rönnau ZStW 2007, 887; Albrecht FS Hamm 2008, 1; Perron GA 2009, 219; Beulke FS Eisenberg 2009, 245; Murmann Jura 2010, 561; Rönnau ZStW 2010, 299; Mitsch JuS 2011, 97; Rönnau StV 2011, 753; Schünemann ZIS 2012, 183; Schünemann FS Frisch 2013, 837; Jahn/Ziemann ZIS 2016, 552.

[1424] S. Hoyer, in: SK-StGB, 9. Aufl. 2019, § 266 Rn. 1; aus der Rspr. vgl. zuletzt BGH B. v. 08.06.2021 – 5 StR 481/20 – NStZ-RR 2021, 246 = StV 2021, 726; BGH U. v. 14.07.2021 – 6 StR 282/20 – NStZ 2022, 109 = StV 2021, 716 (Anm. Bosch Jura 2021, 1527; RÜ 2021, 717; Schilling NStZ 2022, 113; Kraatz JR 2022, 288; Bittmann NZWiSt 2022, 30; Anders NZWiSt 2023, 361).

Problematisch ist im Hinblick auf Art. 103 II GG die Weite des Tatbestands, welcher durch restriktive Auslegung begrenzt werden muss.[1425] Das BVerfG[1426] billigt aber den Tatbestand unter der Voraussetzung bestimmter Auslegung bzw. Handhabung.

Die Untreue ist ein **Sonderdelikt** (Pflichtdelikt): Nur der Inhaber der Vermögensbetreuungspflicht kann Täter sein.[1427]

Die Norm ist unübersichtlich formuliert und aufgebaut. Nach ganz h. M. ist § 266 I 1. Var StGB (sog. **Missbrauchstatbestand**) hierbei lediglich ein **Spezialfall** der 2. Var. (sog. **Treubruchstatbestand**).[1428] Hieran orientieren sich auch die folgenden Erläuterungen, die daher mit dem generelleren und praktisch viel bedeutsameren Treubruchstatbestand beginnen. In einer Klausur ist allerdings mit der *lex specialis* zu beginnen.

III. Tatbestand

1. Objektiver Tatbestand

a) § 266 I 1. oder 2. Var StGB

aa) Sog. Treubruchstatbestand, § 266 I 2. Var. StGB

(1) Pflicht, fremde Vermögensinteressen wahrzunehmen/zu betreuen (Vermögensbetreuungspflicht)

[1425] Joecks/Jäger, StGB, 13. Aufl. 2021, § 266 Rn. 12f.; aus der Rspr. vgl. BGH B. v. 13.09.2010 – 1 StR 220/09 (Beeinflussung von Betriebsratswahlen: Siemens/AUB) – BGHSt 55, 288 = NJW 2011, 88 = NStZ 2011, 37 = StV 2011, 25 (Anm. Jahn JuS 2011, 183; Bittmann NJW 2011, 96; Brand JR 2011, 400; Tierel jurisPR-StrafR 5/2011 Anm. 4; Kraatz wistra 2011, 447); OLG Rostock B. v. 27.09.2012 – I Ws 133/12.

[1426] BVerfG B. v. 10.03.2009 – 2 BvR 1980/07 – NJW 2009, 2370 = NStZ 2009, 560 = StV 2010, 70 (Anm. Jahn JuS 2009, 859; RA 2009, 521; Peglau jurisPR-StrafR 10/2009 Anm. 2; Fischer StV 2010, 95; Steinberg/Dinter JR 2011, 224); BVerfG B. v. 23.06.2010 – 2 BvR 2559/08 (Siemens) – BVerfGE 126, 170 = NJW 2010, 3209 = NStZ 2010, 626 = StV 2010, 564 (Anm. Saliger NJW 2010, 3195; Becker HRRS 2010, 383; Leplow wistra 2010, 475; Böse Jura 2011, 617; Satzger JK 2011 StGB § 266 I/36; Kudlich JA 2011, 66; Beckemper ZJS 2011, 88; LL 2011, 33; famos 1/2011; Krüger NStZ 2011, 369; Safferling NStZ 2011, 376; Kuhlen JR 2011, 246; Kraatz JR 2011, 434; Saliger ZIS 2011, 902; Schlösser HRRS 2011, 254; Boetticher jurisPR-StrafR 7/2011 Anm. 1; Schulz FS Roxin 2011, 305; Hüls NZWiSt 2012, 12; Neumann FS Beulke 2015, 197); BVerfG B. v. 01.11.2012 – 2 BvR 1235/11 (Schäch) – NJW 2013, 365 = StV 2013, 80 (Anm. Steinert HRRS 2014, 58); vgl. auch Krell ZStW 2014, 902.

[1427] Eisele, BT II, 6. Aufl. 2021, Rn. 855; aus der Rspr. vgl. zuletzt BGH U. v. 14.07.2021 – 6 StR 282/20 – NStZ 2022, 109 = StV 2021, 716 (Anm. Bosch Jura 2021, 1527; RÜ 2021, 717; Schilling NStZ 2022, 113; Kraatz JR 2022, 288; Bittmann NZWiSt 2022, 30).

[1428] Eisele, BT II, 6. Aufl. 2021, Rn. 856; aus der Rspr. vgl. zuletzt BGH U. v. 21.12.2005 – 3 StR 470/04 (Mannesmann) – BGHSt 50, 331 = NJW 2006, 522 = NStZ 2006, 214 = StV 2006, 301 (Anm. Puppe, AT, 5. Aufl. 2023, § 8 Rn. 15ff.; Kudlich JA 2006, 171; Jahn JuS 2006, 379; RÜ 2006, 147; RA 2006, 161; famos 2/2006; Ransiek NJW 2006, 814; Rönnau NStZ 2006, 218; Krause StV 2006, 307; Vogel/Hocke JZ 2006, 568; Hohn wistra 2006, 161).

▶ **Didaktischer Aufsatz**
  • Bosch, Die Bestimmung von Vermögensbetreuungspflichten, Jura 2021, 1439

(a) Allgemeines
§ 266 I 2. Var. StGB setzt beim Täter die „Pflicht, fremde Vermögensinteressen wahrzunehmen" voraus, inhaltsgleich wird kurz danach von zu betreuenden Vermögensinteressen gesprochen (sog. Vermögensbetreuungspflicht).[1429] Hierdurch wird ein Täterkreis umrissen, der sich durch eine interne Machtstellung auszeichnet und dadurch, dass das Vertrauen in seine Wahrnehmung fremder Vermögensinteressen schutzwürdig ist.[1430] Dem Täter wird eine Schutzfunktion für das Vermögen des Treugebers überantwortet, sodass ihm eine deshalb eine Sonderpflicht zu dessen Schutz erwächst; dies entspricht in Entstehungsvoraussetzungen und Pflichteninhalt damit einer Garantenpflicht.[1431] Delegationen und Übertragungen sind möglich.[1432]
Ggf. ist § 14 StGB anzuwenden.[1433]

(b) Arbeitsdefinition
In einer Fallbearbeitung kann von folgender zusammenfassender Definition ausgegangen werden:
  Eine sog. Vermögensbetreuungspflicht liegt vor bei fremdnütziger Vermögensfürsorge mit einem gewissen Grad an Eigenverantwortlichkeit in einer wirtschaftlich nicht unerheblichen Angelegenheit.[1434]

[1429] S. nur Hoyer, in: SK-StGB, 9. Aufl. 2019, § 266 Rn. 27ff.; näher Wachter ZStW 2019, 286; Bosch Jura 2021, 1439.
[1430] Kindhäuser/Hilgendorf, LPK, 9. Aufl. 2022, § 266 Rn. 20; aus der Rspr. vgl. BGH B. v. 01.04.2008 – 3 StR 493/07.
[1431] Vgl. aus der Rspr. BGH U. v. 14.07.2021 – 6 StR 282/20 – NStZ 2022, 109 = StV 2021, 716 (Anm. Bosch Jura 2021, 1527; RÜ 2021, 717; Schilling NStZ 2022, 113; Kraatz JR 2022, 288; Bittmann NZWiSt 2022, 30; Anders NZWiSt 2023, 361).
[1432] Aus der Rspr. vgl. BGH U. v. 14.07.2021 – 6 StR 282/20 – NStZ 2022, 109 = StV 2021, 716 (Anm. Bosch Jura 2021, 1527; RÜ 2021, 717; Schilling NStZ 2022, 113; Kraatz JR 2022, 288; Bittmann NZWiSt 2022, 30; Anders NZWiSt 2023, 361); BGH U. v. 05.10.2023 – 6 StR 299/22 – NStZ-RR 2023, 365.
[1433] Fischer, StGB, 71. Aufl. 2024, § 266 Rn. 185; aus der Rspr. vgl. BGH B. v. 23.08.1995 – 5 StR 371/95 – BGHSt 41, 224 = NJW 1996, 65 = NStZ 1996, 81 = StV 1996, 34 (Anm. Otto JK 1996 StGB § 266/12; Schmidt JuS 1996, 364; Sowada JR 1997, 28); BGH B. v. 01.04.2008 – 3 StR 493/07; BGH B. v. 31.07.2009 – 2 StR 95/09 – BGHSt 54, 52 = NJW 2009, 3666 = NStZ 2010, 89 = StV 2010, 74 (Anm. Leimenstoll ZIS 2010, 143).
[1434] Eisele, BT II, 6. Aufl. 2021, Rn. 889; aus der Rspr. vgl. zuletzt BGH B. v. 20.08.2019 – 2 StR 381/17 – NJW 2020, 631 = NStZ 2020, 35 = StV 2020, 766 (Anm. Bittmann WiJ 2019, 178; Brand NStZ 2020, 38; Gerson HRRS 2020, 59); BGH U. v. 14.07.2021 – 6 StR 282/20 – NStZ 2022, 109 = StV 2021, 716 (Anm. Bosch Jura 2021, 1527; RÜ 2021, 717; Schilling NStZ 2022, 113; Kraatz JR 2022, 288; Bittmann NZWiSt 2022, 30); OLG Naumburg B. v. 19.10.2021 – 1 Rv 152/21 (Anm. Nestler Jura 2022, 782); BGH U. v. 25.01.2023 – 6 StR 383/22 – NStZ 2023, 351.

Weitreichende Einschränkungen sind erforderlich, damit nicht jede Vertrags- oder Regelverletzung beim Zugriff auf fremdes Vermögen strafbar ist.[1435]

Bei alledem handelt es sich letztlich um eine Gesamtbetrachtung, wobei die einzelnen Merkmale Indizcharakter haben.[1436]

Hinzu kommt, dass auch eine vertragliche Beziehung, die sich insgesamt als Treueverhältnis darstellt, Verpflichtungen enthalten kann, deren Verletzung nicht vom Untreuetatbestand geschützt ist,[1437] z. B. bei Nichtabführen von Provisionen, „Schmiergeldern" und Spenden.[1438]

(c) Die einzelnen Komponenten

(aa) Fremdnützige Vermögensfürsorge als wesentlicher Inhalt der Stellung/des Vertrags (wesensbestimmend)
Bezugspunkt der Pflicht ist ein **fremdes Vermögen**.

Zum Vermögensbegriff s. o. bei § 263 StGB, z. B. auch zur Frage, ob auch ein Vermögensgegenstand geschützt wird, der aus gesetzes- oder sittenwidrigen Geschäften stammt.[1439]

Die Fremdheit bestimmt sich akzessorisch zum Zivil- und öffentlichen Recht; das Vermögen muss einer anderen natürlichen oder juristischen Person zuzuordnen sein; die wirtschaftliche Zuordnung ist irrelevant[1440] (z. B. ist das Vermögen einer juristischen Person auch für Anteilseigner fremd).

[1435] Joecks/Jäger, StGB, 13. Aufl. 2021, § 266 Rn. 31; aus der Rspr. vgl. LG Mainz B. v. 13.11.2000 – 1 Qs 257/00 – NJW 2001, 906 = StV 2001, 296 (Anm. RA 2001, 350; Tholl wistra 2001, 473); BGH B. v. 03.08.2005 – 2 StR 202/05 – NStZ 2006, 38 (Anm. Satzger JK 2006 StGB § 266/28); BGH B. v. 03.05.2012 – 2 StR 446/11 – NStZ 2013, 40 = StV 2013, 86.

[1436] Hoyer, in: SK-StGB, 9. Aufl. 2019, § 266 Rn. 29 („Gesamtbetrachtungslehre der Rspr."); aus der Rspr. vgl. BGH B. v. 01.04.2008 – 3 StR 493/07.

[1437] S. Wittig, in: BeckOK-StGB, Stand 01.08.2024, § 266 Rn. 50; aus der Rspr. vgl. zuletzt BGH B. v. 26.11.2015 – 3 StR 17/15 (Nürburgring) – BGHSt 61, 48 = NJW 2016, 2585 = StV 2017, 104 (Anm. Saliger/Schweiger NJW 2016, 2600; Schlösser StV 2017, 123; Rönnau/Becker JR 2017, 204); BGH U. v. 07.09.2017 – 2 StR 24/16 – BGHSt 62, 288 = NJW 2018, 1330 (Anm. Brand NJW 2018, 1334; Gehm NZWiSt 2018, 338).

[1438] Hierzu Perron, in: Schönke/Schröder, StGB, 30. Aufl. 2019, § 266 Rn. 23a; aus der Rspr. vgl. BGH B. v. 13.12.1994 – 1 StR 622/94 – NStZ 1995, 233 = StV 1995, 302 (Anm. Sonnen JA 1995, 627); BGH U. v. 04.04.2001 – 1 StR 528/00 – NStZ 2001, 545 = StV 2002, 142; BGH U. v. 23.05.2002 – 1 StR 372/01 – BGHSt 47, 295 = NJW 2002, 2801 = NStZ 2002, 648 = StV 2003, 500 (Anm. RÜ 2002, 459; Michalke NJW 2002, 3381; Otto JK 2003 StGB § 266/23 und § 331/7; Rönnau JuS 2003, 232; Korte NStZ 2003, 156; Kindhäuser/Goy NStZ 2003, 291; Kuhlen JR 2003, 231; Ambos JZ 2003, 345; Tholl wistra 2003, 181; Mansdörfer wistra 2003, 211).

[1439] Hierzu bzgl. § 266 StGB Eisele, BT II, 6. Aufl. 2021, Rn. 888.

[1440] Fischer, StGB, 71. Aufl. 2024, § 266 Rn. 11; aus der Rspr. vgl. BGH U. v. 08.05.1951 – 1 StR 171/51 – BGHSt 1, 186; BGH U. v. 24.06.1952 – 1 StR 153/52 – BGHSt 3, 32; OLG Celle U. v. 30.07.1958 – 1 Ss 181/58 – NJW 1959, 496; BGH U. v. 29.11.1983 – 5 StR 616/83 – NStZ 1984, 119 = StV 1984, 119 und 205.

Damit eine Beziehung zwischen Vermögensinhaber und Täter den Charakter einer Vermögensbetreuungspflicht annehmen kann, muss die fremdnützige Vermögensfürsorge **wesensbestimmend** für die Beziehung sein, der wesentliche Inhalt der Stellung sein (z. T. – im Lichte des Zivilrechts missverständlich – auch Hauptpflicht genannt).[1441] Nicht ausreichend sind nur beiläufige Verpflichtungen.

Vermögensbetreuungspflichtig sind insbesondere **Organe bzw. Vertreter von juristischen Personen** (v. a. AG und GmbH) **und Personengesellschaften**.[1442] Problematisch sind aber z. B. Aufsichtsratsmitglieder einer AG.[1443] Ggf. ist ausländisches Gesellschaftsrecht anzuwenden (z. B. Limited).[1444]

Weitere typische Vermögensbetreuungspflichtige sind **Rechtsanwälte**,[1445] z. B. bzgl. der Verwahrung von Mandantengeldern.[1446]

[1441] Fischer, StGB, 71. Aufl. 2024, § 266 Rn. 36f.; aus der Rspr. vgl. zuletzt BGH U. v. 14.07.2021 – 6 StR 282/20 – NStZ 2022, 109 = StV 2021, 716 (Anm. Bosch Jura 2021, 1527; RÜ 2021, 717; Schilling NStZ 2022, 113; Kraatz JR 2022, 288; Bittmann NZWiSt 2022, 30; Anders NZWiSt 2023, 361); OLG Naumburg B. v. 19.10.2021 – 1 Rv 152/21 (Anm. Nestler Jura 2022, 782); BayObLG U. v. 28.09.2022 – 206 StRR 157/22 – NJW 2022, 3522 (Anm. Brand NJW 2022, 3524; Wagner ZJS 2023, 669); BGH U. v. 25.01.2023 – 6 StR 383/22 – NStZ 2023, 351.

[1442] S. nur Fischer, StGB, 71. Aufl. 2024, § 266 Rn. 48; aus der Rspr. vgl. zuletzt BGH U. v. 18.05.2021 – 1 StR 144/20 – StV 2021, 727.

[1443] Hierzu Kindhäuser/Hilgendorf, LPK, 9. Aufl. 2022, § 266 Rn. 36; näher Tiedemann FS Tröndle 1989, 319; Lüderssen FS Lampe 2003, 727; Zwiehoff FS Eisenhardt 2007, 573; Krause FS Hamm 2008, 341; Leipold FS Mehle 2009, 347; Krause NStZ 2011, 57; Schwerdtfeger NZWiSt 2018, 266; aus der Rspr. vgl. zuletzt OLG Braunschweig B. v. 14.06.2012 – Ws 44/12, Ws 45/12 – NJW 2012, 3798 = StV 2013, 94 (Anm. Corsten wistra 2013, 73; Rübenstahl NZWiSt 2013, 267; Mutter/Kruchen CCZ 2013, 123); BGH U. v. 28.05.2013 – 5 StR 551/11 – NStZ 2013, 715 = StV 2014, 88 (Anm. Trüg NStZ 2013, 717; Jahn JuS 2014, 82; Kubiciel StV 2014, 91; Bung StV 2015, 176); BGH B. v. 26.11.2015 – 3 StR 17/15 (Nürburgring) – BGHSt 61, 48 = NJW 2016, 2585 = StV 2017, 104 (Anm. Saliger/Schweiger NJW 2016, 2600; Schlösser StV 2017, 123; Rönnau/Becker JR 2017, 204).

[1444] Hierzu Perron, in: Schönke/Schröder, StGB, 30. Aufl. 2019, § 266 Rn. 21e; aus der Rspr. vgl. BGH U. v. 13.04.2010 – 5 StR 428/09 – NStZ 2010, 632 (Anm. Beckemper ZJS 2010, 554; Schramm/Hinderer ZIS 2010, 494; Schlösser/Mosiek HRRS 2010, 424; Bittmann wistra 2010, 303; Radtke/Rönnau NStZ 2011, 556; Kraatz JR 2011, 58); zur Societas Europaea (SE) Göggerle wistra 2020, 89.

[1445] S. Fischer, StGB, 71. Aufl. 2024, § 266 Rn. 48; näher Barton StV 1991, 322; Schmidt NStZ 2013, 498; aus der Rspr. vgl. zuletzt BGH B. v. 26.11.2019 – 2 StR 588/18 – NJW 2020, 1689 = NStZ 2020, 418 = NStZ-RR 2020, 213 = StV 2020, 764 (Anm. Cordes NJW 2020, 1691; Schmidt NStZ 2020, 420; Schneider NZWiSt 2020, 415).

[1446] Hierzu Fischer, StGB, 71. Aufl. 2024, § 266 Rn. 48; näher Franzheim StV 1986, 409; Schmidt NStZ 2013, 49; aus der Rspr. vgl. zuletzt BGH B. v. 03.05.2022 – 1 StR 10/22 – NJW 2022, 2286 = NStZ-RR 2022, 246 (Anm. RÜ 2022, 718; Rolletschke NZWiSt 2023, 156); BGH B. v. 22.09.2022 – 1 StR 171/22 – NStZ 2023, 105 = StV 2023, 173.

Keinesfalls genügt die allgemeine **Vertragserfüllungspflicht**,[1447] insbesondere nicht bei **Leistungsaustauschverträgen** (v. a. Kauf-,[1448] Miet-,[1449] Leasing-,[1450] Werk-,[1451] Dienst- und Arbeitsvertrag[1452]). Diese sind darauf angelegt, dass jeder allein seine eigenen Interessen vertritt. Auch ein **Eigentumsvorbehaltskauf** erfüllt die Anforderungen nicht,[1453] ebenso wenig eine **Sicherungsübereignung**.[1454]

Besonders deutlich wird die alleinige Eigennützigkeit bei Subventionsempfängern.[1455]

Zurückhaltung ist auch bei **bankenrechtlichen** Fallkonstellation geboten: Aus einem Kontokorrentverhältnis,[1456] Girokonto-Vertrag[1457] oder dem Ermöglichen

---

[1447] Eisele, BT II, 6. Aufl. 2021, Rn. 890; aus der Rspr. vgl. zuletzt BGH U. v. 24.11.2020 – 5 StR 553/19 – BGHSt 65, 202 = NJW 2021, 1473 = StV 2021, 730 (Anm. Brand NJW 2021, 1477); BayObLG U. v. 28.09.2022 – 206 StRR 157/22 – NJW 2022, 3522 (Anm. Brand NJW 2022, 3524); BayObLG U. v. 28.09.2022 – 206 StRR 157/22 – NJW 2022, 3522 (Anm. Brand NJW 2022, 3524; Wagner ZJS 2023, 669).

[1448] Eisele, BT II, 6. Aufl. 2021, Rn. 890; aus der Rspr. vgl. zuletzt BGH B. v. 04.12.2018 – 2 StR 421/18 – StV 2019, 748.

[1449] Joecks/Jäger, StGB, 13. Aufl. 2021, § 266 Rn. 33; aus der Rspr. vgl. OLG Oldenburg U. v. 19.08.1952 – Ss 186/52 – NJW 1952, 1267; OLG Braunschweig U. v. 14.08.1953 – Ss 116/53 – NJW 1953, 1604 (Anm. Erdsiek JZ 1954, 392).

[1450] Eisele, BT II, 6. Aufl. 2021, Rn. 891; aus der Rspr. vgl. OLG Köln U. v. 06.10.1987 – Ss 292/87 – NJW 1988, 3219 = StV 1989, 66 (Anm. Hassemer JuS 1989, 331).

[1451] Joecks/Jäger, StGB, 13. Aufl. 2021, § 266 Rn. 33; aus der Rspr. vgl. RG U. v. 12.07.1943 – 3 D 150/43 – RGSt 77, 150; LG Karlsruhe U. v. 11.10.1976 – V KLs 23/75 – NJW 1977, 1301 und 2376.

[1452] Heger, in: Lackner/Kühl/Heger, StGB, 30. Aufl. 2023, § 266 Rn. 12; aus der Rspr. vgl. zuletzt LG Mainz B. v. 13.11.2000 – 1 Qs 257/00 – NJW 2001, 906 = StV 2001, 296 (Anm. RA 2001, 350; Tholl wistra 2001, 473); BGH B. v. 15.07.2010 – 4 StR 164/10 – NStZ-RR 2011, 276 (Anm. RA 2011, 123).

[1453] Eisele, BT II, 6. Aufl. 2021, Rn. 891; näher Baumann ZStW 1956, 522; aus der Rspr. vgl. zuletzt BGH B. v. 28.06.2005 – 4 StR 376/04 – NStZ 2005, 566 und 631 = NStZ-RR 2005, 311 = StV 2005, 553 (Anm. LL 2006, 400); OLG Celle B. v. 18.07.2013 – 1 Ws 238/13 – NStZ-RR 2013, 348 = StV 2014, 99.

[1454] Eisele, BT II, 6. Aufl. 2021, Rn. 891; aus der Rspr. vgl. RG U. v. 14.12.1939 – 2 D 345/39 – RGSt 74, 1; BGH U. v. 16.06.1953 – 1 StR 67/53 – BGHSt 5, 61 = NJW 1954, 202; BGH U. v. 26.10.1954 – 2 StR 197/54 – NJW 1955, 71.

[1455] S. Fischer, StGB, 71. Aufl. 2024, § 266 Rn. 49; aus der Rspr. vgl. BGH U. v. 13.05.2004 – 5 StR 73/03 (Bremer Vulkan) – BGHSt 49, 147 = NJW 2004, 2248 = NStZ 2004, 559 = StV 2005, 523 (Anm. Kudlich JuS 2004, 1117; RÜ 2004, 422; RA 2004, 526; Pfeiffer JA 2005, 95; Salditt NStZ 2005, 270; Kutzner NStZ 2005, 271; Wattenberg StV 2005, 523; Tiedemann JZ 2005, 45; Ransiek wistra 2005, 121; Krause JR 2006, 51; Schlösser GA 2007, 161; Rotsch ZJS 2008, 610; Momsen FS Schöch 2010, 567).

[1456] Perron, in: Schönke/Schröder, StGB, 30. Aufl. 2019, § 266 Rn. 26; aus der Rspr. vgl. BGH B. v. 17.11.1983 – 4 StR 662/83 – NStZ 1984, 118 (Anm. Labsch JuS 1985, 602).

[1457] Kindhäuser/Hoven, in: NK-StGB, 6. Aufl. 2023, § 266 Rn. 57; aus der Rspr. vgl. AG Hamburg U. v. 22.01.1986 – 149 Ds/73 Js 254/85 – NJW 1986, 945 und 1988, 3288 (Anm. Huff NJW 1986, 902); OLG Schleswig B. v. 13.06.1986 – 1 Ss 127/86 – NJW 1986, 2652 = StV 1986, 484.

der Verwendung von Schecks bzw. einem **Scheckkartenvertrag**[1458] ergibt sich keine Vermögensbetreuungspflicht.

Gleiches gilt bei einem **Kreditkartenvertrag**.[1459]

Wenn einem Angestellten eine **Tankkarte** zur dienstlichen Nutzung überlassen wird,[1460] entspricht dies letztlich dem vertrauensvollen Zurverfügungstellen entsprechender Bargeldbeträge zu einem vorgegebenen Zweck, dessen Einhaltung aber kaum kontrolliert werden kann. Dies spricht für die Annahme einer Vermögensbetreuungspflicht.

Ein Vermieter kann bzgl. der Verwendung einer **Mietkaution** vermögensbetreuungspflichtig sein.[1461] Hier ist zwischen Wohnraummiete und sonstigen Mietverhältnissen zu unterscheiden, da für erstere § 551 III BGB gilt.

Problematisch ist die Beurteilung von Arbeitnehmern, die Geld einkassieren, verwalten und abliefern (v. a. **Kassierer**).[1462] Zu diesen s. auch schon o. bei § 242 StGB (Frage der Gewahrsamsinhaberschaft).

[1458] Strittig, s. Heger, in: Lackner/Kühl/Heger, StGB, 30. Aufl. 2023, § 266 Rn. 13; näher Sennekamp MDR 1971, 638; Meyer MDR 1971, 893; Zahrnt NJW 1972, 277; Meyer MDR 1972, 668; Hübner JZ 1973, 407; Bringewat GA 1973, 353; H0eimann-Trosien JZ 1976, 549; Dunkel GA 1977, 329; Lenckner/Winkelbauer wistra 1984, 83; aus der Rspr. vgl. LG Dortmund U. v. 21.08.1970 – Ns 38 Ms 18/70 – NJW 1971, 65 (Anm. Vonnahme NJW 1971, 443); OLG Hamm U. v. 18.11.1971 – 2 Ss 685/71 – NJW 1972, 298 (Anm. Hassemer JuS 1972, 347; Zahrnt NJW 1972, 1095); OLG Köln U. v. 22.11.1977 – Ss 397/77 – NJW 1978, 713 (Anm. Gössel JR 1978, 469; Giemulla JA 1979, 334; Vormbaum JuS 1981, 18); OLG Köln U. v. 18.03.1981 – 3 Ss 1129/80-18 – NJW 1981, 1851 (Anm. Hassemer JuS 1981, 928; Geppert JK 1982 StGB § 263/10); OLG Hamburg U. v. 04.11.1981 – 1 Ss 177/81 – NJW 1983, 768 (Anm. Schroth NJW 1983, 716).

[1459] Hierzu Eisele, BT II, 6. Aufl. 2021, Rn. 890; näher Steinhilper Jura 1983, 401; Bringewat JA 1984, 347; Lenckner/Winkelbauer wistra 1984, 83; Steinhilper NJW 1985, 300; aus der Rspr. vgl. zuletzt OLG Hamm B. v. 12.03.2015 – 1 RVs 15/15 – NStZ-RR 2015, 213 (Anm. Jäger JA 2015, 629; RÜ 2015, 374).

[1460] S. Perron, in: Schönke/Schröder, StGB, 30. Aufl. 2019, § 266 Rn. 26; aus der Rspr. vgl. zuletzt LG München I U. v. 04.02.2016 – 23 Ns 256 Js 112128/14 – StV 2017, 450.

[1461] Hierzu Kindhäuser/Hilgendorf, LPK, 9. Aufl. 2022, § 266 Rn. 39; näher Satzger Jura 1998, 570; Gericke NJW 2013, 1633; aus der Rspr. vgl. zuletzt BGH B. v. 02.04.2008 – 5 StR 354/07 – BGHSt 52, 182 = NJW 2008, 1827 = NStZ 2008, 455 = StV 2008, 527 (Anm. Geppert JK 2008 StGB § 266/32; Bosch JA 2008, 658; LL 2008, 531; RÜ 2008, 437; RA 2008, 446; Kretschmer JR 2008, 348; Rönnau NStZ 2009, 632).

[1462] Eisele, BT II, 6. Aufl. 2021, Rn. 894; aus der Rspr. vgl. RG U. v. 14.12.1934 – 1 D 865/34 – RGSt 69, 58; RG U. v. 22.06.1939 – 2 D 310/39 – RGSt 73, 235; BGH U. v. 06.05.1952 – 1 StR 60/52 – BGHSt 2, 324; BGH U. v. 11.12.1957 – 2 StR 481/57 – BGHSt 13, 315 = NJW 1960, 53; OLG Köln U. v. 12.02.1963 – Ss 335/62 – NJW 1963, 1992 (Anm. Schröder NJW 1963, 1958; Bähr JuS 1964, 39); BGH U. v. 02.04.1963 – 1 StR 66/63 – BGHSt 18, 312 = NJW 1963, 1259 (Anm. Schröder JR 1963, 427); OLG Hamm U. v. 22.05.1973 – 5 Ss 519/73 – NJW 1973, 1809; BGH U. v. 30.11.1978 – 1 StR 490/78; BGH B. v. 26.05.1983 – 4 StR 265/83 – NStZ 1983, 455 = StV 1983, 505; BGH B. v. 01.04.2008 – 3 StR 493/07.

Beispiel 268

BGH B. v. 21.09.1988 – 3 StR 358/88 – StV 1989, 59 (Anm. Otto JK 1989 StGB § 266/9):
B war Kassierer der Hauptkasse einer Volksbank. In der Zeit vom 13.01.1986 bis zum 22.10.1987 entnahm er dem Kassenbestand insgesamt 225.000 DM unberechtigt für eigene Zwecke. Teilweise nahm er das Geld unmittelbar aus der Kasse, teilweise schrieb er es zunächst seinem Girokonto gut. Die Kassenfehlbeträge verdeckte er durch Falschbuchungen. ◄

In diesen Fällen spricht eine eher technische Verwaltungstätigkeit gegen die Annahme einer Vermögensbetreuungspflicht; eine eigene Verantwortung für die Kontrolle der Einnahmen und der Ablieferungen, Buchführung, Erteilung von Quittungen und Herausgabe von Wechselgeld können für die Annahme einer Vermögensbetreuungspflicht sprechen.

Vergleichbares gilt für Boten und **Auslieferer** von Waren einerseits (keine Vermögensbetreuungspflicht) und Konstellationen der **Verkaufsvereinbarung** (Kommission) andererseits.[1463]

Genannt sei noch das sozialrechtlich komplexe Verhältnis von Vertragsarzt (**Kassenarzt**) und der Krankenkasse.[1464]

(bb) Handlungs-, Entscheidungs-, Ermessensspielraum: Selbstständigkeit, Bewegungsfreiheit, Verantwortlichkeit, Abwesenheit von Kontrolle

Nur demjenigen kann eine Vermögensbetreuungspflicht zugeschrieben werden, dem bei Ausübung seiner Tätigkeit eine gewisse Selbstständigkeit, ein Handlungs-, Entscheidungs-, Ermessensspielraum zukommt.[1465] Der Täter muss recht

---

[1463] S. Fischer, StGB, 71. Aufl. 2024, § 266 Rn. 48; aus der Rspr. vgl. BGH U. v. 12.05.1992 – 1 StR 133/92 – BGHSt 38, 281 = NJW 1992, 2167 = NStZ 1992, 437 = StV 1992, 467 (Anm. Schmitz JA 1992, 319; Otto JZ 1992, 1139; Otto JK 1993 StGB § 266b/3; Jung JuS 1993, 80; Ranft NStZ 1993, 185); OLG Düsseldorf B. v. 24.11.1997 – 5 Ss 342/97 – 96/97I – NJW 1998, 690 = NStZ 1998, 250 = StV 1999, 31; OLG Düsseldorf B. v. 19.07.1999 – 2b Ss 182/99 – 66/99 I – NJW 2000, 529 = StV 2000, 30 (Anm. Otto JK 2000 StGB § 266/18).

[1464] Hierzu Kindhäuser/Hoven, in: NK-StGB, 6. Aufl. 2023, § 266 Rn. 58; näher Brandts/Seier FS Herzberg 2008, 811; Leimenstoll wistra 2013, 121; aus der Rspr. vgl. zuletzt OLG Köln U. v. 16.12.2020 – 5 U 39/20 (Anm. RÜ 2021, 409; Kraatz JR 2021, 623); BGH B. v. 11.05.2021 – 4 StR 350/20 – NJW 2021, 3134 = NStZ 2021, 742 = StV 2021, 727 (Anm. Bosch Jura 2021, 1270; RÜ 2021, 517; Schulz jurisPR-StrafR 1/2022 Anm. 2; Thürmann WiJ 2022, 33).

[1465] Joecks/Jäger, StGB, 13. Aufl. 2021, § 266 Rn. 34; aus der Rspr. vgl. zuletzt BGH U. v. 14.07.2021 – 6 StR 282/20 – NStZ 2022, 109 = StV 2021, 716 (Anm. Bosch Jura 2021, 1527; RÜ 2021, 717; Schilling NStZ 2022, 113; Kraatz JR 2022, 288; Bittmann NZWiSt 2022, 30; Anders NZWiSt 2023, 361); OLG Naumburg B. v. 19.10.2021 – 1 Rv 152/21 (Anm. Nestler Jura 2022, 782); BayObLG U. v. 28.09.2022 – 206 StRR 157/22 – NJW 2022, 3522 (Anm. Brand NJW 2022, 3524; Wagner ZJS 2023, 669); BGH U. v. 25.01.2023 – 6 StR 383/22 – NStZ 2023, 351.

frei „schalten und walten können". Hierbei handelt es sich letztlich um eine Ausprägung der o. a. Restriktion (Vermögensfürsorge als wesensbestimmende Pflicht), sodass die zu problematisierenden Fallgruppen die gleichen sind. Mit weisungsabhängigen und mechanischen Tätigkeiten (z. B. Sekretäre, Arbeiter, Lieferanten, Boten, Kassierer) geht mithin keine Vermögensbetreuungspflicht einher.[1466]

(cc) Nicht unerhebliche wirtschaftliche Bedeutung
Schließlich wird eine nicht unerhebliche wirtschaftliche Bedeutung der Tätigkeit verlangt.[1467] Hierin liegt freilich lediglich eine kaum bestimmbare Bagatellgrenze. Hierbei wird auch die Dauer der Tätigkeit einfließen.[1468]

(d) Ursprung
Gem. § 266 I StGB kann die Vermögensbetreuungspflicht „kraft Gesetzes, behördlichen Auftrags, Rechtsgeschäfts oder eines Treueverhältnisses" entstehen.

(aa) Gesetz
Das Gesetz kann privatrechtlicher oder öffentlich-rechtlicher Natur sein.[1469]

Sich unmittelbar[1470] aus dem Gesetz ergebende Vermögensbetreuungspflichten finden sich insbesondere im BGB, z. B. in den §§ 26 (Vereinsvorstand), 1626 I (Eltern), 1793 (Vormund), 1896[1471] (Betreuer), 1909[1472] (Ergänzungspfleger), 1960[1473] (Nachlasspfleger), 2205 BGB (Testamentsvollstrecker). Zur Mietkaution s. o.

[1466] S. nur Kindhäuser/Hilgendorf, LPK, 9. Aufl. 2022, § 266 Rn. 25f.

[1467] H. M., Kindhäuser/Hilgendorf, LPK, 9. Aufl. 2022, § 266 Rn. 27; aus der Rspr. vgl. zuletzt OLG Hamm B. v. 12.03.2015 – 1 RVs 15/15 – NStZ-RR 2015, 213 (Anm. Jäger JA 2015, 629; RÜ 2015, 374); OLG Hamm B. v. 30.06.2016 – 4 RVs 58/16 (Anm. Schumacher NZWiSt 2016, 485).

[1468] H. M., Kindhäuser/Hilgendorf, LPK, 9. Aufl. 2022, § 266 Rn. 27; aus der Rspr. vgl. RG U. v. 03.03.1944 – 1 D 363/43 – RGSt 77, 343; OLG Hamm U. v. 18.11.1971 – 2 Ss 685/71 – NJW 1972, 298 (Anm. Hassemer JuS 1972, 347; Zahrnt NJW 1972, 1095).

[1469] Perron, in: Schönke/Schröder, StGB, 30. Aufl. 2019, § 266 Rn. 8.

[1470] Zum Unmittelbarkeitserfordernis Fischer, StGB, 71. Aufl. 2024, § 266 Rn. 15f.

[1471] Zur Vermögensbetreuungspflicht der Betreuer i. S. d. §§ 1896ff. BGB Fischer, StGB, 71. Aufl. 2024, § 266 Rn. 48; näher Otto Jura 1992, 48; aus der Rspr. vgl. OLG Stuttgart U. v. 18.09.1998 – 2 Ss 400/98 – NJW 1999, 1564 = NStZ 1999, 246 (Anm. Martin JuS 1999, 825; LL 1999, 513; Thomas NStZ 1999, 622).

[1472] S. Kindhäuser/Hilgendorf, LPK, 9. Aufl. 2022, § 266 Rn. 36; aus der Rspr. vgl. OLG Bremen U. v. 05.12.1988 – Ss 85/87 – NStZ 1989, 228; OLG Celle U. v. 12.10.1993 – 1 Ss 166/93 – NJW 1994, 142 (Anm. Linnemann wistra 1994, 167; Krack/Radtke JuS 1995, 17).

[1473] S. Fischer, StGB, 71. Aufl. 2024, § 266 Rn. 48; aus der Rspr. vgl. BGH U. v. 24.02.1988 – 3 StR 476/87 – BGHSt 35, 224 = NJW 1988, 2809 = NStZ 1988, 498 (Anm. Otto JZ 1988, 883).

Des Weiteren genannt seien Insolvenzverwalter (§§ 56ff. InsO),[1474] Notare[1475] und Gerichtsvollzieher.[1476] Zum Kassenarzt s. o. I.Ü. sei auf die Kasuistik der Kommentarliteratur verwiesen.[1477]

(bb) Behördlicher Auftrag
Durch behördlichen Auftrag wird jemand vermögensbetreuungspflichtig, zu dessen dienstlichen Obliegenheiten die Sorge für fremdes Vermögen gehört.[1478]
Wichtigster Fall ist die Berufung in ein öffentliches Amt mit nach Maßgabe des öffentlichen Rechts geregelten vermögensrelevanten Befugnissen,[1479] z. B. als Polizist,[1480] Finanzbeamter,[1481] Universitätsprofessor[1482] oder Bürgermeister.[1483]

[1474] S. Kindhäuser/Hilgendorf, LPK, 9. Aufl. 2022, § 266 Rn. 36; näher Schramm NStZ 2000, 398; aus der Rspr. vgl. BGH U. v. 16.12.1960 – 4 StR 401/60 – BGHSt 15, 342 = NJW 1961, 685 (Anm. Schröder JR 1961, 268); BGH B. v. 03.02.1993 – 3 StR 606/92 – NJW 1993, 1278 = NStZ 1993, 239 = StV 1993, 245 (Anm. Sowada GA 1995, 60); BGH U. v. 14.01.1998 – 1 StR 504/97 – NStZ 1998, 246; BGH U. v. 23.03.2000 – 4 StR 19/00 – NStZ 2000, 375 = StV 2000, 477 (Anm. RA 2000, 425; LL 2001, 103).

[1475] S. Fischer, StGB, 71. Aufl. 2024, § 266 Rn. 48; aus der Rspr. vgl. RG U. v. 20.02.1936 – 2 D 531/35 – RGSt 70, 166; BGH U. v. 10.11.1959 – 5 StR 337/59 – BGHSt 13, 330 = NJW 1960, 158 (Anm. Schröder JR 1960, 105); BGH U. v. 06.04.1982 – 5 StR 8/8 – NJW 1982, 2390 = NStZ 1982, 331; BGH U. v. 12.06.1990 – 5 StR 268/89 – NJW 1990, 3219 = NStZ 1990, 437; BGH B. v. 07.04.2010 – 2 StR 153/09 – NJW 2010, 1764 (Anm. Küpper jurisPR-StrafR 11/2010 Anm. 3).

[1476] Kindhäuser/Hilgendorf, LPK, 9. Aufl. 2022, § 266 Rn. 36; aus der Rspr. vgl. zuletzt BGH B. v. 07.01.2011 – 4 StR 409/10 – NJW 2011, 2149 = NStZ 2011, 281 = StV 2011, 417 (Anm. Ceffinato StV 2011, 418); BGH B. v. 14.08.2013 – 4 StR 255/13 – NStZ-RR 2013, 344 (Anm. RÜ 2013, 786; Jäger JA 2014, 311; Kraatz JR 2014, 241).

[1477] Z. B. Perron, in: Schönke/Schröder, StGB, 30. Aufl. 2019, § 266 Rn. 25.

[1478] Joecks/Jäger, StGB, 13. Aufl. 2021, § 266 Rn. 20.

[1479] Eisele, BT II, 6. Aufl. 2021, Rn. 861; aus der Rspr. vgl. RG U. v. 10.10.1935 – 2 D 647/35 – RGSt 69, 333.

[1480] Fischer, StGB, 71. Aufl. 2024, § 266 Rn. 48; aus der Rspr. vgl. OLG Köln U. v. 12.02.1963 – Ss 335/62 – NJW 1963, 1992 (Anm. Schröder NJW 1963, 1958; Bähr JuS 1964, 39); LG Dresden U. v. 21.06.2005 – 10 Ns 202 Js 45549/03 – NStZ 2006, 633 (Anm. RA 2006, 698; Geppert JK 2007 StGB § 266/30; RÜ 2007, 32); BayObLG U. v. 28.09.2022 – 206 StRR 157/22 – NJW 2022, 3522 (Anm. Brand NJW 2022, 3524; Wagner ZJS 2023, 669).

[1481] Fischer, StGB, 71. Aufl. 2024, § 266 Rn. 48; aus der Rspr. vgl. zuletzt BGH U. v. 07.09.2017 – 2 StR 24/16 – BGHSt 62, 288 = NJW 2018, 1330 = NStZ 2018, 716 = StV 2019, 33 (Anm. Brand NJW 2018, 1334; Gehm NZWiSt 2018, 338).

[1482] Fischer, StGB, 71. Aufl. 2024, § 266 Rn. 48; aus der Rspr. vgl. BGH U. v. 27.07.1982 – 1 StR 209/82 – NJW 1982, 2881 = NStZ 1982, 465; BGH U. v. 23.05.2002 – 1 StR 372/01 – BGHSt 47, 295 = NJW 2002, 2801 = NStZ 2002, 648 = StV 2003, 500 (Anm. RÜ 2002, 459; Michalke NJW 2002, 3381; Otto JK 2003 StGB § 266/23 und § 331/7; Rönnau JuS 2003, 232; Korte NStZ 2003, 156; Kindhäuser/Goy NStZ 2003, 291; Kuhlen JR 2003, 231; Ambos JZ 2003, 345; Tholl wistra 2003, 181; Mansdörfer wistra 2003, 211).

[1483] Fischer, StGB, 71. Aufl. 2024, § 266 Rn. 48; aus der Rspr. vgl. zuletzt BGH B. v. 19.09.2018 – 1 StR 194/18 – NJW 2019, 378 = NStZ-RR 2019, 53 = StV 2019, 747 (Anm. Brand NJW 2019, 381; Baur JR 2019, 534; Schneider NZWiSt 2019, 234; Bittmann NStZ 2020, 263).

(cc) Rechtsgeschäft

Zu verschiedenen Rechtsgeschäften, aus denen eine Vermögensbetreuungspflicht folgen kann (in durchaus restriktiver Abgrenzung v. a. zu bloßen Austauschgeschäften), sowie zum Handeln für juristische Personen[1484] und Personengesellschaften s. bereits o.

I.Ü. sei auf die Kasuistik der Kommentarliteratur verwiesen.[1485]

(dd) Tatsächliche Treueverhältnisse

▶ **Didaktischer Aufsatz**
- Mayr, Die historische Entwicklung der Rechtsprechung zur faktischen Geschäftsführung, ZJS 2018, 212

Den in § 266 I StGB angeführten „Treueverhältnissen" kommt eine Auffangfunktion zu,[1486] und zwar v. a. in zwei Fallgestaltungen:

Erstens bei **erloschenen** oder **nicht wirksam** entstandenen Rechtsverhältnissen.[1487]

Zweitens bei allein tatsächlicher (**faktischer**) **Geschäftsführung** v. a. einer GmbH.[1488] Hier übt eine Person die Geschäftsführung mit Einverständnis der Gesellschafter oder ihrer Mehrheit tatsächlich aus und hat gegenüber dem formell bestellten Geschäftsführer ein faktisches Übergewicht, wobei die Anforderungen vage sind.

Zu beachten ist freilich, dass nicht jede rein tatsächliche Einwirkungsmöglichkeit zu einer Vermögensbetreuungspflicht führen kann, sondern ein schützenswertes Vertrauen in eine Wahrnehmung der fremden Vermögensinteressen erforderlich ist.[1489]

[1484] Vgl. aus der Rspr. zuletzt BGH U. v. 10.01.2023 – 6 StR 133/22 (VW-Gesamtbetriebsrat) – BGHSt 67, 225 = NJW 2023, 1075 = NStZ 2023, 352 = StV 2023, 755 (Anm. Bosch Jura 2023, 774; Brand/Strauß NJW 2023, 1024; Kulhanek NStZ 2023, 355; Hoffmann-Holland GA 2023, 377; Lindemann wistra 2023, 317; Klose NZWiSt 2023, 199; Kielkowski/Junkers jurisPR-Compl 2/2023 Anm. 1; Pelz/Weber CCZ 2023, 285; Gräfin von Galen/Spiller NStZ 2024, 492).

[1485] Z. B. Perron, in: Schönke/Schröder, StGB, 30. Aufl. 2019, § 266 Rn. 25.

[1486] Hoyer, in: SK-StGB, 9. Aufl. 2019, § 266 Rn. 40.

[1487] S. Eisele, BT II, 6. Aufl. 2021, Rn. 885f.; aus der Rspr. vgl. zuletzt BGH U. v. 04.03.2020 – 5 StR 395/19 – NJW 2020, 1597 = NStZ-RR 2020, 145 = StV 2020, 759 (Anm. RÜ 2020, 312; Corsten/Lehners StV 2020, 759).

[1488] S. Kindhäuser/Hilgendorf, LPK, 9. Aufl. 2022, § 266 Rn. 36; näher Fuhrmann FS Tröndle 1989, 139; Mayr ZJS 2018, 212; Sahan/Altenburg NZWiSt 2018, 161; aus der Rspr. vgl. zuletzt BGH B. v. 13.12.2012 – 5 StR 407/12 – NJW 2013, 624 = NStZ 2013, 529 = StV 2014, 93 (Anm. Schneider HRRS 2013, 297); BGH U. v. 04.09.2014 – 1 StR 75/14 (Anm. RÜ 2015, 236).

[1489] Hoyer, in: SK-StGB, 9. Aufl. 2019, § 266 Rn. 40; aus der Rspr. vgl. zuletzt BGH B. v. 21.08.2018 – 3 StR 292/17 – NStZ-RR 2019, 52 = StV 2019, 748 (Anm. Kraatz JR 2019, 246; Sinn NZWiSt 2019, 237; Dahm MedR 2019, 880).

Umstritten ist, ob eine Treuepflicht auch bei einem wegen **Gesetzes- oder Sittenwidrigkeit** nichtigen Rechtsgeschäfts bestehen kann (sog. „Ganovenuntreue").[1490]

Beispiel 269

BGH U. v. 17.11.1955 – 3 StR 234/55 (FDJ) – BGHSt 8, 254 = NJW 1956, 151 (Anm. Kühl, Höchstrichterliche Rspr. BT, 2002, Nr. 70; Bruns NJW 1956, 153; Hartung JZ 1956, 572):
B gehörte seit 1949 dem Zentralrat der sog. „Freien Deutschen Jugend" in Ostberlin als besoldeter 2. Sekretär an. Ihm unterstand auch die Finanzabteilung, er war u. a. „für die politische Verwendung" der Gelder der FDJ verantwortlich, gemeinsam mit einem anderen Mitglied des Zentralrats zeichnungsberechtigt und durfte Geld anweisen. Dem B verblieben diese Befugnisse bis zu seiner Flucht im Oktober 1953. Schon vorher war es zu Zerwürfnissen gekommen, die ihm die Überzeugung verschafft hatten, kaltgestellt und auf seinem Posten unerwünscht zu sein. Im Oktober 1953, vor Urlaubsantritt, befürchtete B auf Grund eines Anrufs der Kontrollkommission der SED seine Verhaftung und beschloss, sofort in die Bundesrepublik zu fliehen. Bei der Verabschiedung von den Mitarbeitern, die davon nichts wussten, fragte ihn der Kassierer der Finanzabteilung, was mit einem verwahrten Betrag 170.000 DM-West geschehen solle. B ergriff die Gelegenheit, dieses Geld an sich zu bringen und sein künftiges wirtschaftliches Dasein darauf zu gründen. B erklärte dem Kassierer, er werde das Geld der SED überbringen und ließ es sich aushändigen. Seinem Plan entsprechend entfloh er mit dem Geld und verbrauchte es bis zur Verhaftung für sich. Der Betrag stammte aus Mitteln, welche die SED der FDJ „zu illegalen Zwecken, für Westarbeit", nämlich die gesetzwidrige Wühlarbeit in der Bundesrepublik vor der Septemberwahl 1953 übergeben hatte. Wegen Nichtverwendung war er an den Zentralrat der FDJ zurückgelangt. ◄

Die 170.000 DM-West waren der FDJ von der SED „zu illegalen Zwecken, für Westarbeit" übergeben worden. Dementsprechend hatte auch der B, dem die Finanzabteilung unterstand, das Geld für diese Zwecke zu verwenden. Dies ist nach § 134 BGB nichtig, sodass B keine Vermögensbetreuungspflicht kraft Rechtsverhältnisses hatte. Fraglich ist aber, ob dann eine faktische Treuepflicht des B anzuerkennen ist.

[1490] Hierzu Hillenkamp/Cornelius, 40 Probleme aus dem Strafrecht BT, 13. Aufl. 2020, 35. Problem; Bruns FS Mezger 1954, 335; Kretschmer StraFo 2009, 189; aus der Rspr. vgl. RG U. v. 04.05.1908 – III 179/08 – RGSt 41, 266; RG U. v. 23.01.1930 – III 947/29 – RGSt 63, 407; RG U. v. 05.12.1935 – 3 D 859/35 – RGSt 70, 7; RG U. v. 04.06.1939 – 2 D 650/38 – RGSt 73, 157; OLG Braunschweig U. v. 27.10.1949 – Ss 89/49 – NJW 1950, 656; BGH U. v. 27.03.1953 – 2 StR 146/52 – NJW 1954, 889; BGH U. v. 22.04.1954 – 4 StR 807/53 – BGHSt 6, 67 = NJW 1954, 1009; BGH U. v. 19.01.1965 – 1 StR 497/64 – BGHSt 20, 143 = NJW 1965, 770 (Anm. Brauser NJW 1965, 1088; Roxin JZ 1965, 558); BGH U. v. 06.12.1983 – VI ZR 117/82 – NJW 1984, 800; BGH U. v. 22.01.1988 – 2 StR 133/87 – NJW 1988, 2483 = NStZ 1988, 217; BGH U. v. 26.10.1998 – 5 StR 746/97 – NStZ-RR 1999, 184 = StV 2000, 474 (Anm. Otto JK 1999 StGB § 27/13).

Beispiel 270

BGH B. v. 27.01.2010 – 5 StR 488/09 – NStZ 2010, 703 = StV 2010, 364 (Anm. Geppert JK 2010 StGB § 267/34; Bosch JA 2010, 555; Jahn JuS 2010, 554; LL 2010, 828; RÜ 2010, 309; RA 2010, 275; Winkler jurisPR-StrafR 6/2010 Anm. 4):

B sagte dem Z zwischen Ende 2003 und Beginn 2004 zu, über ein von ihm in Thailand gehaltenes Bankkonto einen Zahlungsfluss des Z i.H.v. 571.000 € von Deutschland über Thailand in die Schweiz verschleiern zu helfen. Z wollte den Geldbetrag hierdurch dem Zugriff seiner damaligen Ehefrau im Rahmen eines bevorstehenden Scheidungsverfahrens entziehen. Da sich das Bankinstitut in Thailand mangels Herkunftsnachweises weigerte, die Weiterüberweisung in die Schweiz an eine andere Person als den B durchzuführen, überwies B einen Teilbetrag von 520.000 € auf ein Schweizer Konto, dessen Inhaber er selbst war. Von dort aus wollte er den Betrag auf das Schweizer Konto des Z weiterleiten. Jedoch verlangte auch sein Schweizer Bankinstitut einen Beleg dafür, dass die Summe aus einer rechtmäßigen Quelle herrühre. Spätestens jetzt fasste B den Entschluss, die Geldmittel für sich selbst zu verwenden. Er täuschte den Z über den Verbleib des Geldes und brach dann den Kontakt ab. ◄

Die Beauftragung des B, den Geldbetrag dem Zugriff der Ehefrau des Z zu entziehen, ist gesetzeswidrig und damit nichtig. Entsteht trotzdem ein faktisches Treueverhältnis?

Die Rspr.[1491] und Teile der Lehre[1492] nehmen hier ein tatsächliches Treueverhältnis an.

Die wohl h. L.[1493] lehnt dies ab.

Auch die erstere Auffassung verneint allerdings eine Untreue, wenn der „Verpflichtete" gesetzes- oder sittenwidrigen Abreden nicht nachkommt, weil es keine Treupflicht zur Begehung solcher Verstöße geben kann.

I.Ü. gelten die Erwägungen, die i.R.d. § 263 StGB gegen eine juristische Einschränkung des wirtschaftlichen Vermögensbegriffs sprechen, gleichermaßen. Auch zwischen „Ganoven" soll es keinen strafrechtsfreien Raum geben. Wenn die h. L. auf die Einheit der Rechtsordnung und die mangelnde strafrechtliche Schutzwürdigkeit verweist, so wird dies dem Auffangcharakter tatsächlicher Treueverhältnisse nicht gerecht. Sanktionen- und Strafprozessrecht bieten ferner hinreichende Möglichkeiten, das reduzierte Unrecht zu berücksichtigen.

(2) Verletzt

(a) Maßstab
Tathandlung ist die Verletzung der sog. Vermögensbetreuungspflicht.

[1491] S. o.
[1492] S. Wessels/Hillenkamp/Schuhr, BT 2, 46. Aufl. 2023, Rn. 832.
[1493] Perron, in: Schönke/Schröder, StGB, 30. Aufl. 2019, § 266 Rn. 31.

Erfasst ist jedes Tun oder Unterlassen, welches im Widerspruch zur Treuepflicht steht.[1494]

Der anzulegende Maßstab an die Wahrnehmung der Vermögensbetreuungspflicht ist der der Sorgfalt eines gewissenhaften und ehrbaren Interessenvertreters.[1495]

Bei Gesetzesverstößen ist irrelevant, ob die Handlung im Interesse des Vermögensinhabers (v. a. einer Gesellschaft) und für diesen profitabel ist.[1496]

Zu beachten ist, dass aus einem späteren Vermögensverlust nicht *ex post* auf eine Pflichtverletzung *ex ante* geschlossen werden darf (vgl. z. B. Risikogeschäfte, etwa die Kreditvergabe).[1497]

(b) Funktionaler Zusammenhang

Eine untreuerelevante Pflichtverletzung setzt voraus, dass der Täter gerade in seiner **Funktion als Vermögensbetreuungspflichtiger** handelt.[1498] Die **spezifische Treuepflicht** muss verletzt worden sein: Das Verhalten muss zum Pflichtenkreis des Täters gehören, insofern einen sachlichen und funktionalen Zusammenhang aufweisen, sodass der Täter nicht nur bei Gelegenheit seiner Stellung handelt.

Die Pflichtwidrigkeit der Handlung reicht zur Tatbestandserfüllung nur dann aus, wenn sie sich gerade auf den Teil der Pflichtenstellung des Täters bezieht, welcher die Vermögensbetreuungspflicht zum Gegenstand hat.[1499] Erforderlich ist eine signifikante Ausübung der eigenverantwortlichen internen Machtposition, die die Pflichtverletzung inhaltlich ermöglicht, erleichtert oder in sonstiger Weise maßgeblich gefördert hat. Es ist aber nicht erforderlich, dass die Tat von einem Nichttreueverpflichteten nicht begangen werden könnte.[1500]

(c) Einverständnis

▶ **Didaktischer Aufsatz**
- Edlbauer/Irrgang, Die Wirkung der Zustimmung und ihrer Surrogate im Untreuetatbestand, JA 2010, 786

[1494] Eisele, BT II, 6. Aufl. 2021, Rn. 897.

[1495] Kindhäuser/Hilgendorf, LPK, 9. Aufl. 2022, § 266 Rn. 77; aus der Rspr. vgl. RG U. v. 10.05.1935 – 1 D 757/34 – RGSt 69, 203; BGH U. v. 17.06.1952 – 1 StR 668/51 – BGHSt 3, 23.

[1496] Eisele, BT II, 6. Aufl. 2021, Rn. 897; aus der Rspr. vgl. BGH U. v. 27.08.2010 – 2 StR 111/09 (Trienekens) – BGHSt 55, 266 = NJW 2010, 3458 = NStZ 2010, 700 = StV 2011, 20 (Anm. RA 2010, 637; Brand NJW 2010, 3463; Mühlenfeld jurisPR-StrafR 19/2010 Anm. 2; Görling CCZ 2011, 77; Saliger FS Roxin 2011, 1053).

[1497] Fischer, StGB, 71. Aufl. 2024, § 266 Rn. 54.

[1498] Eisele, BT II, 6. Aufl. 2021, Rn. 897; aus der Rspr. vgl. BGH B. v. 12.07.1962 – 1 StR 282/62 – BGHSt 17, 360 = NJW 1962, 1685; BGH U. v. 17.09.2009 – 5 StR 521/08 (VW) – BGHSt 54, 148 = NJW 2010, 92 = NStZ 2009, 694 = StV 2010, 77 (Anm. Bittmann NJW 2010, 98; Corsten wistra 2010, 206; Zwiehoff FS Puppe 2011, 1337).

[1499] Eisele, BT II, 6. Aufl. 2021, Rn. 898; aus der Rspr. vgl. zuletzt BGH B. v. 22.01.2013 – 1 StR 416/12 – BGHSt 58, 119 = NJW 2013, 2608 = NStZ 2013, 525 = StV 2013, 512 (Anm. Heghmanns ZJS 2013, 423; RÜ 2013, 305; Schuhr JR 2013, 572).

[1500] Aus der Rspr. vgl. zuletzt BGH U. v. 25.01.2023 – 6 StR 383/22 – NStZ 2023, 351.

Das (vorherige) Einverständnis des Vermögensinhabers in die Handlung des Vermögensbetreuungspflichtigen schließt die Pflichtverletzung und damit bereits den **objektiven Tatbestand** aus – die Pflicht wird insofern an die prospektierte Handlung angepasst.[1501]

Hierbei gelten aber die strengeren Voraussetzungen der Einwilligung (v. a. Willensmängelfreiheit, vgl. mangelnde geschäftliche Erfahrung des Vermögensinhabers), da bei § 266 StGB ein normativer und nicht nur tatsächlicher Charakter des Einverständnisses anzunehmen ist.[1502]

Ein nachträgliches „Einverständnis" ist hingegen unbeachtlich.[1503]

Bei **Gesetzes- oder Pflichtwidrigkeit** des Einverständnisses ist dieses unwirksam.[1504]

Beispiel 271

BGH U. v. 21.12.2005 – 3 StR 470/04 (Mannesmann) – BGHSt 50, 331 = NJW 2006, 522 = NStZ 2006, 214 = StV 2006, 301 (Anm. Puppe, AT, 5. Aufl. 2022, § 8 Rn. 15ff.; Kudlich JA 2006, 171; Jahn JuS 2006, 379; RÜ 2006, 147; RA 2006, 161; famos 2/2006; Ransiek NJW 2006, 814; Rönnau NStZ 2006, 218; Krause StV 2006, 307; Vogel/Hocke JZ 2006, 568; Hohn wistra 2006, 161):

Ab November 1999 versuchten Dr. Esser und seine Mitarbeiter eine Übernahme der Mannesmann AG durch Vodafone abzuwehren und deren wirtschaftliche Selbstständigkeit zu erhalten. Nach einem harten Übernahmekampf kam es Anfang Februar 2000 zu einer Einigung der Vertreter beider Unternehmen über die Bedingungen einer einvernehmlichen Übernahme, nachdem ein verbessertes Umtauschverhältnis für die Aktien der Mannesmann AG erzielt worden war. Bis

---

[1501] H. M., s. Fischer, StGB, 71. Aufl. 2024, § 266 Rn. 90; näher Lesch FS Wessing 2016, 223; aus der Rspr. vgl. zuletzt BGH U. v. 23.10.2018 – 1 StR 234/17 – NStZ-RR 2019, 115 = StV 2019, 747 (Anm. Nestler Jura 2019, 783; RÜ 2019, 236); BGH B. v. 12.02.2020 – 2 StR 291/19 – NJW 2020, 3473 = NStZ 2020, 544 = StV 2020, 760 (Anm. Habetha NStZ 2020, 546; Schneider NZWiSt 2020, 322).

[1502] Kindhäuser/Hilgendorf, LPK, 9. Aufl. 2022, § 266 Rn. 55; Eisele, BT II, 6. Aufl. 2021, Rn. 865; aus der Rspr. vgl. BGH U. v. 12.01.1956 – 3 StR 626/54 – BGHSt 9, 203 = NJW 1956, 1326; BGH B. v. 29.11.1996 – 2 StR 491/96 – NStZ 1997, 124 (Anm. Otto JK 1997 StGB § 266/14).

[1503] Eisele, BT II, 6. Aufl. 2021, Rn. 866; aus der Rspr. vgl. zuletzt BGH U. v. 11.12.2014 – 3 StR 265/14 (Konzept „Wahlsieg 2006") – BGHSt 60, 94 = NJW 2015, 1618 = NStZ-RR 2016, 14 = StV 2015, 439 (Anm. Altenburg NJW 2015, 1624; Bock ZIS 2016, 67).

[1504] Fischer, StGB, 71. Aufl. 2024, § 266 Rn. 92; aus der Rspr. vgl. zuletzt BGH U. v. 29.08.2008 – 2 StR 587/07 (Siemens) – BGHSt 52, 323 = NJW 2009, 89 = NStZ 2009, 95 = StV 2009, 21 (Anm. Brüning/Wimmer ZJS 2009, 94; Bosch JA 2009, 233; Jahn JuS 2009, 173; Satzger JK 2009 StGB § 266/33; RÜ 2009, 30; RA 2009, 43; famos 2/2009; Ransiek NJW 2009, 95; Knauer NStZ 2009, 151; Satzger NStZ 2009, 297; Schlösser HRRS 2009, 19; Reinhold HRRS 2009, 107; Rönnau StV 2009, 246; Tierel jurisPR-StrafR 2/2009 Anm. 3; Knierim CCZ 2009, 38; Hohn FS Rissing-van Saan 2011, 259; Schmidt/Fuhrmann FS Rissing-van Saan 2011, 585); BGH U. v. 27.08.2010 – 2 StR 111/09 (Trienekens) – BGHSt 55, 266 = NJW 2010, 3458 = NStZ 2010, 700 = StV 2011, 20 (Anm. RA 2010, 637; Brand NJW 2010, 3463; Mühlenfeld jurisPR-StrafR 19/2010 Anm. 2; Görling CCZ 2011, 77; Saliger FS Roxin 2011, 1053).

zum 04.02.2000 wurden von den Aktionären 21 %, bis zum 28.02.2000 90,2 % und bis zum 29.03.2000 98,66 % des Grundkapitals der Mannesmann AG in Aktien von Vodafone umgetauscht. Die Aktionäre, die keinen freiwilligen Aktienumtausch vorgenommen hatten, wurden im Jahre 2002 abgefunden. Danach war Vodafone Alleininhaberin aller Aktien der Mannesmann AG, die anschließend in die Vodafone Holding GmbH umgewandelt wurde. Kurz nach der Entscheidung über die einvernehmliche Übernahme befasste sich das bis Mitte April 2000 aus Prof. Dr. Funk, Dr. Ackermann, Zwickel und L bestehende Präsidium der Mannesmann AG mit der Zuerkennung freiwilliger Anerkennungsprämien („appreciation awards") an den Vorstandsvorsitzenden Dr. Esser, vier weitere Vorstandsmitglieder und den früheren Vorstandsvorsitzenden Prof. Dr. Funk. Dem lag ein Vorschlag der Hutchison Whampoa Ltd zu Grunde, die als Großaktionärin 10 % des Grundkapitals der Mannesmann AG hielt. Die Geschäftsleitung von Vodafone hatte ihr Einverständnis erklärt. Die Anerkennungsprämie für Dr. Esser i.H.v. ca. 16 Mio. € (10 Mio. GBP), die er zusätzlich zu vertraglich vereinbarten Abfindungen von knapp 15 Mio. € wegen seines Ausscheidens als Vorstandsvorsitzender der Mannesmann AG und neben weiteren 2 Mio. € zur Abgeltung verschiedener Sachansprüche erhielt, wurde am 04.02.2000 von den bei der Präsidiumssitzung anwesenden Prof. Dr. Funk und Dr. Ackermann vereinbart. Sie wollten damit insbesondere die Verdienste von Dr. Esser für die Mannesmann AG als Finanzvorstand im Zeitraum 1994 bis Ende Mai 1999 und als Vorstandsvorsitzender seit Ende Mai 1999 im Hinblick auf die gute Ertragslage des Unternehmens, die Steigerung des Aktien- und Unternehmenswerts sowie die Leistungen im Übernahmekampf würdigen und angemessen entlohnen. Zwickel nahm telefonisch an der Abstimmung teil. In der Präsidiumssitzung vom 17.02.2000 beschlossen Prof. Dr. Funk, Dr. Ackermann und Zwickel, der sich wiederum der Stimme enthielt, die Gewährung von freiwilligen Anerkennungsprämien für vier weitere Vorstandsmitglieder. Die Begünstigten, von denen zwei erst seit wenigen Tagen dem Vorstand angehörten, sollten wegen ihrer Beiträge zum Erfolg des Telekommunikationsbereiches der Mannesmann AG und zur Steigerung des Unternehmenswerts – zusätzlich zu den in den Dienstverträgen vereinbarten Bezügen – mit Zahlungen i.H.v. ca. 1,89 Mio. €, 1,38 Mio. €, 1,02 Mio. € und 770.000 € bedacht werden. Die Dauer ihrer zukünftigen Tätigkeit für die Mannesmann AG war dabei ohne Bedeutung. Drei der vier begünstigten Vorstandsmitglieder verließen am 31.07.2000 das Unternehmen. Die an den Beschlüssen beteiligten Präsidiumsmitglieder gingen bei ihren Entscheidungen davon aus, sich im Rahmen eines ihnen insoweit eingeräumten unternehmerischen Ermessensspielraums zu bewegen und hielten daher ihr Handeln für erlaubt. ◄

Die Mannesmann AG war als juristische Person mit eigener Rechtspersönlichkeit selbst Vermögensinhaberin. Ein Einverständnis in eine Vermögensschädigung kann bei einer AG nur durch Beschluss der Hauptversammlung oder Erklärung der Gesamtheit der Aktionäre (s. u.) erteilt werden. Ein Beschluss der Hauptversammlung lag nicht vor. Das Einverständnis der Übernehmerin Vodafone, die im Zeitpunkt der Zahlungen nur 98,66 % der Aktien hielt, reicht nicht aus.

Problematisch ist, ob ein Einverständnis der **GmbH-Gesellschafter** zu Lasten der GmbH von der Dispositionsbefugnis der Gesellschafter gedeckt ist (insbesondere bei einer Ein-Mann-GmbH).[1505]

> **Beispiel 272**
>
> **BGH U. v. 29.05.1987 – 3 StR 242/86 – BGHSt 34, 379 = NJW 1988, 1397 = StV 1987, 516 (Anm. Geppert JK 1988 StGB § 263/25; Otto JK 1988 StGB § 266/7):**
> Die L-GmbH, deren Alleingesellschafterin die Z – Ehefrau des B – war, wurde von B als faktischem Geschäftsführer tatsächlich beherrscht. B ließ eine gegen ihn gerichtete Restforderung für den Bau eines Privathauses nach Erstellung einer fingierten Rechnung an die GmbH mit Forderungen der GmbH im Werte von über 100.000 DM verrechnen, erwarb Pflanzengut und andere Gegenstände für seine ihm persönlich gehörende Firma im Wert von über 125.000 DM mit Mitteln der GmbH aufgrund fälschlich an diese gerichteter Rechnungen und ließ Privatangestellte von der GmbH als deren angebliche Mitarbeiter entlohnen. Weder das Stammkapital noch die Liquidität der GmbH zur Erfüllung ihrer fälligen finanziellen Verpflichtungen wurden beeinträchtigt. Der Konkurs der GmbH wurde allein durch die Ermittlungen der StA und deren Bekanntwerden bei Auftraggebern verursacht. Z als Alleingesellschafterin war mit allen die GmbH benachteiligenden und den B persönlich begünstigenden Handlungen auch ohne jede Absprache von vornherein einverstanden. ◄

Z war Alleingesellschafterin der L-GmbH. Konnte sie zu Lasten der GmbH ihr Einverständnis erteilen?

Z. T.[1506] wird ein derartiges Einverständnis stets für wirksam und damit tatbestandsausschließend angesehen (sog. **strenge Gesellschaftertheorie**).

Nach einer anderen – auch in der früheren Rspr.[1507] vertretenen – Auffassung ist überhaupt kein Einverständnis in eine solche Schädigung möglich (sog. **strenge Körperschaftstheorie**).

Die heutige Rspr.[1508] und Teile der Lehre[1509] vertreten eine vermittelnde Ansicht (sog. **eingeschränkte Gesellschaftertheorie**): Hiernach ist das Einverständnis nur dann unwirksam, wenn durch die Tathandlung das Stammkapital der GmbH betroffen oder ihre wirtschaftliche Existenz konkret gefährdet wird.

[1505] Hierzu Hoyer, in: SK-StGB, 9. Aufl. 2019, § 266 Rn. 63ff.; Fischer, StGB, 71. Aufl. 2024, § 266 Rn. 93ff.; Labsch wistra 1985, 1 und 59; Lipps NJW 1989, 502; Reiß wistra 1989, 81; Hellmann wistra 1989, 214; Arloth NStZ 1990, 570; Muhler wistra 1994, 283; Müller-Christmann/Schnauder JuS 1998, 1080; Krekeler/Werner StraFo 2003, 374; Zieschang FS Kohlmann 2003, 351; Piel NStZ 2006, 550; Radtke GA 2008, 535; Livonius wistra 2009, 91; Rönnau FS Amelung 2009, 247; Hohn FS Samson 2010, 315; Anders NZWiSt 2017, 13; Knieler WiJ 2021, 158; aus der Rspr. vgl. zuletzt BGH B. v. 15.08.2019 – 5 StR 205/19 – NJW 2019, 3799 = NStZ-RR 2019, 381.

[1506] Eisele, BT II, 6. Aufl. 2021, Rn. 868.

[1507] RG U. v. 20.09.1937 – 5 D 524/37 – RGSt 71, 353 (355f.).

[1508] S. o., z. B. BGH U. v. 24.08.1988 – 3 StR 232/88 – BGHSt 35, 333 (337f.).

[1509] Kindhäuser/Hilgendorf, LPK, 9. Aufl. 2022, § 266 Rn. 59.

Für die gänzliche Unwirksamkeit des Einverständnisses spricht, dass die GmbH eine eigene Rechtspersönlichkeit als juristische Person hat, § 13 I GmbHG. Allerdings wird man kaum leugnen können, dass die GmbH bei wirtschaftlicher Betrachtung den Gesellschaftern „gehört", sodass deren Einverständnis i.R.e. Delikts, welches dem Vermögensschutz dient, Wirkung entfalten muss. Wenn die h. M. auf die wirtschaftliche Existenz der GmbH abstellt, so dient das dem Schutz der Gläubiger der GmbH; dies entspricht aber nicht dem Rechtsgut des § 266 StGB: Gläubigerschutz wird durch die §§ 283ff., 288 StGB gewährleistet. Ohnehin birgt die h. M. Grenzziehungsschwierigkeiten, weil die relevanten Wertgrenzen etc. vage sind.

Entsprechendes muss für Anteilseigner einer AG[1510] gelten.

Eine andere Frage ist, welches Prozedere einzuhalten ist und ob alle Gesellschafter zustimmen müssen oder ein Mehrheitsbeschluss genügt.[1511] Hier wird man schon angesichts der *ultima-ratio*-Funktion des Strafrechts ein gesellschaftsrechtlich rechtmäßiges Verfahren auch für das Strafrecht als wirksam erachten müssen.

Bei einer **Körperschaft des öffentlichen Rechts** kann das Einverständnis nur zur Erfüllung der **gesetzlichen Aufgaben** wirksam erteilt werden.[1512]

Heutzutage lässt sich ein mangelndes Einverständnis u. U. aus Compliance-Richtlinien schließen bzw. bedarf es besonderer Anhaltspunkte für ein dennoch vorliegendes Einverständnis.[1513]

(d) Akzessorietät zum Primärrecht
Die Pflichtverletzung richtet sich nach den Regeln, die aus demjenigen Rechtsgebiet entstammen, aus dem auch die jeweilige Vermögensbetreuungspflicht abgeleitet wird (Akzessorietät).[1514]

[1510] Strittig, s. Fischer, StGB, 71. Aufl. 2024, § 266 Rn. 102; näher Rönnau FS Amelung 2009, 247; aus der Rspr. vgl. BGH U. v. 27.08.2010 – 2 StR 111/09 (Trienekens) – BGHSt 55, 266 = NJW 2010, 3458 = NStZ 2010, 700 = StV 2011, 20 (Anm. RA 2010, 637; Brand NJW 2010, 3463; Mühlenfeld jurisPR-StrafR 19/2010 Anm. 2; Görling CCZ 2011, 77; Saliger FS Roxin 2011, 1053).

[1511] S. Eisele, BT II, 6. Aufl. 2021, Rn. 869; Fischer, StGB, 71. Aufl. 2024, § 266 Rn. 95; aus der Rspr. vgl. BGH U. v. 27.08.2010 – 2 StR 111/09 (Trienekens) – BGHSt 55, 266 = NJW 2010, 3458 = NStZ 2010, 700 = StV 2011, 20 (Anm. RA 2010, 637; Brand NJW 2010, 3463; Mühlenfeld jurisPR-StrafR 19/2010 Anm. 2; Görling CCZ 2011, 77; Saliger FS Roxin 2011, 1053).

[1512] Aus der Rspr. vgl. OLG Hamm B. v. 15.07.1981 – 5 Ws 29/81 – NJW 1982, 190 (Anm. Geppert JK 1982 StGB § 266/2); BGH B. v. 23.10.1981 – 2 StR 477/80 – BGHSt 30, 247 = NJW 1982, 346 = NStZ 1982, 70 = StV 1982, 115; BGH U. v. 07.11.1990 – 2 StR 439/90 – BGHSt 37, 226 = NJW 1991, 990 = NStZ 1991, 486 = StV 1991, 462 (Anm. Kühl, Höchstrichterliche Rspr. BT, 2002, Nr. 60; Geppert JK 1991 StGB § 258/7; Hassemer JuS 1991, 694; Wodicka NStZ 1991, 487; Krey JZ 1991, 889; Müller-Christmann JuS 1992, 379; Hillenkamp JR 1992, 74; Scholl NStZ 1999, 599); LG Marburg U. v. 02.11.1999 – 1 KLs 4 Js 1696.6/97.

[1513] Vgl. aus der Rspr. BGH U. v. 29.08.2008 – 2 StR 587/07 (Siemens) – BGHSt 52, 323 = NJW 2009, 89 = NStZ 2009, 95 = StV 2009, 21 (Anm. Brüning/Wimmer ZJS 2009, 94; Bosch JA 2009, 233; Jahn JuS 2009, 173; Satzger JK 2009 StGB § 266/33; RÜ 2009, 30; RA 2009, 43; famos 2/2009; Ransiek NJW 2009, 95; Knauer NStZ 2009, 151; Satzger NStZ 2009, 297; Schlösser HRRS 2009, 19; Reinhold HRRS 2009, 107; Rönnau StV 2009, 246; Tierel jurisPR-StrafR 2/2009 Anm. 3; Knierim CCZ 2009, 38; Hohn FS Rissing-van Saan 2011, 259; Schmidt/Fuhrmann FS Rissing-van Saan 2011, 585).

[1514] Hierzu Hoyer, in: SK-StGB, 9. Aufl. 2019, § 266 Rn. 46ff.

(aa) Zivilrechtsakzessorietät, insbesondere: Gesellschaftsrecht; Risikogeschäfte

▶ **Didaktische Aufsätze**
- Arnold, Untreue durch Schädigung des Unternehmens durch den Vorstand bzw. die Geschäftsführung, Jura 2005, 844
- Murmann, Untreue (§ 266 StGB) und Risikogeschäfte, Jura 2010, 561

Von besonderer Bedeutung ist dabei die asymmetrische oder limitierte **Zivilrechtsakzessorietät**[1515]: Was zivilrechtlich erlaubt ist, kann keine strafrechtliche Pflichtverletzung sein; umgekehrt allerdings muss nicht aus jedem zivilrechtlichen Verstoß zwingend die strafrechtliche Relevanz folgen.

Dies gilt auch im Hinblick auf die Akzessorietät zum **Gesellschaftsrecht**,[1516] z. B. bei der Festsetzung hoher Vorstandsvergütungen durch den Aufsichtsrat (§ 87 AktG)[1517] oder bei der Behandlung von Betriebsräten.[1518]

[1515] Hierzu Fischer, StGB, 71. Aufl. 2024, § 266 Rn. 59; Dierlamm StraFo 2005, 397; Kraatz ZStW 2011, 447.

[1516] S. Kindhäuser/Hilgendorf, LPK, 9. Aufl. 2022, § 266 Rn. 61 ff.; näher Günther FS Weber 2004, 311; Feddersen FS Laufs 2006, 1169; Volk FS Hamm 2008, 803; Loos FS Wessing 2016, 273; aus der Rspr. vgl. zuletzt BGH U. v. 10.01.2023 – 6 StR 133/22 (VW-Gesamtbetriebsrat) – BGHSt 67, 225 = NJW 2023, 1075 = NStZ 2023, 352 = StV 2023, 755 (Anm. Bosch Jura 2023, 774; Brand/Strauß NJW 2023, 1024; Kulhanek NStZ 2023, 355; Hoffmann-Holland GA 2023, 377; Lindemann wistra 2023, 317; Klose NZWiSt 2023, 199; Kielkowski/Junkers jurisPR-Compl 2/2023 Anm. 1; Pelz/Weber CCZ 2023, 285; Gräfin von Galen/Spiller NStZ 2024, 492).

[1517] Hierzu näher Rönnau/Hohn NStZ 2004, 113; Braum KritV 2004, 67; Tiedemann FS Weber 2004, 319; Kubiciel NStZ 2005, 353; Schünemann NStZ 2006, 196; Lüderssen FS Schroeder 2006, 569; Hanft Jura 2007, 58; Leipold FS Mehle 2009, 347; Zehetgruber wistra 2018, 489; aus der Rspr. vgl. BGH U. v. 21.12.2005 – 3 StR 470/04 (Mannesmann) – BGHSt 50, 331 = NJW 2006, 522 = NStZ 2006, 214 = StV 2006, 301 (Anm. Puppe, AT, 5. Aufl. 2023, § 8 Rn. 15 ff.; Kudlich JA 2006, 171; Jahn JuS 2006, 379; RÜ 2006, 147; RA 2006, 161; famos 2/2006; Ransiek NJW 2006, 814; Rönnau NStZ 2006, 218; Krause StV 2006, 307; Vogel/Hocke JZ 2006, 568; Hohn wistra 2006, 161).

[1518] Hierzu Rieble CCZ 2008, 121; Kudlich FS Stöckel 2010, 93; Corsten HRRS 2011, 247; Zimmer/Dürr NZWiSt 2021, 176; Klösel/Klötzer-Assion/Mahnhold WiJ 2023, 20; Bertke/Knaupe ZfIStW 2024, 326; aus der Rspr. vgl. LG Braunschweig U. v. 25.01.2007 – 6 KLs 48/06 – (VW) (Anm. Rieble CCZ 2008, 34); BGH U. v. 17.09.2009 – 5 StR 521/08 (VW) – BGHSt 54, 148 = NJW 2010, 92 = NStZ 2009, 694 = StV 2010, 77 (Anm. Bittmann NJW 2010, 98; Corsten wistra 2010, 206; Zwiehoff FS Puppe 2011, 1337); BGH B. v. 13.09.2010 – 1 StR 220/09 (Beeinflussung von Betriebsratswahlen: Siemens/AUB) – BGHSt 55, 288 = NJW 2011, 88 = NStZ 2011, 37 = StV 2011, 25 (Anm. Jahn JuS 2011, 183; Bittmann NJW 2011, 96; Brand JR 2011, 400; Tierel jurisPR-StrafR 5/2011 Anm. 4; Kraatz wistra 2011, 447); BGH U. v. 10.01.2023 – 6 StR 133/22 (VW-Gesamtbetriebsrat) – BGHSt 67, 225 = NJW 2023, 1075 = NStZ 2023, 352 = StV 2023, 755 (Anm. Bosch Jura 2023, 774; Brand/Strauß NJW 2023, 1024; Kulhanek NStZ 2023, 355; Hoffmann-Holland GA 2023, 377; Lindemann wistra 2023, 317; Klose NZWiSt 2023, 199; Kielkowski/Junkers jurisPR-Compl 2/2023 Anm. 1; Pelz/Weber CCZ 2023, 285; Gräfin von Galen/Spiller NStZ 2024, 492).

Die Frage, ob ein Vorstand einer AG das Unternehmen pflichtwidrig leitet, richtet sich nach § 93 AktG.[1519]

> **§ 93 I 1, 2 AktG (Sorgfaltspflicht und Verantwortlichkeit der Vorstandsmitglieder)**
> Die Vorstandsmitglieder haben bei ihrer Geschäftsführung die Sorgfalt eines ordentlichen und gewissenhaften Geschäftsleiters anzuwenden. Eine Pflichtverletzung liegt nicht vor, wenn das Vorstandsmitglied bei einer unternehmerischen Entscheidung vernünftigerweise annehmen durfte, auf der Grundlage angemessener Information zum Wohle der Gesellschaft zu handeln.

Sonderfälle sind ein fehlerhaftes Risikomanagement (vgl. § 91 II AktG),[1520] ein Verstoß gegen den Deutschen Corporate Governance Kodex[1521] oder die Nichteinrichtung einer Compliance-Organisation.[1522]

Zu beachten ist, dass in einer Marktwirtschaft die unternehmerische Tätigkeit **Risikogeschäfte**[1523] verlangt, sodass die Geschäftsleitung einen weiten Entscheidungsspielraum hat: Eine Pflichtwidrigkeit kann erst dann bejaht werden, wenn die unternehmerische Entscheidung aus wirtschaftlicher Sicht keinen Sinn mehr hat. Rückschaufehler sind hierbei zu vermeiden, abzustellen ist auf die Sachlage *ex ante*.

Ein beträchtlicher Spielraum besteht des Weiteren bei der Entscheidung über **Sponsoring**[1524] und Spenden.[1525] Zahlungen zur Förderung von Personen, Gruppen

---

[1519] S. Eisele, BT II, 6. Aufl. 2021, Rn. 899; näher Arnold Jura 2005, 844; Brammsen wistra 2009, 85; Bosch/Lange JZ 2009, 225; aus der Rspr. vgl. zuletzt BGH U. v. 10.01.2023 – 6 StR 133/22 (VW-Gesamtbetriebsrat) – BGHSt 67, 225 = NJW 2023, 1075 = NStZ 2023, 352 = StV 2023, 755 (Anm. Bosch Jura 2023, 774; Brand/Strauß NJW 2023, 1024; Kulhanek NStZ 2023, 355; Hoffmann-Holland GA 2023, 377; Lindemann wistra 2023, 317; Klose NZWiSt 2023, 199; Kielkowski/Junkers jurisPR-Compl 2/2023 Anm. 1; Pelz/Weber CCZ 2023, 285; Gräfin von Galen/Spiller NStZ 2024, 492).

[1520] Hierzu Windolph NStZ 2000, 522; Mosiek wistra 2003, 370.

[1521] S. Perron, in: Schönke/Schröder, StGB, 30. Aufl. 2019, § 266 Rn. 19b; Schlösser/Dörfler wistra 2007, 326.

[1522] Hierzu Theile wistra 2010, 457; Michalke StV 2011, 245; zur Zuwiderhandlung gegen Compliance-Regeln
Pavlakos NZWiSt 2021, 376.

[1523] Hierzu Kindhäuser/Hilgendorf, LPK, 9. Aufl. 2022, § 266 Rn. 61ff.; näher Hillenkamp NStZ 1981, 161; Ransiek ZStW 2004, 634; Hellmann ZIS 2007, 433; Murmann Jura 2010, 561; Bittmann NStZ 2011, 361; Kasiske NZWiSt 2016, 302; Piel/Albert FS Wessing 2016, 209; Baur/Holle JR 2019, 181; Sommerer ZJS 2022, 192; Tzannetis ZfIStW 2022, 304; zu unternehmerischen Fehlentscheidungen Esser NZWiSt 2018, 201; zu unternehmerischen Risikoentscheidungen während der Corona-Pandemie Kubiciel NJW 2020, 1249; aus der Rspr. vgl. zuletzt BGH B. v. 17.12.2020 – 3 StR 403/19 – StV 2021, 729; BGH U. v. 27.01.2021 – 3 StR 628/19 – NStZ 2021, 738 = StV 2021, 729 (Anm. Schwerdtfeger NStZ 2021, 741; Stam JR 2022, 203).

[1524] Hierzu Fischer, StGB, 71. Aufl. 2024, § 266 Rn. 84; aus der Rspr. vgl. zuletzt BGH U. v. 18.05.2021 – 1 StR 144/20 – StV 2021, 727.

[1525] Hierzu Otto FS Kohlmann 2003, 187; Deiters ZIS 2006, 152.

und Organisationen in sportlichen, kulturellen, kirchlichen oder ähnlichen bedeutsamen gesellschaftspolitischen Bereichen können dem unternehmensbezogenen Ziel der Werbung oder Öffentlichkeitsarbeit dienen.

(bb) Bankenrechtsakzessorietät, insbesondere: Kreditvergabe
Bankenrechtsakzessorisch nach Maßgabe v. a. des KWG[1526] ist insbesondere die Kreditvergabe zu behandeln,[1527] und zwar im Hinblick auf die Bonitätsprüfung, welche § 18 KWG vorschreibt.

(cc) Haushaltsrechtsakzessorietät: Haushaltsuntreue
Zur sog. Haushaltsuntreue, welche sich akzessorisch zum Haushaltsrecht gestaltet s. u.

(e) Rein tatsächliches Verhalten
Für eine Pflichtverletzung i. S. d. § 266 I 2. Var. StGB ist im Gegensatz zur 1. Var. kein rechtsgeschäftliches Verhalten erforderlich, es genügt ein rein tatsächliches Verhalten,[1528] etwa eine Geldentnahme (z. B. durch Kassierer).[1529]

Problematisch ist die Zahlung fremder **Geldstrafen**, -auflagen und **Verteidigungskosten** (vgl. auch § 258 StGB[1530]), v. a. im Hinblick auf unternehmensbezogene Straftaten.[1531]

Beispiel 273

BGH U. v. 07.11.1990 – 2 StR 439/90 – BGHSt 37, 226 = NJW 1991, 990 = NStZ 1991, 486 = StV 1991, 462 (Anm. Kühl, Höchstrichterliche

---

[1526] S. Fischer, StGB, 71. Aufl. 2024, § 266 Rn. 72; näher Knierim FS Widmaier 2008, 617; aus der Rspr. vgl. BGH U. v. 15.11.2001 – 1 StR 185/01 – BGHSt 47, 148 = NJW 2002, 1211 = NStZ 2002, 262 = StV 2002, 193 (Anm. Otto JK 2002 StGB § 266/21; Kühne StV 2002, 198; Keller/Sauer wistra 2002, 365).
[1527] Hierzu Fischer, StGB, 71. Aufl. 2024, § 266 Rn. 70ff.; Nack NJW 1980, 1599; Gallandi wistra 2001, 281; Knauer NStZ 2002, 399; Feigen FS Rudolphi 2004, 445; Ignor/Sättele FS Hamm 2008, 211; Schmitt FS Nobbe 2009, 1009; aus der Rspr. vgl. zuletzt BGH U. v. 27.01.2021 – 3 StR 628/19 – NStZ 2021, 738 = StV 2021, 729 (Anm. Schwerdtfeger NStZ 2021, 741; Stam JR 2022, 203).
[1528] Kindhäuser/Hilgendorf, LPK, 9. Aufl. 2022, § 266 Rn. 78; aus der Rspr. vgl. OLG Hamm B. v. 15.07.1981 – 5 Ws 29/81 – NJW 1982, 190 (Anm. Geppert JK 1982 StGB § 266/2).
[1529] Kindhäuser/Hilgendorf, LPK, 9. Aufl. 2022, § 266 Rn. 78; aus der Rspr. vgl. BGH B. v. 12.07.1962 – 1 StR 282/62 – BGHSt 17, 360 = NJW 1962, 1685; OLG Stuttgart B. v. 21.05.1962 – 2 Ss 779/61 – NJW 1962, 1272 und 1696.
[1530] Hierzu s. bei den Nichtvermögensdelikten.
[1531] Hierzu Heger, in: Lackner/Kühl/Heger, StGB, 30. Aufl. 2023, § 266 Rn. 7; näher Kapp NJW 1992, 2796; Ignor/Rixen wistra 2000, 448; Hoffmann/Wißmann StV 2001, 249; Poller StraFo 2005, 274; Kranz ZJS 2008, 471; Stoffers JR 2010, 239; Horrer/Patzschke CCZ 2013, 94; Schott StraFo 2014, 315; Brockhaus FS Wessing 2016, 253; aus der Rspr. vgl. OLG Frankfurt B. v. 05.11.1987 – 1 Ws 194/87 – StV 1990, 112 (Anm. Otto JK 1990 StGB § 258/6; Noack StV 1990, 113); BGH U. v. 08.07.2014 – II ZR 174/13 – BGHZ 202, 26 (Anm. Kunkel jurisPR-StrafR 24/2014 Anm. 1; Knuth jurisPR-Compl 3/2014 Anm. 1; Küpper NZWiSt 2015, 319; Rahlmeier/von Eiff CCZ 2015, 91).

Rspr. BT, 2002, Nr. 60; Geppert JK 1991 StGB § 258/7; Hassemer JuS 1991, 694; Wodicka NStZ 1991, 487; Krey JZ 1991, 889; Müller-Christmann JuS 1992, 379; Hillenkamp JR 1992, 74; Scholl NStZ 1999, 599):
B bewirkte als Verbandsvorsteher des Abwasserverbandes O., einer Körperschaft des öffentlichen Rechts, dass der Verband Geldstrafen, Gerichts- und Anwaltskosten bezahlte, mit denen der Betriebsleiter und dessen Stellvertreter des Verbandes belastet worden waren, weil sie sich bei Reinigungsarbeiten an der Kläranlage der vorsätzlichen Gewässerverunreinigung schuldig gemacht hatten. Nach der Verurteilung der Bediensteten durch das AG war sich der Vorstand des Verbandes darüber einig gewesen, dass das Verfahren bis zur letzten Instanz durchgeführt werden solle. Berufung und Revision wurden auf Betreiben des Vorstandes eingelegt und zurückgenommen. B führte entsprechende Beschlüsse des Vorstandes und der Verbandsversammlung herbei und verfügte die Überweisung von insgesamt 42285,24 DM an die Gerichtskasse und die Verteidiger. ◄

B hatte als Verbandsvorsteher des Abwasserverbandes eine Vermögensbetreuungspflicht. Hat er diese verletzt, indem er die Zahlung von Geldstrafen, Gericht- und Anwaltskosten des Betriebsleiters und dessen Stellvertreters bewirkte? Ist es dabei von Bedeutung, dass der Verband eine Körperschaft des öffentlichen Rechts war?

Dafür, dass die Bezahlung pflichtgemäß erfolgt, kann sprechen, dass so eine negative Publicity (Imageschäden, Vertrauensverlust bei Kunden) zu vermeiden ist, der Mitarbeiter auch zukünftig an das Unternehmen gebunden werden kann, auch damit dieser nicht zu einem Konkurrenten abwandert. Anders liegt es bei öffentlichen Unternehmen: Dort ist eine solche Zahlung stets eine Pflichtverletzung.

Aus Sicht eines Vermögensdelikts ähnlich ambivalent ist die „großzügige Behandlung" von **Betriebsräten** sowie Vereinigungen.[1532] Zumindest ist der Vermögensnachteil zweifelhaft, da sich ein besonders gewogener Betriebsrat ökonomisch auszahlen kann. Ggf. greift § 119 BetrVG.[1533]

(f) Unterlassen
Die Pflichtverletzung i. S. d. § 266 I StGB kann auch durch Unterlassen geschehen, wobei kein Rückgriff auf § 13 I StGB erforderlich ist, da die Untreue insofern ein **echtes Unterlassungsdelikt** des Treuepflichtigen ist.[1534]

[1532] Hierzu Wittig, in: BeckOK-StGB, Stand 01.08.2024, § 266 Rn. 52.1; Rieble CCZ 2008, 121; Kudlich FS Stöckel 2010, 93; Corsten HRRS 2011, 247; aus der Rspr. vgl. zuletzt BGH U. v. 10.01.2023 – 6 StR 133/22 (VW-Gesamtbetriebsrat) – NJW 2023, 1075 (Anm. Brand/Strauß NJW 2023, 1024; Klose NZWiSt 2023, 199; Kielkowski/Junkers jurisPR-Compl 2/2023 Anm. 1).

[1533] S. Pasewaldt ZIS 2007, 75.

[1534] Eisele, BT II, 6. Aufl. 2021, Rn. 884; näher Güntge wistra 1996, 84; aus der Rspr. vgl. zuletzt BGH U. v. 14.07.2021 – 6 StR 282/20 – NStZ 2022, 109 = StV 2021, 716 (Anm. Bosch Jura 2021, 1527; RÜ 2021, 717; Schilling NStZ 2022, 113; Kraatz JR 2022, 288; Bittmann NZWiSt 2022, 30; Anders NZWiSt 2023, 361); BGH U. v. 03.03.2022 – 5 StR 228/21 (Anm. RÜ 2022, 378).

Beispiel 274

BGH U. v. 11.11.1982 – 4 StR 406/82 – NJW 1983, 461 = NStZ 1983, 168 (Anm. Hassemer JuS 1983, 397; Keller JR 1983, 516):
B war Rechtsanwalt. Er erhielt 1977 von der Firma N-KG den Auftrag, in einer Verkehrsunfallsache Schadensersatzansprüche in Höhe von ca. 11.000 DM geltend zu machen und notfalls einzuklagen. Außer einer vorläufigen Schadensanmeldung bei der gegnerischen Versicherung und Beiziehung der polizeilichen Unfallakten unternahm er jedoch nichts. Auf wiederholte Mahnungen der Mandantin reagierte er mit Ausflüchten. Die Forderung ist inzwischen verjährt, die von einem anderen Prozessbevollmächtigten erhobene Klage deshalb abgewiesen worden. ◄

Als Rechtsanwalt in einer Vermögenssache hatte B eine Vermögensbetreuungspflicht. Indem er es unterließ, die Schadensersatzansprüche geltend zu machen, verletzte er die Pflicht. Die Voraussetzungen des § 13 I StGB müssen nicht vorliegen.

Die Strafzumessung richtet sich aber nach 13 II StGB.[1535]

Erfasst ist es auch, wenn der Täter die Möglichkeit eines günstigen Vertragsschlusses verstreichen lässt.[1536]

Zur unterlassenen Risikovorsorge bei einer Kreditvergabe s. o.

(g) Gewicht: Erfordernis einer gravierenden Pflichtverletzung?
Die Rspr. verlangte z. T. eine **gravierende** Pflichtverletzung, welche sie nach einer Gesamtschau feststellte, wobei v. a. die Nähe zum Unternehmensgegenstand, die Ertrags- und Vermögenslage, Transparenz und Motive berücksichtigt wurden.[1537]
In anderen Entscheidungen wurde dies relativiert oder für irrelevant erachtet.[1538]

[1535] H. M., Joecks/Jäger, StGB, 13. Aufl. 2021, § 266 Rn. 60f.; näher Güntge wistra 1996, 84; aus der Rspr. vgl. zuletzt BGH U. v. 03.03.2022 – 5 StR 228/21 (Anm. RÜ 2022, 378).

[1536] Fischer, StGB, 71. Aufl. 2024, § 266 Rn. 55; aus der Rspr. vgl. BGH U. v. 18.01.1983 – 1 StR 490/82 – BGHSt 31, 207 = NJW 1983, 1919 = NStZ 1983, 368; BGH U. v. 28.01.1983 – 1 StR 820/81 – BGHSt 31, 232 = NJW 1983, 1807 = StV 1983, 319 und 326 (Anm. Hassemer JuS 1983, 883); BGH U. v. 29.11.1983 – 1 StR 401/83; OLG Bremen U. v. 05.12.1988 – Ss 85/87 – NStZ 1989, 228; BGH B. v. 24.08.1999 – 1 StR 672/98 – NStZ 2000, 46; BGH U. v. 08.05.2003 – 4 StR 550/02 – NJW 2003, 3498 = NStZ 2003, 540 (Anm. RA 2003, 511); BGH U. v. 31.07.2007 – 5 StR 347/06 – NStZ 2008, 398.

[1537] Hierzu zsf. Fischer, StGB, 71. Aufl. 2024, § 266 Rn. 61f.; näher Schünemann NStZ 2005, 473; Dierlamm StraFo 2005, 397; Theile ZIS 2011, 616; Wagner ZStW 2019, 319; Knieler HRRS 2020, 401; aus der Rspr. vgl. zuletzt BGH B. v. 08.01.2020 – 5 StR 366/19 – BGHSt 64, 246 = NJW 2020, 628 = NStZ 2020, 422 = StV 2020, 761 (Anm. Bosch Jura 2020, 634; Brand NJW 2020, 631; Becker NStZ 2020, 424; Wagner JR 2020, 400; Waßmer JZ 2020, 522; Schlösser wistra 2020, 291; Bittmann NZWiSt 2020, 199; Simonis jurisPR-Compl 3/2020 Anm. 2; RÜ 2022, 378; Dehne-Niemann wistra 2022, 177).

[1538] S. zuletzt BGH U. v. 10.01.2023 – 6 StR 133/22 (VW-Gesamtbetriebsrat) – BGHSt 67, 225 = NJW 2023, 1075 = NStZ 2023, 352 = StV 2023, 755 (Anm. Bosch Jura 2023, 774; Brand/Strauß NJW 2023, 1024; Kulhanek NStZ 2023, 355; Hoffmann-Holland GA 2023, 377; Lindemann wistra 2023, 317; Klose NZWiSt 2023, 199; Kielkowski/Junkers jurisPR-Compl 2/2023 Anm. 1; Pelz/Weber CCZ 2023, 285; Gräfin von Galen/Spiller NStZ 2024, 492).

Es dürfte sich eher um eine missverständliche Benennung handeln, wird doch ein (v. a. zivilrechtlicher) Entscheidungsspielraum bereits beim „Ob" der Pflichtverletzung berücksichtigt, z. B. wenn ein Entscheidungsträger mit schwierigen Prognoseentscheidungen konfrontiert wird.

Wenn nun auch das BVerfG[1539] eine „klare" und „evidente" Pflichtverletzung verlangt, so ist dies der berechtigte Appell, den Entscheidungsspielraum des Vermögensbetreuungspflichtigen nicht zu restriktiv zu bemessen. Richtig ist auch, dass nicht jede Pflichtverletzung im Primärrecht zugleich eine Verletzung der Vermögensbetreuungspflicht ist.

(h) Rechtsgutsbezogenheit
Eine Normverletzung im Bereich des Primärrechts ist nur dann pflichtwidrig i. S. d. § 266 I StGB, wenn die verletzte Rechtsnorm ihrerseits – wenigstens auch mittelbar – **vermögensschützenden Charakter** für das zu betreuende Vermögen hat,[1540] wobei der Schutzzweckzusammenhang problematisch sein kann, z. B. bei arbeitsrechtlichen oder öffentlich-rechtlichen Verstößen (vgl. etwa das Parteiengesetz[1541]).

Beispiel 275

BGH B. v. 13.04.2011 – 1 StR 94/1 (Kölner Parteispenden) – BGHSt 56, 203 = NJW 2011, 1747 = NStZ 2011, 403 = StV 2011, 484 (Anm. Jahn JuS 2011, 1133; Brand NJW 2011, 1751; Tierel jurisPR-StrafR 12/2011 Anm. 3; Bittmann wistra 2011, 343; Corsten wistra 2011, 389; Wagner ZIS 2012, 28; Mosiek HRRS 2012, 454):

B war Vorsitzender des Kölner CDU-Kreisverbandes und damit dessen satzungsgemäßer Vertreter. In dieser Funktion wirkte er an der Erstellung der Berichte mit, auf deren Grundlage der Rechenschaftsbericht der Bundes-CDU erstellt wird. Dieser war wiederum für die Festsetzung der staatlichen Parteifinanzierung erforderlich, die sich u. a. nach dem Spendenaufkommen der Parteien richtet. Wird also ein zu hohes Spendenaufkommen ausgewiesen, erhält die

---

[1539] BVerfG B. v. 23.06.2010 – 2 BvR 2559/08 (Siemens) – BVerfGE 126, 170 = NJW 2010, 3209 = NStZ 2010, 626 = StV 2010, 564 (Anm. Saliger NJW 2010, 3195; Becker HRRS 2010, 383; Leplow wistra 2010, 475; Böse Jura 2011, 617; Satzger JK 2011 StGB § 266 I/36; Kudlich JA 2011, 66; Beckemper ZJS 2011, 88; LL 2011, 33; famos 1/2011; Krüger NStZ 2011, 369; Safferling NStZ 2011, 376; Kuhlen JR 2011, 246; Kraatz JR 2011, 434; Saliger ZIS 2011, 902; Schlösser HRRS 2011, 254; Boetticher jurisPR-StrafR 7/2011 Anm. 1; Schulz FS Roxin 2011, 305; Hüls NZWiSt 2012, 12; Neumann FS Beulke 2015, 197).

[1540] Hoyer, in: SK-StGB, 9. Aufl. 2019, § 266 Rn. 51; näher Gerst WiJ 2013, 178; Krell NStZ 2014, 62; aus der Rspr. vgl. zuletzt BGH U. v. 07.09.2017 – 2 StR 24/16 – BGHSt 62, 288 = NJW 2018, 1330 = NStZ 2018, 716 = StV 2019, 33 (Anm. Brand NJW 2018, 1334; Gehm NZWiSt 2018, 338); BGH B. v. 20.06.2018 – 4 StR 561/17 – NStZ-RR 2018, 349 = StV 2019, 36 (Anm. Bittmann wistra 2018, 495; Buchholz StV 2019, 36; Travers/Krenke jurisPR-Compl 1/2019 Anm. 3).

[1541] Hierzu Fischer, StGB, 71. Aufl. 2024, § 266 Rn. 76; näher Wolf KJ 2000, 531; Volhard FS Lüderssen 2002, 673; aus der Rspr. vgl. zuletzt BGH U. v. 04.11.2021 – 6 StR 12/20 (Wolbergs) – NStZ 2022, 282 = NStZ-RR 2022, 70 = StV 2022, 524 (Anm. Habetha NStZ 2022, 284; Narjes jurisPR-StrafR 4/2022 Anm. 3).

Partei mehr staatliche Zuschüsse als ihr zustehen würde. Um solchen Manipulationen vorzubeugen, enthielt das PartG die Regelung, dass das Zweifache des dadurch rechtswidrig erlangten Betrags als Strafzahlung fällig wird. § 7 I der zur Tatzeit geltenden, dem B bekannten Finanz- und Beitragsordnung (FBO) des CDU-Landesverbandes regelte daher, dass bei Parteispenden die Bestimmungen des PartG, des Bundesstatuts der CDU und der FBO strikt einzuhalten sind. Im Jahre 2000 unterzeichnete der bösgläubige B jedoch einen falschen Rechenschaftsbericht für das Vorjahr, der verdeckte Spenden i.H. von 67.000 DM enthielt. Dieser Betrag war dem Kreisverband anonym gespendet worden, wobei die einzelnen Spenden jeweils einen Gesamtbetrag von 1000 DM überstiegen. Nach § 25 II PartG a. F. durften anonyme Spenden aber nur bis zu einem Gesamtwert von 1000 DM angenommen werden. B veranlasste deshalb mehrere Personen, sich fälschlicherweise als Spender von Einzelbeträgen zwischen 200 und 7000 DM auszugeben und gab diese auch im Rechenschaftsbericht an. Nach Bekanntwerden dieses Sachverhalts kündigte die zuständige Stelle des Deutschen Bundestages an, gegen die Bundes-CDU Strafzahlungen i.H. von ca. 68.500 € festzusetzen, falls sich die Vorwürfe gegen B als richtig erweisen sollten. Dem Kreisverband drohte ein Regressanspruch der Bundes-CDU in dieser Höhe. ◄

Die Vorschriften des PartG dienen der Sicherstellung und Transparenz der staatlichen Parteienfinanzierung. Sich aus ihnen ergebende Verpflichtungen der für die Parteien handelnden Personen sollen nicht das Parteivermögen schützen. Ein Verstoß gegen § 25 II PartG ist keine Pflichtwidrigkeit i. S. d. § 266 I StGB. Der Gesetzgeber hat darauf mit der Einführung der Strafnorm in § 31d PartG reagiert.

bb) Sog. Missbrauchstatbestand, § 266 I 1. Var. StGB

(1) Befugnis, über fremdes Vermögen zu verfügen oder einen anderen zu verpflichten
Dem Täter der 1. Var. muss die „Befugnis, über fremdes Vermögen zu verfügen oder einen anderen zu verpflichten" eingeräumt worden sein.

(a) Fremdes Vermögen
Zum fremden Vermögen s. o.

(b) Verfügung, Verpflichtung
Die **Verfügung** i. S. d. § 266 I StGB ist nicht wie beim Betrug zu verstehen, sondern im **zivilrechtlichen Sinne** als Aufhebung, Übertragung, Belastung oder Inhaltsänderung einer Rechtsposition.[1542]
Verpflichtung ist die schuldrechtliche Belastung mit einer Verbindlichkeit.[1543]
Trotz zivilrechtlicher Terminologie umfassen die Begriffe auch die Befugnis, **hoheitlich** zu verfügen (z. B. als Gerichtsvollzieher oder Finanzbeamter).[1544]

[1542] Joecks/Jäger, StGB, 13. Aufl. 2021, § 266 Rn. 16; aus der Rspr. vgl. OLG Hamm U. v. 18.11.1971 – 2 Ss 685/71 – NJW 1972, 298 (Anm. Hassemer JuS 1972, 347; Zahrnt NJW 1972, 1095).

[1543] Joecks/Jäger, StGB, 13. Aufl. 2021, § 266 Rn. 17.

[1544] Perron, in: Schönke/Schröder, StGB, 30. Aufl. 2019, § 266 Rn. 15.

(c) Rechtsquelle der Befugnis

Zum **Gesetz, behördlichen Auftrag** und **Rechtsgeschäft** als Rechtsquelle der Befugnis vgl. o. (Gesetz als Rechtsquelle der Vermögensbetreuungspflicht).

Oftmals entsteht eine Befugnis erst im Zusammenwirken mehrerer Rechtsgründe, die sich überlagern.[1545]

„Klassischer" Fall i.R.d. § 266 I 1. Var. StGB ist der **Prokurist** (§§ 48ff. HGB). Die Befugnis muss **wirksam** eingeräumt werden.[1546]

Eine rein tatsächliche Zugriffsmacht genügt nicht, ebenso wenig eine bloße **Rechtsscheinswirkung** (§§ 407, 892f., 932ff. BGB, Anscheins- und Duldungsvollmacht).[1547]

Auch ein Botenauftrag scheidet aus.[1548] Konsequent ist es auch, den faktischen Geschäftsführer einer GmbH nicht von § 266 I 1. Var. StGB zu erfassen.[1549]

(2) Mißbraucht

(a) Allgemeines

Der Täter muss die ihm eingeräumte Befugnis missbrauchen (im Normtext noch in alter Rechtschreibung „mißbraucht").

Dies wird ebenso zivilrechtsakzessorisch gehandhabt, nämlich als Überschreiten rechtlichen Dürfens (fehlende Innenberechtigung) im Rahmen rechtlichen Könnens (Außenmacht). Der Missbrauch setzt einen rechtlich relevanten **Gebrauch** voraus, daher ist nur **wirksames rechtsgeschäftliches Handeln** erfasst, obwohl dies auf den ersten Blick paradox anmutet.[1550]

Da mithin die zivilrechtliche Wirksamkeit der Verfügung oder Verpflichtung vorausgesetzt wird, ist zu prüfen, ob die Beschränkung einer Vertretungsmacht im

---

[1545] Dierlamm/Becker, in: MK-StGB, 4. Aufl. 2022, § 266 Rn. 37.

[1546] Eisele, BT II, 6. Aufl. 2021, Rn. 860; aus der Rspr. vgl. BGH U. v. 16.06.1953 – 1 StR 67/53 – BGHSt 5, 61 = NJW 1954, 202; OLG Stuttgart B. v. 14.03.1985 – 3 Ss (14) 823/84 – NStZ 1985, 365 (Anm. Otto JK 1986 StGB § 266/5).

[1547] H. M., Wittig, in: BeckOK-StGB, Stand 01.08.2024, § 266 Rn. 12; aus der Rspr. vgl. BGH U. v. 16.06.1953 – 1 StR 67/53 – BGHSt 5, 61 = NJW 1954, 202; OLG Stuttgart B. v. 14.03.1985 – 3 Ss (14) 823/84 – NStZ 1985, 365 (Anm. Otto JK 1986 StGB § 266/5); OLG Koblenz B. v. 14.07.2011 – 2 Ss 80/11 – NStZ 2012, 330.

[1548] H. M., Perron, in: Schönke/Schröder, StGB, 30. Aufl. 2019, § 266 Rn. 5; aus der Rspr. vgl. RG U. v. 14.12.1934 – 1 D 865/34 – RGSt 69, 58; OLG Hamm U. v. 18.11.1971 – 2 Ss 685/71 – NJW 1972, 298 (Anm. Hassemer JuS 1972, 347; Zahrnt NJW 1972, 1095); BGH U. v. 26.07.1972 – 2 StR 62/72 – BGHSt 24, 386 = NJW 1972, 1904 (Anm. Kühl, Höchstrichterliche Rspr. BT, 2002, Nr. 69; Schröder JZ 1972, 707; Hassemer JuS 1973, 61; Meyer JuS 1973, 214; Zahrnt NJW 1973, 63; Groß NJW 1973, 600; Seebode JR 1973, 117; Gössel MDR 1973, 177).

[1549] Strittig, s. Wittig, in: BeckOK-StGB, Stand 01.08.2024, § 266 Rn. 10.1; aus der Rspr. vgl. BGH U. v. 14.07.1999 – 3 StR 188/99 – NStZ 1999, 558 = StV 2000, 486 (Otto JK 2000 StGB § 263/55); BGH B. v. 13.12.2012 – 5 StR 407/12 – NJW 2013, 624 = NStZ 2013, 529 = StV 2014, 93 (Anm. Schneider HRRS 2013, 297).

[1550] H. M., s. nur Joecks/Jäger, StGB, 13. Aufl. 2021, § 266 Rn. 22; aus der Rspr. vgl. zuletzt BGH U. v. 17.09.2009 – 5 StR 521/08 (VW) – BGHSt 54, 148 = NJW 2010, 92 = NStZ 2009, 694 = StV 2010, 77 (Anm. Bittmann NJW 2010, 98; Corsten wistra 2010, 206; Zwiehoff FS Puppe 2011, 1337); BGH U. v. 16.12.2010 – 4 StR 492/10 – NStZ 2011, 280 (Anm. RA 2011, 162).

Außenverhältnis wirksam wird- Ist dies der Fall, dann liegt mangels Bindung des Vertretenen kein Missbrauch vor. Anderenfalls – Beschränkung nur im Innenverhältnis – handelt es sich um Missbrauch, insbesondere bei **Prokura** gem. § 50 HGB; vgl. auch §§ 93 I 1 AktG, 43 I GmbHG.

> **§ 50 HGB**
> (1) Eine Beschränkung des Umfangs der Prokura ist Dritten gegenüber unwirksam.
> (2) Dies gilt insbesondere von der Beschränkung, daß die Prokura nur für gewisse Geschäfte oder gewisse Arten von Geschäften oder nur unter gewissen Umständen oder für eine gewisse Zeit oder an einzelnen Orten ausgeübt werden soll.
> (3) Eine Beschränkung der Prokura auf den Betrieb einer von mehreren Niederlassungen des Geschäftsinhabers ist Dritten gegenüber nur wirksam, wenn die Niederlassungen unter verschiedenen Firmen betrieben werden. Eine Verschiedenheit der Firmen im Sinne dieser Vorschrift wird auch dadurch begründet, daß für eine Zweigniederlassung der Firma ein Zusatz beigefügt wird, der sie als Firma der Zweigniederlassung bezeichnet.

Der **Maßstab** des Innenverhältnisses ist hierbei ggf. auslegungsbedürftig, wobei auch i.R.d. § 266 I 1. Var. StGB die Sorgfalt eines ordentlichen und gewissenhaften Geschäftsführers geschuldet wird und zu beachten ist, dass aus einem späteren Verlust nicht *ex post* auf Überschreitung des Innenverhältnisses *ex ante* geschlossen werden darf.[1551]

Rein **faktisches** Handeln wird nicht erfasst.[1552] Hier greifen ggf. außer § 266 I 2. Var. StGB z. B. die §§ 242, 303 StGB.

Ein **Unterlassen** kann nur ein Missbrauch sein, wenn hieran ausnahmsweise rechtliche Wirkungen angeknüpft werden (z. B. gem. §§ 362, 377 II HGB, Schweigen auf kaufmännisches Bestätigungsschreiben).[1553] Hieran mangelt es bei bloßer Verursachung der Verjährung einer Forderung, da keine Rechtsänderung oder -aufhebung bewirkt wird.[1554]

Vor allem bei **Kollusion** mit dem Vertragspartner (z. B. bei Schmiergeldzahlung) ist aufgrund Sittenwidrigkeit des Rechtsgeschäftes dieses nach § 138 I BGB nichtig,

---

[1551] Wittig, in: BeckOK-StGB, Stand 01.08.2024, § 266 Rn. 27.

[1552] Eisele, BT II, 6. Aufl. 2021, Rn. 860; aus der Rspr. vgl. OLG Hamm U. v. 18.11.1971 – 2 Ss 685/71 – NJW 1972, 298 (Anm. Hassemer JuS 1972, 347; Zahrnt NJW 1972, 1095); OLG Karlsruhe B. v. 30.08.1989 – 1 Ws 60/89 – NStZ 1990, 82 (Anm. Otto JK 1990 StGB § 266/10).

[1553] Wittig, in: BeckOK-StGB, Stand 01.08.2024, § 266 Rn. 18; aus der Rspr. vgl. RG U. v. 02.07.1931 – III 413/31 – RGSt 65, 333; BGH U. v. 16.06.1953 – 1 StR 67/53 – BGHSt 5, 61 = NJW 1954, 202; BGH U. v. 17.12.1953 – 4 StR 483/53 – BGHSt 5, 187 = NJW 1954, 320; OLG Bremen U. v. 05.12.1988 – Ss 85/87 – NStZ 1989, 228.

[1554] Perron, in: Schönke/Schröder, StGB, 30. Aufl. 2019, § 266 Rn. 16; aus der Rspr. vgl. RG U. v. 26.01.1885 – 3211/84 – RGSt 11, 412; BGH U. v. 11.11.1982 – 4 StR 406/82 – NJW 1983, 461 = NStZ 1983, 168 (Anm. Hassemer JuS 1983, 397; Keller JR 1983, 516).

sodass es sich nicht um einen Missbrauch i. S. d. § 266 I 1. Var. StGB handeln kann.[1555]

(b) Einverständnis

Zum Einverständnis vgl. o. Das Einverständnis schließt den Missbrauch und damit bereits den **objektiven Tatbestand** aus, da das rechtliche Dürfen hier an das rechtliche Können angepasst wird.[1556]

(3) Pflicht, fremde Vermögensinteressen wahrzunehmen/zu betreuen (Vermögensbetreuungspflicht); verletzt

Zur sog. Vermögensbetreuungspflicht und deren Verletzung s. o.

Es ist umstritten, ob diese **auch für die Missbrauchsvariante erforderlich** ist.[1557] Dies wird z. T. abgelehnt, eine solche sei nur im Rahmen des Treubruchstatbestands erforderlich.[1558] Nach dieser Auffassung sind der Missbrauchs- und der Treubruchstatbestand selbstständige Tatbestände (dualistische Lehre).

Nach h. M.[1559] ist das Vorliegen einer Vermögensbetreuungspflicht sowohl im Rahmen des Treubruchs- als auch des Missbrauchstatbestands des § 266 I StGB erforderlich. Dann ist allerdings der Missbrauchstatbestand nur ein speziell geregelter Unterfall des Treubruchstatbestands (monistische Lehre).

Die Gesetzessystematik spricht für die Minderheitsmeinung: Es ist nur schwer zu erklären, warum der Gesetzgeber mit dem Missbrauchstatbestand eine Begehungsweise unter Strafe gestellt haben sollte, die nach der herrschenden Meinung nur ein Unterfall des ebenfalls geregelten Treubruchstatbestands ist. In anderen Fällen, in denen der Gesetzgeber einen Spezialfall eines anderen Tatbestandsmerkmals ausdrücklich erwähnt (z. B. die Waffe als Spezialfall des gefährlichen Werkzeugs in § 224 I Nr. 2 StGB oder das Ankaufen als Spezialfall des Sichverschaffens in § 259 I StGB) benutzt er stets die Formulierung „oder sonst"; dies ist jedoch in § 266 I StGB nicht der Fall, sodass man hieraus den Schluss ziehen könnte, dass nach dem Willen des Gesetzgebers die beiden Tatbestände des § 266 I StGB selbstständige Tatbestandsvarianten sein sollen.

Gegen diese Auslegung und für die h. M. spricht allerdings in entscheidender Weise der Gesetzeswortlaut: Der letzte Halbsatz des § 266 I StGB („und dadurch dem, dessen Vermögensinteressen er zu betreuen hat, Nachteil zufügt") erwähnt ausdrücklich die Vermögensbetreuungspflicht des Täters. Dieser Halbsatz gilt aber

---

[1555] Eisele, BT II, 6. Aufl. 2021, Rn. 873; aus der Rspr. vgl. BGH U. v. 02.12.2005 – 5 StR 119/05 (Kölner Müllskandal) – BGHSt 50, 299 = NJW 2006, 925 = NStZ 2006, 210 = StV 2006, 126 (Anm. RÜ 2006, 142; Saliger NJW 2006, 3377; Noltenmeier StV 2006, 132).

[1556] Eisele, BT II, 6. Aufl. 2021, Rn. 865.

[1557] Hierzu Hillenkamp/Cornelius, 40 Probleme aus dem Strafrecht BT, 13. Aufl. 2020, 34. Problem; aus der Rspr. vgl. zuletzt BGH B. v. 29.01.2020 – 1 StR 421/19 – StV 2020, 760 (Anm. Bosch Jura 2020, 874; Michaelis/Schulte-Rudzio NZWiSt 2020, 405); BGH U. v. 25.01.2023 – 6 StR 383/22 – NStZ 2023, 351.

[1558] Labsch, Jura 1987, 343 (344); Otto, JZ 1985, 1008 (1009).

[1559] S. nur BGH U. v. 13.06.1985 – 4 StR 213/85 (Kreditkarte) – BGHSt 33, 244 (250); Fischer, StGB, 71. Aufl. 2024, § 266 Rn. 6ff., 21.

für beide Tatbestände des § 266 I StGB, sodass auch die Vermögensbetreuungspflicht in beiden Tatbestandsvarianten als Strafbarkeitsvoraussetzung zu prüfen ist. Die Erklärung der Minderheitsmeinung für diese Formulierung, der Gesetzgeber habe lediglich klarstellen wollen, dass der Geschädigte i.R.v. § 266 I 1. Var. StGB der Vertretene sein müsse, also derjenige, auf dessen Vermögen sich die Verfügungs- oder Verpflichtungsbefugnis des Täters beziehe (und nicht der Vertragspartner) überzeugt nicht. Die geringen Anforderungen, die die Minderheitsmeinung an den Missbrauchstatbestand stellt, würden zu einer unbilligen Ausweitung dieser Untreuevariante führen, da dann jeder Vertreter bei entsprechendem Verhalten den Tatbestand des § 266 I 1. Var. StGB verwirklichen würde. Dies hat der Gesetzgeber jedoch gerade nicht gewollt; er wollte den Kreis der potenziellen Täter des § 266 I 1. Var. StGB auf diejenigen Personen begrenzen, die eine zentrale Stellung in Bezug auf den Schutz eines fremden Vermögens (also eine Vermögensbetreuungspflicht) haben. Der herrschenden Meinung ist somit zu folgen. Auch der Missbrauchstatbestand des § 266 I 1. Var. StGB setzt das Bestehen einer Vermögensbetreuungspflicht voraus.

b) Dem, dessen Vermögensinteressen er zu betreuen hat, dadurch Nachteil zufügt

▶ **Didaktischer Aufsatz**
- Eisele/Bechtel, Der Schadensbegriff bei den Vermögensdelikten, JuS 2018, 97

aa) Allgemeines
Taterfolg des § 266 I StGB ist der (Vermögens-)Nachteil.[1560]
Dieses Merkmal entspricht dem Vermögensschaden i. S. d. § 263 StGB,[1561] sodass auf die dortigen Ausführungen zu verweisen ist.
Zu beachten ist, dass der Nachteil nicht ohne Weiteres aus der Pflichtverletzung gefolgert werden darf; das wäre eine Verschleifung zu trennender Tatbestandsmerkmale und ein Verstoß gegen Art. 103 II GG.[1562]

[1560] Hierzu Eisele, BT II, 6. Aufl. 2021, Rn. 900ff.; Kindhäuser FS Lampe 2003, 709; Schünemann StraFo 2010, 1 und 477; Saliger FS Samson 2010, 455; Bittmann NStZ 2012, 57; Eisele/Bechtel JuS 2018, 97; Schilling NStZ 2018, 316; Becker NZWiSt 2022, 305.
[1561] Ganz h. M., Fischer, StGB, 71. Aufl. 2024, § 266 Rn. 110; Hoyer, in: SK-StGB, 9. Aufl. 2019, § 266 Rn. 93; näher Ransiek ZStW 2004, 634; Perron FS Frisch 2013, 857; aus der Rspr. vgl. zuletzt BGH B. v. 04.07.2019 – 4 StR 36/19 – NStZ 2020, 157 = StV 2019, 744 (Anm. Bosch Jura 2019, 1308; Soyka NStZ 2020, 158); BGH B. v. 08.02.2023 – 3 StR 167/22 – NStZ 2023, 416 = StV 2023, 760 (Anm. RÜ 2023, 581; Bittmann NStZ 2023, 418; Ofosu-Ayeh wistra 2023, 518; Oğlakcıoğlu/Becker JR 2024, 151).
[1562] Eisele, BT II, 6. Aufl. 2021, Rn. 900; näher Saliger FS Fischer 2018, 523; aus der Rspr. vgl. zuletzt BGH B. v. 19.09.2018 – 1 StR 194/18 – NJW 2019, 378 = NStZ-RR 2019, 53 = StV 2019, 747 (Anm. Brand NJW 2019, 381; Baur JR 2019, 534; Schneider NZWiSt 2019, 234; Bittmann NStZ 2020, 263); BGH B. v. 25.04.2019 – 1 StR 427/18 – NStZ 2020, 294 = StV 2020, 767 (Anm. Raschke NZWiSt 2020, 36); BGH B. v. 24.09.2019 – 5 StR 394/19 – NStZ-RR 2020, 20 (Anm. RÜ 2019, 789); BGH B. v. 18.05.2021 – 1 StR 62/21 – NJW 2021, 3206 = NStZ-RR 2021, 246.

Der Nachteil muss durch die Pflichtverletzung zurechenbar verursacht worden sein („**dadurch**"), sodass die Strafbarkeit ausscheidet, wenn der Nachteil auch durch treupflichtgemäßes Handeln herbeigeführt worden wäre.[1563]

Der **Inhaber** des zu betreuenden Vermögens muss mit dem Geschädigten **identisch** sein.[1564]

Der Nachteil wird durch Gesamtsaldierung im **Zeitpunkt** der pflichtwidrigen Tathandlung ermittelt.[1565] Zu berücksichtigen ist also ggf. eine **Kompensation** durch einen **unmittelbar** durch die Tathandlung eintretenden Vermögenszuwachs.[1566] Die Kompensation muss aber nicht in engem zeitlichen Zusammenhang erfolgen, solange nur keine weiteren, selbstständigen Handlungen hinzutreten müssen.[1567]

Zwar kann die Vermögensmehrung auch in Gestalt einer Exspektanz (s. o. bei § 263 StGB) erfolgen. Allerdings genügt die **vage Chance** zukünftiger Vermögensmehrung für eine Kompensation nicht.[1568]

[1563] Hierzu Hoyer, in: SK-StGB, 9. Aufl. 2019, § 266 Rn. 115ff.; aus der Rspr. vgl. OLG Hamm B. v. 15.07.1981 – 5 Ws 29/81 – NJW 1982, 190 (Anm. Geppert JK 1982 StGB § 266/2); BGH U. v. 24.08.1988 – 3 StR 232/88 – BGHSt 35, 333 = NJW 1989, 112 = NStZ 1989, 23 = StV 1989, 105 (Anm. Otto JK 1989 StGB § 266/8; Hellmann wistra 1989, 214); BGH U. v. 04.11.1997 – 1 StR 273/97 (Bugwellen-Prozess) – BGHSt 43, 293 = NJW 1998, 913 = NStZ 1998, 514 = StV 2003, 448 (Anm. Otto JK 1998 StGB § 266/17; Martin JuS 1998, 565; Bittmann NStZ 1998, 495; Brauns JR 1998, 381; Bieneck wistra 1998, 249); BGH U. v. 06.04.2000 – 1 StR 280/99 – BGHSt 46, 30 = NJW 2000, 2364 = NStZ 2000, 655 = StV 2000, 483 (Anm. Dierlamm/Links NStZ 2000, 656; Otto JR 2000, 517; Otto JK 2001 StGB § 266/19; Knauer NStZ 2002, 399); BGH B. v. 17.07.2007 – 3 StR 207/07; OLG Rostock B. v. 27.09.2012 – I Ws 133/12.

[1564] Fischer, StGB, 71. Aufl. 2024, § 266 Rn. 110; aus der Rspr. vgl. zuletzt BGH U. v. 25.04.2006 – 1 StR 519/05 – BGHSt 51, 29 = NJW 2006, 1984 = NStZ 2006, 401 = StV 2006, 456.

[1565] H. M., Kindhäuser/Hoven, in: NK-StGB, 6. Aufl. 2023, § 266 Rn. 106; aus der Rspr. vgl. zuletzt BGH B. v. 16.06.2021 – 6 StR 334/20 – NStZ 2022, 171 = NStZ-RR 2021, 342 (Anm. Bittmann NStZ 2022, 172); BGH B. v. 22.09.2022 – 1 StR 171/22 – NStZ 2023, 105 = StV 2023, 173.

[1566] Eisele, BT II, 6. Aufl. 2021, Rn. 901; aus der Rspr. vgl. zuletzt BGH B. v. 19.09.2018 – 1 StR 194/18 – NJW 2019, 378 = NStZ-RR 2019, 53 = StV 2019, 747 (Anm. Brand NJW 2019, 381; Baur JR 2019, 534; Schneider NZWiSt 2019, 234; Bittmann NStZ 2020, 263); BGH U. v. 04.10.2018 – 3 StR 283/18 – NJW 2019, 1473 = NStZ 2019, 144 (Anm. RÜ2 2019, 87 und 90; Kulhanek NStZ 2019, 145; Lucke NZWiSt 2019, 229); BGH U. v. 23.10.2018 – 1 StR 234/17 – NStZ-RR 2019, 115 = StV 2019, 747 (Anm. Nestler Jura 2019, 783; RÜ 2019, 236); BGH B. v. 25.04.2019 – 1 StR 427/18 – NStZ 2020, 294 = StV 2020, 767 (Anm. Raschke NZWiSt 2020, 36); BGH B. v. 08.06.2021 – 5 StR 481/20 – NStZ-RR 2021, 246 = StV 2021, 726.

[1567] Fischer, StGB, 71. Aufl. 2024, § 266 Rn. 166; aus der Rspr. vgl. BGH B. v. 13.04.2011 – 1 StR 94/1 (Kölner Parteispenden) – BGHSt 56, 203 = NJW 2011, 1747 = NStZ 2011, 403 = StV 2011, 484 (Anm. Jahn JuS 2011, 1133; Brand NJW 2011, 1751; Tierel jurisPR-StrafR 12/2011 Anm. 3; Bittmann wistra 2011, 343; Corsten wistra 2011, 389; Wagner ZIS 2012, 28; Mosiek HRRS 2012, 454).

[1568] Eisele, BT II, 6. Aufl. 2021, Rn. 902; aus der Rspr. vgl. zuletzt BGH U. v. 29.08.2008 – 2 StR 587/07 (Siemens) – BGHSt 52, 323 = NJW 2009, 89 = NStZ 2009, 95 = StV 2009, 21 (Anm. Brüning/Wimmer ZJS 2009, 94; Bosch JA 2009, 233; Jahn JuS 2009, 173; Satzger JK 2009 StGB § 266/33; RÜ 2009, 30; RA 2009, 43; famos 2/2009; Ransiek NJW 2009, 95; Knauer NStZ 2009, 151; Satzger NStZ 2009, 297; Schlösser HRRS 2009, 19; Reinhold HRRS 2009, 107; Rönnau StV 2009, 246; Tierel jurisPR-StrafR 2/2009 Anm. 3; Knierim CCZ 2009, 38; Hohn FS Rissing-van Saan 2011, 259; Schmidt/Fuhrmann FS Rissing-van Saan 2011, 585); BGH B. v. 13.04.2011 – 1 StR 592/10 – NStZ 2011, 520 (Anm. Bosch JK 2011 StGB § 266/37); BVerfG B. v. 01.11.2012 – 2 BvR 1235/11 (Schäch) – NJW 2013, 365 = StV 2013, 80 (Anm. Steinert HRRS 2014, 58).

Insbesondere die Gewinnerwartung bei **Schmiergeldzahlungen** und dafür eingerichteten **schwarzen Kassen** (s. auch sogleich) genügt den Anforderungen nicht.[1569]

> **Beispiel 276**
>
> (LG Darmstadt U. v. 14.05.2007 – 712 Js 5213/04 – 9 KLs (Siemens) (Anm. Saliger/Gaede HRRS 2008, 57; Schuster/Rübenstahl wistra 2008, 201; Knierim CCZ 2008, 37); BGH U. v. 29.08.2008 – 2 StR 587/07 (Siemens) – BGHSt 52, 323 = NJW 2009, 89 = NStZ 2009, 95 = StV 2009, 21 (Anm. Brüning/Wimmer ZJS 2009, 94; Bosch JA 2009, 233; Jahn JuS 2009, 173; Satzger JK 2009 StGB § 266/33; RÜ 2009, 30; RA 2009, 43; famos 2/2009; Ransiek NJW 2009, 95; Knauer NStZ 2009, 151; Satzger NStZ 2009, 297; Schlösser HRRS 2009, 19; Reinhold HRRS 2009, 107; Rönnau StV 2009, 246; Tierel jurisPR-StrafR 2/2009 Anm. 3; Knierim CCZ 2009, 38; Hohn FS Rissing-van Saan 2011, 259; Schmidt/Fuhrmann FS Rissing-van Saan 2011, 585); BVerfG B. v. 23.06.2010 – 2 BvR 2559/08 (Siemens) – BVerfGE 126, 170 = NJW 2010, 3209 = NStZ 2010, 626 = StV 2010, 564 (Anm. Saliger NJW 2010, 3195; Becker HRRS 2010, 383; Leplow wistra 2010, 475; Böse Jura 2011, 617; Satzger JK 2011 StGB § 266 I/36; Kudlich JA 2011, 66; Beckemper ZJS 2011, 88; LL 2011, 33; famos 1/2011; Krüger NStZ 2011, 369; Safferling NStZ 2011, 376; Kuhlen JR 2011, 246; Kraatz JR 2011, 434; Saliger ZIS 2011, 902; Schlösser HRRS 2011, 254; Boetticher jurisPR-StrafR 7/2011 Anm. 1; Schulz FS Roxin 2011, 305; Hüls NZWiSt 2012, 12; Neumann FS Beulke 2015, 197):
>
> B war als Bereichsvorstand der Siemens AG im Geschäftsbereich „Power Generations" (PG) für die kaufmännische Geschäftsleitung zuständig. Entgegen den Anweisungen des Siemens-Konzerns zur organisatorischen Prävention von Wirtschaftsstraftaten (sog. Compliance-Vorschriften) existierten im Bereich der PG schon vor dem Eintritt des B verschiedene „schwarze Kassen" auf einem Kontengeflecht im Ausland. Diese Gelder wurden nicht in die Buchführung der PG übernommen, sondern gegenüber dem Siemens-Zentralvorstand verdeckt geführt, um Bestechungszahlungen gegenüber ausländischen Auftraggebern vornehmen zu können. In zwei Fällen schrieb die ENEL S.p.a., der größte italienische Stromerzeuger, europaweit Aufträge für den Erwerb von Gasturbinen aus. Jeweils wurden unter Zustimmung und Billigung von K Bestechungszahlungen i.H. von insgesamt 6,1 Mio. € an die für die Vergabeentscheidung zuständigen Personen veranlasst. Hierdurch erhielt PG die – lukrativen – Aufträge. ◄

Jedenfalls mit den Bestechungszahlungen, möglicherweise auch bereits durch die Überweisung von Geldern in die „schwarzen Kassen" (s. u.) ist ein Vermögensnachteil entstanden. Die Erwartung lukrativer Aufträge stellt keine hinreichend sichere Exspektanz dar.

[1569] H. M., s. Eisele, BT II, 6. Aufl. 2021, Rn. 906.

Die bloß nachträgliche **Wiedergutmachung** ändert nichts am Eintritt eines (Vermögens-)Nachteils und damit an der Vollendung.[1570]

Der Nachteil kann auch durch eine **unterlassene Vermögensmehrung** eintreten, z. B. wenn der Täter die Möglichkeit eines günstigen Vertragsschlusses nicht wahrnimmt.[1571]

bb) Bereithalten eigener flüssiger Mittel

Wenn der Täter eigene flüssige Mittel (Bargeld oder Buchgeld) bereit hält und überdies bereit ist, diese Mittel nötigenfalls einzusetzen, mangelt es an einem Nachteil, da die Eigenmittel als Kompensation dienen.[1572]

Gleiches müsste konsequenterweise i.F.d. Aufrechnungsmöglichkeit gelten.[1573]

cc) Gefährdungsschaden

▶ **Didaktische Aufsätze**
- Mansdörfer, Die Vermögensgefährdung als Nachteil im Sinne des Untreuetatbestandes, JuS 2009, 114
- Sickor, Die sog. schadensgleiche Vermögensgefährdung bei Betrug und Untreue, JA 2011, 109
- Becker/Rönnau, Der Gefährdungsschaden bei Betrug (§ 263 StGB) und Untreue (§ 266 StGB), JuS 2017, 499

[1570] Fischer, StGB, 71. Aufl. 2024, § 266 Rn. 164; aus der Rspr. vgl. BGH U. v. 06.05.1986 – 4 StR 124/86 – NStZ 1986, 455; BGH U. v. 30.09.2010 – 4 StR 150/10 – NStZ-RR 2011, 82; BGH U. v. 07.09.2011 – 2 StR 600/10 – NJW 2011, 3528 = NStZ 2012, 151 = StV 2012, 82 (Anm. RA 2012, 53; Becker HRRS 2012, 237; Mosiek HRRS 2012, 454).

[1571] Fischer, StGB, 71. Aufl. 2024, § 266 Rn. 116; aus der Rspr. vgl. zuletzt OLG Stuttgart U. v. 18.09.1998 – 2 Ss 400/98 – NJW 1999, 1564 = NStZ 1999, 246 (Anm. Martin JuS 1999, 825; LL 1999, 513; Thomas NStZ 1999, 622); BGH B. v. 24.08.1999 – 1 StR 672/98 – NStZ 2000, 46; BGH U. v. 08.05.2003 – 4 StR 550/02 – NJW 2003, 3498 = NStZ 2003, 540 (Anm. RA 2003, 511); BVerfG B. v. 23.06.2010 – 2 BvR 2559/08 (Siemens) – BVerfGE 126, 170 = NJW 2010, 3209 = NStZ 2010, 626 = StV 2010, 564 (Anm. Saliger NJW 2010, 3195; Becker HRRS 2010, 383; Leplow wistra 2010, 475; Böse Jura 2011, 617; Satzger JK 2011 StGB § 266 I/36; Kudlich JA 2011, 66; Beckemper ZJS 2011, 88; LL 2011, 33; famos 1/2011; Krüger NStZ 2011, 369; Safferling NStZ 2011, 376; Kuhlen JR 2011, 246; Kraatz JR 2011, 434; Saliger ZIS 2011, 902; Schlösser HRRS 2011, 254; Boetticher jurisPR-StrafR 7/2011 Anm. 1; Schulz FS Roxin 2011, 305; Hüls NZWiSt 2012, 12; Neumann FS Beulke 2015, 197).

[1572] H. M., Joecks/Jäger, StGB, 13. Aufl. 2021, § 266 Rn. 41; aus der Rspr. vgl. zuletzt BGH B. v. 20.08.2019 – 2 StR 381/17 – NJW 2020, 631 = NStZ 2020, 35 = StV 2020, 766 (Anm. Bittmann WiJ 2019, 178; Brand NStZ 2020, 38; Gerson HRRS 2020, 59); BGH B. v. 26.11.2019 – 2 StR 588/18 – NJW 2020, 1689 = NStZ 2020, 418 = NStZ-RR 2020, 213 = StV 2020, 764 (Anm. Cordes NJW 2020, 1691; Schmidt NStZ 2020, 420; Schneider NZWiSt 2020, 415); BGH B. v. 22.09.2022 – 1 StR 171/22 – NStZ 2023, 105 = StV 2023, 173.

[1573] Strittig, hierzu Wittig, in: BeckOK-StGB, Stand 01.08.2024, § 266 Rn. 68.2; näher Schmidt NStZ 2013, 498; aus der Rspr. vgl. zuletzt BGH B. v. 26.11.2019 – 2 StR 588/18 – NJW 2020, 1689 = NStZ 2020, 418 = NStZ-RR 2020, 213 = StV 2020, 764 (Anm. Cordes NJW 2020, 1691; Schmidt NStZ 2020, 420; Schneider NZWiSt 2020, 415); BGH B. v. 18.05.2021 – 1 StR 62/21 – NJW 2021, 3206 = NStZ-RR 2021, 246.

Ob eine Übertragung der Figur des **Gefährdungsschadens** i. S. d. § 263 StGB auf die Untreue möglich ist, ist umstritten.[1574]

Beispiel 277

(LG Darmstadt U. v. 14.05.2007 – 712 Js 5213/04 – 9 KLs (Siemens) (Anm. Saliger/Gaede HRRS 2008, 57; Schuster/Rübenstahl wistra 2008, 201; Knierim CCZ 2008, 37); BGH U. v. 29.08.2008 – 2 StR 587/07 (Siemens) – BGHSt 52, 323 = NJW 2009, 89 = NStZ 2009, 95 = StV 2009, 21 (Anm. Brüning/Wimmer ZJS 2009, 94; Bosch JA 2009, 233; Jahn JuS 2009, 173; Satzger JK 2009 StGB § 266/33; RÜ 2009, 30; RA 2009, 43; famos 2/2009; Ransiek NJW 2009, 95; Knauer NStZ 2009, 151; Satzger NStZ 2009, 297; Schlösser HRRS 2009, 19; Reinhold HRRS 2009, 107; Rönnau StV 2009, 246; Tierel jurisPR-StrafR 2/2009 Anm. 3; Knierim CCZ 2009, 38; Hohn FS Rissing-van Saan 2011, 259; Schmidt/Fuhrmann FS Rissing-van Saan 2011, 585); BVerfG B. v. 23.06.2010 – 2 BvR 2559/08 (Siemens) – BVerfGE 126, 170 = NJW 2010, 3209 = NStZ 2010, 626 = StV 2010, 564 (Anm. Saliger NJW 2010, 3195; Becker HRRS 2010, 383; Leplow wistra 2010, 475; Böse Jura 2011, 617; Satzger JK 2011 StGB § 266 I/36; Kudlich JA 2011, 66; Beckemper ZJS 2011, 88; LL 2011, 33; famos 1/2011; Krüger NStZ 2011, 369; Safferling NStZ 2011, 376; Kuhlen JR 2011, 246; Kraatz JR 2011, 434; Saliger ZIS 2011, 902; Schlösser HRRS 2011, 254; Boetticher jurisPR-StrafR 7/2011 Anm. 1; Schulz FS Roxin 2011, 305; Hüls NZWiSt 2012, 12; Neumann FS Beulke 2015, 197):

B war als Bereichsvorstand der Siemens AG im Geschäftsbereich „Power Generations" (PG) für die kaufmännische Geschäftsleitung zuständig. Entgegen den Anweisungen des Siemens-Konzerns zur organisatorischen Prävention von Wirtschaftsstraftaten (sog. Compliance-Vorschriften) existierten im Bereich der PG schon vor dem Eintritt des B verschiedene „schwarze Kassen" auf einem Kontengeflecht im Ausland. Diese Gelder wurden nicht in die Buchführung der PG übernommen, sondern gegenüber dem Siemens-Zentralvorstand verdeckt geführt, um Bestechungszahlungen gegenüber ausländischen Auftraggebern vornehmen zu können. In zwei Fällen schrieb die ENEL S.p.a., der größte italienische Stromerzeuger, europaweit Aufträge für den Erwerb von Gasturbinen aus. Jeweils wurden unter Zustimmung und Billigung von K Bestechungszahlungen i.H. von insgesamt 6,1 Mio. € an die für die Vergabeentscheidung zuständigen Personen veranlasst. Hierdurch erhielt PG die – lukrativen – Aufträge. ◄

[1574] Hierzu Hoyer, in: SK-StGB, 9. Aufl. 2019, § 266 Rn. 101ff.; näher Saliger ZStW 2000, 563; Schünemann NStZ 2008, 430; Fischer StraFo 2008, 269; Nack StraFo 2008, 277; Mansdörfer JuS 2009, 114; Sickor JA 2011, 109; Hauck ZIS 2011, 919; Becker/Rönnau JuS 2017, 499; aus der Rspr. vgl. zuletzt BGH B. v. 19.09.2018 – 1 StR 194/18 – NJW 2019, 378 = NStZ-RR 2019, 53 = StV 2019, 747 (Anm. Brand NJW 2019, 381; Baur JR 2019, 534; Schneider NZWiSt 2019, 234; Bittmann NStZ 2020, 263); BGH B. v. 25.04.2019 – 1 StR 427/18 – NStZ 2020, 294 = StV 2020, 767 (Anm. Raschke NZWiSt 2020, 36).

Jedenfalls Schmiergeldzahlungen führen einen Vermögensabfluss herbei. Fraglich ist, ob bereits die Überweisung von Geldern in die „schwarzen Kassen" einen Vermögensnachteil begründen kann. Die Gelder befinden sich zwar noch unter der Herrschaft der PG als Geschäftsbereichs der Siemens AG, werden aber nicht in die Buchführung der PG übernommen und gegenüber dem Siemens-Zentralvorstand verschleiert.

In der Tat gelten die beim Betrug z. T. geäußerten Bedenken bei der Untreue in gesteigertem Maße, da der objektive Tatbestand weiter gefasst ist, es an einem subjektiven Absichtserfordernis mangelt und auch der Versuch der Untreue nicht strafbar ist.

Die h. M. inkl. BVerfG billigt aber die Rechtsfigur auch bei § 266 StGB, womit freilich noch nichts darüber ausgesagt ist, wann ein solcher Schaden schon angenommen werden kann, v. a. in Unterscheidung zur bloßen Beeinträchtigung der Dispositionsfreiheit.

dd) Insbesondere: Verstecktes Vermögen, schwarze Kassen

Als besonders problematischer Grenzfall hat sich das in einer sog. **schwarzen Kasse versteckte Vermögen** erwiesen.[1575] Bei der Einrichtung schwarzer Kassen werden Geldmittel des Treugebers dem gewöhnlichen Geldkreislauf entzogen und außerhalb dieses Geldkreislaufs liegenden Konten, Kassen oder Treuhändern zugeführt.[1576]

Hier haben sowohl Fälle der Privatwirtschaft (Siemens) als auch der politischen Parteien (Kanther, Kohl) Aufsehen erregt.

Beispiel 278

(LG Darmstadt U. v. 14.05.2007 – 712 Js 5213/04 – 9 KLs (Siemens) (Anm. Saliger/Gaede HRRS 2008, 57; Schuster/Rübenstahl wistra 2008, 201; Knierim CCZ 2008, 37); BGH U. v. 29.08.2008 – 2 StR 587/07 (Siemens) – BGHSt 52, 323 = NJW 2009, 89 = NStZ 2009, 95 = StV 2009, 21 (Anm. Brüning/Wimmer ZJS 2009, 94; Bosch JA 2009, 233; Jahn JuS 2009, 173; Satzger JK 2009 StGB § 266/33; RÜ 2009, 30; RA 2009, 43; famos 2/2009; Ransiek NJW 2009, 95; Knauer NStZ 2009, 151; Satzger NStZ 2009, 297; Schlösser HRRS 2009, 19; Reinhold HRRS 2009, 107; Rönnau StV 2009, 246; Tierel jurisPR-StrafR 2/2009 Anm. 3; Knierim CCZ 2009, 38; Hohn FS Rissing-van Saan 2011, 259; Schmidt/Fuhrmann FS Rissing-van Saan 2011, 585); BVerfG B. v. 23.06.2010 – 2 BvR 2559/08 (Siemens) – BVerfGE 126, 170 = NJW 2010, 3209 = NStZ 2010, 626 = StV 2010, 564 (Anm. Saliger NJW 2010, 3195;

[1575] Hierzu Fischer, StGB, 71. Aufl. 2024, § 266 Rn. 130ff.; näher Velten NJW 2000, 2852; Wolf KJ 2000, 531; Matt NJW 2005, 389; Schünemann NStZ 2008, 430; Kempf FS Hamm 2008, 255; Ransiek StV 2009, 321; Fischer NStZ-Sonderheft 2009, 8; Kempf FS Volk 2009, 231; Corsten HRRS 2011, 247. aus der Rspr. vgl. zuletzt BGH B. v. 12.12.2017 – 2 StR 308/16 – NStZ-RR 2018, 178 = StV 2019, 21 (Anm. Pelz jurisPR-Compl 3/2018 Anm. 1); BGH B. v. 12.02.2020 – 2 StR 291/19 – NJW 2020, 3473 = NStZ 2020, 544 = StV 2020, 760 (Anm. Habetha NStZ 2020, 546; Schneider NZWiSt 2020, 322).

[1576] Dierlamm/Becker, in: MK-StGB, 4. Aufl. 2022, § 266 Rn. 275.

Becker HRRS 2010, 383; Leplow wistra 2010, 475; Böse Jura 2011, 617; Satzger JK 2011 StGB § 266 I/36; Kudlich JA 2011, 66; Beckemper ZJS 2011, 88; LL 2011, 33; famos 1/2011; Krüger NStZ 2011, 369; Safferling NStZ 2011, 376; Kuhlen JR 2011, 246; Kraatz JR 2011, 434; Saliger ZIS 2011, 902; Schlösser HRRS 2011, 254; Boetticher jurisPR-StrafR 7/2011 Anm. 1; Schulz FS Roxin 2011, 305; Hüls NZWiSt 2012, 12; Neumann FS Beulke 2015, 197):

B war als Bereichsvorstand der Siemens AG im Geschäftsbereich „Power Generations" (PG) für die kaufmännische Geschäftsleitung zuständig. Entgegen den Anweisungen des Siemens-Konzerns zur organisatorischen Prävention von Wirtschaftsstraftaten (sog. Compliance-Vorschriften) existierten im Bereich der PG schon vor dem Eintritt des B verschiedene „schwarze Kassen" auf einem Kontengeflecht im Ausland. Diese Gelder wurden nicht in die Buchführung der PG übernommen, sondern gegenüber dem Siemens-Zentralvorstand verdeckt geführt, um Bestechungszahlungen gegenüber ausländischen Auftraggebern vornehmen zu können. In zwei Fällen schrieb die ENEL S.p.a., der größte italienische Stromerzeuger, europaweit Aufträge für den Erwerb von Gasturbinen aus. Jeweils wurden unter Zustimmung und Billigung von K Bestechungszahlungen i.H. von insgesamt 6,1 Mio. € an die für die Vergabeentscheidung zuständigen Personen veranlasst. Hierdurch erhielt PG die – lukrativen – Aufträge. ◄

Beispiel 279

(LG Wiesbaden B. v. 25.03.2002 – 6 Js 3204/00 – 16 KLs (Kanther)- NJW 2002, 1510; OLG Frankfurt B. v. 12.01.2004 – 3 Ws 1106/02 (Kanther) – NJW 2004, 2028 (Anm. Otto JK 2005 StGB § 266/27); BGH U. v. 18.10.2006 – 2 StR 499/05 (Kanther) – BGHSt 51, 100 = NJW 2007, 1760 = NStZ 2007, 583 (Anm. RÜ 2007, 96; RA 2007, 633; Ransiek NJW 2007, 1727; Saliger NStZ 2007, 545; Bosch JA 2008, 148; Perron NStZ 2008, 517; Weber FS Eisenberg 2009, 371):

B1 ein hochrangiger Funktionsträger der CDU Hessen und zugleich des Bundesverbandes der CDU, transferierte im Dezember 1984 insgesamt 20,8 Mio. DM des Landesverbandes, die im offiziellen Rechnungswesen der Partei nicht aufgeführt waren, auf ein Treuhandnummernkonto in der Schweiz. Vor dem Hintergrund der bevorstehenden Änderung des Parteiengesetzes handelte er uneigennützig mit dem Ziel, die Gelder für politische Zwecke der CDU Hessen zu sichern. Ein Auftrag oder Beschluss des Landesvorstands lag nicht vor. Nach dem Inkrafttreten des PartG 1994 und in der Sorge um verschärfte Kontrollmaßnahmen übertrug er das Vermögen auf eine eigens gegründete Stiftung in Liechtenstein, deren Begünstigter der Landesverband war, die aber auch vor dem Begünstigten geheim gehalten wurde. Die Gelder wurden teilweise unter Verdeckung ihrer Herkunft an den Landesverband oder an selbstständige Untergliederungen der CDU zurückgeführt. In den Jahren 1995–1997 verschwieg B1 bei den Beratungen über Haushalt und Rechenschaftsbericht das Vorhandensein des Vermögens der Stiftung, das etwa das Fünffache des offiziellen Jahreshaushalts ausmachte. Er war sich dabei bewusst, dass die Rechenschaftsberichte unrichtig waren und nahm billigend in Kauf, dass Bundespartei und Landesverband der

Gefahr erheblicher Sanktionen auf Grund der Regelungen des Parteiengesetzes ausgesetzt wurden. B2 unterstützte die Handlungen des B1 u. a. dadurch, dass er die Verwaltung treuhänderisch durchführte und erforderliche Testate erteilte. Nach Aufdeckung des Sachverhalts forderte der Präsident des Deutschen Bundestages Förderungsbeträge i.H.v. 35,85 Mio. DM von der Gesamtpartei zurück. Der finanzielle Spielraum des Landesverbandes wurde durch Regressforderungen erheblich beeinträchtigt. ◄

Die Rspr.[1577] und die wohl h. L.[1578] stützen den Schaden bereits auf die Verborgenheit der „schwarzen Kasse" gegenüber der berechtigten Partei oder dem Unternehmen. Des Weiteren lässt sich ein Schaden aufgrund des Sanktionsrisikos annehmen.

Hieran wird heftige Kritik geübt.[1579] In der Tat liegt jedenfalls eine Kompensation nahe, da die verdeckte Kasse mit dem Ziel geführt wird, die darin enthaltenen Werte für den Vermögensinhaber zu investieren (sofern hinreichend konkret, eine wirtschaftlich sehr werthaltige Expektanz), dauerhafte Nachteiligkeit wäre nur bei Scheitern der „Investition" gegeben; insofern besteht eine zunächst rein abstrakte Gefährdung. Merkwürdig wäre auch, dass die Schmiergeldzahlung überhaupt keinen weiteren Schaden mehr bewirken könnte, da der Schaden bereits vorher vollumfänglich eingetreten wäre. Insbesondere allerdings entstünden kaum überwindbare Friktionen zur straflosen Fallkonstellation, in der ein Täter eigene Mittel zum Ausgleich bereithält: In Fällen „schwarzer Kassen" ist doch erst recht Straflosigkeit geboten, wenn die Geldmittel noch gar nicht aus dem Vermögensverband herausgelöst wurden.

Insofern ist zumindest Zurückhaltung zu üben, einen vollendeten Nachteil bereits aufgrund **unordentlicher Buchführung** anzunehmen.[1580] Die Gefahr doppelter Inanspruchnahme bzw. des Verlusts von Ansprüchen aufgrund mangelhafter Dokumentation von Zahlungen muss zumindest hinreichend konkret sein.

[1577] S. o., zuletzt BGH B. v. 12.02.2020 – 2 StR 291/19 – NJW 2020, 3473 = NStZ 2020, 544 = StV 2020, 760 (Anm. Habetha NStZ 2020, 546; Schneider NZWiSt 2020, 322).

[1578] S. Fischer, StGB, 71. Aufl. 2024, § 266 Rn. 134.

[1579] S. nur die o. a. Urteilsanmerkungen zu BGH U. v. 29.08.2008 – 2 StR 587/07 (Siemens) – BGHSt 52, 323, ferner etwa Kindhäuser/Hilgendorf, LPK, 9. Aufl. 2022, § 266 Rn. 92.

[1580] Hierzu Eisele, BT II, 6. Aufl. 2021, Rn. 906; aus der Rspr. vgl. RG U. v. 28.07.1939 – 1 D 551/39 – RGSt 73, 283; BGH U. v. 26.10.1954 – 2 StR 197/54 – NJW 1955, 71; BGH U. v. 07.12.1965 – 5 StR 312/65 – BGHSt 20, 304 = NJW 1966, 261 (Anm. Schröder JR 1966, 185); BGH U. v. 24.08.1988 – 3 StR 232/88 – BGHSt 35, 333 = NJW 1989, 112 = NStZ 1989, 23 = StV 1989, 105 (Anm. Otto JK 1989 StGB § 266/8; Hellmann wistra 1989, 214); BGH B. v. 16.02.1996 – 3 StR 185/94 – NStZ 1996, 543 = StV 1996, 431; BGH B. v. 26.04.2001 – 5 StR 587/00 – BGHSt 47, 8 = NJW 2001, 3638 = NStZ 2001, 432 = StV 2001, 573 (Anm. Salditt NStZ 2001, 544; Mosenheuer NStZ 2004, 179); OLG Frankfurt B. v. 26.02.2004 – 2 Ws 73/03 – NStZ-RR 2004, 244 (Anm. Otto JK 2005 StGB § 266/25); BGH B. v. 12.05.2004 – 5 StR 46/04 – NStZ 2004, 559; BGH B. v. 13.02.2007 – 5 StR 400/06 – NStZ 2007, 579 (Anm. Dierlamm NStZ 2007, 581); KG U. v. 23.03.2007 – (4) 1 Ss 186/05 (94/05) – NJW 2007, 3366 = NStZ 2008, 405 (Anm. LL 2008, 32); BGH U. v. 27.08.2010 – 2 StR 111/09 (Trienekens) – BGHSt 55, 266 = NJW 2010, 3458 = NStZ 2010, 700 = StV 2011, 20 (Anm. RA 2010, 637; Brand NJW 2010, 3463; Mühlenfeld jurisPR-StrafR 19/2010 Anm. 2; Görling CCZ 2011, 77; Saliger FS Roxin 2011, 1053).

ee) Insbesondere: Haushaltsuntreue

Als Haushaltsuntreue bezeichnet man die Untreue im Umgang mit öffentlichen Finanzen.[1581]

Bei Verwendung der Mittel zu **privaten** statt zu hoheitlichen Zwecken liegt ohne Weiteres ein Vermögensnachteil vor.[1582]

Werden die Mittel **innerhalb der hoheitlichen Tätigkeit zweckentfremdet**, so wird bei der notwendigen wirtschaftlichen Betrachtung das Vermögen in der Regel ungeschmälert bei demselben Hoheitsträger verbleiben, verletzt ist allein dessen Dispositionsbefugnis.[1583] Zu beachten sind aber die Grenzen des Haushaltsrechts, sodass ein Vermögensnachteil in der Gewährung von Leistungen unter Missachtung vorgesehener Mittelzweckgebundenheit und Effizienzgeboten liegen kann.

Eine **Überschreitung des Haushaltsplans** genügt nicht, solange der Mitteleinsatz grundsätzlich den vorgegebenen Zwecken dient und die Gegenleistung gleichwertig ist, es sei denn, eine wirtschaftlich gewichtige Kreditaufnahme wird erforderlich oder die Dispositionsfähigkeit des Haushaltsgesetzgebers wird in so schwerwiegender Weise beeinträchtigt, dass die politischen Gestaltungsbefugnisse beschnitten werden (vgl. die Grundsätze zum persönlichen Schadenseinschlag bei § 263 StGB).[1584]

ff) Insbesondere: Korruption, Schmiergeldzahlungen (kick-back-Zahlungen)

Vom Täter empfangene Schmiergeldzahlungen,[1585] auch in Gestalt von Provisionen o. Ä. sind dann als Vermögensnachteil zu werten, wenn die Zahlungen auch dem

---

[1581] Hierzu Fischer, StGB, 71. Aufl. 2024, § 266 Rn. 121 ff.; näher Neye NStZ 1981, 369; Fabricius NStZ 1993, 414; Schünemann StV 2003, 463; von Selle JZ 2008, 178; zur Stellenbesetzung trotz fehlenden Personalbedarfs
Schmidt wistra 2021, 377; aus der Rspr. vgl. zuletzt BGH U. v. 14.07.2021 – 6 StR 282/20 – NStZ 2022, 109 = StV 2021, 716 (Anm. Bosch Jura 2021, 1527; RÜ 2021, 717; Schilling NStZ 2022, 113; Kraatz JR 2022, 288; Bittmann NZWiSt 2022, 30; Anders NZWiSt 2023, 361); BGH U. v. 03.03.2022 – 5 StR 228/21 (Anm. RÜ 2022, 378); BGH B. v. 08.02.2023 – 3 StR 167/22 – NStZ 2023, 416 = StV 2023, 760 (Anm. RÜ 2023, 581; Bittmann NStZ 2023, 418; Ofosu-Ayeh wistra 2023, 518; Oğlakcıoğlu/Becker JR 2024, 151).

[1582] Fischer, StGB, 71. Aufl. 2024, § 266 Rn. 122.

[1583] Fischer, StGB, 71. Aufl. 2024, § 266 Rn. 121.

[1584] Eisele, BT II, 6. Aufl. 2021, Rn. 910; aus der Rspr. vgl. BGH U. v. 04.11.1997 – 1 StR 273/97 (Bugwellen-Prozess) – BGHSt 43, 293 = NJW 1998, 913 = NStZ 1998, 514 = StV 2003, 448 (Anm. Otto JK 1998 StGB § 266/17; Martin JuS 1998, 565; Bittmann NStZ 1998, 495; Brauns JR 1998, 381; Bieneck wistra 1998, 249); BGH U. v. 14.12.2000 – 5 StR 123/00 – NJW 2001, 2411 = NStZ 2001, 248 (Anm. Wagner/Dierlamm NStZ 2001, 371; Berger JR 2002, 118).

[1585] Hierzu Fischer, StGB, 71. Aufl. 2024, § 266 Rn. 117 ff.; näher Tondorf/Waider MedR 1996, 102; Lüderssen FS Müller-Dietz 2001, 467; Rönnau FS Kohlmann 2003, 239; Bernsmann StV 2005, 576; Bernsmann GA 2007, 219; Klengel/Rübenstahl HRRS 2007, 52; Kempf FS Hamm 2008, 255; Dierlamm FS Widmaier 2008, 607; Bernsmann GA 2009, 296; Krafczyk FS Mehle 2009, 325; Kraatz ZStW 2010, 521; Gerst/Meinicke CCZ 2011, 96; Portner wistra 2021, 1; aus der Rspr. vgl. zuletzt BGH U. v. 23.10.2018 – 1 StR 234/17 – NStZ-RR 2019, 115 = StV 2019, 747 (Anm. Nestler Jura 2019, 783; RÜ 2019, 236).

Geschäftsherrn als Rabatt hätten gewährt werden können. Dies ähnelt der schadensbegründenden Argumentation beim Submissionsbetrug i.R.d. § 263 I StGB.

> **Beispiel 280**
>
> BGH U. v. 23.05.2002 – 1 StR 372/01 – BGHSt 47, 295 = NJW 2002, 2801 = NStZ 2002, 648 = StV 2003, 500 (Anm. RÜ 2002, 459; Michalke NJW 2002, 3381; Otto JK 2003 StGB § 266/23 und § 331/7; Rönnau JuS 2003, 232; Korte NStZ 2003, 156; Kindhäuser/Goy NStZ 2003, 291; Kuhlen JR 2003, 231; Ambos JZ 2003, 345; Tholl wistra 2003, 181; Mansdörfer wistra 2003, 211):
>
> B war ordentlicher Professor und Ärztlicher Direktor der Abteilung Herzchirurgie des Universitätsklinikums Heidelberg. Ihm oblagen die Organisation der Dienstpläne, die Entscheidung über den Einsatz der Geräte und Einrichtungen der Herzchirurgie sowie die Bewirtschaftung der zugewiesenen Haushalts- und Betriebsmittel. Zu seinen Dienstaufgaben gehörte weiter die Einwerbung so genannter Drittmittel für die Forschung. Die Medizintechnikfirma M-GmbH belieferte das Universitätsklinikum mit medizintechnischen Produkten, vor allem Herzklappen, Herzschrittmachern und Defibrillatoren. Im Jahr 1988 vereinbarte B mit Mitarbeitern der Firma M-GmbH, dass diese ihm in der Folgezeit „Boni" in Höhe von 5 % auf den getätigten Umsatz gewähre. Durch die Annahme dieser Zuwendungen wollte sich B nicht selbst bereichern. Er war allein darauf bedacht, für seine Forschungsvorhaben eine zusätzliche Geldquelle zu erschließen. Da er Effizienz und Umfang der Förderung dieser Vorhaben auf Grund seiner bisherigen Erfahrung mit der Verwendung seines offiziellen Forschungsbudgets und des bei der Universitätsverwaltung für ihn geführten Drittmittelkontos gefährdet sah, falls die Zuwendungen an die Universitätsverwaltung gelangt wären, gründete er einen Verein „Freunde und Förderer der Herzchirurgie Heidelberg", dessen 1. Vorsitzender er war und dem ganz überwiegend Mitarbeiter von ihm angehörten. In der Zeit zwischen September 1990 und August 1992 veranlasste er Zahlungen i.H.v. insgesamt ca. 162.000 DM zu Gunsten dieses Vereines. Entsprechend dem Vereinszweck wurden diese Mittel zur Unterstützung der Tätigkeit der Abteilung Herzchirurgie verwandt. Mit ihren Zuwendungen verfolgte die Firma M-GmbH das Ziel, ihre Umsätze zu steigern und zu sichern. ◄

Die „Boni" für B i.H.v. 5 % auf den getätigten Umsatz hätte die M-GmbH auch dem Universitätsklinikum als Rabatt gewähren können. Damit liegt ein Vermögensnachteil vor.

gg) Sicherungsuntreue

Als sog. Sicherungsuntreue werden Fallkonstellationen bezeichnet, in denen der Täter den Vermögensgegenstand schon durch eine Straftat (z. B. Betrug) erlangt hatte, der dann noch eine Untreuehandlung nachfolgt.[1586] Die Untreue ist dann aber

---

[1586] Wittig, in: BeckOK-StGB, Stand 01.08.2024, § 266 Rn. 80; aus der Rspr. vgl. zuletzt BGH B. v. 08.08.2019 – 1 StR 214/19 – NStZ-RR 2020, 20.

jedenfalls eine bloße mitbestrafte Nachtat, falls man überhaupt von einer tatbestandsmäßigen zusätzlichen Nachteilszufügung ausgehen kann.

2. Subjektiver Tatbestand

Gem. § 15 StGB ist Vorsatz erforderlich.[1587]

Die Rspr.[1588] betont bisweilen, dass strenge Anforderungen an den Vorsatznachweis zu stellen seien, vor allem bei Fremdnützigkeit und bei Unterlassen. Hierin liegt allerdings keine Steigerung materiellrechtlicher Anforderungen, sondern eher ein rhetorischer Appell und ein Hinweis auf die üblichen prozessualen Feststellungsanforderungen.[1589]

Im Fall des **Gefährdungsschadens** soll nach Teilen der Rspr.[1590] (v. a. 2. und 5. Strafsenat des BGH; anders 1.[1591] und 3. Strafsenat) für bedingten Vorsatz nicht die Kenntnis von der konkreten Möglichkeit des Schadenseintritts und die Inkaufnahme dieser Gefahr ausreichen, sondern eine Billigung der Realisierung dieser Gefahr erforderlich sein. Mit der h. L.[1592] ist allerdings daran zu kritisieren, dass

---

[1587] Näher zum subjektiven Tatbestand der Untreue Jakobs FS Dahs 2005, 49; Hillenkamp FS Maiwald 2010, 323; Otto FS Puppe 2011, 1247.

[1588] Zuletzt BGH U. v. 23.05.2002 – 1 StR 372/01 – BGHSt 47, 295 = NJW 2002, 2801 = NStZ 2002, 648 = StV 2003, 500 (Anm. RÜ 2002, 459; Michalke NJW 2002, 3381; Otto JK 2003 StGB § 266/23 und § 331/7; Rönnau JuS 2003, 232; Korte NStZ 2003, 156; Kindhäuser/Goy NStZ 2003, 291; Kuhlen JR 2003, 231; Ambos JZ 2003, 345; Tholl wistra 2003, 181; Mansdörfer wistra 2003, 211); BGH B. v. 26.08.2003 – 5 StR 145/03 – BGHSt 48, 331 = NJW 2004, 375 = NStZ 2004, 218 (Anm. Geppert JK 2004 StPO § 153/1; Otto JK 2004 StGB § 263/73; Norouzi JA 2004, 434; RÜ 2004, 198; Heghmanns NStZ 2004, 633; Kühne JZ 2004, 743; Beulke JR 2005, 37; Schlösser GA 2007, 161); BGH B. v. 26.08.2003 – 5 StR 188/03 (Anm. RA 2003, 764); BGH B. v. 25.05.2007 – 2 StR 469/06 – NStZ 2007, 704 = StV 2007, 581 (Anm. LL 2008, 383; Schlösser NStZ 2008, 397).

[1589] S. auch Fischer, StGB, 71. Aufl. 2024, § 266 Rn. 176.

[1590] S. BGH U. v. 18.10.2006 – 2 StR 499/05 (Kanther) – BGHSt 51, 100 = NJW 2007, 1760 = NStZ 2007, 583 (Anm. RÜ 2007, 96; RA 2007, 633; Ransiek NJW 2007, 1727; Saliger NStZ 2007, 545; Bosch JA 2008, 148; Perron NStZ 2008, 517; Weber FS Eisenberg 2009, 371); BGH B. v. 25.05.2007 – 2 StR 469/06 – NStZ 2007, 704 = StV 2007, 581 (Anm. LL 2008, 383; Schlösser NStZ 2008, 397); BGH B. v. 02.04.2008 – 5 StR 354/07 – BGHSt 52, 182 = NJW 2008, 1827 = NStZ 2008, 455 = StV 2008, 527 (Anm. Geppert JK 2008 StGB § 266/32; Bosch JA 2008, 658; LL 2008, 531; RÜ 2008, 437; RA 2008, 446; Kretschmer JR 2008, 348; Rönnau NStZ 2009, 632); OLG Hamburg B. v. 10.06.2009 – 3 Ss 29/09 – NStZ 2010, 335 = StV 2010, 79 (Anm. Jahn JuS 2009, 1144; Satzger JK 2010 StGB § 266/35); BGH B. v. 07.04.2010 – 2 StR 153/09 – NJW 2010, 1764 (Anm. Küpper jurisPR-StrafR 11/2010 Anm. 3); BGH U. v. 28.05.2013 – 5 StR 551/11 – NStZ 2013, 715 = StV 2014, 88 (Anm. Trüg NStZ 2013, 717; Jahn JuS 2014, 82; Kubiciel StV 2014, 91; Bung StV 2015, 176).

[1591] BGH B. v. 20.03.2008 – 1 StR 488/07 – NJW 2008, 2451 = NStZ 2008, 457 = StV 2008, 414 (Anm. RA 2008, 662; Rübenstahl NJW 2008, 2454; Schäfer JR 2008, 302; Beulke/Witzigmann JR 2008, 430; Klötzer/Schilling StraFo 2008, 305; Selle/Wietz ZIS 2008, 471; Adick HRRS 2008, 460; Wegner wistra 2008, 347; Peglau wistra 2008, 430); BGH U. v. 21.02.2017 – 1 StR 296/16 – BGHSt 62, 144 = NJW 2018, 177 = NStZ 2018, 218 (Anm. Bosch Jura 2018, 423; Eisele NJW 2018, 180).

[1592] S. nur Eisele, BT II, 6. Aufl. 2021, Rn. 911.

hierdurch eine gesteigerte Innentendenz etabliert würde, die sich dem Wortlaut der Norm nicht entnehmen lässt.

IV. Rechtswidrigkeit

Es gelten die allgemeinen Grundsätze.

V. Schuld

Es gelten die allgemeinen Grundsätze.

VI. Rechtsfolgen

1. Allgemeines
§ 266 I StGB sieht Freiheitsstrafe bis zu fünf Jahren (im Minimum also ein Monat, § 38 II StGB) oder Geldstrafe (zu den Grenzen s. § 40 StGB) vor.

2. Besonders schwerer Fall, §§ 266 II i. V. m. 263 III StGB
Gem. §§ 266 II i. V. m. 263 III StGB finden die beim Betrug vorgesehenen **Regelbeispiele** auf die Untreue Anwendung[1593] (Freiheitsstrafe von sechs Monaten bis zu zehn Jahren).

§ 266 II StGB verweist auch auf § 243 II StGB und somit auf den Ausschluss bei Geringwertigkeit.

S. jeweils o.

Gem. § 266 II StGB gelten die **Strafantragserfordernisse** der §§ 247, 248a StGB, s. o.

Gleiches gilt für etwaige, §§ 266 II i. V. m.

VII. Sonstiges

Beendigung der Untreue tritt mit endgültigem Vermögensverlust ein.[1594]
Der **Versuch** der Untreue ist **nicht** strafbar.

[1593] Zu Problemfällen dieser pauschalen Verweisung Dierlamm/Becker, in: MK-StGB, 4. Aufl. 2022, § 266 Rn. 335ff.

[1594] Fischer, StGB, 71. Aufl. 2024, § 266 Rn. 187a; aus der Rspr. vgl. BGH B. v. 11.07.2001 – 5 StR 530/00 – NStZ 2001, 650; BGH U. v. 08.05.2003 – 4 StR 550/02 – NJW 2003, 3498 = NStZ 2003, 540 (Anm. RA 2003, 511); BGH U. v. 18.10.2006 – 2 StR 499/05 (Kanther) – BGHSt 51, 100 = NJW 2007, 1760 = NStZ 2007, 583 (Anm. RÜ 2007, 96; RA 2007, 633; Ransiek NJW 2007, 1727; Saliger NStZ 2007, 545; Bosch JA 2008, 148; Perron NStZ 2008, 517; Weber FS Eisenberg 2009, 371).

Nach ganz h. M. ist die Vermögensbetreuungspflicht ein besonderes persönliches Merkmal, sodass bei Teilnahme **§ 28 I StGB** gilt.[1595]

H. Mißbrauch von Scheck- und Kreditkarten, § 266b StGB

▶ Didaktischer Aufsatz
- Ranft, Der Kreditkartenmißbrauch (§ 266b Alt. 2 StGB), JuS 1988, 673

I. Aufbau

I. Tatbestand
  1. Objektiver Tatbestand
     a) Die ihm durch die Überlassung einer Scheckkarte oder einer Kreditkarte eingeräumte Möglichkeit, den Aussteller zu einer Zahlung zu veranlassen
     b) Mißbraucht
     c) Diesen dadurch schädigt
  2. Subjektiver Tatbestand
II. Rechtswidrigkeit
III. Schuld
IV. Ggf. Strafantrag, §§ 266b II i. V. m. 248a StGB

II. Allgemeines

§ 266b StGB[1596] stellt den Missbrauch (in Normüberschrift und -text noch in alter Rechtschreibung) von Scheck- und Kreditkarten unter Strafe.

> **§ 266b StGB (Mißbrauch von Scheck- und Kreditkarten)**
> (1) Wer die ihm durch die Überlassung einer Scheckkarte oder einer Kreditkarte eingeräumte Möglichkeit, den Aussteller zu einer Zahlung zu veranlassen, mißbraucht und diesen dadurch schädigt, wird mit Freiheitsstrafe bis zu drei Jahren oder mit Geldstrafe bestraft.
> (2) § 248a gilt entsprechend.

[1595] Hierzu Joecks/Jäger, StGB, 13. Aufl. 2021, § 266 Rn. 57ff.; aus der Rspr. vgl. zuletzt BGH U. v. 09.11.2016 – 5 StR 313/15 – BGHSt 61, 305 (Anm. Bittmann wistra 2017, 121); BGH B. v. 28.11.2017 – 3 StR 272/17 – NStZ 2018, 740 = StV 2018, 781 (Anm. RÜ2 2018, 134).
[1596] Hierzu Offermann wistra 1986, 50; Otto wistra 1986, 150; Weber JZ 1987, 215; Ranft JuS 1988, 673; Heinz FS Maurer 2001, 1111.

Das Delikt wurde im Wege des 2. WiKG im Jahr 1986 eingeführt, um die mangelnde Anwendbarkeit der §§ 263 (keine konkludente Täuschung, kein Irrtum), 263a (keine Unbefugtheit der Datenverwendung, wenn ein Kontoinhaber selbst nur das Innenverhältnis überschreitet) und 266 StGB (keine Vermögensbetreuungspflicht) aufzufangen.[1597]

Geschütztes **Rechtsgut** ist jedenfalls das Vermögen des kartenausstellenden Kreditinstituts; umstritten ist, ob weitere Rechtsgüter geschützt sind.[1598]

Die Rspr.[1599] und Teile der Lehre[1600] sehen neben dem Vermögen des kartenausstellenden Kreditinstituts auch die Funktionsfähigkeit des bargeldlosen Zahlungsverkehrs als geschützt an.

Die Gegenauffassung[1601] lehnt dies ab, wofür schon die Auffangfunktion der Norm und mithin die Gesetzesgenese spricht.

III. Tatbestand

1. Objektiver Tatbestand

a) Die ihm durch die Überlassung einer Scheckkarte oder einer Kreditkarte eingeräumte Möglichkeit, den Aussteller zu einer Zahlung zu veranlassen

▶ Didaktischer Aufsatz
- Schulz/Tscherwinka, Probleme des Codekartenmißbrauchs, JA 1991, 119

§ 266b StGB ist ein **Sonderdelikt**: Täter kann nur sein, wem vom Aussteller eine Scheck- oder Kreditkarte überlassen worden ist, d. h. wer berechtigter Karteninhaber ist[1602]; daher greift die Norm nicht bei Verwendung einer überlassenen, gestohlenen oder gefälschten Karte. Berechtigter Karteninhaber kann aber derjenige sein, der sich die Ausstellung der Karte durch falsche Angaben erschlichen hat.[1603]

[1597] Kindhäuser/Hilgendorf, LPK, 9. Aufl. 2022, § 266b Rn. 2.

[1598] Hierzu Hoyer, in: SK-StGB, 9. Aufl. 2019, § 266b Rn. 3; aus der Rspr. vgl. BGH U. v. 02.02.1993 – 1 StR 849/92 – NStZ 1993, 283; BGH B. v. 21.11.2001 – 2 StR 260/01 – BGHSt 47, 160 = NJW 2002, 905 = NStZ 2002, 545 = StV 2002, 135 (Anm. Otto JK 2002 StGB § 263a/13 und § 266b/5; Beckemper JA 2002, 545; Martin JuS 2002, 506; LL 2002, 386; RÜ 2002, 214; RA 2002, 246; famos 5/2002; Zielinski JR 2002, 342; Kudlich JuS 2003, 537; Mühlbauer wistra 2003, 244).

[1599] S. o.

[1600] Z. B. Heger, in: Lackner/Kühl/Heger, StGB, 30. Aufl. 2023, § 266b Rn. 1.

[1601] Z. B. Hoyer, in: SK-StGB, 9. Aufl. 2019, § 266b Rn. 3.

[1602] S. nur Joecks/Jäger, StGB, 13. Aufl. 2021, § 266b Rn. 21; aus der Rspr. vgl. OLG Stuttgart U. v. 23.11.1987 – 3 Ss 389/87 – NJW 1988, 981 (Anm. Otto JK 1988 StGB § 266b/1); BGH B. v. 03.12.1991 – 4 StR 538/91 – NJW 1992, 1840 = NStZ 1992, 278 = StV 1992, 118 (Anm. Otto JK 1992 StGB § 266b/2).

[1603] Radtke, in: MK-StGB, 4. Aufl. 2022, § 266b Rn. 5; aus der Rspr. vgl. BGH B. v. 27.04.2017 – 1 StR 67/17 – NStZ-RR 2017, 281 = StV 2018, 35.

Da es **seit 2002 keinen garantierten Scheckverkehr** mehr gibt,[1604] sondern nur noch **Electronic-Cash-Karten**, ist fraglich, ob oder wann deren Verwendung erfasst wird, s. sogleich.[1605] Letztlich hat die 1. Var. keinen Anwendungsbereich mehr, sodass der veraltete Gesetzeswortlaut einer Überarbeitung bedarf.[1606]

Kreditkarten sind nach ganz h. M. nur solche mindestens im **Drei-Partner-System**.[1607]

Beim **Drei-Partner-System** schließt ein Kreditkartenunternehmen mit den Vertragsunternehmen, bei denen der Kunde mit der Karte bezahlen kann, einen Rahmenvertrag; bei ordnungsgemäßer Abwicklung der Zahlung erhält das Vertragsunternehmen eine garantierte Zahlung.

Beim heute führenden (z. B. Visa und Mastercard) **Vier-Partner-System**[1608] treten die Kreditkartenorganisationen nicht als Aussteller der Karten auf, sondern vergeben (vorwiegend an Bankinstitute) Lizenzen; selbstständige „Acquiring-Unternehmen" erwerben ebenfalls von den Kreditkartenunternehmen Lizenzen und werben Vertragsunternehmen an, dabei wird das für das Vertragsunternehmen abstrakte Schuldversprechen nicht mit dem Kreditkartenunternehmen und auch nicht mit den Bankinstituten geschlossen, sondern mit den Acquiring-Unternehmen, diese halten sich zum Zwecke des Ausgleichs der von ihnen geleisteten Zahlungen an die kartenausgebende Bank; Grundlage der Ausgleichsansprüche („Interchange") ist die Lizenzvereinbarung. Weil die kartenausgebende Bank dabei kein Widerspruchsrecht hat, trägt sie bei einem Kartenmissbrauch letztlich den Schaden.

Auch eine **Tankkarte** kann eine Kreditkarte sein, wenn sie im Drei-Partner-System abgerechnet wird.[1609]

Problematisch sind Kunden(kredit)karten o. Ä. im **Zwei-Parteien-System**.

Beispiel 281

BGH U. v. 12.05.1992 – 1 StR 133/92 – BGHSt 38, 281 = NJW 1992, 2167 = NStZ 1992, 437 = StV 1992, 467 (Anm. Schmitz JA 1992, 319; Otto JZ 1992, 1139; Otto JK 1993 StGB § 266b/3; Jung JuS 1993, 80; Ranft NStZ 1993, 185):

[1604] Näher zu den Konsequenzen für § 266b StGB Baier ZRP 2001, 454.

[1605] S. u. b); s. ferner etwa Radtke, in: MK-StGB, 4. Aufl. 2022, § 266b Rn. 10ff.

[1606] Radtke, in: MK-StGB, 4. Aufl. 2022, § 266b Rn. 12.

[1607] Hierzu Eisele, BT II, 6. Aufl. 2021, Rn. 928ff.; Schulz/Tscherwinka JA 1991, 119; aus der Rspr. vgl. zuletzt OLG Koblenz U. v. 02.02.2015 – 2 OLG 3 Ss 170/14 – StV 2016, 371 (Anm. Bosch Jura 2015, 1010; LL 2015, 584; RÜ 2015, 311; famos 8/2015; Ambrosy jurisPR-StrafR 15/2015 Anm. 3).

[1608] Hierzu Eisele, BT II, 6. Aufl. 2021, Rn. 931f.

[1609] Anders aber Radtke, in: MK-StGB, 4. Aufl. 2022, § 266b Rn. 29; aus der Rspr. vgl. AG Eggenfelden B. v. 12.01.2009 – 2 Cs 54 Js 33229/06 – NStZ-RR 2009, 139 (Anm. Geppert JK 2010 StGB § 266/34); OLG Celle U. v. 05.11.2010 – 1 Ws 277/10 – NJW 2011, 2152 = NStZ 2011, 218 = StV 2011, 164 (Anm. Hecker JuS 2011, 657; LL 2011, 408; Küpper jurisPR-StrafR 6/2011 Anm. 3); OLG Koblenz U. v. 02.02.2015 – 2 OLG 3 Ss 170/14 – StV 2016, 371 (Anm. Bosch Jura 2015, 1010; LL 2015, 584; RÜ 2015, 311; famos 8/2015; Ambrosy jurisPR-StrafR 15/2015 Anm. 3).

B nahm 1989/90 in 44 Fällen Leistungen der Deutschen Lufthansa AG in Anspruch, ohne zahlungsfähig und -willig zu sein. Dazu benutzte sie eine „AIR-Plus-Kreditkarte", die von der Lufthansa AG ausgegeben worden war. ◄

Während eine Auffassung dies unter Hinweis auf den Begriff der „Kreditkarte" in § 266b StGB und die entsprechende Bezeichnung solcher Karten im Rechtsverkehr annimmt,[1610] lehnt die h. M.[1611] dies ab, da bei einer Karte im Zwei-Partner-System der Kartenaussteller nicht i. S. v. § 266b StGB zu einer „Zahlung" veranlasst werde, sondern nur zu einer Stundung. Wortlaut und Entstehungsgeschichte der Norm sprechen für die h. M.

Dies hat auch zur Konsequenz, dass eine **EC-Karte**, die der Täter für eine Geldabhebung am **Automaten der Hausbank** nutzt, nicht als Kreditkarte anzusehen ist.[1612]

Hier zeigt sich erneut das Bedürfnis nach einer subjektivierenden Auslegung des § 263a I StGB.

b) Mißbraucht

Missbrauch i. S. d. § 266b I StGB (in der Norm noch in alter Rechtschreibung) liegt vor, wenn der Karteninhaber im Außenverhältnis im Rahmen des rechtlichen Könnens handelt, dabei aber die Grenzen des rechtlichen Dürfens im Innenverhältnis überschreitet.[1613] Es muss eine Einlösungspflicht des Kreditinstituts wirksam begründet worden sein, während das Konto des Täters keine Deckung aufweist.

Umstritten ist, ob eine Karte i. S. d. § 266b I StGB missbraucht wird, wenn der Inhaber bei einem **institutsfremden Geldautomaten** Geld abhebt.[1614]

Die Rspr.[1615] und Teile der Lehre[1616] halten § 266b StGB für einschlägig, die Gegenauffassung[1617] nicht.

[1610] Otto JZ 1992, 1139; Ranft JuS 1988, 680; Hilgendorf JuS 1997, 130.
[1611] S. nur Fischer, StGB, 71. Aufl. 2024, § 266b Rn. 10f.
[1612] Fischer, StGB, 71. Aufl. 2024, § 266b Rn. 8.
[1613] H. M., Kindhäuser/Hilgendorf, LPK, 9. Aufl. 2022, § 266b Rn. 14f.; aus der Rspr. vgl. zuletzt OLG Koblenz U. v. 02.02.2015 – 2 OLG 3 Ss 170/14 – StV 2016, 371 (Anm. Bosch Jura 2015, 1010; LL 2015, 584; RÜ 2015, 311; famos 8/2015; Ambrosy jurisPR-StrafR 15/2015 Anm. 3).
[1614] Hierzu Fischer, StGB, 71. Aufl. 2024, § 266b Rn. 9; Kindhäuser/Hilgendorf, LPK, 9. Aufl. 2022, § 266b Rn. 21; Hillenkamp/Cornelius, 40 Probleme aus dem Strafrecht BT, 13. Aufl. 2020, 36. Problem; Brand JR 2008, 496; aus der Rspr. vgl. OLG Stuttgart U. v. 23.11.1987 – 3 Ss 389/87 – NJW 1988, 981 (Anm. Otto JK 1988 StGB § 266b/1); BGH B. v. 21.11.2001 – 2 StR 260/01 – BGHSt 47, 160 = NJW 2002, 905 = NStZ 2002, 545 = StV 2002, 135 (Anm. Otto JK 2002 StGB § 263a/13 und § 266b/5; Beckemper JA 2002, 545; Martin JuS 2002, 506; LL 2002, 386; RÜ 2002, 214; RA 2002, 246; famos 5/2002; Zielinski JR 2002, 342; Kudlich JuS 2003, 537; Mühlbauer wistra 2003, 244).
[1615] S. o.
[1616] Kindhäuser/Hilgendorf, LPK, 9. Aufl. 2022, § 266b Rn. 21.
[1617] Hoyer, in: SK-StGB, 9. Aufl. 2019, § 266b Rn. 16f.

Letztlich hängt es von technischen Gegebenheiten ab, ob die erforderliche Einlösungsgarantie anzunehmen ist; eine Online-Abfrage an die kartenausgebende Hausbank spricht gegen die Anwendbarkeit des § 266b StGB.

Mangels Garantiewirkung scheidet ein Missbrauch auch dann aus, wenn per EC-Karte im **elektronischen Lastschriftverfahren (ELV, POZ)** gezahlt wird.[1618]

Beim **Electronic-Cash-Verfahren (POS)** liegt es wiederum an den modernen technischen Gegebenheiten, dass § 266b I StGB ausscheidet: Die Bank verpflichtet sich erst durch Online-Autorisierung nach Eingabe der PIN selbst, sodass die Garantiefunktion nicht zum Tragen kommt.[1619]

c) Diesen dadurch Schädigt

Das Merkmal der Schädigung in § 266b I StGB entspricht dem Herbeiführen eines Vermögensschadens i. S. d. § 263 I StGB oder eines Nachteils i. S. d. § 266 I StGB,[1620] sodass die dortigen Ausführungen entsprechend gelten.

2. Subjektiver Tatbestand

Gem. § 15 StGB ist Vorsatz erforderlich.

IV. Rechtswidrigkeit

Es gelten die allgemeinen Grundsätze.

V. Schuld

Es gelten die allgemeinen Grundsätze.

VI. Rechtsfolgen

§ 266b I StGB sieht Freiheitsstrafe bis zu drei Jahren (im Minimum also ein Monat, § 38 II StGB) oder Geldstrafe (zu den Grenzen s. § 40 StGB) vor.

VII. Sonstiges

Der **Versuch** des Missbrauchs von Scheck- und Kreditkarten ist **nicht** strafbar.

[1618] Fischer, StGB, 71. Aufl. 2024, § 266b Rn. 6a; Hoyer, in: SK-StGB, 9. Aufl. 2019, § 266b Rn. 14.
[1619] Fischer, StGB, 71. Aufl. 2024, § 266b Rn. 6a; Hoyer, in: SK-StGB, 9. Aufl. 2019, § 266b Rn. 13.
[1620] Joecks/Jäger, StGB, 13. Aufl. 2021, § 266b Rn. 15.

Im **Verhältnis zu den §§ 263, 266 StGB** ist § 266b StGB *lex specialis* im Hinblick auf die Verwendung der Karte.[1621]

Beruht bereits die Erlangung der Karte von der Bank auf einem Betrug, so ist das Konkurrenzverhältnis umstritten.[1622] Während die Rspr.[1623] Tateinheit annimmt, geht eine andere Auffassung[1624] von Tatmehrheit aus. Richtigerweise muss in diesen Fällen § 263 StGB mitbestrafte Vortat sein, sofern überhaupt eine Betrugsstrafbarkeit anzunehmen ist (Unmittelbarkeitserfordernis bei der Vermögensverfügung; Gefährdungsschaden).[1625]

Für Teilnehmer gilt **§ 28 I StGB**.[1626] Die eingeräumte Möglichkeit, den Aussteller zu einer Zahlung zu veranlassen, ist ein besonderes persönliches Merkmal i. S. d. Norm.

Gem. § 266b II StGB gilt das Strafantragserfordernis des § 248a StGB.

[1621] Ganz h. M., Fischer, StGB, 71. Aufl. 2024, § 266b Rn. 23; Weber JZ 1987, 215; aus der Rspr. vgl. BGH B. v. 18.11.1986 – 4 StR 583/86 – NStZ 1987, 120 = StV 1987, 102; OLG Stuttgart U. v. 23.11.1987 – 3 Ss 389/87 – NJW 1988, 981 (Anm. Otto JK 1988 StGB § 266b/1); BGH U. v. 02.02.1993 – 1 StR 849/92 – NStZ 1993, 283.

[1622] Hierzu Hoyer, in: SK-StGB, 9. Aufl. 2019, § 266b Rn. 28; Kindhäuser/Hilgendorf, LPK, 9. Aufl. 2022, § 266b Rn. 31; aus der Rspr. vgl. BGH B. v. 21.11.2001 – 2 StR 260/01 – BGHSt 47, 160 = NJW 2002, 905 = NStZ 2002, 545 = StV 2002, 135 (Anm. Otto JK 2002 StGB § 263a/13 und § 266b/5; Beckemper JA 2002, 545; Martin JuS 2002, 506; LL 2002, 386; RÜ 2002, 214; RA 2002, 246; famos 5/2002; Zielinski JR 2002, 342; Kudlich JuS 2003, 537; Mühlbauer wistra 2003, 244).

[1623] S. o.

[1624] Kindhäuser/Hilgendorf, LPK, 9. Aufl. 2022, § 266b Rn. 31.

[1625] Hoyer, in: SK-StGB, 9. Aufl. 2019, § 266b Rn. 28.

[1626] Joecks/Jäger, StGB, 13. Aufl. 2021, § 266b Rn. 21.

3. Kapitel: Vermögensdelikte mit Nötigungskomponente

A. Raub, §§ 249–251 StGB

▶ **Didaktische Aufsätze**
- Geilen, Raub und Erpressung (§§ 249–256 StGB), Jura 1979, 53, 109, 165, 221, 277, 333, 389, 445, 501, 557, 613 und Jura 1980, 43
- Schünemann, Raub und Erpressung, JA 1980, 349, 393 und 486

I. (Sog. einfacher) Raub, § 249 StGB

1. Aufbau
I. Tatbestand
  1. Objektiver Tatbestand
    a) Eine Sache
    b) Bewegliche
    c) Fremde
    d) Wegnimmt
    e) Gewalt gegen eine Person oder Drohungen mit gegenwärtiger Gefahr für Leib oder Leben
    f) Mit/unter Anwendung von
  2. Subjektiver Tatbestand
    a) Vorsatz
    b) Mit/unter Anwendung von
    c) Absicht, die Sache sich oder einem Dritten rechtswidrig zuzueignen
II. Rechtswidrigkeit
III. Schuld

2. Allgemeines
§ 249 StGB[1] stellt den Raub unter Strafe.

> **§ 249 StGB (Raub)**
> (1) Wer mit Gewalt gegen eine Person oder unter Anwendung von Drohungen mit gegenwärtiger Gefahr für Leib oder Leben eine fremde bewegliche Sache einem anderen in der Absicht wegnimmt, die Sache sich oder einem Dritten rechtswidrig zuzueignen, wird mit Freiheitsstrafe nicht unter einem Jahr bestraft.
> (2) In minder schweren Fällen ist die Strafe Freiheitsstrafe von sechs Monaten bis zu fünf Jahren.

Geschützte **Rechtsgüter** sind die Möglichkeit des Eigentümers, sein Eigentum zu nutzen (und richtigerweise auch der Gewahrsam, s. bei § 242 StGB) sowie die freie Willensbildung und Willensbetätigung.[2]

Obwohl sich der Raub aus Merkmalen der Nötigung (vgl. § 240 StGB, allerdings qualifiziert, da Gewalt gegen eine Person erforderlich bzw. Drohung nicht mit jedem empfindlichen Übel genügt) und des Diebstahls (§ 242 StGB) zusammensetzt, handelt es sich um ein – zweiaktiges – eigenständiges Delikt, ein *delictum sui generis*, und nicht um eine Qualifikation.[3]

3. Tatbestand

a) Objektiver Tatbestand
Mit dem o. a. Aufbauschema wird der Raubtatbestand **erfolgsbezogen** geprüft, indem mit dem Taterfolg in Gestalt der Wegnahme einer fremden beweglichen Sache begonnen wird.

---

[1] Hierzu Geilen Jura 1979, 53, 109, 165, 221, 277, 333, 389, 445, 501, 557, 613 und 669, Jura 1980, 43; Schünemann JA 1980, 349, 393 und 486; Jakobs FS Eser 2005, 323; Streng GA 2010, 671; Rechtsprechungsübersichten: Maier/Percic NStZ-RR 2010, 129 und 166; Maier NStZ-RR 2012, 297; Maier NStZ-RR 2013, 329 und 364; Maier NStZ-RR 2015, 33; Maier NStZ-RR 2017, 1; Maier NStZ-RR 2018, 33; Maier NStZ-RR 2019, 297; Maier NStZ-RR 2022, 361; Maier NStZ-RR 2023, 361.

[2] Joecks/Jäger, StGB, 13. Aufl. 2021, § 249 Rn. 1; näher Peters GA 2022, 78; aus der Rspr. vgl. zuletzt BGH B. v. 24.04.2018 – 5 StR 606/17 (Anm. RÜ 2018, 510; LL 2019, 33).

[3] Eisele, BT II, 6. Aufl. 2021, Rn. 300; aus der Rspr. vgl. BGH U. v. 09.11.1951 – 2 StR 296/51 – BGHSt 1, 368 = NJW 1952, 110 (Anm. Puppe, AT, 5. Aufl. 2023, § 27 Rn. 43ff.; Schröder NJW 1952, 649; Welzel JZ 1952, 72; Schröder JZ 1952, 526; von Weber MDR 1952, 265); BGH U. v. 07.07.1965 – 2 StR 64/65 – BGHSt 20, 235 = NJW 1965, 1922 (Anm. Schröder JZ 1965, 729); BGH U. v. 21.11.1967 – 1 StR 345/67 – BGHSt 21, 377 = NJW 1968, 260; BGH U. v. 22.03.1968 – 4 StR 53/68 – NJW 1968, 1292; OLG Saarbrücken U. v. 04.07.1968 – Ss 8/68 – NJW 1969, 621; BGH B. v. 14.03.1969 – 2 StR 64/69 – BGHSt 22, 350 = NJW 1969, 1037.; BGH U. v. 25.07.1989 – 1 StR 479/88 – BGHSt 36, 231 = NJW 1989, 2826 = NStZ 1990, 277 = StV 1990, 18 (Anm. Geppert JK 1990 StGB § 211/18; Schmitz JA 1990, 62; Hassemer JuS 1990, 148; Beulke NStZ 1990, 278; Timpe JZ 1990, 97; Küpper JuS 1991, 639; Rotsch JA-Ü 1992, 11).

Ebenso möglich ist es, **chronologisch** vorzugehen, d. h. mit dem Nötigungsmittel zu beginnen und erst hiernach die Wegnahme zu prüfen.

aa) Eine Sache

Hierzu s. o. bei § 242 StGB.

Auf den Wert der Sache kommt es auch beim Raub nicht an, insbesondere ist die Geringwertigkeitsklausel des § 243 II StGB nicht analog anzuwenden.[4]

bb) Bewegliche

Hierzu s. o. bei § 242 StGB.

cc) Fremde

Hierzu s. o. bei § 242 StGB.

dd) Wegnimmt, insbesondere Einverständnis, „Abgrenzung" zur räuberischen Erpressung (§§ 253, 255 StGB)

▶ **Didaktische Aufsätze**
- Rengier, Die „harmonische" Abgrenzung des Raubes von der räuberischen Erpressung entsprechend dem Verhältnis von Diebstahl und Betrug, JuS 1981, 654
- Geppert/Kubitza, Zur Abgrenzung von Raub (§ 249 StGB) und räuberischer Erpressung (§§ 253 und 255 StGB), Jura 1985, 276
- Thiel, Das abgenötigte Einverständnis beim Gewahrsamsbruch – Abgrenzung vom sog. „kleinen Raub" (§§ 242, 240, 52) zur Erpressung (§ 253 StGB), Jura 1989, 454
- Biletzki, Die Abgrenzung von Raub und Erpressung, Jura 1995, 635
- Brand, Die Abgrenzung von Raub und räuberischer Erpressung am Beispiel der Forderungserpressung, JuS 2009, 899
- Hütwohl, Der Gewahrsamswechsel im fremden Machtbereich beim Raub, ZJS 2009, 131
- Rönnau, Abgrenzung von Raub und räuberischer (Sach-)Erpressung, JuS 2012, 888
- Kudlich/Aksoy, Eins, zwei oder drei? – Zum Verhältnis von Raub, räuberischem Diebstahl und räuberischer Erpressung in der Fallbearbeitung, JA 2014, 81
- Bode, Die Abgrenzung von Raub und räuberischer Erpressung in der juristischen Fallbearbeitung, JA 2017, 110
- Schladitz, Die verschiedenen Problemdimensionen der „Abgrenzung von Raub und (räuberischer) Erpressung", JA 2022, 89

---

[4] Ganz h. M., anders nur Burkhardt JZ 1973, 110; Burkhardt NJW 1975, 1687; aus der Rspr. vgl. OLG Köln U. v. 20.09.1977 – Ss 514/77 – NJW 1978, 652 (Anm. Sonnen JA 1978, 467; Hruschka NJW 1978, 1338; Geilen JK 1979 StGB § 244 I Nr. 1/1; Kotz JuS 1982, 97).

- Heghmanns, Raub und Räuberische Erpressung in der gutachterlichen Prüfung, ZJS 2023, 966

Zur Wegnahme s. o. bei § 242 StGB.

Es genügt, wenn das Opfer zu Beginn der Nötigungshandlung Gewahrsamsinhaber der entwendeten Sache ist.[5]

Besonderer Erläuterung bedarf der Gewahrsamsbruch, an welchem es dann fehlt, wenn ein tatbestandsausschließendes **Einverständnis** in den Gewahrsamswechsel vorliegt.

Eröffnet ist damit die Kontroverse zur sog. „**Abgrenzung**"[6] **von Raub** (§ 249 StGB) **und räuberischer Erpressung** (§§ 253, 255 StGB) – genauer gesagt geht es ja um die **Anforderungen an die Bejahung des jeweiligen Delikts** -, die in engem Zusammenhang mit der Frage steht, ob die Erpressung in Ergänzung des Wortlauts des § 253 StGB eine **Vermögensverfügung** voraussetzt.[7]

> **§ 253 StGB (Erpressung)**
> (1) Wer einen Menschen rechtswidrig mit Gewalt oder durch Drohung mit einem empfindlichen Übel zu einer Handlung, Duldung oder Unterlassung nötigt und dadurch dem Vermögen des Genötigten oder eines anderen Nachteil zufügt, um sich oder einen Dritten zu Unrecht zu bereichern, wird mit Freiheitsstrafe bis zu fünf Jahren oder mit Geldstrafe bestraft.
> (2) Rechtswidrig ist die Tat, wenn die Anwendung der Gewalt oder die Androhung des Übels zu dem angestrebten Zweck als verwerflich anzusehen ist.
> (3) Der Versuch ist strafbar.
> (4) In besonders schweren Fällen ist die Strafe Freiheitsstrafe nicht unter einem Jahr. Ein besonders schwerer Fall liegt in der Regel vor, wenn der Täter gewerbsmäßig oder als Mitglied einer Bande handelt, die sich zur fortgesetzten Begehung einer Erpressung verbunden hat.

---

[5] Sander, in: MK-StGB, 4. Aufl. 2021, § 249 Rn. 8.

[6] Zur „Abgrenzung" von Deliktstatbeständen als strafrechtswissenschaftliche „Methode" Wagner ZIS 2019, 12.

[7] Hierzu Hillenkamp/Cornelius, 40 Probleme aus dem Strafrecht BT, 13. Aufl. 2020, 33. Problem; Otto ZStW 1967, 59; Lüderssen GA 1968, 257; Rengier JuS 1981, 654; Geppert/Kubitza Jura 1985, 276; Thiel Jura 1989, 454; Biletzki Jura 1995, 635; Küper FS Lenckner 1998, 495; Schott GA 2002, 666; Erb FS Herzberg 2008, 711; Brand JuS 2009, 899; Rönnau JuS 2012, 888; Kudlich/Aksoy JA 2014, 81; Bode JA 2017, 110; Schladitz JA 2022, 89; Heghmanns ZJS 2023, 966; aus der Rspr. vgl. zuletzt BGH B. v. 11.08.2021 – 3 StR 63/21 – NStZ-RR 2022, 14 (Anm. Mitsch JuS 2022, 609); BGH U. v. 12.08.2021 – 3 StR 474/20 (Anm. RÜ 2021, 789); BGH B. v. 08.11.2022 – 5 StR 318/22 – NStZ-RR 2023, 277 (Anm. Eisele JuS 2023, 979; RÜ 2023, 720); BGH B. v. 22.02.2023 – 6 StR 44/23 – NStZ 2023, 351; BGH B. v. 23.08.2023 – 2 StR 275/23 – NStZ-RR 2023, 365; BGH B. v. 14.05.2024 – 3 StR 121/24 (Anm. Eisele JuS 2024, 987); BGH B. v. 29.05.2024 – 3 StR 87/24 – NStZ-RR 2024, 240.

> **§ 255 StGB (Räuberische Erpressung)**
> Wird die Erpressung durch Gewalt gegen eine Person oder unter Anwendung von Drohungen mit gegenwärtiger Gefahr für Leib oder Leben begangen, so ist der Täter gleich einem Räuber zu bestrafen.

Da es angesichts der beim Raub vorliegenden Nötigungssituation *prima facie* etwas schief ist, von einem freiwilligen Einverständnis in den Gewahrsamsübergang zu sprechen, ist umstritten, ob in einer mit Rest-Freiwilligkeit erfolgten nötigungsbedingten Übergabe der Sache ein die Wegnahme und damit den Raub ausschließendes Einverständnis zu sehen ist. Je nachdem, welche Anforderungen man an ein Einverständnis stellt, beeinflusst das den sinnvollen Sachgehalt der Erpressung gem. § 253 StGB und so wiederum das Verhältnis des Raubs zur räuberischen Erpressung gem. §§ 253, 255 StGB (Exklusivität oder Spezialität).

Beispiel 282

BGH U. v. 13.12.1990 – 4 StR 512/90 – BGHSt 37, 256 = NJW 1991, 578 = StV 1992, 159 (Anm. Geppert JK 1991 StGB § 316a/3; Hassemer JuS 1991, 609):

B1 und B2 hatten zunächst auf dem Parkplatz vor einer Bar in G. versucht, eine „Auseinandersetzung" mit Z herbeizuführen. Dabei hatte B1 aus größerer Entfernung zwei Schüsse aus einem Gasrevolver auf Z abgegeben. Dieser flüchtete daraufhin mit seinem Pkw. B1 und B2 nahmen im Kraftfahrzeug des B2 die Verfolgung auf. Sie beabsichtigten, Z zum Anhalten zu zwingen und eine körperliche Auseinandersetzung mit ihm zu suchen. Während der Verfolgungsfahrt, bei der B2 mit aufgeblendeten Scheinwerfern bei Geschwindigkeiten bis zu 120 km/h „dicht an dicht" hinter dem Fahrzeug des Z herfuhr, gab B1 einen weiteren Schuss aus dem Gasrevolver auf das vorausfahrende Fahrzeug ab. Dies veranlasste Z, der den Revolver für eine scharfe Waffe hielt, sich beim Fahren möglichst weit nach rechts abzuducken, um nicht getroffen zu werden. Als sich Z im Stadtgebiet von D. verfuhr und in eine Sackgasse geriet, versperrten ihm B1 und B2 die Weiterfahrt, indem B2 seinen Pkw querstellte. Anschließend ging B2 mit der Gaspistole bewaffnet auf das etwa 10 m entfernt stehende Fahrzeug des Z zu, richtete die Waffe auf die Scheibe der Fahrertüre und forderte Z, der das Fenster herunterkurbelte, zum Aussteigen auf. Sichtlich verängstigt befolgte Z diese Anweisung. Unter dem Eindruck der Fügsamkeit des Z entschloss sich B2, diese Situation zu nutzen und dem Z sein Geld abzunehmen. Er erzwang durch den Vorhalt der Pistole die Herausgabe des Geldbeutels, der jedoch fast leer war, und sodann, nachdem ihm B1, der mit dieser Wendung des Geschehens einverstanden war, zugerufen hatte „Los, mach ihn kalt", die Herausgabe von vier 100 DM-Scheinen, die M in einer Hosentasche stecken hatte. Daraufhin flüchteten B1 und B2. ◄

Beinhaltet die Herausgabe des Geldbeutels und der 100-DM-Scheine ein Einverständnis?

Beispiel 283

BGH U. v. 19.09.2001 – 2 StR 240/01 – NStZ 2002, 31 (Anm. Geppert JK 2002 StGB § 239a/9; Martin JuS 2002, 300; LL 2002, 249; RÜ 2002, 32; RA 2002, 41):
　　B überfiel zwischen Februar 1999 und Januar 2000 vier Banken und einen Supermarkt. Die Überfälle wurden unter Verwendung einer Gaspistole, durchgeführt. In allen Fällen, wurden Bankkunden und im Fall des Supermarktüberfalls ein Angestellter des Supermarktes mit der Gaspistole bedroht und in Schach gehalten, um hierdurch die jeweiligen Kassierer zum Öffnen der Kassenboxen oder der Kasse zu veranlassen. ◄

Angenommen, B entnahm das Geld selbst: Handelt es sich um eine Wegnahme oder liegt darin ein Einverständnis, dass die Kassierer die Kassen oder Kassenboxen vorher geöffnet haben?

Beispiel 284

BGH B. v. 08.11.2011 – 3 StR 316/11 – NStZ 2012, 389 = StV 2012, 153 (Anm. Jäger JA 2012, 307; Bohnhorst ZJS 2012, 835; LL 2012, 193; RÜ 2012, 22; RA 2012, 48):
　　B1 und B2 überfielen zusammen mit B3 aufgrund eines gemeinsamen Tatplans nachts auf offener Straße zwei Passanten. Während B3 dem Zeugen Z1 ein Teppichmesser an den Hals hielt und B2 dessen Taschen durchwühlte, forderte der B1 von Z2 die Herausgabe von deren Handtasche. Z2 hatte zwar das Teppichmesser nicht gesehen, gab aber aufgrund der von ihr als gefährlich und bedrohlich eingeschätzten Situation die Handtasche heraus, aus welcher B1 das Portemonnaie mit 50 € Bargeld, Kredit- und EC-Karten und Ausweispapieren entnahm. Parallel zu diesem Geschehen gelang es Z1, an einem Haus die Klingel zu betätigen. Beim Erscheinen einer Person in der Haustüre flüchteten B1, B2 und B3, ohne Z1 etwas entwendet zu haben. ◄

Liegt in der Herausgabe der Handtasche auch ein Einverständnis?

Nach Auffassung der **Rspr.**[8] und Teilen der Lehre[9] reicht die Rest-Freiwilligkeit für echte Freiwilligkeit nicht aus. Das führt zum einen dazu, dass es ein Einverständnis in den Gewahrsamswechsel in einer Nötigungssituation nicht geben kann. Wenn das Opfer den Gewahrsamswechsel aber nicht wollen kann, verliert das Merkmal „Bruch" bei einem Verständnis wie in § 242 StGB jegliche Bedeutung. Zum anderen können §§ 253, 255 StGB nach dieser Auffassung **keine Vermögensverfügung** voraussetzen, weil diese Freiwilligkeit erfordern würde. Vielmehr genügt jedes durch die Gewaltanwendung (*vis compulsiva* oder *vis absoluta*) kausal hervorgerufene Opferverhalten als Nötigungserfolg. Deswegen ist der Raub auch

---
[8] S. o.
[9] Kindhäuser/Hilgendorf, LPK, 9. Aufl. 2022, § 249 Rn. 7ff.

nur Spezialfall der räuberischen Erpressung. Wenn nun aber die beiden genannten Elemente fehlen, durch die bei den §§ 242, 263 StGB die Abgrenzung geleistet wird, muss sie bei den §§ 249, 253, 255 StGB anders erfolgen. Deswegen wird auf das **äußere Erscheinungsbild** abgestellt: Wird das Tatobjekt übergeben, liegt hiernach eine räuberische Erpressung vor, nimmt der Täter es an sich, handelt es sich um einen Raub. Bei dieser Auffassung gilt es also, den Zeitpunkt des Gewahrsamswechsels an der Sache genau zu ermitteln und letztlich naturalistisch die im Sachverhalt verwendeten Verben einzuordnen.

Demgegenüber kann nach der **h. L.**[10] die Rest-Freiwilligkeit hingegen für ein Einverständnis ausreichen. Wann hinreichende Freiwilligkeit vorliegt, wird nach der **Opfervorstellung** bestimmt. Wenn es sich vorstellt, der Täter gelange auch ohne sein Zutun an die Beute, ist die Übergabe unfreiwillig. Wenn es sich hingegen vorstellt, den Gewahrsamswechsel in der Hand zu haben (subjektive **Notwendigkeit der Opfermitwirkung**), ist ein Einverständnis gegeben (**Schlüsselgewalt/Wahlmöglichkeit**). Einerseits behält das Merkmal „Bruch" seine Bedeutung und die Wegnahme ist wie bei § 242 StGB auszulegen; andererseits kann es nach dieser Auffassung zudem eine **Vermögensverfügung** bei den §§ 253, 255 StGB geben. In Kombination mit der Ähnlichkeit des Wortlauts von §§ 249, 253, 255 einerseits und §§ 242, 263 StGB andererseits liegt es deshalb nahe, die Abgrenzung in beiden Fällen auf dieselbe Weise vorzunehmen. Darum nimmt diese Auffassung ein Exklusivitätsverhältnis an und fordert bei den §§ 253, 255 StGB eine Vermögensverfügung.

Bei dieser Auffassung werden dahingehend *prima facie* überraschende Ergebnisse erzielt: Selbst wenn dem Täter laut Sachverhalt die Sache übergeben wird, kann eine Wegnahme vorliegen, wenn das Opfer den Gewahrsamsverlust an der Sache, wie es wusste, ohnehin nicht verhindern konnte – eine deutliche Ausdehnung des Anwendungsbereichs des Raubs. Da es darauf ankommt, ob der Täter die Sache auch bei einer vorherigen Tötung des Opfers hätte an sich nehmen können, ist dann, wenn sich die Sache in einem Behältnis befindet oder sonstwie besonders geschützt ist, genau herauszuarbeiten, wie man sich Zugang zur Sache verschaffen kann: Ein Schlüssel beispielsweise kann einer Leiche abgenommen werden; bei einem Tresor, der nur mit einer Zahlenkombination geöffnet werden kann, die das Opfer auswendig gelernt hat, ist hingegen der Täter auf die Mitwirkung des Opfers angewiesen. Zur Frage der Gewahrsamslockerung s. sogleich.

Für die h. L. spricht, dass man die §§ 253, 255 StGB wie auch den Betrug als Selbstschädigungsdelikte (bzw. als Fall der vertypten mittelbaren Täterschaft, die auf unterschiedlichen Arten, aber evtl. gleich zu wertenden, Defekts des Werkzeugs beruhen) ansehen kann, welche einen Handlungs- und Entscheidungsspielraum erfordern. Zudem wird auch im Rahmen des § 263 StGB die Vermögensverfügung als Tatbestandsmerkmal verlangt, obwohl sie in dessen Wortlaut ebenfalls nicht

---

[10] Eisele, BT II, 6. Aufl. 2021, Rn. 760; Fischer, StGB, 71. Aufl. 2024, § 255 Rn. 5; Heger, in: Lackner/Kühl/Heger, StGB, 30. Aufl. 2023, § 253 Rn. 3; Wessels/Hillenkamp/Schuhr, BT 2, 46. Aufl. 2023, Rn. 791.

ausdrücklich normiert ist. Auch würde andernfalls die Straflosigkeit des (hier abgenötigten) *furtum usus* unterlaufen.

Für die Ansicht der Rspr. spricht zunächst der Gesetzeswortlaut, welcher keine Vermögensverfügung verlangt – anders auch als § 263 StGB, bei dem die Vermögensverfügung notwendiges Bindeglied zwischen Irrtum und Schaden ist. Eine Parallele zum Betrug ist zudem zweifelhaft, weil sich das Opfer gerade nicht freiwillig selbst schädigt, sondern – im Gegensatz zum Betrug – stets unter Zwang handelt; die beiden Arten von Defekten (Irrtum/Nötigungslage) sind insofern *sub specie* eben nicht gleichwertig.

Der Ansicht der Rspr. kann freilich entgegengehalten werden, dass im Falle eines Spezialitätsverhältnisses § 249 StGB nahezu überflüssig wäre. Des Weiteren widerspricht diese Ansicht der Gesetzessystematik, nach der der Grundtatbestand stets vor der Qualifikation steht. Außerdem hängt es oft vom Zufall ab, ob das Opfer dem Täter die Sache selbst überreicht.

Demgegenüber kann man der h. L. aber einen Mangel an Praktikabilität vorwerfen, da für den Beweis der Vermögensverfügung stets die innere Willensrichtung des Opfers ermittelt werde müsste. Die Wesensverwandtschaft von Erpressung und Nötigung ist mindestens so groß wie die zwischen Erpressung und Betrug, da sich §§ 255, 240 StGB in Bezug auf Tathandlung und Abs. 2 ähneln. Würde man eine Vermögensverfügung fordern, käme als Gewaltmittel der Erpressung nur *vis compulsiva* in Betracht, da nur dann eine Willensbildung noch gegeben wäre. Dies hätte zur Folge, dass der Gewaltbegriff der Erpressung ein anderer wäre als der des Raubes, was jedoch dem Willen des Gesetzgebers widerspricht. Außerdem entstünde eine Strafbarkeitslücke, wenn der Täter nur ein einfaches Nötigungsmittel und nicht ein solches des § 249 StGB anwendet, da § 253 StGB insofern geringere Voraussetzungen aufweist (vgl. aber immerhin die ggf. einschlägigen §§ 240, 223ff., 248b, 316a StGB). Auch wird so eine Erfassung des Raubs als Bezugstat i.R.d. § 239a StGB möglich. Setzt man die Anforderungen an die räuberische Erpressung nicht zu restriktiv an, so bietet das die kriminalpolitisch sinnvolle Möglichkeit, die §§ 250, 251, 239a, 316a StGB i. V. m. §§ 253, 255 StGB auch in Fällen mangelnder (erstrebter) Vermögensverfügung anzuwenden.

Insgesamt ist *de lege lata* die Konzeption der Rspr., auf das äußeres Erscheinungsbild abzustellen, den Raub als Spezialfall der räuberischen Erpressung zu behandeln und letzterer eine Auffangfunktion zuzuweisen, überzeugender. Diese Handhabung hat eine Reihe von klausurrelevanten Konsequenzen.

In aller Regel wird geraten, den **Raub vor der räuberischen Erpressung zu prüfen** und hierbei bei der Wegnahme die „Abgrenzung" zur räuberischen Erpressung zur problematisieren – wie i.R. dieser Darstellung. Hierfür spricht, dass der Raub nach Konzeption der Rspr. *lex specialis* ist. Angängig ist es aber auch, wenn der Bearbeiter in der Überlegungsphase zur Ablehnung des Raubs gelangt, direkt mit der räuberischen Erpressung anzufangen und den Raub inzident abzulehnen. Dann wird die Problematik beim zu verlangenden Nötigungserfolg verortet (mithin Problematisierung des Erfordernisses einer Vermögensverfügung). Wenn ein Raub schon mangels Sacheigenschaft des abgenötigten Vermögenswerts nicht in Betracht kommt, ist er ohnehin nicht anzusprechen; geprüft wird sogleich die räuberische Erpressung.

Bei Bejahung des Raubes genügt bzgl. §§ 253, 255 StGB eine kurze Feststellung, dass diese von § 249 StGB als *lex specialis* verdrängt werden bzw. ein Hinweis auf das Exklusivitätsverhältnis.

Häufig sind Konstellationen, in denen ein **Raub mangels Zueignungsabsicht ausscheidet**.

Beispiel 285

BGH U. v. 05.07.1960 – 5 StR 80/60 – BGHSt 14, 386 = NJW 1960, 1729 (Anm. Kühl, Höchstrichterliche Rspr. BT, 2002, Nr. 58; Schnellenbach NJW 1960, 2154):

B fuhr gegen 06:00 Uhr morgens mit einer Taxe von W. nach B. Unterwegs bat er den Fahrer anzuhalten, da er austreten müsse. Als er zum Pkw zurückkam, zog er plötzlich eine Gaspistole aus der Tasche und gab zwei Schüsse auf den im Wagen sitzenden Taxifahrer ab. Mindestens ein Schuss traf diesen ins Gesicht und zwang ihn zum Verlassen des Fahrzeugs. Jetzt setzte sich B selbst ans Steuer und fuhr mit der Taxe weg. Hierbei bedrohte er den Fahrer, der ihn daran hindern wollte, erneut mit der Gaspistole. Er fuhr einige Zeit in der Gegend umher, wobei er einen nicht näher aufgeklärten Verkehrsunfall verursachte, bei dem die Taxe beschädigt wurde. In C. brach er die Fahrt ab und stellte sich der Polizei. Dabei erklärte er, er habe sich in seinem „übermäßig alkoholisierten Zustand" gewaltsam in den Besitz der Taxe gesetzt, da er so gerne einmal habe Auto fahren wollen. ◄

Die Absicht rechtswidriger Zueignung setzt mindestens Eventualvorsatz hinsichtlich dauerhafter Enteignung und Absicht hinsichtlich mindestens vorübergehender Aneignung voraus. Hier fehlt es an ersterem.

Hier wird zunächst der Raub unter „Springen" zur fehlenden Voraussetzung eher knapp abgelehnt, woran sich eine Prüfung der §§ 253, 255 StGB anschließt.

Bei diesen Fällen zeigen sich die Konsequenzen der weiten Auslegung der räuberischen Erpressung durch die Rspr.: Da das Opfer nicht notwendigerweise an der Übergabe des Taxis mitwirken musste (der Täter hätte das Opfer auch töten und mit dem dann aufgefundenen Schlüssel das Fahrzeug in Gang setzen können), fehlt es an einer Vermögensverfügung. Die h. L. kann mithin weder § 249 StGB noch die §§ 253, 255 StGB anwenden, sodass auch ein Zugriff auf die Qualifikationen nach §§ 250, 251 StGB ausscheidet – ein Argument für die Handhabung der Rspr. Freilich genügt nicht jeder ganz kurzfristige Besitzverlust für die Annahme eines Vermögensnachteils und einer Absicht rechtswidriger Bereicherung.

Die zunächst einfach erscheinende Subsumtion der Konzeption der Rspr. wirft bei genauerer Betrachtung vielfache Schwierigkeiten auf, da ein „**Geben**" des Opfers sich als bloße Vorbereitung eines dann erfolgenden „**Nehmens**" seitens des Täters darstellen kann (vgl. auch die Unterscheidung von Gewahrsamsübertragung und **Gewahrsamslockerung** bei § 242 StGB).

Beispiel 286

BGH U. v. 19.09.2001 – 2 StR 240/01 – NStZ 2002, 31 (Anm. Geppert JK 2002 StGB § 239a/9; Martin JuS 2002, 300; LL 2002, 249; RÜ 2002, 32; RA 2002, 41):
B überfiel zwischen Februar 1999 und Januar 2000 vier Banken und einen Supermarkt. Die Überfälle wurden unter Verwendung einer Gaspistole, durchgeführt. In allen Fällen, wurden Bankkunden und im Fall des Supermarktüberfalls ein Angestellter des Supermarktes mit der Gaspistole bedroht und in Schach gehalten, um hierdurch die jeweiligen Kassierer zum Öffnen der Kassenboxen oder der Kasse zu veranlassen. ◄

Ist das Öffnen der Kasse bereits ein Akt des Gebens i.S.d. Rspr.?

Beispiel 287

BGH U. v. 19.01.1999 – 4 StR 663/98 – NStZ 1999, 350 (Anm. Geppert JK 2000 StGB § 255/10):
B veranlasste den Taxifahrer Z, sein Taxi anzuhalten, und bedrohte ihn mit einem Messer, um sich das Fahrzeug und darin befindliche fremde Sachen zuzueignen. Nachdem Z auf Aufforderung des B den Gang herausgenommen und die Hände von Lenkrad und Schalthebel genommen hatte, betätigte Z die Alarmanlage und sprang aus dem Fahrzeug. Als er bemerkte, dass B sich auf den Fahrersitz gesetzt hatte, versuchte Z vergeblich, die inzwischen verriegelte Fahrertür zu öffnen. B fuhr mit dem Taxi langsam an. Nach etwa 200 m verlor B infolge seiner alkoholbedingten Fahruntüchtigkeit die Kontrolle über das Fahrzeug, das von der Fahrbahn abkam und sich überschlug. Dabei wurden neben dem Fahrzeug, an dem Totalschaden entstand, ein Leitpfosten und ein Lichtmast zerstört. ◄

Wie ist das Verlassen des Fahrzeugs zu bewerten?

Beispiel 288

BGH B. v. 08.11.2011 – 3 StR 316/11 – NStZ 2012, 389 = StV 2012, 153 (Anm. Jäger JA 2012, 307; Bohnhorst ZJS 2012, 835; LL 2012, 193; RÜ 2012, 22; RA 2012, 48):
B1 und B2 überfielen zusammen mit B3 aufgrund eines gemeinsamen Tatplans nachts auf offener Straße zwei Passanten. Während B3 dem Zeugen Z1 ein Teppichmesser an den Hals hielt und B2 dessen Taschen durchwühlte, forderte der B1 von Z2 die Herausgabe von deren Handtasche. Z2 hatte zwar das Teppichmesser nicht gesehen, gab aber aufgrund der von ihr als gefährlich und bedrohlich eingeschätzten Situation die Handtasche heraus, aus welcher B1 das Portemonnaie mit 50 € Bargeld, Kredit- und EC-Karten und Ausweispapieren entnahm. Parallel zu diesem Geschehen gelang es Z1, an einem Haus die Klingel zu betätigen. Beim Erscheinen einer Person in der Haustüre flüchteten B1, B2 und B3, ohne Z1 etwas entwendet zu haben. ◄

Ist auf die Übergabe des Portemonnaies oder die Entnahme des Bargelds etc. abzustellen?

Es ist also klarzustellen, wann genau das Opfer Gewahrsam an der Sache verliert. Nimmt das Opfer nur einen Zwischenschritt auf dem Weg zur Gewahrsamserlangung vor (z. B. Öffnung eines Tresors oder einer Kasse), so ist das kein wegnahmeausschließendes Einverständnis. Gleiches gilt u. U. bei Preisgabe von Aufbewahrungsorten, Übergabe von Schlüsseln etc. Selbst in der Übergabe der Sache selbst kann eine bloße Gewahrsamslockerung liegen (vgl. schon o. bei § 242 StGB).

Bleibt unklar, wie der Täter Gewahrsam an der Sache erlangt hat, so stellt sich für diejenigen, die ein Exklusivitätsverhältnis zwischen Raub und räuberischer Erpressung annehmen, die Frage der **Wahlfeststellung**. Die Gegenauffassung wendet in diesen Fällen die §§ 253, 255 StGB als Auffangtatbestand an.

Auch beim Versuch wird dies relevant, ist es dem Täter doch oft einerlei, ob ihm die erhoffte Tatbeute übergeben wird oder er sie sich nehmen muss.

ee) Gewalt gegen eine Person oder Drohungen mit gegenwärtiger Gefahr für Leib oder Leben
Nötigungsmittel des Raubs sind gem. § 249 I StGB die „Gewalt gegen eine Person" und „Drohungen mit gegenwärtiger Gefahr für Leib oder Leben".

Zu Gewalt und Drohung s. schon o. bei § 240 StGB.[11] In § 249 StGB (und § 255 StGB) sind diese Nötigungsmittel aber qualifiziert: Die Gewalt muss sich „gegen eine Person" richten; bzgl. der Drohung genügt nicht jedes empfindliche Übel.[12]

(1) Gewalt gegen eine Person
Gewalt gegen eine Person ist der durch Anwendung von – auch nur geringer – körperlicher Kraft verursachte körperlich wirkende Zwang gegen eine natürliche Person, der geeignet ist, die Freiheit der Willensentschließung oder Willensbetätigung gegen deren Willen auszuschalten (*vis absoluta*) oder zu beeinträchtigen (*vis compulsiva*).[13] Vorausgesetzt wird eine unmittelbar oder mittelbar gegen den Körper des Opfers gerichtete Einwirkung; erforderlich ist, dass der Einsatz auch nur geringer Körperkraft durch den Täter eine körperliche Zwangswirkung beim Opfer zur Folge hat.[14] Die Kraft, die der Täter entfaltet, muss wesentlicher Bestandteil der Wegnahme sein; sie muss so erheblich sein, dass sie geeignet ist, erwarteten Wider-

---

[11] S. bei den Nichtvermögensdelikten.
[12] Vgl. aus der Rspr. BGH U. v. 18.09.2019 – 1 StR 129/19 – NJW 2020, 1084 = NStZ 2020, 219 = StV 2020, 227 (Anm. Kudlich JA 2020, 150; LL 2020, 463; RÜ 2020, 177; El-Ghazi NStZ 2020, 220).
[13] Eisele, BT II, 6. Aufl. 2021, Rn. 306; Kindhäuser/Hilgendorf, LPK, 9. Aufl. 2022, § 249 Rn. 4; aus der Rspr. vgl. BGH U. v. 05.12.1961 – 5 StR 516/61 – BGHSt 16, 341 = NJW 1962, 356; BGH U. v. 19.04.1963 – 4 StR 92/63 – BGHSt 18, 329 = NJW 1963, 1210 (Anm. Preuße JuS 1963, 368; Knodel JZ 1963, 701); OLG Saarbrücken U. v. 04.07.1968 – Ss 8/68 – NJW 1969, 621.
[14] Vgl. aus der Rspr. BGH U. v. 18.09.2019 – 1 StR 129/19 – NJW 2020, 1084 = NStZ 2020, 219 = StV 2020, 227 (Anm. Kudlich JA 2020, 150; LL 2020, 463; RÜ 2020, 177; El-Ghazi NStZ 2020, 220).

stand zu brechen; vom Opfer muss sie als körperlicher Zwang empfunden werden, die körperliche Einwirkung braucht zwar letztlich für Leib oder gar Leben des Opfers nicht gefährlich zu sein; sie darf aber auch nicht ganz unbedeutend sein.[15]

Bisweilen finden sich in Rspr. und Literatur subjektive Formulierungen (z. B. „um geleisteten oder erwarteten Widerstand zu überwinden"[16]), allerdings gehört dies zum Zusammenhang zwischen Wegnahme und Nötigungsmittel.

Erfasst sind insbesondere Körperverletzungen, aber auch das Fesseln, Einsperren oder Festhalten des Opfers[17] sowie das Verbringen an einen anderen Ort. Wie bei der Nötigung nach § 240 StGB genügt auch i.R.d. § 249 I StGB ein bloß geringer Kraftaufwand, sofern nur eine nicht nur ganz unerhebliche Zwangswirkung beim Opfer eintritt. Deutlich wird dies z. B. beim Einsatz von Waffen oder Betäubungsmitteln.[18] Auch das Wegschieben einer Hand genügt.[19] Selbst das Ausnutzen einer physischen Reaktion soll erfasst sein.[20]

Beispiel 289

BGH B. v. 13.03.2002 – 1 StR 47/02 (Deo-Spray) – NStZ 2003, 89 (Anm. RÜ 2002, 358; LL 2003, 269):

Um Geld aus einer Ladenkasse zu entwenden, spritzte B der Kassiererin Z mit einem zu diesem Zweck mitgeführten Deo-Spray aus etwa 60 cm Entfernung gezielt in das Gesicht. Als diese, wie von ihm beabsichtigt, daraufhin in Folge des „Lidschlussreflexes" die Augen schloss, entnahm er Geldscheine aus der offenen Kasse. Z, die alsbald wieder die Augen öffnete, versuchte letztlich vergeblich, den B noch festzuhalten. Er riss sich los und entkam mit einer Beute von 1.380 DM. Wie auch von B erwartet, war das Deo nach der konkreten Art seiner Verwendung ungeeignet, körperliche Beeinträchtigungen herbeizuführen. ◄

Bei der Betätigung des Deo-Sprays wird zumindest geringe körperliche Kraft aufgewendet. Die Auslösung des Lidschlussreflexes stellt auch eine körperliche Zwangswirkung dar. Bei dem Reflex ist die Willensfreiheit der Z aufgehoben (*vis absoluta*). Insofern verübte B Gewalt gegen eine Person.

---

[15] Vgl. aus der Rspr. BGH B. v. 26.01.2022 – 3 StR 445/21 (Anm. Lorenz jurisPR-StrafR 9/2022 Anm. 5).

[16] Rengier, BT I, 26. Aufl. 2024, § 7 Rn. 8.

[17] Sinn, in: SK-StGB, 9. Aufl. 2019, § 249 Rn. 7; aus der Rspr. vgl. RG U. v. 01.10.1935 – 4 D 828/35 – RGSt 69, 327; RG U. v. 23.10.1939 – 3 D 732/39 – RGSt 73, 343; BGH U. v. 06.04.1965 – 1 StR 73/65 – BGHSt 20, 194 = NJW 1965, 1235 (Anm. Kühl, Höchstrichterliche Rspr. BT, 2002, Nr. 54; Willms JuS 1965, 368; Isenbeck NJW 1965, 2326; Weber JZ 1965, 418).

[18] Sinn, in: SK-StGB, 9. Aufl. 2019, § 249 Rn. 7; aus der Rspr. vgl. BGH U. v. 05.04.1951 – 4 StR 129/51 – BGHSt 1, 145 = NJW 1951, 532; BGH U. v. 15.01.1960 – 4 StR 528/59 – BGHSt 14, 81 = NJW 1960, 639; BGH U. v. 22.01.1991 – 5 StR 498/90 – StV 1991, 149; BGH B. v. 24.06.1992 – 2 StR 195/92 – NJW 1992, 2977 = NStZ 1992, 490.

[19] Eisele, BT II, 6. Aufl. 2021, Rn. 309; aus der Rspr. vgl. BGH U. v. 05.12.1961 – 5 StR 516/61 – BGHSt 16, 341 = NJW 1962, 356.

[20] H. M., Kindhäuser/Hilgendorf, LPK, 9. Aufl. 2022, § 249 Rn. 4.

Zum Ausscheiden rein psychischer Zwangswirkung s. bei § 240 StGB.[21]

Da Gewalt gegen eine Person verlangt wird, reicht **Gewalt gegen Sachen** nicht aus. Die Einwirkung auf eine Sache kann aber mittelbar körperlichen Zwang auf eine Person entfalten (z. B. Abschließen einer Zimmertür, Behinderung eines Rollstuhls).[22]

Wird die Tat durch **List, Geschicklichkeit, Schnelligkeit oder Ausnutzung des Überraschungsmoments** bestimmt (z. B. beim Handtaschenraub), handelt es sich nur um Gewalt gegen Sachen und – mangels Erheblichkeit der gerade körperlichen Einwirkung – nicht um Gewalt gegen eine Person.[23]

Beispiel 290

BGH U. v. 19.04.1963 – 4 StR 92/63 – BGHSt 18, 329 = NJW 1963, 1210 (Anm. Preuße JuS 1963, 368; Knodel JZ 1963, 701):

Während B in der Türnische eines Geschäfts mit der von ihm angesprochenen Hausangestellten Z stand, bewirkte er plötzlich mit einem etwas stärkeren Schlag seiner Hand auf deren bügellose Handtasche, auf deren vermuteten Inhalt an Geld er es abgesehen hatte, dass diese zu Boden fiel. Dem Versuch der Z, ihre Tasche aufzuheben, die sie nur einfach in der Hand gehalten hatte, ohne sie besonders festzuhalten, kam B zuvor. Er nahm die Tasche an sich und lief mit ihr davon. ◄

B schlug auf die Handtasche der Z, sodass die Handtasche zu Boden fiel. Angesichts dessen, dass Z sie vorher gehalten hatte, könnte auch Gewalt gegen eine Person vorliegen. B nutzte allerdings bloß das Überraschungsmoment aus.

Beispiel 291

BGH B. v. 12.11.1985 – 1 StR 516/85 – NStZ 1986, 218 = StV 1986, 61 und 299 (Anm. Otto JK 1986 StGB § 249/6):

B riss dem Z dessen Brieftasche mit einem kräftigen Ruck aus der Hand und floh. ◄

Auch hier führt die Schnelligkeit der Tatausführung dazu, dass nur Gewalt gegen eine Sache gegeben ist.

Um Gewalt handelt es sich aber dann, wenn der Täter dem zum Widerstand entschlossenen Opfer das begehrte Beutestück mit erheblichem Kraftaufwand entreißt.[24]

---

[21] S. bei den Nichtvermögensdelikten; aus der Rspr. vgl. zuletzt BGH U. v. 18.09.2019 – 1 StR 129/19 – NJW 2020, 1084 = NStZ 2020, 219 = StV 2020, 227 (Anm. Kudlich JA 2020, 150; LL 2020, 463; RÜ 2020, 177; El-Ghazi NStZ 2020, 220).

[22] Sander, in: MK-StGB, 4. Aufl. 2021, § 249 Rn. 19; aus der Rspr. vgl. zuletzt BGH B. v. 04.06.2019 – 4 StR 116/19 – NStZ 2019, 523 = StV 2020, 243 (Anm. Kassebaum NStZ 2019, 524).

[23] Hierzu Fischer, StGB, 71. Aufl. 2024, § 249 Rn. 4c; aus der Rspr. vgl. zuletzt BGH U. v. 01.08.2018 – 3 StR 651/17 – NStZ 2019, 511 (Anm. Jäger JA 2019, 467; Eisele JuS 2019, 495; Heuser ZJS 2019, 529; LL 2019, 255; RÜ 2019, 170; Rückert HRRS 2019, 245); BGH B. v. 26.01.2022 – 3 StR 445/21 (Anm. Lorenz jurisPR-StrafR 9/2022 Anm. 5).

[24] Vgl. aus der Rspr. zuletzt BGH B. v. 26.01.2022 – 3 StR 445/21 (Anm. Lorenz jurisPR-StrafR 9/2022 Anm. 5).

Gewalt **gegenüber Dritten**[25] ist erfasst. Der notwendige Zusammenhang zwischen Wegnahme und Nötigungsmittel (s. sogleich) ist freilich nur dann gegeben, wenn das Gewaltopfer die Wegnahme zumindest erschwert hätte (z. B. Niederschlagen eines Begleiters oder Wächters).

(2) Drohung mit gegenwärtiger Gefahr für Leib oder Leben
Drohung ist das Inaussichtstellen eines Übels, auf dessen Verwirklichung der Täter Einfluss zu haben vorgibt (s. § 240 StGB, z. B. auch zur konkludenten Drohung, zur Warnung, zur Irrelevanz der Ernstlichkeit und Realisierbarkeit sowie zur Dreiecks-Drohung bzw. Drohung gegen Dritte).[26] Es genügt aber nicht jedes Übel, sondern dieses muss eine gegenwärtige Gefahr für Leib oder Leben (natürlich eines Menschen) sein. Eine solche liegt vor, wenn der Eintritt nicht unerheblicher Beeinträchtigungen der körperlichen Integrität höchstwahrscheinlich erscheinen, wenn nicht alsbald Abwehrmaßnahme ergriffen werden.[27]

Zum Begriff der **Gefahr** s. zum einen § 34 StGB[28] und zum anderen die konkrete Gefahr in z. B. den §§ 306a II, 315b, 315c StGB.[29]

Es muss anders als bei § 240 StGB zumindest eine **Leibesgefahr** von einiger Erheblichkeit drohen, nicht nur eine leichtere Verletzung.[30] Drohungen mit Gefahren für Sachen oder andere Rechtsgüter genügen nicht.[31]

Die angedrohte Gefahr muss **gegenwärtig**[32] sein, allerdings sind in extensiver Auslegung auch Fälle erfasst, in denen der Täter dem Opfer eine gewisse Frist setzt, die auch einige Tage umfassen kann (relevant v. a. i.R.d. §§ 253, 255 StGB).

---

[25] Hierzu Sinn, in: SK-StGB, 9. Aufl. 2019, § 249 Rn. 15f.; aus der Rspr. vgl. zuletzt BGH B. v. 14.02.2019 – 4 StR 566/18 – StV 2021, 232; BGH B. v. 05.06.2019 – 1 StR 34/19 – BGHSt 64, 80 = NJW 2019, 3659 = NStZ 2020, 221 = StV 2020, 240 (Anm. famos 12/2019; Schiemann NJW 2019, 3662, Bosch Jura 2020, 192; Kudlich JA 2020, 64; Eisele JuS 2020, 275; Heghmanns ZJS 2020, 164; LL 2020, 107; RÜ 2020, 95; Jäger NStZ 2020, 224; Renzikowski JR 2020, 332 und JR 2021, 129; Mitsch NZWiSt 2022, 181).

[26] S. bei den Nichtvermögensdelikten.

[27] Kindhäuser/Hilgendorf, LPK, 9. Aufl. 2022, § 249 Rn. 5f.; Eisele, BT II, 6. Aufl. 2021, Rn. 315f.; aus der Rspr. vgl. zuletzt BGH U. v. 09.10.2014 – 4 StR 208/14 – NStZ 2015, 36 (Anm. Hecker JuS 2015, 467).

[28] S. im Allgemeinen Teil.

[29] S. bei den Nichtvermögensdelikten.

[30] Kindhäuser/Hilgendorf, LPK, 9. Aufl. 2022, § 249 Rn. 5; aus der Rspr. vgl. zuletzt BGH B. v. 18.08.2020 – 5 StR 318/20 – StV 2021, 219; BGH B. v. 09.03.2022 – 1 StR 469/21 – NStZ 2022, 409 = NStZ-RR 2022, 182; BGH B. v. 26.07.2023 – 3 StR 155/23 – NStZ 2024, 87.

[31] Wittig, in: BeckOK-StGB, Stand 01.08.2024, § 249 Rn. 9.2; aus der Rspr. vgl. BGH B. v. 20.08.2013 – 3 StR 192/13 – StV 2014, 287.

[32] Hierzu Kindhäuser/Hilgendorf, LPK, 9. Aufl. 2022, § 249 Rn. 6; aus der Rspr. vgl. zuletzt BGH U. v. 09.10.2014 – 4 StR 208/14 – NStZ 2015, 36 (Anm. Hecker JuS 2015, 467); BGH B. v. 25.04.2017 – 4 StR 244/16 – NJW 2017, 1891 = NStZ 2017, 408 = NStZ-RR 2017, 207 = StV 2019, 96 (Anm. Bosch Jura 2017, 1451; Cornelius NJW 2017, 1893); BGH B. v. 26.07.2023 – 3 StR 155/23 – NStZ 2024, 87.

ff) Mit/unter Anwendung von

▶ **Didaktische Aufsätze**
- Otto, Fortdauernde Gewaltanwendung und fortdauernde Gewaltwirkung, Jura 1987, 498
- Biletzki, Der Zusammenhang zwischen Nötigungshandlung und Wegnahme beim Raub, JA 1997, 385
- Swoboda, Das »Unrechtsskelett« des Raubdelikts – Was ist die zentrale Verbindung zwischen qualifizierter Nötigung und Wegnahme: Die auf dem Tatentschluss basierende Finalität oder ein objektives Unrechtsgerüst in Gestalt einer wenigstens in ihren Wirkungen noch fortwirkende Nötigung?, Jura 2019, 28

Gem. § 249 I StGB muss der Täter die Sache *mit* Gewalt gegen eine Person oder *unter Anwendung von* Drohungen mit gegenwärtiger Gefahr für Leib oder Leben wegnehmen. Das Unrecht des Raubes geht über die Addition des Unrechts von Diebstahl und Nötigung hinaus, wie aus dem deutlich angehobenen Strafrahmen ersichtlich.[33] Hieraus folgert man, dass die Nötigungskomponente und die Diebstahlskomponente in einem **Zurechnungszusammenhang** stehen müssen, dessen Beschaffenheit umstritten ist,[34] was auch Auswirkungen auf die Prüfungsmethodik hat. Zum einen ist es möglich, sämtliche Aspekte des Zurechnungszusammenhangs trotz subjektiver Elemente aus Gründen des Sachzusammenhangs bereits im objektiven Tatbestand anzusprechen;[35] zum anderen ist es möglich, im Einklang mit der üblichen Aufteilung im objektiven Tatbestand allein die objektiven Zurechnungselemente anzusprechen und im subjektiven Tatbestand die subjektiven Zurechnungselemente.

Heute wohl unstrittig ist das **zeitliche Verhältnis** von Nötigungsmittel und Wegnahme:

Erstens muss mit dem Einsatz des Nötigungsmittels bereits die **Versuchsschwelle** zur Wegnahme überschritten sein; eine Nötigung als Vorbereitungshandlung genügt nicht.[36]

Zweitens muss das Nötigungsmittel **vor Vollendung** der Wegnahme eingesetzt werden.[37] Im Stadium zwischen Vollendung und Beendigung greift lediglich ggf. der räuberische Diebstahl gem. § 252 StGB. In einer Fallbearbeitung ist daher u. U.

---

[33] Sander, in: MK-StGB, 4. Aufl. 2021, § 249 Rn. 1.
[34] Hierzu Kindhäuser/Hilgendorf, LPK, 9. Aufl. 2022, § 249 Rn. 11ff.; Biletzki JA 1997, 385; Hörnle FS Puppe 2011, 1143; Magnus NStZ 2018, 67; Sowoboda Jura 2019, 28.
[35] S. z. B. Eisele, BT II, 6. Aufl. 2021, Rn. 301, 319ff.
[36] Kindhäuser/Hilgendorf, LPK, 9. Aufl. 2022, § 249 Rn. 21; Sinn, in: SK-StGB, 9. Aufl. 2019, § 249 Rn. 30.
[37] S. nur Fischer, StGB, 71. Aufl. 2024, § 249 Rn. 6; a. A. wohl nur Dreher MDR 1979, 529; aus der Rspr. vgl. zuletzt BGH B. v. 27.11.2018 – 2 StR 254/18 – NStZ 2019, 411 (Anm. Immel NStZ 2019, 412); BGH B. v. 13.11.2019 – 3 StR 342/19 – NStZ 2020, 417; BGH B. v. 11.08.2021 – 3 StR 63/21 – NStZ-RR 2022, 14 (Anm. Mitsch JuS 2022, 609).

genau zu ermitteln, wann der Täter Gewahrsam an der Sache erlangt hat. Ggf. ist zwischen verschiedenen Tatobjekten zu differenzieren.

Beispiel 292

BGH U. v. 13.12.1978 – 3 StR 381/78 – BGHSt 28, 224 = NJW 1979, 726 (Anm. Kühl, Höchstrichterliche Rspr. BT, 2002, Nr. 55; Geilen JK 1979 StGB § 252/1; Kühl JA 1979, 489; Seier JuS 1979, 336; Hassemer JuS 1979, 448; Schnarr JR 1979, 314):

B, der keine Fahrerlaubnis besaß, fuhr am Tattage gegen 13:00 Uhr mit dem Schweizer Staatsbürger Z in einem Pkw vom Stuttgarter Hauptbahnhof ab, um – so hatte er versprochen – den Z gegen ein vorher empfangenes Entgelt nach Hamm zu bringen. Er beabsichtigte, nachdem er Z in einem illegalen Spielclub beobachtet hatte, diesem sein Geld wegzunehmen. An einer Tankstelle an der Autobahn nach Heilbronn gelang es ihm, dem Z unbemerkt die Brieftasche mit 15.500 DM und persönlichen Papieren aus der Jackentasche zu entwenden und in seiner Gesäßtasche zu verwahren. Sein Ziel war es nun, Z so schnell wie möglich aus dem Wagen zu bekommen. An einer Autobahnausfahrt etwa 50 km über Heilbronn hinaus verließ er die Autobahn und suchte in einem Rebengelände immer einsamere Wege auf. Als der ängstlich werdende Z ihn fragte, ob er ihn töten wolle, fürchtete B, Z werde nun sogleich den Verlust des Geldes bemerken. Um zu verhindern, dass Z ihn zur Rede stelle bzw. Hilfe herbeihole, schlug er deshalb auf ihn ein, würgte ihn und stieß ihn aus dem Wagen. Nachdem er sein um Hilfe rufendes Opfer zu Boden geschlagen und ihm unter Beschimpfungen bedeutet hatte, er könnte ihm auch noch das in der Hemdbrusttasche verwahrte weitere Geld nehmen, fuhr er davon. Z wurde kurze Zeit darauf von einem Mann bemerkt und zur Polizei gebracht. ◄

Indem B dem Z die Brieftasche mit 15.500 DM und persönliche Papiere entwendete und in seiner Gesäßtasche verwahrte, wurde der Gewahrsamswechsel vollzogen und die Wegnahme vollendet. Gewalt gegen Z wurde erst hinterher verübt, sodass es am Zurechnungszusammenhang fehlt.

Verlangt wird ferner ein gewisser **räumlicher Zusammenhang** zwischen Nötigungshandlung und Wegnahme.[38]

Umstritten ist, ob ein objektiver **Kausalzusammenhang** zwischen der Nötigungshandlung und der Wegnahme bestehen muss, d. h. die Wegnahme gefördert oder erleichtert worden sein muss.[39] Die Rspr.[40] und die h. L.[41] verlangen eine solche Kausalität nicht.

---

[38] Sander, in: MK-StGB, 4. Aufl. 2021, § 249 Rn. 27; aus der Rspr. vgl. zuletzt BGH B. v. 27.11.2018 – 2 StR 254/18 – NStZ 2019, 411 (Anm. Immel NStZ 2019, 412); BGH B. v. 11.08.2021 – 3 StR 63/21 – NStZ-RR 2022, 14 (Anm. Mitsch JuS 2022, 609).

[39] Hierzu Joecks/Jäger, StGB, 13. Aufl. 2021, § 249 Rn. 24ff.; aus der Rspr. vgl. zuletzt BGH U. v. 03.03.2021 – 2 StR 170/20 – NStZ-RR 2021, 245 = StV 2022, 18 (Anm. LL 2021, 742; famos 2/2022).

[40] S. o.

[41] Z. B. Eisele, BT II, 6. Aufl. 2021, Rn. 324.

Die Gegenauffassung[42] tut dies. Auch nach dieser Ansicht muss die Nötigungshandlung aber nicht erforderlich für die Wegnahme sein.

Die neueste Rspr.[43] spricht nunmehr von einer nötigungsbedingten Einschränkung der Dispositionsfreiheit des Gewahrsamsinhabers über das Tatobjekt sowie eine nötigungsbedingte Schwächung der Verteidigungsfähigkeit oder -bereitschaft.

In aller Regel wird der Kausalzusammenhang ohnehin vorliegen, problematisch sind Irrtumskonstellationen (z. B. Verkennen des Täters, dass das Opfer bewusstlos ist). Darüber hinaus spricht der Wortlaut für das Erfordernis einer objektiven (Förderungs-)Kausalität. Bei irrendem Täter bietet die Versuchsstrafbarkeit eine hinreichende Sanktionsmöglichkeit.

Folgt man hingegen der **h. M.**, so ist eine subjektive Beziehung in Gestalt eines **Finalzusammenhangs** nicht nur erforderlich, sondern auch hinreichend. Der Täter muss also erstreben, durch seine Nötigung die Wegnahme zu ermöglichen oder zu erleichtern.[44]

Problematisch sind Fälle, in denen der Täter eine aus anderen Gründen geschaffene, noch fortdauernde Nötigungslage später zu einer Wegnahme ausnutzt (**Motivwechsel**).[45]

Dies betrifft v. a. erstens **fortdauernde Freiheitsberaubungen**:

Beispiel 293

BGH U. v. 22.09.1983 – 4 StR 376/83 – BGHSt 32, 88 = NJW 1984, 500 = NStZ 1984, 73 (Anm. Geilen JK 1984 StGB § 255/3; Sonnen JA 1984, 319; Hassemer JuS 1984, 397; Jakobs JR 1984, 385; Joerden JuS 1985, 20; Otto JZ 1985, 143):

B mietete sich am 10.06.1982 im Hotel C in Münster ein, wobei er seine Personalien richtig und vollständig angab. Da er am 15.07.1982 nicht mehr genug Geld besaß, um die Hotelkosten zu bezahlen, wollte er das Hotel ohne Bezahlung der Rechnung unter Mitnahme seines Gepäcks heimlich verlassen. Weil der Hotelportier Z jedoch ständig in der Rezeption anwesend war, entschloss er

---

[42] Z. B. Sinn, in: SK-StGB, 9. Aufl. 2019, § 249 Rn. 29.
[43] So BGH B. v. 10.04.2018 – 4 StR 108/18 – StV 2020, 236; BGH B. v. 29.08.2019 – 2 StR 85/19 – NStZ 2020, 355 (Anm. RÜ 2020, 26); hierzu näher Magnus NStZ 2018, 67.
[44] Fischer, StGB, 71. Aufl. 2024, § 249 Rn. 6b; Eisele, BT II, 6. Aufl. 2021, Rn. 324; aus der Rspr. vgl. zuletzt BGH B. v. 07.04.2020 – 6 StR 28/20 – StV 2021, 248; BGH B. v. 02.02.2021 – 2 StR 432/20 – StV 2021, 493; BGH U. v. 03.03.2021 – 2 StR 170/20 – NStZ-RR 2021, 245 = StV 2022, 18 (Anm. LL 2021, 742; famos 2/2022); BGH B. v. 14.07.2021 – 6 StR 298/21 – NStZ 2022, 42 (Anm. Kudlich JA 2021, 959; RÜ 2021, 789; Nestler Jura 2022, 127); BGH B. v. 10.03.2022 – 1 StR 497/21 (Anm. RÜ 2022, 581); BGH B. v. 09.11.2022 – 4 StR 351/22 – NStZ 2023, 411 (Anm. RÜ 2023, 429); BGH B. v. 20.03.2024 – 6 StR 572/23 – NStZ-RR 2024, 175 = StV 2024, 505.
[45] Hierzu Joecks/Jäger, StGB, 13. Aufl. 2021, § 249 Rn. 35ff.; näher Otto Jura 1987, 498; Walter NStZ 2005, 240; Ingelfinger FS Küper 2007, 197; aus der Rspr. vgl. zuletzt BGH B. v. 10.03.2022 – 1 StR 497/21 (Anm. RÜ 2022, 581); BGH B. v. 09.11.2022 – 4 StR 351/22 – NStZ 2023, 411 (Anm. RÜ 2023, 429); BGH B. v. 07.11.2023 – 4 StR 115/23 – NStZ 2024, 290 (Anm. Berghäuser NStZ 2024, 413); BGH B. v. 20.03.2024 – 6 StR 572/23 – NStZ-RR 2024, 175 = StV 2024, 505; BGH B. v. 27.08.2024 – 5 StR 403/24 – NStZ-RR 2024, 344.

sich, ihn gewaltsam in das von ihm gemietete Zimmer zu bringen, ihn dort zu fesseln und einzuschließen, um sich anschließend aus dem Hotel zu entfernen. In Ausführung dieses Planes richtete er am nächsten Morgen gegen 05:00 Uhr eine ungeladene Gaspistole auf Z und verbrachte ihn auf das Zimmer 812, wo Z gefesselt und geknebelt und sodann eingeschlossen wurde. Als er mit seinem Gepäck an der – nunmehr unbesetzten – Rezeption vorbeikam, fasste er den Entschluss, die Situation auszunutzen und das in der Hotelkasse befindliche Geld mitzunehmen. Er entwendete 500 DM und verließ danach das Hotel. ◄

B hatte den Z zunächst nur gefesselt und geknebelt eingeschlossen, um das Hotel ohne Bezahlung verlassen zu können. Erst hinterher fasste er den Entschluss, das in der Hotelkasse befindliche Geld mitzunehmen.

Zweitens **Körperverletzungen**, unter deren physischer (z. B. Benommenheit) oder psychischer Wirkung (v. a. Angst vor weiteren Misshandlungen) das Opfer noch steht:

Beispiel 294

BGH B. v. 25.09.2012 – 2 StR 340/12 – NStZ-RR 2013, 45 = StV 2013, 443 (Anm. LL 2013, 275; RÜ 2013, 100):
B nahm am Abend des 09.03.2001 Kontakt zu Z auf, die auf dem „Straßenstrich" der Prostitution nachging. Gegen Zahlung von 50 DM führte sie in seinem Pkw bei ihm den Oralverkehr durch. Nachdem dies auch nach längerer Zeit zu keiner Befriedigung des B geführt und Z ihre Dienstleistung daraufhin abgebrochen hatte, hinderte B die Z nach kurzer Diskussion und dem Verlassen des Fahrzeugs daran, sich vom Ort des Geschehens zu entfernen. Er drückte sie gegen einen Zaun und schlug ihr mit der Faust mehrfach ins Gesicht, bis sie zu Boden ging. Anschließend trat er mehrere Male kraftvoll auf ihren Kopf ein, bis sie sich aus Angst vor weiterer Gewaltanwendung nicht mehr rührte. In diesem Moment beschloss B der Z, die zuvor gezahlten 50 DM wieder wegzunehmen. Hierbei erkannte er, dass Z dies dulden würde, weil sie weitere Tritte befürchtete. Diese Angst zielgerichtet ausnutzend nahm B nun die Jacke der Z an sich, in der sich neben dem betreffenden Geld ihr Mobiltelefon und weitere Wertgegenstände befanden, und fuhr davon. ◄

B entschloss sich erst nach Gewaltanwendung gegenüber der Z, ihr die Jacke mitsamt Inhalt wegzunehmen. Dabei konnte er ausnutzen, dass Z unter dem Eindruck des Vorangegangenen weitere Tritte fürchtete.

Drittens **Drohungen**, die das Opfer weiterhin einschüchtern:

Beispiel 295

BGH B. v. 25.02.2014 – 4 StR 544/13 – NStZ 2014, 269 = StV 2014, 545 (Anm. RÜ 2014, 376; LL 2014, 668 und 893; Krehl NStZ 2014, 270):
B überraschte am Morgen des 26.03.2013 seine geschiedene Ehefrau Z, als diese auf dem Weg zu ihrem Pkw den Keller ihres Wohnhauses durchquerte. Er sagte ihr,

dass er ein Messer habe, und Z sah, wie er dieses in die Hosentasche steckte. Im Verlauf des sich anschließenden Gesprächs, in dem er unter anderem die Zahlung von Geld zum Ausgleich seiner Schulden forderte, ergriff B das von Z in der Hand gehaltene Mobiltelefon und riss es ihr aus der Hand, um es für sich zu behalten. ◄

Als B das von Z in der Hand gehaltene Mobiltelefon ergriff, wirkte die konkludente Drohung mit gegenwärtiger Gefahr für Leib und Leben in der Bemerkung, eine Messer zu haben, noch fort.

Ob die Ausnutzung derart fortwirkender Nötigungen ausreicht, ist – im Ergebnis und konstruktiv – umstritten.[46]

Diejenigen Vertreter, die in diesen Fällen zur Annahme eines Raubes gelangen, leiten dies – wenn nicht ohnehin offengelassen – entweder aus der (erkannten) Fortwirkung der Gewalt bzw. Drohung ab, rekurrieren auf eine konkludente Drohung oder nehmen ein Unterlassen an.[47]

Bei **Fesselung** des Opfers gilt:

Zwar ist die Fesselung eine Freiheitsberaubung nach § 239 I StGB und insofern ein Dauerdelikt, dessen Erfolg bis zur Wiederherstellung der Fortbewegungsfreiheit anhält.[48] Es kann aber nur auf die Gewaltanwendung und nicht auf die Gewaltwirkung ankommen: Der Widerstand des Opfers ist nämlich bereits durch die Gewaltanwendung gebrochen, die Aufrechterhaltung der Zwangssituation ersetzt nicht die Überwindung des Widerstands des Opfers. Auch würde der besonders brutal handelnde Täter bevorzugt, der sein Opfer bewusstlos schlägt und daher nicht zu fesseln braucht.[49] Zurückhaltung zu üben ist auch bei der Konstruktion einer konkludenten Drohung[50] aufgrund der vorher ausgeübten Gewalt, sofern nicht wirklich kommunikative Anhaltspunkte für eine schlüssige Inaussichtstellung weiterer Gewalt vorliegen. Die bloße Anwesenheit des Täters kann nicht ausreichen, gleiches gilt für die Wegnahmehandlung; eine darüber hinausreichende Erklärung kann freilich eine konkludente Drohung bilden.

Fraglich ist dann, ob sich die Finalität der Nötigung auf den Unterlassensvorwurf stützen lässt, also dass der Täter das Opfer nicht losgebunden hat und die fortbestehende Fesselung dann ausnutzte. Schon aufgrund der besonderen Anforderungen des § 13 I StGB und der Rechtsfolgen nach § 13 II StGB kann dies aber nicht eine Gewalt durch Begehen ersetzen. In einer Fallbearbeitung ist die Begehensprüfung daher abzubrechen und die Prüfung eines Raubs durch Unterlassen gem. §§ 249 I, 13 StGB zu beginnen. Ein Teil der Lehre[51] und der Rspr.[52] weicht auf eine derartige

---

[46] S. obige Nachweise.
[47] Zu dieser Unterteilung Fischer, StGB, 71. Aufl. 2024, § 249 Rn. 8ff.; Bosch, in: Schönke/Schröder, StGB, 30. Aufl. 2019, § 249 Rn. 6a.
[48] Zu dieser Erwägung vgl. BGH U. v. 15.10.2003 – 2 StR 283/03 – BGHSt 48, 365 (370f.).
[49] Eisele, BT II, 6. Aufl. 2021, Rn. 326f.
[50] S. aber Bosch, in: Schönke/Schröder, StGB, 30. Aufl. 2019, § 249 Rn. 6a.
[51] Z. B. Bosch, in: Schönke/Schröder, StGB, 30. Aufl. 2019, § 249 Rn. 6b.
[52] Vgl. BGH U. v. 22.09.1983 – 4 StR 376/83 – BGHSt 32, 88; BGH B. v. 12.08.1992 – 3 StR 358/92 – NStZ 1993, 77; offen gelassen in BGH U. v. 15.10.2003 – 2 StR 283/03 – BGHSt 48, 365 (368ff.); zsf. Fischer, StGB, 71. Aufl. 2024, § 249 Rn. 12ff.

Unterlassungskonstruktion – Garantenstellung qua Ingerenz – aus. Mittels § 13 StGB wird folglich dem an sich aktivisch geprägten[53] Gewaltbegriff ein Unterlassensgehalt zugemessen. Es ist gerade Sinn des § 13 StGB diese Gleichstellung von aktiver Herbeiführung und passiver Nichtverhinderung zu bewirken. Zweifelhaft bleibt hierbei allerdings das Vorliegen der sog. Entsprechungsklausel gem. § 13 I StGB, deren Auslegung grundsätzlich problematisch[54] ist. Wenn aber das Entscheidende der Gewalt die körperliche Zwangswirkung ist und wenn der Täter für eine solche Zwangswirkung kraft Garantenstellung und faktischer Beseitigungsmöglichkeit verantwortlich ist, so wäre es nur konsequent, dass das Ergebnis auch einer aktiven Zwangsausübung i.S.d. § 13 I StGB entspricht.[55] Fraglich ist aber wiederum, ob der erforderliche Finalzusammenhang vorliegt. Auch bei der Unterlassungsprüfung muss man bedenken, dass der Unterschied zwischen Gewaltanwendung (Finalität) und -fortwirkung (bloße Ausnutzung) nicht verwischt werden darf. Im Hinblick auf die sachwidrige Bevorzugung des brutaleren Täters gilt überdies das oben Gesagte auch hier. Die Bedenken, die in der Literatur geäußert werden,[56] sind insofern berechtigt. Hinzu kommt Folgendes:[57] Ein Täter, der sein Opfer gefesselt hat, wird nur in den wenigsten Fällen vorhaben, es später selbst wieder zu befreien. Vielmehr hat er in aller Regel vor, das Opfer gefesselt oder eingesperrt am Tatort zurückzulassen, und zwar unabhängig davon, welchen Zweck die Freiheitsberaubung ursprünglich hatte. Es wäre auch aus der Sicht des Täters unklug, das Opfer wieder zu befreien; es könnte dann viel schneller Hilfe holen, namentlich durch einen Anruf bei der Polizei, und das würde die Flucht des Täters erschweren und seine Ergreifung wahrscheinlicher machen. Dann kann man diese Unterlassung aber nicht als Ergebnis des späteren Wegnahmeentschlusses betrachten. Die Unterlassung, das Opfer zu befreien, ist nicht die Folge des spontanen Entschlusses zur Wegnahme, jedenfalls nicht in einem Maße, das den Sprung von § 242 StGB zu § 249 StGB rechtfertigen würde; denn es ist gerade die motivatorische Wirkung des Entschlusses zur Wegnahme und Zueignung, die das Unrecht des Raubes prägt und die Höhe des Strafrahmens begründet.

Auch in Fällen **fortwirkender Körperverletzungen und Drohungen** ist restriktiv vorzugehen: Allein der Umstand, dass die Wirkungen der ohne Wegnahmeabsicht ausgeübten Gewalt oder Drohung noch andauern und der Täter dies ausnutzt, genügt für die Annahme eines Raubes nicht.[58] Allerdings ist in Fallbearbeitungen zu beachten, dass der Sachverhalt bis zu einem bestimmten Maße lebensnah ausgelegt werden darf, während der Strafrechtspraxis dies angesichts des *In-dubio-pro-reo*-Grundsatzes versperrt ist. Der BGH moniert daher bisweilen zu Recht mangelnde Urteilsfeststellungen bei Mitteilung eines Sachverhalts, bzgl. dessen in einer Klausur die Bejahung des Finalzusammenhangs vertretbar ist.

---

[53] Sander, in: MK-StGB, 4. Aufl. 2021, § 249 Rn. 33.
[54] S. nur Joecks/Jäger, StGB, 13. Aufl. 2021, § 13 Rn. 65f.
[55] So Walter NStZ 2005, 240 (241); a. A. Eisele, BT II, 6. Aufl. 2021, Rn. 326f.
[56] Eisele, BT II, 6. Aufl. 2021, Rn. 326f.
[57] Zum Folgenden Walter NStZ 2005, 240 (243).
[58] S. z. B. BGH B. v. 25.09.2012 – 2 StR 340/12 – NStZ-RR 2013, 45.

U. U. anders als in Fällen, in denen der Täter sein Opfer fesselte, überzeugt die Annahme einer Fortwirkung der vorherigen Gewalt bzw. einer konkludenten Aufrechterhaltung jedenfalls dann, wenn ein enger zeitlicher Zusammenhang besteht und auch i.Ü. kein Zweifel aus (vom Täter erkannter) Sicht des Opfers naheliegt, dass der Täter seine vorherige Gewaltbereitschaft aufrechterhält bzw. jederzeit ausdrücklich reaktualisiert. Hierin liegt keine Fiktion einer Kommunikation, sondern eine Perpetuierung des Vorherigen. Im Hinblick darauf liegt dann der Finalitätszusammenhang vor. Zutreffend an der restriktiven Rspr. ist, dass etwa einem ohnehin gefesselten Opfer nicht ohne Weiteres konkludent gedroht wird, weitere Nachteile zuzufügen. Ein solches Opfer kann sich ja ohnehin nicht mehr wehren. Dass ein ausgenutztes Fortwirken des Fesselns nicht ohne Weiteres einem finalen Gewaltakt gleichzusetzen ist, überzeugt ebenfalls. Bereits bei der Frage fortwirkender Drohungen, ist dies freilich nicht mehr so deutlich, da eine nicht widerrufene Drohung prinzipiell unbegrenzt gilt. Um aber den Gewalttäter nicht gegenüber einem bloß Drohenden zu privilegieren, dürfen an die Annahme einer konkludenten Drohung nach vorheriger Gewalt keine überspannten Anforderungen gestellt werden. Zumindest dann, wenn der Täter die Lage eines durch die vorherige Nötigung erkannt verängstigten und geschwächten Opfers ausnutzt, liegt hierin wenigstens ein Zunutzemachen einer konkludenten Drohung – jedenfalls bei wiederhol- und somit steigerbaren Gewaltmitteln. Auf die Frage der Relevanz fortwirkender Gewalt kommt es dann nicht mehr an. Ein zu restriktiver Umgang mit der konkludenten Drohung droht, lebensfremde Ergebnisse zu zeitigen, was v. a. bei sehr intensiver Gewaltausübung im Vorfeld deutlich wird.

Entsprechend diesen Grundsätzen genügt das **Ausnutzen** der **Gewalt anderer** ebenso wenig bzw. erst recht nicht.[59]

Ein Motivwechsel **während** der Ausübung der Gewalt führt zum Raub; dass das sich wehrende Opfer die Wegnahme sofort bemerkt und dass sich seine Abwehr gerade gegen die Wegnahme richtet, ist hierbei nicht erforderlich.[60]

Entwendet der Täter einen **anderen oder weiteren Gegenstand** als ursprünglich beabsichtigt, so ist umstritten, ob der Finalzusammenhang vorliegt.[61] Angesichts dessen, dass man den Diebstahlsvorsatz dahingehend einheitlich betrachtet, dass er durch Verengung, Erweiterung oder Modifikation nicht entfällt, überzeugt es, auch beim Finalzusammenhang derartige Abweichungen für miterfasst zu erachten.

Dem Finalitätszusammenhang steht nicht entgegen, wenn der Täter mit der gewaltsamen Wegnahme ein **weiteres Ziel** verfolgt (Motivbündel).[62]

---

[59] Aus der Rspr. vgl. BGH B. v. 10.05.2012 – 3 StR 68/12 – NStZ-RR 2012, 270 = StV 2013, 438.
[60] Aus der Rspr. vgl. BGH U. v. 15.09.1964 – 1 StR 267/64 – BGHSt 20, 32 = NJW 1965, 115 (Anm. Eser NJW 1965, 377); BGH U. v. 27.05.1982 – 4 StR 181/82 – NJW 1982, 2784 = NStZ 1982, 380 = StV 1982, 420 (Anm. Seier JA 1982, 617; Geilen JK 1983 StGB § 249/2).
[61] Hierzu Eisele, BT II, 6. Aufl. 2021, Rn. 329f.; aus der Rspr. vgl. zuletzt BGH U. v. 17.07.2019 – 5 StR 637/18 – NStZ-RR 2019, 311; BGH U. v. 23.06.2021 – 2 StR 306/20 – StV 2022, 8; BGH B. v. 09.11.2022 – 4 StR 351/22 – NStZ 2023, 411 (Anm. RÜ 2023, 429).
[62] Kindhäuser/Hilgendorf, LPK, 9. Aufl. 2022, § 249 Rn. 18; aus der Rspr. vgl. BGH U. v. 02.10.1973 – 1 StR 422/73; BGH U. v. 06.10.1992 – 1 StR 554/92 – NJW 1993, 945 = NStZ 1993, 79; LG Ulm U. v. 04.11.2009 – 1 S 129/09.

Die vom Täter erstrebte Ermöglichung oder Erleichterung der Wegnahme durch das Nötigungsmittel wird bei der Gewalt üblicherweise dahingehend ausgedrückt, dass der Zwang geübt werden muss, „um einen gegen die Wegnahme geleisteten oder erwarteten **Widerstand** zu brechen".[63] Es kommt aber nicht darauf an, ob das Opfer gegen das Wegnahmevorhaben des Täters Widerstand leistet, da es genügt, wenn ein vorsorglich erwarteter Widerstand von vornherein unmöglich gemacht werden soll.[64]

Bei Fehlvorstellungen gelten die Regeln bzgl. des Irrtums über den Kausalverlauf.[65]

b) Subjektiver Tatbestand

aa) Vorsatz
Gem. § 15 StGB ist Vorsatz erforderlich

bb) Absicht, die Sache sich oder einem Dritten rechtswidrig zuzueignen
Zur Absicht rechtswidriger Zueignung s. o. bei § 242 StGB. Insbesondere berührt der Einsatz des Nötigungsmittels eine etwaige Rechtmäßigkeit der Zueignung nicht.

cc) Mit/unter Anwendung von
Zum Zurechnungszusammenhang zwischen Nötigungsmittel und Wegnahme s. o. Da die h. M. keine objektive Kausalität verlangt, sondern sich mit einem Finalitätszusammenhang begnügt, ist dieser an sich im subjektiven Tatbestand zu erörtern, wovon aus darstellerischen Gründen aber abgewichen werden kann.

4. Rechtswidrigkeit
Es gelten die allgemeinen Grundsätze.

---

[63] Rengier, AT, 26. Aufl. 2024, § 7 Rn. 8.

[64] Vgl. Kindhäuser/Hilgendorf, LPK, 9. Aufl. 2022, § 249 Rn. 22; aus der Rspr. vgl. RG U. v. 31.03.1933 – I 254/33 – RGSt 67, 183; RG U. v. 23.10.1939 – 3 D 732/39 – RGSt 73, 343; BGH U. v. 05.04.1951 – 4 StR 129/51 – BGHSt 1, 145 = NJW 1951, 532; BGH U. v. 21.05.1953 – 4 StR 787/52 – BGHSt 4, 210 = NJW 1953, 1400; BGH U. v. 05.12.1961 – 5 StR 516/61 – BGHSt 16, 341 = NJW 1962, 356; BGH U. v. 19.04.1963 – 4 StR 92/63 – BGHSt 18, 329 = NJW 1963, 1210 (Anm. Preuße JuS 1963, 368; Knodel JZ 1963, 701); BGH U. v. 15.09.1964 – 1 StR 267/64 – BGHSt 20, 32 = NJW 1965, 115 (Anm. Eser NJW 1965, 377); BGH U. v. 06.04.1965 – 1 StR 73/65 – BGHSt 20, 194 = NJW 1965, 1235 (Anm. Kühl, Höchstrichterliche Rspr. BT, 2002, Nr. 54; Willms JuS 1965, 368; Isenbeck NJW 1965, 2326; Weber JZ 1965, 418).

[65] Vgl. aus der Rspr. BGH U. v. 20.01.2016 – 1 StR 398/15 – BGHSt 61, 141 = NJW 2016, 2129 = NStZ 2016, 472 = StV 2016, 640 (Anm. Bosch Jura 2016, 1082; Kudlich JA 2016, 632; Eisele JuS 2016, 754; Heghmanns ZJS 2016, 519; LL 2016, 627; RÜ 2016, 436; Habetha NJW 2016, 2131; Maier NStZ 2016, 474); BGH U. v. 22.06.2016 – 5 StR 98/16 – BGHSt 61, 197 = NJW 2016, 2900 = StV 2016, 642 (Anm. RÜ 2016, 713; Berster JZ 2016, 1017; Schulz-Merkel jurisPR-StrafR 20/2016 Anm. 3); BGH B. v. 09.11.2022 – 4 StR 351/22 – NStZ 2023, 411 (Anm. RÜ 2023, 429).

5. Schuld
Es gelten die allgemeinen Grundsätze.

6. Rechtsfolgen
§ 249 I StGB sieht Freiheitsstrafe nicht unter einem Jahr vor, wobei sich ein Höchstmaß von 15 Jahren aus § 38 II StGB ergibt.

§ 249 II StGB normiert einen (unbenannten) minder schweren Fall des Raubs[66] (dann Freiheitsstrafe von sechs Monaten bis zu fünf Jahren).

7. Sonstiges
Im Wege der **Gesetzeskonkurrenz** (Spezialität) verdrängt der vollendete § 249 StGB die §§ 242–244 StGB, auch wenn dadurch bestimmte Wertaspekte nicht mehr zum Ausdruck kommen (z. B. die Verletzung der Wohnung bei § 244 I Nr. 3, IV StGB).[67]

§ 240 StGB tritt ebenfalls hinter den Raub zurück (Spezialität).[68]

Mit § 239 StGB besteht nur dann Tateinheit, wenn nicht die Freiheitsberaubung ausschließlich das Mittel der Wegnahme ist.[69]

Mit den §§ 223ff. StGB besteht Tateinheit.[70]

II. Schwerer Raub (und sog. besonders schwerer Raub), § 250 StGB

1. Allgemeines; Verhältnis von § 250 I zu II StGB
§ 250 StGB stellt den **schweren** Raub unter Strafe, wobei allerdings § 250 II StGB als **besonders schwerer** Raub[71] bezeichnet und tenoriert wird.

---

[66] Hierzu Fischer, StGB, 71. Aufl. 2024, § 249 Rn. 22; aus der Rspr. vgl. zuletzt BGH B. v. 17.12.2014 – 3 StR 521/14 – NStZ-RR 2015, 155.

[67] H. M., Kindhäuser/Hilgendorf, LPK, 9. Aufl. 2022, § 249 Rn. 31; aus der Rspr. vgl. RG U. v. 29.04.1882 – 936/82 – RGSt 6, 243; BGH U. v. 07.07.1965 – 2 StR 64/65 – BGHSt 20, 235 = NJW 1965, 1922 (Anm. Schröder JZ 1965, 729); BGH B. v. 04.07.1966 – 2 StR 198/66 – BGHSt 21, 78 = NJW 1966, 1930; BGH B. v. 30.03.2005 – 4 StR 16/05 – NStZ-RR 2005, 202.

[68] Kindhäuser/Hilgendorf, LPK, 9. Aufl. 2022, § 249 Rn. 31.

[69] Kindhäuser/Hilgendorf, LPK, 9. Aufl. 2022, § 249 Rn. 31; aus der Rspr. vgl. BGH U. v. 22.09.1983 – 4 StR 376/83 – BGHSt 32, 88 = NJW 1984, 500 = NStZ 1984, 73 (Anm. Geilen JK 1984 StGB § 255/3; Sonnen JA 1984, 319; Hassemer JuS 1984, 397; Jakobs JR 1984, 385; Joerden JuS 1985, 20; Otto JZ 1985, 143).

[70] Fischer, StGB, 71. Aufl. 2024, § 249 Rn. 24; aus der Rspr. vgl. zuletzt BGH U. v. 15.02.2018 – 4 StR 506/17 – NStZ 2018, 469 = StV 2018, 433 (Anm. Hecker JuS 2018, 820; LL 2018, 687; RÜ 2018, 378; Berghäuser NStZ 2018, 471; Rinio NZV 2018, 336).

[71] S. nur Fischer, StGB, 71. Aufl. 2024, § 250 Rn. 2; aus der Rspr. vgl. zuletzt BGH B. v. 13.02.2024 – 5 StR 443/23 (Anm. Bosch Jura 2024, 667); BGH B. v. 29.05.2024 – 3 StR 87/24 – NStZ-RR 2024, 240.

> **§ 250 StGB (Schwerer Raub)**
> (1) Auf Freiheitsstrafe nicht unter drei Jahren ist zu erkennen, wenn
> 　1. der Täter oder ein anderer Beteiligter am Raub
> 　a) eine Waffe oder ein anderes gefährliches Werkzeug bei sich führt,
> 　b) sonst ein Werkzeug oder Mittel bei sich führt, um den Widerstand einer anderen Person durch Gewalt oder Drohung mit Gewalt zu verhindern oder zu überwinden,
> 　c) eine andere Person durch die Tat in die Gefahr einer schweren Gesundheitsschädigung bringt oder
> 　2. der Täter den Raub als Mitglied einer Bande, die sich zur fortgesetzten Begehung von Raub oder Diebstahl verbunden hat, unter Mitwirkung eines anderen Bandenmitglieds begeht.
> (2) Auf Freiheitsstrafe nicht unter fünf Jahren ist zu erkennen, wenn der Täter oder ein anderer Beteiligter am Raub
> 　1. bei der Tat eine Waffe oder ein anderes gefährliches Werkzeug verwendet,
> 　2. in den Fällen des Absatzes 1 Nr. 2 eine Waffe bei sich führt oder
> 　3. eine andere Person
> 　a) bei der Tat körperlich schwer mißhandelt oder
> 　b) durch die Tat in die Gefahr des Todes bringt.
> (3) In minder schweren Fällen der Absätze 1 und 2 ist die Strafe Freiheitsstrafe von einem Jahr bis zu zehn Jahren.

Es handelt sich um eine **Qualifikation** des § 249 StGB,[72] die kraft Verweisung auch für die §§ 252, 255 StGB gilt. Strafschärfungsgrund ist die gesteigerte Gefährlichkeit der normierten Konstellationen[73] (vgl. auch o. bei § 244 StGB).

§ 250 II StGB verdrängt den § 250 I StGB in Gesetzeskonkurrenz (Spezialität).[74]

In einer Fallbearbeitung ist **§ 250 II StGB** daher **vor § 250 I StGB zu prüfen**, auch wenn die folgende Darstellung sich nach der Reihenfolge im Gesetzestext richtet.

---

[72] Statt aller Joecks/Jäger, StGB, 13. Aufl. 2021, § 250 Rn. 4; zum komplexen und i. E. problematischen Deliktscharakter näher Peters GA 2022, 78.

[73] Sander, in: MK-StGB, 4. Aufl. 2021, § 250 Rn. 1.

[74] Sander, in: MK-StGB, 4. Aufl. 2021, § 250 Rn. 73; bei Versuch des § 250 II StGB ist das Konkurrenzverhältnis strittig, s. Kindhäuser/Hilgendorf, LPK, 9. Aufl. 2022, § 250 Rn. 28; aus der Rspr. vgl. BGH B. v. 01.09.2004 – 2 StR 313/04 – NJW 2004, 3437 = NStZ 2005, 41 = StV 2004, 655 (Anm. RA 2004, 783; famos 12/2004; Schlothauer StV 2004, 655; Krawczyk JA 2005, 168; Kudlich JuS 2005, 188; LL 2005, 39; Gössel JR 2005, 159); BGH B. v. 08.11.2011 – 3 StR 316/11 – NStZ 2012, 389 = StV 2012, 153 (Anm. Jäger JA 2012, 307; Bohnhorst ZJS 2012, 835; LL 2012, 193; RÜ 2012, 22; RA 2012, 48); BGH B. v. 25.03.2015 – 4 StR 612/14 – NStZ 2016, 27.

2. § 250 I StGB

a) § 250 I Nr. 1 lit. a StGB

▶ **Didaktische Aufsätze**
- Haft, Grundfälle zu Diebstahl und Raub mit Waffen, JuS 1988, 364
- Geppert, Zur „Scheinwaffe" und anderen Streitfragen zum „Bei-Sich-Führen" einer Waffe im Rahmen der §§ 244 und 250 StGB, Jura 1992, 496
- Geppert, Zum „Waffen"-Begriff, zum Begriff des „gefährlichen Werkzeugs", zur „Scheinwaffe" und zu anderen Problemen im Rahmen der neuen §§ 250 und 244 StGB, Jura 1999, 599
- Lesch, Waffen, (gefährliche) Werkzeuge und Mittel beim schweren Raub nach dem 6. StrRG, JA 1999, 30
- Ransiek, Waffen und Werkzeuge bei Diebstahl und Raub, JA 2018, 666

aa) Aufbau
 I. Tatbestand
  1. Objektiver Tatbestand
   a) Am Raub
   b) Der Täter oder ein anderer Beteiligter führt eine Waffe oder ein anderes gefährliches Werkzeug bei sich, § 250 I Nr. 1 lit. a StGB
    aa) Eine Waffe oder ein anderes gefährliches Werkzeug
    bb) Der Täter oder ein anderer Beteiligter bei sich führt
  2. Subjektiver Tatbestand
 II. Rechtswidrigkeit
 III. Schuld

bb) Erläuterungen

§ 250 I Nr. 1 lit. a StGB[75] ist so auszulegen wie § 244 I Nr. 1 lit. a StGB,[76] sodass die dortigen Ausführungen entsprechend gelten.

§ 250 I StGB sieht Freiheitsstrafe nicht unter drei Jahren vor, wobei sich ein Höchstmaß von 15 Jahren aus § 38 II StGB ergibt.

§ 250 III StGB normiert den **minder schweren Fall** des schweren und besonders schweren Raubs[77] (dann Freiheitsstrafe von einem Jahr bis zu zehn Jahren).

---

[75] Hierzu Haft JuS 1988, 364; Geppert Jura 1992, 496; Geppert Jura 1999, 599; Lesch JA 1999, 30; Küper FS Hanack 1999, 569; Ransiek JA 2018, 666; zur Historie Minkó-Miskovics ZStW 2023, 307.

[76] Kindhäuser/Hilgendorf, LPK, 9. Aufl. 2022, § 250 Rn. 2f.

[77] Hierzu Fischer, StGB, 71. Aufl. 2024, § 250 Rn. 29; aus der Rspr. vgl. zuletzt BGH U. v. 20.07.2022 – 2 StR 34/22 – NJW 2023, 536 = NStZ 2023, 36; BGH U. v. 02.08.2023 – 2 StR 122/23 – NStZ-RR 2023, 390 = StV 2024, 504.

b) § 250 I Nr. 1 lit. b StGB

aa) Aufbau
 I. Tatbestand
  1. Objektiver Tatbestand
   a) Am Raub
   b) Der Täter oder ein anderer Beteiligter führt sonst ein Werkzeug oder Mittel bei sich
    aa) Sonst ein Werkzeug oder Mittel
    bb) Der Täter oder ein anderer Beteiligter bei sich führt
  2. Subjektiver Tatbestand
   a) Vorsatz
   b) Um den Widerstand einer anderen Person durch Gewalt oder Drohung mit Gewalt zu verhindern oder zu überwinden
 II. Rechtswidrigkeit
 III. Schuld

bb) Erläuterungen
§ 250 I Nr. 1 lit. b StGB ist so auszulegen wie § 244 I Nr. 1 lit. b StGB,[78] sodass die dortigen Ausführungen entsprechend gelten.

c) § 250 I Nr. 1 lit. c StGB

aa) Aufbau
 I. Tatbestand
  1. Objektiver Tatbestand
   a) Am Raub
   b) Der Täter oder ein anderer Beteiligter bringt eine andere Person durch die Tat in die Gefahr einer schweren Gesundheitsschädigung
    aa) Andere Person
    bb) Gefahr einer schweren Gesundheitsschädigung
    cc) Der Täter oder ein anderer Beteiligter bringt durch die Tat
  2. Subjektiver Tatbestand
 II. Rechtswidrigkeit
 III. Schuld

bb) Erläuterungen
§ 250 I Nr. 1 lit. c StGB setzt voraus, dass der Täter „eine andere Person durch die Tat in die Gefahr einer schweren Gesundheitsschädigung bringt".

Andere Person ist – im Lichte der vorstehenden Formulierung „Täter oder ein anderer Beteiligter" – jeder, der nicht selbst an der Tat beteiligt ist.[79]

---

[78] Fischer, StGB, 71. Aufl. 2024, § 250 Rn. 9.
[79] Joecks/Jäger, StGB, 13. Aufl. 2021, § 250 Rn. 22.

Das Merkmal der **schweren Gesundheitsschädigung** ist wie bei der Aussetzung gem. § 221 I StGB zu verstehen.[80]

Die **Gefahr** einer solchen muss konkret sein und liegt vor, wenn durch das vom Täter beherrschte Tatgeschehen eine Situation geschaffen wurde, in der die Möglichkeit des Erfolgseintritts so nahe liegt, dass ihr Eintritt nur noch vom Zufall abhängt.[81]

Die Gefahr muss „**durch die Tat**" verursacht werden, was jedenfalls den Zeitraum ab Versuchsbeginn bis zum Eintritt der Vollendung beinhaltet.[82] Das Vorbereitungsstadium wird unstrittig nicht erfasst.[83] Zur strittigen Beendigungsphase (sukzessive Qualifikation) s. sogleich bei § 250 II StGB.

Tatbestandsmäßig sind nur Gefahren, die aus der Nötigungshandlung erwachsen, nicht Gefahrverursachungen durch eine Wegnahme (z. B. von Arzneien), da sich hier nicht das spezifische Risiko des Raubs realisiert, sondern nur das eines Diebstahls.[84]

d) § 250 I Nr. 2 StGB

aa) Aufbau
  I. Tatbestand
    1. Objektiver Tatbestand
      a) Der Täter den Raub … begeht
      b) Als Mitglied einer Bande, die sich zur fortgesetzten Begehung von Raub oder Diebstahl verbunden hat, unter Mitwirkung eines anderen Bandenmitglieds
        aa) Bande, die sich zur fortgesetzten Begehung von Raub oder Diebstahl verbunden hat
        bb) Als Mitglied
        cc) Unter Mitwirkung eines anderen Bandenmitglieds
    2. Subjektiver Tatbestand
  II. Rechtswidrigkeit
  III. Schuld

bb) Erläuterungen

§ 250 I Nr. 2 StGB wird sinngemäß wie § 244 I Nr. 2 StGB ausgelegt,[85] sodass die dortigen Ausführungen entsprechend gelten.

Obwohl es sich bei § 250 I Nr. 2 StGB um eine Raubqualifikation handelt, genügt es nach dem eindeutigen Wortlaut der Norm, dass die Tat durch Mitglieder einer

---

[80] S. bei den Nichtvermögensdelikten.
[81] Wittig, in: BeckOK-StGB, Stand 01.08.2024, § 250 Rn. 8.
[82] Fischer, StGB, 71. Aufl. 2024, § 250 Rn. 14.
[83] Eisele, BT II, 6. Aufl. 2021, Rn. 359.
[84] H. M., s. Fischer, StGB, 71. Aufl. 2024, § 250 Rn. 14a.
[85] Kindhäuser/Hilgendorf, LPK, 9. Aufl. 2022, § 250 Rn. 21.

Bande begangen wird, die sich zur **fortgesetzten Begehung von Diebstahl verbunden hat**.[86]

3. § 250 II StGB

a) § 250 II Nr. 1 StGB

▶ **Didaktische Aufsätze**
- Haft, Grundfälle zu Diebstahl und Raub mit Waffen, JuS 1988, 364
- Lesch, Waffen, (gefährliche) Werkzeuge und Mittel beim schweren Raub nach dem 6. StrRG, JA 1999, 30
- Ransiek, Waffen und Werkzeuge bei Diebstahl und Raub, JA 2018, 666

aa) Aufbau
  I. Tatbestand
    1. Objektiver Tatbestand
      a) Am Raub
      b) Der Täter oder ein anderer Beteiligter am Raub verwendet bei der Tat eine Waffe oder ein anderes gefährliches Werkzeug
        aa) Eine Waffe oder ein anderes gefährliches Werkzeug
        bb) Der Täter oder ein anderer Beteiligter verwendet
        cc) Bei der Tat
    2. Subjektiver Tatbestand
  II. Rechtswidrigkeit
  III. Schuld

bb) Allgemeines
§ 250 II Nr. 1 StGB[87] enthält eine gegenüber § 250 I StGB nochmals verschärfte Qualifikation, deren Grund sowohl in der gesteigerten Verletzungsgefahr für das Opfer als auch in der höheren kriminellen Energie desjenigen Täters liegt, der einen anderen Menschen mittels einer objektiv gefährlichen Bewaffnung in Angst und Schrecken versetzt, um an seine Beute zu gelangen oder sich deren Erhalt zu sichern.[88]

---

[86] Eisele, BT II, 6. Aufl. 2021, Rn. 361; näher Ladiges NStZ 2016, 646; aus der Rspr. vgl. BGH B. v. 13.04.1999 – 1 StR 77/99 – NStZ 1999, 454 = StV 1999, 423; BGH B. v. 18.03.2015 – 3 StR 595/14 – NStZ-RR 2015, 213 (Anm. Kudlich JA 2015, 551).

[87] Hierzu Haft JuS 1988, 364; Lesch JA 1999, 30; Küper FS Hanack 1999, 569; Sickor ZStW 2013, 788; Ransiek JA 2018, 666; Mitsch JR 2022, 338; Peters ZStW 2022, 149; zur Historie Minkó-Miskovics ZStW 2023, 307.

[88] Vgl. aus der Rspr. BGH B. v. 08.04.2020 – 3 StR 5/20 – NStZ 2021, 229 = StV 2020, 671 (Anm. RÜ 2020, 651; Jäger JA 2021, 77; LL 2021, 249; Rieck NStZ 2021, 230; Hirsch/Dölling ZIS 2022, 68).

cc) Tatbestand

(1) Objektiver Tatbestand

(a) Am Raub
S. o. bei § 249 I StGB.

(b) Der Täter oder ein anderer Beteiligter am Raub verwendet bei der Tat eine Waffe oder ein anderes gefährliches Werkzeug

(aa) Eine Waffe oder ein anderes gefährliches Werkzeug
Zum Begriff der **Waffe** s. bei § 224 I Nr. 2 StGB[89] und § 244 I Nr. 1 lit. a StGB.

Der Begriff des **gefährlichen Werkzeugs** ist in § 250 II Nr. 1 StGB in Anlehnung an § 224 I Nr. 2 StGB auszulegen:[90] Zwar wird in § 250 II Nr. 1 StGB kein Körperverletzungserfolg vorausgesetzt, immerhin aber muss der Täter das gefährliche Werkzeug verwenden (hierzu s. sogleich), sodass eine insofern konkretisierte Subsumtion möglich ist[91] – anders als i.R.d. §§ 244 I Nr. 1 lit. a, 250 I Nr. 1 lit. a StGB. Dies führt freilich dazu, dass innerhalb eines Paragrafen (§ 250 StGB) derselbe Begriff unterschiedlich ausgelegt wird.

Bei Zweckentfremdung von Gegenständen zur Gewaltausübung (z. B. zum Schlagwerkzeug oder zur Fesselung) kommt es also wie bei § 224 I Nr. 2 StGB darauf an, mit welchen Gefahren für die körperliche Unversehrtheit des Opfers die konkrete Verwendung verbunden war; bei Knebelung und Fesselung etwa wird es darauf ankommen, wie stramm die Fixierung war, ob es zu Abschnürungen oder Abschürfungen kam etc. Ist eine Drohung das vom Täter angewendete Nötigungsmittel, kommt es darauf an, ob der Täter ein Verhalten ankündigt, das einem an sich ungefährlichen Gegenstand die Eigenschaft eines gefährlichen Werkzeugs zukommen lässt.[92]

Eine Erweiterung wie in § 250 I Nr. 1 lit. b StGB fehlt in § 250 II Nr. 1 StGB, sodass die Verwendung sonstiger Mittel und Werkzeuge, d. h. objektiv ungefährlicher Gegenstände (v. a. ungeladene und defekte Waffen sowie **Scheinwaffen**) in ungefährlicher Weise nicht durch § 250 II Nr. 1 StGB erfasst wird.[93]

---

[89] S. bei den Nichtvermögensdelikten.
[90] H. M., hierzu Eisele, BT II, 6. Aufl. 2021, Rn. 366; näher Jesse NStZ 2009, 364; aus der Rspr. vgl. zuletzt BGH U. v. 20.06.2023 – 5 StR 67/23 – NStZ 2023, 733 (Anm. Kudlich JA 2023, 781; RÜ 2023, 712; Seel NStZ 2023, 734).
[91] Eisele, BT II, 6. Aufl. 2021, Rn. 366.
[92] Sinn, in: SK-StGB, 9. Aufl. 2019, § 250 Rn. 52; aus der Rspr. vgl. BGH U. v. 05.08.2010 – 3 StR 190/10 – NStZ 2011, 211 (Anm. RA 2011, 37).
[93] Eisele, BT II, 6. Aufl. 2021, Rn. 368; aus der Rspr. vgl. BGH B. v. 23.04.1998 – 1 StR 180/98 – NJW 1998, 2914 = NStZ 1998, 462 = StV 1998, 422 (Anm. Otto JK 1999 StGB § 250/9; Mitsch JuS 1999, 640; Lesch StV 1999, 93); BGH B. v. 17.06.1998 – 2 StR 167/98 – BGHSt 44, 103 = NJW 1998, 2915 = NStZ 1998, 462 = StV 1998, 485 (Anm. Martin JuS 1998, 1166; Mitsch JuS 1999, 640); BGH B. v. 07.01.1999 – 4 StR 686/98 – NStZ-RR 2000, 43 = StV 1999, 209; BGH B. v. 15.05.2002 – 2 StR 441/01 – NJW 2002, 2889 = NStZ 2002, 594 (Anm. Martin JuS 2002, 1128; RÜ 2002, 512; RA 2002, 417; Sander NStZ 2002, 596; Geppert JK 2003 StGB § 250 II Nr. 1/3).

Anders ist es natürlich, wenn ein solcher Gegenstand als Schlagwerkzeug o. Ä. eingesetzt wird.[94]

(bb) Der Täter oder ein anderer Beteiligter verwendet

▶ **Didaktischer Aufsatz**
- Baumanns, Hinweis auf eine bei sich geführte Waffe als Verwenden im Sinne des § 250 II Nr. 1 StGB?, JuS 2005, 405

Verwenden ist jeder Gebrauch der Waffe oder des gefährlichen Werkzeugs als **Gewalt- oder Drohungsmittel**.[95]

Beispiel 296

BGH B. v. 08.11.2011 – 3 StR 316/11 – NStZ 2012, 389 = StV 2012, 153 (Anm. Jäger JA 2012, 307; Bohnhorst ZJS 2012, 835; LL 2012, 193; RÜ 2012, 22; RA 2012, 48):
B1 und B2 überfielen zusammen mit B3 aufgrund eines gemeinsamen Tatplans nachts auf offener Straße zwei Passanten. Während B3 dem Zeugen Z1 ein Teppichmesser an den Hals hielt und B2 dessen Taschen durchwühlte, forderte der B1 von Z2 die Herausgabe von deren Handtasche. Z2 hatte zwar das Teppichmesser nicht gesehen, gab aber aufgrund der von ihr als gefährlich und bedrohlich eingeschätzten Situation die Handtasche heraus, aus welcher B1 das Portemonnaie mit 50 € Bargeld, Kredit- und EC-Karten und Ausweispapieren entnahm. Parallel zu diesem Geschehen gelang es Z1, an einem Haus die Klingel zu betätigen. Beim Erscheinen einer Person in der Haustüre flüchteten B1, B2 und B3, ohne Z1 etwas entwendet zu haben. ◀

B3 verwendete das Teppichmesser, indem er es dem Z1 an den Hals hielt.

Das bloße **Mitsichführen** ist kein Verwenden, und zwar selbst dann nicht, wenn es **offen** erfolgt.[96] Hierbei ist aber sorgfältig eine Verwendung aufgrund konkludenter Drohung in Betracht zu ziehen.

---

[94] Sinn, in: SK-StGB, 9. Aufl. 2019, § 250 Rn. 52; aus der Rspr. vgl. BGH U. v. 02.10.1952 – 5 StR 623/52 – BGHSt 3, 229 = NJW 1953, 32; BGH U. v. 22.07.2003 – 4 StR 265/03 – NStZ 2004, 263 = StV 2004, 207.

[95] Ganz h. M., Fischer, StGB, 71. Aufl. 2024, § 250 Rn. 18; Kindhäuser/Hilgendorf, LPK, 9. Aufl. 2022, § 250 Rn. 23; aus der Rspr. vgl. zuletzt BGH B. v. 11.11.2021 – 4 StR 134/21 – StV 2023, 538; BGH U. v. 09.12.2021 – 4 StR 366/21 (Anm. RÜ 2022, 241); BGH U. v. 20.06.2023 – 5 StR 67/23 (Schraubendreher) – NStZ 2023, 733 (Anm. Kudlich JA 2023, 781; RÜ 2023, 712; Seel NStZ 2023, 734); BGH B. v. 28.02.2024 – 5 StR 23/24 – NStZ-RR 2024, 147.

[96] Fischer, StGB, 71. Aufl. 2024, § 250 Rn. 18a; aus der Rspr. vgl. zuletzt BGH B. v. 08.05.2012 – 3 StR 98/12 – NStZ 2013, 37 = StV 2013, 444; BGH U. v. 12.02.2015 – 1 StR 444/14 – NStZ-RR 2015, 173 = StV 2015, 765.

Beispiel 297

BGH B. v. 08.05.2012 – 3 StR 98/12 – NStZ 2013, 37 = StV 2013, 444:
B1, der einen ungeladenen Revolver mit sich führte, und der mit einem Brotmesser bewaffnete B2 begaben sich entsprechend dem gemeinsamen Tatplan in eine Spielhalle. Dort forderte B1 die Spielhallenaufsicht unter Vorhalt des Revolvers zur Übergabe von Geld auf, woraufhin sie aus Angst den zum Öffnen der Kasse erforderlichen Code eingab und begann, Scheine aus der Kasse herauszugeben. Währenddessen hielt sich B2 mit dem Messer, das die Spielhallenaufsicht wahrnahm, im Eingangsbereich auf und bewachte die Tür. Da dem B1 die Herausgabe des Geldes nicht hinreichend schnell ging, entnahm er der Kasse selbst weiteres Geld. Anschließend verließen B1 und B2 die Spielhalle. ◀

Der Revolver wurde von B1 verwendet. Das Brotmesser wurde von B2 noch nicht dadurch verwendet, dass er es offen trug. Hinzutreten muss ein Verhalten (z. B. Zur-Schau-Stellen, Vorführen), aus dem sich eine konkludente Drohung ergibt. Ein solches lässt sich dem Aufenthalt im Eingangsbereich nicht entnehmen.

Insbesondere kann schon in dem bloßen Hinweis auf eine mitgeführte Waffe etc. eine Verwendung aufgrund konkludenter Drohung liegen.[97]

Nicht erforderlich ist, dass nach Art des Einsatzes eine konkrete Gefahr von (erheblichen) Verletzungen besteht, sodass z. B. auch Drohungen aus „sicherer" Entfernung die Verwendung einer Waffe oder eines gefährlichen Werkzeugs begründen können.[98]

Damit von einem Verwenden der Waffe oder des gefährlichen Werkzeugs durch den Täter auszugehen ist, muss das **Opfer** diese bzw. dieses im Fall der Drohung zur **Kenntnis** nehmen.[99]

Beispiel 298

BGH B. v. 01.09.2004 – 2 StR 313/04 – NJW 2004, 3437 = NStZ 2005, 41 = StV 2004, 655 (Anm. RA 2004, 783; famos 12/2004; Schlothauer StV

---

[97] Problematisch, hierzu Kindhäuser/Hilgendorf, LPK, 9. Aufl. 2022, § 250 Rn. 38; Baumanns JuS 2005, 405; aus der Rspr. vgl. BGH B. v. 17.06.1998 – 1 StR 270/98 – NStZ 1998, 511 = NStZ-RR 1999, 7 = StV 1998, 487; BGH B. v. 11.05.2011 – 2 StR 618/10 – NStZ 2011, 703 = StV 2011, 676 (Anm. Bosch JK 2011 StGB § 250 I Nr. 1 b/14; RA 2011, 589; Jahn JuS 2012, 84; LL 2012, 275).

[98] Kindhäuser/Hilgendorf, LPK, 9. Aufl. 2022, § 250 Rn. 23.

[99] Fischer, StGB, 71. Aufl. 2024, § 250 Rn. 18b; aus der Rspr. vgl. zuletzt BGH U. v. 10.01.2018 – 2 StR 200/17 – NStZ 2018, 278 = StV 2020, 237 (Anm. Bosch Jura 2018, 635; Nestler Jura 2018, 962; Eisele JuS 2018, 393; LL 2018, 544; RÜ 2018, 233; Eidam NStZ 2018, 280); BGH B. v. 08.04.2020 – 3 StR 5/20 – NStZ 2021, 229 = StV 2020, 671 (Anm. RÜ 2020, 651; Jäger JA 2021, 77; LL 2021, 249; Rieck NStZ 2021, 230; Hirsch/Dölling ZIS 2022, 68); BGH U. v. 20.06.2023 – 5 StR 67/23 (Schraubendreher) – NStZ 2023, 733 (Anm. Kudlich JA 2023, 781; RÜ 2023, 712; Seel NStZ 2023, 734).

2004, 655; Krawczyk JA 2005, 168; Kudlich JuS 2005, 188; LL 2005, 39; Gössel JR 2005, 159):

B1, B2 und B3 kamen überein, eine Grillstube zu überfallen, wobei die Bedienung (Z) auf Grund einer Bedrohung die Wegnahme von Geld dulden sollte. Die Bedrohung sollte durch einen circa 28 cm langen, spitz zulaufenden Schraubenzieher erfolgen. Während B3 im Fluchtfahrzeug wartete, gingen B 1 und sein Bruder B2 leicht vermummt in die Grillstube. B2 ergriff die Bedienung und hielt den mitgeführten Schraubenzieher, zum Teil mit seiner Jacke verdeckt, gegen die rechte Hüfte der Z, um den Eindruck zu erwecken, er habe eine Pistole. B1 und B2 gaben der Z durch Rufen des Wortes „Geld" zu verstehen, dass sie ihnen die Einnahmen herauszugeben habe. Z, die zwar den Druck mit dem Schraubenzieher nicht bemerkt hatte, jedoch unter dem Eindruck des bedrohlichen Auftretens von B1 und B2 stand, öffnete die Kassenlade, aus der B1 und B2 315 € entnahmen. Sie entfernten sich zunächst zu Fuß, um dann plangemäß von B3 im Auto aufgenommen zu werden. ◄

Das Verhalten von B1 und B2 mag eine Drohung begründen; da Z den Schraubendreher aber nicht wahrnahm, wurde dieser nicht zur Drohung verwendet.

(cc) Bei der Tat

▶ **Didaktischer Aufsatz**
  • Kiworr, Die Verwirklichung von Qualifikationen in der Beendigungsphase von Raub und räuberischer Erpressung, JuS 2018, 424

Der Täter muss die Waffe etc. „**bei der Tat**" verwenden.

Unstrittig erfasst dies das Stadium von Versuchsbeginn bis Eintritt der Vollendung; unstrittig nicht ausreichend ist eine Verwendung im Vorbereitungsstadium[100] oder nach Beendigung.[101]

Umstritten ist, ob eine Verwendung **zwischen Vollendung und Beendigung** unter § 250 II Nr. 1 StGB fällt (**sukzessive Qualifikation**).[102]

Beispiel 299

BGH B. v. 01.10.2008 – 5 StR 445/08 – BGHSt 52, 376 = NJW 2008, 3651 = NStZ 2009, 36 = StV 2008, 641 (Anm. Deiters ZJS 2008, 672; RA 2008, 775; Geppert JK 2009 StGB § 250 II Nr. 1/7; LL 2009, 35; Mitsch JR 2009, 298; Winkler jurisPR-StrafR 1/2009 Anm. 1):

---

[100] Eisele, BT II, 6. Aufl. 2021, Rn. 363.
[101] Vgl. aus der Rspr. BGH U. v. 27.01.2022 – 3 StR 245/21 – NJW 2022, 953 = NStZ 2022, 743 (Anm. Bosch Jura 2022, 780; Eisenberg NStZ 2022, 746; Kudlich NStZ 2022, 748; Pschorr jurisPR-StrafR 7/2022 Anm. 3).
[102] Hierzu Sinn, in: SK-StGB, 9. Aufl. 2019, § 250 Rn. 54; aus der Rspr. vgl. zuletzt BGH B. v. 29.08.2019 – 2 StR 85/19 – NStZ 2020, 355 (Anm. RÜ 2020, 26); BGH B. v. 28.02.2024 – 5 StR 23/24 – NStZ-RR 2024, 147.

B entnahm in Ausnutzung einer kurzzeitigen Abwesenheit der Kassiererin Z Geld aus einer Kinokasse, wurde dann aber noch in unmittelbarer Nähe der Kassen von mehreren Unbeteiligten überwältigt, zu Boden gebracht und dort festgehalten. B wehrte sich gegen diese Übermacht massiv, indem er mit großem Kraftaufwand durch Winden und Zappeln versuchte, sich den Griffen zu entziehen, was ihm jedoch nicht gelang. Vergeblich versuchte er, den Ellenbogen eines der ihn festhaltenden Personen nach oben zu drücken. Dabei hielt er das erbeutete Geldbündel zunächst fest. Nachdem er im weiteren Verlauf des Geschehens die Hände frei bekommen hatte, nutzte B dies, um Pfefferspray aus seiner Kleidung zu holen und es in Richtung der Personen zu sprühen, die dadurch verletzt wurden. Alsbald nach Beginn des Sprühens ließ B seine gesamte Beute fallen. Durch den Einsatz des Pfeffersprays wollte er seine Flucht erreichen. ◄

Mit der Wegnahme des Geldes aus der Kinokasse vollendete B einen Diebstahl (§ 242 StGB). Als B, auf frischer Tat betroffen, sich massiv wehrte und mit großem Kraftaufwand versuchte, sich den Griffen zu entziehen, hat er einen räuberischen Diebstahl (§ 252 StGB) begangen. Der Einsatz des Pfeffersprays gehört nicht zur Gewalt des räuberischen Diebstahls, weil er von B nicht mehr vorgenommen wurde, um sich im Besitz der Beute zu erhalten. Vielmehr war § 252 StGB bereits vollendet, weswegen sich die Frage stellt, ob dieser noch nach Vollendung nach § 250 II Nr. 1 StGB qualifiziert werden kann.

Die heutige Rspr.[103] nimmt die Anwendung von § 250 II Nr. 1 StGB im Beendigungsstadium (nur) dann an, wenn das den Qualifikationstatbestand erfüllende Handeln noch von Zueignungsabsicht (in Fällen der räuberischen Erpressung von Bereicherungsabsicht) getragen ist, was auch dann anzunehmen sein soll, wenn es auf Beutesicherung abzielt.

Gleiches gelte, wenn der Täter i.R.e. noch nicht abgeschlossenen einheitlichen Tatgeschehens – zur Intensivierung seiner Drohung und zugleich seines Angriffs auf die Vermögensrechte – ein gegebenenfalls von ihm zuvor nur mitgeführtes gefährliches Werkzeug tatsächlich einsetze und damit den Qualifikationstatbestand vollständig erfülle.

Die Gegenauffassung (wohl h. L.)[104] lehnt sukzessive Qualifikationen generell ab und verlangt folglich bzgl. § 250 II Nr. 1 StGB eine Verwendung zwischen Versuchsbeginn und Eintritt der Vollendung.

Die Rspr. geht mit ihrer subjektiven Restriktion einen Schritt in die richtige Richtung, greift aber zu kurz.[105] Immerhin verengt die Rspr. den Anwendungsbereich des § 250 II Nr. 1 StGB dahingehend, dass ein schlichter räumlich-zeitlicher Zusammenhang zwischen einem – vollendeten – Raub und einer unmittelbar nachfolgenden Verwendung einer Waffe oder eines gefährlichen Werkzeugs für die Annahme des Tatbestandsmerkmals „bei der Tat" i.S.d. § 250 II Nr. 1 StGB nicht

---

[103] S. o., seit BGH B. v. 01.10.2008 – 5 StR 445/08 – BGHSt 52, 376.
[104] Z. B. Eisele, BT II, 6. Aufl. 2021, Rn. 360; Kindhäuser/Hilgendorf, LPK, 9. Aufl. 2022, § 244 Rn. 20; näher Habetha NJW 2010, 3133.
[105] S. auch Heger, in: Lackner/Kühl/Heger, StGB, 30. Aufl. 2023, § 250 Rn. 4.

genügt, weil dem schon der systematische Zusammenhang entgegen steht: Da die Raubdelikte durch die finale Verknüpfung von Gewalt und rechtswidriger Vermögensverfügung geprägt sind, bezieht sich das Merkmal „bei der Tat" auf eben diese Verknüpfung.

Hierfür spricht auch die Regelung des räuberischen Diebstahls gem. § 252 StGB, wonach der auf frischer Tat betroffene Dieb nur dann gleich einem Räuber – mit den entsprechenden Qualifikationen – bestraft werden kann, wenn er die Gewalt einsetzt, um sich im Besitz der Beute zu erhalten.

> **§ 252 StGB (Räuberischer Diebstahl)**
> Wer, bei einem Diebstahl auf frischer Tat betroffen, gegen eine Person Gewalt verübt oder Drohungen mit gegenwärtiger Gefahr für Leib oder Leben anwendet, um sich im Besitz des gestohlenen Gutes zu erhalten, ist gleich einem Räuber zu bestrafen.

Die Qualifikation betrifft deshalb bei den übrigen Raubtatbeständen auch nur die besondere Form oder Intensität des Gewalteinsatzes, der für die Herbeiführung der Vermögensverfügung aufgewendet wird. Dabei ist bei der Auslegung des § 250 II Nr. 1 StGB maßgeblich zu berücksichtigen, dass die Vorschrift eine deutlich angehobene Strafrahmenuntergrenze aufweist.

Überzeugender ist die h. L., und zwar bereits in ihrer generellen Ablehnung sukzessiver Qualifikationen.[106] Schon die erhebliche Strafschärfung der §§ 250, 251 StGB erfordert allgemein eine besonders restriktive Auslegung. Überdies spricht der Wortlaut „bei der Tat" (§ 250 II Nr. 1, Nr. 3 lit. a StGB), „durch die Tat" (§ 250 I Nr. 1 lit. c, II Nr. 3 lit. b StGB) bzw. „durch den Raub" (§ 251 StGB) gegen eine zeitliche Extension in die Beendigungsphase. „Durch die Tat/den Raub" bedeutet gerade nicht (nur) „gelegentlich" der Raubtat. Der Beendigungsbegriff ist zudem inhaltlich unscharf und deshalb in der Praxis zu einer hinreichend sicheren Grenzziehung wenig geeignet. Maßgeblicher Anknüpfungspunkt der Qualifikation ist darüber hinaus das tatbestandlich vertypte Unrecht; eben dieses ist jedoch im Zeitpunkt der Vollendung des Grunddelikts bereits vollständig abgeschlossen.

Der Einsatz eines Nötigungsmittels zur Flucht oder nur in zeitlichem Zusammenhang mit dem Grunddelikt erscheint auch wenig tatbestandsspezifisch. Die Beendigungsphase liegt letztlich wie die Vorbereitungsphase gleichermaßen außerhalb des Grundtatbestands.

Insbesondere steht der Beendigungsdoktrin aber die Gesetzessystematik, namentlich der Tatbestand des räuberischen Diebstahls, entgegen. Die Wertung des Gesetzgebers, die in den (engen) Voraussetzungen von § 252 StGB (keine Anwendbarkeit auf § 255 StGB, Betroffenheit auf frischer Tat sowie Beutesicherungsabsicht) Ausdruck findet, darf nicht aus kriminalpolitischen Erwägungen durch eine Gleichset-

---

[106] Zum Folgenden Habetha NJW 2010, 3133 (3135f.).

zung bestimmter, vergleichbarer kriminologischer Erscheinungsformen von Raubtaten (contra legem) umgangen werden.

Die Anwendung der Raubqualifikationen in der Beendigungsphase des Grunddelikts scheidet deshalb aus.

Die durch die Rspr. entwickelte subjektive Restriktion fortbestehender Zueignungsabsicht vermag die Defizite der Beendigungsdoktrin nicht auszugleichen. Vielmehr ist erforderlich, auch die übrigen (insb. objektiven) tatbestandlichen Restriktionen des § 252 StGB zu beachten. Der Tatbestand des § 252 StGB findet nur Anwendung, wenn der Täter „auf frischer Tat betroffen" wurde. Diese tatbestandsmäßige Zeitspanne ist mit der Beendigungsphase nicht identisch. Die Tatfrische kann bereits vor Beendigung der Vortat fehlen. Hinzu kommt, dass § 252 StGB nur auf Diebstahl und nach Rspr. und überwiegendem Schrifttum auf den Raub als Vortat, nicht aber auf räuberische Erpressung (§ 255 StGB) Anwendung findet.[107] Dies bedeutet, dass in der Beendigungsphase (d. h. nach Vollendung) der räuberischen Erpressung eine Qualifikation nach den §§ 250, 251 StGB ausscheidet. Der Grund für diese Differenzierung *de lege lata* liegt in dem Umstand, dass nicht nur die Wegnahme einer Sache mit qualifizierter Drohung oder Gewalt, sondern auch die Anwendung derartiger Nötigungsmittel erst im Anschluss an eine vollendete Wegnahme in Besitzerhaltungsabsicht (§ 252 StGB) aus Sicht des Gesetzgebers einen regelungsbedürftigen Sachverhalt darstellt. Im Unterschied hierzu hat der Gesetzgeber einen entsprechenden Regelungsbedarf im Anschluss an die Vermögensdelikte der §§ 253, 255 StGB bzw. § 263 StGB negiert.

Der Raubtatbestand ist zudem durch die finale Verknüpfung des Einsatzes qualifizierter Nötigungsmittel und der Wegnahme geprägt. Qualifizierte Gewalt oder Drohung müssen gerade Mittel zur Wegnahme sein, d. h. nicht nur gelegentlich der Tat verübt werden. Voraussetzung ist deshalb, dass die Nötigung der Wegnahme bzw. dem abgenötigten Verhalten zeitlich vorausgeht.

(2) Subjektiver Tatbestand
Es gilt das Vorsatzerfordernis des § 15 StGB.

dd) Rechtswidrigkeit
Es gelten die allgemeinen Grundsätze.

ee) Schuld
Es gelten die allgemeinen Grundsätze.

ff) Rechtsfolgen
§ 250 I StGB sieht Freiheitsstrafe nicht unter fünf Jahren vor, wobei sich ein Höchstmaß von 15 Jahren aus § 38 II StGB ergibt.

§ 250 III StGB normiert den **minder schweren Fall** des schweren und besonders schweren Raubs (dann Freiheitsstrafe von einem Jahr bis zu zehn Jahren).

---

[107] S. hier nur Fischer, StGB, 71. Aufl. 2024, § 252 Rn. 3; zu § 252 StGB s. noch u. B II 2 a) aa).

b) § 250 II Nr. 2 StGB

aa) Aufbau
I. Tatbestand
  1. Objektiver Tatbestand
     a) Am Raub
     b) Der Täter oder ein anderer Beteiligter führt in den Fällen des Absatzes 1 Nr. 2 eine Waffe bei sich
        aa) In den Fällen des Absatzes 1 Nr. 2
        bb) Der Täter oder ein anderer Beteiligter führt eine Waffe bei sich
  2. Subjektiver Tatbestand
II. Rechtswidrigkeit
III. Schuld

bb) Erläuterungen
§ 250 II Nr. 2 StGB kombiniert § 250 I Nr. 2 StGB mit dem Beisichführen einer Waffe, s. jeweils o. und bei § 244 I Nr. 1 lit. a, Nr. 2 StGB.

Gefährliche Werkzeuge sind hier nicht mit aufgeführt, sodass die ansonsten nicht erforderliche Unterscheidung von Waffen und gefährlichen Werkzeugen Relevanz erlangt (z. B. bei Messern).

c) § 250 II Nr. 3 lit. a StGB

aa) Aufbau
I. Tatbestand
  1. Objektiver Tatbestand
     a) Am Raub
     b) Der Täter oder ein anderer Beteiligter mißhandelt eine andere Person bei der Tat körperlich schwer
        aa) Eine andere Person
        bb) Der Täter oder ein anderer Beteiligter mißhandelt körperlich schwer
        cc) Bei der Tat
  2. Subjektiver Tatbestand
II. Rechtswidrigkeit
III. Schuld

bb) Erläuterungen
Eine schwere körperliche Misshandlung (im Normtext noch in alter Rechtschreibung) setzt eine schwere Beeinträchtigung der körperlichen Integrität mit erheblichen Folgen für die Gesundheit oder erheblichen Schmerzen voraus, wohingegen ein Eintritt der in § 226 I StGB genannten Folgen nicht erforderlich ist.[108]

---

[108] Eisele, BT II, 6. Aufl. 2021, Rn. 372; aus der Rspr. vgl. zuletzt BGH U. v. 07.11.2018 – 5 StR 241/18 – NStZ-RR 2019, 77 (Anm. RÜ 2019, 176).

Die schwere körperliche Misshandlung muss „**bei der Tat**" stattfinden. Misshandlungen im Vorbereitungsstadium vor Fassen der Zueignungsabsicht sind nicht erfasst.[109]
Zur sukzessiven Qualifikation s. schon o. bei § 250 II Nr. 1 StGB.
Die Rspr. wendet § 250 II Nr. 3 lit. a StGB bei Misshandlungen **nach Vollendung** des Raubs an, wenn diese weiterhin von **Zueignungs- oder Bereicherungsabsicht** getragen sind, insbesondere der Beutesicherung oder der Erlangung weiterer Beute dienen (zu unterscheiden z. B. von bloßer Wut).[110]

Beispiel 300

BGH U. v. 25.03.2009 – 5 StR 31/09 – BGHSt 53, 234 = NJW 2009, 3041 = StV 2009, 409 (Anm. Kraatz Jura 2009, 852; Geppert JK 2009 StGB § 250 II Nr. 3/8; Jahn JuS 2009, 754; RÜ 2009, 369; RA 2009, 385; Mitsch JR 2009, 298; Dehne-Niemann ZIS 2009, 376; Lampe jurisPR-StrafR 11/2009 Anm. 1; Nestler JR 2010, 100; Waszczynski HRRS 2010, 111):
B1, B2 und B3 hatten sich am Abend vor der Tat in der Wohnung des B1 getroffen und dort gemeinsam mit zwei Mädchen alkoholische Getränke konsumiert. Um Nachschub zu besorgen, begaben sie sich zu einem „Spätkauf". Da ihr Geld nicht ausreichte, machte letztlich B3 den Vorschlag, jemanden „abzuziehen". Diesem Vorhaben schloss sich B2 ohne Zögern an, während sich der B1 zunächst nicht beteiligen wollte und mit den Mädchen in einigem Abstand hinter den beiden anderen herlief. Auf der Straße begegneten B1, B2 und B3 den Z1 und Z2. In Ausführung ihres Plans beraubten B3 und B2 zunächst den Zeugen Z2 Unter Einsatz von Faustschlägen und Tritten nahmen sie ihm eine Schachtel Zigaretten weg. Während dieser Tat hatte sich der Z1 ängstlich entfernt. B1 verfolgte ihn und versperrte ihm mit ausgestreckten Armen den Weg. B2 und B3 kamen hinzu und bauten sich, ihren Tatplan wieder aufgreifend, vor Z1 auf. Sie schubsten ihn und verlangten Geld von ihm verbunden mit der Drohung, ihn im Falle der Weigerung „abzustechen". Nachdem der inzwischen „panische" Z1 sich auf ihr Geheiß auf die Eingangsstufen eines Hauses gesetzt und dem B2 seine Geldbörse ausgehändigt hatte, trat dieser zur Seite, um sie zu durchsuchen. Als Z1 nun aufstehen und sich entfernen wollte, hinderten B2 und B3 ihn daran. Sie versetzten ihm so heftige Faustschläge und Tritte, dass er zu Boden ging. B2 und B3 traten mehrfach gegen den Kopf des Zeugen. Nachdem B2 der Geldbörse des Z1 einen Fünf-Euro-Schein entnommen und die Börse weggeworfen hatte, beteiligte er sich ebenfalls an den Misshandlungen und trat wiederholt ins Gesicht des am Boden Liegenden. B1, B2 und B3 ließen den Z1 schließlich bewusstlos zurück. ◄

---

[109] Eisele, BT II, 6. Aufl. 2021, Rn. 372; aus der Rspr. vgl. zuletzt BGH U. v. 03.03.2021 – 2 StR 170/20 – NStZ-RR 2021, 245 = StV 2022, 18 (Anm. LL 2021, 742; famos 2/2022).
[110] S. zuletzt BGH U. v. 03.03.2021 – 2 StR 170/20 – NStZ-RR 2021, 245 = StV 2022, 18 (Anm. LL 2021, 742; famos 2/2022).

Die massiven, zur Ohnmacht des Opfers führenden Verletzungshandlungen der B1 bis B3 standen in keinem Zusammenhang mit der Erpressungstat.

Zur allgemeinen Kritik an sukzessiven Qualifikationen s. o. Insbesondere Wortlaut und systematische Gründe (vgl. § 252 StGB) sprechen gegen eine Erfassung des Beendigungsstadiums.

d) § 250 II Nr. 3 lit. b StGB

aa) Aufbau
  I. Tatbestand
    1. Objektiver Tatbestand
      a) Am Raub
      b) Der Täter oder ein anderer Beteiligter bringt eine andere Person durch die Tat in die Gefahr des Todes
        aa) Eine andere Person
        bb) Der Täter oder ein anderer Beteiligter bringt in die Gefahr des Todes
        cc) Durch die Tat
    2. Subjektiver Tatbestand
  II. Rechtswidrigkeit
  III. Schuld

bb) Erläuterungen

Als „Gefahr des Todes" ist nur die konkrete Gefahr anzusehen, d. h. der Täter muss eine Situation schaffen, in der die Möglichkeit des Todeserfolgs naheliegt.[111]

Es handelt sich nicht um eine Erfolgsqualifikation i.S.d. § 18 StGB, sondern um eine „normale" Qualifikation, für die § 15 StGB gilt.[112] Der Täter muss mindestens Eventualvorsatz hinsichtlich der Gefahr haben.

Bei Handeln **nach Vollendung** stellt die Rspr. auch hier darauf ab, ob die die Lebensgefahr verursachende Handlung mit der Motivation der Zueignungsabsicht bzw. Beutesicherung vorgenommen wird.[113] Zur Ablehnung dieser Konstruktion s. o.

Gleiches gilt bei Handlungen nach Fehlschlag eines Versuchs.

---

[111] Joecks/Jäger, StGB, 13. Aufl. 2021, § 250 Rn. 44; aus der Rspr. vgl. BGH U. v. 29.07.1998 – 1 StR 277/98 – NStZ-RR 1999, 173; BGH U. v. 11.11.2004 – 5 StR 372/04 – NStZ 2005, 212.

[112] Joecks/Jäger, StGB, 13. Aufl. 2021, § 250 Rn. 44; aus der Rspr. vgl. BGH B. v. 14.03.1990 – 2 StR 634/89 – StV 1991, 262; BGH B. v. 23.07.2004 – 2 StR 101/04 – NStZ 2005, 156; BGH B. v. 14.06.2016 – 3 StR 196/16 – StV 2016, 778 und StV 2017, 799.

[113] Vgl. zuletzt BGH B. v. 24.04.2019 – 2 StR 469/18 – NJW 2019, 3662 = NStZ 2019, 730 = StV 2020, 238 (Anm. Jäger JA 2019, 950; Eisele JuS 2019, 1219; RÜ 2019, 645; Habetha NStZ 2019, 731); BGH B. v. 07.10.2020 – 4 StR 602/19 – NStZ-RR 2020, 372 = StV 2021, 122 (Anm. Jäger JA 2021, 258; RÜ 2021, 28; Kudlich JR 2021, 268); BGH B. v. 12.08.2021 – 3 StR 441/20 (Zschäpe/NSU) – BGHSt 66, 226 = NJW 2021, 2896 = NStZ 2021, 663 = StV 2022, 108 (Anm. famos 12/2021; Valerius NJW 2021, 2851; Fahl NStZ 2021, 667; Roxin JR 2021, 650; Kusche JuS 2022, 1013; Schlösser NStZ 2022, 335; Arnold StV 2022, 108; Schweer/Knoop ZJS 2023, 381).

III. Raub mit Todesfolge, § 251 StGB

▶ **Didaktische Aufsätze**
- Hinderer/Kneba, Der tatbestandstypische Zurechnungszusammenhang beim Raub mit Todesfolge, JA 2010, 590
- Kiworr, Die Verwirklichung von Qualifikationen in der Beendigungsphase von Raub und räuberischer Erpressung, JuS 2018, 424

1. Aufbau
I. Tatbestand
  1. Objektiver Tatbestand
    a) Den Raub
    b) § 251 StGB
      aa) Den Tod eines anderen Menschen
      bb) Wenigstens (objektiv) leichtfertig
      cc) Verursacht...durch
  2. Subjektiver Tatbestand
    • Vorsatz bzgl. des Raubs
II. Rechtswidrigkeit
III. Schuld
  1. Allgemeines
  2. Wenigstens (subjektiv) leichtfertig

2. Erläuterungen
§ 251 StGB stellt den Raub mit Todesfolge unter Strafe.

> **§ 251 StGB (Raub mit Todesfolge)**
> Verursacht der Täter durch den Raub (§§ 249 und 250) wenigstens leichtfertig den Tod eines anderen Menschen, so ist die Strafe lebenslange Freiheitsstrafe oder Freiheitsstrafe nicht unter zehn Jahren.

Es handelt sich um eine Erfolgsqualifikation des Raubs, für die allerdings nicht das Fahrlässigkeitserfordernis des § 18 StGB gilt, sondern gem. § 251 StGB Leichtfertigkeit bzgl. der Todesverursachung erforderlich ist.[114]

Der **Tod** muss nicht bei dem durch den Raub Verletzten eintreten, auch Unbeteiligte sind geschützt (vgl. z. B. Querschläger).[115]

---

[114] Näher Radtke FS Jung 2007, 737.
[115] H. M., Kindhäuser/Hilgendorf, LPK, 9. Aufl. 2022, § 251 Rn. 3; aus der Rspr. vgl. RG U. v. 10.12.1940 – 4 D 530/40 – RGSt 75, 52; BGH U. v. 15.05.1992 – 3 StR 535/91 – BGHSt 38, 295 = NJW 1992, 2103 = NStZ 1992, 589 = StV 1992, 464 (Anm. Puppe, AT, 5. Aufl. 2023, § 10 Rn. 38ff.; Jung JuS 1992, 1066; Rengier NStZ 1992, 590; Geppert JK 1993 StGB § 251/3; Heymann JA 1993, 157; Rengier JuS 1993, 460; Schroeder JZ 1993, 52).

Nach ganz h. M.[116] keine anderen Menschen i.S.d. § 251 StGB sind allerdings **Beteiligte** der Tat. Der Wortlaut freilich steht einer Erfassung nicht entgegen, auch wäre eine Strafschutzverwirkung zweifelhaft. Eine Parallelproblematik stellt sich bei den §§ 306a II, 315c StGB.[117]

Der Tod muss gem. § 251 StGB „**durch den Raub**" verursacht worden sein. Dies verlangt neben Kausalität auch den sog. Zurechnungszusammenhang (Unmittelbarkeits-, Risiko-, **Gefahrverwirklichungszusammenhang**).[118] Zu diesem s. auch bei § 227 StGB.[119] Im tödlichen Ausgang muss sich gerade die der Raubhandlung eigene Gefahr niedergeschlagen haben. Hierbei ist i.R.d. § 251 StGB weitgehend anerkannt, dass es auf die **Nötigungshandlung** ankommt und nicht auf den Wegnahmeerfolg.[120] Ob das Opfer bei Wegnahme schon verstorben war, ist irrelevant.[121]

Das typischste Todesrisiko ist natürlich die Anwendung direkter Gewalt gegen das Opfer. Selbst dann freilich kann ein Zurechnungsausschluss zu erwägen sein, etwa wenn behandelnde Ärzte mit Blick auf eine wirksame Patientenverfügung in rechtmäßiger Weise von einer Weiterbehandlung des moribunden Opfers absehen.[122]

---

[116] S. z. B. Heger, in: Lackner/Kühl/Heger, StGB, 30. Aufl. 2023, § 251 Rn. 1; Wittig, in: BeckOK-StGB, Stand 01.08.2024, § 251 Rn. 2.

[117] S. bei den Nichtvermögensdelikten.

[118] S. allgemein B. Heinrich, AT, 7. Aufl. 2022, Rn. 181; speziell zu § 251 SGB Fischer, StGB, 71. Aufl. 2024, § 251 Rn. 6; näher Günther FS H. J. Hirsch 1999, 543; Herzberg JZ 2007, 615; Hinderer/Kneba JA 2010, 590; Wolters FS Rissing-van Saan 2011, 767; aus der Rspr. vgl. zuletzt BGH B. v. 20.06.2017 – 2 StR 130/17 – NStZ 2017, 638 = StV 2019, 106 (Anm. Eisele JuS 2017, 1030; Kudlich NStZ 2017, 639; Jäger JA 2018, 152; LL 2018, 183; Dehne-Niemann StV 2020, 122); BGH B. v. 24.04.2019 – 2 StR 469/18 – NJW 2019, 3662 = NStZ 2019, 730 = StV 2020, 238 (Anm. Jäger JA 2019, 950; Eisele JuS 2019, 1219; RÜ 2019, 645; Habetha NStZ 2019, 731); BGH B. v. 17.03.2020 – 3 StR 574/19 – NJW 2020, 3669 NStZ 2021, 231 = StV 2021, 123 (Anm. famos 10/2020; Mitsch NJW 2020, 3671; Bertlings jurisPR-StrafR 25/2020 Anm. 4; Bosch Jura 2021, 340; Kudlich JA 2021, 169; Eisele JuS 2021, 86; LL 2021, 179; RÜ 2021, 24; Sowada NStZ 2021, 233; Jäger JR 2021, 274; Ruppert JZ 2021, 266; Pohlreich HRRS 2021, 207); BGH B. v. 07.10.2020 – 4 StR 602/19 – NStZ-RR 2020, 372 = StV 2021, 122 (Anm. Jäger JA 2021, 258; RÜ 2021, 28; Kudlich JR 2021, 268).

[119] S. bei den Nichtvermögensdelikten.

[120] Kindhäuser/Hilgendorf, LPK, 9. Aufl. 2022, § 251 Rn. 5; anders aber Sander, in: MK-StGB, 4. Aufl. 2021, § 251 Rn. 6; aus der Rspr. vgl. BGH B. v. 14.02.2012 – 3 StR 446/11 – NStZ 2012, 379 (Anm. RA 2012, 409).

[121] Sinn, in: SK-StGB, 9. Aufl. 2019, § 251 Rn. 5; aus der Rspr. vgl. RG U. v. 25.03.1929 – II 250/29 – RGSt 63, 101; BGH U. v. 17.10.2002 – 3 StR 249/02 – NStZ-RR 2003, 44; BGH B. v. 18.08.2009 – 5 StR 227/09 – NStZ 2010, 33.

[122] Vgl. aus der Rspr. BGH B. v. 17.03.2020 – 3 StR 574/19 – NJW 2020, 3669 NStZ 2021, 231 = StV 2021, 123 (Anm. famos 10/2020; Mitsch NJW 2020, 3671; Bertlings jurisPR-StrafR 25/2020 Anm. 4; Bosch Jura 2021, 340; Kudlich JA 2021, 169; Eisele JuS 2021, 86; LL 2021, 179; RÜ 2021, 24; Sowada NStZ 2021, 233; Jäger JR 2021, 274; Ruppert JZ 2021, 266; Pohlreich HRRS 2021, 207).

Umstritten ist, ob eine tödliche **Gewaltanwendung zwischen Vollendung und Beendigung** der Tat, d. h. zur Flucht und Beutesicherung, ausreicht.[123] Die Problematik entspricht der bei § 250 StGB.

Beispiel 301

BGH U. v. 15.05.1992 – 3 StR 535/91 – BGHSt 38, 295 = NJW 1992, 2103 = NStZ 1992, 589 = StV 1992, 464 (Anm. Puppe, AT, 5. Aufl. 2023, § 10 Rn. 38ff.; Jung JuS 1992, 1066; Rengier NStZ 1992, 590; Geppert JK 1993 StGB § 251/3; Heymann JA 1993, 157; Rengier JuS 1993, 460; Schroeder JZ 1993, 52):

B1 trat Ende Oktober 1978 im Alter von 20 Jahren der RAF bei und gehörte ihr bis Ende Juli/Anfang August 1981 an. In diesem Zeitraum hat er neben weiteren terroristischen Gewalttaten, die Gegenstand der Verurteilung sind, zusammen mit B2, B3 und B4 einen Raubüberfall mit geladenen Schusswaffen auf die Schweizerische Volksbank in Zürich verübt, bei dem sie über 548.000 Schweizer Franken erbeuteten. Bei der anschließenden Flucht wurden sie von Bankmitarbeitern und weiteren von diesen alarmierten Personen und Polizeibeamten verfolgt. Die Täter gaben auf die Verfolger mehrere, zumindest teilweise gezielte Schüsse ab. Nachdem die Tätergruppe in das unter dem Bahnhofsplatz gelegene Einkaufszentrum geflohen war, kam es zu einem Schusswechsel zwischen ihnen und dem sie verfolgenden Polizeibeamten Z. Ein von einem der Täter auf den Beamten gerichteter Schuss verfehlte diesen und traf die Passantin G tödlich. Bei der weiteren Flucht bemächtigten sich B3 und B4 mit Waffengewalt des Fahrzeugs der G. B1 kam hinzu, setzte sich auf den Beifahrersitz und veranlasste einen hinzueilenden Passanten, der die Beifahrertüre aufgerissen hatte, mit dem Zuruf „Zurück", wieder wegzugehen und schloss die Türe. ◀

Erst als der Raub schon vollendet war, kam es zu dem Schusswechsel im Einkaufszentrum, bei dem einer der Täter die Passantin G tötete.

Die frühere Rspr. nahm dies bisher an, was nunmehr allerdings mit der neueren Rspr. zu § 250 StGB (Erfordernis fortbestehender Zueignungsabsicht) in Einklang gebracht worden ist.

---

[123] Hierzu Fischer, StGB, 71. Aufl. 2024, § 251 Rn. 4f.; näher Hefendehl StV 2000, 107; Kiworr JuS 2018, 424; aus der Rspr. vgl. zuletzt BGH B. v. 24.04.2019 – 2 StR 469/18 – NJW 2019, 3662 = NStZ 2019, 730 = StV 2020, 238 (Anm. Jäger JA 2019, 950; Eisele JuS 2019, 1219; RÜ 2019, 645; Habetha NStZ 2019, 731); BGH B. v. 07.10.2020 – 4 StR 602/19 – NStZ-RR 2020, 372 = StV 2021, 122 (Anm. Jäger JA 2021, 258; RÜ 2021, 28; Kudlich JR 2021, 268); BGH B. v. 12.08.2021 – 3 StR 441/20 (Zschäpe/NSU) – BGHSt 66, 226 = NJW 2021, 2896 = NStZ 2021, 663 = StV 2022, 108 (Anm. famos 12/2021; Valerius NJW 2021, 2851; Fahl NStZ 2021, 667; Roxin JR 2021, 650; Kusche JuS 2022, 1013; Schlösser NStZ 2022, 335; Arnold StV 2022, 108; Schweer/Knoop ZJS 2023, 381).

Die h. L.[124] verneint eine so geartete sukzessive Erfolgsqualifikation gänzlich. Der h. L. ist aus den i.R.d. § 250 StGB angeführten Argumenten zu folgen.

Entsprechendes muss bei fehlgeschlagenem Versuch gelten, wenn das Geschehen aufgrund fehlender Kooperationsbereitschaft des Opfers eskaliert.[125] Auch hier verwirklicht sich keine spezifische Raubgefahr, da eine Eskalationsgefahr immer dann besteht, wenn ein Opfer den Wünschen eines (bewaffneten) Täters nicht Folge leistet.

Beispiel 302

BGH B. v. 13.08.2002 – 3 StR 204/02 – NJW 2003, 911 = NStZ 2003, 34 (Anm. RA 2002, 746; LL 2003, 256):

B bedrohte den Uhrmachermeister G in dessen Uhren- und Schmuckgeschäft mit einer Selbstladepistole und verlangte die Herausgabe von Geld oder Wertgegenständen. Als der Geschäftsinhaber dies lautstark verweigerte, geriet B in Wut und Panik, weil sein Vorhaben gescheitert war. Er schoss deshalb mehrmals in Tötungsabsicht auf G, der an den Folgen eines Nahschusses in das Genick verstarb. Ohne Mitnahme von Beute verließ B fluchtartig das Geschäft. ◄

Als G die Herausgabe von Geld oder Wertgegenständen verweigerte, war der Versuch des Raubes fehlgeschlagen. Dieser wird nicht dadurch noch qualifiziert, dass B den G tötete.

Der Täter muss den Tod wenigstens **leichtfertig** verursachen.[126]

Bei Teilnahme ist zu beachten, dass es für den Teilnehmer bzgl. des Todeserfolg auf dessen eigene Leichtfertigkeit ankommt, da gem. § 18 StGB diese nicht akzessorisch behandelt wird.[127]

Durch die Formulierung „**wenigstens**" wird klargestellt, dass auch die vorsätzliche Tötung erfasst wird, sodass Tateinheit des § 251 StGB mit den §§ 212, 211 StGB bestehen kann.[128]

---

[124] Z. B. Joecks/Jäger, StGB, 13. Aufl. 2021, § 251 Rn. 5; Fischer, StGB, 71. Aufl. 2024, § 251 Rn. 5.

[125] H. M., Wittig, in: BeckOK-StGB, Stand 01.08.2024, § 251 Rn. 6; aus der Rspr. vgl. BGH B. v. 24.04.2019 – 2 StR 469/18 – NJW 2019, 3662 = NStZ 2019, 730 = StV 2020, 238 (Anm. Jäger JA 2019, 950; Eisele JuS 2019, 1219; RÜ 2019, 645; Habetha NStZ 2019, 731).

[126] Zur Leichtfertigkeit s. im Allgemeinen Teil; näher bzgl. § 251 StGB Radtke FS Jung 2007, 737.

[127] Joecks/Jäger, StGB, 13. Aufl. 2021, § 251 Rn. 11; aus der Rspr. vgl. BGH U. v. 03.06.1964 – 2 StR 14/64 – BGHSt 19, 339 = NJW 1964, 1809 (Anm. Roxin, Höchstrichterliche Rspr. AT, 1998, Nr. 84; Puppe, AT, 5. Aufl. 2023, § 25 Rn. 8ff.; Willms JuS 1964, 502; Cramer JZ 1966, 31).

[128] Fischer, StGB, 71. Aufl. 2024, § 251 Rn. 7; bzgl. früherer Normfassung strittig; aus der Rspr. vgl. zuletzt BGH B. v. 20.06.2017 – 2 StR 130/17 – NStZ 2017, 638 = StV 2019, 106 (Anm. Eisele JuS 2017, 1030; Kudlich NStZ 2017, 639; Jäger JA 2018, 152; LL 2018, 183; Dehne-Niemann StV 2020, 122); BGH B. v. 24.04.2019 – 2 StR 469/18 – NJW 2019, 3662 = NStZ 2019, 730 = StV 2020, 238 (Anm. Jäger JA 2019, 950; Eisele JuS 2019, 1219; RÜ 2019, 645; Habetha NStZ 2019, 731); BGH U. v. 12.08.2021 – 3 StR 415/20 – NJW 2022, 254 = NStZ-RR 2021, 376 = StV 2022, 106 (Anm. Kudlich JA 2022, 165; Eisele JuS 2022, 80; RÜ 2022, 23; Fahl GA 2022, 272).

§ 251 StGB sieht lebenslange Freiheitsstrafe oder Freiheitsstrafe nicht unter zehn Jahren vor, wobei sich bzgl. der zeitigen Freiheitsstrafe ein Höchstmaß von 15 Jahren aus § 38 II StGB ergibt.

Der **Versuch des § 251 StGB** ist als erfolgsqualifizierter Versuch (§§ 251, 22, 23 StGB) und versuchte Erfolgsqualifikation (§§ 249, 251, 22, 23 StGB) möglich; vgl. auch bei § 227 StGB.[129] Anders als bei § 227 StGB ist bei § 251 StGB unstrittig, dass die schwere Folge bereits an die Tathandlung anknüpft und nicht erst an den Wegnahmeerfolg. Gerade nicht der Verlust des Gegenstands bewirkt typischerweise die Gefahr, sondern die Gewalt.[130]

Bei vollendetem § 251 StGB wird § 227 StGB nach Rspr.[131] und Teilen der Lehre[132] verdrängt. Zur gleichzeitigen Klarstellung des Zusammenhangs zwischen Körperverletzung und Todeseintritt sowie Raubgewalt und Todeseintritt ist jedoch von Tateinheit i.S.d. § 52 StGB auszugehen.[133]

§ 250 StGB tritt hinter § 251 StGB zurück, da es an einem klarstellungsbedürftigen eigenen Unrecht mangelt.[134]

B. Räuberischer Diebstahl, § 252 StGB

▶ **Didaktische Aufsätze**
- Schünemann, Raub und Erpressung, JA 1980, 349, 393 und 486
- Geilen, Raub und Erpressung (§§ 249–256 StGB), Jura 1979, 53, 109, 165, 221, 277, 333, 389, 445, 501, 557, 613 und Jura 1980, 43
- Geppert, Zu einigen immer wiederkehrenden Streitfragen im Rahmen des räuberischen Diebstahls (§ 252 StGB), Jura 1990, 554

---

[129] S. bei den Nichtvermögensdelikten.
[130] Eisele, BT II, 6. Aufl. 2021, Rn. 385; aus der Rspr. vgl. BGH U. v. 27.05.1998 – 3 StR 66/98 – NJW 1998, 3361 = NStZ 1998, 511 (Anm. Geppert JK 1999 StGB § 251/6; LL 1999, 32); BGH B. v. 29.03.2001 – 3 StR 46/01 – NJW 2001, 2187 = NStZ 2001, 371 (Anm. Kühl, Höchstrichterliche Rspr. BT, 2002, Nr. 56; Geppert JK 2001 StGB § 251/8; Baier JA 2001, 751; Martin JuS 2001, 821; LL 2001, 492; RÜ 2001, 267); BGH B. v. 13.08.2002 – 3 StR 204/02 – NJW 2003, 911 = NStZ 2003, 34 (Anm. RA 2002, 746; LL 2003, 256).
[131] BGH U. v. 20.08.1965 – 4 StR 397/65 – NJW 1965, 2116 (Anm. Fuchs NJW 1966, 868); BGH U. v. 23.03.2000 – 4 StR 650/99 – BGHSt 46, 24 = NJW 2000, 1878 = NStZ 2001, 31 = StV 2000, 667 (Anm. Otto JK 2000 StGB § 251/7; Kudlich JA 2000, 748; Martin JuS 2000, 925; LL 2000, 727; RÜ 2000, 287; RA 2000, 402; Kindhäuser NStZ 2001, 31; Kudlich StV 2001, 669; Stein JR 2001, 72); BGH U. v. 23.08.2017 – 2 StR 150/16 – NStZ-RR 2017, 16.
[132] S. Eisele, BT II, 6. Aufl. 2021, Rn. 396.
[133] So auch Kindhäuser/Hilgendorf, LPK, 9. Aufl. 2022, § 251 Rn. 15; näher Widmann MDR 1966, 554.
[134] H. M., Eisele, BT II, 6. Aufl. 2021, Rn. 396; a. A. z. B. Fischer, StGB, 71. Aufl. 2024, § 251 Rn. 12; aus der Rspr. vgl. BGH U. v. 11.01.1967 – 2 StR 348/66 – BGHSt 21, 183 = NJW 1967, 835 (Anm. Willms JuS 1967, 380); BGH U. v. 23.08.2017 – 2 StR 150/16 – NStZ-RR 2017, 16.

- Küper, Vollendung und Versuch beim räuberischen Diebstahl (§ 252 StGB), Jura 2001, 21
- Dehne-Niemann, Wissenswertes zum räuberischen Diebstahl (§ 252 StGB), Jura 2008, 742
- Bosch, Räuberischer Diebstahl (§ 252) als „zweite Hälfte" des Raubtatbestandes, Jura 2018, 354

I. Allgemeines

§ 252 StGB stellt den räuberischen Diebstahl unter Strafe.[135]

> **§ 252 StGB (Räuberischer Diebstahl)**
> Wer, bei einem Diebstahl auf frischer Tat betroffen, gegen eine Person Gewalt verübt oder Drohungen mit gegenwärtiger Gefahr für Leib oder Leben anwendet, um sich im Besitz des gestohlenen Gutes zu erhalten, ist gleich einem Räuber zu bestrafen.

Geschützte **Rechtsgüter** sind – wie bei § 249 StGB – die Möglichkeit, das Eigentum zu nutzen, und die freie Willensbestimmung.[136]

Auch wenn § 252 StGB auf dem Diebstahl aufbaut, handelt es sich um ein *delictum sui generis*.[137]

Der Grundgedanke der räubergleichen Bestrafung liegt darin, dass jemand, der zur Verteidigung eines Gewahrsams Nötigungsmittel einsetzt, dies ggf. auch zwecks Erlangung des Gewahrsams getan hätte; jedenfalls ist die Gefährdungslage vergleichbar.[138]

---

[135] Zu § 252 StGB Geilen Jura 1979, 53, 109, 165, 221, 277, 333, 389, 445, 501, 557, 613 und 669, Jura 1980, 43; Dreher MDR 1979, 529; Schünemann JA 1980, 349, 393 und 486; Perron GA 1989, 145; Geppert Jura 1990, 554; Küper Jura 2001, 21; Küper JZ 2001, 730; Dehne-Niemann Jura 2008, 742; Bosch Jura 2018, 354.

[136] Joecks/Jäger, StGB, 13. Aufl. 2021, § 252 Rn. 1; aus der Rspr. vgl. BGH U. v. 18.04.2002 – 3 StR 52/02 – NJW 2002, 2043 = NStZ 2002, 542 = StV 2002, 332 und 423 (Anm. LL 2002, 692; RÜ 2002, 362; RA 2002, 437; famos 8/2002; Otto JK 2003 StGB § 250 I/10; Baier JA 2003, 107; Hellmann JuS 2003, 17; Degener StV 2003, 332; Schroth JR 2003, 248).

[137] Eisele, BT II, 6. Aufl. 2021, Rn. 397; aus der Rspr. vgl. RG U. v. 08.05.1882 – 926/82 – RGSt 6, 325; RG U. v. 22.10.1926 – I 617/26 – RGSt 60, 380; RG U. v. 20.09.1932 – I 844/32 – RGSt 66, 353; BGH U. v. 26.06.1952 – 5 StR 517/52 – BGHSt 3, 76 = NJW 1952, 1026; BGH U. v. 07.07.1965 – 2 StR 64/65 – BGHSt 20, 235 = NJW 1965, 1922 (Anm. Schröder JZ 1965, 729).

[138] Fischer, StGB, 71. Aufl. 2024, § 252 Rn. 1; aus der Rspr. vgl. RG U. v. 23.10.1939 – 3 D 732/39 – RGSt 73, 343; BGH U. v. 08.06.1956 – 2 StR 206/56 – BGHSt 9, 255 = NJW 1956, 1487 (Anm. Bindokat NJW 1956, 1686; Salger MDR 1956, 690); BGH U. v. 03.07.1958 – 4 StR 208/58 – NJW 1958, 1547; BGH U. v. 27.02.1975 – 4 StR 310/74 – BGHSt 26, 95 = NJW 1975, 1176 (Anm. Kühl, Höchstrichterliche Rspr. BT, 2002, Nr. 57; Fezer JZ 1975, 609).

B. Räuberischer Diebstahl, § 252 StGB

In gewisser Weise ließe sich der räuberische Diebstahl als **Anschlussdelikt** bezeichnen,[139] setzt er doch eine Vortat voraus („bei einem Diebstahl"). In einer Fallbearbeitung sind verschiedene **Tatkomplexe** zu bilden.

II. Grunddelikt, § 252 StGB

1. Aufbau
  I. Tatbestand
   1. Objektiver Tatbestand
      a) Bei einem Diebstahl
      b) Auf frischer Tat betroffen
      c) Gegen eine Person Gewalt verübt oder Drohungen mit gegenwärtiger Gefahr für Leib oder Leben anwendet
   2. Subjektiver Tatbestand
      a) Vorsatz
      b) Um sich im Besitz des gestohlenen Gutes zu erhalten
  II. Rechtswidrigkeit
  III. Schuld

2. Tatbestand

a) Objektiver Tatbestand

aa) Bei einem Diebstahl

▶ **Didaktische Aufsätze**
  • Zöller, Der räuberische Diebstahl (§ 252 StGB) beim Raub als Vortat, JuS 1997, L89
  • Frank, Die räuberische Erpressung als Vortat des räuberischen Diebstahls, Jura 2010, 893

Der Täter muss „bei einem Diebstahl" handeln.
Da der **Raub**, obwohl *delictum sui generis*, einen Diebstahl enthält, ist auch er taugliche Vortat,[140] was bei stärkerer Qualifikation des räuberischen Diebstahls (bzw. dann quasi: räuberischen Raubs) von Relevanz ist.

---

[139] S. auch Sander, in: MK-StGB, 4. Aufl. 2021, § 252 Rn. 5.
[140] Ganz h. M., hierzu Kindhäuser/Hilgendorf, LPK, 9. Aufl. 2022, § 252 Rn. 2; näher Zöller JuS 1997, L89; aus der Rspr. vgl. BGH U. v. 21.11.1967 – 1 StR 345/67 – BGHSt 21, 377 = NJW 1968, 260; BGH U. v. 18.04.2002 – 3 StR 52/02 – NJW 2002, 2043 = NStZ 2002, 542 = StV 2002, 332 und 423 (Anm. LL 2002, 692; RÜ 2002, 362; RA 2002, 437; famos 8/2002; Otto JK 2003 StGB § 250 I/10; Baier JA 2003, 107; Hellmann JuS 2003, 17; Degener StV 2003, 332; Schroth JR 2003, 248).

Beispiel 303

BGH U. v. 15.05.1992 – 3 StR 535/91 – BGHSt 38, 295 = NJW 1992, 2103 = NStZ 1992, 589 = StV 1992, 464 (Anm. Puppe, AT, 5. Aufl. 2023, § 10 Rn. 38ff.; Jung JuS 1992, 1066; Rengier NStZ 1992, 590; Geppert JK 1993 StGB § 251/3; Heymann JA 1993, 157; Rengier JuS 1993, 460; Schroeder JZ 1993, 52):

B1 trat Ende Oktober 1978 im Alter von 20 Jahren der RAF bei und gehörte ihr bis Ende Juli/Anfang August 1981 an. In diesem Zeitraum hat er neben weiteren terroristischen Gewalttaten, die Gegenstand der Verurteilung sind, zusammen mit B2, B3 und B4 einen Raubüberfall mit geladenen Schusswaffen auf die Schweizerische Volksbank in Zürich verübt, bei dem sie über 548.000 Schweizer Franken erbeuteten. Bei der anschließenden Flucht wurden sie von Bankmitarbeitern und weiteren von diesen alarmierten Personen und Polizeibeamten verfolgt. Die Täter gaben auf die Verfolger mehrere, zumindest teilweise gezielte Schüsse ab. Nachdem die Tätergruppe in das unter dem Bahnhofsplatz gelegene Einkaufszentrum geflohen war, kam es zu einem Schusswechsel zwischen ihnen und dem sie verfolgenden Polizeibeamten Z. Ein von einem der Täter auf den Beamten gerichteter Schuss verfehlte diesen und traf die Passantin G tödlich. Bei der weiteren Flucht bemächtigten sich B3 und B4 mit Waffengewalt des Fahrzeugs der G. B1 kam hinzu, setzte sich auf den Beifahrersitz und veranlasste einen hinzueilenden Passanten, der die Beifahrertüre aufgerissen hatte, mit dem Zuruf „Zurück", wieder wegzugehen und schloss die Türe. ◄

B1 bis B4 haben einen Raub begangen, der aber nach Vollendung nicht mehr zu einem Raub mit Todesfolge qualifiziert werden kann. Da der Raub aber tauglicher Vortat des § 252 StGB ist, schließt sich ein „räuberischer Raub" an, welcher nach § 251 StGB qualifiziert ist.

In einer Fallbearbeitung ist zu beachten, dass in diesen Konstellationen vor Prüfung des § 252 StGB die Möglichkeit einer sukzessiven Qualifikation des Raubs noch nach Vollendung zu diskutieren ist.

Keine taugliche Vortat ist die **Erpressung**[141] (§ 253 StGB), sodass die umstrittene „Abgrenzung" von Raub und räuberischer Erpressung insofern von Bedeutung sein kann.

Auch ein **Betrug** (§ 263 StGB) ist nicht erfasst,[142] was wiederum den Blick auf die problematische „Abgrenzung" von Diebstahl und Betrug lenkt.

---

[141] Ganz h. M., hierzu Eisele, BT II, 6. Aufl. 2021, Rn. 401; näher Frank Jura 2010, 893; aus der Rspr. vgl. BGH B. v. 24.02.2005 – 1 StR 23/05 – NStZ 2005, 387.

[142] Fischer, StGB, 71. Aufl. 2024, § 252 Rn. 3; aus der Rspr. vgl. BGH B. v. 26.07.1995 – 4 StR 234/95 (abgedeckte CD – BGHSt 41, 198 s) = NJW 1995, 3129 = NStZ 1995, 593 = StV 1995, 638 (Anm. Kühl, Höchstrichterliche Rspr. BT, 2002, Nr. 46; Otto JK 1996 StGB § 242/17; von Heintschel-Heinegg JA 1996, 97; Martin JuS 1996, 177; Zopfs NStZ 1996, 190; Scheffler JR 1996, 342; Hillenkamp JuS 1997, 217); AG Berlin-Tiergarten U. v. 16.10.2008 – (257 Ls) 52 Js 4301/08 (16/08) – NStZ 2009, 270.

Eine **Unterschlagung** kann ebenfalls keine taugliche Vortat des § 252 StGB sein.[143]

Die Beschränkung des § 252 StGB auf den Diebstahl ist vor diesem Hintergrund kaum sachgerecht. Ggf. greifen aber die §§ 253, 255 StGB, die allerdings einen Vermögensnachteil voraussetzen.

Die Vortat muss tatbestandsmäßig und rechtswidrig sein, nicht aber schuldhaft.[144]

Nach ganz h. M.[145] muss der Diebstahl vor der Nötigungshandlung **vollendet** sein (vgl. „im Besitz des *gestohlenen* Gutes zu erhalten"). Der Vollendungseintritt in Gestalt der Wegnahme stellt damit die Grenzziehung zwischen § 249 StGB und § 252 StGB dar.

In einer Fallbearbeitung ist der Zeitpunkt des Gewahrsamswechsels daher genau herauszuarbeiten (u. a. unter Berücksichtigung der Möglichkeit einer bloßen Gewahrsamslockerung); u. U. ist zwischen verschiedenen Tatobjekten zu differenzieren, z. B. wenn der Täter ertappt wird, nachdem er einen Teil der Beute bereits weggenommen hatte, und er sodann Gewalt ausübt, um zum einen das bereits Weggenommene zu behalten und zum anderen die Tat bzgl. der übrigen Tatbeute zu vollenden.

Endpunkt möglicher Verwirklichung des § 252 StGB ist die **Beendigung** des Diebstahls,[146] welche ohnehin erst bei endgültiger Gewahrsamssicherung anzunehmen ist.

Auf den **Wert** der gestohlenen Sache kommt es **nicht** an.[147]

Umstritten ist, ob **Täter** des § 252 StGB nur sein kann, wer auch schon Täter des Diebstahls war.[148]

---

[143] Fischer, StGB, 71. Aufl. 2024, § 252 Rn. 3.

[144] H. M., Wittig, in: BeckOK-StGB, Stand 01.08.2024, § 252 Rn. 4.

[145] Fischer, StGB, 71. Aufl. 2024, § 252 Rn. 4; Joecks/Jäger, StGB, 13. Aufl. 2021, § 252 Rn. 3; näher Dreher MDR 1976, 529; aus der Rspr. vgl. zuletzt BGH B. v. 06.07.2010 – 3 StR 180/10 – NStZ 2011, 36 = StV 2010, 634 (Anm. RA 2010, 698; Satzger JK 2011 StGB § 242/25; Hecker JuS 2011, 374; LL 2011, 246); BGH B. v. 16.09.2014 – 3 StR 373/14 – NStZ 2015, 276 = StV 2015, 114 (Anm. Satzger Jura 2015, 768; Jahn JuS 2015, 78; LL 2015, 494; RÜ 2015, 24; Dehne-Niemann NStZ 2015, 251).

[146] Ganz h. M., Kindhäuser/Hilgendorf, LPK, 9. Aufl. 2022, § 252 Rn. 10; näher Dreher MDR 1976, 529; aus der Rspr. vgl. zuletzt OLG Köln U. v. 18.01.2005 – 8 Ss 446/04 – NStZ 2005, 448 (Anm. Kudlich JuS 2005, 1053; LL 2005, 832; RA 2005, 500); LG Freiburg U. v. 29.06.2005 – 7 Ns 330 Js 5488/04 (Anm. Marlie ZIS 2006, 40); BGH U. v. 08.10.2014 – 5 StR 395/14 – NStZ 2015, 219 (Anm. RÜ 2015, 24).

[147] Ganz h. M., Heger, in: Lackner/Kühl/Heger, StGB, 30. Aufl. 2023, § 252 Rn. 2; näher Burkhardt JZ 1973, 110; Burkhardt NJW 1975, 1687; aus der Rspr. vgl. OLG Köln B. v. 04.02.2004 – Ss 200/04 – 91 – NStZ-RR 2004, 299 = StV 2004, 490; OLG Brandenburg B. v. 28.11.2007 – 1 Ss 94/07 – NStZ-RR 2008, 201 (Anm. LL 2008, 605; famos 9/2008); OLG Koblenz U. v. 14.05.2008 – 1 Ss 53/08 – StV 2008, 474.

[148] Eisele, BT II, 6. Aufl. 2021, Rn. 416ff.; aus der Rspr. vgl. zuletzt BGH B. v. 16.09.2014 – 3 StR 373/14 – NStZ 2015, 276 = StV 2015, 114 (Anm. Satzger Jura 2015, 768; Jahn JuS 2015, 78; LL 2015, 494; RÜ 2015, 24; Dehne-Niemann NStZ 2015, 251).

> **Beispiel 304**
>
> **BGH U. v. 08.07.1954 – 4 StR 350/54 (Kartenspieler) – BGHSt 6, 248 = NJW 1954, 1495 (Anm. Roxin, Höchstrichterliche Rspr. AT, 1998, Nr. 77):**
> Als B1 am Abend des 20.01.1954 in der Gastwirtschaft H. zusammen mit den beiden anderen Zigeunern B2 und B3 Karten spielte, gesellte sich der Textilvertreter Z zu ihnen, aus dessen Gespräch sie erfuhren, dass er seinen Kraftwagen auf der gegenüberliegenden Straßenseite abgestellt hatte und Ware bei sich führte; während der Unterhaltung mit Z riefen sich der B1 und B3 einerseits und der abseits stehende B2 anderseits mehrfach etwas in der Zigeunersprache zu. Als die Wirtin Feierabend bot, verließ B2 das Lokal, während die übrigen Anwesenden noch einige Minuten im Gespräch zusammenblieben. Unmittelbar nachdem schließlich auch B1 und B3 gegangen waren, schritt die Wirtin ebenfalls zur Tür, die einen Spalt weit offenstand. Ihre Bemühungen, die Tür ganz zu öffnen, blieben zunächst erfolglos, weil B1 sie mit dem Fuß zuhielt. Ein erneuter gewaltsamer Versuch der Wirtin, die Tür zu öffnen, gelang. In diesem Augenblick löste sich B2 der sich an dem Kraftwagen des Z zu schaffen gemacht hatte, mit einer Tasche und einer Wolldecke über dem Arm von dem Wagen ab. Die drei Zigeuner liefen nun schnell in derselben Richtung davon. Z, der sie noch eilends davonstreben sah, stellte fest, dass von dem hinteren Sitz des Kraftwagens Sachen fehlten und nahm sofort die Verfolgung auf. Als er aus dem ihn blendenden Schein einer Straßenlaterne kam, trat ihm B3 im Dunkeln entgegen, hielt ihn zunächst mit Worten auf und holte dann mit der Hand zum Schlage aus, um ihn an der weiteren Verfolgung zu hindern. Hiergegen setzte sich Z zur Wehr und warf den Angreifer zu Boden. Als er über ihm kniete, kam B1 lautlos hinzu, schlug zunächst mit der Faust auf Z ein und trat ihn dann mehrmals mit der Schuhspitze gegen den Kopf, wodurch er eine Platzwunde am Auge davontrug. ◄

B1 war nicht Täter, nur Gehilfe (§ 27 I StGB) des Diebstahls der Tasche und der Wolldecke. Konnte er trotzdem einen räuberischen Diebstahl begehen, als er auf Z einschlug und ihn gegen den Kopf trat?

Nach h. L.[149] kann Täter des § 252 StGB nur sein, wer auch schon Täter des Diebstahls war.

Die Rspr.[150] lässt es dagegen ausreichen, wenn der Täter des § 252 StGB zumindest an der Vortat beteiligt war und durch die Tat seinen Mitbesitz an der Beute sichern will.

Für die h. L. spricht zwar eine gewisse, aus dem gemeinsamen, recht hohen Strafrahmen ersichtliche Parallele von § 252 StGB zu § 249 StGB, welche ein täterschaftliches Handeln sowohl bzgl. der Wegnahme als auch bzgl. der Nötigung verlangt. Auch heißt es „bei einem Diebstahl" und nicht „bei der Beteiligung an

---

[149] S. nur Eisele, BT II, 6. Aufl. 2021, Rn. 418f.
[150] S. o.

einem Diebstahl". Allerdings verlangt der Wortlaut eben auch keine Täterqualifikation; es handelt sich um ein Allgemeindelikt („wer"). Die Gefährdung des Geschädigten hängt auch nicht davon ab, ob Täterschaft oder Teilnahme vorliegt. Der subjektive Tatbestand sorgt schließlich für eine hinreichende Restriktion.

bb) Auf frischer Tat betroffen

(1) Frische Tat – zeitlicher Zusammenhang
Der Täter muss auf frischer Tat betroffen sein.
 Zunächst ist eine gewisse zeitliche Nähe von Nötigungshandlung und Vortat erforderlich; die Nötigungshandlung muss alsbald nach Vollendung verübt werden.[151]
 Der zeitliche Zusammenhang bleibt hierbei auch über längere Zeit erhalten, sofern der Täter ununterbrochen verfolgt wird (**Nacheile**).[152]

(2) Frische Tat – räumlicher Zusammenhang
In lokaler Hinsicht wird ein enger räumlicher Zusammenhang zwischen dem Diebstahl und dem Einsatz der Nötigungshandlung vorausgesetzt; die Nötigungshandlung muss am Tatort oder in unmittelbarer Nähe verübt werden.[153]
 Eine räumliche Distanz, die erst in der Fluchtphase unter Verfolgung geschaffen wird, ändert an frischer Betroffenheit nichts (Nacheile).[154]

(3) Betroffen

▶ **Didaktischer Aufsatz**
• Schwarzer, Zum Merkmal des Betreffens bei § 252 StGB, ZJS 2008, 265

„Betroffen"[155] ist der Täter jedenfalls dann, wenn er als Täter wahrgenommen wird.[156]
 Erfasst ist jedes Wahrnehmen oder Bemerken, und zwar auch vor Vollendung des Diebstahls; es ist nicht notwendig, dass das Nötigungsopfer erst bei oder nach Vollendung überrascht oder entdeckt, sondern auch ein **offener Diebstahl** direkt

---

[151] Fischer, StGB, 71. Aufl. 2024, § 252 Rn. 5; aus der Rspr. vgl. zuletzt BGH B. v. 14.03.2023 – 4 StR 451/22 – NStZ 2023, 550 = StV 2024, 567 (Anm. Jäger JA 2023, 697; LL 2023, 757; RÜ 2023, 514; famos 10/2023; Habetha NStZ 2023, 551).
[152] Kindhäuser/Hilgendorf, LPK, 9. Aufl. 2022, § 252 Rn. 12; aus der Rspr. vgl. zuletzt BGH B. v. 14.03.2023 – 4 StR 451/22 – NStZ 2023, 550 = StV 2024, 567 (Anm. Jäger JA 2023, 697; LL 2023, 757; RÜ 2023, 514; famos 10/2023; Habetha NStZ 2023, 551).
[153] Eisele, BT II, 6. Aufl. 2021, Rn. 404; aus der Rspr. vgl. zuletzt BGH B. v. 14.03.2023 – 4 StR 451/22 – NStZ 2023, 550 = StV 2024, 567 (Anm. Jäger JA 2023, 697; LL 2023, 757; RÜ 2023, 514; famos 10/2023; Habetha NStZ 2023, 551).
[154] Eisele, BT II, 6. Aufl. 2021, Rn. 404; aus der Rspr. vgl. zuletzt BGH B. v. 14.03.2023 – 4 StR 451/22 – NStZ 2023, 550 = StV 2024, 567 (Anm. Jäger JA 2023, 697; LL 2023, 757; RÜ 2023, 514; famos 10/2023; Habetha NStZ 2023, 551).
[155] Näher zu diesem Merkmal Küper FS Krey 2010, 313.
[156] Fischer, StGB, 71. Aufl. 2024, § 252 Rn. 6; aus der Rspr. vgl. zuletzt BGH B. v. 14.03.2023 – 4 StR 451/22 – NStZ 2023, 550 = StV 2024, 567 (Anm. Jäger JA 2023, 697; LL 2023, 757; RÜ 2023, 514; famos 10/2023; Habetha NStZ 2023, 551).

vor den Augen des Opfers fällt unter § 252 StGB.[157] Ob der Bestohlene selbst oder ein anderer den Täter betrifft, ist einerlei.[158] Ohne Belang ist es, ob der Betreffende die Absicht hat, in das Tatgeschehen einzugreifen.

Umstritten ist es, ob ein Täter auch dann „betroffen" wird, wenn er durch Anwendung des Nötigungsmittels einem Bemerken **zuvorkommt**.[159]

Beispiel 305

BGH U. v. 27.02.1975 – 4 StR 310/74 – BGHSt 26, 95 = NJW 1975, 1176 (Anm. Kühl, Höchstrichterliche Rspr. BT, 2002, Nr. 57; Fezer JZ 1975, 609):
B drang mit einem Schlüssel, den er angeblich in seinem Wagen gefunden hatte, in die Wohnung der Z in diebischer Absicht ein, während die Wohnungsinhaberin abwesend war. Er durchsuchte die Wohnung und packte Schmuck, einen Fotoapparat und Scheckformulare in eine Aktentasche, die er mitgebracht hatte. In dieser Aktentasche hatte er einen 30 bis 40 cm langen Holzknüppel mitgebracht, den er nach seiner unwiderlegten Einlassung als Pannenhilfe stets bei sich führte. Als er im Begriffe war, die Wohnung zu verlassen, hörte er, wie die Wohnungstür aufgeschlossen wurde. Er versteckte sich hinter einer Zimmertür und nahm den Knüppel in die Hand. Als Z das Zimmer betrat, versetzte er ihr mit dem Knüppel mehrere Schläge auf den Kopf, bis sie zu Boden ging. Dann verließ er fluchtartig die Wohnung. Aus Angst vor Entdeckung entledigte er sich später in einem Park der Beute. ◄

Nach der h. L.[160] und der Rspr.[161] führt jedes räumlich-zeitliche Zusammentreffen von Täter und Opfer zu einem Betroffensein, auch wenn der Täter durch die Gewaltanwendung einem Bemerkt-/Erkanntwerden zuvorkommt.

Nach anderer Ansicht[162] bedarf es für ein Betroffensein eines tatsächlichen Bemerktwerdens durch das Opfer. Ist dies nicht der Fall, liege lediglich ein untauglicher Versuch vor.

Zwar wird für die restriktive Ansicht der Wortlaut ins Feld geführt, weil im Falle eines nur geglaubten Bemerktwerdens der Täter nicht wirklich betroffen werde, sodass sich die Frage einer gem. Art. 103 II GG, § 1 StGB unzulässigen Analogie stellt. Ferner ist zuzugeben, dass eine Versubjektivierung des objektiven Tatbestands

---

[157] Sinn, in: SK-StGB, 9. Aufl. 2019, § 252 Rn. 9; aus der Rspr. vgl. zuletzt BGH B. v. 04.08.2015 – 3 StR 112/15 – NJW 2015, 3178 = NStZ 2015, 700 = StV 2016, 284 (Anm. Eisele JuS 2015, 1043; RÜ 2015, 719; Becker NStZ 2015, 701; Brüning ZJS 2016, 386; Küper StV 2016, 285).

[158] Sinn, in: SK-StGB, 9. Aufl. 2019, § 252 Rn. 9; aus der Rspr. vgl. BGH U. v. 03.07.1958 – 4 StR 208/58 – NJW 1958, 1547.

[159] Hierzu Eisele, BT II, 6. Aufl. 2021, Rn. 405ff.; Fischer, StGB, 71. Aufl. 2024, § 252 Rn. 6; Hillenkamp/Cornelius, 40 Probleme aus dem Strafrecht BT, 13. Aufl. 2020, 27. Problem; Schwarzer ZJS 2008, 265.

[160] S. nur Bosch, in: Schönke/Schröder, StGB, 30. Aufl. 2019, § 252 Rn. 4.

[161] S. o.; s. auch Fischer, StGB, 71. Aufl. 2024, § 252 Rn. 6.

[162] Z. B. Sander, in: MK-StGB, 4. Aufl. 2021, § 252 Rn. 9, 11.

vermieden werden muss. Dennoch ist der h. M. recht darin zu geben, dass der Wortlaut jedes faktische Zusammentreffen erfassen kann. Ob sich ein Betroffener tatsächlich entschließt, dem Täter die Beute wegzunehmen, ist daher unerheblich, zumal in beiden Fällen die gleiche Gefährdungslage und damit Schutzwürdigkeit besteht. Der antizipierend agierende Täter zeigt sogar erhöhte kriminelle Energie.

cc) Gegen eine Person Gewalt verübt oder Drohungen mit gegenwärtiger Gefahr für Leib oder Leben anwendet

S. o. bei § 249 StGB.

Bisweilen vertretene Restriktionsansätze[163] lehnt die ganz h. M.[164] ab, sodass auch i.R.d. § 252 StGB die Anforderungen an die Kraftentfaltung beim Täter und die physische Zwangswirkung auf das Opfer nicht sonderlich hoch sind (vgl. z. B. Schubsen).

Keine Gewaltausübung ist das bloße Losreißen.[165]

Das Nötigungsmittel muss nicht notwendig gegen den Vortatgeschädigten eingesetzt werden, auch andere Menschen sind taugliche Opfer,[166] v. a. schutzbereite Personen (Passanten, Polizisten, Detektive etc.) oder solche, die der Täter dafür hält. Hierbei ist es unwesentlich, ob der Täter Gewalt gegenüber einer Person anwendet, die ihm selbst das Diebesgut entreißen will, oder gegenüber einer solchen, die lediglich seine Flucht zu hindern sucht, um seine unmittelbar bevorstehende Durchsuchung und Überführung sowie die Entziehung der Beute durch die herbeigerufene Polizei zu ermöglichen.[167] Nicht erfasst sind aber Mittäter der Vortat, etwa bei Streit um Beuteanteile.[168]

Eine Personalunion von Wahrnehmungssubjekt und Nötigungsopfer ist nach der Rspr. ebenfalls nicht erforderlich.[169]

b) Subjektiver Tatbestand

aa) Vorsatz
Gem. § 15 StGB ist Vorsatz erforderlich.

---

[163] S. LG Gera U. v. 29.09.1999 – 540 Js 15206/98-4 Ns – NJW 2000, 159 = StV 2000, 562 (Anm. Otto JK 2001 StGB § 249/7).
[164] S. nur Kindhäuser/Hilgendorf, LPK, 9. Aufl. 2022, § 252 Rn. 13; aus der Rspr. vgl. OLG Brandenburg B. v. 28.11.2007 – 1 Ss 94/07 – NStZ-RR 2008, 201 (Anm. LL 2008, 605; famos 9/2008).
[165] Fischer, StGB, 71. Aufl. 2024, § 252 Rn. 8; aus der Rspr. vgl. OLG Koblenz U. v. 14.05.2008 – 1 Ss 53/08 – StV 2008, 474.
[166] Ganz h. M., Kindhäuser/Hilgendorf, LPK, 9. Aufl. 2022, § 252 Rn. 13; aus der Rspr. vgl. OLG Köln U. v. 27.01.1967 – Ss 586/66 – NJW 1967, 739 (Anm. Schröder NJW 1967, 1335).
[167] Kindhäuser/Hilgendorf, LPK, 9. Aufl. 2022, § 252 Rn. 13; OLG Köln U. v. 27.01.1967 – Ss 586/66 – NJW 1967, 739 (Anm. Schröder NJW 1967, 1335).
[168] Sinn, in: SK-StGB, 9. Aufl. 2019, § 252 Rn. 13.
[169] BGH B. v. 14.03.2023 – 4 StR 451/22 – NStZ 2023, 550 = StV 2024, 567 (Anm. Jäger JA 2023, 697; LL 2023, 757; RÜ 2023, 514; famos 10/2023; Habetha NStZ 2023, 551).

bb) Um sich im Besitz des gestohlenen Gutes zu erhalten

▶ **Didaktischer Aufsatz**
- Dehne-Niemann, Tatbestandslosigkeit der Drittbesitzerhaltungsabsicht und Beteiligungsdogmatik, JuS 2008, 589

Der Täter muss handeln, „um sich im Besitz des gestohlenen Gutes zu erhalten", was üblicherweise in einem Wort als Besitzerhaltungsabsicht (bisweilen wortlautfern auch: Beutesicherungsabsicht) ausgedrückt wird.[170] Zur Absicht als qualifizierte Form des Vorsatzes s. bereits im Allgemeinen Teil.

Es handelt sich um eine modifizierte (verlängerte) Form der Zueignungsabsicht[171] und insofern um ein **rein subjektives** Tatbestandsmerkmal; es ist irrelevant, ob der Täter erfolgreich darin ist, seinen Besitz zu erhalten[172] oder ob tatsächlicher Besitz überhaupt noch besteht.[173]

Es kommt nicht darauf an, aus welchen Beweggründen der Täter diesen Besitz zu sichern sucht, und ob er die gestohlene Sache für eine längere oder kurze Zeit, zur Verwertung oder zur Vernichtung behalten will; es reicht insoweit aus, dass er seinen Gewahrsam über den Zeitpunkt der Gewaltverübung hinaus aufrechterhalten will.[174]

Nicht erfasst ist es, wenn der Täter die Absicht hat, bereits verlorenen Besitz **wiederzuerlangen**.[175] Hier greifen ggf. die §§ 249, 253, 255 StGB.

Die Absicht zur Besitzerhaltung ist ferner zu unterscheiden von ausschließlichem **Fluchtverhalten, Verdeckungsverhalten** und der **Absicht zur Verhinderung der Festnahme** sowie reiner **Wut**, der schieren Absicht, sich der Beute zu **entledigen** o. Ä.[176] Starkes Indiz mangelnder Besitzerhaltungsabsicht ist natürlich das Zurücklassen der Beute.

---

[170] S. nur Eisele, BT II, 6. Aufl. 2021, Rn. 412.

[171] Sinn, in: SK-StGB, 9. Aufl. 2019, § 252 Rn. 17–19; aus der Rspr. vgl. zuletzt BGH B. v. 12.02.2020 – 1 StR 25/20 – StV 2021, 217.

[172] Fischer, StGB, 71. Aufl. 2024, § 252 Rn. 10; aus der Rspr. vgl. BGH U. v. 10.09.1968 – 1 StR 384/68 – NJW 1968, 2386; OLG Hamm B. v. 10.01.2005 – 2 Ss 230/04 – StV 2005, 336; BGH B. v. 12.10.2016 – 4 StR 78/16 – NStZ-RR 2017, 74.

[173] Eisele, BT II, 6. Aufl. 2021, Rn. 414.

[174] Fischer, StGB, 71. Aufl. 2024, § 252 Rn. 9; aus der Rspr. vgl. OLG Köln U. v. 27.01.1967 – Ss 586/66 – NJW 1967, 739 (Anm. Schröder NJW 1967, 1335).

[175] Kindhäuser/Hilgendorf, LPK, 9. Aufl. 2022, § 252 Rn. 14; aus der Rspr. vgl. BGH U. v. 22.08.1984 – 3 StR 203/84 – StV 1985, 13 (Anm. Geppert JK 1985 StGB § 252/2; Brandts/Seier JA 1985, 174; Sonnen JA 1985, 243).

[176] Eisele, BT II, 6. Aufl. 2021, Rn. 413; aus der Rspr. vgl. zuletzt KG B. v. 01.07.2016 – (3) 121 Ss 100/16 (59/16) – StV 2019, 108; BGH B. v. 13.11.2019 – 1 StR 386/19 – NStZ-RR 2020, 175.

Beispiel 306

BGH B. v. 01.10.2008 – 5 StR 445/08 – BGHSt 52, 376 = NJW 2008, 3651 = NStZ 2009, 36 = StV 2008, 641 (Anm. Deiters ZJS 2008, 672; RA 2008, 775; Geppert JK 2009 StGB § 250 II Nr. 1/7; LL 2009, 35; Mitsch JR 2009, 298; Winkler jurisPR-StrafR 1/2009 Anm. 1):

B entnahm in Ausnutzung einer kurzzeitigen Abwesenheit der Kassiererin Z Geld aus einer Kinokasse, wurde dann aber noch in unmittelbarer Nähe der Kassen von mehreren Unbeteiligten überwältigt, zu Boden gebracht und dort festgehalten. B wehrte sich gegen diese Übermacht massiv, indem er mit großem Kraftaufwand durch Winden und Zappeln versuchte, sich den Griffen zu entziehen, was ihm jedoch nicht gelang. Vergeblich versuchte er, den Ellenbogen eines der ihn festhaltenden Personen nach oben zu drücken. Dabei hielt er das erbeutete Geldbündel zunächst fest. Nachdem er im weiteren Verlauf des Geschehens die Hände frei bekommen hatte, nutzte B dies, um Pfefferspray aus seiner Kleidung zu holen und es in Richtung der Personen zu sprühen, die dadurch verletzt wurden. Alsbald nach Beginn des Sprühens ließ B seine gesamte Beute fallen. Durch den Einsatz des Pfeffersprays wollte er seine Flucht erreichen. ◄

B ließ beim Sprühen mit dem Pfefferspray seine gesamte Beute fallen. Er hatte nicht die Absicht, sich im Besitz seiner Beute zu erhalten, sondern wollte nur seine Flucht erreichen.

Die Besitzerhaltungsabsicht darf nicht ohne Weiteres daraus gefolgert werden, dass der Täter sich seiner **Beute nicht entledigt** und diese noch bei sich hat und mitnimmt.[177] Manchmal hat der Täter nämlich nicht die Möglichkeit, sich der Beute zu entledigen, ohne seine Fluchtchancen zu verschlechtern. Freilich hat dies in einer Fallbearbeitung eine starke Indizfunktion.

Zu beachten ist auch, dass Absicht erforderlich ist und bloße Wissentlichkeit nicht genügt.[178]

Die Besitzerhaltung braucht bei alledem **nicht das einzige Ziel** zu sein, solange sie nicht nur ganz untergeordnet ist (**Motivbündel**).[179] In vielen Fällen wird der Täter also kumulativ Flucht und Besitzerhaltung erstreben.

In § 252 StGB hat der Gesetzgeber – wohl versehentlich anders als z. B. in den §§ 242, 246, 249, 253, 263 StGB – allein die Selbstbesitzerhaltungsabsicht normiert

---

[177] Kindhäuser/Hilgendorf, LPK, 9. Aufl. 2022, § 252 Rn. 14; aus der Rspr. vgl. zuletzt BGH B. v. 04.09.2014 – 1 StR 389/14 – NStZ 2015, 157 = StV 2015, 175 (Anm. RÜ 2015, 24); AG Rudolstadt U. v. 10.03.2016 – 312 Js 24369/15 1 Ls jug. – NStZ-RR 2016, 229 = StV 2016, 693.

[178] Sinn, in: SK-StGB, 9. Aufl. 2019, § 252 Rn. 17; aus der Rspr. vgl. OLG Zweibrücken B. v. 20.04.1994 – 1 Ss 43/94 – StV 1994, 545 (Anm. Geppert JK 1995 StGB § 252/5); AG Rudolstadt U. v. 10.03.2016 – 312 Js 24369/15 1 Ls jug. – NStZ-RR 2016, 229 = StV 2016, 693.

[179] Sinn, in: SK-StGB, 9. Aufl. 2019, § 252 Rn. 18; aus der Rspr. vgl. zuletzt BGH B. v. 13.11.2019 – 1 StR 386/19 – NStZ-RR 2020, 175; BGH B. v. 12.02.2020 – 1 StR 25/20 – StV 2021, 217; BGH U. v. 09.03.2023 – 3 StR 392/22 – NStZ 2023, 489 (Anm. Kudlich/Schütz NStZ 2023, 490).

(„sich"), **nicht** aber eine **Drittbesitzerhaltungsabsicht**, woraus sich schwierige Fragen der Beteiligungslehre ergeben.[180]

Dies betrifft zunächst die **Mittäterschaft**: Hier ist umstritten, ob der Besitz eines Mittäters zugerechnet wird.[181]

> **Beispiel 307**
>
> **BGH B. v. 16.09.2014 – 3 StR 373/14 – NStZ 2015, 276 = StV 2015, 114 (Anm. Satzger Jura 2015, 768; Jahn JuS 2015, 78; LL 2015, 494; RÜ 2015, 24; Dehne-Niemann NStZ 2015, 251):**
>
> B1 und B2 lernten in den frühen Morgenstunden des 14.04.2012 den Z kennen und konsumierten gemeinsam in dessen Wohnung Alkohol, möglicherweise auch Amphetamin. Während einer kurzen Abwesenheit des Gastgebers fassten sie aufgrund einer entsprechenden Idee der B2 gemeinsam den Entschluss, diesem dessen Notebook zu entwenden. B2 wollte das Gerät als Ersatz für ihren eigenen, defekten Computer nutzen. Sie nahm das Notebook an sich und steckte es samt Ladekabeln in einen Jute-Beutel. Als sie und B1 die Wohnung des Z verlassen wollten, stellte dieser sie im Wohnungsflur und näherte sich der B2, um dieser den Computer wieder abzunehmen. Um das Notebook nicht wieder zu verlieren, entschloss sich B1, die erstrebte Rückerlangung des Notebooks durch Anwendung körperlicher Gewalt zu verhindern. Hierzu versetzte B1 dem Z in der Folgezeit mehrere Faustschläge und brachte ihn wiederholt zu Boden, wobei sich der Ort des Geschehens verlagerte, da Z der B2, die ihrerseits mehrfach auf ihn einschlug, und dem B1 immer wieder nacheilte. Zuletzt versetzte dieser dem Z ohne Wissen der B2 mehrere Schläge mit einem Ast gegen Körper und Kopf. ◄

B1 und B2 hatten den Diebstahl des Notebooks in Mittäterschaft (§ 25 II StGB) begangen. Das Notebook befand sich nun im Besitz der B2, B1 wendete aber körperliche Gewalt gegen Z an. Fraglich ist, ob dem B2 der Besitz des Notebooks zugerechnet werden muss, sodass er gehandelt haben kann, um sich im Besitz der Beute zu erhalten.

Die Rspr.[182] und die h. L.[183] rechnen den Besitz via § 25 StGB zu.

Die Gegenauffassung[184] lehnt dies ab.

Gegen die h. M. sprechen die besseren Gründe, weil der Besitz im Rahmen des § 252 StGB gerade kein zurechenbares objektives Tatbestandsmerkmal ist und damit für jeden Beteiligten gesondert vorliegen muss. Mithin ist das Versäumnis des Gesetzgebers, eine etwaige Drittzueignungsabsicht zu regeln, nicht durch Tatbestandsauslegung auszugleichen.

---

[180] Hierzu Fischer, StGB, 71. Aufl. 2024, § 252 Rn. 9a, 11ff.; Eisele, BT II, 6. Aufl. 2021, Rn. 416ff.; Arndt GA 1954, 269; Weigend GA 2007, 274; Dehne-Niemann JuS 2008, 589.

[181] Hierzu Eisele, BT II, 6. Aufl. 2021, Rn. 418; aus der Rspr. vgl. zuletzt BGH B. v. 13.11.2019 – 1 StR 386/19 – NStZ-RR 2020, 175.

[182] S. z. B. BGH U. v. 08.07.1954 – 4 StR 350/54 (Kartenspieler) – BGHSt 6, 248 (251).

[183] Z. B. Bosch, in: Schönke/Schröder, StGB, 30. Aufl. 2019, § 252 Rn. 7, 10; Kindhäuser/Hoven, in: NK-StGB, 6. Aufl. 2023, § 252 Rn. 20.

[184] Dehne-Niemann NStZ 2015, 251.

Umstritten ist des Weiteren, ob der Vortäter einen Dritten (z. B. auch einen Teilnehmer des Diebstahls) als **mittelbarer Täter** nach § 25 I 2. Var. StGB durch Einsatz eines absichtslos-dolosen Werkzeugs beherrschen kann.[185]

Eine solche Konstruktion wird für die vorliegende Konstellation im Rahmen des § 252 StGB in der Rspr.[186] und von Teilen der Literatur[187] vertreten, ist aber abzulehnen:[188] Wer eine tatbestandlich geforderte Absicht aufweist, begeht deshalb noch nicht die Tat „durch" den Absichtslosen; er beherrscht ihn nicht; für Tatherrschaft ist über das Vorliegen eines Defektes hinaus erforderlich, dass der Hintermann sich diesen Defekt zu Nutze macht, dass er den Tatmittler also (z. B. durch Zwang, Irrtum oder Schuldunfähigkeit) in der Hand hat. Von einem „In-der-Hand-Halten" eines die Situation völlig erfassenden Vordermannes kann nicht die Rede sein.

3. Rechtswidrigkeit
Es gelten die allgemeinen Grundsätze.

4. Schuld
Es gelten die allgemeinen Grundsätze.

5. Rechtsfolgen
§ 252 StGB verweist durch Wendung „gleich einem Räuber zu bestrafen" (auch) bzgl. der Rechtsfolgen auf § 249 StGB, s. o.

6. Sonstiges
§ 252 StGB verdrängt § 242 StGB (auch dessen Abs. 4[189]), und zwar auch dann, wenn § 252 StGB lediglich versucht ist.[190]

Ist die Vortat ein Raub, so tritt der räuberische Diebstahl als mitbestrafte Nachtat hinter den Raub zurück (ggf. leben dann zur Klarstellung, dass auch in der Beendigungsphase Nötigungsmittel eingesetzt wurden, die §§ 240, 241 StGB wieder auf, v. a. ggü. nicht durch die Vortat Geschädigten); anders ist dies dann, wenn der räuberische Diebstahl qualifiziert oder schwerer qualifiziert ist als die Vortat, dann nämlich verdrängt § 252 StGB den Raub.[191]

---

[185] Hierzu Eisele, BT II, 6. Aufl. 2021, Rn. 421; aus der Rspr. vgl. BGH U. v. 08.07.1954 – 4 StR 350/54 (Kartenspieler) – BGHSt 6, 248 = NJW 1954, 1495 (Anm. Roxin, Höchstrichterliche Rspr. AT, 1998, Nr. 77); BGH B. v. 24.09.1990 – 4 StR 384/90 – NStZ 1991, 47 = StV 1991, 349 (Anm. Otto JK 1991 StGB § 252/4; Scheffler NStZ 1991, 348; Schlothauer StV 1991, 350; Niemöller JZ 1991, 884; Geppert JK 1992 StPO § 244 VI/1); BGH B. v. 04.12.2007 – 2 StR 469/07.
[186] S. o.
[187] Hillenkamp JuS 2003, 157 (160).
[188] Zum Folgenden Dehne-Niemann JuS 2008, 589 (591f.).
[189] Vgl. aus der Rspr. BGH B. v. 11.04.2022 – 2 StR 321/21 (Anm. Kudlich JA 2022, 695).
[190] Bosch, in: Schönke/Schröder, StGB, 30. Aufl. 2019, § 252 Rn. 13; aus der Rspr. vgl. OLG Karlsruhe B. v. 17.10.1977 – 3 Ss 350/77 – NJW 1978, 769; BGH B. v. 12.10.2016 – 4 StR 78/16 – NStZ-RR 2017, 74 = StV 2017, 588.
[191] H. M., Eisele, BT II, 6. Aufl. 2021, Rn. 423; aus der Rspr. vgl. zuletzt BGH B. v. 14.10.2015 – 5 StR 385/15 (Anm. RÜ 2016, 31); BGH B. v. 11.10.2017 – 1 StR 389/17 – NStZ 2018, 103.

III. Qualifikationen und Erfolgsqualifikation, §§ 252 i. V. m. 250, 251 StGB

Der Täter des § 252 StGB ist „gleich einem Räuber zu bestrafen". Daher finden die §§ **250, 251 StGB** in Gestalt eines schweren bzw. besonders schweren räuberischen Diebstahls oder räuberischen Diebstahls mit Todesfolge sinngemäß Anwendung.[192] In den betreffenden Vorschriften ist tatbestandlich jeweils das Merkmal „Raub" durch das des „räuberischen Diebstahls" zu ersetzen.

Allein die Nötigungshandlung muss dabei unter den qualifizierenden Merkmalen begangen werden, nicht die Vortat.[193]

C. Erpressung, § 253 StGB; räuberische Erpressung, § 255 StGB

▶ Didaktische Aufsätze
- Geilen, Raub und Erpressung (§§ 249–256 StGB), Jura 1979, 53, 109, 165, 221, 277, 333, 389, 445, 501, 557, 613 und Jura 1980, 43
- Schünemann, Raub und Erpressung, JA 1980, 349, 393 und 486

I. (Sog. einfache) Erpressung, § 253 StGB

1. Aufbau
I. Tatbestand
  1. Objektiver Tatbestand
     a) Einen (anderen) Menschen
     b) Gewalt oder Drohung mit einem empfindlichen Übel
     c) Handlung, Duldung oder Unterlassung
     d) Dem Vermögen des Genötigten oder eines anderen Nachteil zufügt
     e) Mit, durch, zu einer, dadurch
  2. Subjektiver Tatbestand
     a) Vorsatz
     b) Um sich oder einen Dritten zu Unrecht (und stoffgleich) zu bereichern
II. Rechtswidrigkeit
  1. Allgemeines
  2. Als verwerflich anzusehen, § 253 II StGB

---

[192] Kindhäuser/Hilgendorf, LPK, 9. Aufl. 2022, § 252 Rn. 1; aus der Rspr. vgl. BGH B. v. 03.05.2002 – 2 StR 133/02 – NStZ-RR 2002, 237; BGH B. v. 01.10.2008 – 5 StR 445/08 – BGHSt 52, 376 = NJW 2008, 3651 = NStZ 2009, 36 = StV 2008, 641 (Anm. Deiters ZJS 2008, 672; RA 2008, 775; Geppert JK 2009 StGB § 250 II Nr. 1/7; LL 2009, 35; Mitsch JR 2009, 298; Winkler jurisPR-StrafR 1/2009 Anm. 1).

[193] Kindhäuser/Hoven, in: NK-StGB, 6. Aufl. 2023, § 252 Rn. 27; aus der Rspr. vgl. RG U. v. 16.02.1937 – 1 D 14/37 – RGSt 71, 65; BGH U. v. 16.03.1962 – 4 StR 14/62 – BGHSt 17, 179 = NJW 1962, 1258.

III. Schuld
IV. Rechtsfolgen: Besonders schwerer Fall, § 253 IV StGB

2. Allgemeines

§ 253 StGB[194] stellt die Erpressung unter Strafe.

> **§ 253 StGB (Erpressung)**
> (1) Wer einen Menschen rechtswidrig mit Gewalt oder durch Drohung mit einem empfindlichen Übel zu einer Handlung, Duldung oder Unterlassung nötigt und dadurch dem Vermögen des Genötigten oder eines anderen Nachteil zufügt, um sich oder einen Dritten zu Unrecht zu bereichern, wird mit Freiheitsstrafe bis zu fünf Jahren oder mit Geldstrafe bestraft.
> (2) Rechtswidrig ist die Tat, wenn die Anwendung der Gewalt oder die Androhung des Übels zu dem angestrebten Zweck als verwerflich anzusehen ist.
> (3) Der Versuch ist strafbar.
> (4) In besonders schweren Fällen ist die Strafe Freiheitsstrafe nicht unter einem Jahr. Ein besonders schwerer Fall liegt in der Regel vor, wenn der Täter gewerbsmäßig oder als Mitglied einer Bande handelt, die sich zur fortgesetzten Begehung einer Erpressung verbunden hat.

Geschützte **Rechtsgüter** sind das Vermögen als Ganzes und die Freiheit der Willensentschließung und -betätigung.[195]

§ 253 StGB ist eine Qualifikation des § 240 StGB,[196] an die immer dann zu denken ist, wenn der Nötigungserfolg ein Vermögensnachteil ist.

3. Tatbestand

a) Objektiver Tatbestand

aa) Einen (anderen) Menschen
Taugliches Tatopfer ist jeder vom Täter verschiedene Mensch.

---

[194] Hierzu Geilen Jura 1979, 53, 109, 165, 221, 277, 333, 389, 445, 501, 557, 613 und 669, Jura 1980, 43; Schünemann JA 1980, 349, 393 und 486.
[195] Eisele, BT II, 6. Aufl. 2021, Rn. 752; aus der Rspr. vgl. zuletzt BGH U. v. 27.01.2022 – 3 StR 245/21 – NJW 2022, 953 = NStZ 2022, 743 (Anm. Bosch Jura 2022, 780; Eisenberg NStZ 2022, 746; Kudlich NStZ 2022, 748; Pschorr jurisPR-StrafR 7/2022 Anm. 3).
[196] Sinn, in: SK-StGB, 9. Aufl. 2019, § 253 Rn. 2; aus der Rspr. vgl. RG U. v. 05.05.1908 – II 320/08 – RGSt 41, 276.

bb) Gewalt oder Drohung mit einem empfindlichen Übel
Die Nötigungsmittel entsprechen denen des § 240 StGB, sodass die dortigen Ausführungen[197] entsprechend gelten.

cc) Handlung, Duldung oder Unterlassung; Erfordernis einer Vermögensverfügung?
Zwischenerfolg der Erpressung ist nach dem **Wortlaut** des § 253 I StGB eine „Handlung, Duldung oder Unterlassung".

Ob darüber hinaus eine **Vermögensverfügung** vorausgesetzt wird, ist umstritten; hierzu s. o. bei § 249 StGB (Problematik der Anforderungen an ein Einverständnis in Abhängigkeit von der Grundkonzeption zur „Abgrenzung" von Raub und räuberischer Erpressung.

Genötigter und Geschädigter müssen nicht identisch sein (**Dreieckserpressung** in „Abgrenzung" zum Raub oder Diebstahl in mittelbarer Täterschaft).[198] Zum verwandten Dreiecksbetrug s. o. bei § 263 StGB.

Beispiel 308

BGH U. v. 20.04.1995 – 4 StR 27/95 – BGHSt 41, 123 = NJW 1995, 2799 = NStZ 1995, 498 = StV 1995, 416 (Anm. Mitsch NStZ 1995, 498; Otto JZ 1995, 1020; Otto JK 1996 StGB § 253/4; Biletzki JA 1996, 189; Martin JuS 1996, 79; Krack JuS 1996, 493; Wolf JR 1997, 73):

B1 und B2 suchten eine Auseinandersetzung mit Z. Während B1 dabei u. a. die Überlassung von Geld oder anderen verwertbaren Gegenständen des Z anstrebte, ging es dem B2 darum, Z wegen vorangegangener Auseinandersetzungen zwischen diesem und seiner, des B2, derzeitigen Lebensgefährtin zur Rede zu stellen. Als B2 den Z mit einem Stilett bedrohte, erklärte dieser, vor dem Messer keine Angst zu haben. Wegen dieser Äußerung und wegen der zwischen Z und der Lebensgefährtin des B2 aufgetretenen Probleme geriet B2 in immer stärkerem Maße in Wut und Erregung und stach ihm mit einem Messer in den Bauch. Z sank daraufhin zu Boden. In dem Bewusstsein, dass die vorangegangene Gewaltanwendung, der Messerstich von B2 gegen Z, nachhaltigen Eindruck auf die Lebensgefährtin des Z, machen würde, forderte B1 diese nunmehr auf, dem am Boden liegenden Z die Uhr vom Handgelenk zu nehmen und an ihn zu übergeben. Das nahm auch B2 wahr. Er billigte das Vorhaben des B1 und machte es sich zu eigen. Auch er wollte seinen vorangegangenen Messerstich nunmehr auch so für sich nutzen. Noch unter diesem Eindruck stehend, nahm die Lebensgefährtin des Z diesem die Uhr vom Arm und übergab sie an B1. Anschließend verließen B1 und B2 unter Mitnahme der Armbanduhr die Wohnung. ◄

In der Aufforderung an die Lebensgefährtin des Z liegt eine konkludente Drohung; geschädigt ist aber Z, dessen Uhr weggenommen wurde.

---

[197] S. bei den Nichtvermögensdelikten.
[198] Hierzu Otto ZStW 1967, 59; Rengier JZ 1985, 565; Ebel Jura 2007, 897; aus der Rspr. vgl. zuletzt BGH B. v. 08.01.2020 – 4 StR 548/19 – NStZ 2020, 286 = StV 2020, 672 (Anm. Jäger JA 2020, 551; LL 2020, 471; RÜ 2020, 310; Habetha NStZ 2020, 286).

C. Erpressung, § 253 StGB; räuberische Erpressung, § 255 StGB

Beispiel 309

BGH B. v. 22.11.2012 – 1 StR 378/12 – StV 2013, 445 (Anm. Bosch JK 2013 StGB § 252/8; Kudlich JA 2013, 310; LL 2013, 507; RÜ 2013, 170; famos 10/2013):
B fuhr am frühen Morgen des 09.01.2011 ohne Fahrkarte im Nachtzug Richtung Zürich. Er stahl zwei schlafenden Reisenden Bargeld, ein Mobiltelefon und Ausweise. Dabei führte er ein Springmesser mit einer Klingenlänge von ca. 10 bis 15 cm mit sich. Da er von Abteil zu Abteil lief, fiel er gegen 04:50 Uhr im Schlafwagen einem Zugbegleiter Z auf. Z war vor einigen Jahren schon einmal mit B in einem Zug zusammengetroffen. Auch damals bestand offenbar ein Diebstahlsverdacht, ein Nachweis konnte aber letztlich nicht erbracht werden. Jedenfalls wollte Z die Fahrkarte des B sehen, die dieser nicht vorweisen konnte. Zunächst gingen B und Z zum nicht jedermann zugänglichen Gepäckabteil des Fahrradwagens. Von dort ging B an dem Zugbegleiter vorbei zu einem anderen Wagen. Dabei hatte er mehrere Jacken über dem Arm, in denen sich das Diebesgut befand. Da sich der Zugbegleiter nicht mit „Ausreden" zufrieden gab, zog B die Notbremse, um mit dem Diebesgut flüchten zu können und seine Identifizierung zu verhindern. B drängte zum Ausgang und drückte Z an die Wand. Als B auf dem Trittbrett stand, lagen die Jacken mit dem Diebesgut auf dem Boden. B und Z griffen nach den Jacken. B zog das Messer, ließ die Klinge herausschnellen und hielt es drohend gegen Z. Dieser wehrte sich, am Ende lag das Messer auf dem Boden. B stürzte aus dem Zug, konnte aber noch die Jacken und das Messer ergreifen. Er flüchtete und konnte erst später in Ungarn verhaftet werden. ◂

Z drohte mit dem Messer dem B; Geschädigte sind bei dessen Unterlassen aber die Eigentümer der Jacken.

Die Handhabung der h. M. ähnelt der beim Dreiecksbetrug (sog. Lagertheorie). Wie auch bei § 263 StGB ist hingegen an sich darauf abzustellen, ob der Handelnde bei pflichtgemäßer Überprüfung davon überzeugt sein durfte, zu seinem Handeln berechtigt zu sein. Bei Angestellten eines Unternehmens ist das ohne Weiteres der Fall. Freilich ist dies deshalb zu modifizieren, weil der Handelnde nicht getäuscht, sondern offen genötigt wird (und eine vorher erteilte Befugnis schon deshalb nicht verlangt werden kann, weil man mit Nötigungen i. d. R. nicht rechnen wird) – es kommt daher auf eine **normativ fundierte Verbundenheit vor Beginn der Nötigung** an, die jedenfalls bei Verwandtschaft zu bejahen ist, aber – ähnlich wie bei der sog. Garantenstellung nach § 13 StGB – auch bei enger freundschaftlicher Verbundenheit. Dies entspricht letztlich den Ergebnissen der sog. Lagertheorie.

dd) Dem Vermögen des Genötigten oder eines anderen Nachteil zufügt
Der Täter muss einen Vermögensnachteil zufügen. Dies ist so zu verstehen wie der **Vermögensschaden bei § 263 StGB**,[199] sodass die dortigen problematischen

---
[199] Kindhäuser/Hilgendorf, LPK, 9. Aufl. 2022, § 253 Rn. 32; aus der Rspr. vgl. zuletzt BGH U. v. 04.10.2017 – 2 StR 260/17 – NJW 2018, 1334 = NStZ 2018, 213 (Anm. Schilling NStZ 2018, 214).

Institute (z. B. Gefährdungsschaden) und Fallkonstellationen auch bei der Erpressung auftreten können.

Da bei § 253 StGB richtigerweise keine Vermögensverfügung zu verlangen ist, sind bestimmte Fragen, die beim Betrug i.R.d. Vermögensverfügung zu prüfen sind, bei der Erpressung beim Vermögensschaden zu prüfen (z. B. Vermögensbegriff).

Verlor das Opfer den Vermögensgegenstand (z. B. Sachbesitz) bereits vor der Nötigungshandlung (z. B. täuschungs- oder wegnahmebedingt) und unterlässt es nötigungsbedingt die Geltendmachung von Herausgabeansprüchen, so spricht man von einer **Sicherungserpressung**.[200] Relevant ist die Frage der Strafbarkeit nach § 253 StGB (ggf. i. V. m. §§ 255 sowie 250, 251 StGB) v. a. dann, wenn § 252 StGB nicht greift (insbesondere mangels tauglicher Vortat oder Besitzerhaltungsabsicht).

Beispiel 310

BGH B. v. 27.05.2008 – 4 StR 58/08 – NStZ 2008, 627 = StV 2009, 354 (Anm. RA 2008, 612; Satzger JK 2009 StGB § 263 I/84; Kindhäuser StV 2009, 355):
B1 bot dem B2 einen Mercedes-Vito-Transporter, den Freunde von ihm mittels eines gefundenen Fahrzeugschlüssels gestohlen hatten, zum „Kauf" an. B2 ging zum Schein auf das Angebot ein und bot für den Transporter, der einen Wert von etwa 20.000 € hatte, 500 € an. Tatsächlich hatte er vor, sich das Fahrzeug zu verschaffen, ohne etwas dafür zu bezahlen. In diesen Plan weihte er B3 und B4 ein. Gemeinsam holten die drei den B1 am späten Abend ab und fuhren mit ihm im Fahrzeug des B3 zum Abstellort des Transporters. B2 ließ sich die Fahrzeugschlüssel aushändigen und erklärte dem B1 wahrheitswidrig, dieser werde das Geld erhalten, sobald der Transporter in L., wohin sie nun alle fahren würden, an den Endabnehmer verkauft worden sei. Er fuhr mit dem Transporter voran. B3 folgte ihm zunächst mit seinem Fahrzeug, auf dessen Rücksitz B1 und B4 saßen. Sodann bog er absprachegemäß in ein Waldstück und hielt dort an. B4 forderte den B1 mehrfach auf auszusteigen. Dieser widersetzte sich zunächst unter Hinweis auf die ausstehende Bezahlung. Erst als B4 ihm – entsprechend dem gemeinsamen Tatplan – einen waffenartigen Gegenstand, den er zum Schein laut durchgeladen hatte, an den Kopf hielt, stieg B1 aus und verzichtete endgültig auf die 500 € und den Transporter. ◄

Beispiel 311

BGH B. v. 26.05.2011 – 3 StR 318/10 – NStZ 2012, 95 = StV 2011, 677 (Anm. Jäger JA 2011, 950; LL 2011, 805; RA 2011, 551; Satzger JK 2012 StGB §§ 253, 255/15; Mitsch HRRS 2012, 181):
B1 betrieb einen Autohandel. Sein Bruder B2 war dort als Angestellter tätig. Z1 unterhielt einen Kfz-Ersatzteilhandel; dort arbeitete sein Schwager Z2. Sie alle

---

[200] Hierzu Grabow NStZ 2014, 121; aus der Rspr. vgl. zuletzt BGH B. v. 23.03.2021 – 3 StR 68/21 – StV 2021, 477; BGH U. v. 09.06.2021 – 2 StR 13/20 – NStZ-RR 2021, 281 (Anm. RÜ 2021, 715; Bosch Jura 2022, 256; Eisele JuS 2022, 79).

kannten sich über ihre Geschäftsbeziehungen. Am Vormittag des 19.11.2008 suchten B1 und B2 den Z1 auf. Sie wollten einen Airbag, den sie für 250 € von ihm gekauft hatten, wegen eines Defektes umtauschen. Außerdem wollten sie sich von Z1 einen Betrag von 100 € zurückzahlen lassen, der als Differenz aus verschiedenen zuvor abgeschlossenen Handelsgeschäften zu ihren Gunsten verblieben war. Da Z1 keinen funktionierenden Airbag besaß, verlangte der B1 nun 250 € für den Airbag und zusätzlich die fehlenden 100 € aus dem rückabgewickelten Lenkgetriebekauf. Z1 war indes nicht zur Zahlung von 350 € bereit. Daraufhin erklärte B1 in Gegenwart seines Bruders, er werde nun ein Lenkgetriebe im Wert von 450 € mitnehmen und die seine Forderung übersteigenden 100 € an den Geschädigten K zahlen. Dieser war damit einverstanden. Tatsächlich wollte der B1 den Differenzbetrag aber nicht zahlen. Er suchte sich in Begleitung des Z1 ein passendes Lenkgetriebe aus. Nachdem B1 erklärt hatte, das Ersatzteil mitzunehmen, bestand Z2 auf Zahlung. Obwohl er nicht zahlungswillig war, antwortete B1, er werde das Lenkgetriebe ins Auto bringen, von dort sein Portemonnaie holen und die 100 € begleichen. Nachdem B2 die Halle verlassen hatte, folgte ihm sein Bruder mit dem Getriebe, brachte es zu seinem Fahrzeug und rief Z1 zu, er werde wiederkommen. Z1 ließ ihn gehen, weil er „Probleme" mit B1 und B2 vermeiden wollte und auf die Ernsthaftigkeit des Zahlungswillens des B1 vertraute. Als das Getriebe im Kofferraum verstaut war, nahmen B1 und B2 im Pkw Platz. Z1 bemerkte, dass sie nicht zurückkehrten, lief hinterher und stellte sich vor den Wagen, dessen Motor schon gestartet war. Er wollte die Wegfahrt verhindern und B1 und B2 zur Zahlung bewegen. In der Folge schlugen schließlich die aus dem Wagen ausgestiegenen B1 und B2 auf Z1 ein, damit dieser den Weg freigebe und auf die „berechtigte Geldforderung" verzichtete. B1 und B2 wirkten bewusst zusammen, um gemeinsam den geleisteten Widerstand des Z1 zu brechen. Als der auf das Geschehen aufmerksam gewordene Z2 seinem Schwager zur Hilfe eilte, drehte sich B2 um und zog während der Drehbewegung sein Messer, mit dem er in Kopfhöhe in Richtung des Z2 stach, um diesen von der Hilfeleistung abzuhalten. Z2 konnte dem Messer ausweichen und flüchtete. Nach einigen Metern Verfolgung ließ B2 von ihm ab. B1, der wusste, dass sein Bruder das Messer bewusst griffbereit bei sich führte, hatte das Ziehen des Messers und die Verfolgung des Z2 gesehen und gebilligt. Er ließ von Z1 ab und verfolgte Z2 ebenfalls einige Meter, gab dann aber auch auf. ◄

In den vorstehenden Beispielen scheitert § 252 StGB daran, dass ein Betrug (§ 263 StGB) begangen wurde, der keine taugliche Vortat darstellt. Insofern kommt eine Sicherungserpressung in Betracht.

Zur Behandlung der Sicherungserpressung vgl. o. bei § 263 StGB (Sicherungsbetrug): Richtigerweise mangelt es entgegen der Rspr. und Teilen der Lehre nicht an einem Vermögensnachteil, sondern es liegt u. U. Gesetzeskonkurrenz vor (mitbestrafte Vor- oder Nachtat, je nach Grad der Qualifikation).

ee) Mit, durch, zu einer, dadurch
Durch u. a. das Wort „dadurch" werden in § 253 I StGB Nötigungsmittel und Vermögensnachteil in Beziehung zueinander gesetzt. Anders als beim Raub ist bei

der Erpressung anerkannt, dass ein **objektiver Kausalzusammenhang** gegeben sein muss.[201]

Zudem muss subjektiv ein **finaler Zusammenhang** zwischen Nötigungshandlung und vermögensschädigendem Nötigungserfolg bestehen, das Nötigungsmittel also gezielt eingesetzt worden sein, um das vermögensschädigende Verhalten des Opfers zu erreichen.[202]

Hier stellen sich die gleichen Fragen wie beim Raub (v. a. bei Motivwechsel).

b) Subjektiver Tatbestand

aa) Vorsatz
Gem. § 15 StGB ist Vorsatz erforderlich.

bb) Um sich oder einen Dritten zu Unrecht (und stoffgleich) zu bereichern
Gem. § 253 I StGB muss der Täter handeln, „um sich oder einen Dritten zu Unrecht zu bereichern". Dies ist trotz Wortlautunterschied deckungsgleich mit der „Absicht, sich oder einem Dritten einen rechtswidrigen Vermögensvorteil zu verschaffen" i.S. d. § 263 I StGB,[203] hierzu s. dort

4. Rechtswidrigkeit

Die ausdrückliche Erwähnung der **Rechtswidrigkeit** in § 253 I StGB ist lediglich ein entbehrlicher Hinweis auf das allgemeine Straftatmerkmal, also kein Tatbestandsmerkmal.

Wie die Nötigung (in § 240 II StGB) enthält die Erpressung eine **Verwerflichkeitsklausel**, § 253 II StGB.[204]

5. Schuld
Es gelten die allgemeinen Grundsätze.

6. Rechtsfolgen

a) Allgemeines
§ 253 I StGB sieht Freiheitsstrafe bis zu fünf Jahren (im Minimum also ein Monat, § 38 II StGB) oder Geldstrafe (zu den Grenzen s. § 40 StGB) vor.

---

[201] Joecks/Jäger, StGB, 13. Aufl. 2021, § 253 Rn. 16; aus der Rspr. vgl. zuletzt BGH B. v. 18.06.2009 – 3 StR 194/09 – NStZ 2010, 215 = StV 2010, 634; BGH U. v. 08.05.2012 – 5 StR 528/11 – NStZ 2012, 688.

[202] Wittig, in: BeckOK-StGB, Stand 01.08.2024, § 253 Rn. 13; aus der Rspr. vgl. zuletzt BGH B. v. 28.01.2020 – 4 StR 632/19 – StV 2021, 255; BGH B. v. 02.02.2021 – 2 StR 432/20 – StV 2021, 493; BGH B. v. 21.12.2022 – 4 StR 379/22 – NStZ-RR 2023, 205; BGH B. v. 07.11.2023 – 4 StR 115/23 – NStZ 2024, 290 (Anm. Berghäuser NStZ 2024, 413).

[203] Joecks/Jäger, StGB, 13. Aufl. 2021, § 253 Rn. 19; aus der Rspr. vgl. zuletzt BGH B. v. 06.12.2022 – 2 StR 223/22 – NStZ-RR 2023, 206 (Anm. LL 2023, 467; RÜ 2023, 306).

[204] Zu § 240 II StGB s. bei den Nichtvermögensdelikten.

C. Erpressung, § 253 StGB; räuberische Erpressung, § 255 StGB

b) Besonders schwerer Fall, § 253 IV StGB
§ 253 IV StGB regelt den besonders schweren Fall der Erpressung (dann Freiheitsstrafe nicht unter einem Jahr vor, wobei sich ein Höchstmaß von 15 Jahren aus § 38 II StGB ergibt); S. 2 normiert Regelbeispiele.

Zur Gewerbsmäßigkeit s. o. bei § 243 I 2 Nr. 3 StGB.

Zur bandenmäßigen Begehung s. o. bei § 244 I Nr. 2 StGB, allerdings ist nicht erforderlich, dass der Täter unter Mitwirkung eines anderen Bandenmitglieds handelt.

7. Sonstiges
Der **Versuch** der Erpressung ist nach § 253 III StGB strafbar.

II. Räuberische Erpressung, § 255 StGB

1. (Sog. einfache) räuberische Erpressung

a) Aufbau
I. Tatbestand
  1. Objektiver Tatbestand
     a) Die Erpressung begangen
     b) § 255 StGB: Gewalt gegen eine Person oder Drohungen mit gegenwärtiger Gefahr für Leib oder Leben
  2. Objektiver Tatbestand
     a) Vorsatz
     b) Um sich oder einen Dritten zu Unrecht (und stoffgleich) zu bereichern
II. Rechtswidrigkeit
  1. Allgemeines
  2. Als verwerflich anzusehen, § 253 II StGB (?)
IV. Schuld

b) Erläuterungen
§ 255 StGB stellt die räuberische Erpressung unter Strafe.

> **§ 255 StGB (Räuberische Erpressung)**
> Wird die Erpressung durch Gewalt gegen eine Person oder unter Anwendung von Drohungen mit gegenwärtiger Gefahr für Leib oder Leben begangen, so ist der Täter gleich einem Räuber zu bestrafen.

Es handelt sich um eine Qualifikation des § 253 StGB.[205]
Zu den Nötigungshandlungen s. o. bei § 249 StGB.

---
[205] Joecks/Jäger, StGB, 13. Aufl. 2021, § 255 Rn. 1.

Dort und bei § 253 StGB s. auch zu den umstrittenen Anforderungen an den Nötigungserfolg (Vermögensverfügung?) und der daraus resultierenden „**Abgrenzung**" **von §§ 253, 255 und 249 StGB**.

Aufgrund der Wendung „so ist der Täter gleich einem Räuber zu bestrafen" finden die Rechtsfolgen des § 249 StGB Anwendung, s. o.

2. Qualifikationen und Erfolgsqualifikation, §§ 255 i. V. m. 250, 251 StGB

Aufgrund der Wendung „so ist der Täter gleich einem Räuber zu bestrafen" finden die Qualifikationen gem. §§ 250, 251 StGB Anwendung[206] (insofern als schwere/besonders schwere räuberische Erpressung bzw. räuberische Erpressung mit Todesfolge).

In den betreffenden Vorschriften ist tatbestandlich jeweils das Merkmal „Raub" durch das des „räuberische Erpressung" zu ersetzen.

D. Räuberischer Angriff auf Kraftfahrer, § 316a StGB

▶ **Didaktische Aufsätze**
- Geppert, Räuberischer Angriff auf Kraftfahrer (§ 316a StGB), Jura 1995, 310
- Mitsch, Der neue § 316a StGB, JA 1999, 662
- Duttge/Nolden, Die rechtsgutsorientierte Interpretation des § 316a StGB, JuS 2005, 193
- Kraemer, Räuberischer Angriff auf Kraftfahrer – Ein Dauerbrenner im Examen, JA 2011, 193
- Bosch, Der räuberische Angriff auf Kraftfahrer (§ 316 a StGB), Jura 2013, 1234

I. Allgemeines

§ 316a StGB[207] stellt den räuberischen Angriff auf Kraftfahrer unter Strafe.

---

[206] Fischer, StGB, 71. Aufl. 2024, § 255 Rn. 1; aus der Rspr. vgl. BGH U. v. 05.07.1960 – 5 StR 80/60 – BGHSt 14, 386 = NJW 1960, 1729 (Anm. Kühl, Höchstrichterliche Rspr. BT, 2002, Nr. 58; Schnellenbach NJW 1960, 2154); BGH U. v. 11.01.1967 – 2 StR 348/66 – BGHSt 21, 183 = NJW 1967, 835 (Anm. Willms JuS 1967, 380); BGH U. v. 22.12.1993 – 3 StR 419/93 – NJW 1994, 1166 = NStZ 1994, 187 = StV 1994, 656 (Anm. Schmidt JuS 1994, 891; Kelker StV 1994, 657; Hauf JR 1995, 172); BGH B. v. 15.05.2002 – 2 StR 441/01 – NJW 2002, 2889 = NStZ 2002, 594 (Anm. Martin JuS 2002, 1128; RÜ 2002, 512; RA 2002, 417; Sander NStZ 2002, 596; Geppert JK 2003 StGB § 250 II Nr. 1/3).

[207] Hierzu Roth-Stielow NJW 1969, 303; Seibert NJW 1969, 781; Geppert Jura 1995, 310; Roßmüller/Rohrer NZV 1995, 253; Mitsch JA 1999, 662; Ingelfinger JR 2000, 225; Wolters GA 2002, 303; Duttge/Nolden JuS 2005, 193; Steinberg NZV 2007, 545; Sowada FS Otto 2007, 799; Jesse JZ 2008, 1083; Kraemer JA 2011, 193; Bosch Jura 2013, 1234; Geppert DAR 2014, 128; Baur NZV 2018, 103; Rechtsprechungsübersicht: Krumm SVR 2018, 336; zu Reformüberlegungen bis hin zur Abschaffung Zieschang ZRP 2024, 115.

D. Räuberischer Angriff auf Kraftfahrer, § 316a StGB

> **§ 316a StGB (Räuberischer Angriff auf Kraftfahrer)**
> (1) Wer zur Begehung eines Raubes (§ 249 oder 250), eines räuberischen Diebstahls (§ 252) oder einer räuberischen Erpressung (§ 255) einen Angriff auf Leib oder Leben oder die Entschlußfreiheit des Führers eines Kraftfahrzeugs oder eines Mitfahrers verübt und dabei die besonderen Verhältnisse des Straßenverkehrs ausnutzt, wird mit Freiheitsstrafe nicht unter fünf Jahren bestraft.
> (2) In minder schweren Fällen ist die Strafe Freiheitsstrafe von einem Jahr bis zu zehn Jahren.
> (3) Verursacht der Täter durch die Tat wenigstens leichtfertig den Tod eines anderen Menschen, so ist die Strafe lebenslange Freiheitsstrafe oder Freiheitsstrafe nicht unter zehn Jahren.

Die von der Norm – einer Nahtstelle zwischen Vermögens- und Straßenverkehrsdelikten – geschützten **Rechtsgüter** sind Eigentum und Vermögen sowie die Willensfreiheit des Opfers und die Sicherheit und Funktionsfähigkeit des Straßenverkehrs.[208]

Die Einordnung in den 28. Abschnitt des Besonderen Teils des StGB ist insofern zweifelhaft und nur historisch[209] zu erklären. Angesichts stets oder typischerweise mit verwirklichter anderer Delikte handelt es sich um eine im Grunde entbehrliche Strafnorm.[210]

Die hohe Mindeststrafe erfordert eine enge Auslegung der Tatbestandsmerkmale.[211]

---

[208] Eisele, BT II, 6. Aufl. 2021, Rn. 425; aus der Rspr. vgl. zuletzt BGH U. v. 20.11.2003 – 4 StR 150/03 – BGHSt 49, 8 = NJW 2004, 786 = NStZ 2004, 207 = StV 2004, 137 (Anm. Geppert JK 2004 StGB § 316a/6; Petersohn JA 2004, 515; Martin JuS 2004, 352; LL 2004, 255; RÜ 2004, 87; RA 2004, 59; Sander NStZ 2004, 501; Herzog JR 2004, 258; Sternberg-Lieben/Sternberg-Lieben JZ 2004, 633; Krüger NZV 2004, 161; Duttge/Nolden JuS 2005, 193); BGH U. v. 25.02.2004 – 4 StR 394/03 – NStZ 2004, 626 (Anm. RÜ 2005, 34); BGH B. v. 25.09.2007 – 4 StR 338/07 – BGHSt 52, 44 = NJW 2008, 451 = NStZ 2008, 153 (Anm. Geppert JK 2008 StGB § 316a/8; Bosch JA 2008, 313; LL 2008, 172; RÜ 2008, 177; RA 2008, 126; famos 5/2008; Dehne-Niemann NStZ 2008, 319; Sowada HRRS 2008, 136; Krüger NZV 2008, 234).

[209] Zur Historie (Gesetz gegen Straßenraub mittels Autofallen, 1938) Niedzwicki ZJS 2008, 371.

[210] Näher Kaspar ZStW 2017, 401.

[211] Eisele, BT II, 6. Aufl. 2021, Rn. 425; aus der Rspr. vgl. BGH U. v. 28.04.1970 – 1 StR 38/70 – NJW 1970, 1381; BGH U. v. 16.02.2000 – 2 StR 582/99 – NStZ 2000, 414 (Anm. LL 2000, 395); BGH U. v. 20.11.2003 – 4 StR 150/03 – BGHSt 49, 8 = NJW 2004, 786 = NStZ 2004, 207 = StV 2004, 137 (Anm. Geppert JK 2004 StGB § 316a/6; Petersohn JA 2004, 515; Martin JuS 2004, 352; LL 2004, 255; RÜ 2004, 87; RA 2004, 59; Sander NStZ 2004, 501; Herzog JR 2004, 258; Sternberg-Lieben/Sternberg-Lieben JZ 2004, 633; Krüger NZV 2004, 161; Duttge/Nolden JuS 2005, 193); BGH U. v. 20.11.2003 – 4 StR 250/03 – NStZ-RR 2004, 171 = StV 2004, 140 (Anm. LL 2004, 622; RA 2004, 199; Sander NStZ 2004, 501).

II. Grunddelikt, § 316a I StGB

1. Aufbau
I. Tatbestand
  1. Objektiver Tatbestand
    a) Führer eines Kraftfahrzeugs oder Mitfahrer
    b) Einen Angriff auf Leib oder Leben oder die Entschlußfreiheit verübt
    c) Dabei die besonderen Verhältnisse des Straßenverkehrs ausnutzt
  2. Subjektiver Tatbestand
    a) Vorsatz
    b) Zur Begehung eines Raubes (§§ 249 oder 250), eines räuberischen Diebstahls (§ 252) oder einer räuberischen Erpressung (§ 255)
II. Rechtswidrigkeit
III. Schuld

2. Tatbestand

a) Objektiver Tatbestand

aa) Führer eines Kraftfahrzeugs oder Mitfahrer
Der Täter muss den Führer eines Kraftfahrzeugs oder einen Mitfahrer angreifen.

(1) Führer eines Kraftfahrzeugs

(a) Kraftfahrzeug
Kraftfahrzeug ist jedes durch Maschinenkraft angetriebene, nicht an Gleise gebundene Landfahrzeug,[212] vgl. § 1 II StVG und § 248b IV StGB.
    Gemeint sind v. a. Pkw und Lkw, aber auch z. B. Motorräder und Mofas.[213]

(b) Führer
Führer des Kraftfahrzeugs ist, wer mit dem Inbewegungsetzen oder -halten des Kraftfahrzeugs befasst oder mit der Bewältigung von Verkehrsvorgängen beschäftigt ist.[214]
    Vgl. auch den Begriff des Führens eines Fahrzeugs i.S.d. § 316 I StGB.[215]
    Die Führereigenschaft muss bei Verüben des Angriffs durch den Täter bestehen (**Koinzidenz**).[216]

---

[212] Kindhäuser/Hilgendorf, LPK, 9. Aufl. 2022, § 316a Rn. 7; aus der Rspr. vgl. BGH U. v. 24.06.1993 – 4 StR 217/93 – BGHSt 39, 249 = NJW 1993, 2629 = NStZ 1993, 540 = StV 1993, 526 (Anm. Große NStZ 1993, 525).

[213] Sander, in: MK-StGB, 4. Aufl. 2022, § 316a Rn. 16.

[214] Joecks/Jäger, StGB, 13. Aufl. 2021, § 316a Rn. 7; näher Zieschang NZV 2024, 263; aus der Rspr. vgl. zuletzt BGH B. v. 05.12.2023 – 4 StR 435/23 – NStZ 2024, 495 = StV 2024, 568 (Anm. Bosch Jura 2024, 666; Eisele JuS 2024, 706; RÜ 2024, 335; Ruppert NStZ 2024, 497; Wachter JR 2024, 495).

[215] Hierzu s. bei den Nichtvermögensdelikten.

[216] Fischer, StGB, 71. Aufl. 2024, § 316a Rn. 3; aus der Rspr. vgl. zuletzt BGH B. v. 05.12.2023 – 4 StR 435/23 – NStZ 2024, 495 = StV 2024, 568 (Anm. Bosch Jura 2024, 666; Eisele JuS 2024, 706; RÜ 2024, 335; Ruppert NStZ 2024, 497; Wachter JR 2024, 495).

Es schadet allerdings nicht, wenn der Angriff bereits **vor Fahrtantritt** beginnt, sofern er danach wiederholt oder fortgesetzt wird.[217]

Beispiel 312

BGH B. v. 25.09.2007 – 4 StR 338/07 – BGHSt 52, 44 = NJW 2008, 451 = NStZ 2008, 153 (Anm. Geppert JK 2008 StGB § 316a/8; Bosch JA 2008, 313; LL 2008, 172; RÜ 2008, 177; RA 2008, 126; famos 5/2008; Dehne-Niemann NStZ 2008, 319; Sowada HRRS 2008, 136; Krüger NZV 2008, 234):

B1 und B2 hatten sich entschlossen, durch einen Überfall auf Z Geld zu erbeuten. Sie beobachteten Z, als er gerade im Begriff war, in sein hochwertiges Fahrzeug einzusteigen. Während sich Z auf den Fahrersitz setzte, gelangten B1 und B2 durch die Hintertüren auf die Rückbank des Fahrzeugs. Noch bevor Z sich dazu angeschickt hatte, das Fahrzeug in Gang zu setzen, bedrohten sie ihn mit einer (ungeladenen) Gaspistole und forderten ihn auf, ihren Weisungen nachzukommen, sonst würden sie ihm „das Gehirn wegblasen". Unter dem Eindruck dieser Drohung startete Z – wie ihm geheißen – das Fahrzeug und lenkte es aus der Stadt hinaus zu einem abgelegenen Parkplatz. Während dieser Fahrt wurde Z aufgefordert, sein Mobiltelefon an B1 zu übergeben und den Aufbewahrungsort des von ihm mitgeführten Geldes zu benennen. Beidem kam Z nach. B1 entnahm daraufhin der auf dem Rücksitz befindlichen Tasche des Z 75 €. Auf dem Parkplatz musste Z in den Kofferraum seines Fahrzeugs steigen. B1 und B2 fuhren sodann mit dem Fahrzeug noch geraume Zeit umher. Als sie es circa zweieinhalb Stunden nach Fahrtantritt stehen ließen, konnte sich Z befreien. ◀

Zwar ließe sich der Führereigenschaft entgegenhalten, ein vollendeter Angriff könne durch eine später hinzutretende straßenverkehrsspezifische Gefährdungssituation nicht mehr erleichtert werden.[218] Der Wortlaut des § 316a StGB allerdings schließt nicht aus, die Fortdauer eines vorher begonnenen Angriffs ausreichen zu lassen. Selbst wenn man angesichts der hohen Strafandrohung Restriktionsbedürfnisse sieht, so liegt dergleichen doch im Aufgabenbereich des Gesetzgebers; ferner kann die Anwendung des § 316a II StGB schuldunangemessene Strafen vermeiden.

Die Führereigenschaft bleibt bei **verkehrsbedingtem Halt** (v. a. Ampel, Bahnschranke, Stau) bestehen, unabhängig davon, ob der Motor läuft (vgl. ohnehin die heute verbreitete Start-Stop-Automatik), da auch hier das Opfer seine permanente Aufmerksamkeit auf das Verkehrsgeschehen richten muss.[219]

---

[217] Eisele, BT II, 6. Aufl. 2021, Rn. 440; aus der Rspr. vgl. BGH B. v. 21.11.2001 – 2 StR 400/01 – NStZ-RR 2002, 108 = StV 2002, 363; BGH U. v. 25.02.2004 – 4 StR 394/03 – NStZ 2004, 626 (Anm. RÜ 2005, 34).
[218] S. Bosch JA 2008, 313 (315).
[219] Kindhäuser/Hilgendorf, LPK, 9. Aufl. 2022, § 316a Rn. 8; aus der Rspr. vgl. zuletzt BGH B. v. 05.12.2023 – 4 StR 435/23 – NStZ 2024, 495 = StV 2024, 568 (Anm. Bosch Jura 2024, 666; Eisele JuS 2024, 706; RÜ 2024, 335; Ruppert NStZ 2024, 497; Wachter JR 2024, 495).

Hält das Opfer sein Fahrzeug aus **anderen als verkehrsbedingten Gründen**,[220] so ist es in der heutigen Rspr.[221] und der Lehre[222] anerkannt, dass es kein Kraftfahrzeug mehr führt, sobald es **nicht mehr** mit der Beherrschung des Fahrzeugs oder der Bewältigung von Verkehrsvorgängen **beschäftigt** ist (v. a. bei gezieltem Abstellen des Motors nach Erreichen eines Fahrtziels, erst recht bei Verlassen des Fahrzeugs). Jedenfalls kann der Täter ab diesem Zeitpunkt nicht mehr i.S.d. § 316a I StGB die besonderen Verhältnisse des Straßenverkehrs ausnutzen (zu diesem Merkmal s. sogleich), worauf v. a. die frühere Rspr. abstellte.

Beispiel 313

BGH U. v. 12.09.1984 – 3 StR 333/84 – BGHSt 33, 378 = NJW 1986, 1623 = NStZ 1986, 551 = StV 1986, 383 (Anm. Geppert JK 1986 StGB § 316a/2; Geppert NStZ 1986, 552; Hentschel JR 1986, 428; Günther JZ 1987, 16 und 369):

B1 und B2 vereinbarten in einer Gaststätte in N. nach Alkoholgenuss, an einem ortsbekannten Homosexuellentreffpunkt einen „Schwulen" mit Geld und eigenem Pkw unter dem Vorwand homosexueller Betätigung zur gemeinsamen Fahrt in dessen Kfz zu einem stillen Ort außerhalb der Stadt zu bewegen, ihn dort „fertig zu machen", ihm Geld und Pkw abzunehmen. Sie verabredeten im einzelnen, den Überfall erst nach 22:00 Uhr zu begehen, weil es zu diesem Zeitpunkt auf den Straßen und Plätzen ruhiger sei; an einer geeigneten Stelle sollte B2 den „Schwulen" außerhalb des Pkw von hinten umklammern, damit B1 das Opfer niederschlagen und ihm Geld und Auto wegnehmen könne. Bei ihrer plangemäßen Suche nach einem Tatopfer trafen sie auf Z, der Geld zu haben schien und auch über einen Kraftwagen verfügte. Sie schlugen ihm vor, sich gemeinsam homosexuell zu betätigen und zu diesem Zweck an einen stillen Platz in der Nähe des Flughafens zu fahren, zumal B2 am Flughafen sein Auto geparkt habe. Durch diese Vorspiegelungen brachten sie Z dazu, sie zu seinem Kraftfahrzeug am Parkplatz beim Hauptbahnhof zu führen und von dort die Fahrt gemeinsam anzutreten. Während der Fahrt hielten B1 und B2 nach einer für den geplanten Überfall günstigen Stelle Ausschau. Als sie auf der gegenüberliegenden Straßenseite einen unbefestigten Fußweg bemerkten, der zu einer Schrebergartensiedlung führte, veranlasste B2 den Z zum Anhalten und Aussteigen. Gemeinsam

---

[220] Hierzu Eisele, BT II, 6. Aufl. 2021, Rn. 434; aus der Rspr. vgl. zuletzt BGH B. v. 05.12.2023 – 4 StR 435/23 – NStZ 2024, 495 = StV 2024, 568 (Anm. Bosch Jura 2024, 666; Eisele JuS 2024, 706; RÜ 2024, 335; Ruppert NStZ 2024, 497; Wachter JR 2024, 495).

[221] Seit BGH U. v. 20.11.2003 – 4 StR 150/03 – BGHSt 49, 8 = NJW 2004, 786 = NStZ 2004, 207 = StV 2004, 137 (Anm. Geppert JK 2004 StGB § 316a/6; Petersohn JA 2004, 515; Martin JuS 2004, 352; LL 2004, 255; RÜ 2004, 87; RA 2004, 59; Sander NStZ 2004, 501; Herzog JR 2004, 258; Sternberg-Lieben/Sternberg-Lieben JZ 2004, 633; Krüger NZV 2004, 161; Duttge/Nolden JuS 2005, 193).

[222] S. nur Hecker, in: Schönke/Schröder, StGB, 30. Aufl. 2019, § 316a Rn. 8.

mit ihm überquerten sie die Straße und gingen auf dem Fußweg 155 m bis zu den Schrebergärten. Dort ließ B1 seine Hose herunter, wobei ihm Z zusah. Diesen sprang B2 dann von hinten an, umklammerte ihn und riss ihn zu Boden. B1 trat den am Boden liegende Z mehrfach mit den Füßen. Den dadurch bewusstlos gewordenen Z durchsuchte B1, fand DM 12,80 und die Kraftfahrzeugschlüssel und nahm beides an sich. Dann kehrten B1 und B2 zu dem an der Straße abgestellten Wagen zurück und fuhren davon. ◄

Als Z anhielt und ausstieg, endete seine Eigenschaft als Fahrzeugführer.

Die wichtigste Fallkonstellation ist der nach Ende einer Fahrt haltende **Taxifahrer**.

Beispiel 314

BGH U. v. 20.11.2003 – 4 StR 150/03 – BGHSt 49, 8 = NJW 2004, 786 = NStZ 2004, 207 = StV 2004, 137 (Anm. Geppert JK 2004 StGB § 316a/6; Petersohn JA 2004, 515; Martin JuS 2004, 352; LL 2004, 255; RÜ 2004, 87; RA 2004, 59; Sander NStZ 2004, 501; Herzog JR 2004, 258; Sternberg-Lieben/ Sternberg-Lieben JZ 2004, 633; Krüger NZV 2004, 161; Duttge/Nolden JuS 2005, 193):

B1, B2, B3 und B4 nahmen am Abend des 06.07.2002 in Winsen/Luhe an einer Feier einer größeren Gruppe junger Leute teil, bei der sie auch alkoholische Getränke zu sich nahmen. Nach Mitternacht entschlossen sie sich, noch nach Maschen zu fahren. B1 bestellte deshalb ein Taxi, woraufhin gegen 01:30 Uhr Z mit dem Taxi erschien. B1 gab das Fahrziel an und nahm auf dem Beifahrersitz Platz, B2, B3 und B4 setzten sich auf die Rückbank. Während der Fahrt schlug B1 den anderen vor, den Taxifahrer zu überfallen und ihm dessen Geld abzunehmen. Sie waren mit dem Vorschlag einverstanden. Sie führten ihre Unterhaltung in russischer Sprache, sodass Z sie nicht verstehen konnte. In Maschen wies B1 den Z an, auf einen von dem ursprünglich ins Auge gefassten Fahrziel nicht weit entfernten Parkplatz neben einem einsam gelegenen Baggersee abzubiegen und dort nach einer kurzen Strecke anzuhalten. Dem kam Z nach, der auch den Motor des Fahrzeugs abstellte. Als er gerade dabei war, die Innenbeleuchtung einzuschalten, um die Fahrt abzurechnen, ergriff B1 seine Arme und drückte sie nach unten, während B2 ihm den linken Arm um den Hals legte und mit großer Kraft den Kopf nach hinten zog, wodurch er in Todesangst geriet. B1 forderte nunmehr von Z die Herausgabe von Geld und entnahm aus der Mittelkonsole dessen Geldbörse, in der sich 200 bis 220 € befanden. Ferner nahm er das zum Taxi gehörende Mobiltelefon an sich und zog auch den Fahrzeugschlüssel ab. Sodann verließen B1, B2, B3 und B4 das Fahrzeug und liefen davon. ◄

Als Z den Motor ausgeschaltet hatte, war er nicht mehr mit dem Inbewegungsetzen oder -halten des Kraftfahrzeugs befasst oder mit der Bewältigung von Verkehrsvorgängen beschäftigt. Nach der im Hinblick auf den Strafrahmen notwendigen restriktiven Auslegung war er nicht mehr Führer eines Fahrzeuges.

> **Beispiel 315**
>
> BGH B. v. 28.06.2005 – 4 StR 299/04 – BGHSt 50, 169 = NJW 2005, 2564 = NStZ 2005, 638 = NStZ-RR 2005, 314 = StV 2005, 497 (Anm. Kubiciel JA 2005, 842; Kudlich JuS 2005, 1134; LL 2005, 688; RÜ 2005, 477; RA 2005, 559; Geppert JK 2006 StGB § 316a/7):
> B fasste am 20.07.2003 gegen 06:00 Uhr während einer Fahrt mit dem Taxi den Entschluss, dessen Fahrerin Z zu überfallen, um seine Finanzen aufzubessern. Da in der Nähe des zunächst angegebenen Fahrziels in Berlin-Neukölln ein Polizeifahrzeug stand, veranlasste B die Z, weiterzufahren. An der von B genannten Straßenecke stoppte Z das Taxi und verlangte bei laufendem Motor den Fahrpreis. B zog ein Messer hervor und hielt es mit den Worten „Geld her!" vor seinem Körper in Richtung der Z. Als diese antwortete: „Das ist jetzt nicht dein Ernst", führte B das Messer bis auf einen Abstand von 20 cm an den Körper der Z heran, die dem B daraufhin Geldscheine im Wert von insgesamt 100 € aushändigte. ◄

Obwohl der Motor noch lief, ist hier aus denselben Gründen die Führereigenschaft zu verneinen.

Anzuwenden ist § 316a I StGB freilich dann, wenn der Täter erst den nicht verkehrsbedingten Halt herbeiführt, und zwar nicht nur durch einen Angriff, sondern auch durch **Täuschung** oder **List** (z. B. Vortäuschen einer Polizeikontrolle).[223]

(2) Mitfahrer
Taugliches Opfer ist auch der Mitfahrer; dieser ist zwar nicht durch das Führen des Kraftfahrzeugs in Anspruch genommen, ihm werden aber durch die fahrtbedingt abgeschlossenen und beengten Verhältnisse im Kraftfahrzeug Flucht und Verteidigung erschwert.

Mitfahrer i.S.d. § 316a I StGB eines Kraftfahrzeugs ist, wer sich in einem als Verkehrsmittel in Betrieb befindlichen Kraftfahrzeug aufhält.[224]

Auch wer sich außerhalb des eigentlich für den Aufenthalt von Menschen vorgesehenen Raums befindet, kann Mitfahrer sein.[225]

Bei einem nicht verkehrsbedingten Halt endet – wie die Führereigenschaft – auch die Eigenschaft als Mitfahrer.[226]

---

[223] Fischer, StGB, 71. Aufl. 2024, § 316a Rn. 7a; aus der Rspr. vgl. BGH U. v. 23.04.2015 – 4 StR 603/14 – NStZ-RR 2015, 250; BGH U. v. 23.04.2015 – 4 StR 607/14 – NJW 2015, 2131 = NStZ 2015, 653 = StV 2016, 290 (Anm. famos 9/2015; Zopfs NJW 2015, 2133; Schiemann JR 2015, 595; Krüger NZV 2015, 454; LL 2016, 31; Theile ZJS 2016, 109; Sowada StV 2016, 292).

[224] Eisele, BT II, 6. Aufl. 2021, Rn. 436; aus der Rspr. vgl. BGH U. v. 25.02.2004 – 4 StR 394/03 – NStZ 2004, 626 (Anm. RÜ 2005, 34); BGH B. v. 22.08.2012 – 4 StR 244/12 – NStZ 2013, 43 (Anm. Satzger JK 2013 StGB § 316a/9; Hecker JuS 2013, 366; LL 2013, 269).

[225] Sander, in: MK-StGB, 4. Aufl. 2022, § 316a Rn. 24.

[226] Eisele, BT II, 6. Aufl. 2021, Rn. 436; aus der Rspr. vgl. BGH U. v. 28.01.1971 – 4 StR 552/70 – NJW 1971, 765 (Anm. Beyer NJW 1971, 872); BGH B. v. 27.05.2003 – 4 StR 102/03; BGH U. v. 20.11.2003 – 4 StR 250/03 – NStZ-RR 2004, 171 = StV 2004, 140 (Anm. LL 2004, 622; RA 2004, 199; Sander NStZ 2004, 501); BGH U. v. 29.01.2009 – 3 StR 540/08 – NStZ-RR 2009, 199.

D. Räuberischer Angriff auf Kraftfahrer, § 316a StGB

Beispiel 316

BGH U. v. 20.11.2003 – 4 StR 250/03 – NStZ-RR 2004, 171 = StV 2004, 140 (Anm. LL 2004, 622; RA 2004, 199; Sander NStZ 2004, 501):

Am Abend des 01.02.2002 hielten sich B1, B2 und B3 sowie Z in der Gaststätte „C" in Freital auf. B1 bemerkte, dass der ihm flüchtig bekannte Z über einen größeren Geldbetrag verfügte. Er teilte dies dem B2 mit, worauf sie den Entschluss fassten, den stark angetrunkenen Z unter Hinzuziehung des B3 in dessen Pkw unter dem Vorwand, ihn nach Hause bringen zu wollen, an einen entlegenen Ort zu verbringen, um ihm dort das Bargeld unter Anwendung von Gewalt wegzunehmen. B3, der in diesen Plan zunächst nicht eingeweiht war, erklärte sich einverstanden. Nachdem Z hinter dem Beifahrersitz Platz genommen hatte, betätigte B1 die Kindersicherung der betreffenden hinteren rechten Fahrzeugtür, um Z am Aussteigen und an einer möglichen Flucht zu hindern. Während der Fahrt erfuhr B3 von dem Tatplan. Er erklärte sich damit einverstanden, den von ihm geführten Pkw an einen entlegenen und dunklen Ort außerhalb des bewohnten Gebietes zu steuern, wo für Z keinerlei Möglichkeit bestand, Hilfe von anderen Personen zu erhalten und gleichzeitig die Wegnahme des Geldes durch dB1 und B2 ohne die Gefahr der Entdeckung durchgeführt werden konnte. Am Ende einer befestigten Straße hielt B3 den Pkw an. B1 öffnete die hintere rechte Fahrzeugtür, sodass auch Z aussteigen konnte. B1 und B2 schlugen sodann auf den zu Boden gebrachten Z ein. B1 nahm ihm das Bargeld in Höhe von ca. 300 € ab. B3, der die Tätlichkeiten von B1 und B2 wahrnahm, wendete mittlerweile den Pkw, um B1 und B2 wieder aufzunehmen. Anschließend fuhren sie mit dem Pkw zurück zum Lokal, wobei sie den verletzten und vorübergehend bewusstlosen Z bei Außentemperaturen um den Gefrierpunkt am Tatort liegen ließen. ◄

Irrelevant ist, ob sich der Mitfahrer freiwillig im Kraftfahrzeug aufhält.[227]

Beispiel 317

BGH U. v. 25.02.2004 – 4 StR 394/03 – NStZ 2004, 626 (Anm. RÜ 2005, 34):

B1 hatte aus einer Lieferung von Rauschgift gegen Z eine „Forderung" von 250 DM. Er wusste, dass er auf das Geld keinen Anspruch hatte, versuchte aber dennoch, es von Z „einzutreiben". Am 05.02.2000 „verbrachten" B1 und B2 den Z, der nicht zahlen konnte, in den mitgebrachten Pkw, um Z in eine fremde Umgebung zu fahren und damit den Druck zur Begleichung der Schulden zu erhöhen. Durch den ausgeübten Zwang sollte Z aus Angst um sein körperliches Wohl der Zahlungsforderung des B1 umgehend nachkommen. Während B2 das Fahrzeug steuerte, saß B1 mit Z auf der Rücksitzbank. Er redete auf ihn ein; dann schlug er ihm mit der Faust ins Gesicht, um seine Forderung nach Zahlung weiter

---

[227] Fischer, StGB, 71. Aufl. 2024, § 316a Rn. 5; aus der Rspr. vgl. zuletzt BGH U. v. 29.01.2009 – 3 StR 540/08 – NStZ-RR 2009, 199; BGH B. v. 22.08.2012 – 4 StR 244/12 – NStZ 2013, 43 (Anm. Satzger JK 2013 StGB § 316a/9; Hecker JuS 2013, 366; LL 2013, 269).

zu verstärken. Durch die Schläge erlitt Z ein Hämatom am linken Auge. Als B2 den Pkw in unbewohnter Umgebung anhielt und zusammen mit B1 den Z aus dem Auto zog, konnte dieser fliehen und bei der Polizei Anzeige erstatten. ◄

bb) Einen Angriff auf Leib oder Leben oder die Entschlußfreiheit verübt
Der Täter muss einen Angriff auf Leib oder Leben oder die Entschlussfreiheit (im Normtext noch in alter Rechtschreibung) des Opfers verüben.

Dies ist der Fall, wenn er in feindseliger Willensrichtung auf eines der Rechtsgüter einwirkt.[228]

Erfasst sind alle Formen des Einsatzes von Nötigungsmitteln, vgl. § 240 StGB.[229]

Nicht vorausgesetzt ist, dass der verübte Angriff sich bereits unmittelbar gegen das Eigentum bzw. das Vermögen des Opfers richtet, es genügen mittelbare Einwirkungen gegen Sachen (z. B. Errichten von Straßensperren).[230]

Beispiel 318

BGH U. v. 23.04.2015 – 4 StR 607/14 – NJW 2015, 2131 = NStZ 2015, 653 = StV 2016, 290 (Anm. famos 9/2015; Zopfs NJW 2015, 2133; Schiemann JR 2015, 595; Krüger NZV 2015, 454; Theile ZJS 2016, 109; Sowada StV 2016, 292):

B1, B2, B3, B4 und B5 überfielen Z, der einen Lkw der Firma C auf einer Transportfahrt führte. B1, B2 und B3 folgten, dem gemeinsamen Tatplan entsprechend, mit einem Pkw dem von Z geführten, am Flughafen Frankfurt a.M. mit Produkten der Firma A beladenen Lkw auf die Bundesautobahn A 3. Die Täter fuhren kurz vor dem Rastplatz „St." auf der mittleren Fahrspur der Autobahn neben den Lkw. B1 betätigte die Hupe, B2 gab vom Beifahrersitz aus dem Z durch das geöffnete Fenster per Handzeichen zu verstehen, er solle rechts herausfahren. Z nahm – wie von den Tätern beabsichtigt – an, dass es sich um eine Polizeistreife in Zivil handele und eine Fahrzeugkontrolle durchgeführt werden solle. Er lenkte daher den Lkw auf den Rastplatz, hielt an und stellte den Motor ab. B1 brachte das von ihm geführte Fahrzeug dort ebenfalls zum Stehen. B2 ging auf die Fahrertür des Lkw zu und rief: „Polizeikontrolle! Papiere bitte!" Während Z nach den Fahrzeugpapieren und Frachtunterlagen griff, streifte sich B2 eine Unterziehhaube über das Gesicht, öffnete die Fahrertür des Lkw und bedrohte den Z mit einer nicht geladenen Pistole. Er zwang ihn, sich auf das Bett in der Kabine hinter dem Fahrersitz zu legen, wo er ihn fesselte und ihm eine Jacke über

---

[228] Joecks/Jäger, StGB, 13. Aufl. 2021, § 316a Rn. 6; aus der Rspr. vgl. zuletzt BGH B. v. 07.07.2022 – 4 StR 508/21 – NStZ 2023, 111 (Anm. RÜ 2022, 784; Jäger JA 2023, 339; LL 2023, 313).

[229] Fischer, StGB, 71. Aufl. 2024, § 316a Rn. 6; aus der Rspr. vgl. BGH B. v. 14.07.1987 – 4 StR 324/87 – StV 1988, 342; LG Ulm U. v. 04.11.2009 – 1 S 129/09.

[230] Hecker, in: Schönke/Schröder, StGB, 30. Aufl. 2019, § 316a Rn. 3; aus der Rspr. vgl. zuletzt BGH B. v. 07.07.2022 – 4 StR 508/21 – NStZ 2023, 111 (Anm. RÜ 2022, 784; Jäger JA 2023, 339; LL 2023, 313); BGH B. v. 05.12.2023 – 4 StR 435/23 – NStZ 2024, 495 = StV 2024, 568 (Anm. Bosch Jura 2024, 666; Eisele JuS 2024, 706; RÜ 2024, 335; Ruppert NStZ 2024, 497; Wachter JR 2024, 495).

den Kopf legte. Dann fuhr er mit dem Lkw zu einem für das Umladen der Beute vorgesehenen Platz. Dort warteten B3, B4 und B5 mit einem weiteren Fahrzeug, auf das die Täter Waren im Wert von rund 450.000 € umluden. ◄

Es genügt für einen Angriff auf die Entschlussfreiheit des Z, dass B1 und B2 diesem vorspiegelten, es bestehe eine Pflicht zum Anhalten.

Ein Angriff wird nur dann verübt, wenn das Opfer den **Nötigungscharakter wahrnimmt**,[231] allerdings braucht das Opfer die feindliche Willensrichtung des Täters noch nicht erkannt zu haben.[232]

Bloße **Täuschungen** (z. B. Angabe eines Fahrtziels ggü. einem Taxifahrer, s. o.) und List sind mangels Nötigungsmittels nicht als Angriff anzusehen. Allerdings besteht dann eine Ausnahme, wenn der Täter dem Opfer eine Pflicht (v. a. zum Anhalten) vortäuscht, insbesondere durch Vorspiegelung eines Unglücksfalls i.S.d. § 323c StGB oder einer Polizeikontrolle (s. o.).[233]

Woher der Angriff erfolgt, ist unerheblich. Ihn können Personen außerhalb des Fahrzeuges, aber auch Fahrzeuginsassen[234] einschließlich des Fahrers[235] ausführen.

cc) Dabei die besonderen Verhältnisse des Straßenverkehrs ausnutzt

Der Täter nutzt bei seinem Angriff die besonderen Verhältnisse des Straßenverkehrs aus, wenn er sich eine Gefahrenlage zunutze macht, die dem fließenden Straßenverkehr eigentümlich ist.[236]

Angesichts der heutigen restriktiven Handhabung der Führereigenschaft bei nicht verkehrsbedingten Halten wird es an einem Ausnutzen der besonderen Verhältnisse des Straßenverkehrs nur noch selten fehlen, liegt es doch bei den noch verbleibenden Fällen zu bejahender Führereigenschaft so, dass in aller Regel eine Beanspruchung des Fahrers durch die Konzentration auf den Straßenverkehr sowie eine Erschwerung von Flucht und Gegenwehr (beengte Verhältnisse im Pkw) anzunehmen sind,[237] während frühere Ansätze, auch bei nicht verkehrsbedingten Halten aufgrund

---

[231] H. M., s. Hecker, in: Schönke/Schröder, StGB, 30. Aufl. 2019, § 316a Rn. 5; a. A. z. B. Eisele, BT II, 6. Aufl. 2021, Rn. 431; aus der Rspr. vgl. zuletzt BGH B. v. 07.07.2022 – 4 StR 508/21 – NStZ 2023, 111 (Anm. RÜ 2022, 784; Jäger JA 2023, 339; LL 2023, 313).

[232] Hecker, in: Schönke/Schröder, StGB, 30. Aufl. 2019, § 316a Rn. 5; aus der Rspr. vgl. zuletzt BGH B. v. 07.07.2022 – 4 StR 508/21 – NStZ 2023, 111 (Anm. RÜ 2022, 784; Jäger JA 2023, 339).

[233] Fischer, StGB, 71. Aufl. 2024, § 316a Rn. 7f.; aus der Rspr. vgl. zuletzt BGH B. v. 07.07.2022 – 4 StR 508/21 – NStZ 2023, 111 (Anm. RÜ 2022, 784; Jäger JA 2023, 339; LL 2023, 313).

[234] Kindhäuser/Hilgendorf, LPK, 9. Aufl. 2022, § 316a Rn. 10; aus der Rspr. vgl. BGH U. v. 03.06.1954 – 3 StR 101/54 – NJW 1954, 1169.

[235] Kindhäuser/Hilgendorf, LPK, 9. Aufl. 2022, § 316a Rn. 10; aus der Rspr. vgl. BGH U. v. 27.02.1959 – 4 StR 527/58 – BGHSt 13, 27 = NJW 1959, 1140; BGH U. v. 16.02.1961 – 1 StR 621/60 – BGHSt 15, 322 = NJW 1961, 788; BGH U. v. 28.01.1971 – 4 StR 552/70 – NJW 1971, 765 (Anm. Beyer NJW 1971, 872).

[236] Fischer, StGB, 71. Aufl. 2024, § 316a Rn. 9; aus der Rspr. vgl. zuletzt BGH B. v. 05.12.2023 – 4 StR 435/23 – NStZ 2024, 495 = StV 2024, 568 (Anm. Bosch Jura 2024, 666; Eisele JuS 2024, 706; RÜ 2024, 335; Ruppert NStZ 2024, 497; Wachter JR 2024, 495).

[237] Zu diesen Kriterien vgl. Eisele, BT II, 6. Aufl. 2021, Rn. 438f.

Vereinzelung (Isolierung) des Opfers und Unerreichbarkeit fremder Hilfe (Abgelegenheit des Tatorts) oder bloßer Enge im Fahrzeug auf ein Ausnutzen der besonderen Verhältnisse des Straßenverkehrs zu schließen,[238] mit der neueren Rspr.[239] und Lehre nicht mehr zu vereinbaren sind.

In einer Fallbearbeitung kann man die Problematik entweder bereits bei der Führereigenschaft verorten oder i.R.d. Ausnutzung der besonderen Verhältnisse des Straßenverkehrs, wobei man bei Verneinung des Tatbestands ggf. auch offenlassen kann, an welchem Merkmal es fehlt.

b) Subjektiver Tatbestand

aa) Vorsatz
Gem. § 15 StGB ist Vorsatz erforderlich.

Hervorzuheben ist der Vorsatz bzgl. des Ausnutzens der besonderen Verhältnisse des Straßenverkehrs in Gestalt eines **Ausnutzungsbewusstseins**.[240] Absicht ist nicht erforderlich,[241] ebenso wenig, dass der Täter Erleichterung seines Angriffs zur ursächlichen Bedingung seines Handelns macht.[242]

bb) Zur Begehung eines Raubes (§§ 249 oder 250), eines räuberischen Diebstahls (§ 252) oder einer räuberischen Erpressung (§ 255)
Der Täter muss „zur Begehung eines Raubes (§ 249 oder 250), eines räuberischen Diebstahls (§ 252) oder einer räuberischen Erpressung (§ 255)" handeln. Eine Absicht zur Begehung einer anderen Straftat genügt nicht.[243]

In einer Fallbearbeitung sind diese Delikte vorab zu prüfen, sodass i.R.d. § 316a StGB häufig schlicht nach oben verwiesen werden kann.

---

[238] Z. B. BGH U. v. 24.03.1994 – 4 StR 771/93 – NStZ 1994, 340 (Anm. Hauf NStZ 1996, 40); BGH U. v. 08.11.2000 – 3 StR 360/00 – NJW 2001, 764 = NStZ 2001, 197 = StV 2001, 405 (Anm. Kühl, Höchstrichterliche Rspr. BT, 2002, Nr. 84; Geppert JK 2001 StGB § 316a/5; Martin JuS 2001, 717; LL 2001, 422; RÜ 2001, 129; RA 2001, 157; Wolters JR 2002, 163).

[239] Seit BGH U. v. 20.11.2003 – 4 StR 150/03 – BGHSt 49, 8 = NJW 2004, 786 = NStZ 2004, 207 = StV 2004, 137 (Anm. Geppert JK 2004 StGB § 316a/6; Petersohn JA 2004, 515; Martin JuS 2004, 352; LL 2004, 255; RÜ 2004, 87; RA 2004, 59; Sander NStZ 2004, 501; Herzog JR 2004, 258; Sternberg-Lieben/Sternberg-Lieben JZ 2004, 633; Krüger NZV 2004, 161; Duttge/Nolden JuS 2005, 193).

[240] Hierzu Heger, in: Lackner/Kühl/Heger, StGB, 30. Aufl. 2023, § 316a Rn. 5; aus der Rspr. vgl. zuletzt BGH U. v. 15.02.2018 – 4 StR 506/17 – NStZ 2018, 469 = StV 2018, 433 (Anm. Hecker JuS 2018, 820; LL 2018, 687; RÜ 2018, 378; Berghäuser NStZ 2018, 471; Rinio NZV 2018, 336).

[241] Eisele, BT II, 6. Aufl. 2021, Rn. 445; aus der Rspr. vgl. BGH U. v. 20.11.2003 – 4 StR 150/03 – BGHSt 49, 8 = NJW 2004, 786 = NStZ 2004, 207 = StV 2004, 137 (Anm. Geppert JK 2004 StGB § 316a/6; Petersohn JA 2004, 515; Martin JuS 2004, 352; LL 2004, 255; RÜ 2004, 87; RA 2004, 59; Sander NStZ 2004, 501; Herzog JR 2004, 258; Sternberg-Lieben/Sternberg-Lieben JZ 2004, 633; Krüger NZV 2004, 161; Duttge/Nolden JuS 2005, 193).

[242] Vgl. aus der Rspr. BGH U. v. 15.02.2018 – 4 StR 506/17 – NStZ 2018, 469 = StV 2018, 433 (Anm. Hecker JuS 2018, 820; RÜ 2018, 378; Berghäuser NStZ 2018, 471; Rinio NZV 2018, 336).

[243] Zieschang, in: NK-StGB, 6. Aufl. 2023, § 316a Rn. 46; aus der Rspr. vgl. BGH U. v. 28.04.1970 – 1 StR 38/70 – NJW 1970, 1381.

Zur Verwirklichung des § 316a StGB genügt freilich die Absicht (überschießende Innentendenz) täterschaftlicher Verwirklichung.[244] Die Tat muss nicht objektiv vorliegen. Wenn nicht nach oben verwiesen werden kann, muss der Täter also alle objektiven Merkmale des beabsichtigten Delikt in seinen Vorsatz aufgenommen haben und überschießende subjektive Merkmale aufweisen. Hierbei reicht es aus, wenn der Täter, der ja regelmäßig den weiteren Ablauf der Ereignisse nicht voraussehen kann, neben einer gewaltlosen Wegnahme auch einen Raub etc. mit einplant.[245]

Diese Absicht muss der Täter **vor Beendigung der Fahrt und des Angriffs** gefasst haben.[246]

Hierbei genügt es, wenn der Täter den Entschluss zum Raub etc. erst **nach dem Beginn des Angriffs** auf den Kraftfahrer fasst, wenn er also während eines zu anderen Zwecken begonnenen Angriffs zum Raub etc. übergeht.[247]

Beispiel 319

BGH U. v. 13.12.1990 – 4 StR 512/90 – BGHSt 37, 256 = NJW 1991, 578 = StV 1992, 159 (Anm. Geppert JK 1991 StGB § 316a/3; Hassemer JuS 1991, 609):

B1 und B2 hatten zunächst auf dem Parkplatz vor einer Bar in G. versucht, eine „Auseinandersetzung" mit Z herbeizuführen. Dabei hatte B1 aus größerer Entfernung zwei Schüsse aus einem Gasrevolver auf Z abgegeben. Dieser flüchtete daraufhin mit seinem Pkw. B1 und B2 nahmen im Kraftfahrzeug des B2 die Verfolgung auf. Sie beabsichtigten, Z zum Anhalten zu zwingen und eine körperliche Auseinandersetzung mit ihm zu suchen. Während der Verfolgungsfahrt, bei der B2 mit aufgeblendeten Scheinwerfern bei Geschwindigkeiten bis zu 120 km/h „dicht an dicht" hinter dem Fahrzeug des Z herfuhr, gab B1 einen weiteren Schuss aus dem Gasrevolver auf das vorausfahrende Fahrzeug ab. Dies veranlasste Z, der den Revolver für eine scharfe Waffe hielt, sich beim Fahren möglichst weit nach rechts abzuducken, um nicht getroffen zu werden. Als sich Z im Stadtgebiet von D. verfuhr und in eine Sackgasse geriet, versperrten ihm B1 und B2 die Weiterfahrt, indem B2 seinen Pkw querstellte. Anschließend ging B2 mit der Gaspistole bewaffnet auf das etwa 10 m entfernt stehende Fahrzeug des Z zu, richtete die Waffe auf die Scheibe der Fahrertüre und forderte Z, der das Fenster herunterkurbelte, zum Aussteigen auf. Sichtlich verängstigt befolgte Z diese Anweisung.

---

[244] S. nur Fischer, StGB, 71. Aufl. 2024, § 316a Rn. 12f.; aus der Rspr. vgl. zuletzt BGH B. v. 05.12.2023 – 4 StR 435/23 – NStZ 2024, 495 = StV 2024, 568 (Anm. Bosch Jura 2024, 666; Eisele JuS 2024, 706; RÜ 2024, 335; Ruppert NStZ 2024, 497; Wachter JR 2024, 495).

[245] Heger, in: Lackner/Kühl/Heger, StGB, 30. Aufl. 2023, § 316a Rn. 5; aus der Rspr. vgl. BGH U. v. 28.04.1970 – 1 StR 38/70 – NJW 1970, 1381.

[246] Joecks/Jäger, StGB, 13. Aufl. 2021, § 316a Rn. 12; aus der Rspr. vgl. BGH B. v. 05.12.2023 – 4 StR 435/23 – NStZ 2024, 495 = StV 2024, 568 (Anm. Bosch Jura 2024, 666; Eisele JuS 2024, 706; RÜ 2024, 335; Ruppert NStZ 2024, 497; Wachter JR 2024, 495).

[247] Kindhäuser/Hilgendorf, LPK, 9. Aufl. 2022, § 316a Rn. 18; aus der Rspr. vgl. zuletzt BGH B. v. 05.12.2023 – 4 StR 435/23 – NStZ 2024, 495 = StV 2024, 568 (Anm. Bosch Jura 2024, 666; Eisele JuS 2024, 706; RÜ 2024, 335; Ruppert NStZ 2024, 497; Wachter JR 2024, 495).

Unter dem Eindruck der Fügsamkeit des Z entschloss sich B2, diese Situation zu nutzen und dem Z sein Geld abzunehmen. Er erzwang durch den Vorhalt der Pistole die Herausgabe des Geldbeutels, der jedoch fast leer war, und sodann, nachdem ihm B1, der mit dieser Wendung des Geschehens einverstanden war, zugerufen hatte „Los, mach ihn kalt", die Herausgabe von vier 100 DM-Scheinen, die M in einer Hosentasche stecken hatte. Daraufhin flüchteten B1 und B2. ◄

Als B1 und B2 den Z angriffen, während er ein Fahrzeug führte, beabsichtigten sie nur, eine körperliche Auseinandersetzung mit Z zu suchen. B2 entschloss sich erst, dem Z auch Geld abzunehmen, als dessen Pkw zum Stehen gekommen und Z ausgestiegen war. Deswegen scheidet § 316a StGB aus.

3. Rechtswidrigkeit
Es gelten die allgemeinen Grundsätze.

4. Schuld
Es gelten die allgemeinen Grundsätze.

5. Rechtsfolgen
§ 316a I StGB sieht Freiheitsstrafe nicht unter fünf Jahren vor, wobei sich ein Höchstmaß von 15 Jahren aus § 38 II StGB ergibt.

§ 316a II StGB regelt den – unbenannten – minder schweren Fall[248] (dann Freiheitsstrafe von einem Jahr bis zu zehn Jahren).

6. Sonstiges
Trotz früher Deliktsvollendung hat der Gesetzgeber bewusst keine Regelung zur tätigen Reue normiert, sodass auch eine Analogie ausscheidet.[249]

Da § 316a StGB nach h. M. auch die Sicherheit des Straßenverkehrs schützt, besteht mit den subjektiv in Bezug genommenen Delikten (**§§ 249, 252, 255 StGB**) *Tateinheit*. Anders ist es, wenn diese nur versucht sind, dann werden sie von § 316a StGB konsumiert. Eine Rückausnahme gilt, wenn eine Qualifikation verwirklicht ist.[250]

---

[248] Hierzu Fischer, StGB, 71. Aufl. 2024, § 316a Rn. 18; aus der Rspr. vgl. BGH B. v. 29.06.1994 – 3 StR 181/94; BGH U. v. 09.11.1995 – 4 StR 507/95 – NStZ-RR 1996, 133 = StV 1996, 270.

[249] H. M., Eisele, BT II, 6. Aufl. 2021, Rn. 448; zur früheren Gesetzesfassung vgl. aus der Rspr. BGH U. v. 26.06.1957 – 2 StR 242/57 – BGHSt 10, 320 = NJW 1957, 1447.

[250] Eisele, BT II, 6. Aufl. 2021, Rn. 452; aus der Rspr. vgl. BGH U. v. 27.02.1959 – 4 StR 527/58 – BGHSt 13, 27 = NJW 1959, 1140; BGH U. v. 05.07.1960 – 5 StR 80/60 – BGHSt 14, 386 = NJW 1960, 1729 (Anm. Kühl, Höchstrichterliche Rspr. BT, 2002, Nr. 58; Schnellenbach NJW 1960, 2154); BGH U. v. 16.02.1961 – 1 StR 621/60 – BGHSt 15, 322 = NJW 1961, 788; BGH U. v. 18.12.1962 – 1 StR 452/62 – BGHSt 18, 170 = NJW 1963, 452 (Anm. Preuße JuS 1963, 201); BGH U. v. 03.05.1963 – 4 StR 131/63 – NJW 1963, 1413; BGH U. v. 15.06.1964 – 2 StR 178/64 – BGHSt 19, 350 = NJW 1964, 1630; BGH U. v. 08.07.1969 – 1 StR 12/69 – NJW 1969, 1679; BGH U. v. 28.01.1971 – 4 StR 552/70 – NJW 1971, 765 (Anm. Beyer NJW 1971, 872); BGH U. v. 30.08.1973 – 4 StR 410/73 – BGHSt 25, 224 = NJW 1973, 2072 (Anm. Hassemer JuS 1974, 190; Tenckhoff JR 1974, 489); BGH U. v. 05.09.1974 – 4 StR 354/74 – BGHSt 25, 373 = NJW 1974, 2098; BGH U. v. 19.01.1999 – 4 StR 663/98 – NStZ 1999, 350 (Anm. Geppert JK 2000 StGB § 255/10).

III. Erfolgsqualifikation, § 316a III StGB

1. Aufbau
I. Tatbestand
  1. Objektiver Tatbestand
     a) Die Tat
     b) § 316a III StGB
        aa) Den Tod eines anderen Menschen
        bb) Wenigstens (objektiv) leichtfertig
        cc) Verursacht...durch
  2. Subjektiver Tatbestand
     • Vorsatz bzgl. § 316a I StGB
II. Rechtswidrigkeit
III. Schuld
  1. Allgemeines
  2. Wenigstens (subjektiv) leichtfertig

2. Erläuterungen
§ 316a III StGB enthält eine **Erfolgsqualifikation**. Vgl. hierzu bereits erörterte Delikte „mit Todesfolge", z. B. § 251 StGB.

„Tat" i.S.d. § 316a III StGB ist allein der Angriff.[251]

§ 316a III StGB sieht lebenslange Freiheitsstrafe oder Freiheitsstrafe nicht unter zehn Jahren vor, wobei sich bzgl. der zeitigen Freiheitsstrafe ein Höchstmaß von 15 Jahren aus § 38 II StGB ergibt.

E. Erpresserischer Menschenraub, § 239a StGB

▶ Didaktische Aufsätze
  • Blei, Erpresserischer Menschenraub und Geiselnahme (§§ 239 a, 239 b), JA 1975, 91 und 163
  • Elsner, §§ 239 a, 239 b StGB in der Fallbearbeitung – Deliktsaufbau und (bekannte und weniger bekannte) Einzelprobleme, JuS 2006, 784

I. Allgemeines

§ 239a StGB[252] stellt den erpresserischen Menschenraub unter Strafe.

---

[251] Sander, in: MK-StGB, 4. Aufl. 2022, § 316a Rn. 47.
[252] Hierzu Müller-Emmert/Maier MDR 1972, 97; Hansen GA 1974, 353; Blei JA 1975, 91 und 163; Elsner JuS 2006, 784; zu Reformüberlegungen von Hippel ZRP 2002, 442.

> **§ 239a StGB (Erpresserischer Menschenraub)**
> (1) Wer einen Menschen entführt oder sich eines Menschen bemächtigt, um die Sorge des Opfers um sein Wohl oder die Sorge eines Dritten um das Wohl des Opfers zu einer Erpressung (§ 253) auszunutzen, oder wer die von ihm durch eine solche Handlung geschaffene Lage eines Menschen zu einer solchen Erpressung ausnutzt, wird mit Freiheitsstrafe nicht unter fünf Jahren bestraft.
> (2) In minder schweren Fällen ist die Strafe Freiheitsstrafe nicht unter einem Jahr.
> (3) Verursacht der Täter durch die Tat wenigstens leichtfertig den Tod des Opfers, so ist die Strafe lebenslange Freiheitsstrafe oder Freiheitsstrafe nicht unter zehn Jahren.
> (4) Das Gericht kann die Strafe nach § 49 Abs. 1 mildern, wenn der Täter das Opfer unter Verzicht auf die erstrebte Leistung in dessen Lebenskreis zurückgelangen läßt. Tritt dieser Erfolg ohne Zutun des Täters ein, so genügt sein ernsthaftes Bemühen, den Erfolg zu erreichen.

Geschützte **Rechtsgüter** sind die persönliche Freiheit und die körperliche Unversehrtheit des Opfers sowie die persönliche Freiheit und das Vermögen des Erpressten.[253]

Der recht unübersichtlich formulierte Tatbestand des § 239a I StGB wird üblicherweise in den Entführungstatbestand und den Ausnutzungstatbestand unterteilt.[254]

II. Grunddelikte, § 239a I StGB

1. Sog. Entführungstatbestand, § 239a I 1. Var. StGB

Als Entführungstatbestand bezeichnet man die Tatvariante, in der der Täter „einen Menschen entführt oder sich eines Menschen bemächtigt, um die Sorge des Opfers um sein Wohl oder die Sorge eines Dritten um das Wohl des Opfers zu einer Erpressung (§ 253) auszunutzen".

a) Aufbau
  I. Tatbestand
   1. Objektiver Tatbestand
      a) Einen/eines (anderen) Menschen
      b) Entführt oder sich bemächtigt

---

[253] H. M., Joecks/Jäger, StGB, 13. Aufl. 2021, § 239a Rn. 1; aus der Rspr. vgl. BGH U. v. 23.01.2024 – 1 StR 189/23 – NJW 2024, 1357 = NStZ 2024, 485 (Anm. Bosch Jura 2024, 788; Hecker JuS 2024, 1087; Mitsch NJW 2024, 1360; Valerius NStZ 2024, 487; Eisele JR 2024, 595; Renzikowski JZ 2024, 838).

[254] S. nur Kindhäuser/Hilgendorf, LPK, 9. Aufl. 2022, § 239a Rn. 2.

2. Subjektiver Tatbestand
   a) Vorsatz
   b) Zu einer Erpressung (§ 253)
   c) Um die Sorge des Opfers um sein Wohl oder die Sorge eines Dritten um das Wohl des Opfers auszunutzen
II. Rechtswidrigkeit
III. Schuld
IV. Rechtsfolgen
   1. Allgemeines
   2. Tätige Reue, § 239a IV StGB

b) Tatbestand

aa) Objektiver Tatbestand

(1) Einen/eines (anderen) Menschen
Taugliches Opfer des § 239a I StGB ist jeder Mensch.
Anders als bei § 239 StGB sind auch Personen ohne natürlichen oder aktuellen Willen zur Fortbewegung (z. B. Kleinkinder, Schlafende, Bewusstlose) erfasst;[255] das Opfer braucht also seine Lage nicht zu erkennen.[256]

(2) Entführt oder sich bemächtigt

(a) Entführt
Entführen ist jedes Herbeiführen einer Ortsveränderung gegen oder ohne den Willen des Opfers, das zu einer hilflosen Lage führt, sodass das Opfer sich in der konkreten Situation dem ungehemmten Einfluss des Täters ausgeliefert sieht.[257]
Hierfür kann der Täter neben Gewalt oder Drohung auch List einsetzen.[258]

Beispiel 320

BGH U. v. 23.01.1996 – 1 StR 687/95 – NStZ 1996, 276 = StV 1997, 303:
B nahm Z als Anhalterin in seinem Pkw mit; er sagte der damals 21 Jahre alten Frau zu, sie zu dem Ort zu fahren, in dem ihr Freund wohnte. Aufgrund der während der Fahrt geführten Unterhaltung gewann B alsbald den Eindruck, dass sie psychisch nicht gefestigt sei und er mit ihr daher geschlechtlich verkehren

---

[255] Renzikowski, in: MK-StGB, 4. Aufl. 2021, § 239a Rn. 36.
[256] Eisele, BT II, 6. Aufl. 2021, Rn. 816; aus der Rspr. vgl. BGH U. v. 21.11.1974 – 4 StR 502/74 – BGHSt 26, 70 = NJW 1975, 269 (Anm. Lampe JR 1975, 424); BGH U. v. 21.05.1985 – 1 StR 175/85 – NStZ 1985, 455; BGH B. v. 10.03.1999 – 2 StR 614/98 – StV 1999, 646 (Anm. Renzikowski StV 1999, 647).
[257] Wolters, in: SK-StGB, 10. Aufl. 2024, § 239a Rn. 4; näher Roth-Stielow NJW 1966, 1496; aus der Rspr. vgl. zuletzt BGH U. v. 07.08.2024 – 6 StR 552/23 – NStZ-RR 2024, 310.
[258] Kindhäuser/Hilgendorf, LPK, 9. Aufl. 2022, § 239a Rn. 5; aus der Rspr. vgl. zuletzt BGH U. v. 07.08.2024 – 6 StR 552/23 – NStZ-RR 2024, 310.

könne; er machte sich auf der gemeinsamen Fahrt mit dem Opfer Hoffnung auf einen einvernehmlichen Geschlechtsverkehr. Deshalb bog er von der vereinbarten Fahrtstrecke plötzlich in einen Feldweg ab und fuhr zu einem Waldweg, wo er anhielt. Dort versuchte er, die Frau zu küssen, was sie abwehrte; sie flehte ihn an, von ihr abzulassen, sie sei keine Frau, die bei so etwas freiwillig mitmache. Daraufhin entschloss sich B, den Geschlechtsverkehr nunmehr mit Gewalt und Drohung zu erzwingen. Mit der wiederholten Drohung, er werde sie umbringen, und unter Einsatz seiner körperlichen Kraft gelang es ihm schließlich, auf dem Rücksitz des Pkw den Geschlechtsverkehr zu vollziehen. ◄

Indem B von der vereinbarten Fahrtstrecke in einen Feldweg abbog und zu einem Waldweg fuhr, führte er eine Ortsveränderung gegen den Willen der Z herbei, die angesichts der Abgeschiedenheit und der räumlichen Situation im Pkw zu einer hilflosen Lage führte.

(b) Sich Bemächtigt
Ein Sichbemächtigen liegt in jeder Erlangung physischer Gewalt über das Tatopfer gegen dessen Willen.[259]
Eine Ortsveränderung wird nicht vorausgesetzt.[260]
Das Mittel ist irrelevant.[261]
Insbesondere genügt auch das In-Schach-Halten mit einer (sogar Schein-)Waffe.[262]
Der Tatbestand der Freiheitsberaubung gem. § 239 StGB muss nicht erfüllt sein.[263] Ebenso wenig muss jede Schutz- oder Fluchtmöglichkeit völlig ausgeschlossen sein.[264]

---

[259] Wolters, in: SK-StGB, 10. Aufl. 2024, § 239a Rn. 4; aus der Rspr. vgl. zuletzt KG B. v. 20.08.2018 – 2 Ws 155/18–121 AR 194/18 – StV 2019, 565; BGH B. v. 16.04.2019 – 3 StR 35/19 – NStZ-RR 2019, 212 = StV 2020, 232 (Anm. RÜ 2019, 435); BGH U. v. 28.04.2021 – 2 StR 223/20 (Anm. Jäger JA 2022, 342; RÜ 2022, 102).

[260] Kindhäuser/Hilgendorf, LPK, 9. Aufl. 2022, § 239a Rn. 5; aus der Rspr. vgl. zuletzt BGH U. v. 28.04.2021 – 2 StR 223/20 (Anm. Jäger JA 2022, 342; RÜ 2022, 102).

[261] Wolters, in: SK-StGB, 10. Aufl. 2024, § 239a Rn. 4; aus der Rspr. vgl. BGH U. v. 09.06.1999 – 3 StR 78/99 – NStZ 1999, 509 (Anm. Kühl, Höchstrichterliche Rspr. BT, 2002, Nr. 38; Martin JuS 1999, 1239; Geppert JK 2000 StGB § 239a/7; Baier JA 2000, 191; LL 2000, 48; Immel NStZ 2001, 67).

[262] H. M., Eisele, BT II, 6. Aufl. 2021, Rn. 818; näher Rengier GA 1985, 314; aus der Rspr. vgl. BGH U. v. 26.11.1985 – 1 StR 393/85 – NStZ 1986, 166; BGH B. v. 10.03.1999 – 2 StR 614/98 – StV 1999, 646 (Anm. Renzikowski StV 1999, 647); BGH U. v. 05.05.1999 – 2 StR 579/98; BGH U. v. 19.09.2001 – 2 StR 240/01 – NStZ 2002, 31 (Anm. Geppert JK 2002 StGB § 239a/9; Martin JuS 2002, 300; LL 2002, 249; RÜ 2002, 32; RA 2002, 41); BGH U. v. 11.04.2002 – 4 StR 2/02 – NStZ-RR 2002, 213.

[263] Joecks/Jäger, StGB, 13. Aufl. 2021, § 239a Rn. 10; aus der Rspr. vgl. zuletzt BGH B. v. 05.08.2015 – 1 StR 328/15 – BGHSt 61, 21 = NJW 2016, 176 = NStZ 2016, 406 = StV 2016, 426 (Anm. Puppe, AT, 5. Aufl. 2023, § 29 Rn. 38ff.; Bosch Jura 2016, 450; Jäger JA 2016, 392; Eisele JuS 2016, 276; LL 2016, 252; RÜ 2016, 167; famos 3/2016; Schiemann NJW 2016, 178; Roxin StV 2016, 428; Herbertz JR 2016, 548); BGH U. v. 28.04.2021 – 2 StR 223/20 (Anm. Jäger JA 2022, 342; RÜ 2022, 102).

[264] Wolters, in: SK-StGB, 10. Aufl. 2024, § 239a Rn. 4; aus der Rspr. vgl. BGH U. v. 23.11.2006 – 3 StR 366/06 – NStZ-RR 2007, 77; BGH B. v. 21.04.2009 – 1 StR 163/09.

Beispiel 321

BGH U. v. 08.03.2006 – 5 StR 473/05 – NStZ 2006, 448 (Anm. Satzger JK 2006 StGB § 239a/11; LL 2006, 832; RÜ 2006, 255; RA 2006, 241):
B1 und B2 hielten sich am 06.01.2005 in einer Bar auf. In dieser Gaststätte saß auch Z mit zwei Begleitern an einem gesonderten Tisch. B1, von imposanter und furchteinflößender Statur, kam an den Tisch der drei und forderte: „Jetzt legt jeder von euch 10 € auf den Tisch, sonst gibt's richtig Stress". Hierzu waren diese nicht bereit. B2 machte dem Z den Vorschlag, mit ihm auf die Toilette zu gehen, um dort alles in Ruhe zu besprechen. B1 folgte auf ein Zeichen des B2. Nachdem sich B1 und B2 kurz verständigt hatten, schlugen sie beide im Bereich der Herrentoilette mit der flachen Hand und mit der Faust dem Z mehrfach ins Gesicht und forderten vom ihm die Herausgabe seiner Wertsachen. Z erlitt schmerzhafte Prellungen im Gesicht, blutete aus der Nase und Oberlippe; zudem brach ein Stück eines Schneidezahns ab. B2 bedrohte den Z im Anschluss an die Misshandlungen mit einem Teleskopschlagstock, den ihm vorher B1 gereicht hatte. Z, der innerhalb des Lokals keine Hilfe mehr erwartete, nachdem B1 und B2 zwischenzeitlich einen seiner Begleiter und den Wirt „abgewimmelt" hatten, erklärte dem B1, er habe kein Geld bei sich, könne aber welches am Geldautomaten abheben. Er wusste dabei, dass er das Tageslimit für sein Konto bereits ausgeschöpft hatte, hoffte aber, auf diese Weise dem B1 und dem B2 entkommen zu können. B1 und B2, die dem Z einschärften, sich unauffällig zu verhalten, folgten dem Z zum Geldautomaten, wobei sie für ein kurzes Stück den Bus benutzten. Am Geldautomaten misslang wegen des bereits erschöpften Tageslimits ein dreimaliger Versuch des Z, Geld abzuheben. Daraufhin nahmen B1 und B2 dem Z Bargeld i.H.v. etwa 100 € sowie das Handy weg, was Z aus Angst vor weiteren Misshandlungen geschehen ließ. ◀

Z konnte sich weder gegen B1 und B2 wehren noch der Situation entkommen. B1 und B2 hatten gegen dessen Willen physische Gewalt über den Z.

Wenn **bereits** ein **Herrschaftsverhältnis** besteht (z. B. bzgl. **eigenen Kindern**), genügt es, wenn eine erhebliche Verstärkung der Verfügungsgewalt eintritt.[265]

Ein **Einverständnis** wirkt tatbestandsausschließend.[266]

(c) Restriktion in Zwei-Personen-Verhältnissen

▶ **Didaktische Aufsätze**
- Fahl, Zur Problematik der §§ 239a, b StGB bei der Anwendung auf „Zwei-Personen-Verhältnisse", Jura 1996, 456

---

[265] Eisele, BT II, 6. Aufl. 2021, Rn. 819; aus der Rspr. vgl. BGH U. v. 12.03.1974 – 1 StR 580/73.
[266] Kindhäuser/Hilgendorf, LPK, 9. Aufl. 2022, § 239a Rn. 6; aus der Rspr. vgl. BGH U. v. 15.10.1991 – 4 StR 349/91 – BGHSt 38, 83 = NJW 1992, 702 (Anm. Schmoller JR 1993, 247).

- Zöller, Erpresserischer Menschenraub, Geiselnahme und das Zwei-Personen-Verhältnis in der Fallbearbeitung, JA 2000, 476
- Satzger, Erpresserischer Menschenraub (§ 239 a StGB) und Geiselnahme (§ 239 b StGB) im Zweipersonenverhältnis, Jura 2007, 114

Nötigungsadressat in § 239a StGB ist jeder, der Sorge um das Wohl des Opfers trägt; das kann ausdrücklich auch das Opfer selbst sein („Sorge des Opfers um sein Wohl"). § 239a I StGB heutiger Fassung ist also nicht nur in Drei-Personen-Verhältnissen anwendbar, sondern auch in **Zwei-Personen-Verhältnissen**. Dies i. V. m. der Weite der Tathandlung des Sichbemächtigens führt dazu, dass „normale", eher kurzzeitige Überfälle eines Täters auf sein Opfer nicht nur als Raub oder räuberische Erpressung zu bestrafen wären (Mindeststrafe: ein Jahr Freiheitsstrafe), sondern als erpresserischer Menschenraub (Mindeststrafe: fünf Jahre Freiheitsstrafe). Klassische Tatbestände träten damit zumindest aus praktischer Sicht in die zweite Reihe. Zwar erweiterte der Gesetzgeber die Norm bewusst auf Zwei-Personen-Verhältnisse, bedachte dabei aber wohl nicht die exorbitante Mindeststrafe dieses Delikts, welches sich sogar erst im Vorfeld der §§ 253, 255 StGB abspielt.

Es ist daher problematisch, ob und wie § 239a I StGB (und § 239b StGB) in Zwei-Personen-Verhältnissen einschränkend auszulegen ist.[267]

Beispiel 322

BGH U. v. 08.03.2006 – 5 StR 473/05 – NStZ 2006, 448 (Anm. Satzger JK 2006 StGB § 239a/11; LL 2006, 832; RÜ 2006, 255; RA 2006, 241):

B1 und B2 hielten sich am 06.01.2005 in einer Bar auf. In dieser Gaststätte saß auch Z mit zwei Begleitern an einem gesonderten Tisch. B1, von imposanter und furchteinflößender Statur, kam an den Tisch der drei und forderte: „Jetzt legt jeder von euch 10 € auf den Tisch, sonst gibt's richtig Stress". Hierzu waren diese nicht bereit. B2 machte dem Z den Vorschlag, mit ihm auf die Toilette zu gehen, um dort alles in Ruhe zu besprechen. B1 folgte auf ein Zeichen des B2. Nachdem sich B1 und B2 kurz verständigt hatten, schlugen sie beide im Bereich der Herrentoilette mit der flachen Hand und mit der Faust dem Z mehrfach ins Gesicht und forderten vom ihm die Herausgabe seiner Wertsachen. Z erlitt schmerzhafte Prellungen im Gesicht, blutete aus der Nase und Oberlippe; zudem brach ein Stück eines Schneidezahns ab. B2 bedrohte den Z im Anschluss an die Misshandlungen mit einem Teleskopschlagstock, den ihm vorher B1 gereicht hatte. Z,

---

[267] Hierzu Joecks/Jäger, StGB, 13. Aufl. 2021, § 239a Rn. 18ff.; näher Renzikoswki JZ 1994, 492; Fahl Jura 1996, 456; Heinrich NStZ 1997, 365; Zöller JA 2000, 476; Satzger Jura 2007, 114; aus der Rspr. vgl. zuletzt BGH U. v. 28.04.2021 – 2 StR 223/20 (Anm. Jäger JA 2022, 342; RÜ 2022, 102); BGH B. v. 29.06.2022 – 3 StR 501/21 – NStZ 2023, 34 = StV 2023, 534 (Anm. LL 2023, 248; RÜ 2023, 32; Valerius NStZ 2023, 35); BGH B. v. 10.05.2023 – 4 StR 515/22 – NStZ 2023, 677 (Anm. Bosch Jura 2023, 1481; RÜ 2023, 578; Kudlich/Schütz NStZ 2023, 678); BGH B. v. 26.07.2023 – 6 StR 132/23 – StV 2024, 104; BGH U. v. 17.08.2023 – 4 StR 29/23 – NStZ-RR 2023, 371.

der innerhalb des Lokals keine Hilfe mehr erwartete, nachdem B1 und B2 zwischenzeitlich einen seiner Begleiter und den Wirt „abgewimmelt" hatten, erklärte dem B1, er habe kein Geld bei sich, könne aber welches am Geldautomaten abheben. Er wusste dabei, dass er das Tageslimit für sein Konto bereits ausgeschöpft hatte, hoffte aber, auf diese Weise dem B1 und dem B2 entkommen zu können. B1 und B2, die dem Z einschärften, sich unauffällig zu verhalten, folgten dem Z zum Geldautomaten, wobei sie für ein kurzes Stück den Bus benutzten. Am Geldautomaten misslang wegen des bereits erschöpften Tageslimits ein dreimaliger Versuch des Z, Geld abzuheben. Daraufhin nahmen B1 und B2 dem Z Bargeld i.H.v. etwa 100 € sowie das Handy weg, was Z aus Angst vor weiteren Misshandlungen geschehen ließ. ◄

Nach heutiger Rspr. und h. L. ist der Tatbestand insofern teleologisch zu reduzieren, als die Bemächtigung gegenüber der Erpressung eine eigenständige Bedeutung haben muss. Dafür ist erforderlich, dass Bemächtigungs- und Erpressungsakt nicht zusammenfallen, der Täter also eine selbstständige, dauerhaft stabile Zwischenlage als Ausgangspunkt für einen oder mehrere weitere, darauf aufbauende Erpressungsakte geschaffen hat. Mithin muss ein funktionaler Zusammenhang bestehen, d. h. der Täter muss beabsichtigen, die durch das Sichbemächtigen für das Opfer geschaffene Lage zu weiteren qualifizierten Drohungen auszunutzen (unvollkommen zweiaktiges Delikt).[268] Der erforderliche funktionale Zusammenhang liegt insbesondere dann nicht vor, wenn sich der Täter des Opfers durch Nötigungsmittel bemächtigt, die zugleich unmittelbar der beabsichtigten Erpressung dienen.

In einer Fallbearbeitung ist daher, ohne dass es eine trennscharfe Grenze gäbe, herauszuarbeiten, wie lange das Geschehen dauert und wie stabil die Gesamtsituation war.

An sich hat diese Reduktion auch bei **Drei-Personen-Verhältnissen** ihre Berechtigung, dort aber wird häufig eine stabile Zwischenlage gegeben sein, da gegenüber dem Dritten ein eigenständiger, zusätzlicher Nötigungsakt erforderlich ist.[269]

bb) Subjektiver Tatbestand

(1) Vorsatz
Gem. § 15 StGB ist Vorsatz erforderlich.

(2) Zu einer Erpressung (§ 253)
I.R.d. sog. Entführungstatbestands muss der Täter handeln, „um die Sorge des Opfers um sein Wohl oder die Sorge eines Dritten um das Wohl des Opfers zu einer Erpressung (§ 253) auszunutzen". Er muss bereits die Tathandlung mit Erpressungsabsicht (überschießende Innentendenz) vornehmen, sein Vorstellungsbild muss auf eine Erpressung

---

[268] S. Eisele, BT II, 6. Aufl. 2021, Rn. 825ff.

[269] S. Fischer, StGB, 71. Aufl. 2024, § 239a Rn. 8b, 8c; aus der Rspr. vgl. zuletzt BGH B. v. 05.08.2015 – 1 StR 328/15 – BGHSt 61, 21 = NJW 2016, 176 = NStZ 2016, 406 = StV 2016, 426 (Anm. Puppe, AT, 5. Aufl. 2023, § 29 Rn. 38ff.; Bosch Jura 2016, 450; Jäger JA 2016, 392; Eisele JuS 2016, 276; LL 2016, 252; RÜ 2016, 167; famos 3/2016; Schiemann NJW 2016, 178; Roxin StV 2016, 428; Herbertz JR 2016, 548).

(§ 253 StGB, die Qualifikation § 255 StGB ist erst recht erfasst) gerichtet sein.[270] Opfer kann ausweislich des Wortlautes die Geisel oder ein Dritter sein.

Umstritten ist, ob auch ein beabsichtigter Raub gem. **§ 249 StGB** erfasst ist.[271]

Dies hängt davon ab, wie man das Verhältnis von Raub und räuberischer Erpressung beurteilt. Da nach vorzugswürdiger Auffassung in Rspr. und Lehre der Raub lediglich *lex specialis* der räuberischen Erpressung ist, ist er als Unterfall der Erpressung auch von § 239a I StGB in Bezug genommen (zugleich ein Argument für diese Auffassung).

Die Bezugnahme auf **§ 253 StGB** – auf subjektiver Grundlage – gilt für **sämtliche objektiven und subjektiven Voraussetzungen**. Der Täter muss die objektiven Voraussetzungen beabsichtigen und die subjektiven selbst aufweisen. In einer Fallbearbeitung ist die Erpressung als vollendetes oder versuchtes Delikt vorab zu prüfen, sodass i.R.d. § 239a I StGB nach oben verwiesen werden kann.

(3) Um die Sorge des Opfers um sein Wohl oder die Sorge eines Dritten um das Wohl des Opfers auszunutzen

Zum – hier nur erstrebten (Eventualvorsatz genügt dabei nicht[272]) – **Ausnutzen** s. noch u. bei § 239a I 2. Var. StGB. Nötig ist der u. a. funktionale und zeitliche Zusammenhang.[273]

Weitere Motive des Erpressten (**Motivbündel**) sind unschädlich.[274]

Sorge um das **Wohl** ist die Befürchtung, das Opfer könne beim Fortbestehen der vom Täter geschaffenen Lage körperlichen oder seelischen Schaden nehmen.[275] Eine weitere Freiheitsentziehung reicht nicht. Eine unmittelbare Gefahr für Leib oder Leben ist aber nicht erforderlich.[276]

Die Sorge eines Dritten betrifft zum einen Fälle verwandtschaftlicher und freundschaftlicher Nähe, aber auch Geschäftsbeziehungen, z. B. bei Banküberfällen im Hinblick auf die Kunden.[277]

---

[270] Fischer, StGB, 71. Aufl. 2024, § 239a Rn. 5a.

[271] S. Eisele, BT II, 6. Aufl. 2021, Rn. 822; aus der Rspr. vgl. zuletzt BGH U. v. 13.03.2019 – 1 StR 424/18 – NStZ-RR 2019, 212; BGH B. v. 11.08.2021 – 3 StR 63/21 – NStZ-RR 2022, 14 (Anm. Mitsch JuS 2022, 609).

[272] Vgl. aus der Rspr. BGH B. v. 27.11.2018 – 2 StR 254/18 – NStZ 2019, 411 (Anm. Immel NStZ 2019, 412).

[273] Wolters, in: SK-StGB, 10. Aufl. 2024, § 239a Rn. 6; aus der Rspr. vgl. zuletzt BGH B. v. 16.04.2019 – 3 StR 35/19 – NStZ-RR 2019, 212 = StV 2020, 232 (Anm. RÜ 2019, 435); BGH B. v. 17.12.2019 – 4 StR 542/19 – NStZ 2020, 667 (Anm. Immel NStZ 2020, 668); BGH B. v. 03.02.2021 – 2 StR 279/20 – NStZ 2022, 41 = StV 2022, 389.

[274] Valerius, in: BeckOK-StGB, Stand 01.08.2024, § 239a Rn. 8; aus der Rspr. vgl. BGH B. v. 30.07.1998 – 4 StR 298/98 – StV 1998, 661.

[275] Fischer, StGB, 71. Aufl. 2024, § 239a Rn. 5; aus der Rspr. vgl. BGH U. v. 25.10.1972 – 2 StR 313/72 – BGHSt 25, 35 = NJW 1973, 156.

[276] Renzikowski, in: MK-StGB, 4. Aufl. 2021, § 239a Rn. 49.

[277] Renzikowski, in: MK-StGB, 4. Aufl. 2021, § 239a Rn. 46; aus der Rspr. vgl. BGH U. v. 26.11.1985 – 1 StR 393/85 – NStZ 1986, 166.

E. Erpresserischer Menschenraub, § 239a StGB

c) Rechtswidrigkeit
Es gelten die allgemeinen Grundsätze.

d) Schuld
Es gelten die allgemeinen Grundsätze.

e) Rechtsfolgen

aa) Allgemeines
§ 239a I StGB sieht Freiheitsstrafe nicht unter fünf Jahren vor, wobei sich ein Höchstmaß von 15 Jahren aus § 38 II StGB ergibt.

§ 239a II StGB regelt den – unbenannten – minder schweren Fall (dann Freiheitsstrafe nicht unter einem Jahr).[278]

bb) Tätige Reue, § 239a IV StGB
§ 239 IV 1 StGB – für jeden Beteiligten gesondert zu prüfen[279] – enthält eine fakultative Strafmilderung für den Fall, dass „der Täter das Opfer unter Verzicht auf die erstrebte Leistung in dessen Lebenskreis zurückgelangen lässt".

Auf Freiwilligkeit kommt es nicht an,[280] erst recht nicht auf die Motivlage.[281] Eine Anwesenheit von Polizisten am Tatort steht daher der Anwendung des § 239 IV 1 StGB nicht entgegen.[282]

Umstritten ist, welche Anforderungen an ein **Zurückgelangenlassen** in den Lebenskreis zu stellen sind.[283] Jedenfalls bei Erwachsenen wird eine Freilassung genügen, wenn diese dann ohne Weiteres nach Hause zurückkehren können.[284]

---

[278] Hierzu Fischer, StGB, 71. Aufl. 2024, § 239a Rn. 17; aus der Rspr. vgl. BGH B. v. 30.01.2007 – 5 StR 517/06 – NStZ 2007, 478.
[279] Aus der Rspr. vgl. BGH B. v. 23.01.2024 – 6 StR 551/23 – NStZ 2024, 287.
[280] Kindhäuser/Hilgendorf, LPK, 9. Aufl. 2022, § 239a Rn. 17; aus der Rspr. vgl. zuletzt BGH B. v. 24.03.2020 – 6 StR 18/20 – NStZ-RR 2020, 347 = StV 2020, 664; BGH B. v. 23.01.2024 – 6 StR 551/23 – NStZ 2024, 287.
[281] Aus der Rspr. vgl. BGH B. v. 23.01.2024 – 6 StR 551/23 – NStZ 2024, 287.
[282] Kindhäuser/Hilgendorf, LPK, 9. Aufl. 2022, § 239a Rn. 17; aus der Rspr. vgl. BGH B. v. 31.05.2001 – 1 StR 182/01 – NJW 2001, 2895 = NStZ 2001, 532 (Anm. Otto JK 2002 StGB § 239a/8; Baier JA 2002, 188; Heinrich JR 2002, 161); BGH B. v. 21.05.2003 – 1 StR 152/03 – NStZ 2003, 605 = StV 2004, 316 (Anm. Otto JK 2004 StGB § 239a/10).
[283] Hierzu Kindhäuser/Hilgendorf, LPK, 9. Aufl. 2022, § 239a Rn. 18; aus der Rspr. vgl. zuletzt BGH B. v. 07.09.2016 – 1 StR 293/16 – NJW 2017, 1124 = NStZ 2017, 412 = StV 2019, 99 (Anm. Schiemann NJW 2017, 1125; Renzikowski JR 2017, 316; Dehne-Niemann StV 2019, 133); BGH U. v. 04.07.2019 – 4 StR 508/18 – NStZ-RR 2019, 285.
[284] Fischer, StGB, 71. Aufl. 2024, § 239a Rn. 19.

Der Täter muss ferner auf die erstrebte **Leistung verzichten**.²⁸⁵ Dies ist der Fall, wenn er auf seine erpresserische Forderung verzichtet oder das Erhaltene oder ein Äquivalent zurückgibt.²⁸⁶

Hat der Täter bereits eine Leistung empfangen und ist er nicht in der Lage, das Empfangene bzw. das Äquivalent vollständig zurückzugeben, so ist § 239 IV 1 StGB nur anzuwenden, wenn der Fehlbetrag gering ist.²⁸⁷

Gem. § 239a IV 2 StGB reicht ein ernsthaftes Bemühen des Täters aus, wenn das Opfer ohne Zutun des Täters zurückgelangt.

f) Sonstiges
Der erpresserische Menschenraub verdrängt die §§ 239, 240 StGB in Gesetzeskonkurrenz.²⁸⁸

Mit den §§ 253, 255 StGB steht § 239a StGB zur Klarstellung in Tateinheit.²⁸⁹

2. Sog. Ausnutzungstatbestand, § 239a I 2. Var. StGB
Als Ausnutzungstatbestand bezeichnet man die – etwas umständlich formulierte – Tatvariante, in der der Täter einen Menschen entführt oder sich eines Menschen bemächtigt und dies zu einer Erpressung ausnutzt.

a) Aufbau
  I. Tatbestand
   1. Objektiver Tatbestand
      a) Die von ihm durch eine solche Handlung geschaffene Lage eines (anderen) Menschen
      b) Zu einer solchen Erpressung ausnutzt
   2. Subjektiver Tatbestand
      a) Vorsatz
      b) Um sich oder einen Dritten zu Unrecht zu bereichern
  II. Rechtswidrigkeit
  III. Schuld
  IV. Rechtsfolgen
   1. Allgemeines
   2. Tätige Reue, § 239a IV StGB

---

[285] Fischer, StGB, 71. Aufl. 2024, § 239a Rn. 20; aus der Rspr. vgl. zuletzt BGH U. v. 04.07.2019 – 4 StR 508/18 – NStZ-RR 2019, 285; BGH B. v. 24.03.2020 – 6 StR 18/20 – NStZ-RR 2020, 347 = StV 2020, 664; BGH B. v. 23.01.2024 – 6 StR 551/23 – NStZ 2024, 287.

[286] Renzikowski, in: MK-StGB, 4. Aufl. 2021, § 239a Rn. 96.

[287] Vgl. Wolters, in: SK-StGB, 10. Aufl. 2024, § 239a Rn. 24.

[288] Eisele, BT II, 6. Aufl. 2021, Rn. 842; aus der Rspr. vgl. zuletzt BGH B. v. 27.08.2002 – 1 StR 287/02 – NStZ-RR 2002, 334 (Anm. Otto JK 2003 StGB § 252/6; LL 2003, 38); BGH U. v. 18.09.2002 – 2 StR 266/02 – NStZ-RR 2003, 45; BGH U. v. 23.11.2006 – 3 StR 366/06 – NStZ-RR 2007, 77; BGH B. v. 28.05.2009 – 3 StR 172/09 – NStZ 2009, 632.

[289] Wolters, in: SK-StGB, 10. Aufl. 2024, § 239a Rn. 19; aus der Rspr. vgl. zuletzt BGH B. v. 27.11.2018 – 2 StR 254/18 – NStZ 2019, 411 (Anm. Immel NStZ 2019, 412).

E. Erpresserischer Menschenraub, § 239a StGB

b) Tatbestand

aa) Objektiver Tatbestand

(1) Die von ihm durch eine solche Handlung geschaffene Lage eines (anderen) Menschen
Zu den Merkmalen Mensch, Entführen und Sichbemächtigen sowie zur Restriktion in Zwei-Personen-Verhältnissen s. o.

(2) Zu einer solchen Erpressung ausnutzt
Beim sog. Ausnutzungstatbestand entführt der Täter sein Opfer oder bemächtigt sich dessen zunächst zu anderen Zwecken oder unvorsätzlich, nutzt später dann diese Lage zu einer Erpressung aus (zweiaktiges Delikt).

In einer Fallbearbeitung ist diese Erpressung vorab zu prüfen, sodass insofern nach oben verwiesen werden kann.

Umstritten ist, wie weit die Erpressung gediehen sein muss.[290]

Beispiel 323

BGH U. v. 31.08.2006 – 3 StR 246/06 – NStZ 2007, 32 = StV 2007, 355 (Anm. Wolters StV 2007, 356):

B1 und B2 überfielen maskiert und mit einer funktionsfähigen, geladenen Schreckschusspistole bewaffnet nach Ladenschluss Angestellte eines Verbrauchermarktes, um den Inhalt des dort im Büro befindlichen Tresors zu erbeuten. Zunächst schlug B1 den Angestellten Z1 mit zwei kräftigen Schlägen gegen dessen Kopf zu Boden, unmittelbar nachdem dieser den Markt verlassen hatte. Anschließend zerschlug er die durchsichtige Glasscheibe der Eingangstür, wobei er die dahinter stehende Verkäuferin Z2 verletzte, und drang in das Gebäude ein. Im Aufenthaltsraum traf er auf die Verkäuferin Z3, der er sofort einen heftigen Schlag gegen die Stirn versetzte und sie flüchtig nach dem Tresorschlüssel durchsuchte. In der Zwischenzeit hatte B2 den Angestellten Z1 in den Markt zurückgeschleift. B1 und B2 fragten Z1 und Z3 erfolglos nach dem Tresorschlüssel und sperrten sie in den Vorraum der Toilette ein. Nachdem sie anschließend selbst einige Zeit im Büro vergeblich nach dem Schlüssel gesucht hatten, brachte B1 die Z3 unter Schlägen aus dem Toilettenvorraum in das Büro, wo B1 und B2 von ihr nochmals die Herausgabe des Tresorschlüssels verlangten. Als Z3 angab, sie wisse nicht, wo sich der Schlüssel befinde, drohte B2 sie umzubringen, wenn sie nicht die Wahrheit

---

[290] Hierzu Joecks/Jäger, StGB, 13. Aufl. 2021, § 239a Rn. 26f.; aus der Rspr. vgl. BGH U. v. 16.03.1976 – 5 StR 72/76 – BGHSt 26, 309 = NJW 1976, 976 (Anm. Backmann JuS 1977, 444); BGH U. v. 23.12.1986 – 1 StR 566/86 – StV 1987, 483 (Anm. Horn StV 1987, 484); BGH B. v. 14.05.1996 – 4 StR 174/96 – StV 1997, 302; BGH U. v. 14.01.1997 – 1 StR 507/96 – NJW 1997, 1082 = StV 1997, 304 (Anm. Fahl JA 1997, 746; Martin JuS 1997, 757; Geppert JK 1998 StGB § 239b/1; Renzikowski JR 1998, 126); BGH U. v. 19.11.2009 – 3 StR 87/09 – NStZ-RR 2010, 140; BGH U. v. 02.02.2012 – 3 StR 385/11 – NStZ-RR 2012, 173 = StV 2013, 446 (Anm. RÜ 2012, 509; RA 2012, 469).

sage. B1 und B2, die erfuhren, dass Z1 geflüchtet war, verließen aus Angst vor der Polizei alsbald den Verbrauchermarkt ohne Beute. ◄

Im Beispiel ist die Erpressung überhaupt nur in das Versuchsstadium gelangt. Deswegen stellt sich die Frage, ob die Ausnutzung zum Versuch einer Erpressung ausreicht.

Z. T.[291] wird eine Vollendung der Erpressung für erforderlich gehalten.
Die Rspr.[292] und die h. L.[293] lassen es hingegen genügen, wenn die Erpressung ins Versuchsstadium gelangt.

Zwar stellt § 239a I StGB nicht klar, dass unter die „Erpressung (§ 253)" auch der Versuch fällt, sodass der Wortlaut, vgl. auch § 11 I Nr. 5 StGB, für ein Vollendungserfordernis sprechen könnte. Allerdings bezieht der Verweis auf § 253 StGB auch dessen Abs. 3 mit ein; sachgerecht ist die extensive Handhabung ohnehin, zumal die Gefährdung für das Opfer bereits besteht.

Der Täter muss die Entführungs- bzw. Bemächtigungslage zur Erpressung **ausnutzen**.[294]

Gefordert ist ein **funktionaler und zeitlicher Zusammenhang** dahingehend, dass die Entführungs-/Bemächtigungslage zum Zeitpunkt der zumindest versuchten Erpressung noch besteht; das Opfer oder der Dritte muss den Forderungen des Täters gerade wegen der bestehenden Entführungs- oder Bemächtigungslage nachkommen.[295]

Der ausnutzende Täter der Erpressung muss auch **Täter** der vorangegangenen Entführung bzw. Bemächtigung gewesen sein („von ihm durch eine solche Handlung geschaffene Lage").[296] Es genügt, dass der Ausnutzungstäter die erste Handlung als Mittäter oder mittelbarer Täter begangen hat.[297]

bb) Subjektiver Tatbestand
I.R.d. sog. Ausnutzungstatbestands darf über den Vorsatz hinaus nicht vergessen werden, dass die Erpressung gem. § 253 StGB die Absicht rechtswidriger Bereicherung erfordert.

---

[291] Z. B. Wolters, in: SK-StGB, 10. Aufl. 2024, § 239a Rn. 15.

[292] S. o.

[293] Eisele, BT II, 6. Aufl. 2021, Rn. 832.

[294] Hierzu Fischer, StGB, 71. Aufl. 2024, § 239a Rn. 11.

[295] Eisele, BT II, 6. Aufl. 2021, Rn. 823; aus der Rspr. vgl. zuletzt BGH U. v. 19.09.2013 – 3 StR 119/13 – NStZ 2014, 316 (Anm. Bosch JK 2014 StGB § 239a/12; Hecker JuS 2014, 368; RÜ 2014, 171); BGH B. v. 12.09.2013 – 2 StR 236/13 – StV 2014, 218; BGH B. v. 07.11.2013 – 4 StR 340/13 – StV 2014, 284; BGH U. v. 12.02.2015 – 1 StR 444/14 – NStZ-RR 2015, 173 = StV 2015, 765; BGH B. v. 27.01.2017 – 1 StR 532/16 – NStZ-RR 2017, 176; BGH B. v. 08.06.2017 – 4 StR 19/17 – NStZ-RR 2017, 372.

[296] Wolters, in: SK-StGB, 10. Aufl. 2024, § 239a Rn. 16; aus der Rspr. vgl. zuletzt BGH U. v. 20.09.2018 – 3 StR 195/18 – NStZ-RR 2019, 190 = StV 2020, 149 (Anm. Eisele JuS 2019, 721; RÜ 2019, 369; RÜ2 2019, 138).

[297] Fischer, StGB, 71. Aufl. 2024, § 239a Rn. 11a; aus der Rspr. vgl. BGH B. v. 01.12.2000 – 2 StR 379/00 – NStZ 2001, 247 (Anm. Heger JA 2001, 631).

In einer Fallbearbeitung ist ohnehin i. d. R. auf die oben vorab geprüfte Erpressung zu verweisen.

c) Rechtswidrigkeit
Es gelten die allgemeinen Grundsätze.

d) Schuld
Es gelten die allgemeinen Grundsätze.

e) Rechtsfolgen
S. o.

III. Erfolgsqualifikation, § 239a III StGB

1. Aufbau
I. Tatbestand
  1. Objektiver Tatbestand
    a) Die Tat
    b) § 239a III StGB
      aa) Den Tod des Opfers
      bb) Wenigstens (objektiv) leichtfertig
      cc) Verursacht...durch
  2. Subjektiver Tatbestand
    • Vorsatz bzgl. § 239a I StGB
II. Rechtswidrigkeit
III. Schuld
  1. Allgemeines
  2. Wenigstens (subjektiv) leichtfertig

2. Erläuterungen
§ 239a III StGB enthält eine Erfolgsqualifikation.[298]

Vgl. hierzu bereits erörterte Delikte „mit Todesfolge", z. B. die §§ 227, 251 StGB.

Enger als in § 18 StGB normiert muss der Täter den Tod des **Opfers** (nicht eines anderen) wenigstens **leichtfertig** verursacht haben.

„Durch die Tat" erfasst bei § 239a I 1. Var. StGB jeden Handlungsakt des erpresserischen Menschenraubs, bei der 2. Var. muss der Erpressungsversuch begonnen haben.[299]

---

[298] Näher Maurach FS Heinitz 1972, 403.
[299] Fischer, StGB, 71. Aufl. 2024, § 239a Rn. 18.

Der Erfolgseintritt muss auf eine **tatbestandsspezifische**, d. h. eine der Entführung i. w. S. typischerweise anhaftende **Gefahr** zurückzuführen sein, um derentwillen das Verhalten des Täters auch verboten war.[300] Hierzu zählen nach h. M.[301] auch – missglückte – polizeiliche Rettungsaktionen:

> **Beispiel 324**
>
> BGH U. v. 18.09.1985 – 2 StR 378/85 – BGHSt 33, 322 = NJW 1986, 438 = NStZ 1986, 116 = StV 1986, 430 (Anm. Geppert JK 1986 StGB § 239a/1; Küpper NStZ 1986, 117; Fischer NStZ 1986, 314; Krehl StV 1986, 432; Wolter JR 1986, 465):
> B1 und B2 überfielen in A. eine Bank und zwangen den Kassierer zur Übergabe von ca. 150.000 DM sowie zweier Geldbomben. Die übrigen Bankangestellten waren vorher gefesselt worden. B1 und B2 zwangen die Bankangestellte Z, mit in ihr Fluchtfahrzeug einzusteigen. Hinzukommende Polizeibeamte, die von der Geiselnahme keine Kenntnis hatten, gaben tödliche Schüsse auf die Geisel ab. ◄

§ 239a III StGB sieht lebenslange Freiheitsstrafe oder Freiheitsstrafe nicht unter zehn Jahren vor, wobei sich bzgl. der zeitigen Freiheitsstrafe ein Höchstmaß von 15 Jahren aus § 38 II StGB ergibt.

F. Geiselnahme, § 239b StGB

▶ **Didaktische Aufsätze**
- Blei, Erpresserischer Menschenraub und Geiselnahme (§§ 239 a, 239 b), JA 1975, 91 und 163
- Elsner, §§ 239 a, 239 b StGB in der Fallbearbeitung – Deliktsaufbau und (bekannte und weniger bekannte) Einzelprobleme, JuS 2006, 784

I. Allgemeines

§ 239b StGB[302] stellt die Geiselnahme unter Strafe.

---

[300] Joecks/Jäger, StGB, 13. Aufl. 2021, § 239a Rn. 34; aus der Rspr. vgl. zuletzt BGH U. v. 23.01.2024 – 1 StR 189/23 – NJW 2024, 1357 = NStZ 2024, 485 (Anm. Bosch Jura 2024, 788; Hecker JuS 2024, 1087; Mitsch NJW 2024, 1360; Valerius NStZ 2024, 487; Eisele JR 2024, 595; Renzikowski JZ 2024, 838).
[301] S. Joecks/Jäger, StGB, 13. Aufl. 2021, § 239a Rn. 35ff.
[302] Hierzu Müller-Emmert/Maier MDR 1972, 97; Blei JA 1975, 91 und 163; Elsner JuS 2006, 784.

F. Geiselnahme, § 239b StGB

> **§ 239b StGB (Geiselnahme)**
> (1) Wer einen Menschen entführt oder sich eines Menschen bemächtigt, um ihn oder einen Dritten durch die Drohung mit dem Tod oder einer schweren Körperverletzung (§ 226) des Opfers oder mit dessen Freiheitsentziehung von über einer Woche Dauer zu einer Handlung, Duldung oder Unterlassung zu nötigen, oder wer die von ihm durch eine solche Handlung geschaffene Lage eines Menschen zu einer solchen Nötigung ausnutzt, wird mit Freiheitsstrafe nicht unter fünf Jahren bestraft.
> (2) § 239a Abs. 2 bis 4 gilt entsprechend.

Geschützte **Rechtsgüter** sind die körperliche Integrität des Entführungsopfers und das Freiheitsinteresse des Genötigten.[303]

Bei der Geiselnahme handelt es sich also nicht um ein Vermögensdelikt; es wird aber aus Gründen des Sachzusammenhangs mit § 239a StGB an dieser Stelle erörtert.

Der Unterschied dieses Delikts zu § 239a StGB besteht darin, dass das Tatziel nicht die Bereicherung mittels Erpressung ist, sondern allgemeiner die Beeinträchtigung der Entscheidungsfreiheit des Genötigten. Anders als bei § 239a StGB muss der Täter dabei qualifizierte Nötigungsmittel (Drohung mit Freiheitsentziehung von über einer Woche, mit schwerer Körperverletzung oder mit Tod des Entführungsopfers) anwenden.

II. Grunddelikte, § 239b I StGB

Wie bei § 239a I StGB lässt sich der Tatbestand der Geiselnahme in einen **Entführungstatbestand** (§ 239b I 1. Var. StGB) und einen **Ausnutzungstatbestand** (§ 239b I 2. Var. StGB) unterteilen:[304] Bei ersterem müssen die Tathandlungen mit Nötigungsabsicht vorgenommen werden, ohne dass das Vorliegen der qualifizierten Nötigung erforderlich ist (überschießende Innentendenz); bei letzterem erfolgt die Entführung usw. zunächst zu anderen Zwecken, der Täter nutzt später die Lage zur qualifizierten Nötigung aus (zweiaktiges Delikt).

1. Sog. Entführungstatbestand, § 239b I 1. Var. StGB

a) Aufbau
   I. Tatbestand
      1. Objektiver Tatbestand
         a) Einen/eines (anderen) Menschen
         b) Entführt oder sich bemächtigt

---

[303] Joecks/Jäger, StGB, 13. Aufl. 2021, § 239b Rn. 1.
[304] S. nur Joecks/Jäger, StGB, 13. Aufl. 2021, § 239b Rn. 4.

2. Subjektiver Tatbestand
      a) Vorsatz
      b) Um ihn oder einen Dritten durch die Drohung mit dem Tod oder einer schweren Körperverletzung (§ 226) des Opfers oder mit dessen Freiheitsentziehung von über einer Woche Dauer zu einer Handlung, Duldung oder Unterlassung zu nötigen
  II. Rechtswidrigkeit
 III. Schuld
 IV. Rechtsfolgen
      1. Allgemeines
      2. Tätige Reue, § 239b II StGB i. V. m. § 239a IV StGB

b) Tatbestand

aa) Objektiver Tatbestand

(1) Einen/eines (anderen) Menschen
S. o. bei § 239a I StGB.

(2) Entführt oder sich bemächtigt
S. o. bei § 239a I StGB.

bb) Subjektiver Tatbestand
Vgl. o. bei § 239a I StGB, nur dass Bezugspunkt der Absicht i.R.d. § 239b I 1. Var. StGB die Nötigung zu einer Handlung, Duldung oder Unterlassung (der erstrebte Nötigungserfolg kann beliebiger Art sein, muss aber über den zur Bemächtigung erforderlichen Zwang hinausgehen[305]) durch Drohung mit dem Tod oder einer schweren Körperverletzung (§ 226) des Opfers oder mit dessen Freiheitsentziehung von über einer Woche Dauer zu ist. I.Ü. vgl. u. bei § 239b I 2. Var. StGB (dort objektiv).

c) Rechtswidrigkeit
Es gelten die allgemeinen Grundsätze.

d) Schuld
Es gelten die allgemeinen Grundsätze.

e) Rechtsfolgen
Vgl. o. bei § 239a StGB. Gem. § 239b II StGB betrifft dies auch den minder schweren Fall und die sog. tätige Reue (§ 239a II und IV StGB).

---

[305] Aus der Rspr. vgl. BGH U. v. 17.08.2023 – 4 StR 29/23 – NStZ-RR 2023, 371.

f) Sonstiges

§ 239b StGB wird von § 239a StGB in **Gesetzeskonkurrenz** verdrängt, sofern der Täter ausschließlich eine Bereicherung erstrebt.[306]

2. Sog. Ausnutzungstatbestand, § 239b I 2. Var. StGB

a) Aufbau
I. Tatbestand
  1. Objektiver Tatbestand
     a) Die von ihm durch eine solche Handlung geschaffene Lage eines (anderen) Menschen
     b) Zu einer solchen Nötigung ausnutzt
  2. Subjektiver Tatbestand
II. Rechtswidrigkeit
III. Schuld
IV. Rechtsfolgen
  1. Allgemeines
  2. Tätige Reue, § 239b II StGB i. V. m. § 239a IV StGB

b) Tatbestand

aa) Objektiver Tatbestand

(1) Die von ihm durch eine solche Handlung geschaffene Lage eines (anderen) Menschen
S. o. bei § 239b I 1. Var. StGB.

(2) Zu einer solchen Nötigung ausnutzt
Bei der Ausnutzungsvariante setzt der objektive Tatbestand ferner eine mindestens versuchte Nötigung i.S.d. § 240 StGB durch Ausnutzung der geschaffenen Lage voraus, wobei zu beachten ist, dass die Nötigungshandlung restringiert ist („Drohung mit dem Tod oder einer schweren Körperverletzung (§ 226) des Opfers oder

---

[306] Kindhäuser/Hilgendorf, LPK, 9. Aufl. 2022, § 239b Rn. 3; aus der Rspr. vgl. BGH B. v. 02.10.1974 – 3 StR 259/74 – BGHSt 25, 386 = NJW 1975, 63 (Anm. Hassemer JuS 1975, 256); BGH U. v. 06.11.1974 – 3 StR 200/74 – BGHSt 26, 24 = NJW 1975, 320 (Anm. Hassemer JuS 1975, 256); BGH U. v. 26.02.1980 – 5 StR 9/80; BGH B. v. 23.09.1982 – 1 StR 522/82 – StV 1982, 575; BGH U. v. 14.07.1992 – 1 StR 243/92 – NStZ 1993, 39 (Anm. Geppert JK 1993 StGB § 239a/3); BGH U. v. 07.03.1996 – 1 StR 688/95 – BGHSt 42, 71 = NJW 1996, 2171 = NStZ 1997, 43 = StV 1996, 577 (Anm. Gillmeister NStZ 1997, 44); BGH U. v. 19.09.2001 – 2 StR 240/01 – NStZ 2002, 31 (Anm. Geppert JK 2002 StGB § 239a/9; Martin JuS 2002, 300; LL 2002, 249; RÜ 2002, 32; RA 2002, 41); BGH U. v. 05.03.2003 – 2 StR 494/02 – NStZ 2003, 604 (Anm. RA 2003, 777).

mit dessen Freiheitsentziehung von über einer Woche Dauer").[307] Die Drohung mit einer gefährlichen Körperverletzung reicht nicht aus.[308]

Zwischen der für eine Geiselnahme erforderlichen Bemächtigungslage und der vom Täter geplanten bzw. zumindest begonnenen Nötigung muss ein **funktionaler und zeitlicher Zusammenhang** in der Form bestehen, dass die abgenötigte Handlung, Duldung oder Unterlassung von dem Opfer (bzw. Dritten) vorgenommen werden soll, solange es sich in der Gewalt des Täters befindet; die Absicht des Täters, sein Opfer durch Entführung und qualifizierte Drohung dazu zu bestimmen, erst nach Beendigung der Zwangslage die Handlung vorzunehmen, reicht nicht aus.[309]

Es genügt, wenn die vom Täter hauptsächlich erstrebte Handlung des Tatopfers erst nach Beendigung der Entführungs- oder Bemächtigungslage erfolgen soll, sofern bereits während der Zwangssituation eine Handlung (**Teilerfolg, Vorstufe**) abgenötigt wird, die aus der Sicht des Täters gegenüber dem erstrebten Endzweck **selbstständige Bedeutung** hat.[310]

> **Beispiel 325**
>
> **BGH U. v. 14.01.1997 – 1 StR 507/96 – NJW 1997, 1082 = StV 1997, 304 (Anm. Fahl JA 1997, 746; Martin JuS 1997, 757; Geppert JK 1998 StGB § 239b/1; Renzikowski JR 1998, 126):**
>
> B, der unter einer hirnorganischen Wesensveränderung litt, die seine Schuldfähigkeit zur Tatzeit erheblich verminderte, hatte Schwierigkeiten mit verschiedenen Behörden und wollte, dass der ihm aus früheren Strafverfahren bekannte Z, ein Vorsitzender Richter am LG Augsburg, sich für ihn einsetzte. Er zwang Z in dessen Dienstzimmer nach Überwindung anfänglichen Widerstandes durch Vorhalten einer geladenen Selbstladepistole und einer scharfen Handgranate dazu, seine an die Behörden gerichteten Forderungen aufzuschreiben und zu versichern, dass er sich für deren Durchsetzung einsetzen werde. B hatte die Vorstellung, Z werde sich in seiner Eigenschaft als Angehöriger einer alten Adelsfamilie und als Richter an sein Ehrenwort gebunden fühlen. Daher erklärte er dessen ausdrückliches Versprechen für ausreichend und verlangte von Z während der Bemächtigungslage keine weiteren Handlungen. ◄

In der Hauptsache erstrebte B, dass Z sich für die Durchsetzung der an die Behörden gerichteten Forderungen einsetzen werde. Das Verfassen der Versicherung, an die Z aus Sicht des B gebunden war, stellt aber bereits einen Teilerfolg von selbstständiger Bedeutung dar.

---

[307] Eisele, BT II, 6. Aufl. 2021, Rn. 852; vgl. auch o. bei § 239a StGB.

[308] Renzikowski, in: MK-StGB, 4. Aufl. 2021, § 239b Rn. 20; aus der Rspr. vgl. BGH B. v. 21.06.1989 – 3 StR 185/89 – NJW 1990, 57 (Anm. Hassemer JuS 1990, 331).

[309] Eisele, BT II, 6. Aufl. 2021, Rn. 849; s. schon o. bei § 239a StGB.

[310] Fischer, StGB, 71. Aufl. 2024, § 239b Rn. 6b; aus der Rspr. vgl. zuletzt BGH B. v. 27.01.2017 – 1 StR 532/16 – NStZ-RR 2017, 176 = StV 2019, 101; BGH B. v. 17.12.2019 – 4 StR 542/19 – NStZ 2020, 667 (Anm. Immel NStZ 2020, 668); BGH B. v. 03.02.2021 – 2 StR 279/20 – NStZ 2022, 41 = StV 2022, 389.

F. Geiselnahme, § 239b StGB

Beispiel 326

BGH U. v. 20.06.2007 – 1 StR 157/07 – NStZ-RR 2007, 343 = StV 2008, 249 (Anm. RA 2007, 692):

B1 hatte bei einem nächtlichen Kontrollbesuch in der Wohnung seiner 17-jährigen Schwester Z1 den Z2 vorgefunden. Er hatte deshalb Z1 und Z2 geschlagen und mit einem Messer bedroht. Gemeinsam mit dem telefonisch herbeigerufenen B2 und B3 zwang er sodann den verängstigten Z2, mit ihnen zu einem abgelegenen Parkplatz zu fahren. Dort erklärte er dem B2, der Z2 müsse weiter eingeschüchtert werden, damit er Z1 nunmehr heirate. B2 erwiderte, er werde „dies" nun regeln. B2 setzte sich mit Z2 auf die Rücksitzbank des Kraftfahrzeugs, ergriff eine (ungeladene) Gaspistole, hielt sie so vor das Gesicht des Z2, dass dieser sie wegen des nicht verschlossenen Laufs für eine scharfe Waffe hielt, und steckte ihm ihren Lauf gewaltsam in den Mund. Er erweckte den Anschein, die Waffe auslösen zu wollen, woraufhin Z2 in Todesangst aufschrie. Nunmehr drehte B2 die Waffe um und schlug mit ihrem metallischen Griff mehrmals kräftig gegen den Kopf des Z2. Er zwang ihn, wieder auszusteigen, und forderte ihn auf, sich – wie schon zuvor – bei B1 nochmals zu entschuldigen und diesem zum Zeichen der Respektbekundung nach türkischer Sitte die Hand zu küssen. Zusätzlich erklärte er, falls B1 die Geste der Entschuldigung nicht annehme, müsse er damit rechnen, umgebracht zu werden. B1 seinerseits erließ Z2 den Handkuss, drohte ihm aber an, es werde noch schlimmer kommen, wenn er sich nicht an seine Vorgaben halte, und ließ ihn daraufhin gehen. B2 wusste bei seinem Vorgehen gegen Z2, dass diese sich bereits mehrfach bei B1 entschuldigt hatte und selbst nach weiteren Möglichkeiten zur Entschuldigung und Respektbezeugung suchte. Die Drohungen des B2 dienten nicht dem Zweck, der Aufforderung zur Entschuldigung Nachdruck zu verleihen, sondern sollten die Einschüchterung des Z2 nochmals steigern, um für die Zukunft sicher zu stellen, dass Z2 außereheliche Beziehungen zu Z1 unterlässt und diese heiratet. ◄

Hier ist die Einschüchterung des Z2 aus Sicht des B1 ein hinreichender Zwischenerfolg, der sicherstellen sollte, dass Z2 die Z1 wirklich heiraten würde.

Die bloße Duldung der Bemächtigung kann dabei nicht bereits der erstrebte Nötigungserfolg sein.[311]

bb) Subjektiver Tatbestand
Gem. § 15 StGB ist Vorsatz erforderlich.
Es gelten die allgemeinen Grundsätze.

---

[311] Fischer, StGB, 71. Aufl. 2024, § 239b Rn. 6a; aus der Rspr. vgl. BGH B. v. 17.02.2005 – 4 StR 10/05 – NStZ-RR 2005, 173; BGH U. v. 20.09.2005 – 1 StR 86/05 – NStZ 2006, 36 = StV 2006, 17 (Anm. RÜ 2005, 642; RA 2005, 738; famos 12/2005; Satzger JK 2006 StGB § 239b/2; Kudlich JA 2006, 332; LL 2006, 392; Jahn/Kudlich NStZ 2006, 340); BGH B. v. 20.12.2005 – 3 StR 406/05 – NStZ-RR 2006, 141 = StV 2006, 693 (Anm. Geppert JK 2006 StGB § 239b/3).

c) Schuld
Es gelten die allgemeinen Grundsätze.

d) Rechtsfolgen
S. o.

III. Erfolgsqualifikation, §§ 239b II i. V. m. 239a III StGB

Vgl. o. bei § 239a III StGB; diesen nimmt (sinngemäß) § 239b II StGB in Bezug.

4. Kapitel: Sog. Anschlussdelikte

▶ **Didaktischer Aufsatz**
  - Kretschmer, Ein Blick auf die Anschlussdelikte – Schwerpunkte: die §§ 258 und 259 StGB – Teil I/II, JA 2023, 382 und 469

A. Allgemeines

Als Anschlussdelikte bezeichnet man üblicherweise die §§ 257 bis 261 StGB.[1]

Diese erhalten aufgrund ihrer besonderen Struktur in Abhängigkeit von einer Vortat meist – wie hier – einen eigenen Darstellungsabschnitt.

In Fallbearbeitungen werden Anschlussdelikte nicht selten dazu eingesetzt, einen zu kurzen oder zu einfachen Fall zu verlängern und ihn anspruchsvoller zu gestalten. Inzidentprüfungen sind möglichst zu vermeiden, sodass verschiedene Tatkomplexe zu bilden sind: Zum einen das Vortatgeschehen (Prüfung von diesbzgl. Täterschaft und Teilnahme), zum anderen das Anschlussgeschehen. In ähnlicher fallkonzeptioneller Funktion werden bisweilen auch Rechtspflegedelikte sowie echte und unechte Unterlassungsdelikte abgeprüft.

Gemeinsames Ziel[2] der Anschlussdelikte ist es, den Vortäter zu isolieren und dadurch einerseits seine Überführung zu erleichtern, andererseits die Anreize, die

---

[1] S. nur Fischer, StGB, 71. Aufl. 2024, vor § 257 Rn. 2; näher Schittenhelm FS Lenckner 1998, 519.

[2] S. Hoyer, in: SK-StGB, 9. Aufl. 2019, vor § 257 Rn. 6; näher Hörnle FS Schroeder 2006, 477; aus der Rspr. vgl. BGH U. v. 04.07.2001 – 2 StR 513/00 – BGHSt 47, 68 = NJW 2001, 2891 = NStZ 2001, 535 = StV 2001, 506 (Anm. Kühl, Höchstrichterliche Rspr. BT, 2002, Nr. 62; Martin JuS 2001, 1232; LL 2001, 856; RÜ 2001, 459; RA 2001, 593; Scherp NJW 2001, 3242; Neuheuser NStZ 2001, 647; Nestler StV 2001, 641; Bernsmann StraFo 2001, 344; Leitner StraFo 2001, 388; Peglau wistra 2001, 461; Geppert JK 2002 StGB § 261/4 und 5; Fad JA 2002, 14; Katholnigg JR 2002, 30; Ambos JZ 2002, 70; Matt GA 2002, 137; Gotzens/Schneider wistra 2002, 121).

Vortaten überhaupt zu begehen zu mindern (z. B. weil ein Dieb keinen Käufer für das Diebesgut findet).

Die §§ 258, 258a StGB werden aus Gründen des Sachzusammenhangs bei den Rechtspflegedelikten dargestellt,[3] sodass in diesem Abschnitt noch die §§ 257, 259 und 261 StGB verbleiben.

B. Begünstigung, § 257 StGB

▶ Didaktische Aufsätze
- Stree, Begünstigung, Strafvereitelung und Hehlerei, JuS 1976, 137 und 327
- Geppert, Begünstigung (§ 257 StGB), Jura 1980, 269
- Dehne-Niemann, Probleme der Begünstigung (§ 257 StGB), ZJS 2009, 142, 248 und 369
- Jahn/Reichart, Die Anschlussdelikte – Begünstigung (§ 257 StGB), JuS 2009, 309
- Bosch, Grundfragen der Begünstigung – Plädoyer für eine vermögensorientierte Restriktion des Tatbestandes, Jura 2012, 270

I. Aufbau

I. Tatbestand
   1. Objektiver Tatbestand
      a) Einem anderen, der eine rechtswidrige Tat begangen hat
      b) Vorteile der Tat
      c) Hilfe leistet
   2. Subjektiver Tatbestand
      a) Vorsatz
      b) Absicht, ihm die Vorteile der Tat zu sichern
II. Rechtswidrigkeit
III. Schuld
IV. Strafausschließungsgrund, § 257 III StGB
V. Ggf. Strafantrag etc., § 257 IV StGB

II. Allgemeines

§ 257 StGB[4] stellt die Begünstigung unter Strafe.

---

[3] S. bei den Nichtvermögensdelikten.
[4] Hierzu Stree JuS 1976, 137 und 327; Geppert Jura 1980, 269; Geerds GA 1988, 243; Jahn/Reichart JuS 2009, 309; Dehne-Niemann ZJS 2009, 142, 248 und 369; Bosch Jura 2012, 270.

§ 257 StGB (Begünstigung)

(1) Wer einem anderen, der eine rechtswidrige Tat begangen hat, in der Absicht Hilfe leistet, ihm die Vorteile der Tat zu sichern, wird mit Freiheitsstrafe bis zu fünf Jahren oder mit Geldstrafe bestraft.
(2) Die Strafe darf nicht schwerer sein als die für die Vortat angedrohte Strafe.
(3) Wegen Begünstigung wird nicht bestraft, wer wegen Beteiligung an der Vortat strafbar ist. Dies gilt nicht für denjenigen, der einen an der Vortat Unbeteiligten zur Begünstigung anstiftet.
(4) Die Begünstigung wird nur auf Antrag, mit Ermächtigung oder auf Strafverlangen verfolgt, wenn der Begünstiger als Täter oder Teilnehmer der Vortat nur auf Antrag, mit Ermächtigung oder auf Strafverlangen verfolgt werden könnte. § 248a gilt sinngemäß.

Geschützte **Rechtsgüter** sind das Individualinteresse des Vortatgeschädigten an der Wiederherstellung der strafrechtswidrig entzogenen Position (Restitutionsinteresse) sowie die Rechtspflege.[5]

Da der zu sichernde Vorteil kein Vermögensvorteil zu sein braucht, handelt es sich an sich nicht um ein Vermögensdelikt, allerdings wird es sich ganz typischerweise um Vermögenspositionen handeln,[6] weshalb das Delikt bei den Vermögensdelikten behandelt wird.

III. Tatbestand

1. Objektiver Tatbestand

a) Einem anderen, der eine rechtswidrige Tat begangen hat

▶ Didaktische Aufsätze
- Fahrenhorst, Grenzen strafloser Selbstbegünstigung, JuS 1987, 707
- Horn, Das Verhältnis von Begünstigung, Strafvereitelung und Hehlerei zur Vortat aus materieller Sicht, JA 1995, 218

§ 257 I StGB setzt zunächst voraus, dass ein anderer eine rechtswidrige Tat begangen hat.[7]

---

[5] H. M., s. Joecks/Jäger, StGB, 13. Aufl. 2021, § 257 Rn. 1; s. aber auch Hoyer, in: SK-StGB, 9. Aufl. 2019, § 257 Rn. 1f.; näher Miehe FS Honig 1970, 91; aus der Rspr. vgl. zuletzt BGH B. v. 03.11.2011 – 2 StR 302/11 – BGHSt 57, 56 = NJW 2012, 1463 = NStZ 2012, 320 = StV 2012, 466 (Anm. Satzger JK 2012 StGB § 257/7; Jahn JuS 2012, 566; LL 2012, 880; RÜ 2012, 305; RA 2012, 225; Cramer NStZ 2012, 445; Altenhain JZ 2012, 913).
[6] Hoyer, in: SK-StGB, 9. Aufl. 2019, § 257 Rn. 2.
[7] Hierzu näher Hartung NJW 1949, 324; Bockelmann NJW 1951, 620; Horn JA 1995, 218; Joerden FS Lampe 2003, 771.

Zur rechtswidrigen Tat s. § 11 I Nr. 5 StGB („nur eine solche, die den Tatbestand eines Strafgesetzes verwirklicht"). Eine Ordnungswidrigkeit erfüllt die Voraussetzung nicht.[8]

Schuldhaft muss die Tat nicht begangen sein.[9] Auch kommt es auf eine strafprozessuale Verfolgbarkeit nicht an.

Unter den Tatbegriff fallen auch Fahrlässigkeits- und Unterlassungsdelikte sowie Versuch und Teilnahme.[10]

Die irrtümliche Annahme einer Vortat genügt nicht (strafloser Versuch).[11]

Die Vortat muss **kein Vermögensdelikt** sein, solange nur der Vortäter sich durch die Tat zumindest mittelbar Vorteile (s. sogleich) verschafft hat.[12] In Betracht kommen u. a. Urkunden- und Bestechungsdelikte.[13]

Die Vortat muss zum Zeitpunkt der Begünstigung **bereits begangen** sein, sie muss also in strafbarer Weise versucht oder vollendet sein.[14] Beendet muss die Tat nicht sein.[15]

Die Tat muss ein **anderer** begangen haben, sodass die **Selbstbegünstigung** i.R.d. § 257 StGB tatbestandslos ist.[16] Die Erfüllung anderer Tatbestände (z. B. § 164 StGB) wird hierdurch natürlich nicht berührt.

Zu Teilnehmern der Vortat s. u. bei § 257 III StGB.

Auch **Opfer** der Vortat sind straflos, da die selbstschädigende Begünstigung nicht tatbestandsmäßig ist.[17]

---

[8] Eisele, BT II, 6. Aufl. 2021, Rn. 1078.

[9] Kindhäuser/Hilgendorf, LPK, 9. Aufl. 2022, § 257 Rn. 5; aus der Rspr. vgl. OFGH U. v. 01.03.1950 – II Z 35–49 S – NJW 1950, 883 (Anm. Bockelmann NJW 1950, 850); BGH U. v. 27.02.1951 – 4 StR 123/51 – BGHSt 1, 47; OLG Neustadt U. v. 13.05.1953 – Ss 36/53 – NJW 1953, 1443; OLG Neustadt U. v. 26.09.1962 – Ss 159/62 – NJW 1962, 2312 (Anm. Stree JuS 1963, 427).

[10] Ruhmannseder, in: BeckOK-StGB, Stand 01.08.2024, § 257 Rn. 7.

[11] Hoyer, in: SK-StGB, 9. Aufl. 2019, § 257 Rn. 11.

[12] Joecks/Jäger, StGB, 13. Aufl. 2021, § 257 Rn. 3; aus der Rspr. vgl. BGH U. v. 16.06.1971 – 2 StR 191/71 – BGHSt 24, 166 = NJW 1971, 1572 (Anm. Hassemer JuS 1971, 658; Maurach JR 1972, 70); BGH U. v. 01.08.2000 – 5 StR 624/99 – BGHSt 46, 107 = NJW 2000, 3010 = StV 2000, 492 (Anm. RÜ 2000, 463; RA 2000, 637; famos 11/2000; Kudlich JZ 2000, 1178; Jäger wistra 2000, 344; Otto JK 2001 StGB § 27/15; Lesch JA 2001, 187; Lesch JR 2001, 383).

[13] S. Fischer, StGB, 71. Aufl. 2024, § 257 Rn. 2.

[14] Eisele, BT II, 6. Aufl. 2021, Rn. 1079.

[15] Aus der Rspr. vgl. BGH U. v. 23.04.1953 – 4 StR 743/52 – BGHSt 4, 132 = NJW 1953, 992.

[16] Hoyer, in: SK-StGB, 9. Aufl. 2019, § 257 Rn. 8; näher Müller GA 1958, 334; Fahrenhorst JuS 1987, 707; aus der Rspr. vgl. RG U. v. 23. 09.1926 – II 573/26 – RGSt 60, 346; RG U. v. 27.06.1929 – III 534/29 – RGSt 63, 233; BGH U. v. 10.11.1953 – 5 StR 445/53 (Blutprobenaustausch) – BGHSt 5, 76 = NJW 1954, 281 (Anm. Puppe, AT, 5. Aufl. 2023, § 27 Rn. 29ff.); BGH U. v. 25.02.1954 – 4 StR 798/52 – BGHSt 6, 20 = NJW 1954, 929; BGH U. v. 22.12.1955 – 1 StR 381/55 – BGHSt 9, 71 = NJW 1956, 879; BGH U. v. 15.03.1960 – 1 StR 46/60 – BGHSt 14, 172 = NJW 1960, 1023 (Anm. Schröder JR 1960, 348; Gribbohm MDR 1961, 197); BGH B. v. 21.10.1997 – 5 StR 328/97 – NStZ 1998, 91.

[17] H. M., s. Hecker, in: Schönke/Schröder, StGB, 30. Aufl. 2019, § 257 Rn. 1.

b) Vorteile der Tat

Gem. § 257 I StGB muss der Täter in der Absicht Hilfe leisten, dem Vortäter die Vorteile der Tat zu sichern. Dieses subjektive Tatbestandsmerkmal strahlt auf den objektiven Tatbestand aus, zumal auch ein Hilfeleisten nur bei objektiv vorhandenem Vorteil möglich ist.[18] Daher muss aus der Vortat ein Vorteil im Augenblick der Hilfeleistung – bereits und noch – beim Vortäter **vorhanden** sein.[19]

Der Vorteil muss **unmittelbar** aus der Vortat stammen (**Stoffgleichheit**), die sog. **Ersatzbegünstigung** ist straflos.[20]

> **Beispiel 327**
>
> **BGH U. v. 16.06.1971 – 2 StR 191/71 – BGHSt 24, 166 = NJW 1971, 1572 (Anm. Hassemer JuS 1971, 658; Maurach JR 1972, 70):**
>
> Der Ehemann der B1, B2, hatte als Angestellter innerhalb einiger Jahre insgesamt fast 450.000 DM veruntreut. Die unrechtmäßig erlangten Gelder hatte er über ein zu diesem Zwecke angelegtes Bankkonto laufen lassen. Kurz vor Aufdeckung seiner Straftaten hob er letztmalig 30.000 DM von diesem Konto ab und schenkte davon 29.000 DM der B1 mit dem Bemerken, sie möge das Geld für einen ihr gehörigen Neubau verwenden. B1 glaubte der Erklärung ihres Mannes, er habe das Geld auf der Spielbank gewonnen. Sie zahlte den Betrag und weitere 1000 DM auf ihr eigenes Konto ein und überwies später 7000 DM zur Begleichung einer Bauhandwerkerrechnung. Zwei Tage später klärte ihr Mann sie darüber auf, daß er der Veruntreuung von 169.000 DM überführt sei. Daraufhin hob B1 von ihrem Konto 23.000 DM wieder ab. Bei einer Unterredung mit den Vertretern der geschädigten Firma erklärte sie, daß sie 30.000 DM von ihrem Mann erhalten habe, wovon 23.000 DM noch vorhanden seien. Sie versprach, diesen Betrag, ferner ein Sparbuch zur teilweisen Wiedergutmachung am nächsten Tag der Firma zu überbringen. Ihrem Versprechen kam sie jedoch nicht nach, sondern übergab das Geld ihrem Mann in der Absicht, dass dieser das Geld für sich verwenden oder in Sicherheit bringen sollte. Dieser will es zum größten Teil auf der Spielbank verloren haben. ◄

B1 könnte sich wegen Begünstigung strafbar gemacht haben, indem sie das Geld ihrem Mann in der Absicht übergab, dass dieser das Geld für sich verwenden oder in Sicherheit bringen sollte. Nachdem B2 ihr das Geld aber geschenkt hatte, stammte es nicht mehr unmittelbar aus der Vortat.

Um „die" Vorteile der Tat handelt es sich nicht mehr, wenn dem Vortäter sich erst aus der Verwertung der Tatvorteile ergebende wirtschaftliche Werte zugewendet oder gesichert werden sollen. Danach ist der Erlös aus einem Verkauf des Erlangten

---

[18] Fischer, StGB, 71. Aufl. 2024, § 257 Rn. 6.
[19] Kindhäuser/Hilgendorf, LPK, 9. Aufl. 2022, § 257 Rn. 7; aus der Rspr. vgl. zuletzt BGH B. v. 20.01.2011 – 3 StR 420/10 – NStZ 2011, 399 = NStZ-RR 2011, 177 (Anm. Bosch JK 2011 StGB § 27/23); BGH B. v. 11.04.2013 – 2 StR 406/12 – NStZ 2013, 583 = NStZ-RR 2013, 245 = StV 2013, 701 (Anm. Trüg NStZ 2013, 584).
[20] Hierzu Eisele, BT II, 6. Aufl. 2021, Rn. 1089f.; aus der Rspr. vgl. zuletzt BGH B. v. 20.01.2011 – 3 StR 420/10 – NStZ 2011, 399 = NStZ-RR 2011, 177 (Anm. Bosch JK 2011 StGB § 27/23).

kein unmittelbarer Vorteil mehr, der Gegenstand der Begünstigung im Sinne des § 257 I StGB sein kann.[21]

Da § 257 StGB lediglich von „Vorteilen der Tat" spricht, bedeutet dies – anders als im Rahmen der Hehlerei – jedoch nicht, dass bei Sachen eine Sachidentität oder bei sonstigen Vorteilen eine Substanzidentität erforderlich ist; die Reichweite des Vorteilsbegriffs ist vielmehr nach einer konkret-wirtschaftlichen Betrachtungsweise zu bestimmen,[22] sodass es v. a. bei **Geld** nicht auf die Identität der Geldscheine ankommt. Z. B. ändert die Einzahlung auf ein Konto bei späterer Abhebung nichts an der Unmittelbarkeit des Vorteils.

Selbst Tatlohn soll erfasst sein, sofern dieser gezahlt und nicht nur versprochen wurde.[23] Nach dem Wortlaut der Strafnorm sind jegliche „Vorteile der Tat" erfasst. Er unterscheidet nicht zwischen Vorteilen „für" und „aus" der Tat, sondern beinhaltet jeglichen Vorteil, der sich im Zusammenhang mit der Tatbegehung ergibt.

c) Hilfe leistet

▶ **Didaktische Aufsätze**
- Laubenthal, Zur Abgrenzung zwischen Begünstigung und Beihilfe zur Vortat, Jura 1985, 630
- Geppert, Zum Verhältnis von Täterschaft/Teilnahme an der Vortat und anschließender sachlicher Begünstigung, Jura 1994, 441
- Geppert, Zum Begriff der „Hilfeleistung" im Rahmen von Beihilfe (§ 27 StGB) und sachlicher Begünstigung (§ 257 StGB), Jura 2007, 589

Umstritten ist, was unter einem Hilfeleisten i. S. d. § 257 I StGB zu verstehen ist.[24] Der Begriff deckt sich nicht mit dem des § 27 StGB.[25]

Beispiel 328

B1 gab B2 den Rat, seine Betäubungsmittel rasch aus dem Vorgarten auszugraben und besser andernorts zu verstecken. Zu dieser Zeit hatte die Polizei bereits das gesamte Grundstück des B2 umstellt. ◀

---

[21] Fischer, StGB, 71. Aufl. 2024, § 257 Rn. 6.
[22] Ruhmannseder, in: BeckOK-StGB, Stand 01.08.2024, § 257 Rn. 14; aus der Rspr. vgl. zuletzt BGH B. v. 11.04.2013 – 2 StR 406/12 – NStZ 2013, 583 = NStZ-RR 2013, 245 = StV 2013, 701 (Anm. Trüg NStZ 2013, 584).
[23] H. M., Joecks/Jäger, StGB, 13. Aufl. 2021, § 257 Rn. 15; aus der Rspr. vgl. BGH B. v. 03.11.2011 – 2 StR 302/11 – BGHSt 57, 56 = NJW 2012, 1463 = NStZ 2012, 320 = StV 2012, 466 (Anm. Satzger JK 2012 StGB § 257/7; Jahn JuS 2012, 566; LL 2012, 880; RÜ 2012, 305; RA 2012, 225; Cramer NStZ 2012, 445; Altenhain JZ 2012, 913); a. A. Hoyer, in: SK-StGB, 9. Aufl. 2019, § 257 Rn. 15ff.
[24] Hierzu Hillenkamp/Cornelius, 40 Probleme aus dem Strafrecht BT, 13. Aufl. 2020, 37. Problem; Vogler FS Dreher 1977, 405; Geppert Jura 2007, 589; aus der Rspr. vgl. zuletzt BGH U. v. 17.10.2019 – 3 StR 521/18 – NJW 2020, 1080 = NStZ 2020, 273 = StV 2020, 660 (Anm. Bosch Jura 2020, 530; RÜ 2020, 236; Kudlich NJW 2020, 1083; Hinderer NStZ 2020, 276).
[25] Hierzu s. im Allgemeinen Teil.

Liegt ein Hilfeleisten vor, weil B1 den B2 im Hinblick auf die Vorteilssicherung besserstellen wollte oder weil seine Handlung dazu auch objektiv geeignet war, oder liegt es nicht vor, weil B2 tatsächlich nicht bessergestellt werden konnte?

Beispiel 329

BGH B. v. 08.09.1992 – 4 StR 373/92 – StV 1994, 185:
B1 hatte von Z und einer Reihe weiterer Personen Gelder in Millionenhöhe erschwindelt. Im Sommer 1990 standen zur Fälligkeit erhebliche Beträge des erschwindelten Geldes an. Auch Z begehrte eine Vertragsabwicklung. Deshalb beschloss B1, dem Z und insbesondere die mit diesem in Verbindung stehenden Anleger dazu zu bewegen, von der Geltendmachung der Rückforderungen Abstand zu nehmen. B1 ging es darum, zivilrechtlichen Schritten nicht ausgesetzt zu werden. Eine Schmälerung seines Vermögens wollte er verhindern. Um sein Bestreben durchsetzen zu können, fand er in B2 einen bereitwilligen Helfer, ein ausgedachtes Geschehen zu inszenieren, um Z zu bewegen, seine Auszahlungsansprüche zurückzustellen. In Ausführung ihres Plans fuhren B1, B2 und Z am 11./12.07.1990 nach Zürich. Dort wurde Z eine Verhaftung des B1 mit der Notwendigkeit einer Kautionsstellung in Höhe von 1,5 Mio. Mark, um die Haftentlassung des B1 zu erreichen, vorgespiegelt. Z wurde unter dem Vorwand, auch ihm drohe die Verhaftung, zu einer schnellen Abreise gedrängt. Die Hoffnung des Z, in Zürich 600.000 DM zur Befriedigung seiner Forderung (einschl. Zinsen) gegen B1 zu erhalten, erfüllte sich damit nicht. Erst bei einer erneuten – zusammen mit einem anderen Geschädigten angetretenen – Fahrt im August 1990 nach Zürich erkannte Z, daß er von B1 und B2 belogen worden war. B2 erhielt von B1 für seine Mitwirkung bei dem Täuschungsmanöver 10.000 DM. ◄

Schließt es die Hilfeleistung aus, dass Z erkannte, dass er von B1 und B2 belogen worden war?

Unter Hilfeleistung verstehen die Rspr.[26] und die wohl h. L.[27] jede Handlung, die objektiv geeignet ist, den Vortäter im Hinblick auf die Sicherung des aus der Tat erlangten Vorteils gegen Entziehung unmittelbar besser zu stellen.

Eine extensivere Auffassung[28] lässt jede Unterstützung mit subjektiver Hilfetendenz genügen.

Eine restriktivere[29] verlangt eine tatsächlich eingetretene objektive Besserstellung.

---

[26] S. schon BGH U. v. 01.04.1953 – 3 StR 584/52 – BGHSt 4, 122 = NJW 1953, 995 (Anm. Maurach JZ 1953, 605).
[27] S. nur Eisele, BT II, 6. Aufl. 2021, Rn. 1084.
[28] Etwa Seelmann JuS 1983, 32 (34).
[29] Hoyer, in: SK-StGB, 9. Aufl. 2019, § 257 Rn. 19ff.

Zunächst muss berücksichtigt werden, dass der Versuch der Begünstigung nicht strafbar ist und der Wille des Gesetzgebers nicht durch eine Subjektivierung der objektiven Tathandlung unterlaufen werden darf. Der h. M. ist zuzugeben, dass eine Vorteilssicherung gem. § 257 I StGB nur beabsichtigt sein muss, dass also die Anforderungen an ein Hilfeleisten geringer sein müssen. Das ändert aber nichts daran, dass objektiv eine – vollendete – Hilfeleistung gefordert ist, welche nur in einer tatsächlich eingetretenen Besserstellung im Vorfeld einer bereits erreichten Vorteilssicherung liegen kann, an die man dann freilich keine allzu strengen Maßstäbe anlegen darf.

Hält man mit der Rspr. und Teilen der Lehre eine nach Vollendung geleistete sog. **sukzessive Beihilfe** nach § 27 StGB entgegen der zutreffenden wohl h. L. für möglich,[30] so stellt sich das Problem der **Unterscheidung** ebensolcher Beihilfe zur Vortat von der Begünstigung.[31]

Beispiel 330

BGH U. v. 24.04.1952 – 3 StR 48/52 – BGHSt 2, 344 = NJW 1952, 1146 (Anm. Niese NJW 1952, 1148; Martin NJW 1953, 268):

B1 drang mit einem Brecheisen in eine Verkaufsbude ein, entwendete eine größere Menge Lebensmittel und brachte diese in die Wohnung der B2. Er weckte sie, teilte ihr das Geschehen mit und bemerkte, dass in der Verkaufsbude noch weitere Ware lagere. Daraufhin begab sich B1 in Begleitung der B2 nochmals zu der Verkaufsbude, wo beide gemeinsam wiederum größere Mengen Lebensmittel entwendeten. Zu Hause wurde die Gesamtbeute, also auch der von B1 allein herbeigeschaffte Teil, zwischen beiden aufgeteilt. ◄

Spätestens als B1 die Verkaufsbude verlassen hatte, war der Diebstahl (§ 242 StGB) der ersten Waren vollendet. Wenn man es für möglich hält, dass B2 noch hinterher Beihilfe zu dieser Tat leisten konnte, stellt sich die Frage, wie die sukzessive Beihilfe und § 257 StGB voneinander abzuschichten sind.

Beispiel 331

BGH U. v. 23.04.1953 – 4 StR 743/52 – BGHSt 4, 132 = NJW 1953, 992:

B1 hatte von einem umzäunten Schrottplatz ca. 6 t Schrott entwendet und diesen ca. 100 m vom Tatort entfernt hinter einer Hecke versteckt. B1 fuhr am

---

[30] Hierzu s. im Allgemeinen Teil.
[31] Hierzu Kindhäuser/Hilgendorf, LPK, 9. Aufl. 2022, § 257 Rn. 19ff.; Furtner MDR 1965, 431; Laubenthal Jura 1985, 630; Geppert Jura 1994, 441; aus der Rspr. vgl. BGH U. v. 24.04.1952 – 3 StR 48/52 – BGHSt 2, 344 = NJW 1952, 1146 (Anm. Niese NJW 1952, 1148; Martin NJW 1953, 268); BGH U. v. 23.04.1953 – 4 StR 743/52 – BGHSt 4, 132 = NJW 1953, 992; BGH U. v. 25.02.1954 – 4 StR 798/52 – BGHSt 6, 20 = NJW 1954, 929; BGH U. v. 16.04.1958 – 2 StR 104/58 – BGHSt 11, 316 = NJW 1958, 1005; OLG Köln U. v. 14.11.1989 – Ss 454/89-232 – NJW 1990, 587 = NStZ 1990, 203; OLG Frankfurt B. v. 10.03.2005 – 2 Ws 66/04 – NJW 2005, 1727 = StV 2007, 533 (Anm. RÜ 2005, 419).

nächsten Tag mit B2 in dessen Lkw zum Aufbewahrungsort der Beute, um dem B2 beim Fortschaffen behilflich zu sein. Nach dem Aufladen des Schrotts auf die Ladefläche fuhr B2 die gestohlene Ware zu einem Schrotthändler, der den Schrott kaufte. ◄

Spätestens mit Verstecken war auch hier ein Diebstahl (§ 242 StGB) vollendet. B2 könnte mit dem Fortschaffen der Beute nun einerseits sukzessive Beihilfe geleistet oder eine Begünstigung des B1 begangen haben.

Teilweise wird unter Hinweis auf § 257 III 1 StGB ein genereller Vorrang der Beihilfe angenommen,[32] was zu einer weitgehenden Beschneidung des Anwendungsbereichs des § 257 I StGB (nämlich bzgl. des gesamten Beendigungsstadiums) führt.

Die h. M.[33] innerhalb der eine sukzessive Beihilfe bejahenden Auffassung stellt auf den Willen des Helfenden ab: Wolle der Täter dazu beitragen, die Tat erfolgreich zu beenden, so liege Beihilfe vor, wolle er aber das vom Vortäter erlangte (lediglich) gegen Entziehung sichern, so liege eine Begünstigung vor. Merkwürdig ist allerdings, dass dann derjenige, der die Beendigung einer Tat fördert, der möglicherweise schwereren Bestrafung wegen Beihilfe zur Tat deshalb entgehen könnte, weil er zugleich auch eine Vorteilssicherung anstrebt.

Lehnt man in einer Fallbearbeitung eine sukzessive Beihilfe auch und gerade unter Hinweis auf § 257 StGB ab, so existieren keine Grenzziehungsschwierigkeiten, da im Beendigungsstadium allein die §§ 257ff. StGB anzuwenden sind.

Nicht verwechselt werden darf dies mit Fällen, in denen die Beihilfeleistung vor Vollendung zugesagt wird, wenn sie auch erst später umgesetzt werden soll;[34] dies fällt unter § 27 StGB zumindest im Hinblick auf die nach ganz h. M. mögliche[35] psychische Beihilfe.

Mitwirkung beim **Absatz der Beute** kann eine Hilfeleistung i. S. d. § 257 I StGB sein, sofern durch die Verwertung zugleich einer drohenden Wiederentziehung begegnet wird.[36] Der insofern zu sichernde Vorteil muss also nicht die Besitzerhaltung sein.

---

[32] Hecker, in: Schönke/Schröder, StGB, 30. Aufl. 2019, § 257 Rn. 7.
[33] S. schon BGH U. v. 23.04.1953 – 4 StR 743/52 – BGHSt 4, 132 (133).
[34] Hierzu Joecks/Jäger, StGB, 13. Aufl. 2021, § 257 Rn. 11f.; aus der Rspr. vgl. zuletzt BGH B. v. 11.04.2013 – 2 StR 406/12 – NStZ 2013, 583 = NStZ-RR 2013, 245 = StV 2013, 701 (Anm. Trüg NStZ 2013, 584).
[35] Hierzu s. im Allgemeinen Teil.
[36] H. M., Kindhäuser/Hilgendorf, LPK, 9. Aufl. 2022, § 257 Rn. 9; aus der Rspr. vgl. RG U. v. 03.03.1925 – I 934/24 – RGSt 59, 129; BGH U. v. 15.05.1952 – 4 StR 953/51 – BGHSt 2, 362 = NJW 1952, 832 (Anm. Maurach JZ 1952, 662); BGH U. v. 23.04.1953 – 4 StR 743/52 – BGHSt 4, 132 = NJW 1953, 992; BGH U. v. 16.04.1958 – 2 StR 104/58 – BGHSt 11, 316 = NJW 1958, 1005; OLG Hamm U. v. 26.09.1969 – 3 Ss 791/69 – NJW 1969, 2297; BGH U. v. 21.10.1970 – 2 StR 316/70 – BGHSt 23, 360 = NJW 1971, 62 (Anm. Hassemer JuS 1971, 212; Hruschka NJW 1971, 1392; Schröder JZ 1971, 141); OLG Düsseldorf U. v. 22.03.1979 – 5 Ss 621/78 I – NJW 1979, 2320 (Anm. Geilen JK 1980 StGB § 257/1; Zipf JuS 1980, 24; Hassemer JuS 1980, 231).

Beispiel 332

BGH U. v. 01.04.1953 – 3 StR 584/52 – BGHSt 4, 122 = NJW 1953, 995 (Anm. Maurach JZ 1953, 605):
B1, der Sohn der B2, hatte eine größere Menge Tabakwaren gestohlen und in der elterlichen Wohnung versteckt. Zwei Kisten Zigarren händigte er noch in der Tatnacht der B2 mit der Bitte aus, sie am nächsten Tage zu seinem Schwager zu bringen, weil er sich auf diese Weise für ihm zuteil gewordene Hilfe erkenntlich zeigen wolle. B2 wusste, dass die Zigarren gestohlen waren, führte aber den Auftrag trotzdem am folgenden Mittag aus, nachdem B1 bereits morgens verhaftet worden war. Es kam der B2 nicht darauf an, die Zigarren als Überführungsstücke zu verbergen und dadurch die Bestrafung ihres Sohnes zu verhindern, vielmehr handelte sie in der Absicht, die Zigarren dem Zugriff der Polizei zu entziehen und dem Sohn die Vorteile der Straftat zu sichern. ◄

Beispiel 333

BGH U. v. 29.04.2008 – 4 StR 148/08 (Überlassen des eBay-Accounts) – NStZ 2008, 516 = StV 2008, 520 (Anm. Kudlich JA 2008, 656; RÜ 2008, 511; RA 2008, 537; Geppert JK 2009 StGB § 257/6):
B1 stellte seinem Bruder B2 regelmäßig seinen eBay-Account zur Verfügung. Spätestens seit Anfang 2005 war B1 auch damit einverstanden, dass sein Bruder über seinen eBay-Account von ihm selbst oder von Dritten gestohlene Sachen verkaufte. Die jeweiligen Käufer zahlten den Kaufpreis auf ein Giro-Konto des B1 ein, der den entsprechenden Betrag dann von seinem Konto abhob und das Geld bar an seinen Bruder aushändigte. B1 wollte seinem Bruder dadurch beim Absatz gestohlener Waren helfen. Dass B1 selbst einen Teil der Verkaufserlöse für sich behielt, konnte nicht festgestellt werden. Auf diese Weise veräußerte B2 im Zeitraum von Mitte Mai 2005 bis Mitte April 2006 vier aus Diebstählen stammende Gegenstände über den eBay-Account des B1, wobei zwei der Gegenstände von B2 selbst gestohlen worden waren, während er sich die zwei weiteren in Kenntnis von deren Herkunft verschafft hatte. ◄

Während der Verkaufserlös kein unmittelbarer Vorteil der Tat mehr ist (s. o.), kann B1 sich also schon hinsichtlich der gestohlenen Sachen durch die Mitwirkung beim Absatz wegen Begünstigung des B2 strafbar gemacht haben.

Umstritten ist, ob die **entgeltliche Rückverschaffung** einer Tatbeute an den Verletzten als Hilfeleisten anzusehen ist.[37]

Z. T.[38] wird hier die Anwendung des § 257 StGB abgelehnt.

Die Rspr.[39] und die h. L.[40] gehen von einer Hilfeleistung aus.

---

[37] Hierzu (krit.) Altenhain, in: NK-StGB, 6. Aufl. 2023, § 257 Rn. 28; näher Hruschka JR 1980, 221; Stoffers Jura 1995, 113.
[38] Altenhain, in: NK-StGB, 6. Aufl. 2023, § 257 Rn. 28.
[39] OLG Düsseldorf U. v. 22.03.1979 – 5 Ss 621/78 I – NJW 1979, 2320.
[40] S. Cramer, in: MK-StGB, 4. Aufl. 2021, § 257 Rn. 22.

Zwar ist die Tätigkeit nicht dazu geeignet, dem Vortäter das Erlangte gegen eine Entziehung zu sichern, da der unmittelbare Vorteil diesem ja gerade wieder entzogen wird. Der h. M. ist aber darin Recht zu geben, dass dem Vortäter der für diesen entscheidende wirtschaftliche Erfolg erhalten bleibt. Es handelt sich eben nicht um eine Wiederherstellung des ursprünglichen Zustandes, da das Opfer eine unentgeltliche Herausgabe verlangen kann.

Keine Hilfeleistung ist es, wenn der Täter handelt, um die Sache vor Verlust durch Naturgewalten oder durch rechtswidrige Angriffe Dritter zu schützen, ferner bei Maßnahmen, die nur der Sacherhaltung dienen (Füttern von Tieren, Pflegemaßnahmen, Reparaturen).[41]

2. Subjektiver Tatbestand

a) Vorsatz

Gem. § 15 StGB ist Vorsatz erforderlich.

Ein Irrtum über die Art der Vortat (z. B. Diebstahl anstatt Hehlerei) oder der Vorteile ist ohne Bedeutung, sofern sich der Begünstiger eine rechtswidrige Tat vorstellt, die dem Vortäter einen noch entziehbaren Vorteil verschafft.[42] Beachtlich ist ein Irrtum hingegen, wenn sich der Begünstiger als Vortat ein Delikt vorstellt, bei dessen Vorliegen seine Handlungsweise ungeeignet war, den Vorteil zu sichern.[43]

Beispiel 334

BGH U. v. 30.04.1953 – 3 StR 364/52 – BGHSt 4, 221 = NJW 1953, 1194:

B1, die in K. ein Lampengeschäft betrieb, lernte im Herbst 1949 den B2 kennen, der als stellvertretender Betriebsleiter in der Abt. Ölfabrik einer Firma tätig war. Dieser hatte zusammen mit anderen dort beschäftigten Personen seit Anfang 1949 fortlaufend seiner Arbeitgeberin gehöriges Öl auf eigene Rechnung verkauft und dabei einen Gesamterlös von über 40.000 DM erzielt. Von dem so erworbenen Gelde lieh B2 der ihm bis dahin unbekannten B1, die bei ihm anlässlich des Verkaufs einer Lampe über den schlechten Geschäftsgang klagte, zu ihrer Überraschung ohne weiteres 10.000 DM und übernahm bald darauf die Kosten des Ausbaues ihres Geschäfts in Höhe von etwa 16.000 DM. Auch dieser Betrag stammte aus den unrechtmäßig erworbenen Geldern. Bei der Hingabe des Darlehns erklärte B2 der B1, es sei „schwarzes Geld", das er dem Finanzamt gegenüber nicht ausweisen könne; er erhalte nämlich ohne Wissen seiner Firma von Vertretern der Maschinenfabriken, die seiner Firma Pressen von Millionen-

---

[41] Ruhmannseder, in: BeckOK-StGB, Stand 01.08.2024, § 257 Rn. 16; aus der Rspr. vgl. RG U. v. 07.12.1920 – IV 1203/20 – RGSt 55, 179; RG U. v. 11.06.1926 – I 159/26 – RGSt 60, 273; RG U. v. 15.01.1942 – 2 D 466/41 – RGSt 76, 31.

[42] Joecks/Jäger, StGB, 13. Aufl. 2021, § 257 Rn. 13; aus der Rspr. vgl. zuletzt BGH B. v. 01.02.2024 – 5 StR 93/23 (Anm. Meißner NZWiSt 2024, 150).

[43] Joecks/Jäger, StGB, 13. Aufl. 2021, § 257 Rn. 13; aus der Rspr. vgl. BGH U. v. 30.04.1953 – 3 StR 364/52 – BGHSt 4, 221 = NJW 1953, 1194.

werten lieferten, hohe Provisionen. B1, von der er weder einen Schuldschein noch eine Quittung verlangte, versprach ihm, für die Gelder „Deckungsscheine" zu besorgen. ◄

B1 stellte sich vor, infolge einer Steuerhinterziehung (§ 370 AO) erlöstes Geld entgegenzunehmen. Zwar ist ein Irrtum über die Vortat grundsätzlich ohne Bedeutung. Wenn aber eine Steuerhinterziehung vorläge, wäre die Handlung nicht geeignet, die Steuerersparnis vor dem staatlichen Steueranspruch zu sichern. Wenn B1 sich darum ein strafloses Geschehen vorstellte, mangelte es ihr am Vorsatz.

Beachtlich ist ein Irrtum auch dann, wenn sich der Begünstiger einen Sachverhalt vorstellt, von dessen Strafbarkeit er zwar ausgeht, der aber keinem Straftatbestand unterfällt (Wahndelikt).[44]

b) Absicht, ihm die Vorteile der Tat zu sichern

Der Begünstiger muss dem Vortäter in der Absicht Hilfe leisten, ihm die Vorteile der Tat zu sichern. Zur Absicht als qualifizierte Form des Vorsatzes s. bereits im Allgemeinen Teil.

Es handelt sich um ein subjektives Tatbestandsmerkmal (überschießende Innentendenz); eine objektive Vorteilssicherung muss nicht gelingen.[45]

Dem Begünstiger muss es darauf ankommen – Wissentlichkeit genügt nicht[46] -, im Interesse des Vortäters die Wiederherstellung des gesetzmäßigen, durch die Vortat beeinträchtigten Zustandes zu verhindern oder zu erschweren.[47]

Der **Beweggrund** hierfür ist irrelevant; es ist also auch erfasst, wenn der Täter die Vorteilssicherung zur Erreichung eines weiteren Zieles (**Zwischenziel**) oder als eines von mehreren Zielen (**Motivbündel**) erstrebt.[48]

---

[44] Cramer, in: MK-StGB, 4. Aufl. 2021, § 257 Rn. 21.

[45] Eisele, BT II, 6. Aufl. 2021, Rn. 1094; aus der Rspr. vgl. BGH B. v. 29.03.1951 – 3 StR 82/51 – NJW 1951, 451; BGH B. v. 08.09.1992 – 4 StR 373/92 – StV 1994, 185.

[46] Aus der Rspr. vgl. BGH B. v. 01.02.2024 – 5 StR 93/23 (Anm. Meißner NZWiSt 2024, 150).

[47] Joecks/Jäger, StGB, 13. Aufl. 2021, § 257 Rn. 14; aus der Rspr. vgl. zuletzt BGH U. v. 17.10.2019 – 3 StR 521/18 – NJW 2020, 1080 = NStZ 2020, 273 = StV 2020, 660 (Anm. Bosch Jura 2020, 530; RÜ 2020, 236; Kudlich NJW 2020, 1083; Hinderer NStZ 2020, 276); BGH B. v. 07.04.2020 – 6 StR 34/20 – NStZ-RR 2020, 175; BGH U. v. 02.06.2021 – 3 StR 21/21 – BGHSt 66, 137 = NJW 2021, 2813 = NStZ 2022, 606; StV 2021, 714 (Anm. von Heintschel-Heinegg JA 2021, 961; Kinzig NJW 2021, 2817; Greier jurisPR-StrafR 19/2021 Anm. 1; Niemann wistra 2021, 425; Eggers wistra 2021, 447; famos 1/2022; Mosbacher NStZ 2022, 610; Eidam StV 2022, 520; Heil/Vogt ZfISt 2022, 350; Knaupe NZWiSt 2022, 377); BGH B. v. 01.02.2024 – 5 StR 93/23 (Anm. Meißner NZWiSt 2024, 150).

[48] Fischer, StGB, 71. Aufl. 2024, § 257 Rn. 10; aus der Rspr. vgl. zuletzt BGH U. v. 17.10.2019 – 3 StR 521/18 – NJW 2020, 1080 = NStZ 2020, 273 = StV 2020, 660 (Anm. Bosch Jura 2020, 530; RÜ 2020, 236; Kudlich NJW 2020, 1083; Hinderer NStZ 2020, 276); LG Nürnberg-Fürth U. v. 23.12.2021 – 12 KLs 504 Js 196/15 – StV 2023, 772.

> **Beispiel 335**
>
> **BGH B. v. 31.07.1992 – 2 StR 259/92 – NStZ 1992, 540 = StV 1993, 27:**
> B1 und B2 waren als Mitarbeiter der Firma P als Fahrer und Beifahrer eines gepanzerten Spezialfahrzeuges für den Transport von Geld und Wertsachen eingesetzt. B1 entwendete einen Teil des Transportguts (219.000 DM) und zwang B2 unter Bedrohung mit einer Schusswaffe, das Fahrzeug in die Nähe des Bahnhofs zu fahren und ihn dort mit der Beute aussteigen zu lassen. Beim Verlassen des Fahrzeugs drohte B1 dem B2 mit den Worten: „Wenn Du mich verpfeifst und mir keinen Vorsprung lässt, dann stehe ich nach ein paar Jahren, wenn ich wieder rauskomme, bei Dir auf der Matte." Nachdem B1 das Fahrzeug verlassen hatte, wartete B2 zunächst fünf Minuten. Anschließend fuhr er nicht zu der nächstgelegenen Anlaufstelle (Tankstelle in Mainz-Gonsenheim), um von dort die Polizei zu informieren, sondern auf Umwegen zu der ARAL-Tankstelle in der Lennebergstraße am Stadtrand von Mainz-Gonsenheim, die von den Firmenfahrzeugen zum regelmäßigen Auftanken angefahren wird. Dort kam B2 erst nach weiteren 25 min an und informierte die Polizei. Der Wahrheit zuwider gab er aber zunächst an, B1 habe das Fahrzeug erst am Bahnübergang in Richtung Gonsenheim verlassen. B2 wollte unter dem Eindruck der gegen ihn ausgesprochenen Drohungen dem B1 einen zeitlichen Vorsprung verschaffen. ◄

Wenn B2 dem B1 einen zeitlichen Vorsprung verschaffen wollte, ist es unerheblich, dass er auch seine eigene Unversehrtheit besorgte.

Zur entgeltlichen Rückverschaffung einer Tatbeute an den Verletzten s. o. Ebenso zur Mitwirkung beim Absatz der Beute.
Die Absicht zur Verzögerung des Verlusts genügt.[49]
Abzulehnen ist die Absicht hingegen bei nur in Kauf genommenen (wenn auch angenehmen) unausweichlichen Nebenfolgen.[50]

IV. Rechtswidrigkeit

Es gelten die allgemeinen Grundsätze.

V. Schuld

Es gelten die allgemeinen Grundsätze.

---

[49] Hoyer, in: SK-StGB, 9. Aufl. 2019, § 257 Rn. 32.
[50] Vgl. aus der Rspr. BayObLG B. v. 04.03.2020 – 203 StRR 66/20 – StV 2021, 454.

VI. Strafausschließungsgrund, § 257 III 1 StGB

▶ **Didaktischer Aufsatz**
- Geppert, Zum Verhältnis von Täterschaft/Teilnahme an der Vortat und anschließender sachlicher Begünstigung, Jura 1994, 441

Gem. § 257 III 1 StGB wird wegen Begünstigung nicht bestraft, wer wegen Beteiligung an der Vortat strafbar ist.

Da bei Alleintäterschaft bereits der Tatbestand nicht greift (s. o., „anderer"), erfasst § 257 III 1 StGB **Teilnehmer** der Vortat.

Die Norm folgt dem Gedanken der mitbestraften Nachtat.[51] Daher ist „strafbar" auch dahingehend auszulegen, dass nur bei tatsächlicher strafrechtlicher Ahndung als Vortäter die Begünstigung ausgeschlossen ist.[52]

Die Straflosigkeit gilt gem. **§ 257 III 2 StGB** nicht für „denjenigen, der einen an der Vortat Unbeteiligten zur Begünstigung anstiftet".[53]

Die Norm ist aber nicht anwendbar, wenn eine Anstiftung zur Strafvereitelung nach § 258 StGB nicht zu erreichen wäre ohne eine Anstiftung zum § 257 StGB; sonst würde das Privileg des § 258 V, VI StGB unterlaufen.[54]

VII. Rechtsfolgen

§ 257 I StGB sieht Freiheitsstrafe bis zu fünf Jahren (im Minimum also ein Monat, § 38 II StGB) oder Geldstrafe (zu den Grenzen s. § 40 StGB) vor.

Die Strafe darf nicht schwerer sein als die für die Vortat angedrohte Strafe, § 257 II StGB.

VIII. Sonstiges

Der Versuch der Begünstigung ist nicht strafbar.

§ 258 V und VI StGB gelten schon mangels planwidriger Regelungslücke nicht analog.[55]

---

[51] Eisele, BT II, 6. Aufl. 2021, Rn. 1095.
[52] H. M., s. Hoyer, in: SK-StGB, 9. Aufl. 2019, § 257 Rn. 34; aus der Rspr. vgl. BGH B. v. 11.04.2013 – 2 StR 406/12 – NStZ 2013, 583 = NStZ-RR 2013, 245 = StV 2013, 701 (Anm. Trüg NStZ 2013, 584).
[53] Hierzu Kindhäuser/Hilgendorf, LPK, 9. Aufl. 2022, § 257 Rn. 29.
[54] Eisele, BT II, 6. Aufl. 2021, Rn. 1098; aus der Rspr. vgl. BGH B. v. 29.06.1995 – 1 StR 345/95 – NJW 1995, 3264 = NStZ 1996, 39 = StV 1995, 586; OLG München B. v. 23.12.2009 – 4 St RR 190/09 – NStZ-RR 2011, 56.
[55] H. M., s. Cramer, in: MK-StGB, 4. Aufl. 2021, § 257 Rn. 31; näher Amelung JR 1978, 227; aus der Rspr. vgl. zuletzt BGH U. v. 11.07.2019 – 1 StR 683/18 – NStZ-RR 2019, 310.

Vergleichbares gilt für die Vorschriften zur tätigen Reue (z. B. die §§ 83a I, 306e, 314a, 320 StGB).[56]

§ 257 IV StGB regelt Strafantrags- und Ermächtigungserfordernissse.

C. Hehlerei, § 259 StGB

▶ **Didaktische Aufsätze**
- Berz, Grundfragen der Hehlerei, Jura 1980, 57
- Rudolphi, Grundprobleme der Hehlerei, JA 1981, 1 und 90
- Otto, Hehlerei (§ 259 StGB), Jura 1985, 148
- Roth, Grundfragen der Hehlereitatbestände, JA 1988, 193 und 258
- Seelmann, Grundfälle zur Hehlerei (§ 259 StGB), JuS 1988, 39
- Zöller/Frohn, Zehn Grundprobleme des Hehlereitatbestandes (§ 259 StGB), Jura 1999, 378
- Kudlich, Neuere Probleme bei der Hehlerei, JA 2002, 672
- Jahn/Palm, Die Anschlussdelikte – Hehlerei (§§ 259–260a StGB), JuS 2009, 501
- Berghäuser, Sach- und Datenhehlerei – eine vergleichende Gegenüberstellung der §§ 202d, 259 StGB, JA 2017, 244
- Bosch, Strafgrund und kriminalpolitische Funktion des Hehlereitatbestands, Jura 2019, 826
- Wiedmer, Prüfungsrelevante Probleme der Hehlerei, JuS 2021, 207
- Kretschmer, Ein Blick auf die Anschlussdelikte – Schwerpunkte: die §§ 258 und 259 StGB – Teil I/II, JA 2023, 382 und 469

I. Allgemeines

§ 259 StGB[57] stellt die Hehlerei unter Strafe.

> **§ 259 StGB (Hehlerei)**
> (1) Wer eine Sache, die ein anderer gestohlen oder sonst durch eine gegen fremdes Vermögen gerichtete rechtswidrige Tat erlangt hat, ankauft oder sonst sich oder einem Dritten verschafft, sie absetzt oder absetzen hilft, um sich oder einen Dritten zu bereichern, wird mit Freiheitsstrafe bis zu fünf Jahren oder mit Geldstrafe bestraft.
> (2) Die §§ 247 und 248a gelten sinngemäß.
> (3) Der Versuch ist strafbar.

---

[56] H. M., Eisele, BT II, 6. Aufl. 2021, Rn. 1099.

[57] Hierzu Geerds GA 1958, 129; Berz Jura 1980, 57; Rudolphi JA 1981, 1 und 90; Otto Jura 1985, 148; Roth JA 1988, 193 und 258; Seelmann JuS 1988, 39; Geerds GA 1988, 243; Zöller/Frohn Jura 1999, 378; Kudlich JA 2002, 672; Jahn/Palm JuS 2009, 501; Berghäuser JA 2017, 244; Bosch Jura 2019, 826; Wiedmer JuS 2021, 207; Kretschmer JA 2023, 382.

Geschütztes **Rechtsgut** ist das Vermögen.[58] Insofern besteht der Unrechtsgehalt der Hehlerei in der Reduzierung der Chance des Vortatopfers, die Sache wiederzuerlangen. Die Aufrechterhaltung des rechtswidrigen Zustandes ist ein Angriff auf das Vermögen (sog. **Perpetuierungsgedanke**).[59]

Weiteres Motiv ist der Kampf gegen die Vortaten durch Isolierung des Vortäters;[60] mithin wird der Hehler also auch bestraft weil, er ein Motiv für Diebe etc. liefert (**Solidarisierungsgedanke**).

Nicht examensrelevante Sondervorschriften der Hehlerei finden sich in § 374 AO (Steuerhehlerei) und § 148b GewO (fahrlässige Hehlerei von Edelmetallen und Edelsteinen).

II. Sog. einfache Hehlerei, § 259 StGB

1. Aufbau
 I. Tatbestand
  1. Objektiver Tatbestand
   a) Eine Sache, die ein anderer gestohlen oder sonst durch eine gegen fremdes Vermögen gerichtete rechtswidrige Tat erlangt hat
    aa) Eine Sache
    bb) Gestohlen oder sonst eine gegen fremdes Vermögen gerichtete rechtswidrige Tat; ein anderer
    cc) Durch ... erlangt
   b) Ankauft oder sonst sich oder einem Dritten verschafft, sie absetzt oder absetzen hilft
  2. Subjektiver Tatbestand
   a) Vorsatz
   b) Um sich oder einen Dritten zu bereichern

---

[58] Fischer, StGB, 71. Aufl. 2024, § 259 Rn. 3; näher Miehe FS Honig 1970, 91; aus der Rspr. vgl. zuletzt BGH U. v. 10.10.2018 – 2 StR 564/17 – BGHSt 63, 274 = NJW 2019, 1540 = NStZ 2019, 474 = StV 2019, 672 (Anm. Bosch Jura 2019, 896; Jäger JA 2019, 548; LL 2019, 610; RÜ 2019, 380; Jahn NJW 2019, 1542; Eidam NStZ 2019, 477; Ruppert NStZ-RR 2019, 212; Altenhain StV 2019, 674; Heger/Weiss JR 2019, 644); BGH B. v. 31.10.2018 – 2 StR 281/18 – BGHSt 63, 228 = NJW 2019, 1311 = StV 2019, 678 (Anm. Bosch Jura 2019, 680; Eisele JuS 2019, 915; LL 2019, 468; RÜ 2019, 308; Mitsch NJW 2019, 1258).

[59] Joecks/Jäger, StGB, 13. Aufl. 2021, § 259 Rn. 1; aus der Rspr. vgl. zuletzt BGH U. v. 10.10.2018 – 2 StR 564/17 – BGHSt 63, 274 = NJW 2019, 1540 = NStZ 2019, 474 = StV 2019, 672 (Anm. Bosch Jura 2019, 896; Jäger JA 2019, 548; LL 2019, 610; RÜ 2019, 380; Jahn NJW 2019, 1542; Eidam NStZ 2019, 477; Ruppert NStZ-RR 2019, 212; Altenhain StV 2019, 674; Heger/Weiss JR 2019, 644); BGH B. v. 31.10.2018 – 2 StR 281/18 – BGHSt 63, 228 = NJW 2019, 1311 = StV 2019, 678 (Anm. Bosch Jura 2019, 680; Eisele JuS 2019, 915; LL 2019, 468; RÜ 2019, 308; Mitsch NJW 2019, 1258); BGH U. v. 11.07.2019 – 1 StR 634/18 – BGHSt 64, 152 = NJW 2020, 412 = StV 2020, 776 (Anm. Reuker jurisPR-StrafR 8/2020 Anm. 5; Gehm wistra 2020, 164).

[60] Hoyer, in: SK-StGB, 9. Aufl. 2019, § 259 Rn. 2; aus der Rspr. vgl. BGH B. v. 20.12.1954 – GSSt. 1/54 – BGHSt 7, 134 = NJW 1955, 390 (Anm. Schwalm MDR 1955, 371); BGH U. v. 25.07.1996 – 4 StR 202/96 – BGHSt 42, 196 = NJW 1996, 2877 = NStZ 1996, 599 = StV 1997, 530 (Anm. Hruschka JZ 1996, 1135; Otto JK 1997 StGB § 259/16).

II. Rechtswidrigkeit
III. Schuld
IV. Ggf. Strafantrag, §§ 259 II StGB i. V. m. 247, 248a StGB

2. Tatbestand

a) Objektiver Tatbestand

aa) Eine Sache, die ein anderer gestohlen oder sonst durch eine gegen fremdes Vermögen gerichtete rechtswidrige Tat erlangt hat

(1) Eine Sache
Tatobjekt kann gem. § 259 I StGB allein eine **Sache** – hierzu s. o. bei § 242 StGB – sein. Forderungen, sonstige Rechte oder wirtschaftliche Werte (z. B. Daten,[61] s. nunmehr § 202d StGB[62]) sind nicht erfasst.[63]
Wer Eigentümer der Sache ist, ist irrelevant.[64]

(2) Gestohlen oder sonst eine gegen fremdes Vermögen gerichtete rechtswidrige Tat; ein anderer

(a) Gestohlen oder sonst eine gegen fremdes Vermögen gerichtete rechtswidrige Tat

▶ Didaktische Aufsätze
  • Stree, Die Ersatzhehlerei als Auslegungsproblem, JuS 1961, 50 und 83
  • Geppert, Zum Verhältnis von Täterschaft/Teilnahme an der Vortat und sich anschließender Hehlerei, Jura 1994, 100
  • Horn, Das Verhältnis von Begünstigung, Strafvereitelung und Hehlerei zur Vortat aus materieller Sicht, JA 1995, 218

Vortat der Hehlerei ist eine rechtswidrige **Tat** i. S. d. § 11 I Nr. 5 StGB.[65] Diese muss tatbestandlich und rechtswidrig begangen worden sein, nicht aber schuldhaft.[66]

---

[61] Hierzu Hoyer, in: SK-StGB, 9. Aufl. 2019, § 259 Rn. 4; näher Friedrich MDR 1985, 366; Rupp wistra 1985, 137; Heinrich JZ 1994, 938; aus der Rspr. vgl. KG U. v. 01.12.1982 – (2) Ss 169/82 (30/82) – NStZ 1983, 561 (Anm. Flechsig NStZ 1983, 562).
[62] S. bei den Nichtvermögensdelikten.
[63] Eisele, BT II, 6. Aufl. 2021, Rn. 1143; aus der Rspr. vgl. zuletzt BGH B. v. 22.08.2019 – 1 StR 205/19 – NStZ-RR 2019, 379.
[64] Fischer, StGB, 71. Aufl. 2024, § 259 Rn. 3; aus der Rspr. vgl. RG U. v. 11.12.1888 – 2731/88 – RGSt 18, 303; RG U. v. 31.01.1890 – 3300/89 – RGSt 20, 222; RG U. v. 17.11.1919 – III 570/19 – RGSt 54, 124; RG U. v. 20.01.1922 – 1242/21 – RGSt 56, 335; RG U. v. 24.10.1929 – II 1095/28 – RGSt 63, 35.
[65] Hierzu Hartung NJW 1949, 324; Horn JA 1995, 218.
[66] Hoyer, in: SK-StGB, 9. Aufl. 2019, § 259 Rn. 5; aus der Rspr. vgl. RG U. v. 17.01.1902 – 4610/01 – RGSt 35, 73; RG U. v. 20.06.1918 – I 272/18 – RGSt 52, 197; OFGH U. v. 01.03.1950 – II Z 35/49 S – NJW 1950, 883 (Anm. Bockelmann NJW 1950, 850); BGH U. v. 27.02.1951 – 4 StR 123/51 – BGHSt 1, 47; OLG Oldenburg U. v. 04.03.1952 – Ss 248/51 – NJW 1953, 1237; BGH U. v. 26.02.1953 – 5 StR 735/52 – BGHSt 4, 76 = NJW 1953, 794 (Anm. Welzel JR 1953, 186; Niese JZ 1953, 637; Sax MDR 1954, 65); OLG Neustadt U. v. 26.09.1962 – Ss 159/62 – NJW 1962, 2312 (Anm. Stree JuS 1963, 427).

Verfolgungshindernisse sind unerheblich.[67] Ordnungswidrigkeiten und Disziplinarwidrigkeiten genügen nicht.

Als Beispiel nennt § 259 I StGB den Diebstahl („gestohlen"), es genügt aber nach dem ausdrücklichen Wortlaut jede „**gegen fremdes Vermögen** gerichtete rechtswidrige Tat". Dies sind nicht nur die Vermögensdelikte i. e. S., sondern alle Vortaten, die fremde Vermögensinteressen verletzen, z. B. die §§ 133, 136, 240, 267 StGB.[68]

Auch § 259 StGB kommt als Vortat einer weiteren Hehlerei in Frage (**Kettenhehlerei**/Zwischenhehlerei), wenn eine eigene Verfügungsgewalt des Zwischenhehlers besteht.[69]

Beispiel 336

BGH B. v. 22.10.2013 – 3 StR 69/13 – BGHSt 59, 40 = NJW 2014, 951 = NStZ 2013, 584 = StV 2015, 115 (Anm. Jäger JA 2013, 951; Jahn JuS 2013, 1044; RÜ 2013, 643; Bosch JK 2014 StGB § 259/28; Theile ZJS 2014, 458; famos 2/2014; LL 2014, 24; Beckemper NZWiSt 2014, 155; Küper GA 2015, 129; Dehne-Niemann HRRS 2015, 72):

B1 bemühte sich im Einverständnis mit B2 sowie in dessen Interesse selbstständig um den Verkauf mehrerer Gemälde im Gesamtwert von mindestens 1,5 Mio. €. Diese waren Jahre zuvor von Unbekannten aus dem Atelier-Magazin des Malers entwendet und von B2 in Kenntnis des Diebstahls entgegengenommen worden. Nach dem Tod des Malers hatte B2 den B1 damit beauftragt, einen Käufer für die Bilder zu suchen, und ihm 13 der Bilder überbracht. B1 hielt es für möglich, dass es sich bei B2 entgegen dessen Behauptung nicht um den Eigentümer der Bilder, sondern einen Hehler handelte. Dies war ihm aber vor allem wegen der versprochenen Provision in Höhe von 10 % des Verkaufserlöses gleichgültig. Im Rahmen seiner Bemühungen fertigte er Fotografien von den Werken und sprach verschiedene ihm bekannte Personen an, von denen er hoffte, dass sie ihm beim Verkauf dienlich sein könnten. Die Bemühungen des B1 hatten keinen Erfolg. ◄

B2 hat bereits eine Hehlerei begangen. Daran kann eine weitere Hehlerei des B1 anknüpfen.

---

[67] Hoyer, in: SK-StGB, 9. Aufl. 2019, § 259 Rn. 5.

[68] Ganz h. M., hierzu Joecks/Jäger, StGB, 13. Aufl. 2021, § 259 Rn. 9; aus der Rspr. vgl. RG U. v. 27.09.1881 – 1837/81 – RGSt 4, 442; RG U. v. 17.04.1882 – 2751/81 – RGSt 6, 218; RG U. v. 30.10.1906 – IV 514/06 – RGSt 39, 236; RG U. v. 14.06.1918 – IV 421/18 – RGSt 52, 95; LG Bonn U. v. 28.03.1947 – 4 Ns 1/4 – NJW 1947/48, 530 (Anm. Dahs NJW 1947/48, 530); OLG Frankfurt U. v. 09.03.1949 – 1 Ss 29/49 – NJW 1949, 599; BGH U. v. 23.04.1969 – 3 StR 51/69 – NJW 1969, 1260; LG Würzburg U. v. 29.07.1999 – 5 Kls 153 Js 1019/98 – NStZ 2000, 374 (Anm. Otto JK 2000 StGB § 263a/11; LL 2000, 803; RÜ 2000, 375; Hefendehl NStZ 2000, 348; Schnabel NStZ 2001, 374).

[69] Ruhmannseder, in: BeckOK-StGB, Stand 01.08.2024, § 259 Rn. 9.1; aus der Rspr. vgl. zuletzt OLG Köln B. v. 04.07.2017 – III-1 RVs 137/17 – StV 2019, 688 (Anm. Jahn JuS 2017, 1128).

Erforderlich ist, dass die Vortat zu einer **rechtswidrigen Besitzlage** geführt hat.[70] Insbesondere sind somit der Betrug nach § 263 StGB und der Versicherungsmissbrauch nach § 265 StGB keine tauglichen Vortaten. Ein Versicherungsnehmer kann trotz Begehung einer der vorgenannten Straftaten weiterhin als Berechtigter über die versicherte Sache verfügen.

Beispiel 337

BGH B. v. 22.02.2005 – 4 StR 453/04 – NStZ 2005, 447 = StV 2005, 329 (Anm. RA 2005, 482; LL 2005, 679; Rose JR 2006, 109):
B1 und B2 erwarben hochwertige Fahrzeuge und organisierten deren Verschiffung in Staaten der Golfregion für dort ansässige Käufer. Diese Fahrzeuge waren zuvor bei der Polizei „als gestohlen gemeldet" worden. B1 und B2 gingen davon aus, dass es sich dabei bei den Vortaten um „bloßen Versicherungsbetrug" gehandelt habe. ◀

Wenn B1 und B2 davon ausgingen, dass es sich bei den Vortaten um „bloßen Versicherungsbetrug" gehandelt habe, irrten sie über das Vorliegen einer tauglichen Vortat und hatten diesbzgl. keinen Vorsatz (§ 16 StGB).

(b) Ein anderer

▶ **Didaktischer Aufsatz**
  • Geppert, Zum Verhältnis von Täterschaft/Teilnahme an der Vortat und sich anschließender Hehlerei, Jura 1994, 100

Aufgrund der Wendung „ein anderer" sind **Täter** der Vortat – auch Mittäter, ganz h. M.[71] – keine tauglichen Täter der Hehlerei.[72]

Beispiel 338

BGH B. v. 10.10.1984 – 2 StR 470/84 – BGHSt 33, 50 = NJW 1985, 502 = NStZ 1985, 168 = StV 1985, 328 (Anm. Geppert JK 1985 StGB § 244/4; Brandts/Seier JA 1985, 367; Hassemer JuS 1985, 417; Joerden

---

[70] Fischer, StGB, 71. Aufl. 2024, § 259 Rn. 3a; aus der Rspr. vgl. RG U. v. 11.12.1884 – 2990/84 – RGSt 11, 342; RG U. v. 03.12.1918 – IV 920/18 – RGSt 53, 167; RG U. v. 11.11.1920 – III 1081/20 – RGSt 55, 145; RG U. v. 03.03.1925 – I 934/24 – RGSt 59, 128; BGH U. v. 19.05.1961 – 5 StR 556/60; KG U. v. 01.12.1982 – (2) Ss 169/82 (30/82) – NStZ 1983, 561 (Anm. Flechsig NStZ 1983, 562); LG Würzburg U. v. 29.07.1999 – 5 Kls 153 Js 1019/98 – NStZ 2000, 374 (Anm. Otto JK 2000 StGB § 263a/11; LL 2000, 803; RÜ 2000, 375; Hefendehl NStZ 2000, 348; Schnabel NStZ 2001, 374); BGH B. v. 28.11.2001 – 2 StR 477/01 – NStZ-RR 2003, 13 = StV 2002, 542 (Anm. Geppert JK 2003 StGB § 259/21); BGH B. v. 26.08.2014 – 2 StR 30/14 – NStZ-RR 2014, 373.
[71] S. nur Maier, in: MK-StGB, 4. Aufl. 2021, § 259 Rn. 58.
[72] S. nur Wessels/Hillenkamp/Schuhr, BT 2, 46. Aufl. 2023, Rn. 1014; näher Joerden FS Lampe 2003, 771; aus der Rspr. vgl. zuletzt BGH B. v. 23.05.2017 – 4 StR 617/16 – NStZ-RR 2017, 246 = StV 2018, 29; BGH B. v. 07.12.2022 – 2 StR 437/20 – StV 2023, 824.

StV 1985, 329; Taschke StV 1985, 367; Jakobs JR 1985, 342; Meyer JuS 1986, 189):

B1 unterhielt seit 1971 einen Viehhandel mit angeschlossenem Schlachtbetrieb sowie eine Landwirtschaft. Als er 1977 in zunehmende wirtschaftliche Bedrängnis geriet, beschloss er, seine finanzielle Lage durch Viehweidediebstähle aufzubessern. Die Taten sollten nach seiner Vorstellung von Mitarbeitern ausgeführt werden. Er beabsichtigte, das gestohlene Vieh zu übernehmen. Im Frühjahr 1982 unterbreitete er dieses Ansinnen mit Erfolg den bei ihm beschäftigten B2 und B3. Die Beteiligten verabredeten, dass B1 den B2 und B3 seine Fahrzeuge zum Transport der gestohlenen Tiere zur Verfügung stellte. B2 und B3 sollten anlässlich der von ihnen aus betrieblichen Gründen durchgeführten Fernfahrten nach Nord- und Süddeutschland auf dem Rückweg Ausschau nach geeigneten Objekten halten. B1 erwartete, vor der Rückkehr fernmündlich unterrichtet zu werden, um die Ankunft der gestohlenen Tiere – die möglichst nachts angeliefert werden sollten – vor anderen Betriebsangehörigen verheimlichen zu können. Teilweise bestimmte B1 die B2 und B3 auch vor Fahrtantritt, Tiere zu stehlen. Dieser Abrede gemäß entwendeten B2 und B3 von Juli bis Oktober 1982 in der Bundesrepublik Deutschland in elf Fällen insgesamt 45 Rinder mit einem Wert von 90.000 bis 100.000 DM. Nach Ankunft im Betrieb des B1 wurden die Tiere entweder noch nachts von B2 geschlachtet oder von B1 später veräußert oder seinem Viehbestand einverleibt. Der Erlös der Beute wurde gleichmäßig verteilt. Die Auszahlung oblag dem B1. ◄

Wenn B1 aufgrund eines gemeinsamen Tatplanes und auch eines wesentlichen Tatbeitrages bereits Mittäter der Diebstähle (§ 242 StGB) ist, kann er keine Hehlerei mehr begangen haben.

Dies gilt auch nach Verteilung der Beute bzgl. des Ankaufs etc. des Teils eines anderen Mittäters:[73] Jeder Mittäter haftet schon im vollen Umfang für die Vortat, daher liegt keine neue Rechtsgutsverletzung vor.

Umstritten ist, ob der **Teilnehmer** an der Vortat Täter einer Hehlerei sein kann.[74]

Beispiel 339

BGH U. v. 02.07.1996 – 1 StR 305/96 – NStZ 1996, 493 = StV 1997, 250 (Anm. Otto JK 1997 StGB § 259/17):

B schloss sich einer Gruppe von Landsleuten an, die ihren Lebensunterhalt durch die Begehung von Einbruchdiebstählen finanzieren wollten. Nach der

---

[73] H. M., Eisele, BT II, 6. Aufl. 2021, Rn. 1139; aus der Rspr. vgl. RG U. v. 01.07.1901 – 2234/01 – RGSt 34, 304; BGH U. v. 02.10.1952 – 3 StR 642/51 – BGHSt 3, 191 = NJW 1952, 1304 (Anm. Mayer JZ 1953, 86).

[74] Hierzu Eisele, BT II, 6. Aufl. 2021, Rn. 1140; Geppert Jura 1994, 100; aus der Rspr. vgl. zuletzt BGH U. v. 11.07.2019 – 1 StR 634/18 – BGHSt 64, 152 = NJW 2020, 412 = StV 2020, 776 (Anm. Reuker jurisPR-StrafR 8/2020 Anm. 5; Gehm wistra 2020, 164); BGH B. v. 25.11.2021 – 4 StR 103/21 – NStZ 2022, 219 und 250 = NStZ-RR 2022, 51 (Anm. RÜ 2022, 645; Hecker JuS 2022, 780); BGH B. v. 16.04.2024 – 3 StR 474/23 – NStZ-RR 2024, 279.

Bandenabsprache hatte sich B mit dem Absatz der Beutestücke zu befassen. Er war über jeden Einbruchsdiebstahl informiert und verkaufte die Beute über Mittelsmänner. Für seine Dienste erhielt er jeweils Zuwendungen von Bandenmitgliedern. Damit bestritt er seinen Lebensunterhalt. Außerdem hatte B dafür zu sorgen, daß bei Bedarf für die Diebestouren Autos angemietet und bezahlt wurden. ◄

Dass B sich mit dem Absatz der Beutestücke zu befassen hatte, stand vor den Taten fest. Er hat Beihilfe zu den Einbruchsdiebstählen geleistet (§§ 242 I, 243 I 2 Nr.1, 27 I StGB). Scheidet eine Hehlerei deswegen aus?

Beispiel 340

BGH U. v. 29.04.2008 – 4 StR 148/08 (Überlassen des eBay-Accounts) – NStZ 2008, 516 = StV 2008, 520 (Anm. Kudlich JA 2008, 656; RÜ 2008, 511; RA 2008, 537; Geppert JK 2009 StGB § 257/6):

B1 stellte seinem Bruder B2 regelmäßig seinen eBay-Account zur Verfügung. Spätestens seit Anfang 2005 war B1 auch damit einverstanden, dass sein Bruder über seinen eBay-Account von ihm selbst oder von Dritten gestohlene Sachen verkaufte. Die jeweiligen Käufer zahlten den Kaufpreis auf ein Giro-Konto des B1 ein, der den entsprechenden Betrag dann von seinem Konto abhob und das Geld bar an seinen Bruder aushändigte. B1 wollte seinem Bruder dadurch beim Absatz gestohlener Waren helfen. Dass B1 selbst einen Teil der Verkaufserlöse für sich behielt, konnte nicht festgestellt werden. Auf diese Weise veräußerte B2 im Zeitraum von Mitte Mai 2005 bis Mitte April 2006 vier aus Diebstählen stammende Gegenstände über den eBay-Account des B1, wobei zwei der Gegenstände von B2 selbst gestohlen worden waren, während er sich die zwei weiteren in Kenntnis von deren Herkunft verschafft hatte. ◄

Auch hier kommt eine Beihilfe zur Vortat in Betracht. Schließt das eine Hehlerei aus?

Nach einer Auffassung kann der Teilnehmer an der Vortat ebenso wenig wegen Hehlerei strafbar sein wie der Täter.[75]

Eine andere Auffassung[76] verneint die Möglichkeit der Hehlerei durch den Teilnehmer an der Vortat nur für die Fälle, in denen der Wille des Teilnehmers von vornherein nur auf die Erlangung eines Beuteanteils gerichtet war.

Nach überwiegender Rspr.[77] und h. L.[78] ist eine – dann in Tatmehrheit stehende – Hehlerei durch einen Teilnehmer an der Vortat ohne Weiteres möglich.

---

[75] Roth, JA 1988, 193 (200); Seelmann, JuS 1988, 39 (42); Hoyer, in: SK-StGB, 9. Aufl. 2019, § 259 Rn. 9.
[76] OLG München B. v. 27.07.2006 – 5 St RR 103/06 – NStZ-RR 2006, 371.
[77] S. nur BGH B. v. 20.12.1954 – GSSt. 1/54 – BGHSt 7, 134 = NJW 1955, 390 (Anm. Schwalm MDR 1955, 371).
[78] S. nur Kindhäuser/Hilgendorf, LPK, 9. Aufl. 2022, § 259 Rn. 8.

Die erste Auffassung stützt sich darauf, dass der Strafgrund der Hehlerei in der Perpetuierung der durch die Vortat geschaffenen rechtswidrigen Besitzlage zu sehen sei. Wer also schon wegen der Schaffung dieser Lage strafbar sei (wie der Täter der Vortat), den könne die Perpetuierung der Lage nicht noch zusätzlich belasten. Da der Strafgrund der Teilnahme aber in der akzessorischen Haftung für das Unrecht der (Haupt-)Tat bestehe, werde ein Teilnehmer an der Vortat für dasselbe Unrecht bestraft wie deren Täter. Wenn aber der Täter der Vortat – was sich dem Wortlaut des § 259 I StGB eindeutig entnehmen lässt – nicht wegen Hehlerei strafbar sein könne, dann müsse das auch für den Vortatteilnehmer gelten.

Gegen diese Auffassung spricht jedoch der Gesetzeswortlaut. § 27 I StGB verlangt, dass der Gehilfe dem (Haupt-)Täter bei „dessen" Tat Hilfe leistet. Diese Formulierung verdeutlicht, dass es sich bei der (Haupt-)Tat aus Sicht des Teilnehmers um die Tat eines anderen handelt. Diese Wertung muss dann aber auch auf § 259 I StGB übertragen werden, sodass dort auch aus Sicht eines Teilnehmers an der Vortat „ein anderer" die Sache gestohlen hat. Schließlich ist es bei anderen Anschlussstraftaten unproblematisch, dass dort ein Teilnehmer einer Vortat den Tatbestand der Anschlusstat verwirklichen kann. Wenn dies nicht möglich wäre, wären nämlich Regelungen wie §§ 257 III 1, 261 IX 2 StGB sinnlos, die eine Strafbarkeit des Teilnehmers an der Vortat erst wegen eines persönlichen Strafausschließungsgrundes entfallen lassen. Es ist daher auch die zweite Auffassung abzulehnen und der h. M. zu folgen.

(3) Durch ... erlangt

Erlangt hat der Vortäter die Sache, wenn er die körperliche Verfügungsgewalt über diese begründet hat, d. h. die rechtswidrige Besitzlage bei ihm hergestellt ist.[79]

Umwandlung bisherigen Fremdbesitzes in Eigenbesitz ist ausreichend.[80] Mittelbarer Besitz genügt.[81] Alleiniger Besitz ist nicht erforderlich, sofern der Vortäter die selbstständige Verfügungsgewalt hat.[82]

Umstritten ist, ob die Vortat bereits vor der Hehlereihandlung **vollendet** sein muss.[83] Relevant geworden ist dies z. B. bei der Unterschlagung von Kraftfahrzeugen.

---

[79] Joecks/Jäger, StGB, 13. Aufl. 2021, § 259 Rn. 13.
[80] Maier, in: MK-StGB, 4. Aufl. 2021, § 259 Rn. 46; aus der Rspr. vgl. RG U. v. 11.11.1920 – III 1081/20 – RGSt 55, 145; RG U. v. 23.06.1924 – III 453/24 – RGSt 58, 230.
[81] Hierzu Hoyer, in: SK-StGB, 9. Aufl. 2019, § 259 Rn. 10; näher Martens JA 1996, 248.
[82] Ruhmannseder, in: BeckOK-StGB, Stand 01.08.2024, § 259 Rn. 12.
[83] Hierzu Hoyer, in: SK-StGB, 9. Aufl. 2019, § 259 Rn. 13ff.; Hillenkamp/Cornelius, 40 Probleme aus dem Strafrecht BT, 13. Aufl. 2020, 38. Problem; Küper FS Stree/Wessels 1993, 467; Geppert Jura 1994, 100; aus der Rspr. vgl. zuletzt BGH U. v. 30.09.2020 – 3 StR 511/19 – NStZ-RR 2021, 7.

Beispiel 341

BGH B. v. 14.04.2011 – 4 StR 112/11 – NJW 2011, 3049 = NStZ-RR 2011, 245 = StV 2011, 618 (Anm. Hecker JuS 2011, 1040; Satzger JK 2012 StGB § 259/27):

B1 und B2 vereinbarten, sich künftig durch illegale Autogeschäfte Geld zu verschaffen. Sie wollten Leasingfahrzeuge nach Absprache mit den Leasingnehmern, die für ihre Mitwirkung entlohnt werden sollten, über Deutschland nach Nordafrika verbringen und dort verkaufen; die Leasingnehmer sollten die Fahrzeuge sodann als gestohlen melden. B1, der in Italien lebte, sollte dort die entsprechenden Fahrzeuge besorgen; Aufgabe des B2 sollte sein, zur Verschleierung der Kraftfahrzeugverschiebungen in Deutschland Ausfuhr- bzw. Kurzzeitkennzeichen und Fahrer für die Überführungsfahrten zu besorgen.

B2 erfuhr in Deutschland, dass Z sein fremdfinanziertes und im Sicherungseigentum der Bank stehendes Kraftfahrzeug ins Ausland verkaufen und dann als gestohlen melden wollte. Er übernahm das Fahrzeug von Z gegen Teilzahlung des vereinbarten Entgelts und ließ es nach Marokko bringen, wo es veräußert wurde. ◄

Beispiel 342

BGH B. v. 09.11.2011 – 2 StR 386/11 – NStZ 2012, 510 = NStZ-RR 2012, 71 = StV 2012, 215 (Anm. LL 2012, 347; RÜ 2012, 168):

B veräußerte zu einem deutlich unter ihrem Wert liegenden Preis jeweils drei ihm nicht gehörende Leasingfahrzeuge, die daraufhin in der Zeit zwischen dem 02. und dem 10.11.2007 nach Syrien gebracht wurden. Die hochwertigen Pkws waren ursprünglich von einer Fa. A-GmbH mit Verträgen vom 18.09.2007 bzw. Juli 2007 geleast worden, wobei diese keinerlei Leasingraten entrichtete. B, der selbst mit der Vermietung von Kraftfahrzeugen befasst war, übernahm die später veräußerten Fahrzeuge von der Fa. A-GmbH. Ob diese Kenntnis vom Verkauf der Fahrzeuge hatte oder sie bei der Weitergabe der Pkws an den B – von diesem getäuscht – gutgläubig war, konnte man nicht feststellen. ◄

In beiden Fällen liegt eine Unterschlagung (§ 246 StGB) der Kfz durch einen anderen vor. Zueignungshandlung, mit der die Unterschlagung vollendet wurde, ist jeweils die Übernahme durch B2 bzw. B. Diese könnten sich ihrerseits wegen Hehlerei strafbar gemacht haben. Tathandlung kann wiederum nur die Übernahme sein. Genügt es aber, wenn die Vortat erst mit der Tathandlung der Hehlerei vollendet wird?

Nach z. T. vertretener Ansicht[84] genügt es, wenn die Vortat erst durch die Hehlereihandlung vollendet wird. Hiernach läge bei zeitgleicher Unterschlagung eine hehlereitaugliche Vortat vor.

---

[84] Z. B. Heger, in: Lackner/Kühl/Heger, StGB, 30. Aufl. 2023, § 259 Rn. 6.

Die herrschende Auffassung[85] verlangt demgegenüber eine Vollendung der Vortat, woran es dann mangelt, wenn Vortathandlung (z. B. Zueignung i. S. d. § 246 I StGB) und Hehlereihandlung zusammenfallen.

Richtig ist zwar, dass die Strafwürdigkeit auch in Fällen simultanen Zusammentreffens gleich hoch ist. Allerdings spricht für die h. M. der Wortlaut „erlangt hat", welcher aufgrund seines Perfektpartizips ein zeitlich abgeschlossenes Geschehen voraussetzt. Hinzu kommt das Telos der Norm; so ist die Hehlerei gerade ein sog. Anschlussdelikt, welches einer rechtswidrigen Tat nachfolgt.

Der Vortäter muss die Sache **durch** die Vortat erlangt haben, d. h. diese muss unmittelbar aus der Vortat stammen[86] (vgl. auch den Wortlaut „gestohlen"). Die sog. **Ersatzhehlerei** fällt nicht unter § 259 StGB. Verlangt wird eine körperliche Identität, wofür sowohl der Wortlaut „Sache" als auch die Ausgestaltung der Tathandlungen spricht. Die Bemakelung der Sache durch die Vortat setzt sich nicht am Surrogat fort. Wird die Sache also umgetauscht oder veräußert, so sind das Tauschobjekt bzw. der Veräußerungserlös keine möglichen Tatobjekte.

Ggf. wird die Ersatzsache aber durch eine eigene Straftat erlangt, z. B. § 263 StGB.

Selbst bei vertretbaren Sachen und Bargeld stellt die h. M.[87] unter Hinweis auf den Wortlaut des § 259 I StGB auf die Sachidentität ab, nicht auf den Geldwert.

Beispiel 343

OLG Braunschweig U. v. 19.12.1951 – Ss 168/51 – NJW 1952, 557 (Anm. Mezger JZ 1952, 433):

Die Ehefrau des B, die der Gewerbsunzucht nachging, erlangte durch Beischlafsdiebstahl einen 50-DM-Schein. Diesen Schein wechselte sie später ein und gab dem B von dem Wechselgeld einen Betrag von 10 DM, den sie ihm schuldig war. ◄

Nachdem der Schein eingewechselt worden war, scheidet eine Hehlerei mangels Sachidentität aus.

Die **rechtswidrige Besitzlage** muss bis zum Zeitpunkt der Hehlereihandlung noch **weiterbestehen**.[88] Insbesondere geht der Charakter der Sache als Hehlereiobjekt verloren, wenn ein anderer gutgläubig Eigentum erwirbt (§§ 932ff. BGB).

---

[85] S. nur Hoyer, in: SK-StGB, 9. Aufl. 2019, § 259 Rn. 15f.; zur Rspr. s. o.
[86] Hierzu Joecks/Jäger, StGB, 13. Aufl. 2021, § 259 Rn. 14; näher Stree JuS 1961, 50 und 83; aus der Rspr. vgl. zuletzt BGH B. v. 31.10.2018 – 2 StR 281/18 – BGHSt 63, 228 = NJW 2019, 1311 = StV 2019, 678 (Anm. Bosch Jura 2019, 680; Eisele JuS 2019, 915; LL 2019, 468; RÜ 2019, 308; Mitsch NJW 2019, 1258); BGH B. v. 22.08.2019 – 1 StR 205/19 – NStZ-RR 2019, 379.
[87] Eisele, BT II, 6. Aufl. 2021, Rn. 1147; näher Meyer MDR 1970, 377; aus der Rspr. vgl. RG U. v. 11.04.1892 – 885/92 – RGSt 23, 53; RG U. v. 17.12.1894 – 3991/94 – RGSt 26, 317; OLG Braunschweig U. v. 19.12.1951 – Ss 168/51 – NJW 1952, 557 (Anm. Mezger JZ 1952, 433).
[88] Hoyer, in: SK-StGB, 9. Aufl. 2019, § 259 Rn. 17; aus der Rspr. vgl. RG U. v. 03.12.1918 – IV 920/18 – RGSt 53, 167; RG U. v. 01.12.1922 – I 867/22 – RGSt 57, 159; BGH U. v. 22.06.1960 – 2 StR 192/60 – BGHSt 15, 53 = NJW 1960, 2008 (Anm. Stree JuS 1961, 39); BayObLG B. v. 15.05.1979 – RReg. 2 St 445/78 – NJW 1979, 2218 (Anm. Geppert JK 1980 StGB § 259/3; Paeffgen JR 1980, 300).

C. Hehlerei, § 259 StGB

bb) Ankauft oder sonst sich oder einem Dritten verschafft, sie absetzt oder absetzen hilft

(1) Ankauft

Das Ankaufen ist lediglich ein Unterfall oder Beispiel des Verschaffens[89] (s. sogleich), daher sind die dortigen Voraussetzungen einzuhalten.[90] Ein zivilrechtlicher Kaufvertrag ist nicht erforderlich (vgl. auch §§ 134, 138 BGB) und auch nicht ausreichend.[91]

(2) Sonst sich oder einem Dritten verschafft

▶ **Didaktische Aufsätze**
- Otto, Vermögensentziehung und Perpetuierung einer rechtswidrigen Besitzlage, Jura 1988, 606
- Wagner, Zum Merkmal des „Sichverschaffens" bei der Hehlerei, ZJS 2010, 17
- Mitsch, „Verschaffen" als Merkmal des Straftatbestandes, JA 2020, 32

Zahlreiche Fragen des sich oder einem Dritten Verschaffens[92] sind umstritten.

Als **Arbeitsdefinition** mag dienen: Der Täter verschafft sich die Sache i. S. d. § 259 I StGB, wenn er selbstständige tatsächliche Verfügungsgewalt zu eigenen Zwecken im Wege des abgeleiteten Erwerbs erlangt hat.[93] Entscheidend ist die Übernahme des wirtschaftlichen Werts.[94]

Es besteht eine gewisse Ähnlichkeit mit der Zueignung, da eine Übernahme des wirtschaftlichen Werts stattfindet.

Noch nicht ausreichend ist eine bloße **Einigung** mit dem Vortäter.[95]

---

[89] Fischer, StGB, 71. Aufl. 2024, § 259 Rn. 10; aus der Rspr. vgl. zuletzt BGH U. v. 13.09.2018 – 4 StR 174/18 – NStZ-RR 2019, 14 = StV 2019, 18; BGH B. v. 07.11.2018 – 4 StR 395/18 – NStZ 2019, 80 (Anm. RÜ 2019, 109).

[90] Eisele, BT II, 6. Aufl. 2021, Rn. 1153; aus der Rspr. vgl. zuletzt BGH B. v. 07.11.2018 – 4 StR 395/18 – NStZ 2019, 80 (Anm. RÜ 2019, 109).

[91] Fischer, StGB, 71. Aufl. 2024, § 259 Rn. 10; aus der Rspr. vgl. zuletzt BGH U. v. 13.09.2018 – 4 StR 174/18 – NStZ-RR 2019, 14 = StV 2019, 18.

[92] Hierzu Frister GA 1994, 553; Wagner ZJS 2010, 17; Mitsch JA 2020, 32.

[93] Joecks/Jäger, StGB, 13. Aufl. 2021, § 259 Rn. 26; aus der Rspr. vgl. zuletzt BGH B. v. 20.05.2020 – 2 StR 611/19 – NStZ 2022, 480 = StV 2020, 745 (Anm. RÜ 2020, 578; Bock NStZ 2022, 482); BGH B. v. 22.09.2022 – 1 StR 233/22 – NStZ 2023, 297 = StV 2023, 761 (Anm. Ebner wistra 2023, 39; Gehm NZWiSt 2023, 76); BGH B. v. 08.03.2022 – 3 StR 456/21 – StV 2023, 536; BGH B. v. 05.09.2023 – 1 StR 109/23 – NStZ-RR 2023, 374; BGH B. v. 26.10.2023 – 2 StR 225/23 (Anm. RÜ 2024, 332; Bittmann NZWiSt 2024, 202); BGH B. v. 26.10.2023 – 2 StR 226/23 – NStZ 2024, 171 = SV 2024, 527.

[94] Vgl. aus der Rspr. BGH B. v. 20.05.2020 – 2 StR 611/19 – NStZ 2022, 480 = StV 2020, 745 (Anm. RÜ 2020, 578; Bock NStZ 2022, 482); BGH B. v. 08.03.2022 – 3 StR 456/21 – StV 2023, 536; BGH B. v. 26.10.2023 – 2 StR 226/23 – NStZ 2024, 171 = SV 2024, 527.

[95] Aus der Rspr. vgl. BGH B. v. 07.11.2018 – 4 StR 395/18 – NStZ 2019, 80 (Anm. RÜ 2019, 109).

Die Erlangung von **Mitbesitz** und damit einer Mitverfügungsbefugnis genügt, wenn jeder der Mitbesitzer unter Ausschluss des anderen Teils **allein** verfügungsberechtigt ist.[96]

Beispiel 344

BGH B. v. 28.04.1998 – 4 StR 167/98 – StV 1999, 604 (Anm. Otto JK 1999 StGB § 259/19; LL 2000, 41):
B verwendete die von ihrem Ehemann aus drei Möbelmärkten und einem Teppichgeschäft gestohlenen Einrichtungsgegenstände, mit denen er die neue Wohnung ausgestattet hatte, in Kenntnis ihrer Herkunft im Rahmen der gemeinsamen Haushaltsführung als eigene und verbrauchte Waren (Zigaretten, Kaffee, Waschpulver u. a.), die ihr Ehemann aus einem Drogeriemarkt entwendet hatte. ◄

Der Mitbesitz der B an den Einrichtungsgegenständen reicht für ein Sichverschaffen aus, weil B auch allein über diese verfügen konnte.

An einer Erlangung selbstständiger Verfügungsgewalt fehlt es bei bloßer Miete, Leihe[97] oder Verwahrung.[98]
Mitverzehr und Mitverbrauch der Beute sind umstritten.[99]

---

[96] H. M., Hoyer, in: SK-StGB, 9. Aufl. 2019, § 259 Rn. 26f.; aus der Rspr. vgl. zuletzt BGH B. v. 31.10.2018 – 2 StR 281/18 – BGHSt 63, 228 = NJW 2019, 1311 = StV 2019, 678 (Anm. Bosch Jura 2019, 680; Eisele JuS 2019, 915; LL 2019, 468; RÜ 2019, 308; Mitsch NJW 2019, 1258); BGH B. v. 20.05.2020 – 2 StR 611/19 – NStZ 2022, 480 = StV 2020, 745 (Anm. RÜ 2020, 578; Bock NStZ 2022, 482); BGH B. v. 05.09.2023 – 1 StR 109/23 – NStZ-RR 2023, 374.

[97] Eisele, BT II, 6. Aufl. 2021, Rn. 1155; aus der Rspr. vgl. BGH B. v. 05.08.1986 – 4 StR 359/86 – StV 1987, 197; BGH B. v. 13.11.1992 – 3 StR 412/92 StV 1993, 132.

[98] Eisele, BT II, 6. Aufl. 2021, Rn. 1155; aus der Rspr. vgl. RG U. v. 10.01.1933 – I 1478/32 – RGSt 67, 70; BGH U. v. 24.01.1952 – 3 StR 927/51 – BGHSt 2, 135 = NJW 1952, 515 (Anm. Mezger JZ 1952, 279); BGH U. v. 29.11.1966 – 1 StR 488/66; BGH U. v. 16.11.1976 – 1 StR 424/76; BGH U. v. 04.11.1976 – 4 StR 255/76 – BGHSt 27, 45 = NJW 1977, 205 (Anm. Kühl, Höchstrichterliche Rspr. BT, 2002, Nr. 61; Blei JA 1977, 140; Hassemer JuS 1977, 413; Franke NJW 1977, 857; Meyer JR 1977, 126); BGH U. v. 03.10.1984 – 2 StR 166/84 – BGHSt 33, 44 = NJW 1985, 443 = NStZ 1985, 230 = StV 1985, 135 (Anm. Hamm StV 1985, 137; Arzt JR 1985, 212); BGH B. v. 26.06.1991 – 3 StR 11/91 – StV 1992, 65; LG Gera U. v. 06.11.1995 – 155 Js 1581/95 – 4 KLs – NStZ 1997, 84 = NStZ-RR 1996, 73 = StV 1996, 155 (Anm. Cramer NStZ 1997, 84).

[99] Hierzu Hoyer, in: SK-StGB, 9. Aufl. 2019, § 259 Rn. 28; näher Schneider NJW 1954, 16; aus der Rspr. vgl. RG U. v. 20.11.1883 – 2503/83 – RGSt 9, 199; RG U. v. 13.12.1906 – I 977/06 – RGSt 39, 308; RG U. v. 15.01.1907 – V 836/06 – RGSt 39, 366; RG U. v. 24.10.1929 – II 1095/28 – RGSt 63, 35; OLG Oldenburg U. v. 09.08.1947 – Ss 64/47 (Anm. Arndt MDR 1948, 30); OLG Düsseldorf U. v. 31.05.1948 – Ss 115/48 (Anm. Mezger SJZ 1949, 208); OGH U. v. 23.11.1948 – StS 92/48 – OGHSt 1, 175; BGH U. v. 17.04.1952 – 3 StR 77/52 – NJW 1952, 754; BGH U. v. 15.05.1952 – 4 StR 953/5 – BGHSt 2, 362 = NJW 1952, 832 (Anm. Maurach JZ 1952, 662); BGH U. v. 15.01.1954 – 1 StR 346/53 – NJW 1954, 1334 (Anm. Schröder JZ 1954, 672); OLG Hamm U. v. 26.02.1954 – (1) 2 a Ss 1225/53 – NJW 1954, 1380; BGH U. v. 12.04.1956 – 4 StR 60/56 – BGHSt 9, 137 = NJW 1956, 998 (Anm. Maurach JZ 1956, 608); OLG Köln B. v. 07.10.1980 – 1 Ss 692/80 – NStZ 1981, 104; BGH B. v. 30.10.1990 – 1 StR 570/90.

> **Beispiel 345**
>
> **BGH B. v. 28.04.1998 – 4 StR 167/98 – StV 1999, 604 (Anm. Otto JK 1999 StGB § 259/19; LL 2000, 41):**
> B verwendete die von ihrem Ehemann aus drei Möbelmärkten und einem Teppichgeschäft gestohlenen Einrichtungsgegenstände, mit denen er die neue Wohnung ausgestattet hatte, in Kenntnis ihrer Herkunft im Rahmen der gemeinsamen Haushaltsführung als eigene und verbrauchte Waren (Zigaretten, Kaffee, Waschpulver u. a.), die ihr Ehemann aus einem Drogeriemarkt entwendet hatte. ◄

Teilweise[100] wird vertreten, dass in diesen Fällen § 259 StGB stets erfüllt sei, da das Insichbringen die stärkste Form des Sichverschaffens sei.

Nach h. M.[101] liegt ein Sichverschaffen allerdings auch in den Fällen des Mitkonsums nur dann vor, wenn der Hehler die Sache zu eigener tatsächlicher Herrschaft und Verfügungsgewalt vom Vortäter dergestalt erwirbt, dass dieser jede Möglichkeit verliert, auf die Sache einzuwirken. Im Falle der Mitverfügungsbefugnis von Vortäter und Erwerber ist der Tatbestand der Hehlerei nur dann erfüllt, wenn beide Teile übereinkommen, dass jeder für sich allein, der Erwerber also unabhängig vom Willen des Vortäters, über die Sache verfügen kann. Dies wird i. d. R. nicht gegeben sein.

Die generell bejahende Auffassung ist sehr wohl mit dem Wortlaut vereinbar und erzielt auch ein sachgerechtes Ergebnis. Ihr ist zu folgen.

Gleiches gilt richtigerweise bei **Mitausgeben erbeuteten Geldes**.[102]

> **Beispiel 346**
>
> **BGH U. v. 24.10.1956 – 2 StR 402/56 – BGHSt 10, 1 = NJW 1957, 150 (Anm. Maurach JZ 1957, 184):**
> B1 begab sich, wissend, dass ihr Freund B2 Geld durch räuberische Erpressung erlangt hatte, sich mit ihm in Geschäfte und suchte dort verschiedene Kleidungsstücke aus und probierte diese an. B2 kaufte sie für B1 mit dem geraubten Geld. ◄

Kein Sichverschaffen ist die Entgegennahme zur **Vernichtung** oder Entsorgung.[103] Hier mangelt es überdies an einer Bereicherungsabsicht.

Die Rspr. und die h. L. nehmen bereits in die Grunddefinition des Sichverschaffens auf, dass die Erlangung der Verfügungsgewalt im Wege des abgeleiteten Erwerbs stattzufinden hat, d. h. **einverständlich** zwischen Vortäter und Hehler.[104]

---

[100] Hecker, in: Schönke/Schröder, StGB, 30. Aufl. 2019, § 259 Rn. 22; Roth JA 1988, 193 (203).
[101] Eisele, BT II, 6. Aufl. 2021, Rn. 1153; zur Rspr. s. o.
[102] Hecker, in: Schönke/Schröder, StGB, 30. Aufl. 2019, § 259 Rn. 22.
[103] Eisele, BT II, 6. Aufl. 2021, Rn. 1155; aus der Rspr. vgl. BGH U. v. 22.06.1960 – 2 StR 192/60 – BGHSt 15, 53 = NJW 1960, 2008 (Anm. Stree JuS 1961, 39); BGH B. v. 05.07.1995 – 3 StR 167/95 – NStZ 1995, 544.
[104] S. nur Eisele, BT II, 6. Aufl. 2021, Rn. 1149.

Unstrittig sind daher **Diebstahl** und Raub der Sache beim Vortäter nicht erfasst.[105]

Umstritten ist, ob eine **betrügerische oder erpresserische** Sacherlangung ein Sichverschaffen i. S. d. § 259 I StGB sein kann.[106]

Beispiel 347

BGH U. v. 25.07.1996 – 4 StR 202/96 – BGHSt 42, 196 = NJW 1996, 2877 = NStZ 1996, 599 = StV 1997, 530 (Anm. Hruschka JZ 1996, 1135; Otto JK 1997 StGB § 259/16):
B1 schuldete dem B2 500.000 DM. B2 forderte B1 mehrfach vergeblich zur Zahlung auf. B1 war Mitglied einer Gruppe von Betrügern, die nach der Wiedervereinigung Deutschlands Geldinstitute in den neuen Bundesländern um mehrere Millionen DM schädigten, indem sie Geschäftskonten errichteten, auf diese ungedeckte Schecks einreichten und die entstandenen Scheinguthaben zu Barabhebungen nutzten. Am 18.10.1990 verlangte B2, der wusste, dass B1 am selben Tag unmittelbar zuvor auf die geschilderte Art eine Sparkasse geschädigt und 865.000 DM ausgezahlt erhalten hatte, erneut die Begleichung der Schuld. B1 erklärte, dass er zur Zahlung nicht mehr bereit sei. Daraufhin drohte B2 dem B1 an, dass er ihn und andere Mitglieder der Gruppe wegen der Scheckbetrügereien bei der Polizei anzeigen werde, falls er – B2 – nicht sofort sein Geld erhalte. Aufgrund dieser Drohung ließ B1 dem B2 den geschuldeten Betrag übergeben. Die Zahlung erfolgte, wie dem B2 bekannt war, mit den zuvor von der Sparkasse betrügerisch erlangten Zahlungsmitteln. ◄

Ist es ein Sichverschaffen des B2, wenn dieser B1 nötigte, ihm das Geld zu übergeben?

Teilweise wird bzw. wurde dies bejaht,[107] ganz überwiegend[108] aber verneint, wobei freilich z. T.[109] bei einer betrügerischen Sacherlangung ein Sichverschaffen angenommen wird, bei einer nötigenden aber nicht.

Zwar kann man selbst bei Gewalt oder Drohungen vielleicht noch von einem natürlichen Willen des Verfügenden und damit einem wirksamen Einverständnis

---

[105] Maier, in: MK-StGB, 4. Aufl. 2021, § 259 Rn. 70; aus der Rspr. vgl. zuletzt OLG Köln B. v. 02.05.2018 – III-1 RVs 83/18 – StV 2019, 688.

[106] Hierzu Kindhäuser/Hilgendorf, LPK, 9. Aufl. 2022, § 259 Rn. 18; näher Waider GA 1963, 321; Otto Jura 1988, 606; aus der Rspr. vgl. zuletzt BGH B. v. 20.02.2018 – 1 StR 467/17 – NStZ-RR 2018, 316; OLG Köln B. v. 02.05.2018 – III-1 RVs 83/18 – StV 2019, 688; BGH U. v. 10.10.2018 – 2 StR 564/17 – BGHSt 63, 274 = NJW 2019, 1540 = NStZ 2019, 474 = StV 2019, 672 (Anm. Bosch Jura 2019, 896; Jäger JA 2019, 548; LL 2019, 610; RÜ 2019, 380; Jahn NJW 2019, 1542; Eidam NStZ 2019, 477; Ruppert NStZ-RR 2019, 212; Altenhain StV 2019, 674; Heger/Weiss JR 2019, 644).

[107] RG U. v. 12.06.1902 – 2256/02 – RGSt 35, 278 (280f.); Waider GA 1963, 324.

[108] S. nur Wessels/Hillenkamp/Schuhr, BT 2, 46. Aufl. 2023, Rn. 988; BGH U. v. 25.07.1996 – 4 StR 202/96 – BGHSt 42, 196 (200).

[109] Fischer, StGB, 71. Aufl. 2024, § 259 Rn. 13a; Heger, in: Lackner/Kühl/Heger, StGB, 30. Aufl. 2023, § 259 Rn. 10.

sprechen. Auch wird die Lage des Vortatopfers durch weitere Besitzverschiebung u. U. auch hier weiter verschlechtert. Allerdings ist es überzeugender, ein (ausdrücklich oder mutmaßlich) einverständliches Zusammenwirken mit dem Vortäter zu verlangen, also einen abgeleiteten, derivativen Erwerb. Dies zeigt ein Vergleich mit dem Unterfall des Ankaufens. Ferner entspricht es der Teleologie des Hehlereitatbestands, die darauf gerichtet ist, dem Vortäter den Anreiz zu Vermögensstraftaten zu nehmen, wenn dieser weiß, dass er z. B. sein Diebesgut nicht wird verkaufen können. Die Aussicht darauf, das Diebesgut aufgrund Nötigung unentgeltlich wieder zu verlieren, bildet gerade keinen Anreiz für den Vortäter, Vermögensstraftaten zu begehen. Derjenige, der den Vortäter nötigt, zeigt keinerlei Solidarisierung mit dessen Tun.

An einem Verschaffen mangelt es auch, wenn der neue Besitzer die Sache nur dem Berechtigten wiederbeschaffen möchte,[110] und erst recht, wenn der Vortatgeschädigte die Sache zurückkauft.[111]

Das Sichverschaffen kann u. U. auch erst nach Besitzerwerb des Hehlers erfolgen.[112]

Umstritten ist, ob der Erwerb von einem **dazwischengeschalteten Vorbesitzer** unter das Sichverschaffen fallen kann.[113]

Beispiel 348

OLG Düsseldorf U. v. 05.04.1977 – 2 Ss 173/77 – NJW 1978, 713 (Anm. Paeffgen JR 1978, 466):

B1 schenkte einen Ring, den er im September 1973 gestohlen hatte, der Tochter der B2. Diese legte ihn der B2 auf den Nachttisch in der Absicht, ihn ihr weiterzuschenken. B2 lag damals krank zu Bett und erkundigte sich erst nach ihrer Genesung 1974 bei ihrer Tochter nach der Herkunft des Ringes. Als sie erfuhr, von wem er stammte, war ihr klar, daß es sich um Diebesgut handelte.

---

[110] Fischer, StGB, 71. Aufl. 2024, § 259 Rn. 11; aus der Rspr. vgl. BGH U. v. 17.06.1997 – 1 StR 119/97 – BGHSt 43, 110 = NJW 1997, 2610 = NStZ 1997, 493 = StV 1997, 529 (Anm. Otto JK 1998 StGB § 259/18; Krack NStZ 1998, 462; Endriß NStZ 1998, 463; Seelmann JR 1998, 342; Rosenau NStZ 1999, 352); BGH B. v. 19.04.2000 – 5 StR 80/00 – NStZ-RR 2000, 266 (Anm. Baier JA 2000, 923; LL 2000, 874; RÜ 2000, 293; RA 2000, 461).

[111] Hoyer, in: SK-StGB, 9. Aufl. 2019, § 259 Rn. 29; aus der Rspr. vgl. RG U. v. 22.02.1907 – V 971/06 – RGSt 40, 15.

[112] Problematisch, s. Hoyer, in: SK-StGB, 9. Aufl. 2019, § 259 Rn. 31; aus der Rspr. vgl. RG U. v. 08.01.1921 – II 1469/20 – RGSt 55, 220; RG U. v. 06.10.1930 – II 445/30 – RGSt 64, 326; BGH U. v. 24.01.1952 – 3 StR 927/51 – BGHSt 2, 135 = NJW 1952, 515 (Anm. Mezger JZ 1952, 279); BGH U. v. 07.12.1954 – 2 StR 471/54 – NJW 1955, 350; BGH U. v. 21.02.1957 – 4 StR 525 u. 526/56 – BGHSt 10, 151 = NJW 1957, 757; BGH U. v. 22.06.1960 – 2 StR 192/60 – BGHSt 15, 53 = NJW 1960, 2008 (Anm. Stree JuS 1961, 39); BGH U. v. 29.11.1966 – 1 StR 488/66; OLG Schleswig U. v. 20.08.1975 – 1 Ss 435/75 – NJW 1975, 2217.

[113] Hierzu Fischer, StGB, 71. Aufl. 2024, § 259 Rn. 13; aus der Rspr. vgl. RG U. v. 12.01.1911 – I 670/10 – RGSt 44, 249; OLG Celle U. v. 12.08.1986 – 1 Ss 270/86 – NJW 1988, 1225 (Anm. Kröpil NJW 1988, 1188).

Dennoch nahm sie nun das Geschenk an. Sie legte den Ring in ihre Schmuckdose und trug ihn auch häufig. ◄

Die Rspr.[114] und die h. L.[115] gehen davon aus, dass ein Sichverschaffen durch Erwerb von einem dazwischengeschalteten Vorbesitzer vorliegt, und zwar sogar, wenn der Vorbesitzer gutgläubig ist.

Eine Gegenauffassung[116] setzt einen Erwerb vom Vortäter voraus.

Für die h. M. spricht, dass es für eine Perpetuierung der rechtswidrigen Besitzlage nicht darauf ankommt, ob ein direkter Erwerb erfolgt. Mit jeder Besitzveränderung ist es schwieriger für den Berechtigten, seine Sache wiederzuerlangen. Zwar kann in diesen Fällen kaum von einer Solidarisierung von Hehler und Vortäter aufgrund eines Zusammenwirkens gesprochen werden; der Wortlaut des § 259 I StGB steht der weiten Auslegung aber nicht entgegen.

Umstritten ist, wie der **Rückerwerb** der Beute durch den Vortäter zu behandeln ist.[117]

Die wohl h. M.[118] lehnt schon die Tatbestandsmäßigkeit ab.

Andere[119] gehen von einer mitbestraften Nachtat aus.

Der Wortlaut ermöglicht eine Bejahung des Sichverschaffens. Zwar wäre eine teleologische Reduktion denkbar – immerhin kann der eigenständige Unrechtsgehalt bezweifelt werden -, allerdings wird durch den Rückkauf die rechtswidrige Vermögenslage weiter gefestigt, außerdem sollten Teilnahmehandlungen erfassbar bleiben. Es ist also Gesetzeskonkurrenz anzunehmen.

Außer dem Sichverschaffen ist auch das **einem Dritten Verschaffen** in § 259 I StGB aufgeführt.

Dies liegt vor, wenn die wirtschaftliche Verfügungsgewalt über die Sache nicht – und zwar auch nicht übergangsweise (sonst Sichverschaffen) – auf den Täter übergeht, sondern durch das Handeln des Täters unmittelbar vom Vorbesitzer an einen dritten Erwerber weitergeleitet wird oder der Täter das Hehlgut, ohne selbst Besitz an ihm zu erlangen, unmittelbar einem Dritten zukommen lässt.[120]

Vortatopfer und Vortäter sind hierbei keine tauglichen Dritten.[121]

In „Abgrenzung" zur Beihilfe ist Tatherrschaft bzgl. des Verschaffungsvorgangs erforderlich.[122]

---

[114] S. o.

[115] Z. B. Ruhmannseder, in: BeckOK-StGB, Stand 01.08.2024, § 259 Rn. 17.

[116] Z. B. Hoyer, in: SK-StGB, 9. Aufl. 2019, § 259 Rn. 33f.

[117] Hierzu Eisele, BT II, 6. Aufl. 2021, Rn. 1156.

[118] Maier, in: MK-StGB, 4. Aufl. 2021, § 259 Rn. 60.

[119] Z. B. Hecker, in: Schönke/Schröder, StGB, 30. Aufl. 2019, § 259 Rn. 50.

[120] Eisele, BT II, 6. Aufl. 2021, Rn. 1154; aus der Rspr. vgl. zuletzt BGH B. v. 22.08.2019 – 1 StR 205/19 – NStZ-RR 2019, 379.

[121] Altenhain, in: NK-StGB, 6. Aufl. 2023, § 259 Rn. 46; aus der Rspr. vgl. BGH B. v. 22.08.2019 – 1 StR 205/19 – NStZ-RR 2019, 379; BGH B. v. 08.03.2022 – 3 StR 456/21 – StV 2023, 536; BGH B. v. 14.05.2024 – 3 StR 88/24 – NStZ-RR 2024, 280.

[122] Eisele, BT II, 6. Aufl. 2021, Rn. 1154.

(3) Absetzt

▶ **Didaktische Aufsätze**
- Blei, Die Merkmale „absetzt oder absetzen hilft" im § 259 nF, JA 1976, 731
- Sorge, Die neue Rechtsprechung zur Frage der Notwendigkeit eines Absatzerfolges im Rahmen des § 259 StGB, ZJS 2015, 33

Absetzen[123] ist die selbstständige wirtschaftliche Verwertung der Sache im Interesse des Vortäters und im Einvernehmen mit diesem.[124]

Erforderlich ist eine **entgeltliche** Verwertung, sodass ein Verschenken nicht erfasst ist.[125]

Zu denken ist insbesondere an Verkaufskommissionäre.[126]

Umstritten ist, ob für ein Absetzen jedes auf einen Absatz gerichtete Tätigwerden ausreicht oder ob es eines Absatzerfolges bedarf.[127]

Beispiel 349

BGH U. v. 04.11.1976 – 4 StR 255/76 – BGHSt 27, 45 = NJW 1977, 205 (Anm. Kühl, Höchstrichterliche Rspr. BT, 2002, Nr. 61; Blei JA 1977, 140; Hassemer JuS 1977, 413; Franke NJW 1977, 857; Meyer JR 1977, 126):

Vier aus einem Bungalow entwendete wertvolle Ölgemälde befanden sich etwa zwei Wochen später im Besitz des B1. Er wusste, daß sie gestohlen waren. Wie sie in seinen Besitz gelangt sind, ist nicht geklärt; ausgeschlossen ist lediglich, daß er sie selbst gestohlen hat. Anfang Juli 1975 bot B1 die Gemälde dem B2 zum Kauf an. B2, der erkannte, dass es sich um Diebesgut handelte und deshalb mit der Sache nichts zu tun haben wollte, schickte aber den als kunstverständig geltenden früheren Teppichhändler B3 zu B1; er war sich darüber klar, dass B3 in den Absatz der Gemälde eingeschaltet werden sollte. B3 übernahm die Gemälde auch und versuchte einige

---

[123] Hierzu Blei JA 1976, 731; Maiwald FS Roxin 2011, 1019.

[124] Joecks/Jäger, StGB, 13. Aufl. 2021, § 259 Rn. 30; aus der Rspr. vgl. zuletzt BGH U. v. 30.09.2020 – 3 StR 511/19 – NStZ-RR 2021, 7; BGH B. v. 22.09.2022 – 1 StR 233/22 – NStZ 2023, 297 = StV 2023, 761 (Anm. Ebner wistra 2023, 39; Gehm NZWiSt 2023, 76); BGH B. v. 26.10.2023 – 2 StR 225/23 (Anm. RÜ 2024, 332; Bittmann NZWiSt 2024, 202); BGH B. v. 14.05.2024 – 3 StR 88/24 – NStZ-RR 2024, 280.

[125] H. M., Eisele, BT II, 6. Aufl. 2021, Rn. 1157; a. A. Kindhäuser/Hilgendorf, LPK, 9. Aufl. 2022, § 259 Rn. 23; aus der Rspr. vgl. zuletzt BGH U. v. 30.09.2020 – 3 StR 511/19 – NStZ-RR 2021, 7; BGH B. v. 14.05.2024 – 3 StR 88/24 – NStZ-RR 2024, 280.

[126] Kindhäuser/Hilgendorf, LPK, 9. Aufl. 2022, § 259 Rn. 23; näher Dencker FS Küper 2007, 9; aus der Rspr. vgl. RG U. v. 29.06.1920 – IV 599/20 – RGSt 55, 58; BGH B. v. 12.04.1994 – 1 StR 189/94 – NStZ 1994, 395 (Anm. Otto JK 1995 StGB § 259/12).

[127] Hierzu zsf. Eisele, BT II, 6. Aufl. 2021, Rn. 1163; Hillenkamp/Cornelius, 40 Probleme aus dem Strafrecht BT, 13. Aufl. 2020, 40. Problem; Blei JA 1976, 731; Zieschang GS Schlüchter 2002, 403; Sorge ZJS 2015, 33; aus der Rspr. vgl. zuletzt BGH B. v. 31.10.2018 – 2 StR 281/18 – BGHSt 63, 228 = NJW 2019, 1311 = StV 2019, 678 (Anm. Bosch Jura 2019, 680; Eisele JuS 2019, 915; LL 2019, 468; RÜ 2019, 308; Mitsch NJW 2019, 1258); BGH U. v. 30.09.2020 – 3 StR 511/19 – NStZ-RR 2021, 7; BGH B. v. 08.03.2022 – 3 StR 456/21 – StV 2023, 536.

Zeit später, sie an einen Schweizer Tuchhändler zu veräußern. Noch bevor es zur Übergabe kam, wurde er festgenommen. ◄

Beispiel 350

BGH U. v. 17.06.1997 – 1 StR 119/97 – BGHSt 43, 110 = NJW 1997, 2610 = NStZ 1997, 493 = StV 1997, 529 (Anm. Otto JK 1998 StGB § 259/ 18; Krack NStZ 1998, 462; Endriß NStZ 1998, 463; Seelmann JR 1998, 342; Rosenau NStZ 1999, 352):

B1 hatte B2 gebeten, ihm bei der Suche nach Abnehmern für die bei einem Einbruch in A. entwendeten Gegenstände zu helfen. B2 geriet durch einen V-Mann an einen verdeckten Ermittler der Polizei, dem er das Diebesgut in zwei Lieferungen übergab; bei der zweiten Lieferung wurde er verhaftet. ◄

Beispiel 351

BGH B. v. 22.10.2013 – 3 StR 69/13 – BGHSt 59, 40 = NJW 2014, 951 = NStZ 2013, 584 = StV 2015, 115 (Anm. Jäger JA 2013, 951; Jahn JuS 2013, 1044; RÜ 2013, 643; Bosch JK 2014 StGB § 259/28; Theile ZJS 2014, 458; famos 2/ 2014; LL 2014, 24; Beckemper NZWiSt 2014, 155; Küper GA 2015, 129; Dehne-Niemann HRRS 2015, 72):

B1 bemühte sich im Einverständnis mit B2 sowie in dessen Interesse selbstständig um den Verkauf mehrerer Gemälde im Gesamtwert von mindestens 1,5 Mio. €. Diese waren Jahre zuvor von Unbekannten aus dem Atelier-Magazin des Malers entwendet und von B2 in Kenntnis des Diebstahls entgegengenommen worden. Nach dem Tod des Malers hatte B2 den B1 damit beauftragt, einen Käufer für die Bilder zu suchen, und ihm 13 der Bilder überbracht. B1 hielt es für möglich, dass es sich bei B2 entgegen dessen Behauptung nicht um den Eigentümer der Bilder, sondern einen Hehler handelte. Dies war ihm aber vor allem wegen der versprochenen Provision in Höhe von 10 % des Verkaufserlöses gleichgültig. Im Rahmen seiner Bemühungen fertigte er Fotografien von den Werken und sprach verschiedene ihm bekannte Personen an, von denen er hoffte, dass sie ihm beim Verkauf dienlich sein könnten. Die Bemühungen des B1 hatten keinen Erfolg. ◄

Bevor es jeweils zu einem Absatzerfolg kommen konnte, wurden die Taten abgebrochen.

Nach früherer Rspr. und Teilen der Lehre setzen die Merkmale „Absetzen" und „Absetzenhelfen" in § 259 StGB nicht voraus, dass es zum Absatz des Hehlguts auch tatsächlich gekommen ist. Eine hierauf gerichtete Tätigkeit reicht demnach aus.

Demgegenüber setzen die wohl h. L.[128] und die heutige Rspr.[129] einen Absatzerfolg voraus.

---

[128] Kindhäuser/Hilgendorf, in: LPK, 9. Aufl. 2022, § 259 Rn. 26.
[129] Seit BGH B. v. 22.10.2013 – 3 StR 69/13 – BGHSt 59, 40 = NJW 2014, 951 = StV 2015, 115 (Anm. RÜ 2013, 643; Bosch JK 2014 StGB § 259/28; LL 2014, 24; Beckemper NZWiSt 2014, 155; Küper GA 2015, 129).

Die Gesetzessystematik spricht für das Erfordernis eines Absatzerfolges, denn auch für die Erfüllung der Tatbestandsalternative des Sichverschaffens bedarf es des Erfolges, bloße Bemühungen unterfallen hier nicht dem Tatbestand. Insofern lässt sich die Vergleichbarkeit der Begehungsvarianten für eine parallele Auslegung anführen. Zudem ist der Sinn und Zweck der Norm darin zu sehen, dass die aus der rechtswidrigen Vortat erlangte Sache „von einer Hand in die nächste" übergeht. Dieses Verständnis der Norm lässt eine klare Trennung von Versuch und Vollendung zu.

Zuzugeben ist der früheren Rspr., dass sich der allgemeine Sprachgebrauch, der eine Interpretation des „Absetzens" als bereits vollendete Handlung nahe legt, nicht unbedingt mit der spezifisch juristischen Auslegung decken muss. Zudem ist der historische Hintergrund zu beachten: Die Alternativen „Absetzen" und „Absetzenhelfen" ersetzen das frühere Tatbestandsmerkmal „Mitwirken zum Absatz" des § 259 I StGB a. F. um klarzustellen, dass auch das vollkommen eigenhändige Tätigwerden des Hehlers (= „Absetzen") erfasst ist. Hinsichtlich der alten Fassung des § 259 I StGB war aber unstrittig, dass es zur Vollendung nicht erst eines Absatzerfolges bedurfte. Mit der Neuformulierung der Norm verfolgte der Gesetzgeber lediglich eine Klarstellung, nicht aber eine Einschränkung oder Abschwächung der Norm.

Die besseren Argumente allerdings sprechen für eine am Wortlaut orientierte (vgl. auch Art. 103 II GG) restriktive Handhabung des Absetzens. Die tatsächliche Verfügungsgewalt über die Sache muss auf den Dritten übertragen worden sein.

Umstritten ist, ob die **Rückveräußerung an den Eigentümer** als Absetzen anzusehen ist.[130]

Die h. M. lehnt dies ab,[131] während andere[132] die wirtschaftliche Verwertung unter bestimmten Voraussetzungen als Absetzen genügen lassen.

Für die h. M. spricht, dass mit Erwerb durch den Eigentümer die rechtswidrige Besitzlage endet und mithin nicht perpetuiert wird. Die Hehlerei knüpft an die bemakelte Sache an und nicht an den wirtschaftlichen Wert.

Empfänger der Sache darf nicht der **Vortäter** sein.[133]

Ob ein Absetzen nach einem Sichverschaffen (inkl. Ankaufen) möglich ist, ist umstritten.[134]

---

[130] Hierzu Kindhäuser/Hilgendorf, LPK, 9. Aufl. 2022, § 259 Rn. 23; Hruschka JR 1980, 221; Stoffers Jura 1995, 113; aus der Rspr. vgl. RG U. v. 29.11.1897 – 3808/97 – RGSt 30, 401; RG u. v. 17.11.1919 – III 570/19 – RGSt 54, 124; BGH U. v. 17.06.1997 – 1 StR 119/97 – BGHSt 43, 110 = NJW 1997, 2610 = NStZ 1997, 493 = StV 1997, 529 (Anm. Otto JK 1998 StGB § 259/18; Krack NStZ 1998, 462; Endriß NStZ 1998, 463; Seelmann JR 1998, 342; Rosenau NStZ 1999, 352); BGH B. v. 20.01.1999 – 3 StR 571/98 – NStZ 1999, 351 = StV 2000, 80 (Anm. LL 1999, 588; Otto JK 2000 StGB § 259/20).

[131] S. Hecker, in: Schönke/Schröder, StGB, 30. Aufl. 2019, § 259 Rn. 30.

[132] Z. B. Kindhäuser/Hilgendorf, LPK, 9. Aufl. 2022, § 259 Rn. 29.

[133] Vgl. aus der Rspr. BGH B. v. 14.05.2024 – 3 StR 88/24 – NStZ-RR 2024, 280.

[134] Hierzu Hoyer, in: SK-StGB, 9. Aufl. 2019, § 259 Rn. 29f.; aus der Rspr. vgl. zuletzt BGH B. v. 22.09.2022 – 1 StR 233/22 – NStZ 2023, 297 = StV 2023, 761 (Anm. Ebner wistra 2023, 39; Gehm NZWiSt 2023, 76).

Z. T.[135] hält man bereits den Tatbestand bzgl. des Absetzens für nicht erfüllt. Die Gegenauffassung[136] geht erst von Gesetzeskonkurrenz (mitbestrafte Nachtat) aus.

Für erstere Ansicht spricht, dass ein Verschaffen im Eigeninteresse oder im Interesse des Dritten erfolgen muss, während das Absetzen ein Handeln im Interesse des Vortäters voraussetzt. Angesichts vielfältig denkbarer Motivbündel sollte man allerdings eine Gesetzeskonkurrenz annehmen, auch im Hinblick auf eine Erfassung von Teilnahmehandlungen bzgl. des Absetzens.

(4) Absetzen hilft

▶ **Didaktische Aufsätze**
- Blei, Die Merkmale „absetzt oder absetzen hilft" im § 259 nF, JA 1976, 731
- Schwabe/Zitzen, Probleme der Absatzhilfe bei § 259 I StGB, JA 2005, 193

Mit der Tatvariante der Absatzhilfe[137] erhebt § 259 I StGB eine Beihilfe, die ansonsten straflos, wäre, weil der Vortäter, dem Hilfe beim Absatz geleistet wird, selbst nicht Hehler sein kann (Wortlaut „anderer") und es also an einer (Haupt-)Tat fehlen würde, zur eigenständigen Täterschaft.

Absatzhilfe ist die unselbstständige Unterstützung des Vortäters bei der Beuteverwertung in dessen Interesse und mit dessen Einverständnis.[138] Der Absatzhelfer handelt ohne Tatherrschaft und weisungsgebunden[139] (Faustformel: Verkaufsgehilfe).

Fraglich ist, welche Konsequenzen die neuere Rspr. zum Absetzen (Erfordernis eines **Absatzerfolgs**) für die Absatzhilfe hat.[140] Richtigerweise scheidet eine vollendete Absatzhilfe konsequenterweise ebenfalls aus, wenn es nicht zum Absatz des Hehlguts gekommen ist. Ggf. bleibt eine Versuchsstrafbarkeit.

Beispiel 352

BGH B. v. 16.12.1988 – 3 StR 509/88 – NJW 1989, 1490 = NStZ 1989, 319 = StV 1989, 434 (Anm. Otto JK 1989 StGB § 259/9; Stree JR 1989, 384):

---

[135] Hoyer, in: SK-StGB, 9. Aufl. 2019, § 259 Rn. 30.
[136] Fischer, StGB, 71. Aufl. 2024, § 259 Rn. 32.
[137] Hierzu Blei JA 1976, 731; Schwabe/Zitzen JA 2005, 193; Maiwald FS Roxin 2011, 1019; Küper JZ 2015, 1032.
[138] Kindhäuser/Hilgendorf, LPK, 9. Aufl. 2022, § 259 Rn. 28; aus der Rspr. vgl. zuletzt BGH B. v. 31.10.2018 – 2 StR 281/18 – BGHSt 63, 228 = NJW 2019, 1311 = StV 2019, 678 (Anm. Bosch Jura 2019, 680; Eisele JuS 2019, 915; LL 2019, 468; RÜ 2019, 308; Mitsch NJW 2019, 1258); BGH U. v. 24.04.2019 – 1 StR 81/18 – NJW 2019, 3167 = StV 2020, 776 (Anm. Weidemann wistra 2019, 463); BGH B. v. 25.11.2021 – 4 StR 103/21 – NStZ 2022, 219 und 250 = NStZ-RR 2022, 51 (Anm. Hecker JuS 2022, 780).
[139] Eisele, BT II, 6. Aufl. 2021, Rn. 1158.
[140] Hierzu Kindhäuser/Hilgendorf, LPK, 9. Aufl. 2022, § 259 Rn. 28; aus der Rspr. vgl. zuletzt BGH B. v. 25.11.2021 – 4 StR 103/21 – NStZ 2022, 219 und 250 = NStZ-RR 2022, 51 (Anm. RÜ 2022, 645; Hecker JuS 2022, 780); BGH B. v. 08.03.2022 – 3 StR 456/21 – StV 2023, 536; BGH B. v. 05.09.2023 – 1 StR 109/23 – NStZ-RR 2023, 374.

In der Nacht vom 04. zum 05.06.1986 brachen unbekannte Täter in das Tabakwarengeschäft der Z ein; sie stahlen größere Mengen Zigaretten und Tabak sowie Geschenkartikel. Gegen 05:00 Uhr am Morgen des 05.06.1986 waren B1 und B2 mit zwei Unbekannten daran beteiligt, den überwiegenden Teil der gestohlenen Tabakwaren aus dem Kofferraum eines auf der Straße abgestellten Pkw in die Wohnung der B3. zu schaffen, wobei sie mit verteilten Rollen die Zigarettenpackungen und Tabakpakete in Pappkartons verpackten und ins Haus trugen. Zigaretten- und Tabakpäckchen wurden in das Kinderzimmer der Wohnung gebracht und dort in drei gefüllten Pappkartons und daneben auch lose auf dem Fußboden gestapelt. Dort wurde das Diebesgut am selben Tage gegen 11:30 Uhr von der Polizei sichergestellt, ohne dass es zu nachgewiesenen Absatzbemühungen von B1, B2 oder B3 gekommen wäre, die bereit war, die Beute in ihrer Wohnung zu behalten, um gewinnbringenden weiteren Absatz zu ermöglichen. ◄

Da es zum Absatz nicht gekommen ist, scheidet für B3 eine vollendete Absatzhilfe aus. Der Versuch scheitert daran, dass nicht einmal ein unmittelbares Ansetzen vorliegt.

Beispiel 353

BGH U. v. 21.06.1990 – 1 StR 171/90 – NJW 1990, 2897 = NStZ 1990, 539 = StV 1991, 108 (Anm. Geppert JK 1991 StGB § 259/11):

B1 hatte die B2 – seine Lebensgefährtin – telefonisch mehrmals aufgefordert, gestohlenen Schmuck mit dem Pkw von W. – wo sich die gemeinsame Wohnung befand – nach S. zum Bahnhof zu bringen, weil er dort die Beute gewinnbringend veräußern wollte. Nach anfänglichem Sträuben erklärte sich B2, die wusste, dass es sich um unrechtmäßig erworbene Gegenstände handelte, dazu bereit. Sie schaffte diese in den Pkw und versteckte sie unter dem Beifahrersitz. Absprachegemäß fuhr sie dann über die Autobahn in Richtung S., um das Diebesgut ihrem Lebensgefährten zum Absatz zu überbringen. Bei dieser Fahrt wurde sie alsbald von der Polizei angehalten, die auf Grund einer Telefonüberwachung Kenntnis von dem Vorhaben erlangt hatte. Der gestohlene Schmuck wurde sichergestellt. ◄

Mangels Absatzes ist auch hier die Absatzhilfe nicht vollendet. Allerdings liegt ein Versuch vor.

Die versuchte oder vollendete Absatzhilfe ist zu unterscheiden von einer – **straflosen** – **Hilfe** bei der **bloßen Vorbereitung eines Absatzes**: Hierbei kommt es darauf an, ob die Hilfeleistung im Vorfeld eines im Einzelnen noch nicht absehbaren und auch noch nicht konkret geplanten Absatzes erfolgte oder sich in einen bereits festgelegten **Absatzplan** fördernd einfügte und aus der Sicht des Vortäters den Beginn des Absatzvorganges darstellte.[141]

---

[141] Joecks/Jäger, StGB, 13. Aufl. 2021, § 259 Rn. 38; aus der Rspr. vgl. zuletzt BGH B. v. 28.10.2008 – 4 StR 120/08 – StV 2009, 411 (Anm. Geppert JK 2010 StGB § 259/26); OLG Köln B. v. 04.07.2017 – III-1 RVs 137/17 (Anm. Jahn JuS 2017, 1128).

Beispiel 354

BGH B. v. 12.04.1994 – 1 StR 189/94 – NStZ 1994, 395 (Anm. Otto JK 1995 StGB § 259/12):

B1 erklärte sich bereit, einen Bildschirm – von dem er wusste, dass B2 ihn gestohlen hatte – in seinem Keller aufzubewahren und „zum Laufen zu bringen", um dem B2 den beabsichtigten gewinnbringenden Absatz zu ermöglichen. Seine Bemühungen, das Gerät zu reparieren, waren noch ohne Erfolg geblieben, als es polizeilich sichergestellt wurde. ◄

B1 wusste, dass B2 den Bildschirm gestohlen hatte und gewinnbringend absetzen wollte. Der Absatz war aber im Einzelnen noch nicht absehbar und nicht konkret geplant. Insofern liegt lediglich Hilfe bei der Vorbereitung des Absatzes vor.

Beispiel 355

BGH U. v. 30.08.2007 – 3 StR 200/07 – NStZ 2008, 152 = StV 2010, 18 (Anm. RA 2007, 736; Satzger JK 2008 StGB § 259 I/24; Bosch JA 2008, 231; famos 1/2008):

B1 hatte aus den Tresorräumen der B-Bank u. a. einen Namenspfandbrief über eine Darlehensforderung i.H. v. 10 Mio. DM gestohlen. Der Pfandbrief oder eine Kopie hiervon gelangte auf ungeklärte Weise zu B2, den der B3 bat, ihm bei der Verwertung zu helfen. B3, der damit rechnete, dass der Brief gestohlen war, sagte ihm zu, die Verwertbarkeit überprüfen zu lassen, und bat seinerseits den B4, die erforderlichen Erkundigungen einzuholen. B4 erfragte bei der Schuldnerbank, ob das Papier handelbar sei und ob man für die Übertragung einen Notar benötige. Zu weiteren Bemühungen kam es nicht, da die Bank die Polizei einschaltete. ◄

B3 war von B2 gebeten worden, bei der Verwertung des Pfandbriefes zu helfen. Deswegen ließ er über B4 Erkundigungen einholen, ob dieser verwertbar wäre. Dabei bestand noch kein konkreter Absatzplan, sondern es ging nur um die Verwertbarkeit überhaupt. Insofern ist es auch hier nur eine Hilfe zur Vorbereitung des Absatzes.

In „**Abgrenzung**" täterschaftlicher Absatzhilfe zur bloßen **Beihilfe** zur Hehlerei eines Dritten muss der die Übernahme des Hehlguts Vermittelnde im **Lager des Vortäters** stehen und nicht im Lager des Dritten.[142]

---

[142] Fischer, StGB, 71. Aufl. 2024, § 259 Rn. 18; aus der Rspr. vgl. zuletzt BGH U. v. 24.04.2019 – 1 StR 81/18 – NJW 2019, 3167 = StV 2020, 776 (Anm. Weidemann wistra 2019, 463); BGH B. v. 25.11.2021 – 4 StR 103/21 – NStZ 2022, 219 und 250 = NStZ-RR 2022, 51 (Anm. RÜ 2022, 645; Hecker JuS 2022, 780); BGH B. v. 05.09.2023 – 1 StR 109/23 – NStZ-RR 2023, 374.

C. Hehlerei, § 259 StGB

Beispiel 356

BGH B. v. 20.01.1999 – 3 StR 571/98 – NStZ 1999, 351 = StV 2000, 80 (Anm. LL 1999, 588; Otto JK 2000 StGB § 259/20):

B1 erklärte sich gegenüber dem B2 bereit, diesen gegen eine im Erfolgsfall zu zahlende Provision bei der Vermittlung des Verkaufs eines angeblich von Edouard Manet stammenden Gemäldes zu unterstützen. B2 hatte das in Wahrheit nicht echte Bild über einen Mittelsmann vom Eigentümer mit dem Auftrag erhalten, den Verkauf zu vermitteln. Er spiegelte dem B1 nicht nur die Echtheit des Gemäldes vor, sondern erklärte darüber hinaus, daß das Bild im 2. Weltkrieg von deutschen Soldaten in Frankreich gestohlen, den Deutschen gegen Kriegsende aber von den Russen wieder abgenommen und auf unbekanntem Weg dann wieder nach Deutschland gebracht worden sei. Ob es sich bei dem Gemälde tatsächlich um sog. Beutekunst handelte oder ob B2 auch insoweit zur Vermeidung einer offiziellen Echtheitsbegutachtung des Bildes unwahre Behauptungen aufstellte, ist nicht geklärt. B1 hielt die Darstellung des B2 für wahr und ging davon aus, dass der ihm unbekannte „Eigentümer" das Bild nicht auf redliche Weise, sondern ebenfalls durch eine Straftat erworben haben könnte. Er bemühte sich in der Folgezeit intensiv um einen Käufer für das Bild und sprach – ohne Erfolg – drei Personen auf ein Kaufinteresse an. Danach kam es über einen Neffen des B1 zum Kontakt mit einem verdeckten Ermittler der Polizei, der vorgab, am Ankauf des Gemäldes interessiert zu sein. Bei einem – letztlich zur Verhaftung führenden – Treffen zwischen B2 und dem Ermittlungsbeamten war auch B1 anwesend und behauptete, um den Preis in die Höhe zu treiben, er habe einen anderen Interessenten gefunden, der zur Zahlung eines höheren Preises für das Bild bereit sei. ◄

Hier geht es um einen Versuch der Hehlerei (§§ 259, 22, 23 StGB) seitens B1. B1 hatte sich gegenüber B2 zur Unterstützung bereiterklärt und bezog eine Provision von ihm. Er stand folglich im Lager des B2, weswegen sich keine Beihilfe zur Hehlerei des B2, sondern eine eigene täterschaftliche vorstellte.

Beispiel 357

BGH B. v. 04.12.2007 – 3 StR 402/07 – NStZ 2008, 215 (Anm. RÜ 2008, 238; RA 2008, 239):

B1 erfuhr, dass zwei hochwertige Leasingfahrzeuge zum Verkauf stünden, wobei er zutreffend davon ausging, dass es sich dabei um Fahrzeuge handelte, die die Leasingnehmer betrügerisch erlangt hatten. Die Pkw wurden von B2 und B3 angeboten. Diese Personen waren indes nicht die Leasingnehmer. Wie die Fahrzeuge zu ihnen gelangt waren, hat man nicht feststellen können. B1 vermittelte zwischen den beiden Anbietern und – über weitere Mittelsmänner – einem potenziellen Abnehmer namens B4 ein Treffen, bei dem sich B3 und B4 handelseinig wurden. Von dem Kaufpreis i.H.v. 28.000 € erhielt B1 eine Provision i.H.v. 900 €. ◄

B1 stand im Lager der B2 und B3, sodass er täterschaftlich Absatzhilfe leistete.

b) Subjektiver Tatbestand

aa) Vorsatz
Gem. § 15 StGB ist Vorsatz erforderlich.

Indiz für einen Vorsatz bzgl. der Bemakelung der Sache ist ein niedriger Kaufpreis.[143] Anders ist dies bei Auktionen (z. B. bei eBay) mit niedrigem Startpreis.[144] Einzelheiten der Vortat oder des Vortäters muss der Hehler nicht kennen.[145] Es wird aber Vorsatz des Täters dahingehend vorausgesetzt, dass die Sache durch eine gegen fremdes Vermögen gerichtete Vortat erlangt ist; das Bewusstsein, dass die Sache aus irgendeiner rechtswidrigen Tat stammt, genügt nicht.[146]

bb) Um sich oder einen Dritten zu bereichern
Der Täter muss handeln, „um sich oder einen Dritten zu bereichern". Hierzu vgl. o. bei § 263 StGB.

Rechtswidrigkeit der Bereicherung ist nicht erforderlich,[147] auch Stoffgleichheit nicht.[148]

Zu beachten ist, dass nicht jede Besitzposition Vermögenswert hat.[149]

U. a. bei Ausweispapieren kann es an einer erstrebten Bereicherung fehlen.[150]

Die Bereicherungsabsicht kann auch fehlen, wenn es dem Täter nur darum geht, eine drohende Strafverfolgung zu verhindern.[151]

---

[143] S. Maier, in: MK-StGB, 4. Aufl. 2021, § 259 Rn. 156ff.; aus der Rspr. vgl. OLG Hamm B. v. 27.03.2003 – 1 Ss 213/03 – NStZ-RR 2003, 237.

[144] Hecker, in: Schönke/Schröder, StGB, 30. Aufl. 2019, § 259 Rn. 39; aus der Rspr. vgl. LG Karlsruhe B. v. 23.08.2007 – 3 Ws 267/07 – StV 2008, 362 (Anm. Jahn JuS 2008, 174; LL 2008, 179; RÜ 2008, 35).

[145] Fischer, StGB, 71. Aufl. 2024, § 259 Rn. 19; aus der Rspr. vgl. RG U. v. 02.01.1917 – IV 794/16 – RGSt 50, 199; RG U. v. 12.02.1921 – IV 1758/20 – RGSt 55, 234; BGH U. v. 29.09.1987 – 4 StR 376/87 – BGHSt 35, 60 = NJW 1988, 1742 = StV 1988, 53 (Anm. Roxin JZ 1988, 260; Gillmeister NStZ 1989, 1); BGH U. v. 24.09.1991 – 5 StR 366/91 – NStZ 1992, 84; BGH B. v. 23.09.2015 – 4 StR 54/15 – NStZ-RR 2015, 380.

[146] Hecker, in: Schönke/Schröder, StGB, 30. Aufl. 2019, § 259 Rn. 39; aus der Rspr. vgl. BGH B. v. 13.11.2012 – 3 StR 364/12 – NStZ-RR 2013, 78.

[147] H. M., Joecks/Jäger, StGB, 13. Aufl. 2021, § 259 Rn. 42.

[148] H. M., Kindhäuser/Hilgendorf, LPK, 9. Aufl. 2022, § 259 Rn. 32; aus der Rspr. vgl. BayObLG B. v. 15.05.1979 – RReg. 2 St 445/78 – NJW 1979, 2218 (Anm. Geppert JK 1980 StGB § 259/3; Paeffgen JR 1980, 300); BGH U. v. 19.02.1982 – 3 StR 39/82 – StV 1982, 256.

[149] Fischer, StGB, 71. Aufl. 2024, § 259 Rn. 23; aus der Rspr. vgl. BayObLG B. v. 15.05.1979 – RReg. 2 St 445/78 – NJW 1979, 2218 (Anm. Geppert JK 1980 StGB § 259/3); BGH B. v. 14.10.1982 – 4 StR 517/82 – StV 1983, 149 (Anm. Geilen JK 1983 StGB § 259/6).

[150] Aus der Rspr. vgl. BGH U. v. 07.08.1979 – 1 StR 176/79 – NJW 1979, 2621 (Anm. Geilen JK 1980 StGB § 259/4; Lackner/Werle JR 1980, 214); BGH B. v. 14.10.1982 – 4 StR 517/82 – StV 1983, 149 (Anm. Geilen JK 1983 StGB § 259/6).

[151] Ruhmannseder, in: BeckOK-StGB, Stand 01.08.2024, § 259 Rn. 44; aus der Rspr. vgl. BGH B. v. 05.07.1995 – 3 StR 167/95 – NStZ 1995, 544.

Ferner ist ein Ankauf zum **Marktpreis** keine Bereicherung,[152] und zwar sogar bei bloß illegalem Markt.[153]

Anders liegt es bei Erwerb zum Einkaufspreis, um die Sache dann mit üblichem Geschäftsgewinn weiterzuverkaufen.[154]

Neben der Selbst- ist auch die **Drittbereicherungsabsicht** normiert, sodass die Konstruktion mittelbarer Eigenvorteile bei Verschenken etc.[155] heute überflüssig ist.

Umstritten ist, ob der zu bereichernde Dritte auch der **Vortäter** sein kann.[156]

Beispiel 358

BGH U. v. 18.05.1995 – 4 StR 41/95 – NStZ 1995, 595 = StV 1995, 586 (Anm. Geppert JK 1995 StGB § 259/13; von Heintschel-Heinegg JA 1996, 273; Paeffgen JR 1996, 346):

B1, der Bruder des B2, hatte im Herbst 1990 und im Frühjahr 1991 jeweils einen Pkw erworben, der gestohlen war. Als die Entdeckung der Fahrzeuge drohte, gestattete B2 seinem Bruder in beiden Fällen, diese kostenlos in einer von ihm angemieteten Garage unterzustellen. Dem B2 war dabei bekannt, daß die Fahrzeuge gestohlen waren und sein Bruder sie erworben hatte, um sie seinerseits zu verkaufen. Er stellt seine Garage jeweils in der Absicht zur Verfügung, seinem Bruder den rechtswidrig erlangten Vermögensvorteil zu erhalten. ◄

In diesem Fall ist schon problematisch, ob B2 überhaupt Absatzhilfe leistet oder es nicht an einem konkreten Absatzplan fehlt. Darüber hinaus stellt sich die Frage, ob B2 als Täter der Vortat (auch einer Hehlerei) Dritter i. S. d. § 259 I StGB ist, auf den sich die Bereicherungsabsicht beziehen kann.

Nach einer Minderheitsmeinung kann i.R.v. § 259 I StGB auch der Vortäter der zu bereichernde Dritte sein.[157]

Die h. M.[158] hingegen verneint eine Strafbarkeit gem. § 259 I StGB, wenn der Hehler lediglich die Absicht hat, den Vortäter zu bereichern.

---

[152] Joecks/Jäger, StGB, 13. Aufl. 2021, § 259 Rn. 41; aus der Rspr. vgl. BGH U. v. 19.02.1982 – 3 StR 39/82 – StV 1982, 256; OLG Hamm B. v. 27.03.2003 – 1 Ss 213/03 – NStZ-RR 2003, 237.

[153] H. M., Joecks/Jäger, StGB, 13. Aufl. 2021, § 259 Rn. 41; aus der Rspr. vgl. BGH U. v. 24.04.1979 – 1 StR 98/79 – NJW 1979, 2358.

[154] Fischer, StGB, 71. Aufl. 2024, § 259 Rn. 23; aus der Rspr. vgl. RG U. v. 24.03.1924 – I 248/24 – RGSt 58, 122; BGH U. v. 04.12.1980 – 4 StR 581/80 – NStZ 1981, 147 = StV 1981, 129.

[155] S. Maier, in: MK-StGB, 4. Aufl. 2021, § 259 Rn. 151f.; Arzt JA 1979, 574; aus der Rspr. vgl. RG U. v. 03.01.1919 – II 506/18 – RGSt 53, 179; RG U. v. 23.11.1923 – IV 644/23 – RGSt 58, 15; KG Berlin U. v. 04.02.1953 – 1 Ss 356/52 (B) (327/52) – NJW 1953, 558; BGH U. v. 11.03.1954 – 3 StR 553/53 – BGHSt 6, 59 = NJW 1954, 1088 (Anm. Bruns NJW 1954, 1066); BGH U. v. 06.02.1958 – 4 StR 600/57 – NJW 1958, 678 (Anm. Parsch NJW 1958, 1006; Mittelbach JR 1958, 306; Maurach JZ 1958, 485).

[156] Hierzu Eisele, BT II, 6. Aufl. 2021, Rn. 1167; aus der Rspr. vgl. zuletzt BGH U. v. 30.09.2020 – 3 StR 511/19 – NStZ-RR 2021, 7.

[157] Hecker, in: Schönke/Schröder, StGB, 30. Aufl. 2019, § 259 Rn. 44; Mitsch JuS 1999, 375.

[158] S. nur Joecks/Jäger, StGB, 13. Aufl. 2021, § 259 Rn. 34f.; zur Rspr. s. o.

Für die h. M. spricht vor allem der Wortlaut des § 259 I StGB. Hier wird der Vortäter nämlich als „anderer" bezeichnet, sodass er nicht gleichzeitig ein „Dritter" sein kann. Außerdem sollen nach der Vorstellung des Gesetzgebers Anschlusstaten, die dem Vortäter nützen sollen, ausschließlich über § 257 StGB erfasst werden und nicht über § 259 I StGB. Da somit nach der h. M. insbesondere keine unbilligen Strafbarkeitslücken drohen, da eine Nachtat zugunsten des Vortäters zwar nicht über § 259 StGB, allerdings sehr wohl über § 257 StGB erfasst werden kann (freilich unter Berücksichtigung des § 257 III 1 StGB), ist der h. M. zu folgen.

3. Rechtswidrigkeit
Es gelten die allgemeinen Grundsätze.

4. Schuld
Es gelten die allgemeinen Grundsätze.

5. Rechtsfolgen
§ 259 I StGB sieht Freiheitsstrafe bis zu fünf Jahren (im Minimum also ein Monat, § 38 II StGB) oder Geldstrafe (zu den Grenzen s. § 40 StGB) vor.

6. Sonstiges
§ 259 II StGB i. V. m. §§ 247, 248a StGB regelt Strafantragserfordernisse.

Gem. § 259 III StGB ist der Versuch der Hehlerei strafbar.

Eine Anstiftung durch den Vortäter zur Hehlerei ist tatbestandlich möglich, aber eine mitbestrafte Nachtat.[159]

III. Gewerbsmäßige Hehlerei, Bandenhehlerei, § 260 StGB

1. Allgemeines
§ 260 StGB enthält eine Qualifikation der Hehlerei.

> **§ 260 StGB (Gewerbsmäßige Hehlerei, Bandenhehlerei)**
> (1) Mit Freiheitsstrafe von sechs Monaten bis zu zehn Jahren wird bestraft, wer die Hehlerei
>   1. gewerbsmäßig oder
>   2. als Mitglied einer Bande, die sich zur fortgesetzten Begehung von Raub, Diebstahl oder Hehlerei verbunden hat,
>   begeht.
> (2) Der Versuch ist strafbar.

---

[159] H. M., Altenhain, in: NK-StGB, 6. Aufl. 2023, § 259 Rn. 77; aus der Rspr. vgl. BGH U. v. 02.10.1952 – 3 StR 642/51 – BGHSt 3, 191 = NJW 1952, 1304 (Anm. Mayer JZ 1953, 86); BayObLG U. v. 12.06.1958 – RReg. 4 St 121/58 – NJW 1958, 1597 (Anm. Mittelbach JR 1958, 430).

2. § 260 I Nr. 1 StGB

a) Aufbau
  I. Tatbestand
    1. Objektiver Tatbestand
      • Die Hehlerei ... begeht
    2. Subjektiver Tatbestand
      a) Die Hehlerei ... begeht
      b) Gewerbsmäßig, § 260 I Nr. 1 StGB
  II. Rechtswidrigkeit
  III. Schuld

b) Erläuterungen
Zur Gewerbsmäßigkeit s. o. bei § 243 I 2 Nr. 3 StGB.
  § 260 I StGB sieht Freiheitsstrafe von sechs Monaten bis zu zehn Jahren vor. Gem. § 260 II StGB ist Versuch strafbar.

3. § 260 I Nr. 2 StGB

a) Aufbau
  I. Tatbestand
    1. Objektiver Tatbestand
      a) Die Hehlerei ... begeht
      b) Als Mitglied einer Bande, die sich zur fortgesetzten Begehung von Raub, Diebstahl oder Hehlerei verbunden hat,§ 260 I Nr. 2 StGB
    2. Subjektiver Tatbestand
      • die Hehlerei ... begeht
  II. Rechtswidrigkeit
  III. Schuld

b) Erläuterungen
Zu den Merkmalen s. o. § 244 I Nr. 2 StGB. Zu beachten ist, dass i.R.d. §§ 260, 260a StGB auch gemischte Banden aus Dieben und Hehlern erfasst sind.[160] Ferner ist keine Mitwirkung eines anderen Bandenmitglieds erforderlich, freilich muss die Tat Ausfluss der Bandenabrede sein.[161]

---

[160] Fischer, StGB, 71. Aufl. 2024, § 260 Rn. 3; aus der Rspr. vgl. zuletzt BGH B. v. 26.10.2023 – 2 StR 225/23 (Anm. RÜ 2024, 332; Bittmann NZWiSt 2024, 202).
[161] Vgl. aus der Rspr. BGH U. v. 06.11.2019 – 2 StR 87/19 – StV 2020, 243 (Anm. RÜ 2020, 239).

IV. Gewerbsmäßige Bandenhehlerei, § 260a StGB

1. Aufbau

I. Tatbestand
  1. Objektiver Tatbestand
     a) Die Hehlerei ... begeht
     b) Als Mitglied einer Bande, die sich zur fortgesetzten Begehung von Raub, Diebstahl oder Hehlerei verbunden hat
  2. Subjektiver Tatbestand
     a) Die Hehlerei ... begeht
     b) Gewerbsmäßig
II. Rechtswidrigkeit
III. Schuld

2. Erläuterungen

§ 260a StGB enthält eine weitere Qualifikation der Hehlerei, welche die alternativen Merkmale des § 260 I StGB kumuliert, s. jeweils o.

> **§ 260a StGB (Gewerbsmäßige Bandenhehlerei)**
> (1) Mit Freiheitsstrafe von einem Jahr bis zu zehn Jahren wird bestraft, wer die Hehlerei als Mitglied einer Bande, die sich zur fortgesetzten Begehung von Raub, Diebstahl oder Hehlerei verbunden hat, gewerbsmäßig begeht.
> (2) In minder schweren Fällen ist die Strafe Freiheitsstrafe von sechs Monaten bis zu fünf Jahren.

§ 260 I StGB sieht Freiheitsstrafe von einem Jahr bis zu zehn Jahren vor.

In § 260 II StGB ist der – unbenannte – minder schwere Fall geregelt (dann: Freiheitsstrafe von sechs Monaten bis zu fünf Jahren).

D. Geldwäsche; Verschleierung unrechtmäßig erlangter Vermögenswerte, § 261 StGB

▶ **Didaktische Aufsätze**
  - Otto, Geldwäsche, § 261 StGB, Jura 1993, 329
  - Fahl, Grundprobleme der Geldwäsche (§ 261 StGB), Jura 2004, 160
  - Hombrecher, Der Tatbestand der Geldwäsche (§ 261 StGB) – Inhalt, Aufbau, Problemstellungen, JA 2005, 67
  - Jahn/Ebner, Die Anschlussdelikte – Geldwäsche, JuS 2009, 597
  - Kraatz, Die Geldwäsche (§ 261 StGB), Jura 2015, 699
  - Reisch, Die Geldwäsche (§ 261 StGB), JuS 2023, 207
  - Neumann, Der reformierte Geldwäschetatbestand, ZJS 2022, 682, 820 und 2023, 74

I. Allgemeines

§ 261 StGB[162] stellt – 2021 gänzlich neu gefasst[163] – die Geldwäsche unter Strafe.

> **§ 261 StGB (Geldwäsche)**
> (1) Wer einen Gegenstand, der aus einer rechtswidrigen Tat herrührt,
> 1. verbirgt,
> 2. in der Absicht, dessen Auffinden, dessen Einziehung oder die Ermittlung von dessen Herkunft zu vereiteln, umtauscht, überträgt oder verbringt,
> 3. sich oder einem Dritten verschafft oder
> 4. verwahrt oder für sich oder einen Dritten verwendet, wenn er dessen Herkunft zu dem Zeitpunkt gekannt hat, zu dem er ihn erlangt hat,
> wird mit Freiheitsstrafe bis zu fünf Jahren oder mit Geldstrafe bestraft. In den Fällen des Satzes 1 Nummer 3 und 4 gilt dies nicht in Bezug auf einen Gegenstand, den ein Dritter zuvor erlangt hat, ohne hierdurch eine rechtswidrige Tat zu begehen. Wer als Strafverteidiger ein Honorar für seine Tätigkeit annimmt, handelt in den Fällen des Satzes 1 Nummer 3 und 4 nur dann vorsätzlich, wenn er zu dem Zeitpunkt der Annahme des Honorars sichere Kenntnis von dessen Herkunft hatte.
> (2) Ebenso wird bestraft, wer Tatsachen, die für das Auffinden, die Einziehung oder die Ermittlung der Herkunft eines Gegenstands nach Absatz 1 von Bedeutung sein können, verheimlicht oder verschleiert.
> (3) Der Versuch ist strafbar.
> (4) Wer eine Tat nach Absatz 1 oder Absatz 2 als Verpflichteter nach § 2 des Geldwäschegesetzes begeht, wird mit Freiheitsstrafe von drei Monaten bis zu fünf Jahren bestraft.
> (5) In besonders schweren Fällen ist die Strafe Freiheitsstrafe von sechs Monaten bis zu zehn Jahren. Ein besonders schwerer Fall liegt in der Regel
>
> (Fortsetzung)

---

[162] Hierzu Arzt NStZ 1990, 1; Carl wistra 1991, 288; Otto Jura 1993, 329; Prittwitz StV 1993, 498; Arzt JZ 1993, 913; Hetzer wistra 1993, 286; Lampe JR 1994, 123; Bottke wistra 1995, 87 und 121; Hund ZRP 1996, 163; Oswald wistra 1997, 328; Geurts ZRP 1997, 250; Kreß wistra 1998, 121; Hetzer ZRP 1999, 245; Maiwald FS H. J. Hirsch 1999, 631; Hetzer ZRP 2001, 266; Bauer FS Maiwald 2003, 127; Fahl Jura 2004, 160; Hombrecher JA 2005, 67; Jahn/Ebner JuS 2009, 597; Helmers ZStW 2009, 509; Bernsmann FS Amelung 2009, 381; Kraatz Jura 2015, 699; Bülte NZWiSt 2017, 276; Michalke FS Fischer 2018, 449; Gazeas NJW 2021, 1041; Gercke/Jahn/Paul StV 2021, 330; Böhme wistra 2021, 169; Travers/Michaelis NZWiSt 2021, 125; El-Ghazi/Laustetter NZWiSt 2021, 209; Schiemann KriPoZ 2021, 151; Reisch JuS 2023, 207; Neumann ZJS 2022, 682, 820 und 2023, 74; zu strafanwendungsrechtlichen Probleme Nestler Jura 2022, 169, 814 und 1154; Moeller wistra 2023, 1.

[163] Näher Gazeas NJW 2021, 1041; Gercke/Jahn/Paul StV 2021, 330; Böhme wistra 2021, 169; Travers/Michaelis NZWiSt 2021, 125; El-Ghazi/Laustetter NZWiSt 2021, 209; Schiemann KriPoZ 2021, 151.

vor, wenn der Täter gewerbsmäßig handelt oder als Mitglied einer Bande, die sich zur fortgesetzten Begehung von Geldwäsche verbunden hat.

(6) Wer in den Fällen des Absatzes 1 oder 2 leichtfertig nicht erkennt, dass es sich um einen Gegenstand nach Absatz 1 handelt, wird mit Freiheitsstrafe bis zu zwei Jahren oder mit Geldstrafe bestraft. Satz 1 gilt in den Fällen des Absatzes 1 Satz 1 Nummer 3 und 4 nicht für einen Strafverteidiger, der ein Honorar für seine Tätigkeit annimmt.

(7) Wer wegen Beteiligung an der Vortat strafbar ist, wird nach den Absätzen 1 bis 6 nur dann bestraft, wenn er den Gegenstand in den Verkehr bringt und dabei dessen rechtswidrige Herkunft verschleiert.

(8) Nach den Absätzen 1 bis 6 wird nicht bestraft,

1. wer die Tat freiwillig bei der zuständigen Behörde anzeigt oder freiwillig eine solche Anzeige veranlasst, wenn nicht die Tat zu diesem Zeitpunkt bereits ganz oder zum Teil entdeckt war und der Täter dies wusste oder bei verständiger Würdigung der Sachlage damit rechnen musste, und

2. in den Fällen des Absatzes 1 oder des Absatzes 2 unter den in Nummer 1 genannten Voraussetzungen die Sicherstellung des Gegenstandes bewirkt.

(9) Einem Gegenstand im Sinne des Absatzes 1 stehen Gegenstände, die aus einer im Ausland begangenen Tat herrühren, gleich, wenn die Tat nach deutschem Strafrecht eine rechtswidrige Tat wäre und

1. am Tatort mit Strafe bedroht ist oder

2. nach einer der folgenden Vorschriften und Übereinkommen der Europäischen Union mit Strafe zu bedrohen ist:

a) Artikel 2 oder Artikel 3 des Übereinkommens vom 26. Mai 1997 aufgrund von Artikel K.3 Absatz 2 Buchstabe c des Vertrags über die Europäische Union über die Bekämpfung der Bestechung, an der Beamte der Europäischen Gemeinschaften oder der Mitgliedstaaten der Europäischen Union beteiligt sind (BGBl. 2002 II S. 2727, 2729),

b) Artikel 1 des Rahmenbeschlusses 2002/946/JI des Rates vom 28. November 2002 betreffend die Verstärkung des strafrechtlichen Rahmens für die Bekämpfung der Beihilfe zur unerlaubten Ein- und Durchreise und zum unerlaubten Aufenthalt (ABl. L 328 vom 5.12.2002, S. 1),

c) Artikel 2 oder Artikel 3 des Rahmenbeschlusses 2003/568/JI des Rates vom 22. Juli 2003 zur Bekämpfung der Bestechung im privaten Sektor (ABl. L 192 vom 31.7.2003, S. 54),

d) Artikel 2 oder Artikel 3 des Rahmenbeschlusses 2004/757/JI des Rates vom 25. Oktober 2004 zur Festlegung von Mindestvorschriften über die Tatbestandsmerkmale strafbarer Handlungen und die Strafen im Bereich des illegalen Drogenhandels (ABl. L 335 vom 11.11.2004, S. 8), der zuletzt durch die Delegierte Richtlinie (EU) 2019/369 (ABl. L 66 vom 7.3.2019, S. 3) geändert worden ist,

(Fortsetzung)

e) Artikel 2 Buchstabe a des Rahmenbeschlusses 2008/841/JI des Rates vom 24. Oktober 2008 zur Bekämpfung der organisierten Kriminalität (ABl. L 300 vom 11.11.2008, S. 42),

f) Artikel 2 oder Artikel 3 der Richtlinie 2011/36/EU des Europäischen Parlaments und des Rates vom 5. April 2011 zur Verhütung und Bekämpfung des Menschenhandels und zum Schutz seiner Opfer sowie zur Ersetzung des Rahmenbeschlusses 2002/629/JI des Rates (ABl. L 101 vom 15.4.2011, S. 1),

g) den Artikeln 3 bis 8 der Richtlinie 2011/93/EU des Europäischen Parlaments und des Rates vom 13. Dezember 2011 zur Bekämpfung des sexuellen Missbrauchs und der sexuellen Ausbeutung von Kindern sowie der Kinderpornografie sowie zur Ersetzung des Rahmenbeschlusses 2004/68/JI des Rates (ABl. L 335 vom 17.12.2011, S. 1; L 18 vom 21.1.2012, S. 7) oder

h) den Artikeln 4 bis 9 Absatz 1 und 2 Buchstabe b oder den Artikeln 10 bis 14 der Richtlinie (EU) 2017/541 des Europäischen Parlaments und des Rates vom 15. März 2017 zur Terrorismusbekämpfung und zur Ersetzung des Rahmenbeschlusses 2002/475/JI des Rates und zur Änderung des Beschlusses 2005/671/JI des Rates (ABl. L 88 vom 31.3.2017, S. 6).

(10) 1Gegenstände, auf die sich die Straftat bezieht, können eingezogen werden. 2§ 74a ist anzuwenden. 3Die §§ 73 bis 73e bleiben unberührt und gehen einer Einziehung nach § 74 Absatz 2, auch in Verbindung mit den §§ 74a und 74c, vor.

Welche **Rechtsgüter** die Geldwäsche – als abstraktes Gefährdungsdelikt[164] – schützt, ist umstritten.[165]

Genannt werden v. a. der Schutz der inländischen **Rechtspflege** mit ihrer Bestimmung, die Folgen von Straftaten auszugleichen (insofern auch das Ermittlungsinteresse der Strafverfolgungsbehörden und die innere Sicherheit) sowie der Schutz der **Rechtsgüter der Vortatgeschädigten**. Der **legale Wirtschafts- und Finanzkreislauf** soll von illegalen Vermögenswerten freigehalten werden. Dies dient zugleich der Bekämpfung der organisierten Kriminalität (vgl. wiederum die **Isolation des Vortäters**, sodass diesem der Anreiz zur Begehung der Vortat genommen wird).

---

[164] Vgl. aus der Rspr. zuletzt BGH B. v. 26.07.2018 – 3 StR 626/17 – NStZ-RR 2019, 146; BGH B. v. 17.07.2024 – 2 ARs 220/24, 2 AR 116/24 – NStZ-RR 2024, 357.

[165] Hierzu Fischer, StGB, 71. Aufl. 2024, § 261 Rn. 2; aus der Rspr. vgl. zuletzt BGH B. v. 31.10.2018 – 2 StR 281/18 – BGHSt 63, 228 = NJW 2019, 1311 = StV 2019, 678 (Anm. Bosch Jura 2019, 680; Eisele JuS 2019, 915; LL 2019, 468; RÜ 2019, 308; Mitsch NJW 2019, 1258); BGH B. v. 27.11.2018 – 5 StR 234/18 – BGHSt 63, 268 = NJW 2019, 533 (Anm. Bosch Jura 2019, 556; RÜ 2019, 377; Jahn NJW 2019, 536; Dann StV 2019, 739; Barreto da Rosa JR 2019, 590; Raschke NZWiSt 2019, 186; Hiéramente jurisPR-StrafR 14/2019 Anm. 1; Pelz jurisPR-Compl 2/2019 Anm. 3); BGH B v. 10.01.2019 – 1 StR 311/17 – NStZ-RR 2019, 145 (Anm. Raschke NZWiSt 2019, 394).

Angesichts der weiten Fassung der Tatbestandsmerkmale fungiert § 261 StGB als **Auffangtatbestand** zu den übrigen Anschlussdelikten,[166] v. a. im Hinblick auf Surrogate und die bei den §§ 257, 258, 259 StGB normierten besonderen subjektiven Tatbestandsmerkmale.

Einerseits ist daher eine möglichst weite Auslegung zur Bekämpfung der Vortaten verständlich, andererseits droht eine Überkriminalisierung durch eine flächendeckende Strafandrohung (auch bei Leichtfertigkeit; auch bei Verwertungsketten, auch bei Mischfinanzierungen; vgl. auch berufstypische Handlungen).

Ebenfalls der Verhinderung der Geldwäsche dienen die Pflichten des Geldwäschegesetzes – GwG (v. a. für Banken, Versicherungen, Rechtsanwälte und Notare).

II. Vorsätzliche Geldwäsche

1. Grunddelikt

a) § 261 I 1 Nr. 1 StGB

aa) Aufbau
I. Tatbestand
  1. Objektiver Tatbestand
    a) Einen Gegenstand
    b) Der aus einer rechtswidrigen Tat herrührt
      aa) Einer rechtswidrigen Tat
      • ggf. i. V. m. § 261 IX StGB
      bb) Herrührt
    c) Verbirgt, § 261 I 1 Nr. 1 StGB
  2. Subjektiver Tatbestand
II. Rechtswidrigkeit
III. Schuld
IV. Strafausschließungs-, Strafaufhebungsgründe, § 261 VII und VIII StGB
V. Rechtsfolgen: Besonders schwerer Fall, § 261 V StGB

---

[166] Eisele, BT II, 6. Aufl. 2021, Rn. 1172; aus der Rspr. vgl. BGH B. v. 18.02.2009 – 1 StR 4/09 – BGHSt 53, 205 = NJW 2009, 1617 = NStZ 2009, 328 = StV 2009, 415 (Anm. Satzger JK 2009 StGB § 261/9; Rettenmaier NJW 2009, 1619; Fahl JZ 2009, 747; Mansdörfer HRRS 2009, 252; Kuhlen JR 2010, 271).

bb) Tatbestand

(1) Objektiver Tatbestand

(a) Einen Gegenstand
Tatobjekt der Geldwäsche ist jeder Gegenstand.[167]
Dies umfasst alle Vermögenswerte (Sachen oder Rechte),[168] insbesondere Bar- und Buchgeld,[169] Kryptowährung,[170] ferner Wertpapiere oder Forderungen. Die Beschränkung auf Vermögenswerte ergibt sich aus der historischen, systematischen und teleologischen Auslegung des Tatbestandsmerkmals.[171] Auch ersparte Aufwendungen kommen in Betracht.[172] Eine Bagatellgrenze ist nicht normiert.
Der Gegenstand muss nach der Rspr. bei Tathandlung bereits existieren,[173] was freilich angesichts der Tatobjektqualität im Lichte allgemeiner dogmatischer Grundsätze wenig überzeugt.

(b) Der aus einer rechtswidrigen Tat herrührt

(aa) Einer rechtswidrigen Tat

(aaa) Allgemeines
Seit 2021 gibt es keinen abschließenden Katalog für eine Geldwäsche geeigneter Vortaten mehr. Nun kommt jede rechtswidrige Tat in Betracht (All-Crimes-Ansatz).
Die Vortat muss eine rechtswidrige – vollendete[174] – Tat (§ 11 I Nr. 5 StGB), d. h. tatbestandsmäßig und rechtswidrig sein.
Entschuldigungs- und Strafaufhebungsgründe sowie Prozesshindernisse sind für die Annahme einer geldwäschetauglichen Vortat irrelevant.[175]

---

[167] Hierzu Kindhäuser/Hilgendorf, LPK, 9. Aufl. 2022, § 261 Rn. 5; Cebulla wistra 1999, 281.
[168] Hoyer, in: SK-StGB, 9. Aufl. 2019, § 261 Rn. 5; aus der Rspr. vgl. zuletzt BGH U. v. 15.08.2018 – 5 StR 100/18 – StV 2019, 660 (Anm. Raschke NZWiSt 2019, 151); BGH B. v. 10.11.2021 – 2 StR 185/20 – NJW 2022, 1028 = NStZ-RR 2022, 116 und 180 = StV 2022, 730 (Anm. Wilke NJW 2022, 1032; Raschke NZWiSt 2022, 489).
[169] Eisele, BT II, 6. Aufl. 2021, Rn. 1175; aus der Rspr. vgl. KG U. v. 15.10.2009 – 8 U 26/09; BGH B. v. 20.05.2015 – 1 StR 33/15 – NJW 2015, 3254 = NStZ 2015, 703 = StV 2016, 19 (Anm. RÜ 2015, 785; Lange jurisPR-StrafR 20/2015 Anm. 1; Bosch Jura 2016, 110; Krug NZWiSt 2016, 159).
[170] Hierzu Hennecke CCZ 2018, 120; Herzog/Hoch StV 2019, 412; Baier CCZ 2019, 123.
[171] Neuheuser, in: MK-StGB, 4. Aufl. 2021, § 261 Rn. 35.
[172] Aus der Rspr. vgl. BGH B. v. 11.05.2016 – 1 StR 352/15 – NStZ 2016, 623 = NStZ-RR 2016, 286 = StV 2016, 779 (Anm. Ventzke NStZ 2016, 624).
[173] Vgl. aus der Rspr. LG Frankfurt B. v. 01.07.2021 – 5/03 Qs 7/21 (Anm. Neuheuser NZWiSt 2022, 159).
[174] Aus der Rspr. vgl. LG Köln B. v. 10.07.2012 – 105 Qs 154/12 (Anm. Heimann NZWiSt 2013, 432).
[175] Ruhmannseder, in: BeckOK-StGB, Stand 01.08.2024, § 261 Rn. 10.

Ein Bezug zur organisierten Kriminalität ist nicht erforderlich.[176]

Tatbestandsmäßig sind auch eigene Vortaten des Geldwäschers. Es gilt dann aber § 261 VII StGB.

(bbb) Ggf. § 261 IX StGB

Auslandstaten sind nach Maßgabe des § 261 IX StGB geldwäschetauglichen Vortaten.

(bb) Herrührt

Der Gegenstand muss aus der Vortat herrühren.[177]

Dies ist dann der Fall, wenn die Tat kausal für den Vermögensgegenstand in seiner konkreten Gestalt oder für dessen wirtschaftliche Zuordnung war[178] (z. B. Tatbeute, Lohn, Entgelt, *producta sceleris*).[179]

Umstritten sind *instrumenta sceleris*, z. B. **Bestechungsgelder**.[180]

Beispiel 359

BGH B. v. 18.02.2009 – 1 StR 4/09 – BGHSt 53, 205 = NJW 2009, 1617 = NStZ 2009, 328 = StV 2009, 415 (Anm. Satzger JK 2009 StGB § 261/9; Rettenmaier NJW 2009, 1619; Fahl JZ 2009, 747; Mansdörfer HRRS 2009, 252; Kuhlen JR 2010, 271):

B1 wirkte von 1999 bis 2002 an der Zahlung von Bestechungsgeldern in Höhe von rund 1,15 Mio. € an ihren Bruder B2, einen Amtsträger im georgischen Transportministerium, mit. Dabei leisteten die in Deutschland ansässigen Firmen B und F an B2 Zuwendungen, auf Grund derer dieser pflichtwidrig auf die Vergabe von georgischen CEMT-Genehmigungen Einfluss nahm, die die beiden Unternehmen im internationalen Straßentransport nutzten und dadurch Wettbewerbsvorteile erzielten. B1 stellte in Kenntnis des Verwendungszwecks ihre deutschen Bankkonten zur Verfügung, nahm die dorthin überwiesenen Bestechungsgelder für B2 in Empfang und verfügte nach dessen Weisungen darüber,

---

[176] Hoyer, in: SK-StGB, 9. Aufl. 2019, § 261 Rn. 7; aus der Rspr. vgl. BGH U. v. 01.07.1998 – 1 StR 246/98 – NStZ 1998, 622; BGH U. v. 24.01.2006 – 1 StR 357/05 – BGHSt 50, 347 = NJW 2006, 1297 = NStZ 2006, 343 = StV 2008, 521 (Anm. RÜ 2006, 198; Satzger JK 2007 StGB § 261/8; Herzog/Hoch StV 2008, 524; Schramm wistra 2008, 245).

[177] Hierzu Joecks/Jäger, StGB, 13. Aufl. 2021, § 261 Rn. 9; näher Barton NStZ 1993, 159; Leip/Hardtke wistra 1997, 281.

[178] Eisele, BT II, 6. Aufl. 2021, Rn. 1176; aus der Rspr. vgl. zuletzt BGH B. v. 31.10.2018 – 2 StR 281/18 – BGHSt 63, 228 = NJW 2019, 1311 = StV 2019, 678 (Anm. Bosch Jura 2019, 680; Eisele JuS 2019, 915; LL 2019, 468; RÜ 2019, 308; Mitsch NJW 2019, 1258); BGH B v. 10.01.2019 – 1 StR 311/17 – NStZ-RR 2019, 145 (Anm. Raschke NZWiSt 2019, 394); BGH B. v. 25.04.2022 – 5 StR 100/22 – StV 2022, 730 (Anm. Raschke NZWiSt 2023, 62); OLG Düsseldorf B. v. 24.10.2022 – 1 Ws 131/22 (Anm. van Cleve NZWiSt 2023, 72).

[179] Vgl. aus der Rspr. OLG Oldenburg U. v. 20.06.2022 – 1 Ss 30/22 – StV-S 2022, 92 (Anm. Veljovic wistra 2022, 396; Neuheuser NZWiSt 2022, 494; Hecker JuS 2023, 373).

[180] Hierzu Hoyer, in: SK-StGB, 9. Aufl. 2019, § 261 Rn. 13.

indem sie Überweisungen auf diverse andere Konten tätigte oder Beträge in bar abhob und weiterleitete. Dies tat B1 in erster Linie, um B2 zu unterstützen. ◀

Rühren Bestechungsgelder aus der Bestechung (§ 334 StGB) her?

Nach z. T. vertretener Auffassung rühren diese sog. *instrumenta sceleris* nicht aus der Tat i. S. d. § 261 I StGB her.[181]

Die Rspr. nimmt hingegen auch in diesem Fall ein Herrühren an.[182]

Für die erste Auffassung spricht, dass ein Tatmittel regelmäßig schon vor der Tat im Vermögen eines Vortatbeteiligten steht, sodass es an der Ursächlichkeit der Vortat fehlt. Die Rspr. allerdings steht im Einklang mit dem Willen des Gesetzgebers, der auf eine weite Auslegung gerichtet ist, um den staatlichen Zugriff auf illegale Vermögenswerte zu gewährleisten und deren Einschleusen in den legalen Finanz- und Wirtschaftskreislauf zu verhindern. In der Tat zeigt der verwendete Begriff, dass der Anspruchsgegenstand nicht notwendigerweise unmittelbar aus der Vortat stammen muss; der allgemeine Wortsinn ist lediglich „stammt von etwas her, leitet sich von etwas her, hat seine Ursache in etwas". Demnach genügt es, wenn zwischen dem Gegenstand und der Vortat ein Kausalzusammenhang besteht, wenn also die Inkrimination des Gegenstandes seine Ursache in der rechtswidrigen Tat hat. Diese Auslegung des Tatbestandsmerkmals „Herrühren" verstößt mithin auch nicht gegen das Bestimmtheitsgebot des Art. 103 II GG. Geschützt werden soll schließlich auch die Aufgabe der staatlichen Rechtspflege, die Wirkungen von Straftaten zu beseitigen. Das vom Gesetzgeber verfolgte Ziel kann aber nur dann effektiv erreicht werden, wenn die Vorschrift des § 261 StGB wirtschaftliche Transaktionen im Zusammenhang mit den Katalogtaten weitgehend erfasst und daraus resultierende wirtschaftliche Vorteile abgeschöpft werden.

Erfasst sind auch **Verwertungsketten (Ersatzgeldwäsche, Surrogate)**.[183]

Beispiel 360

OLG Karlsruhe B. v. 20.01.2005 – 3 Ws 108/04 (Flowtex) – NJW 2005, 767 (Anm. Otto JK 2005 StGB § 261/6 und 7; RÜ 2005, 202; RA 2005, 230):

---

[181] Etwa Neuheuser, in: MK-StGB, 4. Aufl. 2021, § 261 Rn. 55.
[182] BGH B. v. 18.02.2009 – 1 StR 4/09 – BGHSt 53, 205 (208f.).
[183] Eisele, BT II, 6. Aufl. 2021, Rn. 1176; aus der Rspr. vgl. zuletzt BGH U. v. 15.08.2018 – 5 StR 100/18 – StV 2019, 660 (Anm. Raschke NZWiSt 2019, 151); BGH B. v. 31.10.2018 – 2 StR 281/18 – BGHSt 63, 228 = NJW 2019, 1311 = StV 2019, 678 (Anm. Bosch Jura 2019, 680; Eisele JuS 2019, 915; LL 2019, 468; RÜ 2019, 308; Mitsch NJW 2019, 1258); BGH B. v. 27.11.2018 – 5 StR 234/18 – BGHSt 63, 268 = NJW 2019, 533 (Anm. Bosch Jura 2019, 556; RÜ 2019, 377; Jahn NJW 2019, 536; Dann StV 2019, 739; Barreto da Rosa JR 2019, 590; Raschke NZWiSt 2019, 186; Hiéramente jurisPR-StrafR 14/2019 Anm. 1; Pelz jurisPR-Compl 2/2019 Anm. 3); BGH B v. 10.01.2019 – 1 StR 311/17 – NStZ-RR 2019, 145 (Anm. Raschke NZWiSt 2019, 394); BGH B. v. 10.11.2021 – 2 StR 185/20 – NJW 2022, 1028 = NStZ-RR 2022, 116 und 180 = StV 2022, 730 (Anm. Wilke NJW 2022, 1032; Raschke NZWiSt 2022, 489).

B1 war Eigentümerin eines in Spanien belegenen Hausgrundstücks und eines Motorboots. Ferner verfügte sie über Bankguthaben. Die finanziellen Mittel, welche jeweils für den Erwerb der Immobilie und des Motorboots aufgewendet worden und in die Bankguthaben eingeflossen waren, stammten ursprünglich aus den unter anderem vom Ehemann der B1, dem B2, banden- und gewerbsmäßig begangenen Betrugstaten im Flowtex-Komplex und wurden von den in das Betrugskonzept eingebundenen Gesellschaften an B1 und deren Töchter transferiert. B1 und deren Töchter waren sowohl beim Erhalt der Gelder als auch beim Erwerb der Immobilie und des Motorboots hinsichtlich der inkriminierten Herkunft der ihnen zugeflossenen Vermögenswerte gutgläubig. Nachdem B1 infolge der Verhaftung von B2 und der nachfolgenden Geschehnisse von der Herkunft der Geldmittel aus den Betrugstaten des B2 Kenntnis erlangt hatte, wirkte sie in unterschiedlicher Weise daran mit, das Hausgrundstück, das Motorboot und die Bankguthaben dem staatlichen Zugriff zu entziehen. B1 verwendete des Weiteren Teile des durch die Veräußerung des Motorboots erzielten Erlöses für Zwecke im Zusammenhang mit der Verwaltung des Grundstücks. ◄

Die Inkrimination der genannten finanziellen Mittel durch die Betrugstaten führt dazu, dass auch die Gegenstände, die ausschließlich mit den Mitteln finanziert wurden – Hausgrundstück und Motorboot -, aus der Tat herrühren.

Die zurechenbare Kette bricht erst ab, wenn das Zufallsmoment deutlich überwiegt (z. B. Lottogewinn bei mit aus der Tat herrührendem Geld erworbenem Lottoschein), oder wenn der Wert des Gegenstandes im Wesentlichen auf einer selbstständigen Leistung eines Dritten beruht (z. B. Verarbeitung nach § 950 BGB; Investitionen in Unternehmen).[184]

Ein Rechtsübergang ändert am Herrühren nichts,[185] vgl. aber § 261 VI StGB.

Bei **mischfinanzierten** Gegenständen (Teilkontamination) ist umstritten, ob das bemakelte Geld eine bestimmte Quote erreichen muss.[186]

Die Rspr.[187] und die h. L.[188] nehmen eine Totalkontamination grundsätzlich an und lehnen einen geldwäschetauglichen Gegenstand erst dann ab, wenn der inkriminierte Anteil aus wirtschaftlicher Sicht völlig unerheblich ist (wobei dann bisweilen doch wieder Prozentsätze genannt werden, z. B. 5 %[189] oder 1 %).

---

[184] Fischer, StGB, 71. Aufl. 2024, § 261 Rn. 19; s. aber auch Hoyer, in: SK-StGB, 9. Aufl. 2019, § 261 Rn. 16.
[185] Heger, in: Lackner/Kühl/Heger, StGB, 30. Aufl. 2023, § 261 Rn. 5.
[186] Hierzu Kindhäuser/Hilgendorf, LPK, 9. Aufl. 2022, § 261 Rn. 9; näher Petropoulos wistra 2007, 241; Bittmann NStZ 2022, 577; aus der Rspr. vgl. zuletzt BGH U. v. 15.08.2018 – 5 StR 100/18 – StV 2019, 660 (Anm. Raschke NZWiSt 2019, 151); BGH B. v. 10.11.2021 – 2 StR 185/20 – NJW 2022, 1028 = NStZ-RR 2022, 116 und 180 = StV 2022, 730 (Anm. Wilke NJW 2022, 1032; Raschke NZWiSt 2022, 489).
[187] S. o.
[188] Eisele, BT II, 6. Aufl. 2021, Rn. 1177.
[189] Barton NStZ 1993, 163.

In der Lehre werden hingegen diverse Quoten vertreten, v. a. 25 %[190] und 50 %.[191]

Zuzugeben ist, dass nach der weiten h. M. rasch zahlreiche Vermögensgegenstände kontaminiert werden und angesichts der Erfassung von Verwertungsketten bald der gesamte Wirtschaftskreislauf aus einer Katalogtat herrührt. Freilich restringiert der subjektive Tatbestand hinreichend, außerdem bietet das Strafprozessrecht Möglichkeiten, Bagatellfälle von der Verfolgung auszunehmen. Keinesfalls darf es möglich sein, dass durch Aufteilung des Vermögens straflose Geldwäsche möglich ist.

Nicht (mehr) erfasst sind durch Steuerhinterziehung ersparte Aufwendungen.[192]

Auch Tatobjekte kommen nicht in Betracht.[193]

(c) Verbirgt, § 261 I 1 Nr. 1 StGB

Verbergen ist das tatsächliche Erschweren des körperlichen Zugangs zum Tatobjekt für die Strafverfolgungsbehörden,[194] z. B. durch Verwahrung,[195] Verstecken oder Tarnung.

(2) Subjektiver Tatbestand

Gem. § 15 StGB ist Vorsatz erforderlich.

cc) Rechtswidrigkeit

Es gelten die allgemeinen Grundsätze.

dd) Schuld

Es gelten die allgemeinen Grundsätze.

ee) Strafausschließungs-, Strafaufhebungsgründe, § 261 VII und VIII StGB

(1) § 261 VII StGB

§ 261 VII StGB – ein persönlicher Strafaufhebungsgrund in Gestalt einer gesetzlich geregelten Gesetzeskonkurrenz – dient dem Ausschluss von Doppelbestrafungen.[196]

---

[190] Leip/Hardtke wistra 1997, 281 (285).

[191] Salditt StraFo 1991, 121 (124).

[192] Vgl. aus der Rspr. OLG Saarbrücken B. v. 26.05.2021 – 4 Ws 53/21 – NStZ 2021, 622 = StV 2021, 741 (Anm. Winkler jurisPR-StrafR 17/2021 Anm. 3; Bülte NZWiSt 2021, 399).

[193] Aus der Rspr. vgl. OLG Düsseldorf B. v. 24.10.2022 – 1 Ws 131/22 (Anm. van Cleve NZWiSt 2023, 72).

[194] Eisele, BT II, 6. Aufl. 2021, Rn. 1183.

[195] Aus der Rspr. vgl. zuletzt LG Frankfurt B. v. 01.07.2021 – 5/03 Qs 7/21 (Anm. Neuheuser NZWiSt 2022, 159).

[196] S. Eisele, BT II, 6. Aufl. 2021, Rn. 1203; näher Joerden FS Lampe 2003, 771; Bergmann NZWiSt 2014, 448; Neuheuser NZWiSt 2016, 265; Barreto de Rosa JR 2017, 101; Teixeira NStZ 2018, 634; aus der Rspr. vgl. zuletzt BGH U. v. 16.08.2016 – 5 StR 182/16 – BGHSt 61, 245 = NJW 2016, 3317 = NStZ 2017, 93 (Anm. RÜ 2017, 231); BGH U. v. 12.07.2016 – 1 StR 595/15 – NStZ 2017, 167 = StV 2017, 87; BGH B. v. 27.11.2018 – 5 StR 234/18 – BGHSt 63, 268 = NJW 2019, 533 (Anm. Bosch Jura 2019, 556; RÜ 2019, 377; Jahn NJW 2019, 536; Dann StV 2019, 739; Barreto da Rosa JR 2019, 590; Raschke NZWiSt 2019, 186; Hiéramente jurisPR-StrafR 14/2019 Anm. 1; Pelz jurisPR-Compl 2/2019 Anm. 3); BGH B. v. 15.08.2023 – 5 StR 177/23 – NStZ 2024, 90 (Anm. Bülte NStZ 2024, 91; Mayr wistra 2023, 119).

Die Norm greift nur bei Strafbarkeit nach deutschem Recht.[197]

Die Vortatbeteiligung muss feststehen; der bloße Verdacht der Vortatbeteiligung schließt die Geldwäsche nicht aus.[198]

Zu beachten ist die in der Norm enthaltene Rückausnahme für den Fall, dass der Täter den Gegenstand in den Verkehr bringt und dabei dessen rechtswidrige Herkunft verschleiert.

Unter das Inverkehrbringen fallen sämtliche Handlungen, die dazu führen, dass der Täter den inkriminierten Gegenstand aus seiner tatsächlichen Verfügungsgewalt entlässt und ein Dritter die tatsächliche Verfügungsgewalt über den Gegenstand erlangt.[199]

(2) § 261 VIII StGB

§ 261 VIII StGB normiert einen persönlichen Strafaufhebungsgrund im Bereich der tätigen Reue unter den dort genannten Voraussetzungen.[200]

ff) Rechtsfolgen

(1) Allgemeines

§ 261 I StGB sieht Freiheitsstrafe bis zu fünf Jahren (im Minimum also ein Monat, § 38 II StGB) oder Geldstrafe (zu den Grenzen s. § 40 StGB) vor.

(2) Besonders schwerer Fall, § 261 V StGB

§ 261 V StGB normiert den besonders schweren Fall (dann Freiheitsstrafe von sechs Monaten bis zu zehn Jahren); dessen S. 2 enthält Regelbeispiele. Zu den Merkmalen s. o. bei den §§ 243, 244 StGB. Eine Bandenmitgliedschaft i.R.d. Geldwäsche ist auch bei Vortatbeteiligung und insofern trotz § 261 VII StGB möglich.[201]

---

[197] Fischer, StGB, 71. Aufl. 2024, § 261 Rn. 22; aus der Rspr. vgl. BGH B. v. 18.02.2009 – 1 StR 4/09 – BGHSt 53, 205 = NJW 2009, 1617 = NStZ 2009, 328 = StV 2009, 415 (Anm. Satzger JK 2009 StGB § 261/9; Rettenmaier NJW 2009, 1619; Fahl JZ 2009, 747; Mansdörfer HRRS 2009, 252; Kuhlen JR 2010, 271).

[198] Fischer, StGB, 71. Aufl. 2024, § 261 Rn. 22; aus der Rspr. vgl. BGH U. v. 20.09.2000 – 5 StR 252/00 NJW 2000, 3725 = NStZ 2000, 653 = StV 2000, 680; BGH U. v. 22.04.2009 – 5 StR 48/09; BGH B. v. 21.01.2016 – 4 StR 384/15 – NStZ 2016, 538 = StV 2017, 89; BGH U. v. 12.07.2016 – 1 StR 595/15 – NStZ 2017, 167 = StV 2017, 87; OLG Celle B. v. 09.03.2017 – 2 Ws 26/17 – StV 2018, 78.

[199] Vgl. aus der Rspr. BGH B. v. 27.11.2018 – 5 StR 234/18 – BGHSt 63, 268 = NJW 2019, 533 (Anm. Bosch Jura 2019, 556; RÜ 2019, 377; Jahn NJW 2019, 536; Dann StV 2019, 739; Barreto da Rosa JR 2019, 590; Raschke NZWiSt 2019, 186; Hiéramente jurisPR-StrafR 14/2019 Anm. 1; Pelz jurisPR-Compl 2/2019 Anm. 3); BGH B. v. 15.08.2023 – 5 StR 177/23 – NStZ 2024, 90 (Anm. Bülte NStZ 2024, 91; Mayr wistra 2023, 119).

[200] Hierzu Fischer, StGB, 71. Aufl. 2024, § 261 Rn. 65ff.

[201] Fischer, StGB, 71. Aufl. 2024, § 261 Rn. 63; aus der Rspr. vgl. BGH U. v. 26.08.2005 – 2 StR 225/05 – BGHSt 50, 224 = NJW 2005, 3507 = NStZ 2006, 237 = StV 2005, 594 (Anm. Krack JR 2006, 435).

gg) Sonstiges

Der **Versuch** der Geldwäsche ist nach § 261 III StGB strafbar.

Mit den übrigen Anschlussdelikten steht die Geldwäsche aufgrund unterschiedlicher Rechtsgüter in Tateinheit.[202] Dies muss entgegen der Rspr.[203] auch für § 260 StGB gelten.[204]

b) § 261 I 1 Nr. 2 StGB

aa) Aufbau
  I. Tatbestand
     1. Objektiver Tatbestand
        a) Einen Gegenstand
        b) Der aus einer rechtswidrigen Tat herrührt
           aa) Einer rechtswidrigen Tat
              • ggf. i. V. m. § 261 IX StGB
           bb) Herrührt
        c) Umtauscht, überträgt oder verbringt, § 261 I 1 Nr. 2 StGB
     2. Subjektiver Tatbestand
        a) Vorsatz
        b) Absicht, dessen Auffinden, dessen Einziehung oder die Ermittlung von dessen Herkunft zu vereiteln
  II. Rechtswidrigkeit
  III. Schuld
  IV. Strafausschließungs-, Strafaufhebungsgründe, § 261 VII und VIII StGB
  V. Rechtsfolgen: Besonders schwerer Fall, § 261 V StGB

bb) Tatbestand

(1) Objektiver Tatbestand

(a) Einen Gegenstand
S. o.

(b) Der aus einer rechtswidrigen Tat herrührt
S. o.

---

[202] Eisele, BT II, 6. Aufl. 2021, Rn. 1205; näher Stam wistra 2016, 143; El-Ghazi/Laustetter NZWiSt 2023, 121; Zivanic WiJ 2023, 12; aus der Rspr. vgl. zuletzt BGH B. v. 31.10.2018 – 2 StR 281/18 – BGHSt 63, 228 = NJW 2019, 1311 = StV 2019, 678 (Anm. Bosch Jura 2019, 680; Eisele JuS 2019, 915; LL 2019, 468; RÜ 2019, 308; Mitsch NJW 2019, 1258); BGH B. v. 01.02.2024 – 5 StR 93/23 (Anm. Meißner NZWiSt 2024, 150).
[203] BGH U. v. 24.01.2006 – 1 StR 357/05 – BGHSt 50, 347.
[204] So auch Eisele, BT II, 6. Aufl. 2021, Rn. 1205.

(c) Umtauscht, überträgt oder verbringt

Umtausch ist die Weggabe des ursprünglichen Gegenstands und die gleichzeitige oder auch zeitlich versetzte Erlangung einer Gegenleistung.[205]

Übertragen ist das Verschaffen der tatsächlichen oder rechtlichen Verfügungsmacht über den Gegenstand, **Verbringen** ist die Beförderung des Gegenstands zu einem anderen Ort, durch der bisherige Inhaber die rechtliche oder tatsächliche Verfügungsmacht verliert.[206]

Eine wichtige Fallgruppe bilden die sog. Finanzagenten[207] beim **Phishing**.[208]

Beispiel 361

BGH B. v. 11.09.2014 – 4 StR 312/14 – NJW 2015, 1035 = NStZ-RR 2015, 13 = StV 2016, 19 (Anm. Sebastian NStZ 2015, 438; Mayer HRRS 2015, 500; Floeth NZWiSt 2015, 196):

B stellte den Mitgliedern einer Tätergruppe, die in großem Umfang sogenannte Phishing-Geschäfte betrieben, sein Girokonto gegen eine Belohnung von etwa 200 € für den Empfang einer Überweisung zur Verfügung. Unbekannte Hintermänner hatten zuvor Zugang zu dem Konto der Z erlangt und unter Angabe der Nummer eines in ihrem Besitz befindlichen Mobiltelefons das sogenannte mTAN-Verfahren eingerichtet. Nachdem B die Daten seines Girokontos an die Tätergruppe übermittelt hatte, überwiesen diese am 05.10.2011 unter Verwendung des mTAN-Verfahrens 14.000 € vom Konto der Z auf das Konto des B. Noch am selben Tag sowie am Folgetag begaben sich B und zwei Mitglieder der Tätergruppe gemeinsam zu verschiedenen Filialen der Bank des B, wo B das Geld abhob. ◄

(2) Subjektiver Tatbestand

(a) Vorsatz

Gem. § 15 StGB ist Vorsatz erforderlich.

(b) Absicht, dessen Auffinden, dessen Einziehung oder die Ermittlung von dessen Herkunft zu vereiteln

---

[205] Ruhmannseder, in: BeckOK-StGB, Stand 01.08.2024, § 261 Rn. 24.1.

[206] Altenhain, in: NK-StGB, 6. Aufl. 2023, § 261 Rn. 52.

[207] Hierzu Altenhain, in: NK-StGB, 6. Aufl. 2023, § 261 Rn. 100; Neuheuser NStZ 2008, 492; aus der Rspr. vgl. LG Darmstadt U. v. 13.06.2006 – 212 Ls 7 Ns 360 Js 33848/05 (Anm. Kögel wistra 2007, 206); LG Köln U. v. 05.12.2007 – 9 S 195/07; OLG Karlsruhe B. v. 21.11.2008 – 3 Ss 100/08 – NStZ 2009, 269 = StV 2009, 417; G U. v. 15.10.2009 – 8 U 26/09; OLG Zweibrücken U. v. 28.01.2010 – 4 U 133/08; LG Köln B. v. 15.04.2011 – 113 Qs 15/11 (Anm. Valerius NZWiSt 2012, 189); OLG München U. v. 10.12.2014 – 19 U 3492/14 (Anm. Pelz jurisPR-Compl 3/2015 Anm. 3); BGH B. v. 13.01.2015 – 5 StR 541/14 (Anm. Floeth NZWiSt 2015, 273).

[208] Zum Phishing s. bei den Nichtvermögensdelikten (§§ 202a ff., 269 StGB).

Zum Absichtsgegenstand der Vereitelung vgl. § 258 I StGB.[209] Wie dort lässt die h. M.[210] eine Verzögerung für geraume Zeit ausreichen.

cc) Rechtswidrigkeit
Es gelten die allgemeinen Grundsätze.

dd) Schuld
Es gelten die allgemeinen Grundsätze.

ee) Strafausschließungs-, Strafaufhebungsgründe, § 261 VII und VIII StGB
S. o.

ff) Rechtsfolgen
S. o.

c) § 261 I 1 Nr. 3 StGB

▶ **Didaktischer Aufsatz**
- Mitsch, „Verschaffen" als Merkmal des Straftatbestandes, JA 2020, 32

aa) Aufbau
  I. Tatbestand
    1. Objektiver Tatbestand
      a) Einen Gegenstand
      b) Der aus einer rechtswidrigen Tat herrührt
        aa) Einer rechtswidrigen Tat
          - ggf. i. V. m. § 261 IX StGB
        bb) Herrührt
      c) Sich oder einem Dritten verschafft, § 261 I 1 Nr. 3 StGB
      d) Nicht in Bezug auf einen Gegenstand, den ein Dritter zuvor erlangt hat, ohne hierdurch eine rechtswidrige Tat zu begehen, § 261 I 2 StGB
    2. Subjektiver Tatbestand
      a) Vorsatz
      b) Ggf. § 261 I 3 StGB
  II. Rechtswidrigkeit
  III. Schuld
  IV. Strafausschließungs-, Strafaufhebungsgründe, § 261 VII und VIII StGB
  V. Rechtsfolgen: Besonders schwerer Fall, § 261 V StGB

---

[209] S. bei den Nichtvermögensdelikten.
[210] Ruhmannseder, in: BeckOK-StGB, Stand 01.08.2024, § 261 Rn. 25.

bb) Tatbestand

(1) Objektiver Tatbestand

(a) Einen Gegenstand
S. o.

(b) Der aus einer rechtswidrigen Tat herrührt
S. o.

(c) Sich oder einem Dritten verschafft
Zum **sich oder einem Dritten Verschaffen** vgl. o. bei § 259 StGB. Ggf. sind die dortigen Grundsätze auf den Erwerb von Forderungen und Rechten sinngemäß zu übertragen.

Auch i.R.d. § 261 StGB ist ein abgeleiteter und einverständlicher Erwerb erforderlich,[211] woran es bei einer Wegnahme fehlt.[212]

Problematisch ist, was bei **Täuschung** oder **Nötigung** gilt.[213]

Beispiel 362

BGH U. v. 04.02.2010 – 1 StR 95/09 – BGHSt 55, 36 = NJW 2010, 3730 = NStZ 2010, 517 = StV 2010, 359 (Anm. Geppert JK 2010 StGB § 261/10; Jahn JuS 2010, 650; RA 2010, 345; Rübenstahl/Stapelberg NJW 2010, 3692; Putzke StV 2011, 176):

B1 und B2 beschlossen mit B3 (Notar im Ruhestand) und B4 (von Beruf Rechtsanwalt), Gelder der A-GmbH an sich zu bringen und diese unter sich aufzuteilen. Sie rechneten damit, dass der Geschäftsführer B5 diese Gelder, die abredewidrig nicht auf Sonderkonten verwahrt waren, in betrügerischer Absicht eingeworben hatte, um fortlaufend erhebliche Einnahmen zu erzielen. Der Plan sah vor, B5 aufgrund seiner Stellung als Alleingesellschafter und Geschäftsführer der A-GmbH zur Zahlung zu zwingen. In Ausführung dieses Plans gingen die B1, B2, B3 und B4 wie folgt vor: Um ein Druckmittel gegen B5 in die Hand zu bekommen, verschafften sie sich eine gegen B5 persönlich gerichtete Forderung. Auf der Grundlage dieser Forderung sollte ein Arrest, allerdings nicht gegen B5,

---

[211] Hoyer, in: SK-StGB, 9. Aufl. 2019, § 261 Rn. 19.
[212] Ruhmannseder, in: BeckOK-StGB, Stand 01.08.2024, § 261 Rn. 26; aus der Rspr. vgl. BVerfG U. v. 30.03.2004 – 2 BvR 1520/01 u. 2 BvR 1521/01 – BVerfGE 110, 226 = NJW 2004, 1305 = NStZ 2004, 259 = StV 2004, 254 (Anm. Ranft Jura 2004, 759; Fahl JA 2004, 704; Barton JuS 2004, 1033; LL 2004, 475; RÜ 2004, 256; RA 2004, 391; Gräfin von Galen NJW 2004, 3304; Dahs/Krause/Widmaier NStZ 2004, 261; Fischer NStZ 2004, 473; Matt JR 2004, 321; Wohlers JZ 2004, 678; Mühlbauer HRRS 2004, 132; Müssig wistra 2005, 201); BGH U. v. 29.10.2009 – 4 StR 239/09 – NStZ 2010, 222 = NStZ-RR 2010, 53; BGH U. v. 04.02.2010 – 1 StR 95/09 – BGHSt 55, 36 = NJW 2010, 3730 = NStZ 2010, 517 = StV 2010, 359 (Anm. Geppert JK 2010 StGB § 261/10; Jahn JuS 2010, 650; RA 2010, 345; Rübenstahl/Stapelberg NJW 2010, 3692; Putzke StV 2011, 176).
[213] Hierzu Eisele, BT II, 6. Aufl. 2021, Rn. 1187.

sondern gegen die A-GmbH erwirkt werden, um deren Vermögenswerte zu pfänden. Auf diese Art sollte B5 dazu gezwungen werden, Zahlungen an B1, B2, B3 und B4 zu leisten. Dabei rechneten sie damit, dass B5 die Forderung allenfalls zu einem geringen Teil aus eigenen Mitteln begleichen würde – zumal er sich in der Vergangenheit mehrmals bei Vollstreckungsversuchen als vermögenslos dargestellt hatte. Sie gingen vielmehr davon aus, dass er hierzu – zumindest zu einem wesentlichen Teil – unter Verletzung der vertraglichen Vermögensbetreuungspflichten gegenüber den Kunden der A-GmbH auf Gelder der Gesellschaft oder auch auf andere ihm ursprünglich von Kunden zur Geldanlage übergebene Gelder zugreifen würde. Über diese Gelder konnte er als Geschäftsführer der A-GmbH (im Außenverhältnis) verfügen. ◄

Liegt ein Sichverschaffen vor, wenn B1 bis B4 den B5 gezwungen haben, Zahlungen zu leisten?

Die wohl h. L.[214] verlangt eine Kollusion von Geldwäscher und Vortäter, an welcher es auch bei Täuschung oder Nötigung fehle.

Die Gegenauffassung,[215] zu der auch die Rspr.[216] gehört, verneint eine derartige Restriktion.

„Sich-Verschaffen" i. S. d. § 261 I 1 Nr. 3 StGB fordert zutreffenderweise kein kollusives Zusammenwirken von Geldwäscher und Vortäter.[217] Aus dem Wortlaut des Tatbestandsmerkmals „sich ... verschafft" lässt sich das Erfordernis eines Zusammenwirkens nicht ableiten. Der Wortlaut spricht eher gegen eine solche Einschränkung, weil diese Tatvariante nur die Handlung des Geldwäschers („sich verschafft") umschreibt. Dieselbe Auslegung des Merkmals „Sich-Verschaffen" in § 261 I 1 Nr. 3 StGB rechtfertigt sich auch aus dem geschützten Rechtsgut dieser Vorschrift. Nach dem Willen des Gesetzgebers soll die Strafvorschrift gegen Geldwäsche dazu beitragen, die rechtlichen Möglichkeiten zur Abschöpfung illegal erlangter Gewinne zu verbessern. Sie soll den staatlichen Zugriff auf inkriminierte Vermögenswerte gewährleisten und deren Einschleusen in den legalen Finanz- und Wirtschaftskreislauf verhindern. Geschützt werden soll die Aufgabe der staatlichen Rechtspflege, die Wirkungen von Straftaten zu beseitigen. Insbesondere § 261 II StGB soll – als Auffangtatbestand – auch dazu beitragen, den Vortäter in finanzieller Hinsicht gegenüber der Umwelt zu isolieren und den inkriminierten Gegenstand praktisch verkehrsunfähig zu machen. Dieses vom Gesetzgeber verfolgte Ziel kann nur dann effektiv erreicht werden, wenn die Vorschrift des § 261 StGB möglichst alle wirtschaftlichen Transaktionen im Zusammenhang mit den Katalogtaten weitgehend erfasst und daraus resultierende wirtschaftliche Vorteile abgeschöpft werden und zwar unabhängig davon, ob der Vortäter die Verfügungsgewalt über den

---

[214] S. nur Eisele, BT II, 6. Aufl. 2021, Rn. 1187.
[215] Z. B. Neuheuser in MK-StGB, 4. Aufl. 2021, § 261 Rn. 82.
[216] BGH U. v. 04.02.2010 – 1 StR 95/09 – BGHSt 55, 36.
[217] Zum Folgenden BGH U. v. 04.02.2010 – 1 StR 95/09 – BGHSt 55, 36 (48f.).

inkriminierten Gegenstand auf Grund einer Willensbeeinflussung durch Täuschung oder Druck übertragen hat.

Dieser Auslegung des Tatbestandsmerkmals „Sich-Verschaffen" in § 261 I 1 Nr. 3 StGB steht nicht entgegen, dass das Sich-Verschaffen bei der Hehlerei von der Rspr. und der überwiegenden Literatur enger ausgelegt wird: Hierbei handelt es sich um eine – allein – für die Hehlerei tatbestandstypische engere Auslegung. Diese wird maßgeblich mit Blick auf die dort genannten anderen Tatvarianten, insbesondere das Ankaufen und die Absatzhilfe vorgenommen. Danach liegt das Wesen der Hehlerei in dem Hilfeleisten des Täters nach der Tat (Zusammenwirken von Vortäter und Hehler).

(d) Nicht in Bezug auf einen Gegenstand, den ein Dritter zuvor erlangt hat, ohne hierdurch eine rechtswidrige Tat zu begehen, § 261 I 2 StGB

Nur bzgl. § 261 I 1 Nr. 3 und 4 StGB – dem Wortlaut entsprechend – entfällt die Tatbestandsmäßigkeit, „in Bezug auf einen Gegenstand, den ein Dritter zuvor erlangt hat, ohne hierdurch eine rechtswidrige Tat zu begehen". Dann entfällt also die Bemakelung und der Gegenstand wird wieder verkehrsfähig. § 261 I Nr. 3 und 4 StGB scheiden daher auch dann aus, wenn der Gegenstand anschließend an Personen weiter verschoben wird, die die Herkunft kennen.[218] Ein Beispiel ist der Eigentumserwerb einer Hinterlegungsstelle (z. B. gem. §§ 116 I Nr. 4, 116a I StPO).

(2) Subjektiver Tatbestand

(a) Vorsatz

Gem. § 15 StGB ist Vorsatz erforderlich.

(b) § 261 I 3 StGB

Gem. § 261 I 3 StGB handelt (bezogen nur auf § 261 I 1 Nr. 3 und 4 StGB), wer als Strafverteidiger ein Honorar für seine Tätigkeit annimmt, nur dann vorsätzlich, wenn er zu dem Zeitpunkt der Annahme des Honorars sichere Kenntnis von dessen Herkunft hatte.

Diese Vorschrift basiert auf einer früheren Kontroverse in Literatur und Rspr., die in einer Entscheidung des BVerfG[219] mündete, welche nunmehr in § 261 I 3 StGB Teil des StGB geworden ist.

Obwohl für andere Berufsträger u. U. ähnliche Problematiken bestehen können, ist der gesetzgeberische Wille zur Beschränkung des Vorsatzausschlusses auf Straf-

---

[218] Eisele, BT II, 6. Aufl. 2021, Rn. 1189.
[219] BVerfG U. v. 30.03.2004 – 2 BvR 1520/01 u. 2 BvR 1521/01 – BVerfGE 110, 226 = NJW 2004, 1305 = NStZ 2004, 259 = StV 2004, 254 (Anm. Ranft Jura 2004, 759; Fahl JA 2004, 704; Barton JuS 2004, 1033; LL 2004, 475; RÜ 2004, 256; RA 2004, 391; Gräfin von Galen NJW 2004, 3304; Dahs/Krause/Widmaier NStZ 2004, 261; Fischer NStZ 2004, 473; Matt JR 2004, 321; Wohlers JZ 2004, 678; Mühlbauer HRRS 2004, 132; Müssig wistra 2005, 201).

verteidiger zu respektieren. I.Ü. mag an einen ungeschriebenen Tatbestandsausschluss oder eine Rechtfertigung zu denken sein.[220]

cc) Rechtswidrigkeit
Es gelten die allgemeinen Grundsätze.

dd) Schuld
Es gelten die allgemeinen Grundsätze.

ee) Strafausschließungs-, Strafaufhebungsgründe, § 261 VII und VIII StGB
S. o.

ff) Rechtsfolgen
S. o.

d) § 261 I 1 Nr. 4 StGB

aa) Aufbau
  I. Tatbestand
    1. Objektiver Tatbestand
       a) Einen Gegenstand
       b) Der aus einer rechtswidrigen Tat herrührt
          aa) Einer rechtswidrigen Tat
            • ggf. i. V. m. § 261 IX StGB
          bb) Herrührt
       c) Verwahrt oder für sich oder einen Dritten verwendet, § 261 I 1 Nr. 4 StGB
       d) Nicht in Bezug auf einen Gegenstand, den ein Dritter zuvor erlangt hat, ohne hierdurch eine rechtswidrige Tat zu begehen, § 261 I 2 StGB
    2. Subjektiver Tatbestand
       a) Vorsatz
       b) Wenn er dessen Herkunft zu dem Zeitpunkt gekannt hat, zu dem er ihn erlangt hat
       c) Ggf. § 261 I 3 StGB
  II. Rechtswidrigkeit
  III. Schuld
  IV. Strafausschließungs-, Strafaufhebungsgründe, § 261 VII und VIII StGB
  V. Rechtsfolgen: Besonders schwerer Fall, § 261 V StGB

---

[220] Hierzu Eisele, BT II, 6. Aufl. 2021, Rn. 1197; Barton StV 1993, 156; Raschke NStZ 2012, 606; zu Bankangestellten Löwe-Krahl wistra 1993, 123; zu Insolvenzverwaltern Brüning wistra 2006, 241; zum Handeln für Strafverfolgungsbehörden Kraushaar wistra 1996, 168; zum Rechtsanwalt in Zivilsachen AG Cloppenburg U. v. 13.02.2021 – 3 Cs 132/20 (Anm. Reichling wistra 2021, 495).

bb) Tatbestand

(1) Objektiver Tatbestand

(a) Einen Gegenstand
S. o.

(b) Der aus einer rechtswidrigen Tat herrührt
S. o.

(c) Verwahrt oder für sich oder einen Dritten verwendet
Der Täter **verwahrt** den Gegenstand i. S. d. § 261 I Nr. 4 StGB, wenn er die tatsächliche Sachherrschaft (Gewahrsam) über ihn ausübt.[221]

Von einem **Verwenden** ist auszugehen, wenn der Gegenstand bestimmungsgemäß gebraucht oder wirtschaftlich genutzt wird.[222]

Auch diese beiden Modalitäten setzen ein Einverständnis des Vortäters voraus.[223]

(d) Nicht in Bezug auf einen Gegenstand, den ein Dritter zuvor erlangt hat, ohne hierdurch eine rechtswidrige Tat zu begehen, § 261 I 2 StGB
S. o.

(2) Subjektiver Tatbestand

(a) Vorsatz
Gem. § 15 StGB ist Vorsatz erforderlich.

(b) Wenn er dessen Herkunft zu dem Zeitpunkt gekannt hat, zu dem er ihn erlangt hat
Erforderlich ist, dass der Täter die „Herkunft des Gegenstandes zu dem Zeitpunkt gekannt hat, zu dem er ihn erlangt hat." Hierfür genügt Eventualvorsatz.[224]

(c) § 261 I 3 StGB
S. o.

---

[221] Fischer, StGB, 71. Aufl. 2024, § 261 Rn. 30; aus der Rspr. vgl. zuletzt BGH U. v. 15.08.2018 – 5 StR 100/18 – StV 2019, 660 (Anm. Raschke NZWiSt 2019, 151); BGH B. v. 31.10.2018 – 2 StR 281/18 – BGHSt 63, 228 = NJW 2019, 1311 = StV 2019, 678 (Anm. Bosch Jura 2019, 680; Eisele JuS 2019, 915; LL 2019, 468; RÜ 2019, 308; Mitsch NJW 2019, 1258).

[222] Kindhäuser/Hilgendorf, LPK, 9. Aufl. 2022, § 261 Rn. 13; aus der Rspr. vgl. zuletzt BGH U. v. 15.08.2018 – 5 StR 100/18 – StV 2019, 660 (Anm. Raschke NZWiSt 2019, 151).

[223] H. M., s. Ruhmannseder, in: BeckOK-StGB, Stand 01.08.2024, § 261 Rn. 28; aus der Rspr. vgl. BGH U. v. 29.10.2009 – 4 StR 239/09 – NStZ 2010, 222 = NStZ-RR 2010, 53.

[224] H. M., Fischer, StGB, 71. Aufl. 2024, § 261 Rn. 31.

cc) Rechtswidrigkeit
Es gelten die allgemeinen Grundsätze.

dd) Schuld
Es gelten die allgemeinen Grundsätze.

ee) Strafausschließungs-, Strafaufhebungsgründe, § 261 VII und VIII StGB
S. o.

ff) Rechtsfolgen
S. o.

e) § 261 II StGB

aa) Aufbau
 I. Tatbestand
  1. Objektiver Tatbestand
   a) Tatsachen, die für das Auffinden, die Einziehung oder die Ermittlung der Herkunft eines Gegenstands nach Absatz 1 von Bedeutung sein können
   b) Verheimlicht oder verschleiert
  2. Subjektiver Tatbestand
 II. Rechtswidrigkeit
 III. Schuld
 IV. Strafausschließungs-, Strafaufhebungsgründe, § 261 VII und VIII StGB
 V. Rechtsfolgen: Besonders schwerer Fall, § 261 V StGB

bb) Tatbestand

(1) Objektiver Tatbestand

(a) Tatsachen, die für das Auffinden, die Einziehung oder die Ermittlung der Herkunft eines Gegenstands nach Absatz 1 von Bedeutung sein können
Zu Gegenständen nach § 261 I StGB s. o.
 Der Tatsachenbegriff ist wie in § 263 I StGB auszulegen,[225] s. o.
 Die tatbestandsmäßige Bedeutsamkeitsmöglichkeit liegt vor, wenn aus der Sicht eines objektiven Betrachters bei Tathandlung anzunehmen ist, dass die Strafverfolgungsorgane bei Kenntnis der Tatsache den Gegenstand überhaupt, schneller oder mit geringerem Aufwand finden, seine Herkunft ermitteln oder seine Einziehung anordnen werden.[226]

---

[225] Ruhmannseder, in: BeckOK-StGB, Stand 01.08.2024, § 261 Rn. 32.
[226] Altenhain, in: NK-StGB, 6. Aufl. 2023, § 261 Rn. 83.

(b) Verheimlicht oder verschleiert
Verheimlichen ist ein Handeln, durch das (eine o. a.) Tatsache der Kenntnisnahme durch die Strafverfolgungsorgane entzogen wird.[227]

Unter einem **Verschleiern** sind alle irreführende Maßnahmen zu verstehen, die darauf abzielen, dem Gegenstand den Anschein einer legalen Herkunft zu verleihen.[228]

Eine bloße Verschiebung von Tatbeute zwischen Tatbeteiligten genügt aber nicht.[229]

(2) Subjektiver Tatbestand
Gem. § 15 StGB ist Vorsatz erforderlich.

cc) Rechtswidrigkeit
Es gelten die allgemeinen Grundsätze.

dd) Schuld
Es gelten die allgemeinen Grundsätze.

ee) Strafausschließungs-, Strafaufhebungsgründe, § 261 VII und VIII StGB
S. o.

ff) Rechtsfolgen
S. o. („ebenso wird bestraft" verweist auf § 261 I StGB).

2. Qualifikation, § 261 IV StGB

a) Aufbau
  I. Tatbestand
    1. Objektiver Tatbestand
      a) Eine Tat nach Absatz 1 oder Absatz 2 ... begeht
      b) Als Verpflichteter nach § 2 des Geldwäschegesetzes
    2. Subjektiver Tatbestand
  II. Rechtswidrigkeit
  III. Schuld

---

[227] Altenhain, in: NK-StGB, 6. Aufl. 2023, § 261 Rn. 86.
[228] Ruhmannseder, in: BeckOK-StGB, Stand 01.08.2024, § 261 Rn. 33; aus der Rspr. vgl. zuletzt BGH U. v. 15.08.2018 – 5 StR 100/18 – StV 2019, 660 (Anm. Raschke NZWiSt 2019, 151); BGH B. v. 27.11.2018 – 5 StR 234/18 – BGHSt 63, 268 = NJW 2019, 533 (Anm. Bosch Jura 2019, 556; RÜ 2019, 377; Jahn NJW 2019, 536; Dann StV 2019, 739; Barreto da Rosa JR 2019, 590; Raschke NZWiSt 2019, 186; Hiéramente jurisPR-StrafR 14/2019 Anm. 1; Pelz jurisPR-Compl 2/2019 Anm. 3); BGH U. v. 17.10.2019 – 3 StR 521/18 – NJW 2020, 1080 = NStZ 2020, 273 = StV 2020, 660 (Anm. Bosch Jura 2020, 530; RÜ 2020, 236; Kudlich NJW 2020, 1083; Hinderer NStZ 2020, 276); BGH U. v. 10.08.2023 – 3 StR 412/22 (Anm. Rhein NZWiSt 2024, 197).
[229] Aus der Rspr. vgl. BGH B. v. 08.12.2022 – 2 StR 395/22 (Anm. Raschke NZWiSt 2024, 182).

IV. Strafausschließungs-, Strafaufhebungsgründe, § 261 VII und VIII StGB
V. Rechtsfolgen: Besonders schwerer Fall, § 261 V StGB

b) Erläuterungen
§ 261 IV StGB enthält ein qualifizierendes (Freiheitsstrafe von drei Monaten bis zu fünf Jahren) Sonderdelikt.[230]

III. Leichtfertige Geldwäsche, § 261 VI StGB

1. Aufbau
I. Tatbestand
  1. Objektiver Tatbestand
     a) In den Fällen des Absatzes 1 oder 2
     b) (Objektiv) Leichtfertig nicht erkannt, dass es sich um einen Gegenstand nach Absatz 1 handelt
     c) § 261 VI 2 StGB
  2. Subjektiver Tatbestand
     • Vorsatz, soweit nicht Leichtfertigkeit genügt
II. Rechtswidrigkeit
III. Schuld
  1. Allgemeines
  2. (Subjektiv) Leichtfertig nicht erkannt, dass es sich um einen Gegenstand nach Absatz 1 handelt
IV. Strafausschließungs-, Strafaufhebungsgründe, § 261 VII und VIII StGB

2. Erläuterungen
Gem. § 261 VI StGB ist bereits die leichtfertige Geldwäsche strafbar.[231]

Beispiel 363

BGH B. v. 11.09.2014 – 4 StR 312/14 – NJW 2015, 1035 = NStZ-RR 2015, 13 = StV 2016, 19 (Anm. Sebastian NStZ 2015, 438; Mayer HRRS 2015, 500; Floeth NZWiSt 2015, 196):

---

[230] Vgl. aus der Rspr. BGH U. v. 08.08.2022 – 5 StR 372/21 – BGHSt 67, 130 = NJW 2023, 460 = NStZ 2023, 282 = StV 2023, 745 (Anm. Bosch Jura 2023, 517; Lenk NJW 2023, 464; Czimek/Schefer NStZ 2023, 285; Bittmann NZWiSt 2023, 258; Raschke NZWiSt 2023, 267; Pelz jurisPR-Compl 1/2023 Anm. 3).

[231] Hierzu Fischer, StGB, 71. Aufl. 2024, § 261 Rn. 55ff.; Sauer wistra 2004, 89; aus der Rspr. vgl. zuletzt BGH B v. 10.01.2019 – 1 StR 311/17 – NStZ-RR 2019, 145 (Anm. Raschke NZWiSt 2019, 394); BGH U. v. 02.06.2021 – 3 StR 21/21 – BGHSt 66, 137 = NJW 2021, 2813 = NStZ 2022, 606; StV 2021, 714 (Anm. von Heintschel-Heinegg JA 2021, 961; Kinzig NJW 2021, 2817; Greier jurisPR-StrafR 19/2021 Anm. 1; Niemann wistra 2021, 425; Eggers wistra 2021, 447; famos 1/2022; Mosbacher NStZ 2022, 610; Eidam StV 2022, 520; Heil/Vogt ZfIStW 2022, 350; Knaupe NZWiSt 2022, 377).

B stellte den Mitgliedern einer Tätergruppe, die in großem Umfang sogenannte Phishing-Geschäfte betrieben, sein Girokonto gegen eine Belohnung von etwa 200 € für den Empfang einer Überweisung zur Verfügung. Unbekannte Hintermänner hatten zuvor Zugang zu dem Konto der Z erlangt und unter Angabe der Nummer eines in ihrem Besitz befindlichen Mobiltelefons das sogenannte mTAN-Verfahren eingerichtet. Nachdem B die Daten seines Girokontos an die Tätergruppe übermittelt hatte, überwiesen diese am 05.10.2011 unter Verwendung des mTAN-Verfahrens 14.000 € vom Konto der Z auf das Konto des B. Noch am selben Tag sowie am Folgetag begaben sich B und zwei Mitglieder der Tätergruppe gemeinsam zu verschiedenen Filialen der Bank des B, wo B das Geld abhob. ◀

B handelte leichtfertig hinsichtlich der Herkunft des Geldes, wenn er nur für den Empfang einer Überweisung und die Abhebung des Geldes ein Entgelt erhalten sollte und erhielt.

Allerdings ist dem Wortlaut des § 261 V StGB zu entnehmen, dass sich die Leichtfertigkeit nur auf die Herkunft der deliktisch verstrickten Gegenstände bezieht; i. Ü. ist zumindest Eventualvorsatz erforderlich.[232]

Zu den allgemeinen Anforderungen an die Leichtfertigkeit s. im Allgemeinen Teil.

Der Anwendungsbereich wird durch § 261 VI 2 StGB begrenzt.

§ 261 VI 1 StGB sieht Freiheitsstrafe bis zu zwei Jahren (im Minimum also ein Monat, § 38 II StGB) oder Geldstrafe (zu den Grenzen s. § 40 StGB) vor.

---

[232] Kindhäuser/Hilgendorf, LPK, 9. Aufl. 2022, § 261 Rn. 24; aus der Rspr. vgl. zuletzt BGH U. v. 02.06.2021 – 3 StR 21/21 – BGHSt 66, 137 = NJW 2021, 2813 = NStZ 2022, 606; StV 2021, 714 (Anm. von Heintschel-Heinegg JA 2021, 961; Kinzig NJW 2021, 2817; Greier jurisPR-StrafR 19/2021 Anm. 1; Niemann wistra 2021, 425; Eggers wistra 2021, 447; famos 1/2022; Mosbacher NStZ 2022, 610; Eidam StV 2022, 520; Heil/Vogt ZfIStW 2022, 350; Knaupe NZWiSt 2022, 377); BGH U. v. 02.06.2022 – 2 StR 353/21 – NStZ 2023, 491; LG Hildesheim U. v. 12.10.2023 – 25 NBs 5/23 (Anm. Reichling wistra 2024, 305; Bittmann NZWiSt 2024, 100; Feiler/Abersfelder NZWiSt 2024, 112).

The manufacturer's authorised representative in the EU is Springer Nature Customer Service Centre GmbH, Europaplatz 3, 69115 Heidelberg, Germany. If you have any concerns regarding our products, please contact ProductSafety@springernature.com

Printed and bound by CPI Group (UK) Ltd, Croydon, CR0 4YY

26/03/2026

02078968-0008